Entwurf

eines

Handelsgesetzbuchs

und

Entwurf eines Einführungsgesetzes

nebst

Denkschrift

zu dem

Entwurf eines Handelsgesetzbuchs und eines Einführungsgesetzes

in der Fassung der dem Reichstag gemachten Vorlage.

Berlin SW. 48.
Wilhelmstr. 119/120.
J. Guttentag, Verlagsbuchhandlung.
1897.

Entwurf

eines

Handelsgesetzbuchs.

Inhaltsübersicht.

Erstes Buch.
Handelsstand.

Zweites Buch.
Handelsgesellschaften und stille Gesellschaft.

Drittes Buch.
Handelsgeschäfte.

Viertes Buch.

Seehandel.

Erstes Buch.
Handelsstand.

Erster Abschnitt.
Kaufleute.

§. 1.

Kaufmann im Sinne dieses Gesetzbuchs ist, wer ein Handelsgewerbe betreibt.

Als Handelsgewerbe gilt jeder Gewerbebetrieb, der eine der nachstehend bezeichneten Arten von Geschäften zum Gegenstande hat:

1. die Anschaffung und Weiterveräußerung von beweglichen Sachen (Waaren) oder Werthpapieren, ohne Unterschied, ob die Waaren unverändert oder nach einer Bearbeitung oder Verarbeitung weiter veräußert werden;
2. die Uebernahme der Bearbeitung oder Verarbeitung von Waaren für Andere, sofern der Betrieb über den Umfang des Handwerks hinausgeht;
3. die Uebernahme von Versicherungen gegen Prämie;
4. die Bankier- und Geldwechslergeschäfte;
5. die Uebernahme der Beförderung von Gütern oder Reisenden zur See, die Geschäfte der Frachtführer oder der zur Beförderung von Personen zu Lande oder auf Binnengewässern bestimmten Anstalten sowie die Geschäfte der Schleppschiffahrtsunternehmer;
6. die Geschäfte der Kommissionäre, der Spediteure oder der Lagerhalter;
7. die Geschäfte der Handlungsagenten oder der Handelsmäkler;
8. die Verlagsgeschäfte sowie die sonstigen Geschäfte des Buch- oder Kunsthandels;
9. die Geschäfte der Druckereien, sofern ihr Betrieb über den Umfang des Handwerks hinausgeht.

§. 2.

Ein gewerbliches Unternehmen, das nach Art und Umfang einen in kaufmännischer Weise eingerichteten Geschäftsbetrieb erfordert, gilt, auch wenn die Voraussetzungen des §. 1 Abs. 2 nicht vorliegen, als Handelsgewerbe im Sinne dieses Gesetzbuchs, sofern die Firma des Unternehmers in das Handelsregister eingetragen worden ist. Der Unternehmer ist verpflichtet, die Eintragung nach den für die Eintragung kaufmännischer Firmen geltenden Vorschriften herbeizuführen.

§. 3.

Auf den Betrieb der Land- und Forstwirthschaft finden die Vorschriften der §§. 1, 2 keine Anwendung.

Ist mit dem Betriebe der Land- und Forstwirthschaft ein Nebengewerbe verbunden, so findet auf dieses der §. 2 mit der Maßgabe Anwendung, daß der Unternehmer berechtigt, aber nicht verpflichtet ist, die Eintragung in das Handelsregister herbeizuführen; werden in dem Nebengewerbe Geschäfte der im §. 1 bezeichneten Art geschlossen, so gilt der Betrieb dessenungeachtet nur dann als Handelsgewerbe, wenn der Unternehmer von der Befugniß, seine Firma gemäß §. 2 in das Handelsregister eintragen zu lassen, Gebrauch gemacht hat. Ist die Eintragung erfolgt, so findet eine Löschung der Firma nur nach den allgemeinen Vorschriften statt, welche für die Löschung kaufmännischer Firmen gelten.

§. 4.

Die Vorschriften über die Firmen, die Handelsbücher und die Prokura finden auf Handwerker sowie auf Personen, deren Gewerbebetrieb nicht über den Umfang des Kleingewerbes hinausgeht, keine Anwendung.

Durch eine Vereinigung zum Betrieb eines Gewerbes, auf welches die bezeichneten Vorschriften keine Anwendung finden, kann eine offene Handelsgesellschaft oder eine Kommanditgesellschaft nicht begründet werden.

Die Rechte und Pflichten einer Personenvereinigung, der das Gesetz ohne Rücksicht auf den Gegenstand des Unternehmens die Eigenschaft eines Kaufmanns beilegt, werden durch die Vorschrift des Abs. 1 nicht berührt.

Die Landesregierungen sind befugt, Bestimmungen zu erlassen, durch welche die Grenze des Kleingewerbes auf der Grundlage der nach dem Geschäftsumsatze bemessenen Steuerpflicht oder in Ermangelung einer solchen Besteuerung nach anderen Merkmalen näher festgesetzt wird.

§. 5.

Ist eine Firma im Handelsregister eingetragen, so kann gegenüber demjenigen, welcher sich auf die Eintragung beruft, nicht geltend gemacht werden, daß das unter der Firma betriebene Gewerbe kein Handelsgewerbe sei oder daß es zu den im §. 4 Abs. 1 bezeichneten Betrieben gehöre.

§. 6.

Die in Betreff der Kaufleute gegebenen Vorschriften finden auch auf die Handelsgesellschaften Anwendung.

§. 7.

Durch die Vorschriften des öffentlichen Rechtes, nach welchen die Befugniß zum Gewerbebetrieb ausgeschlossen oder von gewissen Voraussetzungen abhängig gemacht ist, wird die Anwendung der die Kaufleute betreffenden Vorschriften dieses Gesetzbuchs nicht berührt.

Zweiter Abschnitt.

Handelsregister.

§. 8.

Das Handelsregister wird von den Gerichten geführt.

§. 9.

Die Einsicht des Handelsregisters sowie der zum Handelsregister eingereichten Schriftstücke ist Jedem gestattet.

Von den Eintragungen kann eine Abschrift gefordert werden; das Gleiche gilt in Ansehung der zum Handelsregister eingereichten Schriftstücke, sofern ein berechtigtes Interesse glaubhaft gemacht wird. Die Abschrift ist auf Verlangen zu beglaubigen.

Das Gericht hat auf Verlangen eine Bescheinigung darüber zu ertheilen, daß bezüglich des Gegenstandes einer Eintragung weitere Eintragungen nicht vorhanden sind oder daß eine bestimmte Eintragung nicht erfolgt ist.

§. 10.

Das Gericht hat die Eintragungen in das Handelsregister durch den Deutschen Reichsanzeiger und durch mindestens ein anderes Blatt bekannt zu machen. Soweit nicht das Gesetz ein Anderes vorschreibt, werden die Eintragungen ihrem ganzen Inhalte nach veröffentlicht.

Mit dem Ablaufe des Tages, an welchem das letzte der die Bekanntmachung enthaltenden Blätter erschienen ist, gilt die Bekanntmachung als erfolgt.

§. 11.

Das Gericht hat jährlich im Dezember die Blätter zu bezeichnen, in denen während des nächsten Jahres die im §. 10 vorgesehenen Veröffentlichungen erfolgen sollen.

§. 12.

Die Anmeldungen zur Eintragung in das Handelsregister sowie die zur Aufbewahrung bei dem Gerichte bestimmten Zeichnungen von Unterschriften sind persönlich bei dem Gerichte zu bewirken oder in öffentlich beglaubigter Form einzureichen.

Die gleiche Form ist für eine Vollmacht zur Anmeldung erforderlich. Rechtsnachfolger eines Betheiligten haben die Rechtsnachfolge soweit thunlich durch öffentliche Urkunden nachzuweisen.

§. 13.

Soweit nicht in diesem Gesetzbuch ein Anderes vorgeschrieben ist, sind die Eintragungen in das Handelsregister und die hierzu erforderlichen Anmeldungen und Zeichnungen von Unterschriften sowie die sonst vorgeschriebenen Einreichungen zum Handelsregister bei jedem Registergericht, in dessen Bezirke der Inhaber der Firma eine Zweigniederlassung besitzt, in gleicher Weise wie bei dem Gerichte der Hauptniederlassung zu bewirken.

Eine Eintragung bei dem Gerichte der Zweigniederlassung findet nicht statt, bevor nachgewiesen ist, daß die Eintragung bei dem Gerichte der Hauptniederlassung geschehen ist.

Diese Vorschriften kommen auch zur Anwendung, wenn sich die Hauptniederlassung im Auslande befindet. Soweit nicht das ausländische Recht eine Abweichung erforderlich macht, haben die Anmeldungen, Zeichnungen und Eintragungen bei dem Gerichte der Zweigniederlassung in gleicher Weise zu geschehen, wie wenn sich die Hauptniederlassung im Inlande befände.

§. 14.

Wer verpflichtet ist, eine Anmeldung, eine Zeichnung der Unterschrift oder eine Einreichung von Schriftstücken zum Handelsregister vorzunehmen, ist hierzu von dem Registergerichte durch Ordnungsstrafen anzuhalten. Die einzelne Strafe darf den Betrag von dreihundert Mark nicht übersteigen.

§. 15.

Solange eine in das Handelsregister einzutragende Thatsache nicht eingetragen und bekannt gemacht ist, kann sie von demjenigen, in dessen Angelegenheiten sie einzutragen war, einem Dritten nicht entgegengesetzt werden, es sei denn, daß sie diesem bekannt war.

Ist die Thatsache eingetragen und bekannt gemacht worden, so muß ein Dritter sie gegen sich gelten lassen, es sei denn, daß er sie weder kannte noch kennen mußte.

Für den Geschäftsverkehr mit einer in das Handelsregister eingetragenen Zweigniederlassung ist im Sinne dieser Vorschriften die Eintragung und Bekanntmachung durch das Gericht der Zweigniederlassung entscheidend.

§. 16.

Ist durch eine rechtskräftige oder vollstreckbare Entscheidung des Prozeßgerichts die Verpflichtung zur Mitwirkung bei einer Anmeldung zum Handelsregister oder ein Rechtsverhältniß, bezüglich dessen eine Eintragung zu erfolgen hat, gegen einen von mehreren bei der Vornahme der Anmeldung Betheiligten festgestellt, so genügt zur Eintragung die Anmeldung der übrigen Betheiligten. Wird die Entscheidung, auf Grund deren die Eintragung erfolgt ist, aufgehoben, so ist dies auf Antrag eines der Betheiligten in das Handelsregister einzutragen.

Ist durch eine rechtskräftige oder vollstreckbare Entscheidung des Prozeßgerichts die Vornahme einer Eintragung für unzulässig erklärt, so darf die Eintragung nicht gegen den Widerspruch desjenigen erfolgen, welcher die Entscheidung erwirkt hat.

Dritter Abschnitt.

Handelsfirma.

§. 17.

Die Firma eines Kaufmanns ist der Name, unter dem er im Handel seine Geschäfte betreibt und die Unterschrift abgiebt.

Ein Kaufmann kann unter seiner Firma klagen und verklagt werden.

§. 18.

Ein Kaufmann, der sein Geschäft ohne Gesellschafter oder nur mit einem stillen Gesellschafter betreibt, hat seinen Familiennamen mit mindestens einem Vornamen als Firma zu führen. Die Abkürzung der Vornamen ist zulässig.

Er darf der Firma keinen Zusatz beifügen, der ein Gesellschaftsverhältniß andeutet oder sonst geeignet ist, eine Täuschung über die Art oder den Umfang des Geschäfts oder die Verhältnisse des Geschäftsinhabers herbeizuführen. Zusätze, die zur Unterscheidung der Person oder des Geschäfts dienen, sind gestattet.

§. 19.

Die Firma einer offenen Handelsgesellschaft hat den Namen wenigstens eines der Gesellschafter mit einem das Vorhandensein einer Gesellschaft andeutenden Zusatz oder die Namen aller Gesellschafter zu enthalten.

Die Firma einer Kommanditgesellschaft hat den Namen wenigstens eines persönlich haftenden Gesellschafters mit einem das Vorhandensein einer Gesellschaft andeutenden Zusatze zu enthalten.

Die Beifügung von Vornamen ist nicht erforderlich.

Die Namen anderer Personen als der persönlich haftenden Gesellschafter dürfen in die Firma einer offenen Handelsgesellschaft oder einer Kommanditgesellschaft nicht aufgenommen werden.

§. 20.

Die Firma einer Aktiengesellschaft sowie die Firma einer Kommanditgesellschaft auf Aktien ist in der Regel von dem Gegenstande des Unternehmens zu entlehnen; die erstere Firma hat außerdem die Bezeichnung „Aktiengesellschaft“, die letztere Firma die Bezeichnung „Kommanditgesellschaft auf Aktien“ zu enthalten.

§. 21.

Wer ein bestehendes Handelsgeschäft unter Lebenden oder von Todeswegen erwirbt, darf für das Geschäft die bisherige Firma mit oder ohne Beifügung eines das Nachfolgeverhältniß andeutenden Zusatzes fortführen, wenn der bisherige Geschäftsinhaber oder dessen Erben in die Fortführung der Firma ausdrücklich willigen. Die Verpflichtung einer Aktiengesellschaft oder einer Kommanditgesellschaft auf Aktien, die im §. 20 vorgeschriebene Bezeichnung in ihre Firma aufzunehmen, wird hierdurch nicht berührt.

Wird ein Handelsgeschäft auf Grund eines Nießbrauchs, eines Pachtvertrags oder eines ähnlichen Verhältnisses übernommen, so finden diese Vorschriften entsprechende Anwendung.

§. 22.

Die Firma kann nicht ohne das Handelsgeschäft, für welches sie geführt wird, veräußert werden.

§. 23.

Wird Jemand in ein bestehendes Handelsgeschäft als Gesellschafter aufgenommen oder tritt ein neuer Gesellschafter in eine Handelsgesellschaft ein oder scheidet aus einer solchen ein Gesellschafter aus, so kann ungeachtet dieser Veränderung die bisherige Firma fortgeführt werden.

Bei dem Ausscheiden eines Gesellschafters, dessen Name in der Firma enthalten ist, bedarf es zur Fortführung der Firma der ausdrücklichen Einwilligung des Gesellschafters oder seiner Erben.

§. 24.

Wer ein unter Lebenden erworbenes Handelsgeschäft unter der bisherigen Firma mit oder ohne Beifügung eines das Nachfolgeverhältniß andeutenden Zusatzes fortführt, haftet für alle im Betriebe des Geschäfts begründeten Verbindlichkeiten des früheren Inhabers. Die in dem Betriebe begründeten Forderungen gelten den Schuldnern gegenüber als auf den Erwerber übergegangen, falls der bisherige Inhaber oder seine Erben in die Fortführung der Firma gewilligt haben.

Eine abweichende Vereinbarung ist einem Dritten gegenüber nur wirksam, wenn sie in das Handelsregister eingetragen und bekannt gemacht oder von dem Erwerber oder dem Veräußerer dem Dritten mitgetheilt worden ist.

Wird die Firma nicht fortgeführt, so haftet der Erwerber eines Handelsgeschäfts für die früheren Geschäftsverbindlichkeiten nur, wenn ein besonderer Verpflichtungsgrund vorliegt, insbesondere wenn die Uebernahme der Verbindlichkeiten in handelsüblicher Weise von dem Erwerber bekannt gemacht worden ist.

§. 25.

Ist der Erwerber des Handelsgeschäfts auf Grund der Fortführung der Firma oder auf Grund der im §. 24 Abs. 3 bezeichneten Bekanntmachung für die früheren Geschäftsverbindlichkeiten haftbar, so verjähren die Ansprüche der Gläubiger gegen den früheren Inhaber mit dem Ablaufe von fünf Jahren, falls nicht nach den allgemeinen Vorschriften die Verjährung schon früher eintritt.

Die Verjährung beginnt im Falle des §. 24 Abs. 1 mit dem Ende des Tages, an welchem der neue Inhaber der Firma in das Handelsregister des Gerichts der Hauptniederlassung eingetragen worden ist, im Falle des §. 24 Abs. 3 mit dem Ende des Tages, an welchem die Kundmachung der Uebernahme stattgefunden hat. Konnte der Gläubiger die Leistung erst in einem späteren Zeitpunkte verlangen, so beginnt die Verjährung mit diesem Zeitpunkte.

§. 26.

Wird ein zu einem Nachlasse gehörendes Handelsgeschäft von dem Erben fortgeführt, so finden auf die Haftung des Erben für die früheren Geschäftsverbindlichkeiten die Vorschriften des §. 24 entsprechende Anwendung.

Die unbeschränkte Haftung nach §. 24 Abs. 1 tritt nicht ein, wenn die Fortführung des Geschäfts vor dem Ablauf von drei Monaten nach dem Zeitpunkt, in welchem der Erbe von dem Anfalle der Erbschaft Kenntniß erlangt hat, eingestellt wird. Auf den Lauf der Frist finden die für die Verjährung geltenden Vorschriften des §. 206 des Bürgerlichen Gesetzbuchs entsprechende Anwendung. Ist bei dem Ablaufe der drei Monate das Recht zur Ausschlagung der Erbschaft noch nicht verloren, so endigt die Frist nicht vor dem Ablaufe der Ausschlagungsfrist.

§. 27.

Tritt Jemand als persönlich haftender Gesellschafter oder als Kommanditist in das Geschäft eines Einzelkaufmanns ein, so haftet die Gesellschaft, auch wenn sie die frühere Firma nicht fortführt, für alle im Betriebe des Geschäfts entstandenen Verbindlichkeiten des früheren Geschäftsinhabers. Die in dem Betriebe begründeten Forderungen gelten den Schuldnern gegenüber als auf die Gesellschaft übergegangen.

Eine abweichende Vereinbarung ist einem Dritten gegenüber nur wirksam, wenn sie in das Handelsregister eingetragen und bekannt gemacht oder von einem Gesellschafter dem Dritten mitgetheilt worden ist.

§. 28.

Jeder Kaufmann ist verpflichtet, seine Firma und den Ort seiner Handelsniederlassung bei dem Gericht, in dessen Bezirke sich die Niederlassung befindet, zur Eintragung in das Handelsregister anzumelden; er hat seine Firma zur Aufbewahrung bei dem Gerichte zu zeichnen.

§. 29.

Jede neue Firma muß sich von allen an demselben Orte oder in derselben Gemeinde bereits bestehenden und in das Handelsregister eingetragenen Firmen deutlich unterscheiden.

Hat ein Kaufmann mit einem bereits eingetragenen Kaufmanne die gleichen Vornamen und den gleichen Familiennamen und will auch er sich dieser Namen als seiner Firma bedienen, so muß er der Firma einen Zusatz beifügen, durch den sie sich von der bereits eingetragenen Firma deutlich unterscheidet.

Besteht an dem Orte oder in der Gemeinde, wo eine Zweigniederlassung errichtet wird, bereits eine gleiche eingetragene Firma, so muß der Firma für die Zweigniederlassung ein der Vorschrift des Abs. 2 entsprechender Zusatz beigefügt werden.

Durch die Landesregierungen kann bestimmt werden, daß benachbarte Orte oder Gemeinden als ein Ort oder als eine Gemeinde im Sinne dieser Vorschriften anzusehen sind.

§. 30.

Eine Aenderung der Firma oder ihrer Inhaber sowie die Verlegung der Niederlassung an einen anderen Ort ist nach den Vorschriften des §. 28 zur Eintragung in das Handelsregister anzumelden.

Das Gleiche gilt, wenn die Firma erlischt. Kann die Anmeldung des Erlöschens einer eingetragenen Firma durch die hierzu Verpflichteten nicht auf dem im §. 14 bezeichneten Wege herbeigeführt werden, so hat das Gericht das Erlöschen von Amtswegen einzutragen.

§. 31.

Wird über das Vermögen eines Kaufmanns der Konkurs eröffnet, so ist dies von Amtswegen in das Handelsregister einzutragen. Das Gleiche gilt von der Aufhebung des Eröffnungsbeschlusses sowie von der Einstellung und Aufhebung des Konkurses. Eine öffentliche Bekanntmachung der Eintragungen findet nicht statt. Die Vorschriften des §. 15 bleiben außer Anwendung.

§. 32.

Eine juristische Person, deren Eintragung in das Handelsregister mit Rücksicht auf den Gegenstand oder auf die Art und den Umfang ihres Gewerbebetriebs zu erfolgen hat, ist von sämmtlichen Mitgliedern des Vorstandes zur Eintragung anzumelden.

Der Anmeldung sind die Satzung der juristischen Person und die Urkunden über die Bestellung des Vorstandes in Urschrift oder in öffentlich beglaubigter Abschrift beizufügen. Bei der Anmeldung zum Handelsregister einer Zweigniederlassung bedarf es der Beifügung der Urkunden über die Bestellung des Vorstandes nicht.

Bei der Eintragung sind die Firma und der Sitz der juristischen Person, der Gegenstand des Unternehmens und die Mitglieder des Vorstandes anzugeben. Besondere Bestimmungen der Satzung über die Befugniß des Vorstandes zur Vertretung der juristischen Person oder über die Zeitdauer des Unternehmens sind gleichfalls einzutragen.

§. 33.

Jede Aenderung der nach §. 32 Abs. 3 einzutragenden Thatsachen oder der Satzung, die Auflösung der juristischen Person, falls sie nicht die Folge der Eröffnung des Konkurses ist, sowie die Personen der Liquidatoren und die besonderen Bestimmungen über ihre Vertretungsbefugniß sind zur Eintragung in das Handelsregister anzumelden.

Bei der Eintragung einer Aenderung der Satzung genügt, soweit nicht die Aenderung der im §. 32 Absatz 3 bezeichneten Angaben betrifft, die Bezugnahme auf die bei dem Gericht eingereichten Urkunden über die Aenderung.

Die Anmeldung hat durch den Vorstand oder, sofern die Eintragung erst nach der Anmeldung der ersten Liquidatoren geschehen soll, durch die Liquidatoren zu erfolgen.

Die Eintragung gerichtlich bestellter Vorstandsmitglieder oder Liquidatoren geschieht von Amtswegen.

§. 34.

Die Mitglieder des Vorstandes und die Liquidatoren einer juristischen Person haben ihre Unterschrift zur Aufbewahrung bei dem Gerichte zu zeichnen.

§. 35.

Ein Unternehmen des Reichs, eines Bundesstaats oder eines inländischen Kommunalverbandes braucht nicht in das Handelsregister eingetragen zu werden. Erfolgt die Anmeldung, so ist die Eintragung auf die Angabe der Firma sowie des Sitzes und des Gegenstandes des Unternehmens zu beschränken.

§. 36.

Wer eine nach den Vorschriften dieses Abschnitts ihm nicht zustehende Firma gebraucht, ist von dem Registergerichte zur Unterlassung des Gebrauchs der Firma durch Ordnungsstrafen anzuhalten. Die Höhe der Strafen bestimmt sich nach §. 14 Satz 2.

Wer in seinen Rechten dadurch verletzt wird, daß ein Anderer eine Firma unbefugt gebraucht, kann von diesem die Unterlassung des Gebrauchs der Firma verlangen. Ein nach sonstigen Vorschriften begründeter Anspruch auf Schadensersatz bleibt unberührt.

Vierter Abschnitt.

Handelsbücher.

§. 37.

Jeder Kaufmann ist verpflichtet, Bücher zu führen und in diesen seine Handelsgeschäfte und die Lage seines Vermögens nach den Grundsätzen ordnungsmäßiger Buchführung ersichtlich zu machen.

Er ist verpflichtet, eine Abschrift (Kopie oder Abdruck) der abgesendeten Handelsbriefe zurückzubehalten und diese Abschriften sowie die empfangenen Handelsbriefe geordnet aufzubewahren.

§. 38.

Jeder Kaufmann hat bei dem Beginne seines Handelsgewerbes seine Grundstücke, seine Forderungen und Schulden, den Betrag seines baaren Geldes und seine sonstigen Vermögensgegenstände genau zu verzeichnen, dabei den Werth der einzelnen Vermögensgegenstände anzugeben und einen das Verhältniß des Vermögens und der Schulden darstellenden Abschluß zu machen.

Er hat demnächst für den Schluß eines jeden Geschäftsjahrs ein solches Inventar und eine solche Bilanz aufzustellen; die Dauer des Geschäftsjahrs darf zwölf Monate nicht überschreiten. Die Aufstellung des Inventars und der Bilanz ist innerhalb der einem ordnungsmäßigen Geschäftsgang entsprechenden Zeit zu bewirken.

Hat der Kaufmann ein Waarenlager, bei dem nach der Beschaffenheit des Geschäfts die Aufnahme des Inventars nicht füglich in jedem Jahre geschehen kann, so genügt es, wenn sie alle zwei Jahre erfolgt. Die Verpflichtung zur jährlichen Aufstellung der Bilanz wird hierdurch nicht berührt.

§. 39.

Die Bilanz ist in Reichswährung aufzustellen.

Bei der Aufstellung des Inventars und der Bilanz sind sämmtliche Vermögensgegenstände und Schulden nach dem Werthe anzusetzen, der ihnen in dem Zeitpunkte beizulegen ist, für welchen die Aufstellung stattfindet.

Zweifelhafte Forderungen sind nach ihrem wahrscheinlichen Werthe anzusetzen, uneinbringliche Forderungen abzuschreiben.

§. 40.

Das Inventar und die Bilanz sind von dem Kaufmanne zu unterzeichnen. Sind mehrere persönlich haftende Gesellschafter vorhanden, so haben sie alle zu unterzeichnen.

Das Inventar und die Bilanz können in ein dazu bestimmtes Buch eingeschrieben oder jedesmal besonders aufgestellt werden. Im letzteren Falle sind sie zu sammeln und in zusammenhängender Reihenfolge geordnet aufzubewahren.

§. 41.

Unberührt bleibt bei einem Unternehmen des Reichs, eines Bundesstaats oder eines inländischen Kommunalverbandes die Befugniß der Verwaltung, die Rechnungsabschlüsse in einer von den Vorschriften der §§. 38 bis 40 abweichenden Weise vorzunehmen.

§. 42.

Bei der Führung der Handelsbücher und bei den sonst erforderlichen Aufzeichnungen hat sich der Kaufmann einer lebenden Sprache und der Schriftzeichen einer solchen zu bedienen.

Die Bücher sollen gebunden und Blatt für Blatt oder Seite für Seite mit fortlaufenden Zahlen versehen sein.

An Stellen, die der Regel nach zu beschreiben sind, dürfen keine leeren Zwischenräume gelassen werden. Der ursprüngliche Inhalt einer Eintragung darf nicht mittelst Durchstreichens oder auf andere Weise unleserlich gemacht, es darf nichts radirt, auch dürfen solche Veränderungen nicht vorgenommen werden, deren Beschaffenheit es ungewiß läßt, ob sie bei der ursprünglichen Eintragung oder erst später gemacht worden sind.

§. 43.

Die Kaufleute sind verpflichtet, ihre Handelsbücher bis zum Ablaufe von zehn Jahren, von dem Tage der darin vorgenommenen letzten Eintragung an gerechnet, aufzubewahren.

Dasselbe gilt in Ansehung der empfangenen Handelsbriefe und der Abschriften der abgesendeten Handelsbriefe sowie in Ansehung der Inventare und Bilanzen.

§. 44.

Im Laufe eines Rechtsstreits kann das Gericht auf Antrag oder von Amtswegen die Vorlegung der Handelsbücher einer Partei anordnen.

Die Vorschriften der Civilprozeßordnung über die Verpflichtung des Prozeßgegners zur Vorlegung von Urkunden bleiben unberührt.

§. 45.

Werden in einem Rechtsstreite Handelsbücher vorgelegt, so ist von ihrem Inhalte, soweit er den Streitpunkt betrifft, unter Zuziehung der Parteien Einsicht zu nehmen und geeignetenfalls ein Auszug zu fertigen. Der übrige Inhalt der Bücher ist dem Gericht insoweit offen zu legen, als es zur Prüfung ihrer ordnungsmäßigen Führung nothwendig ist.

§. 46.

Bei Vermögensauseinandersetzungen, insbesondere in Erbschafts-, Gütergemeinschafts- und Gesellschaftstheilungssachen, kann das Gericht die Vorlegung der Handelsbücher zur Kenntnißnahme von ihrem ganzen Inhalt anordnen.

Fünfter Abschnitt.

Prokura und Handlungsvollmacht.

§. 47.

Die Prokura kann nur von dem Inhaber des Handelsgeschäfts oder seinem gesetzlichen Vertreter und nur mittelst ausdrücklicher Erklärung ertheilt werden.

Die Ertheilung kann an mehrere Personen gemeinschaftlich erfolgen (Gesammtprokura).

§. 48.

Die Prokura ermächtigt zu allen Arten von gerichtlichen und außergerichtlichen Geschäften und Rechtshandlungen, die der Betrieb eines Handelsgewerbes mit sich bringt.

Zur Veräußerung und Belastung von Grundstücken ist der Prokurist nur ermächtigt, wenn ihm diese Befugniß besonders ertheilt ist.

§. 49.

Eine Beschränkung des Umfanges der Prokura ist Dritten gegenüber unwirksam.

Dies gilt insbesondere von der Beschränkung, daß die Prokura nur für gewisse Geschäfte oder gewisse Arten von Geschäften oder nur unter gewissen Umständen oder für eine gewisse Zeit oder an einzelnen Orten ausgeübt werden soll.

Eine Beschränkung der Prokura auf den Betrieb einer von mehreren Niederlassungen des Geschäftsinhabers ist Dritten gegenüber nur wirksam, wenn die Niederlassungen unter verschiedenen Firmen betrieben werden. Eine Verschiedenheit der Firmen im Sinne dieser Vorschrift wird auch dadurch begründet, daß für eine Zweigniederlassung der Firma ein Zusatz beigefügt wird, der sie als Firma der Zweigniederlassung bezeichnet.

§. 50.

Die Prokura ist ohne Rücksicht auf das der Ertheilung zu Grunde liegende Rechtsverhältniß jederzeit widerruflich, unbeschadet des Anspruchs auf die vertragsmäßige Vergütung.

Die Prokura erlischt nicht durch den Tod des Inhabers des Handelsgeschäfts.

§. 51.

Der Prokurist hat in der Weise zu zeichnen, daß er der Firma seinen Namen mit einem die Prokura andeutenden Zusatze beifügt.

§. 52.

Die Ertheilung der Prokura ist von dem Inhaber des Handelsgeschäfts zur Eintragung in das Handelsregister anzumelden. Ist die Prokura als Gesammtprokura ertheilt, so muß auch dies zur Eintragung angemeldet werden.

Der Prokurist hat die Firma nebst seiner Namensunterschrift zur Aufbewahrung bei dem Gerichte zu zeichnen.

Das Erlöschen der Prokura ist in gleicher Weise wie die Ertheilung zur Eintragung anzumelden.

§. 53.

Ist Jemand ohne Ertheilung der Prokura zum Betrieb eines Handelsgewerbes oder zur Vornahme einer bestimmten zu einem Handelsgewerbe gehörigen Art von Geschäften oder zur Vornahme einzelner zu einem Handelsgewerbe gehöriger Geschäfte ermächtigt, so erstreckt sich die Vollmacht (Handlungsvollmacht) auf alle Geschäfte und Rechtshandlungen, die der Betrieb eines derartigen Handelsgewerbes oder die Vornahme derartiger Geschäfte gewöhnlich mit sich bringt.

Zur Veräußerung oder Belastung von Grundstücken, zur Eingehung von Wechselverbindlichkeiten, zur Aufnahme von Darlehen und zur Prozeßführung ist der Handlungsbevollmächtigte nur ermächtigt, wenn ihm eine solche Befugniß besonders ertheilt ist.

Sonstige Beschränkungen der Handlungsvollmacht braucht ein Dritter nur dann gegen sich gelten zu lassen, wenn er sie kannte oder kennen mußte.

§. 54.

Die Vorschriften des §. 53 finden auch auf Handlungsbevollmächtigte Anwendung, die als Handlungsreisende zur Vornahme von Geschäften an Orten verwendet werden, an denen sich eine Niederlassung des Geschäftsinhabers nicht befindet.

Die Reisenden gelten insbesondere für ermächtigt, den Kaufpreis aus den von ihnen abgeschlossenen Verkäufen einzuziehen und dafür Zahlungsfristen zu bewilligen.

Die Anzeige von Mängeln einer Waare, die Erklärung, daß eine Waare zur Verfügung gestellt werde, sowie andere Erklärungen solcher Art können dem anwesenden Reisenden gegenüber abgegeben werden.

§. 55.

Wer in einem Laden oder in einem offenen Waarenlager angestellt ist, gilt als ermächtigt zu Verkäufen und Empfangnahmen, die in einem derartigen Laden oder Waarenlager gewöhnlich geschehen.

§. 56.

Der Handlungsbevollmächtigte hat sich bei der Zeichnung jedes eine Prokura andeutenden Zusatzes zu enthalten; er hat mit einem das Vollmachtsverhältniß ausdrückenden Zusatze zu zeichnen.

§. 57.

Der Prokurist oder der Handlungsbevollmächtigte kann ohne Zustimmung des Inhabers des Handelsgeschäfts seine Prokura oder Handlungsvollmacht auf einen Anderen nicht übertragen.

Sechster Abschnitt.

Handlungsgehülfen und Handlungslehrlinge.

§. 58.

Wer in einem Handelsgewerbe zur Leistung kaufmännischer Dienste gegen Entgelt angestellt ist (Handlungsgehülfe), hat, soweit nicht besondere Vereinbarungen über die Art und den Umfang seiner Dienstleistungen oder über die ihm zukommende Vergütung getroffen sind, die dem Ortsgebrauch entsprechenden Dienste zu leisten sowie die dem Ortsgebrauch entsprechende Vergütung zu beanspruchen. In Ermangelung eines Ortsgebrauchs gelten die den Umständen nach angemessenen Leistungen als vereinbart.

§. 59.

Der Handlungsgehülfe darf ohne Einwilligung des Prinzipals weder ein Handelsgewerbe betreiben noch in dem Handelszweige des Prinzipals für eigene oder fremde Rechnung Geschäfte machen.

Die Einwilligung zum Betrieb eines Handelsgewerbes gilt als ertheilt, wenn dem Prinzipal bei der Anstellung des Gehülfen bekannt ist, daß er das Gewerbe betreibt, und der Prinzipal die Aufgabe des Betriebs nicht ausdrücklich vereinbart.

§. 60.

Verletzt der Handlungsgehülfe die ihm nach §. 59 obliegende Verpflichtung, so kann der Prinzipal Schadensersatz fordern; er kann statt dessen verlangen, daß der Handlungsgehülfe die für eigene Rechnung gemachten Geschäfte als für Rechnung des Prinzipals eingegangen gelten lasse und die aus Geschäften für fremde Rechnung bezogene Vergütung herausgebe oder seinen Anspruch auf die Vergütung abtrete.

Die Ansprüche verjähren in drei Monaten von dem Zeitpunkt an, in welchem der Prinzipal Kenntniß von dem Abschlusse des Geschäfts erlangt; sie verjähren ohne Rücksicht auf diese Kenntniß in fünf Jahren von dem Abschlusse des Geschäfts an.

§. 61.

Der Prinzipal ist verpflichtet, die Geschäftsräume und die für den Geschäftsbetrieb bestimmten Vorrichtungen und Geräthschaften so einzurichten und zu unterhalten, auch den Geschäftsbetrieb so zu regeln, daß der Handlungsgehülfe gegen eine Gefährdung seiner Gesundheit, soweit die Natur des Betriebs es gestattet, geschützt und die Aufrechterhaltung der guten Sitten und des Anstandes gesichert ist.

Ist der Handlungsgehülfe in die häusliche Gemeinschaft aufgenommen, so hat der Prinzipal in Ansehung des Wohn- und Schlafraums, der Verpflegung sowie der Arbeits- und Erholungszeit diejenigen Einrichtungen und Anordnungen zu treffen, welche mit Rücksicht auf die Gesundheit, die Sittlichkeit und die Religion des Handlungsgehülfen erforderlich sind.

Erfüllt der Prinzipal die ihm in Ansehung des Lebens und der Gesundheit des Handlungsgehülfen obliegenden Verpflichtungen nicht, so finden auf seine Verpflichtung zum Schadensersatze die für unerlaubte Handlungen geltenden Vorschriften der §§. 842 bis 846 des Bürgerlichen Gesetzbuchs entsprechende Anwendung.

Die dem Prinzipal hiernach obliegenden Verpflichtungen können nicht im voraus durch Vertrag aufgehoben oder beschränkt werden.

§. 62.

Wird der Handlungsgehülfe durch unverschuldetes Unglück an der Leistung der Dienste verhindert, so behält er seinen Anspruch auf Gehalt und Unterhalt, jedoch nicht über die Dauer von sechs Wochen hinaus.

Der Handlungsgehülfe muß sich den Betrag anrechnen lassen, welcher ihm für die Zeit der Verhinderung aus einer auf Grund gesetzlicher Verpflichtung bestehenden Kranken- oder Unfallversicherung zukommt.

§. 63.

Die Zahlung des dem Handlungsgehülfen zukommenden Gehaltes hat am Schlusse jedes Monats zu erfolgen.

§. 64.

Ist bedungen, daß der Handlungsgehülfe für Geschäfte, die von ihm geschlossen oder vermittelt werden, Provision erhalten solle, so finden die für die Handlungsagenten geltenden Vorschriften des §. 86 und des §. 89 Satz 1 Anwendung.

§. 65.

Das Dienstverhältniß zwischen dem Prinzipal und dem Handlungsgehülfen kann, wenn es für unbestimmte Zeit eingegangen ist, von jedem Theile für den Schluß eines Kalendervierteljahrs unter Einhaltung einer Kündigungsfrist von sechs Wochen gekündigt werden.

§. 66.

Wird durch Vertrag eine kürzere oder längere Kündigungsfrist bedungen, so muß sie für beide Theile gleich sein; sie darf nicht weniger als einen Monat betragen.

Die Kündigung kann nur für den Schluß eines Kalendermonats zugelassen werden.

Die Vorschriften des Abs. 1 finden auch in dem Falle Anwendung, wenn das Dienstverhältniß für bestimmte Zeit mit der Vereinbarung eingegangen wird, daß es in Ermangelung einer vor dem Ablaufe der Vertragszeit erfolgten Kündigung als verlängert gelten soll.

Eine Vereinbarung, die diesen Vorschriften zuwiderläuft, ist nichtig.

§. 67.

Die Vorschriften des §. 66 finden keine Anwendung, wenn der Handlungsgehülfe ein Gehalt von mindestens fünftausend Mark für das Jahr bezieht.

Sie bleiben ferner außer Anwendung, wenn der Handlungsgehülfe für eine außereuropäische Handelsniederlassung angenommen ist und nach dem Vertrage der Prinzipal für den Fall, daß er das Dienstverhältniß kündigt, die Kosten der Rückreise des Handlungsgehülfen zu tragen hat.

§. 68.

Wird ein Handlungsgehülfe nur zu vorübergehender Aushülfe angenommen, so finden die Vorschriften des §. 66 keine Anwendung, es sei denn, daß das Dienstverhältniß über die Zeit von drei Monaten hinaus fortgesetzt wird. Die Kündigungsfrist muß jedoch auch in einem solchen Falle für beide Theile gleich sein.

§. 69.

Das Dienstverhältniß kann von jedem Theile ohne Einhaltung einer Kündigungsfrist gekündigt werden, wenn ein wichtiger Grund vorliegt.

Wird die Kündigung durch vertragswidriges Verhalten des anderen Theiles veranlaßt, so ist dieser zum Ersatze des durch die Aufhebung des Dienstverhältnisses entstehenden Schadens verpflichtet.

§. 70.

Als ein wichtiger Grund, der den Handlungsgehülfen zur Kündigung ohne Einhaltung einer Kündigungsfrist berechtigt, ist es, sofern nicht besondere Umstände eine andere Beurtheilung rechtfertigen, namentlich anzusehen:

1. wenn der Handlungsgehülfe zur Fortsetzung seiner Dienste unfähig wird;
2. wenn der Prinzipal den Gehalt oder den gebührenden Unterhalt nicht gewährt;
3. wenn der Prinzipal den ihm nach §. 61 obliegenden Verpflichtungen nachzukommen verweigert;
4. wenn sich der Prinzipal Thätlichkeiten oder erhebliche Ehrverletzungen gegen den Handlungsgehülfen zu Schulden kommen läßt.

§. 71.

Als ein wichtiger Grund, der den Prinzipal zur Kündigung ohne Einhaltung einer Kündigungsfrist berechtigt, ist es, sofern nicht besondere Umstände eine andere Beurtheilung rechtfertigen, namentlich anzusehen:

1. wenn der Handlungsgehülfe im Dienste untreu ist oder das Vertrauen mißbraucht oder die ihm nach §. 59 obliegende Verpflichtung verletzt;
2. wenn er seinen Dienst während einer den Umständen nach erheblichen Zeit unbefugt verläßt oder sich beharrlich weigert, seinen Dienstverpflichtungen nachzukommen;
3. wenn er durch anhaltende Krankheit, durch eine längere Freiheitsstrafe oder Abwesenheit oder durch eine, die Zeit von acht Wochen übersteigende militärische Dienstleistung an der Verrichtung seiner Dienste verhindert wird;
4. wenn er sich Thätlichkeiten oder erhebliche Ehrverletzungen gegen den Prinzipal zu Schulden kommen läßt.

Erfolgt die Kündigung, weil der Handlungsgehülfe durch unverschuldetes Unglück längere Zeit an der Verrichtung seiner Dienste verhindert ist, so wird dadurch der im §. 62 bezeichnete Anspruch des Gehülfen nicht berührt.

§. 72.

Bei dem Abgange kann der Handlungsgehülfe ein schriftliches Zeugniß über die Art und Dauer der Beschäftigung fordern. Das Zeugniß ist auf Verlangen des Handlungsgehülfen auch auf die Führung und die Leistungen auszudehnen.

Auf Antrag des Handlungsgehülfen hat die Ortspolizeibehörde das Zeugniß kosten= und stempelfrei zu beglaubigen.

§. 73.

Eine Vereinbarung zwischen dem Prinzipal und dem Handlungsgehülfen, durch welche dieser für die Zeit nach der Beendigung des Dienstverhältnisses in seiner gewerblichen Thätigkeit beschränkt wird, ist für den Handlungsgehülfen nur insoweit verbindlich, als die Beschränkung nach Zeit, Ort und Gegenstand nicht die Grenzen überschreitet, durch welche eine unbillige Erschwerung des Fortkommens des Handlungsgehülfen ausgeschlossen wird.

Die Vereinbarung ist nichtig, wenn der Handlungsgehülfe zur Zeit des Abschlusses minderjährig ist.

§. 74.

Kündigt der Prinzipal das Dienstverhältniß, ohne daß ein von ihm nicht verschuldeter erheblicher Anlaß vorliegt, oder giebt er durch vertragswidriges Verhalten dem Handlungsgehülfen Grund, das Dienstverhältniß gemäß den Vorschriften der §§. 69, 70 aufzulösen, so kann er aus einer Vereinbarung der im §. 73 bezeichneten Art Ansprüche nicht geltend machen.

Hat der Handlungsgehülfe für den Fall, daß er die in der Vereinbarung übernommene Verpflichtung nicht erfüllt, eine Strafe versprochen, so kann der Prinzipal nur die verwirkte Strafe verlangen; der Anspruch auf Erfüllung oder auf Ersatz eines weiteren Schadens ist ausgeschlossen. Die Vorschriften des Bürgerlichen Gesetzbuchs über die Herabsetzung einer unverhältnißmäßig hohen Vertragsstrafe bleiben unberührt.

Vereinbarungen, welche diesen Vorschriften zuwiderlaufen, sind nichtig.

§. 75.

Die Vorschriften der §§. 59 bis 62, 73, 74 finden auch auf Handlungslehrlinge Anwendung.

Der Lehrherr ist verpflichtet, dafür zu sorgen, daß der Lehrling in den bei dem Betriebe des Geschäfts vorkommenden kaufmännischen Arbeiten unterwiesen wird; er hat die Ausbildung des Lehrlings entweder selbst oder durch einen geeigneten, ausdrücklich dazu bestimmten Vertreter zu leiten. Die Unterweisung hat in der durch den Zweck der Ausbildung gebotenen Reihenfolge und Ausdehnung zu geschehen.

Der Lehrherr darf dem Lehrlinge die zu seiner Ausbildung erforderliche Zeit und Gelegenheit durch Verwendung zu anderen Dienstleistungen nicht entziehen; auch hat er ihm die zum Besuche des Gottesdienstes an Sonntagen und Festtagen erforderliche Zeit und Gelegenheit zu gewähren. Er hat den Lehrling zur Arbeitsamkeit und zu guten Sitten anzuhalten.

In Betreff der Verpflichtung des Lehrherrn, dem Lehrlinge die zum Besuch einer Fortbildungsschule erforderliche Zeit zu gewähren, bewendet es bei den Vorschriften des §. 120 der Gewerbeordnung.

§. 76.

Die Dauer der Lehrzeit bestimmt sich nach dem Lehrvertrag, in Ermangelung vertragsmäßiger Festsetzung nach den örtlichen Verordnungen oder dem Ortsgebrauche.

Das Lehrverhältniß kann, sofern nicht eine längere Probezeit vereinbart ist, während des ersten Monats nach dem Beginne der Lehrzeit ohne Einhaltung einer Kündigungsfrist gekündigt werden. Eine Vereinbarung, nach der die Probezeit mehr als drei Monate betragen soll, ist nichtig.

Nach dem Ablaufe der Probezeit finden auf die Kündigung des Lehrverhältnisses die Vorschriften der §§. 69 bis 71 Anwendung. Als ein wichtiger Grund zur Kündigung durch den Lehrling ist es insbesondere auch anzusehen, wenn der Lehrherr seine Verpflichtungen gegen den Lehrling in einer dessen Gesundheit, Sittlichkeit oder Ausbildung gefährdenden Weise vernachlässigt.

Im Falle des Todes des Lehrherrn kann das Lehrverhältniß innerhalb eines Monats ohne Einhaltung einer Kündigungsfrist gekündigt werden.

§. 77.

Wird von dem gesetzlichen Vertreter des Lehrlings oder, sofern dieser volljährig ist, von ihm selbst dem Lehrherrn die schriftliche Erklärung abgegeben, daß der Lehrling zu einem anderen Gewerbe oder zu einem anderen Beruf übergehen werde, so endigt, wenn nicht der Lehrling früher entlassen wird, das Lehrverhältniß nach dem Ablauf eines Monats.

Tritt der Lehrling der abgegebenen Erklärung zuwider vor dem Ablaufe von neun Monaten nach der Beendigung des Lehrverhältnisses in ein anderes Geschäft als Handlungslehrling oder als Handlungsgehülfe ein, so ist er dem Lehrherrn zum Ersatze des diesem durch die Beendigung des Lehrverhältnisses entstandenen Schadens verpflichtet. Mit ihm haftet als Gesammtschuldner der neue Lehrherr oder Prinzipal, sofern er von dem Sachverhalte Kenntniß hatte.

§. 78.

Ansprüche wegen unbefugten Austritts aus der Lehre kann der Lehrherr gegen den Lehrling nur geltend machen, wenn der Lehrvertrag schriftlich geschlossen ist.

§. 79.

Bei der Beendigung des Lehrverhältnisses hat der Lehrherr dem Lehrling ein schriftliches Zeugniß über die Dauer der Lehrzeit und die während dieser erworbenen Kenntnisse und Fähigkeiten sowie über sein Betragen auszustellen.

Auf Antrag des Lehrlings hat die Ortspolizeibehörde das Zeugniß kosten- und stempelfrei zu beglaubigen.

§. 80.

Personen, die nicht im Besitze der bürgerlichen Ehrenrechte sind, dürfen Handlungslehrlinge weder halten noch sich mit der Anleitung von Handlungslehrlingen befassen. Der Lehrherr darf solche Personen zur Anleitung von Handlungslehrlingen nicht verwenden.

Die Entlassung von Handlungslehrlingen, welche diesem Verbote zuwider beschäftigt werden, kann von der Polizeibehörde erzwungen werden.

§. 81.

Hinsichtlich der Personen, welche in dem Betrieb eines Handelsgewerbes andere als kaufmännische Dienste leisten, bewendet es bei den für das Arbeitsverhältniß dieser Personen geltenden Vorschriften.

Siebenter Abschnitt.

Handlungsagenten.

§. 82.

Wer, ohne als Handlungsgehülfe angestellt zu sein, ständig damit betraut ist, für das Handelsgewerbe eines Anderen Geschäfte zu vermitteln oder im Namen des Anderen abzuschließen (Handlungsagent), hat bei seinen Verrichtungen das Interesse des Geschäftsherrn mit der Sorgfalt eines ordentlichen Kaufmanns wahrzunehmen.

Er ist verpflichtet, dem Geschäftsherrn die erforderlichen Nachrichten zu geben, namentlich ihm von jedem Geschäftsabschluß unverzüglich Anzeige zu machen.

§. 83.

Hat ein Handelsagent, der nur mit der Vermittelung von Geschäften betraut ist, ein Geschäft im Namen des Geschäftsherrn mit einem Dritten abgeschlossen, so gilt es als von dem Geschäftsherrn genehmigt, wenn dieser nicht unverzüglich, nachdem er von dem Abschlusse Kenntniß erlangt hat, dem Dritten gegenüber erklärt, daß er das Geschäft ablehne.

§. 84.

Zur Annahme von Zahlungen für den Geschäftsherrn sowie zur nachträglichen Bewilligung von Zahlungsfristen ist der Handelsagent nur befugt, wenn ihm die Ermächtigung dazu besonders ertheilt ist.

Die Anzeige von Mängeln einer Waare, die Erklärung, daß eine Waare zur Verfügung gestellt werde, sowie andere Erklärungen solcher Art können dem Handlungsagenten gegenüber abgegeben werden.

§. 85.

Ist der Handlungsagent als Handlungsreisender thätig, so finden die Vorschriften des §. 54 Anwendung.

§. 86.

Soweit nicht über die dem Handlungsagenten zu gewährende Vergütung ein Anderes vereinbart ist, gebührt ihm eine Provision für jedes zur Ausführung gelangte Geschäft, welches durch seine Thätigkeit zu Stande gekommen ist. Besteht die Thätigkeit des Handlungsagenten in der Vermittelung oder Abschließung von Verkäufen, so ist im Zweifel der Anspruch auf die Provision erst nach dem Eingange der Zahlung und nur nach dem Verhältnisse des eingegangenen Betrags erworben.

Ist die Ausführung eines Geschäfts in Folge des Verhaltens des Geschäftsherrn ganz oder theilweise unterblieben, ohne daß hierfür wichtige Gründe in der Person desjenigen vorlagen, mit welchem das Geschäft abgeschlossen ist, so hat der Handlungsagent die volle Provision zu beanspruchen.

Ist die Höhe der Provision nicht bestimmt, so ist die übliche Provision zu entrichten.

Die Abrechnung über die zu zahlenden Provisionen findet, soweit nicht ein Anderes vereinbart ist, am Schlusse eines jeden Kalenderhalbjahrs statt.

§. 87.

Ist der Handlungsagent ausdrücklich für einen bestimmten Bezirk bestellt, so gebührt ihm die Provision im Zweifel auch für solche Geschäfte, welche in dem Bezirk ohne seine Mitwirkung durch den Geschäftsherrn oder für diesen geschlossen sind.

§. 88.

Für die im regelmäßigen Geschäftsbetrieb entstandenen Unkosten und Auslagen kann der Handlungsagent in Ermangelung einer entgegenstehenden Vereinbarung oder eines abweichenden Handelsgebrauchs Ersatz nicht verlangen.

§. 89.

Der Handlungsagent kann bei der Abrechnung mit dem Geschäftsherrn die Mittheilung eines Buchauszugs über die durch seine Thätigkeit zu Stande gekommenen Geschäfte fordern. Das gleiche Recht steht ihm in Ansehung solcher Geschäfte zu, für die ihm nach §. 87 die Provision gebührt.

§. 90.

Das Vertragsverhältniß zwischen dem Geschäftsherrn und dem Handlungsagenten kann, wenn es für unbestimmte Zeit eingegangen ist, von jedem Theile für den Schluß eines Kalendervierteljahrs unter Einhaltung einer Kündigungsfrist von sechs Wochen gekündigt werden.

Das Vertragsverhältniß kann von jedem Theile ohne Einhaltung einer Kündigungsfrist gekündigt werden, wenn ein wichtiger Grund vorliegt.

Achter Abschnitt.
Handelsmäkler.

§. 91.

Wer gewerbsmäßig für andere Personen, ohne von ihnen auf Grund eines Vertragsverhältnisses ständig damit betraut zu sein, die Vermittelung von Verträgen über Anschaffung oder Veräußerung von Waaren oder Werthpapieren, über Versicherungen, Güterbeförderungen, Bodmerei, Schiffsmiethe oder sonstige Gegenstände des Handelsverkehrs übernimmt, hat die Rechte und Pflichten eines Handelsmäklers.

Auf die Vermittelung anderer als der bezeichneten Geschäfte, insbesondere auf die Vermittelung von Geschäften über unbewegliche Sachen, finden, auch wenn die Vermittelung durch einen Handelsmäkler erfolgt, die Vorschriften dieses Abschnitts keine Anwendung.

§. 92.

Der Handelsmäkler hat, sofern nicht die Parteien ihm dies erlassen oder der Ortsgebrauch mit Rücksicht auf die Gattung der Waare davon entbindet, unverzüglich nach dem Abschlusse des Geschäfts jeder Partei eine von ihm unterzeichnete Schlußnote zuzustellen, welche die Parteien, den Gegenstand und die Bedingungen des Geschäfts, insbesondere bei Verkäufen von Waaren oder Werthpapieren deren Gattung und Menge sowie den Preis und die Zeit der Lieferung, enthält.

Bei Geschäften, die nicht sofort erfüllt werden sollen, ist die Schlußnote den Parteien zu ihrer Unterschrift zuzustellen und jeder Partei die von der anderen unterschriebene Schlußnote zu übersenden.

Verweigert eine Partei die Annahme oder Unterschrift der Schlußnote, so muß der Handelsmäkler davon der anderen Partei unverzüglich Anzeige machen.

§. 93.

Nimmt eine Partei eine Schlußnote an, in der sich der Handelsmäkler die Bezeichnung der anderen Partei vorbehalten hat, so ist sie an das Geschäft mit der Partei, welche ihr nachträglich bezeichnet wird, gebunden, es sei denn, daß gegen diese begründete Einwendungen zu erheben sind.

Die Bezeichnung der anderen Partei muß innerhalb der ortsüblichen Frist, in Ermangelung einer solchen innerhalb einer den Umständen nach angemessenen Frist erfolgen.

Unterbleibt die Bezeichnung oder sind gegen die bezeichnete Person oder Firma begründete Einwendungen zu erheben, so ist die Partei befugt, den Handelsmäkler auf die Erfüllung des Geschäfts in Anspruch zu nehmen. Der Anspruch ist ausgeschlossen, wenn sich die Partei auf die Aufforderung des Handelsmäklers nicht unverzüglich darüber erklärt, ob sie Erfüllung verlange.

§. 94.

Der Handelsmäkler muß, sofern nicht die Parteien ihm dies erlassen oder der Ortsgebrauch mit Rücksicht auf die Gattung der Waare davon entbindet, von jeder durch seine Vermittelung nach Probe verkauften Waare die Probe, falls sie ihm übergeben ist, so lange aufbewahren, bis die Waare ohne Einwendung gegen ihre Beschaffenheit angenommen oder das Geschäft in anderer Weise erledigt wird. Er hat die Probe durch ein Zeichen kenntlich zu machen.

§. 95.

Der Handelsmäkler gilt in Ermangelung eines abweichenden Ortsgebrauchs nicht als ermächtigt, eine Zahlung oder eine andere im Vertrage bedungene Leistung in Empfang zu nehmen.

§. 96.

Der Handelsmäkler haftet jeder der beiden Parteien für den durch sein Verschulden entstehenden Schaden.

§. 97.

Ist unter den Parteien nichts darüber vereinbart, wer den Mäklerlohn bezahlen soll, so ist er in Ermangelung eines abweichenden Ortsgebrauchs von jeder Partei zur Hälfte zu entrichten.

§. 98.

Der Handelsmäkler ist verpflichtet, ein Tagebuch zu führen und in dieses alle abgeschlossenen Geschäfte täglich einzutragen. Die Eintragungen sind nach der Zeitfolge zu bewirken; sie haben die im §. 92 Abs. 1 bezeichneten Angaben zu enthalten. Das Eingetragene ist von dem Handelsmäkler täglich zu unterzeichnen.

Die Vorschriften der §§. 42, 43 über die Einrichtung und Aufbewahrung der Handelsbücher finden auf das Tagebuch des Handelsmäklers Anwendung.

§. 99.

Der Handelsmäkler ist verpflichtet, den Parteien jederzeit auf Verlangen Auszüge aus dem Tagebuche zu geben, die von ihm unterzeichnet sind und Alles enthalten, was von ihm in Ansehung des vermittelten Geschäfts eingetragen ist.

§. 100.

Im Laufe eines Rechtsstreits kann das Gericht auch ohne Antrag einer Partei die Vorlegung des Tagebuchs anordnen, um es mit der Schlußnote, den Auszügen und anderen Beweismitteln zu vergleichen.

§. 101.

Handelsmäkler, die den Vorschriften über die Führung und Aufbewahrung des Tagebuchs zuwiderhandeln, werden mit Geldstrafe bis zu eintausend Mark bestraft.

§. 102.

Auf Personen, welche die Vermittelung von Waarengeschäften im Kleinverkehre besorgen, finden die Vorschriften über Schlußnoten und Tagebücher keine Anwendung.

Zweites Buch.

Handelsgesellschaften und stille Gesellschaft.

Erster Abschnitt.

Offene Handelsgesellschaft.

Erster Titel.

Errichtung der Gesellschaft.

§. 103.

Eine Gesellschaft, deren Zweck auf den Betrieb eines Handelsgewerbes unter gemeinschaftlicher Firma gerichtet ist, ist eine offene Handelsgesellschaft, wenn bei keinem der Gesellschafter die Haftung gegenüber den Gesellschaftsgläubigern beschränkt ist.

Auf die offene Handelsgesellschaft finden, soweit nicht in diesem Abschnitt ein Anderes vorgeschrieben ist, die Vorschriften des Bürgerlichen Gesetzbuchs über die Gesellschaft Anwendung.

§. 104.

Die Gesellschaft ist bei dem Gericht, in dessen Bezirke sie ihren Sitz hat, zur Eintragung in das Handelsregister anzumelden.

Die Anmeldung hat zu enthalten:

1. den Namen, Vornamen, Stand und Wohnort jedes Gesellschafters;
2. die Firma der Gesellschaft und den Ort, wo sie ihren Sitz hat;
3. den Zeitpunkt, mit welchem die Gesellschaft begonnen hat.

§. 105.

Wird die Firma einer Gesellschaft geändert oder der Sitz der Gesellschaft an einen anderen Ort verlegt oder tritt ein neuer Gesellschafter in die Gesellschaft ein, so ist dies ebenfalls zur Eintragung in das Handelsregister anzumelden.

§. 106.

Die Anmeldungen sind von sämmtlichen Gesellschaftern zu bewirken.

Die Gesellschafter, welche die Gesellschaft vertreten sollen, haben die Firma nebst ihrer Namensunterschrift zur Aufbewahrung bei dem Gerichte zu zeichnen.

Zweiter Titel.

Rechtsverhältniß der Gesellschafter unter einander.

§. 107.

Das Rechtsverhältniß der Gesellschafter unter einander richtet sich zunächst nach dem Gesellschaftsvertrage; die Vorschriften der §§. 108 bis 120 finden nur insoweit Anwendung, als nicht durch den Gesellschaftsvertrag ein Anderes bestimmt ist.

§. 108.

Macht der Gesellschafter in den Gesellschaftsangelegenheiten Aufwendungen, die er den Umständen nach für erforderlich halten darf, oder erleidet er unmittelbar durch seine Geschäftsführung oder aus Gefahren, die mit ihr untrennbar verbunden sind, Verluste, so ist ihm die Gesellschaft zum Ersatze verpflichtet.

Aufgewendetes Geld hat die Gesellschaft von der Zeit der Aufwendung an zu verzinsen.

§. 109.

Ein Gesellschafter, der seine Geldeinlage nicht zur rechten Zeit einzahlt oder eingenommenes Gesellschaftsgeld nicht zur rechten Zeit an die Gesellschaftskasse abliefert oder unbefugt Geld aus der Gesellschaftskasse für sich entnimmt, hat Zinsen von dem Tage an zu entrichten, an welchem die Zahlung oder die Ablieferung hätte geschehen sollen oder die Herausnahme des Geldes erfolgt ist.

Die Geltendmachung eines weiteren Schadens ist nicht ausgeschlossen.

§. 110.

Ein Gesellschafter darf ohne Einwilligung der anderen Gesellschafter weder in dem Handelszweige der Gesellschaft Geschäfte machen noch an einer anderen gleichartigen Handelsgesellschaft als persönlich haftender Gesellschafter theilnehmen.

Die Einwilligung zur Theilnahme an einer anderen Gesellschaft gilt als ertheilt, wenn den übrigen Gesellschaftern bei Eingehung der Gesellschaft bekannt ist, daß der Gesellschafter an einer anderen Gesellschaft als persönlich haftender Gesellschafter Theil nimmt, und gleichwohl die Aufgabe dieser Betheiligung nicht ausdrücklich bedungen wird.

§. 111.

Verletzt ein Gesellschafter die ihm nach §. 110 obliegende Verpflichtung, so kann die Gesellschaft Schadensersatz fordern; sie kann statt dessen von dem Gesellschafter verlangen, daß er die für eigene Rechnung gemachten Geschäfte als für Rechnung der Gesellschaft eingegangen gelten lasse und die aus

Geschäften für fremde Rechnung bezogene Vergütung herausgebe oder seinen Anspruch auf die Vergütung abtrete.

Ueber die Geltendmachung dieser Ansprüche beschließen die übrigen Gesellschafter.

Die Ansprüche verjähren in drei Monaten von dem Zeitpunkt an, in welchem die übrigen Gesellschafter von dem Abschlusse des Geschäfts oder von der Theilnahme des Gesellschafters an der anderen Gesellschaft Kenntniß erlangen; sie verjähren ohne Rücksicht auf diese Kenntniß in fünf Jahren von ihrer Entstehung an.

Das Recht der Gesellschafter, die Auflösung der Gesellschaft zu verlangen, wird durch diese Vorschriften nicht berührt.

§. 112.

Zur Führung der Geschäfte der Gesellschaft sind alle Gesellschafter berechtigt und verpflichtet.

Ist im Gesellschaftsvertrage die Geschäftsführung einem Gesellschafter oder mehreren Gesellschaftern übertragen, so sind die übrigen Gesellschafter von der Geschäftsführung ausgeschlossen.

§. 113.

Steht die Geschäftsführung allen oder mehreren Gesellschaftern zu, so ist jeder von ihnen allein zu handeln berechtigt; widerspricht jedoch ein anderer geschäftsführender Gesellschafter der Vornahme einer Handlung, so muß diese unterbleiben.

Ist im Gesellschaftsvertrage bestimmt, daß die Gesellschafter, denen die Geschäftsführung zusteht, nur zusammen handeln können, so bedarf es für jedes Geschäft der Zustimmung aller geschäftsführenden Gesellschafter, es sei denn, daß Gefahr im Verzug ist.

§. 114.

Die Befugniß zur Geschäftsführung erstreckt sich auf alle Handlungen, die der gewöhnliche Betrieb des Handelsgewerbes der Gesellschaft mit sich bringt.

Zur Vornahme von Handlungen, die darüber hinausgehen, ist ein Beschluß sämmtlicher Gesellschafter erforderlich.

Zur Bestellung eines Prokuristen bedarf es der Zustimmung aller geschäftsführenden Gesellschafter, es sei denn, daß Gefahr im Verzug ist. Der Widerruf der Prokura kann von jedem der zur Ertheilung oder zur Mitwirkung bei der Ertheilung befugten Gesellschafter erfolgen.

§. 115.

Die Befugniß zur Geschäftsführung kann einem Gesellschafter auf Antrag der übrigen Gesellschafter durch gerichtliche Entscheidung entzogen werden, wenn ein wichtiger Grund vorliegt; ein solcher Grund ist insbesondere grobe Pflichtverletzung oder Unfähigkeit zur ordnungsmäßigen Geschäftsführung.

§. 116.

Ein Gesellschafter kann, auch wenn er von der Geschäftsführung ausgeschlossen ist, sich von den Angelegenheiten der Gesellschaft persönlich unterrichten, die Handelsbücher und die Papiere der Gesellschaft einsehen und sich aus ihnen eine Bilanz anfertigen.

Eine dieses Recht ausschließende oder beschränkende Vereinbarung steht der Geltendmachung des Rechtes nicht entgegen, wenn Grund zu der Annahme unredlicher Geschäftsführung besteht.

§. 117.

Für die von den Gesellschaftern zu fassenden Beschlüsse bedarf es der Zustimmung aller zur Mitwirkung bei der Beschlußfassung berufenen Gesellschafter.

Hat nach dem Gesellschaftsvertrage die Mehrheit der Stimmen zu entscheiden, so ist die Mehrheit im Zweifel nach der Zahl der Gesellschafter zu berechnen.

§. 118.

Am Schlusse jedes Geschäftsjahrs wird auf Grund der Bilanz der Gewinn oder der Verlust des Jahres ermittelt und für jeden Gesellschafter sein Antheil daran berechnet.

Der einem Gesellschafter zukommende Gewinn wird dem Kapitalantheile des Gesellschafters zugeschrieben; der auf einen Gesellschafter entfallende Verlust sowie das während des Geschäftsjahrs auf den Kapitalantheil entnommene Geld wird davon abgeschrieben.

§. 119.

Von dem Jahresgewinne gebührt jedem Gesellschafter zunächst ein Antheil in Höhe von vier vom Hundert seines Kapitalantheils. Reicht der Jahresgewinn hierzu nicht aus, so bestimmen sich die Antheile nach einem entsprechend niedrigeren Satze.

Bei der Berechnung des hiernach einem Gesellschafter zukommenden Gewinnantheils werden Leistungen, die der Gesellschafter im Laufe des Geschäftsjahrs als Einlage gemacht hat, nach dem Verhältnisse der seit der Leistung abgelaufenen Zeit berücksichtigt. Hat der Gesellschafter im Laufe des Geschäftsjahrs Geld auf seinen Kapitalantheil entnommen, so werden die entnommenen Beträge nach dem Verhältnisse der bis zur Entnahme abgelaufenen Zeit berücksichtigt.

Derjenige Theil des Jahresgewinns, welcher die nach den Abs. 1, 2 zu berechnenden Gewinnantheile übersteigt, sowie der Verlust eines Geschäftsjahrs wird unter die Gesellschafter nach Köpfen vertheilt.

§. 120.

Jeder Gesellschafter ist berechtigt, aus der Gesellschaftskasse Geld bis zum Betrage von vier vom Hundert seines für das letzte Geschäftsjahr festgestellten Kapitalantheils zu seinen Lasten zu erheben und, soweit es nicht zum offenbaren Schaden der Gesellschaft gereicht, auch die Auszahlung seines den bezeichneten Betrag übersteigenden Antheils am Gewinne des letzten Jahres zu verlangen.

Im Uebrigen ist ein Gesellschafter nicht befugt, ohne Einwilligung der anderen Gesellschafter seinen Kapitalantheil zu vermindern.

Dritter Titel.

Rechtsverhältniß der Gesellschafter zu Dritten.

§. 121.

Die Wirksamkeit der offenen Handelsgesellschaft tritt im Verhältnisse zu Dritten mit dem Zeitpunkt ein, in welchem die Gesellschaft in das Handelsregister eingetragen wird.

Beginnt die Gesellschaft ihre Geschäfte schon vor der Eintragung, so tritt die Wirksamkeit mit dem Zeitpunkte des Geschäftsbeginns ein, soweit nicht aus dem §. 2 sich ein Anderes ergiebt.

Eine Vereinbarung, daß die Gesellschaft erst mit einem späteren Zeitpunkt ihren Anfang nehmen soll, ist Dritten gegenüber unwirksam.

§. 122.

Die offene Handelsgesellschaft kann unter ihrer Firma Rechte erwerben und Verbindlichkeiten eingehen, Eigenthum und andere dingliche Rechte an Grundstücken erwerben, vor Gericht klagen und verklagt werden.

Zur Zwangsvollstreckung in das Gesellschaftsvermögen ist ein gegen die Gesellschaft gerichteter vollstreckbarer Schuldtitel erforderlich.

§. 123.

Zur Vertretung der Gesellschaft ist jeder Gesellschafter ermächtigt, wenn er nicht durch den Gesellschaftsvertrag von der Vertretung ausgeschlossen ist.

Im Gesellschaftsvertrage kann bestimmt werden, daß alle oder mehrere Gesellschafter nur in Gemeinschaft zur Vertretung der Gesellschaft ermächtigt sein sollen (Gesammtvertretung). Die zur Gesammtvertretung berechtigten Gesellschafter können einzelne von ihnen zur Vornahme bestimmter Geschäfte oder bestimmter Arten von Geschäften ermächtigen. Ist der Gesellschaft gegenüber eine Willenserklärung abzugeben, so genügt die Abgabe gegenüber einem der zur Mitwirkung bei der Vertretung befugten Gesellschafter.

Im Gesellschaftsvertrage kann bestimmt werden, daß die Gesellschafter, wenn nicht mehrere zusammen handeln, nur in Gemeinschaft mit einem

Prokuristen zur Vertretung der Gesellschaft ermächtigt sein sollen. Die Vorschriften des Abs. 2 Satz 2, 3 finden in diesem Falle entsprechende Anwendung.

Der Ausschluß eines Gesellschafters von der Vertretung, die Anordnung einer Gesammtvertretung oder eine gemäß Abs. 3 Satz 1 getroffene Bestimmung sowie jede Aenderung in der Vertretungsmacht eines Gesellschafters ist von sämmtlichen Gesellschaftern zur Eintragung in das Handelsregister anzumelden.

§. 124.

Die Vertretungsmacht der Gesellschafter erstreckt sich auf alle gerichtlichen und außergerichtlichen Geschäfte und Rechtshandlungen einschließlich der Veräußerung und Belastung von Grundstücken sowie der Ertheilung und des Widerrufs einer Prokura.

Eine Beschränkung des Umfanges der Vertretungsmacht ist Dritten gegenüber unwirksam; dies gilt insbesondere von der Beschränkung, daß sich die Vertretung nur auf gewisse Geschäfte oder Arten von Geschäften erstrecken oder daß sie nur unter gewissen Umständen oder für eine gewisse Zeit oder an einzelnen Orten stattfinden soll.

In Betreff der Beschränkung auf den Betrieb einer von mehreren Niederlassungen der Gesellschaft finden die Vorschriften des §. 49 Abs. 3 entsprechende Anwendung.

§. 125.

Die Vertretungsmacht kann einem Gesellschafter auf Antrag der übrigen Gesellschafter durch gerichtliche Entscheidung entzogen werden, wenn ein wichtiger Grund vorliegt; ein solcher Grund ist insbesondere grobe Pflichtverletzung oder Unfähigkeit zur ordnungsmäßigen Vertretung der Gesellschaft.

§. 126.

Die Gesellschafter haften für die Verbindlichkeiten der Gesellschaft den Gläubigern als Gesammtschuldner persönlich. Eine entgegenstehende Vereinbarung ist Dritten gegenüber unwirksam.

§. 127.

Wird ein Gesellschafter wegen einer Verbindlichkeit der Gesellschaft in Anspruch genommen, so kann er Einwendungen, die nicht in seiner Person begründet sind, nur insoweit geltend machen, als sie von der Gesellschaft erhoben werden können.

Der Gesellschafter kann die Befriedigung des Gläubigers verweigern, solange der Gesellschaft das Recht zusteht, das ihrer Verbindlichkeit zu Grunde liegende Rechtsgeschäft anzufechten.

Die gleiche Befugniß hat der Gesellschafter, solange sich der Gläubiger durch Aufrechnung gegen eine fällige Forderung der Gesellschaft befriedigen kann.

Aus einem gegen die Gesellschaft gerichteten vollstreckbaren Schuldtitel findet die Zwangsvollstreckung gegen die Gesellschafter nicht statt.

§. 128.

Wer in eine bestehende Gesellschaft eintritt, haftet gleich den anderen Gesellschaftern nach Maßgabe der §§. 126, 127 für die vor seinem Eintritte begründeten Verbindlichkeiten der Gesellschaft, ohne Unterschied, ob die Firma eine Aenderung erleidet oder nicht.

Eine entgegenstehende Vereinbarung ist Dritten gegenüber unwirksam.

Vierter Titel.

Auflösung der Gesellschaft und Ausscheiden von Gesellschaftern.

§. 129.

Die offene Handelsgesellschaft wird aufgelöst:

1. durch den Ablauf der Zeit, für welche sie eingegangen ist;
2. durch Beschluß der Gesellschafter;
3. durch die Eröffnung des Konkurses über das Vermögen der Gesellschaft;
4. durch den Tod eines Gesellschafters, sofern nicht aus dem Gesellschaftsvertrage sich ein Anderes ergiebt;
5. durch die Eröffnung des Konkurses über das Vermögen eines Gesellschafters;
6. durch Kündigung und durch gerichtliche Entscheidung.

§. 130.

Die Kündigung eines Gesellschafters kann, wenn die Gesellschaft für unbestimmte Zeit eingegangen ist, nur für den Schluß eines Geschäftsjahrs erfolgen; sie muß mindestens sechs Monate vor diesem Zeitpunkte stattfinden.

§. 131.

Auf Antrag eines Gesellschafters kann die Auflösung der Gesellschaft vor dem Ablaufe der für ihre Dauer bestimmten Zeit oder bei einer für unbestimmte Zeit eingegangenen Gesellschaft ohne Kündigung durch gerichtliche Entscheidung ausgesprochen werden, wenn ein wichtiger Grund vorliegt.

Ein solcher Grund ist insbesondere vorhanden, wenn ein anderer Gesellschafter eine ihm nach dem Gesellschaftsvertrag obliegende wesentliche Verpflichtung vorsätzlich oder aus grober Fahrlässigkeit verletzt oder wenn die Erfüllung einer solchen Verpflichtung unmöglich wird.

Eine Vereinbarung, durch welche das Recht des Gesellschafters, die Auflösung der Gesellschaft zu verlangen, ausgeschlossen oder diesen Vorschriften zuwider beschränkt wird, ist nichtig.

§. 132.

Eine Gesellschaft, die für die Lebenszeit eines Gesellschafters eingegangen ist oder nach dem Ablaufe der für ihre Dauer bestimmten Zeit stillschweigend fortgesetzt wird, steht im Sinne der Vorschriften der §§. 130, 131 einer für unbestimmte Zeit eingegangenen Gesellschaft gleich.

§. 133.

Hat ein Privatgläubiger eines Gesellschafters, nachdem innerhalb der letzten sechs Monate eine Zwangsvollstreckung in das bewegliche Vermögen des Gesellschafters ohne Erfolg versucht ist, auf Grund eines nicht bloß vorläufig vollstreckbaren Schuldtitels die Pfändung und Ueberweisung des Anspruchs auf dasjenige erwirkt, was dem Gesellschafter bei der Auseinandersetzung zukommt, so kann er die Gesellschaft ohne Rücksicht darauf, ob sie für bestimmte oder unbestimmte Zeit eingegangen ist, sechs Monate vor dem Ende des Geschäftsjahrs für diesen Zeitpunkt kündigen.

§. 134.

Wird die Gesellschaft durch den Tod eines Gesellschafters aufgelöst, so hat der Erbe des verstorbenen Gesellschafters den übrigen Gesellschaftern den Tod unverzüglich anzuzeigen und bei Gefahr im Verzuge die von seinem Erblasser zu besorgenden Geschäfte fortzuführen, bis die übrigen Gesellschafter in Gemeinschaft mit ihm anderweit Fürsorge treffen können. Die übrigen Gesellschafter sind in gleicher Weise zur einstweiligen Fortführung der von ihnen zu besorgenden Geschäfte verpflichtet. Die Gesellschaft gilt insoweit als fortbestehend.

Die Vorschriften des Abs. 1 Satz 2, 3 finden auch im Falle der Auflösung der Gesellschaft durch die Eröffnung des Konkurses über das Vermögen eines Gesellschafters Anwendung.

§. 135.

Wird die Gesellschaft in anderer Weise als durch Kündigung aufgelöst, so gilt die Befugniß eines Gesellschafters zur Geschäftsführung zu seinen Gunsten gleichwohl als fortbestehend, bis er von der Auflösung Kenntniß erlangt oder die Auflösung kennen muß.

§. 136.

Ist im Gesellschaftsvertrage bestimmt, daß, wenn ein Gesellschafter kündigt oder stirbt oder wenn der Konkurs über sein Vermögen eröffnet wird, die Gesellschaft unter den übrigen Gesellschaftern fortbestehen soll, so scheidet mit dem Zeitpunkt, in welchem mangels einer solchen Bestimmung die Gesellschaft aufgelöst werden würde, der Gesellschafter, in dessen Person das Ereigniß eintritt, aus der Gesellschaft aus.

§. 137.

Ist im Gesellschaftsvertrage bestimmt, daß im Falle des Todes eines Gesellschafters die Gesellschaft mit dessen Erben fortgesetzt werden soll, so kann jeder Erbe sein Verbleiben in der Gesellschaft davon abhängig machen, daß ihm unter Belassung des bisherigen Gewinnantheils die Stellung eines Kommanditisten eingeräumt und der auf ihn fallende Theil der Einlage des Erblassers als seine Kommanditeinlage anerkannt wird.

Nehmen die übrigen Gesellschafter einen dahin gehenden Antrag des Erben nicht an, so ist dieser befugt, ohne Einhaltung einer Kündigungsfrist sein Ausscheiden aus der Gesellschaft zu erklären.

Die bezeichneten Rechte können von dem Erben nur innerhalb einer Frist von drei Monaten nach dem Zeitpunkt, in welchem er von dem Anfalle der Erbschaft Kenntniß erlangt hat, geltend gemacht werden. Auf den Lauf der Frist finden die für die Verjährung geltenden Vorschriften des §. 206 des Bürgerlichen Gesetzbuchs entsprechende Anwendung. Ist bei dem Ablaufe der drei Monate das Recht zur Ausschlagung der Erbschaft noch nicht verloren, so endigt die Frist nicht vor dem Ablaufe der Ausschlagungsfrist.

Scheidet innerhalb der Frist des Abs. 3 der Erbe aus der Gesellschaft aus oder wird innerhalb der Frist die Gesellschaft aufgelöst oder dem Erben die Stellung eines Kommanditisten eingeräumt, so haftet er für die bis dahin entstandenen Gesellschaftsschulden nur nach Maßgabe der die Haftung des Erben für die Nachlaßverbindlichkeiten betreffenden Vorschriften des bürgerlichen Rechtes.

Der Gesellschaftsvertrag kann die Anwendung der Vorschriften der Abs. 1 bis 4 nicht ausschließen; es kann jedoch für den Fall, daß der Erbe sein Verbleiben in der Gesellschaft von der Einräumung der Stellung eines Kommanditisten abhängig macht, sein Gewinnantheil anders als der des Erblassers bestimmt werden.

§. 138.

Tritt in der Person eines Gesellschafters ein Umstand ein, der nach §. 131 für die übrigen Gesellschafter das Recht begründet, die Auflösung der Gesellschaft zu verlangen, so kann vom Gericht anstatt der Auflösung die Ausschließung dieses Gesellschafters aus der Gesellschaft ausgesprochen werden, sofern die übrigen Gesellschafter dies beantragen.

Für die Auseinandersetzung zwischen der Gesellschaft und dem ausgeschlossenen Gesellschafter ist die Vermögenslage der Gesellschaft in dem Zeitpunkte maßgebend, in welchem die Klage auf Ausschließung erhoben ist.

§. 139.

Macht ein Privatgläubiger eines Gesellschafters von dem ihm nach §. 133 zustehenden Rechte Gebrauch, so können die übrigen Gesellschafter auf Grund eines von ihnen gefaßten Beschlusses dem Gläubiger erklären, daß die Gesellschaft unter ihnen fortbestehen solle. In diesem Falle scheidet der betreffende Gesellschafter mit dem Ende des Geschäftsjahrs aus der Gesellschaft aus.

Diese Vorschriften finden im Falle der Eröffnung des Konkurses über das Vermögen eines Gesellschafters mit der Maßgabe Anwendung, daß die Erklärung gegenüber dem Konkursverwalter zu erfolgen hat und daß der

Gemeinschuldner mit dem Zeitpunkte der Eröffnung des Konkurses als aus der Gesellschaft ausgeschieden gilt.

§. 140.

Sind nur zwei Gesellschafter vorhanden, so kann, wenn in der Person des einen von ihnen die Voraussetzungen vorliegen, unter welchen bei einer größeren Zahl von Gesellschaftern seine Ausschließung aus der Gesellschaft zulässig sein würde, der andere Gesellschafter auf seinen Antrag vom Gerichte für berechtigt erklärt werden, das Geschäft ohne Liquidation mit Aktiven und Passiven zu übernehmen.

Macht bei einer aus zwei Gesellschaftern bestehenden Gesellschaft ein Privatgläubiger des einen Gesellschafters von der ihm nach §. 133 zustehenden Befugniß Gebrauch oder wird über das Vermögen des einen Gesellschafters der Konkurs eröffnet, so ist der andere berechtigt, das Geschäft in der bezeichneten Weise zu übernehmen.

Auf die Auseinandersetzung finden die für den Fall des Ausscheidens eines Gesellschafters aus der Gesellschaft geltenden Vorschriften entsprechende Anwendung.

§. 141.

Die Auflösung der Gesellschaft ist, wenn sie nicht in Folge der Eröffnung des Konkurses über das Vermögen der Gesellschaft eintritt, von sämmtlichen Gesellschaftern zur Eintragung in das Handelsregister anzumelden.

Das Gleiche gilt von dem Ausscheiden eines Gesellschafters aus der Gesellschaft.

Ist anzunehmen, daß der Tod eines Gesellschafters die Auflösung oder das Ausscheiden zur Folge gehabt hat, so kann, auch ohne daß die Erben bei der Anmeldung mitwirken, die Eintragung erfolgen, soweit einer solchen Mitwirkung besondere Hindernisse entgegenstehen.

§. 142.

Ist die Gesellschaft durch die Eröffnung des Konkurses über ihr Vermögen aufgelöst, der Konkurs aber nach Abschluß eines Zwangsvergleichs aufgehoben oder auf Grund des §. 188 der Konkursordnung eingestellt, so können die Gesellschafter die Fortsetzung der Gesellschaft beschließen.

Die Fortsetzung ist von sämmtlichen Gesellschaftern zur Eintragung in das Handelsregister anzumelden.

Fünfter Titel.

Liquidation der Gesellschaft.

§. 143.

Nach der Auflösung der Gesellschaft findet die Liquidation statt, sofern nicht eine andere Art der Auseinandersetzung von den Gesellschaftern vereinbart oder über das Vermögen der Gesellschaft der Konkurs eröffnet ist.

Ist die Gesellschaft durch Kündigung des Gläubigers eines Gesellschafters oder durch die Eröffnung des Konkurses über das Vermögen eines Gesellschafters aufgelöst, so kann die Liquidation nur mit Zustimmung des Gläubigers oder des Konkursverwalters unterbleiben.

§. 144.

Die Liquidation erfolgt, sofern sie nicht durch Beschluß der Gesellschafter oder durch den Gesellschaftsvertrag einzelnen Gesellschaftern oder anderen Personen übertragen ist, durch sämmtliche Gesellschafter als Liquidatoren. Mehrere Erben eines Gesellschafters haben einen gemeinsamen Vertreter zu bestellen.

Auf Antrag eines Betheiligten kann aus wichtigen Gründen die Ernennung von Liquidatoren durch das Gericht erfolgen, in dessen Bezirke die Gesellschaft ihren Sitz hat; das Gericht kann in einem solchen Falle Personen zu Liquidatoren ernennen, die nicht zu den Gesellschaftern gehören. Als Betheiligter gilt außer den Gesellschaftern im Falle des §. 133 auch der Gläubiger, durch den die Kündigung erfolgt ist.

Ist über das Vermögen eines Gesellschafters der Konkurs eröffnet, so tritt der Konkursverwalter an die Stelle des Gesellschafters.

§. 145.

Die Abberufung von Liquidatoren geschieht durch einstimmigen Beschluß der nach §. 144 Abs. 2, 3 Betheiligten; sie kann auf Antrag eines Betheiligten aus wichtigen Gründen auch durch das Gericht erfolgen.

§. 146.

Die Liquidatoren sind von sämmtlichen Gesellschaftern zur Eintragung in das Handelsregister anzumelden. Das Gleiche gilt von jeder Aenderung in den Personen der Liquidatoren oder in ihrer Vertretungsmacht. Im Falle des Todes eines Gesellschafters kann, wenn anzunehmen ist, daß die Anmeldung den Thatsachen entspricht, die Eintragung erfolgen, auch ohne daß die Erben bei der Anmeldung mitwirken, soweit einer solchen Mitwirkung besondere Hindernisse entgegenstehen.

Die Eintragung gerichtlich bestellter Liquidatoren sowie die Eintragung der gerichtlichen Abberufung von Liquidatoren geschieht von Amtswegen.

Die Liquidatoren haben die Firma nebst ihrer Namensunterschrift zur Aufbewahrung bei dem Gerichte zu zeichnen.

§. 147.

Die Liquidatoren haben die laufenden Geschäfte zu beendigen, die Forderungen einzuziehen, das übrige Vermögen in Geld umzusetzen und die Gläubiger zu befriedigen; zur Beendigung schwebender Geschäfte können sie auch neue Geschäfte eingehen. Die Liquidatoren vertreten innerhalb ihres Geschäftskreises die Gesellschaft gerichtlich und außergerichtlich.

§. 148.

Sind mehrere Liquidatoren vorhanden, so können sie die zur Liquidation gehörenden Handlungen nur in Gemeinschaft vornehmen, sofern nicht bestimmt ist, daß sie einzeln handeln können; eine solche Bestimmung ist in das Handelsregister einzutragen.

Durch die Vorschrift des Abs. 1 wird nicht ausgeschlossen, daß die Liquidatoren einzelne von ihnen zur Vornahme bestimmter Geschäfte oder bestimmter Arten von Geschäften ermächtigen. Ist der Gesellschaft gegenüber eine Willenserklärung abzugeben, so findet die Vorschrift des §. 123 Abs. 2 Satz 3 entsprechende Anwendung.

§. 149.

Eine Beschränkung des Umfanges der Befugnisse der Liquidatoren ist Dritten gegenüber unwirksam.

§. 150.

Gegenüber den nach §. 144 Abs. 2, 3 Betheiligten haben die Liquidatoren, auch wenn sie vom Gerichte bestellt sind, den Anordnungen Folge zu leisten, welche die Betheiligten in Betreff der Geschäftsführung einstimmig beschließen.

§. 151.

Die Liquidatoren haben ihre Unterschrift in der Weise abzugeben, daß sie der bisherigen, als Liquidationsfirma zu bezeichnenden Firma ihren Namen beifügen.

§. 152.

Die Liquidatoren haben bei dem Beginne sowie bei der Beendigung der Liquidation eine Bilanz aufzustellen.

§. 153.

Das nach Berichtigung der Schulden verbleibende Vermögen der Gesellschaft ist von den Liquidatoren nach dem Verhältnisse der Kapitalantheile, wie sie sich auf Grund der Schlußbilanz ergeben, unter die Gesellschafter zu vertheilen.

Das während der Liquidation entbehrliche Geld wird vorläufig vertheilt. Zur Deckung noch nicht fälliger oder streitiger Verbindlichkeiten sowie zur Sicherung der den Gesellschaftern bei der Schlußvertheilung zukommenden Beträge ist das Erforderliche zurückzubehalten. Die Vorschriften des §. 120 Abs. 1 finden während der Liquidation keine Anwendung.

Entsteht über die Vertheilung des Gesellschaftsvermögens Streit unter den Gesellschaftern, so haben die Liquidatoren die Vertheilung bis zur Entscheidung des Streites auszusetzen.

§. 154.

Bis zur Beendigung der Liquidation kommen in Bezug auf das Rechtsverhältniß der bisherigen Gesellschafter unter einander sowie der Gesellschaft zu Dritten die Vorschriften des zweiten und dritten Titels zur Anwendung, soweit sich nicht aus dem gegenwärtigen Titel oder aus dem Wesen der Liquidation ein Anderes ergiebt.

§. 155.

Nach der Beendigung der Liquidation ist das Erlöschen der Firma von den Liquidatoren zur Eintragung in das Handelsregister anzumelden.

Die Bücher und Papiere der aufgelösten Gesellschaft werden einem der Gesellschafter oder einem Dritten in Verwahrung gegeben. Der Gesellschafter oder der Dritte wird in Ermangelung einer Verständigung durch das Gericht bestimmt, in dessen Bezirke die Gesellschaft ihren Sitz hat.

Die Gesellschafter und Erben behalten das Recht auf Einsicht und Benutzung der Bücher und Papiere.

§. 156.

Vereinbaren die Gesellschafter statt der Liquidation eine andere Art der Auseinandersetzung, so finden, solange noch ungetheiltes Gesellschaftsvermögen vorhanden ist, im Verhältnisse zu Dritten die für die Liquidation geltenden Vorschriften entsprechende Anwendung.

Sechster Titel.

Verjährung.

§. 157.

Die Ansprüche gegen einen Gesellschafter aus Verbindlichkeiten der Gesellschaft verjähren in fünf Jahren nach der Auflösung der Gesellschaft oder nach dem Ausscheiden des Gesellschafters, sofern nicht der Anspruch gegen die Gesellschaft einer kürzeren Verjährung unterliegt.

Die Verjährung beginnt mit dem Ende des Tages, an welchem die Auflösung der Gesellschaft oder das Ausscheiden des Gesellschafters in das Handelsregister des für den Sitz der Gesellschaft zuständigen Gerichts eingetragen wird.

Wird der Anspruch des Gläubigers gegen die Gesellschaft erst nach der Eintragung fällig, so beginnt die Verjährung mit dem Zeitpunkte der Fälligkeit.

§. 158.

Die Unterbrechung der Verjährung gegenüber der aufgelösten Gesellschaft wirkt auch gegenüber den Gesellschaftern, welche der Gesellschaft zur Zeit der Auflösung angehört haben.

Zweiter Abschnitt.

Kommanditgesellschaft.

§. 159.

Eine Gesellschaft, deren Zweck auf den Betrieb eines Handelsgewerbes unter gemeinschaftlicher Firma gerichtet ist, ist eine Kommanditgesellschaft, wenn bei einem oder bei einigen von den Gesellschaftern die Haftung gegenüber den Gesellschaftsgläubigern auf den Betrag einer bestimmten Vermögenseinlage beschränkt ist (Kommanditisten), während bei dem anderen Theile der Gesellschafter eine Beschränkung der Haftung nicht stattfindet (persönlich haftende Gesellschafter).

Soweit nicht in diesem Abschnitt ein Anderes vorgeschrieben ist, finden auf die Kommanditgesellschaft die für die offene Handelsgesellschaft geltenden Vorschriften Anwendung.

§. 160.

Die Anmeldung der Gesellschaft hat außer den im §. 104 Abs. 2 vorgesehenen Angaben die Bezeichnung der Kommanditisten und den Betrag der Einlage eines jeden von ihnen zu enthalten.

Bei der Bekanntmachung der Eintragung ist nur die Zahl der Kommanditisten anzugeben; der Name, der Stand und der Wohnort der Kommanditisten sowie der Betrag ihrer Einlagen werden nicht bekannt gemacht.

Diese Vorschriften finden im Falle des Eintritts eines Kommanditisten in eine bestehende Handelsgesellschaft und im Falle des Ausscheidens eines Kommanditisten aus einer Kommanditgesellschaft entsprechende Anwendung.

§. 161.

Für das Verhältniß der Gesellschafter unter einander gelten in Ermangelung abweichender Bestimmungen des Gesellschaftsvertrags die besonderen Vorschriften der §§. 162 bis 167.

§. 162.

Die Kommanditisten sind von der Führung der Geschäfte der Gesellschaft ausgeschlossen; sie können einer Handlung der persönlich haftenden Gesellschafter nicht widersprechen, es sei denn, daß die Handlung über den gewöhnlichen Betrieb des Handelsgewerbes der Gesellschaft hinausgeht. Die Vorschriften des §. 114 Abs. 3 bleiben unberührt.

§. 163.

Die §§. 110, 111 finden auf die Kommanditisten keine Anwendung.

§. 164.

Der Kommanditist ist berechtigt, die abschriftliche Mittheilung der jährlichen Bilanz zu verlangen und ihre Richtigkeit unter Einsicht der Bücher und Papiere zu prüfen.

Die im §. 116 dem von der Geschäftsführung ausgeschlossenen Gesellschafter eingeräumten weiteren Rechte stehen dem Kommanditisten nicht zu.

Auf Antrag eines Kommanditisten kann das Gericht, wenn wichtige Gründe vorliegen, die Mittheilung einer Bilanz oder sonstiger Aufklärungen sowie die Vorlegung der Bücher und Papiere jederzeit anordnen.

§. 165.

Die Vorschriften des §. 118 über die Berechnung des Gewinns oder Verlustes gelten auch für den Kommanditisten.

Jedoch wird der einem Kommanditisten zukommende Gewinn seinem Kapitalantheile nur so lange zugeschrieben, als dieser den Betrag der bedungenen Einlage nicht erreicht.

An dem Verluste nimmt der Kommanditist nur bis zum Betrage seines Kapitalantheils und seiner noch rückständigen Einlage Theil.

§. 166.

Die Antheile der Gesellschafter am Gewinne bestimmen sich, soweit der Gewinn den Betrag von vier vom Hundert der Kapitalantheile nicht übersteigt, nach den Vorschriften des §. 119 Abs. 1, 2.

In Ansehung des Gewinns, welcher diesen Betrag übersteigt, sowie in Ansehung des Verlustes gilt, soweit nicht ein Anderes vereinbart ist, ein den Umständen nach angemessenes Verhältniß der Antheile als bedungen.

§. 167.

Der §. 120 findet auf den Kommanditisten keine Anwendung. Dieser hat nur Anspruch auf Auszahlung des ihm zukommenden Gewinns; er kann auch die Auszahlung des Gewinns nicht fordern, solange sein Kapitalantheil durch Verlust unter den auf die bedungene Einlage geleisteten Betrag herabgemindert ist oder durch die Auszahlung unter diesen Betrag herabgemindert werden würde.

Der Kommanditist ist nicht verpflichtet, den bezogenen Gewinn wegen späterer Verluste zurückzuzahlen.

§. 168.

Der Kommanditist haftet den Gläubigern der Gesellschaft bis zur Höhe seiner Einlage unmittelbar; die Haftung ist ausgeschlossen, soweit die Einlage geleistet ist.

Ist über das Vermögen der Gesellschaft der Konkurs eröffnet, so wird während der Dauer des Verfahrens das den Gesellschaftsgläubigern nach Abs. 1 zustehende Recht durch den Konkursverwalter ausgeübt.

§. 169.

Im Verhältnisse zu den Gläubigern der Gesellschaft wird nach der Eintragung in das Handelsregister die Einlage eines Kommanditisten durch den in der Eintragung angegebenen Betrag bestimmt.

Auf eine nicht eingetragene Erhöhung der aus dem Handelsregister ersichtlichen Einlage können sich die Gläubiger nur berufen, wenn die Erhöhung in handelsüblicher Weise kundgemacht oder ihnen in anderer Weise von der Gesellschaft mitgetheilt worden ist.

Eine Vereinbarung der Gesellschafter, durch die einem Kommanditisten die Einlage erlassen oder gestundet wird, ist den Gläubigern gegenüber unwirksam.

Soweit die Einlage eines Kommanditisten zurückbezahlt wird, gilt sie den Gläubigern gegenüber als nicht geleistet. Das Gleiche gilt, soweit ein Kommanditist Gewinnantheile entnimmt, während sein Kapitalantheil durch Verlust unter den Betrag der geleisteten Einlage herabgemindert ist, oder soweit durch die Entnahme der Kapitalantheil unter den bezeichneten Betrag herabgemindert wird.

Was ein Kommanditist auf Grund einer in gutem Glauben errichteten Bilanz in gutem Glauben als Gewinn bezieht, ist er in keinem Falle zurückzuzahlen verpflichtet.

§. 170.

Wer in eine bestehende Handelsgesellschaft als Kommanditist eintritt, haftet nach Maßgabe der §§. 168, 169 für die vor seinem Eintritte begründeten Verbindlichkeiten der Gesellschaft, ohne Unterschied, ob die Firma eine Aenderung erleidet oder nicht.

Eine entgegenstehende Vereinbarung ist Dritten gegenüber unwirksam.

§. 171.

Eine Herabsetzung der Einlage eines Kommanditisten ist, solange sie nicht in das Handelsregister des Gerichts, in dessen Bezirke die Gesellschaft ihren Sitz hat, eingetragen ist, den Gläubigern gegenüber unwirksam; Gläubiger, deren Forderungen zur Zeit der Eintragung begründet waren, brauchen die Herabsetzung nicht gegen sich gelten zu lassen.

§. 172.

Die Erhöhung sowie die Herabsetzung einer Einlage ist durch die sämmtlichen Gesellschafter zur Eintragung in das Handelsregister anzumelden. Die Bekanntmachung der Eintragung erfolgt gemäß §. 160 Abs. 2. Auf die Eintragung in das Handelsregister des Sitzes der Gesellschaft finden die Vorschriften des §. 14 keine Anwendung.

§. 173.

Hat die Gesellschaft ihre Geschäfte begonnen, bevor sie in das Handelsregister des Gerichts, in dessen Bezirke sie ihren Sitz hat, eingetragen ist, so haftet jeder Kommanditist, der dem Geschäftsbeginne zugestimmt hat, für die bis zur Eintragung begründeten Verbindlichkeiten der Gesellschaft gleich einem persönlich haftenden Gesellschafter, es sei denn, daß seine Betheiligung als Kommanditist dem Gläubiger bekannt war. Diese Vorschrift kommt nicht zur Anwendung, soweit sich aus dem §. 2 ein Anderes ergiebt.

Tritt ein Kommanditist in eine bestehende Handelsgesellschaft ein, so findet die Vorschrift des Abs. 1 Satz 1 für die in der Zeit zwischen seinem Eintritt und dessen Eintragung in das Handelsregister begründeten Verbindlichkeiten der Gesellschaft entsprechende Anwendung.

§. 174.

Der Kommanditist ist zur Vertretung der Gesellschaft nicht ermächtigt.

§. 175.

Der Tod eines Kommanditisten hat die Auflösung der Gesellschaft nicht zur Folge.

Dritter Abschnitt.

Aktiengesellschaft.

Erster Titel.

Allgemeine Vorschriften.

§. 176.

Die sämmtlichen Gesellschafter der Aktiengesellschaft sind mit Einlagen auf das in Aktien zerlegte Grundkapital der Gesellschaft betheiligt, ohne persönlich für deren Verbindlichkeiten zu haften.

§. 177.

Die Aktien sind untheilbar.

Sie können auf den Inhaber oder auf Namen lauten.

Aktien, die vor der vollen Leistung des Nennbetrags oder, falls der Ausgabepreis höher ist, vor der vollen Leistung dieses Betrags ausgegeben werden, dürfen nicht auf den Inhaber lauten. Das Gleiche gilt von Antheilscheinen, die den Aktionären vor der Ausgabe der Aktien ausgestellt werden (Interimsscheine).

Werden auf Namen lautende Aktien vor der vollen Leistung der Einzahlungen ausgegeben, so ist der Betrag der geleisteten Einzahlungen in den Urkunden anzugeben.

§. 178.

Die Aktien müssen auf einen Betrag von mindestens eintausend Mark gestellt werden.

Für ein gemeinnütziges Unternehmen kann im Falle eines besonderen örtlichen Bedürfnisses der Bundesrath die Ausgabe von Aktien, die auf Namen lauten, zu einem geringeren, jedoch mindestens zweihundert Mark erreichenden Betrage zulassen. Die gleiche Genehmigung kann ertheilt werden, wenn für ein Unternehmen das Reich, ein Bundesstaat oder ein Kommunalverband oder eine sonstige öffentliche Körperschaft auf die Aktien einen bestimmten Ertrag bedingungslos und ohne Zeitbeschränkung gewährleistet hat.

Auf Namen lautende Aktien, deren Uebertragung an die Einwilligung der Gesellschaft gebunden ist, dürfen auf einen Betrag von weniger als eintausend, jedoch nicht von weniger als zweihundert Mark gestellt werden.

Im Falle des Abs. 2 soll die ertheilte Genehmigung, im Falle des Abs. 3 sollen die Beschränkungen, denen nach §. 220 Abs. 4 die Aktionäre in Ansehung der Uebertragung ihrer Rechte unterliegen, in den Aktien ersichtlich gemacht werden.

Diese Vorschriften gelten auch für Interimsscheine.

§. 179.

Zur Unterzeichnung von Aktien und Interimsscheinen genügt eine im Wege der mechanischen Vervielfältigung hergestellte Namensunterschrift. Die Gültigkeit der Unterzeichnung kann durch eine in die Urkunde aufgenommene Bestimmung von der Beobachtung einer besonderen Form abhängig gemacht werden.

§. 180.

Der Inhalt des Gesellschaftsvertrags (Statut) muß von mindestens fünf Personen, welche Aktien übernehmen, in gerichtlicher oder notarieller Verhandlung festgestellt werden. In der Verhandlung ist der Betrag der von Jedem übernommenen Aktien anzugeben.

Der Gesellschaftsvertrag muß bestimmen:

1. die Firma und den Sitz der Gesellschaft;
2. den Gegenstand des Unternehmens;
3. die Höhe des Grundkapitals und der einzelnen Aktien;
4. die Art der Bestellung und Zusammensetzung des Vorstandes;
5. die Form, in der die Berufung der Generalversammlung der Aktionäre geschieht;
6. die Form, in der die von der Gesellschaft ausgehenden Bekanntmachungen erfolgen.

Bekanntmachungen, die durch öffentliche Blätter erfolgen sollen, sind in den Deutschen Reichsanzeiger einzurücken. Andere Blätter außer diesem bestimmt der Gesellschaftsvertrag.

§. 181.

Ist im Gesellschaftsvertrage nichts darüber bestimmt, ob die Aktien auf den Inhaber oder auf den Namen lauten sollen, so sind sie auf Namen zu stellen.

Im Gesellschaftsvertrage kann bestimmt werden, daß auf Verlangen des Aktionärs die Umwandlung seiner auf Namen lautenden Aktie in eine Inhaberaktie oder umgekehrt stattzufinden hat.

§. 182.

Für einen geringeren als den Nennbetrag dürfen Aktien nicht ausgegeben werden.

Die Ausgabe für einen höheren Betrag ist statthaft, wenn sie im Gesellschaftsvertrage zugelassen ist.

§. 183.

Im Gesellschaftsvertrage können für einzelne Gattungen von Aktien verschiedene Rechte, insbesondere betreffs der Vertheilung des Gewinns oder des Gesellschaftsvermögens, festgesetzt werden.

§. 184.

Jeder zu Gunsten einzelner Aktionäre bedungene besondere Vortheil muß im Gesellschaftsvertrag unter Bezeichnung des Berechtigten festgesetzt werden.

Werden auf das Grundkapital von Aktionären Einlagen gemacht, die nicht durch Baarzahlung zu leisten sind, oder werden vorhandene oder herzustellende Anlagen oder sonstige Vermögensstücke von der zu errichtenden Gesellschaft übernommen, so müssen der Gegenstand der Einlage oder der Uebernahme, die Person, von welcher die Gesellschaft den Gegenstand erwirbt, und der Betrag der für die Einlage zu gewährenden Aktien oder die für den übernommenen Gegenstand zu gewährende Vergütung im Gesellschaftsvertrage festgesetzt werden.

Von diesen Festsetzungen gesondert ist der Gesammtaufwand, welcher zu Lasten der Gesellschaft an Aktionäre oder Andere als Entschädigung oder Belohnung für die Gründung oder deren Vorbereitung gewährt wird, im Gesellschaftsvertrage festzusetzen.

Jedes Abkommen über die vorbezeichneten Gegenstände, welches nicht die vorgeschriebene Festsetzung im Gesellschaftsvertrage gefunden hat, ist der Gesellschaft gegenüber unwirksam.

§. 185.

Die Aktionäre, welche das Statut festgestellt haben oder andere als durch Baarzahlung zu leistende Einlagen machen, gelten als die Gründer der Gesellschaft.

§. 186.

Uebernehmen die Gründer alle Aktien, so gilt mit der Uebernahme der Aktien die Gesellschaft als errichtet.

Soweit die Uebernahme nicht schon bei der Feststellung des Statuts erfolgt, kann sie in einer besonderen gerichtlichen oder notariellen Verhandlung unter Angabe der Beträge, welche die einzelnen Gründer noch übernehmen, bewirkt werden.

§. 187.

Uebernehmen die Gründer nicht alle Aktien, so hat der Errichtung der Gesellschaft die Zeichnung der übrigen Aktien vorherzugehen.

Die Zeichnung erfolgt durch schriftliche Erklärung, aus der die Betheiligung nach der Anzahl und, falls verschiedene Aktien ausgegeben werden, nach dem Betrag oder der Gattung der Aktien hervorgehen muß.

Die Erklärung (Zeichnungsschein) soll doppelt ausgestellt werden; sie hat zu enthalten:

1. den Tag der Feststellung des Statuts, die im §. 180 Abs. 2 und im §. 184 vorgesehenen Festsetzungen und, wenn mehrere Gattungen von Aktien mit verschiedener Berechtigung ausgegeben werden, den Gesammtbetrag einer jeden;
2. den Namen, Stand und Wohnort der Gründer;
3. den Betrag, für welchen die Ausgabe der Aktie stattfindet, und den Betrag der festgesetzten Einzahlungen;
4. den Zeitpunkt, in welchem die Zeichnung unverbindlich wird, sofern nicht bis dahin die Errichtung der Gesellschaft beschlossen ist.

Zeichnungsscheine, welche diesen Inhalt nicht vollständig haben oder außer dem unter Nr. 4 bezeichneten Vorbehalte Beschränkungen in der Verpflichtung des Zeichners enthalten, sind nichtig. Erfolgt ungeachtet eines hiernach nichtigen oder wegen verspäteter Errichtung der Gesellschaft unverbindlichen Zeichnungsscheins die Eintragung der Gesellschaft in das Handelsregister, so ist der Zeichner, wenn er auf Grund einer dem Abs. 2 entsprechenden Erklärung in der Generalversammlung, die zur Beschlußfassung über die Errichtung der Gesellschaft berufen wird, stimmt oder später als Aktionär Rechte ausübt oder Verpflichtungen erfüllt, der Gesellschaft wie aus einem gültigen Zeichnungsscheine verpflichtet.

Jede nicht in dem Zeichnungsschein enthaltene Beschränkung ist der Gesellschaft gegenüber unwirksam.

§. 188.

Uebernehmen die Gründer alle Aktien, so haben sie gleichzeitig mit der Errichtung der Gesellschaft oder in einer besonderen gerichtlichen oder notariellen Verhandlung den ersten Aufsichtsrath der Gesellschaft zu bestellen.

Uebernehmen die Gründer nicht alle Aktien, so haben sie nach der Zeichnung des Grundkapitals eine Generalversammlung zur Wahl des Aufsichtsraths zu berufen.

Diese Vorschriften finden auch auf die Bestellung des ersten Vorstandes Anwendung, sofern nicht nach dem Gesellschaftsvertrage die Bestellung in anderer Weise als durch Wahl der Generalversammlung zu geschehen hat.

§. 189.

Die Gründer haben im Falle des §. 184 Abs. 2 in einer schriftlichen Erklärung die wesentlichen Umstände darzulegen, von welchen die Angemessenheit der für die eingelegten oder übernommenen Gegenstände gewährten Beträge abhängt.

Sie haben hierbei die vorausgegangenen Rechtsgeschäfte, die auf den Erwerb durch die Gesellschaft hingezielt haben, ferner die Erwerbs- und Herstellungspreise aus den letzten beiden Jahren und im Falle des Ueberganges eines Unternehmens auf die Gesellschaft die Betriebserträgnisse aus den letzten beiden Geschäftsjahren anzugeben.

§. 190.

Die Mitglieder des Vorstandes und des Aufsichtsraths haben den Hergang der Gründung zu prüfen.

Gehört ein Mitglied des Vorstandes oder des Aufsichtsraths zu den Gründern oder hat sich ein Mitglied einen besonderen Vortheil oder für die Gründung oder deren Vorbereitung eine Entschädigung oder Belohnung ausbedungen oder liegt ein Fall des §. 184 Abs. 2 vor, so hat außerdem eine Prüfung durch besondere Revisoren stattzufinden.

Die Revisoren werden durch das für die Vertretung des Handelsstandes berufene Organ, in Ermangelung eines solchen durch das Gericht bestellt, in dessen Bezirke die Gesellschaft ihren Sitz hat.

§. 191.

Die Prüfung hat sich insbesondere auf die Richtigkeit und Vollständigkeit der Angaben zu erstrecken, die in Ansehung der Zeichnung und Einzahlung des Grundkapitals sowie in Ansehung der im §. 184 vorgesehenen Festsetzungen von den Gründern gemacht sind. Der Inhalt der im §. 189 bestimmten Erklärung ist auch in der Richtung zu prüfen, ob bezüglich der Angemessenheit der für die eingelegten oder übernommenen Gegenstände gewährten Beträge Bedenken obwalten.

Ueber die Prüfung ist unter Darlegung der im Abs. 1 bezeichneten Umstände schriftlich Bericht zu erstatten.

Sind die Revisoren durch das für die Vertretung des Handelsstandes berufene Organ bestellt, so haben sie diesem ein Exemplar des Berichts einzureichen. Die Einsicht des eingereichten Berichts ist Jedem gestattet.

§. 192.

Ergeben sich zwischen den im §. 190 Abs. 2, 3 bezeichneten Revisoren und den Gründern Meinungsverschiedenheiten über den Umfang der von den Gründern zu gewährenden Aufklärungen und Nachweise, so entscheidet endgültig diejenige Stelle, von welcher die Revisoren ernannt sind. Solange sich die Gründer weigern, der Entscheidung nachzukommen, unterbleibt die Erstattung des Prüfungsberichts.

Die Revisoren haben Anspruch auf Ersatz angemessener baarer Auslagen und auf Vergütung für ihre Thätigkeit. Die Auslagen und die Vergütung werden durch die im Abs. 1 bezeichnete Stelle festgesetzt.

§. 193.

Die Gesellschaft ist bei dem Gericht, in dessen Bezirke sie ihren Sitz hat, von sämmtlichen Gründern und Mitgliedern des Vorstandes und des Aufsichtsraths zur Eintragung in das Handelsregister anzumelden.

Der Anmeldung sind beizufügen:

1. der Gesellschaftsvertrag und die im §. 180 Abs. 1 und im §. 186 Abs. 2 bezeichneten Verhandlungen;
2. im Falle des §. 184 die Verträge, welche den dort bezeichneten Festsetzungen zu Grunde liegen oder zu ihrer Ausführung geschlossen sind, die im §. 189 vorgesehene Erklärung und eine Berechnung des der Gesellschaft zur Last fallenden Gründungsaufwandes, in der die Vergütungen nach Art und Höhe und die Empfänger einzeln aufzuführen sind;
3. wenn nicht alle Aktien von den Gründern übernommen sind, zum Nachweise der Zeichnung des Grundkapitals die Duplikate der Zeichnungsscheine und ein von den Gründern unterschriebenes Verzeichniß aller Aktionäre, welches die auf jeden entfallenen Aktien sowie die auf die letzteren geschehenen Einzahlungen angiebt;
4. die Urkunden über die Bestellung des Vorstandes und des Aufsichtsraths;
5. die gemäß §. 191 Abs. 2 erstatteten Berichte nebst ihren urkundlichen Grundlagen sowie im Falle des §. 191 Abs. 3 die Bescheinigung, daß der Prüfungsbericht der Revisoren bei dem zur Vertretung des Handelsstandes berufenen Organ eingereicht ist;
6. wenn der Gegenstand des Unternehmens der staatlichen Genehmigung bedarf, sowie in den Fällen des §. 178 Abs. 2 die Genehmigungsurkunde.

In der Anmeldung ist die Erklärung abzugeben, daß auf jede Aktie, soweit nicht andere als durch Baarzahlung zu leistende Einlagen bedungen sind, der eingeforderte Betrag baar eingezahlt und im Besitze des Vorstandes ist. Der Betrag, zu welchem die Aktien ausgegeben werden, und der hierauf baar eingezahlte Betrag sind anzugeben; dieser muß mindestens ein Viertheil des Nennbetrags und im Falle der Ausgabe von Aktien für einen höheren als den Nennbetrag auch den Mehrbetrag umfassen. Als Baarzahlung gilt die Zahlung in deutschem Gelde, in Reichskassenscheinen sowie in gesetzlich zugelassenen Noten deutscher Banken.

Die Mitglieder des Vorstandes haben ihre Namensunterschrift zur Aufbewahrung bei dem Gerichte zu zeichnen.

Die der Anmeldung beigefügten Schriftstücke werden bei dem Gerichte in Urschrift oder in beglaubigter Abschrift aufbewahrt.

§. 194.

Haben die Gründer nicht alle Aktien übernommen, so beruft das im §. 193 bezeichnete Gericht eine Generalversammlung der in dem Verzeichniß aufgeführten Aktionäre zur Beschlußfassung über die Errichtung der Gesellschaft.

Die Versammlung findet unter der Leitung des Gerichts statt.

Der Vorstand und der Aufsichtsrath haben sich über die Ergebnisse der ihnen in Ansehung der Gründung obliegenden Prüfung auf Grund der im §. 191 Abs. 2 bezeichneten Berichte und deren urkundlicher Grundlagen zu erklären. Jedes Mitglied des Vorstandes und des Aufsichtsraths kann bis zur Beschlußfassung die Unterzeichnung der Anmeldung zurückziehen.

Die der Errichtung der Gesellschaft zustimmende Mehrheit muß mindestens ein Viertheil aller in dem Verzeichniß aufgeführten Aktionäre umfassen; der Betrag ihrer Antheile muß mindestens ein Viertheil des gesammten Grundkapitals darstellen. Auch wenn diese Mehrheit erreicht wird, gilt die Errichtung als abgelehnt, sofern hinsichtlich eines Theiles der Aktionäre die Voraussetzungen des §. 184 vorliegen und sich die Mehrheit der von anderen Aktionären abgegebenen Stimmen gegen die Errichtung erklärt.

Die Zustimmung aller erschienenen Aktionäre ist erforderlich, wenn die im §. 180 Abs. 2 Nr. 1 bis 4, im §. 181, im §. 182 Abs. 2 sowie die im §. 183 bezeichneten Bestimmungen des Gesellschaftsvertrags abgeändert oder die im §. 184 vorgesehenen Festsetzungen zu Lasten der Gesellschaft erweitert werden sollen. Dasselbe gilt, wenn die Dauer der Gesellschaft über die im Gesellschaftsvertrage bestimmte Zeit verlängert oder die im Gesellschaftsvertrage für Beschlüsse der Generalversammlung vorgesehenen erschwerenden Erfordernisse beseitigt werden sollen.

Die Beschlußfassung ist zu vertagen, wenn es von den Aktionären mit einfacher Stimmenmehrheit verlangt wird.

§. 195.

Soweit nicht in den §§. 188, 194 ein Anderes bestimmt ist, finden auf die Berufung und Beschlußfassung der vor der Eintragung der Gesellschaft stattfindenden Generalversammlungen die Vorschriften entsprechende Anwendung, welche für die Gesellschaft nach der Eintragung maßgebend sind.

§. 196.

Bei der Eintragung der Gesellschaft in das Handelsregister sind die Firma und der Sitz der Gesellschaft, der Gegenstand des Unternehmens, die Höhe des Grundkapitals, der Tag der Feststellung des Statuts und die Mitglieder des Vorstandes anzugeben.

Enthält der Gesellschaftsvertrag besondere Bestimmungen über die Zeitdauer der Gesellschaft oder über die Befugniß der Mitglieder des Vorstandes oder der Liquidatoren zur Vertretung der Gesellschaft, so sind auch diese Bestimmungen einzutragen.

§. 197.

In die Veröffentlichung, durch welche die Eintragung bekannt gemacht wird, sind außer dem Inhalte der Eintragung aufzunehmen:

1. die sonstigen im §. 180 Abs. 2, 3 und in den §§. 181, 183, 184 bezeichneten Festsetzungen;
2. der Betrag, zu welchem die Aktien ausgegeben werden;
3. der Name, Stand und Wohnort der Gründer und die Angabe, ob sie die sämmtlichen Aktien übernommen haben;
4. der Name, Stand und Wohnort der Mitglieder des ersten Aufsichtsraths.

Zugleich ist bekannt zu machen, daß von den mit der Anmeldung der Gesellschaft eingereichten Schriftstücken, insbesondere von dem Prüfungsberichte des Vorstandes, des Aufsichtsraths und der Revisoren, bei dem Gericht Einsicht genommen werden kann. Im Falle des §. 191 Abs. 3 ist ferner bekannt zu machen, daß von dem Prüfungsberichte der Revisoren auch bei dem zur Vertretung des Handelsstandes berufenen Organ Einsicht genommen werden kann.

§. 198.

Vor der Eintragung in das Handelsregister des Sitzes der Gesellschaft besteht die Aktiengesellschaft als solche nicht. Wird vorher in Namen der Gesellschaft gehandelt, so haften die Handelnden persönlich und als Gesammtschuldner.

Die Antheilsrechte können vor der Eintragung der Geselschaft in das Handelsregister mit Wirksamkeit gegenüber der Gesellschaft nidt übertragen, Aktien oder Interimsscheine können vorher nicht ausgegeben weden.

§. 199.

Die Anmeldung der Gesellschaft zur Eintragung in das Handelsregister eines Gerichts, in dessen Bezirke sie eine Zweigniederlassung besitzt, ist durch sämmtliche Mitglieder des Vorstandes zu bewirken.

Der Anmeldung ist der Gesellschaftsvertrag in Urschrift oder in beglaubigter Abschrift beizufügen; die Vorschriften des §. 193 Abs. 2, 3 finden keine Anwendung.

Die Eintragung hat die im §. 196 bezeichneten Angaben zu enthalten.

In die Veröffentlichung, durch welche die Eintragung bekannt gemacht wird, sind außer dem Inhalte der Eintragung auch die sonstigen im §. 180 Abs. 2, 3 und in den §§. 181, 183 bezeichneten Festsetzungen aufzunehmen. Erfolgt die Eintragung innerhalb der ersten zwei Jahre, nachdem die Gesellschaft in das Handelsregister ihres Sitzes eingetragen worden ist, so sind alle im §. 197 bezeichneten Angaben zu veröffentlichen; in diesem Falle ist der Anmeldung ein Exemplar der für den Sitz der Gesellschaft ergangenen gerichtlichen Bekanntmachung beizufügen.

Befindet sich der Sitz der Gesellschaft im Auslande, so ist das Bestehen der Aktiengesellschaft als solcher und, sofern der Gegenstand des Unternehmens oder die Zulassung zum Gewerbebetrieb im Inlande der staatlichen Genehmigung bedarf, auch diese mit der Anmeldung nachzuweisen. Die Angaben, deren öffentliche Bekanntmachung nach Abs. 4 zu erfolgen hat, sind in die Anmeldung aufzunehmen.

§. 200.

Der Gesellschaft sind die Gründer für die Richtigkeit und Vollständigkeit der Angaben, welche sie in Ansehung der Zeichnung und Einzahlung des Grundkapitals sowie in Ansehung der im §. 184 vorgesehenen Festsetzungen zum Zwecke der Eintragung der Gesellschaft in das Handelsregister machen, als Gesammtschuldner verhaftet; sie haben, unbeschadet der Verpflichtung zum Ersatze des sonst etwa entstehenden Schadens, insbesondere einen an der Zeichnung des Grundkapitals fehlenden Betrag zu übernehmen, fehlende Einzahlungen zu leisten und eine Vergütung, die nicht unter den zu bezeichnenden Gründungsaufwand aufgenommen ist, zu ersetzen. Wird die Gesellschaft von Gründern durch Einlagen oder Uebernahmen der im §. 184 bezeichneten Art böslicherweise geschädigt, so sind ihr alle Gründer für den Ersatz des entstehenden Schadens als Gesammtschuldner verpflichtet.

Von dieser Verbindlichkeit ist ein Gründer befreit, wenn er die Unrichtigkeit oder Unvollständigkeit der Angabe oder die bösliche Schädigung weder kannte noch bei Anwendung der Sorgfalt eines ordentlichen Geschäftsmanns kennen mußte.

Entsteht durch Zahlungsunfähigkeit eines Aktionärs der Gesellschaft ein Ausfall, so sind ihr die Gründer, welche die Betheiligung des Aktionärs in

Kenntniß seiner Zahlungsunfähigkeit angenommen haben, als Gesammtschuldner zum Ersatze verpflichtet.

Mit den Gründern sind der Gesellschaft zum Schadensersatz als Gesammtschuldner verpflichtet:

1. wenn eine Vergütung nicht unter den zu bezeichnenden Gründungsaufwand aufgenommen ist, der Empfänger, welcher zur Zeit des Empfanges wußte oder nach den Umständen annehmen mußte, daß die Verheimlichung beabsichtigt oder erfolgt war, und jeder Dritte, welcher zur Verheimlichung wissentlich mitgewirkt hat;
2. im Falle einer böslichen Schädigung durch Einlagen oder Uebernahmen jeder Dritte, welcher zu dieser Schädigung wissentlich mitgewirkt hat.

§. 201.

Wer vor der Eintragung der Gesellschaft in das Handelsregister oder in den ersten zwei Jahren nach der Eintragung eine öffentliche Ankündigung der Aktien erläßt, um sie in den Verkehr einzuführen, ist der Gesellschaft im Falle der Unrichtigkeit oder Unvollständigkeit von Angaben, welche die Gründer in Ansehung der Zeichnung oder Einzahlung des Grundkapitals oder in Ansehung der im §. 184 vorgesehenen Festsetzungen zum Zwecke der Eintragung der Gesellschaft in das Handelsregister machen, sowie im Falle einer böslichen Schädigung der Gesellschaft durch Einlagen oder Uebernahmen für den Ersatz des ihr daraus entstehenden Schadens mit den im §. 200 bezeichneten Personen als Gesammtschuldner verhaftet, wenn er die Unrichtigkeit oder Unvollständigkeit der Angaben oder die bösliche Schädigung kannte oder bei Anwendung der Sorgfalt eines ordentlichen Geschäftsmanns kennen mußte.

§. 202.

Mitglieder des Vorstandes und des Aufsichtsraths, die bei der ihnen durch die §§. 190, 191 auferlegten Prüfung die Sorgfalt eines ordentlichen Geschäftsmanns außer Acht lassen, haften der Gesellschaft als Gesammtschuldner für den ihr daraus entstehenden Schaden, soweit der Ersatz des Schadens von den nach §§. 200, 201 verpflichteten Personen nicht zu erlangen ist.

§. 203.

Vergleiche oder Verzichtleistungen, welche die der Gesellschaft aus der Gründung zustehenden Ansprüche gegen die nach den §§. 200 bis 202 verpflichteten Personen betreffen, sind erst nach dem Ablaufe von drei Jahren seit der Eintragung der Gesellschaft in das Handelsregister und nur mit Zustimmung der Generalversammlung zulässig; sie sind unzulässig, soweit in der Versammlung eine Minderheit, deren Antheile den fünften Theil des Grundkapitals darstellen, Widerspruch erhebt. Die zeitliche Beschränkung findet keine

Anwendung, sofern sich der Verpflichtete im Falle der Zahlungsunfähigkeit zur Abwendung oder Beseitigung des Konkursverfahrens mit seinen Gläubigern vergleicht.

§. 204.

Die Ansprüche der Gesellschaft gegen die nach den §§. 200 bis 202 verpflichteten Personen verjähren in fünf Jahren von der Eintragung der Gesellschaft in das Handelsregister an.

§. 205.

Verträge der Gesellschaft, nach denen sie vorhandene oder herzustellende Anlagen, die dauernd zu ihrem Geschäftsbetriebe bestimmt sind, oder unbewegliche Gegenstände für eine den zehnten Theil des Grundkapitals übersteigende Vergütung erwerben soll, bedürfen zu ihrer Wirksamkeit der Zustimmung der Generalversammlung, falls sie vor dem Ablaufe von zwei Jahren seit der Eintragung der Gesellschaft in das Handelsregister geschlossen werden.

Vor der Beschlußfassung hat der Aufsichtsrath den Vertrag zu prüfen und über die Ergebnisse seiner Prüfung schriftlich Bericht zu erstatten.

Der Beschluß, durch welchen dem Vertrage die Zustimmung ertheilt wird, bedarf einer Mehrheit, die mindestens drei Viertheile des bei der Beschlußfassung vertretenen Grundkapitals umfaßt. Wird der Vertrag im ersten Jahre nach der Eintragung der Gesellschaft in das Handelsregister geschlossen, so müssen außerdem die Antheile der zustimmenden Mehrheit mindestens ein Viertheil des gesammten Grundkapitals darstellen.

Nach erfolgter Zustimmung der Generalversammlung hat der Vorstand den Vertrag in Urschrift oder in öffentlich beglaubigter Abschrift mit dem Berichte des Aufsichtsraths nebst dessen urkundlichen Grundlagen zum Handelsregister einzureichen. Zum Handelsregister einer Zweigniederlassung findet die Einreichung nicht statt.

Bildet der Erwerb von Grundstücken den Gegenstand des Unternehmens, so finden auf einen solchen Erwerb die Vorschriften der Abs. 1 bis 4 keine Anwendung. Das Gleiche gilt für den Erwerb von Grundstücken im Wege der Zwangsversteigerung.

§. 206.

Erwirbt die Gesellschaft vor dem Ablaufe der im §. 205 Abs. 1 bezeichneten Frist Vermögensgegenstände in Ausführung einer vor ihrer Eintragung in das Handelsregister von Gründern getroffenen Vereinbarung, so kommen in Betreff der Rechte der Gesellschaft auf Entschädigung und in Betreff der ersatzpflichtigen Personen die Vorschriften der §§. 200, 203, 204 zur Anwendung.

§. 207.

Aktien oder Interimsscheine, die auf einen geringeren als den nach §. 178 zulässigen Betrag gestellt werden, sind nichtig. Die Ausgeber haften den Besitzern für den durch die Ausgabe entstehenden Schaden als Gesammtschuldner.

Das Gleiche gilt im Falle der Ausgabe von Interimsscheinen, die auf den Inhaber lauten, sowie im Falle der Ausgabe von Aktien oder Interimsscheinen vor der Eintragung der Gesellschaft in das Handelsregister.

Zweiter Titel.

Rechtsverhältniß der Gesellschaft und der Gesellschafter.

§. 208.

Die Aktiengesellschaft als solche hat selbständig ihre Rechte und Pflichten; sie kann Eigenthum und andere dingliche Rechte an Grundstücken erwerben, vor Gericht klagen und verklagt werden.

Die Aktiengesellschaft gilt als Handelsgesellschaft, auch wenn der Gegenstand des Unternehmens nicht in dem Betrieb eines Handelsgewerbes besteht.

§. 209.

Die Verpflichtung des Aktionärs zur Leistung von Kapitaleinlagen wird durch den Nennbetrag der Aktie und, falls der Ausgabepreis höher ist, durch diesen begrenzt.

§. 210.

Neben den Kapitaleinlagen kann im Gesellschaftsvertrage den Aktionären die Verpflichtung zu wiederkehrenden, nicht in Geld bestehenden Leistungen auferlegt werden, sofern die Uebertragung der Antheilsrechte an die Zustimmung der Gesellschaft gebunden ist. Die Verpflichtung und der Umfang der Leistungen müssen aus den Aktien oder Interimsscheinen zu ersehen sein.

Im Gesellschaftsvertrage können für den Fall, daß die Verpflichtung nicht oder nicht gehörig erfüllt wird, Vertragsstrafen festgesetzt werden.

Im Gesellschaftsvertrage kann bestimmt werden, daß die Gesellschaft die Zustimmung zur Uebertragung der Antheilsrechte nur aus wichtigen Gründen verweigern darf.

§. 211.

Der Aktionär kann seine Einlage nicht zurückfordern; er hat, solange die Gesellschaft besteht, nur einen Anspruch auf einen verhältnißmäßigen Antheil am Reingewinne, soweit dieser nach dem Gesellschaftsvertrage zur Vertheilung unter die Aktionäre bestimmt ist.

§. 212.

Die Antheile am Gewinne bestimmen sich nach dem Verhältnisse der Aktienbeträge.

Sind die Einzahlungen nicht auf alle Aktien in demselben Verhältnisse geleistet, so erhalten die Aktionäre aus dem vertheilbaren Gewinne vorweg einen Betrag von vier vom Hundert der geleisteten Einzahlungen; reicht der Jahresgewinn hierzu nicht aus, so bestimmt sich der Betrag nach einem entsprechend niedrigeren Satze. Einzahlungen, die im Laufe des Geschäftsjahrs zu leisten waren, werden nach dem Verhältnisse der Zeit berücksichtigt, welche seit dem für die Leistung bestimmten Zeitpunkte verstrichen ist.

Im Gesellschaftsvertrage kann eine andere Art der Gewinnvertheilung vorgesehen werden.

§. 213.

Zinsen von bestimmter Höhe dürfen für die Aktionäre weder bedungen noch ausbezahlt werden; es darf nur dasjenige unter sie vertheilt werden, was sich nach der jährlichen Bilanz als Reingewinn ergiebt.

Für den Zeitraum, welchen die Vorbereitung des Unternehmens bis zum Anfange des vollen Betriebs erfordert, können den Aktionären Zinsen von bestimmter Höhe bedungen werden; der Gesellschaftsvertrag muß den Zeitpunkt bezeichnen, in welchem die Entrichtung von Zinsen spätestens aufhört.

§. 214.

Für wiederkehrende Leistungen, zu denen die Aktionäre nach dem Gesellschaftsvertrage neben den Kapitaleinlagen verpflichtet sind, darf eine den Werth der Leistungen nicht übersteigende Vergütung ohne Rücksicht darauf bezahlt werden, ob die jährliche Bilanz einen Reingewinn ergiebt.

§. 215.

Die Aktionäre haften für die Verbindlichkeiten der Gesellschaft, soweit sie den Vorschriften dieses Gesetzbuchs entgegen Zahlungen von der Gesellschaft empfangen haben. Was ein Aktionär in gutem Glauben als Gewinnantheil oder als Zinsen bezogen hat, ist er in keinem Falle zurückzuzahlen verpflichtet.

Ist über das Vermögen der Gesellschaft der Konkurs eröffnet, so wird während der Dauer des Verfahrens das den Gesellschaftsgläubigern gegen die Aktionäre zustehende Recht durch den Konkursverwalter ausgeübt.

Die nach diesen Vorschriften begründeten Ansprüche verjähren in fünf Jahren vom Empfange der Zahlung an.

§. 216.

Ein Aktionär, der den auf die Aktie eingeforderten Betrag nicht zur rechten Zeit einzahlt, hat Zinsen von dem Tage an zu entrichten, an welchem die Zahlung hätte geschehen sollen. Die Geltendmachung eines weiteren Schadens ist nicht ausgeschlossen.

Im Gesellschaftsvertrage können für den Fall, daß die Einzahlung nicht rechtzeitig erfolgt, Vertragsstrafen festgesetzt werden.

Ist im Gesellschaftsvertrage nicht ein Anderes bestimmt, so hat die Aufforderung zur Einzahlung in der Weise zu geschehen, in welcher die Bekanntmachungen der Gesellschaft nach dem Gesellschaftsvertrag erfolgen.

§. 217.

Im Falle verzögerter Einzahlung kann an die säumigen Aktionäre eine erneute Aufforderung zur Zahlung unter der Androhung ihres Ausschlusses mit dem Antheilsrecht erlassen werden.

Die Aufforderung muß dreimal in den im §. 180 Abs. 3 bezeichneten Blättern (Gesellschaftsblättern) bekannt gemacht werden; die erste Bekanntmachung muß mindestens drei Monate, die letzte Bekanntmachung mindestens einen Monat vor dem Ablaufe der für die Einzahlung gesetzten Nachfrist erfolgen. Sind die Antheilsrechte nicht ohne Zustimmung der Gesellschaft übertragbar, so genügt an Stelle der öffentlichen Bekanntmachungen der einmalige Erlaß besonderer Aufforderungen an die säumigen Aktionäre; in diesen Aufforderungen muß eine Nachfrist von mindestens einem Monate gewährt werden.

Zahlt ein Aktionär den auf die Aktie zu leistenden Betrag ungeachtet der Aufforderung nicht ein, so ist er seines Antheilsrechts und der geleisteten Einzahlungen zu Gunsten der Gesellschaft verlustig zu erklären. Die den Ausschluß bewirkende Erklärung erfolgt mittelst Bekanntmachung in den Gesellschaftsblättern.

An Stelle der bisherigen Urkunde ist eine neue auszugeben, die außer den früher geleisteten Theilzahlungen den eingeforderten Betrag zu umfassen hat. Wegen des Ausfalls, den die Gesellschaft an diesem Betrag oder an den später eingeforderten Beträgen erleidet, bleibt ihr der ausgeschlossene Aktionär verhaftet.

§. 218.

Soweit der ausgeschlossene Aktionär den eingeforderten Betrag nicht zahlt, ist dafür der Gesellschaft der letzte und jeder frühere in dem Aktienbuche verzeichnete Rechtsvorgänger verhaftet, ein früherer Rechtsvorgänger, soweit die Zahlung von dessen Rechtsnachfolger nicht zu erlangen ist. Dies wird vermuthet, wenn von dem letzteren die Zahlung nicht bis zum Ablaufe von einem Monate geleistet wird, nachdem an ihn die Zahlungsaufforderung und an den Rechtsvorgänger die Benachrichtigung von dieser erfolgt ist. Der Rechtsvorgänger erhält gegen Zahlung des rückständigen Betrags die neu auszugebende Urkunde.

Die Haftpflicht des Rechtsvorgängers ist auf die innerhalb der Frist von zwei Jahren auf die Aktien eingeforderten Beträge beschränkt. Die Frist beginnt mit dem Tage, an welchem die Uebertragung des Antheilsrechts zum Aktienbuche der Gesellschaft angemeldet wird.

Ist die Zahlung des rückständigen Betrags von Rechtsvorgängern nicht zu erlangen, so kann die Gesellschaft das Antheilsrecht zum Börsenpreis und in Ermangelung eines solchen durch öffentliche Versteigerung verkaufen.

§. 219.

Die Aktionäre und deren Rechtsvorgänger können von den in den §§. 209, 218 bezeichneten Leistungen nicht befreit werden. Sie können gegen diese Leistungen eine Forderung an die Gesellschaft nicht aufrechnen.

§. 220.

Auf Namen lautende Aktien sind mit genauer Bezeichnung des Inhabers nach Namen, Wohnort und Stand in das Aktienbuch der Gesellschaft einzutragen.

Sie können, soweit nicht der Gesellschaftsvertrag ein Anderes bestimmt, ohne Zustimmung der Gesellschaft auf Andere übertragen werden.

Die Uebertragung kann durch Indossament geschehen. In Betreff der Form des Indossamentes, in Betreff der Legitimation des Inhabers und in Betreff seiner Verpflichtung zur Herausgabe finden die Vorschriften der Artikel 11 bis 13, des Artikel 36 Satz 1 bis 4 und des Artikel 74 der Wechselordnung entsprechende Anwendung.

Zur Uebertragung von Aktien, die gemäß §. 178 Abs. 3 auf einen Betrag von weniger als eintausend Mark gestellt sind, ist die Zustimmung des Aufsichtsraths und der Generalversammlung erforderlich. Die Uebertragung dieser Aktien kann nur mittelst einer die Person des Erwerbers bezeichnenden, gerichtlich oder notariell beglaubigten Erklärung erfolgen.

§. 221.

Geht das Eigenthum einer auf den Namen lautenden Aktie auf einen Anderen über, so ist dies, unter Vorlegung der Aktie und des Nachweises des Ueberganges, bei der Gesellschaft anzumelden und im Aktienbuche zu vermerken.

Die Echtheit der auf der Aktie befindlichen Indossamente oder der Abtretungserklärungen zu prüfen, ist die Gesellschaft nicht verpflichtet.

Im Verhältnisse zu der Gesellschaft gilt nur derjenige als Eigenthümer der Aktie, welcher als solcher im Aktienbuche verzeichnet ist.

§. 222.

Die Vorschriften der §§. 220, 221 finden auch auf die Eintragung der Interimsscheine und deren Uebertragung auf Andere Anwendung.

§. 223.

Steht eine Aktie mehreren Mitberechtigten zu, so können sie die Rechte aus der Aktie nur durch einen gemeinschaftlichen Vertreter ausüben.

Für die auf die Aktie zu bewirkenden Leistungen haften sie als Gesammtschuldner.

Hat die Gesellschaft eine Willenserklärung dem Aktionär gegenüber abzugeben, so genügt, falls ein gemeinschaftlicher Vertreter der Mitberechtigten nicht vorhanden ist, die Abgabe der Erklärung gegenüber einem Mitberechtigten. Auf mehrere Erben eines Aktionärs findet diese Vorschrift nur in Ansehung von Willenserklärungen Anwendung, die nach dem Ablauf eines Monats seit dem Anfalle der Erbschaft abgegeben werden.

§. 224.

Die Aktiengesellschaft soll eigene Aktien im regelmäßigen Geschäftsbetriebe, sofern nicht eine Kommission zum Einkauf ausgeführt wird, weder erwerben noch zum Pfande nehmen.

Eigene Interimsscheine kann sie im regelmäßigen Geschäftsbetrieb auch in Ausführung einer Einkaufskommission weder erwerben noch zum Pfande nehmen. Das Gleiche gilt von eigenen Aktien, auf welche der Nennbetrag oder, falls der Ausgabepreis höher ist, dieser noch nicht voll geleistet ist.

§. 225.

Die Einziehung (Amortisation) von Aktien ist nur zulässig, wenn sie durch eine Bestimmung des Gesellschaftsvertrags angeordnet oder gestattet ist. Die Bestimmung muß in dem ursprünglichen Gesellschaftsvertrag oder durch eine vor der Zeichnung der Aktien bewirkte Aenderung des Gesellschaftsvertrags getroffen sein, es sei denn, daß die Einziehung nicht mittelst Auslosung, Kündigung oder in ähnlicher Weise, sondern mittelst Ankaufs der Aktien geschehen soll.

Jede Art der Einziehung darf, sofern sie nicht nach den für die Herabsetzung des Grundkapitals maßgebenden Vorschriften stattfindet, nur aus dem nach der jährlichen Bilanz verfügbaren Gewinn erfolgen.

§. 226.

Ist eine Aktie oder ein Interimsschein abhanden gekommen oder vernichtet, so kann die Urkunde, wenn nicht das Gegentheil darin bestimmt ist, im Wege des Aufgebotsverfahrens für kraftlos erklärt werden. Die Vorschriften des §. 799 Abs. 2 und des §. 800 des Bürgerlichen Gesetzbuchs finden entsprechende Anwendung.

Sind Gewinnantheilscheine auf den Inhaber ausgegeben, so erlischt mit der Kraftloserklärung der Aktie oder des Interimsscheins auch der Anspruch aus den noch nicht fälligen Gewinnantheilscheinen.

Dritter Titel.

Organisation und Geschäftsführung.

§. 227.

Die Aktiengesellschaft wird durch den Vorstand gerichtlich und außergerichtlich vertreten.

Der Vorstand kann aus einer oder mehreren Personen bestehen.

Die Bestellung zum Mitgliede des Vorstandes ist jederzeit widerruflich, unbeschadet des Anspruchs auf die vertragsmäßige Vergütung.

§. 228.

Zu Willenserklärungen, insbesondere zur Zeichnung des Vorstandes für die Gesellschaft, bedarf es der Mitwirkung sämmtlicher Mitglieder des Vorstandes, sofern nicht im Gesellschaftsvertrag ein Anderes bestimmt ist. Der Vorstand kann jedoch einzelne Mitglieder zur Vornahme bestimmter Geschäfte oder bestimmter Arten von Geschäften ermächtigen. Ist eine Willenserklärung der Gesellschaft gegenüber abzugeben, so genügt die Abgabe gegenüber einem Mitgliede des Vorstandes.

Steht nicht jedem einzelnen Vorstandsmitgliede die selbständige Vertretung der Gesellschaft nach dem Gesellschaftsvertrage zu, so kann durch diesen bestimmt werden, daß die Vorstandsmitglieder, wenn nicht mehrere zusammen handeln, in Gemeinschaft mit einem Prokuristen zur Vertretung der Gesellschaft befugt sein sollen. Auch kann durch den Gesellschaftsvertrag der Aufsichtsrath ermächtigt werden, einzelnen Mitgliedern des Vorstandes die Befugniß zu ertheilen, die Gesellschaft allein oder in Gemeinschaft mit einem Prokuristen zu vertreten. Die Vorschriften des Abs. 1 Satz 2, 3 finden in diesen Fällen entsprechende Anwendung.

§. 229.

Der Vorstand hat in der Weise zu zeichnen, daß die Zeichnenden zu der Firma der Gesellschaft oder zu der Benennung des Vorstandes ihre Namensunterschrift hinzufügen.

§. 230.

Jede Aenderung des Vorstandes oder der Vertretungsbefugniß eines Vorstandsmitgliedes sowie eine auf Grund des §. 228 Abs. 2 Satz 2 von dem Aufsichtsrathe getroffene Anordnung ist durch den Vorstand zur Eintragung in das Handelsregister anzumelden.

Der Anmeldung ist eine öffentlich beglaubigte Abschrift der Urkunden über die Aenderung oder Anordnung beizufügen. Diese Vorschrift findet auf die Anmeldung zum Handelsregister einer Zweigniederlassung keine Anwendung.

Die Vorstandsmitglieder haben ihre Unterschrift zur Aufbewahrung bei dem Gerichte zu zeichnen.

§. 231.

Der Vorstand ist der Gesellschaft gegenüber verpflichtet, die Beschränkungen einzuhalten, welche im Gesellschaftsvertrag oder durch Beschlüsse der Generalversammlung für den Umfang seiner Befugniß, die Gesellschaft zu vertreten, festgesetzt sind.

Dritten gegenüber ist eine Beschränkung der Vertretungsbefugniß des Vorstandes unwirksam. Dies gilt insbesondere für den Fall, daß die Vertretung sich nur auf gewisse Geschäfte oder Arten von Geschäften erstrecken oder nur unter gewissen Umständen oder für eine gewisse Zeit oder an einzelnen Orten stattfinden soll oder daß für einzelne Geschäfte die Zustimmung der Generalversammlung, des Aufsichtsraths oder eines anderen Organs der Gesellschaft erfordert wird.

§. 232.

Die Mitglieder des Vorstandes dürfen ohne Einwilligung der Gesellschaft weder ein Handelsgewerbe betreiben noch in dem Handelszweige der Gesellschaft für eigene oder für fremde Rechnung Geschäfte machen, auch nicht an einer anderen Handelsgesellschaft als persönlich haftende Gesellschafter theilnehmen. Die Einwilligung wird durch dasjenige Organ der Gesellschaft ertheilt, welchem die Bestellung des Vorstandes obliegt.

Verletzt ein Vorstandsmitglied die ihm nach Abs. 1 obliegende Verpflichtung, so kann die Gesellschaft Schadensersatz fordern; sie kann statt dessen von dem Mitgliede verlangen, daß es die für eigene Rechnung gemachten Geschäfte als für Rechnung der Gesellschaft eingegangen gelten lasse und die aus Geschäften für fremde Rechnung bezogene Vergütung herausgebe oder seinen Anspruch auf die Vergütung abtrete.

Die Ansprüche der Gesellschaft verjähren in drei Monaten von dem Zeitpunkt an, in welchem die übrigen Vorstandsmitglieder und der Aufsichtsrath von dem Abschlusse des Geschäfts oder von der Theilnahme des Vorstandsmitgliedes an der anderen Gesellschaft Kenntniß erlangen; sie verjähren ohne Rücksicht auf diese Kenntniß in fünf Jahren von ihrer Entstehung an.

§. 233.

Sofern nicht durch den Gesellschaftsvertrag oder durch Beschluß der Generalversammlung ein Anderes bestimmt ist, darf der Vorstand einen Prokuristen nur mit Zustimmung des Aufsichtsraths bestellen. Diese Beschränkung hat Dritten gegenüber keine Wirkung.

§. 234.

Der Vorstand hat Sorge dafür zu tragen, daß die erforderlichen Bücher der Gesellschaft geführt werden.

§. 235.

Erreicht der Verlust, der sich bei der Aufstellung der Jahresbilanz oder einer Zwischenbilanz ergiebt, die Hälfte des Grundkapitals, so hat der Vorstand unverzüglich die Generalversammlung zu berufen und dieser davon Anzeige zu machen.

Sobald Zahlungsunfähigkeit der Gesellschaft eintritt, hat der Vorstand die Eröffnung des Konkurses zu beantragen; dasselbe gilt, wenn sich bei der Aufstellung der Jahresbilanz oder einer Zwischenbilanz ergiebt, daß das Vermögen nicht mehr die Schulden deckt.

§. 236.

Die Mitglieder des Vorstandes haben bei ihrer Geschäftsführung die Sorgfalt eines ordentlichen Geschäftsmanns anzuwenden.

Mitglieder, die ihre Obliegenheiten verletzen, haften der Gesellschaft als Gesammtschuldner für den dadurch entstehenden Schaden.

Insbesondere sind sie zum Ersatze verpflichtet, wenn entgegen den Vorschriften dieses Gesetzbuchs:

1. Einlagen an die Aktionäre zurückgezahlt,
2. den Aktionären Zinsen oder Gewinnantheile gezahlt,
3. eigene Aktien oder Interimsscheine der Gesellschaft erworben, zum Pfande genommen oder eingezogen,
4. Aktien vor der vollen Leistung des Nennbetrags oder, falls der Ausgabepreis höher ist, vor der vollen Leistung dieses Betrags ausgegeben werden,
5. die Vertheilung des Gesellschaftsvermögens oder eine theilweise Zurückzahlung des Grundkapitals erfolgt,
6. Zahlungen geleistet werden, nachdem die Zahlungsunfähigkeit der Gesellschaft eingetreten ist oder ihre Ueberschuldung sich ergeben hat.

In den Fällen des Abs. 3 kann der Ersatzanspruch auch von den Gläubigern der Gesellschaft, soweit sie von dieser ihre Befriedigung nicht erlangen können, geltend gemacht werden. Die Ersatzpflicht wird ihnen gegenüber weder durch einen Verzicht der Gesellschaft noch dadurch aufgehoben, daß die Handlung auf einem Beschlusse der Generalversammlung beruht.

Die Ansprüche auf Grund dieser Vorschriften verjähren in fünf Jahren

§. 237.

Die für die Mitglieder des Vorstandes geltenden Vorschriften finden auch auf die Stellvertreter von Mitgliedern Anwendung.

§. 238.

Der Aufsichtsrath besteht, sofern nicht der Gesellschaftsvertrag eine höhere Zahl festsetzt, aus drei von der Generalversammlung zu wählenden Mitgliedern.

Die Wahl des ersten Aufsichtsraths gilt für die Zeit bis zur Beendigung der ersten Generalversammlung, welche nach dem Ablauf eines Jahres seit der Eintragung der Gesellschaft in das Handelsregister zur Beschlußfassung über die Jahresbilanz abgehalten wird.

Später kann der Aufsichtsrath nicht für eine längere Zeit als bis zur Beendigung derjenigen Generalversammlung gewählt werden, welche über die Bilanz für das vierte Geschäftsjahr nach der Ernennung beschließt; das Geschäftsjahr, in welchem die Ernennung erfolgt, wird hierbei nicht mitgerechnet.

Die Bestellung zum Mitgliede des Aufsichtsraths kann auch vor dem Ablaufe des Zeitraums, für den das Mitglied gewählt ist, durch die Generalversammlung widerrufen werden. Sofern nicht der Gesellschaftsvertrag ein Anderes bestimmt, bedarf der Beschluß einer Mehrheit, die mindestens drei Viertheile des bei der Beschlußfassung vertretenen Grundkapitals umfaßt.

§. 239.

Jede Aenderung in den Personen der Mitglieder des Aufsichtsraths ist von dem Vorstand unverzüglich in den Gesellschaftsblättern bekannt zu machen. Der Vorstand hat die Bekanntmachung zum Handelsregister einzureichen.

§. 240.

Den Mitgliedern des ersten Aufsichtsraths kann eine Vergütung für die Ausübung ihrer Thätigkeit nur durch einen Beschluß der Generalversammlung bewilligt werden. Der Beschluß kann nicht früher als in derjenigen Generalversammlung gefaßt werden, mit deren Beendigung die Zeit, für welche der erste Aufsichtsrath gewählt ist, abläuft.

§. 241.

Der Aufsichtsrath hat die Geschäftsführung der Gesellschaft in allen Zweigen der Verwaltung zu überwachen und sich zu dem Zwecke von dem Gange der Angelegenheiten der Gesellschaft zu unterrichten. Er kann jederzeit über diese Angelegenheiten Berichterstattung von dem Vorstande verlangen und selbst oder durch einzelne von ihm zu bestimmende Mitglieder die Bücher und Schriften der Gesellschaft einsehen sowie den Bestand der Gesellschaftskasse und die Bestände an Werthpapieren und Waaren untersuchen. Er hat die Jahresrechnungen, die Bilanzen und die Vorschläge zur Gewinnvertheilung zu prüfen und darüber der Generalversammlung Bericht zu erstatten.

Er hat eine Generalversammlung zu berufen, wenn dies im Interesse der Gesellschaft erforderlich ist.

Weitere Obliegenheiten des Aufsichtsraths werden durch den Gesellschaftsvertrag bestimmt.

Die Mitglieder des Aufsichtsraths können die Ausübung ihrer Obliegenheiten nicht Anderen übertragen.

§. 242.

Der Aufsichtsrath ist befugt, die Gesellschaft bei der Vornahme von Rechtsgeschäften mit den Vorstandsmitgliedern zu vertreten und gegen die letzteren die von der Generalversammlung beschlossenen Rechtsstreitigkeiten zu führen.

Handelt es sich um die Verantwortlichkeit der Mitglieder des Aufsichtsraths, so kann dieser ohne und selbst gegen den Beschluß der Generalversammlung gegen die Mitglieder des Vorstandes klagen.

§. 243.

Die Mitglieder des Aufsichtsraths können nicht zugleich Mitglieder des Vorstandes oder dauernd Stellvertreter von Vorstandsmitgliedern sein, auch nicht als Beamte die Geschäfte der Gesellschaft führen. Nur für einen im voraus begrenzten Zeitraum kann der Aufsichtsrath einzelne seiner Mitglieder zu Stellvertretern von behinderten Mitgliedern des Vorstandes bestellen; während dieses Zeitraums und bis zur Entlastung des Vertreters darf der letztere eine Thätigkeit als Mitglied des Aufsichtsraths nicht ausüben. Auf die in solcher Weise bestellten Vertreter finden die Vorschriften des §. 232 keine Anwendung.

Scheiden aus dem Vorstande Mitglieder aus, so können sie nicht vor der Entlastung in den Aufsichtsrath gewählt werden.

§. 244.

Die Mitglieder des Aufsichtsraths haben bei der Erfüllung ihrer Obliegenheiten die Sorgfalt eines ordentlichen Geschäftsmanns anzuwenden.

Mitglieder, die ihre Obliegenheiten verletzen, haften der Gesellschaft mit den Vorstandsmitgliedern als Gesammtschuldner für den dadurch entstehenden Schaden.

Insbesondere sind sie zum Ersatze verpflichtet, wenn mit ihrem Wissen und ohne ihr Einschreiten die im §. 236 Abs. 3 bezeichneten Handlungen vorgenommen werden. Auf die Geltendmachung des Ersatzanspruchs finden die Vorschriften des §. 236 Abs. 4 Anwendung.

Die Ansprüche auf Grund der Vorschriften der Abs. 1 bis 3 verjähren in fünf Jahren.

§. 245.

Die Rechte, welche den Aktionären in den Angelegenheiten der Gesellschaft, insbesondere in Bezug auf die Führung der Geschäfte, zustehen, werden durch Beschlußfassung in der Generalversammlung ausgeübt.

§. 246.

Die Beschlüsse der Generalversammlung bedürfen der Mehrheit der abgegebenen Stimmen (einfache Stimmenmehrheit), soweit nicht durch das Gesetz oder den Gesellschaftsvertrag eine größere Mehrheit oder sonstige Erfordernisse vorgeschrieben sind.

Für Wahlen können im Gesellschaftsvertrag andere Bestimmungen getroffen werden.

§. 247.

Jede Aktie gewährt das Stimmrecht. Das Stimmrecht wird nach den Aktienbeträgen ausgeübt. Der Gesellschaftsvertrag kann für den Fall, daß ein Aktionär mehrere Aktien besitzt, die Ausübung des Stimmrechts durch Festsetzung eines Höchstbetrags oder von Abstufungen beschränken. Werden mehrere

Gattungen von Aktien ausgegeben, so kann der Gesellschaftsvertrag den Aktien der einen Gattung ein höheres Stimmrecht beilegen als den Aktien einer anderen Gattung.

Vollmachten erfordern zu ihrer Gültigkeit die schriftliche Form; sie bleiben in der Verwahrung der Gesellschaft.

Wer durch die Beschlußfassung entlastet oder von einer Verpflichtung befreit werden soll, hat hierbei kein Stimmrecht und darf ein solches auch nicht für Andere ausüben. Dasselbe gilt von einer Beschlußfassung, welche die Vornahme eines Rechtsgeschäfts mit einem Aktionär oder die Einleitung oder Erledigung eines Rechtsstreits zwischen ihm und der Gesellschaft betrifft.

Im Uebrigen richten sich die Bedingungen und die Form der Ausübung des Stimmrechts nach dem Gesellschaftsvertrage.

§. 248.

Die Generalversammlung wird durch den Vorstand berufen, soweit nicht nach dem Gesetz oder dem Gesellschaftsvertrag auch andere Personen dazu befugt sind.

Die Generalversammlung ist, außer den im Gesetz oder im Gesellschaftsvertrag ausdrücklich bestimmten Fällen, zu berufen, wenn das Interesse der Gesellschaft es erfordert.

§. 249.

Die Generalversammlung ist zu berufen, wenn Aktionäre, deren Antheile zusammen den zwanzigsten Theil des Grundkapitals erreichen, die Berufung schriftlich unter Angabe des Zweckes und der Gründe verlangen. Ist in dem Gesellschaftsvertrage das Recht, die Berufung der Generalversammlung zu verlangen, an den Besitz eines geringeren Antheils am Grundkapitale geknüpft, so hat es hierbei sein Bewenden.

In gleicher Weise haben die Aktionäre das Recht, zu verlangen, daß Gegenstände zur Beschlußfassung einer Generalversammlung angekündigt werden.

Wird dem Verlangen weder durch den Vorstand noch durch den Aufsichtsrath entsprochen, so kann das Gericht des Sitzes der Gesellschaft die Aktionäre, welche das Verlangen gestellt haben, auf Antrag zur Berufung der Generalversammlung oder zur Ankündigung des Gegenstandes ermächtigen. Zugleich kann das Gericht über die Führung des Vorsitzes in der Versammlung Bestimmung treffen. Auf die gerichtliche Ermächtigung muß bei der Berufung oder Ankündigung Bezug genommen werden.

Die Generalversammlung beschließt darüber, ob die entstandenen Kosten von der Gesellschaft getragen werden sollen.

§. 250.

Die Berufung der Generalversammlung hat in der durch den Gesellschaftsvertrag bestimmten Weise mindestens zwei Wochen vor dem Tage der

Versammlung zu erfolgen. Ist im Gesellschaftsvertrage die Ausübung des Stimmrechts davon abhängig gemacht, daß die Aktien bis zu einem bestimmten Zeitpunkte vor der Generalversammlung hinterlegt werden, so ist die Frist derart zu bemessen, daß für die Hinterlegung mindestens zwei Wochen frei bleiben.

Der Zweck der Generalversammlung soll bei der Berufung bekannt gemacht werden.

Ueber Gegenstände, deren Verhandlung nicht ordnungsmäßig mindestens eine Woche vor dem Tage der Generalversammlung angekündigt ist, können Beschlüsse nicht gefaßt werden; ist für die Beschlußfassung nach den Vorschriften dieses Gesetzbuchs oder des Gesellschaftsvertrags die einfache Stimmenmehrheit nicht ausreichend, so muß die Ankündigung mindestens zwei Wochen vor dem Tage der Generalversammlung erfolgen. An die Stelle des Tages der Generalversammlung tritt, falls die Ausübung des Stimmrechts von der Hinterlegung der Aktien abhängig ist, der Tag, bis zu dessen Ablaufe die Hinterlegung zu geschehen hat.

Zur Beschlußfassung über den in der Generalversammlung gestellten Antrag auf Berufung einer außerordentlichen Generalversammlung sowie zur Stellung von Anträgen und zu Verhandlungen ohne Beschlußfassung bedarf es der Ankündigung nicht.

§. 251.

Jeder Beschluß der Generalversammlung bedarf zu seiner Gültigkeit der Beurkundung durch ein über die Verhandlung gerichtlich oder notariell aufgenommenes Protokoll.

In dem Protokolle sind der Ort und der Tag der Verhandlung, der Name des Richters oder Notars sowie die Art und das Ergebniß der Beschlußfassungen anzugeben.

Die Belege über die ordnungsmäßige Berufung der Generalversammlung sind dem Protokolle beizufügen oder unter Angabe ihres Inhalts darin aufzuführen.

Das Protokoll muß von dem Richter oder Notar vollzogen werden; es soll außerdem von dem Vorsitzenden der Generalversammlung unterzeichnet werden. Die Zuziehung von Zeugen ist nicht erforderlich.

Eine öffentlich beglaubigte Abschrift des Protokolls ist unverzüglich nach der Generalversammlung von dem Vorstande zum Handelsregister einzureichen.

§. 252.

Die Generalversammlung beschließt über die Genehmigung der Jahresbilanz und die Gewinnvertheilung sowie über die Entlastung des Vorstandes und des Aufsichtsraths.

Der Vorstand hat in den ersten drei Monaten des Geschäftsjahrs für das verflossene Geschäftsjahr eine Bilanz, eine Gewinn- und Verlustrechnung sowie einen den Vermögensstand und die Verhältnisse der Gesellschaft entwickelnden Bericht dem Aufsichtsrath und mit dessen Bemerkungen der Generalversammlung vorzulegen. Im Gesellschaftsvertrage kann eine andere Frist, jedoch nicht über die Dauer von sechs Monaten hinaus, bestimmt werden.

In dem Geschäftsbericht ist insbesondere anzugeben, nach welchen Grundsätzen die Werthe in der Bilanz angesetzt und die Abschreibungen vorgenommen sind. Ist hierbei nach anderen Grundsätzen verfahren als bei der Aufstellung der letzten Jahresbilanz, so sind die Gründe der Abweichung anzugeben.

§. 253.

Die im §. 252 Abs. 2 bezeichneten Vorlagen sind mindestens während der letzten zwei Wochen vor der Generalversammlung in dem Geschäftsraume der Gesellschaft zur Einsicht der Aktionäre auszulegen.

Jeder Aktionär ist berechtigt, eine Abschrift der Bilanz, der Gewinn- und Verlustrechnung, der Bemerkungen des Aufsichtsraths und des Geschäftsberichts zu verlangen.

§. 254.

Für die Aufstellung der Bilanz kommen die Vorschriften des §. 39 mit folgenden Maßgaben zur Anwendung:

1. Werthpapiere und Waaren, die einen Börsen- oder Marktpreis haben, dürfen höchstens zu dem Börsen- oder Marktpreise des Zeitpunktes, für welchen die Bilanz aufgestellt wird, sofern dieser Preis jedoch den Anschaffungs- oder Herstellungspreis übersteigt, höchstens zu dem letzteren angesetzt werden;
2. andere Vermögensgegenstände sind höchstens zu dem Anschaffungs- oder Herstellungspreis anzusetzen;
3. Anlagen und sonstige Gegenstände, die nicht zur Weiterveräußerung, vielmehr dauernd zum Geschäftsbetriebe der Gesellschaft bestimmt sind, dürfen ohne Rücksicht auf einen geringeren Werth zu dem Anschaffungs- oder Herstellungspreis angesetzt werden, sofern ein der Abnutzung gleichkommender Betrag in Abzug gebracht oder ein ihr entsprechender Erneuerungsfonds in Ansatz gebracht wird;
4. die Kosten der Organisation und Verwaltung dürfen nicht als Aktiva in die Bilanz eingesetzt werden;
5. der Betrag des Grundkapitals und der Betrag eines jeden Reserve- und Erneuerungsfonds sind unter die Passiva aufzunehmen;
6. der aus der Vergleichung sämmtlicher Aktiva und sämmtlicher Passiva sich ergebende Gewinn oder Verlust muß am Schlusse der Bilanz besonders angegeben werden.

§. 255.

Zur Deckung eines aus der Bilanz sich ergebenden Verlustes ist ein Reservefonds zu bilden. In diesen ist einzustellen:

1. von dem jährlichen Reingewinne mindestens der zwanzigste Theil so lange, als der Reservefonds den zehnten oder den im Gesellschaftsvertrage bestimmten höheren Theil des Grundkapitals nicht überschreitet;
2. der Betrag, welcher bei der Errichtung der Gesellschaft oder bei einer Erhöhung des Grundkapitals durch Ausgabe der Aktien für einen höheren als den Nennbetrag über diesen und über den Betrag der durch die Ausgabe der Aktien entstehenden Kosten hinaus erzielt wird;
3. der Betrag von Zuzahlungen, die ohne Erhöhung des Grundkapitals von Aktionären gegen Gewährung von Vorzugsrechten für ihre Aktien geleistet werden, soweit nicht eine Verwendung dieser Zahlungen zu außerordentlichen Abschreibungen oder zur Deckung außerordentlicher Verluste beschlossen wird.

§. 256.

Die Verhandlung über die Genehmigung der Bilanz ist zu vertagen, wenn dies in der Generalversammlung mit einfacher Stimmenmehrheit beschlossen oder von einer Minderheit, deren Antheile den zehnten Theil des Grundkapitals erreichen, verlangt wird, auf Verlangen der Minderheit jedoch nur, soweit von ihr bestimmte Ansätze der Bilanz bemängelt werden.

Ist die Verhandlung auf Verlangen der Minderheit vertagt, so kann von dieser eine erneute Vertagung nur gefordert werden, wenn über die in der früheren Verhandlung bemängelten Ansätze der Bilanz die erforderliche Aufklärung nicht ertheilt worden ist.

§. 257.

Nach der Genehmigung durch die Generalversammlung ist die Bilanz sowie die Gewinn- und Verlustrechnung unverzüglich durch den Vorstand in den Gesellschaftsblättern bekannt zu machen.

Die Bekanntmachung sowie der im §. 252 bezeichnete Geschäftsbericht nebst den Bemerkungen des Aufsichtsraths ist zum Handelsregister einzureichen. Zum Handelsregister einer Zweigniederlassung findet die Einreichung nicht statt.

§. 258.

Die Generalversammlung kann mit einfacher Stimmenmehrheit die Bestellung von Revisoren zur Prüfung der Bilanz oder zur Prüfung von Vorgängen bei der Gründung oder der Geschäftsführung beschließen.

Ist in der Generalversammlung ein Antrag auf Bestellung von Revisoren zur Prüfung eines Vorganges bei der Gründung oder eines nicht länger als zwei Jahre zurückliegenden Vorganges bei der Geschäftsführung abgelehnt worden, so können auf Antrag von Aktionären, deren Antheile zusammen den zehnten Theil des Grundkapitals erreichen, Revisoren durch das Gericht, in dessen Bezirke die Gesellschaft ihren Sitz hat, ernannt werden.

Dem Antrag ist nur stattzugeben, wenn glaubhaft gemacht wird, daß bei dem Vorgang Unredlichkeiten oder grobe Verletzungen des Gesetzes oder des Gesellschaftsvertrags stattgefunden haben. Die Antragsteller haben die Aktien bis zur Entscheidung über den Antrag zu hinterlegen und glaubhaft zu machen, daß sie seit mindestens sechs Monaten, von der Generalversammlung zurückgerechnet, Besitzer der Aktien sind.

Vor der Anordnung sind der Vorstand und der Aufsichtsrath zu hören. Die Anordnung ist von einer nach freiem Ermessen zu bestimmenden Sicherheitsleistung abhängig zu machen.

§. 259.

Der Vorstand hat in den Fällen des §. 258 den Revisoren die Einsicht der Bücher und Schriften der Gesellschaft und die Untersuchung des Bestandes der Gesellschaftskasse sowie der Bestände an Werthpapieren und Waaren zu gestatten.

Der Bericht über das Ergebniß der Prüfung ist von den Revisoren unverzüglich dem Handelsregister einzureichen und von dem Vorstande bei der Berufung der nächsten Generalversammlung als Gegenstand der Beschlußfassung anzukündigen. Zum Handelsregister einer Zweigniederlassung findet die Einreichung des Berichts nicht statt.

Im Falle des §. 258 Abs. 2 beschließt die Generalversammlung, ob die entstandenen Kosten von der Gesellschaft zu tragen sind. Wird der Antrag auf Ernennung von Revisoren durch das Gericht zurückgewiesen oder erweist er sich nach dem Ergebnisse der Prüfung als unbegründet, so sind die Aktionäre, welchen eine bösliche Handlungsweise zur Last fällt, für einen der Gesellschaft durch den Antrag entstehenden Schaden als Gesammtschuldner haftbar.

§. 260.

Die Ansprüche der Gesellschaft aus der Gründung gegen die nach den §§. 200 bis 202, 206 verpflichteten Personen oder aus der Geschäftsführung gegen die Mitglieder des Vorstandes und des Aufsichtsraths müssen geltend gemacht werden, wenn es in der Generalversammlung mit einfacher Stimmenmehrheit beschlossen oder von einer Minderheit, deren Antheile den fünften Theil des Grundkapitals erreichen, verlangt wird.

Zur Führung des Rechtsstreits kann die Generalversammlung besondere Vertreter wählen. Ist die Geltendmachung des Anspruchs von der Minderheit verlangt, so können die von dieser bezeichneten Personen durch das Gericht des Sitzes der Gesellschaft als deren Vertreter zur Führung des Rechtsstreits bestellt werden. Im Uebrigen bewendet es bei den Vorschriften des §. 242;

diese kommen auch dann zur Anwendung, wenn die Geltendmachung des Anspruchs von der Minderheit verlangt ist.

§. 261.

Die Geltendmachung eines Anspruchs auf Verlangen der Minderheit muß binnen drei Monaten von dem Tage der Generalversammlung an erfolgen. Der Klage ist das Protokoll der Generalversammlung, soweit es die Geltendmachung des Anspruchs betrifft, in öffentlich beglaubigter Abschrift beizufügen.

Die Minderheit hat eine den fünften Theil des Grundkapitals der Gesellschaft erreichende Anzahl von Aktien für die Dauer des Rechtsstreits zu hinterlegen; es ist glaubhaft zu machen, daß sich die Aktien seit mindestens sechs Monaten, von der Generalversammlung zurückgerechnet, im Besitze der die Minderheit bildenden Aktionäre befinden.

Dem Beklagten ist auf Verlangen wegen der ihm drohenden Nachtheile von der Minderheit eine nach freiem Ermessen des Gerichts zu bestimmende Sicherheit zu leisten. Das Verlangen ist als prozeßhindernde Einrede geltend zu machen; die Vorschriften des §. 105 der Civilprozeßordnung finden Anwendung.

Die Minderheit ist der Gesellschaft gegenüber verpflichtet, die Kosten des Rechtsstreits zu tragen.

Für den Schaden, der dem Beklagten durch eine unbegründete Klage entsteht, haften ihm die Aktionäre, welchen eine bösliche Handlungsweise zur Last fällt, als Gesammtschuldner.

§. 262.

Bezüglich eines Anspruchs, dessen Geltendmachung die Minderheit auf Grund der Vorschrift des §. 260 Abs. 1 verlangt hat, ist ein Verzicht oder ein Vergleich der Gesellschaft nur dann zulässig, wenn von den die Minderheit bildenden Aktionären so viele zustimmen, daß die Aktien der übrigen nicht mehr den fünften Theil des Grundkapitals darstellen.

§. 263.

Ein Beschluß der Generalversammlung kann wegen Verletzung des Gesetzes oder des Gesellschaftsvertrags im Wege der Klage angefochten werden.

Die Klage muß binnen einem Monat erhoben werden.

Zur Anfechtung befugt ist jeder in der Generalversammlung erschienene Aktionär, sofern er gegen den Beschluß Widerspruch zum Protokoll erklärt hat, und jeder nicht erschienene Aktionär, sofern er zu der Generalversammlung unberechtigter Weise nicht zugelassen worden ist oder sofern er die Anfechtung darauf gründet, daß die Berufung der Versammlung oder die Ankündigung des Gegenstandes der Beschlußfassung nicht gehörig erfolgt sei.

Außerdem ist der Vorstand und, sofern der Beschluß eine Maßregel zum Gegenstande hat, durch deren Ausführung sich die Mitglieder des Vorstandes und des Aufsichtsraths strafbar oder den Gläubigern der Gesellschaft haftbar machen würden, jedes Mitglied des Vorstandes und des Aufsichtsraths zur Anfechtung befugt.

§. 264.

Die Klage ist gegen die Gesellschaft zu richten. Die Gesellschaft wird durch den Vorstand, sofern dieser nicht selbst klagt, und durch den Aufsichtsrath vertreten.

Zuständig für die Klage ist ausschließlich das Landgericht, in dessen Bezirke die Gesellschaft ihren Sitz hat. Die mündliche Verhandlung erfolgt nicht vor dem Ablaufe der im §. 263 Abs. 2 bezeichneten Frist. Mehrere Anfechtungsprozesse sind zur gleichzeitigen Verhandlung und Entscheidung zu verbinden.

Der klagende Aktionär hat der Gesellschaft wegen der ihr drohenden Nachtheile auf Verlangen eine nach freiem Ermessen des Gerichts zu bestimmende Sicherheit zu leisten. Das Verlangen ist als prozeßhindernde Einrede geltend zu machen; die Vorschriften des §. 105 der Civilprozeßordnung finden Anwendung.

Die Erhebung der Klage und der Termin zur mündlichen Verhandlung sind unverzüglich von dem Vorstand in den Gesellschaftsblättern bekannt zu machen.

§. 265.

Soweit der Beschluß durch rechtskräftiges Urtheil für nichtig erklärt ist, wirkt das Urtheil auch für und gegen die Aktionäre, die nicht Partei sind. Das Urtheil ist von dem Vorstand unverzüglich zum Handelsregister einzureichen. War der Beschluß in das Handelsregister eingetragen, so ist auch das Urtheil einzutragen; die Eintragung des Urtheils ist in gleicher Weise wie die des Beschlusses zu veröffentlichen.

Für einen durch unbegründete Anfechtung des Beschlusses der Gesellschaft entstehenden Schaden haften ihr die Kläger, welchen eine bösliche Handlungsweise zur Last fällt, als Gesammtschuldner.

Vierter Titel.

Abänderungen des Gesellschaftsvertrags.

§. 266.

Eine Abänderung des Gesellschaftsvertrags kann nur durch die Generalversammlung beschlossen werden. Die Vornahme von Aenderungen, die nur die Fassung betreffen, kann durch Beschluß der Generalversammlung dem Aufsichtsrath übertragen werden.

In der nach §. 250 Abs. 2, 3 zu bewirkenden Ankündigung soll die beabsichtigte Aenderung des Gesellschaftsvertrags nach ihrem wesentlichen Inhalt erkennbar gemacht werden.

§. 267.

In Ermangelung einer anderen Bestimmung des Gesellschaftsvertrags bedürfen die im §. 266 Abs. 1 bezeichneten Beschlüsse der Generalversammlung einer Mehrheit, die mindestens drei Viertheile des bei der Beschlußfassung vertretenen Grundkapitals umfaßt.

Für eine Abänderung des Gegenstandes des Unternehmens muß diese Mehrheit erreicht sein; der Gesellschaftsvertrag kann noch andere Erfordernisse aufstellen.

Soll das bisherige Verhältniß mehrerer Gattungen von Aktien mit verschiedener Berechtigung zum Nachtheil einer Gattung geändert werden, so bedarf es neben dem Beschlusse der Generalversammlung eines in gesonderter Abstimmung gefaßten Beschlusses der benachtheiligten Aktionäre; auf diese Beschlußfassung findet die Vorschrift des Abs. 1 Anwendung. Die Beschlußfassung der benachtheiligten Aktionäre kann nur stattfinden, wenn sie gemäß §. 250 Abs. 3 ausdrücklich unter den Zwecken der Generalversammlung angekündigt worden ist.

§. 268.

Eine Verpflichtung der Aktionäre zu Leistungen der im §. 210 bezeichneten Art kann, sofern sie nicht in dem ursprünglichen Gesellschaftsvertrage vorgesehen ist, nur mit Zustimmung sämmtlicher von der Verpflichtung betroffenen Aktionäre begründet werden.

§. 269.

Die Abänderung des Gesellschaftsvertrags ist zur Eintragung in das Handelsregister anzumelden. Soweit sich nicht aus den nachfolgenden Vorschriften ein Anderes ergiebt, ist die Anmeldung durch den Vorstand zu bewirken.

Bei der Eintragung genügt, soweit nicht die Abänderung die im §. 196 bezeichneten Angaben betrifft, die Bezugnahme auf die bei dem Gericht eingereichten Urkunden über die Abänderung. Die öffentliche Bekanntmachung findet in Betreff aller Bestimmungen statt, auf welche sich die in den §§. 197, 199 vorgeschriebenen Veröffentlichungen beziehen.

Die Abänderung hat keine Wirkung, bevor sie bei dem Gericht, in dessen Bezirke die Gesellschaft ihren Sitz hat, in das Handelsregister eingetragen worden ist.

§. 270.

Eine Erhöhung des Grundkapitals durch Ausgabe neuer Aktien soll nicht vor der vollen Einzahlung des bisherigen Kapitals erfolgen. Für Versicherungsgesellschaften kann im Gesellschaftsvertrag ein Anderes bestimmt werden. Durch Rückstände, die auf einen verhältnißmäßig unerheblichen Theil der eingeforderten Einzahlung verblieben sind, wird die Erhöhung des Grundkapitals nicht gehindert.

Sind mehrere Gattungen von Aktien mit verschiedener Berechtigung vorhanden, so bedarf es neben dem Beschlusse der Generalversammlung eines in gesonderter Abstimmung gefaßten Beschlusses der Aktionäre jeder Gattung; auf diese Beschlußfassung finden die Vorschriften des §. 267 Abs. 1, Abs. 3 Satz 2 Anwendung.

Sollen die auf die Kapitalserhöhung entfallenden neuen Aktien für einen höheren als den Nennbetrag ausgegeben werden, so ist der Mindestbetrag, unter dem die Ausgabe nicht erfolgen soll, in dem Beschluß über die Erhöhung des Grundkapitals festzusetzen.

§. 271.

Wird auf das erhöhte Grundkapital eine Einlage gemacht, die nicht durch Baarzahlung zu leisten ist, oder wird auf eine Einlage eine Vergütung für Vermögensstücke angerechnet, welche die Gesellschaft übernimmt, so müssen der Gegenstand der Einlage oder der Uebernahme, die Person, von welcher die Gesellschaft den Gegenstand erwirbt, und der Betrag der für die Einlage zu gewährenden Aktien oder die für den übernommenen Gegenstand zu gewährende Vergütung in dem Beschluß über die Erhöhung des Grundkapitals festgesetzt werden.

Jedes Abkommen dieser Art, welches nicht die vorgeschriebene Festsetzung in dem Beschlusse der Generalversammlung gefunden hat, ist der Gesellschaft gegenüber unwirksam. Die Vorschriften der §§. 205, 206 bleiben unberührt.

§. 272.

Der Beschluß über die Erhöhung des Grundkapitals ist von sämmtlichen Mitgliedern des Vorstandes und des Aufsichtsraths zur Eintragung in das Handelsregister anzumelden.

In der Anmeldung ist die Versicherung abzugeben, daß das bisherige Grundkapital eingezahlt ist oder, soweit die Einzahlung nicht stattgefunden hat, daß darauf weitere als die in der Anmeldung bezeichneten Beträge nicht rückständig sind.

§. 273.

Die Zeichnung der neuen Aktien geschieht mittelst Zeichnungsscheins. Der Zeichnungsschein soll doppelt ausgestellt werden; er hat außer den im §. 187 Abs. 2 bezeichneten Angaben zu enthalten:

1. den Tag, an welchem der Beschluß über die Erhöhung des Grundkapitals gefaßt ist;
2. den Betrag, für welchen die Ausgabe der Aktien stattfindet, und den Betrag der festgesetzten Einzahlungen;
3. die im §. 271 vorgesehenen Festsetzungen und, wenn mehrere Gattungen von Aktien mit verschiedener Berechtigung ausgegeben werden, den Gesammtbetrag einer jeden;

4. den Zeitpunkt, in welchem die Zeichnung unverbindlich wird, sofern nicht bis dahin die erfolgte Erhöhung des Grundkapitals in das Handelsregister eingetragen ist.

Die Vorschriften des §. 187 Abs. 4, 5 finden mit der Maßgabe entsprechende Anwendung, daß an die Stelle der Eintragung der Gesellschaft in das Handelsregister die Eintragung der erfolgten Erhöhung des Grundkapitals tritt.

§. 274.

Jedem Aktionär muß auf sein Verlangen ein seinem Antheil an dem bisherigen Grundkapital entsprechender Theil der neuen Aktien zugetheilt werden, soweit nicht in dem Beschluß über die Erhöhung des Grundkapitals ein Anderes bestimmt ist.

Der Betrag, zu welchem die neuen Aktien an die Aktionäre ausgegeben werden, ist von dem Vorstand in den Gesellschaftsblättern zu veröffentlichen. In der Veröffentlichung kann eine Frist für die Ausübung des Bezugsrechts bestimmt werden; die Frist muß mindestens zwei Wochen betragen.

§. 275.

Eine Zusicherung von Rechten auf den Bezug neu auszugebender Aktien kann nur unter Vorbehalt des im §. 274 bezeichneten Rechtes der Aktionäre erfolgen.

Eine Zusicherung, die vor dem Beschlusse über die Erhöhung des Grundkapitals geschieht, ist der Gesellschaft gegenüber unwirksam.

§. 276.

Die erfolgte Erhöhung des Grundkapitals ist von sämmtlichen Mitgliedern des Vorstandes und des Aufsichtsraths zur Eintragung in das Handelsregister anzumelden.

Der Anmeldung sind beizufügen:

1. die Duplikate der Zeichnungsscheine und ein von den Mitgliedern des Vorstandes unterschriebenes Verzeichniß der Zeichner, welches die auf jeden entfallenen Aktien sowie die auf die letzteren geschehenen Einzahlungen angiebt;
2. im Falle des §. 271 die Verträge, welche den dort bezeichneten Festsetzungen zu Grunde liegen oder zu ihrer Ausführung geschlossen sind;
3. eine Berechnung der für die Gesellschaft durch die Ausgabe der neuen Aktien entstehenden Kosten;
4. wenn die Erhöhung des Grundkapitals mit Rücksicht auf den Gegenstand des Unternehmens der staatlichen Genehmigung bedarf, sowie in den Fällen des §. 178 Abs. 2 die Genehmigungsurkunde.

Die Vorschriften des §. 193 Abs. 3 finden Anwendung.

Die der Anmeldung beigefügten Schriftstücke werden bei dem Gericht in Urschrift oder in beglaubigter Abschrift aufbewahrt.

In die Veröffentlichung, durch welche die Eintragung bekannt gemacht wird, ist auch der Betrag, zu welchem die Aktien ausgegeben werden, aufzunehmen.

§. 277.

Die Anmeldung und Eintragung der erfolgten Erhöhung des Grundkapitals kann mit der Anmeldung und Eintragung des Beschlusses über die Erhöhung verbunden werden.

§. 278.

Bei einem Gericht, in dessen Bezirke die Gesellschaft eine Zweigniederlassung hat, sind die in den §§. 272, 276 bezeichneten Anmeldungen zur Eintragung in das Handelsregister durch den Vorstand zu bewirken. Die Vorschrift des §. 276 Abs. 5 findet Anwendung; die Vorschriften des §. 272 Abs. 2 und des §. 276 Abs. 2 bis 4 bleiben außer Anwendung.

§. 279.

Bevor die erfolgte Erhöhung des Grundkapitals in das Handelsregister eingetragen ist, können Aktien und Interimsscheine auf das zu erhöhende Kapital nicht ausgegeben werden.

Die Antheilsrechte an dem zu erhöhenden Kapitale können vor diesem Zeitpunkte mit Wirksamkeit gegenüber der Gesellschaft nicht übertragen werden.

§. 280.

Eine Herabsetzung des Grundkapitals kann nur mit einer Mehrheit beschlossen werden, die mindestens drei Viertheile des bei der Beschlußfassung vertretenen Grundkapitals umfaßt. Der Gesellschaftsvertrag kann noch andere Erfordernisse aufstellen.

Durch den Beschluß muß zugleich festgesetzt werden, zu welchem Zwecke die Herabsetzung stattfindet, insbesondere, ob sie zur theilweisen Rückzahlung des Grundkapitals an die Aktionäre erfolgt, und in welcher Weise die Maßregel auszuführen ist.

Sind mehrere Gattungen von Aktien mit verschiedener Berechtigung vorhanden, so bedarf es neben dem Beschlusse der Generalversammlung eines in gesonderter Abstimmung gefaßten Beschlusses der Aktionäre jeder Gattung; auf diese Beschlußfassung finden die Vorschriften des Abs. 1 und des §. 267 Abs. 3 Satz 2 Anwendung.

§. 281.

Der Vorstand hat unter Hinweis auf die beschlossene Herabsetzung des Grundkapitals nach der Eintragung des Beschlusses in das Handelsregister die Gläubiger der Gesellschaft aufzufordern, ihre Ansprüche anzumelden. Die

Aufforderung ist dreimal in den Gesellschaftsblättern zu veröffentlichen. Bekannte Gläubiger sind durch besondere Mittheilung zur Anmeldung aufzufordern.

Den Gläubigern, deren Forderungen vor der letzten öffentlichen Aufforderung begründet sind, ist Befriedigung zu gewähren oder Sicherheit zu leisten, sofern sie sich zu diesem Zwecke melden.

Zahlungen an die Aktionäre dürfen auf Grund der Herabsetzung des Grundkapitals erst erfolgen, nachdem seit dem Tage, an welchem die im Abs. 1 vorgeschriebene öffentliche Aufforderung zum dritten Male stattgefunden hat, ein Jahr verstrichen ist und nachdem die Gläubiger, die sich gemeldet haben, befriedigt oder sichergestellt worden sind. Eine durch die Herabsetzung bezweckte Befreiung der Aktionäre von der Verpflichtung zur Leistung von Einlagen auf die Aktien tritt nicht vor dem bezeichneten Zeitpunkt in Wirksamkeit.

§. 282.

Ist zur Ausführung der Herabsetzung des Grundkapitals eine Verminderung der Zahl der Aktien durch Umtausch, Stempelung oder durch ein ähnliches Verfahren vorgesehen, so kann die Gesellschaft die Aktien, welche trotz erfolgter Aufforderung nicht bei ihr eingereicht sind, für kraftlos erklären. Das Gleiche gilt in Ansehung eingereichter Aktien, welche die zum Ersatze durch neue Aktien erforderliche Zahl nicht erreichen und der Gesellschaft nicht zur Verwerthung für Rechnung der Betheiligten zur Verfügung gestellt sind.

Die Aufforderung zur Einreichung der Aktien hat die Androhung der Kraftloserklärung zu enthalten. Die Kraftloserklärung kann nur erfolgen, wenn die Aufforderung nach Maßgabe des §. 217 Abs. 2 bekannt gemacht ist; sie geschieht mittelst Bekanntmachung in den Gesellschaftsblättern.

Die an Stelle der für kraftlos erklärten Aktien auszugebenden neuen Aktien sind für Rechnung der Betheiligten durch die Gesellschaft zum Börsenpreis und in Ermangelung eines solchen durch öffentliche Versteigerung zu verkaufen. Der Erlös ist den Betheiligten auszuzahlen oder, sofern die Berechtigung zur Hinterlegung vorhanden ist, zu hinterlegen.

Fünfter Titel.

Auflösung und Nichtigkeit der Gesellschaft.

§. 283.

Die Aktiengesellschaft wird aufgelöst:

1. durch den Ablauf der im Gesellschaftsvertrage bestimmten Zeit;
2. durch Beschluß der Generalversammlung; der Beschluß bedarf einer Mehrheit, die mindestens drei Viertheile des bei der Beschlußfassung vertretenen Grundkapitals umfaßt; der Gesellschaftsvertrag kann noch andere Erfordernisse aufstellen;
3. durch die Eröffnung des Konkurses über das Vermögen der Gesellschaft.

Die Vorschriften dieses Titels kommen auch zur Anwendung, wenn die Auflösung einer Aktiengesellschaft aus anderen Gründen erfolgt.

§. 284.

Die Auflösung der Gesellschaft ist außer dem Falle des Konkurses durch den Vorstand zur Eintragung in das Handelsregister anzumelden.

§. 285.

Nach der Auflösung der Gesellschaft findet die Liquidation statt, sofern nicht über das Vermögen der Gesellschaft der Konkurs eröffnet ist.

Bis zur Beendigung der Liquidation kommen die Vorschriften der vorausgehenden Titel zur Anwendung, soweit sich nicht aus diesem Titel oder aus dem Wesen der Liquidation ein Anderes ergiebt.

§. 286.

Die Liquidation geschieht durch die Mitglieder des Vorstandes als Liquidatoren, sofern nicht durch den Gesellschaftsvertrag oder durch Beschluß der Generalversammlung andere Personen dazu bestimmt werden.

Auf Antrag des Aufsichtsraths oder von Aktionären, deren Antheile zusammen den zwanzigsten Theil des Grundkapitals erreichen, kann aus wichtigen Gründen die Ernennung von Liquidatoren durch das Gericht erfolgen, in dessen Bezirke die Gesellschaft ihren Sitz hat. Die Aktionäre haben bei Stellung des Antrags glaubhaft zu machen, daß sie seit mindestens sechs Monaten Besitzer der Aktien sind.

Die Abberufung von Liquidatoren kann durch das Gericht unter denselben Voraussetzungen wie die Bestellung stattfinden. Liquidatoren, die nicht vom Gericht ernannt sind, können durch die Generalversammlung auch vor dem Ablaufe des Zeitraums, für welchen sie bestellt sind, abberufen werden.

§. 287.

Die ersten Liquidatoren sind durch den Vorstand, jede Aenderung in den Personen der Liquidatoren ist durch die Liquidatoren zur Eintragung in das Handelsregister anzumelden. Ist bei der Bestellung der Liquidatoren eine Bestimmung über ihre Vertretungsbefugniß getroffen, so ist auch diese Bestimmung zur Eintragung anzumelden.

Der Anmeldung ist eine öffentlich beglaubigte Abschrift der Urkunden über die Bestellung oder Aenderung beizufügen; diese Vorschrift findet auf die Anmeldung zum Handelsregister einer Zweigniederlassung keine Anwendung.

Die Eintragung der gerichtlichen Ernennung oder Abberufung von Liquidatoren geschieht von Amtswegen.

Die Liquidatoren haben die Firma nebst ihrer Namensunterschrift zur Aufbewahrung bei dem Gerichte zu zeichnen.

§. 288.

Die Liquidatoren haben unter Hinweis auf die Auflösung der Gesellschaft die Gläubiger der Gesellschaft aufzufordern, ihre Ansprüche anzumelden. Die Aufforderung ist dreimal in den Gesellschaftsblättern zu veröffentlichen.

§. 289.

Der Geschäftskreis der Liquidatoren sowie die Form, in welcher sie die Firma zu zeichnen haben, bestimmt sich nach den Vorschriften der §§. 147, 149, 151.

Im Uebrigen haben die Liquidatoren innerhalb ihres Geschäftskreises die Rechte und Pflichten des Vorstandes; sie unterliegen gleich diesem der Ueberwachung durch den Aufsichtsrath.

In Ansehung der Mitwirkung sämmtlicher Liquidatoren bei Willenserklärungen für die Gesellschaft findet die Vorschrift des §. 228 Abs. 1 Satz 1 nur insoweit Anwendung, als nicht für die Liquidatoren im Gesellschaftsvertrag oder bei ihrer Ernennung ein Anderes bestimmt ist.

Eine Bestellung von Prokuristen findet nicht statt. Die Vorschriften des §. 232 bleiben außer Anwendung.

§. 290.

Die Liquidatoren haben für den Beginn der Liquidation und weiterhin für den Schluß jedes Jahres eine Bilanz aufzustellen; das bisherige Geschäftsjahr der Gesellschaft kann beibehalten werden.

Die Vorschriften der §§. 252, 253, 256 bis 259 mit Ausnahme derjenigen über die Gewinnvertheilung finden Anwendung; die Vorschriften der §§. 254, 255 bleiben außer Anwendung.

§. 291.

Das nach der Berichtigung der Schulden verbleibende Vermögen der Gesellschaft wird unter die Aktionäre vertheilt.

Die Vertheilung erfolgt nach dem Verhältnisse der Aktienbeträge, sofern nicht mehrere Gattungen von Aktien mit verschiedener Berechtigung vorhanden sind.

Sind die Einzahlungen nicht auf alle Aktien in demselben Verhältnisse geleistet, so werden die auf das Grundkapital geleisteten Einzahlungen erstattet und ein Ueberschuß nach dem Verhältnisse der Aktienbeträge vertheilt. Reicht das vorhandene Vermögen zur Erstattung der Einzahlungen nicht aus, so haben die Aktionäre den Verlust nach dem Verhältnisse der Aktienbeträge zu tragen; die noch ausstehenden Einzahlungen sind, soweit es hierzu erforderlich ist, einzuziehen.

§. 292.

Die Vertheilung des Vermögens darf nur erfolgen, wenn seit dem Tage, an welchem die im §. 288 vorgeschriebene öffentliche Aufforderung an die Gläubiger zum dritten Male stattgefunden hat, ein Jahr verstrichen ist.

Meldet sich ein bekannter Gläubiger nicht, so ist der geschuldete Betrag, wenn die Berechtigung zur Hinterlegung vorhanden ist, für den Gläubiger zu hinterlegen.

Ist die Berichtigung einer Verbindlichkeit zur Zeit nicht ausführbar oder ist eine Verbindlichkeit streitig, so darf die Vertheilung des Vermögens nur erfolgen, wenn dem Gläubiger Sicherheit geleistet ist.

§. 293.

Ist die Liquidation beendigt und die Schlußrechnung gelegt, so haben die Liquidatoren das Erlöschen der Gesellschaftsfirma zur Eintragung in das Handelsregister anzumelden.

Die Bücher und Papiere der Gesellschaft sind an einem von dem Gerichte des Sitzes der Gesellschaft zu bestimmenden sicheren Orte zur Aufbewahrung auf die Dauer von zehn Jahren zu hinterlegen.

Die Aktionäre und die Gläubiger können zur Einsicht der Bücher und Papiere von dem Gericht ermächtigt werden.

§. 294.

Eine Verwerthung des Gesellschaftsvermögens durch Veräußerung des Vermögens im Ganzen ist nur auf Grund eines Beschlusses der Generalversammlung zulässig. Der Beschluß bedarf einer Mehrheit, die mindestens drei Viertheile des bei der Beschlußfassung vertretenen Grundkapitals umfaßt; der Gesellschaftsvertrag kann noch andere Erfordernisse aufstellen.

Der Beschluß hat die Auflösung der Gesellschaft zur Folge, sofern diese nicht bereits aufgelöst war.

Die Vorschriften der §§. 285 bis 293 kommen mit der Maßgabe zur Anwendung, daß die Liquidatoren zu denjenigen Geschäften und Rechtshandlungen befugt sind, welche die Ausführung der beschlossenen Maßregel mit sich bringt. Die Ausantwortung des Vermögens an den Uebernehmer darf nur unter Beobachtung der für die Vertheilung unter die Aktionäre nach den §§. 288, 292 geltenden Vorschriften stattfinden.

§. 295.

Wird das Vermögen einer Aktiengesellschaft als Ganzes von dem Reiche, einem Bundesstaat oder einem inländischen Kommunalverband übernommen, so kann zugleich vereinbart werden, daß die Liquidation unterbleiben soll.

Die im §. 294 Abs. 1 vorgesehene Zustimmung der Generalversammlung ist auch für eine solche Vereinbarung erforderlich.

Der Vorstand hat den Beschluß der Generalversammlung zugleich mit der Auflösung der Gesellschaft zur Eintragung in das Handelsregister anzumelden; der Anmeldung ist der mit dem Uebernehmer abgeschlossene Vertrag in Urschrift oder in öffentlich beglaubigter Abschrift beizufügen.

Der Beschluß hat keine Wirkung, bevor die Eintragung bei dem Gericht, in dessen Bezirke sich der Sitz der Gesellschaft befindet, stattgefunden hat.

Mit der Eintragung des Beschlusses gilt der Uebergang des Vermögens der Gesellschaft einschließlich der Schulden als erfolgt; die Firma der Gesellschaft erlischt.

§. 296.

Wird das Vermögen einer Aktiengesellschaft als Ganzes an eine andere Aktiengesellschaft oder an eine Kommanditgesellschaft auf Aktien gegen Gewährung von Aktien der übernehmenden Gesellschaft übertragen, so bleiben bei der Erhöhung des Grundkapitals der übernehmenden Gesellschaft die Vorschriften des §. 270 Abs. 1, des §. 272 Abs. 2, der §§. 273, 274, des §. 275 Abs. 1 sowie des §. 276 Abs. 2 Nr. 1 und Abs. 3 außer Anwendung.

Der Anmeldung der erfolgten Erhöhung des Grundkapitals zum Handelsregister ist der von der Generalversammlung der aufgelösten Gesellschaft genehmigte Vertrag über die Vermögensübertragung in Urschrift oder in öffentlich beglaubigter Abschrift beizufügen.

Auf den Umtausch der Aktien der aufgelösten Gesellschaft finden die Vorschriften des §. 282 Anwendung.

§. 297.

Ist im Falle des §. 296 vereinbart, daß eine Liquidation des Vermögens der aufgelösten Gesellschaft nicht stattfinden soll, so finden die Vorschriften des §. 295 entsprechende Anwendung; außerdem gelten die folgenden besonderen Vorschriften.

Das Vermögen der aufgelösten Gesellschaft ist durch die übernehmende Gesellschaft getrennt zu verwalten.

Der bisherige Gerichtsstand der aufgelösten Gesellschaft bleibt bis zur Vereinigung der Vermögen der beiden Gesellschaften bestehen.

Bis zu demselben Zeitpunkte gilt im Verhältnisse der Gläubiger der aufgelösten Gesellschaft zu der übernehmenden Gesellschaft und deren übrigen Gläubigern das übernommene Vermögen noch als Vermögen der aufgelösten Gesellschaft.

Die Vereinigung der beiden Vermögen darf erst erfolgen, nachdem die Gläubiger der aufgelösten Gesellschaft von der anderen Gesellschaft nach Maßgabe des §. 288 zur Anmeldung ihrer Forderungen aufgefordert worden sind, und nur unter Beobachtung der nach §. 292 für die Vertheilung des Vermögens unter die Aktionäre geltenden Vorschriften.

Die Mitglieder des Vorstandes und des Aufsichtsraths der übernehmenden Gesellschaft sind den Gläubigern der aufgelösten Gesellschaft für die Ausführung der getrennten Verwaltung als Gesammtschuldner verantwortlich, die Mitglieder des Aufsichtsraths jedoch nur, soweit eine Vereinigung der Vermögen beider Gesellschaften mit ihrem Wissen und ohne ihr Einschreiten erfolgt.

§. 298.

Ist eine Aktiengesellschaft zum Zwecke der Veräußerung ihres Vermögens im Ganzen oder zum Zwecke der Umwandlung in eine andere Gesellschaft aufgelöst worden, so kann, wenn der beabsichtigte Zweck nicht erreicht wird, die Generalversammlung die Fortsetzung der Gesellschaft beschließen.

Das Gleiche gilt in dem Falle, daß die Gesellschaft durch die Eröffnung des Konkurses aufgelöst, der Konkurs aber nach Abschluß eines Zwangsvergleichs aufgehoben oder auf Grund des §. 188 der Konkursordnung eingestellt worden ist.

Die Fortsetzung der Gesellschaft ist von dem Vorstande zur Eintragung in das Handelsregister anzumelden.

§. 299.

Ist die Firma einer Aktiengesellschaft durch den Uebergang ihres Vermögens auf eine andere Gesellschaft oder juristische Person ohne vorgängige Liquidation erloschen, so ist eine Anfechtung des den Uebergang betreffenden Beschlusses der Generalversammlung gegen die Rechtsnachfolgerin der aufgelösten Gesellschaft zu richten.

§. 300.

Enthält das Statut nicht die nach §. 180 Abs. 2 wesentlichen Bestimmungen oder ist eine dieser Bestimmungen nichtig, so kann jeder Gesellschafter und jedes Mitglied des Vorstandes und des Aufsichtsraths im Wege der Klage beantragen, daß die Gesellschaft für nichtig erklärt werde. Die Vorschriften der §§. 264, 265 finden entsprechende Anwendung.

§. 301.

Ein Mangel, der die Bestimmungen über die Firma oder den Sitz der Gesellschaft, den Gegenstand des Unternehmens, die Bestellung oder Zusammensetzung des Vorstandes, die Form der Bekanntmachungen der Gesellschaft oder die Form der Berufung der Generalversammlung betrifft, kann durch einen den Vorschriften dieses Gesetzbuchs über eine Aenderung des Gesellschaftsvertrags entsprechenden Beschluß der Generalversammlung geheilt werden. Die Berufung der Generalversammlung erfolgt, wenn der Mangel die Bestimmungen über die Form der Berufung betrifft, durch Einrückung in diejenigen Blätter, welche für die Bekanntmachungen der Eintragungen in das Handelsregister des Sitzes der Gesellschaft bestimmt sind.

§. 302.

Ist die Nichtigkeit einer Gesellschaft in das Handelsregister eingetragen, so finden zum Zwecke der Abwickelung ihrer Verhältnisse die für den Fall der Auflösung geltenden Vorschriften entsprechende Anwendung.

Die Wirksamkeit der im Namen der Gesellschaft mit Dritten vorgenommenen Rechtsgeschäfte wird durch die Nichtigkeit nicht berührt.

Die Gesellschafter haben die versprochenen Einzahlungen zu leisten, soweit es zur Erfüllung der eingegangenen Verbindlichkeiten erforderlich ist.

Sechster Titel.

Strafvorschriften.

§. 303.

Mitglieder des Vorstandes oder des Aufsichtsraths oder Liquidatoren werden, wenn sie absichtlich zum Nachtheile der Gesellschaft handeln, mit Gefängniß und zugleich mit Geldstrafe bis zu zwanzigtausend Mark bestraft.

Zugleich kann auf Verlust der bürgerlichen Ehrenrechte erkannt werden.

§. 304.

Mit Gefängniß und zugleich mit Geldstrafe bis zu zwanzigtausend Mark werden bestraft:

1. Gründer oder Mitglieder des Vorstandes oder des Aufsichtsraths, die zum Zwecke der Eintragung der Gesellschaft in das Handelsregister in Ansehung der Zeichnung oder Einzahlung des Grundkapitals, des Betrags, zu welchem die Aktien ausgegeben werden, oder der im §. 184 vorgesehenen Festsetzungen wissentlich falsche Angaben machen;
2. diejenigen, welche in Ansehung der vorerwähnten Thatsachen wissentlich falsche Angaben in einer im §. 201 bezeichneten Ankündigung von Aktien machen;
3. Mitglieder des Vorstandes oder des Aufsichtsraths, die zum Zwecke der Eintragung einer Erhöhung des Grundkapitals in das Handelsregister in Ansehung der Einzahlung des bisherigen oder der Zeichnung oder Einzahlung des erhöhten Kapitals oder in Ansehung des Betrags, zu welchem die Aktien ausgegeben werden, oder in Ansehung der im §. 271 bezeichneten Festsetzungen wissentlich falsche Angaben machen.

Zugleich kann auf Verlust der bürgerlichen Ehrenrechte erkannt werden.

Sind mildernde Umstände vorhanden, so tritt ausschließlich die Geldstrafe ein.

§. 305.

Mitglieder des Vorstandes oder des Aufsichtsraths oder Liquidatoren werden mit Gefängniß bis zu einem Jahre und zugleich mit Geldstrafe bis zu zwanzigtausend Mark bestraft, wenn sie wissentlich

1. in ihren Darstellungen, in ihren Uebersichten über den Vermögensstand der Gesellschaft oder in den in der Generalversammlung gehaltenen Vorträgen den Stand der Verhältnisse der Gesellschaft unwahr darstellen oder verschleiern;

2. auf Namen lautende Aktien, in denen die im §. 177 Abs. 4 vorgeschriebene Angabe nicht enthalten ist, oder auf den Inhaber lautende Aktien ausgeben, bevor darauf der Nennbetrag oder, falls der Ausgabepreis höher ist, dieser Betrag voll geleistet ist;
3. Aktien oder Interimsscheine ausgeben, bevor die Gesellschaft oder im Falle einer Erhöhung des Grundkapitals die erfolgte Erhöhung in das Handelsregister eingetragen ist;
4. außer den Fällen des §. 178 Abs. 2, 3 Aktien oder Interimsscheine ausgeben, die auf einen geringeren Betrag als eintausend Mark gestellt sind;
5. in den Fällen des §. 178 Abs. 2, 3 Aktien oder Interimsscheine ausgeben, in denen die im §. 178 Abs. 4 vorgeschriebenen Angaben nicht enthalten sind.

Im Falle der Nr. 1 kann zugleich auf Verlust der bürgerlichen Ehrenrechte erkannt werden.

Sind mildernde Umstände vorhanden, so tritt ausschließlich die Geldstrafe ein.

§. 306.

Mit Gefängniß bis zu drei Monaten und zugleich mit Geldstrafe bis zu fünftausend Mark werden bestraft:

1. die Mitglieder des Vorstandes oder die Liquidatoren sowie die Mitglieder des Aufsichtsraths, wenn länger als drei Monate die Gesellschaft ohne Aufsichtsrath geblieben ist oder in dem letzteren die zur Beschlußfähigkeit erforderliche Zahl von Mitgliedern gefehlt hat;
2. die Mitglieder des Vorstandes oder die Liquidatoren, wenn entgegen den Vorschriften des §. 235 Abs. 2 und des §. 289 Abs. 2 der Antrag auf Eröffnung des Konkursverfahrens unterblieben ist.

Sind mildernde Umstände vorhanden, so tritt ausschließlich die Geldstrafe ein.

Straflos bleibt derjenige, bezüglich dessen festgestellt wird, daß die Bestellung oder Ergänzung des Aufsichtsraths oder der Eröffnungsantrag ohne sein Verschulden unterblieben ist.

§. 307.

Wer über die Hinterlegung von Aktien oder Interimsscheinen Bescheinigungen, die zum Nachweise des Stimmrechts in einer Generalversammlung dienen sollen, wissentlich falsch ausstellt oder verfälscht oder von einer solchen Bescheinigung, wissend, daß sie falsch oder verfälscht ist, zur Ausübung des Stimmrechts Gebrauch macht, wird mit Gefängniß bis zu einem Jahre und zugleich mit Geldstrafe bis zu zehntausend Mark bestraft. Daneben kann auf Verlust der bürgerlichen Ehrenrechte erkannt werden. Sind mildernde Umstände vorhanden, so tritt ausschließlich die Geldstrafe ein.

§. 308.

Wer sich besondere Vortheile dafür gewähren oder versprechen läßt, daß er bei einer Abstimmung in der Generalversammlung in einem gewissen Sinne stimme, wird mit Geldstrafe bis zu dreitausend Mark oder mit Gefängniß bis zu einem Jahre bestraft.

§. 309.

Wer die Aktien eines Anderen, zu dessen Vertretung er nicht befugt ist, ohne dessen Einwilligung zur Ausübung des Stimmrechts in der Generalversammlung oder zur Ausübung eines der in den §§. 249, 256, 258, 260, 263, 286, 300 bezeichneten Rechte benutzt, wird mit einer Geldstrafe von zehn bis dreißig Mark für jede der Aktien, jedoch nicht unter eintausend Mark, bestraft. Die gleiche Strafe trifft denjenigen, welcher Aktien eines Anderen gegen Entgelt leiht und für diese eines der vorbezeichneten Rechte ausübt, sowie denjenigen, welcher hierzu durch Verleihung der Aktien wissentlich mitwirkt.

§. 310.

Die Mitglieder des Vorstandes oder die Liquidatoren sind zur Befolgung der im §. 235 Abs. 1, im §. 241 Abs. 1, im §. 252 Abs. 2, im §. 253 Abs. 1, im §. 259 Abs. 1, 2, im §. 264 Abs. 4, im §. 290 und im §. 293 Abs. 2 enthaltenen Vorschriften von dem im §. 193 bezeichneten Gerichte durch Ordnungsstrafen anzuhalten. Die Höhe der Strafen bestimmt sich nach §. 14 Satz 2.

In Betreff der im §. 193 Abs. 1, im §. 269 Abs. 1, im §. 272 Abs. 1, im §. 276 Abs. 1, im §. 295 Abs. 3 sowie im §. 296 Abs. 2 vorgesehenen Anmeldungen zum Handelsregister findet, soweit es sich um die Anmeldungen zum Handelsregister des Sitzes der Gesellschaft handelt, eine Verhängung von Ordnungsstrafen nach §. 14 nicht statt.

Vierter Abschnitt.

Kommanditgesellschaft auf Aktien.

§. 311.

Mindestens ein Gesellschafter der Kommanditgesellschaft auf Aktien haftet den Gesellschaftsgläubigern unbeschränkt (persönlich haftender Gesellschafter), während die übrigen sich nur mit Einlagen auf das in Aktien zerlegte Grundkapital der Gesellschaft betheiligen (Kommanditisten).

Das Rechtsverhältniß der persönlich haftenden Gesellschafter unter einander und gegenüber der Gesammtheit der Kommanditisten sowie gegenüber

Dritten, insbesondere die Befugniß der persönlich haftenden Gesellschafter zur Geschäftsführung und zur Vertretung der Gesellschaft, bestimmt sich nach den für die Kommanditgesellschaft geltenden Vorschriften.

Im Uebrigen gelten für die Kommanditgesellschaft auf Aktien, soweit sich nicht aus den nachfolgenden Vorschriften oder aus dem Fehlen eines Vorstandes ein Anderes ergiebt, die Vorschriften des dritten Abschnitts über die Aktiengesellschaft.

§. 312.

Der Inhalt des Gesellschaftsvertrags (Statut) muß von mindestens fünf Personen in gerichtlicher oder notarieller Verhandlung festgestellt werden. Die persönlich haftenden Gesellschafter müssen sich sämmtlich bei der Feststellung betheiligen; außer ihnen können nur Personen mitwirken, die als Kommanditisten Aktien übernehmen. In der Verhandlung ist der Betrag der von jedem Betheiligten übernommenen Aktien anzugeben.

Die Gesellschafter, welche den Inhalt des Gesellschaftsvertrags festgestellt haben oder andere als durch Baarzahlung zu leistende Einlagen machen, gelten als die Gründer der Gesellschaft.

§. 313.

Der Gesellschaftsvertrag muß außer den im §. 180 Abs. 2 Nr. 1 bis 3, 5, 6 vorgesehenen Festsetzungen den Namen, Vornamen, Stand und Wohnort jedes persönlich haftenden Gesellschafters enthalten.

Vermögenseinlagen der persönlich haftenden Gesellschafter müssen, sofern sie nicht auf das Grundkapital erfolgen, nach Höhe und Art im Gesellschaftsvertrage festgesetzt werden.

Die Vorschrift des §. 184 Abs. 1 findet auf alle zu Gunsten eines persönlich haftenden Gesellschafters bedungenen besonderen Vortheile Anwendung.

§. 314.

Zeichnungsscheine haben außer den im §. 187 vorgesehenen Angaben die Bezeichnung derjenigen Gründer zu enthalten, welche persönlich haftende Gesellschafter sind.

In der mit der Anmeldung der Gesellschaft zum Handelsregister nach §. 193 Abs. 3 Satz 1 zu verbindenden Erklärung ist in Ansehung der durch Baarzahlung zu leistenden Einlagen anzugeben, daß der eingeforderte Betrag baar eingezahlt und im Besitze der persönlich haftenden Gesellschafter ist.

Zur Theilnahme an der im §. 194 bezeichneten Verhandlung sind auch die persönlich haftenden Gesellschafter berechtigt. Die der Errichtung der Gesellschaft zustimmende Mehrheit muß mindestens ein Viertheil der in dem Verzeichniß aufgeführten Kommanditisten begreifen; der Betrag ihrer Antheile muß mindestens ein Viertheil des nicht von den persönlich haftenden Gesellschaftern übernommenen Grundkapitals darstellen.

Bei der Eintragung in das Handelsregister sind statt der Mitglieder des Vorstandes die persönlich haftenden Gesellschafter anzugeben. Enthält der Gesellschaftsvertrag besondere Bestimmungen über die Befugniß der persönlich haftenden Gesellschafter zur Vertretung der Gesellschaft, so sind auch diese Bestimmungen einzutragen.

§. 315.

Für den im §. 205 bezeichneten Beschluß der Generalversammlung bedarf es, wenn sich der Beschluß auf einen im ersten Jahre nach der Eintragung der Gesellschaft geschlossenen Vertrag bezieht, einer Mehrheit, deren Antheile mindestens ein Viertheil des nicht auf Aktien der persönlich haftenden Gesellschafter entfallenden Theiles des Grundkapitals darstellen. Die Vorschrift des §. 205 Abs. 3 Satz 1 bleibt unberührt.

§. 316.

Die den Vorstand der Aktiengesellschaft betreffenden Vorschriften

1. über die Anmeldungen, Einreichungen und Erklärungen zum Handelsregister,
2. über die Berufung der Generalversammlung,
3. über die Aufstellung, Vorlegung und Veröffentlichung der Jahresbilanz und der Gewinn- und Verlustrechnung sowie über die Vorlegung des Geschäftsberichts,
4. über die Anfechtung von Beschlüssen der Generalversammlung,
5. über das Verfahren im Falle der Bestellung von Revisoren zur Prüfung der Bilanz oder zur Prüfung von Vorgängen bei der Gründung oder Geschäftsführung sowie über die Obliegenheiten gegenüber den Revisoren und dem Aufsichtsrath,
6. über die im Falle einer Herabsetzung des Grundkapitals an die Gläubiger zu richtende Aufforderung,
7. über die Geltendmachung von Ersatzansprüchen der Gesellschaft wegen der Geschäftsführung,
8. über die Stellung des Antrags auf Eröffnung des Konkursverfahrens,
9. über die strafrechtliche Verantwortlichkeit und über die Verhängung von Ordnungsstrafen

finden auf die persönlich haftenden Gesellschafter entsprechende Anwendung.

§. 317.

Ein persönlich haftender Gesellschafter darf ohne Einwilligung der Gesellschaft weder in dem Handelszweige der Gesellschaft Geschäfte machen noch an einer anderen gleichartigen Handelsgesellschaft als persönlich haftender Gesellschafter theilnehmen. Die Einwilligung wird durch die übrigen persönlich haftenden Gesellschafter und, sofern nicht die Befugniß zur Ertheilung durch den Gesellschaftsvertrag oder durch einen Beschluß der Generalversammlung dem Aufsichtsrath übertragen ist, durch die Generalversammlung ertheilt.

Verletzt ein persönlich haftender Gesellschafter die ihm nach Abs. 1 obliegende Verpflichtung, so findet die Vorschrift des §. 232 Abs. 2 Anwendung.

Die Ansprüche der Gesellschaft verjähren in drei Monaten von dem Zeitpunkt an, in welchem die übrigen persönlich haftenden Gesellschafter und der Aufsichtsrath von dem Abschlusse des Geschäfts oder von der Theilnahme des persönlich haftenden Gesellschafters an der anderen Gesellschaft Kenntniß erlangen; sie verjähren ohne Rücksicht auf diese Kenntniß in fünf Jahren von ihrer Entstehung an.

§. 318.

In der Generalversammlung haben die persönlich haftenden Gesellschafter, auch wenn sie Aktien besitzen, kein Stimmrecht.

Die Beschlüsse der Generalversammlung bedürfen der Zustimmung der persönlich haftenden Gesellschafter, soweit sie Angelegenheiten betreffen, für die bei der Kommanditgesellschaft das Einverständniß der persönlich haftenden Gesellschafter und der Kommanditisten erforderlich ist.

Zur Ausübung der Befugnisse, welche in Ansehung der Bestellung von Revisoren und der Geltendmachung von Ansprüchen der Gesellschaft aus der Gründung oder der Geschäftsführung nach den §§. 258 bis 261 der Generalversammlung oder einer Minderheit von Aktionären zustehen, bedarf es der Zustimmung der persönlich haftenden Gesellschafter nicht.

Beschlüsse der Generalversammlung, die der Zustimmung der persönlich haftenden Gesellschafter bedürfen, sind zum Handelsregister erst einzureichen, wenn die Zustimmung erfolgt ist. Bei Beschlüssen, die in das Handelsregister einzutragen sind, ist die Zustimmung der persönlich haftenden Gesellschafter in dem über die Verhandlung aufzunehmenden Protokoll oder in einem Anhange zu dem Protokolle zu beurkunden.

§. 319.

Die Beschlüsse der Kommanditisten werden durch den Aufsichtsrath ausgeführt, soweit nicht im Gesellschaftsvertrag ein Anderes bestimmt ist.

In Rechtsstreitigkeiten, welche die Gesammtheit der Kommanditisten gegen die persönlich haftenden Gesellschafter oder diese gegen die Gesammtheit der Kommanditisten zu führen haben, werden die Kommanditisten durch den Aufsichtsrath vertreten, es sei denn, daß in der Generalversammlung besondere Vertreter gewählt werden. Für die Kosten des Rechtsstreits, welche den Kommanditisten zur Last fallen, haftet die Gesellschaft, unbeschadet ihres Rückgriffs gegen die Kommanditisten.

Die Vorschrift des §. 242 Abs. 2 findet entsprechende Anwendung.

Persönlich haftende Gesellschafter können nicht Mitglieder des Aufsichtsraths sein.

§. 320.

Ergiebt sich für die persönlich haftenden Gesellschafter nach dem Jahresertrügniß ein Gewinnantheil, der nicht auf ihre Aktien fällt, so hat die Auszahlung zu unterbleiben, falls eine Unterbilanz vorhanden ist, die ihre nicht in Aktien bestehenden Kapitalantheile übersteigt. Solange eine solche Unterbilanz besteht, ist auch eine sonstige Entnahme von Geld auf den Kapitalantheil ausgeschlossen.

Auf den Gewinn, der sich für die persönlich haftenden Gesellschafter ergiebt, findet die Vorschrift des §. 255 Nr. 1 über den Reservefonds Anwendung.

§. 321.

In Betreff der Thatsachen, durch welche die Auflösung der Kommanditgesellschaft auf Aktien herbeigeführt wird, sowie in Betreff des Ausscheidens eines von mehreren persönlich haftenden Gesellschaftern aus der Gesellschaft finden die für die Kommanditgesellschaft geltenden Vorschriften mit folgenden Maßgaben Anwendung.

Die Eröffnung des Konkurses über das Vermögen eines Kommanditisten hat die Auflösung der Gesellschaft nicht zur Folge; die Gläubiger eines Kommanditisten sind nicht berechtigt, die Gesellschaft zu kündigen.

Für die Kündigung durch die Kommanditisten sowie für ihre Zustimmung zur Auflösung der Gesellschaft ist ein Beschluß der Generalversammlung erforderlich; der Beschluß bedarf einer Mehrheit, die mindestens drei Viertheile des bei der Beschlußfassung vertretenen Grundkapitals umfaßt. Das Gleiche gilt in Betreff des Antrags auf Auflösung der Gesellschaft durch gerichtliche Entscheidung. Der Gesellschaftsvertrag kann noch andere Erfordernisse für die Beschlußfassung aufstellen.

Das Ausscheiden von persönlich haftenden Gesellschaftern kann außer dem Falle der Ausschließung nur stattfinden, soweit es im Gesellschaftsvertrage für zulässig erklärt ist.

Die Auflösung der Gesellschaft sowie das Ausscheiden eines persönlich haftenden Gesellschafters ist von sämmtlichen persönlich haftenden Gesellschaftern zur Eintragung in das Handelsregister anzumelden. Die Vorschrift des §. 141 Abs. 3 findet Anwendung.

§. 322.

Sofern nicht der Gesellschaftsvertrag ein Anderes bestimmt, erfolgt die Liquidation durch sämmtliche persönlich haftenden Gesellschafter und durch eine oder mehrere von der Generalversammlung gewählte Personen als Liquidatoren.

Zu dem Antrag auf Ernennung oder Abberufung von Liquidatoren durch das Gericht ist auch jeder persönlich haftende Gesellschafter befugt.

§. 323.

Eine Kommanditgesellschaft auf Aktien kann durch Beschluß der Generalversammlung und aller persönlich haftenden Gesellschafter in eine Aktiengesellschaft umgewandelt werden.

Die Vorschriften über eine Abänderung des Gesellschaftsvertrags finden Anwendung.

Die Antheile der der Umwandlung zustimmenden Mehrheit der Kommanditisten müssen mindestens ein Viertheil des nicht auf Aktien der persönlich haftenden Gesellschafter fallenden Theiles des Grundkapitals darstellen. In dem Beschlusse sind die zur Durchführung der Umwandlung erforderlichen Maßregeln, insbesondere die Firma sowie die Art der Bestellung und Zusammensetzung des Vorstandes, festzusetzen.

§. 324.

Bei der Anmeldung des Umwandlungsbeschlusses sind zugleich die Mitglieder des Vorstandes zur Eintragung in das Handelsregister anzumelden. Eine öffentlich beglaubigte Abschrift der Urkunden über ihre Bestellung ist beizufügen; bei der Anmeldung zur Eintragung in das Handelsregister einer Zweigniederlassung bedarf es der Beifügung dieser Abschrift nicht. Auf die Anmeldung zur Eintragung in das Handelsregister des Sitzes der Gesellschaft finden die Vorschriften des §. 14 keine Anwendung.

Der Anmeldung ist eine von der Generalversammlung genehmigte, für einen höchstens zwei Monate vor der Anmeldung liegenden Zeitpunkt aufgestellte Bilanz beizufügen. Auf diese Bilanz finden die Vorschriften des §. 253 Abs. 1 und der §§. 254, 256 Anwendung.

Mit der Eintragung scheiden die persönlich haftenden Gesellschafter aus der Gesellschaft aus; die Gesellschaft besteht von diesem Zeitpunkt an als Aktiengesellschaft fort.

§. 325.

Unverzüglich nach der Eintragung hat der Vorstand in den Gesellschaftsblättern die im §. 324 Abs. 2 vorgesehene Bilanz zu veröffentlichen.

Er hat unter Hinweis auf die Umwandlung die Gläubiger der Gesellschaft aufzufordern, ihre Ansprüche anzumelden. Die Aufforderung ist dreimal in den Gesellschaftsblättern zu veröffentlichen. Bekannte Gläubiger sind durch besondere Mittheilung zur Anmeldung aufzufordern.

Den Gläubigern, deren Forderungen vor der letzten öffentlichen Aufforderung begründet sind, ist Befriedigung zu gewähren oder Sicherheit zu leisten, sofern sie sich zu diesem Zwecke melden.

Die Mitglieder des Vorstandes und des Aufsichtsraths haften den Gläubigern für die Beobachtung dieser Vorschriften als Gesammtschuldner, die Mitglieder des Aufsichtsraths, soweit eine Zuwiderhandlung mit ihrem Wissen und ohne ihr Einschreiten erfolgt.

Fünfter Abschnitt.

Stille Gesellschaft.

§. 326.

Wer sich als stiller Gesellschafter an dem Handelsgewerbe, das ein Anderer betreibt, mit einer Vermögenseinlage betheiligt, hat die Einlage so zu leisten, daß sie in das Vermögen des Inhabers des Handelsgeschäfts übergeht.

Der Inhaber wird aus den in dem Betriebe geschlossenen Geschäften allein berechtigt und verpflichtet.

§. 327.

Ist der Antheil des stillen Gesellschafters am Gewinn und Verluste nicht bestimmt, so gilt ein den Umständen nach angemessener Antheil als bedungen.

Im Gesellschaftsvertrage kann bestimmt werden, daß der stille Gesellschafter nicht am Verluste betheiligt sein soll; seine Betheiligung am Gewinne kann nicht ausgeschlossen werden.

§. 328.

Am Schlusse jedes Geschäftsjahrs wird der Gewinn und Verlust berechnet und der auf den stillen Gesellschafter fallende Gewinn ihm ausbezahlt.

Der stille Gesellschafter nimmt an dem Verluste nur bis zum Betrage seiner eingezahlten oder rückständigen Einlage Theil. Er ist nicht verpflichtet, den bezogenen Gewinn wegen späterer Verluste zurückzuzahlen; jedoch wird, solange seine Einlage durch Verlust vermindert ist, der jährliche Gewinn zur Deckung des Verlustes verwendet.

Der Gewinn, welcher von dem stillen Gesellschafter nicht erhoben wird, vermehrt dessen Einlage nicht, sofern nicht ein Anderes vereinbart ist.

§. 329.

Der stille Gesellschafter ist berechtigt, die abschriftliche Mittheilung der jährlichen Bilanz zu verlangen und ihre Richtigkeit unter Einsicht der Bücher und Papiere zu prüfen.

Die im §. 716 des Bürgerlichen Gesetzbuchs dem von der Geschäftsführung ausgeschlossenen Gesellschafter eingeräumten weiteren Rechte stehen dem stillen Gesellschafter nicht zu.

Auf Antrag des stillen Gesellschafters kann das Gericht, wenn wichtige Gründe vorliegen, die Mittheilung einer Bilanz oder sonstiger Aufklärungen sowie die Vorlegung der Bücher und Papiere jederzeit anordnen.

§. 330.

Auf die Kündigung der Gesellschaft durch einen der Gesellschafter oder durch einen Gläubiger des stillen Gesellschafters finden die Vorschriften der §§. 130, 132, 133 entsprechende Anwendung. Die Vorschriften des §. 723 des Bürgerlichen Gesetzbuchs über das Recht, die Gesellschaft aus wichtigen Gründen ohne Einhaltung einer Frist zu kündigen, bleiben unberührt.

Durch den Tod des stillen Gesellschafters wird die Gesellschaft nicht aufgelöst.

§. 331.

Nach der Auflösung der Gesellschaft hat sich der Inhaber des Handelsgeschäfts mit dem stillen Gesellschafter auseinanderzusetzen und dessen Guthaben in Geld zu berichtigen.

Die zur Zeit der Auflösung schwebenden Geschäfte werden von dem Inhaber des Handelsgeschäfts abgewickelt. Der stille Gesellschafter nimmt Theil an dem Gewinn und Verluste, der sich aus diesen Geschäften ergiebt.

Er kann am Schlusse jedes Geschäftsjahrs Rechenschaft über die inzwischen beendigten Geschäfte, Auszahlung des ihm gebührenden Betrags und Auskunft über den Stand der noch schwebenden Geschäfte verlangen.

§. 332.

Wird über das Vermögen des Inhabers des Handelsgeschäfts der Konkurs eröffnet, so kann der stille Gesellschafter wegen der Einlage, soweit sie den Betrag des auf ihn fallenden Antheils am Verlust übersteigt, seine Forderung als Konkursgläubiger geltend machen.

Ist die Einlage rückständig, so hat sie der stille Gesellschafter bis zu dem Betrage, welcher zur Deckung seines Antheils am Verlust erforderlich ist, zur Konkursmasse einzuzahlen.

§. 333.

Ist auf Grund einer in dem letzten Jahre vor der Eröffnung des Konkurses zwischen dem Inhaber des Handelsgeschäfts und dem stillen Gesellschafter getroffenen Vereinbarung diesem die Einlage ganz oder theilweise zurückgewährt oder sein Antheil an dem entstandenen Verluste ganz oder theilweise erlassen worden, so kann die Rückgewähr oder der Erlaß als den Konkursgläubigern gegenüber unwirksam angefochten werden. Es begründet keinen Unterschied, ob die Rückgewähr oder der Erlaß unter Auflösung der Gesellschaft stattgefunden hat oder nicht.

Die Anfechtung auf Grund dieser Vorschriften ist ausgeschlossen, wenn der Konkurs in Umständen seinen Grund hat, die erst nach der Vereinbarung der Rückgewähr oder des Erlasses eingetreten sind.

Auf die Anfechtung finden die Vorschriften der §§. 28 bis 32, des §. 33 Abs. 1 und des §. 34 der Konkursordnung Anwendung.

Drittes Buch.
Handelsgeschäfte.

Erster Abschnitt.
Allgemeine Vorschriften.

§. 334.

Handelsgeschäfte sind alle Geschäfte eines Kaufmanns, die zum Betriebe seines Handelsgewerbes gehören.

Die im §. 1 Abs. 2 bezeichneten Geschäfte sind auch dann Handelsgeschäfte, wenn sie von einem Kaufmann im Betriebe seines gewöhnlich auf andere Geschäfte gerichteten Handelsgewerbes gemacht werden.

§. 335.

Die von einem Kaufmanne vorgenommenen Rechtsgeschäfte gelten im Zweifel als zum Betriebe seines Handelsgewerbes gehörig.

Die von einem Kaufmanne gezeichneten Schuldscheine gelten als im Betriebe seines Handelsgewerbes gezeichnet, sofern nicht aus der Urkunde sich das Gegentheil ergiebt.

§. 336.

Auf ein Rechtsgeschäft, das für einen der beiden Theile ein Handelsgeschäft ist, kommen die Vorschriften über Handelsgeschäfte für beide Theile gleichmäßig zur Anwendung, soweit nicht aus diesen Vorschriften sich ein Anderes ergiebt.

§. 337.

In Ansehung der Bedeutung und Wirkung von Handlungen und Unterlassungen ist auf die im Handelsverkehre geltenden Gewohnheiten und Gebräuche Rücksicht zu nehmen.

§. 338.

Wer aus einem Geschäfte, das auf seiner Seite ein Handelsgeschäft ist, einem Anderen zur Sorgfalt verpflichtet ist, hat für die Sorgfalt eines ordentlichen Kaufmanns einzustehen.

Unberührt bleiben die Vorschriften des Bürgerlichen Gesetzbuchs, nach welchen der Schuldner in bestimmten Fällen nur grobe Fahrlässigkeit zu vertreten oder nur für diejenige Sorgfalt einzustehen hat, welche er in eigenen Angelegenheiten anzuwenden pflegt.

§. 339.

Eine Vertragsstrafe, die von einem Kaufmann im Betriebe seines Handelsgewerbes versprochen ist, kann nicht auf Grund der Vorschriften des §. 343 des Bürgerlichen Gesetzbuchs herabgesetzt werden.

§. 340.

Dem Bürgen steht, wenn die Bürgschaft für ihn ein Handelsgeschäft ist, die Einrede der Vorausklage nicht zu. Das Gleiche gilt unter der bezeichneten Voraussetzung für denjenigen, welcher aus einem Kreditauftrag als Bürge haftet.

§. 341.

Auf eine Bürgschaft, ein Schuldversprechen oder Schuldanerkenntniß finden, sofern die Bürgschaft auf der Seite des Bürgen, das Versprechen oder das Anerkenntniß auf der Seite des Schuldners ein Handelsgeschäft ist, die Formvorschriften des §. 766 Satz 1, des §. 780 und des §. 781 Satz 1 des Bürgerlichen Gesetzbuchs keine Anwendung.

§. 342.

Das im §. 247 Abs. 1 des Bürgerlichen Gesetzbuchs vorgesehene Kündigungsrecht bei Schulden, die mit mehr als sechs vom Hundert für das Jahr zu verzinsen sind, gilt nicht für Schulden eines Kaufmanns aus seinen Handelsgeschäften.

§. 343.

Die Vorschriften der §§. 339 bis 342 finden auf die im §. 4 bezeichneten Gewerbetreibenden keine Anwendung.

§. 344.

Die Höhe der gesetzlichen Zinsen, mit Einschluß der Verzugszinsen, ist bei Handelsgeschäften fünf vom Hundert für das Jahr. Das Gleiche gilt, wenn für eine Schuld aus einem Handelsgeschäfte Zinsen ohne Bestimmung des Zinsfußes versprochen sind.

Ist in diesem Gesetzbuche die Verpflichtung zur Zahlung von Zinsen ohne Bestimmung der Höhe ausgesprochen, so sind darunter, auch wenn die Schuld nicht durch ein Handelsgeschäft begründet ist, Zinsen zu fünf vom Hundert für das Jahr zu verstehen.

§. 345.

Kaufleute unter einander sind berechtigt, für ihre Forderungen aus beiderseitigen Handelsgeschäften vom Tage der Fälligkeit an Zinsen zu fordern. Zinsen von Zinsen können auf Grund dieser Vorschrift nicht gefordert werden.

§. 346.

Wer in Ausübung seines Handelsgewerbes einem Anderen Geschäfte besorgt oder Dienste leistet, kann dafür auch ohne Verabredung Provision und, wenn es sich um Aufbewahrung handelt, Lagergeld nach den an dem Orte üblichen Sätzen fordern.

Für Darlehen, Vorschüsse, Auslagen und andere Verwendungen kann er vom Tage der Leistung an Zinsen berechnen.

§. 347.

Steht ein Kaufmann mit Jemand derart in Geschäftsverbindung, daß die aus der Verbindung entspringenden beiderseitigen Ansprüche und Leistungen nebst Zinsen in Rechnung gestellt und in regelmäßigen Zeitabschnitten durch Verrechnung und Feststellung des für den einen oder anderen Theil sich ergebenden Ueberschusses ausgeglichen werden (laufende Rechnung, Kontokurrent), so kann derjenige, welchem bei dem Rechnungsabschluß ein Ueberschuß gebührt, von dem Tage des Abschlusses an Zinsen von dem Ueberschusse verlangen auch soweit in der Rechnung Zinsen enthalten sind.

Der Rechnungsabschluß geschieht jährlich einmal, sofern nicht ein Anderes bestimmt ist.

Die laufende Rechnung kann im Zweifel auch während der Dauer einer Rechnungsperiode jederzeit mit der Wirkung gekündigt werden, daß derjenige, welchem nach der Rechnung ein Ueberschuß gebührt, dessen Zahlung beanspruchen kann.

§. 348.

Wird eine Forderung, die durch Pfand, Bürgschaft oder in anderer Weise gesichert ist, in die laufende Rechnung aufgenommen, so wird der Gläubiger durch die Anerkennung des Rechnungsabschlusses nicht gehindert, aus der Sicherheit insoweit Befriedigung zu suchen, als sein Guthaben aus der laufenden Rechnung und die Forderung sich decken.

Haftet ein Dritter für eine in die laufende Rechnung aufgenommene Forderung als Gesammtschuldner, so findet auf die Geltendmachung der Forderung gegen ihn die Vorschrift des Abs. 1 entsprechende Anwendung.

§. 349.

Hat der Gläubiger eines Betheiligten die Pfändung und Ueberweisung des Anspruchs auf dasjenige erwirkt, was seinem Schuldner als Ueberschuß aus der laufenden Rechnung zukommt, so können dem Gläubiger gegenüber

Schuldposten, die nach der Pfändung durch neue Geschäfte entstehen, nicht in Rechnung gestellt werden. Geschäfte, die auf Grund eines schon vor der Pfändung bestehenden Rechtes oder einer schon vor diesem Zeitpunkte bestehenden Verpflichtung des Drittschuldners vorgenommen werden, gelten nicht als neue Geschäfte im Sinne dieser Vorschrift.

§. 350.

Bei Handelsgeschäften kann die Leistung nur während der gewöhnlichen Geschäftszeit bewirkt und gefordert werden.

§. 351.

Ist als Zeit der Leistung das Frühjahr oder der Herbst oder ein in ähnlicher Weise bestimmter Zeitpunkt vereinbart, so entscheidet im Zweifel der Handelsgebrauch des Ortes der Leistung.

Ist eine Frist von acht Tagen vereinbart, so sind hierunter im Zweifel volle acht Tage zu verstehen.

§. 352.

Wird eine nur der Gattung nach bestimmte Waare geschuldet, so ist Handelsgut mittlerer Art und Güte zu leisten.

§. 353.

Maß, Gewicht, Währung, Zeitrechnung und Entfernungen, die an dem Orte gelten, wo der Vertrag erfüllt werden soll, sind im Zweifel als die vertragsmäßigen zu betrachten.

§. 354.

Geht einem Kaufmann ein Antrag über die Besorgung von Geschäften von Jemand zu, dem gegenüber er sich zur Besorgung solcher Geschäfte erboten hat, oder geht ihm ein Antrag über die Besorgung von Geschäften, wie sie sein Handelsgewerbe mit sich bringt, von Jemand zu, mit dem er in Geschäftsverbindung steht, so ist er verpflichtet, unverzüglich zu antworten; sein Schweigen gilt als Annahme des Antrags.

Auch wenn er den Antrag ablehnt, hat er die mitgesendeten Waaren auf Kosten des Antragstellers, soweit er für diese Kosten gedeckt ist und soweit es ohne Nachtheil für ihn geschehen kann, einstweilen vor Schaden zu bewahren.

§. 355.

Anweisungen, die auf einen Kaufmann über die Leistung von Geld, Werthpapieren oder anderen vertretbaren Sachen ausgestellt sind, ohne daß darin die Leistung von einer Gegenleistung abhängig gemacht ist, können durch Indossament übertragen werden, wenn sie an Order lauten. Dasselbe gilt von Verpflichtungsscheinen, die von einem Kaufmann über Gegenstände der bezeichneten Art an Order ausgestellt sind, ohne daß darin die Leistung von einer Gegenleistung abhängig gemacht ist.

Ferner können Konnossemente der Seeschiffer, Ladescheine der Frachtführer, Lagerscheine der staatlich zur Ausstellung solcher Urkunden ermächtigten Anstalten sowie Bodmereibriefe und Transportversicherungspolizen durch Indossament übertragen werden, wenn sie an Order lauten.

§. 356.

Durch das Indossament gehen alle Rechte aus dem indossirten Papier auf den Indossatar über.

Dem legitimirten Besitzer der Urkunde kann der Schuldner nur solche Einwendungen entgegensetzen, welche die Gültigkeit seiner Erklärung in der Urkunde betreffen oder sich aus dem Inhalte der Urkunde ergeben oder ihm unmittelbar gegen den Besitzer zustehen.

Der Schuldner ist nur gegen Aushändigung der quittirten Urkunde zur Leistung verpflichtet.

§. 357.

In Betreff der Form des Indossamentes, in Betreff der Legitimation des Besitzers und der Prüfung der Legitimation sowie in Betreff der Verpflichtung des Besitzers zur Herausgabe, finden die Vorschriften der Artikel 11 bis 13, 36, 74 der Wechselordnung entsprechende Anwendung.

Ist die Urkunde vernichtet oder abhanden gekommen, so unterliegt sie der Kraftloserklärung im Wege des Aufgebotsverfahrens. Ist das Aufgebotsverfahren eingeleitet, so kann der Berechtigte, wenn er bis zur Kraftloserklärung Sicherheit bestellt, Leistung nach Maßgabe der Urkunde von dem Schuldner verlangen.

§. 358.

Veräußert oder verpfändet ein Kaufmann im Betriebe seines Handelsgewerbes eine ihm nicht gehörige bewegliche Sache, so finden die Vorschriften des Bürgerlichen Gesetzbuchs zu Gunsten derjenigen, welche Rechte von einem Nichtberechtigten herleiten, auch dann Anwendung, wenn der gute Glaube des Erwerbers die Befugniß des Veräußerers oder Verpfänders, über die Sache für den Eigenthümer zu verfügen, betrifft.

Ist die Sache mit dem Rechte eines Dritten belastet, so finden die Vorschriften des Bürgerlichen Gesetzbuchs zu Gunsten derjenigen, welche Rechte von einem Nichtberechtigten herleiten, auch dann Anwendung, wenn der gute Glaube die Befugniß des Veräußerers oder Verpfänders, ohne Vorbehalt des Rechtes über die Sache zu verfügen, betrifft.

Das gesetzliche Pfandrecht des Kommissionärs, des Spediteurs, des Lagerhalters und des Frachtführers steht hinsichtlich des Schutzes des guten Glaubens einem gemäß Abs. 1 durch Vertrag erworbenen Pfandrechte gleich.

§. 359.

Wird ein Inhaberpapier, das dem Eigenthümer gestohlen worden, verloren gegangen oder sonst abhanden gekommen ist, an einen Kaufmann, der Bankier- oder Geldwechslergeschäfte betreibt, veräußert oder verpfändet, so gilt dessen guter Glaube als ausgeschlossen, wenn zur Zeit der Veräußerung oder Verpfändung der Verlust des Papiers von einer öffentlichen Behörde oder von dem aus der Urkunde Verpflichteten im Deutschen Reichsanzeiger bekannt gemacht und seit dem Ablaufe des Jahres, in welchem die Veröffentlichung erfolgt ist, nicht mehr als ein Jahr verstrichen war.

Der gute Glaube des Erwerbers wird durch die Veröffentlichung im Deutschen Reichsanzeiger nicht ausgeschlossen, wenn der Erwerber die Veröffentlichung in Folge besonderer Umstände weder kannte noch kennen mußte.

Auf Zins-, Renten- und Gewinnantheilscheine, die nicht später als in dem nächsten auf die Veräußerung oder Verpfändung folgenden Einlösungstermine fällig werden, sowie auf Banknoten und andere auf Sicht zahlbare unverzinsliche Inhaberpapiere finden diese Vorschriften keine Anwendung.

§. 360.

Bei dem Verkauf eines Pfandes tritt, wenn die Verpfändung auf der Seite des Pfandgläubigers und des Verpfänders ein Handelsgeschäft ist, an die Stelle der im §. 1234 des Bürgerlichen Gesetzbuchs bestimmten Frist von einem Monat eine solche von einer Woche.

Diese Vorschrift findet auf das gesetzliche Pfandrecht des Kommissionärs, des Spediteurs, des Lagerhalters und des Frachtführers entsprechende Anwendung, auf das Pfandrecht des Spediteurs und des Frachtführers auch dann, wenn nur auf ihrer Seite der Speditions- oder Frachtvertrag ein Handelsgeschäft ist.

§. 361.

Ein Kaufmann hat wegen der fälligen Forderungen, welche ihm gegen einen anderen Kaufmann aus den zwischen ihnen geschlossenen beiderseitigen Handelsgeschäften zustehen, ein Zurückbehaltungsrecht an den beweglichen Sachen und Werthpapieren des Schuldners, welche mit dessen Willen auf Grund von Handelsgeschäften in seinen Besitz gelangt sind, sofern er sie noch im Besitze hat, insbesondere mittelst Konnossements, Ladescheins oder Lagerscheins darüber verfügen kann. Das Zurückbehaltungsrecht ist auch dann begründet, wenn das Eigenthum an dem Gegenstande von dem Schuldner auf den Gläubiger übergegangen oder von einem Dritten für den Schuldner auf den Gläubiger übertragen, aber auf den Schuldner zurückzuübertragen ist.

Gegenüber einem Anderen als dem Schuldner besteht das Zurückbehaltungsrecht insoweit, als dem Anderen die Einwendungen gegen den Anspruch des Schuldners auf Herausgabe des Gegenstandes entgegengesetzt werden können.

Das Zurückbehaltungsrecht ist ausgeschlossen, wenn die Zurückbehaltung des Gegenstandes der von dem Schuldner vor oder bei der Uebergabe ertheilten Anweisung oder der von dem Gläubiger übernommenen Verpflichtung, in einer bestimmten Weise mit dem Gegenstande zu verfahren, widerstreitet.

Der Schuldner kann die Ausübung des Zurückbehaltungsrechts durch Sicherheitsleistung abwenden. Die Sicherheitsleistung durch Bürgen ist ausgeschlossen.

§. 362.

Das Zurückbehaltungsrecht kann auch wegen nicht fälliger Forderungen geltend gemacht werden:

1. wenn über das Vermögen des Schuldners der Konkurs eröffnet ist oder der Schuldner seine Zahlungen eingestellt hat;
2. wenn eine Zwangsvollstreckung in das Vermögen des Schuldners ohne Erfolg versucht ist.

Der Geltendmachung des Zurückbehaltungsrechts steht die Anweisung des Schuldners oder die Uebernahme der Verpflichtung, in einer bestimmten Weise mit dem Gegenstande zu verfahren, nicht entgegen, sofern die im Abs. 1 Nr. 1, 2 bezeichneten Thatsachen erst nach der Uebergabe des Gegenstandes oder nach der Uebernahme der Verpflichtung dem Gläubiger bekannt werden.

§. 363.

Der Gläubiger ist kraft des Zurückbehaltungsrechts befugt, sich aus dem zurückbehaltenen Gegenstande für seine Forderung zu befriedigen. Steht einem Dritten ein Recht an dem Gegenstande zu, gegen welches das Zurückbehaltungsrecht nach §. 361 Abs. 2 geltend gemacht werden kann, so hat der Gläubiger in Ansehung der Befriedigung aus dem Gegenstande den Vorrang.

Die Befriedigung erfolgt nach den für das Pfandrecht geltenden Vorschriften des Bürgerlichen Gesetzbuchs. An die Stelle der im §. 1234 des Bürgerlichen Gesetzbuchs bestimmten Frist von einem Monate tritt eine solche von einer Woche.

Sofern die Befriedigung nicht im Wege der Zwangsvollstreckung stattfindet, ist sie erst zulässig, nachdem der Gläubiger einen vollstreckbaren Titel für sein Recht auf Befriedigung gegen den Eigenthümer oder, wenn der Gegenstand ihm selbst gehört, gegen den Schuldner erlangt hat; in dem letzteren Falle finden die den Eigenthümer betreffenden Vorschriften des Bürgerlichen Gesetzbuchs über die Befriedigung auf den Schuldner entsprechende Anwendung. In Ermangelung des vollstreckbaren Titels ist der Verkauf des Gegenstandes nicht rechtmäßig.

Die Klage auf Gestattung der Befriedigung kann bei dem Gericht, in dessen Bezirke der Gläubiger seinen allgemeinen oder den im §. 22 der Civilprozeßordnung bezeichneten Gerichtsstand hat, erhoben werden.

§. 364.

In Ansehung der Befriedigung aus dem zurückbehaltenen Gegenstande gilt zu Gunsten des Gläubigers der Schuldner, sofern er bei dem Besitzerwerbe des Gläubigers der Eigenthümer des Gegenstandes war, auch weiter als Eigenthümer, sofern nicht der Gläubiger weiß, daß der Schuldner nicht mehr Eigenthümer ist.

Erwirbt ein Dritter nach dem Besitzerwerbe des Gläubigers von dem Schuldner das Eigenthum, so muß er ein rechtskräftiges Urtheil, das in einem zwischen dem Gläubiger und dem Schuldner wegen Gestattung der Befriedigung geführten Rechtsstreit ergangen ist, gegen sich gelten lassen, sofern nicht der Gläubiger bei dem Eintritte der Rechtshängigkeit gewußt hat, daß der Schuldner nicht mehr Eigenthümer war.

Zweiter Abschnitt.

Handelskauf.

§. 365.

Ist der Käufer mit der Annahme der Waare im Verzuge, so kann der Verkäufer die Waare auf Gefahr und Kosten des Käufers in einem öffentlichen Lagerhaus oder sonst in sicherer Weise hinterlegen.

Er ist ferner befugt, nach vorgängiger Androhung die Waare öffentlich versteigern zu lassen; er kann, wenn die Waare einen Börsen- oder Marktpreis hat, nach vorgängiger Androhung den Verkauf auch aus freier Hand durch einen zu solchen Verkäufen öffentlich ermächtigten Handelsmäkler oder durch eine zur öffentlichen Versteigerung befugte Person zum laufenden Preise bewirken. Ist die Waare dem Verderb ausgesetzt und Gefahr im Verzuge, so bedarf es der vorgängigen Androhung nicht; dasselbe gilt, wenn die Androhung aus anderen Gründen unthunlich ist.

Der Selbsthülfeverkauf erfolgt für Rechnung des säumigen Käufers.

Der Verkäufer und der Käufer können bei der öffentlichen Versteigerung mitbieten.

Im Falle der öffentlichen Versteigerung hat der Verkäufer den Käufer von der Zeit und dem Orte der Versteigerung vorher zu benachrichtigen; von dem vollzogenen Verkaufe hat er bei jeder Art des Verkaufs dem Käufer unverzüglich Nachricht zu geben. Im Falle der Unterlassung ist er zum Schadensersatze verpflichtet. Die Benachrichtigungen dürfen unterbleiben, wenn sie unthunlich sind.

§. 366.

Durch die Vorschriften des §. 365 werden die Befugnisse nicht berührt, welche dem Verkäufer nach dem Bürgerlichen Gesetzbuche zustehen, wenn der Käufer im Verzuge der Annahme ist.

§. 367.

Ist bei dem Kaufe einer beweglichen Sache dem Käufer die nähere Bestimmung über Form, Maß oder ähnliche Verhältnisse vorbehalten, so ist der Käufer verpflichtet, die vorbehaltene Bestimmung zu treffen.

Ist der Käufer mit der Erfüllung dieser Verpflichtung im Verzuge, so kann der Verkäufer die Bestimmung statt des Käufers vornehmen oder gemäß §. 326 des Bürgerlichen Gesetzbuchs Schadensersatz wegen Nichterfüllung fordern oder vom Vertrage zurücktreten. Im ersteren Falle hat der Verkäufer die von ihm getroffene Bestimmung dem Käufer mitzutheilen und ihm zugleich eine angemessene Frist zur Vornahme einer anderweitigen Bestimmung zu setzen. Wird eine solche innerhalb der Frist von dem Käufer nicht vorgenommen, so ist die von dem Verkäufer getroffene Bestimmung maßgebend.

§. 368.

Ist bedungen, daß die Leistung des einen Theiles genau zu einer festbestimmten Zeit oder innerhalb einer festbestimmten Frist bewirkt werden soll, so kann der andere Theil, wenn die Leistung nicht zu der bestimmten Zeit oder nicht innerhalb der bestimmten Frist erfolgt, von dem Vertrage zurücktreten oder, falls der Schuldner im Verzug ist, statt der Erfüllung Schadensersatz wegen Nichterfüllung verlangen. Erfüllung kann er nur beanspruchen, wenn er sofort nach dem Ablaufe der Zeit oder der Frist dem Gegner anzeigt, daß er auf Erfüllung bestehe.

Wird Schadensersatz wegen Nichterfüllung verlangt und hat die Waare einen Börsen- oder Marktpreis, so kann der Unterschied des Kaufpreises und des Börsen- oder Marktpreises zur Zeit und am Orte der geschuldeten Leistung gefordert werden.

Das Ergebniß eines anderweit vorgenommenen Verkaufs oder Kaufes kann, falls die Waare einen Börsen- oder Marktpreis hat, dem Ersatzanspruche nur zu Grunde gelegt werden, wenn der Verkauf oder Kauf sofort nach dem Ablaufe der bedungenen Leistungszeit oder Leistungsfrist bewirkt ist. Der Verkauf oder Kauf muß, wenn er nicht in öffentlicher Versteigerung geschieht, durch einen zu solchen Verkäufen oder Käufen öffentlich ermächtigten Handelsmäkler oder eine zur öffentlichen Versteigerung befugte Person zum laufenden Preise erfolgen.

Auf den Verkauf mittelst öffentlicher Versteigerung findet die Vorschrift des §. 365 Abs. 4 Anwendung. Von dem Verkauf oder Kaufe hat der Gläubiger den Schuldner unverzüglich zu benachrichtigen; im Falle der Unterlassung ist er zum Schadensersatze verpflichtet.

§. 369.

Ist der Kauf für beide Theile ein Handelsgeschäft, so hat der Käufer die Waare unverzüglich nach der Ablieferung durch den Verkäufer, soweit dies nach ordnungsmäßigem Geschäftsgange thunlich ist, zu untersuchen und, wenn sich ein Mangel zeigt, dem Verkäufer unverzüglich Anzeige zu machen.

Unterläßt der Käufer die Anzeige, so gilt die Waare als genehmigt, es sei denn, daß es sich um einen Mangel handelt, der bei der Untersuchung nicht erkennbar war.

Zeigt sich später ein solcher Mangel, so muß die Anzeige unverzüglich nach der Entdeckung gemacht werden; anderenfalls gilt die Waare auch in Ansehung dieses Mangels als genehmigt.

Zur Erhaltung der Rechte des Käufers genügt die rechtzeitige Absendung der Anzeige.

Hat der Verkäufer den Mangel arglistig verschwiegen, so kann er sich auf diese Vorschriften nicht berufen.

§. 370.

Beanstandet der Käufer im Falle des §. 369 die ihm von einem anderen Orte übersendete Waare, so ist er verpflichtet, für ihre einstweilige Aufbewahrung zu sorgen.

Er kann die Waare, wenn sie dem Verderb ausgesetzt und Gefahr im Verzug ist, unter Beobachtung der Vorschriften des §. 365 verkaufen lassen.

§. 371.

Die Vorschriften der §§. 369, 370 finden auch dann Anwendung, wenn eine andere als die bedungene Waare oder eine andere als die bedungene Menge von Waaren geliefert ist, sofern die gelieferte Waare nicht offensichtlich von der Bestellung so erheblich abweicht, daß der Verkäufer die Genehmigung des Käufers als ausgeschlossen betrachten mußte.

§. 372.

Ist der Kaufpreis nach dem Gewichte der Waare zu berechnen, so kommt das Gewicht der Verpackung (Taragewicht) in Abzug, wenn nicht aus dem Vertrag oder dem Handelsgebrauche des Ortes, an welchem der Verkäufer zu erfüllen hat, sich ein Anderes ergiebt.

Ob und in welcher Höhe das Taragewicht nach einem bestimmten Ansatz oder Verhältnisse statt nach genauer Ausmittelung abzuziehen ist, sowie ob und wieviel als Gutgewicht zu Gunsten des Käufers zu berechnen ist oder als Vergütung für schadhafte oder unbrauchbare Theile (Refaktie) gefordert werden kann, bestimmt sich nach dem Vertrag oder dem Handelsgebrauche des Ortes, an welchem der Verkäufer zu erfüllen hat.

§. 373.

Die in diesem Abschnitt für den Kauf von Waaren getroffenen Vorschriften gelten auch für den Kauf von Werthpapieren.

Sie finden auch Anwendung, wenn aus einem von dem Unternehmer zu beschaffenden Stoffe eine nicht vertretbare bewegliche Sache herzustellen ist.

§. 374.

Die Vorschriften der §§. 481 bis 492 des Bürgerlichen Gesetzbuchs über die Gewährleistung bei Viehmängeln werden durch die Vorschriften dieses Abschnitts nicht berührt.

Dritter Abschnitt.

Kommissionsgeschäft.

§. 375.

Kommissionär ist, wer es gewerbsmäßig übernimmt, Waaren oder Werthpapiere für Rechnung eines Anderen (des Kommittenten) in eigenem Namen zu kaufen oder zu verkaufen.

§. 376.

Der Kommissionär ist verpflichtet, das übernommene Geschäft mit der Sorgfalt eines ordentlichen Kaufmanns auszuführen; er hat hierbei das Interesse des Kommittenten wahrzunehmen und dessen Weisungen zu befolgen.

Er hat dem Kommittenten die erforderlichen Nachrichten zu geben, insbesondere von der Ausführung der Kommission unverzüglich Anzeige zu machen; er ist verpflichtet, dem Kommittenten über das Geschäft Rechenschaft abzulegen und ihm dasjenige herauszugeben, was er aus der Geschäftsbesorgung erlangt hat.

Der Kommissionär haftet dem Kommittenten für die Erfüllung des Geschäfts, wenn er ihm nicht zugleich mit der Anzeige von der Ausführung der Kommission den Dritten namhaft macht, mit dem er das Geschäft ab geschlossen hat.

§. 377.

Handelt der Kommissionär nicht gemäß den Weisungen des Kommittenten, so ist er diesem zum Ersatze des Schadens verpflichtet; der Kommittent braucht das Geschäft nicht für seine Rechnung gelten zu lassen.

Die Vorschriften des §. 665 des Bürgerlichen Gesetzbuchs bleiben unberührt.

§. 378.

Hat der Kommissionär unter dem ihm gesetzten Preise verkauft oder hat er den ihm für den Einkauf gesetzten Preis überschritten, so muß der Kommittent, falls er das Geschäft als nicht für seine Rechnung abgeschlossen zurückweisen will, dies unverzüglich auf die Anzeige von der Ausführung des Geschäfts erklären; anderenfalls gilt die Abweichung von der Preisbestimmung als genehmigt.

Erbietet sich der Kommissionär zugleich mit der Anzeige von der Ausführung des Geschäfts zur Deckung des Preisunterschieds, so ist der Kommittent zur Zurückweisung nicht berechtigt. Der Anspruch des Kommittenten auf den Ersatz eines den Preisunterschied übersteigenden Schadens bleibt unberührt.

§. 379.

Schließt der Kommissionär zu vortheilhafteren Bedingungen ab, als sie ihm von dem Kommittenten gesetzt worden sind, so kommt dies dem Kommittenten zu Statten.

Dies gilt insbesondere, wenn der Preis, für welchen der Kommissionär verkauft, den von dem Kommittenten bestimmten niedrigsten Preis übersteigt oder wenn der Preis, für welchen er einkauft, den von dem Kommittenten bestimmten höchsten Preis nicht erreicht.

§. 380.

Befindet sich das Gut, welches dem Kommissionär zugesendet ist, bei der Ablieferung in einem beschädigten oder mangelhaften Zustande, der äußerlich erkennbar ist, so hat der Kommissionär die Rechte gegen den Frachtführer oder Schiffer zu wahren, für den Beweis des Zustandes zu sorgen und dem Kommittenten unverzüglich Nachricht zu geben; im Falle der Unterlassung ist er zum Schadensersatze verpflichtet.

Ist das Gut dem Verderb ausgesetzt oder treten später Veränderungen an dem Gute ein, die dessen Entwerthung befürchten lassen, und ist keine Zeit vorhanden, die Verfügung des Kommittenten einzuholen, oder ist der Kommittent in der Ertheilung der Verfügung säumig, so kann der Kommissionär den Verkauf des Gutes nach Maßgabe der Vorschriften des §. 365 bewirken.

§. 381.

Unterläßt der Kommittent über das Gut zu verfügen, obwohl er dazu nach Lage der Sache verpflichtet ist, so hat der Kommissionär die nach §. 365 dem Verkäufer zustehenden Rechte.

§. 382.

Der Kommissionär ist für den Verlust und die Beschädigung des in seiner Verwahrung befindlichen Gutes verantwortlich, es sei denn, daß der Verlust oder die Beschädigung auf Umständen beruht, die durch die Sorgfalt eines ordentlichen Kaufmanns nicht abgewendet werden konnten.

Der Kommissionär ist wegen der Unterlassung der Versicherung des Gutes nur verantwortlich, wenn er von dem Kommittenten angewiesen war, die Versicherung zu bewirken.

§. 383.

Ist eine Einkaufskommission ertheilt, die für beide Theile ein Handelsgeschäft ist, so finden in Bezug auf die Verpflichtung des Kommittenten, das Gut zu untersuchen und dem Kommissionär von den entdeckten Mängeln Anzeige zu machen, sowie in Bezug auf die Sorge für die Aufbewahrung des beanstandeten Gutes und auf den Verkauf bei drohendem Verderbe die für den Käufer geltenden Vorschriften der §§. 369 bis 371 entsprechende Anwendung. Der Anspruch des Kommittenten auf Abtretung der Rechte, die dem Kommissionär gegen den Dritten zustehen, von welchem er das Gut für Rechnung des Kommittenten gekauft hat, wird durch eine verspätete Anzeige des Mangels nicht berührt.

§. 384.

Forderungen aus einem Geschäfte, das der Kommissionär abgeschlossen hat, kann der Kommittent dem Schuldner gegenüber erst nach der Abtretung geltend machen.

Jedoch gelten solche Forderungen, auch wenn sie nicht abgetreten sind, im Verhältnisse zwischen dem Kommittenten und dem Kommissionär oder dessen Gläubigern als Forderungen des Kommittenten.

§. 385.

Wird von dem Kommissionär ohne Zustimmung des Kommittenten einem Dritten ein Vorschuß geleistet oder Kredit gewährt, so handelt der Kommissionär auf eigene Gefahr.

Insoweit jedoch der Handelsgebrauch am Orte des Geschäfts die Stundung des Kaufpreises mit sich bringt, ist in Ermangelung einer anderen Bestimmung des Kommittenten auch der Kommissionär dazu berechtigt.

Verkauft der Kommissionär unbefugt auf Kredit, so ist er verpflichet, dem Kommittenten sofort als Schuldner des Kaufpreises die Zahlung zu leisten. Wäre beim Verkaufe gegen baar der Preis geringer gewesen, so hat der Kommissionär nur den geringeren Preis und, wenn dieser niedriger ist als der ihm gesetzte Preis, auch den Unterschied nach §. 378 zu vergüten.

§. 386.

Der Kommissionär hat für die Erfüllung der Verbindlichkeit des Dritten, mit dem er das Geschäft für Rechnung des Kommittenten abschließt, einzustehen, wenn dies von ihm übernommen oder am Orte seiner Niederlassung Handelsgebrauch ist.

Der Kommissionär, der für den Dritten einzustehen hat, ist dem Kommittenten für die Erfüllung im Zeitpunkte des Verfalls unmittelbar insoweit verhaftet, als die Erfüllung aus dem Vertragsverhältnisse gefordert werden kann. Er kann eine besondere Vergütung (Delkredereprovision) beanspruchen.

§. 387.

Ein Kommissionär, der den Ankauf eines Wechsels übernimmt, ist verpflichtet, den Wechsel, wenn er ihn indossirt, in üblicher Weise und ohne Vorbehalt zu indossiren.

§. 388.

Der Kommissionär kann die Provision fordern, wenn das Geschäft zur Ausführung gekommen ist. Ist das Geschäft nicht zur Ausführung gekommen, so hat er gleichwohl den Anspruch auf die Auslieferungsprovision, sofern eine solche ortsgebräuchlich ist; auch kann er die Provision verlangen, wenn die Ausführung des von ihm abgeschlossenen Geschäfts nur aus einem in der Person des Kommittenten liegenden Grunde unterblieben ist.

Zu dem von dem Kommittenten für Aufwendungen des Kommissionärs nach den §§. 670, 675 des Bürgerlichen Gesetzbuchs zu leistenden Ersatze gehört auch die Vergütung für die Benutzung der Lagerräume und der Beförderungsmittel des Kommissionärs.

§. 389.

Der Kommissionär hat an dem Kommissionsgute, sofern er es im Besitze hat, insbesondere mittelst Konnossements, Ladescheins oder Lagerscheins darüber verfügen kann, ein Pfandrecht wegen der auf das Gut verwendeten Kosten, der Provision, der auf das Gut gegebenen Vorschüsse und Darlehen, der mit Rücksicht auf das Gut gezeichneten Wechsel oder in anderer Weise eingegangenen Verbindlichkeiten sowie wegen aller Forderungen aus laufender Rechnung in Kommissionsgeschäften.

§. 390.

Der Kommissionär kann sich, auch wenn er Eigenthümer des Kommissionsgutes ist, für die im §. 389 bezeichneten Ansprüche nach Maßgabe der für das Pfandrecht geltenden Vorschriften aus dem Gute befriedigen.

§. 391.

Aus den Forderungen, welche durch das für Rechnung des Kommittenten geschlossene Geschäft begründet sind, kann sich der Kommissionär für die im §. 389 bezeichneten Ansprüche vor dem Kommittenten und dessen Gläubigern befriedigen.

§. 392.

Die Kommission zum Einkauf oder zum Verkaufe von Waaren, die einen Börsen- oder Marktpreis haben, sowie von Werthpapieren, bei denen ein Börsen- oder Marktpreis amtlich festgestellt wird, kann, wenn der Kommittent nicht ein Anderes bestimmt hat, von dem Kommissionär dadurch ausgeführt werden, daß er das Gut, welches er einkaufen soll, selbst als Verkäufer liefert oder das Gut, welches er verkaufen soll, selbst als Käufer übernimmt.

Im Falle einer solchen Ausführung der Kommission beschränkt sich die Pflicht des Kommissionärs, Rechenschaft über die Abschließung des Kaufes oder Verkaufs abzulegen, auf den Nachweis, daß bei dem berechneten Preise der zur Zeit der Ausführung der Kommission bestehende Börsen- oder Marktpreis eingehalten ist. Als Zeit der Ausführung gilt der Zeitpunkt, in welchem der Kommissionär die Anzeige von der Ausführung zur Absendung an den Kommittenten abgegeben hat.

Ist bei einer Kommission, die während der Börsen- oder Marktzeit auszuführen war, die Ausführungsanzeige erst nach dem Schlusse der Börse oder des Marktes zur Absendung abgegeben, so darf der berechnete Preis für den Kommittenten nicht ungünstiger sein als der Preis, der am Schlusse der Börse oder des Marktes bestand.

Bei einer Kommission, die zu einem bestimmten Kurs (erstem Kurs, Mittelkurs, letztem Kurs) ausgeführt werden soll, ist der Kommissionär ohne Rücksicht auf den Zeitpunkt der Absendung der Ausführungsanzeige berechtigt und verpflichtet, diesen Kurs dem Kommittenten in Rechnung zu stellen.

Bei Werthpapieren und Waaren, für welche der Börsen- oder Marktpreis amtlich festgestellt wird, kann der Kommissionär im Falle der Ausführung der Kommission durch Selbsteintritt dem Kommittenten keinen ungünstigeren Preis als den amtlich festgestellten in Rechnung stellen.

§. 393.

Auch im Falle der Ausführung der Kommission durch Selbsteintritt hat der Kommissionär, wenn er bei Anwendung pflichtmäßiger Sorgfalt die Kommission zu einem günstigeren als dem nach §. 392 sich ergebenden Preise ausführen konnte, dem Kommittenten den günstigeren Preis zu berechnen.

Hat der Kommissionär vor der Absendung der Ausführungsanzeige aus Anlaß der ertheilten Kommission an der Börse oder am Markte ein Geschäft mit einem Dritten abgeschlossen, so darf er dem Kommittenten keinen ungünstigeren als den hierbei vereinbarten Preis berechnen.

§. 394.

Die Vorschriften des §. 392 Abs. 2 bis 5 und des §. 393 können nicht durch Vertrag zum Nachtheile des Kommittenten abgeändert werden.

§. 395.

Der Kommissionär, der das Gut selbst als Verkäufer liefert oder als Käufer übernimmt, ist zu der gewöhnlichen Provision berechtigt und kann die bei Kommissionsgeschäften sonst regelmäßig vorkommenden Kosten berechnen.

§. 396.

Die Vorschriften der §§. 389, 390 finden auch im Falle der Ausführung der Kommission durch Selbsteintritt Anwendung.

§. 397.

Zeigt der Kommissionär die Ausführung der Kommission an, ohne ausdrücklich zu bemerken, daß er selbst eintreten wolle, so gilt dies als Erklärung, daß die Ausführung durch Abschluß des Geschäfts mit einem Dritten für Rechnung des Kommittenten erfolgt sei.

Eine Vereinbarung zwischen dem Kommittenten und dem Kommissionär, daß die Erklärung darüber, ob die Kommission durch Selbsteintritt oder durch Abschluß mit einem Dritten ausgeführt sei, später als am Tage der Ausführungsanzeige abgegeben werden dürfe, ist nichtig.

Widerruft der Kommittent die Kommission und geht der Widerruf dem Kommissionär zu, bevor die Ausführungsanzeige zur Absendung abgegeben ist, so steht dem Kommissionär das Recht des Selbsteintritts nicht mehr zu.

§. 398.

Die Vorschriften dieses Abschnitts kommen auch zur Anwendung, wenn ein Kommissionär im Betriebe seines Handelsgewerbes ein Geschäft anderer als der im §. 375 bezeichneten Art für Rechnung eines Anderen in eigenem Namen zu schließen übernimmt. Das Gleiche gilt, wenn ein Kaufmann, der nicht Kommissionär ist, im Betriebe seines Handelsgewerbes ein Geschäft in der bezeichneten Weise zu schließen übernimmt.

Als Einkaufs- und Verkaufskommission im Sinne dieses Abschnitts gilt auch eine Kommission, welche die Lieferung einer nicht vertretbaren beweglichen Sache, die aus einem von dem Unternehmer zu beschaffenden Stoffe herzustellen ist, zum Gegenstande hat.

Vierter Abschnitt.

Speditionsgeschäft.

§. 399.

Spediteur ist, wer es gewerbsmäßig übernimmt, Güterversendungen durch Frachtführer oder durch Verfrachter von Seeschiffen für Rechnung eines Anderen (des Versenders) in eigenem Namen zu besorgen.

Auf die Rechte und Pflichten des Spediteurs finden, soweit dieser Abschnitt keine Vorschriften enthält, die für den Kommissionär geltenden Vorschriften, insbesondere die Vorschriften der §§. 380 bis 382 über die Empfangnahme, die Aufbewahrung und die Versicherung des Gutes, Anwendung.

§. 400.

Der Spediteur hat die Versendung, insbesondere die Wahl der Frachtführer, Verfrachter und Zwischenspediteure, mit der Sorgfalt eines ordentlichen

Kaufmanns auszuführen; er hat hierbei das Interesse des Versenders wahrzunehmen und dessen Weisungen zu befolgen.

Der Spediteur ist nicht berechtigt, dem Versender eine höhere als die mit dem Frachtführer oder dem Verfrachter bedungene Fracht zu berechnen.

§. 401.

Der Spediteur hat die Provision zu fordern, wenn das Gut dem Frachtführer oder Verfrachter zur Beförderung übergeben ist.

§. 402.

Der Spediteur hat wegen der Fracht, der Provision, der Auslagen und Verwendungen sowie wegen der auf das Gut gegebenen Vorschüsse ein Pfandrecht an dem Gute, sofern er es noch im Besitze hat, insbesondere mittelst Konnossements, Ladescheins oder Lagerscheins darüber verfügen kann.

§. 403.

Bedient sich der Spediteur eines Zwischenspediteurs, so hat dieser zugleich die seinem Vormanne zustehenden Rechte, insbesondere dessen Pfandrecht, auszuüben.

Soweit der Vormann wegen seiner Forderung von dem Nachmanne befriedigt wird, geht die Forderung und das Pfandrecht des Vormanns auf den Nachmann über. Dasselbe gilt von der Forderung und dem Pfandrechte des Frachtführers, soweit der Zwischenspediteur ihn befriedigt.

§. 404.

Der Spediteur ist, wenn nicht ein Anderes bestimmt ist, befugt, die Beförderung des Gutes selbst auszuführen.

Macht er von dieser Befugniß Gebrauch, so hat er zugleich die Rechte und Pflichten eines Frachtführers oder Verfrachters; er kann die Provision, die bei Speditionsgeschäften sonst regelmäßig vorkommenden Kosten sowie die gewöhnliche Fracht verlangen.

§. 405.

Hat sich der Spediteur mit dem Versender über einen bestimmten Satz der Beförderungskosten geeinigt, so hat er ausschließlich die Rechte und Pflichten eines Frachtführers. Er kann in einem solchen Falle Provision nur verlangen, wenn es besonders vereinbart ist.

Bewirkt der Spediteur die Versendung des Gutes zusammen mit den Gütern anderer Versender auf Grund eines für seine Rechnung über eine Sammelladung geschlossenen Frachtvertrags, so finden die Vorschriften des Abs. 1 Anwendung, auch wenn eine Einigung über einen bestimmten Satz der Beförderungskosten nicht stattgefunden hat. Der Spediteur kann in diesem Falle eine den Umständen nach angemessene Fracht, höchstens aber die für die Beförderung des einzelnen Gutes gewöhnliche Fracht verlangen.

§. 406.

Die Ansprüche gegen den Spediteur wegen Verlustes, Minderung, Beschädigung oder verspäteter Ablieferung des Gutes verjähren in einem Jahre. Die Verjährungsfrist kann durch Vertrag verlängert werden.

Die Verjährung beginnt im Falle der Beschädigung oder Minderung mit dem Ablaufe des Tages, an welchem die Ablieferung stattgefunden hat, im Falle des Verlustes oder der verspäteten Ablieferung mit dem Ablaufe des Tages, an welchem die Ablieferung hätte bewirkt sein müssen.

Die im Abs. 1 bezeichneten Ansprüche können nach der Vollendung der Verjährung nur aufgerechnet werden, wenn vorher der Verlust, die Minderung, die Beschädigung oder die verspätete Ablieferung dem Spediteur angezeigt oder die Anzeige an ihn abgesendet worden ist. Der Anzeige an den Spediteur steht es gleich, wenn gerichtliche Beweisaufnahme zur Sicherung des Beweises beantragt oder in einem zwischen dem Versender und dem Empfänger oder einem späteren Erwerber des Gutes wegen des Verlustes, der Minderung, der Beschädigung oder der verspäteten Ablieferung anhängigen Rechtsstreite dem Spediteur der Streit verkündet wird.

Diese Vorschriften finden keine Anwendung, wenn der Spediteur den Verlust, die Minderung, die Beschädigung oder die verspätete Ablieferung des Gutes vorsätzlich herbeigeführt hat.

§. 407.

Die Vorschriften dieses Abschnitts kommen auch zur Anwendung, wenn ein Kaufmann, der nicht Spediteur ist, im Betriebe seines Handelsgewerbes eine Güterversendung durch Frachtführer oder Verfrachter für Rechnung eines Anderen in eigenem Namen zu besorgen übernimmt.

Sie finden keine Anwendung auf die Geschäfte von Personen, die nur die Vermittelung von Frachtverträgen zwischen dem Absender und dem Frachtführer oder Verfrachter bewirken (Frachtmäkler, Güterbestätter, Schiffsprokureure).

Fünfter Abschnitt.

Lagergeschäft.

§. 408.

Lagerhalter ist, wer gewerbsmäßig die Lagerung und Aufbewahrung von Gütern übernimmt.

§. 409.

Auf die Rechte und Pflichten des Lagerhalters in Ansehung der Empfangnahme, Aufbewahrung und Versicherung des Gutes finden die für den Kommissionär geltenden Vorschriften der §§. 380 bis 382 Anwendung.

Treten Veränderungen an dem Gute ein, welche dessen Entwerthung befürchten lassen, so hat der Lagerhalter den Einlagerer hiervon unverzüglich zu benachrichtigen. Versäumt er dies, so hat er den daraus entstehenden Schaden zu ersetzen.

§. 410.

Der Lagerhalter hat dem Einlagerer die Besichtigung des Gutes, die Entnahme von Proben und die zur Erhaltung des Gutes nothwendigen Handlungen während der Geschäftsstunden zu gestatten.

§. 411.

Im Falle der Lagerung vertretbarer Sachen ist der Lagerhalter zu ihrer Vermischung mit anderen Sachen von gleicher Art und Güte nur befugt, wenn ihm dies ausdrücklich gestattet ist.

Der Lagerhalter erwirbt auch in diesem Falle nicht das Eigenthum des Gutes; aus dem durch die Vermischung entstandenen Gesammtvorrathe kann er jedem Einlagerer den ihm gebührenden Antheil ausliefern, ohne daß er hierzu der Genehmigung der übrigen Betheiligten bedarf.

Ist das Gut in der Art niedergelegt, daß das Eigenthum auf den Lagerhalter übergehen und dieser verpflichtet sein soll, Sachen von gleicher Art, Güte und Menge zurückzugewähren, so finden die Vorschriften dieses Abschnitts keine Anwendung.

§. 412.

Der Lagerhalter hat Anspruch auf das bedungene oder ortsübliche Lagergeld sowie auf Erstattung der Auslagen für Fracht und Zölle und der sonst für das Gut gemachten Aufwendungen, soweit er sie den Umständen nach für erforderlich halten durfte.

Von den hiernach dem Lagerhalter zukommenden Beträgen (Lagerkosten) sind die baaren Auslagen sofort zu erstatten. Die sonstigen Lagerkosten sind nach dem Ablaufe von je drei Monaten seit der Einlieferung oder, wenn das Gut in der Zwischenzeit zurückgenommen wird, bei der Rücknahme zu erstatten; wird das Gut nur theilweise zurückgenommen, so ist ein entsprechender Theil zu berichtigen.

§. 413.

Der Lagerhalter hat wegen der Lagerkosten ein Pfandrecht an dem Gute, solange er es im Besitze hat, insbesondere mittelst Konnossements, Ladescheins oder Lagerscheins darüber verfügen kann.

§. 414.

Der Lagerhalter kann nicht verlangen, daß der Einlagerer das Gut vor dem Ablaufe der bedungenen Lagerzeit und, falls eine solche nicht bedungen ist, daß er es vor dem Ablaufe von drei Monaten nach der Einlieferung zurücknehme. Ist eine Lagerzeit nicht bedungen oder behält der Lagerhalter nach dem Ablaufe der bedungenen Lagerzeit das Gut auf dem Lager, so kann er die Rücknahme nur nach vorgängiger Kündigung unter Einhaltung einer Kündigungsfrist von einem Monate verlangen.

Der Lagerhalter ist berechtigt, die Rücknahme des Gutes vor dem Ablaufe der Lagerzeit und ohne Einhaltung einer Kündigungsfrist zu verlangen, wenn ein wichtiger Grund vorliegt.

§. 415.

Auf die Verjährung der Ansprüche gegen den Lagerhalter wegen Verlustes, Minderung, Beschädigung oder verspäteter Ablieferung des Gutes finden die Vorschriften des §. 406 entsprechende Anwendung. Im Falle des gänzlichen Verlustes beginnt die Verjährung mit dem Ablaufe des Tages, an welchem der Lagerhalter dem Einlagerer Anzeige von dem Verluste macht.

§. 416.

Ist von dem Lagerhalter ein Lagerschein ausgestellt, der durch Indossament übertragen werden kann, so hat, wenn das Gut von dem Lagerhalter übernommen ist, die Uebergabe des Lagerscheins an denjenigen, welcher durch den Schein zur Empfangnahme des Gutes legitimirt wird, für den Erwerb von Rechten an dem Gute dieselben Wirkungen wie die Uebergabe des Gutes.

Sechster Abschnitt.

Frachtgeschäft.

§. 417.

Frachtführer ist, wer es gewerbsmäßig übernimmt, die Beförderung von Gütern zu Lande oder auf Flüssen oder sonstigen Binnengewässern auszuführen.

§. 418.

Der Frachtführer kann die Ausstellung eines Frachtbriefs verlangen.

Der Frachtbrief soll enthalten:

1. den Ort und den Tag der Ausstellung;
2. den Namen und den Wohnort des Frachtführers;
3. den Namen dessen, an welchen das Gut abgeliefert werden soll (des Empfängers);
4. den Ort der Ablieferung;
5. die Bezeichnung des Gutes nach Beschaffenheit, Menge und Merkzeichen;

6. die Bezeichnung der für eine zoll- oder steueramtliche Behandlung oder polizeiliche Prüfung nöthigen Begleitpapiere;
7. die Bestimmung über die Fracht sowie im Falle ihrer Vorausbezahlung einen Vermerk über die Vorausbezahlung;
8. die besonderen Vereinbarungen, welche die Betheiligten über andere Punkte, namentlich über die Zeit, innerhalb welcher die Beförderung bewirkt werden soll, über die Entschädigung wegen verspäteter Ablieferung und über die auf dem Gute haftenden Nachnahmen, getroffen haben;
9. die Unterschrift des Absenders; eine im Wege der mechanischen Vervielfältigung hergestellte Unterschrift ist genügend.

Der Absender haftet dem Frachtführer für die Richtigkeit und die Vollständigkeit der in den Frachtbrief aufgenommenen Angaben.

§. 419.

Der Absender ist verpflichtet, dem Frachtführer die Begleitpapiere zu übergeben, welche zur Erfüllung der Zoll-, Steuer- oder Polizeivorschriften vor der Ablieferung an den Empfänger erforderlich sind. Er haftet dem Frachtführer, sofern nicht diesem ein Verschulden zur Last fällt, für alle Folgen, die aus dem Mangel, der Unzulänglichkeit oder der Unrichtigkeit der Papiere entstehen.

§. 420.

Ist über die Zeit, binnen welcher der Frachtführer die Beförderung bewirken soll, nichts bedungen, so bestimmt sich die Frist, innerhalb deren er die Reise anzutreten und zu vollenden hat, nach dem Ortsgebrauche. Besteht ein Ortsgebrauch nicht, so ist die Beförderung binnen einer den Umständen nach angemessenen Frist zu bewirken.

Wird der Antritt oder die Fortsetzung der Reise ohne Verschulden des Absenders zeitweilig verhindert, so kann der Absender von dem Vertrage zurücktreten; er hat jedoch den Frachtführer, wenn diesem kein Verschulden zur Last fällt, für die Vorbereitung der Reise, die Wiederausladung und den zurückgelegten Theil der Reise zu entschädigen. Ueber die Höhe der Entschädigung entscheidet der Ortsgebrauch; besteht ein Ortsgebrauch nicht, so ist eine den Umständen nach angemessene Entschädigung zu gewähren.

§. 421.

Der Frachtführer haftet für den Schaden, der durch Verlust oder Beschädigung des Gutes in der Zeit von der Annahme zur Beförderung bis zur Ablieferung oder durch Versäumung der Lieferzeit entsteht, es sei denn, daß der Verlust, die Beschädigung oder die Verspätung auf Umständen beruht, die durch die Sorgfalt eines ordentlichen Frachtführers nicht abgewendet werden konnten.

Für den Verlust oder die Beschädigung von Kostbarkeiten, Kunstgegenständen, Geld und Werthpapieren haftet der Frachtführer nur, wenn ihm diese Beschaffenheit oder der Werth des Gutes bei der Uebergabe zur Beförderung angegeben worden ist.

§. 422.

Muß auf Grund des Frachtvertrags von dem Frachtführer für gänzlichen oder theilweisen Verlust des Gutes Ersatz geleistet werden, so ist der gemeine Handelswerth und in dessen Ermangelung der gemeine Werth zu ersetzen, welchen Gut derselben Art und Beschaffenheit am Orte der Ablieferung in dem Zeitpunkte hatte, in welchem die Ablieferung zu bewirken war; hiervon kommt in Abzug, was in Folge des Verlustes an Zöllen und sonstigen Kosten sowie an Fracht erspart ist.

Im Falle der Beschädigung ist der Unterschied zwischen dem Verkaufswerthe des Gutes im beschädigten Zustand und dem gemeinen Handelswerth oder dem gemeinen Werthe zu ersetzen, welchen das Gut ohne die Beschädigung am Orte und zur Zeit der Ablieferung gehabt haben würde; hiervon kommt in Abzug, was in Folge der Beschädigung an Zöllen und sonstigen Kosten erspart ist.

Ist der Schaden durch Vorsatz oder grobe Fahrlässigkeit des Frachtführers herbeigeführt, so kann Ersatz des vollen Schadens gefordert werden.

§. 423.

Der Frachtführer hat ein Verschulden seiner Leute und ein Verschulden anderer Personen, deren er sich bei der Ausführung der Beförderung bedient, in gleichem Umfange zu vertreten wie eigenes Verschulden.

§. 424.

Uebergiebt der Frachtführer zur Ausführung der von ihm übernommenen Beförderung das Gut einem anderen Frachtführer, so haftet er für die Ausführung der Beförderung bis zur Ablieferung des Gutes an den Empfänger.

Der nachfolgende Frachtführer tritt dadurch, daß er das Gut mit dem ursprünglichen Frachtbrief annimmt, diesem gemäß in den Frachtvertrag ein und übernimmt die selbständige Verpflichtung, die Beförderung nach dem Inhalte des Frachtbriefs auszuführen.

Hat auf Grund dieser Vorschriften einer der betheiligten Frachtführer Schadensersatz geleistet, so steht ihm der Rückgriff gegen denjenigen zu, welcher den Schaden verschuldet hat. Kann dieser nicht ermittelt werden, so haben die betheiligten Frachtführer den Schaden nach dem Verhältniß ihrer Antheile an der Fracht gemeinsam zu tragen, soweit nicht festgestellt wird, daß der Schaden nicht auf ihrer Beförderungsstrecke entstanden ist.

§. 425.

Der Absender kann den Frachtführer anweisen, das Gut anzuhalten, zurückzugeben oder an einen anderen als den im Frachtbriefe bezeichneten Empfänger auszuliefern. Die Mehrkosten, die durch eine solche Verfügung entstehen, sind dem Frachtführer zu erstatten.

Das Verfügungsrecht des Absenders erlischt, wenn nach der Ankunft des Gutes am Orte der Ablieferung der Frachtbrief dem Empfänger übergeben oder von dem Empfänger Klage gemäß §. 427 gegen den Frachtführer erhoben wird. Der Frachtführer hat in einem solchen Falle nur die Anweisungen des Empfängers zu beachten; verletzt er diese Verpflichtung, so ist er dem Empfänger für das Gut verhaftet.

§. 426.

Der Empfänger ist vor der Ankunft des Gutes am Orte der Ablieferung dem Frachtführer gegenüber berechtigt, alle zur Sicherstellung des Gutes erforderlichen Maßregeln zu ergreifen und dem Frachtführer die zu diesem Zwecke nothwendigen Anweisungen zu ertheilen. Die Auslieferung des Gutes kann er vor dessen Ankunft am Orte der Ablieferung nur fordern, wenn der Absender den Frachtführer dazu ermächtigt hat.

§. 427.

Nach der Ankunft des Gutes am Orte der Ablieferung ist der Empfänger berechtigt, die durch den Frachtvertrag begründeten Rechte gegen Erfüllung der sich daraus ergebenden Verpflichtungen in eigenem Namen gegen den Frachtführer geltend zu machen, ohne Unterschied, ob er hierbei in eigenem oder in fremdem Interesse handelt. Er ist insbesondere berechtigt, von dem Frachtführer die Uebergabe des Frachtbriefs und die Auslieferung des Gutes zu verlangen. Dieses Recht erlischt, wenn der Absender dem Frachtführer eine nach §. 425 noch zulässige entgegenstehende Anweisung ertheilt.

§. 428.

Durch Annahme des Gutes und des Frachtbriefs wird der Empfänger verpflichtet, dem Frachtführer nach Maßgabe des Frachtbriefs Zahlung zu leisten.

§. 429.

Ist der Empfänger des Gutes nicht zu ermitteln oder verweigert er die Annahme oder ergiebt sich ein sonstiges Ablieferungshinderniß, so hat der Frachtführer den Absender unverzüglich hiervon in Kenntniß zu setzen und dessen Anweisung einzuholen.

Ist dies den Umständen nach nicht thunlich oder der Absender mit der Ertheilung der Anweisung säumig oder die Anweisung nicht ausführbar, so ist der Frachtführer befugt, das Gut in einem öffentlichen Lagerhaus oder sonst in sicherer Weise zu hinterlegen. Er kann, falls das Gut dem Verderben ausgesetzt und Gefahr im Verzug ist, das Gut auch gemäß §. 365 Abs. 2 bis 4 verkaufen lassen.

Von der Hinterlegung und dem Verkaufe des Gutes hat der Frachtführer den Absender und den Empfänger unverzüglich zu benachrichtigen, es sei denn, daß dies unthunlich ist; im Falle der Unterlassung ist er zum Schadensersatze verpflichtet.

§. 430.

Ist die Fracht nebst den sonst auf dem Gute haftenden Forderungen bezahlt und das Gut angenommen, so sind alle Ansprüche gegen den Frachtführer aus dem Frachtvertrag erloschen.

Diese Vorschrift findet keine Anwendung, soweit die Beschädigung oder Minderung des Gutes vor dessen Annahme durch amtlich bestellte Sachverständige festgestellt ist.

Wegen einer Beschädigung oder Minderung des Gutes, die bei der Annahme äußerlich nicht erkennbar ist, kann der Frachtführer auch nach der Annahme des Gutes und der Bezahlung der Fracht in Anspruch genommen werden, wenn der Mangel in der Zeit zwischen der Uebernahme des Gutes durch den Frachtführer und der Ablieferung entstanden ist und die Feststellung des Mangels durch amtlich bestellte Sachverständige unverzüglich nach der Entdeckung und spätestens binnen einer Woche nach der Annahme beantragt wird. Ist dem Frachtführer der Mangel unverzüglich nach der Entdeckung und binnen der bezeichneten Frist angezeigt, so genügt es, wenn die Feststellung unverzüglich nach dem Zeitpunkte beantragt wird, bis zu welchem der Eingang einer Antwort des Frachtführers unter regelmäßigen Umständen erwartet werden darf.

Die Kosten einer von dem Empfangsberechtigten beantragten Feststellung sind von dem Frachtführer zu tragen, wenn ein Verlust oder eine Beschädigung ermittelt wird, für welche der Frachtführer Ersatz leisten muß.

Der Frachtführer kann sich auf diese Vorschriften nicht berufen, wenn er den Schaden durch Vorsatz oder grobe Fahrlässigkeit herbeigeführt hat.

§. 431.

Auf die Verjährung der Ansprüche gegen den Frachtführer wegen Verlustes, Minderung, Beschädigung oder verspäteter Ablieferung des Gutes finden die Vorschriften des §. 406 entsprechende Anwendung. Dies gilt nicht für die im §. 424 Abs. 3 bezeichneten Ansprüche.

§. 432.

Der Frachtführer hat wegen aller durch den Frachtvertrag begründeten Forderungen, insbesondere der Fracht- und Liegegelder, der Zollgelder und anderer Auslagen, sowie wegen der auf das Gut geleisteten Vorschüsse, ein Pfandrecht an dem Gute.

Das Pfandrecht besteht, solange der Frachtführer das Gut noch im Besitze hat, insbesondere mittelst Kannossements, Ladescheins oder Lagerscheins darüber verfügen kann.

Auch nach der Ablieferung dauert das Pfandrecht fort, sofern der Frachtführer es binnen drei Tagen nach der Ablieferung gerichtlich geltend macht und das Gut noch im Besitze des Empfängers ist.

Die im §. 1234 Abs. 1 des Bürgerlichen Gesetzbuchs bezeichnete Androhung des Pfandverkaufs sowie die in den §§. 1237, 1241 des Bürgerlichen Gesetzbuchs vorgesehenen Benachrichtigungen sind an den Empfänger zu richten. Ist dieser nicht zu ermitteln oder verweigert er die Annahme des Gutes, so hat die Androhung und Benachrichtigung gegenüber dem Absender zu erfolgen.

§. 433.

Der letzte Fachtführer hat, falls nicht im Frachtbrief ein Anderes bestimmt ist, bei der Ablieferung auch die Forderungen der Vormänner sowie die auf dem Gute haftenden Nachnahmen einzuziehen und die Rechte der Vormänner, insbesondere auch das Pfandrecht, auszuüben. Das Pfandrecht der Vormänner besteht solange als das Pfandrecht des letzten Frachtführers.

Wird der vorhergehende Frachtführer von dem nachfolgenden befriedigt, so gehen seine Forderung und sein Pfandrecht auf den letzteren über.

In gleicher Art gehen die Forderung und das Pfandrecht des Spediteurs auf den nachfolgenden Spediteur und den nachfolgenden Frachtführer über.

§. 434.

Der Frachtführer, welcher das Gut ohne Bezahlung abliefert und das Pfandrecht nicht binnen drei Tagen nach der Ablieferung gerichtlich geltend macht, ist den Vormännern verantwortlich. Er wird, ebenso wie die vorhergehenden Frachtführer und Spediteure, des Rückgriffs gegen die Vormänner verlustig. Der Anspruch gegen den Empfänger bleibt in Kraft.

§. 435.

Bestehen an demselben Gute mehrere nach den §§. 389, 402, 413, 432 begründete Pfandrechte, so geht unter denjenigen Pfandrechten, welche durch die Versendung oder durch die Beförderung des Gutes entstanden sind, das später entstandene dem früher entstandenen vor.

Diese Pfandrechte haben sämmtlich den Vorrang vor dem nicht aus der Versendung entstandenen Pfandrechte des Kommissionärs und des Lagerhalters sowie vor dem Pfandrechte des Spediteurs und des Frachtführers für Vorschüsse.

§. 436.

Ueber die Verpflichtung zur Auslieferung des Gutes kann von dem Frachtführer ein Ladeschein ausgestellt werden.

§. 437.

Der Ladeschein soll enthalten:

1. den Ort und den Tag der Ausstellung;
2. den Namen und den Wohnort des Frachtführers;
3. den Namen des Absenders;
4. den Namen desjenigen, an welchen oder an dessen Order das Gut abgeliefert werden soll; als solcher gilt der Absender, wenn der Ladeschein nur an Order gestellt ist;
5. den Ort der Ablieferung;
6. die Bezeichnung des Gutes nach Beschaffenheit, Menge und Merkzeichen;
7. die Bestimmung über die Fracht und über die auf dem Gute haftenden Nachnahmen sowie im Falle der Vorausbezahlung der Fracht einen Vermerk über die Vorausbezahlung.

Der Ladeschein muß von dem Frachtführer unterzeichnet sein.

Der Absender hat dem Frachtführer auf Verlangen eine von ihm unterschriebene Abschrift des Ladescheins auszuhändigen.

§. 438.

Der Ladeschein entscheidet für das Rechtsverhältniß zwischen dem Frachtführer und dem Empfänger des Gutes; die nicht in den Ladeschein aufgenommenen Bestimmungen des Frachtvertrags sind dem Empfänger gegenüber unwirksam, sofern nicht der Ladeschein ausdrücklich auf sie Bezug nimmt.

Für das Rechtsverhältniß zwischen dem Frachtführer und dem Absender bleiben die Bestimmungen des Frachtvertrags maßgebend.

§. 439.

Zum Empfange des Gutes legitimirt ist derjenige, an welchen das Gut nach dem Ladeschein abgeliefert werden soll oder auf welchen der Ladeschein, wenn er an Order lautet, durch Indossament übertragen ist.

Der zum Empfange Legitimirte hat schon vor der Ankunft des Gutes am Ablieferungsorte die Rechte, welche dem Absender in Ansehung der Verfügung über das Gut zustehen, wenn ein Ladeschein nicht ausgestellt ist.

Der Frachtführer darf einer Anweisung des Absenders, das Gut anzuhalten, zurückzugeben oder an einen anderen als den durch den Ladeschein legitimirten Empfänger auszuliefern, nur Folge leisten, wenn ihm der Ladeschein zurückgegeben wird; verletzt er diese Verpflichtung, so ist er dem rechtmäßigen Besitzer des Ladescheins für das Gut verhaftet.

§. 440.

Der Frachtführer ist zur Ablieferung des Gutes nur gegen Rückgabe des Ladescheins, auf dem die Ablieferung des Gutes bescheinigt ist, verpflichtet.

§. 441.

Im Falle des §. 424 Abs. 1 wird der nachfolgende Frachtführer, der das Gut auf Grund des Ladescheins übernimmt, nach Maßgabe des Scheines verpflichtet.

§. 442.

Die Uebergabe des Ladescheins an denjenigen, welcher durch den Schein zur Empfangnahme des Gutes legitimirt wird, hat, wenn das Gut von dem Frachtführer übernommen ist, für den Erwerb von Rechten an dem Gute dieselben Wirkungen wie die Uebergabe des Gutes.

§. 443.

Die Vorschriften der §§. 418 bis 442 kommen auch zur Anwendung, wenn ein Kaufmann, der nicht Frachtführer ist, im Betriebe seines Handelsgewerbes eine Beförderung von Gütern zu Lande oder auf Flüssen oder sonstigen Binnengewässern auszuführen übernimmt.

§. 444.

Auf die Beförderung von Gütern durch die Postverwaltungen des Reichs und der Bundesstaaten finden die Vorschriften dieses Abschnitts keine Anwendung. Die bezeichneten Postverwaltungen gelten nicht als Kaufleute im Sinne dieses Gesetzbuchs.

Siebenter Abschnitt.

Beförderung von Gütern und Personen auf den Eisenbahnen.

§. 445.

Eine dem öffentlichen Güterverkehre dienende Eisenbahn darf die Uebernahme von Gütern zur Beförderung nach einer für den Güterverkehr eingerichteten Station innerhalb des Deutschen Reichs nicht verweigern, sofern

1. der Absender sich den geltenden Beförderungsbedingungen und den sonstigen allgemeinen Anordnungen der Eisenbahn unterwirft;
2. die Beförderung nicht nach gesetzlicher Vorschrift oder aus Gründen der öffentlichen Ordnung unzulässig ist;
3. die Güter nach der Eisenbahnverkehrsordnung oder den gemäß der Verkehrsordnung erlassenen Vorschriften und, soweit diese keinen Anhalt gewähren, nach der Anlage und dem Betriebe der betheiligten Bahnen sich zur Beförderung eignen;

4. die Beförderung mit den regelmäßigen Beförderungsmitteln möglich ist;
5 die Beförderung nicht durch Umstände, die als höhere Gewalt zu betrachten sind, verhindert wird.

Die Eisenbahn ist nur insoweit verpflichtet, Güter zur Beförderung anzunehmen, als die Beförderung sofort erfolgen kann. Inwieweit sie verpflichtet ist, Güter, deren Beförderung nicht sofort erfolgen kann, in einstweilige Verwahrung zu nehmen, bestimmt die Eisenbahnverkehrsordnung.

Die Beförderung der Güter findet in der Reihenfolge statt, in welcher sie zur Beförderung angenommen worden sind, sofern nicht zwingende Gründe des Eisenbahnbetriebs oder das öffentliche Interesse eine Ausnahme rechtfertigen.

Eine Zuwiderhandlung gegen diese Vorschriften begründet den Anspruch auf Ersatz des dadurch entstehenden Schadens.

§. 446.

Auf das Frachtgeschäft der dem öffentlichen Güterverkehre dienenden Eisenbahnen finden die Vorschriften des vorigen Abschnitts insoweit Anwendung, als nicht in diesem Abschnitt oder in der Eisenbahnverkehrsordnung ein Anderes bestimmt ist.

§. 447.

Die Eisenbahn ist verpflichtet, auf Verlangen des Absenders den Empfang des Gutes unter Angabe des Tages, an welchem es zur Beförderung angenommen ist, auf einem Duplikate des Frachtbriefs zu bescheinigen; das Duplikat ist von dem Absender mit dem Frachtbriefe vorzulegen.

Im Falle der Ausstellung eines Frachtbriefduplikats steht dem Absender das im §. 425 bezeichnete Verfügungsrecht nur zu, wenn er das Duplikat vorlegt. Befolgt die Eisenbahn die Anweisungen des Absenders, ohne die Vorlegung des Duplikats zu verlangen, so ist sie für den daraus entstehenden Schaden dem Empfänger, welchem der Absender die Urkunde übergeben hat, haftbar.

§. 448.

Die Eisenbahn haftet für den Schaden, der durch Verlust oder Beschädigung des Gutes in der Zeit von der Annahme zur Beförderung bis zur Ablieferung entsteht, es sei denn, daß der Schaden durch ein Verschulden oder eine nicht von der Eisenbahn verschuldete Anweisung des Verfügungsberechtigten, durch höhere Gewalt, durch äußerlich nicht erkennbare Mängel der Verpackung oder durch die natürliche Beschaffenheit des Gutes, namentlich durch inneren Verderb, Schwinden, gewöhnliche Leckage, verursacht ist.

Die Vorschrift des §. 421 Abs. 2 findet Anwendung.

§. 449.

Muß auf Grund des Frachtvertrags von der Eisenbahn für gänzlichen oder theilweisen Verlust des Gutes Ersatz geleistet werden, so ist der gemeine Handelswerth und in dessen Ermangelung der gemeine Werth zu ersetzen, welchen Gut derselben Art und Beschaffenheit am Orte der Absendung in dem Zeitpunkte der Annahme zur Beförderung hatte, unter Hinzurechnung dessen, was an Zöllen und sonstigen Kosten sowie an Fracht bereits bezahlt ist.

Im Falle der Beschädigung ist für die Minderung des im Abs. 1 bezeichneten Werthes Ersatz zu leisteu.

Ist der Schaden durch Vorsatz oder grobe Fahrlässigkeit der Eisenbahn herbeigeführt, so kann Ersatz des vollen Schadens gefordert werden.

§. 450.

Die Eisenbahn haftet für ihre Leute und für andere Personen, deren sie sich bei der Ausführung der Beförderung bedient.

§. 451.

Die Eisenbahn haftet nicht:

1. in Ansehung der Güter, die nach der Bestimmung des Tarifs oder nach einer in den Frachtbrief aufgenommenen Vereinbarung mit dem Absender in offen gebauten Wagen befördert werden,

   für den Schaden, welcher aus der mit dieser Beförderungsart verbundenen Gefahr entsteht;

2. in Ansehung der Güter, die, obgleich ihre Natur eine Verpackung zum Schutze gegen Verlust oder Beschädigung während der Beförderung erfordert, nach Erklärung des Absenders auf dem Frachtbrief unverpackt oder mit mangelhafter Verpackung zur Beförderung aufgegeben worden sind,

   für den Schaden, welcher aus der mit dem Mangel oder mit der mangelhaften Beschaffenheit der Verpackung verbundenen Gefahr entsteht;

3. in Ansehung der Güter, deren Aufladen und Abladen nach der Bestimmung des Tarifs oder nach einer in den Frachtbrief aufgenommenen Vereinbarung mit dem Absender von diesem oder von dem Empfänger besorgt wird,

   für den Schaden, welcher aus der mit dem Aufladen und Abladen oder mit einer mangelhaften Verladung verbundenen Gefahr entsteht;

4. in Ansehung der Güter, die vermöge ihrer eigenthümlichen natürlichen Beschaffenheit der besonderen Gefahr ausgesetzt sind, Ver-

lust oder Beschädigung, namentlich Bruch, Rost, inneren Verderb, außergewöhnliche Leckage, Austrocknung und Verstreuung, zu erleiden,

für den Schaden, welcher aus dieser Gefahr entsteht;

5. in Ansehung lebender Thiere

für den Schaden, welcher aus der für sie mit der Beförderung verbundenen besonderen Gefahr entsteht;

6. in Ansehung derjenigen Güter, einschließlich der Thiere, welchen nach der Eisenbahnverkehrsordnung, dem Tarif oder nach einer in den Frachtbrief aufgenommenen Vereinbarung mit dem Absender ein Begleiter beizugeben ist,

für den Schaden, welcher aus der Gefahr entsteht, deren Abwendung durch die Begleitung bezweckt wird.

Konnte ein eingetretener Schaden den Umständen nach aus einer der im Abs. 1 bezeichneten Gefahren entstehen, so wird vermuthet, daß er aus dieser Gefahr entstanden sei.

Eine Befreiung von der Haftpflicht kann auf Grund dieser Vorschriften nicht geltend gemacht werden, wenn der Schaden durch Verschulden der Eisenbahn entstanden ist.

§. 452.

Bei Gütern, die nach ihrer natürlichen Beschaffenheit bei der Beförderung regelmäßig einen Gewichtsverlust erleiden, ist die Haftpflicht der Eisenbahn für Gewichtsverluste bis zu den aus der Eisenbahnverkehrsordnung sich ergebenden Normalsätzen ausgeschlossen.

Der Normalsatz wird, falls mehrere Stücke auf denselben Frachtbrief befördert werden, für jedes Stück besonders berechnet, wenn das Gewicht der einzelnen Stücke im Frachtbriefe verzeichnet ist oder sonst festgestellt werden kann.

Die Beschränkung der Haftpflicht tritt nicht ein, soweit der Verlust den Umständen nach nicht in Folge der natürlichen Beschaffenheit des Gutes entstanden ist oder soweit der angenommene Satz dieser Beschaffenheit oder den sonstigen Umständen des Falles nicht entspricht.

Bei gänzlichem Verluste des Gutes findet ein Abzug für Gewichtsverlust nicht statt.

§. 453.

Die Eisenbahnen können in besonderen Bedingungen (Ausnahmetarifen) einen im Falle des Verlustes oder der Beschädigung zu erstattenden Höchstbetrag festsetzen, sofern diese Ausnahmetarife veröffentlicht werden, eine Preisermäßigung für die ganze Beförderung gegenüber den gewöhnlichen Tarifen der Eisenbahn enthalten und der gleiche Höchstbetrag auf die ganze Beförderungsstrecke Anwendung findet.

Ist der Schaden durch Vorsatz oder grobe Fahrlässigkeit der Eisenbahn herbeigeführt, so kann die Beschränkung auf den Höchstbetrag nicht geltend gemacht werden.

§. 454.

Inwieweit für den Fall des Verlustes oder der Beschädigung von Kostbarkeiten, Kunstgegenständen, Geld und Werthpapieren die zu leistende Entschädigung auf einen Höchstbetrag beschränkt werden kann, bestimmt die Eisenbahnverkehrsordnung. Die Vorschrift des §. 453 Abs. 2 findet entsprechende Anwendung.

§. 455.

Ist das Interesse an der Lieferung nach Maßgabe der Vorschriften der Eisenbahnverkehrsordnung in dem Frachtbriefe, dem Gepäckschein oder dem Beförderungsschein angegeben, so kann im Falle des Verlustes oder der Beschädigung des Gutes außer der im §. 449 Abs. 1, 2 bezeichneten Entschädigung der Ersatz des weiter entstandenen Schadens bis zu dem angegebenen Betrage beansprucht werden.

Ist die Ersatzpflicht nach den Vorschriften des §. 453 oder des §. 454 auf einen Höchstbetrag beschränkt, so findet eine Angabe des Interesses an der Lieferung über diesen Betrag hinaus nicht statt.

§. 456.

Wegen einer Beschädigung oder Minderung, die bei der Annahme des Gutes durch den Empfänger äußerlich nicht erkennbar ist, können Ansprüche gegen die Eisenbahn nach §. 430 Abs. 3 nur geltend gemacht werden, wenn binnen einer Woche nach der Annahme zur Feststellung des Mangels entweder bei Gericht die Besichtigung des Gutes durch Sachverständige oder schriftlich bei der Eisenbahn eine von dieser nach den Vorschriften der Eisenbahnverkehrsordnung vorzunehmende Untersuchung beantragt wird.

Ist der Schaden durch Vorsatz oder grobe Fahrlässigkeit der Eisenbahn herbeigeführt, so kann sie sich auf diese Vorschrift nicht berufen.

§. 457.

Für den Verlust von Reisegepäck, das zur Beförderung aufgegeben ist, haftet die Eisenbahn nur, wenn das Gepäck binnen acht Tagen nach der Ankunft des Zuges, zu welchem es aufgegeben ist, auf der Bestimmungsstation abgefordert wird.

Inwieweit für den Fall des Verlustes oder der Beschädigung von Reisegepäck, das zur Beförderung aufgegeben ist, die zu leistende Entschädigung auf einen Höchstbetrag beschränkt werden kann, bestimmt die Eisenbahnverkehrsordnung. Ist der Schaden durch Vorsatz oder grobe Fahrlässigkeit der Eisenbahn herbeigeführt, so kann die Beschränkung auf den Höchstbetrag nicht geltend gemacht werden.

Für den Verlust oder die Beschädigung von Reisegepäck, das nicht zur Beförderung aufgegeben ist, sowie von Gegenständen, die in beförderten Fahrzeugen belassen sind, haftet die Eisenbahn nur, wenn ihr ein Verschulden zur Last fällt.

§. 458.

Die Eisenbahn haftet für den Schaden, welcher durch Versäumung der Lieferfrist entsteht, es sei denn, daß die Verspätung von einem Ereignisse herrührt, welches sie weder herbeigeführt hat noch abzuwenden vermochte.

Der Schaden wird nur insoweit ersetzt, als er den in dem Frachtbriefe, dem Gepäckschein oder dem Beförderungsschein als Interesse an der Lieferung nach Maßgabe der Eisenbahnverkehrsordnung angegebenen Betrag und in Ermangelung einer solchen Angabe den Betrag der Fracht nicht übersteigt. Für das Reisegepäck kann an Stelle der Fracht durch die Eisenbahnverkehrsordnung ein anderer Höchstbetrag bestimmt werden.

Inwieweit ohne den Nachweis eines Schadens eine Vergütung zu gewähren ist, bestimmt die Eisenbahnverkehrsordnung.

Der Ersatz des vollen Schadens kann gefordert werden, wenn die Versäumung der Lieferfrist durch Vorsatz oder grobe Fahrlässigkeit der Eisenbahn herbeigeführt ist.

§. 459.

Werden Gegenstände, die von der Beförderung ausgeschlossen oder zur Beförderung nur bedingungsweise zugelassen sind, unter unrichtiger oder ungenauer Bezeichnung aufgegeben oder werden die für diese Gegenstände vorgesehenen Sicherheitsmaßregeln von dem Absender unterlassen, so ist die Haftpflicht der Eisenbahn auf Grund des Frachtvertrags ausgeschlossen.

§. 460.

Für den Fall, daß auf dem Frachtbrief als Ort der Ablieferung ein nicht an der Eisenbahn liegender Ort bezeichnet wird, kann bestimmt werden, daß die Eisenbahn als Frachtführer nur für die Beförderung bis zur letzten Eisenbahnstation haften, bezüglich der Weiterbeförderung dagegen die Verpflichtungen des Spediteurs übernehmen soll.

§. 461.

Wird die Beförderung auf Grund deselben Frachtbriefs nach §. 424 Abs. 2 durch mehrere auf einander folgende Eisenbahnen bewirkt, so können die Ansprüche aus dem Frachtvertrag, unbeschadet des Rückgriffs der Bahnen unter einander, im Wege der Klage nur gegen die erste Bahn oder gegen diejenige, welche das Gut zuletzt mit dem Frachtbrief übernommen hat, oder gegen diejenige, auf deren Betriebsstrecke sich der Schaden ereignet hat, gerichtet werden.

Unter den bezeichneten Bahnen steht dem Kläger die Wahl zu; das Wahlrecht erlischt mit der Erhebung der Klage.

Im Wege der Widerklage oder mittelst Aufrechnung können Ansprüche aus dem Frachtvertrag auch gegen eine andere als die bezeichneten Bahnen geltend gemacht werden, wenn die Klage sich auf denselben Frachtvertrag gründet.

§. 462.

Ansprüche der Eisenbahn auf Nachzahlung zu wenig erhobener Fracht oder Gebühren sowie Ansprüche gegen die Eisenbahn auf Rückerstattung zu viel erhobener Fracht oder Gebühren verjähren in einem Jahre, sofern der Anspruch auf eine unrichtige Anwendung der Tarife oder auf Fehler bei der Berechnung gestützt wird. Die Verjährung beginnt mit dem Ablaufe des Tages, an welchem die Zahlung erfolgt ist.

Die Verjährung des Anspruchs auf Rückerstattung zu viel erhobener Fracht oder Gebühren sowie die Verjährung der im §. 431 Satz 1 bezeichneten Ansprüche wird durch die schriftliche Anmeldung des Anspruchs bei der Eisenbahn gehemmt. Ergeht auf die Anmeldung ein abschlägiger Bescheid, so beginnt der Lauf der Verjährungsfrist wieder mit dem Tage, an welchem die Eisenbahn ihre Entscheidung dem Anmeldenden schriftlich bekannt macht und ihm die der Anmeldung etwa angeschlossenen Beweisstücke zurückstellt. Weitere Gesuche, die an die Eisenbahn oder an die vorgesetzten Behörden gerichtet werden, bewirken keine Hemmung der Verjährung.

§. 463.

Die nach den Vorschriften des §. 424 Abs. 1, 2, der §§. 430, 431, 445, 447 bis 462 begründeten Verpflichtungen der Eisenbahnen können weder durch die Eisenbahnverkehrsordnung noch durch Verträge ausgeschlossen oder beschränkt werden.

Bestimmungen, welche dieser Vorschrift zuwiderlaufen, sind nichtig. Das Gleiche gilt von Vereinbarungen, die mit den Vorschriften der Eisenbahnverkehrsordnung im Widerspruche stehen.

§. 464.

Die Vorschriften über die Beförderung von Personen auf den Eisenbahnen werden durch die Eisenbahnverkehrsordnung getroffen.

§. 465.

Bei einer dem öffentlichen Verkehre dienenden Bahnunternehmung, welche der Eisenbahnverkehrsordnung nicht unterliegt (Kleinbahn), sind insoweit, als in den §§. 445, 451, 452, 454 bis 458 auf die Vorschriften der Eisenbahnverkehrsordnung verwiesen ist, an deren Stelle die Beförderungsbedingungen der Bahnunternehmung maßgebend.

Den Vorschriften des §. 445 unterliegt eine solche Bahnunternehmung nur mit der Maßgabe, daß sie die Uebernahme von Gütern zur Beförderung auf ihrer Bahnstrecke nicht verweigern darf.

Viertes Buch.
Seehandel.

Erster Abschnitt.
Allgemeine Vorschriften.

§. 466.

Wird ein zum Erwerbe durch die Seefahrt bestimmtes Schiff oder ein Antheil an einem solchen Schiffe (Schiffspart) veräußert, so kann die nach den Vorschriften des Bürgerlichen Rechtes zum Eigenthumsübergang erforderliche Uebergabe durch die zwischen dem Veräußerer und dem Erwerber getroffene Vereinbarung ersetzt werden, daß das Eigenthum sofort auf den Erwerber übergehen soll.

§. 467.

In allen Fällen der Veräußerung eines Schiffes oder einer Schiffspart kann jeder Theil verlangen, daß ihm auf seine Kosten eine öffentlich beglaubigte Urkunde über die Veräußerung ertheilt wird.

§. 468.

Wird ein Schiff oder eine Schiffspart veräußert, während sich das Schiff auf der Reise befindet, so ist im Verhältnisse zwischen dem Veräußerer und dem Erwerber in Ermangelung einer anderen Vereinbarung anzunehmen, daß dem Erwerber der Gewinn der laufenden Reise gebührt oder der Verlust der laufenden Reise zur Last falle.

§. 469.

Durch die Veräußerung eines Schiffes oder einer Schiffspart wird in den persönlichen Verpflichtungen des Veräußerers gegen Dritte nichts geändert.

§. 470.

Zubehör eines Schiffes sind auch die Schiffsboote.

Im Zweifel werden Gegenstände, die in das Schiffsinventar eingetragen sind, als Zubehör des Schiffes angesehen.

§. 471.

Im Sinne dieses vierten Buches gilt ein seeuntüchtig gewordenes Schiff

1. als reparaturunfähig, wenn die Reparatur des Schiffes überhaupt nicht möglich ist oder an dem Orte, wo sich das Schiff befindet, nicht bewerkstelligt, das Schiff auch nicht nach dem Hafen, wo die Reparatur auszuführen wäre, gebracht werden kann;
2. als reparaturunwürdig, wenn die Kosten der Reparatur ohne Abzug für den Unterschied zwischen alt und neu mehr betragen würden als drei Viertheile seines früheren Werthes.

Ist die Seeuntüchtigkeit während einer Reise eingetreten, so gilt als der frühere Werth derjenige, welchen das Schiff bei dem Antritte der Reise gehabt hat, in den übrigen Fällen derjenige, welchen das Schiff, bevor es seeuntüchtig geworden ist, gehabt hat oder bei gehöriger Ausrüstung gehabt haben würde.

§. 472.

Als Heimathshafen des Schiffes gilt der Hafen, von welchem aus die Seefahrt mit dem Schiffe betrieben wird.

Die Vorschriften dieses Gesetzbuchs, welche sich auf den Aufenthalt des Schiffes im Heimathshafen beziehen, können durch die Landesgesetze auf alle oder einige Häfen des Reviers des Heimathshafens ausgedehnt werden.

§. 473.

Zur Schiffsbesatzung werden gerechnet der Schiffer, die Schiffsmannschaft sowie alle übrigen auf dem Schiffe angestellten Personen.

§. 474.

Die Zwangsversteigerung eines Schiffes im Wege der Zwangsvollstreckung darf nicht angeordnet werden, wenn das Schiff zum Abgehen fertig (segelfertig) ist. Auch darf ein segelfertiges Schiff nicht mit Arrest belegt werden.

Diese Vorschriften finden keine Anwendung, wenn die Schuld, wegen deren die Zwangsversteigerung oder der Arrest stattfinden soll, zum Behufe der bevorstehenden Reise eingegangen ist.

§. 475.

Wenn in diesem vierten Buche die europäischen Häfen den außereuropäischen Häfen entgegengesetzt werden, so sind unter den ersteren sämmtliche Häfen des Mittelländischen, Schwarzen und Azowschen Meeres als mitbegriffen anzusehen.

Zweiter Abschnitt.

Rheder und Rhederei.

§. 476.

Rheder ist der Eigenthümer eines ihm zum Erwerbe durch die Seefahrt dienenden Schiffes.

§. 477.

Der Rheder ist für den Schaden verantwortlich, den eine Person der Schiffsbesatzung einem Dritten durch ihr Verschulden in Ausführung ihrer Dienstverrichtungen zufügt.

§. 478.

Der Rheder haftet für den Anspruch eines Dritten nicht persönlich, sondern nur mit Schiff und Fracht:

1. wenn der Anspruch auf ein Rechtsgeschäft gegründet wird, welches der Schiffer als solcher kraft seiner gesetzlichen Befugnisse und nicht mit Bezug auf eine besondere Vollmacht geschlossen hat;
2. wenn der Anspruch auf die Nichterfüllung oder auf die unvollständige oder mangelhafte Erfüllung eines von dem Rheder abgeschlossenen Vertrags gegründet wird, sofern die Ausführung des Vertrags zu den Dienstobliegenheiten des Schiffers gehört hat, ohne Unterschied, ob die Nichterfüllung oder die unvollständige oder mangelhafte Erfüllung von einer Person der Schiffsbesatzung verschuldet ist oder nicht;
3. wenn der Anspruch auf das Verschulden einer Person der Schiffsbesatzung gegründet wird.

Diese Vorschrift findet in den Fällen der Nr. 1, 2 keine Anwendung, wenn den Rheder selbst in Ansehung der Vertragserfüllung ein Verschulden trifft oder wenn er die Vertragserfüllung besonders gewährleistet hat.

§. 479.

Der Rheder haftet für die Forderungen der zur Schiffsbesatzung gehörenden Personen aus den Dienst- und Heuerverträgen nicht nur mit Schiff und Fracht, sondern persönlich.

§. 480.

Der Rheder als solcher kann wegen eines jeden Anspruchs, ohne Unterschied, ob er persönlich oder nur mit Schiff und Fracht haftet, vor dem Gerichte des Heimathshafens (§. 472) belangt werden.

§. 481.

Wird von mehreren Personen ein ihnen gemeinschaftlich zustehendes Schiff zum Erwerbe durch die Seefahrt für gemeinschaftliche Rechnung verwendet, so besteht eine Rhederei.

Der Fall, wenn das Schiff einer Handelsgesellschaft gehört, wird durch die Vorschriften über die Rhederei nicht berührt.

§. 482.

Das Rechtsverhältniß der Mitrheder unter einander bestimmt sich zunächst nach dem zwischen ihnen geschlossenen Vertrage. Soweit eine Vereinbarung nicht getroffen ist, finden die nachstehenden Vorschriften Anwendung.

§. 483.

Für die Angelegenheiten der Rhederei sind die Beschlüsse der Mitrheder maßgebend. Bei der Beschlußfassung entscheidet die Mehrheit der Stimmen. Die Stimmen werden nach der Größe der Schiffsparten berechnet; die Stimmenmehrheit für einen Beschluß ist vorhanden, wenn der Person oder den Personen, welche für den Beschluß gestimmt haben, zusammen mehr als die Hälfte des ganzen Schiffes gehört.

Einstimmigkeit sämmtlicher Mitrheder ist erforderlich zu Beschlüssen, die eine Abänderung des Rhedereivertrags bezwecken oder die den Bestimmungen des Rhedereivertrags entgegen oder dem Zwecke der Rhederei fremd sind.

§. 484.

Durch Beschluß der Mehrheit kann für den Rhedereibetrieb ein Korrespondentrheder (Schiffsdirektor, Schiffsdisponent) bestellt werden. Zur Bestellung eines Korrespondentrheders, der nicht zu den Mitrhedern gehört, ist ein einstimmiger Beschluß erforderlich.

Die Bestellung des Korrespondentrheders kann zu jeder Zeit durch Stimmenmehrheit widerrufen werden, unbeschadet des Anspruchs auf die vertragsmäßige Vergütung.

§. 485.

Im Verhältnisse zu Dritten ist der Korrespondentrheder kraft seiner Bestellung befugt, alle Geschäfte und Rechtshandlungen vorzunehmen, die der Geschäftsbetrieb einer Rhederei gewöhnlich mit sich bringt.

Diese Befugniß erstreckt sich insbesondere auf die Ausrüstung, die Erhaltung und die Verfrachtung des Schiffes, auf die Versicherung der Fracht, der Ausrüstungskosten und der Havereigelder sowie auf die mit dem gewöhnlichen Geschäftsbetriebe verbundene Empfangnahme von Geld.

Der Korrespondentrheder ist in demselben Umfange befugt, die Rhederei vor Gericht zu vertreten.

Er ist befugt, den Schiffer anzustellen und zu entlassen; der Schiffer hat sich nur an dessen Anweisungen und nicht auch an die etwaigen Anweisungen der einzelnen Mitrheder zu halten.

Im Namen der Rhederei oder einzelner Mitrheder Wechselverbindlichkeiten einzugehen oder Darlehen aufzunehmen, das Schiff oder Schiffsparten zu verkaufen oder zu verpfänden sowie für das Schiff oder für Schiffsparten Versicherung zu nehmen, ist der Korrespondentrheder nicht befugt, es sei denn, daß ihm eine Vollmacht hierzu besonders ertheilt ist.

§. 486.

Durch ein Rechtsgeschäft, welches der Korrespondentrheder als solcher innerhalb der Grenzen seiner Befugnisse schließt, wird die Rhederei dem Dritten gegenüber auch dann berechtigt und verpflichtet, wenn das Geschäft ohne Nennung der einzelnen Mitrheder geschlossen wird.

Ist die Rhederei durch ein von dem Korrespondentrheder abgeschlossenes Geschäft verpflichtet, so haften die Mitrheder in gleichem Umfange (§. 478), als wenn das Geschäft von ihnen selbst geschlossen wäre.

§. 487.

Eine Beschränkung der im §. 485 bezeichneten Befugnisse des Korrespondentrheders kann die Rhederei einem Dritten nur entgegensetzen, wenn die Beschränkung dem Dritten zur Zeit des Abschlusses des Geschäftes bekannt war.

§. 488.

Der Rhederei gegenüber ist der Korrespondentrheder verpflichtet, die Beschränkungen einzuhalten, welche von ihr für den Umfang seiner Befugnisse festgesetzt sind; er hat sich ferner nach den gefaßten Beschlüssen zu richten und die Beschlüsse zur Ausführung zu bringen.

Im Uebrigen ist der Umfang seiner Befugnisse auch der Rhederei gegenüber nach den Vorschriften des §. 485 mit der Maßgabe zu beurtheilen, daß er zu neuen Reisen und Unternehmungen, zu außergewöhnlichen Reparaturen sowie zur Anstellung oder zur Entlassung des Schiffers vorher die Beschlüsse der Rhederei einzuholen hat.

§. 489.

Der Korrespondentrheder ist verpflichtet, in den Angelegenheiten der Rhederei die Sorgfalt eines ordentlichen Rheders anzuwenden.

§. 490.

Der Korrespondentrheder hat über seine die Rhederei betreffende Geschäftsführung abgesondert Buch zu führen und die dazu gehörigen Belege aufzubewahren. Er hat auch jedem Mitrheder auf dessen Verlangen Kenntniß von allen Verhältnissen zu geben, die sich auf die Rhederei, insbesondere auf das Schiff, die Reise und die Ausrüstung, beziehen; er hat ihm jederzeit die Einsicht der die Rhederei betreffenden Bücher, Briefe und Papiere zu gestatten.

§. 491.

Der Korrespondentrheder ist verpflichtet, jederzeit auf Beschluß der Rhederei dieser Rechnung zu legen. Die Genehmigung der Rechnung sowie die Billigung der Verwaltung des Korrespondentrheders durch die Mehrheit hindert die Minderheit nicht, ihr Recht geltend zu machen.

§. 492.

Jeder Mitrheder hat nach dem Verhältnisse seiner Schiffspart zu den Ausgaben der Rhederei, insbesondere zu den Kosten der Ausrüstung und der Reparatur des Schiffes, beizutragen.

Ist ein Mitrheder mit der Leistung seines Beitrags im Verzug und wird das Geld von Mitrhedern für ihn vorgeschossen, so ist er diesen zur Entrichtung von Zinsen von dem Zeitpunkte der Vorschüsse an verpflichtet. Durch den Vorschuß wird ein versicherbares Interesse hinsichtlich der Schiffspart für die Mitrheder begründet. Im Falle der Versicherung dieses Interesse hat der säumige Mitrheder die Kosten der Versicherung zu ersetzen.

§. 493.

Wenn eine neue Reise oder wenn nach der Beendigung einer Reise die Reparatur des Schiffes oder wenn die Befriedigung eines Gläubigers beschlossen worden ist, dem die Rhederei nur mit Schiff und Fracht haftet, so kann jeder Mitrheder, welcher dem Beschlusse nicht zugestimmt hat, sich von der Leistung der zur Ausführung des Beschlusses erforderlichen Einzahlungen dadurch befreien, daß er seine Schiffspart ohne Anspruch auf Entgelt aufgiebt.

Der Mitrheder, welcher von dieser Befugniß Gebrauch machen will, muß dies den Mitrhedern oder dem Korrespondentrheder binnen drei Tagen nach dem Tage des Beschlusses oder, wenn er bei der Beschlußfassung nicht anwesend und nicht vertreten war, binnen drei Tagen nach der Mittheilung des Beschlusses gerichtlich oder notariell kundgeben.

Die aufgegebene Schiffspart fällt den übrigen Mitrhedern nach dem Verhältnisse der Größe ihrer Schiffsparten zu.

§. 494.

Die Vertheilung des Gewinns und Verlustes geschieht nach der Größe der Schiffsparten.

Die Berechnung des Gewinns und Verlustes und die Auszahlung des etwaigen Gewinns erfolgt jedesmal, nachdem das Schiff in den Heimathshafen zurückgekehrt ist oder nachdem es in einem anderen Hafen seine Reise beendigt hat und die Schiffsmannschaft entlassen ist.

Außerdem muß auch vor dem erwähnten Zeitpunkte das eingehende Geld, soweit es nicht zu späteren Ausgaben oder zur Deckung von Ansprüchen einzelner Mitrheder an die Rhederei erforderlich ist, unter die einzelnen Mitrheder nach dem Verhältnisse der Größe ihrer Schiffsparten vorläufig vertheilt und ausgezahlt werden.

§. 495.

Jeder Mitrheder kann seine Schiffspart jederzeit und ohne Einwilligung der übrigen Mitrheder ganz oder theilweise veräußern.

Die Veräußerung einer Schiffspart, in Folge deren das Schiff das Recht, die Reichsflagge zu führen, verlieren würde, kann nur mit Zustimmung aller Mitrheder erfolgen.

§. 496.

Der Mitrheder, welcher seine Schiffspart veräußert hat, wird, solange die Veräußerung von ihm und dem Erwerber den Mitrhedern oder dem Korrespondentrheder nicht angezeigt worden ist, im Verhältnisse zu den Mitrhedern noch als Mitrheder betrachtet und bleibt wegen aller vor dieser Anzeige begründeten Verbindlichkeiten als Mitrheder den übrigen Mitrhedern verhaftet.

Der Erwerber der Schiffspart ist jedoch im Verhältnisse zu den übrigen Mitrhedern schon seit dem Zeitpunkte der Erwerbung als Mitrheder verpflichtet.

Er muß die Bestimmungen des Rhedereivertrags, die gefaßten Beschlüsse und eingegangenen Geschäfte gleichwie der Veräußerer gegen sich gelten lassen; die übrigen Mitrheder können außerdem alle gegen den Veräußerer als Mitrheder begründeten Verbindlichkeiten in Bezug auf die veräußerte Schiffspart gegen den Erwerber zur Aufrechnung bringen, unbeschadet des Rechtes des Erwerbers auf Gewährleistung gegen den Veräußerer.

§. 497.

Eine Aenderung in den Personen der Mitrheder ist ohne Einfluß auf den Fortbestand der Rhederei.

Stirbt ein Mitrheder oder wird der Konkurs über das Vermögen eines Mitrheders eröffnet, so hat dies die Auflösung der Rhederei nicht zur Folge.

Eine Aufkündigung von Seiten eines Mitrheders oder eine Ausschließung eines Mitrheders findet nicht statt.

§. 498.

Die Auflösung der Rhederei kann durch Stimmenmehrheit beschlossen werden. Der Beschluß, das Schiff zu veräußern, steht dem Beschlusse der Auflösung gleich.

Ist die Auflösung der Rhederei oder die Veräußerung des Schiffes beschlossen, so muß das Schiff öffentlich verkauft werden. Der Verkauf kann nur geschehen, wenn das Schiff zu einer Reise nicht verfrachtet ist und sich in dem Heimathshafen oder in einem inländischen Hafen befindet. Ist jedoch das Schiff als reparaturunfähig oder reparaturunwürdig kondemnirt (§. 471), so kann der Verkauf, auch wenn das Schiff verfrachtet ist, und selbst im Ausland erfolgen. Soll von diesen Vorschriften abgewichen werden, so ist die Zustimmung aller Mitrheder erforderlich.

§. 499.

Die Mitrheder als solche haften Dritten, wenn ihre persönliche Haftung eintritt, nur nach dem Verhältnisse der Größe ihrer Schiffsparten.

Ist eine Schiffspart veräußert, so haften für die in der Zeit zwischen der Veräußerung und der im §. 496 erwähnten Anzeige etwa begründeten persönlichen Verbindlichkeiten rücksichtlich dieser Schiffspart sowohl der Veräußerer als der Erwerber.

§. 500.

Die Mitrheder als solche können wegen eines jeden Anspruchs, ohne Unterschied, ob dieser von einem Mitrheder oder von einem Dritten erhoben wird, vor dem Gerichte des Heimathshafens (§. 472) belangt werden.

Diese Vorschrift kommt auch dann zur Anwendung, wenn die Klage nur gegen einen Mitrheder oder gegen einige Mitrheder gerichtet wird.

§. 501.

Auf die Vereinigung zweier oder mehrerer Personen, ein Schiff für gemeinschaftliche Rechnung zu erbauen und zur Seefahrt zu verwenden, finden die Vorschriften der §§. 482, 483, 492, 497 sowie des §. 499 Abs. 1 und, sobald das Schiff vollendet und von dem Erbauer abgeliefert ist, außerdem die Vorschriften der §§. 495, 496, 498 sowie des §. 499 Abs. 2 Anwendung; die Vorschrift des §. 492 gilt auch für die Baukosten.

Ein Korrespondentrheder (§. 484) kann schon vor der Vollendung des Schiffes bestellt werden; er hat in diesem Falle sogleich nach seiner Bestellung in Bezug auf den künftigen Rhedereibetrieb die Rechte und Pflichten eines Korrespondentrheders.

§. 502.

Wer ein ihm nicht gehöriges Schiff zum Erwerbe durch die Seefahrt für seine Rechnung verwendet und es entweder selbst führt oder die Führung einem Schiffer anvertraut, wird im Verhältnisse zu Dritten als Rheder angesehen.

Der Eigenthümer kann denjenigen, welcher aus der Verwendung einen Anspruch als Schiffsgläubiger herleitet, an der Durchführung des Anspruchs nicht hindern, es sei denn, daß die Verwendung ihm gegenüber eine widerrechtliche und der Gläubiger nicht in gutem Glauben war.

Dritter Abschnitt.

Schiffer.

§. 503.

Der Führer des Schiffes (Schiffskapitän, Schiffer) ist verpflichtet, bei allen Dienstverrichtungen, namentlich bei der Erfüllung der von ihm auszuführenden Verträge, die Sorgfalt eines ordentlichen Schiffers anzuwenden. Er haftet für jeden durch sein Verschulden entstehenden Schaden, insbesondere für den Schaden, welcher aus der Verletzung der in diesem und den folgenden Abschnitten ihm auferlegten Pflichten entsteht.

§. 504.

Diese Haftung des Schiffers besteht nicht nur gegenüber dem Rheder, sondern auch gegenüber dem Befrachter, Ablader und Ladungsempfänger, dem Reisenden, der Schiffsbesatzung und demjenigen Schiffsgläubiger, dessen Forderung aus einem Kreditgeschäfte (§. 520) entstanden ist, insbesondere dem Bodmereigläubiger

Der Schiffer wird dadurch, daß er auf Anweisung des Rheders gehandelt hat, den übrigen vorgenannten Personen gegenüber von der Haftung nicht befreit.

Durch eine solche Anweisung wird auch der Rheder persönlich verpflichtet, wenn er bei der Ertheilung der Anweisung von dem Sachverhältniß unterrichtet war.

§. 505.

Der Schiffer hat vor dem Antritte der Reise dafür zu sorgen, daß das Schiff in seetüchtigem Stande, gehörig eingerichtet und ausgerüstet, gehörig bemannt und verproviantirt ist und daß die zum Ausweise für Schiff, Besatzung und Ladung erforderlichen Papiere an Bord sind.

§. 506.

Der Schiffer hat zu sorgen für die Tüchtigkeit der Geräthschaften zum Laden und Löschen, sowie für die gehörige Stauung nach Seemannsbrauch, auch wenn die Stauung durch besondere Stauer bewirkt wird.

Er hat dafür zu sorgen, daß das Schiff nicht überladen und daß es mit dem nöthigen Ballast und der erforderlichen Garnirung versehen wird.

§. 507.

Wenn der Schiffer im Auslande die dort geltenden Vorschriften, insbesondere die Polizei-, Steuer- und Zollgesetze, nicht beobachtet, so hat er den daraus entstehenden Schaden zu ersetzen.

Desgleichen hat er den Schaden zu ersetzen, welcher daraus entsteht, daß er Güter ladet, von denen er wußte oder wissen mußte, daß sie Kriegskontrebande seien.

§. 508.

Sobald das Schiff zum Abgehen fertig ist, hat der Schiffer die Reise bei der ersten günstigen Gelegenheit anzutreten.

Auch wenn er durch Krankheit oder andere Ursachen verhindert ist, das Schiff zu führen, darf er den Abgang des Schiffes oder die Weiterfahrt nicht ungebührlich aufhalten; er muß vielmehr, wenn Zeit und Umstände gestatten, die Anordnung des Rheders einzuholen, diesem ungesäumt die Verhinderung anzeigen und für die Zwischenzeit die geeigneten Vorkehrungen treffen, im entgegengesetzten Falle einen anderen Schiffer einsetzen. Für diesen Stellvertreter ist er nur insofern verantwortlich, als ihm bei dessen Wahl ein Verschulden zur Last fällt.

§. 509.

Vom Beginne des Ladens an bis zur Beendigung der Löschung darf der Schiffer das Schiff gleichzeitig mit dem Steuermanne nur in dringenden Fällen verlassen; er hat in solchen Fällen zuvor aus den Schiffsoffizieren oder der übrigen Mannschaft einen geeigneten Vertreter zu bestellen.

Dasselbe gilt auch vor dem Beginne des Ladens und nach der Beendigung der Löschung, wenn das Schiff in einem nicht sicheren Hafen oder auf einer nicht sicheren Rhede liegt.

Bei drohender Gefahr oder wenn das Schiff sich in See befindet, muß der Schiffer an Bord sein, sofern nicht eine dringende Nothwendigkeit seine Abwesenheit rechtfertigt.

§. 510.

Wenn der Schiffer in Fällen der Gefahr mit den Schiffsoffizieren einen Schiffsrath zu halten für angemessen findet, so ist er gleichwohl an die gefaßten Beschlüsse nicht gebunden; er bleibt stets für die von ihm getroffenen Maßregeln verantwortlich.

§. 511.

Auf jedem Schiffe muß ein Tagebuch geführt werden, in welches für jede Reise alle erheblichen Begebenheiten, seit mit dem Einnehmen der Ladung oder des Ballastes begonnen ist, einzutragen sind.

Das Tagebuch wird unter der Aufsicht des Schiffers von dem Steuermann und im Falle der Verhinderung des letzteren von dem Schiffer selbst oder unter seiner Aufsicht von einem durch ihn zu bestimmenden geeigneten Schiffsmanne geführt.

§. 512.

Von Tag zu Tag sind in das Tagebuch einzutragen:

die Beschaffenheit von Wind und Wetter;

die von dem Schiffe gehaltenen Kurse und zurückgelegten Entfernungen;

die ermittelte Breite und Länge;

der Wasserstand bei den Pumpen.

Ferner sind in das Tagebuch einzutragen:

die durch das Loth ermittelte Wassertiefe;

jedes Annehmen eines Lootsen und die Zeit seiner Ankunft und seines Abganges;

die Veränderungen im Personale der Schiffsbesatzung;

die im Schiffsrathe gefaßten Beschlüsse;

alle Unfälle, die dem Schiffe oder der Ladung zustoßen, und eine Beschreibung dieser Unfälle.

Auch die auf dem Schiffe begangenen strafbaren Handlungen und die verhängten Disziplinarstrafen sowie die vorgekommenen Geburts- und Sterbefälle sind in das Tagebuch einzutragen.

Die Eintragungen müssen, soweit nicht die Umstände es hindern, täglich geschehen.

Das Tagebuch ist von dem Schiffer und dem Steuermanne zu unterschreiben.

§. 513.

Die Landesgesetze können bestimmen, daß auf kleineren Fahrzeugen (Küstenfahrern und dergleichen) die Führung eines Tagebuchs nicht erforderlich ist.

§. 514.

Der Schiffer hat über alle Unfälle, die sich während der Reise ereignen, sie mögen den Verlust oder die Beschädigung des Schiffes oder der Ladung, das Einlaufen in einen Nothhafen oder einen sonstigen Nachtheil zur Folge haben, mit Zuziehung aller Personen der Schiffsbesatzung oder einer genügenden Anzahl von ihnen eine Verklarung abzulegen.

Die Verklarung ist ohne Verzug zu bewirken und zwar:

im Bestimmungshafen oder bei mehreren Bestimmungshäfen, in demjenigen, welchen das Schiff nach dem Unfalle zuerst erreicht;

im Nothhafen, sofern in diesem reparirt oder gelöscht wird;

am ersten geeigneten Orte, wenn die Reise endet, ohne daß der Bestimmungshafen erreicht wird.

Ist der Schiffer gestorben oder außer Stande, die Aufnahme der Verklarung zu bewirken, so ist hierzu der im Range nächste Schiffsoffizier berechtigt und verpflichtet.

§. 515.

Die Verklarung muß einen Bericht über die erheblichen Begebenheiten der Reise, namentlich eine vollständige und deutliche Erzählung der erlittenen Unfälle, unter Angabe der zur Abwendung oder Verringerung der Nachtheile angewendeten Mittel enthalten.

§. 516.

Im Gebiete dieses Gesetzbuchs muß die Verklarung, unter Vorlegung des Tagebuchs und eines Verzeichnisses aller Personen der Schiffsbesatzung, bei dem zuständigen Gericht angemeldet werden.

Das Gericht hat nach Eingang der Anmeldung sobald als thunlich die Verklarung aufzunehmen.

Der dazu anberaumte Termin wird in geeigneter Weise öffentlich bekannt gemacht, sofern die Umstände einen solchen Aufenthalt gestatten.

Die Interessenten von Schiff und Ladung sowie die etwa sonst bei dem Unfalle Betheiligten sind berechtigt, selbst oder durch Vertreter der Ablegung der Verklarung beizuwohnen.

Die Verklarung geschieht auf der Grundlage des Tagebuchs. Kann das geführte Tagebuch nicht beigebracht werden oder ist ein Tagebuch nicht geführt (§. 513), so ist der Grund hiervon anzugeben.

§. 517.

Der Richter ist befugt, außer den gestellten noch andere Personen der Schiffsbesatzung, deren Abhörung er angemessen findet, zu vernehmen. Er kann zum Zwecke besserer Aufklärung dem Schiffer sowie jeder anderen Person der Schiffsbesatzung geeignete Fragen zur Beantwortung vorlegen.

Der Schiffer und die zugezogenen übrigen Personen der Schiffsbesatzung haben ihre Aussagen zu beschwören.

Die über die Verklarung aufgenommene Verhandlung ist in Urschrift aufzubewahren und jedem Betheiligten auf Verlangen eine beglaubigte Abschrift zu ertheilen.

§. 518.

Rechtsgeschäfte, die der Schiffer eingeht, während sich das Schiff im Heimathshafen befindet, sind für den Rheder nur dann verbindlich, wenn der Schiffer auf Grund einer Vollmacht gehandelt hat oder wenn ein anderer besonderer Verpflichtungsgrund vorhanden ist.

Zur Annahme der Schiffsmannschaft ist der Schiffer auch im Heimathshafen befugt.

§. 519.

Befindet sich das Schiff außerhalb des Heimathshafens, so ist der Schiffer Dritten gegenüber kraft seiner Anstellung befugt, für den Rheder alle Geschäfte und Rechtshandlungen vorzunehmen, welche die Ausrüstung, die Bemannung, die Verproviantirung und die Erhaltung des Schiffes sowie überhaupt die Ausführung der Reise mit sich bringen.

Diese Befugniß erstreckt sich auch auf die Eingehung von Frachtverträgen; sie erstreckt sich ferner auf die Anstellung von Klagen, die sich auf den Wirkungskreis des Schiffers beziehen.

§. 520.

Zur Aufnahme von Darlehen, zur Eingehung von Käufen auf Borg sowie zum Abschluß ähnlicher Kreditgeschäfte ist der Schiffer nur dann befugt, wenn es zur Erhaltung des Schiffes oder zur Ausführung der Reise nothwendig, und nur insoweit, als es zur Befriedigung des Bedürfnisses erforderlich ist. Ein Bodmereigeschäft einzugehen, ist er nur dann befugt, wenn es zur Ausführung der Reise nothwendig, und nur insoweit, als es zur Befriedigung des Bedürfnisses erforderlich ist.

Die Gültigkeit des Geschäftes ist weder von der wirklichen Verwendung noch von der Zweckmäßigkeit der unter mehreren Kreditgeschäften getroffenen Wahl noch von dem Umstand abhängig, ob dem Schiffer das erforderliche Geld zur Verfügung gestanden hat, es sei denn, daß der Dritte in bösem Glauben war.

§. 521.

Auf den persönlichen Kredit des Rheders Geschäfte abzuschließen, insbesondere Wechselverbindlichkeiten für den Rheder einzugehen, ist der Schiffer nur auf Grund einer ihn hierzu ermächtigenden Vollmacht (§. 478 Abs. 1 Nr. 1) befugt. Verhaltungsmaßregeln und dienstliche Anweisungen, die der Schiffer vom Rheder erhält, genügen nicht, die persönliche Haftung des Rheders dem Dritten gegenüber zu begründen.

§. 522.

Die Befugniß zum Verkaufe des Schiffes hat der Schiffer nur im Falle dringender Nothwendigkeit und nur, nachdem diese durch das Ortsgericht nach Anhörung von Sachverständigen und mit Zuziehung des deutschen Konsuls, wo ein solcher vorhanden, festgestellt ist.

Ist keine Gerichtsbehörde und auch keine andere Behörde, welche die Untersuchung übernimmt, am Orte vorhanden, so hat der Schiffer zur Rechtfertigung seines Verfahrens das Gutachten von Sachverständigen einzuholen und, wenn dies nicht möglich ist, sich mit anderen Beweisen zu versehen.

Der Verkauf muß öffentlich geschehen.

§. 523.

Der Rheder, welcher die gesetzlichen Befugnisse des Schiffers beschränkt hat, kann dem Dritten die Nichteinhaltung dieser Beschränkungen nur entgegensetzen, wenn sie dem Dritten bekannt waren.

§. 524.

Hat der Schiffer ohne besonderen Auftrag für Rechnung des Rheders aus eigenen Mitteln Vorschüsse geleistet oder sich persönlich verpflichtet, so stehen ihm gegen den Rheder wegen des Ersatzes keine größeren Rechte als einem Dritten zu.

§. 525.

Durch ein Rechtsgeschäft, welches der Schiffer in seiner Eigenschaft als Führer des Schiffes, sei es mit, sei es ohne Bezeichnung des Rheders, innerhalb seiner gesetzlichen Befugnisse schließt, wird der Rheder dem Dritten gegenüber berechtigt und die Haftung des Rheders mit Schiff und Fracht begründet.

Der Schiffer selbst wird dem Dritten durch das Rechtsgeschäft nicht verpflichtet, es sei denn, daß er eine Gewährleistung für die Erfüllung übernimmt oder seine Befugnisse überschreitet. Die Haftung des Schiffers nach Maßgabe der §§. 503, 504 wird hierdurch nicht ausgeschlossen.

§. 526.

Auch dem Rheder gegenüber sind für den Umfang der Befugnisse des Schiffers die Vorschriften der §§. 518 bis 522 maßgebend, soweit nicht der Rheder diese Befugnisse beschränkt hat.

Der Schiffer ist verpflichtet, von dem Zustande des Schiffes, den Begebnissen der Reisen, den von ihm geschlossenen Verträgen und den anhängig gewordenen Prozessen den Rheder in fortlaufender Kenntniß zu erhalten und in allen erheblichen Fällen, namentlich in den Fällen der §§. 520, 522 oder wenn er eine Reise zu ändern oder einzustellen sich genöthigt findet, oder bei außergewöhnlichen Reparaturen und Anschaffungen, die Ertheilung von Verhaltungsmaßregeln nachzusuchen, sofern die Umstände es gestatten.

Zu außergewöhnlichen Reparaturen und Anschaffungen, selbst wenn er sie mit den ihm zur Verfügung stehenden Mitteln des Rheders bestreiten kann, darf er nur im Falle der Nothwendigkeit schreiten.

Wenn er sich das zur Bestreitung eines Bedürfnisses nöthige Geld nicht anders verschaffen kann als durch Bodmerei oder durch den Verkauf von entbehrlichem Schiffszubehör oder von entbehrlichen Schiffsvorräthen, so hat er diejenige Maßregel zu ergreifen, welche für den Rheder mit dem geringsten Nachtheile verbunden ist.

Er muß dem Rheder nach der Rückkehr in den Heinathshafen und außerdem, so oft es verlangt wird, Rechnung legen.

§. 527.

Im Interesse der Ladungsbetheiligten hat der Schiffer während der Reise zugleich für das Beste der Ladung nach Möglichkeit Sorge zu tragen.

Werden zur Abwendung oder Verringerung eines Verlustes besondere Maßregeln erforderlich, so liegt ihm ob, das Interesse der Ladungsbetheiligten als deren Vertreter wahrzunehmen, wenn thunlich ihre Anweisungen einzuholen und, soweit es den Verhältnissen entspricht, zu befolgen, sonst aber nach eigenem Ermessen zu verfahren und überhaupt thunlichst dafür zu sorgen, daß die Ladungsbetheiligten von solchen Vorfällen und den dadurch veranlaßten Maßregeln schleunigst in Kenntniß gesetzt werden.

Er ist in solchen Fällen namentlich auch berechtigt, die Ladung ganz oder zum Theil zu löschen, äußerstenfalls, wenn ein erheblicher Verlust wegen drohenden Verderbs oder aus sonstigen Gründen anders nicht abzuwenden ist, zu verkaufen oder behufs der Beschaffung der Mittel zu ihrer Erhaltung und Weiterbeförderung zu verbodmen, sowie im Falle der Anhaltung oder Aufbringung zu reklamiren oder, wenn sie auf andere Weise seiner Verfügung entzogen ist, ihre Wiedererlangung außergerichtlich und gerichtlich zu betreiben.

§. 528.

Wird die Fortsetzung der Reise in der ursprünglichen Richtung durch einen Zufall verhindert, so ist der Schiffer befugt, die Reise in einer anderen Richtung fortzusetzen oder sie auf kürzere oder längere Zeit einzustellen oder nach dem Abgangshafen zurückzukehren, je nachdem es den Verhältnissen und den möglichst zu berücksichtigenden Anweisungen entspricht.

Im Falle der Auflösung des Frachtvertrags hat er nach den Vorschriften des §. 624 zu verfahren.

§. 529.

Auf den persönlichen Kredit der Ladungsbetheiligten Geschäfte abzuschließen, ist der Schiffer auch in den Fällen des §. 527 nur auf Grund einer ihn hierzu ermächtigenden Vollmacht befugt.

§. 530.

Außer den Fällen des §. 527 ist der Schiffer zur Verbodmung der Ladung oder zur Verfügung über Ladungstheile durch Verkauf oder Verwendung nur befugt, soweit es zum Zwecke der Fortsetzung der Reise nothwendig ist.

§. 531.

Gründet sich das Bedürfniß auf eine große Haverei und kann der Schiffer ihm durch verschiedene Maßregeln abhelfen, so hat er diejenige Maßregel zu ergreifen, welche für die Betheiligten mit dem geringsten Nachtheile verbunden ist.

§. 532.

Liegt der Fall einer großen Haverei nicht vor, so ist der Schiffer zur Verbodmung der Ladung oder zur Verfügung über Ladungstheile durch Verkauf oder Verwendung nur befugt, wenn er dem Bedürfniß auf anderem Wege nicht abhelfen kann oder wenn die Wahl eines anderen Mittels einen unverhältnißmäßigen Schaden für den Rheder zur Folge haben würde.

Auch in diesen Fällen kann er die Ladung nur zusammen mit dem Schiffe und der Fracht verbodmen (§. 672 Abs. 2).

Er hat die Verbodmung vor dem Verkaufe zu wählen, es sei denn, daß die Verbodmung einen unverhältnißmäßigen Schaden für den Rheder zur Folge haben würde.

§. 533.

Die Verbodmung der Ladung oder die Verfügung über Ladungstheile durch Verkauf oder Verwendung wird in den Fällen des §. 532 als ein für Rechnung des Rheders abgeschlossenes Kreditgeschäft (§. 520, §. 746 Nr. 6) angesehen.

§. 534.

In Bezug auf die Gültigkeit der in den Fällen der §§. 527, 530 bis 532 von dem Schiffer abgeschlossenen Rechtsgeschäfte finden die Vorschriften des §. 520 Abs. 2 Anwendung.

§. 535.

Was der Schiffer vom Befrachter, Ablader oder Ladungsempfänger außer der Fracht als Kaplaken, Primage oder sonst als Belohnung oder Entschädigung, gleichviel unter welchem Namen, erhält, hat er dem Rheder als Einnahme in Rechnung zu bringen.

§. 536.

Der Schiffer darf ohne Einwilligung des Rheders für eigene Rechnung keine Güter verladen. Handelt er dieser Vorschrift zuwider, so hat er dem Rheder die höchste am Abladungsorte zur Abladungszeit für solche Reisen und Güter bedungene Fracht zu erstatten, unbeschadet des Anspruchs des Rheders auf den Ersatz eines ihm verursachten höheren Schadens.

§. 537.

Der Schiffer kann, selbst wenn das Gegentheil vereinbart ist, jederzeit von dem Rheder entlassen werden, jedoch unbeschadet seines Anspruchs auf Entschädigung.

§. 538.

Erfolgt die Entlassung, weil der Schiffer untüchtig befunden ist oder weil er seiner Pflicht nicht genügt, so erhält er nur dasjenige, was er von der Heuer einschließlich aller sonst bedungenen Vortheile bis dahin verdient hat.

§. 539.

Wird ein Schiffer, der für eine bestimmte Reise angestellt ist, entlassen, weil die Reise wegen Krieg, Embargo oder Blokade oder wegen eines Einfuhr- oder Ausfuhrverbots oder wegen eines anderen Schiff oder Ladung betreffenden Zufalls nicht angetreten oder fortgesetzt werden kann, so erhält er gleichfalls nur dasjenige, was er von der Heuer einschließlich aller sonst bedungenen Vortheile bis dahin verdient hat. Dasselbe gilt, wenn ein auf unbestimmte Zeit angestellter Schiffer aus einem der angeführten Gründe entlassen wird, nachdem er die Ausführung einer bestimmten Reise übernommen hat.

Erfolgt in diesen Fällen die Entlassung während der Reise, so kann der Schiffer außerdem nach seiner Wahl entweder freie Rückbeförderung nach dem Hafen, wo er geheuert worden ist, oder eine entsprechende Vergütung beanspruchen.

Ein nach den Vorschriften dieses Gesetzbuchs begründeter Anspruch auf freie Rückbeförderung umfaßt auch den Unterhalt während der Reise.

§. 540.

Wird ein Schiffer, der auf unbestimmte Zeit angestellt ist, aus anderen als den in den §§. 538, 539 angeführten Gründen entlassen, nachdem er die

Ausführung einer bestimmten Reise übernommen hat, so erhält er außer demjenigen, was ihm nach den Vorschriften des §. 539 gebührt, als Entschädigung noch die Heuer für zwei oder vier Monate, je nachdem die Entlassung in einem europäischen oder in einem außereuropäischen Hafen erfolgt ist. Jedoch erhält er in keinem Falle mehr, als er erhalten haben würde, wenn er die Reise zu Ende geführt hätte.

§. 541.

War die Heuer nicht zeitweise, sondern in Bausch und Bogen für die ganze Reise bedungen, so wird in den Fällen der §§. 538 bis 540 die verdiente Heuer mit Rücksicht auf den vollen Heuerbetrag nach dem Verhältnisse der geleisteten Dienste sowie des etwa zurückgelegten Theiles der Reise bestimmt. Zur Ermittelung der im §. 540 erwähnten Heuer für zwei oder vier Monate wird die durchschnittliche Dauer der Reise einschließlich der Ladungs- und Löschungszeit unter Berücksichtigung der Beschaffenheit des Schiffes in Ansatz gebracht und danach die Heuer für die zwei oder vier Monate berechnet.

§. 542.

Endet die Rückreise des Schiffes nicht in dem Heimathshafen und war der Schiffer für die Ausreise und die Rückreise oder auf unbestimmte Zeit angestellt, so hat der Schiffer Anspruch auf freie Rückbeförderung nach dem Hafen, wo er geheuert worden ist, und auf Fortbezug der Heuer während der Reise oder nach seiner Wahl auf eine entsprechende Vergütung.

§. 543.

Der Schiffer, welcher auf unbestimmte Zeit angestellt ist, muß, sobald er eine Reise angetreten hat, im Dienste verbleiben, bis das Schiff in den Heimathshafen oder in einen inländischen Hafen zurückgekehrt und die Entlöschung erfolgt ist.

Er kann jedoch seine Entlassung fordern, wenn seit der ersten Abreise zwei oder drei Jahre verflossen sind, je nachdem sich das Schiff zur Zeit der Kündigung in einem europäischen oder in einem außereuropäischen Hafen befindet. Er hat in einem solchen Falle dem Rheder die zu seiner Ersetzung erforderliche Zeit zu gewähren und den Dienst inzwischen fortzusetzen, jedenfalls die laufende Reise zu beendigen.

Ordnet der Rheder sofort nach der Kündigung die Rückreise an, so ist der Schiffer verpflichtet, das Schiff zurückzuführen.

§. 544.

Die Schiffspart, mit welcher der Schiffer auf Grund einer mit den übrigen Rhedern getroffenen Vereinbarung als Mitrheder an dem Schiffe betheiligt ist, ist im Falle seiner unfreiwilligen Entlassung auf sein Verlangen von den Mitrhedern gegen Auszahlung des durch Sachverständige zu bestimmenden Schätzungswerthes zu übernehmen. Dieses Recht des Schiffers erlischt, wenn er die Erklärung, davon Gebrauch zu machen, ohne Grund verzögert.

§. 545.

Falls der Schiffer nach dem Antritte der Reise erkrankt oder verwundet wird, so trägt der Rheder die Kosten der Verpflegung und Heilung:

1. wenn der Schiffer mit dem Schiffe zurückkehrt und die Rückreise in dem Heimathshafen oder in dem Hafen endet, wo er geheuert worden ist, bis zur Beendigung der Rückreise;
2. wenn er mit dem Schiffe zurückkehrt und die Reise nicht in einem der genannten Häfen endet, bis zum Ablaufe von sechs Monaten seit der Beendigung der Rückreise;
3. wenn er während der Reise am Lande zurückgelassen werden mußte, bis zum Ablaufe von sechs Monaten seit der Weiterreise des Schiffes.

Auch kann der Schiffer in den beiden letzteren Fällen freie Rückbeförderung (§. 539) oder nach seiner Wahl eine entsprechende Vergütung beanspruchen.

Die Heuer einschließlich aller sonst bedungenen Vortheile bezieht der nach dem Antritte der Reise erkrankte und verwundete Schiffer, wenn er mit dem Schiffe zurückkehrt, bis zur Beendigung der Rückreise, wenn er am Lande zurückgelassen werden mußte, bis zu dem Tage, an welchem er das Schiff verläßt.

Ist der Schiffer bei Vertheidigung des Schiffes beschädigt, so hat er überdies auf eine angemessene Belohnung Anspruch.

§. 546.

Stirbt der Schiffer nach dem Antritte des Dienstes, so hat der Rheder die bis zum Todestage verdiente Heuer einschließlich aller sonst bedungenen Vortheile zu entrichten; ist der Tod nach dem Antritte der Reise erfolgt, so hat der Rheder auch die Beerdigungskosten zu tragen.

Wird der Schiffer bei Vertheidigung des Schiffes getödtet, so hat der Rheder überdies eine angemessene Belohnung zu zahlen.

§. 547.

Auch nach dem Verluste des Schiffes ist der Schiffer verpflichtet, noch für die Verklarung zu sorgen und überhaupt das Interesse des Rheders so lange wahrzunehmen, als es erforderlich ist. Er hat für diese Zeit Anspruch auf Fortbezug der Heuer und auf Erstattung der Kosten des Unterhalts. Außerdem kann er freie Rückbeförderung (§. 539) oder nach seiner Wahl eine entsprechende Vergütung beanspruchen.

Vierter Abschnitt.

Frachtgeschäft zur Beförderung von Gütern.

§. 548.

Der Frachtvertrag zur Beförderung von Gütern bezieht sich entweder

1. auf das Schiff im Ganzen oder einen verhältnißmäßigen Theil oder einen bestimmt bezeichneten Raum des Schiffes oder
2. auf einzelne Güter (Stückgüter).

§. 549.

Wird das Schiff im Ganzen oder zu einem verhältnißmäßigen Theile oder wird ein bestimmt bezeichneter Raum des Schiffes verfrachtet, so kann jede Partei verlangen, daß über den Vertrag eine schriftliche Urkunde (Chartepartie) errichtet wird.

§. 550.

In der Verfrachtung eines ganzen Schiffes ist die Kajüte nicht einbegriffen; es dürfen jedoch ohne Einwilligung des Befrachters in die Kajüte keine Güter verladen werden.

§. 551.

Bei jeder Art von Frachtvertrag (§. 548) hat der Verfrachter das Schiff in seetüchtigem Stande zu liefern.

Er haftet dem Befrachter für jeden Schaden, der aus dem mangelhaften Zustande des Schiffes entsteht, es sei denn, daß der Mangel bei Anwendung der Sorgfalt eines ordentlichen Verfrachters nicht zu entdecken war.

§. 552.

Der Schiffer hat zur Einnahme der Ladung das Schiff an den vom Befrachter oder, wenn das Schiff an Mehrere verfrachtet ist, von sämmtlichen Befrachtern ihm angewiesenen Platz hinzulegen.

Erfolgt die Anweisung nicht rechtzeitig oder wird nicht von sämmtlichen Befrachtern derselbe Platz angewiesen oder gestatten die Wassertiefe, die Sicherheit des Schiffes oder die örtlichen Verordnungen oder Einrichtungen die Befolgung der Anweisung nicht, so hat der Schiffer an dem ortsüblichen Ladungsplatz anzulegen.

§. 553.

Sofern nicht durch Vertrag oder durch die örtlichen Verordnungen des Abladungshafens und in deren Ermangelung durch einen daselbst bestehenden Ortsgebrauch ein Anderes bestimmt ist, sind die Güter von dem Befrachter kostenfrei bis an das Schiff zu liefern, dagegen die Kosten der Einladung in das Schiff von dem Verfrachter zu tragen.

§. 554.

Der Verfrachter ist verpflichtet, statt der vertragsmäßigen Güter andere, von dem Befrachter zur Verschiffung nach demselben Bestimmungshafen ihm angebotene Güter anzunehmen, wenn dadurch seine Lage nicht erschwert wird.

Diese Vorschrift findet keine Anwendung, wenn die Güter im Vertrage nicht bloß nach Art oder Gattung, sondern speziell bezeichnet sind.

§. 555.

Der Befrachter oder Ablader, welcher die verladenen Güter unrichtig bezeichnet oder Kriegskontrebande oder Güter verladet, deren Ausfuhr oder deren Einfuhr in den Bestimmungshafen verboten ist, oder welcher bei der Abladung die gesetzlichen Vorschriften, insbesondere die Polizei-, Steuer- und Zollgesetze, übertritt, wird, sofern ihm dabei ein Verschulden zur Last fällt, nicht bloß dem Verfrachter, sondern auch allen übrigen im §. 504 Abs. 1 bezeichneten Personen für den durch sein Verfahren veranlaßten Aufenthalt und jeden anderen Schaden verantwortlich.

Dadurch, daß er mit Zustimmung des Schiffers gehandelt hat, wird seine Verantwortlichkeit den übrigen Personen gegenüber nicht ausgeschlossen.

Er kann aus der Konfiskation der Güter keinen Grund herleiten, die Zahlung der Fracht zu verweigern.

Gefährden die Güter das Schiff oder die übrige Ladung, so ist der Schiffer befugt, die Güter ans Land zu setzen oder in dringenden Fällen über Bord zu werfen.

§. 556.

Auch derjenige, welcher ohne Wissen des Schiffers Güter an Bord bringt, ist nach Maßgabe des §. 555 zum Ersatze des daraus entstehenden Schadens verpflichtet. Der Schiffer ist befugt, solche Güter wieder ans Land zu setzen oder, wenn sie das Schiff oder die übrige Ladung gefährden, nöthigenfalls über Bord zu werfen. Hat der Schiffer die Güter an Bord behalten, so ist dafür die höchste am Abladungsorte zur Abladungszeit für solche Reisen und Güter bedungene Fracht zu bezahlen.

§. 557.

Der Verfrachter ist nicht befugt, ohne Erlaubniß des Befrachters die Güter in ein anderes Schiff zu verladen. Handelt er dieser Vorschrift zuwider, so ist er für jeden dadurch entstehenden Schaden verantwortlich, es sei denn, daß der Schaden auch dann entstanden und dem Befrachter zur Last gefallen sein würde, wenn die Güter nicht in ein anderes Schiff verladen worden wären.

Auf Umladungen in ein anderes Schiff, die in Fällen der Noth nach dem Antritte der Reise erfolgen, finden die Vorschriften des Abs. 1 keine Anwendung.

§. 558.

Ohne Zustimmung des Abladers dürfen dessen Güter weder auf das Verdeck verladen noch an die Seiten des Schiffes gehängt werden.

Die Landesgesetze können bestimmen, daß diese Vorschrift, soweit sie die Beladung des Verdecks betrifft, auf die Küstenschiffahrt keine Anwendung findet.

§. 559.

Bei der Verfrachtung eines Schiffes im Ganzen hat der Schiffer, sobald er zur Einnahme der Ladung fertig und bereit ist, dies dem Befrachter anzuzeigen.

Mit dem auf die Anzeige folgenden Tage beginnt die Ladezeit.

Ueber die Ladezeit hinaus hat der Verfrachter auf die Abladung noch länger zu warten, wenn es vereinbart ist (Ueberliegezeit).

Für die Ladezeit kann, sofern nicht das Gegentheil bedungen ist, keine besondere Vergütung verlangt werden. Dagegen hat der Befrachter dem Verfrachter für die Ueberliegezeit eine Vergütung (Liegegeld) zu gewähren.

§. 560.

Ist die Dauer der Ladezeit durch Vertrag nicht festgesetzt, so wird sie durch die örtlichen Verordnungen des Abladungshafens und in deren Ermangelung durch den daselbst bestehenden Ortsgebrauch bestimmt. Besteht auch ein solcher Ortsgebrauch nicht, so gilt als Ladezeit eine den Umständen des Falles angemessene Frist.

Ist eine Ueberliegezeit, nicht aber deren Dauer, durch Vertrag bestimmt, so beträgt die Ueberliegezeit vierzehn Tage.

Enthält der Vertrag nur die Festsetzung eines Liegegeldes, so ist anzunehmen, daß eine Ueberliegezeit ohne Bestimmung der Dauer vereinbart sei.

§. 561.

Ist die Dauer der Ladezeit oder der Tag, mit welchem die Ladezeit enden soll, durch Vertrag bestimmt, so beginnt die Ueberliegezeit ohne Weiteres mit dem Ablaufe der Ladezeit.

In Ermangelung einer solchen vertragsmäßigen Bestimmung beginnt die Ueberliegezeit erst, nachdem der Verfrachter dem Befrachter erklärt hat, daß die Ladezeit abgelaufen sei. Der Verfrachter kann schon innerhalb der Ladezeit dem Befrachter erklären, an welchem Tage er die Ladezeit für abgelaufen halte. In diesem Falle ist zum Ablaufe der Ladezeit und zum Beginne der Ueberliegezeit eine neue Erklärung des Verfrachters nicht erforderlich.

§. 562.

Nach dem Ablaufe der Ladezeit oder, wenn eine Ueberliegezeit vereinbart ist, nach dem Ablaufe der Ueberliegezeit ist der Verfrachter nicht verpflichtet, auf die Abladung noch länger zu warten. Er muß jedoch seinen Willen, nicht länger zu warten, spätestens drei Tage vor dem Ablaufe der Ladezeit oder der Ueberliegezeit dem Befrachter erklären.

Ist dies nicht geschehen, so läuft die Ladezeit oder Ueberliegezeit nicht eher ab, als bis die Erklärung nachgeholt ist und seit dem Tage der Abgabe der Erklärung drei Tage verstrichen sind.

Die in den Abs. 1, 2 erwähnten drei Tage werden in allen Fällen als ununterbrochen fortlaufende Tage nach dem Kalender gezählt.

§. 563.

Die in den §§. 561, 562 bezeichneten Erklärungen des Verfrachters sind an keine besondere Form gebunden. Weigert sich der Befrachter, den Empfang einer solchen Erklärung in genügender Weise zu bescheinigen, so ist der Verfrachter befugt, eine öffentliche Urkunde darüber auf Kosten des Befrachters errichten zu lassen.

§. 564.

Das Liegegeld ist, wenn es nicht durch Vertrag bestimmt ist, nach billigem Ermessen zu bestimmen.

Hierbei ist auf die näheren Umstände des Falles, insbesondere auf die Heuerbeträge und die Unterhaltungskosten der Schiffsbesatzung sowie auf den dem Verfrachter entgehenden Frachtverdienst, Rücksicht zu nehmen.

§. 565.

Bei der Berechnung der Lade- und Ueberliegezeit werden die Tage in ununterbrochen fortlaufender Reihenfolge gezählt; insbesondere kommen in Ansatz die Sonntage und die Feiertage sowie diejenigen Tage, an welchen der Befrachter durch Zufall die Ladung zu liefern verhindert ist.

Nicht in Ansatz kommen jedoch die Tage, an denen durch Wind und Wetter oder durch irgend einen anderen Zufall entweder

1. die Lieferung nicht nur der bedungenen, sondern jeder Art von Ladung an das Schiff oder
2. die Uebernahme der Ladung

verhindert ist.

§. 566.

Für die Tage, die der Verfrachter wegen Verhinderung der Lieferung jeder Art von Ladung länger warten muß, gebührt ihm Liegegeld, selbst wenn die Verhinderung während der Ladezeit eintritt. Dagegen ist für die Tage, die er wegen Verhinderung der Uebernahme der Ladung länger warten muß, Liegegeld nicht zu entrichten, selbst wenn die Verhinderung während der Ueberliegezeit eintritt.

§. 567.

Sind für die Dauer der Ladezeit nach §. 560 die örtlichen Verordnungen oder der Ortsgebrauch maßgebend, so kommen bei der Berechnung der Ladezeit die Vorschriften der §§. 565, 566 nur insoweit zur Anwendung, als die örtlichen Verordnungen oder der Ortsgebrauch nichts Abweichendes bestimmen.

§. 568.

Hat sich der Verfrachter ausbedungen, daß die Abladung bis zu einem bestimmten Tage beendigt sein muß, so wird er durch die Verhinderung der Lieferung jeder Art von Ladung (§. 565 Abs. 2 Nr. 1) zum längeren Warten nicht verpflichtet.

§. 569.

Soll der Verfrachter die Ladung von einem Dritten erhalten und ist dieser Dritte ungeachtet der von dem Verfrachter in ortsüblicher Weise kundgemachten Bereitschaft zum Laden nicht zu ermitteln oder verweigert er die Lieferung der Ladung, so hat der Verfrachter den Befrachter schleunigst hiervon zu benachrichtigen und nur bis zum Ablaufe der Ladezeit, nicht auch während der etwa vereinbarten Ueberliegezeit auf die Abladung zu warten, es sei denn, daß er von dem Befrachter oder einem Bevollmächtigten des Befrachters noch innerhalb der Ladezeit eine entgegengesetzte Anweisung erhält.

Ist für die Ladezeit und die Löschzeit zusammen eine ungetheilte Frist bestimmt, so wird für den im Abs. 1 erwähnten Fall die Hälfte dieser Frist als Ladezeit angesehen.

§. 570.

Der Verfrachter hat auf Verlangen des Befrachters die Reise auch ohne die volle bedungene Ladung anzutreten. Es gebührt ihm aber alsdann nicht nur die volle Fracht und das etwaige Liegegeld, sondern er ist auch berechtigt, soweit ihm durch die Unvollständigkeit der Ladung die Sicherheit für die volle Fracht entgeht, die Bestellung einer anderweitigen Sicherheit zu fordern. Außerdem sind ihm die Mehrkosten, die ihm in Folge der Unvollständigkeit der Ladung etwa erwachsen, durch den Befrachter zu erstatten.

§. 571.

Hat der Befrachter bis zum Ablaufe der Zeit, während welcher der Verfrachter auf die Abladung zu warten verpflichtet ist (Wartezeit), die Abladung nicht vollständig bewirkt, so ist der Verfrachter befugt, sofern der Befrachter nicht von dem Vertrage zurücktritt, die Reise anzutreten und die im §. 570 bezeichneten Forderungen geltend zu machen.

§. 572.

Der Befrachter kann vor dem Antritte der Reise, sei diese eine einfache oder eine zusammengesetzte, von dem Vertrag unter der Verpflichtung zurückzutreten, die Hälfte der bedungenen Fracht als Fautfracht zu zahlen.

Im Sinne dieser Vorschrift wird die Reise schon dann als angetreten erachtet:

1. wenn der Befrachter den Schiffer bereits abgefertigt hat;
2. wenn er die Ladung bereits ganz oder zum Theil geliefert hat und die Wartezeit verstrichen ist.

§. 573.

Macht der Befrachter von dem im §. 572 bezeichneten Rechte Gebrauch, nachdem Ladung .geliefert ist, so hat er auch die Kosten der Einladung und Wiederausladung zu tragen und für die Zeit der Wiederausladung, soweit sie nicht in die Ladezeit fällt, Liegegeld (§. 564) zu zahlen. Die Wiederausladung ist mit möglichster Beschleunigung zu bewirken.

Der Verfrachter ist verpflichtet, den Aufenthalt, den die Wiederausladung verursacht, selbst dann sich gefallen zu lassen, wenn dadurch die Wartezeit überschritten wird. Für die Zeit nach dem Ablaufe der Wartezeit hat er Anspruch auf Liegegeld und auf Ersatz des durch die Ueberschreitung der Wartezeit entstandenen Schadens, soweit der letztere den Betrag dieses Liegegeldes übersteigt.

§. 574.

Nachdem die Reise im Sinne des §. 572 angetreten ist, kann der Befrachter nur gegen Berichtigung der vollen Fracht sowie aller sonstigen Forderungen des Verfrachters (§. 606) und gegen Berichtigung oder Sicherstellung der im §. 607 bezeichneten Forderungen von dem Vertrage zurücktreten und die Wiederausladung der Güter fordern.

Im Falle der Wiederausladung hat der Befrachter nicht nur die hierdurch entstehenden Mehrkosten, sondern auch den Schaden zu ersetzen, welcher aus dem durch die Wiederausladung verursachten Aufenthalt dem Verfrachter entsteht.

Zum Zwecke der Wiederausladung der Güter die Reise zu ändern oder einen Hafen anzulaufen, ist der Verfrachter nicht verpflichtet.

§. 575.

Der Befrachter ist statt der vollen Fracht nur zwei Drittheile als Fautfracht zu zahlen verpflichtet, wenn das Schiff zugleich auf Rückladung verfrachtet ist oder in Ausführung des Vertrags zur Einnahme der Ladung eine Fahrt aus einem anderen Hafen zu machen hat und in diesen beiden Fällen der Rücktritt früher erklärt wird, als die Rückreise oder die Reise aus dem Abladungshafen im Sinne des §. 572 angetreten ist.

§. 576.

Bei anderen zusammengesetzten Reisen erhält der Verfrachter, wenn der Befrachter den Rücktritt erklärt, bevor in Bezug auf den letzten Reiseabschnitt die Reise im Sinne des §. 572 angetreten ist, als Fautfracht zwar die volle Fracht, es kommt von dieser jedoch ein angemessener Bruchtheil in Abzug, sofern die Umstände die Annahme begründen, daß der Verfrachter in Folge der Aufhebung des Vertrags Kosten erspart und Gelegenheit zu anderweitigem Frachtverdienste gehabt habe.

Der Abzug darf in keinem Falle die Hälfte der Fracht übersteigen.

§. 577.

Liefert der Befrachter bis zum Ablaufe der Wartezeit keine Ladung, so ist der Verfrachter an seine Verpflichtungen aus dem Vertrage nicht länger gebunden und befugt, gegen den Befrachter dieselben Ansprüche geltend zu machen, welche ihm zugestanden haben würden, wenn der Befrachter von dem Vertrage zurückgetreten wäre (§§. 572, 575, 576).

§. 578.

Auf die Fautfracht wird die Fracht, welche der Verfrachter für andere Ladungsgüter erhält, nicht angerechnet. Die Vorschrift des §. 576 Abs. 1 bleibt unberührt.

Der Anspruch des Verfrachters auf Fautfracht ist nicht davon abhängig, daß er die im Vertrage bezeichnete Reise ausführt.

Durch die Fautfracht werden die Ansprüche des Verfrachters auf Liegegeld und die übrigen ihm etwa zustehenden Forderungen (§. 606) nicht ausgeschlossen.

§. 579.

Ist ein verhältnißmäßiger Theil oder ein bestimmt bezeichneter Raum des Schiffes verfrachtet, so gelten die Vorschriften der §§. 559 bis 578 mit folgenden Abweichungen:

1. Der Verfrachter erhält in den Fällen, in denen er sich nach diesen Vorschriften mit einem Theile der Fracht begnügen müßte, als Fautfracht die volle Fracht, es sei denn, daß sämmtliche Befrachter zurücktreten oder keine Ladung liefern.

   Von der vollen Fracht kommt jedoch die Fracht für diejenigen Güter in Abzug, welche der Verfrachter an Stelle der nicht gelieferten annimmt.

2. In den Fällen der §§. 573, 574 kann der Befrachter die Wiederausladung nicht verlangen, wenn sie eine Verzögerung der Reise zur Folge haben oder eine Umladung nöthig machen würde, es sei denn, daß alle übrigen Befrachter zustimmen. Außerdem ist der Befrachter verpflichtet, sowohl die Kosten als auch den Schaden zu ersetzen, welche durch die Wiederausladung entstehen.

   Machen sämmtliche Befrachter von dem Rechte des Rücktritts Gebrauch, so hat es bei den Vorschriften der §§. 573, 574 sein Bewenden.

§. 580.

Hat der Frachtvertrag Stückgüter zum Gegenstande, so muß der Befrachter auf die Aufforderung des Schiffers ohne Verzug die Abladung bewirken.

Ist der Befrachter säumig, so ist der Verfrachter nicht verpflichtet, auf die Lieferung der Güter zu warten; der Befrachter muß, wenn die Reise ohne die Güter angetreten wird, gleichwohl die volle Fracht entrichten. Es kommt von der letzteren jedoch die Fracht für diejenigen Güter in Abzug, welche der Verfrachter an Stelle der nicht gelieferten annimmt.

Der Verfrachter, der den Anspruch auf die Fracht gegen den säumigen Befrachter geltend machen will, ist bei Verlust des Anspruchs verpflichtet, dies dem Befrachter vor der Abreise kund zu geben. Auf diese Erklärung finden die Vorschriften des §. 563 Anwendung.

§. 581.

Nach der Abladung kann der Befrachter auch gegen Berichtigung der vollen Fracht sowie aller sonstigen Forderungen des Verfrachters (§. 606) und gegen Berichtigung oder Sicherstellung der im §. 607 bezeichneten Forderungen nur nach Maßgabe des §. 579 Nr. 2 Abs. 1 von dem Vertrage zurücktreten und die Wiederausladung der Güter fordern.

Die Vorschrift des §. 574 Abs. 3 findet Anwendung.

§. 582.

Ist ein Schiff auf Stückgüter angelegt und die Zeit der Abreise nicht festgesetzt, so hat auf Antrag des Befrachters der Richter nach den Umständen des Falles den Zeitpunkt zu bestimmen, über welchen hinaus der Antritt der Reise nicht verschoben werden darf.

§. 583.

Bei jeder Art von Frachtvertrag hat der Befrachter innerhalb der Zeit, binnen welcher die Güter zu liefern sind, dem Schiffer zugleich alle zur Verschiffung der Güter erforderlichen Papiere zuzustellen.

§. 584.

Der Schiffer hat zur Löschung der Ladung das Schiff an den Platz hinzulegen, der ihm von demjenigen, an welchen die Ladung abzuliefern ist (Empfänger), oder, wenn die Ladung an mehrere Empfänger abzuliefern ist, von sämmtlichen Empfängern angewiesen wird.

Erfolgt die Anweisung nicht rechtzeitig oder wird nicht von sämmtlichen Empfängern derselbe Platz angewiesen oder gestatten die Wassertiefe, die Sicherheit des Schiffes oder die örtlichen Verordnungen oder Einrichtungen die Befolgung der Anweisung nicht, so hat der Schiffer an dem ortsüblichen Löschungsplatz anzulegen.

§. 585.

Sofern nicht durch Vertrag oder durch die örtlichen Verordnungen des Löschungshafens und in deren Ermangelung durch einen daselbst bestehenden Ortsgebrauch ein Anderes bestimmt ist, werden die Kosten der Ausladung aus dem Schiffe von dem Verfrachter, alle übrigen Kosten der Löschung von dem Ladungsempfänger getragen.

§. 586.

Bei der Verfrachtung eines Schiffes im Ganzen hat der Schiffer, sobald er zum Löschen fertig und bereit ist, dies dem Empfänger anzuzeigen.

Ist der Empfänger dem Schiffer unbekannt, so ist die Anzeige durch öffentliche Bekanntmachung in ortsüblicher Weise zu bewirken.

Mit dem auf die Anzeige folgenden Tage beginnt die Löschzeit.

Ueber die Löschzeit hinaus hat der Verfrachter nur dann auf die Abnahme der Ladung noch länger zu warten, wenn es vereinbart ist (Ueberliegezeit).

Für die Löschzeit kann, sofern nicht das Gegentheil bedungen ist, keine besondere Vergütung verlangt werden. Dagegen ist dem Verfrachter für die Ueberliegezeit eine Vergütung (Liegegeld) zu gewähren.

In Ansehung der Höhe des Liegegeldes finden die Vorschriften des §. 564 Anwendung.

§. 587.

Ist die Dauer der Löschzeit durch Vertrag nicht festgesetzt, so wird sie durch die örtlichen Verordnungen des Löschungshafens und in deren Ermangelung durch den daselbst bestehenden Ortsgebrauch bestimmt. Besteht auch ein solcher Ortsgebrauch nicht, so gilt als Löschzeit eine den Umständen des Falles angemessene Frist.

Ist eine Ueberliegezeit, nicht aber deren Dauer, durch Vertrag bestimmt, so beträgt die Ueberliegezeit vierzehn Tage.

Enthält der Vertrag nur die Festsetzung eines Liegegeldes, so ist anzunehmen, daß eine Ueberliegezeit ohne Bestimmung der Dauer vereinbart sei.

§. 588.

Ist die Dauer der Löschzeit oder der Tag, mit welchem die Löschzeit enden soll, durch Vertrag bestimmt, so beginnt die Ueberliegezeit ohne Weiteres mit dem Ablaufe der Löschzeit.

In Ermangelung einer solchen vertragsmäßigen Bestimmung beginnt die Ueberliegezeit erst, nachdem der Verfrachter dem Empfänger erklärt hat, daß die Löschzeit abgelaufen sei. Der Verfrachter kann schon innerhalb der Löschzeit dem Empfänger erklären, an welchem Tage er die Löschzeit für abgelaufen halte. In diesem Falle ist zum Ablaufe der Löschzeit und zum Beginne der Ueberliegezeit eine neue Erklärung des Verfrachters nicht erforderlich.

Auf die im Abs. 2 erwähnten Erklärungen des Verfrachters finden die Vorschriften des §. 563 Anwendung.

§. 589.

Bei der Berechnung der Lösch- und Ueberliegezeit werden die Tage in ununterbrochen fortlaufender Reihenfolge gezählt; insbesondere kommen in Ansatz die Sonntage und die Feiertage sowie diejenigen Tage, an welchen der Empfänger durch Zufall die Ladung abzunehmen verhindert ist.

Nicht in Ansatz kommen jedoch die Tage, an denen durch Wind und Wetter oder durch irgend einen anderen Zufall entweder

1. die Beförderung nicht nur der im Schiffe befindlichen, sondern jeder Art von Ladung von dem Schiffe an das Land oder
2. die Ausladung aus dem Schiffe

verhindert ist.

§. 590.

Für die Tage, die der Verfrachter wegen der Verhinderung der Beförderung jeder Art von Ladung von dem Schiffe an das Land länger warten muß, gebührt ihm Liegegeld, selbst wenn die Verhinderung während der Löschzeit eintritt. Dagegen ist für die Tage, die er wegen Verhinderung der Ausladung aus dem Schiffe länger warten muß, Liegegeld nicht zu entrichten, selbst wenn die Verhinderung während der Ueberliegezeit eintritt.

§. 591.

Sind für die Dauer der Löschzeit nach §. 587 die örtlichen Verordnungen oder der Ortsgebrauch maßgebend, so kommen bei der Berechnung der Löschzeit die Vorschriften der §§. 589, 590 nur insoweit zur Anwendung, als die örtlichen Verordnungen oder der Ortsgebrauch nichts Abweichendes bestimmen.

§. 592.

Hat sich der Verfrachter ausbedungen, daß die Löschung bis zu einem bestimmten Tage beendigt sein muß, so wird er durch die Verhinderung der Beförderung jeder Art von Ladung von dem Schiffe an das Land (§. 589 Abs. 2 Nr. 1) zum längeren Warten nicht verpflichtet.

§. 593.

Wenn sich der Empfänger zur Abnahme der Güter bereit erklärt, die Abnahme aber über die von ihm einzuhaltenden Fristen verzögert, so ist der Schiffer befugt, die Güter unter Benachrichtigung des Empfängers in einem öffentlichen Lagerhaus oder sonst in sicherer Weise zu hinterlegen.

Der Schiffer ist verpflichtet, in dieser Weise zu verfahren und zugleich den Befrachter davon in Kenntniß zu setzen, wenn der Empfänger die Annahme der Güter verweigert oder sich über die Annahme auf die im §. 586 vorgeschriebene Anzeige nicht erklärt oder wenn der Empfänger nicht zu ermitteln ist.

§. 594.

Soweit durch die Säumniß des Empfängers oder durch das Hinterlegungsverfahren die Löschzeit ohne Verschulden des Schiffers überschritten wird, hat der Verfrachter Anspruch auf Liegegeld (§. 586), unbeschadet des Rechtes, für diese Zeit, soweit sie keine vertragsmäßige Ueberliegezeit ist, einen höheren Schaden geltend zu machen.

§. 595.

Die Vorschriften der §§. 586 bis 594 kommen auch zur Anwendung, wenn ein verhältnißmäßiger Theil oder ein bestimmt bezeichneter Raum des Schiffes verfrachtet ist.

§. 596.

Stückgüter hat der Empfänger auf die Aufforderung des Schiffers ohne Verzug abzunehmen. Ist der Empfänger dem Schiffer unbekannt, so ist die Aufforderung durch öffentliche Bekanntmachung in ortsüblicher Weise zu bewirken.

In Ansehung des Rechtes und der Verpflichtung des Schiffers, die Güter zu hinterlegen, gelten die Vorschriften des §. 593. Die im §. 593 vorgeschriebene Benachrichtigung des Befrachters kann durch öffentliche, in ortsüblicher Weise zu bewirkende Bekanntmachung erfolgen.

Für die Tage, um welche durch die Säumniß des Empfängers oder durch das Hinterlegungsverfahren die Frist, binnen welcher das Schiff würde entlöscht worden sein, überschritten ist, hat der Verfrachter Anspruch au Liegegeld (§. 586), unbeschadet des Rechtes, einen höheren Schaden geltend zu machen.

§. 597.

Hat bei der Verfrachtung des Schiffes im Ganzen oder eines verhältnißmäßigen Theiles oder eines bestimmt bezeichneten Raumes des Schiffes der Befrachter Unterfrachtverträge über Stückgüter geschlossen, so bleiben für die Rechte und Pflichten des ursprünglichen Verfrachters die Vorschriften der §§. 586 bis 594 maßgebend.

§. 598.

Der Verfrachter haftet für den Schaden, der durch Verlust oder Beschädigung der Güter in der Zeit von der Annahme zur Beförderung bis zur Ablieferung entsteht, es sei denn, daß der Verlust oder die Beschädigung auf Umständen beruht, die durch die Sorgfalt eines ordentlichen Verfrachters nicht abgewendet werden konnten.

§. 599.

Für Kostbarkeiten, Kunstgegenstände, Geld und Werthpapiere haftet der Verfrachter nur, wenn diese Beschaffenheit oder der Werth der Güter bei der Abladung dem Schiffer angegeben worden ist.

§. 600.

Bevor der Empfänger die Güter übernimmt, kann sowohl der Empfänger als der Schiffer, um den Zustand oder die Menge der Güter festzustellen, ihre Besichtigung durch die zuständige Behörde oder durch die zu dem Zwecke amtlich bestellten Sachverständigen bewirken lassen.

Bei diesem Verfahren ist die am Orte anwesende Gegenpartei zuzuziehen, sofern die Umstände es gestatten.

§. 601.

Ist die Besichtigung vor der Uebernahme nicht geschehen, so muß der Empfänger spätestens am zweiten Werktage nach dem Tage der Uebernahme die nachträgliche Besichtigung der Güter nach Maßgabe des §. 600 erwirken, widrigenfalls alle Ansprüche wegen Beschädigung oder theilweisen Verlustes erlöschen. Es macht keinen Unterschied, ob der Verlust oder die Beschädigung äußerlich erkennbar war oder nicht.

Diese Vorschrift findet keine Anwendung auf solche Verluste und Beschädigungen, die durch Vorsatz oder grobe Fahrlässigkeit einer Person der Schiffsbesatzung entstanden sind.

§. 602.

Die Kosten der Besichtigung hat derjenige zu tragen, welcher sie beantragt hat.

Ist jedoch die Besichtigung von dem Empfänger beantragt und wird ein Verlust oder eine Beschädigung ermittelt, wofür der Verfrachter Ersatz zu leisten hat, so fallen diesem die Kosten zur Last.

§. 603.

Muß auf Grund des Frachtvertrags für gänzlichen oder theilweisen Verlust von Gütern Ersatz geleistet werden, so ist der gemeine Handelswerth und in dessen Ermangelung der gemeine Werth zu ersetzen, welchen Güter derselben Art und Beschaffenheit am Bestimmungsorte der Güter bei Beginn der Löschung des Schiffes oder, wenn eine Entlöschung des Schiffes an diesem Orte nicht erfolgt, bei seiner Ankunft daselbst haben; hiervon kommt in Abzug, was in Folge des Verlustes an Zöllen und sonstigen Kosten sowie an Fracht erspart ist.

Wird der Bestimmungsort der Güter nicht erreicht, so tritt an dessen Stelle der Ort, wo die Reise endet, oder, wenn die Reise durch Verlust des Schiffes endet, der Ort, wohin die Ladung in Sicherheit gebracht ist.

§. 604.

Die Vorschriften des §. 603 finden auch auf diejenigen Güter Anwendung, für welche der Rheder nach § 533 Ersatz leisten muß.

Uebersteigt im Falle der Verfügung über die Güter durch Verkauf der Reinerlös den im §. 603 bezeichneten Preis, so tritt an die Stelle des letzteren der Reinerlös.

§. 605.

Muß auf Grund des Frachtvertrags für Beschädigung von Gütern Ersatz geleistet werden, so ist der Unterschied zwischen dem Verkaufswerthe der Güter im beschädigten Zustande und dem gemeinen Handelswerth oder dem gemeinen Werthe zu ersetzen, welchen die Güter ohne die Beschädigung am Bestimmungsorte zur Zeit der Löschung des Schiffes gehabt haben würden; hiervon kommt in Abzug, was in Folge der Beschädigung an Zöllen und sonstigen Kosten erspart ist.

§. 606.

Durch die Annahme der Güter wird der Empfänger verpflichtet, nach Maßgabe des Frachtvertrags oder des Konnossements, auf deren Grund die Empfangnahme geschieht, die Fracht nebst allen Nebengebühren sowie das etwaige Liegegeld zu bezahlen, die ausgelegten Zölle und übrigen Auslagen zu erstatten und die ihm sonst obliegenden Verpflichtungen zu erfüllen.

Der Verfrachter hat die Güter gegen Zahlung der Fracht und gegen Erfüllung der übrigen Verpflichtungen des Empfängers auszuliefern.

§. 607.

Der Verfrachter ist nicht verpflichtet, die Güter früher auszuliefern, als bis die darauf haftenden Beiträge zur großen Haverei, Bergungs- und Hülfskosten und Bodmereigelder bezahlt oder sichergestellt sind.

Ist die Verbodmung für Rechnung des Rheders geschehen, so gilt diese Vorschrift unbeschadet der Verpflichtung des Verfrachters, für die Befreiung der Güter von der Bodmereischuld noch vor der Auslieferung zu sorgen.

§. 608.

Der Verfrachter ist nicht verpflichtet, die Güter, mögen sie verdorben oder beschädigt sein oder nicht, für die Fracht an Zahlungsstatt anzunehmen.

Sind jedoch Behältnisse, die mit flüssigen Waaren angefüllt waren, während der Reise ganz oder zum größeren Theil ausgelaufen, so können sie dem Verfrachter für die Fracht und seine übrigen Forderungen (§. 606) an Zahlungsstatt überlassen werden.

Durch die Vereinbarung, daß der Verfrachter nicht für Leckage haftet, oder durch die Klausel: „frei von Leckage", wird dieses Recht nicht ausgeschlossen. Das Recht erlischt, sobald die Behältnisse in den Gewahrsam des Abnehmers gelangt sind.

Ist die Fracht in Bausch und Bogen bedungen und sind nur einige Behältnisse ganz oder zum größeren Theil ausgelaufen, so können diese für einen verhältnißmäßigen Theil der Fracht und der übrigen Forderungen des Verfrachters an Zahlungsstatt überlassen werden.

§. 609.

Für Güter, die durch irgend einen Unfall verloren gegangen sind, ist keine Fracht zu bezahlen und die etwa vorausbezahlte ist zu erstatten, sofern nicht das Gegentheil bedungen ist.

Diese Vorschrift kommt auch zur Anwendung, wenn das Schiff im Ganzen oder ein verhältnißmäßiger oder ein bestimmt bezeichneter Raum des Schiffes befrachtet ist. Sofern in einem solchen Falle das Frachtgeld in Bausch und Bogen bedungen ist, berechtigt der Verlust eines Theiles der Güter zu einem verhältnißmäßigen Abzuge von der Fracht.

§. 610.

Ungeachtet der nicht erfolgten Ablieferung ist die Fracht zu zahlen für Güter, deren Verlust in Folge ihrer natürlichen Beschaffenheit, namentlich durch inneren Verderb, Schwinden, gewöhnliche Leckage, eingetreten ist, sowie für Thiere, die unterwegs gestorben sind.

Inwiefern die Fracht für Güter zu ersetzen ist, die in Fällen der großen Haverei aufgeopfert worden sind, wird durch die Vorschriften über die große Haverei bestimmt.

§. 611.

Für Güter, die ohne Abrede über die Höhe der Fracht zur Beförderung übernommen sind, ist die am Abladungsorte zur Abladungszeit übliche Fracht zu zahlen.

Für Güter, die über das mit dem Befrachter vereinbarte Maß hinaus zur Beförderung übernommen sind, ist die Fracht nach dem Verhältnisse der bedungenen Fracht zu zahlen.

§. 612.

Ist die Fracht nach Maß, Gewicht oder Menge der Güter bedungen, so ist im Zweifel anzunehmen, daß Maß, Gewicht oder Menge der abgelieferten und nicht der eingelieferten Güter für die Höhe der Fracht entscheiden soll.

§. 613.

Außer der Fracht können Kaplaken, Prämien und dergleichen nicht gefordert werden, sofern sie nicht ausbedungen sind.

Die gewöhnlichen und ungewöhnlichen Unkosten der Schiffahrt, wie Lootsengeld, Hafengeld, Leuchtfeuergeld, Schlepplohn, Quarantänegelder, Auseisungskosten und dergleichen, fallen in Ermangelung einer entgegenstehenden Abrede dem Verfrachter allein zur Last, selbst wenn er zu den Maßregeln, welche die Auslagen verursacht haben, auf Grund des Frachtvertrags nicht verpflichtet war.

Die Fälle der großen Haverei sowie die Fälle der Aufwendung von Kosten zur Erhaltung, Bergung und Rettung der Ladung werden durch die Vorschriften des Abs. 2 nicht berührt.

§. 614.

Ist die Fracht nach Zeit bedungen, so beginnt sie in Ermangelung einer anderen Abrede mit dem Tage zu laufen, der auf denjenigen folgt, an welchem der Schiffer anzeigt, daß er zur Einnahme der Ladung, oder bei einer Reise in Ballast, daß er zum Antritte der Reise fertig und bereit sei, sofern aber bei einer Reise in Ballast diese Anzeige am Tage vor dem Antritte der Reise noch nicht erfolgt ist, mit dem Tage, an welchem die Reise angetreten wird.

Ist Liegegeld oder Ueberliegezeit bedungen, so beginnt in allen Fällen die Zeitfracht erst mit dem Tage zu laufen, an welchem der Antritt der Reise erfolgt.

Die Zeitfracht endet mit dem Tage, an welchem die Löschung vollendet ist.

Wird die Reise ohne Verschulden des Verfrachters verzögert oder unterbrochen, so muß für die Zwischenzeit die Zeitfracht fortentrichtet werden, jedoch unbeschadet der Vorschriften der §§. 629, 630.

§. 615.

Der Verfrachter hat wegen der im §. 606 erwähnten Forderungen ein Pfandrecht an den Gütern.

Das Pfandrecht besteht, solange die Güter zurückbehalten oder hinterlegt sind; es dauert auch nach der Ablieferung fort, insofern es binnen dreißig Tagen nach der Beendigung der Ablieferung gerichtlich geltend gemacht wird und das Gut noch im Besitze des Empfängers ist.

Die nach §. 358 Abs. 3, §. 360 für das Pfandrecht des Frachtführers geltenden Vorschriften finden auch auf das Pfandrecht des Verfrachters Anwendung.

Die im §. 1234 Abs. 1 des Bürgerlichen Gesetzbuchs bezeichnete Androhung des Pfandverkaufs sowie die in den §§. 1237, 1241 des Bürgerlichen Gesetzbuchs vorgesehenen Benachrichtigungen sind an den Empfänger zu richten.

§. 616.

Im Falle des Streites über die Forderungen des Verfrachters ist dieser zur Auslieferung der Güter verpflichtet, sobald die streitige Summe öffentlich hinterlegt ist.

Nach der Ablieferung der Güter ist der Verfrachter zur Erhebung der hinterlegten Summe gegen angemessene Sicherheitsleistung berechtigt.

§. 617.

Hat der Verfrachter die Güter ausgeliefert, so kann er sich wegen der gegen den Empfänger ihm zustehenden Forderungen (§. 606) nicht an dem Befrachter erholen. Nur soweit sich der Befrachter mit dem Schaden des Verfrachters bereichern würde, findet ein Rückgriff statt.

§. 618.

Hat der Verfrachter die Güter nicht ausgeliefert und von dem Rechte des Pfandverkaufs Gebrauch gemacht, jedoch durch den Verkauf seine vollständige Befriedigung nicht erhalten, so kann er sich an dem Befrachter erholen, soweit er wegen seiner Forderungen aus dem zwischen ihm und dem Befrachter abgeschlossenen Frachtvertrage nicht befriedigt ist.

§. 619.

Werden die Güter vom Empfänger nicht abgenommen, so ist der Befrachter verpflichtet, den Verfrachter wegen der Fracht und der übrigen Forderungen dem Frachtvertrage gemäß zu befriedigen.

Bei der Abnahme der Güter durch den Befrachter kommen die Vorschriften der §§. 584 bis 616 mit der Maßgabe zur Anwendung, daß an die Stelle des Empfängers der Befrachter tritt. Insbesondere steht in einem solchen Falle dem Verfrachter wegen seiner Forderungen das Zurückbehaltungs- und Pfandrecht an den Gütern nach den Vorschriften der §§. 615, 616 sowie das im §. 607 bezeichnete Recht zu.

§. 620.

Der Frachtvertrag tritt außer Kraft, ohne daß ein Theil zur Entschädigung des anderen verpflichtet ist, wenn vor dem Antritte der Reise durch einen Zufall

1. das Schiff verloren geht, insbesondere
   wenn es verunglückt,
   wenn es als reparaturunfähig oder reparaturunwürdig kondemnirt (§. 471) und in dem letzteren Falle unverzüglich öffentlich verkauft wird,
   wenn es geraubt wird,
   wenn es aufgebracht oder angehalten und für gute Prise erklärt wird, oder
2. die im Frachtvertrage nicht blos nach Art oder Gattung, sondern speziell bezeichneten Güter verloren gehen
   oder
3. die nicht im Frachtvertrage speziell bezeichneten Güter verloren gehen, nachdem sie bereits an Bord gebracht oder behufs der Einladung in das Schiff an der Ladungsstelle vom Schiffer übernommen worden sind.

Gehen im Falle des Abs. 1 Nr. 3 die Güter noch innerhalb der Wartezeit (§. 571) verloren, so tritt der Vertrag nicht außer Kraft, sofern der Befrachter sich unverzüglich bereit erklärt, statt der verloren gegangenen andere Güter (§. 554) zu liefern, und mit der Lieferung noch innerhalb der Wartezeit beginnt. Er hat die Abladung der anderen Güter binnen kürzester Frist zu vollenden, die Mehrkosten dieser Abladung zu tragen und, soweit durch sie die Wartezeit überschritten wird, den dem Verfrachter daraus entstehenden Schaden zu ersetzen.

§. 621.

Jeder Theil ist befugt, von dem Vertrage zurückzutreten, ohne zur Entschädigung verpflichtet zu sein:

1. wenn vor dem Antritte der Reise
   das Schiff mit Embargo belegt oder für den Dienst des Reichs oder einer fremden Macht in Beschlag genommen,
   der Handel mit dem Bestimmungsort untersagt,
   der Ablandungs- oder Bestimmungshafen blokirt,
   die Ausfuhr der nach dem Frachtvertrage zu verschiffenden Güter aus dem Abladungshafen oder ihre Einfuhr in den Bestimmungshafen verboten,
   durch eine andere Verfügung von hoher Hand das Schiff am Auslaufen oder die Reise oder die Versendung der nach dem Frachtvertrage zu liefernden Güter verhindert wird.
   In allen diesen Fällen berechtigt jedoch die Verfügung von hoher Hand nur dann zum Rücktritte, wenn das eingetretene Hinderniß nicht voraussichtlich von nur unerheblicher Dauer ist;
2. wenn vor dem Antritte der Reise ein Krieg ausbricht, in Folge dessen das Schiff oder die nach dem Frachtvertrage zu verschiffenden Güter oder beide nicht mehr als frei betrachtet werden können und der Gefahr der Aufbringung ausgesetzt würden.

Die Ausübung der im §. 554 dem Befrachter ertheilten Befugniß wird durch diese Vorschriften nicht ausgeschlossen.

§. 622.

Geht das Schiff nach dem Antritte der Reise durch einen Zufall verloren (§. 620 Abs. 1 Nr. 1), so endet der Frachtvertrag. Jedoch hat der Befrachter, soweit Güter geborgen oder gerettet werden, die Fracht im Verhältnisse der zurückgelegten zur ganzen Reise zu zahlen (Distanzfracht).

Die Distanzfracht ist nur soweit zu zahlen, als der gerettete Werth der Güter reicht.

§. 623.

Bei der Berechnung der Distanzfracht kommt in Anschlag nicht allein das Verhältniß der bereits zurückgelegten zu der noch zurückzulegenden Entfernung, sondern auch das Verhältniß des Aufwandes an Kosten und Zeit, der Gefahren und Mühen, welche durchschnittlich mit dem vollendeten Theile der Reise verbunden sind, zu denen des nicht vollendeten Theiles.

§. 624.

Die Auflösung des Frachtvertrags ändert nichts in den Verpflichtungen des Schiffers, bei Abwesenheit der Betheiligten auch nach dem Verluste des

Schiffes für das Beste der Ladung zu sorgen (§§. 527 bis 529). Der Schiffer ist demzufolge berechtigt und verpflichtet, und zwar im Falle der Dringlichkeit auch ohne vorherige Anfrage, je nachdem es den Umständen entspricht, entweder die Ladung für Rechnung der Betheiligten mittelst eines anderen Schiffes nach dem Bestimmungshafen befördern zu lassen oder die Auflagerung oder den Verkauf der Ladung zu bewirken und im Falle der Weiterbeförderung oder Auflagerung, behufs der Beschaffung der hierzu sowie zur Erhaltung der Ladung nöthigen Mittel, einen Theil davon zu verkaufen oder im Falle der Weiterbeförderung die Ladung ganz oder zum Theil zu verbodmen.

Der Schiffer ist jedoch nicht verpflichtet, die Ladung auszuantworten oder zur Weiterbeförderung einem anderen Schiffer zu übergeben, bevor die Distanzfracht nebst den sonstigen Forderungen des Verfrachters (§. 606) und die auf der Ladung haftenden Beiträge zur großen Haverei, Bergungs- und Hülfskosten und Bodmereigelder bezahlt oder sichergestellt sind.

Auch für die Erfüllung der nach Abs. 1 dem Schiffer obliegenden Pflichten haftet der Rheder mit dem Schiffe, soweit etwas davon gerettet ist, und mit der Fracht.

§. 625.

Gehen nach dem Antritte der Reise die Güter durch einen Zufall verloren, so endet der Frachtvertrag, ohne daß ein Theil zur Entschädigung des anderen verpflichtet ist; insbesondere ist die Fracht weder ganz noch theilweise zu zahlen, sofern nicht im §. 610 das Gegentheil bestimmt ist.

§. 626.

Ereignet sich nach dem Antritte der Reise einer der im §. 621 erwähnten Zufälle, so ist jeder Theil befugt, von dem Vertrage zurückzutreten, ohne zur Entschädigung verpflichtet zu sein.

Tritt jedoch einer der im §. 621 Abs. 1 Nr. 1 bezeichneten Zufälle ein, so muß, bevor der Rücktritt stattfindet, auf die Beseitigung des Hindernisses drei oder fünf Monate gewartet werden, je nachdem sich das Schiff in einem europäischen oder außereuropäischen Hafen befindet.

Die Frist wird, wenn der Schiffer das Hinderniß während des Aufenthaltes in einem Hafen erfährt, von dem Tage der erhaltenen Kunde, anderenfalls von dem Tage an berechnet, an welchem der Schiffer, nachdem er davon in Kenntniß gesetzt worden ist, mit dem Schiffe zuerst einen Hafen erreicht.

Die Ausladung des Schiffes erfolgt mangels einer anderweitigen Vereinbarung in dem Hafen, in welchem es sich zur Zeit der Erklärung des Rücktritts befindet.

Für den zurückgelegten Theil der Reise ist der Befrachter Distanzfracht (§§. 622, 623) zu zahlen verpflichtet.

Ist das Schiff in Folge des Hindernisses in den Abgangshafen oder in einen anderen Hafen zurückgekehrt, so wird bei der Berechnung der Distanzfracht der dem Bestimmungshafen nächste Punkt, welchen das Schiff erreicht hat, behufs der Feststellung der zurückgelegten Entfernung zum Anhalt genommen.

Der Schiffer ist auch in den vorstehenden Fällen verpflichtet, vor und nach der Auflösung des Frachtvertrags für das Beste der Ladung nach Maßgabe der §§. 527 bis 529, 624 zu sorgen.

§. 627.

Muß das Schiff, nachdem es die Ladung eingenommen hat, vor dem Antritte der Reise im Abladungshafen oder nach dem Antritte der Reise in einem Zwischen- oder Nothhafen in Folge eines der im §. 621 erwähnten Ereignisse liegen bleiben, so werden die Kosten des Aufenthaltes, auch wenn die Erfordernisse der großen Haverei nicht vorliegen, über Schiff, Fracht und Ladung nach den Grundsätzen der großen Haverei vertheilt, gleichviel ob demnächst der Vertrag aufgehoben oder vollständig erfüllt wird. Zu den Kosten des Aufenthalts werden alle im §. 698 Nr. 4 Abs. 2 aufgeführten Kosten gezählt, diejenigen des Ein- und Auslaufens jedoch nur, wenn wegen des Hindernisses ein Nothhafen angelaufen ist.

§. 628.

Wird nur ein Theil der Ladung vor dem Antritte der Reise durch einen Zufall betroffen, der, wenn er die ganze Ladung betroffen hätte, nach den §§. 620, 621 den Vertrag aufgelöst oder die Parteien zum Rücktritte berechtigt haben würde, so ist der Befrachter nur befugt, entweder statt der vertragsmäßigen andere Güter abzuladen, sofern durch deren Beförderung die Lage des Verfrachters nicht erschwert wird (§. 554), oder von dem Vertrag unter der Verpflichtung zurückzutreten, die Hälfte der bedungenen Fracht und die sonstigen Forderungen des Verfrachters zu berichtigen (§§. 572, 573). Bei der Ausübung dieser Rechte ist der Befrachter nicht an die sonst einzuhaltende Zeit gebunden; er hat sich aber ohne Verzug zu erklären, von welchem der beiden Rechte er Gebrauch machen wolle, und, wenn er die Abladung anderer Güter wählt, die Abladung binnen kürzester Frist zu bewirken, auch die Mehrkosten dieser Abladung zu tragen und, soweit durch sie die Wartezeit überschritten wird, den dem Verfrachter daraus entstehenden Schaden zu ersetzen.

Macht er von keinem der beiden Rechte Gebrauch, so hat er auch für den durch den Zufall betroffenen Theil der Ladung die volle Fracht zu entrichten. Den durch Krieg, durch ein Einfuhr- oder Ausfuhrverbot oder durch eine andere Verfügung von hoher Hand unfrei gewordenen Theil der Ladung ist er jedenfalls aus dem Schiffe herauszunehmen verbunden.

Tritt der Zufall nach dem Antritte der Reise ein, so hat der Befrachter für den dadurch betroffenen Theil der Ladung die volle Fracht auch dann zu entrichten, wenn der Schiffer diesen Theil in einem anderen als dem Bestimmungshafen zu löschen sich genöthigt gefunden und hierauf mit oder ohne Aufenthalt die Reise fortgesetzt hat.

Die Vorschriften der §§. 609, 610 bleiben unberührt.

§. 629.

Abgesehen von den Fällen der §§. 621 bis 628 hat ein Aufenthalt, den die Reise vor oder nach ihrem Antritte durch Naturereignisse oder andere Zufälle erleidet, auf die Rechte und Pflichten der Parteien keinen Einfluß, es sei denn, daß der erkennbare Zweck des Vertrags durch einen solchen Aufenthalt vereitelt wird. Der Befrachter ist jedoch befugt, während jedes durch einen Zufall entstandenen, voraussichtlich längeren Aufenthaltes die bereits in das Schiff geladenen Güter auf seine Gefahr und Kosten gegen Sicherheitsleistung für die rechtzeitige Wiedereinladung auszuladen. Unterläßt er die Wiedereinladung, so hat er die volle Fracht zu zahlen. In jedem Falle hat er den Schaden zu ersetzen, der aus der von ihm veranlaßten Wiederausladung entsteht.

Ist der Aufenthalt durch eine Verfügung von hoher Hand herbeigeführt, so ist für die Dauer der Verfügung keine Fracht zu bezahlen, wenn diese nach Zeit bedungen war (§. 614).

§. 630.

Muß das Schiff während der Reise ausgebessert werden, so hat der Befrachter die Wahl, ob er die ganze Ladung an dem Orte, wo sich das Schiff befindet, gegen Berichtigung der vollen Fracht und der übrigen Forderungen des Verfrachters (§. 606) und gegen Berichtigung oder Sicherstellung der im §. 607 bezeichneten Forderungen zurücknehmen oder die Wiederherstellung abwarten will. Im letzteren Falle ist für die Dauer der Ausbesserung keine Fracht zu bezahlen, wenn diese nach Zeit bedungen war.

§. 631.

Wird der Frachtvertrag nach den §§. 620 bis 626 aufgelöst, so werden die Kosten der Ausladung aus dem Schiffe von dem Verfrachter, die übrigen Löschungskosten von dem Befrachter getragen. Hat der Zufall jedoch nur die Ladung betroffen, so fallen die sämmtlichen Kosten der Löschung dem Befrachter zur Last. Dasselbe gilt, wenn im Falle des §. 628 ein Theil der Ladung gelöscht wird. Muß in einem solchen Falle behufs der Löschung ein Hafen angelaufen werden, so hat der Befrachter auch die Hafenkosten zu tragen.

§. 632.

Die §§. 620 bis 631 kommen auch zur Anwendung, wenn das Schiff zur Einnahme der Ladung eine Zureise in Ballast nach dem Abladungshafen zu machen hat. Die Reise gilt aber in einem solchen Falle erst dann als angetreten, wenn sie aus dem Abladungshafen angetreten ist. Wird der Vertrag, nachdem das Schiff den Abladungshafen erreicht hat, wenn auch vor dem Antritte der Reise aus dem letzteren, aufgelöst, so erhält der Verfrachter für die Zureise eine nach den Grundsätzen der Distanzfracht (§. 623) zu bemessende Entschädigung.

In anderen Fällen einer zusammengesetzten Reise kommen die §§. 620 bis 631 insoweit zur Anwendung, als die Natur und der Inhalt des Vertrags nicht entgegenstehen.

§. 633.

Bezieht sich der Vertrag nicht auf das Schiff im Ganzen, sondern nur auf einen verhältnißmäßigen Theil oder einen bestimmt bezeichneten Raum des Schiffes oder auf Stückgüter, so gelten die Vorschriften der §§. 620 bis 632 mit folgenden Abweichungen:

1. In den Fällen der §§. 621, 626 ist jeder Theil sogleich nach dem Eintritte des Hindernisses und ohne Rücksicht auf dessen Dauer befugt, von dem Vertrage zurückzutreten.
2. Im Falle des §. 628 kann von dem Befrachter das Recht, von dem Vertrage zurückzutreten, nicht ausgeübt werden.
3. Im Falle des §. 629 steht dem Befrachter das Recht der einstweiligen Löschung nur zu, wenn die übrigen Befrachter ihre Genehmigung ertheilen.
4. Im Falle des §. 630 kann der Befrachter die Güter gegen Entrichtung der vollen Fracht und der übrigen Forderungen nur zurücknehmen, wenn während der Ausbesserung die Löschung dieser Güter ohnehin erfolgt ist.

Die Vorschriften der §§. 579, 581 bleiben unberührt.

§. 634.

Nach der Beendigung jeder einzelnen Abladung hat der Schiffer dem Ablader unverzüglich gegen Rückgabe des etwa bei der Annahme der Güter ertheilten vorläufigen Empfangsscheins ein Konnossement in so vielen Exemplaren auszustellen, als der Ablader verlangt.

Alle Exemplare des Konnossements müssen von gleichem Inhalte sein, dasselbe Datum haben und ausdrücken, wie viele Exemplare ausgestellt sind.

Der Ablader hat dem Schiffer auf Verlangen eine von ihm unterschriebene Abschrift des Konnossements zu ertheilen.

Die Ausstellung des Konnossements kann an Stelle des Schiffers durch einen anderen dazu ermächtigten Vertreter des Rheders erfolgen.

Das Konnossement kann mit Zustimmung des Abladers auch über Güter ausgestellt werden, die zur Beförderung übernommen, aber noch nicht abgeladen sind.

§. 635.

Das Konnossement enthält:

1. den Namen des Schiffers;
2. den Namen und die Nationalität des Schiffes;
3. den Namen des Abladers;
4. den Namen des Empfängers;
5. den Abladungshafen;
6. den Löschungshafen oder den Ort, an welchem Order über ihn einzuholen ist;
7. die Bezeichnung der abgeladenen oder zur Beförderung übernommenen Güter, deren Menge und Merkzeichen;
8. die Bestimmung in Ansehung der Fracht;
9. den Ort und den Tag der Ausstellung;
10. die Zahl der ausgestellten Exemplare.

§. 636.

Auf Verlangen des Abladers ist das Konnossement, sofern nicht das Gegentheil vereinbart ist, an die Order des Empfängers oder lediglich an Order zu stellen. Im letzteren Falle ist unter der Order die Order des Abladers zu verstehen.

Das Konnossement kann auch auf den Namen des Schiffers als Empfängers lauten.

§. 637.

Der Schiffer ist verpflichtet, im Löschungshafen dem legitimirten Inhaber auch nur eines Exemplars des Konnossements die Güter auszuliefern.

Zur Empfangnahme der Güter legitimirt ist derjenige, an welchen die Güter nach dem Konnossement abgeliefert werden sollen, oder auf welchen das Konnossement, wenn es an Order lautet, durch Indossament übertragen ist.

§. 638.

Melden sich mehrere legitimirte Konnossementsinhaber, so ist der Schiffer verpflichtet, sie sämmtlich zurückzuweisen, die Güter in einem öffentlichen Lagerhaus oder sonst in sicherer Weise zu hinterlegen und die Konnossementsinhaber, die sich gemeldet haben, unter Angabe der Gründe seines Verfahrens hiervon zu benachrichtigen.

Er ist befugt, über sein Verfahren und dessen Gründe eine öffentliche Urkunde errichten zu lassen und wegen der daraus entstehenden Kosten in gleicher Art wie wegen der Fracht sich an die Güter zu halten.

§. 639.

Die Uebergabe des Konnossements an denjenigen, welcher durch das Konnossement zur Empfangnahme legitimirt wird, hat, sobald die Güter von dem Schiffer oder einem anderen Vertreter des Rheders zur Beförderung übernommen sind, für den Erwerb von Rechten an den Gütern dieselben Wirkungen wie die Uebergabe der Güter.

§. 640.

Sind mehrere Exemplare eines an Order lautenden Konnossements ausgestellt, so können von dem Inhaber des einen Exemplars die im §. 639 bezeichneten Wirkungen der Uebergabe des Konnossements zum Nachtheil desjenigen nicht geltend gemacht werden, welcher auf Grund eines anderen Exemplars gemäß §. 637 die Auslieferung der Güter von dem Schiffer erlangt hat, bevor der Anspruch auf Auslieferung von dem Inhaber des ersteren Exemplars erhoben worden ist.

§. 641.

Hat der Schiffer die Güter noch nicht ausgeliefert, so geht unter mehreren sich meldenden Konnossementsinhabern, soweit die von ihnen auf Grund der Konnossementsübergabe an den Gütern geltend gemachten Rechte einander entgegenstehen, derjenige vor, dessen Exemplar von dem gemeinschaftlichen Vormanne, welcher mehrere Konnossementsexemplare an verschiedene Personen übertragen hat, zuerst der einen dieser Personen dergestalt übergeben worden ist, daß sie zur Empfangnahme der Güter legitimirt wurde.

Bei dem nach einem anderen Orte übersendeten Exemplare wird die Zeit der Uebergabe durch den Zeitpunkt der Absendung bestimmt.

§. 642.

Der Schiffer ist zur Ablieferung der Güter nur gegen Rückgabe eines Exemplars des Konnossements, auf welchem die Ablieferung der Güter bescheinigt ist, verpflichtet.

§. 643.

Das Konnossement ist für das Rechtsverhältniß zwischen dem Verfrachter und dem Empfänger der Güter maßgebend; insbesondere hat die Ablieferung der Güter an den Empfänger nach dem Inhalte des Konnossements zu erfolgen.

Die nicht in das Konnossement aufgenommenen Bestimmungen des Frachtvertrags sind dem Empfänger gegenüber unwirksam, sofern nicht das Konnossement ausdrücklich auf sie Bezug nimmt. Wird in Ansehung der Fracht auf den Frachtvertrag verwiesen (zum Beispiel durch die Worte: „Fracht laut Chartepartie"), so sind hierin die Bestimmungen über Löschzeit, Ueberliegezeit und Liegegeld nicht als einbegriffen anzusehen.

Für das Rechtsverhältniß zwischen dem Verfrachter und dem Befrachter bleiben die Bestimmungen des Frachtvertrags maßgebend.

§. 644.

Der Verfrachter ist für die Richtigkeit der im Konnossement enthaltenen Bezeichnung der übernommenen Güter dem Empfänger verantwortlich. Seine Haftung beschränkt sich jedoch auf den Ersatz des Minderwerthes, der sich aus der Nichtübereinstimmung der Güter mit der im Konnossement enthaltenen Bezeichnung ergiebt.

§. 645.

Die im §. 644 erwähnte Haftung des Verfrachters tritt auch dann ein, wenn die Güter dem Schiffer in Verpackung oder in geschlossenen Gefäßen übergeben worden sind.

Ist dies aus dem Konnossement ersichtlich, so ist der Verfrachter für die Richtigkeit der Bezeichnung der Güter dem Empfänger nicht verantwortlich, wenn ungeachtet der Sorgfalt eines ordentlichen Schiffers die Unrichtigkeit der in dem Konnossement enthaltenen Bezeichnung nicht wahrgenommen werden konnte.

Die Haftung des Verfrachters wird dadurch nicht ausgeschlossen, daß die Uebereinstimmung der abgelieferten und übernommenen Güter nicht bestritten oder daß sie vom Verfrachter nachgewiesen wird.

§. 646.

Werden dem Schiffer Güter in Verpackung oder in geschlossenen Gefäßen übergeben, so kann er das Konnossement mit dem Zusatze: „Inhalt unbekannt" versehen. Enthält das Konnossement diesen oder einen gleichbedeutenden Zusatz, so ist der Verfrachter, falls der abgelieferte Inhalt mit dem im Konnossement angegebenen nicht übereinstimmt, nur insoweit verantwortlich, als festgestellt wird, daß er einen anderen als den abgelieferten Inhalt empfangen hat.

§. 647.

Sind die im Konnossemente nach Zahl, Maß oder Gewicht bezeichneten Güter dem Schiffer nicht zugezählt, zugemessen oder zugewogen, so kann er das Konnossement mit dem Zusatz: „Zahl, Maß, Gewicht unbekannt" versehen. Enthält das Konnossement diesen oder einen gleichbedentenden Zusatz, so hat der Verfrachter die Richtigkeit der Angaben des Konnossements über Zahl, Maß oder Gewicht der übernommenen Güter nicht zu vertreten.

§. 648.

Ist die Fracht nach Zahl, Maß oder Gewicht der Güter bedungen und im Konnossemente Zahl, Maß oder Gewicht angegeben, so ist diese Angabe für die Berechnung der Fracht entscheidend, wenn nicht das Konnossement eine abweichende Bestimmung enthält. Als eine solche ist der Zusatz: „Zahl, Maß, Gewicht unbekannt" oder ein gleichbedeutender Zusatz nicht anzusehen.

§. 649.

Ist das Konnossement mit dem Zusatze: „frei von Bruch“ oder: „frei von Leckage“ oder „frei von Beschädigung“ oder mit einem gleichbedeutenden Zusatze versehen, so haftet der Verfrachter nicht für Bruch, Leckage oder Beschädigung, es sei denn, daß den Schiffer oder eine Person, für die der Verfrachter verantwortlich ist, ein Verschulden trifft.

§. 650.

Werden dem Schiffer Güter übergeben, deren Beschädigung, schlechte Beschaffenheit oder schlechte Verpackung sichtbar ist, so hat er diese Mängel im Konnossemente zu bemerken, widrigenfalls er dem Empfänger dafür verantwortlich ist, auch wenn das Konnossement mit einem der im §. 649 erwähnten Zusatze versehen ist.

§. 651.

Hat der Schiffer ein an Order lautendes Konnossement ausgestellt, so darf er den Anweisungen des Abladers wegen Rückgabe oder Auslieferung der Güter nur dann Folge leisten, wenn ihm die sämmtlichen Exemplare des Konnossements zurückgegeben werden.

Dasselbe gilt in Ansehung der Anforderungen eines Konnossementsinhabers auf Auslieferung der Güter, solange der Schiffer den Bestimmungshafen nicht erreicht hat.

Handelt er diesen Vorschriften entgegen, so bleibt er dem rechtmäßigen Inhaber des Konnossements verpflichtet.

Lautet das Konnossement nicht an Order, so ist der Schiffer zur Rückgabe oder Auslieferung der Güter auch ohne Beibringung eines Exemplars des Konnossements verpflichtet, sofern der Ablader und der im Konnossemente bezeichnete Empfänger in die Rückgabe oder Auslieferung der Güter willigen. Werden jedoch nicht sämmtliche Exemplare des Konnossements zurückgestellt, so kann der Schiffer wegen der deshalb zu besorgenden Nachtheile zuvor Sicherheitsleistung fordern.

§. 652.

Die Vorschriften des §. 651 kommen auch zur Anwendung, wenn der Frachtvertrag vor der Erreichung des Bestimmungshafens in Folge eines Zufalls nach den §§. 620 bis 633 aufgelöst wird.

§. 653.

In Ansehung der Verpflichtungen des Schiffers aus den von ihm geschlossenen Frachtverträgen und ausgestellten Konnossementen hat es bei den Vorschriften der §§. 503, 504, 525 sein Bewenden.

§. 654.

Im Falle der Unterverfrachtung haftet für die Erfüllung des Unterfrachtvertrags, soweit dessen Ausführung zu den Dienstobliegenheiten des

Schiffers gehört und von diesem übernommen ist, insbesondere durch Annahme der Güter und Ausstellung des Konnossements, nicht der Unterverfrachter, sondern der Rheder mit Schiff und Fracht (§. 478).

Ob und inwieweit im Uebrigen der Rheder oder der Unterverfrachter von dem Unterbefrachter in Anspruch genommen werden kann und ob im letzteren Falle der Unterverfrachter für die Erfüllung unbeschränkt zu haften oder nur die auf Schiff und Fracht beschränkte Haftung des Rheders zu vertreten hat, wird durch diese Vorschrift nicht berührt.

§. 655.

Auf die Beförderung von Gütern zur See durch die Postverwaltungen des Reichs und der Bundesstaaten finden die Vorschriften dieses Abschnitts keine Anwendung.

Fünfter Abschnitt.

Frachtgeschäft zur Beförderung von Reisenden.

§. 656.

Ist der Reisende in dem Ueberfahrtsvertrage genannt, so ist er nicht befugt, das Recht auf die Ueberfahrt an einen Anderen abzutreten.

§. 657.

Der Reisende ist verpflichtet, alle die Schiffsordnung betreffenden Anweisungen des Schiffers zu befolgen.

§. 658.

Der Reisende, der sich vor oder nach dem Antritte der Reise nicht rechtzeitig an Bord begiebt, hat das volle Ueberfahrtsgeld zu bezahlen, wenn der Schiffer die Reise antritt oder fortsetzt, ohne auf ihn zu warten.

§. 659.

Wenn der Reisende vor dem Antritte der Reise den Rücktritt von dem Ueberfahrtsvertrag erklärt oder stirbt oder durch Krankheit oder einen anderen in seiner Person sich ereignenden Zufall zurückzubleiben genöthigt wird, so ist nur die Hälfte des Ueberfahrtsgeldes zu zahlen.

Wenn nach dem Antritte der Reise der Rücktritt erklärt wird oder einer der erwähnten Zufälle sich ereignet, so ist das volle Ueberfahrtsgeld zu zahlen.

§. 660.

Der Ueberfahrtsvertrag tritt außer Kraft, wenn durch einen Zufall das Schiff verloren geht (§. 620 Abs. 1 Nr. 1).

§. 661.

Der Reisende ist befugt, von dem Vertrage zurückzutreten, wenn ein Krieg ausbricht, in Folge dessen das Schiff nicht mehr als frei betrachtet werden kann und der Gefahr der Aufbringung ausgesetzt wäre, oder wenn die Reise durch eine das Schiff betreffende Verfügung von hoher Hand aufgehalten wird.

Das Recht des Rücktritts steht auch dem Verfrachter zu, wenn er in einem der vorstehenden Fälle die Reise aufgiebt oder wenn das Schiff hauptsächlich zur Beförderung von Gütern bestimmt ist und die Unternehmung unterbleiben muß, weil die Güter ohne sein Verschulden nicht befördert werden können.

§. 662.

In allen Fällen, in denen nach den §§. 660, 661 der Ueberfahrtsvertrag aufgelöst wird, ist kein Theil zur Entschädigung des anderen verpflichtet.

Ist jedoch die Auflösung erst nach dem Antritte der Reise erfolgt, so hat der Reisende das Ueberfahrtsgeld nach dem Verhältnisse der zurückgelegten zur ganzen Reise zu zahlen.

Bei der Berechnung des zu zahlenden Betrags ist die Vorschrift des §. 623 maßgebend.

§. 663.

Muß das Schiff während der Reise ausgebessert werden, so hat der Reisende, auch wenn er die Ausbesserung nicht abwartet, das volle Ueberfahrtsgeld zu zahlen. Wartet er die Ausbesserung ab, so hat ihm der Verfrachter bis zum Wiederantritte der Reise ohne besondere Vergütung Wohnung zu gewähren, auch die nach dem Ueberfahrtsvertrag in Ansehung der Beköstigung ihm obliegenden Pflichten weiter zu erfüllen.

Erbietet sich jedoch der Verfrachter, den Reisenden mit einer anderen gleich guten Schiffsgelegenheit ohne Beeinträchtigung der übrigen vertragsmäßigen Rechte des Reisenden nach dem Bestimmungshafen zu befördern, und weigert sich der Reisende, von dem Anerbieten Gebrauch zu machen, so hat er auf Gewährung von Wohnung und Kost bis zum Wiederantritte der Reise nicht weiter Anspruch.

§. 664.

Für die Beförderung des Reiseguts, welches der Reisende nach dem Ueberfahrtsvertrag an Bord zu bringen befugt ist, hat er, wenn nicht ein Anderes bedungen ist, neben dem Ueberfahrtsgelde keine besondere Vergütung zu zahlen.

§. 665.

Auf das an Bord gebrachte Reisegut finden die Vorschriften der §§. 553, 585, 609 Anwendung.

Ist das Reisegut von dem Schiffer oder einem dazu bestellten Dritten übernommen, so gelten für den Fall seines Verlustes oder seiner Beschädigung die Vorschriften der §§. 598 bis 602.

Auf sämmtliche von dem Reisenden an Bord gebrachte Sachen finden außerdem die Vorschriften der §§. 555 bis 557, 611 Anwendung.

§. 666.

Der Verfrachter hat wegen des Ueberfahrtsgeldes an den von dem Reisenden an Bord gebrachten Sachen ein Pfandrecht.

Das Pfandrecht besteht jedoch nur, solange die Sachen zurückbehalten oder hinterlegt sind.

§. 667.

Stirbt ein Reisender, so ist der Schiffer verpflichtet, in Ansehung des an Bord befindlichen Reiseguts des Verstorbenen das Interesse der Erben nach den Umständen des Falles in geeigneter Weise wahrzunehmen.

§. 668.

Wird ein Schiff zur Beförderung von Reisenden einem Dritten verfrachtet, sei es im Ganzen oder zu einem Theil oder dergestalt, daß eine bestimmte Zahl von Reisenden befördert werden soll, so gelten für das Rechtsverhältniß zwischen dem Verfrachter und dem Dritten die Vorschriften des vierten Abschnitts, soweit die Natur der Sache ihre Anwendung zuläßt.

§. 669.

Wenn in den folgenden Abschnitten dieses Buches die Fracht erwähnt wird, so sind darunter, sofern nicht das Gegentheil bestimmt ist, auch die Ueberfahrtsgelder zu verstehen.

§. 670.

Die auf das Auswanderungswesen sich beziehenden Landesgesetze werden, auch soweit sie privatrechtliche Vorschriften enthalten, durch die Vorschriften dieses Abschnitts nicht berührt.

Sechster Abschnitt.

Bodmerei.

§. 671.

Bodmerei im Sinne dieses Gesetzbuchs ist ein Darlehnsgeschäft, welches von dem Schiffer als solchem kraft der in diesem Gesetzbuch ihm ertheilten Befugnisse unter Zusicherung einer Prämie und unter Verpfändung von Schiff, Fracht und Ladung oder von einem oder mehreren dieser Gegenstände in der Art eingegangen wird, daß der Gläubiger wegen seiner Ansprüche nur an die verpfändeten (verbodmeten) Gegenstände nach der Ankunft des Schiffes an dem Orte sich halten kann, wo die Reise enden soll, für welche das Geschäft eingegangen ist (Bodmereireise).

§. 672.

Bodmerei kann von dem Schiffer nur in folgenden Fällen eingegangen werden:

1. während sich das Schiff außerhalb des Heimathshafens befindet, zum Zwecke der Ausführung der Reise nach Maßgabe der §§. 520, 530 bis 532, 534;
2. während der Reise im alleinigen Interesse der Ladungsbetheiligten zum Zwecke der Erhaltung und Weiterbeförderung der Ladung nach Maßgabe der §§. 527, 534, 624.

Im Falle des Abs. 1 Nr. 2 kann der Schiffer die Ladung allein verbodmen, in allen übrigen Fällen kann er zwar das Schiff oder die Fracht allein, die Ladung aber nur zusammen mit dem Schiffe und der Fracht verbodmen.

In der Verbodmung des Schiffes ohne Erwähnung der Fracht ist die Verbodmung der Fracht nicht enthalten. Werden aber Schiff und Ladung verbodmet, so gilt die Fracht als mitverbodmet.

Die Verbodmung der Fracht ist zulässig, solange diese der Seegefahr noch nicht entzogen ist.

Auch die Fracht desjenigen Theils der Reise, welcher noch nicht angetreten ist, kann verbodmet werden.

§. 673.

Die Höhe der Bodmereiprämie ist ohne Beschränkung dem Uebereinkommen der Parteien überlassen.

Die Prämie umfaßt in Ermangelung einer entgegenstehenden Vereinbarung auch die Zinsen.

§. 674.

Ueber die Verbodmung muß von dem Schiffer ein Bodmereibrief ausgestellt werden. Ist dies nicht geschehen, so hat der Gläubiger diejenigen Rechte, welche ihm zustehen würden, wenn der Schiffer zur Befriedigung des Bedürfnisses ein einfaches Kreditgeschäft eingegangen wäre.

§. 675.

Der Bodmereigeber kann verlangen, daß der Bodmereibrief enthält:

1. den Namen des Bodmereigläubigers;
2. den Kapitalbetrag der Bodmereischuld;
3. den Betrag der Bodmereiprämie oder den Gesammtbetrag der dem Gläubiger zu zahlenden Summe;
4. die Bezeichnung der verbodmeten Gegenstände;

5. die Bezeichnung des Schiffes und des Schiffers;
6. die Bodmereireise;
7. die Zeit, zu welcher die Bodmereischuld gezahlt werden soll;
8. den Ort, wo die Zahlung erfolgen soll;
9. die Bezeichnung der Urkunde im Texte als Bodmereibrief oder die Erklärung, daß die Schuld als Bodmereischuld eingegangen ist, oder eine andere das Wesen der Bodmerei genügend bezeichnende Erklärung;
10. die Umstände, welche die Eingehung der Bodmerei nothwendig gemacht haben;
11. den Tag und den Ort der Ausstellung;
12. Die Unterschrift des Schiffers.

Die Unterschrift des Schiffers ist auf Verlangen in öffentlich beglaubigter Form zu ertheilen.

§. 676.

Auf Verlangen des Bodmereigebers ist der Bodmereibrief, sofern nicht das Gegentheil vereinbart ist, an die Order des Gläubigers oder lediglich an Order zu stellen. Im letzteren Falle ist unter der Order die Order des Bodmereigebers zu verstehen.

§. 677.

Ist vor der Ausstellung des Bodmereibriefs die Nothwendigkeit der Eingehung des Geschäfts von dem deutschen Konsul und in dessen Ermangelung von dem Gericht oder der sonst zuständigen Behörde des Ortes der Ausstellung, sofern es aber auch an einer solchen fehlt, von den Schiffsoffizieren urkundlich bezeugt, so wird angenommen, daß der Schiffer zur Eingehung des Geschäfts in dem vorliegenden Umfange befugt gewesen sei. Es findet jedoch der Gegenbeweis statt.

§. 678.

Der Bodmereigeber kann die Ausstellung des Bodmereibriefs in mehreren Exemplaren verlangen.

Werden mehrere Exemplare ausgestellt, so ist in jedem Exemplar anzugeben, wie viele ertheilt sind.

Der Bodmereibrief kann durch Indossament übertragen werden, wenn er an Order lautet.

Der Einwand, daß der Schiffer zur Eingehung des Geschäfts überhaupt oder in dem vorliegenden Umfange nicht befugt gewesen sei, ist auch gegen den Indossatar zulässig.

§. 679.

Die Bodmereischuld ist, sofern nicht in dem Bodmereibriefe selbst eine andere Bestimmung getroffen ist, in dem Bestimmungshafen der Bodmereireise und am achten Tage nach der Ankunft des Schiffes in diesem Hafen zu zahlen.

Von dem Zahlungstag an laufen kaufmännische Zinsen von der ganzen Bodmereischuld einschließlich der Prämie. Diese Vorschrift findet keine Anwendung, wenn die Prämie nach Zeit bedungen ist; die Zeitprämie läuft aber bis zur Zahlung des Bodmereikapitals.

§. 680.

Zur Zahlungszeit kann die Zahlung der Bodmereischuld dem legitimirten Inhaber auch nur eines Exemplars des Bodmereibriefs nicht verweigert werden.

Die Zahlung kann nur gegen Rückgabe dieses Exemplars verlangt werden, auf welchem über die Zahlung zu quittiren ist.

§. 681.

Melden sich mehrere legitimirte Bodmereibriefsinhaber, so sind sie sämmtlich zurückzuweisen, die Gelder, wenn die verbodmeten Gegenstände befreit werden sollen, öffentlich oder, falls dies nicht thunlich ist, sonst in sicherer Weise zu hinterlegen und die Bodmereibriefsinhaber, die sich gemeldet haben, unter Angabe der Gründe des Verfahrens hiervon zu benachrichtigen.

Kann eine öffentliche Hinterlegung nicht erfolgen, so ist der Hinterleger befugt, über sein Verfahren und dessen Gründe eine öffentliche Urkunde errichten zu lassen und die daraus entstehenden Kosten von der Bodmereischuld abzuziehen.

§. 682.

Dem Bodmereigläubiger fällt weder die große noch die besondere Haverei zur Last.

Soweit jedoch die verbodmeten Gegenstände durch große oder besondere Haverei zur Befriedigung des Bodmereigläubigers unzureichend werden, hat er den hieraus entstehenden Nachtheil zu tragen.

§. 683.

Jeder der verbodmeten Gegenstände haftet dem Bodmereigläubiger für die ganze Bodmereischuld.

Sobald das Schiff im Bestimmungshafen der Bodmereireise angekommen ist, kann der Gläubiger die verbodmeten Gegenstände mit Arrest belegen lassen; zur Anordnung des Arrestes ist nicht erforderlich, daß ein Arrestgrund glaubhaft gemacht wird.

§. 684.

Der Schiffer hat für die Bewahrung und Erhaltung der verbodmeten Gegenstände zu sorgen; er darf ohne dringende Gründe keine Handlung vornehmen, durch welche die Gefahr für den Bodmereigeber eine größere oder eine andere wird, als dieser bei dem Abschluß des Vertrages voraussetzen mußte.

Handelt der Schiffer diesen Vorschriften zuwider, so ist er dem Bodmereigläubiger für den daraus entstehenden Schaden verantwortlich (§. 504).

§. 685.

Verändert der Schiffer willkürlich die Bodmereireise oder weicht er von dem ihr entsprechenden Wege willkürlich ab oder setzt er nach ihrer Beendigung die verbodmeten Gegenstände von neuem einer Seegefahr aus, ohne daß das Interesse des Gläubigers es gebietet, so haftet er dem Gläubiger für die Bodmereischuld insoweit persönlich, als dieser aus den verbodmeten Gegenständen seine Befriedigung nicht erhält, es sei denn, daß die unterbliebene Befriedigung durch die Veränderung der Reise oder die Abweichung oder die neue Seegefahr nicht verursacht ist.

§. 686.

Der Schiffer darf die verbodmete Ladung vor der Befriedigung oder Sicherstellung des Gläubigers weder ganz noch theilweise ausliefern, widrigenfalls er dem Gläubiger für die Bodmereischuld insoweit persönlich verpflichtet wird, als dieser aus den ausgelieferten Gütern zur Zeit der Auslieferung hätte befriedigt werden können.

Es wird vermuthet, daß der Gläubiger seine vollständige Befriedigung hätte erlangen können.

§. 687.

Hat der Rheder in den Fällen der §§. 684 bis 686 die Handlungsweise des Schiffers angeordnet, so kommen die Vorschriften des §. 504 Abs. 2, 3 zur Anwendung.

§. 688.

Wird zur Zahlungszeit die Bodmereischuld nicht bezahlt, so kann sich der Gläubiger aus den verbodmeten Gegenständen befriedigen. Die Befriedigung erfolgt nach den für die Zwangsvollstreckung geltenden Vorschriften.

In Ansehung des Schiffes und der Fracht ist die Klage gegen den Schiffer oder den Rheder zu richten; das gegen den Schiffer ergangene Urtheil ist auch gegenüber dem Rheder wirksam. In Ansehung der Ladung ist die Klage vor der Auslieferung gegen den Schiffer zu richten.

Zum Nachtheil eines dritten Erwerbers, der den Besitz der verbodmeten Ladung in gutem Glauben erlangt hat, kann der Gläubiger von seinen Rechten keinen Gebrauch machen.

§. 689.

Der Empfänger, dem bei der Annahme der verbodmeten Güter bekannt ist, daß auf ihnen eine Bodmereischuld haftet, wird dem Gläubiger für die Schuld bis zu dem Werthe, welchen die Güter zur Zeit ihrer Auslieferung haben, insoweit persönlich verpflichtet, als der Gläubiger, falls die Auslieferung nicht erfolgt wäre, aus den Gütern hätte befriedigt werden können.

§. 690.

Wird vor dem Antritte der Bodmereireise die Unternehmung aufgegeben, so ist der Gläubiger befugt, die sofortige Bezahlung der Bodmereischuld an dem Orte zu verlangen, an welchem die Bodmerei eingegangen ist; er muß sich jedoch eine verhältnißmäßige Herabsetzung der Prämie gefallen lassen; bei der Herabsetzung ist vorzugsweise das Verhältniß der bestandenen zu der übernommenen Gefahr maßgebend.

Wird die Bodmereireise in einem anderen als in ihrem Bestimmungshafen beendet, so ist die Bodmereischuld ohne einen Abzug von der Prämie in diesem anderen Hafen nach dem Ablaufe der vertragsmäßigen und in deren Ermangelung der achttägigen Zahlungsfrist (§. 679) zu zahlen. Die Zahlungsfrist wird von dem Tage der endgültigen Einstellung der Reise berechnet.

Soweit sich nicht aus den Vorschriften der Abs. 1, 2 ein Anderes ergiebt, kommen auch in diesen Fällen die Vorschriften der §§. 680 bis 689 zur Anwendung.

§. 691.

Die Anwendung der Vorschriften dieses Abschnitts wird dadurch nicht ausgeschlossen, daß der Schiffer zugleich Miteigenthümer oder Alleineigenthümer des Schiffes oder der Ladung oder beider ist oder daß er auf Grund einer besonderen Anweisung der Betheiligten die Bodmerei eingegangen ist.

Siebenter Abschnitt.

Haverei.

Erster Titel.

Große (gemeinschaftliche) Haverei und besondere Haverei.

§. 692.

Alle Schäden, die dem Schiffe oder der Ladung oder beiden zum Zwecke der Errettung beider aus einer gemeinsamen Gefahr von dem Schiffer oder auf dessen Geheiß vorsätzlich zugefügt werden, sowie auch die durch solche Maßregeln ferner verursachten Schäden, ingleichen die Kosten, die zu demselben Zwecke aufgewendet werden, sind große Haverei.

Die große Haverei wird von Schiff, Fracht und Ladung gemeinschaftlich getragen.

§. 693.

Alle nicht zur großen Haverei gehörigen, durch einen Unfall verursachten Schäden und Kosten, soweit die letzteren nicht unter den §. 613 fallen, sind besondere Haverei.

Die besondere Haverei wird von den Eigenthümern des Schiffes und der Ladung, von jedem für sich allein, getragen.

§. 694.

Die Anwendung der Vorschriften über die große Haverei wird dadurch nicht ausgeschlossen, daß die Gefahr in Folge des Verschuldens eines Dritten oder auch eines Betheiligten herbeigeführt ist.

Der Betheiligte, welchem ein solches Verschulden zur Last fällt, kann jedoch nicht allein wegen des ihm entstandenen Schadens keine Vergütung fordern, sondern ist auch den Beitragspflichtigen für den Verlust verantwortlich, den sie dadurch erleiden, daß der Schaden als große Haverei zur Vertheilung kommt.

Ist die Gefahr durch eine Person der Schiffsbesatzung verschuldet, so trägt die Folgen dieses Verschuldens auch der Rheder nach Maßgabe der §§. 477, 478.

§. 695.

Die Havereivertheilung tritt nur ein, wenn sowohl das Schiff als auch die Ladung und zwar jeder dieser Gegenstände entweder ganz oder theilweise wirklich gerettet worden ist.

§. 696.

Die Verpflichtung, von einem geretteten Gegenstande beizutragen, wird dadurch, daß der Gegenstand später von einer besonderen Haverei betroffen wird, nur dann vollständig aufgehoben, wenn der Gegenstand ganz verloren geht.

§. 697.

Der Anspruch auf Vergütung einer zur großen Haverei gehörenden Beschädigung wird durch eine besondere Haverei, die den beschädigten Gegenstand später trifft, sei es, daß er von neuem beschädigt wird oder ganz verloren geht, nur dann aufgehoben, wenn der spätere Unfall mit dem früheren in keinem Zusammenhange steht, und nur insoweit, als der spätere Unfall auch den früheren Schaden nach sich gezogen haben würde, wenn dieser nicht bereits entstanden gewesen wäre.

Sind jedoch vor dem Eintritte des späteren Unfalls zur Wiederherstellung des beschädigten Gegenstandes bereits Aufwendungen gemacht, so bleibt rücksichtlich dieser der Anspruch auf Vergütung bestehen.

§. 698.

Große Haverei liegt namentlich in den nachstehenden Fällen vor, vorausgesetzt, daß zugleich die Erfordernisse der §§. 692, 694, 695 insoweit vorhanden sind, als in den folgenden Vorschriften nichts Besonderes bestimmt ist:

1. Wenn Waaren, Schiffstheile oder Schiffsgeräthschaften über Bord geworfen, Masten gekappt, Taue oder Segel weggeschnitten, Anker, Ankertaue oder Ankerketten geschlippt oder gekappt werden.

   Sowohl diese Schäden selbst als die durch solche Maßregeln an Schiff oder Ladung ferner verursachten Schäden gehören zur großen Haverei.

2. Wenn zur Erleichterung des Schiffes die Ladung ganz oder theilweise in Leichterfahrzeuge übergeladen wird.

Es gehört zur großen Haverei sowohl der Leichterlohn als der Schaden, der bei dem Ueberladen in das Leichterfahrzeug oder bei dem Rückladen in das Schiff der Ladung oder dem Schiffe zugefügt wird, sowie der Schaden, den die Ladung auf dem Leichterfahrzeug erleidet.

Muß die Erleichterung im regelmäßigen Verlaufe der Reise erfolgen, so liegt große Haverei nicht vor.

3. Wenn das Schiff absichtlich auf den Strand gesetzt wird, jedoch nur wenn es zum Zwecke der Abwendung des Unterganges oder der Nehmung geschieht.

Sowohl die durch die Strandung einschließlich der Abbringung entstehenden Schäden als auch die Kosten der Abbringung gehören zur großen Haverei.

Wird das behufs der Abwendung des Unterganges auf den Strand gesetzte Schiff nicht abgebracht oder nach der Abbringung reparaturunfähig befunden (§. 471), so findet eine Havereivertheilung nicht statt.

Strandet das Schiff, ohne daß die Strandung zur Rettung von Schiff und Ladung vorsätzlich herbeigeführt ist, so gehören zwar nicht die durch die Strandung veranlaßten Schäden, wohl aber die auf die Abbringung verwendeten Kosten und die zu diesem Zwecke dem Schiffe oder der Ladung absichtlich zugefügten Schäden zur großen Haverei.

4. Wenn das Schiff zur Vermeidung einer dem Schiffe und der Ladung im Falle der Fortsetzung der Reise drohenden gemeinsamen Gefahr in einen Nothhafen einläuft, insbesondere wenn das Einlaufen zur nothwendigen Ausbesserung eines Schadens erfolgt, den das Schiff während der Reise erlitten hat.

Es gehören in diesem Falle zur großen Haverei die Kosten des Einlaufens und des Auslaufens, die das Schiff selbst treffenden Aufenthaltskosten, die der Schiffsbesatzung während des Aufenthaltes gebührende Heuer und Kost, die Auslagen für die Unterbringung der Schiffsbesatzung am Lande, solange die Besatzung nicht an Bord verbleiben kann, ferner, falls die Ladung wegen des Grundes, welcher das Einlaufen in den Nothhafen herbeigeführt hat, gelöscht werden muß, die Kosten des Verbringens von Bord und an Bord sowie die Kosten der Aufbewahrung der Ladung am Lande bis zu dem Zeitpunkte, in welchem sie wieder an Bord gebracht werden kann.

Die sämmtlichen Aufenthaltskosten kommen nur für die Zeit der Fortdauer des Grundes in Rechnung, der das Einlaufen in den

Nothhafen herbeigeführt hat. Liegt der Grund in einer nothwendigen Ausbesserung des Schiffes, so kommen außerdem die Aufenthaltskosten nur bis zu dem Zeitpunkte in Rechnung, in welchem die Ausbesserung hätte vollendet sein können.

Die Kosten der Ausbesserung des Schiffes gehören nur insoweit zur großen Haverei, als der auszubessernde Schaden selbst große Haverei ist.

5. Wenn das Schiff gegen Feinde oder Seeräuber vertheidigt wird.

Die bei der Vertheidigung dem Schiffe oder der Ladung zugefügten Beschädigungen, der dabei verbrauchte Schießbedarf und, falls eine Person der Schiffsbesatzung bei der Vertheidigung verwundet oder getödtet wird, die Heilungs- und Begräbnißkosten sowie die nach den §§. 545, 546 dieses Gesetzbuchs und den §§. 49, 51 der Seemannsordnung zu zahlenden Belohnungen bilden die große Haverei.

6. Wenn im Falle der Anhaltung des Schiffes durch Feinde oder Seeräuber Schiff und Ladung losgekauft werden.

Was zum Loskaufe gegeben ist, bildet nebst den durch den Unterhalt und die Auslösung der Geißeln entstehenden Kosten die große Haverei.

7. Wenn die Beschaffung der zur Deckung der großen Haverei während der Reise erforderlichen Gelder Verluste und Kosten verursacht oder wenn durch die Auseinandersetzung unter den Betheiligten Kosten entstehen.

Diese Verluste und Kosten gehören gleichfalls zur großen Haverei.

Dahin werden insbesondere gezählt der Verlust an den während der Reise verkauften Gütern; die Bodmereiprämie, wenn das erforderliche Geld durch Bodmerei aufgenommen wird, und wenn dies nicht der Fall ist, die Prämie für die Versicherung des aufgewendeten Geldes, die Kosten für die Ermittelung der Schäden und für die Aufmachung der Rechnung über die große Haverei (Dispache).

§. 699.

Nicht als große Haverei, sondern als besondere Haverei werden angesehen:

1. die Verluste und Kosten, welche, wenn auch während der Reise, aus der in Folge einer besonderen Haverei nöthig gewordenen Beschaffung von Geld entstehen;
2. die Reklamekosten, auch wenn Schiff und Ladung zusammen und beide mit Erfolg reklamirt werden;
3. die durch Prangen verursachte Beschädigung des Schiffes, seines Zubehörs und der Ladung, selbst wenn, um der Strandung oder Nehmung zu entgehen, geprangt worden ist.

§. 700.

In den Fällen der großen Haverei bleiben bei der Schadensberechnung die Beschädigungen und Verluste außer Ansatz, welche die nachstehenden Gegenstände betreffen:

1. nicht unter Deck geladene Güter; diese Vorschrift findet jedoch bei der Küstenschiffahrt insofern keine Anwendung, als Deckladungen durch die Landesgesetze für zulässig erklärt sind (§. 558);
2. Güter, über die weder ein Konnossement ausgestellt ist noch das Manifest oder Ladebuch Auskunft giebt;
3. Kostbarkeiten, Kunstgegenstände, Geld und Werthpapiere, die dem Schiffer nicht gehörig bezeichnet worden sind (§. 599).

§. 701.

Der an dem Schiffe oder dem Zubehöre des Schiffes entstandene, zur großen Haverei gehörige Schaden ist, wenn die Ausbesserung während der Reise erfolgt, am Orte der Ausbesserung und vor dieser, sonst an dem Orte, wo die Reise endet, durch Sachverständige zu ermitteln und zu schätzen. Die Taxe muß die Veranschlagung der erforderlichen Ausbesserungskosten enthalten. Sie ist, wenn während der Reise ausgebessert wird, für die Schadensberechnung insoweit maßgebend, als nicht die Ausführungskosten unter den Anschlagssummen bleiben. War die Aufnahme einer Taxe nicht ausführbar, so entscheidet der Betrag der auf die erforderlichen Ausbesserungen wirklich verwendeten Kosten.

Soweit die Ausbesserung nicht während der Reise geschieht, ist die Abschätzung für die Schadensberechnung ausschließlich maßgebend.

§. 702.

Der nach Maßgabe des §. 701 ermittelte volle Betrag der Ausbesserungskosten bestimmt die zu leistende Vergütung, wenn das Schiff zur Zeit der Beschädigung noch nicht ein volles Jahr zu Wasser war.

Dasselbe gilt von der Vergütung für einzelne Theile des Schiffes, namentlich für die Metallhaut, sowie für einzelne Theile des Zubehörs, wenn solche Theile noch nicht ein volles Jahr in Gebrauch waren.

In den übrigen Fällen wird von dem vollen Betrage wegen des Unterschieds zwischen alt und neu ein Drittheil, bei den Ankerketten ein Sechstheil, bei den Ankern jedoch nichts abgezogen.

Von dem vollen Betrage kommen ferner in Abzug der volle Erlös oder Werth der noch vorhandenen alten Stücke, welche durch neue ersetzt sind oder zu ersetzen sind.

Findet ein solcher Abzug und zugleich der Abzug wegen des Unterschieds zwischen alt und neu statt, so ist zuerst dieser letztere und sodann von dem verbleibenden Betrage der andere Abzug zu machen.

§. 703.

Die Vergütung für aufgeopferte Güter wird durch den Marktpreis bestimmt, welchen Güter derselben Art und Beschaffenheit am Bestimmungsorte bei dem Beginne der Löschung des Schiffes haben.

In Ermangelung eines Marktpreises oder sofern über den Marktpreis oder dessen Anwendung, insbesondere mit Rücksicht auf die Beschaffenheit der Güter, Zweifel bestehen, wird der Preis durch Sachverständige ermittelt.

Von dem Preise kommt in Abzug, was an Fracht, Zöllen und Unkosten in Folge des Verlustes der Güter erspart wird.

Zu den aufgeopferten Gütern gehören auch diejenigen, welche zur Deckung der großen Haverei verkauft worden sind (§. 698 Nr. 7).

§. 704.

Die Vergütung für Güter, die eine zur großen Haverei gehörige Beschädigung erlitten haben, wird bestimmt durch den Unterschied zwischen dem durch Sachverständige zu ermittelnden Verkaufswerthe, welchen die Güter im beschädigten Zustande am Bestimmungsorte bei dem Beginne der Löschung des Schiffes haben, und dem im §. 703 bezeichneten Preise nach Abzug der Zölle und Unkosten, soweit sie in Folge der Beschädigung erspart sind.

§. 705.

Die vor, bei oder nach dem Havereifall entstandenen, zur großen Haverei nicht gehörenden Werthsverringerungen und Verluste sind bei der Berechnung der Vergütung (§§. 703, 704) in Abzug zu bringen.

§. 706.

Endet die Reise für Schiff und Ladung nicht im Bestimmungshafen, sondern an einem anderen Orte, so tritt dieser letztere, endet sie durch Verlust des Schiffes, so tritt der Ort, wohin die Ladung in Sicherheit gebracht ist, für die Ermittelung der Vergütung an die Stelle des Bestimmungsortes.

§. 707.

Die Vergütung für entgangene Fracht wird bestimmt durch den Frachtbetrag, welcher für die aufgeopferten Güter zu entrichten gewesen sein würde, wenn sie mit dem Schiffe an dem Orte ihrer Bestimmung oder, wenn dieser von dem Schiffe nicht erreicht wird, an dem Orte angelangt wären, wo die Reise endet.

§. 708.

Der gesammte Schaden, welcher die große Haverei bildet, wird über das Schiff, die Ladung und die Fracht nach dem Verhältnisse des Werthes des Schiffes und der Ladung und des Betrags der Fracht vertheilt.

§. 709.

Das Schiff nebst Zubehör trägt bei:

1. mit dem Werthe, welchen es in dem Zustand am Ende der Reise bei dem Beginne der Löschung hat;
2. mit dem als große Haverei in Rechnung kommenden Schaden an Schiff und Zubehör.

Von dem im Abs. 1 Nr. 1 bezeichneten Werthe ist der noch vorhandene Werth derjenigen Ausbesserungen und Anschaffungen abzuziehen, welche erst nach dem Havereifall erfolgt sind.

§. 710.

Die Ladung trägt bei:

1. mit den am Ende der Reise bei dem Beginne der Löschung noch vorhandenen Gütern oder, wenn die Reise durch den Verlust des Schiffes endet (§. 706), mit den in Sicherheit gebrachten Gütern, soweit in beiden Fällen diese Güter sich zur Zeit des Havereifalls am Bord des Schiffes oder eines Leichterfahrzeugs (§. 698 Nr. 2) befunden haben;
2. mit den aufgeopferten Gütern (§. 703).

§. 711.

Bei der Ermittelung des Beitrags kommt in Ansatz:

1. für Güter, die unversehrt sind, der Marktpreis oder der durch Sachverständige zu ermittelnde Preis (§. 703), welchen sie am Ende der Reise bei dem Beginne und am Orte der Löschung des Schiffes, oder, wenn die Reise durch Verlust des Schiffes endet (§. 706), zur Zeit und am Orte der Bergung haben, nach Abzug der Fracht, Zölle und sonstigen Unkosten;
2. für Güter, die während der Reise verdorben sind oder eine zur großen Haverei nicht gehörige Beschädigung erlitten haben, der durch Sachverständige zu ermittelnde Verkaufswerth (§. 704), welchen die Güter im beschädigten Zustande zu der in Nr. 1 erwähnten Zeit und an dem dort bezeichneten Orte haben, nach Abzug der Fracht, Zölle und sonstigen Unkosten;
3. für Güter, die aufgeopfert worden sind, der Betrag, welcher dafür nach §. 703 als große Haverei in Rechnung kommt;
4. für Güter, die eine zur großen Haverei gehörige Beschädigung erlitten haben, der nach Nr. 2 zu ermittelnde Werth, welchen die Güter im beschädigten Zustande haben, und der Werthsunterschied, welcher nach §. 704 für die Beschädigung als große Haverei in Rechnung kommt.

§. 712.

Sind Güter geworfen, so haben sie zu der gleichzeitigen oder einer späteren großen Haverei im Falle ihrer Bergung nur beizutragen, wenn der Eigenthümer eine Vergütung verlangt.

§. 713.

Die Frachtgelder tragen bei mit zwei Drittheilen:

1. des Bruttobetrags, welcher verdient ist;
2. des Betrags, welcher nach §. 707 als große Haverei in Rechnung kommt.

Ueberfahrtsgelder tragen bei mit dem Betrage, welcher im Falle des Verlustes des Schiffes eingebüßt wäre (§. 662), nach Abzug der Unkosten, die alsdann erspart sein würden.

§. 714.

Haftet auf einem beitragspflichtigen Gegenstand eine durch einen späteren Nothfall begründete Forderung, so trägt der Gegenstand nur mit seinem Werthe nach Abzug dieser Forderung bei.

§. 715.

Zur großen Haverei tragen nicht bei:

1. die Kriegs- und Mundvorräthe des Schiffes;
2. die Heuer und die Habe der Schiffsbesatzung;
3. das Reisegut der Reisenden.

Sind Sachen dieser Art aufgeopfert oder haben sie eine zur großen Haverei gehörige Beschädigung erlitten, so wird dafür nach Maßgabe der §§. 703 bis 707 Vergütung gewährt; für Kostbarkeiten, Kunstgegenstände, Geld und Werthpapiere wird jedoch nur dann Vergütung gewährt, wenn sie dem Schiffer gehörig bezeichnet worden sind (§. 599). Sachen, für die eine Vergütung gewährt wird, tragen mit dem Werthe oder dem Werthsunterschiede bei, welcher als große Haverei in Rechnung kommt.

Die im §. 700 erwähnten Gegenstände sind beitragspflichtig, soweit sie gerettet sind.

Die Bodmereigelder sind nicht beitragspflichtig.

§. 716.

Wenn nach dem Havereifall und bis zum Beginne der Löschung am Ende der Reise ein beitragspflichtiger Gegenstand ganz verloren geht (§. 696) oder zum Theil verloren geht oder im Werthe verringert, insbesondere gemäß §. 714 mit einer Forderung belastet wird, so tritt eine verhältnißmäßige Erhöhung der von den übrigen Gegenständen zu entrichtenden Beiträge ein.

Ist der Verlust oder die Werthsverringerung erst nach dem Beginne der Löschung erfolgt, so geht der Beitrag, welcher auf den Gegenstand fällt, soweit dieser zur Berichtigung des Beitrags unzureichend geworden ist, den Vergütungsberechtigten verloren.

§. 717.

Die Vergütungsberechtigten haben wegen der von dem Schiffe und der Fracht zu entrichtenden Beiträge die Rechte von Schiffsgläubigern. Auch in Ansehung der beitragspflichtigen Güter steht ihnen an den einzelnen Gütern wegen des von diesen zu entrichtenden Beitrags ein Pfandrecht zu. Das Pfandrecht kann jedoch nach der Auslieferung der Güter nicht zum Nachtheile des dritten Erwerbers, welcher den Besitz in gutem Glauben erlangt hat, geltend gemacht werden.

§. 718.

Eine persönliche Verpflichtung zur Entrichtung des Beitrags wird durch den Havereifall an sich nicht begründet.

Der Empfänger beitragspflichtiger Güter wird jedoch, wenn ihm bei der Annahme der Güter bekannt ist, daß davon ein Beitrag zu entrichten ist, für den letzteren bis zu dem Werthe, welchen die Güter zur Zeit ihrer Auslieferung haben, insoweit persönlich verpflichtet, als der Beitrag, falls die Auslieferung nicht erfolgt wäre, aus den Gütern hätte geleistet werden können.

§. 719.

Die Feststellung und Vertheilung der Schäden erfolgt an dem Bestimmungsort und, wenn dieser nicht erreicht wird, in dem Hafen, wo die Reise endet.

§. 720.

Der Schiffer ist verpflichtet, die Aufmachung der Dispache ohne Verzug zu veranlassen. Handelt er dieser Verpflichtung zuwider, so macht er sich jedem Betheiligten verantwortlich.

Wird die Aufmachung der Dispache nicht rechtzeitig veranlaßt, so kann jeder Betheiligte die Aufmachung in Antrag bringen und betreiben.

§. 721.

Im Gebiete dieses Gesetzbuchs wird die Dispache durch die ein- für allemal bestellten oder in deren Ermangelung durch die vom Gerichte besonders ernannten Personen (Dispacheure) aufgemacht.

Jeder Betheiligte ist verpflichtet, die zur Aufmachung der Dispache erforderlichen Urkunden, soweit er sie zu seiner Verfügung hat, namentlich Chartepartieen, Konnossemente und Fakturen, dem Dispacheur mitzutheilen.

§. 722.

Für die von dem Schiffe zu leistenden Beiträge ist den Ladungsbetheiligten Sicherheit zu bestellen, bevor das Schiff den Hafen verlassen darf, in welchem nach §. 719 die Feststellung und Vertheilung der Schäden zu erfolgen hat.

§. 723.

Der Schiffer darf Güter, auf denen Havereibeiträge haften, vor der Berichtigung oder Sicherstellung der letzteren (§. 607) nicht ausliefern, widrigenfalls er, unbeschadet der Haftung der Güter, für die Beiträge persönlich verantwortlich wird.

Hat der Rheder die Handlungsweise des Schiffers angeordnet, so kommen die Vorschriften des §. 504 Abs. 2, 3 zur Anwendung.

Das an den beitragspflichtigen Gütern den Vergütungsberechtigten zustehende Pfandrecht wird für diese durch den Verfrachter ausgeübt. Die Geltendmachung des Pfandrechts durch den Verfrachter erfolgt nach Maßgabe der Vorschriften, die für das Pfandrecht des Verfrachters wegen der Fracht und der Auslagen gelten.

§. 724.

Hat der Schiffer zur Fortsetzung der Reise, jedoch zum Zwecke einer nicht zur großen Haverei gehörenden Aufwendung, die Ladung verbodmet oder über einen Theil der Ladung durch Verkauf oder Verwendung verfügt, so ist der Verlust, den ein Ladungsbetheiligter dadurch erleidet, daß er wegen seiner Ersatzansprüche aus Schiff und Fracht gar nicht oder nicht vollständig befriedigt werden kann (§§. 532, 533, 604), von sämmtlichen Ladungsbetheiligten nach den Grundsätzen der großen Haverei zu tragen.

Bei der Ermittelung des Verlustes ist im Verhältnisse zu den Ladungsbetheiligten in allen Fällen, namentlich auch im Falle des §. 604 Abs. 2, die im §. 703 bezeichnete Vergütung maßgebend. Mit dem Werthe, durch welchen diese Vergütung bestimmt wird, tragen die verkauften Güter auch zu einer etwa eintretenden großen Haverei bei (§. 710).

§. 725.

Die in den Fällen der §§. 627, 724 zu entrichtenden Beiträge und eintretenden Vergütungen stehen in allen rechtlichen Beziehungen den Beiträgen und Vergütungen in den Fällen der großen Haverei gleich.

Zweiter Titel.

Schaden durch Zusammenstoß von Schiffen.

§. 726.

Wenn zwei Schiffe zusammenstoßen und entweder auf einer oder auf beiden Seiten durch den Stoß Schiff oder Ladung allein oder Schiff und

Ladung beschädigt werden oder ganz verloren gehen, so ist, falls eine Person der Besatzung des einen Schiffes durch ihr Verschulden den Zusammenstoß herbeigeführt hat, der Rheder dieses Schiffes nach Maßgabe der §§. 477, 478 verpflichtet, den durch den Zusammenstoß dem anderen Schiffe und dessen Ladung zugefügten Schaden zu ersetzen.

Die Eigenthümer der Ladung beider Schiffe sind nicht verpflichtet, zum Ersatze des Schadens beizutragen.

Die persönliche Verpflichtung der zur Schiffsbesatzung gehörigen Personen, für die Folgen ihres Verschuldens aufzukommen, wird durch diese Vorschriften nicht berührt.

§. 727.

Fällt keiner Person der Besatzung des einen oder des anderen Schiffes ein Verschulden zur Last oder ist der Zusammenstoß durch beiderseitiges Verschulden herbeigeführt, so findet ein Anspruch auf Ersatz des dem einen oder anderen oder beiden Schiffen zugefügten Schadens nicht statt.

§. 728.

Die Vorschriften der §§. 726, 727 kommen zur Anwendung ohne Unterschied, ob beide Schiffe oder das eine oder das andere sich in der Fahrt oder im Treiben befinden oder vor Anker oder am Lande befestigt liegen.

§. 729.

Ist ein durch den Zusammenstoß beschädigtes Schiff gesunken, bevor es einen Hafen erreichen konnte, so wird vermuthet, daß der Untergang des Schiffes eine Folge des Zusammenstoßes war.

§. 730.

Hat sich das Schiff unter der Führung eines Zwangslootsen befunden und haben die zur Schiffsbesatzung gehörigen Personen die ihnen obliegenden Pflichten erfüllt, so ist der Rheder des Schiffes von der Verantwortung für den Schaden frei, welcher durch den von dem Lootsen verschuldeten Zusammenstoß entstanden ist.

§. 731.

Die Vorschriften dieses Titels kommen auch zur Anwendung, wenn mehr als zwei Schiffe zusammenstoßen.

Ist in einem solchen Falle der Zusammenstoß durch eine Person der Besatzung des einen Schiffes verschuldet, so haftet der Rheder des letzteren auch für den Schaden, welcher daraus entsteht, daß durch den Zusammenstoß dieses Schiffes mit einem anderen der Zusammenstoß dieses anderen Schiffes mit einem dritten verursacht ist.

Achter Abschnitt.

Bergung und Hülfsleistung in Seenoth.

§. 732.

Wird in einer Seenoth ein Schiff oder dessen Ladung ganz oder theilweise, nachdem sie der Verfügung der Schiffsbesatzung entzogen oder von ihr verlassen waren, von dritten Personen an sich genommen und in Sicherheit gebracht, so haben diese Personen Anspruch auf Bergelohn.

Wird außer dem vorstehenden Falle ein Schiff oder dessen Ladung durch Hülfe dritter Personen aus einer Seenoth gerettet, so haben diese nur Anspruch auf Hülfslohn.

Der Schiffsbesatzung des verunglückten oder gefährdeten Schiffes steht ein Anspruch auf Berge- oder Hülfslohn nicht zu.

§. 733.

Wird noch während der Gefahr ein Vertrag über die Höhe des Berge- oder Hülfslohns geschlossen, so kann der Vertrag wegen erheblichen Uebermaßes der zugesicherten Vergütung angefochten und die Herabsetzung der letzteren auf das den Umständen entsprechende Maß verlangt werden.

§. 734.

In Ermangelung einer Vereinbarung ist die Höhe des Berge- oder Hülfslohns unter Berücksichtigung aller Umstände des Falles nach billigem Ermessen in Geld festzusetzen.

§. 735.

Der Berge- oder Hülfslohn umfaßt zugleich die Vergütung für die Aufwendungen, welche zum Zwecke des Bergens und Rettens geschehen.

Nicht darin enthalten sind die Kosten und Gebühren der Behörden, die von den geborgenen oder geretteten Gegenständen zu entrichtenden Zölle und sonstigen Abgaben sowie die Kosten zum Zwecke der Aufbewahrung, Erhaltung, Abschätzung und Veräußerung dieser Gegenstände.

§. 736.

Bei der Bestimmung des Betrags des Berge- oder Hülfslohns kommen insbesondere in Anschlag der bewiesene Eifer, die verwendete Zeit, die geleisteten Dienste, die geschehenen Aufwendungen, die Zahl der thätig gewesenen Personen, die Gefahr, der sie ihre Person und ihre Fahrzeuge unterzogen haben, sowie die Gefahr, die den geborgenen oder geretteten Gegenständen gedroht hat, und der nach Abzug der Kosten (§. 735 Abs. 2) verbliebene Werth der letzteren.

§. 737.

Der Berge- oder Hülfslohn darf ohne den übereinstimmenden Antrag der Parteien nicht auf einen Bruchtheil des Werthes der geborgenen oder geretteten Gegenstände festgesetzt werden.

§. 738.

Der Betrag des Bergelohns soll den dritten Theil des Werthes der geborgenen Gegenstände (§. 736) nicht übersteigen.

Nur ausnahmsweise, wenn die Bergung mit ungewöhnlichen Anstrengungen und Gefahren verbunden war und jener Werth zugleich ein geringer ist, kann der Betrag bis zur Hälfte des Werthes erhöht werden.

§. 739.

Der Hülfslohn ist stets unter dem Betrage festzusetzen, welchen der Bergelohn unter sonst gleichen Umständen erreicht haben würde. Auf den Werth der geretteten Gegenstände ist bei der Bestimmung des Hülfslohns nur eine untergeordnete Rücksicht zu nehmen.

§. 740.

Betheiligen sich mehrere Personen an der Bergung oder Hülfsleistung, so wird der Berge- oder Hülfslohn unter sie nach Maßgabe der persönlichen und sachlichen Leistungen der einzelnen und im Zweifel nach der Kopfzahl vertheilt.

Zur gleichmäßigen Theilnahme sind auch diejenigen berechtigt, welche sich in derselben Gefahr der Rettung von Menschen unterziehen.

§. 741.

Wird ein Schiff oder dessen Ladung ganz oder theilweise von einem anderen Schiffe geborgen oder gerettet, so wird der Berge- oder Hülfslohn zwischen dem Rheder, dem Schiffer und der übrigen Besatzung des anderen Schiffes, sofern nicht durch Vertrag unter ihnen ein Anderes bestimmt ist, in der Art vertheilt, daß der Rheder die Hälfte, der Schiffer ein Viertheil und die übrige Besatzung zusammen gleichfalls ein Viertheil erhalten. Die Vertheilung unter die letztere erfolgt nach dem Verhältnisse der Heuer, die dem Einzelnen gebührt oder seinem Range nach gebühren würde.

§. 742.

Auf Berge- und Hülfslohn hat keinen Anspruch:

1. wer seine Dienste aufdringt, insbesondere ohne Erlaubniß des anwesenden Schiffers das Schiff betritt;
2. wer von den geborgenen Gegenständen dem Schiffer, dem Eigenthümer oder der zuständigen Behörde nicht sofort Anzeige macht.

§. 743.

Wegen der Bergungs- und Hülfskosten, insbesondere auch wegen des Berge- und Hülfslohns, steht dem Gläubiger ein Pfandrecht an den geborgenen oder geretteten Gegenständen, an den geborgenen Gegenständen bis zur Sicherheitsleistung zugleich das Zurückbehaltungsrecht zu.

Auf die Geltendmachung des Pfandrechts finden die Vorschriften des §. 688 entsprechende Anwendung.

§. 744.

Der Schiffer darf die Güter vor der Befriedigung oder Sicherstellung des Gläubigers weder ganz noch theilweise ausliefern, widrigenfalls er dem Gläubiger insoweit persönlich verpflichtet wird, als dieser aus den ausgelieferten Gütern zur Zeit der Auslieferung hätte befriedigt werden können.

Hat der Rheder die Handlungsweise des Schiffers angeordnet, so kommen die Vorschriften des §. 504 Abs. 2, 3 zur Anwendung.

§. 745.

Eine persönliche Verpflichtung zur Entrichtung der Bergungs- und Hülfskosten wird durch die Bergung und Rettung an sich nicht begründet.

Der Empfänger von Gütern wird jedoch, wenn ihm bei der Annahme der Güter bekannt ist, daß davon Bergungs- oder Hülfskosten zu berichtigen sind, für diese Kosten insoweit persönlich verpflichtet, als sie, falls die Auslieferung nicht erfolgt wäre, aus den Gütern hätten berichtigt werden können.

Sind noch andere Gegenstände gemeinschaftlich mit den ausgelieferten Gütern geborgen oder gerettet, so geht die persönliche Haftung des Empfängers über den Betrag nicht hinaus, welcher bei einer Vertheilung der Kosten über sämmtliche Gegenstände auf die ausgelieferten Güter fällt.

Neunter Abschnitt.

Schiffsgläubiger.

§. 746.

Die nachbenannten Forderungen gewähren die Rechte eines Schiffsgläubigers:

1. die zu den Kosten der Zwangsvollstreckung nicht gehörenden Kosten der Bewachung und Verwahrung des Schiffes und seines Zubehörs seit der Einbringung des Schiffes in den letzten Hafen, falls das Schiff im Wege der Zwangsvollstreckung verkauft wird;
2. die öffentlichen Schiffs-, Schiffahrts- und Hafenabgaben, insbesondere die Tonnen-, Leuchtfeuer-, Quarantäne- und Hafengelder;
3. die aus den Dienst- und Heuerverträgen herrührenden Forderungen der Schiffsbesatzung;

4. die Lootsengelder sowie die Bergungs-, Hülfs-, Loskaufs- und Reklamekosten;
5. die Beiträge des Schiffes zur großen Haverei;
6. die Forderungen der Bodmereigläubiger, welchen das Schiff verbodmet ist, sowie die Forderungen aus sonstigen Kreditgeschäften, die der Schiffer als solcher während des Aufenthaltes des Schiffes außerhalb des Heimathshafens in Nothfällen abgeschlossen hat (§§. 520, 533), auch wenn er Miteigenthümer oder Alleineigenthümer des Schiffes ist; den Forderungen aus solchen Kreditgeschäften stehen die Forderungen wegen Lieferungen oder Leistungen gleich, die ohne Gewährung eines Kredits dem Schiffer als solchem während des Aufenthaltes des Schiffes außerhalb des Heimathshafens in Nothfällen zur Erhaltung des Schiffes oder zur Ausführung der Reise gemacht sind, soweit diese Lieferungen oder Leistungen zur Befriedigung des Bedürfnisses erforderlich waren;
7. die Forderungen wegen Nichtablieferung oder Beschädigung der Ladungsgüter und des im §. 665 Abs. 2 erwähnten Reiseguts;
8. die nicht unter eine der vorigen Nummern fallenden Forderungen aus Rechtsgeschäften, die der Schiffer als solcher kraft seiner gesetzlichen Befugnisse und nicht mit Bezug auf eine besondere Vollmacht geschlossen hat (§. 478 Abs. 1 Nr. 1), sowie die nicht unter eine der vorigen Nummern fallenden Forderungen wegen Nichterfüllung oder wegen unvollständiger oder mangelhafter Erfüllung eines von dem Rheder abgeschlossenen Vertrags, insofern die Ausführung des letzteren zu den Dienstobliegenheiten des Schiffers gehört hat (§. 478 Abs. 1 Nr. 2);
9. die Forderungen aus dem Verschulden einer Person der Schiffsbesatzung (§. 477, §. 478 Abs. 1 Nr. 3), auch wenn diese Person zugleich Miteigenthümer oder Alleineigenthümer des Schiffes ist;
10. die Forderungen, welche der Berufsgenossenschaft nach den Vorschriften über die Unfallversicherung und der Versicherungsanstalt nach den Vorschriften über die Invalidenversicherung gegen den Rheder zustehen.

§. 747.

Den Schiffsgläubigern, welchen das Schiff nicht schon durch Verbodmung verpfändet ist, steht ein gesetzliches Pfandrecht an dem Schiffe und dem Zubehöre des Schiffes zu.

Das Pfandrecht ist gegen jeden dritten Besitzer des Schiffes verfolgbar.

§. 748.

Das gesetzliche Pfandrecht eines jeden dieser Schiffsgläubiger erstreckt sich außerdem auf die Bruttofracht derjenigen Reise, aus welcher seine Forderung entstanden ist.

§. 749.

Als eine Reise im Sinne dieses Abschnitts wird diejenige angesehen, zu welcher das Schiff von neuem ausgerüstet oder welche entweder auf Grund eines neuen Frachtvertrags oder nach vollständiger Löschung der Ladung angetreten wird.

§. 750.

Den im §. 746 unter Nr. 3 aufgeführten Schiffsgläubigern steht wegen der aus einer späteren Reise entstandenen Forderungen zugleich ein gesetzliches Pfandrecht an der Fracht der früheren Reisen zu, sofern die verschiedenen Reisen unter denselben Dienst- und Heuervertrag fallen.

§. 751.

Auf das dem Bodmereigläubiger nach §. 671 zustehende Pfandrecht finden dieselben Vorschriften Anwendung, welche für das gesetzliche Pfandrecht der übrigen Schiffsgläubiger gelten.

Der Umfang des Pfandrechts des Bodmereigläubigers bestimmt sich jedoch nach dem Inhalte des Bodmereivertrags (§. 672).

§. 752.

Das einem Schiffsgläubiger zustehende Pfandrecht gilt in gleichem Maße für Kapital, Zinsen, Bodmereiprämie und Kosten.

§. 753.

Die Befriedigung des Schiffsgläubigers aus dem Schiffe und der Fracht erfolgt nach den für die Zwangsvollstreckung geltenden Vorschriften.

Die Klage kann sowohl gegen den Rheder als gegen den Schiffer gerichtet werden, gegen den letzteren auch dann, wenn sich das Schiff im Heimathshafen (§. 472) befindet; das gegen den Schiffer ergangene Urtheil ist auch gegenüber dem Rheder wirksam.

§. 754.

Auf die Rechte eines Schiffsgläubigers hat es keinen Einfluß, daß der Rheder für die Forderung bei deren Entstehung oder später zugleich persönlich verpflichtet wird.

Diese Vorschrift findet insbesondere auf die Forderungen der Schiffsbesatzung aus den Dienst- und Heuerverträgen Anwendung.

§. 755.

Gehört das Schiff einer Rhederei, so haften das Schiff und die Fracht den Schiffsgläubigern in gleicher Weise, als wenn das Schiff nur einem Rheder gehörte.

§. 756.

Das Pfandrecht der Schiffsgläubiger am Schiffe erlischt außer dem Falle der im Inland erfolgten Zwangsversteigerung des Schiffes auch durch den von dem Schiffer im Falle zwingender Nothwendigkeit auf Grund seiner gesetzlichen Befugnisse bewirkten Verkauf des Schiffes (§. 522); an die Stelle des Schiffes tritt für die Schiffsgläubiger das Kaufgeld, solange es bei dem Käufer aussteht oder noch in den Händen des Schiffers ist.

Diese Vorschriften finden auch auf sonstige Pfandrechte am Schiffe Anwendung.

§. 757.

Wird außer den im §. 756 bezeichneten Fällen das Schiff veräußert, so ist der Erwerber berechtigt, die Ausschließung der unbekannten Schiffsgläubiger mit ihren Pfandrechten im Wege des Aufgebotsverfahrens zu beantragen.

§. 758.

In Ansehung des Schiffes haben die Bewachungs- und Verwahrungskosten seit der Einbringung in den letzten Hafen (§. 746 Nr. 1) vor allen anderen Forderungen der Schiffsgläubiger den Vorzug.

§. 759.

Von den im §. 746 unter Nr. 2 bis 9 aufgeführten Forderungen gehen die die letzte Reise (§. 749) betreffenden Forderungen, zu welchen auch die nach der Beendigung der letzten Reise entstandenen Forderungen gerechnet werden, den Forderungen vor, welche die früheren Reisen betreffen.

Von den Forderungen, welche nicht die letzte Reise betreffen, gehen die eine spätere Reise betreffenden denjenigen vor, welche eine frühere Reise betreffen.

Den im §. 746 unter Nr. 3 aufgeführten Schiffsgläubigern gebührt jedoch wegen der eine frühere Reise betreffenden Forderungen dasselbe Vorzugsrecht, welches ihnen wegen der eine spätere Reise betreffenden Forderungen zusteht, sofern die verschiedenen Reisen unter denselben Dienst- oder Heuervertrag fallen.

Wenn die Bodmereireise mehrere Reisen im Sinne des §. 749 umfaßt, so steht der Bodmereigläubiger denjenigen Schiffsgläubigern nach, deren Forderungen die nach der Vollendung der ersten dieser Reisen angetretenen späteren Reisen betreffen.

§. 760.

Die Forderungen, welche dieselbe Reise betreffen, sowie diejenigen, welche als dieselbe Reise betreffend anzusehen sind (§. 759), werden in nachstehender Ordnung berichtigt:

1. die öffentlichen Schiffs-, Schiffahrts- und Hafenabgaben (§. 746 Nr. 2);

2. die aus den Dienst- und Heuerverträgen herrührenden Forderungen der Schiffsbesatzung (§. 746 Nr. 3);
3. die Lootsengelder sowie die Bergungs-, Hülfs-, Loskaufs- und Reklamekosten (§. 746 Nr. 4), die Beiträge des Schiffes zur großen Haverei (§. 746 Nr. 5), die Forderungen aus den von dem Schiffer in Nothfällen abgeschlossenen Bodmerei- und sonstigen Kreditgeschäften sowie die diesen Forderungen gleichzuachtenden Forderungen (§. 746 Nr. 6);
4. die Forderungen wegen Nichtablieferung oder Beschädigung von Ladungsgütern und Reisegut (§. 746 Nr. 7);
5. die im §. 746 unter Nr. 8, 9 aufgeführten Forderungen.

§. 761.

Von den im §. 760 unter Nr. 1, 2, 4, 5 aufgeführten Forderungen sind die dort unter derselben Nummer aufgeführten gleichberechtigt.

Von den im §. 760 unter Nr. 3 aufgeführten Forderungen geht dagegen die später entstandene der früher entstandenen vor; die gleichzeitig entstandenen sind gleichberechtigt.

Hat der Schiffer aus Anlaß desselben Nothfalls verschiedene Geschäfte abgeschlossen (§. 746 Nr. 6), so gelten die daraus herrührenden Forderungen als gleichzeitig entstanden.

Forderungen aus Kreditgeschäften, namentlich aus Bodmereiverträgen, die von dem Schiffer zur Berichtigung früherer, unter §. 760 Nr. 3 fallender Forderungen eingegangen sind, sowie Forderungen aus Verträgen, die von ihm behufs einer Verlängerung der Zahlungszeit oder behufs der Anerkennung oder Erneuerung solcher früheren Forderungen abgeschlossen sind, haben auch dann, wenn das Kreditgeschäft oder der Vertrag zur Fortsetzung der Reise nothwendig war, nur dasjenige Vorzugsrecht, welches der früheren Forderung zustand.

§. 762.

Die im §. 746 unter Nr. 10 bezeichneten Forderungen stehen allen übrigen Forderungen von Schiffsgläubigern ohne Rücksicht auf die Zeit ihrer Entstehung nach.

§. 763.

Das Pfandrecht der Schiffsgläubiger an der Fracht (§. 748) ist nur so lange wirksam, als die Fracht noch aussteht oder die Frachtgelder in den Händen des Schiffers sind.

Auch auf dieses Pfandrecht finden die Vorschriften der §§. 758 bis 762 über die Rangordnung Anwendung.

Im Falle der Abtretung der Fracht kann das Pfandrecht der Schiffsgläubiger, so lange die Fracht noch aussteht oder die Frachtgelder in den

Händen des Schiffers sind, auch dem neuen Gläubiger gegenüber geltend gemacht werden.

Soweit der Rheder die Fracht einzieht, haftet er den Schiffsgläubigern, welchen das Pfandrecht dadurch ganz oder zum Theil entgeht, persönlich und zwar einem jeden in Höhe desjenigen Betrags, welcher sich für ihn bei einer Vertheilung des eingezogenen Betrags nach der gesetzlichen Rangordnung ergiebt.

Dieselbe persönliche Haftung des Rheders tritt ein in Ansehung der am Abladungsorte zur Abladungszeit üblichen Fracht für die Güter, welche für seine Rechnung abgeladen sind.

§. 764.

Verwendet der Rheder die Fracht zur Befriedigung eines oder mehrerer Gläubiger, denen ein Pfandrecht an der Fracht zusteht, so ist er den Gläubigern, welchen der Vorzug gebührt hätte, nur insoweit verantwortlich, als er sie wissentlich verkürzt hat.

§. 765.

Soweit der Rheder in den Fällen der §§. 756, 757 das Kaufgeld einzieht, haftet er den Schiffsgläubigern, deren Pfandrechte in Folge der Zwangsversteigerung, des Verkaufs oder des Aufgebotsverfahrens erloschen sind, in gleicher Weise persönlich wie den Gläubigern einer Reise im Falle der Einziehung der Fracht (§§. 763, 764).

§. 766.

Sendet der Rheder, nachdem er von der Forderung eines Schiffsgläubigers, für die er nur mit Schiff und Fracht haftet, Kenntniß erhalten hat, das Schiff zu einer neuen Reise (§. 749) in See, ohne daß das Interesse des Schiffsgläubigers es gebietet, so wird er für die Forderung in Höhe desjenigen Betrags zugleich persönlich verpflichtet, welcher sich für den Gläubiger ergeben haben würde, falls der Werth, den das Schiff bei dem Antritte der Reise hatte, unter die Schiffsgläubiger nach der gesetzlichen Rangordnung vertheilt worden wäre.

Es wird vermuthet, daß der Gläubiger bei dieser Vertheilung seine vollständige Befriedigung erlangt haben würde.

Die persönliche Verpflichtung des Rheders, welche aus der Einziehung der dem Gläubiger haftenden Fracht entsteht (§. 763), wird durch diese Vorschriften nicht berührt.

§. 767.

Die Vergütung für Aufopferung oder Beschädigung in Fällen der großen Haverei tritt für die Schiffsgläubiger an die Stelle desjenigen, wofür die Vergütung bestimmt ist.

Dasselbe gilt von der Entschädigung, die im Falle des Verlustes oder der Beschädigung des Schiffes oder wegen entzogener Fracht im Falle des

Verlustes oder der Beschädigung von Gütern dem Rheder von demjenigen zu zahlen ist, welcher den Schaden gurch eine rechtswidrige Handlung verursacht hat.

Ist die Vergütung oder Entschädigung von dem Rheder eingezogen, so haftet er in Höhe des eingezogenen Betrags den Schiffsgläubigern in gleicher Weise persönlich wie den Gläubigern einer Reise im Falle der Einziehung der Fracht (§§. 763, 764).

§. 768.

Treffen Schiffsgläubiger, die ihr Pfandrecht verfolgen, mit anderen Pfandgläubigern oder sonstigen Gläubigern zusammen, so haben die Schiffsgläubiger den Vorzug.

§. 769.

Von den auf den Gütern wegen der Fracht, der Bodmereigelder, der Beiträge zur großen Haverei und der Bergungs- und Hülfskosten (§§. 615, 671, 717, 743) haftenden Pfandrechten steht das wegen der Fracht allen übrigen nach; unter diesen übrigen hat das später entstandene vor dem früher entstandenen den Vorzug; die gleichzeitig entstandenen sind gleichberechtigt. Die Forderungen aus den von dem Schiffer aus Anlaß desselben Nothfalls abgeschlossenen Geschäften gelten als gleichzeitig entstanden.

In den Fällen der großen Haverei und des Verlustes oder der Beschädigung durch rechtswidrige Handlungen kommen die Vorschriften des §. 767 und im Falle des von dem Schiffer zur Abwendung oder Verringerung eines Verlustes nach Maßgabe des §. 527 Abs. 3 bewirkten Verkaufs die Vorschriften des §. 756 und, wenn derjenige, für dessen Rechnung der Verkauf geschehen ist, das Kaufgeld einzieht, auch die Vorschrift des §. 765 zur Anwendung.

Zehnter Abschnitt.

Versicherung gegen die Gefahren der Seeschiffahrt.

Erster Titel.

Allgemeine Vorschriften.

§. 770.

Jedes in Geld schätzbare Interesse, welches Jemand daran hat, daß Schiff oder Ladung die Gefahren der Seeschiffahrt besteht, kann Gegenstand der Seeversicherung sein.

§. 771.

Es können insbesondere versichert werden:

das Schiff;

die Fracht;

die Ueberfahrtsgelder;

die Güter;
die Bodmereigelder;
die Havereigelder;
andere Forderungen, zu deren Deckung Schiff, Fracht, Ueberfahrtsgelder oder Güter dienen;
der von der Ankunft der Güter am Bestimmungsort erwartete Gewinn (imaginäre Gewinn);
die zu verdienende Provision;
die von dem Versicherer übernommene Gefahr (Rückversicherung).

In der einen dieser Versicherungen ist die andere nicht enthalten.

§. 772.

Die Heuerforderung des Schiffers und der Schiffsmannschaft kann nicht versichert werden.

§. 773.

Der Versicherungsnehmer kann entweder sein eigenes Interesse (Versicherung für eigene Rechnung) oder das Interesse eines Dritten (Versicherung für fremde Rechnung) und im letzteren Falle mit oder ohne Bezeichnung der Person des Versicherten unter Versicherung bringen.

Es kann im Vertrag auch unbestimmt gelassen werden, ob die Versicherung für eigene oder für fremde Rechnung genommen wird (für Rechnung „wen es angeht"). Ergiebt sich bei einer Versicherung für Rechnung, „wen es angeht", daß sie für fremde Rechnung genommen ist, so kommen die Vorschriften über die Versicherung für fremde Rechnung zur Anwendung.

Die Versicherung gilt als für eigene Rechnung des Versicherungsnehmers geschlossen, wenn der Vertrag nicht ergiebt, daß sie für fremde Rechnung oder für Rechnung „wen es angeht" genommen ist.

§. 774.

Die Versicherung für fremde Rechnung ist für den Versicherer nur verbindlich, wenn entweder der Versicherungsnehmer zur Eingehung der Versicherung von dem Versicherten beauftragt war oder wenn der Mangel eines solchen Auftrags von dem Versicherungsnehmer bei dem Abschlusse des Vertrags dem Versicherer angezeigt wird.

Ist die Anzeige unterlassen, so kann der Mangel des Auftrags dadurch nicht ersetzt werden, daß der Versicherte der Versicherung nachträglich zustimmt.

Ist die Anzeige erfolgt, so ist die Verbindlichkeit der Versicherung für den Versicherer von der nachträglichen Zustimmung des Versicherten nicht abhängig.

Der Versicherer, für welchen nach diesen Vorschriften der Versicherungsvertrag unverbindlich ist, kann, auch wenn er die Unverbindlichkeit des Vertrags geltend macht, die volle Prämie beanspruchen.

§. 775.

Wird die Versicherung von einem Bevollmächtigten, einem Geschäftsführer ohne Auftrag oder einem sonstigen Vertreter des Versicherten in dessen Namen geschlossen, so ist im Sinne dieses Gesetzbuchs weder der Vertreter Versicherungsnehmer noch die Versicherung selbst eine Versicherung für fremde Rechnung.

Im Zweifel wird angenommen, daß selbst die auf das Interesse eines benannten Dritten sich beziehende Versicherung eine Versicherung für fremde Rechnung sei.

§. 776.

Der Versicherer ist verpflichtet, eine von ihm unterzeichnete Urkunde (Polize) über den Versicherungsvertrag dem Versicherungsnehmer auf dessen Verlangen auszuhändigen.

§. 777.

Auf die Gültigkeit des Versicherungsvertrags hat es keinen Einfluß, daß zur Zeit des Abschlusses die Möglichkeit des Eintritts eines zu ersetzenden Schadens schon ausgeschlossen oder der zu ersetzende Schaden bereits eingetreten ist.

Waren jedoch beide Theile von dem Sachverhältniß unterrichtet, so ist der Vertrag als Versicherungsvertrag ungültig.

Wußte nur der Versicherer, daß die Möglichkeit des Eintritts eines zu ersetzenden Schadens schon ausgeschlossen war, oder wußte nur der Versicherungsnehmer, daß der zu ersetzende Schaden schon eingetreten war, so ist der Vertrag für den anderen, von dem Sachverhältniß nicht unterrichteten Theil unverbindlich. Im zweiten Falle kann der Versicherer, auch wenn er die Unverbindlichkeit des Vertrags geltend macht, die volle Prämie beanspruchen.

Im Falle, daß der Vertrag für den Versicherungsnehmer durch einen Vertreter abgeschlossen wird, kommt die Vorschrift des §. 798 Abs. 2, im Falle der Versicherung für fremde Rechnung die Vorschrift des §. 799 und im Falle der Versicherung mehrerer Gegenstände oder einer Gesammtheit von Gegenständen die Vorschrift des §. 802 zur Anwendung.

§. 778.

Der volle Werth des versicherten Gegenstandes ist der Versicherungswerth.

Die Versicherungssumme kann den Versicherungswerth nicht übersteigen. Soweit die Versicherungssumme den Versicherungswerth übersteigt (Ueberversicherung), hat die Versicherung keine rechtliche Geltung.

§. 779.

Uebersteigt im Falle einer gleichzeitigen Abschließung verschiedener Versicherungsverträge der Gesammtbetrag der Versicherungssummen den Versicherungswerth, so haften alle Versicherer zusammen nur in Höhe des Versicherungswerthes, und zwar jeder einzelne für so viele Prozente des Versicherungswerthes, als seine Versicherungssumme Prozente des Gesammtbetrags der Versicherungssummen bildet. Hierbei wird vermuthet, daß die Verträge gleichzeitig abgeschlossen seien.

Mehrere Versicherungsverträge, über die eine gemeinschaftliche Polize ertheilt ist, sowie mehrere Versicherungsverträge, die an demselben Tage abgeschlossen sind, gelten als gleichzeitig abgeschlossen.

§. 780.

Wird ein Gegenstand, der bereits zum vollen Werthe versichert ist, nochmals versichert, so hat die spätere Versicherung insoweit keine rechtliche Geltung, als der Gegenstand auf dieselbe Zeit und gegen dieselbe Gefahr bereits versichert ist (Doppelversicherung).

Ist durch die frühere Versicherung nicht der volle Werth versichert, so gilt die spätere Versicherung, soweit sie auf dieselbe Zeit und gegen dieselbe Gefahr genommen ist, nur für den noch nicht versicherten Theil des Werthes.

§. 781.

Die spätere Versicherung hat jedoch ungeachtet der Eingehung der früheren Versicherung rechtliche Geltung:

1. wenn bei dem Abschlusse des späteren Vertrags mit dem Versicherer vereinbart wird, daß ihm die Rechte aus der früheren Versicherung abzutreten sind;
2. wenn die spätere Versicherung unter der Bedingung geschlossen wird, daß der Versicherer nur insoweit haftet, als der Versicherte sich wegen Zahlungsunfähigkeit des früheren Versicherers an diesem nicht zu erholen vermag oder als die frühere Versicherung nicht zu Recht besteht;
3. wenn der frühere Versicherer mittelst Verzichtsanzeige seiner Verpflichtung insoweit entlassen wird, als zur Vermeidung einer Doppelversicherung nöthig ist, und der spätere Versicherer bei der Eingehung der späteren Versicherung hiervon benachrichtigt wird. Dem früheren Versicherer gebührt in diesem Falle, obgleich er von seiner Verpflichtung befreit wird, die volle Prämie.

§. 782.

Im Falle der Doppelversicherung hat nicht die zuerst genommene, sondern die später genommene Versicherung rechtliche Geltung, wenn die frühere Versicherung für fremde Rechnung ohne Auftrag genommen ist, die spätere dagegen von dem Versicherten selbst genommen wird, sofern in einem solchen Falle der Versicherte entweder bei der Eingehung der späteren Versicherung von der früheren noch nicht unterrichtet war oder bei der Eingehung der späteren Versicherung dem Versicherer anzeigt, daß er die frühere Versicherung zurückweise.

Die Rechte des früheren Versicherers in Ansehung der Prämie bestimmen sich in diesen Fällen nach den Vorschriften der §§. 887, 888.

§. 783.

Sind mehrere Versicherungen gleichzeitig oder nach einander geschlossen worden, so hat ein späterer Verzicht auf die gegen den einen Versicherer begründeten Rechte keinen Einfluß auf die Rechte und Verpflichtungen der übrigen Versicherer.

§. 784.

Erreicht die Versicherungssumme den Versicherungswerth nicht, so haftet der Versicherer im Falle eines theilweisen Schadens für den Betrag des letzteren nur nach dem Verhältnisse der Versicherungssumme zum Versicherungswerthe.

§. 785.

Wird durch Vereinbarung der Parteien der Versicherungswerth auf eine bestimmte Summe (Taxe) festgestellt (taxirte Polize), so ist die Taxe unter den Parteien für den Versicherungswerth maßgebend.

Der Versicherer kann jedoch eine Herabsetzung der Taxe fordern, wenn sie wesentlich übersetzt ist; ist imaginärer Gewinn taxirt, so kann der Versicherer eine Herabsetzung der Taxe fordern, wenn sie den Gewinn übersteigt, der zur Zeit des Abschlusses des Vertrags nach kaufmännischer Berechnung möglicherweise zu erwarten war.

Eine Polize mit der Bestimmung: „vorläufig taxirt" wird, solange die Taxe nicht in eine feste verwandelt ist, einer nicht taxirten Polize (offenen Polize) gleichgeachtet.

Bei der Versicherung von Fracht ist die Taxe in Bezug auf einen von dem Versicherer zu ersetzenden Schaden nur maßgebend, wenn es besonders bedungen ist.

§. 786.

Wenn in einem Vertrage mehrere Gegenstände oder eine Gesammtheit von Gegenständen unter einer Versicherungssumme begriffen, aber für einzelne dieser Gegenstände besondere Taxen vereinbart sind, so gelten die Gegenstände, welche besonders taxirt sind, auch als abgesondert versichert.

§. 787.

Als Versicherungswerth des Schiffes gilt, wenn die Parteien nicht eine andere Grundlage für die Schätzung vereinbaren, der Werth, welchen das Schiff in dem Zeitpunkte hat, in welchem die Gefahr für den Versicherer zu laufen beginnt.

Diese Vorschrift kommt auch zur Anwendung, wenn der Versicherungswerth des Schiffes taxirt ist.

§. 788.

Die Ausrüstungskosten, die Heuer und die Versicherungskosten können zugleich mit dem Schiffe oder besonders versichert werden, soweit sie nicht bereits durch die Versicherung der Bruttofracht versichert sind. Sie gelten nur dann als mit dem Schiffe versichert, wenn es vereinbart ist.

§. 789.

Die Fracht kann bis zu ihrem Bruttobetrage versichert werden, soweit sie nicht bereits durch die Versicherung der Ausrüstungskosten, der Heuer und der Versicherungskosten versichert ist.

Als Versicherungswerth der Fracht gilt der Betrag der in den Frachtverträgen bedungenen Fracht und, wenn eine bestimmte Fracht nicht bedungen ist oder soweit Güter für Rechnung des Rheders verschifft sind, der Betrag der üblichen Fracht (§. 611).

§. 790.

Ist bei der Versicherung der Fracht nicht bestimmt, ob sie ganz oder ob nur ein Theil versichert werden soll, so gilt die ganze Fracht als versichert.

Ist nicht bestimmt, ob die Brutto- oder die Nettofracht versichert werden soll, so gilt die Bruttofracht als versichert.

Sind die Fracht der Hinreise und die Fracht der Rückreise unter einer Versicherungssumme versichert, ohne daß bestimmt ist, welcher Theil der Versicherungssumme auf die Fracht der Hinreise und welcher Theil auf die Fracht der Rückreise fallen soll, so wird die Hälfte auf die Fracht der Hinreise, die Hälfte auf die Fracht der Rückreise gerechnet.

§. 791.

Als Versicherungswerth der Güter gilt, wenn die Parteien nicht eine andere Grundlage für die Schätzung vereinbaren, derjenige Werth, welchen die Güter am Orte und zur Zeit der Abladung haben, unter Hinzurechnung aller Kosten bis an Bord einschließlich der Versicherungskosten.

Die Fracht sowie die Kosten während der Reise und am Bestimmungsorte werden nur hinzugerechnet, sofern es vereinbart ist.

Diese Vorschriften kommen auch zur Anwendung, wenn der Versicherungswerth der Güter taxirt ist.

§. 792.

Sind die Ausrüstungskosten oder die Heuer, sei es selbständig, sei es durch Versicherung der Bruttofracht, versichert oder sind bei der Versicherung von Gütern die Fracht oder die Kosten während der Reise und am Bestimmungsorte versichert, so leistet der Versicherer für denjenigen Theil der Kosten, der Heuer oder der Fracht keinen Ersatz, welcher in Folge eines Unfalls erspart wird.

§. 793.

Bei der Versicherung von Gütern ist der imaginäre Gewinn oder die Provision, auch wenn der Versicherungswerth der Güter taxirt ist, als mitversichert nur anzusehen, sofern es im Vertrage bestimmt ist.

Ist im Falle der Mitversicherung des imaginären Gewinns der Versicherungswerth taxirt, aber nicht bestimmt, welcher Theil der Taxe sich auf den imaginären Gewinn beziehen soll, so wird angenommen, daß zehn Prozent der Taxe auf den imaginären Gewinn fallen. Wenn im Falle der Mitversicherung des imaginären Gewinns der Versicherungswerth nicht taxirt ist, so werden als imaginärer Gewinn zehn Prozent des Versicherungswerthes der Güter (§. 791) als versichert betrachtet.

Die Vorschriften des Abs. 2 kommen auch im Falle der Mitversicherung der Provision mit der Maßgabe zur Anwendung, daß an die Stelle der zehn Prozent zwei Prozent treten.

§. 794.

Ist der imaginäre Gewinn oder die Provision selbständig versichert, der Versicherungswerth jedoch nicht taxirt, so wird im Zweifel angenommen, daß die Versicherungssumme zugleich als Taxe des Versicherungswerthes gelten soll.

§. 795.

Die Bodmereigelder können einschließlich der Bodmereiprämie für den Bodmereigläubiger versichert werden.

Ist bei der Versicherung von Bodmereigeldern nicht angegeben, welche Gegenstände verbodmet sind, so wird angenommen, daß Bodmereigelder auf Schiff, Fracht und Ladung versichert sind. Hierauf kann sich, wenn in Wirklichkeit nicht alle diese Gegenstände verbodmet sind, nur der Versicherer berufen.

§. 796.

Hat der Versicherer seine Verpflichtungen erfüllt, so tritt er, soweit er einen Schaden vergütet hat, dessen Erstattung der Versicherte von einem Dritten zu fordern befugt ist, in die Rechte des Versicherten gegen den Dritten ein, jedoch unbeschadet der Vorschriften des §. 767 Abs. 2 und des §. 769 Abs. 2.

Der Versicherte ist verpflichtet, dem Versicherer, wenn er es verlangt, auf dessen Kosten eine öffentlich beglaubigte Anerkennungsurkunde über den Eintritt in die Rechte gegen den Dritten zu ertheilen.

Der Versicherte ist verantwortlich für jede Handlung, durch die er jene Rechte beeinträchtigt.

§. 797.

Ist eine Forderung versichert, zu deren Deckung eine den Gefahren der See ausgesetzte Sache dient, so ist der Versicherte im Falle eines Schadens verpflichtet, dem Versicherer, nachdem dieser seine Verpflichtungen erfüllt hat, seine Rechte gegen den Schuldner insoweit abzutreten, als der Versicherer Ersatz geleistet hat.

Der Versicherte ist nicht verpflichtet, die ihm gegen den Schuldner zustehenden Rechte geltend zu machen, bevor er den Versicherer in Anspruch nimmt.

Zweiter Titel.

Anzeigen bei dem Abschlusse des Vertrags.

§. 798.

Der Versicherungsnehmer ist sowohl im Falle der Versicherung für eigene Rechnung als im Falle der Versicherung für fremde Rechnung verpflichtet, bei dem Abschlusse des Vertrags dem Versicherer alle ihm bekannten Umstände anzuzeigen, die wegen ihrer Erheblichkeit für die Beurtheilung der von dem Versicherer zu tragenden Gefahr geeignet sind, auf den Entschluß des letzteren, sich auf den Vertrag überhaupt oder unter denselben Bestimmungen einzulassen, Einfluß zu üben.

Wenn der Vertrag für den Versicherungsnehmer durch einen Vertreter abgeschlossen wird, so sind auch die dem Vertreter bekannten Umstände anzuzeigen.

§. 799.

Im Falle der Versicherung für fremde Rechnung müssen dem Versicherer bei dem Abschlusse des Vertrags auch diejenigen Umstände angezeigt werden, welche dem Versicherten selbst oder einem Zwischenbeauftragten bekannt sind.

Die Kenntniß des Versicherten oder eines Zwischenbeauftragten kommt jedoch nicht in Betracht, wenn ihnen der Umstand so spät bekannt wird, daß sie den Versicherungsnehmer ohne Anwendung außergewöhnlicher Maßregeln vor dem Abschlusse des Vertrags nicht mehr davon benachrichtigen können.

Die Kenntniß des Versicherten kommt auch dann nicht in Betracht, wenn die Versicherung ohne seinen Auftrag und ohne sein Wissen genommen ist.

§. 800.

Wird die in den §§. 798, 799 bezeichnete Verpflichtung nicht erfüllt, so ist der Vertrag für den Versicherer unverbindlich.

Diese Vorschrift findet jedoch keine Anwendung, wenn der nicht angezeigte Umstand dem Versicherer bekannt war oder als ihm bekannt vorausgesetzt werden durfte.

§. 801.

Wird von dem Versicherungsnehmer bei dem Abschlusse des Vertrags in Bezug auf einen erheblichen Umstand (§. 798) eine unrichtige Anzeige gemacht, so ist der Vertrag für den Versicherer unverbindlich, es sei denn, daß diesem die Unrichtigkeit der Anzeige bekannt war.

Die Vorschrift kommt zur Anwendung ohne Unterschied, ob die Anzeige wissentlich oder aus Irrthum, ob sie mit oder ohne Verschulden unrichtig gemacht wird.

§. 802.

Wird bei einer Versicherung mehrerer Gegenstände oder einer Gesammtheit von Gegenständen den Vorschriften der §§. 798 bis 801 in Ansehung eines Umstandes zuwidergehandelt, der nur einen Theil der versicherten Gegenstände betrifft, so bleibt der Vertrag für den Versicherer in Ansehung des übrigen Theiles verbindlich. Der Vertrag ist jedoch auch in Ansehung des übrigen Theiles für den Versicherer unverbindlich, wenn anzunehmen ist, daß der Versicherer diesen Theil allein unter denselben Bestimmungen nicht versichert haben würde.

§. 803.

Dem Versicherer gebührt in den Fällen der §§. 798 bis 802, auch wenn er die gänzliche oder theilweise Unverbindlichkeit des Vertrags geltend macht, die volle Prämie.

Dritter Titel.

Verpflichtungen des Versicherten aus dem Versicherungsvertrage.

§. 804.

Die Prämie ist, sofern nicht ein Anderes vereinbart ist, sofort nach dem Abschlusse des Vertrags und, wenn eine Polize verlangt wird, gegen Auslieferung der Polize zu zahlen.

Zur Zahlung der Prämie ist der Versicherungsnehmer verpflichtet.

Wenn bei der Versicherung für fremde Rechnung der Versicherungsnehmer zahlungsunfähig geworden ist und die Prämie von dem Versicherten noch nicht erhalten hat, so kann der Versicherer auch den Versicherten auf Zahlung der Prämie in Anspruch nehmen.

§. 805.

Wird statt der versicherten Reise, bevor die Gefahr für den Versicherer zu laufen begonnen hat, eine andere Reise angetreten, so ist der Versicherer bei der Versicherung von Schiff und Fracht von jeder Haftung frei, bei anderen Versicherungen trägt er die Gefahr für die andere Reise nur dann, wenn die Veränderung der Reise weder von dem Versicherten noch in dessen Auftrage oder mit dessen Zustimmung bewirkt ist.

Wird die versicherte Reise verändert, nachdem die Gefahr für den Versicherer zu laufen begonnen hat, so haftet der Versicherer nicht für die nach der Veränderung der Reise eintretenden Unfälle. Er haftet jedoch für diese Unfälle, wenn die Veränderung weder von dem Versicherten noch in dessen Auftrage oder mit dessen Zustimmung bewirkt oder wenn sie durch einen

Nothfall verursacht ist, es sei denn, daß sich der Nothstand auf eine Gefahr gründet, die der Versicherer nicht zu tragen hat.

Die Reise ist verändert, sobald der Entschluß, sie nach einem anderen Bestimmungshafen zu richten, zur Ausführung gebracht wird, sollten sich auch die Wege nach beiden Bestimmungshäfen noch nicht geschieden haben. Diese Vorschrift gilt sowohl für die Fälle des Abs. 1 als für die Fälle des Abs. 2.

§. 806.

Wenn von dem Versicherten oder in dessen Auftrage oder mit dessen Zustimmung der Antritt oder die Vollendung der Reise ungebührlich verzögert, von dem der versicherten Reise entsprechenden Wege abgewichen oder ein Hafen angelaufen wird, dessen Angehung als in der versicherten Reise begriffen nicht erachtet werden kann, oder wenn der Versicherte in anderer Weise eine Vergrößerung oder Veränderung der Gefahr veranlaßt, namentlich eine in dieser Beziehung ertheilte besondere Zusage nicht erfüllt, so haftet der Versicherer nicht für die später sich ereignenden Fälle.

Diese Wirkung tritt jedoch nicht ein:

1. wenn anzunehmen ist, daß die Vergrößerung oder Veränderung der Gefahr keinen Einfluß auf den späteren Unfall hat üben können;
2. wenn die Vergrößerung oder Veränderung der Gefahr, nachdem die Gefahr für den Versicherer bereits zu laufen begonnen hat, durch einen Nothfall verursacht ist, es sei denn, daß sich der Nothstand auf eine Gefahr gründet, die der Versicherer nicht zu tragen hat;
3. wenn der Schiffer zu der Abweichung von dem Wege durch das Gebot der Menschlichkeit genöthigt worden ist.

§. 807.

Wird bei dem Abschlusse des Vertrags der Schiffer bezeichnet, so ist in dieser Bezeichnung allein noch nicht die Zusage enthalten, daß der benannte Schiffer die Führung des Schiffes behalten werde.

§. 808.

Bei der Versicherung von Gütern haftet der Versicherer für keinen Unfall, soweit die Beförderung der Güter nicht mit dem dazu bestimmten Schiffe geschieht. Er haftet jedoch nach Maßgabe des Vertrags, wenn die Güter, nachdem die Gefahr für ihn bereits zu laufen begonnen hat; ohne Auftrag und ohne Zustimmung des Versicherten in anderer Art als mit dem zur Beförderung bestimmten Schiffe weiter befördert werden oder wenn dies in Folge eines Unfalls geschieht, es sei denn, daß sich der Unfall auf eine Gefahr gründet, die der Versicherer nicht zu tragen hat.

§. 809.

Bei der Versicherung von Gütern ohne Bezeichnung des Schiffes oder der Schiffe (in unbestimmten oder unbenannten Schiffen) hat der Versicherte, sobald er Nachricht erhält, in welches Schiff versicherte Güter abgeladen sind, diese Nachricht dem Versicherer mitzutheilen.

Im Falle der Nichterfüllung dieser Verpflichtung haftet der Versicherer für keinen Unfall, der den abgeladenen Gütern zustößt.

§. 810.

Jeder Unfall ist, sobald der Versicherungsnehmer oder der Versicherte, wenn dieser von der Versicherung Kenntniß hat, Nachricht von dem Unfall erhält, dem Versicherer anzuzeigen, widrigenfalls der Versicherer befugt ist, von der Entschädigungssumme den Betrag abzuziehen, um den sie sich bei rechtzeitiger Anzeige gemindert hätte.

§. 811.

Der Versicherte ist verpflichtet, wenn sich ein Unfall zuträgt, sowohl für die Rettung der versicherten Sachen als für die Abwendung größerer Nachtheile thunlichst zu sorgen.

Er hat jedoch, wenn thunlich, über die erforderlichen Maßregeln vorher mit dem Versicherer Rücksprache zu nehmen.

Vierter Titel.

Umfang der Gefahr.

§. 812.

Der Versicherer trägt alle Gefahren, denen Schiff oder Ladung während der Dauer der Versicherung ausgesetzt sind, soweit nicht durch die nachfolgenden Vorschriften oder durch Vertrag ein Anderes bestimmt ist.

Er trägt insbesondere:

1. die Gefahr der Naturereignisse und der sonstigen Seeunfälle, auch wenn diese durch das Verschulden eines Dritten veranlaßt sind, wie Eindringen des Seewassers, Strandung, Schiffbruch, Sinken, Feuer, Explosion, Blitz, Erdbeben, Beschädigung durch Eis u. s. w.;
2. die Gefahr des Krieges und der Verfügungen von hoher Hand;
3. die Gefahr des auf Antrag eines Dritten angeordneten, von dem Versicherten nicht verschuldeten Arrestes;
4. die Gefahr des Diebstahls sowie die Gefahr des Seeraubs, der Plünderung und sonstiger Gewaltthätigkeiten.
5. die Gefahr der Verbodmung der versicherten Güter zur Fortsetzung der Reise oder der Verfügung über die Güter durch Verkauf oder durch Verwendung zu gleichem Zwecke (§§. 530 bis 533, 724);

6. die Gefahr der Unredlichkeit oder des Verschuldens einer Person der Schiffsbesatzung, sofern daraus für den versicherten Gegenstand ein Schaden entsteht;
7. die Gefahr des Zusammenstoßes von Schiffen und zwar ohne Unterschied, ob der Versicherte in Folge des Zusammenstoßes unmittelbar oder ob er mittelbar dadurch einen Schaden erleidet, daß er den einem Dritten zugefügten Schaden zu ersetzen hat.

§. 813.

Dem Versicherten fallen die nachstehend bezeichneten Schäden nicht zur Last:

1. bei der Versicherung von Schiff oder Fracht:
   der Schaden, welcher daraus entsteht, daß das Schiff in einem nicht seetüchtigen Zustand oder nicht gehörig ausgerüstet oder bemannt oder ohne die erforderlichen Papiere (§. 505) in See gesandt ist;
   der Schaden, welcher außer dem Falle des Zusammenstoßes von Schiffen daraus entsteht, daß der Rheder für den durch eine Person der Schiffsbesatzung einem Dritten zugefügten Schaden haften muß (§§. 477, 478);
2. bei einer auf das Schiff sich beziehenden Versicherung:
   der Schaden an Schiff und Zubehör, welcher nur eine Folge der Abnutzung des Schiffes im gewöhnlichen Gebrauch ist;
   der Schaden an Schiff und Zubehör, welcher nur durch Alter, Fäulniß oder Wurmfraß verursacht wird;
3. bei einer auf Güter oder Fracht sich beziehenden Versicherung der Schaden, welcher durch die natürliche Beschaffenheit der Güter, namentlich durch inneren Verderb, Schwinden, gewöhnliche Leckage und dergleichen, oder durch mangelhafte Verpackung der Güter entsteht oder an diesen durch Ratten oder Mäuse verursacht wird; wenn jedoch die Reise durch einen Unfall, für den der Versicherer haftet, ungewöhnlich verzögert wird, so hat der Versicherer den unter dieser Nummer bezeichneten Schaden in dem Maße zu ersetzen, in welchem die Verzögerung dessen Ursache ist;
4. der Schaden, welcher sich auf ein Verschulden des Versicherten gründet, und bei der Versicherung von Gütern oder imaginärem Gewinn auch der Schaden, welcher durch ein dem Ablader, Empfänger oder Kargadeur in dieser ihrer Eigenschaft zur Last fallendes Verschulden entsteht.

§. 814.

Die Verpflichtung des Versicherers zum Ersatze eines Schadens tritt auch dann ein, wenn dem Versicherten ein Anspruch auf dessen Vergütung gegen den Schiffer oder eine andere Person zusteht. Der Versicherte kann sich wegen des Ersatzes des Schadens zunächst an den Versicherer halten. Er hat jedoch dem Versicherer die zur wirksamen Verfolgung eines solchen Anspruchs etwa erforderliche Hülfe zu gewähren, auch für die Sicherstellung des Anspruchs durch Einbehaltung der Fracht, Erwirkung des Arrestes in das Schiff oder sonst in geeigneter Weise auf Kosten des Versicherers die nach den Umständen angemessene Sorge zu tragen (§. 811).

§. 815.

Bei der Versicherung des Schiffes für eine Reise beginnt die Gefahr für den Versicherer mit dem Zeitpunkt, in welchem mit der Einnahme der Ladung oder des Ballastes angefangen wird, oder, wenn weder Ladung noch Ballast einzunehmen ist, mit dem Zeitpunkte der Abfahrt des Schiffes. Sie endet mit dem Zeitpunkt, in welchem die Löschung der Ladung oder des Ballastes im Bestimmungshafen beendigt ist.

Wird die Löschung von dem Versicherten ungebührlich verzögert, so endet die Gefahr mit dem Zeitpunkt, in welchem die Löschung beendigt sein würde, falls ein solcher Verzug nicht stattgefunden hätte.

Wird vor der Beendigung der Löschung für eine neue Reise Ladung oder Ballast eingenommen, so endet die Gefahr mit dem Zeitpunkt, in welchem mit der Einnahme der Ladung oder des Ballastes begonnen wird.

§. 816.

Sind Güter, imaginärer Gewinn oder die von verschifften Gütern zu verdienende Provision versichert, so beginnt die Gefahr mit dem Zeitpunkt, in welchem die Güter zum Zwecke der Einladung in das Schiff oder in die Leichterfahrzeuge vom Lande scheiden; sie endet mit dem Zeitpunkt, in welchem die Güter im Bestimmungshafen wieder an das Land gelangen.

Wird die Löschung von dem Versicherten oder bei der Versicherung von Gütern oder imaginärem Gewinn von dem Versicherten oder von einer der im §. 813 Nr. 4 bezeichneten Personen ungebührlich verzögert, so endet die Gefahr mit dem Zeitpunkt, in welchem die Löschung beendigt sein würde, falls ein solcher Verzug nicht stattgefunden hätte.

Bei der Einladung und Ausladung trägt der Versicherer die Gefahr der ortsgebräuchlichen Benutzung von Leichterfahrzeugen.

§. 817.

Bei der Versicherung der Fracht beginnt und endet die Gefahr in Ansehung der Unfälle, denen das Schiff und dadurch die Fracht ausgesetzt ist, mit demselben Zeitpunkt, in welchem die Gefahr bei der Versicherung des Schiffes für dieselbe Reise beginnen und enden würde, in Ansehung der Unfälle, denen die Güter und dadurch die Fracht ausgesetzt sind, mit demselben

Zeitpunkt, in welchem die Gefahr bei der Versicherung der Güter für dieselbe Reise beginnen und enden würde.

Bei der Versicherung von Ueberfahrtsgeldern beginnt und endet die Gefahr mit demselben Zeitpunkt, in welchem die Gefahr bei der Versicherung des Schiffes beginnen und enden würde.

Der Versicherer von Fracht- und Ueberfahrtsgeldern haftet für einen Unfall, von dem das Schiff betroffen wird, nur insoweit, als Fracht- oder Ueberfahrtsverträge bereits abgeschlossen sind, und wenn der Rheder Güter für seine Rechnung verschifft, nur insoweit, als diese zum Zwecke der Einladung in das Schiff oder in die Leichterfahrzeuge bereits vom Lande geschieden sind.

§. 818.

Bei der Versicherung von Bodmerei- und Havereigeldern beginnt die Gefahr mit dem Zeitpunkt, in welchem die Gelder vorgeschossen sind, oder, wenn der Versicherte selbst die Havereigelder verausgabt hat, mit dem Zeitpunkt, in welchem sie verwendet sind; sie endet mit dem Zeitpunkt, in welchem sie bei einer Versicherung der Gegenstände, welche verbodmet oder auf welche die Havereigelder verwendet sind, enden würde.

§. 819.

Die begonnene Gefahr läuft für den Versicherer während der bedungenen Zeit oder der versicherten Reise ununterbrochen fort. Der Versicherer trägt insbesondere die Gefahr auch während des Aufenthaltes in einem Noth- oder Zwischenhafen und im Falle der Versicherung für die Hinreise und Rückreise während des Aufenthaltes des Schiffes in dem Bestimmungshafen der Hinreise.

Müssen die Güter einstweilen gelöscht werden oder wird das Schiff zur Ausbesserung an das Land gebracht, so trägt der Versicherer die Gefahr auch für die Zeit, während welcher sich die Güter oder das Schiff am Lande befinden.

§. 820.

Wird nach dem Beginne der Gefahr die versicherte Reise freiwillig oder gezwungen aufgegeben, so tritt in Ansehung der Beendigung der Gefahr der Hafen, in welchem die Reise beendigt wird, an die Stelle des Bestimmungshafens.

Werden die Güter, nachdem die Reise des Schiffes aufgegeben ist, in anderer Art als mit dem zur Beförderung bestimmten Schiffe nach dem Bestimmungshafen weiter befördert, so läuft in Betreff der Güter die begonnene Gefahr fort, auch wenn die Weiterbeförderung ganz oder zum Theil zu Lande geschieht. Der Versicherer trägt in solchen Fällen zugleich die Kosten der früheren Löschung, die Kosten der einstweiligen Lagerung und die Mehrkosten der Weiterbeförderung, auch wenn diese zu Lande erfolgt.

§. 821.

Die Vorschriften der §§. 819, 820 gelten nur unbeschadet der Vorschriften der §§. 806, 808.

§. 822.

Ist die Dauer der Versicherung nach Tagen, Wochen, Monaten oder Jahren bestimmt, so wird die Zeit nach dem Kalender und der Tag von Mitternacht zu Mitternacht berechnet. Der Versicherer trägt die Gefahr während des Anfangstags und des Schlußtags.

Bei der Berechnung der Zeit ist der Ort, wo sich das Schiff befindet, maßgebend.

§. 823.

Ist im Falle der Versicherung des Schiffes auf Zeit das Schiff bei dem Ablaufe der im Vertrage festgesetzten Versicherungszeit unterwegs, so gilt die Versicherung in Ermangelung einer entgegenstehenden Vereinbarung als verlängert bis zur Ankunft des Schiffes im nächsten Bestimmungshafen und, falls in diesem gelöscht wird, bis zur Beendigung der Löschung (§. 815). Der Versicherte ist jedoch befugt, die Verlängerung durch eine dem Versicherer, so lange das Schiff noch nicht unterwegs ist, kundzugebende Erklärung auszuschließen.

Im Falle der Verlängerung hat der Versicherte für deren Dauer und, wenn die Verschollenheit des Schiffes eintritt, bis zum Ablaufe der Verschollenheitsfrist die vereinbarte Zeitprämie fortzuentrichten.

Ist die Verlängerung ausgeschlossen, so kann der Versicherer, wenn die Verschollenheitsfrist über die Versicherungszeit hinausläuft, auf Grund der Verschollenheit nicht in Anspruch genommen werden.

§. 824.

Bei einer Versicherung nach einem oder dem anderen unter mehreren Häfen ist dem Versicherten gestattet, einen dieser Häfen zu wählen; bei einer Versicherung nach einem und einem anderen oder nach einem und mehreren anderen Häfen ist der Versicherte zum Besuch eines jeden der bezeichneten Häfen befugt.

§. 825.

Ist die Versicherung nach mehreren Häfen geschlossen, oder dem Versicherten das Recht vorbehalten, mehrere Häfen anzulaufen, so ist dem Versicherten nur gestattet, die Häfen nach der vereinbarten oder in Ermangelung einer Vereinbarung nach der den Schiffahrtsverhältnissen entsprechenden Reihenfolge zu besuchen; er ist jedoch zum Besuch aller einzelnen Häfen nicht verpflichtet.

Die in der Polize enthaltene Reihenfolge wird, soweit nicht ein Anderes sich ergiebt, als die vereinbarte angesehen.

§. 826.

Dem Versicherer fallen zur Last:

1. die Beiträge zur großen Haverei mit Einschluß derjenigen, welche der Versicherte selbst wegen eines von ihm erlittenen Schadens zu tragen hat; die in Gemäßheit der §§. 627, 724 nach den Grundsätzen der großen Haverei zu beurtheilenden Beiträge werden den Beiträgen zur großen Haverei gleich geachtet;
2. die Aufopferungen, welche zur großen Haverei gehören würden, wenn das Schiff Güter und zwar andere als Güter des Rheders an Bord gehabt hätte;
3. die sonstigen zur Rettung sowie zur Abwendung größerer Nachtheile nothwendig oder zweckmäßig aufgewendeten Kosten (§. 811), selbst wenn die ergriffenen Maßregeln erfolglos geblieben sind;
4. die zur Ermittelung und Feststellung des dem Versicherer zur Last fallenden Schadens erforderlichen Kosten, insbesondere die Kosten der Besichtigung, der Abschätzung, des Verkaufs und der Anfertigung der Dispache.

§. 827.

In Ansehung der Beiträge zur großen Haverei und der nach den Grundsätzen der großen Haverei zu beurtheilenden Beiträge bestimmen sich die Verpflichtungen des Versicherers nach der am gehörigen Orte im Inland oder im Ausland, im Einklange mit dem am Orte der Aufmachung geltenden Rechte aufgemachten Dispache. Insbesondere ist der Versicherte, der einen zur großen Haverei gehörenden Schaden erlitten hat, nicht berechtigt, von dem Versicherer mehr als den Betrag zu fordern, zu welchem der Schaden in der Dispache berechnet ist; andererseits haftet der Versicherer für diesen ganzen Betrag, ohne daß namentlich der Versicherungswerth maßgebend ist.

Auch kann der Versicherte, wenn der Schaden nach dem am Orte der Aufmachung geltenden Rechte als große Haverei nicht anzusehen ist, den Ersatz des Schadens von dem Versicherer nicht aus dem Grunde fordern, weil der Schaden nach einem anderen Rechte, insbesondere nach dem Rechte des Versicherungsortes, große Haverei sei.

§. 828.

Der Versicherer haftet jedoch für die im §. 827 erwähnten Beiträge nicht, soweit sie sich auf einen Unfall gründen, für den der Versicherer nach dem Versicherungsvertrage nicht haftet.

§. 829.

Ist die Dispache von einer durch Gesetz oder Gebrauch dazu berufenen Person aufgemacht worden, so kann der Versicherer sie wegen Nichtübereinstimmung mit dem am Orte der Aufmachung geltenden Rechte und der dadurch bewirkten Benachtheiligung des Versicherten nicht anfechten, es sei denn, daß der Versicherte durch mangelhafte Wahrnehmung seiner Rechte die Benachtheiligung verschuldet hat.

Dem Versicherten liegt jedoch ob, die Ansprüche gegen die zu seinem Nachtheile Begünstigten dem Versicherer abzutreten.

Dagegen ist der Versicherer befugt, in allen Fällen die Dispache dem Versicherten gegenüber insoweit anzufechten, als ein von dem Versicherten selbst erlittener Schaden, für den ihm nach dem am Orte der Aufmachung der Dispache geltenden Rechte eine Vergütung nicht gebührt hätte, gleichwohl als große Haverei behandelt worden ist.

§. 830.

Wegen eines von dem Versicherten erlittenen, zur großen Haverei gehörenden oder nach den Grundsätzen der letzteren zu beurtheilenden Schadens haftet der Versicherer, wenn die Einleitung des die Feststellung und Vertheilung des Schadens bezweckenden ordnungsmäßigen Verfahrens stattgefunden hat, in Ansehung der Beiträge, welche dem Versicherten zu entrichten sind, nur insoweit, als der Versicherte die ihm gebührende Vergütung auch im Rechtswege, sofern er diesen füglich betreten konnte, nicht erhalten hat.

§. 831.

Ist die Einleitung des Verfahrens ohne Verschulden des Versicherten unterblieben, so kann er den Versicherer wegen des ganzen Schadens nach Maßgabe des Versicherungsvertrags unmittelbar in Anspruch nehmen.

§. 832.

Der Versicherer haftet für den Schaden nur bis zur Höhe der Versicherungssumme.

Er hat jedoch die im §. 826 Nr. 3, 4 erwähnten Kosten vollständig zu erstatten, wenngleich die hiernach im Ganzen zu zahlende Vergütung die Versicherungssumme übersteigt.

Sind in Folge eines Unfalls solche Kosten bereits aufgewendet, zum Beispiel Loskaufs- oder Reklamekosten verausgabt, oder sind zur Wiederherstellung oder Ausbesserung der durch den Unfall beschädigten Sache bereits Verwendungen geschehen, zum Beispiel zu einem solchen Zwecke Havereigelder verausgabt, oder sind von dem Versicherten Beiträge zur großen Haverei bereits entrichtet oder ist eine persönliche Verpflichtung des Versicherten zur Entrichtung solcher Beiträge bereits entstanden und ereignet sich später ein neuer Unfall, so haftet der Versicherer für den durch den späteren Unfall entstehenden Schaden bis zur Höhe der ganzen Versicherungssumme ohne Rücksicht auf die ihm zur Last fallenden früheren Aufwendungen und Beiträge.

§. 833.

Der Versicherer ist nach dem Eintritt eines Unfalls berechtigt, sich durch Zahlung der vollen Versicherungssumme von allen weiteren Verbindlichkeiten aus dem Versicherungsvertrage zu befreien, insbesondere von der Verpflichtung, die Kosten zu erstatten, welche zur Rettung, Erhaltung und Wiederherstellung der versicherten Sachen erforderlich sind.

War zur Zeit des Eintritts des Unfalls ein Theil der versicherten Sachen der vom Versicherer zu tragenden Gefahr bereits entzogen, so hat der Versicherer, welcher von dem Rechte des Abs. 1 Gebrauch macht, den auf jenen Theil fallenden Theil der Versicherungssumme nicht zu entrichten.

Der Versicherer erlangt durch Zahlung der Versicherungssumme keinen Anspruch auf die versicherten Sachen.

Ungeachtet der Zahlung der Versicherungssumme bleibt der Versicherer zum Ersatze derjenigen Kosten verpflichtet, welche auf die Rettung, Erhaltung oder Wiederherstellung der versicherten Sachen verwendet worden sind, bevor seine Erklärung, von dem Rechte Gebrauch zu machen, dem Versicherten zugegangen ist.

§. 834.

Der Versicherer muß seinen Entschluß, von dem in §. 833 bezeichneten Rechte Gebrauch zu machen, bei Verlust dieses Rechtes dem Versicherten spätestens am dritten Tage nach dem Ablaufe desjenigen Tages erklären, an welchem ihm der Versicherte den Unfall unter Bezeichnung seiner Beschaffenheit und seiner unmittelbaren Folgen angezeigt und alle sonstigen auf den Unfall sich beziehenden Umstände mitgetheilt hat, soweit die letzteren dem Versicherten bekannt sind.

§. 835.

Ist nicht zum vollen Werthe versichert, so haftet der Versicherer für die im §. 826 erwähnten Beiträge, Aufopferungen und Kosten nur nach dem Verhältnisse der Versicherungssumme zum Versicherungswerthe.

§. 836.

Die Verpflichtung des Versicherers, einen Schaden zu ersetzen, wird dadurch nicht wieder aufgehoben oder geändert, daß später in Folge einer Gefahr, die der Versicherer nicht zu tragen hat, ein neuer Schaden und selbst ein Totalverlust eintritt.

§. 837.

Besondere Havereien hat der Versicherer nicht zu ersetzen, wenn sie ohne die Kosten der Ermittelung und Feststellung des Schadens (§. 826 Nr. 4) drei Prozent des Versicherungswerthes nicht übersteigen; betragen sie mehr als drei Prozent, so sind sie ohne Abzug der drei Prozent zu vergüten.

Ist das Schiff auf Zeit oder auf mehrere Reisen versichert, so sind die drei Prozent für jede einzelne Reise zu berechnen. Der Begriff der Reise bestimmt sich nach §. 749.

§. 838.

Die im §. 826 unter Nr. 1 bis 3 erwähnten Beiträge, Aufopferungen und Kosten muß der Versicherer ersetzen, auch wenn sie drei Prozent des Versicherungswerthes nicht erreichen. Sie kommen jedoch bei der Ermittelung der im §. 837 bezeichneten drei Prozent nicht in Berechnung.

§. 839.

Ist vereinbart, daß der Versicherer von bestimmten Prozenten frei sein soll, so kommen die Vorschriften der §§. 837, 838 mit der Maßgabe zur Anwendung, daß an die Stelle der dort erwähnten drei Prozent die im Vertrag angegebene Anzahl von Prozenten tritt.

§. 840.

Ist vereinbart, daß der Versicherer die Kriegsgefahr nicht übernimmt, auch die Versicherung rücksichtlich der übrigen Gefahren nur bis zum Eintritt einer Kriegsbelästigung dauern soll, so endet die Gefahr für den Versicherer mit dem Zeitpunkt, in welchem die Kriegsgefahr auf die Reise Einfluß zu üben beginnt, insbesondere also, wenn der Antritt oder die Fortsetzung der Reise durch Kriegsschiffe, Kaper oder Blokade behindert oder zur Vermeidung der Kriegsgefahr aufgeschoben wird, wenn das Schiff aus einem solchen Grunde von seinem Wege abweicht oder wenn der Schiffer durch Kriegsbelästigung die freie Führung des Schiffes verliert.

Eine Vereinbarung der im Abs. 1 bezeichneten Art wird namentlich angenommen, wenn der Vertrag mit der Klausel: „frei von Kriegsmolest" abgeschlossen ist.

§. 841.

Ist vereinbart, daß der Versicherer zwar nicht die Kriegsgefahr übernimmt, alle übrigen Gefahren aber auch nach dem Eintritt einer Kriegsbelästigung tragen soll, so endet die Gefahr für den Versicherer erst mit der Kondemnation der versicherten Sache oder sobald sie geendet hätte, wenn die Kriegsgefahr nicht ausgenommen worden wäre; der Versicherer haftet aber nicht für die zunächst durch Kriegsgefahr verursachten Schäden, also insbesondere nicht:

für Konfiskation durch kriegführende Mächte;

für Nehmung, Beschädigung, Vernichtung und Plünderung durch Kriegsschiffe und Kaper;

für die Kosten, welche entstehen aus der Anhaltung und Reklamirung, aus der Blokade des Aufenthaltshafens oder der Zurückweisung von einem blokirten Hafen oder aus dem freiwilligen Aufenthalte wegen Kriegsgefahr;

für die nachstehenden Folgen eines solchen Aufenthaltes: Verderb und Verminderung der Güter, Kosten und Gefahr ihrer Entlöschung und Lagerung, Kosten ihrer Weiterbeförderung.

Im Zweifel wird angenommen, daß ein eingetretener Schaden durch Kriegsgefahr nicht verursacht sei.

Eine Vereinbarung der im Abs. 1 bezeichneten Art wird namentlich angenommen, wenn der Vertrag mit der Klausel: „nur für Seegefahr" abgeschlossen ist.

§. 842.

Ist der Vertrag mit der Klausel: „für behaltene Ankunft" abgeschlossen, so endet die Gefahr für den Versicherer schon mit dem Zeitpunkt, in welchem das Schiff im Bestimmungshafen am gebräuchlichen oder gehörigen Platze den Anker hat fallen lassen oder befestigt ist.

Auch haftet der Versicherer nur:

1. bei der auf das Schiff sich beziehenden Versicherung, wenn entweder ein Totalverlust eintritt oder wenn das Schiff abandonnirt (§. 853) oder in Folge eines Unfalls vor der Erreichung des Bestimmungshafens wegen Reparaturunfähigkeit oder wegen Reparaturunwürdigkeit verkauft wird (§. 865);
2. bei der auf Güter sich beziehenden Versicherung, wenn die Güter oder ein Theil der Güter in Folge eines Unfalls den Bestimmungshafen nicht erreichen, insbesondere wenn sie vor der Erreichung des Bestimmungshafens in Folge eines Unfalls verkauft werden. Erreichen die Güter den Bestimmungshafen, so haftet der Versicherer weder für eine Beschädigung noch für einen Verlust, der die Folge einer Beschädigung ist.

Ueberdies hat der Versicherer in keinem Falle die im §. 826 erwähnten Beiträge, Aufopferungen und Kosten zu tragen.

§. 843.

Ist der Vertrag mit der Klausel: „frei von Beschädigung außer im Strandungsfall" abgeschlossen, so haftet der Versicherer nicht für einen Schaden, der aus einer Beschädigung entsteht, ohne Unterschied, ob der Schaden in einer Werthsverringerung oder in einem gänzlichen oder theilweisen Verlust und insbesondere darin besteht, daß die versicherten Güter gänzlich verdorben und in ihrer ursprünglichen Beschaffenheit zerstört den Bestimmungshafen erreichen oder während der Reise wegen Beschädigung und drohenden Verderbs verkauft worden sind, es sei denn, daß das Schiff oder das Leichterfahrzeug, in welchem sich die versicherten Güter befanden, gestrandet ist. Der Strandung werden folgende Seeunfälle gleich geachtet: Kentern, Sinken, Zerbrechen des Rumpfes, Scheitern und jeder Seeunfall, durch den das Schiff oder das Leichterfahrzeug reparaturunfähig geworden ist.

Hat sich eine Strandung oder ein dieser gleich zu achtender anderer Seeunfall ereignet, so haftet der Versicherer für jede drei Prozent (§. 837) übersteigende Beschädigung, die in Folge eines solchen Seeunfalls entstanden ist, nicht aber für eine sonstige Beschädigung. Es wird vermuthet, daß eine Beschädigung, die möglicherweise Folge des eingetretenen Seeunfalls sein kann, in Folge des Unfalls entstanden sei.

Für jeden Schaden, der nicht aus einer Beschädigung entsteht, haftet der Versicherer, ohne Unterschied, ob sich eine Strandung oder ein anderer der erwähnten Unfälle zugetragen hat oder nicht, in derselben Weise, als wenn der Vertrag ohne die Klausel abgeschlossen wäre. Jedenfalls haftet er für die im §. 826 unter Nr. 1, 2, 4 erwähnten Beiträge, Aufopferungen und Kosten, für die im §. 826 unter Nr. 3 erwähnten Kosten aber nur dann, wenn sie zur Abwendung eines ihm zur Last fallenden Verlustes verausgabt worden sind.

Eine Beschädigung, die ohne Selbstentzündung durch Feuer oder durch Löschung eines solchen Feuers oder durch Beschießen entstanden ist, wird als eine solche Beschädigung, von welcher der Versicherer durch die Klausel befreit wird, nicht angesehen.

§. 844.

Wenn der Vertrag mit der Klausel: „frei von Bruch außer im Strandungsfall" abgeschlossen ist, so finden die Vorschriften des §. 843 mit der Maßgabe Anwendung, daß der Versicherer für Bruch insoweit haftet, als er nach §. 843 für Beschädigung aufzukommen hat.

§. 845.

Eine Strandung im Sinne der §§. 843, 844 ist vorhanden, wenn das Schiff unter nicht gewöhnlichen Verhältnissen der Seeschiffahrt auf den Grund festgeräth und nicht wieder flott wird oder zwar wieder flott wird, jedoch entweder

1. nur unter Anwendung ungewöhnlicher Maßregeln, wie Kappen der Masten, Werfen oder Löschung eines Theiles der Ladung und dergleichen, oder durch den Eintritt einer ungewöhnlich hohen Fluth, nicht aber ausschließlich durch Anwendung gewöhnlicher Maßregeln, wie Winden auf den Anker, Backstellen der Segel und dergleichen, oder
2. erst nachdem das Schiff durch das Festgerathen einen erheblichen Schaden am Schiffskörper erlitten hat.

Fünfter Titel.

Umfang des Schadens.

§. 846.

Ein Totalverlust des Schiffes oder der Güter liegt vor, wenn das Schiff oder die Güter zu Grunde gegangen oder dem Versicherten ohne Aussicht auf Wiedererlangung entzogen sind, namentlich wenn sie unrettbar gesunken oder in ihrer ursprünglichen Beschaffenheit zerstört oder für gute Prise erklärt sind. Ein Totalverlust des Schiffes wird dadurch nicht ausgeschlossen, daß einzelne Theile des Wracks oder des Inventars gerettet sind.

§. 847.

Ein Totalverlust in Ansehung der Fracht liegt vor, wenn die ganze Fracht verloren gegangen ist.

§. 848.

Ein Totalverlust in Ansehung des imaginären Gewinns oder in Ansehung der Provision, welche von der Ankunft der Güter am Bestimmungsort erwartet werden, liegt vor, wenn die Güter den Bestimmungsort nicht erreicht haben.

§. 849.

Ein Totalverlust in Ansehung der Bodmerei- und Havereigelder liegt vor, wenn die Gegenstände, welche verbodmet oder für welche die Havereigelder vorgeschossen oder verausgabt sind, entweder von einem Totalverlust oder dergestalt von anderen Unfällen betroffen sind, daß in Folge der dadurch herbeigeführten Beschädigungen, Verbodmungen oder sonstigen Belastungen zur Deckung jener Gelder nichts übrig geblieben ist.

§. 850.

Im Falle des Totalverlustes hat der Versicherer die Versicherungssumme zum vollen Betrage zu zahlen, jedoch unbeschadet der nach §. 792 etwa zu machenden Abzüge.

§. 851.

Ist im Falle des Totalverlustes vor der Zahlung der Versicherungssumme etwas gerettet, so kommt der Erlös des Geretteten von der Versicherungssumme in Abzug. War nicht zum vollen Werthe versichert, so wird nur ein verhältnißmäßiger Theil des Geretteten von der Versicherungssumme abgezogen.

Mit der Zahlung der Versicherungssumme gehen die Rechte des Versicherten an der versicherten Sache auf den Versicherer über.

Erfolgt erst nach der Zahlung der Versicherungssumme eine vollständige oder theilweise Rettung, so hat auf das nachträglich Gerettete nur der Versicherer Anspruch. War nicht zum vollen Werthe versichert, so gebührt dem Versicherer nur ein verhältnißmäßiger Theil des Geretteten.

§. 852.

Sind bei einem Totalverluste in Ansehung des imaginären Gewinns (§. 848) die Güter während der Reise so günstig verkauft, daß der Reinerlös mehr beträgt als der Versicherungswerth der Güter oder ist für die Güter, wenn sie in Fällen der großen Haverei aufgeopfert worden sind oder wenn dafür nach Maßgabe der §§. 603, 604 Ersatz geleistet werden muß, mehr als jener Werth vergütet, so kommt von der Versicherungssumme des imaginären Gewinns der Ueberschuß in Abzug.

§. 853.

Der Versicherte ist befugt, die Zahlung der Versicherungssumme zum vollen Betrage gegen Abtretung der in Ansehung des versicherten Gegenstandes ihm zustehenden Rechte in folgenden Fällen zu verlangen (Abandon):

1. wenn das Schiff verschollen ist;
2. wenn der Gegenstand der Versicherung dadurch bedroht ist, daß das Schiff oder die Güter unter Embargo gelegt, von einer kriegführenden Macht aufgebracht, auf andere Weise durch Verfügung von hoher Hand angehalten oder durch Seeräuber genommen und während einer Frist von sechs, neun oder zwölf Monaten nicht freigegeben sind, je nachdem die Aufbringung, Anhaltung oder Nehmung geschehen ist:
   a. in einem europäischen Hafen oder in einem europäischen Meere einschließlich aller Häfen oder Theile des Mittelländischen, Schwarzen und Azowschen Meeres oder
   b. in einem anderen Gewässer, jedoch diesseits des Vorgebirges der guten Hoffnung und des Kap Horn oder
   c. in einem Gewässer jenseits des einen jener Vorgebirge.

Die Fristen werden von dem Tage an berechnet, an welchem dem Versicherer der Unfall durch den Versicherten angezeigt wird (§. 810).

§. 854.

Ein Schiff, welches eine Reise angetreten hat, ist als verschollen anzusehen, wenn es innerhalb der Verschollenheitsfrist den Bestimmungshafen nicht erreicht hat, auch innerhalb dieser Frist den Betheiligten keine Nachrichten über das Schiff zugegangen sind.

Die Verschollenheitsfrist beträgt:

1. wenn sowohl der Abgangshafen als der Bestimmungshafen ein europäischer Hafen ist, bei Segelschiffen sechs, bei Dampfschiffen vier Monate;
2. wenn entweder nur der Abgangshafen oder nur der Bestimmungshafen ein außereuropäischer Hafen ist, falls er diesseits des Vorgebirges der guten Hoffnung und des Kap Horn belegen ist, bei Segel- und Dampfschiffen neun Monate, falls er jenseits des einen jener Vorgebirge belegen ist, bei Segel- und Dampfschiffen zwölf Monate;
3. wenn sowohl der Abgangs- als der Bestimmungshafen ein außereuropäischer Hafen ist, bei Segel- und Dampfschiffen sechs, neun oder zwölf Monate, je nachdem die Durchschnittsdauer der Reise nicht über zwei oder nicht über drei oder mehr als drei Monate beträgt.

Im Zweifel ist die längere Frist abzuwarten.

§. 855.

Die Verschollenheitsfrist wird von dem Tage an berechnet, an welchem das Schiff die Reise angetreten hat. Sind jedoch seit dessen Abgange Nachrichten von ihm angelangt, so wird von dem Tage an, bis zu welchem die letzte Nachricht reicht, diejenige Frist berechnet, welche maßgebend sein würde, wenn das Schiff von dem Punkte, an welchem es sich nach sicherer Nachricht zuletzt befunden hat, abgegangen wäre.

§. 856.

Die Abandonerklärung muß dem Versicherer innerhalb der Abandonfrist zugegangen sein.

Die Abandonfrist beträgt sechs Monate, wenn im Falle der Verschollenheit (§. 853 Abs. 1 Nr. 1) der Bestimmungshafen ein europäischer Hafen ist und wenn im Falle der Aufbringung, Anhaltung oder Nehmung (§. 853 Abs. 1 Nr. 2) der Unfall sich in einem europäischen Hafen oder in einem europäischen Meere einschließlich aller Häfen oder Theile des Mittelländischen, Schwarzen und Azowschen Meeres zugetragen hat. In den übrigen Fällen beträgt die Abandonfrist neun Monate. Die Abandonfrist beginnt mit dem Ablaufe der in den §§. 853, 854 bezeichneten Fristen.

Bei der Rückversicherung beginnt die Abandonfrist mit dem Ablaufe des Tages, an welchem dem Rückversicherten von dem Versicherten der Abandon erklärt worden ist.

§. 857.

Nach dem Ablaufe der Abandonfrist ist der Abandon unstatthaft, unbeschadet des Rechtes des Versicherten, nach Maßgabe der sonstigen Grundsätze Vergütung eines Schadens in Anspruch zu nehmen.

Ist im Falle der Verschollenheit des Schiffes die Abandonfrist versäumt, so kann der Versicherte zwar den Ersatz eines Totalschadens fordern; er hat jedoch, wenn die versicherte Sache wieder zum Vorschein kommt und sich dabei ergiebt, daß ein Totalverlust nicht vorliegt, auf Verlangen des Versicherers gegen Verzicht des letzteren auf die in Folge der Zahlung der Versicherungssumme nach §. 851 ihm zustehenden Rechte die Versicherungssumme zu erstatten und sich mit dem Ersatz eines etwa erlittenen theilweisen Schadens zu begnügen.

§. 858.

Die Abandonerklärung muß, um gültig zu sein, ohne Vorbehalt oder Bedingung erfolgen und sich auf den ganzen versicherten Gegenstand erstrecken, soweit dieser zur Zeit des Unfalls den Gefahren der See ausgesetzt war.

Wenn jedoch nicht zum vollen Werthe versichert war, so ist der Versicherte nur den verhältnißmäßigen Theil des versicherten Gegenstandes zu abandonniren verpflichtet.

Die Abandonerklärung ist unwiderruflich.

§. 859.

Die Abandonerklärung ist ohne rechtliche Wirkung, wenn die Thatsachen, auf welche sie gestützt wird, sich nicht bestätigen oder zur Zeit der Mittheilung der Erklärung nicht mehr bestehen. Dagegen bleibt sie für beide Theile verbindlich, auch wenn sich später Umstände ereignen, deren früherer Eintritt das Recht zum Abandon ausgeschlossen haben würde.

§. 860.

Durch Abandonerklärung gehen auf den Versicherer alle Rechte über, die dem Versicherten in Ansehung des abandonnirten Gegenstandes zustanden.

Der Versicherte hat dem Versicherer Gewähr zu leisten wegen der auf dem abandonnirten Gegenstande zur Zeit der Abandonerklärung haftenden dinglichen Rechte, es sei denn, daß sich diese auf Gefahren gründen, für die der Versicherer nach dem Versicherungsvertrag aufzukommen hat.

Wird das Schiff abandonnirt, so gebührt dem Versicherer des Schiffes die Nettofracht der Reise, auf welcher sich der Unfall zugetragen hat, soweit die Fracht erst nach der Abandonerklärung verdient ist. Dieser Theil der Fracht wird nach den für die Ermittelung der Distanzfracht geltenden Vorschriften berechnet.

Den hiernach für den Versicherten entstehenden Verlust hat, wenn die Fracht selbständig versichert ist, der Versicherer der Fracht zu tragen.

§. 861.

Die Zahlung der Versicherungssumme kann erst verlangt werden, nachdem die zur Rechtfertigung des Abandons dienenden Urkunden dem Versicherer mitgetheilt sind und eine angemessene Frist zu deren Prüfung abgelaufen ist. Wird wegen Verschollenheit des Schiffes abandonnirt, so gehören zu den mitzutheilenden Urkunden glaubhafte Bescheinigungen über die Zeit, in welcher das Schiff den Abgangshafen verlassen hat, und über die Nichtankunft des Schiffes im Bestimmungshafen während der Verschollenheitsfrist.

Der Versicherte ist verpflichtet, bei der Abandonerklärung, soweit er dazu im Stande ist, dem Versicherer anzuzeigen, ob und welche andere den abandonnirten Gegenstand betreffende Versicherungen genommen sind, sowie ob und welche Bodmereischulden oder sonstige Belastungen darauf haften. Ist die Anzeige unterblieben, so kann der Versicherer die Zahlung der Versicherungssumme so lange verweigern, bis die Anzeige nachträglich geschehen ist; wenn eine Zahlungsfrist bedungen ist, so beginnt diese erst mit dem Zeitpunkt, in welchem die Anzeige nachgeholt wird.

§. 862.

Der Versicherte ist verpflichtet, auch nach der Abandonerklärung für die Rettung der versicherten Sachen und für die Abwendung größerer Nachtheile nach §. 811 und zwar so lange zu sorgen, bis der Versicherer selbst dazu im Stande ist.

Erfährt der Versicherte, daß ein für verloren erachteter Gegenstand wieder zum Vorschein gekommen ist, so muß er dies dem Versicherer sofort anzeigen und ihm auf Verlangen die zur Erlangung oder Verwerthung des Gegenstandes erforderliche Hülfe leisten.

Die Kosten hat der Versicherer zu ersetzen; auch hat er den Versicherten auf Verlangen mit einem angemessenen Vorschusse zu versehen

§. 863.

Der Versicherte muß dem Versicherer, wenn dieser die Rechtmäßigkeit des Abandons anerkennt, auf dessen Verlangen und auf dessen Kosten über den nach §. 860 durch die Abandonerklärung eingetretenen Uebergang der Rechte eine öffentlich beglaubigte Anerkennungsurkunde (Abandonrevers) ertheilen und die auf die abandonnirten Gegenstände sich beziehenden Urkunden ausliefern.

§. 864.

Bei einem theilweisen Schaden am Schiffe besteht der Schaden in dem nach den §§. 701, 702 zu ermittelnden Betrage der Ausbesserungskosten, soweit diese die Beschädigungen betreffen, welche dem Versicherer zur Last fallen.

§. 865.

Ist die Reparaturunfähigkeit oder Reparaturunwürdigkeit des Schiffes (§. 471) auf dem im §. 522 vorgeschriebenen Wege festgestellt, so ist der Versicherte dem Versicherer gegenüber befugt, das Schiff oder das Wrack zum öffentlichen Verkaufe zu bringen; im Falle des Verkaufs besteht der Schaden in dem Unterschiede zwischen dem Reinerlös und dem Versicherungswerthe.

Die übernommene Gefahr endet für den Versicherer erst mit dem Verkaufe des Schiffes oder des Wracks; auch haftet der Versicherer für den Eingang des Kaufpreises.

Bei der zur Ermittelung der Reparaturunwürdigkeit erforderlichen Feststellung des Werthes des Schiffes im unbeschädigten Zustande bleibt dessen Versicherungswerth, gleichviel ob er taxirt ist oder nicht, außer Betracht.

§. 866.

Der Beginn der Ausbesserung schließt die Ausübung des im §. 865 dem Versicherten eingeräumten Rechtes nicht aus, wenn erst später erhebliche Schäden entdeckt werden, die dem Versicherten ohne sein Verschulden unbekannt geblieben waren.

Macht der Versicherte von dem Rechte nachträglich Gebrauch, so muß der Versicherer die bereits aufgewendeten Ausbesserungskosten insoweit besonders vergüten, als durch die Ausbesserung bei dem Verkaufe des Schiffes ein höherer Erlös erzielt worden ist.

§. 867.

Bei Gütern, die beschädigt im Bestimmungshafen ankommen, ist durch Vergleichung des Bruttowerthes, den sie daselbst im beschädigten Zustande haben, mit dem Bruttowerthe, welchen sie dort im unbeschädigten Zustande haben würden, zu ermitteln, wie viele Prozente des Werthes der Güter verloren sind. Ebensoviele Prozente des Versicherungswerthes sind als der Betrag des Schadens anzusehen.

Die Ermittelung des Werthes, welchen die Güter im beschädigten Zustande haben, erfolgt durch öffentlichen Verkauf oder, wenn der Versicherer einwilligt, durch Abschätzung. Der Werth, welchen die Güter im unbeschädigten Zustande haben würden, bestimmt sich nach §. 603 Abs. 1.

Der Versicherer hat außerdem die Besichtigungs-, Abschätzungs- und Verkaufskosten zu tragen.

§. 868.

Geht ein Theil der Güter auf der Reise verloren, so besteht der Schaden in ebensovielen Prozenten des Versicherungswerthes, als Prozente des Werthes der Güter verloren gegangen sind.

§. 869.

Sind Güter auf der Reise in Folge eines Unfalls verkauft worden, so besteht der Schaden in dem Unterschiede zwischen dem nach Abzug der Fracht, der Zölle und Verkaufskosten sich ergebenden Reinerlöse der Güter und deren Versicherungswerthe.

Die übernommene Gefahr endet für den Versicherer erst mit dem Verkaufe der Güter; auch haftet der Versicherer für den Eingang des Kaufpreises.

Die Vorschriften der §§. 826 bis 830 bleiben unberührt.

§. 870.

Bei einem theilweisen Verluste der Fracht besteht der Schaden in demjenigen Theile der bedungenen oder in deren Ermangelung der üblichen Fracht, welcher verloren gegangen ist.

Ist die Fracht taxirt und die Taxe nach §. 785 Abs. 4 in Bezug auf einen von dem Versicherer zu ersetzenden Schaden maßgebend, so besteht der Schaden in ebensovielen Prozenten der Taxe, als Prozente der bedungenen oder üblichen Fracht verloren sind.

§. 871.

Bei einem imaginären Gewinn oder einer Provision, die von der Ankunft der Güter erwartet werden, besteht der Schaden, wenn die Güter in beschädigtem Zustande ankommen, in ebensovielen Prozenten des als Gewinn oder Provision versicherten Betrags, als der nach §. 867 zu ermittelnde Schaden an den Gütern Prozente des Versicherungswerthes der letzteren beträgt.

Erreicht ein Theil der Güter den Bestimmungshafen nicht, so besteht der Schaden in ebensovielen Prozenten des als Gewinn oder Provision versicherten Betrags, als der Werth des in dem Bestimmungshafen nicht angelangten Theiles der Güter Prozente des Werthes aller Güter beträgt.

Sind bei der Versicherung des imaginären Gewinns in Ansehung des nicht angelangten Theiles der Güter die Voraussetzungen des §. 852 vorhanden, so kommt von dem Schaden der im §. 852 bezeichnete Ueberschuß in Abzug.

§. 872.

Bei Bodmerei- oder Havereigeldern besteht im Falle eines theilweisen Verlustes der Schaden in dem Ausfalle, welcher sich darauf gründet, daß der Gegenstand, der verbodmet oder für den die Havereigelder vorgeschossen oder verausgabt sind, zur Deckung der Bodmerei- oder Havereigelder in Folge späterer Unfälle nicht mehr genügt.

§. 873.

Der Versicherer hat den nach den §§. 864 bis 872 zu berechnenden Schaden vollständig zu vergüten, wenn zum vollen Werthe versichert war, jedoch unbeschadet der Vorschrift des §. 792; war nicht zum vollen Werthe versichert, so hat er nach Maßgabe des §. 784 nur einen verhältnißmäßigen Theil dieses Schadens zu vergüten.

Sechster Titel.

Bezahlung des Schadens.

§. 874.

Der Versicherte hat, um den Ersatz eines Schadens fordern zu können, eine Schadensberechnung dem Versicherer mitzutheilen.

Er muß zugleich durch genügende Belege dem Versicherer darthun:

1. sein Interesse;
2. daß der Versicherte Gegenstand den Gefahren der See ausgesetzt worden ist;
3. den Unfall, auf den der Anspruch gestützt wird;
4. den Schaden und dessen Umfang.

§. 875.

Bei der Versicherung für fremde Rechnung hat sich außerdem der Versicherte darüber auszuweisen, daß er dem Versicherungsnehmer zum Abschlusse des Vertrags Auftrag ertheilt hat. Ist die Versicherung ohne Auftrag geschlossen (§. 774), so muß der Versicherte die Umstände darthun, aus welchen hervorgeht, daß die Versicherung in seinem Interesse genommen ist.

§. 876.

Als genügende Belege sind im Allgemeinen solche Belege anzusehen, die im Handelsverkehre, namentlich wegen der Schwierigkeit der Beschaffung anderer Beweise, nicht beanstandet zu werden pflegen, insbesondere

1. zum Nachweise des Interesse:

   bei der Versicherung des Schiffes die üblichen Eigenthumsurkunden;

   bei der Versicherung von Gütern die Fakturen und Konnossemente, sofern nach deren Inhalt der Versicherte zur Verfügung über die Güter befugt erscheint;

   bei der Versicherung der Fracht die Chartepartien und Konnossemente;

2. zum Nachweise der Verladung die Konnossemente;

3. zum Nachweise des Unfalls die Verklarung und das Tagebuch, in Kondemnationsfällen das Erkenntniß des Prisengerichts, in Verschollenheitsfällen glaubhafte Bescheinigungen über die Zeit, in welcher das Schiff den Abgangshafen verlassen hat, und über die Nichtankunft des Schiffes im Bestimmungshafen während der Verschollenheitsfrist;

4. zum Nachweise des Schadens und dessen Umfangs die den Gesetzen oder Gebräuchen des Ortes der Schadensermittelung entsprechenden Besichtigungs-, Abschätzungs- und Versteigerungsurkunden sowie die Kostenanschläge der Sachverständigen, ferner die quittirten Rechnungen über die ausgeführten Ausbesserungen und andere Quittungen über geleistete Zahlungen; in Ansehung eines theilweisen Schadens am Schiffe (§§. 864, 865) genügen jedoch die Besichtigungs- und Abschätzungsurkunden, sowie die Kostenanschläge nur dann, wenn die etwaigen Schäden, die sich auf Abnutzung, Alter, Fäulniß oder Wurmfraß gründen, gehörig ausgeschieden sind und wenn zugleich, soweit es ausführbar war, solche Sachverständige zugezogen worden sind, die entweder ein- für allemal obrigkeitlich bestellt oder von dem Ortsgericht oder dem deutschen Konsul und in deren Ermangelung oder, sofern deren Mitwirkung sich nicht erlangen ließ, von einer anderen Behörde besonders ernannt waren.

§. 877.

Eine Vereinbarung, durch die der Versicherte von dem Nachweise der im §. 874 erwähnten Umstände oder eines Theiles dieser Umstände befreit wird, ist gültig, jedoch unbeschadet des Rechtes des Versicherers, das Gegentheil zu beweisen.

Die bei der Versicherung von Gütern getroffene Vereinbarung, daß das Konnossement nicht vorzulegen ist, befreit nur von dem Nachweise der Verladung.

§. 878.

Bei der Versicherung für fremde Rechnung ist der Versicherungsnehmer ohne Beibringung einer Vollmacht des Versicherten legitimirt, über die Rechte, die im Versicherungsvertrage für den Versicherten ausbedungen sind, zu verfügen sowie die Versicherungsgelder zu erheben und einzuklagen. Diese Vorschrift gilt jedoch im Falle der Ertheilung einer Polize nur dann, wenn der Versicherungsnehmer die Polize beibringt.

Ist die Versicherung ohne Auftrag genommen, so bedarf der Versicherungsnehmer zur Erhebung oder Einklagung der Versicherungsgelder der Zustimmung des Versicherten.

§. 879.

Im Falle der Ertheilung einer Polize hat der Versicherer die Versicherungsgelder dem Versicherten zu zahlen, wenn dieser die Polize beibringt.

§. 880.

Der Versicherungsnehmer ist nicht verpflichtet, die Polize dem Versicherten oder den Gläubigern oder der Konkursmasse des Versicherten auszuliefern, bevor er wegen der gegen den Versicherten in Bezug auf den versicherten Gegenstand ihm zustehenden Ansprüche befriedigt ist. Im Falle eines Schadens kann der Versicherungsnehmer sich wegen dieser Ansprüche aus der Forderung, welche gegen den Versicherer begründet ist, und nach Einziehung der Versicherungsgelder aus den letzteren vorzugsweise vor dem Versicherten und vor dessen Gläubigern befriedigen.

§. 881.

Der Versicherer macht sich dem Versicherungsnehmer verantwortlich, wenn er, während sich dieser noch im Besitze der Polize befindet, durch Zahlungen, die er dem Versicherten oder den Gläubigern oder der Konkursmasse des Versicherten leistet, oder durch Verträge, die er mit ihnen schließt, das im §. 880 bezeichnete Recht des Versicherungsnehmers beeinträchtigt.

Inwiefern sich der Versicherer einem Dritten, welchem Rechte aus der Polize eingeräumt sind, dadurch verantwortlich macht, daß er über diese Rechte Verträge schließt oder Versicherungsgelder zahlt, ohne sich die Polize zurückgeben zu lassen oder sie mit der erforderlichen Bemerkung zu versehen, bestimmt sich nach den Vorschriften des bürgerlichen Rechtes.

§. 882.

Wird der Versicherer auf Zahlung der Versicherungsgelder in Anspruch genommen, so kann er bei der Versicherung für fremde Rechnung Forderungen die ihm gegen den Versicherungsnehmer zustehen, nicht aufrechnen.

§. 883.

Der Versicherte ist befugt, nicht nur die aus einem bereits eingetretenen Unfall ihm zustehenden, sondern auch die künftigen Entschädigungsansprüche einem Dritten abzutreten. Ist die Polize nach §. 355 Abs. 2 an Order gestellt, so ist bei der Versicherung für fremde Rechnung zur Gültigkeit der ersten Uebertragung das Indossament des Versicherungsnehmers genügend.

§. 884.

Wenn nach dem Ablaufe von zwei Monaten seit der Anzeige des Unfalls die Schadensberechnung (§. 874) ohne Verschulden des Versicherten noch nicht vorgelegt, wohl aber durch ungefähre Ermittelung die Summe festgestellt worden ist, welche dem Versicherer mindestens zur Last fällt, so hat der letztere diese Summe in Anrechnung auf seine Schuld vorläufig zu zahlen, jedoch nicht vor dem Ablaufe der etwa für die Zahlung der Versicherungsgelder bedungenen Frist. Soll die Zahlungsfrist mit dem Zeitpunkte beginnen, in welchem dem Versicherer die Schadensberechnung mitgetheilt ist, so wird sie in dem bezeichneten Falle von der Zeit an berechnet, in welcher dem Versicherer die vorläufige Ermittelung mitgetheilt ist.

§. 885.

Der Versicherer hat

1. in Havereifällen zu den für die Rettung, Erhaltung oder Wiederherstellung der versicherten Sache nöthigen Ausgaben in Anrechnung auf seine später festzustellende Schuld zwei Drittheile des ihm zur Last fallenden Betrags,
2. bei Aufbringung des Schiffes oder der Güter den vollen Betrag der ihm zur Last fallenden Kosten des Reklameprozesses, sowie sie erforderlich werden, vorzuschießen.

Siebenter Titel.

Aufhebung der Versicherung und Rückzahlung der Prämie.

§. 886.

Wird die Unternehmung, auf welche sich die Versicherung bezieht, ganz oder zum Theil von dem Versicherten aufgegeben oder wird ohne sein Zuthun die ganze versicherte Sache oder ein Theil dieser Sache der von dem Versicherer übernommenen Gefahr nicht ausgesetzt, so kann die Prämie ganz oder zu dem verhältnißmäßigen Theile bis auf eine dem Versicherer gebührende Vergütung zurückgefordert oder einbehalten werden (Ristorno).

Die Vergütung (Ristornogebühr) besteht, sofern nicht ein anderer Betrag vereinbart oder am Orte der Versicherung üblich ist, in einem halben Prozente der ganzen oder des entsprechenden Theiles der Versicherungssumme, wenn aber die Prämie nicht ein Prozent der Versicherungssumme erreicht, in der Hälfte der ganzen oder des verhältnißmäßigen Theiles der Prämie.

§. 887.

Ist die Versicherung wegen Mangels des versicherten Interesse (§. 770) oder wegen Ueberversicherung (§. 778) oder Doppelversicherung (§. 780) unwirksam und hat sich der Versicherungsnehmer bei dem Abschlusse des Vertrags und im Falle der Versicherung für fremde Rechnung auch der Versicherte bei der Ertheilung des Auftrags in gutem Glauben befunden, so kann die Prämie gleichfalls bis auf die im §. 886 bezeichnete Ristornogebühr zurückgefordert oder einbehalten werden.

§. 888.

Die Anwendung der Vorschriften der §§. 886, 887 wird dadurch nicht ausgeschlossen, daß der Versicherungsvertrag für den Versicherer wegen Verletzung der Anzeigepflicht oder aus anderen Gründen unverbindlich ist, selbst wenn der Versicherer ungeachtet dieser Unverbindlichkeit auf die volle Prämie Anspruch hätte.

§. 889.

Ein Ristorno findet nicht statt, wenn die Gefahr für den Versicherer bereits zu laufen begonnen hat.

§. 890.

Wenn der Versicherer zahlungsunfähig geworden ist, so ist der Versicherte befugt, nach seiner Wahl entweder von dem Vertrage zurückzutreten und die ganze Prämie zurückzufordern oder einzubehalten oder auf Kosten des Versicherers nach Maßgabe des §. 781 eine neue Versicherung zu nehmen. Dieses Recht steht ihm jedoch nicht zu, wenn ihm wegen der Erfüllung der Verpflichtungen des Versicherers genügende Sicherheit bestellt wird, bevor er von dem Vertrage zurückgetreten ist oder die neue Versicherung genommen hat.

§. 891.

Wird der versicherte Gegenstand veräußert, so können dem Erwerber die dem Versicherten nach dem Versicherungsvertrag auch in Bezug auf künftige Unfälle zustehenden Rechte mit der Wirkung abgetreten werden, daß der Erwerber den Versicherer ebenso in Anspruch zu nehmen befugt ist, als wenn die Veräußerung nicht stattgefunden hätte und der Versicherte selbst den Anspruch erhöbe.

Der Versicherer bleibt von der Haftung für die Gefahren befreit, welche nicht eingetreten sein würden, wenn die Veräußerung unterblieben wäre.

Er kann sich nicht nur der Einreden und Gegenforderungen bedienen, welche ihm unmittelbar gegen den Erwerber zustehen, sondern auch derjenigen, welche er dem Versicherten hätte entgegenstellen können, der aus dem Versicherungsvertrage nicht hergeleiteten jedoch nur insofern, als sie bereits vor der Anzeige der Uebertragung entstanden sind.

Durch diese Vorschriften werden die rechtlichen Wirkungen der mittelst Indossamentes erfolgten Uebertragung einer Polize, die an Order lautet, nicht berührt.

§. 892.

Die Vorschriften des §. 891 gelten auch im Falle der Versicherung einer Schiffspart.

Ist das Schiff selbst versichert, so kommen sie nur zur Anwendung, wenn das Schiff während einer Reise veräußert wird. Der Anfang und das Ende der Reise bestimmen sich nach §. 815. Ist das Schiff auf Zeit oder für mehrere Reisen (§. 749) versichert, so dauert die Versicherung im Falle der Veräußerung während einer Reise nur bis zur Entlöschung des Schiffes im nächsten Bestimmungshafen (§. 815).

Elfter Abschnitt.

Verjährung.

§. 893.

Die im §. 746 Nr. 1 bis 9 aufgeführten Forderungen verjähren in einem Jahre. Es beträgt jedoch die Verjährungsfrist zwei Jahre:

1. für die aus den Dienst- und Heuerverträgen herrührenden Forderungen der Schiffsbesatzung, wenn die Entlassung jenseits des Vorgebirges der guten Hoffnung oder des Kap Horn erfolgt ist;
2. für die aus dem Zusammenstoße von Schiffen hergeleiteten Entschädigungsforderungen.

§. 894.

Die nach §. 893 eintretende Verjährung bezieht sich zugleich auf die persönlichen Ansprüche, die dem Gläubiger etwa gegen den Rheder oder eine Person der Schiffsbesatzung zustehen.

§. 895.

Die Verjährung beginnt:

1. in Ansehung der Forderungen der Schiffsbesatzung (§. 746 Nr. 3) mit dem Ablaufe des Jahres, in welchem das Dienst- oder Heuerverhältniß endet, und, falls die Anstellung der Klage früher möglich und zulässig ist, mit dem Ablaufe des Jahres, in welchem diese Voraussetzung eintritt; jedoch kommt das Recht, Vorschuß- und

Abschlagszahlungen zu verlangen, für den Beginn der Verjährung nicht in Betracht;

2. in Ansehung der Forderungen wegen Beschädigung oder verspäteter Ablieferung von Ladungsgütern und Reisegut (§. 746 Nr. 7, 9) und wegen der Beiträge zur großen Haverei (§. 746 Nr. 5) mit dem Ablaufe des Jahres, in welchem die Ablieferung erfolgt ist, in Ansehung der Forderungen wegen Nichtablieferung von Gütern mit dem Ablaufe des Jahres, in welchem das Schiff den Hafen erreicht, wo die Ablieferung erfolgen sollte, und wenn dieser Hafen nicht erreicht wird, mit dem Ablaufe des Jahres, in welchem der Betheiligte sowohl hiervon als auch von dem Schaden zuerst Kenntniß erlangt;
3. in Ansehung der nicht unter Nr. 2 fallenden Forderungen aus dem Verschulden einer Person der Schiffsbesatzung (§. 746 Nr. 9) mit dem Ablaufe des Jahres, in welchem der Betheiligte von dem Schaden Kenntniß erlangt hat, in Ansehung der Entschädigungsforderungen wegen des Zusammenstoßes von Schiffen jedoch mit dem Ablaufe des Jahres, in welchem der Zusammenstoß stattgefunden hat;
4. in Ansehung aller anderen Forderungen mit dem Ablaufe des Jahres, in welchem die Forderung fällig geworden ist.

§. 896.

Ferner verjähren in einem Jahre die auf den Gütern wegen der Bodmereigelder, der Beiträge zur großen Haverei und der Bergungs- und Hülfskosten haftenden Forderungen sowie die wegen dieser Gelder, Beiträge und Kosten begründeten persönlichen Ansprüche.

Die Verjährung beginnt in Ansehung der Beiträge zur großen Haverei mit dem Ablaufe des Jahres, in welchem die beitragspflichtigen Güter abgeliefert sind, in Ansehung der übrigen Forderungen mit dem Ablaufe des Jahres, in welchem die Fälligkeit eingetreten ist.

§. 897.

Es verjähren in fünf Jahren die Forderungen des Versicherers und des Versicherten aus dem Versicherungsvertrage.

Die Verjährung beginnt mit dem Ablaufe des Jahres, in welchem die versicherte Reise beendigt ist, und bei der Versicherung auf Zeit mit dem Ablaufe des Tages, an welchem die Versicherungszeit endet. Sie beginnt, wenn das Schiff verschollen ist, mit dem Ablaufe des Tages, an welchem die Verschollenheitsfrist endet.

Entwurf

eines

Einführungsgesetzes zum Handelsgesetzbuche.

Artikel 1.

Das Handelsgesetzbuch tritt gleichzeitig mit dem Bürgerlichen Gesetzbuch in Kraft.

Artikel 2.

In Handelssachen kommen die Vorschriften des Bürgerlichen Gesetzbuchs nur insoweit zur Anwendung, als nicht im Handelsgesetzbuch oder in diesem Gesetz ein Anderes bestimmt ist.

Im Uebrigen werden die Vorschriften der Reichsgesetze durch das Handelsgesetzbuch nicht berührt.

Artikel 3.

Soweit in Reichsgesetzen oder in Landesgesetzen auf Vorschriften des Allgemeinen Deutschen Handelsgesetzbuchs verwiesen ist, treten die entsprechenden Vorschriften des neuen Handelsgesetzbuchs an deren Stelle.

Artikel 4.

Die nach dem bürgerlichen Rechte mit einer Eintragung in das Güterrechtsregister verbundenen Wirkungen treten, sofern ein Ehegatte Kaufmann ist und seine Handelsniederlassung sich nicht in dem Bezirke des für den Wohnsitz des Ehemanns zuständigen Registergerichts befindet, in Ansehung der auf den Betrieb des Handelsgewerbes sich beziehenden Rechtsverhältnisse nur ein, wenn die Eintragung auch in das Güterrechtsregister des für den Ort der Handelsniederlassung zuständigen Gerichts erfolgt ist. Bei mehreren Niederlassungen genügt die Eintragung in das Register des Ortes der Hauptniederlassung.

Wird die Niederlassung verlegt, so finden die Vorschriften des §. 1559 des Bürgerlichen Gesetzbuchs entsprechende Anwendung.

Artikel 5.

Auf Bergwerksgesellschaften, die nach den Vorschriften der Landesgesetze nicht die Rechte einer juristischen Person besitzen, findet der §. 2 des Handelsgesetzbuchs keine Anwendung.

Artikel 6.

Die Vorschriften der §§. 466, 467 des Handelsgesetzbuchs finden auch im Falle der Veräußerung eines Seeschiffs, das nicht zum Erwerbe durch die Seefahrt bestimmt ist, sowie im Falle der Veräußerung eines Antheils an einem solchen Schiffe Anwendung.

Artikel 7.

Die Vorschriften des §. 477 und des §. 478 Abs. 1 Nr. 3 des Handelsgesetzbuchs über die Haftung des Rheders für das Verschulden einer Person der Schiffsbesatzung sowie die Vorschriften der §§. 726 bis 731 des Handelsgesetzbuchs über die Haftung im Falle des Zusammenstoßes von Schiffen finden auch Anwendung, wenn die Verwendung eines Schiffes zur Seefahrt nicht des Erwerbes wegen erfolgt.

Artikel 8.

Aufgehoben werden:

1. das Gesetz, betreffend die Löschung nicht mehr bestehender Firmen und Prokuren im Handelsregister, vom 30. März 1888 (Reichs-Gesetzbl. S. 129);
2. der Artikel 80 der Wechselordnung;
3. der §. 68 der Seemannsordnung vom 27. Dezember 1872 (Reichs-Gesetzbl. S. 409);
4. der §. 86 Abs. 2 des Gesetzes, betreffend die Unfallversicherung der Seeleute und anderer bei der Seeschiffahrt betheiligter Personen, vom 13. Juli 1887 (Reichs-Gesetzbl. S. 329).

Artikel 9.

Die Gewerbeordnung wird dahin geändert:

I. Als §. 15a werden folgende Vorschriften eingestellt:

Gewerbetreibende, die einen offenen Laden haben, sind verpflichtet, ihren persönlichen Namen an der Außenseite oder am Eingange des Ladens in deutlich lesbarer Schrift anzubringen. Ist eine Frau die Inhaberin des Geschäfts, so hat sie in der Aufschrift ihrem Zunamen mindestens einen ausgeschriebenen Vornamen hinzuzufügen.

Kaufleute, die eine Handelsfirma führen, haben zugleich die Firma in der bezeichneten Weise an dem Laden anzubringen; ist aus der Firma der persönliche Name des Geschäftsinhabers und, sofern eine Frau die Geschäftsinhaberin ist, zugleich ein Vorname zu ersehen, so genügt die Anbringung der Firma.

Auf offene Handelsgesellschaften, Kommanditgesellschaften und Kommanditgesellschaften auf Aktien finden diese Vorschriften mit der Maßgabe Anwendung, daß für die Namen der persönlich haftenden Gesellschafter gilt, was in Betreff der Namen der Gewerbetreibenden bestimmt ist.

Sind mehr als zwei Betheiligte vorhanden, deren Namen hiernach in der Aufschrift anzugeben wären, so genügt es, wenn die Namen von zweien mit einem das Vorhandensein weiterer Betheiligter andeutenden Zusatz aufgenommen werden. Die Polizeibehörde kann im einzelnen Falle die Angabe der Namen aller Betheiligter anordnen.

II. Der §. 148 erhält folgenden Zusatz:

14. wer den Vorschriften des §. 15a zuwiderhandelt.

Artikel 10.

Das Gesetz, betreffend die Erwerbs- und Wirthschaftsgenossenschaften, vom 1. Mai 1889 (Reichs-Gesetzbl. S. 55) wird dahin geändert:

I. An die Stelle des §. 13 tritt folgende Vorschrift:

Vor der Eintragung in das Genossenschaftsregister ihres Sitzes hat die Genossenschaft die Rechte einer eingetragenen Genossenschaft nicht.

II. Der §. 16 Abs. 4 wird durch folgende Vorschrift ersetzt:

Der Beschluß hat keine rechtliche Wirkung, bevor er in das Genossenschaftsregister des Sitzes der Genossenschaft eingetragen ist.

III. Der §. 23 Abs. 4 fällt weg.

IV. An die Stelle der §§. 28, 29 treten folgende Vorschriften:

§. 28.

Jede Aenderung des Vorstandes sowie die Beendigung der Vertretungsbefugniß eines Vorstandsmitgliedes ist durch den Vorstand zur Eintragung in das Genossenschaftsregister anzumelden. Eine Abschrift der Urkunden über die Bestellung oder über die Beendigung der Vertretungsbefugniß eines Vorstandsmitgliedes ist der Anmeldung beizufügen und wird bei dem Gericht aufbewahrt.

Die Vorstandsmitglieder haben ihre Unterschrift vor dem Gerichte zu zeichnen oder die Zeichnung in beglaubigter Form einzureichen.

§. 29.

Eine Aenderung des Vorstandes, eine Beendigung der Vertretungsbefugniß eines Vorstandsmitgliedes sowie eine Aenderung des Statuts rücksichtlich der Form für Willenserklärungen des Vorstandes kann, solange sie nicht in das Genossenschaftsregister eingetragen und öffentlich bekannt gemacht ist, von der Genossenschaft einem Dritten nicht entgegengesetzt werden, es sei denn, daß dieser von der Aenderung oder Beendigung Kenntniß hatte.

Nach der Eintragung und Bekanntmachung muß der Dritte die Aenderung oder Beendigung gegen sich gelten lassen, es sei denn, daß er sie weder kannte noch kennen mußte.

Für den Geschäftsverkehr mit einer in das Genossenschaftsregister eingetragenen Zweigniederlassung ist im Sinne dieser Vorschriften die Eintragung und Bekanntmachung durch das Gericht der Zweigniederlassung entscheidend.

V. Der §. 49 Abs. 1 wird durch folgende Vorschriften ersetzt:

Ein Beschluß der Generalversammlung kann wegen Verletzung des Gesetzes oder des Statuts im Wege der Klage angefochten werden. Die Klage muß binnen einem Monat erhoben werden.

Zur Anfechtung befugt ist jeder in der Generalversammlung erschienene Genosse, sofern er gegen den Beschluß Widerspruch zu Protokoll erklärt hat, und jeder nicht erschienene Genosse, sofern er zu der Generalversammlung unberechtigter Weise nicht zugelassen worden ist oder sofern er die Anfechtung darauf gründet, daß die Berufung der Versammlung oder die Ankündigung des Gegenstandes der Beschlußfassung nicht gehörig erfolgt sei. Außerdem ist der Vorstand und, wenn der Beschluß eine Maßregel zum Gegenstande hat, durch deren Ausführung sich die Mitglieder des Vorstandes und des Aufsichtsraths strafar oder den Gläubigern der Genossenschaft haftbar machen würden, jedes Mitglied des Vorstandes und des Aufsichtsraths zur Anfechtung befugt.

VI. Im §. 80 Abs. 2 Satz 1 werden die Worte „vom Vorstande" ersetzt durch die Worte:

„von den Liquidatoren".

VII. Der §. 82 wird durch folgende Vorschriften ersetzt:

Die ersten Liquidatoren sind durch den Vorstand, jede Aenderung in den Personen der Liquidatoren sowie eine Beendigung ihrer Vertretungsbefugniß ist durch die Liquidatoren zur Eintragung in das Handelsregister anzumelden. Eine Abschrift der Urkunden über die Bestellung der Liquidatoren oder über die Aenderung in den Personen derselben ist der Anmeldung beizufügen und wird bei dem Gericht aufbewahrt.

Die Eintragung der gerichtlichen Ernennung oder Abberufung von Liquidatoren geschieht von Amtswegen.

Die Liquidatoren haben ihre Unterschrift persönlich vor dem Gerichte zu zeichnen oder die Zeichnung in beglaubigter Form einzureichen.

VIII. Der §. 87 wird durch folgende Vorschriften ersetzt:

Die Liquidatoren haben die aus den §§. 26, 27, §. 31 Absatz 1, §. 32, §§. 42 bis 45, §. 46 Absatz 2, §. 49 sich ergebenden Rechte und Pflichten des Vorstandes und unterliegen gleich diesem der Ueberwachung des Aufsichtsraths. Sie haben sofort bei Beginn der Liquidation und demnächst in jedem Jahre eine Bilanz aufzustellen. Die erste Bilanz ist zu veröffentlichen; die Bekanntmachung ist zu dem Genossenschaftsregister einzureichen.

IX. Der §. 88 Abs. 2 wird durch folgende Vorschriften ersetzt:

Meldet sich ein bekannter Gläubiger nicht, so ist der geschuldete Betrag, wenn die Berechtigung zur Hinterlegung vorhanden ist, für den Gläubiger zu hinterlegen. Ist die Berichtigung einer Verbindlichkeit zur Zeit nicht ausführbar oder ist eine Verbindlichkeit streitig, so darf die Vertheilung des Vermögens nur erfolgen, wenn dem Gläubiger Sicherheit geleistet ist.

X. Der sechste Abschnitt erhält folgende Ueberschrift:

„Auflösung und Nichtigkeit der Genossenschaft."

Am Schlusse dieses Abschnitts werden folgende Vorschriften eingestellt:

§. 90a.

Enthält das Statut nicht die für dasselbe wesentlichen Bestimmungen oder ist eine dieser Bestimmungen nichtig, so kann jeder Genosse und jedes Mitglied des Vorstandes und des Aufsichtsraths im Wege der Klage beantragen, daß die Genossenschaft für nichtig erklärt werde.

§. 90b.

Als wesentlich im Sinne des §. 90a gelten die in den §§. 6, 7 und 125 bezeichneten Bestimmungen des Statuts mit Ausnahme derjenigen über die Beurkundung der Beschlüsse der Generalversammlung und den Vorsitz in dieser sowie über die Grundsätze für die Aufstellung und Prüfung der Bilanz.

Ein Mangel, der die Bestimmungen über die Firma oder den Sitz der Genossenschaft, den Gegenstand des Unternehmens, die Form der Berufung der Generalversammlung, die Bekanntmachungen der Genossenschaft, den Geschäftsantheil oder die auf diesen zu leistenden Einzahlungen oder den Reservefonds betrifft, kann durch einen den Vorschriften dieses Gesetzes über eine

Aenderung des Statuts entsprechenden Beschluß der Generalversammlung geheilt werden. Die Berufung der Generalversammlung erfolgt, wenn der Mangel die Bestimmungen über die Form der Berufung betrifft, durch Einrückung in diejenigen öffentlichen Blätter, welche für die Bekanntmachungen der Eintragungen in das Genossenschaftsregister des Sitzes der Genossenschaft bestimmt sind.

Ein Mangel, der die Bestimmung über die Haftung der Genossen betrifft, kann nur dadurch geheilt werden, daß von sämmtlichen Genossen einstimmig die unbeschränkte Haftpflicht beschlossen wird.

§. 90c.

Das Verfahren über die Klage auf Nichtigkeitserklärung und die Wirkungen des Urtheils bestimmen sich nach den Vorschriften des §. 49 Absatz 3 bis 5 und des §. 50.

§. 90d.

Ist die Nichtigkeit einer Genossenschaft in das Genossenschaftsregister eingetragen, so finden zum Zwecke der Abwickelung ihrer Verhältnisse die für den Fall der Auflösung geltenden Vorschriften entsprechende Anwendung.

Die Wirksamkeit der im Namen der Genossenschaft mit Dritten vorgenommenen Rechtsgeschäfte wird durch die Nichtigkeit nicht berührt.

Soweit die Genossen eine Haftung für die Verbindlichkeiten der Genossenschaft übernommen haben, sind sie verpflichtet, die zur Befriedigung der Gläubiger erforderlichen Beträge nach Maßgabe der Vorschriften des folgenden Abschnitts zu leisten.

XI. Im §. 116 Abs. 2 werden die Schlußworte „ohne daß den letzteren die Einrede der Theilung zusteht" gestrichen.

XII. Der §. 117 Abs. 3 wird gestrichen.

XIII. Der §. 148 Abs. 3 fällt weg.

XIV. Der §. 152 Abs. 1 erhält folgende Fassung:

Die Mitglieder des Vorstandes sind von dem Gerichte (§. 10) zur Befolgung der im §. 8 Absatz 2, §. 14, §. 16 Absatz 3, §§. 28, 30, §. 59 Absatz 2, §. 61, §. 76 Absatz 2, §. 77 Absatz 2, §. 127 Absatz 2, §. 137 Absatz 3 enthaltenen Vorschriften durch Ordnungsstrafen anzuhalten; die einzelne Strafe darf den Betrag von dreihundert Mark nicht übersteigen. In gleicher Weise sind die Mitglieder des Vorstandes und die Liquidatoren zur Befolgung der im §. 31 Absatz 2, §. 45, §. 46 Absatz 2, §. 49 Absatz 4 und 5, §. 82, §. 83 Absatz 2, §. 87 Absatz 1, §. 148 Absatz 2 enthaltenen Vorschriften anzuhalten.

Artikel 11.

Das Gesetz, betreffend die Gesellschaften mit beschränkter Haftung, vom 20. April 1892 (Reichs-Gesetzbl. S. 477) wird dahin geändert:

I. Der §. 7 Abs. 1 wird durch folgende Vorschrift ersetzt:

Die Gesellschaft ist bei dem Gerichte, in dessen Bezirke sie ihren Sitz hat, zur Eintragung in das Handelsregister anzumelden.

II. Der §. 8 Abs. 3 wird durch folgende Vorschrift ersetzt:

Die Geschäftsführer haben ihre Unterschrift zur Aufbewahrung bei dem Gerichte zu zeichnen.

III. Der §. 9 Abs. 3 erhält folgende Fassung:

Die Ansprüche auf Grund der vorstehenden Bestimmungen verjähren in fünf Jahren seit der Eintragung der Gesellschaft in das Handelsregister.

VI. Der §. 10 wird durch folgende Vorschriften ersetzt:

Bei der Eintragung in das Handelsregister sind die Firma und der Sitz der Gesellschaft, der Gegenstand des Unternehmens, die Höhe des Stammkapitals, der Tag des Abschlusses des Gesellschaftsvertrages und die Personen der Geschäftsführer anzugeben.

Enthält der Gesellschaftsvertrag besondere Bestimmungen über die Zeitdauer der Gesellschaft oder über die Befugniß der Geschäftsführer oder der Liquidatoren zur Vertretung der Gesellschaft, so sind auch diese Bestimmungen einzutragen.

In die Veröffentlichung, durch welche die Eintragung bekannt gemacht wird, sind außer dem Inhalte der Eintragung die nach §. 5 Absatz 4 getroffenen Festsetzungen und, sofern der Gesellschaftsvertrag besondere Bestimmungen über die Form enthält, in welcher öffentliche Bekanntmachungen der Gesellschaft erlassen werden, auch diese Bestimmungen aufzunehmen.

V. An die Stelle des §. 11 Abs. 1 tritt folgende Vorschrift:

Vor der Eintragung in das Handelsregister des Sitzes der Gesellschaft besteht die Gesellschaft mit beschränkter Haftung als solche nicht.

VI. Der §. 12 wird durch folgende Vorschriften ersetzt:

Auf die Anmeldung der Gesellschaft zur Eintragung in das Handelsregister eines Gerichts, in dessen Bezirke sie eine Zweigniederlassung besitzt, finden die Bestimmnngen im §. 8 Absatz 1 und 2 keine Anwendung. Der Anmeldung ist eine von dem Gerichte der Hauptniederlassung beglaubigte Abschrift des Gesellschaftsvertrages und der Liste der Gesellschafter beizufügen.

Die Eintragung hat die im §. 10 Absatz 1 und 2 bezeichneten Angaben zu enthalten. In die Veröffentlichung, durch welche die Eintragung bekannt gemacht wird, sind auch die im §. 10 Absatz 3 bezeichneten Bestimmungen aufzunehmen, die nach §. 5 Absatz 4 getroffenen Festsetzungen jedoch nur dann, wenn die Eintragung innerhalb der ersten zwei Jahre nach der Eintragung in das Handelsregister des Sitzes der Gesellschaft erfolgt.

VII. Der §. 20 Abs. 2 fällt weg.

VIII. Im §. 23 und im §. 27 Abs. 2 werden die Worte: „durch einen Makler oder zur Vornahme von Versteigerungen befugten Beamten öffentlich verkaufen" ersetzt durch die Worte:

„im Wege öffentlicher Versteigerung verkaufen".

IX. An die Stelle des §. 39 treten folgende Vorschriften:

Jede Aenderung in den Personen der Geschäftsführer sowie die Beendigung der Vertretungsbefugniß eines Geschäftsführers ist zur Eintragung in das Handelsregister anzumelden.

Der Anmeldung ist eine Abschrift der Urkunden über die Bestellung der Geschäftsführer oder über die Beendigung der Vertretungsbefugniß beizufügen. Diese Bestimmung findet auf die Anmeldung zum Handelsregister einer Zweigniederlassung keine Anwendung.

Die Geschäftsführer haben ihre Unterschrift zur Aufbewahrung bei dem Gerichte zu zeichnen.

X. Der §. 40 fällt weg.

XI. Im §. 53 werden die Worte: „nach den Artikeln 224 bis 226 Abs. 1 des Handelsgesetzbuchs" ersetzt durch die Worte:

„nach §. 238 Absatz 1, 2, 4, §§. 239 bis 243 und §. 244 Absatz 1, 2 des Handelsgesetzbuchs".

XII. An die Stelle des §. 55 treten folgende Vorschriften:

Die Abänderung des Gesellschaftsvertrages ist zur Eintragung in das Handelsregister anzumelden.

Bei der Eintragung genügt, sofern nicht die Abänderung die im §. 10 Absatz 1 und 2 bezeichneten Angaben betrifft, die Bezugnahme auf die bei dem Gerichte eingereichten Urkunden über die Abänderung. Die öffentliche Bekanntmachung findet in Betreff aller Bestimmungen statt, auf welche sich die im §. 10 Absatz 3 und im §. 12 vorgeschriebenen Veröffentlichungen beziehen.

Die Abänderung hat keine rechtliche Wirkung, bevor sie in das Handelsregister des Sitzes der Gesellschaft eingetragen ist.

XIII. Als §. 59a wird folgende Vorschrift eingestellt:

Auf die Anmeldungen zu dem Handelsregister eines Gerichts, in dessen Bezirke die Gesellschaft eine Zweigniederlassung besitzt, finden die Bestimmnngen im §. 58 Absatz 2, Absatz 3 Nr. 1 und im §. 59 Absatz 1 Nr. 4 keine Anwendung.

XIV. Der fünfte Abschnitt erhält die Ueberschrift:

„Auflösung und Nichtigkeit der Gesellschaft.“

XV. An die Stelle des §. 60 Abs. 1 Nr. 4 tritt folgende Vorschrift:

4. durch die Eröffnung des Konkursverfahrens; wird das Verfahren nach Abschluß eines Zwangsvergleichs aufgehoben oder auf Grund des §. 188 der Konkursordnung eingestellt, so können die Gesellschafter die Fortsetzung der Gesellschaft beschließen.

XVI. Der §. 64 Abs. 3 fällt weg.

XVII. An die Stelle des §. 65 treten folgende Vorschriften:

Die Auflösung der Gesellschaft ist außer dem Falle des Konkursverfahrens zur Eintragung in das Handelsregister anzumelden. Das Gleiche gilt von einer Fortsetzung der Gesellschaft in den im §. 60 Absatz 1 Nr. 4 bezeichneten Fällen.

Die Auflösung ist von den Liquidatoren zu drei verschiedenen Malen durch die im §. 30 Absatz 2 bezeichneten öffentlichen Blätter bekannt zu machen. Durch die Bekanntmachung sind zugleich die Gläubiger der Gesellschaft aufzufordern, sich bei derselben zu melden.

XVIII. Der §. 67 wird durch folgende Vorschriften ersetzt:

Die ersten Liquidatoren sind durch die Geschäftsführer, jede Aenderung in den Personen der Liquidatoren sowie eine Beendigung ihrer Vertretungsbefugniß ist durch die Liquidatoren zur Eintragung in das Handelsregister anzumelden.

Der Anmeldung ist eine Abschrift der Urkunden über die Bestellung der Liquidatoren oder über die Aenderung in den Personen derselben beizufügen. Diese Vorschrift findet auf die Anmeldung zum Handelsregister einer Zweigniederlassung keine Anwendung.

Die Eintragung der gerichtlichen Ernennung oder Abberufung von Liquidatoren geschieht von Amtswegen.

Die Liquidatoren haben ihre Unterschrift zur Aufbewahrung bei dem Gerichte zu zeichnen.

XIX. Der §. 69 fällt weg.

XX. An die Stelle des §. 74 Abs. 2 treten folgende Vorschriften:

Meldet sich ein bekannter Gläubiger nicht, so ist der geschuldete Betrag, wenn die Berechtigung zur Hinterlegung vorhanden ist, für den Gläubiger zu hinterlegen. Ist die Berichtigung einer Verbindlichkeit zur Zeit nicht ausführbar oder ist eine Verbindlichkeit streitig, so darf die Vertheilung des Vermögens nur erfolgen, wenn dem Gläubiger Sicherheit geleistet ist.

XXI. Hinter den §. 75 werden im fünften Abschnitte folgende Vorschriften eingestellt:

§. 75 a.

Enthält der Gesellschaftsvertrag nicht die nach §. 3 Absatz 1 wesentlichen Bestimmungen oder ist eine dieser Bestimmungen nichtig, so kann jeder Gesellschafter, jeder Geschäftsführer und, wenn ein Aufsichtsrath bestellt ist, jedes Mitglied des Aufsichtsraths im Wege der Klage beantragen, daß die Gesellschaft für nichtig erklärt werde.

Die Vorschriften der §§. 264, 265 des Handelsgesetzbuchs finden entsprechende Anwendung.

§. 75 b.

Ein Mangel, der die Bestimmungen über die Firma oder den Sitz der Gesellschaft oder den Gegenstand des Unternehmens betrifft, kann durch einstimmigen Beschluß der Gesellschafter geheilt werden.

§. 75 c.

Ist die Nichtigkeit einer Gesellschaft in das Handelsregister eingetragen, so finden zum Zwecke der Abwickelung ihrer Verhältnisse die für den Fall der Auflösung geltenden Vorschriften entsprechende Anwendung.

Die Wirksamkeit der im Namen der Gesellschaft mit Dritten vorgenommenen Rechtsgeschäfte wird durch die Nichtigkeit nicht berührt.

Die Gesellschafter haben die versprochenen Einzahlungen zu leisten, soweit es zur Erfüllung der eingegangenen Verbindlichkeiten erforderlich ist.

XXII. An die Stelle der §§. 76, 77 treten folgende Vorschriften:

§. 76.

Die in diesem Gesetze vorgesehenen Anmeldungen zum Handelsregister sind durch sämmtliche Geschäftsführer oder sämmtliche Liquidatoren zu bewirken.

§. 77.

In Ansehung der in §§. 7, 55, §. 58 Absatz 1, §. 59 Absatz 1 Nr. 3, §. 78 Absatz 5 bezeichneten Anmeldungen zum Handelsregister findet, soweit es sich um die Anmeldung zum Handelsregister des Sitzes der Gesellschaft handelt, eine Verhängung von Ordnungsstrafen nach §. 14 des Handelsgesetzbuchs nicht statt.

XXIII. Im §. 80 Abs. 1 Nr. 1 werden die Worte „Eintragung des Gesellschaftsvertrags" durch die Worte „Eintragung der Gesellschaft" ersetzt.

Artikel 12.

Das Gesetz, betreffend die privatrechtlichen Verhältnisse der Binnenschiffahrt, vom 15. Juni 1895 (Reichs-Gesetzbl. S. 301) wird dahin geändert:

I. An die Stelle des §. 26 tritt folgende Vorschrift:

Auf das Frachtgeschäft zur Beförderung von Gütern auf Flüssen und sonstigen Binnengewässern finden die Vorschriften der §§. 417 bis 419, 422 bis 428, 431 bis 435, 437 bis 443 des Handelsgesetzbuchs Anwendung.

II. Im §. 36 Abs. 4 werden die Worte „gerichtlich oder in anderer sicherer Weise niederzulegen" ersetzt durch die Worte „in einem öffentlichen Lagerhaus oder in anderer sicherer Weise zu hinterlegen". Im §. 52 Abs. 1, 3, im §. 54 Abs. 2, 3, im §. 77 Abs. 2 und im §. 91 Abs. 3 werden die Worte „niederzulegen, Niederlegung, Niederlegungsverfahren, niedergelegt" ersetzt durch die Worte „zu hinterlegen, Hinterlegung, Hinterlegungsverfahren, hinterlegt".

III. Der §. 56 Abs. 2 fällt weg.

IV. Im §. 58 fällt der Abs. 3 weg; der Abs. 4 wird durch folgende Vorschrift ersetzt:

Für den Verlust oder die Beschädigung von Kostbarkeiten Kunstgegenständen, Geld und Werthpapieren haftet der Frachtführer nur, wenn ihm die Beschaffenheit oder der Werth des Gutes bei der Uebergabe zur Beförderung angegeben worden ist.

V. Der §. 61 wird durch folgende Vorschriften ersetzt:

Nach der Annahme des Gutes durch den Empfangsberechtigten können wegen einer Beschädigung oder Minderung des Gutes, die bei der Annahme äußerlich erkennbar ist, Ansprüche nur geltend gemacht werden, wenn vor der Annahme der Zustand des Gutes durch amtlich bestellte Sachverständige festgestellt ist.

Wegen einer Beschädigung oder Minderung des Gutes, die bei der Annahme äußerlich nicht erkennbar ist, kann der Frachtführer auch nach der Annahme des Gutes in Anspruch genommen werden, wenn der Mangel in der Zeit zwischen der Uebernahme des Gutes durch den Frachtführer und der Ablieferung entstanden ist und die Feststellung des Mangels durch amtlich bestellte Sachverständige unverzüglich nach der Entdeckung und spätestens binnen einer Woche nach der Annahme beantragt wird. Ist dem Frachtführer der Mangel unverzüglich nach der Entdeckung und binnen der bezeichneten Frist angezeigt, so genügt es, wenn die Feststellung unverzüglich nach dem Zeitpunkte beantragt wird, bis zu welchem der Eingang einer Antwort des Frachtführers unter regelmäßigen Umständen erwartet werden darf.

Die Kosten einer von dem Empfangsberechtigten beantragten Feststellung sind von dem Frachtführer zu tragen, wenn ein Verlust oder eine Beschädigung ermittelt wird, für welche derselbe Ersatz leisten muß.

Der Frachtführer kann sich auf die Vorschriften der Absätze 1, 2 nicht berufen, wenn er den Schaden durch Vorsatz oder grobe Fahrlässigkeit herbeigeführt hat.

VI. Als §. 61a werden folgende Vorschriften eingestellt:

Der Frachtführer haftet für den durch verspätete Ablieferung des Gutes entstandenen Schaden, es sei denn, daß die Verspätung auf Umständen beruht, die durch die Sorgfalt eines ordentlichen Frachtführers nicht abgewendet werden konnten.

Ist die Fracht nebst den sonst auf dem Gute haftenden Forderungen bezahlt und das Gut angenommen, so kann der Anspruch nicht geltend gemacht werden, es sei denn, daß der Frachtführer die Verspätung durch Vorsatz oder grobe Fahrlässigkeit herbeigeführt hat.

VII. Der §. 70 Abs. 1 wird durch folgende Vorschrift ersetzt:

Wird der Antritt oder die Fortsetzung der Reise ohne Verschulden des Absenders zeitweilig verhindert, so braucht der Absender die Aufhebung des Hindernisses nicht abzuwarten, er kann vielmehr vom Vertrage zurücktreten.

VIII. Der §. 72 fällt weg.

IX. Der §. 87 Abs. 4 wird gestrichen.

X. Im §. 89 Abs. 3 wird der letzte Satz durch folgende Vorschrift ersetzt:

Die Geltendmachung des Pfandrechts durch den Frachtführer erfolgt nach Maßgabe der Vorschriften, die für das Pfandrecht des Frachtführers wegen der Fracht und der Auslagen gelten.

XI. Der §. 91 Abs. 2 wird durch folgende Vorschrift ersetzt:

Gegen Hinterlegung des beanspruchten Beitrags bei einer öffentlichen Hinterlegungsstelle hat die Auslieferung der Güter zu erfolgen.

XII. Im §. 102 wird die Nr. 6 durch folgende Vorschrift ersetzt:

6. die Forderungen, welche der Berufsgenossenschaft nach den Vorschriften über die Unfallversicherung, der Versicherungsanstalt nach den Vorschriften über die Invalidenversicherung und den Gemeinden und Krankenkassen nach den Vorschriften über die Krankenversicherung gegen den Schiffseigner zustehen.

XIII. Der §. 110 fällt weg.

XIV. An die Stelle des §. 111 tritt folgende Vorschrift:

Wird außer dem Falle der Zwangsversteigerung das Schiff veräußert, so ist der Erwerber berechtigt, die Ausschließung der unbekannten Schiffsgläubiger mit ihren Pfandrechten im Wege des Aufgebotsverfahrens zu beantragen.

XV. Der §. 112 wird durch folgende Vorschrift ersetzt:

Die Vorschrift des §. 111 findet keine Anwendung, wenn nur der Antheil eines Miteigenthümers des Schiffes den Gegenstand der Veräußerung bildet.

XVI. An die Stelle des §. 114 tritt folgende Vorschrift:

Insoweit bei der Zwangsversteigerung oder bei einer sonstigen Veräußerung des Schiffes der Schiffseigner das Kaufgeld ein-eingezogen hat, haftet er den Schiffsgläubigern, deren Pfandrechte in Folge der Zwangsversteigerung oder in Folge eines nach §. 111 eingeleiteten Aufgebotsverfahrens erloschen sind, persönlich in gleicher Weise, wie im Falle der Einziehung der Fracht.

XVII. Im §. 118 wird die Nr. 8 gestrichen.

XVIII. Der zehnte Abschnitt (§§. 131 bis 137) fällt weg.

XIX. Der §. 138 wird durch folgende Vorschrift ersetzt:

In bürgerlichen Rechtsstreitigkeiten, in welchen durch Klage oder Widerklage ein Anspruch auf Grund dieses Gesetzes geltend gemacht ist, wird die Verhandlung und Entscheidung letzter Instanz im Sinne des §. 8 des Einführungsgesetzes zum Gerichtsverfassungsgesetze dem Reichsgerichte zugewiesen.

Artikel 13.

Der Reichskanzler wird ermächtigt, die Texte des Gesetzes, betreffend die Erwerbs- und Wirthschaftsgenossenschaften, des Gesetzes, betreffend die Gesellschaften mit beschränkter Haftung, und des Gesetzes, betreffend die privatrechtlichen Verhältnisse der Binnenschiffahrt, wie sie sich aus den in den Artikeln 10 bis 12 vorgesehenen Aenderungen ergeben, durch das Reichs-Gesetzblatt bekannt zu machen. Hierbei sind die in den bezeichneten Gesetzen enthaltenenen Verweisungen auf Vorschriften des Allgemeinen Deutschen Handelsgesetzbuchs durch Verweisungen auf die nach Artikel 3 des gegenwärtigen Gesetzes an die Stelle jener Vorschriften tretenden neuen Vorschriften zu ersetzen.

Artikel 14.

Das Börsengesetz vom 22. Juni 1896 (Reichs-Gesetzbl. S. 157) wird dahin geändert:

I. Die §§. 33, 34 werden durch folgende Vorschriften ersetzt:

§. 33.

Das von dem Kursmakler zu führende Tagebuch ist vor dem Gebrauche dem Börsenvorstande zur Beglaubigung der Zahl der Blätter oder Seiten vorzulegen.

Wenn ein Kursmakler stirbt oder aus dem Amte scheidet, ist sein Tagebuch bei dem Börsenvorstande niederzulegen.

§. 34.

Die Kursmakler sind zur Vornahme von Verkäufen und Käufen befugt, die durch einen dazu öffentlich ermächtigten Handelsmakler zu bewirken sind.

II. Der §. 45 Satz 2 fällt weg.

III. Der §. 58 Abs. 2 wird durch folgende Vorschrift ersetzt:

Ehefrauen, die nicht Handelsfrauen sind, bedürfen der Genehmigung des Ehemannes.

IV. Der §. 63 Abs. 1 Satz 2 wird durch folgende Vorschrift ersetzt:

Für Ehefrauen, die nicht Handelsfrauen sind, genügt der Antrag des Ehemannes.

V. Die §§. 70 bis 74 fallen weg.

Artikel 15.

Die privatrechtlichen Vorschriften der Landesgesetze bleiben insoweit unberührt, als es in diesem Gesetze bestimmt oder als im Handelsgesetzbuch auf die Landesgesetze verwiesen ist.

Soweit die Landesgesetze unberührt bleiben, können auch neue landesgesetzliche Vorschriften erlassen werden.

Artikel 16.

Unberührt bleiben die landesgesetzlichen Vorschriften über Lagerscheine und Lagerpfandscheine, die Vorschriften über Lagerscheine jedoch nur insoweit, als sie den §. 355 Abs. 2 und die §§. 356, 357, 416 des Handelsgesetzbuchs ergänzen.

Artikel 17.

Unberührt bleiben die landesgesetzlichen Vorschriften über Checks.

Artikel 18.

Unberührt bleiben die landesgesetzlichen Vorschriften über den Vertrag zwischen dem Brauer und dem Wirthe über die Lieferung von Bier, soweit sie das aus dem Vertrage sich ergebende Schuldverhältniß für den Fall regeln, daß nicht besondere Vereinbarungen getroffen werden.

Artikel 19.

Unberührt bleiben:

1. für das Großherzogthum Mecklenburg-Schwerin die §§. 51 bis 53, 55 der Verordnung vom 28. Dezember 1863, betreffend die Publikation des Handelsgesetzbuchs, sowie die zur Abänderung dieser Verordnung ergangene Verordnung vom 22. Oktober 1869;
2. für die freie Hansestadt Bremen die Verordnung vom 12. Februar 1866, betreffend die Löschung der Seeschiffe, nebst den dazu später ergangenen Gesetzen;
3. für die freie und Hansestadt Hamburg der §. 50 des Einführungsgesetzes zum Allgemeinen Deutschen Handelsgesetzbuche vom 22. Dezember 1865.

Artikel 20.

Unberührt bleiben die landesgesetzlichen Vorschriften, nach welchen ein Pfandrecht an einem im Bau begriffenen Schiffe ohne Uebergabe des Schiffes durch Eintragung in ein besonderes Register bestellt werden kann, sowie die landesgesetzlichen Vorschriften über die Zwangsversteigerung eines solchen Schiffes.

Artikel 21.

Unberührt bleiben die landesgesetzlichen Vorschriften zur Ausführung der Allgemeinen Deutschen Wechselordnung, soweit sie durch das Bundesgesetz vom 5. Juni 1869 (Bundes-Gesetzbl. S. 379) aufrecht erhalten sind. Dies gilt jedoch nicht für die Vorschriften über kaufmännische Anweisungen.

Artikel 22.

Die zur Zeit des Inkrafttretens des Handelsgesetzbuchs im Handelsregister eingetragenen Firmen können weitergeführt werden, soweit sie nach den bisherigen Vorschriften geführt werden durften.

Die Vorschriften des §. 20 des Handelsgesetzbuchs über die in die Firma der Aktiengesellschaften und der Kommanditgesellschaften auf Aktien aufzunehmenden Bezeichnungen finden jedoch auf die bei dem Inkrafttreten des Handelsgesetzbuchs für eine solche Gesellschaft in das Handelsregister eingetragene Firma Anwendung, wenn die Firma aus Personennamen zusammengesetzt ist und nicht erkennen läßt, daß eine Aktiengesellschaft oder eine Kommanditgesellschaft auf Aktien die Inhaberin ist.

Artikel 23.

Auf die Errichtung einer Aktiengesellschaft oder Kommanditgesellschaft auf Aktien, die vor dem Inkrafttreten des Handelsgesetzbuchs zur Eintragung in das Handelsregister angemeldet ist, finden die bisherigen Vorschriften Anwendung, sofern vor diesem Zeitpunkte die Voraussetzungen erfüllt sind, an deren Nachweis die bisherigen Vorschriften die Eintragung knüpfen.

Artikel 24.

Sind die Aktien einer bestehenden Aktiengesellschaft oder Kommanditgesellschaft auf Aktien gemäß den vor dem Inkrafttreten des Gesetzes vom 18. Juli 1884 (Reichs-Gesetzbl. S. 123) in Geltung gewesenen Vorschriften auf einen geringeren Betrag als eintausend Mark gestellt, so bleiben im Falle einer Zusammenlegung oder sonstigen Umwandlung dieser Aktien die Vorschriften des §. 178 Abs. 1 des Handelsgesetzbuchs außer Anwendung. Der Nennbetrag der Aktien darf jedoch nicht herabgesetzt werden.

Wird das Grundkapital einer bestehenden Aktiengesellschaft oder Kommanditgesellschaft auf Aktien durch Ausgabe neuer Aktien erhöht, so finden die Vorschriften des § 178 Abs. 1 des Handelsgesetzbuchs auf die neuen Aktien Anwendung, auch wenn die Ausgabe mittelst Umwandlung von Aktien der im Abs. 1 bezeichneten Art geschieht.

Diese Vorschriften gelten auch für Interimsscheine.

Artikel 25.

Die Vorschriften des §. 226 des Handelsgesetzbuchs über die Kraftloserklärung abhanden gekommener oder vernichteter Aktien finden auch in dem Falle Anwendung, daß eine Aktie vor dem Inkrafttreten des Handelsgesetzbuchs abhanden gekommen oder vernichtet worden ist.

Artikel 26.

Die vor dem Inkrafttreten des Handelsgesetzbuchs erfolgte Außerkurssetzung einer auf den Inhaber lautenden Aktie verliert mit dem Inkrafttreten des Handelsgesetzbuchs ihre Wirkung.

Artikel 27.

Auf Personen, die bei dem Inkrafttreten des Handelsgesetzbuchs Mitglieder des Vorstandes einer Aktiengesellschaft sind, finden für die Dauer der

Bestellung die Vorschriften des §. 232 des Handelsgesetzbuchs über den Betrieb eines Handelsgewerbes und über die Betheiligung an einer anderen Gesellschaft nur in der Beschränkung auf den Handelszweig der Aktiengesellschaft Anwendung.

Artikel 28.

Die Vorschrift des §. 275 Abs. 1 des Handelsgesetzbuchs über die Zusicherung von Rechten auf den Bezug neu auszugebender Aktien findet auf eine vor dem Inkrafttreten des Handelsgesetzbuchs ertheilte Zusicherung keine Anwendung.

Denkschrift

zu dem

Entwurf eines Handelsgesetzbuchs

und eines

Einführungsgesetzes.

Inhaltsübersicht.

Seite

Drittes Buch.

Handelsgeschäfte.

Viertes Buch.

Seehandel.

Vorbemerkung.

Die einheitliche Regelung und umfassende Neugestaltung des Privatrechts, welche durch das Bürgerliche Gesetzbuch eintritt, macht auch eine Revision des Handelsgesetzbuchs nothwendig. Nach dem Plane, wie er der Ausarbeitung des Entwurfs eines Bürgerlichen Gesetzbuchs zu Grunde lag, war eine solche Revision von vornherein in Aussicht genommen. Die Aufgabe derselben besteht darin, einerseits die Vorschriften des Handelsgesetzbuchs mit dem Inhalte des Bürgerlichen Gesetzbuchs in Einklang zu bringen, andererseits diejenigen Aenderungen und Ergänzungen des Handelsgesetzbuchs vorzunehmen, welche sich nach den Erfahrungen in dem Zeitraume von über dreißig Jahren, der seit dem Zustandekommen des Gesetzbuchs verstrichen ist, als wünschenswerth gezeigt haben. Die aus den Kreisen der betheiligten Berufsstände gegebenen Anregungen, die Rechtsprechung der Gerichte, die umfangreiche Literatur des Handelsrechts und die neuere ausländische Gesetzgebung bieten für den letzteren Theil der Aufgabe ein reiches Material.

Bei der Vielgestaltigkeit des bürgerlichen Rechts, welche zur Zeit der Herstellung des Handelsgesetzbuchs herrschte, fiel diesem eine Aufgabe zu, die zum Theil über den Rahmen einer Regelung der dem Handelsverkehr eigenthümlichen Verhältnisse hinausging. Es war nothwendig, in gewissem Umfang eine gemeinsame Rechtsgrundlage auch bezüglich solcher Verhältnisse zu schaffen, welche an sich dem bürgerlichen Rechte angehören. Besonders das vierte Buch, welches die Handelsgeschäfte regelt, enthält eine erhebliche Zahl derartiger Vorschriften. Diese Aufgabe fällt jetzt für das Handelsgesetzbuch weg, denn sie wird durch das Bürgerliche Gesetzbuch, das sich bei den in Betracht kommenden Fragen vielfach den Grundsätzen des Handelsgesetzbuchs angeschlossen hat, in umfassenderer Weise gelöst. Die Folge hiervon ist eine Verminderung des dem Handelsgesetzbuche zufallenden Rechtsstoffes.

Die früher unvermeidliche Vermischung von Vorschriften des eigentlichen Handelsrechts und des bürgerlichen Rechts ist auch in Bezug auf das subjektive Anwendungsgebiet des Handelsgesetzbuchs nicht ohne Einfluß geblieben. Die Vorschriften desselben gelten zum großen Theile nicht bloß für Kaufleute, sondern auch für andere Personen, die mit Kaufleuten dauernd oder gelegentlich in Geschäftsverkehr treten. Es liegt auf der Hand, daß sich dies überhaupt nicht ganz vermeiden läßt, da unter Anderem die Regelung selbständiger handelsrechtlicher Vertragsgattungen in Frage kommt, die nicht nur für den Verkehr von Kaufleuten unter einander Bedeutung haben. Allein das Handelsgesetzbuch hat die Grenze zum Theil sehr weit gezogen, und in Folge dessen ist das nicht zu den handeltreibenden Kreisen gehörende Publikum den Vorschriften des Gesetzbuchs nicht selten auch da unterstellt, wo die Berechtigung hierzu sich bezweifeln läßt. Das erwähnte Verhältniß des Handelsgesetzbuchs zu dem bürgerlichen Rechte mußte von selbst dahin führen, diese Richtung zu begünstigen. Dies ändert sich nun; das Anwendungsgebiet des Handelsgesetzbuchs kann jetzt auch in subjektiver Beziehung enger begrenzt, seinen Normen in höherem Grade als bisher der Karakter eines Rechtes der Kaufleute gegeben werden. Eine den heutigen Bedürfnissen entsprechende Feststellung des Kaufmannsbegriffs muß hiermit allerdings Hand in Hand gehen.

Der vorliegende Entwurf stellt sich äußerlich als ein neues Gesetz dar. Die sachlichen Aenderungen, welche das Handelsgesetzbuch erfahren muß, sind zu erheblich und zu zahlreich, als daß die Form einer Novelle genügen könnte; das Gesetzbuch würde dadurch die Uebersichtlichkeit und den systematischen Zusammenhang verlieren. Dabei behält übrigens das letzte, das Seehandelsrecht enthaltende Buch im Wesentlichen seine jetzige Gestalt; die Revision kann sich hier auf diejenigen Aenderungen beschränken, welche durch den neuen Inhalt der übrigen Bücher sowie durch einzelne Vorschriften des Bürgerlichen Gesetzbuchs oder sonstiger Reichsgesetze geboten sind. Insofern darüber hinaus ein Bedürfniß für Aenderungen des Seerechts besteht, muß die Befriedigung desselben zunächst noch verschoben werden, um die Fülle der Aufgaben, welche die Gesetzgebung auf dem Gebiete des Privatrechts ohnehin zu bewältigen hat, nicht über Gebühr zu vermehren. Bei der Natur des Seerechts, das ein in sich geschlossenes Ganzes bildet und nur zu einem geringen Theile in einem engeren Zusammenhange mit dem sonstigen Inhalte des Handelsgesetzbuchs und dem bürgerlichen Rechte steht, unterliegt ein solches Verfahren auch keinem Bedenken.

Neue Rechtsstoffe sind in den Entwurf nur in geringem Umfange aufgenommen. In das erste Buch ist ein Abschnitt über die Handlungsagenten, in das dritte Buch ein solcher über das Lagergeschäft eingefügt; auch sind im siebenten Abschnitte des ersten Buches nunmehr die Verhältnisse der Privathandelsmäkler geregelt. Dagegen ist davon abgesehen, andere Gegenstände, die bereits in selbständigen Reichsgesetzen behandelt sind, wie das Recht der Gesellschaften mit beschränkter Haftung und der eingetragenen Genossenschaften oder das Recht der Binnenschiffahrt und der Flößerei, dem Handelsgesetzbuch einzuverleiben. Ein Bedürfniß hierzu ist nicht anzuerkennen; bei einer solchen Einfügung ließe sich eine weitgehende Umgestaltung der betreffenden, zum Theil erst in neuester Zeit zu Stande gekommenen Gesetze nicht vermeiden, was jedenfalls nicht als wünschenswerth betrachtet werden kann. Der Bestand des Handelsgesetzbuchs bleibt demnach, was die allgemeine Begrenzung der darin behandelten Gegenstände betrifft, im Großen und Ganzen unverändert. Auch die Regelung des Versicherungsrechts und des Verlagsrechts hat durch besondere Gesetze zu erfolgen.

Der Entwurf ist vor seiner abschließenden Feststellung einer Berathung mit Vertretern des Handels und der Industrie, mit angesehenen Rechtsverständigen und mit Vertretern der Landwirthschaft unterzogen worden. Zur Begutachtung der Vorschriften über die Handlungsgehülfen und die Handlungsagenten waren auch Angehörige dieser Berufszweige zugezogen. Durch die Veröffentlichung des Entwurfs haben demnächst alle betheiligten Kreise Gelegenheit zur Prüfung desselben erhalten, und hiervon ist in weitem Umfange, namentlich durch die Organe des Handelsstandes, Gebrauch gemacht worden. Den geäußerten Wünschen und Anregungen ist nach Möglichkeit Rechnung getragen.

Zur Ergänzung des Entwurfs bedarf es einer Anzahl weiterer Vorschriften. Zunächst ist es nothwendig, das Verhältniß der Vorschriften des Handelsgesetzbuchs zu anderen Reichsgesetzen festzustellen sowie in einer Anzahl solcher Gesetze einzelne Aenderungen und Ergänzungen vorzunehmen, die sich mit Rücksicht auf die Bestimmungen des Entwurfs als nothwendig ergeben. Sodann ist die Frage zu entscheiden, in welchem Umfange neben dem Handelsgesetzbuche noch landesgesetzliche Vorschriften handelsrechtlichen Inhalts in Geltung bleiben sollen. Endlich sind Uebergangsbestimmungen für einzelne der neuen Vorschriften nicht zu entbehren. Die Regelung dieser Punkte ist in dem zugehörigen Einführungsgesetz erfolgt. Einen ferneren Gegenstand gesetzlicher Anordnungen bildet die Zuständigkeit und das Verfahren in den zur streitigen Gerichtsbarkeit nicht gehörenden Handelssachen. An einheitlichen Bestimmungen hierüber fehlt es gegenwärtig; der Erlaß entsprechender reichsgesetzlicher Vorschriften ist aber unumgänglich. Die betreffenden Vorschriften werden am zweckmäßigsten in dem Rahmen des auch zur Ausführung des Bürgerlichen Gesetzbuchs erforderlichen Gesetzes über die Angelegenheiten der freiwilligen Gerichtsbarkeit getroffen werden. Was endlich die Aenderungen des Gerichtsverfassungsgesetzes, der Civilprozeßordnung und der Konkursordnung betrifft, welche durch die Vorschriften des Entwurfs nothwendig werden, so sind dieselben mit der durch das Bürgerliche Gesetzbuch bedingten Revision jener Gesetze zu verbinden. Eine Zusammenstellung der mit Bezug auf das Handelsgesetzbuch in Aussicht genommenen Aenderungen ist der Denkschrift als Anlage beigefügt.

Die dem ersten Buche des Handelsgesetzbuchs vorausgeschickten allgemeinen Bestimmungen sind in den Entwurf nicht übernommen. Die Vorschrift des bisherigen Art. 1 über das in Handelssachen zur Anwendung kommende Recht hat insoweit, als sie das Verhältniß des Handelsgesetzbuchs zum bürgerlichen Rechte betrifft, im Einführungsgesetz (Art. 2 Abs. 1) Aufnahme gefunden. Dagegen ist von einer allgemeinen Bestimmung über die Wirksamkeit des Handelsgewohnheitsrechts abgesehen. Das Bürgerliche Gesetzbuch enthält keine Bestimmungen über die bindende Kraft gewohnheitsrechtlicher Sätze, überläßt vielmehr die Entscheidung der in Betracht kommenden Fragen der Wissenschaft und Rechtsprechung. Für ein bloß partikulares oder örtliches Gewohnheitsrecht wird damit den Vorschriften des Bürgerlichen Gesetzbuchs gegenüber allerdings kein Raum bleiben. Dies muß in Zukunft auch für Handelssachen gelten. Das geltende Handelsgesetzbuch räumt freilich im Art. 1 den Handelsgebräuchen, und zwar nicht nur dem gemeinen, sondern auch dem partikularen und örtlichen Handelsgewohnheitsrechte, schlechthin den Vorrang vor den Bestimmungen des bürgerlichen Rechtes ein; lediglich im Verhältnisse zu den Vorschriften des Handelsgesetzbuchs selbst ist dem Gewohnheitsrechte die derogirende Kraft versagt. Eine solche Regelung mochte im Hinblick auf die unter sich vielfach abweichenden, zum Theil veralteten Bestimmungen des bisherigen bürgerlichen Rechtes sachgemäß sein. Gegenüber dem Bürgerlichen Gesetzbuche wäre sie nicht mehr gerechtfertigt. Es darf nicht dahin kommen, daß die Vorschriften dieses Gesetzbuchs auf einem der wichtigsten Verkehrsgebiete alsbald wieder durch die mannigfaltigsten Rechtsbildungen partikularer und örtlicher Natur durchbrochen werden. Bleibt der Artikel des Handelsgesetzbuchs unverändert, so liegt die Gefahr nahe, daß nach dem Inkrafttreten des Bürgerlichen Gesetzbuchs vielfach in Handelssachen die Grundsätze des bisherigen Landesrechts als vermeintlicher Ausdruck gewohnheitsrechtlicher Ueberzeugung festgehalten werden. Dazu kommt, daß zahlreiche Vorschriften, die seither im Handelsgesetzbuche ihre Stelle hatten und deshalb der Aenderung durch abweichende Handelsgebräuche entzogen waren, nunmehr dem Bürgerlichen Gesetzbuche einverleibt sind; sie würden demzufolge einer solchen Aenderung zugänglich werden, wenn das neue Handelsrecht den Inhalt des Artikels ohne Weiteres übernehmen wollte. War es bisher ohne Unzuträglichkeiten möglich, den Handelsgebräuchen die Wirksamkeit gegenüber dem geschriebenen Rechte des Handelsgesetzbuchs zu versagen, so wird das Gleiche künftig auch im Verhältnisse zu dem Bürgerlichen Gesetzbuche zu gelten haben, das sich in so vielen Beziehungen dem Handelsgesetzbuche genähert hat. Vor Allem darf hinsichtlich der zwingenden Vorschriften des Bürgerlichen Gesetzbuchs einem partikularen Gewohnheitsrechte keine aufhebende Wirkung zuerkannt werden. Eine hiervon verschiedene Behandlung der dispositiven Vorschriften des Bürgerlichen Gesetzbuchs wäre aber grundsätzlich nicht zu rechtfertigen, auch mit praktischen Schwierigkeiten verbunden, da die Grenze zwischen beiden Gattungen von Rechtsvorschriften sich nicht immer einfach ziehen läßt. Soweit die Handelsgewohnheit gegenüber dem dispositiven Rechte Berücksichtigung erheischt, wird dem praktischen Bedürfniß im Wesentlichen durch den in den §. 337 des Entwurfs übernommenen Grundsatz des Art. 279 des geltenden Handelsgesetzbuchs genügt, wonach bei Handelsgeschäften in Bezug auf die Bedeutung und Wirkung von Handlungen und Unterlassungen auf die im Handelsverkehre geltenden Gewohnheiten und Gebräuche Rücksicht zu nehmen ist. Unter Gewohnheiten und Gebräuchen sind in diesem Zusammenhang allerdings nicht Sätze des objektiven Rechtes, sondern nur die thatsächliche Uebung und Verkehrssitte zu verstehen. In Wirklichkeit hatten aber die Fälle, in denen bisher ein Handelsgebrauch durch die Rechtsprechung Anerkennung fand, meist nicht eigentliches Handelsgewohnheitsrecht zum Gegenstande, sondern eine Uebung, die gemäß Art. 279 behufs Ermittelung des Vertragswillens der Betheiligten zu berücksichtigen war.

Die Frage, inwieweit durch **gemeines** Handelsgewohnheitsrecht Vorschriften des Bürgerlichen Gesetzbuchs oder des Handelsgesetzbuchs abgeändert werden können, ist bei den Schwierigkeiten, welche der Bildung eines derartigen Gewohnheitsrechts der Natur der Sache nach entgegenstehen, ohne erhebliche Bedeutung, entzieht sich aber auch der gesetzlichen Regelung. Ebenso kann nach dem Vorgange des Bürgerlichen Gesetzbuchs die Frage der Wirksamkeit eines nur ergänzenden, auf gesetzlich nicht geregelte Verhältnisse bezüglichen Gewohnheitsrechts der Entscheidung durch Wissenschaft und Rechtsprechung überlassen bleiben.

Was die Bestimmung des bisherigen Art. 2 über das Verhältniß des Handelsgesetzbuchs zur Wechselordnung anlangt, so tritt an deren Stelle die allgemeine Vorschrift des Art. 2 Abs. 2 des Einführungsgesetzes über das Verhältniß des Gesetzbuchs zu den Reichsgesetzen. Der Art. 3 endlich, welcher die Bedeutung des im Handelsgesetzbuche gebrauchten Ausdrucks „Handelsgericht" erläutert, wird durch den Wegfall dieser Bezeichnung gegenstandslos.

Erstes Buch.

Handelsstand.

Erster Abschnitt.

Kaufleute.

Erweiterung des Kaufmannsbegriffs.

Nach dem Handelsgesetzbuche wird die Eigenschaft als Kaufmann ausschließlich durch den gewerbsmäßigen Betrieb der in den Art. 271, 272 bezeichneten Geschäfte begründet. Die Aufzählung dieser sogenannten Grundgeschäfte des Handels leidet, wie jede derartige Kasuistik, an einer gewissen Willkürlichkeit; mit dem praktischen Bedürfniß und den Anschauungen des Verkehrs steht sie nicht mehr überall im Einklang. Der Grund der meisten handelsrechtlichen Vorschriften beruht weniger auf einer besonderen Eigenthümlichkeit der einzelnen Geschäftsoperationen, aus denen sich der Handelsbetrieb zusammensetzt, als vielmehr auf der Art dieses Betriebes selbst, namentlich auf dem Zusammentreffen zahlreicher, sich gegenseitig bedingender Geschäfte, die eine rasche und sichere Abwickelung erfordern und zugleich im Interesse aller Betheiligten eine gewisse Uebersichtlichkeit und Erkennbarkeit der geschäftlichen Verhältnisse des Unternehmers nothwendig machen. Haben sich auch diese Bedürfnisse am frühesten und entschiedensten in dem zum Handel im engeren Sinne gehörenden Verkehre geltend gemacht, so sind doch mit der fortschreitenden gewerblichen Entwicklung ähnliche Verhältnisse bei vielen anderen Arten gewerblicher Unternehmungen eingetreten. In Wirklichkeit geht auch schon das Handelsgesetzbuch bei der Feststellung der Grundgeschäfte über die Grenzen des Handels im volkswirthschaftlichen Sinne hinaus. Eine fernere Erweiterung hat sich daraus ergeben, daß durch spätere Gesetze gewissen Gesellschaften, nämlich den Aktiengesellschaften, den Kommanditgesellschaften auf Aktien, den eingetragenen Genossenschaften und den Gesellschaften mit beschränkter Haftung, ohne Rücksicht auf den Gegenstand des Geschäftsbetriebs die Eigenschaft als Kaufmann beigelegt worden ist; allein dem vorhandenen Bedürfniß ist hierdurch noch nicht genügend Rechnung getragen. Einige Beispiele mögen dies erläutern.

Die industriellen Betriebe unterstehen jetzt nur zum Theil dem Handelsrecht. Abgesehen von der nur in einigen Gewerbszweigen bedeutsamen Lohnfabrikation (Handelsgesetzbuch Art. 272 Nr. 1) gilt der Fabrikbetrieb ausschließlich dann als Handelsgewerbe, wenn der Unternehmer die Rohstoffe von Anderen anschafft (Handelsgesetzbuch Art. 271 Nr. 1). Unternehmer, die nur selbstgewonnene Rohstoffe verarbeiten, gelten nicht als Kaufleute und die Geschäfte solcher Unternehmer sind auf ihrer Seite keine Handelsgeschäfte. Gewinnt eine Thonwaaren- oder Porzellanfabrik die zu verarbeitende Erde auf dem von ihr selbst zu diesem Zwecke erworbenen oder gepachteten Grund und Boden, so ist sie nicht Kaufmann. Das Gleiche gilt von den zahlreichen nach kaufmännischer Art und in großem Umfange betriebenen Ziegeleien, welche die Ziegelerde auf den hierzu gepachteten Ländereien stechen. Auch große Rübenzuckerfabriken, die nur selbstgezogene Rüben verarbeiten, sind an sich keine Handelsunternehmungen, und die Lieferungsgeschäfte, welche sie abschließen, können nicht ohne Weiteres nach Handelsrecht beurtheilt werden. Die Rechtslage ändert sich aber, sobald in einem solchen Betriebe auch nur ein verhältnißmäßig geringer Theil der Rohstoffe regelmäßig angekauft wird. Dann ist der Unternehmer Kaufmann, und das Gleiche gilt in dem Falle, wenn das Unternehmen in der Form der Aktiengesellschaft oder der Gesellschaft mit beschränkter Haftung betrieben wird. Diese Unterscheidungen entbehren der inneren Berechtigung und sind der im Verkehre herrschenden Auffassung fremd. In den betheiligten Berufskreisen ist namentlich bezüglich des fabrikmäßigen Betriebs der Ziegeleien die Nothwendigkeit einer Aenderung des bestehenden Rechtszustandes vielfach geltend gemacht worden.

Unbefriedigend ist die gegenwärtige Rechtslage auch bezüglich gewisser Zweige der Urproduktion. Soweit es sich um Betriebe handelt, die zu der Land- oder Forstwirthschaft gehören, ist der Ausschluß vom Handelsrechte zweifellos gerechtfertigt. Nicht das Gleiche gilt aber für manche andere, in kaufmännischer Weise betriebene Produktionszweige, insbesondere für den Bergbau, den Betrieb von Brüchen, Gruben oder Salinen und dergleichen mehr. Für eine Bergwerksunternehmung, die nicht eine Aktiengesellschaft oder Gesellschaft mit beschränkter Haftung ist, besteht kein Recht auf die Firma, keine Verpflichtung zur Buchführung, und inwieweit sich ihre Lieferungsgeschäfte nach Handelsrecht bestimmen, hängt lediglich von dem zufälligen Umstand ab, ob die Lieferung an einen Kaufmann oder an eine andere Person erfolgt. Liefert eine Zeche Kohlen an die Eisenbahnverwaltung oder an eine Dampfschiffahrtsgesellschaft, so ist der Lieferungsvertrag ein Handelsgeschäft; ist dagegen die Marineverwaltung die Abnehmerin, so kommt nur das bürgerliche Recht zur Anwendung.

Auch manche sonstige Unternehmungen, wie beispielsweise die kaufmännischen Auskunftsbüreaus, die größeren Leihbibliotheken und andere mehr, für welche sowohl im Interesse des Publikums als in demjenigen der Unternehmer die Unterstellung unter das Handelsrecht als ein Bedürfniß anzusehen ist, haben zur Zeit weder die Pflichten noch die Rechte der Kaufleute.

Dazu kommt, daß Verträge über unbewegliche Sachen nach Art. 275 des Handelsgesetzbuchs unter keinen Umständen als Handelsgeschäfte anzusehen sind, und daß ein Betrieb, der solche Geschäfte zum Gegenstande hat, auch niemals ein Handelsgewerbe begründen kann. Die Vorschrift des Art. 275, welche in ihrer Tragweite übrigens keineswegs klar ist und in der Praxis der Gerichte zu fortwährenden Zweifeln und Schwankungen geführt hat, ist unter den heutigen Verhältnissen nicht mehr gerechtfertigt. Grundstücke sollen allerdings keinen regelmäßigen Gegenstand des Handelsverkehrs bilden, und sie dürfen als solche auch nicht von der Gesetzgebung behandelt werden; insbesondere wäre es nicht gerechtfertigt, den Kauf und Verkauf von Grundstücken unter die Grundgeschäfte des Handels aufzunehmen. Ebenso versteht es sich, daß die für die Uebertragung und Belastung von Grundstücken geltenden Vorschriften des bürgerlichen Rechts unberührt bleiben müssen. Hierdurch rechtfertigt es sich aber noch keineswegs, die Geschäfte über unbewegliche Sachen unbedingt vom Handelsrecht auszuschließen. Zahlreiche rein kaufmännisch und in großem Umfange betriebene Unternehmungen haben nur solche Geschäfte zum Gegenstand, und es besteht kein Grund, Gewerbetreibende dieser Art von den dem Kaufmannsstand obliegenden Pflichten zu entbinden oder ihnen die Rechte zu versagen, welche den fraglichen Pflichten gegenüberstehen. Hierher gehören namentlich die Bauunternehmer. Der Mangel einer gesetzlichen Verpflichtung der Bauunternehmer zur kaufmännischen Buchführung wird in weiten Kreisen als eine mitwirkende Ursache der im Baugewerbe bestehenden Uebelstände angesehen. Auch in anderen Beziehungen hat der Ausschluß der Bauunternehmer vom Handelsrechte zu großen Unzuträglichkeiten geführt, wie denn zum Beispiel einer Vereinigung von Bauunternehmern, die sich in das Handelsregister hatte eintragen lassen, durch höchstrichterliche Entscheidung die Eigenschaft einer Handelsgesellschaft und den unter der Firma bestellten Hypotheken die Gültigkeit abgesprochen worden ist, sodaß die Hypothekengläubiger im Konkurse ihrer Forderungen verlustig gingen. Auch der gewerbsmäßige Handel mit Grundstücken sollte der Verpflichtung eines kaufmännischen Betriebes nicht entzogen sein. Wird ein Unternehmen dieser Art von einer Aktiengesellschaft betrieben, so führt überdies die Vorschrift des Art. 275 zu dem inneren Widerspruche, daß das Unternehmen an sich zwar als ein kaufmännisches gilt, daß aber gerade die Geschäfte, welche seinen Gegenstand bilden, nicht als Handelsgeschäfte anzusehen sind.

Die Gründe, welche bei der Berathung des Handelsgesetzbuchs für die Vorschrift des Art. 275 geltend gemacht wurden, treffen jetzt zum großen Theil nicht mehr zu. Namentlich gilt dies von der Verschiedenheit der Landesrechte auf dem Gebiete des Immobiliarsachenrechts, von der verwickelten Natur der betreffenden Rechtsstreitigkeiten, die sich nicht zur Entscheidung durch die Handelsgerichte eigneten, und dergleichen mehr. Der letztere Gesichtspunkt könnte überhaupt nur in Betracht kommen, wenn es sich darum handelte, die Zuständigkeit der Kammern für Handelssachen auf Streitigkeiten über dingliche Rechte an Grundstücken auszudehnen; hiervon kann selbstverständlich nicht die Rede sein.

Die ausländischen Gesetze, insbesondere die neueren Handelsgesetzbücher von Italien, Spanien und Portugal, wie auch das ungarische und das belgische Handelsgesetzbuch, haben die Grenzen der handelsgewerblichen Unternehmung erheblich weiter gezogen als das deutsche Recht. Industrie, Bergbau und Bauunternehmungen sind nach jenen Gesetzen durchweg dem Handelsrecht unterstellt; in den Handelsgesetzbüchern von Italien und Portugal sowie in dem schweizerischen Obligationenrecht ist zugleich der Ausschluß der unbeweglichen Sachen von den Gegenständen des Handelsverkehrs gänzlich aufgegeben. Auch einzelne Einführungsgesetze deutscher Staaten zum Handelsgesetzbuch sind über die von dem letzteren gezogenen Grenzen hinausgegangen, so namentlich das württembergische Einführungsgesetz, nach dessen Art. 4 die Bestimmungen des Handelsgesetzbuchs über die Kaufleute auch auf Personen und Erwerbsgesellschaften Anwendung finden, die Gegenstände eigener Produktion, sei es in Natur oder nach vorgängiger Verarbeitung, gewerbsmäßig und in einem die Formen des kaufmännischen Geschäftsbetriebs erfordernden Umfange veräußern; ausgenommen ist der Verkauf eigener landwirthschaftlicher und Walderzeugnisse, sofern sie nicht in größerem Betriebe durch Verarbeitung umgestaltet und umgesetzt werden.

Die Erweiterung des Kaufmannsbegriffs wird hiernach als ein Bedürfniß anerkannt werden müssen. Sie lediglich durch eine Vermehrung der einzelnen Grundhandelsgeschäfte herbeizuführen, empfiehlt sich nicht. Vollständig würde eine Ergänzung der bisherigen Kasuistik doch nicht sein können, und bei den hauptsächlich in Betracht kommenden Betriebsarten wäre überdies eine Abgrenzung gegenüber den kleineren Unternehmungen, zum Theil auch gegenüber der Landwirthschaft nöthig, die in Ermangelung leicht erkennbarer Merkmale zu Zweifeln und Unklarheiten im Verkehr führen würde. Der Entwurf schlägt einen anderen Weg ein; er macht die Eigenschaft als Kaufmann, soweit dabei die bisherige Grenze überschritten wird, von einer doppelten Voraussetzung abhängig, die einerseits eine Kasuistik entbehrlich machen, andererseits durch ein äußerliches Merkmal für Jedermann leicht erkennbar sein soll. Die eine Voraussetzung bezieht sich auf die durch Art und Umfang des Unternehmens bedingte Betriebsweise, die andere besteht in der vorgängigen Eintragung des Unternehmers in das Handelsregister. Die Grundhandelsgeschäfte bleiben dabei in ihrer bisherigen rechtlichen Bedeutung bestehen; der gewerbsmäßige Betrieb derselben soll auch fernerhin die Eigenschaft als Kaufmann ohne Weiteres begründen. Hierzu tritt aber ergänzend die Anerkennung der Kaufmannseigenschaft für jeden sonstigen Gewerbetreibenden, dessen Unternehmen nach seiner Art und seinem Umfang einen nach kaufmännischer Weise eingerichteten Geschäftsbetrieb erfordert und dessen Firma in das Handelsregister eingetragen ist. Diese Eintragung herbeizuführen, wird den betreffenden Gewerbetreibenden zur Pflicht gemacht.

In der Art und dem Umfange des Unternehmens und der hierdurch bedingten Betriebsweise ist unmittelbar das Merkmal gegeben, das die Ausdehnung der handelsrechtlichen Vorschriften auf andere als die dem Handel im engeren Sinne angehörenden Unternehmungen rechtfertigt. Was unter einem in kaufmännischer Weise geführten Betriebe zu verstehen ist, und welche Unternehmungen nach ihrer Art und ihrem Umfang einen solchen Betrieb erfordern, braucht im Gesetze nicht näher bestimmt zu werden. Die Nothwendigkeit einer nach kaufmännischen Grundsätzen geordneten Buchführung, der Gebrauch einer Firma, die Art der Korrespondenz, der Kassenführung und der Zahlungsleistungen, die Verwendung gewisser Arten von Hülfspersonen und dergleichen mehr gewähren genügende Anhaltspunkte. Auch nach dem schweizerischen Obligationenrecht (Art. 865 Abs. 4, Art. 877) ist für die Anwendung der in demselben enthaltenen besonderen handelsrechtlichen Vorschriften ausschließlich die kaufmännische Art des Betriebs entscheidend, und der gleiche Gesichtspunkt liegt der oben angeführten Bestimmung des württembergischen Einführungsgesetzes zu Grunde.

Nur dieses Merkmal entscheiden zu lassen, ist indessen nicht rathsam. Unter Umständen würde es dabei den Betheiligten doch an einer sicheren Grundlage für die Beurtheilung der Frage fehlen, ob ein Unternehmer als Kaufmann anzusehen ist. Diese Grundlage wird am besten durch das weitere Erforderniß der Eintragung in das Handelsregister geschaffen. Wer weder Grundhandelsgeschäfte betreibt noch in das Handelsregister eingetragen worden ist, kann danach unter keinen Umständen Kaufmann sein. Die Entscheidung darüber, ob ein Betrieb den oben bezeichneten sachlichen Voraussetzungen entspricht und ob mithin eine Verpflichtung des Unternehmers besteht, sich in das Handelsregister eintragen zu lassen, liegt zunächst in der Hand des Registerrichters. Das Verfahren vor diesem, in welchem auch den Organen des Handelsstandes eine angemessene Mitwirkung einzuräumen sein wird, eignet sich am besten zur Entscheidung der hier in Betracht kommenden Fragen.

Das bezeichnete System erhält seine Ergänzung durch die Beseitigung des Art. 275 des Handelsgesetzbuchs, welcher die Verträge über unbewegliche Sachen von den Handelsgeschäften ausschließt. Auch Unternehmer, deren Gewerbebetrieb solche Geschäfte zum Gegenstande hat, sind demnach Kaufleute und haben deren allgemeine Pflichten und Rechte, sofern in materieller und formeller Beziehung die Voraussetzungen des Entwurfs vorliegen. Hierauf beschränkt sich der Hauptsache nach die Wirkung, die mit der Aufhebung des Art. 275 verbunden ist; für die rechtliche Beurtheilung der einzelnen Geschäfte hat die Aufhebung keine erhebliche Bedeutung. Denn das die Handelsgeschäfte betreffende dritte Buch des Entwurfs enthält nur wenige Vorschriften, die ihrem Inhalte nach auf Geschäfte über unbewegliche Sachen Anwendung finden können, und diese Vorschriften sind nicht von besonderer Wichtigkeit. Eine wesentliche Abweichung von den Grundsätzen, denen die fraglichen Geschäfte nach dem bürgerlichen Rechte unterliegen, tritt also in Folge der Beseitigung des Art. 275 nicht ein.

Handelsgewerbe. (§. 1 Abs. 1.)

Die Begriffsbestimmung im Art. 4 des Handelsgesetzbuchs, wonach als Kaufmann anzusehen ist, „wer gewerbsmäßig Handelsgeschäfte betreibt", kann mit Rücksicht auf die Vorschrift des §. 2 des Entwurfs nicht beibehalten werden; sie verbietet sich außerdem durch die Definition der Handelsgeschäfte im §. 334 des Entwurfs, welche ihrerseits den Begriff des Kaufmanns voraussetzt. Der Entwurf bezeichnet daher im §. 1 Abs. 1 als Kaufmann „denjenigen, welcher ein Handelsgewerbe betreibt", und bestimmt dann näher den Begriff des Handelsgewerbes im Sinne des Gesetzbuchs. Dies empfiehlt sich auch mit Rücksicht auf die Vorschriften über die offene Handelsgesellschaft und die Kommanditgesellschaft, welche eine solche Feststellung des Begriffs des Handelsgewerbes wünschenswerth machen.

Die Grundgeschäfte der Art. 271, 272 des Handelsgesetzbuchs sind in den §. 1 Abs. 2 des Entwurfs der Hauptsache nach in dem bisherigen Umfang aufgenommen. Die Zusammenfassung der bisher in zwei besonderen Artikeln aufgeführten Geschäfte wird durch die Beseitigung des Unterschieds zwischen den sogenannten objektiven und subjektiven Handelsgeschäften ermöglicht, worauf in den Bemerkungen zum §. 334 des Entwurfs noch zurückzukommen sein wird. Neu hinzugefügt sind nur die unter den Transportgewerben bisher nicht aufgeführten Geschäfte der Schleppschiffahrtsunternehmer (Nr. 5) sowie die Geschäfte der Lagerhausunternehmer (Nr. 6). Beides sind wichtige Hülfsgeschäfte des Handels und als solche den übrigen Grundhandelsgeschäften gleichzustellen. Im Einzelnen ist Folgendes hervorzuheben. Grundhandelsgeschäfte. (§. 1 Abs. 2.)

Die Nr. 1 umfaßt die sämmtlichen Handelszweige, welche den Umsatz von Waaren oder Werthpapieren mittelst Anschaffung und Weiterveräußerung zum Gegenstande haben. Sie tritt an die Stelle der bisherigen Nummern 1 und 2 des Art. 271, welche den Spekulationskauf und das Lieferungsgeschäft gesondert aufführen. Vom Standpunkte des Entwurfs, der nur den gewerbsmäßigen Geschäftsbetrieb zu berücksichtigen hat, ist eine solche Scheidung nicht erforderlich, es genügt vielmehr die Kennzeichnung der auf den Umsatz gerichteten Geschäfte in ihrer Gesammtheit. Als Gegenstand dieser Geschäfte bezeichnet der Entwurf „bewegliche Sachen (Waaren) und Werthpapiere", während im Art. 271 Nr. 1 des Handelsgesetzbuchs „Waaren oder andere bewegliche Sachen, Staatspapiere oder andere für den Handelsverkehr bestimmte Werthpapiere" genannt sind. Der Ausdruck „Waare" wird im Handelsgesetzbuch in verschiedenen Verbindungen gebraucht, bald mit dem Zusatz „oder andere bewegliche Sachen" (Art. 271 Nr. 1, Art. 273 Abs. 2, Art. 302, 306; zu vergl. Art. 131, 323), bald ohne solche Ergänzung (Art. 51, 72, 185a Nr. 1, Art. 337 ff., 376). Es besteht jedoch Einverständniß darüber, daß auch in den letzteren Fällen unter Waaren im Sinne des Gesetzbuchs alle beweglichen Sachen zu verstehen sind, die Gegenstand des Handelsverkehrs sein können, und hierzu müssen an sich alle Arten beweglicher Sachen gerechnet werden. Durch die Fassung in der Nr. 1 ist klargestellt, daß der Entwurf den Ausdruck in diesem Sinne versteht. Ebenso ist die bisher im Handelsgesetzbuch an verschiedenen Stellen sich findende Anführung einzelner, als erläuternde Beispiele dienender Gattungen von Werthpapieren beseitigt und durch das Wort „Werthpapiere" ersetzt. Nach dem Zusammenhange der betreffenden Stellen kann es nirgends zweifelhaft sein, daß es sich um Papiere handelt, die ihrer Natur nach, insbesondere mit Rücksicht auf ihre erleichterte Uebertragbarkeit, als Gegenstände des Handelsverkehrs in Betracht kommen. Auch Wechsel, Checks und ähnliche Papiere gehören hierzu.

In der Nr. 3 sind die Versicherungsgeschäfte ebenso wie bisher im Art. 271 Nr. 3 nur insoweit zu den Grundhandelsgeschäften gezählt, als es sich um Versicherungen gegen Prämie handelt. Es ist zwar nicht zu verkennen, daß das Bedürfniß besteht, die für die Kaufleute geltenden Vorschriften auch auf die Versicherungsgesellschaften auf Gegenseitigkeit auszudehnen; in Ermangelung einer gesetzlichen Feststellung des Begriffs dieser Gesellschaften ist jedoch eine solche Ausdehnung zur Zeit nicht angängig. Es fehlt an bestimmten Merkmalen, aus denen die Abgrenzung der betreffenden Anstalten gegenüber anderen, hier nothwendig ausscheidenden Instituten (Hülfskassen, Feuersozietäten, Brandkassen u. s. w) entnommen werden könnte. Die Einreihung der Gegenseitigkeitsgesellschaften unter die Kaufleute muß daher der gesetzlichen Regelung des Versicherungsrechts vorbehalten bleiben.

Das im Art. 271 Nr. 4 des Handelsgesetzbuchs erwähnte Darlehen gegen Verbodmung ist im Entwurf aus den Grundhandelsgeschäften ausgeschieden. Als Gegenstand eines selbständigen Gewerbetriebs kommt dieses Geschäft nicht vor; im Art. 271 ist es nur als sogenanntes objektives Handelsgeschäft mitaufgeführt, muß also mit dem Wegfalle der objektiven Handelsgeschäfte hier beseitigt werden.

An die Stelle der Nr. 3 des bisherigen Art. 272, woselbst die Vermittelung oder Abschließung von Handelsgeschäften für andere Personen, jedoch mit Ausschluß der amtlichen Geschäfte der Handelsmäkler, als Grundhandelsgeschäft bezeichnet wird, tritt die Nr. 7 des Entwurfs. Darin werden nur die Geschäfte der Handlungsagenten und Handelsmäkler erwähnt. Der Begriff der Handlungsagenten ist im §. 82 bestimmt; Kaufleute sind dieselben auch schon nach dem geltenden Rechte, da ihre Thätigkeit nothwendig auf die Vermittelung oder den Abschluß von Handelsgeschäften gerichtet ist, also unter den jetzigen Art. 272 Nr. 4 fällt. Was die Handelsmäkler betrifft, so hat diese Bezeichnung im Entwurf eine andere Bedeutung als im Handelsgesetzbuch, wo nur die amtlich bestellten Mäkler mit diesem Ausdrucke bezeichnet werden. Mit dem Wegfalle des Instituts der amtlichen Handelsmäkler (§§. 91 ff. des Entwurfs) wird auch die Ausnahmebestimmung des bisherigen Art. 272 Nr. 3, wonach ihre Geschäfte nicht als Handelsgeschäfte, also sie selbst nicht als Kaufleute gelten sollten, gegenstandslos. Die Privatmäkler, auf welche sich jetzt die Vorschriften des Entwurfs beziehen, waren schon bisher Kaufleute, da sie mindestens in der Regel ihre Vermittlerthätigkeit für Kaufleute ausüben, also im Sinne des Art. 272 Nr. 4 Handelsgeschäfte vermitteln. Andere Arten der gewerbsmäßigen Geschäftsvermittelung als diejenige der Agenten und Mäkler rechnet der Entwurf nicht zum Handelsgewerbe im Sinne des §. 1 Abs. 2. Wollte man entsprechend der bisherigen Bestimmung jede gewerbsmäßige Vermittelung oder Abschließung von Handelsgeschäften dahin zählen, so würde dies mit Rücksicht auf den dem §. 334 des Entwurfs zu Grunde liegenden Begriff der Handelsgeschäfte zu dem Ergebnisse führen, daß die Vermittelung von Geschäften, die zum Gewerbebetrieb eines Kaufmanns gehören, auch für den Vermittler die Eigenschaft als Kaufmann begründe. Dies ist aber in solcher Allgemeinheit keine genügende Grundlage für die Anerkennung der Kaufmannseigenschaft. Es ist zum Beispiel nicht abzusehen, weshalb die gewerbsmäßige Vermittelung von Miethsverträgen, wenn sie sich auf die Miethe von Läden und sonstigen Geschäftsräumen erstreckt, als Handelsgewerbe gelten sollte, während die Vermittelung der Miethe von Wohnungen diese Wirkung nicht hätte, oder weshalb ein Auktionator Kaufmann sein sollte, wenn die von ihm zur Versteigerung gebrachten Waaren im Eigenthume von Kaufleuten stehen oder von solchen erstanden werden, wogegen er im anderen Falle kein Kaufmann wäre. Neben der ergänzenden Vorschrift des

§. 2 des Entwurfs wird es auch an jedem Bedürfnisse fehlen, die Thätigkeit anderer Geschäftsvermittler als der Handlungsagenten und Handelsmäkler unter die Grundhandelsgeschäfte aufzunehmen.

Gewerbliche Unternehmungen mit kaufmännischem Betriebe. (§. 2.)

Die Vorschriften des §. 2, welche den Kaufmannsbegriff in der oben erörterten Weise erweitern, beziehen sich nur auf „gewerbliche“ Unternehmungen; eine auf Erwerb gerichtete Absicht ist demnach wesentlich. Die Ausdehnung auf alle Arten von geschäftlichen Unternehmungen würde zu weit gehen; sie hätte zur Folge, daß auch die verschiedenartigsten, nicht dem Zwecke des Erwerbs dienenden Anstalten, wie Sparkassen, landschaftliche Kreditinstitute und dergleichen mehr, als Kaufleute gelten müßten; hierzu besteht kein Bedürfniß. Der Ausdruck „gewerbliches Unternehmen“ braucht im Gesetze nicht näher erläutert zu werden; schon vermöge der Bedeutung, welche ihm nach dem allgemeinen Sprachgebrauche zukommt, genügt er, um die Ausübung der Kunst, der Rechtsanwaltschaft, des ärztlichen Berufs u. s. w. auszuschließen.

Die Gewerbetreibenden, deren Betrieb den im §. 2 bezeichneten Voraussetzungen entspricht, sollen nicht bloß berechtigt, sondern auch verpflichtet sein, die Eintragung in das Handelsregister zu veranlassen. Die Befugniß allein würde nicht genügen, da die Eintragung nicht nur im Interesse des Unternehmers, sondern ebenso im Interesse Dritter liegt. Zur Anmeldung seiner Firma ist der Unternehmer von dem Registergerichte durch Ordnungsstrafen anzuhalten (§. 14).

Die Vorschriften des §. 2 beziehen sich übrigens auch auf Betriebe, zu denen sich mehrere auf Grund eines Gesellschaftsverhältnisses vereinigen. In diesem Falle sind die sämmtlichen Theilhaber verpflichtet, die Firma in das Handelsregister eintragen zu lassen, und auch hier gilt mit der Eintragung das Unternehmen als Handelsgewerbe im Sinne des Entwurfs. Daraus folgt zugleich, daß mit der Eintragung in das Handelsregister eine solche Gesellschaft, falls die Haftung bei keinem der Gesellschafter beschränkt ist, zur offenen Handelsgesellschaft oder, falls ein Theil der Gesellschafter beschränkt haften soll, zur Kommanditgesellschaft wird; denn nach den §§. 103, 159 des Entwurfs genügt es, daß der Zweck einer Gesellschaft auf den Betrieb eines Handelsgewerbes unter einer gemeinsamen Firma gerichtet ist, um je nach der Festsetzung, die bezüglich der Haftung der Gesellschafter getroffen ist, die Anwendbarkeit der Vorschriften über die offene Handelsgesellschaft oder über die Kommanditgesellschaft zu begründen. Die Bestimmung des §. 2 macht demnach besondere Vorschriften über die Ausdehnung der handelsrechtlichen Gesellschaftsformen auf Gewerbebetriebe, die nicht unter das Handelsgewerbe im bisherigen Sinne fallen, überflüssig. Von dem Belieben der Gesellschafter soll die Unterwerfung unter die Grundsätze des Handelsgesellschaftsrechts bei der Regelung des Entwurfs nicht abhängig sein; denn die Gesellschafter sind zur Anmeldung der Gesellschaft verpflichtet, sofern die sachlichen Voraussetzungen des §. 2 vorliegen. Andererseits steht die Unterwerfung nicht Jedermann frei, sondern sie soll nur stattfinden, wenn die bezeichneten Voraussetzungen in Ansehung der Art und des Umfangs des gesellschaftlichen Unternehmens gegeben sind. In beiden Beziehungen sprechen

Gründe der Zweckmäßigkeit für den Standpunkt des Entwurfs. Ist ein gesellschaftliches Unternehmen so beschaffen, daß es nach seiner Art und seinem Umfang einen in kaufmännischer Weise eingerichteten Geschäftsbetrieb erfordert, so liegt es im allgemeinen Interesse, daß die Gesellschaft auch hinsichtlich ihrer Rechtsform diejenige Sicherheit biete, welche die Handelsgesellschaften gewähren. Andererseits erscheint es nicht rathsam, die Gesellschaftsformen des Handelsrechts Jedermann, also auch den Kleingewerbetreibenden, zugänglich zu machen und diese hierdurch den strengen Grundsätzen über die solidarische Haftung für die Gesellschaftsschulden, über die unbeschränkte Vertretungsbefugniß jedes einzelnen Gesellschafters und über die sonstigen für die Theilnehmer einer offenen Handelsgesellschaft begründeten kaufmännischen Pflichten zu unterwerfen.

Einer gewissen Einschränkung bedarf der Grundsatz des §. 2 bezüglich der Bergwerksgesellschaften. Die deutschen Berggesetze lassen zum Theil verschiedene Vereinigungsformen für den gemeinsamen Betrieb des Bergbaues zu. In Betreff derjenigen Vereinigungen, welche, wie die Gewerkschaften des neueren Rechtes, als juristische Personen anzusehen sind, besteht kein Bedenken, die Eintragung in das Handelsregister unter den im §. 2 bezeichneten Voraussetzungen und mit den daselbst bestimmten Wirkungen vorzusehen; denn hier erlangt nur die juristische Person als solche durch die Eintragung die Kaufmannseigenschaft, während in Betreff der Rechtsstellung der Mitglieder sowie bezüglich ihrer Haftung für die Gesellschaftsschulden durch die Eintragung nichts geändert wird. Anders verhält es sich in Ansehung derjenigen Vereinigungen, welchen nach Maßgabe der Landesgesetze die Eigenschaft juristischer Personen nicht zukommt. Dies gilt namentlich von den „Gesellenschaften" der Berggesetze des Königreichs Sachsen und des Großherzogthums Sachsen, im Allgemeinen auch von den Gewerkschaften des älteren Rechtes. Hier würde es in Folge der Eintragung in das Handelsregister zweifelhaft werden, ob und inwieweit auf das Verhältniß der Betheiligten unter einander und zu Dritten überhaupt noch die Vorschriften der betreffenden Landesgesetze oder aber die Vorschriften des Handelsgesetzbuchs über die offene Handelsgesellschaft oder die Kommanditgesellschaft Anwendung zu finden hätten. Allerdings wird es sich bei Vereinigungen der fraglichen Art vielfach um kleinere Unternehmungen handeln, bei denen die sachlichen Voraussetzungen des §. 2 nicht gegeben sind, sodaß die Eintragung in das Handelsregister ohnehin nicht stattzufinden hat; immerhin erscheint es zur Verhütung von Schwierigkeiten angezeigt, die Anwendbarkeit des §. 2 für solche Vereinigungen ganz auszuschließen. Eine entsprechende Vorschrift ist im Art. 5 des Einführungsgesetzes getroffen.

Verhältniß zur Landwirthschaft. (§. 3.)

Der besonderen Regelung bedarf die Frage, inwieweit die Bestimmungen der §§. 1 und 2 auf den Betrieb der Landwirthschaft und der landwirthschaftlichen Nebengewerbe Anwendung zu finden haben. Daß der eigentliche Landwirthschaftsbetrieb unter keinen Umständen dem Handelsrechte zu unterstellen ist, ergiebt sich aus der Natur der Sache. Selbst der Großbetrieb vollzieht sich hier in Formen und unter Bedingungen, welche von denjenigen des kaufmännischen Verkehrs so wesentlich abweichen, daß die Grenze zwischen beiden Berufszweigen auch in rechtlicher Beziehung festgehalten werden muß. Auf den Betrieb der Landwirthschaft kann daher jedenfalls die Vorschrift des §. 2 keine Anwendung finden. Der §. 3 Abs. 1 enthält eine entsprechende Bestimmung.

Anders als mit dem eigentlichen Landwirthschaftsbetriebe verhält es sich mit den landwirthschaftlichen Nebengewerben. Hier gehen nach der heutigen Entwickelung der Dinge Industrie und Landwirthschaft vielfach in einander über, und damit ist auch in rechtlicher Beziehung eine scharfe Abgrenzung erschwert. Es kommen dabei namentlich gewisse Arten industrieller Unternehmungen in Betracht, die mit dem das Hauptgewerbe bildenden Betriebe der Landwirthschaft derart verbunden sind, daß sie ausschließlich oder der Hauptsache nach zur weiteren Verarbeitung der Erzeugnisse dieses Betriebs dienen. Daß solche Unternehmungen, wenn sie einen größeren Umfang haben, nicht unbedingt der Geltung der handelsrechtlichen Vorschriften entzogen werden dürfen, wird auch in den Kreisen der Landwirthschaft anerkannt. Eine Verpflichtung zur Eintragung in das Handelsregister, wie sie der §. 2 vorsieht, kann allerdings dem Unternehmer hier nicht auferlegt werden. Bei dem mannigfachen Ineinandergreifen des Nebenbetriebs und des landwirthschaftlichen Hauptbetriebs würde ein derartiger Zwang vielfach zu Schwierigkeiten führen; namentlich kommt in Betracht, daß zufolge der Eintragung die auf den einen und den anderen Betrieb bezüglichen allgemeinen Geschäfts- und Berufspflichten sich verschieden gestalten. Das Gesetz kann daher nicht weiter gehen, als daß dem Unternehmer die Befugniß eingeräumt wird, sich, sofern hinsichtlich des Nebenbetriebs die sachlichen Voraussetzungen des §. 2 vorliegen, in das Handelsregister eintragen zu lassen und hierdurch für das Nebengewerbe die Eigenschaft eines Kaufmanns zu erlangen (§. 3. Abs. 2).

Es genügt aber nicht, wenn bloß die Anwendung des §. 2 auf die Landwirthschaft und deren Nebenbetriebe ausgeschlossen oder eingeschränkt wird; vielmehr ist zugleich dem §. 1 die Geltung für diese Betriebe zu versagen. Nach dem bestehenden Rechte begründet der gewerbsmäßige Abschluß von Geschäften, die unter den Begriff der Grundgeschäfte des Handels fallen, stets die Kaufmannseigenschaft, und es kommt nicht darauf an, ob die Geschäfte etwa nur innerhalb des Betriebs der Landwirthschaft gemacht werden. Kauft z. B. ein Landwirth gewerbsmäßig Magervieh an, um es auf seiner Weide fett zu machen und dann wieder zu verkaufen, oder stellt ein Landwirth die Butter, welche er zum Verkaufe bringt, nicht ausschließlich aus der Milch seiner eigenen Kühe, sondern unter Zusatz einer zu diesem Zwecke bei Dritten angekauften Menge Milch her, oder veräußert er das von ihm selbst geerntete Getreide regelmäßig in Vermischung mit fremdem, durch ihn angeschafften Getreide, so hat dies ohne Weiteres die Wirkung, daß er zugleich Kaufmann wird und alle Berufspflichten eines solchen zu erfüllen hat. Dasselbe gilt, wenn ein Landwirth, der eine Brennerei besitzt, zu den auf seinem eigenen Boden gezogenen Kartoffeln noch einzelne Mengen fremder Kartoffeln zuzukaufen pflegt, um sie mit den ersteren zusammen in der Brennerei zu verarbeiten, oder wenn ein Landwirth in seiner Ziegelei außer der auf seinem Grund und Boden gestochenen Ziegelerde auch fremde, zu diesem Zwecke angeschaffte Erde verwendet, nicht minder endlich, wenn ein Forstbesitzer auf seinem Sägewerk außer eigenem Holze regelmäßig das Holz einiger Nachbarn gegen Vergütung schneiden läßt. Dieses Ergebniß entspricht nicht den thatsächlichen Verhältnissen, und die Betheiligten sind sich desselben in der Regel gar nicht bewußt. Aus den Kreisen der Landwirthschaft wird deshalb nachdrücklich darauf hingewiesen, daß das geltende Recht in der bezeichneten Richtung einer Aenderung bedürfe. Vom Standpunkte des Entwurfs, der das Handelsrecht, soweit möglich, als Sonderrecht des Kaufmannsstandes gestalten will, erscheint eine solche Aenderung auch aus allgemeinen Gründen wünschenswerth. Der §. 3 Abs. 2 Satz 1 bestimmt daher weiter, daß, wenn in einem landwirthschaftlichen Nebenbetriebe Geschäfte der im §. 1 bezeichneten Art gewerbsmäßig geschlossen werden, der Betrieb dessenungeachtet nur dann als Handelsgewerbe zu gelten hat, wenn der Unternehmer von seiner Befugniß, sich in das Handelsregister eintragen zu lassen, Gebrauch gemacht hat. Unter Umständen können indessen, wie sich schon aus einzelnen der angeführten Beispiele ergiebt, die in Frage stehenden Geschäfte so enge mit dem eigentlichen Landwirthschaftsbetriebe zusammenhängen, daß sich der Zweifel erheben läßt, ob sie überhaupt als Gegenstand eines besonderen Nebengewerbes und nicht vielmehr als bloßer Bestandtheil des Hauptbetriebes anzusehen sind. Dem Mißverständnisse, als ob in solchen Fällen der §. 1 Platz greife, der Unternehmer mithin ohne Weiteres Kaufmann sei, beugt der Entwurf dadurch vor, daß er die Anwendbarkeit des §. 1 nicht nur im Abs. 2 des §. 3, sondern auch in dem auf den eigentlichen Landwirthschaftsbetrieb sich beziehenden Abs. 1 des letzteren Paragraphen ausdrücklich ausschließt.

Uebrigens giebt der Entwurf dem Unternehmer eines landwirthschaftlichen Nebengewerbes, der einmal seine Eintragung herbeigeführt hat, keineswegs das Recht, später wieder nach seinem Belieben sich löschen zu lassen und damit die Eigenschaft eines Kaufmanns aufzugeben. Eine derartige Regelung wäre mit der Rechtssicherheit nicht verträglich. Von dem Zeitpunkt an, in welchem der Unternehmer zufolge Ausübung der ihm durch das Gesetz gewährten Befugniß eingetragen ist, unterliegt er in allen Beziehungen den für die Kaufleute bestehenden Vorschriften, und dies muß auch hinsichtlich der Frage gelten, unter welchen Voraussetzungen die Löschung einer Firma im Handelsregister stattfindet. Um Zweifel auszuschließen, hat der Entwurf (§. 3 Abs. 2 Satz 2) eine ausdrückliche Vorschrift in dieser Richtung aufgenommen. Wird die nach §. 3 eingetragene Firma zu Unrecht gelöscht, so behält gleichwohl das Unternehmen die einmal begründete Eigenschaft eines Handelsgewerbes, so lange die in §. 2 bezeichneten sachlichen Voraussetzungen in Ansehung der Art und des Umfanges des Betriebs fortbestehen.

Nach den allgemeinen Bestimmungen der §§. 1 bis 3 entscheidet sich auch die Frage, ob und unter welchen Voraussetzungen die Handelsgärtnerei als ein Handelsgewerbe im Sinne des Entwurfs zu betrachten ist. Die Handelsgärtnerei durch gesetzliche Vorschrift unbedingt dem Handelsgewerbe zuzuweisen, erscheint ebensowenig angängig als sie in allen Fällen der Anwendung des Handelsrechts zu entziehen. Die Verhältnisse der in Betracht kommenden Unternehmungen sind zu verschiedenartig, um die Aufstellung einer allgemeinen Regel nach der einen oder anderen Richtung zu gestatten. Es muß vielmehr der Entscheidung im einzelnen Falle überlassen bleiben, ob sich ein Betrieb der fraglichen Art nach den Vorschriften der §§. 1 bis 3 als ein kaufmännisches Unternehmen darstellt oder nicht.

Zu der Klasse der Minderkaufleute, auf welche die Vorschriften über die Handelsfirmen, die Handelsbücher, die Prokura und die Handelsgesellschaften keine Anwendung finden, zählt der bisherige Art. 10 des Handelsgesetzbuchs: „Höker, Trödler, Hausirer und dergleichen Handelsleute von geringem Gewerbebetriebe, ferner Wirthe, gewöhnliche Fuhrleute, gewöhnliche Schiffer und Personen, deren Gewerbe nicht über den Umfang des Handwerksbetriebes hinausgeht". Eine allgemeine Bestimmung, wonach die Kleingewerbetreibenden als solche zu den Minderkaufleuten gehören, ist im Handelsgesetzbuch nicht enthalten; die Worte „und dergleichen Handelsleute von geringem Gewerbebetrieb" beziehen sich, wie mit Rücksicht auf Wortlaut und Entstehungsgeschichte der Bestimmung in der Wissenschaft und Rechtsprechung übereinstimmend angenommen wird, nur auf Personen, deren Gewerbebetrieb seinem Gegenstande nach mit den vorher genannten Betrieben der Höker, Trödler und Hausirer verwandt ist. Dies entspricht jedoch nicht dem praktischen Bedürfnisse; denn es bleibt dabei immer noch eine große Zahl von Kleingewerbetreibenden, welche von Rechts wegen in das Handelsregister eingetragen werden müßten, obgleich für sie die Unterwerfung unter die für Vollkaufleute geltenden Vorschriften höchst unzweckmäßig erscheint. Thatsächlich wird in der Praxis der Registergerichte vielfach so verfahren, als ob die Kleingewerbetreibenden überhaupt von dem Handelsregister ausgeschlossen seien, und die Ausführungsverordnungen zum Handelsgesetzbuch stehen gleichfalls zum Theil auf diesem Standpunkt. Es empfiehlt sich, denselben auch im Gesetze zur Anerkennung zu bringen (Entwurf §. 4). Hierbei kann die Frage, wie die Grenze zwischen Kleinbetrieb und Großgewerbe zu ziehen ist, nicht lediglich der Entscheidung der einzelnen Registergerichte überlassen bleiben; es bedarf vielmehr bestimmter Vorschriften hierüber. Diese werden am besten in der Weise getroffen werden, daß die Abgrenzung nach Maßgabe der den Geschäftsumsatz berücksichtigenden Steuerveranlagung erfolgt. Auf der gleichen Grundlage ist der Gegenstand in Oesterreich geregelt. Auch in Deutschland sind, soweit es sich um das mit der Eintragung in das Handelsregister zusammenhängende Wahlrecht für die Handelskammern handelt, vielfach die Steuerleistungen für maßgebend erklärt. Bei der Verschiedenheit der in den einzelnen Bundesstaaten über die direkten Steuern bestehenden Gesetze können die betreffenden Vorschriften allerdings nicht im Handelsgesetzbuch selbst getroffen werden; es genügt, wenn darin den Landesregierungen die Befugniß zum Erlasse entsprechender Bestimmungen übertragen wird. Denjenigen Bundesstaaten, in welchen eine nach dem Geschäftsumsatze abgestufte Gewerbesteuer nicht erhoben wird, gewährt der Entwurf die Möglichkeit, die Abgrenzung zwischen Groß- und Kleinbetrieb nach anderen Merkmalen vorzunehmen.

Minderkaufleute. (§. 4.)

Die Klassen der Höker, Trödler und Hausirer sowie der gewöhnlichen Schiffer und Fuhrleute brauchen dann nicht mehr besonders im Gesetz erwähnt zu werden; die allgemeine Bestimmung in Betreff der Kleingewerbetreibenden genügt auch für diese Berufsklassen, zumal bei manchen von ihnen, wie z. B. bei den Trödlern, die Möglichkeit nicht ausgeschlossen ist, daß der Handel in einem Umfange betrieben wird, der im einzelnen Falle die Anwendung der für die Vollkaufleute geltenden Vorschriften angebracht erscheinen läßt. Dagegen führt der Entwurf die Handwerker wiederum besonders auf. Dem Handwerkerstande muß die durch seine Betriebsverhältnisse bedingte Sonderstellung, wie bisher, gewahrt bleiben. Es könnte sogar in Frage kommen, ob den Handwerkern die Eigenschaft von Kaufleuten im Sinne des Handelsgesetzbuchs nicht ganz zu entziehen sei. Von einzelnen Seiten ist dies in Anregung gebracht worden. Die hauptsächlichste Folge würde sein, daß die Geschäfte der Handwerker, selbst wenn die Voraussetzungen des §. 1 Abs. 2 Nr. 1 des Entwurfs vorlägen, nicht mehr als Handelsgeschäfte anzusehen wären. Es erscheint indessen nicht rathsam, eine so weitgehende Aenderung des geltenden Rechtes vorzunehmen und hierdurch den Handwerkern zugleich die Vortheile zu entziehen, die für sie in wichtigen Beziehungen mit dem bisherigen Rechtszustande verbunden sind. Einzelne Vorschriften des dritten Buches eignen sich allerdings zur Anwendung auf die Geschäfte der Handwerker, wie überhaupt auf die Geschäfte der Kleingewerbetreibenden, nicht. Dahin gehören die Vorschriften über die Unzulässigkeit einer gerichtlichen Ermäßigung von Vertragsstrafen, über den Ausschluß der Einrede der Vorausklage, über die Gültigkeit formlos geleisteter Bürgschaften, Schuldversprechen oder Schuldanerkenntnisse und über die Beseitigung des außerordentlichen Kündigungsrechts bei Schulden, die mit mehr als sechs vom Hundert zu verzinsen sind. Der §. 343 des Entwurfs bestimmt daher, daß die bezeichneten Vorschriften zu Gunsten der im §. 4 bezeichneten Klassen von Kaufleuten außer Anwendung bleiben. Die Bedenken, welche gegen die Unterstellung von Handwerkern unter das Handelsrecht geltend gemacht werden können, finden damit im Wesentlichen ihre Erledigung.

Die Wirthe, welche der Art. 10 schlechthin als Minderkaufleute behandelt, sind im §. 4 des Entwurfs nicht mehr erwähnt. Aus den Kreisen der Betheiligten ist mehrfach auf die Nothwendigkeit einer Beseitigung des gegenwärtigen Rechtszustandes, welcher die Gastwirthe unbedingt von den Rechten und Pflichten der Vollkaufleute ausschließt, hingewiesen worden. Die in dieser Richtung geäußerten Wünsche, welche auch den Reichstag wiederholt beschäftigt haben, sind im Hinblick auf die heutigen Verhältnisse des Gasthofbetriebs als gerechtfertigt anzusehen. Nach dem Entwurfe soll auch in dieser Beziehung nur die Scheidung zwischen Groß- und Kleingewerbe maßgebend sein.

Die Fassung des bisherigen Abs. 2 des Art. 10, wonach Vereinigungen zum Betrieb eines Handelsgewerbes der im Abs. 1 bezeichneten Art nicht als Handelsgesellschaften gelten, ist insofern nicht mehr zutreffend, als Aktiengesellschaften und Kommanditgesellschaften auf Aktien wie auch Gesellschaften mit beschränkter Haftung ohne Rücksicht auf den Gegenstand des Unternehmens als Handelsgesellschaften anzusehen sind. Die Fassung ist deshalb im Entwurfe geändert. Andererseits stellt der neu hinzugefügte Abs. 3 des §. 4 außer Zweifel, daß durch die Vorschrift des Entwurfs, welche die kleinen Gewerbetreibenden insgesammt der Klasse der Minderkaufleute zuweist, an der Rechtslage derjenigen Personenvereinigungen nichts geändert wird, welchen das Gesetz ohne Rücksicht auf den Gegenstand des Unternehmens die Eigenschaft von Kaufleuten beilegt.

Der in dem bisherigen Abs. 3 gemachte Vorbehalt, welcher den Landesgesetzen die Befugniß zum Erlasse erweiternder oder einschränkender Vorschriften überträgt, ist in den Entwurf nicht aufgenommen; ein Bedürfniß hierzu besteht nicht mehr, wenn es den Landesgesetzen überlassen wird, die Grenzen des Kleinbetriebs im Sinne des Entwurfs näher zu bestimmen. Die nach den Einführungsgesetzen einzelner Staaten geltenden Sondervorschriften werden nicht weiter aufrecht zu erhalten sein.

Bedeutung der Eintragung einer Firma. (§. 5.)

Nach dem geltenden Rechte hat die Thatsache, daß eine Firma im Handelsregister eingetragen ist, nicht die Bedeutung, die Kaufmannseigenschaft des Inhabers festzustellen; vielmehr hängt diese Eigenschaft auch nach der Eintragung lediglich davon ab, ob der Geschäftsbetrieb den sachlichen Voraussetzungen entspricht, welche das Gesetz für das Kaufmannsgewerbe fordert. Wer behauptet, daß der Eingetragene Kaufmann sei, muß im Streitfalle das Vorhandensein jener Voraussetzungen beweisen, die erfolgte Eintragung in das Handelsregister entbindet ihn hiervon nicht. Ebenso verhält es sich mit der Frage, ob ein Gewerbetreibender als Vollkaufmann zu betrachten oder zu einer der in dem bisherigen Art. 10 bezeichneten Klassen von Minderkaufleuten, die an sich nicht in das Handelsregister gehören, zu rechnen ist.

Im Gegensatze hierzu bestimmt der §. 5 des Entwurfs, daß demjenigen gegenüber, welcher sich auf die Eintragung einer Firma in das Handelsregister beruft, nicht geltend gemacht werden kann, das Gewerbe, welches unter der eingetragenen Firma betrieben wird, sei kein Handelsgewerbe oder gehöre zu den im §. 4 Abs. 1 bezeichneten Kleinbetrieben. Der Eintragung einer Firma in das Handelsregister wird demnach hinsichtlich der privatrechtlichen Verhältnisse des Unternehmers eine den Prozeßrichter bindende Wirkung beigelegt. Dem Eingetragenen ist gegenüber einem Dritten, dem Dritten ist gegenüber dem Eingetragenen der Einwand versagt, daß es an den aus den §§. 1 bis 4 sich ergebenden sachlichen Voraussetzungen der Eintragung fehle. Mit den im Allgemeinen für die Eintragungen in das Handelsregister geltenden Grundsätzen steht eine solche Regelung allerdings nicht im Einklange. Das praktische Bedürfniß erheischt aber hier eine Ausnahme.

Schon unter der Herrschaft des geltenden Rechtes haben sich erhebliche Unzuträglichkeiten daraus ergeben, daß die Eintragung einer Firma im Handelsregister keine Gewähr für die Kaufmannseigenschaft des Eingetragenen, insbesondere auch keine Sicherheit für die von dem Betrieb eines Handelsgewerbes abhängige Rechtswirksamkeit einer eingetragenen offenen Handelsgesellschaft oder Kommanditgesellschaft bietet. Diese Unzuträglichkeiten müßten sich in noch höherem Grade geltend machen, wenn bei einer Erweiterung des Begriffs des Handelsgewerbes, wie sie der §. 2 des Entwurfs vorsieht, der bisherige Grundsatz unverändert beibehalten würde. Die Voraussetzungen, welche zufolge §. 2 des Entwurfs, von der Eintragung in das Handelsregister abgesehen, für die Unterstellung eines gewerblichen Unternehmens unter das Handelsrecht maßgebend sind, können der Natur der Sache nach nicht so scharf bestimmt werden, daß verschiedene Auffassungen über das Vorhandensein derselben im einzelnen Falle von vornherein ausgeschlossen wären. Um so mißlicher würde es sein, wenn die Frage, ob jene Voraussetzungen bei einem gewerblichen Unternehmen vorliegen, in jedem einzelnen Streitfalle stets wieder der Entscheidung des Prozeßrichters unterbreitet werden könnte. Es genügt nicht, daß in den Fällen des §. 2 der Gewerbebetrieb nur dann, wenn die Eintragung in das Handelsregister erfolgt ist, als Handelsgewerbe angesehen wird. Soll diese Vorschrift den Zweck, die Rechtssicherheit im Geschäftsverkehr zu erhöhen, wirklich erreichen, so bedarf sie einer Ergänzung dahin, daß der Eintragung zugleich die selbständige Wirkung zukommt, die nachträgliche Bemängelung der Kaufmannseigenschaft auszuschließen.

Eine derartige Regelung kann sich indessen nicht auf die Fälle des §. 2 beschränken. Die Sicherheit des Rechtsverkehrs verlangt die Anerkennung des gleichen Grundsatzes auch für die gemäß §. 1 erfolgten Eintragungen. Ueberdies läßt sich der Kreis dieser Eintragungen von dem der zuvor genannten gar nicht scheiden. Denn ein Gewerbetreibender, welcher unter §. 1 Abs. 2 fällt, ist vermöge der Vorschrift des §. 4 Abs. 1 in das Handelsregister erst dann einzutragen, wenn sein Betrieb über den Umfang des Kleingewerbes hinausgeht, also wenn bei ihm zugleich die Voraussetzungen des §. 2 vorliegen. Unter diesen Umständen erscheint es gerechtfertigt, allgemein den Grundsatz aufzustellen, daß, solange eine Firma im Handelsregister eingetragen ist, kein Betheiligter geltend machen kann, das unter der Firma betriebene Gewerbe habe nicht die Eigenschaft eines Handelsgewerbes.

Wenn endlich der Entwurf gegenüber der erfolgten Eintragung auch die Einwendung ausschließt, der Eingetragene sei Minderkaufmann im Sinne des §. 4, so rechtfertigt sich dies ebenfalls durch die bereits angedeuteten Erwägungen. Insbesondere kommt hier in Betracht, daß nach §. 343 des Entwurfs eine Anzahl von Vorschriften, die im Allgemeinen für die Geschäfte der Kaufleute gelten, den Minderkaufleuten gegenüber keine Anwendung findet; mit der Rechtssicherheit ist es aber nicht vereinbar, wenn ein in das Handelsregister eingetragener Kaufmann die Anwendbarkeit dieser Vorschriften unter der Behauptung bestreitet, daß er Minderkaufmann sei, also überhaupt nicht in das Handelsregister hätte eingetragen werden sollen.

Die Tragweite des §. 5 erstreckt sich nur auf die privatrechtlichen Verhältnisse des Inhabers der eingetragenen Firma zu Dritten. Für das Gebiet des öffentlichen Rechtes, insbesondere des Strafsrechts, darf dem äußerlichen Umstande, daß die Eintragung erfolgt ist, maßgebende Bedeutung nicht beigelegt werden, zumal die Eintragung auch gegen den Willen des Betroffenen vom Registerrichter herbeigeführt werden kann. Die Prüfung der Frage, ob die Eintragung sachlich gerechtfertigt war, läßt sich daher dem Strafrichter nicht entziehen. Ebensowenig kann die Eintragung die Wirkung haben, daß nunmehr der Eingetragene auch dem Registerrichter gegenüber unbedingt als eintragungsfähiger Kaufmann zu gelten hätte, daß mithin die Löschung der Firma ausgeschlossen wäre, wenn sich nachträglich herausstellen sollte, daß die sachlichen Voraussetzungen der Eintragung nicht vorgelegen haben. Vielmehr muß in einem solchen Falle die Löschung gerade mit Rücksicht auf die erweiterten Wirkungen, welche der Eintragung beigelegt sind, zulässig bleiben. In welcher Weise sie herbeizuführen ist, wird in den das Verfahren der Registergerichte betreffenden Vorschriften des Gesetzes über die freiwillige Gerichtsbarkeit näher zu regeln sein. Ist die Firma gelöscht, so kann für die Folgezeit die im §. 5 vorgesehene Wirkung der Eintragung nicht mehr geltend gemacht werden.

Anwendung der Vorschriften über die Kaufleute auf Handelsgesellschaften und öffentliche Banken. (§. 6.)

Der §. 6 des Entwurfs, wonach die für die Kaufleute geltenden Vorschriften auch auf die Handelsgesellschaften Anwendung finden, entspricht dem bisherigen Art. 5 Abs. 1; nur ist die besondere Erwähnung der Aktiengesellschaften und Kommanditgesellschaften auf Aktien als überflüssig beseitigt. Im Abs. 2 des bisherigen Art. 5 sind die bezeichneten Vorschriften auch bezüglich der öffentlichen Banken für maßgebend erklärt, jedoch unbeschadet der für diese bestehenden Verordnungen. Der erste Theil dieser Bestimmung ist entbehrlich, da es keinem Zweifel unterliegen kann, daß nach §. 1 Abs. 2 Nr. 4 alle Arten von Bankinstituten, also auch die öffentlichen, als Kaufleute gelten. Dagegen ist der Vorbehalt bezüglich anderweitiger Verordnungen bei der Zweifelhaftigkeit der Frage, was als eine „öffentliche" Bank im Sinne des Handelsgesetzbuchs anzusehen ist, nicht unbedenklich und seit dem Erlasse des Reichsbankgesetzes in Wirklichkeit auch entbehrlich. Die Vorschriften des letzteren Gesetzes werden, wie überhaupt die Vorschriften der Reichsgesetze, nach Art. 2 Abs. 2 des Entwurfs des Einführungsgesetzes durch das neue Handelsgesetzbuch nicht berührt; durch die Landesgesetze dürfen dagegen die Bestimmungen des Handelsgesetzbuchs auch zu Gunsten öffentlicher Banken nicht außer Anwendung gesetzt werden.

Verhältniß zu den Vorschriften des öffentlichen Rechts. (§. 6)

Die Bestimmung des §. 7 entspricht dem ersten Satze des bisherigen Art. 11. Zufolge dieser Bestimmung wird die Anwendung der die Kaufleute betreffenden Vorschriften des Gesetzbuchs durch die Vorschriften des öffentlichen Rechtes, welche die Befugniß zum Gewerbebetrieb ausschließen oder von gewissen Voraussetzungen abhängig machen, nicht berührt. In der erweiterten Fassung des Entwurfs bezieht sich die Bestimmung nicht nur auf gewerbepolizeiliche und gewerbesteuerliche Vorschriften, sondern auf alle Vorschriften des öffentlichen Rechtes, insbesondere auf diejenigen der Gesetze über die Rechtsverhältnisse der Beamten. Der zweite Satz des bisherigen Art. 11, wonach umgekehrt auch das Handelsgesetzbuch nicht in jene öffentlich-rechtlichen Verhältnisse eingreifen soll, ist als überflüssig weggelassen; denn es ist nicht ersichtlich, inwiefern die Vorschriften des Handelsgesetzbuchs in der fraglichen Beziehung von Einfluß sein könnten.

Handelsfrauen.

Die Vorschriften der Art. 6 bis 9 des Handelsgesetzbuchs über die Handelsfrauen sind nicht in den Entwurf aufgenommen. Daß Alles, was in dem Gesetzbuch über die Kaufleute bestimmt ist, zugleich für Frauen gilt, die ein Handelsgewerbe betreiben, versteht sich von selbst. Auch insoweit, als die angeführten Artikel die Anerkennung der persönlichen Geschäfts- und Prozeßfähigkeit der Handelsfrauen, insbesondere der verheiratheten Handelsfrauen, zu sichern bezwecken, sind sie überflüssig, weil Beschränkungen in dieser Beziehung im Bürgerlichen Gesetzbuche nicht vorgesehen, in Betreff der Prozeßfähigkeit zudem schon durch die Civilprozeßordnung beseitigt sind. Hiernach könnte es sich nur noch darum handeln, ob die Vorschrift des bisherigen Art. 7 beizubehalten ist, wonach eine verheirathete Frau nicht ohne Einwilligung des Ehemanns Handelsfrau sein kann. Auch dies wird jedoch verneint werden müssen.

Zur Wahrung der Stellung des Ehemanns als des Hauptes der ehelichen Gemeinschaft ist die Vorschrift nicht erforderlich, da die Befugniß des Mannes, der Frau den Betrieb eines Handelsgewerbes zu untersagen, schon durch den §. 1354 des Bürgerlichen Gesetzbuchs gesichert ist. Ebensowenig hat die Vorschrift des Art. 7 Bedeutung für die Frage, inwieweit es mit Rücksicht auf die ehelichen Güterrechtsverhältnisse der Zustimmung des Mannes bedarf, um die Ehefrau zur Verfügung über das von ihr eingebrachte oder über das gütergemeinschaftliche Vermögen in den Stand zu setzen und dieses Vermögen dem Zugriff ihrer Gläubiger zu unterwerfen. In dieser Beziehung war bisher ausschließlich das Landesrecht maßgebend; in Zukunft kommen die Vorschriften des Bürgerlichen Gesetzbuchs zur Anwendung. Nach dem Bürgerlichen Gesetzbuch (§§. 1395 bis 1399, 1405, 1412, 1442, 1443, 1452, 1459 bis 1462, 1530 bis 1533, 1549) ist, abgesehen von dem Falle der Gütertrennung und des Vorbehaltsguts, stets die Zustimmung des Mannes erforderlich, mag es sich um einzelne Geschäfte der Frau oder um den Gewerbebetrieb im Allgemeinen handeln. In Ermangelung einer solchen Zustimmung haftet zwar die Frau persönlich aus ihren Geschäften; ihre Verfügungen über die zum Ehegute gehörenden Gegenstände sind aber dem Manne gegenüber unwirksam, und die Gläubiger der Frau haben keine Rechte bezüglich dieses Vermögens. Mit Rücksicht auf die aus dem Güterstande sich ergebenden Rechte des Ehemanns braucht demnach der Art. 7 des Handelsgesetzbuchs nicht aufrecht erhalten zu werden.

In Wirklichkeit ist die Bedeutung des Art. 7 ausschließlich handelsrechtlicher Natur; sie besteht nur darin, daß auf eine verheirathete Frau, die ohne Zustimmung ihres Mannes Handel treibt, die für die Kaufleute geltenden Vorschriften keine Anwendung finden. Die Frau ist alsdann nicht Kaufmann, sie hat nicht die Rechte und Pflichten eines solchen und ihre Geschäfte sind nicht Handelsgeschäfte. Da indessen das bürgerliche Recht in allen übrigen Beziehungen die unbeschränkte Fähigkeit der Ehefrau, sich durch Rechtsgeschäfte zu verpflichten, anerkennt, so erscheint es nicht gerechtfertigt, gerade hinsichtlich der Rechtsfolgen, die sich an die Stellung der Frau als Handelsfrau knüpfen, eine Ausnahme zu machen. Die besonderen Verpflichtungen, welche einer Frau dadurch erwachsen, daß ihre Geschäfte nach Handelsrecht beurtheilt werden, kommen im Vergleiche zu der Art und dem Umfange der Verbindlichkeiten, die sie in Folge ihrer allgemeinen Verpflichtungsfähigkeit eingehen kann, nicht in Betracht. Zu der Zeit, als das Handelsgesetzbuch zu Stande kam, lagen die Verhältnisse anders. Nach den hauptsächlichsten Landesrechten galten damals noch besondere Bestimmungen in Betreff des Konkurses und der Personalhaft der Kaufleute, also auch der Handelsfrauen, außerdem war vielfach die Zustimmung des Ehemanns für den Betrieb jedes Gewerbes der Frau nothwendig. Diese Bestimmungen sind nicht mehr in Geltung; insbesondere hat der §. 11 der Gewerbeordnung die Frauen in Bezug auf die Befugniß zum Gewerbebetriebe den Männern vollständig gleichgestellt, und bei der Berathung des Bürgerlichen Gesetzbuchs in der Kommission des Reichstags ist ein Antrag, wonach zum Betrieb eines Erwerbsgeschäfts durch eine verheirathete Frau die Einwilligung des Ehemanns erforderlich sein sollte, abgelehnt worden. Für eine Ausnahmebestimmung hinsichtlich des Handelsgewerbes besteht kein genügender Grund. Andererseits führt die Vorschrift des Art. 7 unter Umständen, namentlich wenn die Ehegatten getrennt leben, sowie im Falle der Geisteskrankheit des Mannes, zu Härten gegen die Frau. Zur Vermeidung dieser Härten läßt sich auch nicht vorschreiben, daß die mangelnde Einwilligung des Ehemanns durch eine gerichtliche Verfügung ersetzt werden kann. Die Wirkungen einer solchen Verfügung würden sich auf das Gebiet des ehelichen Güterrechts erstrecken und so in die Rechte des Ehemanns eingreifen. Bei allgemeiner Gütergemeinschaft der Ehegatten hätte die gerichtliche Ergänzung der Einwilligung des Mannes sogar die Folge, daß dieser für alle Handelsschulden der Frau persönlich haftbar würde.

Zu Gunsten der Vorschrift, wonach eine verheirathete Frau nur mit Einwilligung des Mannes Handelsfrau wird, kann endlich nicht geltend gemacht werden, daß sie erforderlich sei, um dem Dritten, der mit der Frau Geschäfte abschließen will, Sicherheit in Bezug auf die Haftung ihres eingebrachten Vermögens zu verschaffen. Diese Rücksicht fällt von vornherein weg, wenn die Ehegatten im Stande der Gütertrennung leben, wenn das Geschäftsvermögen Vorbehaltsgut der Frau ist, sowie wenn der Betrieb eines der Eintragung in das Handelsregister nicht unterliegenden Kleingewerbes in Frage steht. Im Uebrigen aber ist für die Sicherheit des betreffenden Rechtsverkehrs durch die Vorschriften des Bürgerlichen Gesetzbuchs über das Güterrechtsregister ausreichend gesorgt. Betreibt eine verheirathete Frau thatsächlich ein Handelsgewerbe und ist ein Einspruch des Ehemanns hiergegen nicht in das Güterrechtsregister eingetragen, so gilt nach den §§. 1405, 1435, 1452, 1519, 1549 des Bürgerlichen Gesetzbuchs die Einwilligung des Ehemanns jedem gutgläubigen Dritten gegenüber als ertheilt. Da sowohl das Handelsregister als auch das Güterrechtsregister bei den Gerichten geführt wird, und die Einsicht in beide Register Jedermann freisteht, so sind die Betheiligten in der Lage, ohne Weiterung die nöthige Auskunft zu erlangen. Nur insofern erscheint eine Ergänzung der Vorschriften des Bürgerlichen Gesetzbuchs angezeigt, als der Fall in Betracht zu ziehen ist, daß eine verheirathete Frau außerhalb des Wohnsitzes des Mannes Handel treibt. Mit Rücksicht hierauf schreibt der Entwurf des Einführungsgesetzes zum Handelsgesetzbuch im Art. 4 vor, daß die nach dem Bürgerlichen Recht mit einer Eintragung in das Güterrechtsregister verbundenen Wirkungen, falls ein Ehegatte Kaufmann ist und seine Handelsniederlassung sich nicht in dem Bezirk des für den Wohnsitz des Ehemanns zuständigen Registergerichts befindet, in Ansehung der auf den Betrieb des Handelsgewerbes sich beziehenden Rechtsverhältnisse nur eintreten, wenn die Eintragung auch in das Güterrechtsregister des für den Ort der Handelsniederlassung zuständigen Gerichts erfolgt ist. Außerdem wird nichts im Wege stehen, durch Ausführungsbestimmungen die Anordnung zu treffen, daß durch geeignete Vermerke im Handelsregister auf die bezüglichen Stellen des Güterrechtsregisters besonders verwiesen werde.

Zweiter Abschnitt.

Handelsregister.

Allgemeines.

Die Vorschriften des Entwurfs über das Handelsregister beruhen im Wesentlichen auf der Grundlage des geltenden Rechts. Der Entwurf ergänzt dieses nur in einzelnen Beziehungen; auch weicht er in der Anordnung des Stoffes nicht unwesentlich von dem Handelsgesetzbuch ab. Insbesondere sind mehrfach Bestimmungen, die das Handelsgesetzbuch an verschiedenen Stellen für die einzelnen in Betracht kommenden Eintragungen giebt, als allgemein gültige Regeln in diesem Abschnitte zusammengefaßt.

Welche Thatsachen der Eintragung unterliegen, bestimmt der Entwurf, ebenso wie das Handelsgesetzbuch, nicht hier, sondern bei der Regelung der einzelnen Rechtsverhältnisse, auf welche sich die Eintragungen beziehen. Auch sachlich beläßt es der Entwurf im Allgemeinen bei dem im Handelsgesetzbuche gezogenen Kreise der einzutragenden Thatsachen. Die Landeseinführungsgesetze haben diesen Kreis zum Theil erweitert, und in Folge des Vorbehalts im §. 3 B Nr. 2 des Gesetzes, betreffend die Einführung der Allgemeinen Deutschen Wechselordnung, der Nürnberger Novellen und des Allgemeinen Deutschen Handelsgesetzbuchs als Bundesgesetze, vom 5. Juni 1869 sind die betreffenden landesgesetzlichen Vorschriften auch jetzt noch in Geltung. Die am häufigsten sich findende Vorschrift dieser Art bezieht sich auf die Eintragung der Konkurseröffnung. Der Entwurf ist insoweit den betreffenden Landesgesetzen gefolgt; der §. 31 enthält eine entsprechende Vorschrift. Die sonstigen in einzelnen Einführungsgesetzen angeordneten Eintragungen beziehen sich auf die Minderjährigkeit und die übrigen Fälle beschränkter Geschäftsfähigkeit eines Kaufmanns, ferner auf die Handlungsvollmachten, auf die Einwilligung des Mannes in den Handelsbetrieb seiner Ehefrau und auf die Eheverträge der Kaufleute. Im Entwurf ist eine Eintragung dieser Thatsachen nicht vorgesehen, und durch das Einführungsgesetz kann auch die Verschiedenheit des Rechtszustandes, welche in Folge der Aufrechterhaltung der betreffenden landesgesetzlichen Vorschriften jetzt noch besteht, unbedenklich beseitigt werden (vergl. Art. 15). Die Eintragung von Beschränkungen der Geschäftsfähigkeit ist nur in wenigen Landesgesetzen angeordnet;[1]) in den übrigen Rechtsgebieten hat sich ein Bedürfniß dafür nicht geltend gemacht. Auch die Eintragung der Handlungsvollmachten ist nur vereinzelten Landesgesetzen[2]) bekannt, welche sie überdies nicht gebieten, sondern nur für zulässig erklären, eine Art der Regelung, die nicht geeignet erscheint, die Zuverlässigkeit des Handelsregistes und damit die Rechtssicherheit zu erhöhen. Zur Bei-

---

[1]) Einführungsgesetz für Württemberg Art. 21, 22, für Baden Art. 4, für Kurhessen §. 8; siehe auch Einführungsgesetz für Baden Art. 2 und für das Großherzogthum Hessen Art. 24.

[2]) Einführungsgesetz für Hannover §. 13, für Mecklenburg-Schwerin und Mecklenburg-Strelitz §. 17, für Oldenburg Art. 13, für Bremen §. 11.

behaltung oder Verallgemeinerung der fraglichen Vorschriften liegt um so weniger eine Veranlassung vor, als einem Dritten, der von der Zurücknahme einer Handlungsvollmacht keine Kenntniß erhalten hat, die §§. 170 bis 173 des Bürgerlichen Gesetzbuchs künftig ausreichenden Schutz gewähren. Was schließlich die Einwilligung des Ehemannes in den Handelsbetrieb seiner Frau und die Rücknahme dieser Einwilligung[1]) sowie die Eheverträge[2]) betrifft, so genügt hier, wie oben bereits bemerkt ist, die im Bürgerlichen Gesetzbuch vorgesehene Eintragung in das Güterrechtsregister.

Der §. 8 des Entwurfs beschränkt sich auf die Vorschrift, daß das Handelsregister von den Gerichten geführt wird (Handelsgesetzbuch Art. 12 Abs. 1). In der großen Mehrzahl der Bundesstaaten sind mit der Führung bisher die Amtsgerichte betraut, nur in wenigen[3]) die Landgerichte. Ueber die zuständigen Gerichte und über das Verfahren in Registersachen die nöthigen Vorschriften zu treffen, bleibt dem Gesetz über die Angelegenheiten der freiwilligen Gerichtsbarkeit vorbehalten. In diesem Gesetze werden auch die allgemeinen Grundsätze darüber festzustellen sein, inwiefern die zur Vertretung des Handelsstandes berufenen Organe behufs Herbeiführung thunlichster Richtigkeit und Vollständigkeit der Handelsregister mitwirken sollen. Registergerichte. (§. 8.)

Der §. 9 giebt die Vorschriften des Art. 12 des Handelsgesetzbuchs über die Oeffentlichkeit des Registers mit einigen Aenderungen wieder. Der im Handelsgesetzbuch an die Spitze gestellte Satz, daß das Register öffentlich ist, hat neben den Vorschriften über das Recht auf Einsicht des Registers und auf Ertheilung von Abschriften keine selbständige Bedeutung und ist deshalb in den Entwurf nicht übernommen. Ob in Ermangelung besonderer Vorschriften der Landesgesetze außer dem Register selbst auch die Belege und Unterlagen der Eintragungen und die sonstigen zum Handelsregister eingereichten Schriftstücke von Jedermann eingesehen werden können, ist gegenwärtig bestritten. Der Entwurf bejaht die Frage, weil die betreffenden Schriftstücke theils zur Prüfung der Rechtsgültigkeit der Eintragungen unentbehrlich sind, theils über nicht eingetragene, für Dritte erhebliche Thatsachen Auskunft geben. Auch das Recht auf Ertheilung einer Abschrift beschränkt der Entwurf nicht auf die Eintragungen; doch ist, um Mißbräuchen vorzubeugen, bestimmt, daß von den zum Handelsregister eingereichten Schriftstücken eine Abschrift nur gefordert werden kann, wenn ein rechtliches Interesse glaubhaft gemacht wird. Einer ausdrücklichen Vorschrift des Inhalts, daß die Einsichtnahme nur während der gewöhnlichen Dienststunden des Registergerichts und die Ertheilung einer Abschrift nur gegen Erlegung der Kosten verlangt werden kann (Art. 12 Abs. 2 des Handelsgesetzbuchs), bedarf es hier ebensowenig wie in den das Vereins- und das Güterrechtsregister betreffenden §§. 79 und 1563 des Bürgerlichen Gesetzbuchs. Was den Schlußsatz des §. 9 betrifft, wonach eine Bescheinigung des Registergerichts Oeffentlichkeit des Registers. (§. 9)

---

[1]) Einführungsgesetz für Württemberg Art. 10, für Baden Art. 6 bis 8, für Bremen §. 4.

[2]) Einführungsgesetz für Preußen Art. 20, 40, für Baden Art. 10 bis 17 u. s. w.

[3]) Nämlich in Bayern, Elsaß-Lothringen, Sachsen-Koburg, Hamburg und Bremen.

darüber gefordert werden kann, daß bezüglich des Gegenstandes einer Eintragung weitere Eintragungen nicht vorhanden seien oder daß eine bestimmte Eintragung nicht erfolgt sei, so wird hierdurch ein Recht zur allgemeinen Anerkennung gebracht, welches schon jetzt durch die Ausführungsanweisungen über die Führung des Handelsregisters vielfach gewährt ist. Ein Recht auf Bescheinigungen über den Inhalt einer erfolgten Eintragung erkennt der Entwurf nicht an; solche Bescheinigungen sind neben den Abschriften entbehrlich, und die Pflicht zur Ertheilung derselben würde die Registergerichte ohne Noth mit einer weiteren Verantwortlichkeit belasten. Bezüglich der Legitimation der Vertreter einer Handelsgesellschaft gegenüber dem Grundbuchamte werden die erforderlichen Vorschriften in der Grundbuchordnung zu treffen sein.

Bekanntmachung der Eintragungen. (§§. 10, 11)

Die Vorschrift des §. 10, daß alle Eintragungen in das Handelsregister durch den Deutschen Reichsanzeiger zu veröffentlichen sind, entspricht einem vielseitig geäußerten Wunsche. In zahlreichen anderen Reichsgesetzen ist bereits die Veröffentlichung amtlicher Bekanntmachungen durch den Reichsanzeiger angeordnet[1]), und seit dem Aktiengesetze vom 18. Juli 1884 haben wenigstens bei den Kommanditgesellschaften auf Aktien und den Aktiengesellschaften diejenigen Bekanntmachungen, welche von den Gesellschaften erlassen werden, gleichfalls im Reichsanzeiger zu erfolgen. Thatsächlich werden auch die Handelsregistereinträge troß des Mangels einer gesetzlichen Vorschrift schon gegenwärtig für die große Mehrzahl der Bundesstaaten durch den Reichsanzeiger veröffentlicht. Außer der Veröffentlichung im Reichsanzeiger schreibt der §. 10 noch die Einrückung in mindestens ein anderes Blatt vor. Die Bekanntmachungen im Reichsanzeiger und in den anderen Blättern sind nach dem Entwurfe nur je einmal zu bewirken; die mehrmalige Veröffentlichung, wie sie bisher nach dem Ermessen des Gerichts erfolgte, ist überflüssig und verursacht unnütze Kosten. Den Betheiligten bleibt unbenommen, ihrerseits mit Hülfe der Zeitungen, durch Rundschreiben oder in sonstiger Weise für die Verbreitung der Eintragung noch besonders Sorge zu tragen, falls sie ein Interesse daran zu haben glauben. Die Vorschrift des §. 10 Abs. 2, wonach die Veröffentlichung mit dem Ablaufe des Tages als erfolgt gilt, an welchem das letzte der die Bekanntmachung enthaltenden Blätter erschienen ist, beseitigt einen Zweifel, der sich an die Fassung des Art. 13 des Handelsgesetzbuchs knüpfte (zu vergl. Civilprozeßordnung §. 189, Genossenschaftsgesetz §. 167).

Wie nach Art. 14 des Handelsgesetzbuchs, hat auch nach §. 11 des Entwurfs das Gericht jährlich im Dezember die Blätter zu bestimmen, in denen im Laufe des nächsten Jahres die Eintragungen veröffentlicht werden sollen.

---

[1]) Genossenschaftsgesetz §. 147; Civilprozeßordnung §§. 187, 825, 833, 842, 848; Konkursordnung §§. 103, 105, 151, 175, 184, 191; Gesetz, betreffend das Urheberrecht an Mustern u. s. w. vom 11. Januar 1876 (Reichsgesetzbl. S. 11) §. 9 Abs. 6; Patentgesetz in der Fassung des Gesetzes vom 7. April 1891 (Reichsgesetzbl. S. 79) §. 23, Gesetz, betreffend den Schutz von Gebrauchsmustern vom 1. Juni 1891 (Reichsgesetzbl. S. 290) §. 3.

Dagegen ist die Vorschrift des Handelsgesetzbuchs, daß der betreffende Beschluß des Gerichts in einem oder mehreren öffentlichen Blättern bekannt zu machen ist, in den Entwurf nicht übernommen. In der Weise, wie die fraglichen Bekanntmachungen gegenwärtig erfolgen, sind sie für den Handelsstand ohne erheblichen Nutzen. Es wird zu erwägen sein, ob nicht künftig unter Mitwirkung der Landesjustizverwaltungen von Reichswegen alljährlich eine zusammenfassende Bekanntmachung über die von den einzelnen Registergerichten für ihre Veröffentlichungen benutzten Blätter veranlaßt werden könnte. Um eine zu große Mannigfaltigkeit der für die Veröffentlichungen der einzelnen Gerichte bestimmten Blätter zu vermeiden, wird ferner bei der gesetzlichen Regelung des Verfahrens der Registergerichte im Anschluß an den Art. 14 Abs. 3 des Handelsgesetzbuchs den Justizaufsichtsbehörden die Befugniß einzuräumen sein, den Gerichten Anweisungen über die Auswahl der Blätter zu ertheilen.

Form der Anmeldungen und Zeichnungen. (§. 12.)

Das Handelsgesetzbuch schreibt in den einzelnen Artikeln, durch die es eine Anmeldung oder eine Zeichnung der Firma oder Unterschrift anordnet, der Regel nach besonders vor, daß die Anmeldung und Zeichnung persönlich bei dem Gerichte zu bewirken oder in beglaubigter Form einzureichen ist.[1]) In den Entwurf ist zur Vermeidung häufiger Wiederholungen eine allgemeine Vorschrift dieses Inhalts aufgenommen (§. 12). Welche Behörden die öffentliche Beglaubigung ertheilen können, insbesondere ob nur die gerichtliche oder notarielle Beglaubigung genügt, bestimmt der Entwurf ebenso wenig wie das Handelsgesetzbuch. Auch das Bürgerliche Gesetzbuch hat im Allgemeinen daran festgehalten, daß über die Zuständigkeit zur Aufnahme öffentlicher Urkunden und zur Vornahme öffentlicher Beglaubigungen die Landesgesetze entscheiden.[2]) Daß die hinsichtlich der Anmeldung vorgeschriebene Form in gleicher Weise für die Vollmacht zu einer Anmeldung erfordert wird (§. 12 Abs. 2), bedarf keiner besonderen Rechtfertigung. In den Einführungsgesetzen und Ausführungsverordnungen wird vielfach angeordnet, daß auch im Uebrigen der zu einer Eintragung etwa erforderliche Nachweis von Thatsachen der Regel nach durch öffentliche Urkunden zu erbringen sei.[3]) In dieser Allgemeinheit erscheint die Vorschrift jedoch nicht unbedenklich. Der Entwurf beschränkt sich auf die im Interesse der Rechtssicherheit gebotene Anordnung, daß die Rechtsnachfolger eines Betheiligten (die Erben oder Vermächtnißnehmer, die Käufer eines Handelsgeschäfts u. s. w.) die Rechtsnachfolge, soweit dies im einzelnen Falle thunlich ist, durch öffentliche Urkunden nachzuweisen haben (§. 12 Abs. 2 Satz 2). Eine weitergehende Vorschrift ist weder nothwendig noch durchführbar; denn wenn sich nicht besondere Zweifel

---

[1]) Nur im Art. 19 Satz 1, Art. 129, Art. 135 Abs. 1 Satz 1 ist es unterlassen, die fragliche Vorschrift beizufügen.

[2]) Zu vergl. Bürgerliches Gesetzbuch §. 77 (Vereinsregister), §. 1560 Satz 2 (Güterrechtsregister), §§. 1154, 1155.

[3]) Preuß. Instruktion vom 12. Dezember 1861 §. 10, sächs. Verordnung vom 30. Dezember 1861 §. 22, bad. Verordnung vom 3. Oktober 1862 §. 13, Einführungsgesetz für Sachsen-Weimar §. 7, für Sachsen-Meiningen §. 8 und andere mehr.

und Anstände ergeben, wird sich der Registerrichter im Allgemeinen mit den Erklärungen der gehörig legitimirten Betheiligten begnügen müssen; er hat beispielsweise, wenn die Eintragung einer neuen Firma oder der Verlegung des Sitzes des Geschäfts nachgesucht wird, in Ermangelung besonderer Umstände nicht nachzuforschen, ob der Anmeldende in der That das Geschäft eröffnet oder verlegt hat.

Soweit es sich nicht um eine Anmeldung, sondern nur um die Einreichung von Schriftstücken zum Handelsregister handelt, findet der §. 12 keine Anwendung; solche Einreichungen können auch in Zukunft, wie nach dem geltenden Rechte, formlos erfolgen.

Eintragungen in das Register einer Zweigniederlassung. (§. 13.)

Der Grundsatz, daß die Anmeldungen zum Handelsregister und die Eintragungen in dieses nicht nur bei dem für die Hauptniederlassung, sondern auch bei dem für eine Zweigniederlassung zuständigen Registergerichte vorzunehmen sind, ist bisher im Handelsgesetzbuch nur für eine Reihe bestimmter Anmeldungen und Eintragungen besonders ausgesprochen.[1]) Es ist jedoch nicht zweifelhaft, daß schon nach dem Handelsgesetzbuch dem fraglichen Grundsatz allgemeine Geltung zukommt. Mit Rücksicht hierauf ist eine entsprechende Vorschrift in den gegenwärtigen Abschnitt aufgenommen (§. 13). Von einer Begriffsbestimmung der Zweigniederlassung nimmt der Entwurf Abstand. Sie läßt sich in befriedigender Weise im Gesetze nicht geben, und die Rechtsprechung ist auch ohne eine solche gesetzliche Bestimmung bisher zu angemessenen Ergebnissen gelangt; die Zweifel, die sich unter Umständen erheben können, liegen mehr auf thatsächlichem Gebiete.

Die Anmeldungen einschließlich der Zeichnung sowie die Eintragungen haben nach §. 13 bei dem Register der Zweigniederlassung in derselben Weise zu erfolgen wie bei dem Register der Hauptniederlassung. Ausnahmen gelten nur in Betreff einzelner Anmeldungen für Aktiengesellschaften und Kommanditgesellschaften auf Aktien, und zwar hinsichtlich der Personen der Anmeldenden, der beizubringenden Belege und des Inhalts der öffentlichen Bekanntmachung. Die Vorschrift des bisherigen Art. 152, nach der die Anmeldung der einfachen Kommanditgesellschaft für die Zweigniederlassung nur von den persönlich haftenden, nicht, wie für die Hauptniederlassung, von allen Gesellschaftern zu bewirken ist, hat der Entwurf nicht aufgenommen. Sie entbehrt des inneren Grundes und ist mit der im §. 15 Abs. 3 des Entwurfs der Eintragung in das Register der Zweigniederlassung beigelegten Bedeutung unvereinbar.

Einer besonderen Vorschrift darüber, daß auch die Errichtung einer Zweigniederlassung, die sich in dem Bezirke des Registergerichts der Hauptniederlassung befindet, bei diesem Gerichte zur Eintragung anzumelden ist, bedarf es nicht. Die Verpflichtung zur Anmeldung ergiebt sich aus §. 13 Abs. 1 in Verbindung mit §. 28, wonach auch der Ort der Niederlassung angemeldet

---

[1]) Art. 21, 86 Abs. 1, Art. 152, 179, Art. 180f Abs. 2, Art. 180h Abs. 4, Art. 180i Abs. 2 und öfter; Genossenschaftsgesetz §. 14, §. 148 Abs. 2, Gesetz, betreffend die Gesellschaften mit beschränkter Haftung §. 12, §. 76 Abs. 2; zu vergl. andererseits Art. 25 Abs. 1, Art. 45, 87, 129, 135, 155, 156, 171, 172.

und eingetragen werden soll. Das Nähere über die Art einer solchen Eintragung kann den Ausführungsvorschriften überlassen bleiben.

Was den §. 13 Abs. 2 betrifft, wonach die Eintragung bei dem Gerichte der Zweigniederlassung nicht stattfindet, bevor die Eintragung bei dem Gerichte der Hauptniederlassung erfolgt ist, so verallgemeinert diese Vorschrift einen Grundsatz, der im Handelsgesetzbuch nur für einzelne Fälle (Art. 21 Abs. 3, Art. 179 Abs. 2, Art. 212 Abs. 3) Ausdruck gefunden hat, aber nicht blos für diese Fälle als maßgebend anzusehen ist.

Auch über die Eintragungen, die in Ansehung von inländischen Zweigniederlassungen ausländischer Firmen vorzunehmen sind, giebt der Entwurf neben den schon im Handelsgesetzbuch enthaltenen besonderen Bestimmungen über die Eintragung von Zweigniederlassungen ausländischer Aktiengesellschaften oder Kommanditgesellschaften auf Aktien (Handelsgesetzbuch Art. 179 Abs. 3, Entw. § 199 Abs. 5) eine allgemeine Vorschrift. Wenngleich auf Grund der bisherigen Rechtsprechung anzunehmen ist, daß die Nothwendigkeit der Eintragung von Zweigniederlassungen ausländischer Kaufleute und Handelsgesellschaften selbst ohne gesetzliche Bestätigung im Allgemeinen nicht verkannt werden würde, so empfiehlt sich eine gesetzliche Regelung doch schon um deswillen, weil über die Voraussetzungen und die Art der Anmeldung und Eintragung in Folge des Eingreifens des ausländischen Rechtes Zweifel entstehen können. Um einen Ausgangspunkt für die Lösung solcher Zweifel zu gewähren, stellt der §. 13 Abs. 3 den Grundsatz auf, daß die Anmeldungen, Zeichnungen und Eintragungen bei dem Gerichte der Zweigniederlassung in gleicher Weise geschehen sollen, wie wenn sich die Hauptniederlassung im Inlande befände, es sei denn, daß das ausländische Recht eine Abweichung erforderlich macht. Ist zum Beispiel dem letzteren die durch das deutsche Recht vorgeschriebene Eintragung der Hauptniederlassung unbekannt, so wird dadurch zwar der Eintragungszwang nicht beseitigt, auf die Eintragung findet aber der Grundsatz des §. 13 Abs. 2 keine Anwendung. Hierdurch werden zugleich die Bestimmungen einer Anzahl von Einführungsgesetzen ersetzt, nach denen es behufs der Eintragung der Zweigniederlassung eines Nachweises der Eintragung der Hauptniederlassung überhaupt nicht bedarf, wenn die Hauptniederlassung außerhalb des Geltungsbereichs des Handelsgesetzbuchs liegt.[1]) Auch diejenigen Vorschriften einzelner Einführungsgesetze kommen in Wegfall, nach welchen die inländischen Bevollmächtigten ausländischer Handelsgesellschaften oder wenigstens ausländischer Aktiengesellschaften und Kommanditgesellschaften auf Aktien, ohne Rücksicht darauf, ob eine Zweigniederlassung vorliegt oder nicht, in das Handelsregister eingetragen werden sollen.[2])

Durch die allgemeine Vorschrift des §. 14, wonach das Registergericht die Personen, welche verpflichtet sind, eine Anmeldung, eine Zeichnung der Ordnungsstrafen. (§. 14.)

---

[1]) Einführungsgesetz für Hannover §. 9, für Schleswig-Holstein §. 20, für Lauenburg §. 20, für Mecklenburg-Schwerin und Mecklenburg-Strelitz §. 14, für Oldenburg Art. 9, für Hamburg §. 8, für Bremen §. 8.

[2]) Einführungsgesetz für Hannover §. 23, für Oldenburg Art. 22, für Hamburg §. 28, für Bremen §. 23 (in der Fassung des Gesetzes vom 4. Juni 1879).

Unterschrift oder eine Einreichung von Schriftstücken vorzunehmen, hierzu durch Ordnungsstrafen anzuhalten hat, werden zahlreiche Einzelbestimmungen des Handelsgesetzbuchs entbehrlich (Art. 26, Art. 45 Abs. 4, Art. 89, Art. 129 Abs. 4, Art. 135 Abs. 3, Art. 154, Art. 155 Abs. 1, Art. 171 Abs. 3, Art. 172, Art. 249 g). Der Sache nach gilt die bezeichnete Regel schon jetzt, wenngleich im Handelsgesetzbuch die Aufnahme einer ausdrücklichen Vorschrift für einzelne Fälle unterblieben ist (Art. 135, 156). Die Sondervorschrift des Art. 154, derzufolge bei der Kommanditgesellschaft das Ordnungsstrafverfahren sich nur gegen die persönlich haftenden Gesellschafter richtet, obgleich auch die Kommanditisten zur Mitwirkung bei der Anmeldung verpflichtet sind, erscheint nicht gerechtfertigt und ist in den Entwurf nicht aufgenommen. Ausnahmen von der Verpflichtung des Gerichts, mit Ordnungsstrafen einzuschreiten, sind nur insoweit erforderlich, als es sich um Eintragungen handelt, welche die Voraussetzung für die Wirksamkeit gewisser an sich fakultativer Rechtsakte bilden und deshalb nicht durch Strafen erzwungen werden können. Solche Eintragungen kommen bei den Aktiengesellschaften und Kommanditgesellschaften auf Aktien vor; in diesen Fällen findet nach §. 310 Abs. 2 der §. 14 keine Anwendung. Auf dem gleichen Gesichtspunkte beruht die Ausnahme, welche im §. 172 bezüglich der Eintragung einer Herabsetzung der Einlage eines Kommanditisten vorgesehen ist.

Was die Höhe der Ordnungsstrafen betrifft, so ist im §. 14 des Entwurfs, entsprechend der im §. 78 des Bürgerlichen Gesetzbuchs für eingetragene Vereine getroffenen Vorschrift, allgemein bestimmt, daß die einzelne Strafe den Betrag von dreihundert Mark nicht übersteigen darf; gegenwärtig sind, da das Handelsgesetzbuch in dieser Hinsicht keine Bestimmung enthält, lediglich die landesgesetzlichen Vorschriften maßgebend.[1])

Wirkung der Eintragung und Bekanntmachung. (§. 15.)

Die Vorschriften des §. 15 über die Wirkungen, welche die erfolgte Eintragung und Bekanntmachung oder die Unterlassung derselben Dritten gegenüber äußert, enthalten eine Verallgemeinerung der Grundsätze, die das Handelsgesetzbuch für einzelne bestimmte Fälle aufgestellt hat. Danach kann eine einzutragende Thatsache, solange sie nicht eingetragen und bekannt gemacht ist, von demjenigen, in dessen Angelegenheiten sie einzutragen war, einem Dritten nicht entgegengesetzt werden, es sei denn, daß sie diesem bekannt war; andererseits muß ein Dritter, wenn die Thatsache eingetragen und bekannt gemacht worden ist, sie gegen sich gelten lassen, es sei denn, daß er sie weder kannte noch kennen mußte. Zur Zeit der Berathung des Handelsgesetzbuchs sind aus den betheiligten Berufskreisen vielfach Bedenken gegen die bezeichneten Grundsätze geäußert worden; sie können jedoch als durch die Erfahrung widerlegt gelten. Das System des Handelsgesetzbuchs hat sich bewährt, und auch das Bürgerliche Gesetzbuch ist demselben in den Vorschriften über das Vereinsregister (§. 68) gefolgt.

[1]) Vergl. zum Beispiel für Preußen Einführungsgesetz zum Handelsgesetzbuch Art. 5 §. 7, Ausführungsgesetz zur Civilprozeßordnung §. 28, für Bayern Einführungsgesetz zum Handelsgesetzbuch Art. 18, für Sachsen Ausführungsverordnung vom 31. Dezember 1861 §. 23, für Württemberg Einführungsgesetz Art. 17.

Die Fälle, für welche das Handelsgesetzbuch die in Frage stehenden Grundsätze anerkannt hat, beziehen sich auf die Eintragung gewisser Thatsachen, durch welche eine Haftbarkeit ausgeschlossen wird, die ohne den Eintritt der betreffenden Thatsache an sich begründet sein würde.[1]) Zu diesen Thatsachen gehören namentlich das Erlöschen der Firma, der Widerruf einer Prokura, der Ausschluß eines Gesellschafters von der Vertretungsbefugniß, die Auflösung der Gesellschaft u. s. w. Die allgemeiner gefaßte Vorschrift des Entwurfs macht Wiederholungen entbehrlich, und in sachlicher Beziehung kann die Erweiterung des Grundsatzes einem Bedenken nicht unterliegen. Am wichtigsten für die Anwendung desselben bleiben auch künftig die Fälle, in welchen es sich um Thatsachen handelt, die denjenigen, in dessen Angelegenheiten die Eintragung zu erfolgen hat — sei dies ein Einzelkaufmann, eine Handelsgesellschaft oder ein Gesellschafter —, von einer Haftung oder Verantwortlichkeit befreien. Immerhin kommen noch andere Fälle in Betracht, in denen es gleichfalls angezeigt erscheint, die Vorschriften des §. 15 zur Anwendung zu bringen. Wenn beispielsweise ein neu eingetretener Gesellschafter einem Gesellschaftsschuldner ein Darlehen gekündigt hat, ehe sein Eintritt in das Register eingetragen und veröffentlicht war, so wird man es als gerechtfertigt ansehen müssen, daß auch hier der Grundsatz der relativen Unwirksamkeit nach §. 15 Abs. 1 Platz greife. Andererseits fehlt es an einem genügenden Grunde, in dem Falle, daß der Beitritt des Gesellschafters in das Handelsregister eingetragen und bekannt gemacht war, diesem Umstande die im §. 15 Abs. 2 bezeichnete Wirkung zu versagen. Der Natur der Sache nach beschränkt sich aber die Anwendbarkeit des §. 15 auf Fälle, in welchen die Kenntniß der einzutragenden Thatsache für das Verhalten des Dritten und seine durch dieses Verhalten beeinflußten Rechte oder Verbindlichkeiten von irgend welcher Bedeutung sein kann. Dies ergiebt sich schon aus dem Zwecke der im §. 15 enthaltenen Vorschriften, außerdem auch aus der Wirkung, welche darin der nachgewiesenen Kenntniß beziehungsweise unverschuldeten Unkenntniß des Dritten beigelegt wird. Soweit die bezeichnete Voraussetzung ausgeschlossen erscheint, ist für die Bestimmungen des §. 15 kein Raum. Wenn, um ein Beispiel anzuführen, durch die scheu werdenden Pferde des Geschäftswagens einer offenen Handelsgesellschaft ein Schaden angerichtet wird, so kann der Geschädigte nicht etwa einen zur Zeit des Unfalles bereits aus der Gesellschaft ausgeschiedenen Gesellschafter deswegen in Anspruch nehmen, weil das Ausscheiden desselben zu der fraglichen Zeit noch nicht in das Handelsregister eingetragen und bekannt gemacht war; denn es fehlt in diesem Falle an jeder Möglichkeit eines Zusammenhanges zwischen der Entstehung des Schadens und der Unkenntniß des Dritten von dem Ausscheiden des betreffenden Gesellschafters.

Welche Bedeutung dem Register der Zweigniederlassung bei dem Systeme der relativen Unwirksamkeit nicht eingetragener Thatsachen zukommt,

---

[1]) Art. 25, 46, 87, 115, 129, 135, 155, 171, 172, 200, 233, 244a Abs. 1. Zu vergl. Genossenschaftsgesetz §§. 29, 84, Gesetz, betreffend die Gesellschaften mit beschränkter Haftung §§. 40, 69.

ist im Handelsgesetzbuch, abgesehen von einer durch die Aktiennovelle vom 18. Juli 1884 aufgenommenen Vorschrift im Schlußsatze des Art. 200 nicht bestimmt und in Folge dessen bestritten. Nach der Vorschrift des Art. 200 soll bei der Auflösung der Kommanditgesellschaft auf Aktien die Eintragung in das Register der Hauptniederlassung maßgebend sein; lediglich diese Eintragung entscheidet auch nach dem Genossenschaftsgesetze (§. 148 Abs. 3) und dem Gesetz über die Gesellschaften mit beschränkter Haftung (§. 76). Der Entwurf stellt im Abs. 3 des §. 15 den entgegengesetzten Grundsatz auf. Soll das Register der Zweigniederlassung nicht seinen Zweck verfehlen und zur Irreleitung der Betheiligten führen, so muß es für die Personen, welche mit der Zweigniederlassung in Geschäftsverkehr treten, in Ansehung dieses Verkehrs auch entscheidende Bedeutung haben. Nur ist die Anwendung dieses Grundsatzes an die Voraussetzung zu knüpfen, daß die Zweigniederlassung selbst, um die es sich handelt, in das Handelsregister eingetragen ist; denn die Frage, ob eine Zweigniederlassung im Rechtssinne vorliegt und ob deshalb eine Verpflichtung besteht, die nach den Vorschriften des Gesetzes der Eintragung in das Handelsregister unterliegenden Thatsachen auch bei dem betreffenden Registergericht anzumelden, kann im einzelnen Falle zweifelhaft sein. Es empfiehlt sich daher, die Vorschriften des §. 15 in Bezug auf das Register einer Zweigniederlassung nur dann Anwendung finden zu lassen, wenn die Frage, ob die bezeichnete Verpflichtung besteht, durch die thatsächlich bewirkte Anmeldung und Eintragung der Zweigniederlassung ihre Erledigung gefunden hat.

Soweit es sich um Rechtsakte handelt, deren Wirksamkeit nicht bloß relativ, sondern unbedingt von der Eintragung in das Handelsregister abhängt, wie die Errichtung der Aktiengesellschaft, die Aenderung des Statuts einer solchen u. dgl. m., kann selbstverständlich nur der Inhalt eines einzigen Registers, und zwar desjenigen der Hauptniederlassung, entscheiden. An den betreffenden Stellen des Entwurfs ist dies durch die Fassung der Vorschriften zum Ausdrucke gebracht.

Eine dem §. 15 des Entwurfs entsprechende Aenderung des Genossenschaftsgesetzes und des Gesetzes, betreffend die Gesellschaften mit beschränkter Haftung, ist im Entwurfe des Einführungsgesetzes (Art. 10, 11) vorgesehen.

Verhältniß des Registergerichts zum Prozeßgerichte. (§. 16.)

Ueber das **Verhältniß des Registergerichts zum Prozeßgerichte** gehen die Ansichten in der Wissenschaft und Rechtsprechung auseinander. Hält man sich streng an die bestehenden Vorschriften, so kann der Entscheidung des Prozeßgerichts über ein der Eintragung in das Handelsregister unterliegendes Rechtsverhältniß, zum Beispiel über die Vertretungsbefugniß der Gesellschafter oder über die Auflösung der Gesellschaft, eine bindende Wirkung für das Registergericht nicht beigelegt werden. Selbst dann, wenn durch einstweilige Verfügung oder vorläufig vollstreckbares Urtheil die Eintragung ausdrücklich angeordnet wird, kann dies die zur Eintragung erforderliche Anmeldung der Betheiligten nicht ersetzen, vielmehr muß, falls auch nur einer von ihnen sich weigert, bei der Anmeldung mitzuwirken, zunächst mit Ordnungsstrafen gegen ihn zur Erzwingung der Anmeldung eingeschritten werden. Denn der §. 779 der Civilprozeßordnung, wonach ein rechtskräftiges Urtheil auf Abgabe einer

Willenserklärung der Abgabe gleichsteht, findet nach der von den meisten Seiten vertretenen Meinung auf nur vorläufig vollstreckbare Entscheidungen keine Anwendung.

Wie die Erfahrung gezeigt hat, ist dieser Rechtszustand nicht befriedigend. Die Unabhängigkeit der Registerführung von den Prozeßentscheidungen läßt sich nicht damit begründen, daß das Register dem öffentlichen Interesse dient; denn die Eintragungen haben immerhin privatrechtliche Verhältnisse zum Gegenstande, und diese können im Streitfalle nur im Prozeßwege festgestellt werden. Es entspricht daher der Natur der Sache, wenn den Nachtheilen, die sich aus einer Verschiedenheit zwischen Registerinhalt und Prozeßentscheidungen ergeben, dadurch entgegengetreten wird, daß das Gesetz den letzteren einen gewissen Einfluß auf die Eintragungen gewährt. Ist durch eine rechtskräftige oder auch nur vollstreckbare Entscheidung des Prozeßgerichts die Verpflichtung zur Mitwirkung bei einer Anmeldung oder ein Rechtsverhältniß, bezüglich dessen eine Eintragung zu erfolgen hat, gegen einen von mehreren bei der Vornahme der Anmeldung Betheiligten festgestellt, so soll nach §. 16 Abs. 1 des Entwurfs die Anmeldung der übrigen Betheiligten für die Eintragung genügen. Das Bedürfniß nach einer Regelung in diesem Sinne besteht namentlich für den Fall von Streitigkeiten unter mehreren Gesellschaftern, zum Beispiel über die Rechtsgültigkeit einer Kündigung der Gesellschaft oder den Eintritt sonstiger Auflösungsgründe oder über die Entziehung der Vertretungsbefugniß. Hier kann nur eine schleunige Berichtigung des Handelsregisters den Betheiligten ausreichenden Schutz gegen unbefugte Verfügungen eines Mitgesellschafters gewähren. Für Fälle dieser Art ist schon in der Nürnberger Kommission auf einstweilige Verfügungen des Prozeßrichters hingewiesen worden.[1]) Ob die Entscheidung die Verpflichtung zur Anmeldung oder das einzutragende Rechtsverhältniß selbst feststellt, kann keinen Unterschied begründen; es liefe auf eine zweckwidrige Formvorschrift hinaus, wenn der Grundsatz des §. 16 auf die Entscheidungen der ersteren Art beschränkt würde. Die Feststellung der Verpflichtung oder des Rechtsverhältnisses braucht auch nicht gerade eine Feststellung im Sinne des §. 231 der Civilprozeßordnung zu sein, vielmehr fallen unter den §. 16 auch Entscheidungen, die zur Vornahme der Anmeldung verurtheilen, sowie einstweilige Verfügungen, die nicht ein bestehendes Rechtsverhältniß feststellen, sondern selbst in das streitige Rechtsverhältniß rechtserzeugend eingreifen, indem sie zum Beispiel während eines Prozesses über die Ausschließung eines Gesellschafters diesem einstweilen die Vertretungsbefugniß ganz oder theilweise entziehen.

Der Grundsatz, daß zur Eintragung der Antrag eines Betheiligten erforderlich ist, wird im §. 16 nicht aufgegeben. Es soll nur in Fällen, in denen zur Eintragung Mehrere mitwirken müssen, der Antrag eines von ihnen genügen, wenn der Antrag der Uebrigen durch eine Entscheidung des Prozeßrichters ersetzt wird. Wer, ohne zur Mitwirkung bei der Anmeldung berufen zu sein, an einer Eintragung sonst ein Interesse hat, zum Beispiel der Pächter eines Handelsgeschäfts,

[1]) Protokolle Bd. I S. 239 ff.

dem sich der Inhaber der Firma zur Ertheilung der Prokura verpflichtet hat, oder der Kaufmann, der mit dem Inhaber einer ähnlich lautenden Firma vereinbart hat, daß dieser seine Firma ändere, kann die Eintragung auf Grund des §. 16 nicht herbeiführen. Es würde bedenklich sein, in dieser Weise dritten Personen eine unmittelbare Verfügung über das Handelsregister einzuräumen; ein Bedürfniß dazu ist auch bisher nicht hervorgetreten.

Wenn durch eine rechtskräftige oder vollstreckbare Entscheidung des Prozeßgerichts die Vornahme einer Eintragung für unzulässig erklärt ist, so darf nach §. 16 Abs. 2 die Eintragung nicht gegen den Widerspruch desjenigen erfolgen, welcher die Entscheidung erwirkt hat. Die Bestimmung kommt beispielsweise zur Anwendung, wenn im Prozeßwege die Eintragung einer unbefugt geführten Firma verboten wird (§. 36 Abs. 2) oder wenn ein Aktionär den Beschluß der Generalversammlung einer Aktiengesellschaft als ungültig anficht (§§. 263, 264). Da es sich hier darum handelt, eine unzulässige Eintragung zu verhindern, so ist im Gegensatze zu den Fällen des Abs. 1 auch der Widerspruch eines bei der Vornahme der Anmeldung nicht betheiligten Dritten zu berücksichtigen. Nicht angängig ist es, auch umgekehrt einer Entscheidung des Prozeßgerichts, die einen Widerspruch für unbegründet erklärt, bindende Wirkung gegenüber dem Registergerichte zu verleihen; sonst würden es die Parteien, da ihre Behauptungen und Erklärungen für den Ausgang des Civilprozesses maßgebend sind, in der Hand haben, unzulässige Eintragungen durch ihr beiderseitiges Einverständniß herbeizuführen. Es kann in dieser Beziehung bei dem thatsächlichen Einflusse bewenden, den eine Prozeßentscheidung für den Registerrichter hat.

Dritter Abschnitt.

Handelsfirma.

Begriff der Firma. (§. 17.)

Der Entwurf hat das Firmenrecht des Handelsgesetzbuchs seinen Grundzügen nach beibehalten, wenngleich die Vorschriften im Einzelnen mehrfache Aenderungen und Ergänzungen erfahren haben.

Die Begriffsbestimmung der Firma als des Handelsnamens des Kaufmanns, mit welcher der §. 17 Abs. 1 den Abschnitt über die Firmen einleitet, ist aus dem bisherigen Art. 15 übernommen. Eine neue Vorschrift enthält dagegen der Abs. 2 des §. 17. Während das vormalige Reichs-Oberhandelsgericht wiederholt anerkannt hat, daß der Einzelkaufmann unter seiner Firma auch klagen und verklagt werden könne, wird dies gegenwärtig vielfach verneint. Bei der praktischen Bedeutung der Frage empfiehlt es sich, sie im Gesetze selbst zu entscheiden. Der §. 17 Abs. 2 thut dies in dem Sinne der erwähnten Rechtsprechung. Die entgegengesetzte Regelung würde die Rechtsverfolgung unnöthig erschweren. Namentlich in Wechselprozessen sowie in Fällen, in denen durch die Anstellung der Klage eine Frist gewahrt werden soll, führt es zu erheblichen Unzuträglichkeiten, wenn der Kläger, dem die andere Partei bisher nur unter ihrer Firma gegenübergetreten ist, genöthigt wird, vor der Anstellung der Klage erst noch Ermittelungen darüber anzustellen, welches der bürgerliche Name des Firmeninhabers ist. Selbstverständlich wird dadurch, daß die Firma als Klägerin oder Beklagte bezeichnet wird, nicht die Firma als solche Prozeßpartei; Kläger oder Beklagter ist vielmehr immer derjenige, welcher zur Zeit der Klageerhebung Inhaber der Firma ist. Stirbt der Geschäftsinhaber im Laufe des Prozesses oder veräußert er das Geschäft, so kommen in Bezug auf den Eintritt des Rechtsnachfolgers in den Prozeß die Vorschriften der §§. 217, 223, 236 der Civilprozeßordnung zur Anwendung.

Form der Firma im Allgemeinen.

Was die Form der Firma betrifft, so geht das Handelsgesetzbuch von dem Grundsatze der Firmenwahrheit aus, nach welchem die Firma den thatsächlichen Verhältnissen entsprechen, insbesondere den Inhaber des Geschäfts bezeichnen soll; der Grundsatz ist aber nur in Ansehung der Bildung der Firma bei der Errichtung eines Geschäfts durchgeführt. Wird ein bestehendes Geschäft durch Vertrag oder Erbgang auf einen anderen Inhaber übertragen, so tritt der Grundsatz außer Anwendung; der Erwerber des Geschäfts kann vielmehr, falls der bisherige Inhaber oder seine Erben zustimmen, die frühere Firma mit oder ohne Beifügung eines das Nachfolgeverhältniß andeutenden Zusatzes fortführen. Ebenso ist eine Handelsgesellschaft befugt, die alte Firma beizubehalten, auch wenn diese in Folge des Eintritts oder Austritts von Gesellschaftern nicht mehr mit den wirklichen Verhältnissen in Einklang steht (Art. 22, 24).

Das System des Handelsgesetzbuchs ist nicht ohne Anfechtung geblieben; namentlich ist in neuerer Zeit von manchen Seiten eine strengere Durchführung des Grundsatzes der Firmenwahrheit nach dem Muster ausländischer Gesetze, insbesondere des schweizerischen Obligationenrechts, als wünschenswerth bezeichnet worden. Es entspricht indessen einer von Alters her bestehenden, auf achtungswerthen Beweggründen beruhenden Gewohnheit des deutschen Handelsstandes, die Firma eines seit längerer Zeit bestehenden Geschäfts nicht aufzugeben, und es liegt kein ausreichender Grund dafür vor, dieser Uebung im Wege der Gesetzgebung entgegenzutreten. Mit der Firma verknüpfen sich die geschäftlichen Beziehungen sowie der Ruf des Hauses, und nicht nur für die Erben eines Kaufmanns, sondern auch für die sonstigen Rechtsnachfolger im Geschäft ist es ein Ehrenpunkt, die alte Firma fortzuführen und ihr Ansehen aufrecht zu erhalten. Auch erhebliche materielle Interessen sind hiermit verbunden.

Wollte man den Grundsatz der Firmenwahrheit unbedingt durchführen und dem Erwerber eines Geschäfts lediglich gestatten, seinem eigenen Namen die bisherige Firma beizufügen, so würde die Schwerfälligkeit der auf diese Weise gebildeten Firmen die weitere Verwendung des früheren Geschäftsnamens in vielen Fällen unthunlich machen. Die Firma müßte zudem unter Umständen, wie z. B. bei rascher Folge des Eintritts oder Austritts von Familiengliedern, innerhalb kurzer Zeiträume stets von Neuem geändert werden. Es liegt aber auf der Hand, daß jede solche Aenderung die Festhaltung der unter der bisherigen Firma gewonnenen Geschäftsbeziehungen erschweren würde. Namentlich könnte zum Nachtheil des deutschen Handels die Stellung, welche sich inländische Geschäfte im Ausland erworben haben, durch eine derartige Umgestaltung der Firmen dauernd erschüttert werden. Wollte man demgegenüber auf eine strenge Durchführung des Grundsatzes der Firmenwahrheit verzichten und nur verlangen, daß bei dem ersten Wechsel der Geschäftsinhaber der Firma ein Zusatz beigefügt werde, welcher ein Nachfolgeverhältniß andeutet, so würden gleichwohl die erwähnten Bedenken nicht durchweg beseitigt; andererseits aber wäre mit einer solchen Einrichtung kein wesentlicher Erfolg zu erreichen, weil ein Zusatz der bezeichneten Art, wenn einmal bewirkt, bei jedem späteren Wechsel der Geschäftsinhaber unverändert beibehalten werden könnte, also die Person des Firmenträgers doch nicht erkennbar machte.

Allerdings läßt sich nicht in Abrede stellen, daß der Grundsatz des Handelsgesetzbuchs, wonach der Erwerber eines Geschäfts mit Genehmigung des bisherigen Inhabers die alte Firma unverändert fortführen darf, zu Irrthümern über die Person des Geschäftsinhabers führen und Täuschungen Vorschub leisten kann; die Klagen, welche in dieser Beziehung auch aus kaufmännischen Kreisen erhoben werden, sind keineswegs unberechtigt. Um ihnen abzuhelfen, ist es aber nicht erforderlich, den erwähnten Grundsatz ohne Weiteres zu verlassen. Die hervorgetretenen Mißstände beschränken sich in der Hauptsache auf den kleineren Verkehr, insbesondere auf den Betrieb von Ladengeschäften, und hier läßt sich in anderer Weise Abhülfe schaffen. Es genügt, wenn den Gewerbetreibenden, die einen offenen Laden haben, unter Androhung von Strafe die Verpflichtung auferlegt wird, ihren persönlichen Namen an dem Laden in deutlich lesbarer Schrift anzubringen. Aehnliche Bestimmungen sind schon gegenwärtig für manche Orte im Wege der Polizeiverordnung getroffen; solche Verordnungen finden jedoch in den Vorschriften des Handelsgesetzbuchs ihre Schranken, und es ist von manchen Seiten angezweifelt worden, ob diese Schranken in allen Fällen eingehalten worden seien. Schon aus diesem Grunde verdient eine reichsgesetzliche Regelung den Vorzug. Hierbei werden aber nicht bloß die firmenberechtigten Kaufleute in Betracht zu ziehen sein, vielmehr entspricht es der Natur der Sache, die zu erlassenden Vorschriften auch auf Minderkaufleute und sonstige Gewerbetreibende, die einen offenen Laden haben, zu erstrecken. Der Gegenstand eignet sich demgemäß nicht für das Handelsgesetzbuch, sondern für die Gewerbeordnung. Die Bestimmungen, welche in diese aufgenommen werden sollen, sind im Art. 9 des Entwurfs des Einführungsgesetzes enthalten. Durch dieselben wird die Befugniß der Kaufleute, die Firma eines von ihnen erworbenen Geschäfts fortzuführen, nicht berührt. Nur sind die firmenberechtigten Kaufleute verpflichtet, an dem Laden ihre Firma, daneben aber noch ihren persönlichen Namen anzubringen, wenn dieser nicht bereits aus der Firma zu entnehmen ist. Gehört das Geschäft einer Frau, so ist in der Aufschrift außer dem Zunamen der Frau auch mindestens ein ausgeschriebener Vorname derselben anzugeben, sofern nicht ein solcher gleichfalls schon in der Firma enthalten ist. Es entspricht einem gerade in Handelskreisen vielfach geäußerten Wunsche, daß bei den von Frauen geführten Geschäften das wirkliche Sachverhältniß nach außen hin klar hervortrete. Der jetzige Rechtszustand führt, namentlich wenn es sich um verheirathete

Frauen handelt, zu erheblichen Mißständen; dritte Personen können, zumal wenn der Ehemann selbst in dem Ladengeschäfte thätig ist, einem Irrthum über die Person des Geschäftsinhabers kaum entgehen. In zahlreichen Fällen ist eine solche Täuschung geradezu beabsichtigt. Wenn die Vermögensverhältnisse des Mannes zerrüttet sind, wird der Form nach das Geschäft auf die Frau übertragen, während der Mann als Bevollmächtigter der neuen Inhaberin dasselbe thatsächlich in der alten Weise fortführt, ohne daß eine derartige zur Benachtheiligung der Kreditgeber vorgenommene Schiebung nach außen erkennbar würde.

Wird ein Ladengeschäft durch eine Handelsgesellschaft betrieben, so sind die Namen der persönlich haftenden Gesellschafter in der Aufschrift anzugeben. Damit bei Gesellschaften mit einer erheblichen Zahl von Theilhabern die Vorschrift praktisch durchführbar bleibt, ist vorgesehen, daß im Allgemeinen, wenn mehr als zwei Geschäftsinhaber vorhanden sind, die Angabe der Namen von zwei Gesellschaftern mit einem das Vorhandensein weiterer Betheiligter andeutenden Zusatze genügt; um jedoch zu verhüten, daß nur die Namen von Personen, die bloß zum Schein in das Geschäft aufgenommen sind, in der Aufschrift angegeben werden, soll die Polizeibehörde im einzelnen Falle befugt sein, die Angabe der Namen aller Betheiligter anzuordnen. Welche Behörden im Sinne dieser Vorschrift unter der Bezeichnung „Polizeibehörde“ zu verstehen sind, bestimmt sich nach Landesrecht (Gewerbeordnung §. 155 Abs. 2).

Neben den Bestimmungen, welche in die Gewerbeordnung aufgenommen werden sollen, dienen auch einzelne in den Entwurf neu aufgenommene Vorschriften dem Zwecke, Irreführungen Dritter thunlichst zu verhindern; insbesondere gilt dies von der Verpflichtung des Einzelkaufmanns, in die Firma einen Vornamen aufzunehmen (§. 18 Abs. 1), von dem Verbote täuschender Firmenzusätze (§. 18 Abs. 2) und von den Vorschriften über die Kennzeichnung der Firmen von Aktiengesellschaften und Kommanditgesellschaften auf Aktien (§. 20, §. 21 Abs. 1 Satz 2). Auch die Vorschriften der §§. 24 bis 27, nach denen im Falle der Fortführung des Geschäfts unter der alten Firma die Schulden und Forderungen auf den Erwerber des Geschäfts übergehen, stehen hiermit in Zusammenhang.

Bildung neuer Firmen. (§§. 8 bis 20.)

Während nach dem Handelsgesetzbuch die Firma eines Einzelkaufmanns aus dem bloßen Familiennamen, ohne Hinzufügung eines Vornamens, bestehen kann, schreibt der §. 18 Abs. 1 des Entwurfs, einer aus Handelskreisen gegebenen Anregung folgend, im Interesse der Verkehrssicherheit vor, daß ein Kaufmann, der sein Geschäft ohne einen Gesellschafter oder nur mit einem stillen Gesellschafter betreibt, seinen Familiennamen mit mindestens einem — ausgeschriebenen oder abgekürzten — Vornamen als Firma zu führen hat. Zusätze, die zur näheren Bezeichnung der Person oder des Geschäfts dienen, sind sowohl nach dem geltenden Rechte wie auch nach dem Entwurfe zulässig. Der Entwurf zieht jedoch in dieser Richtung die Grenzen enger als das Handelsgesetzbuch. Das letztere hat nur solche Zusätze ausdrücklich für unstatthaft erklärt, die ein Gesellschaftsverhältniß andeuten. Die Klagen, daß die Firmenzusätze vielfach marktschreierische Anpreisungen und thatsächlich falsche, zur Täuschung geeignete Angaben enthalten, sind indessen allgemein, und wenngleich bereits das Gesetz zur Bekämpfung des unlauteren Wettbewerbes vom 27. Mai 1896 (Reichs-Gesetzbl. S. 145) diesem Mißbrauch entgegentritt, so erscheint es doch zweckmäßig, im Handelsgesetzbuch noch besonders alle Firmenzusätze zu verbieten, die geeignet sind, eine Täuschung über die Art oder den Umfang des Geschäfts oder über die Verhältnisse des Geschäftsinhabers herbeizuführen (§. 18 Abs. 2). Die Folge dieses Verbots ist, daß der Registerrichter eine Firma, die einen derartigen Zusatz enthält, nicht in das Handelsregister eintragen darf und gegen denjenigen, welcher sich einer solchen Firma bedient, mit Ordnungsstrafen einzuschreiten hat.

Die neugebildeten Firmen der Handelsgesellschaften sollen nach dem Handelsgesetzbuch (Art. 17, 18) als Gesellschaftsfirmen kenntlich sein und keine anderen Namen als die persönlich haftender Gesellschafter enthalten. Hierbei beläßt es auch der Entwurf in Ansehung der offenen Handelsgesellschaften und der Kommanditgesellschaften (§. 19). Dagegen ordnet er im §. 20 nach dem Vorgange des Genossenschaftsgesetzes und des Gesetzes, betreffend die Gesellschaften mit beschränkter Haftung, für die Aktiengesellschaften und die Kommanditgesellschaften auf Aktien an, daß sie sich in der Firma ausdrücklich als solche bezeichnen; zugleich dehnt er die Vorschrift, wonach die Firma einer Aktiengesellschaft in der Regel von dem Gegenstande des Unternehmens zu entlehnen ist, dahin aus, daß sie auch für die Firma der Kommanditgesellschaft auf Aktien zu gelten hat. Wenn die Firma der letzteren Gesellschaft, ebenso wie diejenige der einfachen Kommanditgesellschaft, nach dem geltenden Rechte durch den Namen wenigstens eines persönlich haftenden Gesellschafters mit einem ein Gesellschaftsverhältniß andeutenden Zusatze zu bilden ist (Art. 17 Abs. 2), so entspricht dies nicht dem Wesen und der Bedeutung der Kommanditgesellschaft auf Aktien. Durch die neuen Bestimmungen wird zugleich das Verbot der Aufnahme von Personennamen in die Firma einer Aktiengesellschaft sowie die Vorschrift entbehrlich, daß die Firma einer Kommanditgesellschaft auf Aktien die Namen anderer Personen als der persönlich haftenden Gesellschafter nicht enthalten darf. Der Zusatz „Aktiengesellschaft" oder „Kommanditgesellschaft auf Aktien" genügt, um Mißverständnissen über die rechtliche Stellung derjenigen Personen, deren Namen in der Firma enthalten sind, vorzubeugen; andererseits kann unter Umständen, namentlich bei der Umwandlung eines Geschäfts in ein Aktienunternehmen, ein berechtigtes Interesse vorliegen, Personennamen in die Firma aufzunehmen oder sie darin zu belassen. Inwieweit die bei dem Inkrafttreten des neuen Handelsgesetzbuchs bestehenden Gesellschaften ihre bisherige Firma ohne den Zusatz „Aktiengesellschaft" oder „Kommanditgesellschaft auf Aktien" fortführen dürfen, ist im Entwurfe des Einführungsgesetzes (Art. 21) bestimmt.

Die Forderung, daß auch in die Firma jeder offenen Handelsgesellschaft sowie jeder einfachen Kommanditgesellschaft eine Bezeichnung aufzunehmen sei, welche die betreffende Gesellschaftsfirma ersichtlich macht, läßt sich nicht durchführen. Eine derartige Vorschrift würde nicht nur zahlreiche Geschäfte zur Annahme umständlicher Firmen zwingen, sondern auch einen häufigen Firmenwechsel herbeiführen; namentlich müßte ein solcher Wechsel stets eintreten, wenn das Geschäft eines Einzelkaufmanns auf eine offene Handelsgesellschaft oder Kommanditgesellschaft, oder wenn umgekehrt das Geschäft einer Gesellschaft auf einen Einzelkaufmann überginge, desgleichen wenn sich eine Gesellschaft der einen Art durch den Eintritt oder Austritt eines Kommanditisten in eine Gesellschaft der anderen Art umwandelte.

Abgeleitete Firmen. (§§. 21 bis 23.)

Die §§. 21 bis 23 geben die Vorschriften der bisherigen Art. 22 bis 24 über die abgeleiteten Firmen im Wesentlichen unverändert wieder. Nur der §. 21 enthält einzelne neue Bestimmungen. Zunächst ist daselbst klargestellt, daß die Bezeichnung „Kommanditgesellschaft auf Aktien" oder „Aktiengesellschaft" auch den erworbenen Firmen dieser Gesellschaften hinzuzufügen ist. Von selbst versteht es sich andererseits, daß eine solche Bezeichnung nicht beibehalten werden darf, wenn sie in Folge eines Wechsels der Firmeninhaber nicht mehr paßt. Im §. 21 sind ferner noch besondere Vorschriften darüber getroffen, wie sich die Firmenführung gestaltet, wenn ein Geschäft auf Grund eines Nießbrauchs, eines Pachtvertrags oder eines ähnlichen Verhältnisses, insbesondere des ehelichen Güterrechts, übernommen wird. Nach geltendem Rechte ist dies nicht unzweifelhaft. Die Parteien können jedenfalls vereinbaren, daß nach außen der bisherige Geschäftsherr Inhaber der Firma bleibt und unter dieser allein berechtigt und verpflichtet wird; aber damit ist dem Bedürfnisse des Verkehrs nicht genügt, vielmehr muß der Gewerbetreibende, welcher ein Geschäft in der angegebenen Weise übernimmt, befugt sein, die alte Firma als seine eigene Firma in derselben Weise fortzuführen wie der sonstige Erwerber eines Geschäfts. Dies erkennt der Schlußabsatz des §. 21 an. Führt auf Grund dieser Vorschrift ein Pächter die alte Firma fort, so ist er in das Handelsregister als ihr Inhaber einzutragen; er haftet für die bisherigen Geschäftsschulden des Verpächters nach den Regeln des §. 24 und wird aus den von ihm unter der Firma geschlossenen Geschäften allein verpflichtet.

Uebergang der Forderungen und Schulden auf den Erwerber eines Handelsgeschäfts. (§§. 24 bis 26.)

Unter welchen Voraussetzungen der Erwerber eines Handelsgeschäfts in die Schulden und Forderungen des bisherigen Inhabers eintritt, ist im Handelsgesetzbuche nicht entschieden; die Berathungen der Nürnberger Kommission haben in dieser Beziehung zu keinem Ergebnisse geführt. Auch Rechtsprechung und Wissenschaft sind in dieser wichtigen Frage zu völlig sicheren Resultaten nicht gelangt, und es erscheint daher eine gesetzliche Regelung, für welche sich unter Anderen der deutsche Juristentag ausgesprochen hat, geboten.

Mit der bloßen Uebertragung des Handelsgeschäfts oder deren Kundmachung kann der Eintritt in die Geschäftsschulden und Forderungen nicht verbunden werden; denn es ist zunächst Thatfrage, ob die Parteien dies beabsichtigt haben. Die Uebertragung eines Handelsgeschäfts setzt, wie allgemein anerkannt wird, den Uebergang der Schulden und Forderungen auf den Erwerber an sich noch nicht nothwendig voraus. Anders verhält es sich im Falle der Fortführung der bisherigen Firma. Im Verkehr wird vielfach die Firma ohne Rücksicht auf die Person ihres Inhabers als Eigenthümerin des Handlungsvermögens, als Trägerin der durch den Handelsbetrieb begründeten Rechte und Pflichten angesehen. Diese Anschauung ist allerdings rechtlich nicht zutreffend; nichtsdestoweniger erscheint es gerechtfertigt, der

Verkehrsauffassung, nach welcher der jeweilige Inhaber der Firma als der Verpflichtete und Berechtigte angesehen wird, in Bezug auf die Frage des Ueberganges der Geschäftsschulden und Geschäftsforderungen entgegenzukommen. Denn der Erwerber eines Geschäfts, der die Firma, wenngleich nur mit einem Zusatze, fortführt, erklärt dadurch seine Absicht, in die Geschäftsbeziehungen des früheren Geschäftsinhabers soweit als möglich einzutreten. Das Reichsgericht legt auch schon gegenwärtig der Fortführung der Firma in gewissen Beziehungen maßgebenden Einfluß bei.

Auf diesen Erwägungen beruhen die Vorschriften der §§. 24 und 26 des Entwurfs. Der §. 24 bezieht sich auf die Fortführung eines unter Lebenden erworbenen Geschäfts, wohin übrigens auch der Erwerb eines Geschäfts im Wege der Erbtheilung gehört. Der §. 26 betrifft dagegen den Fall, daß ein zu einem Nachlasse gehörendes Geschäft von dem Erben weitergeführt wird. Der Kaufmann, der ein von ihm unter Lebenden erworbenes Handelsgeschäft unter der bisherigen Firma mit oder ohne Beifügung eines das Nachfolgeverhältniß andeutenden Zusatzes fortführt, haftet nach dem Entwurfe für alle im Betriebe des Geschäfts, sei es aus Verträgen, unerlaubten Handlungen oder sonstigen Gründen, entstandenen Verbindlichkeiten, und auch die in dem Betriebe begründeten Forderungen gelten den Schuldnern gegenüber als auf den Erwerber übergegangen, falls der bisherige Inhaber oder seine Erben in die Fortführung der Firma gewilligt haben. Während aber für die Geschäftsschulden der bisherige Inhaber des Geschäfts neben dem Erwerber weiter haftet, läßt der Entwurf die Forderungen unter der bezeichneten Voraussetzung auf den Erwerber übergehen, ohne neben ihm den Veräußerer als Gesammtgläubiger anzuerkennen. Die Lage des Schuldners würde erschwert werden, wenn ihm zwei Gläubiger statt eines einzigen gegenüber ständen und auch die Rechte des Erwerbers der Firma würden gefährdet, wenn sein Vorgänger noch das Recht hätte, über die Forderungen zu verfügen. Zwar kann in Folge dessen der letztere, wenn er wegen einer Geschäftsverbindlichkeit in Anspruch genommen wird, die Geschäftsforderungen nicht aufrechnen; aber das gleiche Ergebniß tritt schon jetzt ein, wenn bei dem Erwerb eines Geschäfts den Dritten der Uebergang der Forderungen und Schulden bekannt gemacht wird. Will sich der Veräußerer dem nicht aussetzen, so muß er den Uebergang der Forderungen und Schulden oder nur den der Forderungen ausschließen. Die Möglichkeit hierzu gewährt der §. 24 Abs. 2. Darnach ist eine Vereinbarung der Parteien, derzufolge die gesetzlichen Folgen der Fortführung der Firma nicht eintreten sollen, auch den Gläubigern oder Schuldnern gegenüber wirksam, sofern sie entweder in das Handelsregister eingetragen und bekannt gemacht oder dem Gläubiger oder Schuldner von dem Erwerber oder dem Veräußerer des Geschäfts mitgetheilt worden ist.

Der letzte Absatz des §. 24 hebt ausdrücklich hervor, daß der Erwerb eines Geschäfts ohne Fortführung der Firma nur dann die Haftung für die Geschäftsschulden zur Folge hat, wenn ein besonderer Verpflichtungsgrund vorliegt. Als ein solcher Verpflichtungsgrund wird es in Uebereinstimmung mit einem feststehenden Handelsgewohnheitsrecht anerkannt, wenn der Erwerber die Uebernahme der Verbindlichkeiten in handelsüblicher Weise bekannt macht. Unter Umständen wird im Falle der Uebernahme eines Handelsgeschäfts eine Haftung des Erwerbers für die Schulden des Veräußerers auch nach den Vorschriften des §. 419 des Bürgerlichen Gesetzbuchs begründet sein; insbesondere kann dies bei der Uebernahme des Geschäfts und Vermögens einer Handelsgesellschaft in Frage kommen.

Ist der Erwerber des Handelsgeschäfts auf Grund der Fortführung der Firma oder auf Grund einer handelsüblichen Bekanntmachung der Uebernahme der früheren Geschäftsverbindlichkeiten für diese haftbar, so verjähren nach §. 25 des Entwurfs die Ansprüche der Gläubiger gegen den früheren Inhaber in fünf Jahren von der Eintragung des neuen Inhabers in das Handelsregister oder von der Kundmachung an, falls nicht die Verjährung nach den allgemeinen für sie maßgebenden Vorschriften schon früher eintritt. Die Vorschriften des §. 25 sind denen des §. 157 (Handelsgesetzbuch Art. 146) über die Verjährung der Ansprüche gegen die ausgeschiedenen Mitglieder einer offenen Handelsgesellschaft nachgebildet und beruhen auf ähnlichen Gesichtspunkten wie diese. Haftet der Erwerber lediglich auf Grund des bürgerlichen Rechtes für die Geschäftsschulden, so muß sich auch die Verjährung gegenüber dem früheren Geschäftsinhaber nach den allgemeinen Vorschriften richten.

Wird ein zu einem Nachlasse gehörendes Handelsgeschäft von dem Erben fortgeführt, so finden nach §. 26 des Entwurfs auf die Haftung des Erben für die früheren Geschäftsverbindlichkeiten die Vorschriften des §. 24 entsprechende Anwendung. Falls daher der Erbe die bisherige Firma mit oder ohne Beifügung eines das Nachfolgeverhältniß andeutenden Zusatzes beibehält oder die Uebernahme der Verbindlichkeiten des Verstorbenen in handelsüblicher Weise bekannt macht, haftet er für die Geschäftsverbindlichkeiten mit seinem ganzen Vermögen, ohne Rücksicht auf die Vorschriften des bürgerlichen Rechtes, wonach die Haftung des Erben für die Nachlaßverbindlichkeiten unter gewissen Voraussetzungen auf den Nachlaß beschränkt ist. Nach der Bestimmung des Abs. 2 des §. 26 sollen jedoch die Wirkungen, welche bezüglich der Geschäftsverbindlichkeiten an die Fortführung des Geschäfts und der Firma geknüpft sind, nicht eintreten, wenn die Fortführung vor dem Ablaufe von drei Monaten nach dem Zeitpunkt, in welchem der Erbe von dem Anfalle der Erbschaft Kenntniß erlangt hat, eingestellt wird. Es würde zu weit gehen, dem Erben schon dann, wenn er nicht alsbald nach dem Tode des Erblassers das Geschäft aufgiebt oder eine neue Firma annimmt, entgegen den Vorschriften des Bürgerlichen Gesetzbuchs schlechthin eine unbeschränkte Haftung für die Geschäftsverbindlichkeiten aufzuerlegen. Ist der Erbe nicht geschäftsfähig oder nur beschränkt geschäftsfähig und hat er keinen gesetzlichen Vertreter, so finden nach §. 26 Abs. 2 auf den Lauf der dreimonatigen Frist die im §. 206 des Bürgerlichen Gesetzbuchs für die Verjährung getroffenen Bestimmungen entsprechende Anwendung; auch soll die Frist, wenn bei ihrem Ablaufe das Recht zur Ausschlagung der Erbschaft noch nicht verloren ist, beispielsweise weil sich der Erbe bei dem Beginne der Ausschlagungsfrist im Auslande befand (Bürgerliches Gesetzbuch §. 1944 Abs. 2), nicht vor dem Ablaufe der Ausschlagungsfrist endigen. Durch diese Vorschriften gewährt der

Entwurf dem Erben ausreichende Zeit, um sich über die endgültige Fortführung der Firma schlüssig zu machen. Die Bestimmungen, die der §. 24 des Entwurfs für den Fall der Veräußerung eines Geschäfts unter Lebenden hinsichtlich des Ueberganges der im Betriebe des Geschäfts begründeten Forderungen trifft, sind im §. 26 nicht für anwendbar erklärt. Da die Geschäftsforderungen auf den Erben schon kraft des Erbrechts übergehen, so bedarf es bezüglich derselben keiner besonderen Vorschriften.

Uebergang der Forderungen und Schulden bei dem Eintritt eines Gesellschafters in das Geschäft eines Einzelkaufmanns. (§. 27.)

Das Handelsgesetzbuch enthält keine Bestimmungen darüber, inwiefern derjenige, welcher in das Geschäft eines Einzelkaufmanns als Gesellschafter eintritt, für die früheren Geschäftsschulden haftet. Der Art. 113 (§. 128 des Entwurfs) bezieht sich nur auf den Fall, daß in eine bereits bestehende Gesellschaft ein neuer Gesellschafter eintritt, und es wird allgemein angenommen, daß die Vorschrift dieses Artikels dann keine Anwendung findet, wenn erst durch den Eintritt eines Theilhabers eine Gesellschaft zu Stande kommt. In Wirklichkeit sind indessen die Verhältnisse in beiden Fällen so ähnlich, daß sich eine grundsätzlich verschiedene Behandlung sachlich nicht rechtfertigen läßt. Jedenfalls muß, nachdem im Entwurfe der Uebergang der Schulden und Forderungen im Falle der Uebertragung eines Handelsgeschäfts geordnet ist, auch der Fall der Einbringung eines bestehenden Handelsgeschäfts in die gleichzeitig errichtete Gesellschaft eine entsprechende Regelung erfahren.

Nach dem §. 27 des Entwurfs soll in diesem Falle die Gesellschaft für alle im Betriebe des Geschäfts entstandenen Verbindlichkeiten des früheren Geschäftsinhabers haften, woraus sich von selbst ergiebt, daß auch der eintretende Gesellschafter unbeschränkt oder, falls er Kommanditist wird, bis zum Betrage seiner Einlage haftbar ist. Ingleichen sollen die in dem früheren Betriebe begründeten Forderungen den Schuldnern gegenüber als auf die Gesellschaft übergegangen gelten. Der Eintritt dieser Rechtsfolgen ist nicht davon abhängig gemacht, daß die Firma des bisherigen Geschäftsinhabers von der Gesellschaft fortgeführt wird. Hierin gehen demnach die Vorschriften des §. 27 weiter als diejenigen des §. 24. Die thatsächlichen Verhältnisse rechtfertigen dies zur Genüge. Wenn der frühere Geschäftsinhaber selbst das Geschäft als Theilhaber weiterbetreibt, so wird selbst bei Annahme einer neuen Firma die Absicht der Parteien kaum jemals auf eine Trennung der alten und der neuen Geschäftsschulden und Forderungen mit Wirkung nach außen gerichtet sein. Eine solche Scheidung würde stets zu Schwierigkeiten und Verwickelungen führen. Das Naturgemäße ist, daß die Gesellschaft im Betriebe des Geschäfts die alten Schulden berichtigt und die früher entstandenen Forderungen einzieht. Die Gläubiger des bisherigen Einzelkaufmanns dürfen voraussetzen, daß sie sich an das Gesellschaftsvermögen halten können. Dazu kommt, daß die Annahme einer neuen Firma hier an sich weniger geeignet ist, die Betheiligten auf einen Wechsel des Trägers der Verbindlichkeiten und Forderungen hinzuweisen; denn als neue Firma muß schon der Name des bisherigen Inhabers mit einem ein Gesellschaftsverhältniß andeutenden Zusatze gelten.

Die Befugniß, durch eine Eintragung in das Handelsregister oder durch eine Mittheilung an die einzelnen Gläubiger oder Schuldner die Haftung für die Schulden und den Uebergang der Forderungen auszuschließen, gewährt der Entwurf in Uebereinstimmung mit der Vorschrift des §. 24 hier gleichfalls. Den Uebergang der Schulden und Forderungen zu einer unbedingt zwingenden Folge des Eintritts eines Gesellschafters in das Geschäft eines Einzelkaufmanns zu machen, ist nicht nothwendig. Die Vorschrift des §. 128 (Art. 113 des Handelsgesetzbuchs) geht allerdings weiter. Dort liegt aber der Schwerpunkt der Frage nicht darin, welche Schulden als Gesellschaftsschulden anzusehen sind, sondern darin, inwieweit die Gesellschafter für die Gesellschaftsschulden haften.

Eintragung der Firma in das Handelsregister. (§§. 28, 29.)

Die Vorschriften des §. 28 über die **Anmeldung der Firma zum Handelsregister** und über die **Zeichnung derselben** zur Aufbewahrung bei dem Gericht entsprechen im Wesentlichen dem bisherigen Art. 19. Die Form der Anmeldung und Zeichnung bestimmt sich nach §. 12. Die Zeichnung der persönlichen Unterschrift, welche der Art. 19 neben der Zeichnung der Firma verlangt, erscheint entbehrlich, weil die Firma des Einzelkaufmanns seine Namensunterschrift ersetzt. Dagegen ordnet der §. 28 ausdrücklich die Angabe des Ortes der Niederlassung an. Von manchen Seiten ist auch eine Eintragung der Lage der Geschäftsräumlichkeiten innerhalb des Ortes der Niederlassung (Straße, Hausnummer) sowie des Geschäftszweigs, dem der Gewerbebetrieb des Anmeldenden angehört, befürwortet worden. Der Entwurf sieht jedoch hiervon ab, weil sonst auch jede in dieser Beziehung eintretende Veränderung eingetragen werden müßte. Hierdurch wird aber nicht ausgeschlossen, daß zum Zwecke besserer Unterscheidung die Angabe der Lage der Geschäftsräume und des Geschäftszweigs bei der Anmeldung verlangt und daß diese Angaben in die Bekanntmachung der Eintragung aufgenommen werden. Dies pflegt an größeren Orten schon jetzt zu geschehen, und es kann den Ausführungsverordnungen über die Führung des Handelsregisters überlassen bleiben, die Gerichte, soweit nöthig, mit einer entsprechenden Anweisung zu versehen.

Durch den §. 29 ist das durch die Eintragung begründete **ausschließliche Recht zur Führung der Firma** im Wesentlichen innerhalb derselben Grenzen anerkannt wie durch Art. 20 und 21 Abs. 2 des Handelsgesetzbuchs. Der Schutz der Firma beschränkt sich auch künftig im Allgemeinen auf den Ort oder die Gemeinde der Niederlassung; doch behält der Entwurf in Berücksichtigung des Umstandes, daß die Straßenzüge benachbarter Orte vielfach völlig in einander übergehen, den Landesregierungen die Befugniß vor, zu bestimmen, daß benachbarte Orte oder Gemeinden im Sinne der Vorschriften des §. 29 als ein Ort oder eine Gemeinde anzusehen sind. Hiervon abgesehen, ist es weder erforderlich noch durchführbar, den Firmenschutz in räumlicher Beziehung über den Ort oder die Gemeinde der Niederlassung auszudehnen. Es besteht auch kein ausreichender Grund, für die Firma der Aktiengesellschaften nach dem Vorbilde des Art. 873 des schweizerischen Obligationenrechts etwas Abweichendes zu bestimmen. Soweit es sich um die unredliche Benutzung gleich oder ähnlich lautender Firmen handelt, greift das Gesetz zur Bekämpfung des unlauteren Wettbewerbes ein.

Eintragung von Veränderungen. (§. 30) Der bisherige Art. 25 Abs. 1, nach welchem die Aenderung und das Erlöschen einer Firma sowie ein Wechsel ihrer Inhaber zur Eintragung in das Handelsregister angemeldet werden müssen, ist insofern unvollständig, als er der Verlegung des Ortes der Niederlassung nicht gedenkt. Die Lücke ist in dem neuen §. 30 ausgefüllt. Die Wirkungen der erfolgten oder unterbliebenen Eintragung (Art. 25 Abs. 2, 3) sind im §. 15 geregelt.

Nach dem Reichsgesetze, betreffend die Löschung nicht mehr bestehender Firmen und Prokuren im Handelsregister, vom 30. März 1888 (Reichs-Gesetzbl. S. 129) hat das Gericht das Erlöschen einer Firma von Amtswegen einzutragen, wenn die Anmeldung durch die hierzu Verpflichteten nicht mittelst Ordnungsstrafen herbeigeführt werden kann. Dieser Grundsatz ist in den §. 30 Abs. 2 des Entwurfs aufgenommen. Ob derselbe nach dem erwähnten Gesetz auch auf die Firmen von Handelsgesellschaften Anwendung findet, ist bestritten. Nach dem Entwurfe kann die Anwendbarkeit nicht zweifelhaft sein; sie ergiebt sich aus der Bestimmung des §. 6 und aus den sonstigen die Löschung der Gesellschaftsfirmen betreffenden Vorschriften (§§. 155, 293). Die in dem Gesetze vom 30. März 1888 noch weiter enthaltenen Vorschriften gehören nicht in das Handelsgesetzbuch. Die Regelung des Verfahrens (§. 2) bleibt dem Gesetz über die Angelegenheiten der freiwilligen Gerichtsbarkeit vorbehalten, und die Vorschrift des §. 3, wonach das Gericht bei der Löschung einer Firma auch das Erlöschen der für sie eingetragenen Prokuren von Amtswegen eintragen soll, hat überhaupt nur Bedeutung, soweit nach den Ausführungsanweisungen über die Führung des Handelsregisters ein besonderes Prokurenregister geführt wird. Es wird nicht unerwogen bleiben können, ob ein solches Register, wo es jetzt besteht, noch weiter beizubehalten ist; und auch wenn dies bejaht werden sollte, wird es genügen, in die betreffenden Anweisungen die Bestimmung aufzunehmen, daß der Registerrichter im Falle der Löschung einer Firma einen entsprechenden Vermerk bei den für diese eingetragenen Prokuren zu machen hat.

Eintragung des Konkurses. (§. 31.) Nach den §§. 104, 105, 151, 175, 184 und 191 der Konkursordnung hat zwar der Gerichtsschreiber des Konkursgerichts den Handelsregisterbehörden von der Eröffnung, Wiederaufnahme, Aufhebung und Einstellung des Konkursverfahrens über das Vermögen eines Kaufmannes oder einer Handelsgesellschaft Mittheilung zu machen; eine entsprechende Eintragung in das Handelsregister ist aber — von dem Falle des Konkurses einer Gesellschaft mit beschränkter Haftung abgesehen (Gesetz vom 20. April 1892 §. 64 Abs. 3; zu vergl. Genossenschaftsgesetz §§. 95, 149) — reichsgesetzlich nicht vorgeschrieben. In den Landesgesetzen ist dagegen schon jetzt vielfach die Eintragung der Eröffnung des Konkurses über das Vermögen einer Handelsgesellschaft, zum Theil auch über das Vermögen eines Einzelkaufmanns angeordnet. Ebenso wird nach dem Bürgerlichen Gesetzbuch (§. 75) die Eröffnung des Konkurses über das Vermögen eines eingetragenen Vereins in das Vereinsregister von Amtswegen eingetragen. Da der Konkurs bei Handelsgesellschaften die Auflösung zur Folge hat und auch bei Einzelkaufleuten eine weitgehende Umgestaltung aller Verhältnisse bewirkt, so schreibt der Entwurf im §. 31 allgemein vor, daß die Eröffnung des Konkurses über das Vermögen eines Kaufmanns von Amtswegen einzutragen ist. Ebenso wie die Eröffnung des Konkurses muß die Beendigung desselben eingetragen werden. Daß eine etwaige Wiederaufnahme des Verfahrens in Bezug auf die Eintragung in das Handelsregister der Eröffnung gleichsteht, braucht nicht besonders hervorgehoben zu werden. Eine Veröffentlichung der den Konkurs betreffenden Eintragungen ist neben den Bekanntmachungen des Konkursgerichts nicht erforderlich, und auch die Regeln des §. 15 über die Wirkungen der erfolgten und nicht erfolgten Eintragung können hier keine Anwendung finden; in beiden Beziehungen enthält der §. 31 eine entsprechende Bestimmung.

Eintragung juristischer Personen. (§§. 32 bis 34.)

Es unterliegt schon nach dem geltenden Rechte keinem Zweifel, daß auch eine juristische Person, die ein Handelsgewerbe betreibt, in das Handelsregister eingetragen werden muß. Das Handelsgesetzbuch enthält jedoch keine Vorschriften darüber, in welcher Weise und von wem die Anmeldung zu bewirken und was im Einzelnen einzutragen ist; auch von den Landeseinführungsgesetzen hat nur das württembergische (Art. 19, 20) die Frage berücksichtigt. Da eine allgemeine Regelung des Gegenstandes als wünschenswerth betrachtet werden muß, so sind in den §§. 32 bis 34 des Entwurfs die erforderlichen Bestimmungen getroffen. Sie schließen sich im Wesentlichen an die Vorschriften an, die für die Aktiengesellschaften bezüglich der Eintragungen in das Handelsregister gelten; auch die Vorschriften des Bürgerlichen Gesetzbuchs über die Eintragungen in das Vereinsregister stimmen damit im Wesentlichen überein. Als handeltreibende juristische Personen kommen, da für Unternehmungen des Reichs, eines Bundesstaats oder eines Kommunalverbandes der §. 35 besondere Vorschriften enthält, hier namentlich die Kolonialgesellschaften, welche auf Grund der §§. 8 bis 10 des Gesetzes, betreffend die Rechtsverhältnisse der deutschen Schutzgebiete, errichtet sind, ferner Vereine, denen die Rechtsfähigkeit staatlich verliehen ist (Bürgerliches Gesetzbuch §§. 22, 23), und nach dem §. 2 des Entwurfs auch die Gewerkschaften in Betracht. Was die Firma dieser juristischen Personen betrifft, so sind die Verhältnisse der in Betracht kommenden Unternehmungen zu verschiedenartig, um eine einheitliche Regelung zu gestatten; es besteht hierfür auch kein Bedürfniß. Insbesondere muß den Gewerkschaften der bisherigen Sitte gemäß das Recht belassen werden, ihren Namen frei zu wählen. Die Vorschriften des §. 29 über das Verbot der Führung einer mit einer eingetragenen Firma gleichlautenden Firma kommen auch bei Firmen juristischer Personen zur Anwendung. Die Regel des §. 32 Abs. 2, nach welcher der Anmeldung zum Handelsregister die Satzung der juristischen Person beizufügen ist, wird natürlich gegenstandslos, wenn die juristische Person eine Satzung überhaupt nicht besitzt, wie dies namentlich bei älteren Korporationen vorkommen kann.

Unternehmungen des Reichs, der Bundesstaaten und der Kommunalverbände. (§. 35.)

Auch das Reich, die Bundesstaaten und die Kommunalverbände sind, soweit sie ein handelsgewerbliches Unternehmen betreiben, Kaufleute und unterstehen den für diese geltenden Vorschriften. Insbesondere gilt dies, wie allgemein anerkannt ist, in Betreff der staatlichen Banken, Eisenbahnen, Schiffahrtsunternehmungen und Manufakturen. Nach dem geltenden Rechte müßten daher streng genommen alle diese Unternehmungen in das Handelsregister eingetragen werden. Thatsächlich ist aber eine Eintragung nur ausnahmsweise erfolgt. Es besteht auch kein Bedürfniß in dieser Richtung; denn für die Oeffentlichkeit der Rechtsverhältnisse ist bei staatlichen Unternehmungen schon in anderer Weise gesorgt, und auch eine Eintragung der mit der Leitung betrauten Personen und des Umfanges ihrer Befugnisse läßt sich mit Rücksicht auf die in erster Linie im öffentlichen Rechte wurzelnde Stellung der betreffenden Beamten nicht durchführen. Für die Gewerbebetriebe der Gemeinden oder der sonstigen Kommunalverbände, wie z. B. für städtische Pferdeeisenbahnen, Gasanstalten u. s. w., gilt im Wesentlichen das Gleiche. Im §. 35 des Entwurfs ist daher bestimmt, daß in Betreff der Unternehmungen des Reichs, eines Bundesstaats oder eines inländischen Kommunalverbandes eine Verpflichtung zur Anmeldung behufs der Eintragung in das Handelsregister nicht besteht. Das Recht, die Eintragung zu erwirken, bleibt auch in diesen Fällen gewahrt. Denn es sind Verhältnisse denkbar, in welchen sich eine solche Eintragung als wünschenswerth erweisen kann; namentlich muß die Möglichkeit gegeben sein, öffentliche Unternehmungen, die nur nach Maßgabe des §. 2 des Entwurfs, also nur im Falle der Eintragung in das Handelsregister, als Handelsunternehmungen gelten, insbesondere die staatlichen Bergwerke, durch Erwirkung dieser Eintragung dem Handelsrechte zu unterstellen. Es genügt aber, wenn in einem solchen Falle die Firma, unter welcher die Geschäfte geschlossen werden, sowie der Sitz und der Gegenstand des Unternehmens eingetragen werden (§. 35 a. E.; zu vergl. württembergisches Einführungsgesetz Art. 18). Die Verpflichtung, die Ertheilung einer Prokura gemäß §. 52 zum Handelsregister anzumelden, wird durch die Vorschriften des §. 35 selbstverständlich nicht berührt; wird ein Prokurist bestellt, so ist zugleich mit der Eintragung der Prokura auch die Eintragung der Firma sowie des Sitzes und des Gegenstandes des Unternehmens zu bewirken.

Die Reichsbank ist bereits nach dem §. 66 des Bankgesetzes von der Eintragung in das Handelsregister befreit; diese Vorschrift bleibt unberührt. Die bestrittene Frage, ob die Post als Kaufmann anzusehen sei, ist durch den §. 444 des Entwurfs im verneinenden Sinne entschieden.

Unbefugte Führung einer Firma. (§. 36.)

Im Falle der unbefugten Führung einer Firma hat nach §. 36 des Entwurfs das Registergericht von Amtswegen mit Ordnungsstrafen einzuschreiten; auch kann jeder, der durch die unbefugte Firmenführung in seinen Rechten verletzt wird, die Unterlassung der Fortführung der Firma verlangen. Die bezeichneten Vorschriften sind aus dem Art. 26 Abs. 2 und dem Art. 27 Abs. 1 des Handelsgesetzbuchs entnommen. Für die Höhe der Ordnungsstrafen ist nach dem Entwurfe die im §. 14 getroffene Bestimmung maßgebend, derzufolge die einzelne Strafe den Betrag von dreihundert Mark nicht übersteigen darf. Die ausdrückliche Anerkennung der Befugniß zur Untersagung des Gebrauchs der Firma wird weder durch das Gesetz zur Bekämpfung des unlauteren Wettbewerbes noch durch den §. 12 des Bürgerlichen Gesetzbuchs entbehrlich; denn die Anwendung der Vorschriften über den unlauteren Wettbewerb setzt eine unredliche Absicht voraus, und der §. 12

des Bürgerlichen Gesetzbuchs kommt hier nur insofern in Betracht, als die unbefugte Führung des Familiennamens eines Anderen in einer Firma in Frage steht. Das Untersagungsrecht muß aber auch begründet sein, wenn die Firma in irgend einer anderen Beziehung den Vorschriften des dritten Abschnitts widerspricht, zum Beispiel weil sie sich von der für denselben Ort eingetragenen Firma eines Anderen nicht deutlich unterscheidet oder weil sie einen nach §. 18 Abs. 2 verbotenen Zusatz enthält, durch den die berechtigten Interessen eines Anderen verletzt werden.

Im Art. 27 des Handelsgesetzbuchs wird dem Verletzten außer dem Rechte zur Untersagung des Gebrauchs der Firma auch ein Anspruch auf Schadensersatz gewährt und zwar scheinbar unter denselben Voraussetzungen wie das Untersagungsrecht. Es wird jedoch allgemein angenommen, daß der Ersatzanspruch nur im Falle eines Verschuldens begründet ist, und es liegt auch kein Grund vor, weiter zu gehen. Für die hauptsächlich in Betracht kommenden Fälle werden die besonderen Vorschriften über den unlauteren Wettbewerb Anwendung finden. Im Uebrigen kann es bei den allgemeinen Grundsätzen des Bürgerlichen Rechtes bewenden; die Grenzen, innerhalb deren das Bürgerliche Gesetzbuch eine Schadensersatzpflicht aus schuldhaftem Verhalten anerkennt (§§. 823 ff.), erscheinen auch hier sachgemäß. Der Entwurf begnügt sich deshalb damit, in Betreff des Schadensersatzanspruchs auf die sonst geltenden Vorschriften zu verweisen.

Der zweite Absatz des Art. 27 des Handelsgesetzbuchs, nach welchem das Gericht über das Vorhandensein und die Höhe des Schadens nach freiem Ermessen entscheidet, ist durch den §. 260 der Civilprozeßordnung entbehrlich geworden. Auch der dritte Absatz, wonach das Gericht berechtigt ist, die Veröffentlichung eines auf Unterlassung der Fortführung der Firma oder auf Schadensersatz lautenden Urtheils anzuordnen, kann in Wegfall kommen; in dieser Hinsicht genügen die Vorschriften des Gesetzes über den unlauteren Wettbewerb, wonach das Gericht, falls auf Unterlassung der Fortführung einer unredlicher Weise benutzten Firma erkannt wird, der obsiegenden Partei die Befugniß zur öffentlichen Bekanntmachung der Verurtheilung zusprechen kann.

Vierter Abschnitt.

Handelsbücher.

Die Vorschriften der §§. 37 bis 46 über die Handelsbücher geben mit einigen Aenderungen den Inhalt der bisherigen Art. 28 bis 40 wieder, soweit diese nicht schon durch die Civilprozeßordnung ihre Geltung verloren haben. Art der Buchführung. (§. 37.)

Schon die Nürnberger Konferenz hat es für unthunlich erachtet, die Zahl und die Gattung der zu führenden Handelsbücher im Gesetze näher zu bestimmen; nur ein Kopirbuch, in welches der Zeitfolge nach Abschriften der abgesendeten Handelsbriefe eingetragen werden sollen, ist ausdrücklich vorgeschrieben (Art. 28). Auch der Entwurf sieht davon ab, über Zahl und

Gattung der Handelsbücher gesetzliche Regeln zu geben, beschränkt sich vielmehr auf die Vorschrift, daß der Kaufmann in den Büchern seine Handelsgeschäfte und die Lage seines Vermögens nach den Grundsätzen ordnungsmäßiger Buchführung ersichtlich zu machen hat (§. 37 Abs. 1). Durch den in dem bisherigen Art. 28 nicht enthaltenen Hinweis auf die Grundsätze ordnungsmäßiger Buchführung wird der wesentliche Punkt hervorgehoben; nach den Gepflogenheiten sorgfältiger Kaufleute ist zu beurtheilen, wie die Bücher geführt werden müssen. Je nach dem Gegenstande, der Art und insbesondere dem Umfange des Geschäfts können diese Anforderungen verschieden sein. Durch jenen Hinweis wird zugleich eine Ungenauigkeit in der Ausdrucksweise des bisherigen Art. 28 beseitigt. Denn in den Handelsbüchern werden nicht, wie die Fassung des Art. 28 anscheinend forderte, die Geschäftsabschlüsse als solche, sondern nur die in Folge der Geschäfte eintretenden Vermögensveränderungen ersichtlich gemacht; die Bezugnahme auf die Grundsätze der ordnungsmäßigen Buchführung wahrt den richtigen Sinn der Vorschrift.

Die Führung eines Kopirbuchs nach Maßgabe des bisherigen Art. 28 Abs. 2 verlangt der Entwurf nicht mehr; er bestimmt nur, daß der Kaufmann eine Abschrift der abgesendeten Handelsbriefe zurückzubehalten und die Abschriften geordnet aufzubewahren hat. Die erwähnte Vorschrift ist in Geschäften von größerem Umfange nicht durchführbar und wird hier thatsächlich nicht mehr befolgt. Es muß gestattet sein, die Behandlung der fraglichen Schriftstücke den Verhältnissen anzupassen und die ein- und ausgehende Korrespondenz, soweit sie denselben Gegenstand oder dieselbe Person betrifft, in geordneter Reihenfolge zusammenzustellen.

Inventar und Bilanz. (§§. 38 bis 41.)

Nach §. 38 des Entwurfs soll die Aufstellung des Inventars und der Bilanz nicht, wie es bisher im Art. 29 vorgeschrieben war, „in jedem Jahre", sondern für den Schluß jedes Geschäftsjahrs, und zwar innerhalb der einem ordnungsmäßigen Geschäftsgange entsprechenden Zeit erfolgen. Auf Grund der früheren Fassung ist in der strafrechtlichen Praxis bei Anwendung der §§. 209, 210 der Konkursordnung in einzelnen Fällen die Auffassung zur Geltung gekommen, daß das Inventar und die Bilanz schon am Ende des Geschäftsjahrs fertiggestellt sein müßten, eine Anforderung, welche in der Regel unerfüllbar ist. Es muß genügen, daß die Anfertigung binnen der bei ordnungsmäßigem Geschäftsgange erforderlichen Zeit erfolgt. Eine genauere Bestimmung der einzuhaltenden Zeit ist bei der Verschiedenheit der Verhältnisse nicht möglich; insbesondere lassen sich die Vorschriften, durch welche für Aktiengesellschaften, Kommanditgesellschaften auf Aktien, eingetragene Genossenschaften und Gesellschaften mit beschränkter Haftung bestimmte, vom Ende des Geschäftsjahrs an laufende Fristen zur Fertigstellung der Jahresbilanz festgesetzt sind, nicht verallgemeinern.

Was den Begriff des Geschäftsjahres betrifft, so braucht dasselbe zwar nicht mit dem Kalenderjahr zusammenzufallen, es darf jedoch, wie der Entwurf ausdrücklich bestimmt, die Dauer von zwölf Monaten nicht überschreiten.

Hat der Kaufmann ein Waarenlager, bei dem nach der Beschaffenheit des Geschäfts die Aufnahme des Inventars nicht füglich in jedem Jahre geschehen kann, so braucht nach dem Entwurf, ebenso wie nach dem Handelsgesetzbuch, die Aufnahme des Inventars nur alle zwei Jahre zu geschehen; zur Vermeidung von Zweifeln hebt aber der Entwurf noch besonders hervor, daß hierdurch die Verpflichtung zur jährlichen Aufstellung der Bilanz nicht berührt wird.

Eine neue Bestimmung enthält der §. 39 Abs. 1, nach welchem die Bilanz in Reichswährung aufzustellen ist. Wenn das Gesetz von den Kaufleuten die jährliche Anfertigung einer Vermögensübersicht verlangt, so erscheint es nicht gerechtfertigt, ihnen bei der Erfüllung dieser Pflicht die Benutzung einer anderen als der gesetzlichen Währung zu gestatten; insbesondere wird von den Aktiengesellschaften und Kommanditgesellschaften auf Aktien gefordert werden müssen, daß sie ihren Bilanzen, die sie den Aktionären vorzulegen und in den Gesellschaftsblättern bekannt zu machen haben, die Reichswährung zu Grunde legen.

Mit der Vorschrift des §. 38, wonach Inventar und Bilanz nicht am Schlusse des Geschäftsjahrs, sondern für diesen Zeitpunkt aufgestellt werden, steht es im Einklang, wenn im §. 39 Abs. 2 für den Werth, zu welchem die einzelnen Posten in das Inventar und die Bilanz einzustellen sind, nicht, wie im Art. 31 des Handelsgesetzbuchs, die Zeit der Inventar- und Bilanzaufnahme selbst, sondern der Zeitpunkt, für welchen die Aufnahme erfolgt, als maßgebend bezeichnet wird. Ferner ist bei der Fassung des §. 39 Rücksicht darauf genommen, daß nicht nur die Waaren, Forderungen und sonstigen Vermögensgegenstände, sondern ebenso die Schulden der Bewerthung unterliegen, da unter Umständen auch bei diesen, wie zum Beispiel bei betagten unverzinslichen Verbindlichkeiten, bei bedingten Verpflichtungen, bei Prämienanleihen, bei Zahlungen, die in ausländischer Währung zu erfolgen haben, eine Werthsberechnung nothwendig ist.

Die besonderen Bewerthungsregeln des Aktienrechts dehnt der Entwurf nicht über ihr jetziges Anwendungsgebiet aus. Ihre Verallgemeinerung ist zwar von einzelnen Seiten befürwortet worden; gegen eine solche Ausdehnung bestehen indessen Bedenken. Die fraglichen Bestimmungen, insbesondere die Vorschriften des Art. 185a Nr. 1 und 2 (§. 254 Nr. 1 und 2 des Entwurfs), wonach alle Vermögensgegenstände, auch wenn sie zur Weiterveräußerung bestimmt sind, nicht höher als zum Anschaffungs- oder Herstellungspreise angesetzt werden dürfen, haben den Zweck, eine Verminderung des statutenmäßigen Grundkapitals der Aktiengesellschaft und die Vertheilung eines thatsächlich noch nicht realisirten Gewinnes zu verhindern. Die Vorschriften erhalten daher ihre wahre Bedeutung erst im Zusammenhange mit den sonstigen Maßregeln, die das Aktienrecht zur Erhaltung des statutenmäßigen Grundkapitals trifft; sie können aber nicht ohne Weiteres auf andere Handelsgesellschaften oder auf Einzelkaufleute übertragen werden, da bei diesen die Verfügung über das Geschäftskapital im Allgemeinen nicht beschränkt ist und auch nicht beschränkt werden kann. Die betreffenden Vorschriften wären deshalb hier zwecklos und ohne praktische Bedeutung. In Frage kann höchstens kommen, ob nicht die Vorschrift der Nr. 3 des Art. 185a, wonach Anlagen und sonstige Betriebsgegenstände ohne Rücksicht auf einen geringeren Werth zum Anschaffungs- oder Herstellungspreise angesetzt werden dürfen, wenn ein der Abnutzung gleichkommender Betrag abgeschrieben wird, als ein für alle kaufmännischen Bilanzen geltender Grundsatz besonders zur Anerkennung gebracht werden soll. Auch hierfür besteht jedoch kein Bedürfniß. Die allgemeine Vorschrift des §. 39 des Entwurfs bedingt keineswegs, daß die zu einem kaufmännischen Geschäfte gehörenden Betriebsanlagen zum Zwecke der Bilanzaufstellung einer Abschätzung nach ihrem jeweiligen Verkaufswerth unterzogen werden; in der Praxis geschieht dies auch nicht, vielmehr entscheidet das vernünftige Ermessen innerhalb der durch den Grundsatz des Art. 31 gezogenen Schranken. Hierbei kann es sein Bewenden behalten; für eine scharfe Grenze, wie sie im Aktienrechte wegen des Dividendenrechts der Aktionäre und der Verantwortlichkeit der Gesellschaftsorgane gezogen ist, besteht kein Bedürfniß. Ueberdies ist es eine weit verbreitete Handelssitte, die jährlichen Abschreibungen auf die Betriebsgegenstände höher zu bemessen, als es mit Rücksicht auf die stattgehabte Abnutzung an sich erforderlich wäre; diese Uebung dient nur zur Stärkung der wirthschaftlichen Grundlagen des Geschäftsbetriebes, und es besteht jedenfalls kein Anlaß, ihr durch gesetzliche Vorschriften entgegenzuwirken.

Nach §. 41 des Entwurfs soll bei einem Unternehmen des Reichs, eines Bundesstaats oder eines inländischen Kommunalverbandes die Befugniß der Verwaltung, die Rechnungsabschlüsse in einer von den Vorschriften der §§. 38 bis 40 abweichenden Weise vorzunehmen, unberührt bleiben. Eine unbedingte Durchführung der handelsgesetzlichen Vorschriften über die Aufstellung von Vermögensverzeichnissen und Bilanzen ist für Unternehmungen der bezeichneten Art wegen des Zusammenhangs ihrer Rechnungsführung mit der allgemeinen Staats- oder Gemeinderechnung häufig nicht angängig, und thatsächlich wird auch vielfach in anderer Weise verfahren. Zur Klarstellung des Verhältnisses erscheint ein ausdrücklicher Vorbehalt im Gesetze angezeigt. Es kann den zuständigen Organen überlassen bleiben, die Grundsätze zu bestimmen, nach welchen bei einer gewerblichen Unternehmung der in Frage stehenden Art die Rechnungsabschlüsse vorzunehmen sind.

Aeußere Form der Handelsbücher; Aufbewahrung. (§§. 42, 43.)

Die Vorschriften der §§. 42 und 43 über die äußere Einrichtung der Handelsbücher und die Art der Eintragungen sowie über die Pflicht der Kaufleute zur Aufbewahrung ihrer Bücher und ihrer Handelskorrespondenz entsprechen mit unwesentlichen Aenderungen den bisherigen Art. 32 und 33 des Handelsgesetzbuchs.

Vorlegung der Handelsbücher. (§§. 44 bis 46.)

Auch die auf die Vorlegung der Handelsbücher bezüglichen §§. 44 bis 46 des Entwurfs geben im Allgemeinen nur das geltende Recht wieder (Art. 37 Satz 1, Art. 38, Art. 40). Die Bestimmungen, welche das Handelsgesetzbuch in diesem Zusammenhang über die Beweiskraft der Handelsbücher, über die Folgen der unterbliebenen Vorlegung und über die Vorlegung an einem nicht zum Bezirke des Prozeßrichters gehörigen Orte enthielt (Art. 34 bis 36, 37 Satz 2, 39), sind bereits durch §. 13 Abs. 2 Nr. 2 des Einführungsgesetzes zur Civilprozeßordnung aufgehoben.

Nach Art. 37 Satz 1 des Handelsgesetzbuchs kann der Richter im Laufe eines Rechtsstreits auf den Antrag einer Partei die Vorlegung der Handelsbücher des Gegners anordnen. Diese Vorschrift geht insofern über die Bestimmungen der Civilprozeßordnung hinaus, als nach der letzteren eine Verpflichtung zur Vorlegung von Urkunden im Prozesse nur besteht, wenn ein besonderer gesetzlicher Grund vorliegt, was namentlich bei sogenannter Gemeinschaftlichkeit der Urkunden der Fall ist (§§. 387, 388 der Civilprozeßordnung in Verbindung jetzt mit §. 810 des Bürgerlichen Gesetzbuchs).[1]) Auf der anderen Seite ist es nach Art. 37 des Handelsgesetzbuchs in das pflichtmäßige Ermessen des Richters gestellt, ob er von seiner Befugniß Gebrauch machen will, während die Civilprozeßordnung in den betreffenden Fällen dem Gegner ein dem Ermessen des Richters entzogenes unbedingtes Recht auf Vorlegung der Urkunde gewährt. Der Entwurf (§. 44 Abs. 1) behält die vom Handelsgesetzbuche dem Richter eingeräumte allgemeine Befugniß bei, die Vorlegung der Handelsbücher einer Partei anzuordnen; dies ist schon aus dem Grunde angezeigt, weil in Wissenschaft und Praxis Zweifel darüber bestehen, in welchem Umfange die Handelsbücher eines Kaufmanns als für ihn und den Gegner gemeinschaftliche Urkunden anzusehen sind. Zugleich dehnt der Entwurf aus Gründen der Zweckmäßigkeit im Anschluß an die Bestimmung, die im Art. 79 des Handelsgesetzbuchs bezüglich der Tagebücher der Handelsmäkler getroffen ist, die fragliche Befugniß des Gerichts dahin aus, daß von derselben nicht bloß auf Antrag einer Partei, sondern auch von Amtswegen Gebrauch gemacht werden kann. Im §. 44 Abs. 2 wird sodann zur Beseitigung der für das geltende Recht obwaltenden Zweifel ausdrücklich anerkannt, daß neben der allgemeinen Vorschrift des Abs. 1 auch die Bestimmungen der Civilprozeßordnung über die Verpflichtung des Gegners zur Urkundenvorlegung Anwendung finden. Liegen also die besonderen Voraussetzungen des letzteren Gesetzes vor, so besteht eine vom richterlichen Ermessen unabhängige Pflicht zur Vorlegung der Handelsbücher. Die entgegengesetzte Regelung, wonach im Prozesse ausschließlich die Vorschrift des Handelsgesetzbuchs Anwendung zu finden hätte, würde zu dem unangemessenen Ergebnisse führen, daß der Anspruch auf Vorlegung der Handelsbücher im Prozesse unter Umständen beschränkter wäre als außerhalb eines solchen; denn das vom richterlichen Ermessen unabhängige Recht auf die Vorlegung gemeinschaftlicher Urkunden ist nicht nur im Falle des Prozesses begründet.

Wenn im Prozesse Handelsbücher vorgelegt werden, so soll nach Art. 38 des Handelsgesetzbuchs nicht bloß von ihrem Inhalte, soweit er den Streitpunkt betrifft, unter Zuziehung der Parteien Einsicht genommen, sondern auch ihr übriger Inhalt dem Richter insoweit offengelegt werden, als es zur Prüfung ihrer ordnungsmäßigen Führung erforderlich ist. Diese Bestimmung wurde bei der Berathung des Einführungsgesetzes zur Civilprozeßordnung als nothwendig erachtet und deshalb aufrecht erhalten;[2]) sie ist daher auch in den §. 45 des Entwurfs übernommen.

---

[1]) Wegen der in Aussicht genommenen neuen Fassung des §. 387 der Civilprozeßordnung ist zu vergleichen die Anlage II der Denkschrift zum Entwurfe des Bürgerlichen Gesetzbuchs. (Drucksachen des Reichstags 1896 zu Nr. 87.)

[2]) Protokolle der Justizkommission des Reichstags, betr. die Berathung der Civilprozeßordnung und des Einführungsgesetzes (Berlin 1876) S. 640.

Der §. 46 betrifft die Fälle, in denen eine Mittheilung der Handelsbücher zur vollständigen Kenntnißnahme von ihrem ganzen Inhalte gerichtlich angeordnet werden kann. Da der bisherige Art. 40 in dieser Hinsicht außer dem Konkurse des Kaufmanns nur Erbschafts-, Gütergemeinschafts- und Gesellschaftstheilungssachen erwähnt, so ist es streitig geworden, ob auch sonstige Vermögensauseinandersetzungen, wie sie zum Beispiel in Folge der Schenkung eines Vermögens oder des Bruchtheils eines solchen oder in Folge eines Leibrentenvertrags vorkommen können, hierher gehören. Durch die neue Fassung des §. 46 wird die Frage bejaht; es liegt kein Grund vor, die bezeichneten Fälle der Vermögensauseinandersetzung verschieden zu behandeln. Die Vorschrift, daß im Konkurse eines Kaufmanns das Gericht die Vorlegung seiner Handelsbücher anordnen kann, ist in den Entwurf nicht übernommen, da es bei der Stellung, welche die Konkursordnung dem Konkursverwalter, dem Gläubigerausschusse und der Gläubigerversammlung zuweist, einer besonderen richterlichen Anordnung wegen Vorlage der Handelsbücher des Gemeinschuldners nicht mehr bedarf.

Was die Geltendmachung des im §. 46 anerkannten Anspruchs auf Mittheilung der Handelsbücher betrifft, so muß derselbe ebenso wie jeder sonstige Anspruch auf Vorlegung von Urkunden im Wege der Klage verfolgt werden, es sei denn, daß über die Vermögensauseinandersetzung selbst schon ein Prozeß anhängig ist. In dem Umstande, daß die Entscheidung über den Anspruch von dem Ermessen des Richters abhängig ist, liegt kein genügender Grund, um für Streitigkeiten der fraglichen Art von den Formen des Prozesses abzusehen, und dies um so weniger, als dabei in der Regel wichtige Interessen der Betheiligten auf dem Spiele stehen.

Fünfter Abschnitt.

Prokura und Handlungsvollmacht.

Verhältniß des fünften und sechsten Abschnitts.

Der fünfte Abschnitt regelt ohne Rücksicht auf das innere Verhältniß zwischen dem Inhaber des Handelsgeschäfts und dem Bevollmächtigten die Wirkungen, die durch die Ertheilung einer Prokura oder Handlungsvollmacht gegenüber Dritten entstehen. Dagegen behandelt der sechste Abschnitt das Dienstverhältniß zwischen dem Inhaber des Handelsgeschäfts und seinen Angestellten, und zwar ohne Unterschied, ob die letzteren zugleich Bevollmächtigte sind oder nicht. Diese Anordnung liegt auch schon dem Handelsgesetzbuche zu Grunde, ist jedoch in diesem dadurch einigermaßen verdunkelt, daß der Art. 58 die Handlungsgehülfen und Handlungsbevollmächtigten als verschiedene Klassen von Personen einander gegenüberstellt, und daß nicht nur den Handlungsgehülfen, sondern im Art. 56 auch den Handlungsbevollmächtigten der eigene Handelsbetrieb untersagt wird, während in Wahrheit dieses Verbot nur in dem dauernden Dienstverhältnisse, nicht in der Vollmacht seine Rechtfertigung findet. Im Entwurf ist der Art. 58 gestrichen, das Verbot des Handelsbetriebes auf die Handlungsgehülfen beschränkt (§§. 59, 60), auch der Ausdruck „Prinzipal", welcher bisher sowohl in den Vorschriften über die Handelsbevollmächtigten als in denen über die Handlungsgehülfen gebraucht war, aber nur beim Bestehen eines wirklichen Dienstverhältnisses angemessen erscheint, im fünften Abschnitte vermieden. Ebenso tritt die veränderte Ueberschrift des fünften Abschnitts der Auffassung entgegen, als ob es sich bei den Prokuristen und Handlungsbevollmächtigten einerseits und bei den in der Ueberschrift des sechsten Abschnitts genannten Handlungsgehülfen andererseits um verschiedene, in einem Gegensatze zu einander stehende Personenklassen handle.

Die Bedenken, welche zur Zeit der Berathung des Handelsgesetzbuchs gegen die der Praxis damals noch unbekannte Rechtsform der unbeschränkten und unbeschränkbaren Prokura laut geworden waren, können als durch die Erfahrung widerlegt gelten. Der Entwurf behält daher das bisherige Recht mit geringen Aenderungen bei. Prokura. (§§. 47 bis 53.)

An Stelle der in dem bisherigen Art. 41 Abs. 1 enthaltenen ungenauen und mit Rücksicht auf die späteren Bestimmungen über Inhalt und Umfang der Prokura entbehrlichen Begriffsbestimmung begnügt sich der §. 47 des Entwurfs mit der Vorschrift, daß die Prokura nur von dem Inhaber des Handelsgeschäfts oder seinem gesetzlichen Vertreter, also nicht von einem Prokuristen oder sonstigen Bevollmächtigten, ertheilt werden kann. Die Vorschriften des Art. 41 Abs. 2 über die verschiedenen Formen, in denen die Bestellung eines Prokuristen zulässig ist, sind durch die allgemeinere Bestimmung ersetzt, daß zur Ertheilung einer Prokura eine ausdrückliche Willenserklärung erfordert wird; die Wirksamkeit einer bloß stillschweigenden Willenserklärung anzuerkennen, erscheint bei der weittragenden Bedeutung der Prokura nicht angemessen.

In den §. 48, der von dem Umfange der Vollmacht des Prokuristen handelt, sind die in dem bisherigen Art. 42 Abs. 1 enthaltenen Bestimmungen über die Entbehrlichkeit einer Spezialvollmacht und über die Berechtigung des Prokuristen zur Anstellung und Entlassung von Handlungsgehülfen und Handlungsbevollmächtigten nicht aufgenommen, weil das Bürgerliche Gesetzbuch das Erforderniß einer Spezialvollmacht nicht kennt, und die Befugniß des Prokuristen zur Anstellung von Handlungsgehülfen u. s. w. keiner ausdrücklichen Hervorhebung bedarf. Dagegen ist die Vorschrift des Art. 42 Abs. 2, wonach die gesetzliche Vollmacht des Prokuristen sich nicht auf die Veräußerung und Belastung von Grundstücken erstreckt, vom Entwurfe beibehalten. Ein zureichender Grund, die gesetzlichen, Dritten gegenüber eine Beschränkung nicht zulassenden Befugnisse des Prokuristen in der fraglichen Richtung noch über das geltende Recht hinaus zu erweitern, liegt nicht vor. Ist im einzelnen Falle das Bedürfniß für eine solche Ausdehnung der Vollmacht vorhanden, so bleibt es dem Prinzipal unbenommen, dem Prokuristen die betreffende Befugniß besonders zu übertragen.

Die Bestimmungen im Abs. 3 des §. 49 über die Zulässigkeit einer Beschränkung der Prokura auf eine von mehreren unter verschiedenen Firmen betriebenen Handelsniederlassungen entsprechen einem praktischen Bedürfnisse; sie entscheiden eine gegenwärtig bestrittene Frage. Dabei hebt der Entwurf zur Vermeidung von Zweifeln besonders hervor, daß es, um im Falle des Bestehens einer Zweigniederlassung für die Firma der letzteren die erforderliche Verschiedenheit zu begründen, genügen soll, wenn die Firma des Unternehmens mit einem Zusatze versehen wird, der sie als Firma der Zweigniederlassung kenntlich macht.

Im Anschluß an den Art. 54 des Handelsgesetzbuchs bestimmt der §. 50 des Entwurfs, daß die Prokura ohne Rücksicht auf das der Ertheilung zu Grunde liegende Rechtsverhältniß, jedoch unbeschadet des Anspruchs des Prokuristen, auf die vertragsmäßige Vergütung, jederzeit widerrufen werden kann, andererseits aber durch den Tod des Inhabers des Handelsgeschäfts nicht erlischt. In diesen Vorschriften weicht der Entwurf von den Grundsätzen des Bürgerlichen Gesetzbuchs über die Vollmacht ab. Zwar ist im Zweifel die Vollmacht ebenfalls widerruflich, aber die Zulässigkeit des Widerrufs kann vermöge des zu Grunde liegenden Vertragsverhältnisses ausgeschlossen sein (§. 168 des Bürgerlichen Gesetzbuchs). Eine Vereinbarung der letzteren Art auch für die Prokura zuzulassen, erscheint nicht rathsam. Für die umfassende und nach außen unbeschränkbare Vertretungsmacht des Prokuristen bildet die freie Widerruflichkeit der Prokura ein nothwendiges Gegengewicht. Selbst dem ausdrücklichen Verzicht auf das Recht des Widerrufs muß deshalb hier die Wirkung versagt bleiben. Dies entspricht auch der in Handelskreisen bestehenden Auffassung.

Was die Fortdauer der Prokura nach dem Tode des Geschäftsinhabers betrifft, so würden zwar im Allgemeinen schon die Vorschriften des Bürgerlichen Gesetzbuchs, nach welchen eine auf einem Auftrags- oder Dienstverhältnisse beruhende Prokura durch den Tod des Vollmachtgebers im Zweifel nicht erlischt (§§. 168, 672, 675), in Verbindung mit der Bestimmung des §. 49 des Entwurfs, derzufolge eine Beschränkung der Prokura Dritten gegenüber unwirksam ist, zu dem Ergebnisse führen, daß der Tod des Geschäftsinhabers die Prokura nicht berührt. Es empfiehlt sich indessen, diesen wichtigen Grundsatz, ebenso wie bisher, im Handelsgesetzbuche selbst zum bestimmten Ausdrucke zu bringen.

Der §. 51 regelt die Form, in welcher der Prokurist zu zeichnen hat, übereinstimmend mit der Vorschrift des bisherigen Art. 44 Abs. 1. Der Abs. 2 dieses Artikels, der die Form der Zeichnung bei einer Gesammtprokura betrifft, kann als selbstverständlich wegfallen.

Hinsichtlich der Eintragung der Prokura in das Handelsregister beläßt es der §. 52 des Entwurfs im Allgemeinen bei den Grundsätzen des Handelsgesetzbuchs (Art. 45, 46), schreibt aber ausdrücklich vor, daß auch die Gesammtprokura als solche einzutragen ist. In Bezug auf die Form der Anmeldung und die Verhängung von Ordnungsstrafen, sowie in Bezug auf die relative Unwirksamkeit des nicht eingetragenen Erlöschens der Prokura oder einer nicht eingetragenen Beschränkung durch eine Gesammtprokura finden die allgemeinen Bestimmungen der §§. 12 bis 15 Anwendung; die betreffenden Vorschriften des Art. 45 und des Art. 46 sind demgemäß gestrichen.

Handlungsvollmacht. (§§. 53 bis 56.)

Die Vorschriften des §. 53 über die Handlungsvollmacht schließen sich im Wesentlichen an das geltende Recht an. Die Bedeutung des bisherigen Art. 47 des Handelsgesetzbuchs besteht nach der Auslegung, die ihm seitens der Rechtsprechung und Wissenschaft zu Theil geworden ist, in dem gesetzlich zu vermuthenden Umfange der Handlungsvollmacht; insbesondere darf jeder Dritte bei der Prüfung des Umfangs der Vollmacht von dem Gewöhnlichen ausgehen und braucht besondere Beschränkungen nur dann gegen sich gelten lassen, wenn er sie kannte oder kennen mußte. Der §. 53 des Entwurfs bringt diesen Gedanken durch die Aufnahme der Bestimmung des Abs. 3 deutlicher zum Ausdruck. Was den Begriff der Handlungsvollmacht betrifft, so ist durch die Fassung des §. 53 klargestellt, daß der Handlungsbevollmächtigte nicht, wie bisher meistens angenommen wurde, in dem Verhältniß eines Bediensteten oder dauernd im Geschäft angestellten Gehülfen des Vollmachtgebers zu stehen braucht. Denn auch wo diese Voraussetzungen nicht zutreffen, die Vertretung vielmehr nur gelegentlich, etwa aus Gefälligkeit, stattfindet, oder wo ein selbständiger Kaufmann zum Vertreter bestellt wird, ist das Bedürfniß nach einer gesetzlichen Begrenzung des Umfangs der Vollmacht vorhanden. Ueberdies kann denjenigen, mit welchen der Vertreter Geschäfte eingeht, die Prüfung des Vertragsverhältnisses, in welchem der Vertreter zum Geschäftsinhaber steht, nicht angesonnen werden.

Die im Art. 47 Abs. 2 des Handelsgesetzbuchs vorgesehenen Beschränkungen der Vertretungsmacht des Handlungsbevollmächtigten sind im Entwurfe beibehalten. Daß der Handlungsbevollmächtigte zu Veräußerungen und Belastungen von Grundstücken einer besonderen Vollmacht bedürfe, war zwar bisher nicht besonders zum Ausdruck gebracht, entsprach aber wohl der Absicht des Gesetzes; der Entwurf hat eine ergänzende Bestimmung dieses Inhalts aufgenommen. Eine Vorschrift über die Entbehrlichkeit einer Spezialvollmacht (Art. 47 Abs. 3) ist hier aus demselben Grunde wie bei der Prokura nicht erforderlich.

Mit dem bestehenden Rechte (Art. 49 des Handelsgesetzbuchs) stimmen im Wesentlichen auch die Vorschriften des §. 54 überein. Danach finden auf Handlungsbevollmächtigte, die als Handlungsreisende zur Vornahme von Geschäften an Orten verwendet werden, an denen sich eine Niederlassung des Geschäftsinhabers nicht befindet, die allgemeinen Bestimmungen des §. 53 über den Umfang der Handlungsvollmacht Anwendung. Die Reisenden sollen insbesondere für ermächtigt gelten, den Kaufpreis aus den von ihnen abgeschlossenen Geschäften einzuziehen und dafür Zahlungsfristen zu bewilligen. Von Seiten des Handelsstandes ist allerdings eine Abänderung des geltenden Rechts dahin gewünscht worden, daß die bezeichneten Befugnisse den Reisenden nur insoweit zustehen sollten, als ihnen eine entsprechende Ermächtigung besonders ertheilt sei. Der Entwurf ist jedoch auf eine solche Aenderung nicht eingegangen, da sie unter Umständen geeignet ist, das Interesse des Dritten, der mit dem Reisenden abschließt, zu schädigen. Abgesehen von der Stundung des Kaufpreises sind übrigens die Reisenden zu einer nachträglichen Abänderung der Bedingungen eines abgeschlossenen Geschäfts nicht befugt. Ihnen gesetzlich eine allgemeine Ermächtigung dieses Inhalts zu ertheilen, wäre nicht gerechtfertigt, und ebensowenig empfiehlt es sich, hierbei zwischen wesentlichen und unwesentlichen Bedingungen zu unterscheiden, da eine solche Unterscheidung leicht zu Zweifeln und Streitigkeiten führen würde. Auch die Befugniß, die Dispositionsstellung verkaufter und gelieferter Waaren zu genehmigen, kann dem Reisenden nicht eingeräumt werden. Dagegen bleibt es nach der Bestimmung des §. 54 Abs. 3, die sich der bisherigen Praxis anschließt, zulässig, die Anzeige von Mängeln einer Waare, die Erklärung über die Ausübung des Wahlrechts im Falle des Verzugs und ähnliche Mittheilungen dem Reisenden gegenüber wirksam abzugeben. Doch wird dabei vorausgesetzt, daß der Reisende am Orte anwesend ist; denn es erscheint nicht angängig, daß der Dritte Erklärungen der fraglichen Art, statt an den Geschäftsinhaber selbst, an dessen anderswo auf der Reise befindlichen Vertreter richtet.

Die besonderen Vorschriften des §. 54 über die Vollmacht der Reisenden beschränken sich auf die Vertretung an solchen Orten, an denen sich eine Niederlassung des Geschäftsinhabers nicht befindet. Es würde zu weit gehen, wenn man auch denjenigen Handlungsbevollmächtigten, welche als Stadtreisende thätig sind, die gesetzliche Befugniß zur Einziehung und Stundung des Kaufpreises einräumen wollte.

Die Bestimmung des §. 55 über die Vollmacht der in einem Laden oder in einem offenen Waarenlager angestellten Personen entspricht der Vorschrift des bisherigen Art. 50. Eine Ausdehnung der letzteren auf Angestellte in anderen dem Publikum zugänglichen Geschäftsräumen erscheint nicht rathsam. Darin, daß der Entwurf neben den Waarenlagern nicht noch besonders die Magazine erwähnt, liegt keine Abweichung vom geltenden Rechte.

Die Vorschriften des §. 56 über die Form, in welcher der Handlungsbevollmächtigte zu zeichnen hat, stimmen gleichfalls mit dem bestehenden Rechte überein (Art. 48 des Handelsgesetzbuchs).

Unübertragbarkeit der Prokura und Handelsvollmacht. (§. 57.)

Ebenso ist der Art. 53 des Handelsgesetzbuchs, welcher bestimmt, daß der Prokurist oder Handlungsbevollmächtigte seine Prokura oder Handlungsvollmacht ohne Einwilligung des Geschäftsinhabers nicht auf einen Anderen übertragen kann, im §. 57 des Entwurfs beibehalten. Die §§. 613, 664 des Bürgerlichen Gesetzbuchs beziehen sich zunächst nur auf das innere Verhältniß unter den Betheiligten; für die handelsrechtlichen Vollmachten muß aber die Unübertragbarkeit als gesetzliche Regel auch im Verhältnisse zu Dritten aufgestellt werden. Aus §. 47 Abs. 1 des Entwurfs würde diese Unübertragbarkeit noch nicht folgen, weil danach dem Prokuristen zwar die Ermächtigung zur Anstellung eines anderen Prokuristen, nicht aber die Befugniß zur Uebertragung seiner eigenen Prokura entzogen ist. Nur für die Handlungsvollmacht ließe sich vielleicht die Unübertragbarkeit schon aus dem §. 53 Abs. 1 ableiten, da eine Uebertragung der Vollmacht außerhalb des Bereichs des Gewöhnlichen liegt; auch hier erscheint jedoch eine ausdrückliche Bestimmung des Gesetzes erwünscht.

Streichung der bisherigen Art. 51, 52, 55, 56.

Die Vorschrift des bisherigen Art. 51, wonach derjenige, welcher die Waare und eine unquittirte Rechnung überbringt, noch nicht für ermächtigt gilt, die Zahlung zu empfangen, kann als selbstverständlich wegfallen; sie enthält jedenfalls nichts für den Handelsverkehr Eigenthümliches, und auch im Bürgerlichen Gesetzbuch ist eine entsprechende Bestimmung nicht für erforderlich erachtet worden. Aus dem §. 370 des Bürgerlichen Gesetzbuchs ergiebt sich übrigens der in Frage stehende Grundsatz von selbst.

Der Art. 52 des Handelsgesetzbuchs, welcher die direkte Stellvertretung für die handelsrechtlichen Vollmachtsverhältnisse zur Anerkennung bringt, wird durch den Grundsatz des §. 164 des Bürgerlichen Gesetzbuchs entbehrlich.

Hinsichtlich der Widerruflichkeit der Handlungsvollmacht ist im Entwurfe keine besondere Bestimmung getroffen; nur in Ansehung der Prokura wiederholt der §. 50 die Vorschrift, welche der bisherige Art. 54 Abs. 1 ebenso für die Prokura wie für die Handlungsvollmacht giebt. Bezüglich der letzteren kann es künftig bei den allgemeinen Bestimmungen des §. 168 des Bürgerlichen Gesetzbuchs bewenden. Demgemäß wird auch für die Handlungsvollmacht die Regel gelten, daß sie, unbeschadet der vertragsmäßigen Ansprüche des Bevollmächtigten, jederzeit zurückgenommen werden kann; insbesondere wird der Umstand, daß das Dienstverhältniß mit dem Bevollmächtigten für bestimmte Zeit eingegangen oder daß bei der Kündigung dieses Verhältnisses eine bestimmte Kündigungsfrist einzuhalten ist, an sich dem sofortigen Widerrufe der Vollmacht nicht entgegenstehen. Wohl aber wird es zulässig sein, im Rahmen des der Ertheilung der Vollmacht zu Grunde liegenden Vertragsverhältnisses ein Anderes besonders zu bedingen. Die Gründe, welche nach dem, was oben zum §. 50 bemerkt wurde, der Zulassung einer solchen Vereinbarung bei der Prokura entgegenstehen, treffen für die einfache Handlungsvollmacht nicht zu, und es liegt deshalb kein Anlaß vor, hier von den allgemeinen Grundsätzen des bürgerlichen Rechtes abzuweichen. Gerade für handelsrechtliche Verhältnisse können die Gesichtspunkte, welche zu der Anerkennung unwiderruflicher Vollmachten im Bürgerlichen Gesetzbuche geführt haben, besondere Bedeutung gewinnen. Beispielsweise wird im Falle der Verpachtung eines Handelsgeschäfts oder der Bestellung eines Nießbrauchs an einem solchen die Ertheilung einer für die Dauer des Rechtsverhältnisses unwiderruflichen Handlungsvollmacht unter Umständen ein geeignetes Mittel bilden, um ohne Firmenänderung die Vertragsabsicht der Parteien zur Ausführung zu bringen.

Auch der Abs. 2 des bisherigen Art. 54, demzufolge die Prokura und die Handlungsvollmacht durch den Tod des Geschäftsinhabers nicht erlöschen, ist, soweit er sich auf die Handlungsvollmacht bezieht, in den Entwurf nicht übernommen. Liegt der Handlungsvollmacht ein Auftrags- oder Dienstverhältniß zu Grunde, so führen die Vorschriften des Bürgerlichen Gesetzbuchs (§§. 168, 672, 675) zu dem gleichen Ergebnisse. Eine Aenderung des bestehenden Rechtes tritt dagegen in denjenigen Fällen ein, in welchen die Handlungsvollmacht auf einem Gesellschaftsverhältnisse zwischen dem Inhaber des Handelsgeschäfts und dem Bevollmächtigten beruht; hier wird künftig zugleich mit der durch den Tod des Geschäftsinhabers bewirkten Auflösung des Gesellschaftsverhältnisses die Handlungsvollmacht erlöschen (Bürgerliches Gesetzbuch §§. 168, 724). Dieses Ergebniß ist indessen nicht als unangemessen zu betrachten. Bei der Handlungsvollmacht hat im Gegensatze zur Prokura schon nach dem geltenden Rechte die Vereinbarung, daß die Vollmacht mit dem Tode des Geschäftsinhabers erlöscht, Dritten gegenüber Wirksamkeit. Zum

Schutze der letzteren reichen die allgemeinen Vorschriften aus, die das Bürgerliche Gesetzbuch in den §§. 170 bis 173 giebt.

Der bisherige Art. 55, der die Haftung desjenigen regelt, welcher als Prokurist oder Handlungsbevollmächtigter auftritt, ohne Prokura oder Handlungsvollmacht zu haben, kann mit Rücksicht auf den §. 179 des Bürgerlichen Gesetzbuchs, der im Wesentlichen die gleichen Grundsätze zur Geltung bringt, ebenfalls gestrichen werden. Die Abweichungen der letzteren Vorschrift vom Handelsgesetzbuche beziehen sich auf Einzelheiten und sind auch vom Standpunkte des Handelsrechts als Verbesserungen zu betrachten. Allerdings fällt mit der Beseitigung des bisherigen Art. 55 zugleich die Bestimmung hinweg, daß die Haftung desjenigen, der in der gedachten Weise als Vertreter auftritt, sich nach Handelsrecht bestimmt, also namentlich den in dem bisherigen vierten Buche enthaltenen allgemeinen Vorschriften unterliegt. Bei der nach dem Entwurfe sehr verminderten Bedeutung und Zahl dieser Vorschriften ist jedoch die gedachte Aenderung ohne besondere Erheblichkeit. Die im §. 101 des Gerichtsverfassungsgesetzes unter Nr. 3c vorgesehene Zuständigkeit der Kammern für Handelssachen in Streitigkeiten über Ansprüche aus dem bisherigen Art. 55 des Handelsgesetzbuchs wird in veränderter Fassung aufrecht zu erhalten sein (vergl. Anlage I).

Bezüglich der Streichung des Art. 56 des Handelsgesetzbuchs kann auf die einleitenden Bemerkungen zu diesem Abschnitte verwiesen werden.

Sechster Abschnitt.

Handlungsgehülfen und Handlungslehrlinge.

Allgemeines. Das Handelsgesetzbuch unterscheidet zwischen Handlungsdienern und Handlungslehrlingen und faßt beide unter dem Ausdruck „Handlungsgehülfen" zusammen; der Entwurf vermeidet dagegen die jetzt ungebräuchlich gewordene Bezeichnung „Handlungsdiener" und stellt nach dem Vorgang anderer Reichsgesetze die Handlungsgehülfen und Handlungslehrlinge einander gegenüber (zu vergl. Gewerbeordnung Titel VII, Krankenversicherungsgesetz §. 1 Abs. 4). Der sechste Abschnitt trägt daher die Ueberschrift „Handlungsgehülfen und Handlungslehrlinge" und behandelt zunächst die Verhältnisse der Gehülfen und sodann die der Lehrlinge.

In beiden Beziehungen enthält der Entwurf wesentliche Ergänzungen der geltenden Vorschriften. Die Bestimmungen des Handelsgesetzbuchs über die Handlungsgehülfen reichen unter den heutigen Verhältnissen nicht mehr aus; sie genügen namentlich nicht, um die Handlungsgehülfen gegen unbillige Vertragsbestimmungen zu schützen, die ihnen bei der Anstellung auferlegt werden. Der Grundsatz unbedingter Vertragsfreiheit, von welchem das Handelsgesetzbuch ausgeht, ist deshalb im Entwurfe verlassen; insbesondere sind für Vereinbarungen über die Kündigungsfristen sowie für das vertragsmäßige

Konkurrenzverbot im Interesse der Handlungsgehülfen bestimmte Schranken gezogen. Was die Verhältnisse der Handlungslehrlinge betrifft, so entbehren dieselben gegenwärtig überhaupt einer näheren Regelung; das Handelsgesetzbuch beschränkt sich darauf, einige wenige, sowohl für die Handlungsdiener als auch die Lehrlinge geltende Sätze aufzustellen, und verweist im Uebrigen auf den Ortsgebrauch; die Vorschriften der Gewerbeordnung über das Lehrlingswesen haben für die Handlungslehrlinge keine Geltung. Der Entwurf hat sich daher einer näheren Regelung des kaufmännischen Lehrverhältnisses, insbesondere der dem Lehrherrn obliegenden Pflichten, nicht entziehen können.

Bekanntlich sind von der Reichskommission für Arbeiterstatistik in den letzten Jahren Ermittelungen über die Lage der Handlungsgehülfen und Handlungslehrlinge angestellt worden, und die Kommission hat einen Bericht erstattet, welcher zwar zum Theil Gegenstände betrifft, die ausschließlich auf dem Gebiete des Gewerberechts liegen und daher im Handelsgesetzbuch nicht erledigt werden können, zum Theil aber auch Vorschläge für die gesetzliche Regelung einzelner der hier in Betracht kommenden Fragen macht. Der Entwurf hat sich den letzteren Vorschlägen mehrfach anschließen können. In verschiedenen Beziehungen erschien dies allerdings schon um deswillen nicht thunlich, weil die Kommission bei ihren Ermittelungen und Vorschlägen nur die Geschäfte mit offenen Läden zu berücksichtigen hatte.

Eine erschöpfende Zusammenstellung der für die Verhältnisse der Handlungsgehülfen maßgebenden Rechtsvorschriften kann das Handelsgesetzbuch selbstverständlich nicht enthalten; neben demselben kommt noch eine Reihe anderer Gesetze in Betracht; insbesondere gehören hierher die Bestimmungen des siebenten Titels der Gewerbeordnung. Soweit diese Bestimmungen auch für die Handlungsgehülfen gelten, wird hieran durch den Entwurf nichts geändert. Ebenso bewendet es in Ansehung der Krankenversicherungspflicht der Handlungsgehülfen bei der Vorschrift des §. 1 Abs. 4 des Krankenversicherungsgesetzes.

Ferner finden, soweit nicht im Entwurf ein Anderes bestimmt ist, die allgemeinen Vorschriften des Bürgerlichen Gesetzbuchs über den Dienstvertrag (§§. 611 ff.) auf die Handlungsgehülfen Anwendung. Nach dem Bürgerlichen Gesetzbuche bestimmt sich auch die Haftung des Prinzipals für seine Gehülfen. Bei Erfüllung seiner Verbindlichkeiten hat hiernach der Prinzipal den Gläubigern für das Verschulden seiner Gehülfen in gleichem Umfange wie für sein eigenes Verschulden einzustehen (§. 278 des Bürgerlichen Gesetzbuchs), wogegen er für den von seinen Angestellten in Ausführung ihrer Verrichtungen einem Dritten zugefügten Schaden insoweit verantwortlich ist, als er nicht nachweislich bei der Auswahl der Gehülfen und der Leitung ihrer Verrichtungen die erforderliche Sorgfalt angewendet hat (§. 831). Dem Unternehmer eines Erwerbsgeschäfts diesen Entlastungsbeweis abzuschneiden, hat das Bürgerliche Gesetzbuch, namentlich mit Rücksicht auf die kleineren Unternehmer, vermieden, und es wäre nicht gerechtfertigt, für den Handelsverkehr in dieser Beziehung besondere Grundsätze aufzustellen. Gegenüber dem bisherigen Recht enthalten für die meisten Rechtsgebiete schon die Vorschriften des Bürgerlichen Gesetzbuchs eine Verschärfung der Haftung des Prinzipals.

Begriffsbestimmung; Rechte und Pflichten der Handlungsgehülfen. (§. 58.)

Im Handelsgesetzbuche sind die für den Begriff des Handlungsgehülfen wesentlichen Merkmale nicht näher bezeichnet. Eine gesetzliche Begriffsbestimmung trägt indessen zur leichteren Verständlichkeit des Gesetzes bei; sie wird auch in den Kreisen der Handlungsgehülfen behufs schärferer Abgrenzung ihres Berufsstandes für wünschenswerth erachtet. Dementsprechend bezeichnet der Entwurf im §. 58 denjenigen als Handlungsgehülfen, welcher in einem Handelsgewerbe zur Leistung kaufmännischer Dienste gegen Entgelt angestellt ist. Diese Merkmale werden schon gegenwärtig in der Rechtsprechung und Wissenschaft als maßgebend angesehen. Bei der Entscheidung der Frage, welche Dienste als kaufmännisch anzusehen sind, ist selbstverständlich auf die Verkehrsauffassung Rücksicht zu nehmen. Hat der Angestellte außer seinen kaufmännischen Dienstleistungen nebenbei noch gewisse technische Arbeiten, z. B. behufs der Erhaltung leicht verderblicher Waaren, zu verrichten, so schließt dies den Begriff des Handlungsgehülfen nicht aus. Im Uebrigen entsprechen die Vorschriften des §. 58 über die vom Handlungsgehülfen zu leistenden Dienste und die ihm dafür zu gewährende Vergütung dem bisherigen Art. 57.

Was die Frage betrifft, ob ein als Handlungsreisender angenommener Gehülfe im Zweifel nur zur Leistung solcher Dienste verbunden ist, die seine Reisen betreffen, oder ob er in der Zeit zwischen seinen Reisen auch Komptordienste zu verrichten hat, so ist im Entwurf von einer Bestimmung hierüber abgesehen. Die Auffassungen über die bezeichnete Frage sind in den einzelnen Handelsplätzen sehr verschieden, und durch die Aufstellung einer allgemeinen Regel würde das Gesetz unter allen Umständen mit bestehenden Gebräuchen in Widerspruch treten. Auch im Uebrigen giebt der Entwurf keine besonderen Vorschriften über das Verhältniß zwischen dem Reisenden und dem Prinzipal. Den Streitigkeiten, welche vielfach in Ansehung der Berechnung der Reisespesen entstehen, läßt sich durch allgemeine gesetzliche Bestimmungen nicht vorbeugen, da es sich dabei meistens um Fragen handelt, die nur nach den Umständen des einzelnen Falles im Wege der Vertragsauslegung entschieden werden können. Nicht minder ist bezüglich der Frage, ob dem Reisenden gegenüber dem Geschäftsherrn an dessen Mustern, Kundenbüchern und dergleichen ein Zurückbehaltungsrecht zusteht, von einer besonderen Bestimmung Abstand genommen; mit Rücksicht auf die Vorschrift des §. 855 des Bürgerlichen Gesetzbuchs wird die bezeichnete Frage der Regel nach verneint werden müssen, da hiernach derjenige, welcher für einen Anderen in dessen Erwerbsgeschäft die thatsächliche Gewalt über eine Sache ausübt, nicht als Besitzer gilt. Es liegt auch kein Grund vor, für die Reisenden in dieser Beziehung eine abweichende Vorschrift zu treffen.

Verbot des eigenen Handelsbetriebes. (§§. 59, 60.)

Die Vorschriften der §§. 59, 60, denen zufolge der Handlungsgehülfe ohne Einwilligung des Prinzipals weder ein Handelsgewerbe betreiben noch in dem Handelszweige des Prinzipals für eigene oder fremde Rechnung Geschäfte machen darf, treten an die Stelle der bisherigen Art. 56 und 59. Die Fassung des Art. 56, der dem Gehülfen den Abschluß von „Handelsgeschäften" untersagt, paßt mit Rücksicht auf die Begriffsbestimmung der Handelsgeschäfte, wie sie der §. 334 des Entwurfs giebt, jetzt nicht mehr und hat daher eine Aenderung erfahren müssen. Die neue Vorschrift ist weniger streng als die bisherige, welche an sich auch jeden gelegentlichen, dem Handelszweige des Prinzipals fremden Ankauf eines Gegenstandes zum Zweck der Weiterveräußerung verbietet und schon einem solchen Geschäfte gegenüber die im Art. 56 vorgesehenen Rechtsfolgen eintreten läßt.

Was die Bestimmungen der §§. 59, 60 im Einzelnen betrifft, so giebt zunächst der §. 59 Abs. 2 die Vermuthung wieder, welche das Handelsgesetzbuch in Ansehung der Zustimmung des Prinzipals zu dem Handelsbetriebe des Gehülfen aufstellt. Im §. 60 ist sodann durch die Fassung klargestellt, daß der Prinzipal auch die Herauszahlung einer Vergütung beanspruchen kann, die der Gehülfe durch den Abschluß von Geschäften für Rechnung Dritter verdient hat; bisher ist dies mit Rücksicht auf den Wortlaut des Art. 56 von den Gerichten meistens verneint worden. Andererseits soll der Prinzipal die verschiedenen ihm nach §. 60 zustehenden Ansprüche nicht nebeneinander, sondern nur wahlweise geltend machen können, was der Billigkeit entspricht und auch mit der Vorschrift im Einklang steht, die nach Art. 97 des Handelsgesetzbuchs (§. 111 des Entwurfs) für den Fall der Verletzung der den Mitgliedern einer offenen Handelsgesellschaft obliegenden Pflicht zur Enthaltung vom eigenen Handelsbetriebe gilt. Auf dem Vorbilde des Art. 97 beruht ferner die Vorschrift über die Frist für die Erhebung der Ansprüche des Prinzipals (§. 60 Abs. 2); der Entwurf behandelt jedoch mit Rücksicht auf die Grundsätze des Bürgerlichen Gesetzbuchs diese Frist als Verjährungsfrist und nicht, wie der Art. 97, als Ausschlußfrist. Die Verjährung beträgt drei Monate und beginnt mit dem Zeitpunkt, in welchem der Prinzipal Kenntniß von dem Abschlusse des Geschäfts erlangt. Um den Gehülfen unter allen Umständen gegen die Geltendmachung von Forderungen wegen lange zurückliegender Vorkommnisse zu schützen, ist weiter bestimmt, daß die Ansprüche des Prinzipals ohne Rücksicht auf dessen Kenntniß in fünf Jahren von dem Abschlusse des Geschäfts an verjähren.

Fürsorgepflicht des Prinzipals. (§. 61.)

Nach dem §. 61 Abs. 1 des Entwurfs ist der Prinzipal verpflichtet, die Geschäftsräume sowie die für den Geschäftsbetrieb bestimmten Vorrichtungen und Geräthschaften so einzurichten und zu unterhalten, auch den Geschäftsbetrieb so zu regeln, daß der Handlungsgehülfe gegen eine Gefährdung seiner Gesundheit, soweit die Natur des Betriebs es gestattet, geschützt und die Aufrechterhaltung der guten Sitten und des Anstandes gesichert ist. Ferner soll (§. 61 Abs. 2) der Prinzipal, wenn der Handlungsgehülfe in die häusliche Gemeinschaft aufgenommen ist, verpflichtet sein, in Ansehung des Wohn- und Schlafraums, der Verpflegung sowie der Arbeits- und Erholungszeit diejenigen Einrichtungen und Anordnungen zu treffen, welche mit Rücksicht auf die Gesundheit, die Sittlichkeit und die Religion des Handlungsgehülfen erforderlich sind. Erfüllt der Prinzipal die ihm in Ansehung des Lebens und der Gesundheit des Handlungsgehülfen obliegenden Verpflichtungen nicht, so sollen hinsichtlich des Umfanges und der Art des Schadensersatzes die für die Ersatzpflicht bei unerlaubten Handlungen geltenden Vorschriften Anwendung finden. Die Bestimmungen des Entwurfs schließen sich mit den durch die Verhältnisse gebotenen Aenderungen den Vorschriften der §§. 120a, 120b der Gewerbeordnung und des §. 618 des Bürgerlichen Gesetzbuchs an. Dem

Bürgerlichen Gesetzbuch ist auch der Satz entnommen, daß die bezeichneten Vorschriften nicht im voraus durch Vertrag aufgehoben oder beschränkt werden können (§. 61 Abs. 4). Danach ist jede Vereinbarung dieser Art, soweit sie sich auf die Folgezeit bezieht, unwirksam; nur für einen nachträglichen Verzicht auf Schadensersatz oder ähnliche Ansprüche aus der Vergangenheit bleibt Raum.

Fortbezug der Vergütung bei Krankheit u. s. w. (§. 62.)

Nach dem Handelsgesetzbuch (Art. 60) behält der Handlungsgehülfe, der durch unverschuldetes Unglück, insbesondere durch eine unverschuldete Krankheit, an der Leistung seiner Dienste zeitweise verhindert wird, den Anspruch auf Gehalt und Unterhalt für den Zeitraum von sechs Wochen. Das Bürgerliche Gesetzbuch (§. 616) schreibt, ohne eine bestimmte Frist festzusetzen, vor, daß der zur Dienstleistung Verpflichtete des Anspruchs auf die Vergütung dadurch nicht verlustig geht, daß er für eine verhältnißmäßig nicht erhebliche Zeit durch einen in seiner Person liegenden Grund ohne sein Verschulden an der Dienstleistung verhindert wird. Die eine wie die andere Bestimmung versagt also im Falle eines Verschuldens dem Gehülfen den Anspruch, und dies muß auch für den Entwurf maßgebend sein. Im Uebrigen schließt sich der Entwurf (§. 62 Abs. 1) dem Art. 60 des Handelsgesetzbuchs an. Wollte man es lediglich bei den Vorschriften des Bürgerlichen Gesetzbuchs bewenden lassen, so würde sich die Lage der Handlungsgehülfen verschlechtern oder doch weniger gesichert sein. Nur in Einzelheiten weicht der Entwurf von dem geltenden Handelsgesetzbuch ab. Der feste Anspruch für die Zeit von sechs Wochen soll nicht allein dann bestehen, wenn der Gehülfe nur zeitweise an der Leistung seiner Dienste verhindert wird, wie dies der bisherige Art. 60 bestimmt, sondern auch dann, wenn sich von vornherein erkennen läßt, daß die Verhinderung eine dauernde ist. Daß der Anspruch wegfällt, sobald das Dienstverhältniß endigt, versteht sich von selbst und braucht im Gesetze nicht besonders ausgesprochen zu werden. Dagegen herrschte bisher Streit darüber, ob der Prinzipal zu der sechswöchigen Gewährung des Gehalts und Unterhalts auch dann nicht mehr verpflichtet ist, wenn er dem für längere Zeit an der Leistung seiner Dienste verhinderten Handlungsgehülfen wegen dieser Verhinderung ohne Einhaltung einer Kündigungsfrist kündigt. Der Entwurf entscheidet die Frage im §. 71 Abs. 2 zu Gunsten des Gehülfen; die Rechte des §. 62 könnten dem Gehülfen sonst gerade in den Fällen, in welchen er ihrer am meisten bedarf, insbesondere im Falle einer schweren, einen Kündigungsgrund darbietenden Krankheit, entzogen werden. Wird der Handlungsgehülfe nicht durch unverschuldetes Unglück, sondern aus einem anderen von ihm nicht verschuldeten Grunde an der Verrichtung seiner Dienste verhindert, so kommt der §. 616 des Bürgerlichen Gesetzbuchs zur Anwendung; der Handlungsgehülfe kann mithin künftig auch in einem solchen Falle die Fortzahlung des Gehalts verlangen, sofern sich die Verhinderung auf eine verhältnißmäßig nicht erhebliche Zeit beschränkt. Vermöge dieser Bestimmung wird der Handlungsgehülfe namentlich in der Lage sein, während einer Behinderung, die durch kurze militärische Dienstleistungen oder durch die Erfüllung sonstiger militärischer Verpflichtungen von vorübergehender Dauer veranlaßt ist, das Gehalt weiter zu beziehen. Ihm dieses Recht auch bei länger dauernden Abhaltungen der bezeichneten Art, insbesondere bei der Einberufung zu militärischen

Uebungen für die Zeit von sechs oder acht Wochen, zuzusprechen, erscheint in Anbetracht der erheblichen Belastung, die hieraus für die kleineren Gewerbetreibenden entstehen würde, nicht angängig.

Nach dem §. 616 des Bürgerlichen Gesetzbuchs muß sich der an der Leistung seiner Dienste Verhinderte auf die ihm zu gewährende Vergütung den Betrag anrechnen lassen, der ihm für die Zeit der Verhinderung aus einer auf Grund gesetzlicher Verpflichtung bestehenden Kranken- oder Unfallversicherung zukommt. Von diesem Grundsatze, der auf alle in einem Dienst- oder Arbeitsverhältnisse stehende Personen Anwendung findet, kann nicht zu Gunsten der Handlungsgehülfen allein eine Ausnahme gemacht werden. Den in dieser Richtung geäußerten Wünschen steht die Rücksicht auf die Verhältnisse der in anderen Berufsständen angestellten Personen entgegen. Im §. 62 Abs. 2 des Entwurfs wird daher der bezeichnete Satz für die Vergütung, die dem erkrankten oder von einem Unfalle betroffenen Handlungsgehülfen zusteht, gleichfalls anerkannt. Die Vorschrift hat übrigens für die Handlungsgehülfen eine wesentlich geringere Tragweite als für die gewerblichen Arbeitnehmer; denn die Handlungsgehülfen unterliegen nach §. 1 Abs. 4 des Krankenversicherungsgesetzes, solange ihnen die Rechte, welche der Art. 60 des geltenden Handelsgesetzbuchs gewährt, ungeschmälert zustehen, der gesetzlichen Pflicht zur Krankenversicherung überhaupt nicht, und sie sind, wenn sie ausschließlich Komtordienste verrichten, auch von der Unfallversicherung befreit. Die Bezüge aus der Versicherung bei einer freien Hülfskasse werden von der Vorschrift des §. 62 Abs. 2 des Entwurfs nicht betroffen; eine Versicherung dieser Art, zu welcher der Prinzipal Beiträge nicht zu leisten hat, ist keine Versicherung, die auf Grund gesetzlicher Verpflichtung besteht.

Ist bei einem dauernden Dienstverhältnisse der Verpflichtete in die häusliche Gemeinschaft des Dienstberechtigten aufgenommen, so hat ihm der letztere nach §. 617 des Bürgerlichen Gesetzbuchs, im Falle der Erkrankung unter bestimmten Voraussetzungen für die Dauer von sechs Wochen die erforderliche Verpflegung und ärztliche Behandlung zu gewähren. Diese Vorschrift findet gegebenen Falls neben dem §. 62 des Entwurfs auch zu Gunsten der Handlungsgehülfen Anwendung.

Zeit der Gehaltszahlung. (§. 63)

Die Vorschrift des §. 63, wonach die *Zahlung des dem Handlungsgehülfen zukommenden Gehaltes am Schlusse jedes Monats* zu geschehen hat, sichert den Gehülfen auch für die Fälle, in denen eine besondere Vereinbarung über den Zeitpunkt der Gehaltszahlung nicht getroffen ist, gegen eine ungebührliche Verzögerung der Zahlung. Die Vorschrift des §. 614 Abs. 2 des Bürgerlichen Gesetzbuchs führt zu dem gleichen Ergebniß nur dann, wenn das Gehalt nicht nach dem jährlichen, sondern nach dem monatlichen Betrage bedungen ist.

Provision. (§. 64.)

Das Handelsgesetzbuch enthält keine besonderen Vorschriften für den Fall, daß der *Handlungsgehülfe nicht oder nicht ausschließlich mit festem Gehalt, sondern gegen Provision angestellt* ist. Es fehlt namentlich an Bestimmungen darüber, wie die Provision zu berechnen ist, wann sie verdient ist, wann die Abrechnung zu geschehen hat, und welche Nachweisungen hierbei von dem Prinzipal zu geben sind. Besonders für die Handlungsreisenden sind diese

Fragen von erheblicher Bedeutung. Der Entwurf (§. 64) füllt die bezeichnete Lücke in der Weise aus, daß er die in dem folgenden Abschnitt über den Provisionsanspruch der Handlungsagenten getroffenen Vorschriften auf den Anspruch der Handlungsgehülfen der Hauptsache nach für anwendbar erklärt. Die für die gesetzliche Regelung in Betracht kommenden Gesichtspunkte sind in Ansehung beider Arten von Personen im Wesentlichen dieselben; auch empfiehlt sich die Anerkennung übereinstimmender Grundsätze schon mit Rücksicht auf die oft schwer erkennbare Grenze zwischen den Agenten und Gehülfen. Die besonderen Bestimmungen über den Provisionsanspruch derjenigen Agenten, welche für einen bestimmten Bezirk bestellt sind (§. 87, §. 89 Satz 2), dehnt der Entwurf nicht auf die Handlungsgehülfen aus. Die Grundlage dieser Bestimmungen bildet der Satz, daß einem derartigen Agenten im Zweifel auch für Geschäfte, die ohne seine Mitwirkung in dem betreffenden Bezirke durch den Geschäftsherrn oder für diesen geschlossen sind, Provision gebühre. Es kann aber nicht ohne Weiteres angenommen werden, daß der Prinzipal dem Handlungsgehülfen durch die Anstellung für einen bestimmten Bezirk gleichfalls ein solches Recht beilegen wolle; bei der abhängigen Stellung, in der sich der Gehülfe befindet, würde eine allgemeine Vermuthung dieser Art nicht gerechtfertigt sein. Es ist vielmehr Thatfrage, ob die Anweisung des bestimmten Bezirks nur den Geschäftskreis des Handlungsgehülfen begrenzen oder ihm ein Recht auf Provision für alle Geschäfte dieses Bezirks gewähren soll. Trifft im einzelnen Falle das letztere zu, so ergiebt sich die Anwendbarkeit der Vorschriften des §. 87 und des §. 89 Satz 2 auch ohne ausdrückliche Bestimmung.

Ueber die Ansprüche des tantiemeberechtigten Handlungsgehülfen sind keine Bestimmungen in den Entwurf aufgenommen. Die Rechtsprechung ist schon bisher ohne solche zu befriedigenden Ergebnissen gelangt.

Beendigung des Dienstverhältnisses. (§§. 65 bis 71.)

Das Handelsgesetzbuch enthält in Bezug auf die Kündigung des Dienstverhältnisses durch den Prinzipal oder den Handlungsgehülfen nur Vorschriften, welche der beliebigen Abänderung durch Vereinbarung der Betheiligten unterliegen. Nach Art. 61 kann das auf unbestimmte Zeit eingegangene Dienstverhältniß im Zweifel von jedem Theile mit Ablauf eines jeden Kalendervierteljahrs nach einer mindestens sechs volle Wochen, also zweiundvierzig Tage, vorher erfolgten Kündigung aufgehoben werden. Dieselbe Vorschrift enthält zwar auch der §. 65 des Entwurfs; die §§. 66 bis 68 ziehen jedoch der Abänderung der gesetzlichen Regel durch die Vereinbarung der Betheiligten bestimmte Grenzen. Die Beschränkung der Vertragsfreiheit in Bezug auf die Festsetzung der Kündigungsfristen, die von dem Prinzipal und dem Handlungsgehülfen bei der Auflösung des Dienstverhältnisses einzuhalten sind, wird allgemein als ein Bedürfniß anerkannt. Der Reichstag hat im Jahre 1894 einen Antrag auf Erlaß eines entsprechenden Gesetzes angenommen (Drucksachen von 1893/94 Nr. 337), und auch die von der Kommission für Arbeiterstatistik vorgenommenen Ermittelungen über die Verhältnisse der Angestellten in Ladengeschäften lassen keinen Zweifel an der Nothwendigkeit einer Regelung in dem bezeichneten Sinne. Mit dem Inhalte des von dem Reichstag angenommenen Antrags und mit den Vorschlägen, welche die Kommission für Arbeiterstatistik für die Angestellten in offenen

Ladengeschäften gemacht hat, stimmen die Vorschriften des Entwurfs im Wesentlichen überein. Nach §. 66 muß, wenn durch Vertrag eine kürzere oder längere Kündigungsfrist als die gesetzliche bedungen wird, die Frist für beide Theile gleich sein (zu vergl. Gewerbeordnung §. 122), auch darf sie nicht weniger als einen Monat betragen. Ist das Dienstverhältniß für bestimmte Zeit mit der Vereinbarung eingegangen, daß es in Ermangelung einer vor Ablauf der Vertragszeit erfolgten Kündigung als verlängert gelten solle, so kommen dieselben Vorschriften zur Anwendung. In einer Beziehung geht der Entwurf weiter, als der Reichstagsbeschluß, sofern er bestimmt, daß die Auflösung des Dienstverhältnisses durch Kündigung vertragsmäßig nicht für einen anderen Zeitpunkt als für das Ende eines Kalendermonats gestattet werden kann. Von der Kommission für Arbeiterstatistik ist eine solche Bestimmung gleichfalls vorgeschlagen, und bereits im Reichstag ist sie mehrfach befürwortet worden. Sie entspricht in der That dem Interesse aller Betheiligten, weil bei einer derartigen Regelung die Nachfrage nach Stellen und das Angebot von solchen am leichtesten und sichersten ihre Ausgleichung finden.

Nach §. 67 soll die Beschränkung der Vertragsfreiheit, welche der §. 66 hinsichtlich der Festsetzung der Kündigungsfristen vorsieht, keine Anwendung finden, soweit es sich um Gehülfen handelt, die ein Gehalt von mindestens fünftausend Mark für das Jahr beziehen. Ebenso soll die Beschränkung nicht Platz greifen, wenn ein Gehülfe für eine Stelle bei einer außereuropäischen Handelsniederlassung angenommen wird und nach dem Vertrage der Prinzipal für den Fall der Kündigung des Dienstverhältnisses die Kosten der Rückreise des Handlungsgehülfen zu tragen hat. Beide Ausnahmen rechtfertigen sich durch die besonderen Verhältnisse, welche in den bezeichneten Fällen obwalten. Von einem Bedürfnisse, Handlungsgehülfen, die ein Gehalt von fünftausend Mark oder mehr beziehen, gegen die nothgedrungene Eingehung ungünstiger Kündigungsbedingungen zu schützen, kann nicht die Rede sein; bei der wirthschaftlichen und sozialen Lage, in der sich derartige Personen befinden, treffen die dem §. 66 zu Grunde liegenden Gesichtspunkte nicht zu. Was andererseits die Anstellung von Handlungsgehülfen in außereuropäischen Plätzen betrifft, so kommt in Betracht, daß ein Handlungshaus, welches einen Gehülfen im Inland annimmt, um ihn bei einer überseeischen Niederlassung zu beschäftigen, sowohl mit Rücksicht auf die Art dieser Verwendung als wegen der erheblichen Aufwendungen, die für die Beförderung des Gehülfen nach dem betreffenden Orte und für die etwaige Rückbeförderung desselben gemacht werden müssen, ein berechtigtes Interesse daran hat, sich die Dienste des Gehülfen für längere Zeit zu sichern, ohne seinerseits unbedingt auf die Befugniß zu verzichten, das Dienstverhältniß für den Fall, daß der Gehülfe sich nicht bewährt, schon vorher zu lösen. Ueberdies ist zu berücksichtigen, daß den ausländischen Gesetzgebungen beschränkende Vorschriften, wie sie der §. 66 des Entwurfs hinsichtlich der Kündigungsfristen enthält, nicht bekannt sind. Würde dessenungeachtet jeder im Inlande geschlossene Vertrag über die Anstellung eines Handlungsgehülfen an einem überseeischen Platze jenen Beschränkungen unterworfen, so könnte dies die Folge haben, daß die Handlungshäuser, welche Niederlassungen außerhalb Europas besitzen, sich veranlaßt sähen, die Hülfskräfte für solche Niederlassungen nicht mehr im Inlande zu suchen, sondern ausländische Gehülfen im Auslande anzunehmen oder annehmen zu lassen und auf diese Weise das Dienstverhältniß dem inländischen Rechte zu entziehen. Um einem Mißbrauche der Vertragsfreiheit vorzubeugen, genügt es, die Befreiung von den Beschränkungen des §. 66 an die Bedingung zu knüpfen, daß dem Gehülfen für den Fall der Kündigung durch den Prinzipal der Anspruch auf die Kosten der Rückreise vertragsmäßig zugesichert ist. Die Auslagen, welche dem Prinzipal durch die Rückbeförderung des entlassenen und die Hinaussendung eines neuen Gehülfen entstehen, werden von selbst dahin führen, daß das Dienstverhältniß nicht ohne Noth von dem Prinzipal gekündigt wird.

Eine fernere Ausnahme von den Bestimmungen des §. 66 ist im §. 68 des Entwurfs für den Fall vorgesehen, daß ein Handlungsgehülfe nur zu vorübergehender Aushülfe angenommen wird. Bei einer derartigen Anstellung soll die Vorschrift, wonach die Kündigung vertragsmäßig nur für den Schluß eines Kalendermonats zugelassen und die Kündigungsfrist durch Vereinbarung nicht auf weniger als einen Monat herabgesetzt werden kann, außer Anwendung bleiben, es sei denn, daß das Dienstverhältniß über die Zeit von drei Monaten hinaus fortgesetzt wird. Soweit es sich um bloße Aushülfestellen handelt, erfordert es das Interesse beider Betheiligten, daß der Vertragsfreiheit in den gedachten Beziehungen keine Schranke gesetzt wird. Von dem Grundsatze, daß die Kündigungsfrist für beide Theile gleich lang sein muß, kann dagegen auch hier nicht abgegangen werden. Eine ähnliche Ausnahme auch für den Fall anzuerkennen, daß die Anstellung nur zur Probe geschieht, erscheint nicht angezeigt; es besteht dafür um so weniger ein Bedürfniß, als es auch künftig statthaft bleibt, den Dienstvertrag nur für eine fest bestimmte Zeit abzuschließen, in welchem Falle das Verhältniß mit dem Ablaufe des betreffenden Zeitraums ohne Weiteres endigt.

Das Recht des Prinzipals wie des Handlungsgehülfen, aus wichtigen Gründen das Dienstverhältniß ohne Einhaltung einer Kündigungsfrist sofort zu kündigen (Handelsgesetzbuch Art. 62 bis 64) bleibt bestehen. Durch die Fassung der §§. 69 bis 71 des Entwurfs ist außer Zweifel gestellt, daß in den fraglichen Fällen die Auflösung des Dienstverhältnisses nicht eines Richterspruchs bedarf, sondern daß sie in Folge der Kündigung ohne Weiteres eintritt, sofern diese gerechtfertigt war. Die Vorschriften des Bürgerlichen Gesetzbuchs über den Dienstvertrag stimmen hiermit überein. Insbesondere bestimmt schon der §. 628 Abs. 2 des Bürgerlichen Gesetzbuchs, daß, wenn die Auflösung des Dienstverhältnisses durch vertragswidriges Verhalten des einen Theiles veranlaßt worden ist, der andere Theil den Ersatz des ihm durch die Auflösung entstehenden Schadens verlangen kann. Die Vorschrift ist aber der Vollständigkeit wegen hier wiederholt (§. 69 Abs. 2 des Entwurfs). Der dem Gehülfen zu leistende Schadensersatz wird regelmäßig in der Zahlung des Gehalts für die Zeit bis zum Ablaufe der Kündigungsfrist oder für den Rest der vertragsmäßigen Dauer des Dienstverhältnisses bestehen. Im Uebrigen greifen hinsichtlich der Ansprüche des Gehülfen bei einer gemäß §. 69 des Entwurfs erfolgten Kündigung die Vorschriften des §. 628 Abs. 1 des Bürgerlichen Gesetzbuchs Platz.

Die im Handelsgesetzbuch aufgeführten Beispiele von Kündigungsgründen hat der Entwurf zum größten Theil beibehalten; doch sind zugleich die entsprechenden Vorschriften der Gewerbeordnung (§§. 123, 124, 133c, 133d) berücksichtigt. In der Nr. 3 des §. 71 ist einem aus den Kreisen der Betheiligten vielfach geäußerten Wunsche Rechnung getragen, indem ausdrücklich vorgeschrieben wird, daß nur eine die Zeit von acht Wochen übersteigende militärische Dienstleistung einen Grund zur Entlassung des Gehülfen bilden soll. Die Bestimmung des §. 71 Abs. 2 über die Fortzahlung des Lohnes bei Kündigung wegen einer durch unverschuldetes Unglück herbeigeführten Verhinderung des Gehülfen hat schon in anderem Zusammenhange Erwähnung gefunden.

Die Vorschriften des §. 72 über das Recht des Handlungsgehülfen, bei seinem Abgange ein Zeugniß zu verlangen, und über die Beglaubigung dieses Zeugnisses entsprechen dem §. 113 der Gewerbeordnung. Die gleichen Vorschriften sind in dem mehrerwähnten Gesetzesvorschlage des Reichstags enthalten, und ähnliche Bestimmungen werden, abgesehen von der die Beglaubigung des Zeugnisses betreffenden Anordnung, durch §. 630 des Bürgerlichen Gesetzbuchs für jedes dauernde Dienstverhältniß Geltung erlangen. Eine besondere Bestimmung darüber, daß nach der Kündigung des Dienstverhältnisses der Prinzipal dem Gehülfen auf dessen Verlangen die nöthige Zeit zum Aufsuchen einer anderen Stellung zu gewähren hat, erscheint nicht erforderlich, nachdem bereits im §. 629 des Bürgerlichen Gesetzbuchs eine solche Verpflichtung des Dienstberechtigten für jedes dauernde Dienstverhältniß anerkannt worden ist. Zeugniß. (§. 72.)

Die §§. 73, 74 betreffen die Frage, inwieweit eine Vertragsabrede zulässig ist, durch die sich der Handlungsgehülfe dem Prinzipal gegenüber für den Fall der Beendigung des Dienstverhältnisses einer Beschränkung seiner gewerblichen Thätigkeit unterwirft, insbesondere die Verpflichtung eingeht, ein Konkurrenzgeschäft nicht zu errichten oder in ein solches als Angestellter nicht einzutreten. Daß mit diesen Konkurrenzverboten, deren Beobachtung durch hohe Konventionalstrafen gesichert zu werden pflegt, bedeutender Mißbrauch getrieben und den Handlungsgehülfen vielfach das fernere Fortkommen weit über das Maß des berechtigten Interesses des Prinzipals hinaus erschwert wird, läßt sich nicht bezweifeln. Die Klagen hierüber sind allgemein, und die Mittheilungen, welche von den durch die Kommission für Arbeiterstatistik vernommenen Prinzipalen und Gehülfen gemacht worden sind, haben die Berechtigung dieser Klagen nur bestätigt. Auch die in der Rechtsprechung gemachten Erfahrungen zeigen, daß von der Konkurrenzklausel häufig ein schonungsloser Gebrauch gemacht wird. Die Gerichte sind zwar bemüht, diese Mißstände zu bekämpfen; allein die Behelfe, welche das geltende Recht gegen Vertragsklauseln der in Frage stehenden Art an die Hand giebt, sind nicht ausreichend, um der Rechtsprechung eine durchgreifende Gegenwirkung zu ermöglichen. Das Reichsgericht steht im Allgemeinen auf dem Standpunkt, daß die Konkurrenzklausel dann als unverbindlich zu betrachten sei, wenn sie sich als eine gegen Sittlichkeit und öffentliche Ordnung verstoßende Beseitigung der Freiheit wirthschaftlicher Selbstbethätigung darstelle. Die Anwendung dieses Konkurrenzklausel. (§§. 73, 74.)

Grundsatzes ist nur in besonders schweren Fällen von Erfolg. Man wird sich daher bei demselben nicht beruhigen dürfen. Die Konkurrenzklausel schlechthin für unverbindlich zu erklären, wie dies von manchen Seiten befürwortet wird, erscheint allerdings nicht angängig. Unter Umständen und innerhalb gewisser Grenzen muß eine Vereinbarung, durch welche sich ein Gewerbetreibender dagegen zu sichern sucht, daß ein aus seinem Geschäft austretender Angestellter die Kenntniß der Verhältnisse des Geschäfts, insbesondere der Kundschaft, unmittelbar zum Nachtheile seines früheren Dienstherrn ausnutze, als berechtigt anerkannt werden. Es wäre eine Unbilligkeit, wenn das Gesetz den Gewerbetreibenden die Möglichkeit vollständig entzöge, auf dem bezeichneten Wege ihre oft durch langjährige Bemühungen erlangte geschäftliche Stellung gegen unbefugte Eingriffe zu schützen. Das Gesetz über den unlauteren Wettbewerb enthält keine Bestimmungen, die für die Entziehung jener Befugniß Ersatz gewähren könnten. Auch die Kommission für Arbeiterstatistik hat sich deshalb gegen ein allgemeines Verbot der Konkurrenzklausel ausgesprochen; sie schlägt vielmehr vor, bestimmte zahlenmäßige Grenzen festzusetzen, welche ein vertragsmäßiges Konkurrenzverbot hinsichtlich seiner räumlichen und zeitlichen Ausdehnung nicht überschreiten dürfe. Es mag dahin gestellt bleiben, ob eine derartige Regelung auf dem beschränkten Anwendungsgebiete, für welche der Vorschlag berechnet ist, nämlich für die Geschäfte mit offenem Laden, praktisch durchführbar sein würde, oder ob nicht schon hier die Verhältnisse so verschiedenartig liegen, daß es unthunlich wäre, eine für alle Fälle bestimmte Grenze der bezeichneten Art festzusetzen. Jedenfalls kann eine solche Regelung nicht in Betracht kommen, wenn es sich um Bestimmungen handelt, die für alle Arten von Handlungsgehülfen Anwendung finden sollen. In Ansehung der Handlungsreisenden zum Beispiel, für welche, wie die Rechtsprechung zeigt, die Frage von ganz besonderer Bedeutung ist, erscheint eine gesetzliche Feststellung der räumlichen Ausdehnung des Konkurrenzverbots von vornherein ausgeschlossen. Von anderen Seiten ist empfohlen worden, die Verbindlichkeit der Konkurrenzklausel von der Voraussetzung abhängig zu machen, daß dem Gehülfen eine besondere Vergütung für die Beschränkung, der er sich unterwirft, gewährt werde; namentlich wird in dieser Richtung vorgeschlagen, daß der Prinzipal auch nach Beendigung des Dienstverhältnisses einen gesetzlich bestimmten Theil des Gehalts weiter zu bezahlen habe, solange das Verbot dauere. Der Vorschlag übersieht aber, daß die Höhe der Nachtheile, die dem Gehülfen aus dem Verbot erwachsen, in erster Linie von dem Umfange der Beschränkungen abhängt, denen er durch dasselbe unterworfen wird. Mit Rücksicht hierauf kann das Gesetz, ohne die Forderungen der Gerechtigkeit zu verletzen, nicht eine Ausgleichung vorschreiben, bei welcher das von dem Gehülfen im Dienste des betreffenden Prinzipals bezogene Gehalt den ausschließlichen Maßstab bildet. Zudem würden die fortdauernden Leistungen, welche eine derartige Regelung dem Prinzipal auferlegt, den kleineren Gewerbetreibenden die Möglichkeit entziehen, von dem Konkurrenzverbot auch innerhalb derjenigen Grenzen Gebrauch zu machen, in denen es berechtigt und zum Schutze ihrer Interessen geboten erscheint. Aehnliche Bedenken bestehen gegen den ferner gemachten Vorschlag, die Konkurrenzklausel nur gegenüber solchen Gehülfen zuzulassen, deren Gehaltsbezüge eine bestimmte Höhe überschreiten. Unter diesen Umständen bleibt nur übrig, im Gesetze eine allgemeine Bestimmung dahin zu treffen, daß die Konkurrenzklausel in einer der Billigkeit entsprechenden Weise nach Zeit, Ort und Gegenstand begrenzt sein muß. Die Frage, ob eine Vereinbarung, die hiermit bezeichneten Grenzen überschreitet, ist alsdann nach den Umständen des einzelnen Falles zu entscheiden. Durch eine solche Regelung wird es möglich, dem richterlichen Ermessen einen erheblich weiteren Spielraum zu gewähren, als ihn das geltende Recht gestattet. Eine unerfüllbare Aufgabe wird den Gerichten damit nicht gestellt. Aehnliche Entscheidungen sind von ihnen auch sonst, z. B. nach dem §. 343 des Bürgerlichen Gesetzbuchs im Falle des Antrags auf Herabsetzung einer unverhältnißmäßigen Vertragsstrafe, zu treffen. Es darf erwartet werden, daß eine die Verhältnisse des praktischen Lebens und die in Betracht kommenden Interessen in sachgemäßer Weise berücksichtigende Rechtsprechung am sichersten dahin gelangen wird, die Mißbräuche, die zur Zeit mit der Verwendung der Konkurrenzklausel getrieben werden, zu beseitigen.

Auf diesen Gesichtspunkten beruhen die Vorschriften, die im §. 73 Abs. 1 des Entwurfs enthalten sind. Danach ist eine Vereinbarung zwischen dem Prinzipal und dem Handlungsgehülfen, durch welche dieser für die Zeit nach der Beendigung des Dienstverhältnisses in seiner gewerblichen Thätigkeit beschränkt wird, für den Handlungsgehülfen nur insoweit verbindlich, als die Beschränkung nach Zeit, Ort und Gegenstand nicht die Grenzen überschreitet, durch welche eine unbillige Erschwerung des Fortkommens des Handlungsgehülfen ausgeschlossen wird. Daß bei der Beurtheilung der Frage, ob eine Konkurrenzbeschränkung die Grenzen der Billigkeit überschreitet, auch die Verhältnisse und Bedürfnisse des von dem Prinzipal betriebenen Geschäftes zu berücksichtigen sind, versteht sich von selbst und braucht nicht besonders im Gesetz ausgesprochen zu werden. Die Feststellung, in welchem Umfang ein berechtigtes Interesse des Prinzipals an der dem Gehülfen auferlegten Beschränkung besteht, bildet naturgemäß eine der wesentlichen Grundlagen für die gerichtliche Entscheidung. Wo ein solches Interesse überhaupt nicht anzuerkennen ist, wird regelmäßig jede Beschränkung des Gehülfen als eine Unbilligkeit erscheinen. Andererseits kann die Höhe des von dem Gehülfen während des Dienstverhältnisses bezogenen Gehaltes oder der Betrag einer ihm für die Beschränkung seiner späteren Thätigkeit etwa gewährten besonderen Vergütung von Erheblichkeit sein; denn bei der Beurtheilung der Frage, ob sich der Umfang der vereinbarten Konkurrenzbeschränkung mit der Billigkeit verträgt, ist auch in Betracht zu ziehen, ob etwa die besonderen Vorheile, welche der Gehülfe aus dem Dienstverhältnisse gezogen hat, zugleich als eine ausreichende Entschädigung für die ihm auferlegte Beschränkung anzusehen sind.

Unbedingt nichtig soll nach der Vorschrift des §. 73 Abs. 2 die Vereinbarung sein, wenn der Gehülfe zur Zeit des Abschlusses noch minderjährig war, und zwar ohne Unterschied, ob die Vereinbarung mit dem gesetzlichen Vertreter des Gehülfen oder mit dem Gehülfen selbst geschlossen ist. Die Vorschrift rechtfertigt sich durch die Erwägung, daß eine Vertragsbestimmung, durch welche der Gehülfe einer Beschränkung hinsichtlich der künftigen Ausübung seiner gewerblichen Thätigkeit unterworfen wird, ihn nur binden darf, wenn er bei Uebernahme der Verpflichtung in der Lage ist, deren Tragweite in vollem Umfange selbst zu würdigen, und daß andererseits ein Angestellter, der noch nicht das Alter der Volljährigkeit erreicht hat, der Regel nach kaum so bald in der Lage sein wird, die berechtigten Interessen des Geschäftsinhabers durch die Thätigkeit in einem Konkurrenzbetriebe zu gefährden.

Einen weiteren Schutz gewähren dem Handlungsgehülfen die Vorschriften des §. 74. Nach dem Abs. 1 soll dem Prinzipal ein Anspruch aus der Konkurrenzklausel überhaupt nicht zustehen, wenn er, ohne daß ein erheblicher, von ihm nicht verschuldeter Anlaß vorliegt, das Dienstverhältniß seinerseits auflöst. Es ist eine Forderung der Billigkeit, daß dem Prinzipal nur dann gestattet wird, dem Gehülfen auf Grund der getroffenen Vereinbarung Beschränkungen hinsichtlich der freien Verwerthung seiner Fähigkeiten aufzuerlegen, wenn er seinerseits bereit ist, dem Gehülfen in seinem Geschäfte, soweit es angeht, die Möglichkeit des weiteren Fortkommens zu gewähren. Will er dies nicht, so darf er den Gehülfen, der ihm keinen Grund zur Auflösung des Dienstverhältnisses gegeben hat, auch nicht hindern, ein anderweitiges Unterkommen überall da, wo es sich ihm bietet, zu suchen. Ganz ebenso liegt die Sache, wenn der Gehülfe durch vertragswidriges Verhalten des Prinzipals zur Auflösung des Vertragsverhältnisses veranlaßt worden ist. Als Auslegungsregel ist der Grundsatz des Entwurfs bisher schon in gerichtlichen Entscheidungen anerkannt worden. Dies genügt jedoch nicht, vielmehr erscheint es angezeigt, entgegenstehende Vereinbarungen schlechthin für nichtig zu erklären. Im Wesentlichen stimmen hiermit auch die Vorschläge der Kommission für Arbeiterstatistik überein. Endlich sieht der §. 74 Abs. 2 vor, daß, wenn für den Fall der Verletzung des Konkurrenzverbotes eine Vertragsstrafe festgesetzt ist, dem Prinzipal ausschließlich der Anspruch auf die verwirkte Strafe zusteht, das Recht auf Erfüllung oder auf Ersatz eines weiteren Schadens dagegen ausgeschlossen ist. Eine ähnliche Vorschrift enthält der §. 340 Abs. 1 des Bürgerlichen Gesetzbuchs; sie ist aber dort nur in der Weise getroffen, daß ihre Anwendung durch Vertrag ausgeschlossen werden kann. Wenn der Gehülfe vollständig gegen die Gefahr geschützt werden soll, daß er sowohl zur Zahlung der Vertragsstrafe als zum Aufgeben der Stellung, die er angenommen hat, angehalten werde, so ist es geboten, der Vorschrift hier zwingende Bedeutung beizulegen. Außerdem finden die Vorschriften des §. 343 des Bürgerlichen Gesetzbuchs über die Befugniß des Gerichts zur Herabsetzung einer unverhältnißmäßig hohen Vertragsstrafe Anwendung. Im Entwurf ist hierauf noch besonders hingewiesen, um dem Mißverständnisse vorzubeugen, als ob das richterliche Ermessen sich nur gemäß §. 73 in Ansehung des Umfanges der dem Handlungsgehülfen auferlegten Beschränkung, nicht auch in Ansehung der Höhe der für den Fall einer Zuwiderhandlung bedungenen Strafe bethätigen könne.

Handlungslehrlinge. (§§. 75 bis 80.)

Das kaufmännische Lehrlingswesen ist im Entwurfe, wie bereits erwähnt, eingehender geregelt als bisher im Handelsgesetzbuch.

Nach dem Handelsgesetzbuch gehören die Lehrlinge zu den Handlungsgehülfen, und es finden daher auf sie lediglich die für die Gehülfen im Allgemeinen getroffenen Vorschriften Anwendung; nur bezüglich der Dauer des Vertragsverhältnisses sind nicht die Bestimmungen des Art. 61 Abs. 1, sondern, in Ermangelung einer besonderen Festsetzung durch den Lehrvertrag, die örtlichen Verordnungen oder der Ortsgebrauch maßgebend.

Der Entwurf nimmt im §. 75 Abs. 1 zunächst gleichfalls auf eine Anzahl der für die Handlungsgehülfen geltenden Vorschriften Bezug; insbesondere sollen die Bestimmungen des §. 61 über die Verpflichtung des Prinzipals, die für die Gesundheit des Personals und für die Aufrechterhaltung der Sittlichkeit nothwendigen Maßnahmen zu treffen, sowie die Bestimmungen der §§. 73, 74 über die Konkurrenzklausel auch auf die Handlungslehrlinge Anwendung finden. Hiernach wird, da der Lehrling zur Zeit des Abschlusses des Lehrvertrags meist minderjährig ist, die Festsetzung eines Konkurrenzverbots im Lehrvertrag der Regel nach mit Rücksicht auf §. 73 Abs. 2 unzulässig sein. Dies muß auch als angemessen betrachtet werden.

Auf die allgemeine Bestimmung des §. 75 Abs. 1 folgt eine Reihe von Sondervorschriften, die ausschließlich für die Handlungslehrlinge bestimmt sind. Sie betreffen die Art und Weise der Ausbildung des Lehrlings (§. 75 Abs. 2 bis 4), die Dauer und die vorzeitige Auflösung des Lehrverhältnisses (§§. 76, 77), die relative Unwirksamkeit eines nicht schriftlich geschlossenen Lehrvertrags (§. 78), das Recht des Lehrlings auf Ertheilung eines Zeugnisses (§. 79) und das Verbot des Haltens oder der Anleitung von Lehrlingen durch Personen, die sich nicht im Besitze der bürgerlichen Ehrenrechte befinden (§. 80). Der Entwurf schließt sich hierbei, soweit es mit Rücksicht auf die Verschiedenartigkeit der Verhältnisse thunlich ist, an die Vorschriften der §§. 126 ff. der Gewerbeordnung an. Die Bestimmungen des §. 120 der letzteren über die Verpflichtung der Gewerbeunternehmer, jugendlichen Arbeitnehmern die zum Besuch einer Fortbildungsschule nöthige, eintretenden Falls durch die zuständige Behörde festzusetzende Zeit zu gewähren, ist, wie sich aus dem §. 154 daselbst ergiebt, schon gegenwärtig für das Handelsgewerbe maßgebend. In den Kreisen der Betheiligten scheint aber hierüber vielfach Unklarheit zu herrschen, und es ist deshalb im §. 75 Abs. 4 des Entwurfs noch besonders auf die erwähnte Vorschrift der Gewerbeordnung hingewiesen.

Was die Auflösung des Lehrverhältnisses betrifft, so sind im §. 128 der Gewerbeordnung die Gründe, aus welchen nach Ablauf der vierwöchigen Probezeit der Lehrling oder dessen gesetzlicher Vertreter den Lehrvertrag kündigen kann, erschöpfend aufgeführt. Demgegenüber trifft der Entwurf im Anschluß an seine auf die Handlungsgehülfen bezüglichen Vorschriften die allgemeine Bestimmung, daß der Lehrling den Lehrvertrag aus wichtigen Gründen kündigen kann, hebt dann aber (§. 76 Abs. 3, 4) zur Erläuterung dieses Grundsatzes einzelne Beispiele von Kündigungsgründen hervor. Daß der Lehrvertrag namentlich dann aufgelöst werden kann, wenn der Lehrherr zur Erfüllung der ihm vertragsmäßig obliegenden Verpflichtungen unfähig wird (Gewerbeordnung §. 128 Abs. 3 Nr. 2 a. E.), braucht dabei nicht besonders ausgesprochen zu werden. Ebenso versteht es sich von selbst, daß der Uebergang des Geschäfts auf einen neuen Inhaber unter Umständen für den

Lehrling einen ausreichenden Grund zur Auflösung des Lehrverhältnisses bildet.

Die Vorschrift des §. 80, welche Personen, die sich nicht im Besitze der bürgerlichen Ehrenrechte befinden, die Befugniß entzieht, Handlungslehrlinge zu halten oder sich mit der Anleitung von Handlungslehrlingen zu befassen, trägt einem aus den Kreisen der Handlungsgehülfen geäußerten Wunsche Rechnung. Der Entwurf lehnt sich hier an die Bestimmung des §. 106 der Gewerbeordnung an, erweitert diese Bestimmung aber insofern, als er nicht bloß das Halten von Lehrlingen durch Personen, denen die bürgerlichen Ehrenrechte entzogen sind, sondern auch die Verwendung solcher Personen zur Anleitung von Lehrlingen untersagt. Für den Fall der Zuwiderhandlung gegen die Vorschrift ist nach dem Vorgange der Gewerbeordnung der Polizeibehörde die Befugniß eingeräumt, die Entlassung des Lehrlings anzuordnen und nöthigenfalls auf dem durch die Landesgesetze für die Durchführung polizeilicher Verfügungen vorgesehenen Wege zu erzwingen.

Sonstige Hülfspersonen. (§. 81.)

Hinsichtlich der Personen, die in einem Handelsgewerbe zu anderen als kaufmännischen Dienstleistungen angestellt sind, bewendet es bei den für das Arbeitsverhältniß dieser Personen geltenden Vorschriften. Im §. 81 ist dies besonders ausgesprochen. Der Art. 65 des Handelsgesetzbuchs enthält einen ähnlichen Satz, jedoch in zu enger Begrenzung, da er sich nur auf Personen bezieht, die bei dem Betrieb eines Handelsgewerbes Gesindedienste verrichten. Es handelt sich aber in der Hauptsache nicht um Personen in Gesindestellung, sondern um gewerbliche Arbeiter im Sinne der Gewerbeordnung.

Siebenter Abschnitt.

Handlungsagenten.

Bedürfniß gesetzlicher Regelung.

Die Rechtsstellung der Handlungsagenten entbehrt bisher einer besonderen gesetzlichen Regelung. Uebrigens lassen sich auch nicht für alle Arten von Gewerbetreibenden, welche die Bezeichnung „Agent" führen, übereinstimmende Rechtsvorschriften aufstellen; denn es gehören dahin Personen aus sehr verschiedenen Berufsklassen. Vorzugsweise dient jedoch der Ausdruck „Handlungsagent" zur Bezeichnung eines engeren Kreises selbständiger Gewerbetreibender, welche dauernd die Interessen eines oder mehrerer bestimmter Handlungshäuser vertreten. Die Gemeinsamkeit der Verhältnisse bei diesen Gewerbetreibenden reicht weit genug, um eine gesetzliche Regelung zu gestatten. Hierfür besteht auch zweifellos ein Bedürfniß. Die Bestimmungen des bürgerlichen Rechtes über den Dienst- oder Werkvertrag reichen nicht aus, und nur wenige Grundsätze sind in den Entscheidungen der Gerichte zu fester Anerkennung gelangt. Der Geschäftsbetrieb der Agenten hat gegenwärtig einen sehr bedeutenden Umfang erreicht und im Waarenverkehr zum Theil den Kommissionshandel verdrängt. Eine gesetzliche Regelung wird deshalb nicht nur von den Agenten selbst lebhaft gewünscht, sondern auch sonst von kaufmännischen Kreisen befürwortet.

Nach dem §. 82 des Entwurfs ist Handlungsagent derjenige, welcher, ohne als Handlungsgehülfe angestellt zu sein, ständig damit betraut ist, für das Handelsgewerbe eines Anderen Geschäfte zu vermitteln oder im Namen des Anderen abzuschließen. Die Handlungsagenten sind Kaufleute nach §. 1 Abs. 2 Nr. 7. Durch das dauernde Verhältniß zu einem oder mehreren bestimmten Handlungshäusern und durch die sich daraus ergebende Verpflichtung, deren ausschließliches Interesse zu vertreten, unterscheidet sich der Agent vom Handelsmäkler (§. 91 Abs. 1). Dieser wird nicht für eine bestimmte Firma als solche bestellt, sondern erhält nur einzelne Aufträge von Fall zu Fall; er steht nicht nur zu seinem ersten Auftraggeber, sondern auch zu dem Dritten, mit dem er das aufgetragene Geschäft zu Stande bringt, in einem Vertragsverhältniß; er haftet demgemäß beiden Theilen für sein Verschulden und kann die Provision der Regel nach von jeder Partei zur Hälfte fordern (§§. 96, 97). Dadurch, daß der Agent Geschäfte nur vermittelt oder sie doch nur als Bevollmächtigter im Namen des Hauses, für welches er bestellt ist, abschließt, unterscheidet er sich vom Kommissionär, der im eigenen Namen, wenngleich für fremde Rechnung, Geschäfte macht. Was die Grenze zwischen dem Agenten und dem Handlungsgehülfen betrifft, so läßt sich dieselbe durch bestimmte äußere Merkmale im Gesetze selbst nicht feststellen. Wesentlich ist, daß der Agent nicht ein unselbständiges Glied im Geschäftsorganismus des Handlungshauses bildet, sondern als selbständiger Gewerbetreibender thätig wird. Die Selbständigkeit des Geschäftsbetriebes wird häufig ohne Weiteres für Jeden erkennbar sein. In anderen Fällen wird es schwieriger werden, die Grenze zu ziehen. Doch fehlt es auch hier nicht an Unterscheidungsmerkmalen. So erhält der Agent regelmäßig nur Provision, der Handlungsgehülfe dagegen festes Gehalt, daneben freilich oft auch Provision oder Tantieme; der Agent dient oft gleichzeitig mehreren Firmen, während dies beim Gehülfen nur selten vorkommen wird; der Agent ist meist an fremdem Orte thätig; er trägt seine Geschäftsunkosten selbst, wird insbesondere die Miethe für seine Geschäftsräume in der Regel aus eigenen Mitteln entrichten, während sich alles dieses bei dem Handlungsgehülfen anders verhält. Die Würdigung solcher und anderer thatsächlicher Umstände wird Sache der Rechtsprechung sein. Der Entwurf begnügt sich im §. 82 mit dem ausdrücklichen Hinweise darauf, daß der Agent von dem Geschäftsherrn nicht als Handlungsgehülfe angestellt sein darf, sucht jedoch außerdem Streitigkeiten darüber, ob eine Person als Agent oder Gehülfe anzusehen sei, in der Weise vorzubeugen, daß er die Vorschriften des siebenten Abschnitts über die Rechte und Pflichten der Agenten in wesentlichen Punkten mit dem, was von den Gehülfen gilt, in Einklang bringt. Dies erschien namentlich in Ansehung der reisenden Agenten geboten, da die Unterscheidung dieser Gewerbetreibenden von denjenigen Handlungsreisenden, welche als Gehülfen angestellt sind, nicht selten besondere Schwierigkeiten macht.

Begriff des Handlungsagenten. (§. 82.)

Außer den Waarenagenten gehören zu den Handlungsagenten im Sinne des Entwurfs insbesondere die Versicherungs-, Auswanderungs-

und Transportagenten; die Bestimmungen dieses Abschnitts können vorbehaltlich abweichender Vereinbarungen unbedenklich auch auf sie erstreckt werden. Es ist namentlich nicht zu befürchten, daß Personen, die nur nebenbei und in geringem Umfange die Vermittelung von Geschäften für Versicherungsgesellschaften besorgen, durch die Unterstellung unter die Vorschriften über die Agenten mit beschwerlichen, ihren Verhältnissen nicht entsprechenden Pflichten belastet werden könnten. Als Kaufleute im Sinne des Handelsgesetzbuchs sind solche Personen, sofern ihre Thätigkeit sich als eine gewerbsmäßige darstellt, schon vom Standpunkte des geltenden Rechtes anzusehen, da nach Art. 4 und Art. 272 Nr. 4 Kaufmann ein Jeder ist, der gewerbsmäßig Handelsgeschäfte für Andere vermittelt oder abschließt. Hieran wird durch den Entwurf nichts geändert. Die Vorschriften desselben können lediglich die Wirkung haben, die Lage jener Vermittler zu erleichtern, indem durch den §. 4 nunmehr außer Zweifel gestellt wird, daß Personen, deren Agenturbetrieb nur ein geringer ist, als Minderkaufleute von der Pflicht, sich in das Handelsregister eintragen zu lassen und Handelsbücher zu führen, befreit sind. Nicht zu den Handlungsagenten gehören übrigens nach der Begriffsbestimmung des §. 82 die Agenten der Versicherungsgesellschaften auf Gegenseitigkeit, da diese Gesellschaften ein Handelsgewerbe nicht betreiben. Die entsprechende Anwendung der Vorschriften über die Handlungsagenten ist indessen nicht ausgeschlossen; eine ausdrückliche Vorschrift in diesem Sinne muß der gesetzlichen Regelung des Versicherungswesens vorbehalten bleiben.

Pflichten des Agenten. (§. 82.)

Der Handlungsagent hat bei Wahrnehmung der Interessen seines Geschäftsherrn die Sorgfalt eines ordentlichen Kaufmanns anzuwenden. Dieser Grundsatz, der an sich schon aus §. 338 folgt, ist im Anschluß an die den Kommissionär und Spediteur betreffenden Vorschriften der §§. 376 und 400 im §. 82 Abs. 1 noch besonders ausgesprochen. Nach §. 82 Abs. 2 hat der Handlungsagent dem Geschäftsherrn auch die erforderlichen Nachrichten zu geben, ihm namentlich, wozu der §. 666 des Bürgerlichen Gesetzbuchs den Beauftragten nicht ausdrücklich anweist, von jedem Geschäftsabschluß unverzüglich Anzeige zu machen. Besonderer Vorschriften über die Pflicht des Agenten, Auskunft zu ertheilen, die Anweisungen des Geschäftsherrn zu befolgen, Rechenschaft abzulegen und eingenommene Gelder herauszugeben, bedarf es nicht; in dieser Hinsicht genügen die Vorschriften der §§. 665 bis 668 des Bürgerlichen Gesetzbuchs. Daß der Agent die Zahlungsfähigkeit der Personen, mit denen er Geschäfte abschließt oder vermittelt, nach Möglichkeit zu prüfen hat, ergiebt sich aus seinen allgemeinen Vertragspflichten.

Aus der Pflicht des Agenten, das Interesse des Geschäftsherrn zu wahren, ergiebt sich von selbst, daß er diesem nicht durch anderweitige Geschäfte, die er in demselben Handelszweige macht oder vermittelt, eine unmittelbar schädigende Konkurrenz bereiten darf. Eine so weitgehende Beschränkung, wie sie nach §. 59 die Handlungsgehülfen trifft, läßt sich allerdings den Agenten nicht auferlegen. Da der Gehülfe der Regel nach seine ganze Arbeitskraft in den Dienst des Prinzipals zu stellen hat, so kann ihm überhaupt nicht gestattet sein, eigenen Handel zu treiben oder in dem Handelszweige des Prinzipals irgend welche Geschäfte zu machen. Der Agent findet dagegen in der Vertretung eines einzigen Hauses nur selten eine ausreichende Beschäftigung und ist deshalb von vornherein auf die Uebernahme weiterer Agenturen oder auf einen sonstigen Handelsbetrieb angewiesen. In manchen Fällen wird er sogar, um den Kunden die erforderliche Auswahl zu bieten, genöthigt sein, gleichzeitig mehrere Produzenten oder Großhändler zu vertreten, deren Waaren, wenn sie auch bestimmte Unterschiede aufweisen, doch derselben Gattung angehören. In gewissen Geschäftszweigen wird dies allgemein als zulässig angesehen. Das Gesetz muß auf diese Verhältnisse Rücksicht nehmen, und der Entwurf sieht deshalb von einer besonderen Bestimmung über die Unzulässigkeit eines Konkurrenzbetriebes durch den Agenten ab. Die allgemeine Vorschrift des §. 82 über die Pflicht des Agenten, das Interesse des Geschäftsherrn zu wahren, wird ausreichen, um im einzelnen Falle unter Berücksichtigung der Art und des Zweckes der Geschäftsverbindung und der in dem betreffenden Handelszweige bestehenden Uebung die Grenzen festzustellen, welche von dem Agenten hinsichtlich der Vertretung anderer Handlungshäuser sowie hinsichtlich des eigenen Handelsbetriebes eingehalten werden müssen.

Verhältniß zu Dritten. (§§. 83 bis 85.)

Die §§. 83 bis 85 beziehen sich auf das Verhältniß des Agenten zu dritten Personen, mit denen er für den Geschäftsherrn in Verbindung tritt. Ist der Agent zum festen Abschlusse der betreffenden Geschäfte ermächtigt, so finden auf ihn die allgemeinen Vorschriften über Handlungsbevollmächtigte, insbesondere diejenigen des §. 53 des Entwurfs Anwendung, soweit nicht im §. 84 besondere Vorschriften getroffen sind. Der Entwurf enthält aber keine Vorschrift dahin, daß der Agent im Zweifel als Handlungsbevollmächtigter zu gelten habe und demzufolge zum festen Abschlusse von Geschäften befugt sei. Eine Regelung in diesem Sinne würde den thatsächlichen Verhältnissen nicht entsprechen und unter Umständen zu einer schweren Gefährdung des Geschäftsherrn führen. Soweit es sich um Agenten handelt, welche von Fabrikanten oder Händlern für den Absatz ihrer Waaren verwendet werden, haben dieselben meistens nur den Auftrag, die erlangten Bestellungen dem Geschäftsherrn zu übermitteln; ein bindendes Geschäft kommt für den letzteren erst durch die Bestätigung der überschriebenen Order zu Stande. Aehnlich verhält es sich bei der großen Mehrzahl der Versicherungsagenten. In dieses Verhältniß greift der Entwurf nicht ein; auch weiterhin soll der Umfang der thatsächlich von dem Geschäftsherrn dem Agenten ertheilten Ermächtigung entscheiden. Andererseits darf das Interesse Dritter, die mit dem Agenten in rechtsgeschäftlichen Verkehr treten, nicht unberücksichtigt bleiben; namentlich sind diese Personen dagegen zu schützen, daß ein Geschäft, das sie mit einem Agenten geschlossen haben, der als Bevollmächtigter handelt, noch nach Ablauf eines längeren Zeitraums von dem Geschäftsherrn mit der Behauptung zurückgewiesen wird, der Agent sei nur zur Vermittelung, nicht aber zum Abschlusse solcher Geschäfte bestellt gewesen. Um dies zu verhüten, bestimmt der §. 83 des Entwurfs, daß, wenn ein nur mit der Vermittelung von Geschäften betrauter Agent unter Ueberschreitung seiner Befugnisse ein Geschäft mit einem Dritten fest abschließt, der Geschäftsherr verpflichtet ist, unverzüglich, nachdem er von dem Sachverhalte Kenntniß erhalten hat, dem Dritten gegenüber das Geschäft abzulehnen; geschieht dies nicht, so soll das Geschäft als genehmigt gelten.

Auch die Vorschrift des §. 84 Abs. 1, wonach der Agent zur Annahme von Zahlungen für den Geschäftsherrn sowie zur Bewilligung von Zahlungsfristen für denselben nur befugt ist, wenn er die Ermächtigung hierzu besonders erhalten hat, rechtfertigt sich durch die thatsächlich bestehenden Verhältnisse. Für die Handlungsreisenden ist allerdings in Uebereinstimmung mit dem geltenden Rechte der entgegengesetzte Grundsatz anerkannt (§. 54 Abs. 2). Allein derselbe läßt sich nicht ohne Weiteres auf die Agenten übertragen. Jedenfalls muß für diejenigen Agenten, welche eine feste Geschäftsniederlassung haben, eine andere Regelung Platz greifen; selbst wenn sie die Ermächtigung zum bindenden Abschlusse der Geschäfte besitzen, wird dies im Zweifel noch nicht als Ertheilung einer Vollmacht zur Annahme von Zahlungen oder zur nachträglichen Aenderung wesentlicher Bestimmungen eines abgeschlossenen Geschäfts anzusehen sein. Dagegen ist im Abs. 2 des §. 84, entsprechend der auf die Handlungsreisenden bezüglichen Vorschrift des §. 54 Abs. 3, bestimmt, daß die Anzeige von Mängeln einer Waare, die Erklärung, daß eine Waare zur Verfügung gestellt werde, sowie andere Erklärungen solcher Art auch dem Agenten gegenüber abgegeben werden können. Insoweit muß im Interesse der auf den Verkehr mit dem Agenten hingewiesenen Personen eine Vertretungsbefugniß derselben anerkannt werden.

Verschieden von der Stellung derjenigen Agenten, die ihre Geschäfte von einer selbständigen Niederlassung aus betreiben, ist die Stellung der Agenten, die als Reisende thätig sind. Bei den letzteren liegen die Verhältnisse im Wesentlichen ähnlich wie bei den reisenden Gehülfen und zwar derart, daß es unter Umständen zweifelhaft sein kann, ob der Reisende der einen oder der anderen Klasse von Hülfspersonen angehört. Jedenfalls kann Dritten, die mit einem solchen Reisenden in Verbindung treten, nicht zugemuthet werden, hierüber Ermittelungen anzustellen; eine derartige Untersuchung wäre aber in der That erforderlich, wenn die Vertretungsmacht der reisenden Agenten und der reisenden Gehülfen im Gesetze verschieden geregelt würde. Demgemäß bestimmt der §. 85, daß auf diejenigen Agenten, welche als Reisende thätig sind, die sämmtlichen Vorschriften des §. 54 Anwendung finden.

Provision und Auslagen. (§§. 86 bis 88.)

Darüber, wann die Provision des Agenten verdient ist, gehen die Ansichten auseinander. Nach der in der Rechtsprechung und in der Wissenschaft herrschenden Auffassung kann der Agent ebenso wie der Mäkler die Provision schon dann fordern, wenn der vermittelte Vertrag zu Stande gekommen ist. Dies entspricht jedoch nicht der Anschauung der Handelskreise; namentlich bei der wichtigen Klasse der Verkaufsagenten ist es gebräuchlich, daß die Provision erst nach Eingang der dem Käufer obliegenden Zahlung und nur im Verhältnisse des eingegangenen Betrags entrichtet wird. Auch vom Standpunkte des Gesetzgebers erscheint es angemessen, den Provisionsanspruch des Agenten in gewissem Umfange von dem thatsächlichen Erfolge des Geschäfts abhängig zu machen. Hat der Agent an dem Erfolge des Geschäfts ein unmittelbares Interesse, so bildet dies für ihn den wirksamsten Antrieb, nur mit einwandsfreien Personen Geschäfte zu schließen.

Der Entwurf stellt demgemäß im §. 86 Abs. 1 die Regel auf, daß der Agent die Provision nur für diejenigen durch seine Thätigkeit zum Abschlusse gekommenen Geschäfte, welche zur Ausführung gelangt sind, zu beanspruchen hat. Wann das Geschäft als ausgeführt anzusehen ist, insbesondere ob dazu nothwendig die vollständige Abwickelung der beiderseitigen Leistungen gehört, kann hier so wenig wie bei dem Provisionsanspruche des Kommissionärs durch eine alle Fälle umfassende Vorschrift entschieden werden. Nur für die Verkaufsagenten ist eine ausdrückliche Bestimmung angezeigt. Bei ihnen liegt die Gefahr besonders nahe, daß sie, um die Provision zu verdienen, einem Dritten ohne genügende Prüfung seiner Zahlungsfähigkeit Waaren verkaufen und so dem Geschäftsherrn Verluste verursachen. Der bereits erwähnte Handelsgebrauch, wonach der Verkaufsagent den Anspruch auf die Provision im Zweifel erst nach dem Eingange der Zahlung und nur nach dem Verhältnisse des eingegangenen Betrags erwirbt, ist deshalb im Entwurfe gesetzlich anerkannt. Der Agent kann demgemäß, falls der Kaufpreis wegen Zahlungsunfähigkeit des Käufers nicht vollständig eingeht, wenigstens einen entsprechenden Theil der Provision beanspruchen. Dem Geschäftsherrn bleibt selbstverständlich, wenn den Agenten wegen ungenügender Prüfung der Kreditwürdigkeit des Käufers ein Vorwurf trifft, das Recht vorbehalten, Schadensersatz zu verlangen und insoweit die Zahlung der ganzen Provision zu verweigern. Dagegen würde es zu weit gehen, dem Agenten den Anspruch auf einen entsprechenden Theil der Provision ohne Weiteres schon dann zu versagen, wenn der Geschäftsherr, sei es auch ohne alles Verschulden des Agenten, einen Verlust durch Zahlungsunfähigkeit des Käufers erleidet. Es kann dem Geschäftsherrn überlassen bleiben, sich, falls er es zu seiner Sicherung für nothwendig hält, bei der Eingehung des Agenturverhältnisses den Ausschluß jedes Provisionsanspruchs des Agenten für den gedachten Fall besonders auszubedingen.

Eine Ausnahme von dem Grundsatze, daß die Provision nur für die zur Ausführung gelangten Geschäfte zu entrichten ist, tritt nach §. 86 Abs. 2 ein, wenn die Ausführung eines zum Abschlusse gekommenen Geschäfts zufolge des Verhaltens des Geschäftsherrn ganz oder theilweise unterbleibt, ohne daß wichtige Gründe in der Person desjenigen, mit welchem es abgeschlossen ist, vorliegen. Hier muß dem Agenten auch für das nicht zur Ausführung gekommene Geschäft das Recht auf die volle Provision zugestanden werden. Hat der Agent keine Vollmacht zum festen Abschlusse von Geschäften, so ergiebt sich von selbst, daß der Geschäftsherr zur Entrichtung der Provision nur verpflichtet ist, wenn er das ihm überschriebene Geschäft für vortheilhaft erachtet und sich demgemäß zur Genehmigung entschließt.

Die Bestimmung des §. 86 Abs. 4, wonach die Abrechnung zwischen dem Handlungshause und dem Agenten in Ermangelung einer abweichenden Vereinbarung am Schlusse eines jeden Kalenderhalbjahrs stattfindet, schützt den Agenten vor übermäßiger Verzögerung. Halbjährliche Abrechnung ist auch bisher schon vielfach üblich.

Der §. 87 giebt eine der Verkehrsauffassung entsprechende Auslegungsregel hinsichtlich derjenigen Agenten, die für einen bestimmten Bezirk bestellt sind. Sie sollen im Zweifel auch für die sogenannten direkten Geschäfte, d. h. für solche Geschäfte Provision beanspruchen können, welche in ihrem Bezirk ohne ihre Mitwirkung durch den Geschäftsherrn selbst oder für diesen durch Andere, insbesondere durch einen sonstigen Agenten, geschlossen sind. Doch wird dabei zur Vermeidung von Zweifeln und Streitigkeiten der Vorbehalt gemacht, daß die Bestellung für den bestimmten Bezirk ausdrücklich erfolgt ist. Inwieweit der Geschäftsherr dem Anspruche des Agenten auf die Provision für direkte Geschäfte den Einwand entgegensetzen kann, daß der Agent es an ausreichenden Bemühungen für die Aufsuchung von Geschäftsgelegenheiten habe fehlen lassen und der Geschäftsherr hierdurch genöthigt gewesen sei, ohne dessen Mitwirkung Geschäfte zu machen, ist nach allgemeinen Rechtsgrundsätzen zu entscheiden. Von der Aufnahme einer ausdrücklichen Bestimmung, daß dem Geschäftsherrn der fragliche Einwand zustehe, ist abgesehen, weil sie leicht die Folge haben könnte, die Erhebung des Einwandes auch da hervorzurufen, wo ein berechtigter Anlaß fehlt. Die Entscheidung der Frage, ob der Agent vom Geschäftsherrn Schadensersatz verlangen kann, falls dieser in Folge veränderter geschäftlicher Entschließungen in dem Bezirke des Agenten überhaupt keine Geschäfte mehr machen will, überläßt der Entwurf der Praxis. Eine allgemein gültige gesetzliche Regel hierüber kann nicht wohl aufgestellt werden; im Allgemeinen neigen die Gerichte zur Bejahung der Frage.

Nach §. 88 kann der Agent für die im regelmäßigen Geschäftsbetrieb entstandenen Unkosten und Auslagen in Ermangelung einer entgegenstehenden Vereinbarung oder eines abweichenden Handelsgebrauchs Ersatz nicht verlangen; ein solcher Handelsgebrauch besteht unter Anderem vielfach in Ansehung der Auslagen für Porto und Depeschen. Diese Regelung entspricht der Stellung des Agenten als eines selbständigen Kaufmanns, wie denn auch dem Mäkler nach §. 652 Abs. 2 des Bürgerlichen Gesetzbuchs Aufwendungen nur zu ersetzen sind, wenn es vereinbart ist. Außerordentliche Auslagen des Agenten muß, unbeschadet anderweitiger Vertragsbestimmungen, der Geschäftsherr tragen, zum Beispiel Auslagen des Waarenagenten zum Schutze der Waaren gegen ungewöhnliche Gefahren oder Aufwendungen des Versicherungsagenten zur Rettung der versicherten Gegenstände.

Nachweisungspflicht des Geschäftsherrn. (§. 89.)

Der Agent ist ohne Mitwirkung des Geschäftsherrn nicht im Stande, den Umfang seiner Ansprüche gegen diesen festzustellen, da er nicht von allen wesentlichen Thatsachen aus eigener Wissenschaft genaue Kenntniß haben kann, insbesondere nicht davon, welche von den überschriebenen Geschäften das Handlungshaus genehmigt, welche es rückgängig gemacht hat, wie hoch sich die Fakturabeträge belaufen, wieviel von dem Kaufpreis eingegangen ist und in welcher Ausdehnung provisionspflichtige Geschäfte in seinem Bezirk ohne seine Vermittelung abgeschlossen worden sind. Der Geschäftsherr darf sich billiger Weise nicht weigern, seinem Agenten die nöthige Aufklärung zu geben. Eine Pflicht des Geschäftsherrn zur Rechenschaftsablage im Sinne des §. 259 des Bürgerlichen Gesetzbuchs ist außer Frage, da deren Voraussetzungen fehlen. Der Entwurf giebt daher im §. 89 dem Agenten das Recht, bei der Abrechnung von dem Geschäftsherrn die Mittheilung eines Buchauszugs über die durch seine Thätigkeit zu Stande gekommenen und, wenn er im Falle des §. 87 für sogenannte direkte Geschäfte Provision beanspruchen kann, auch über die ohne seine Mitwirkung in dem betreffenden Bezirk geschlossenen Geschäfte zu fordern. Entsteht über die Richtigkeit und Vollständigkeit des Auszugs ein Rechtsstreit, so kann das Gericht auf Antrag oder von Amtswegen die Vorlegung der Handelsbücher des Geschäftsherrn anordnen (§. 44). Hierdurch ist der Agent gegen Benachtheiligungen von Seiten des Geschäftsherrn in ausreichendem Maße geschützt. Ihm außerhalb eines Rechtsstreits den Anspruch auf Vorlegung der Handelsbücher zu gewähren, ist nicht erforderlich; dem Geschäftsherrn kann auch nicht wohl zugemuthet werden, ohne richterliche Anordnung und Mitwirkung dem Agenten seine Bücher zur Einsicht offen zu legen.

Beendigung des Agenturverhältnisses. (§. 90.)

Nach dem geltenden Rechte steht bei einem auf unbestimmte Zeit eingegangenen Agenturvertrage beiden Theilen die Befugniß zu, das Verhältniß jederzeit sofort zu lösen; dem Geschäftsherrn bietet diese Befugniß unter Umständen eine Handhabe, dem Agenten die Früchte seiner vorausgegangenen Bemühungen zu entziehen. Die unsichere Lage, in welche hierdurch der Agent versetzt ist, hat zu vielfachen Klagen Anlaß gegeben. Die Vorschriften des Bürgerlichen Gesetzbuchs würden den Agenten nicht ausreichend schützen; denn auch hiernach könnte er jederzeit oder, falls das Agenturverhältniß seine Erwerbsthätigkeit ausschließlich oder hauptsächlich in Anspruch nimmt, unter Innehaltung der kurzen Kündigungsfrist von vierzehn Tagen entlassen werden (§. 623). Der §. 90 des Entwurfs gewährt einen weitergehenden Schutz. Der auf unbestimmte Zeit eingegangene Agenturvertrag soll danach, ebenso wie der Dienstvertrag des Handlungsgehülfen (§. 65), nur zum Schlusse jedes Kalendervierteljahrs unter Beobachtung einer sechswöchigen Kündigungsfrist kündbar sein, vorbehaltlich des Rechtes, ihn aus wichtigen Gründen sofort zu lösen. Doch läßt der Entwurf, während er bei dem Handlungsgehülfen abweichende Vereinbarungen nur in beschränktem Umfange gestattet, hier die Vertragsfreiheit unberührt. Die Agenten sind selbständige Kaufleute, sie vertreten sehr oft gleichzeitig mehrere Firmen oder betreiben das Agenturgeschäft nur neben einer sonstigen Erwerbsthätigkeit. Sie stehen daher gegenüber dem Geschäftsherrn nicht in solcher Abhängigkeit, daß sie eines Schutzes durch zwingende gesetzliche Vorschriften nothwendig bedürften; bei der Mannigfaltigkeit der in Betracht kommenden Verhältnisse würden derartige Bestimmungen häufig beide Theile in der Freiheit ihrer geschäftlichen Entschließungen ungebührlich beeinträchtigen.

Was die sonstigen Fälle der Beendigung des Vertragsverhältnisses zwischen dem Geschäftsherrn und dem Agenten betrifft, so kommen in dieser Beziehung die Vorschriften des Bürgerlichen Gesetzbuchs über den Dienstvertrag zur Anwendung. Auch besondere Bestimmungen darüber, welchen Einfluß die Eröffnung des Konkurses über das Vermögen des Geschäftsherrn auf das Agenturverhältniß hat, sind entbehrlich. In Folge der Konkurseröffnung erlischt das Recht und die Pflicht des Agenten zur Geschäftsbesorgung nach Maßgabe des in Aussicht genommenen §. 19a der Konkursordnung (Anlage II der Denkschrift zum Entwurfe des Bürgerlichen Gesetzbuchs). Das Dienstverhältniß des Agenten als solches bleibt zwar bestehen, es kann aber von jedem Theile sofort gekündigt werden, da der Konkurs des Geschäftsherrn jedenfalls als ein wichtiger Grund zur Kündigung im Sinne des §. 90 des Entwurfs zu erachten ist.

Aus den Kreisen der Agenten ist mehrfach der Wunsch laut geworden, daß ihnen im Konkurse des Geschäftsherrn ein Vorzugsrecht, wie den Handlungsgehülfen, verliehen werden möge. Hierzu fehlt es indessen an einem genügenden Grunde. Die Zahl der Konkursvorrechte muß im Interesse der Gesammtheit der Gläubiger möglichst beschränkt bleiben. Die Agenten können aber als selbständige Kaufleute bezüglich der Befriedigung im Konkurse nicht ohne Weiteres mit den Personen auf eine Stufe gestellt werden, die sich, wie der §. 54 Nr. 1 der Konkursordnung besagt, dem Gemeinschuldner für dessen Haushalt, Wirthschaftsbetrieb oder Erwerbsgeschäft zu dauerndem Dienste verdungen haben.

Achter Abschnitt.

Handelsmäkler.

Amtliche Handelsmäkler.

Als Handelsmäkler bezeichnet das Handelsgesetzbuch nur die amtlich bestellten Vermittler von Handelsgeschäften; auf diese allein beziehen sich die Vorschriften der bisherigen Art. 66 bis 84. Die Privathandelsmäkler sind zwar Kaufleute nach Art. 272 Nr. 3 des Handelsgesetzbuchs, Vorschriften über ihre Rechte und Pflichten enthält das Gesetzbuch aber nicht. Der Entwurf kennt dagegen das Institut der amtlichen Handelsmäkler überhaupt nicht mehr; Handelsmäkler im Sinne desselben sind vielmehr die nach dem bisherigen Sprachgebrauch als Privathandelsmäkler bezeichneten Personen. Hiermit stellt sich der Entwurf auf den Standpunkt, welchen auch das Börsengesetz vom 22. Juni 1896 (Reichs-Gesetzbl. S. 157) einnimmt; denn durch dieses ist in Uebereinstimmung mit den Vorschlägen der Börsen-Enquete-Kommission und mit den schon früher von den verschiedensten Seiten geäußerten Wünschen das Institut der amtlichen Handelsmäkler für das Gebiet des Börsenhandels, also für die in Betreff des Mäklerwesens weitaus wichtigsten Geschäftszweige, ganz beseitigt worden. Bezüglich der Mitwirkung bei der Feststellung der Börsenkurse treten an die Stelle der bisher damit betrauten amtlichen Handelsmäkler die Kursmäkler, welche nur in Ansehung der Kursfeststellung eine öffentliche Funktion zu versehen haben, hinsichtlich ihrer Vermittlerthätigkeit dagegen keine andere Stellung als die übrigen Handelsmäkler einnehmen und ebenso wie diese als Kaufleute gelten. Was die amtliche Bestellung von Handelsmäklern für andere als die zum Börsenhandel gehörenden Geschäftszweige betrifft, so ist dieselbe von den Vorschriften des Börsengesetzes zunächst unberührt gelassen; die vollständige Beseitigung des Instituts der amtlichen Handelsmäkler in ihrer Eigenschaft als öffentlich bestellter Geschäftsvermittler ergiebt sich aber ohne Weiteres als eine nothwendige Folge der für den Börsenverkehr getroffenen Regelung.

Hierdurch wird die öffentliche Bestellung von Handelsmäklern zur Wahrnehmung von Verrichtungen, die nicht in der Vermittelung von Geschäften bestehen, selbstverständlich nicht ausgeschlossen. In Ansehung der Mitwirkung bei der Feststellung der Börsenkurse setzt, wie bemerkt, schon das Börsengesetz eine solche Uebertragung öffentlicher Verrichtungen an Handelsmäkler voraus. Ferner erklären sowohl der Entwurf wie das Bürgerliche Gesetzbuch zur Vornahme gewisser Verkäufe oder Käufe nur solche Handelsmäkler für befugt, welche dazu öffentlich ermächtigt sind. Auch zu anderen, durch die Landesgesetze bedingten Zwecken, insbesondere zur Vornahme gewisser Schätzungen oder zur Abgabe von Gutachten über den Marktpreis von Waaren, kann die öffentliche Bestellung bestimmter Handelsmäkler in Frage kommen. Für alle diese Fälle bestimmt sich die Frage, durch welche Behörden oder sonstigen öffentlichen Organe die Auswahl und Bestellung der betreffenden Mäkler zu erfolgen hat, nach den in den einzelnen Bundesstaaten geltenden Vorschriften.

Handelsmäkler im Sinne des Entwurfs. (§. 91.)

Was die Rechte und Pflichten der Privathandelsmäkler betrifft, so hat sich der Mangel handelsgesetzlicher Vorschriften schon bisher als eine Lücke fühlbar gemacht, und diese Lücke würde in Zukunft, da es andere Handelsmäkler überhaupt nicht mehr geben wird, noch mehr hervortreten. Es erscheint deshalb geboten, die in Frage stehenden Verhältnisse gesetzlich zu regeln. In der Praxis sind auf die Privathandelsmäkler meistens die Vorschriften über die amtlichen Handelsmäkler angewendet worden, soweit sie nicht mit der amtlichen Stellung der letzteren zusammenhängen. Von diesem Grundgedanken geht auch der Entwurf aus, indem er die betreffenden Vorschriften des Handelsgesetzbuchs, soweit thunlich, beibehält und ihnen für alle nach der neuen Begriffsbestimmung als Handelsmäkler zu betrachtenden Personen Geltung beilegt.

Als den Gegenstand der gewerbsmäßigen Thätigkeit der Handelsmäkler bezeichnet der §. 91 des Entwurfs in Uebereinstimmung mit dem bisherigen Art. 67 die Vermittelung von Verträgen. Wenngleich sich der Mäklervertrag des bürgerlichen Rechtes nach §. 652 des Bürgerlichen Gesetzbuchs auch auf den bloßen Nachweis der Gelegenheit zum Abschluß eines Vertrags beziehen kann, so entspricht das doch nicht der im Handelsverkehr bestehenden Auffassung. Der Handelsmäkler hat nach dieser nicht nur die Geschäftsgelegenheit nachzuweisen, sondern auch den Abschluß selbst herbeizuführen, wie sich schon aus seiner Verpflichtung zur Mittheilung von Schlußnoten ergiebt.

Die Geschäfte, welche der Handelsmäkler vermittelt, müssen Geschäfte über Gegenstände des Handelsverkehrs sein. Hierin sowie in Betreff der Anführung der wichtigsten Beispiele solcher Geschäfte schließt sich der Entwurf im Wesentlichen an den bisherigen Art. 67 des Handelsgesetzbuchs an. Zu den von ihm an erster Stelle genannten Geschäften über die Anschaffung oder Veräußerung von Waaren und Werthpapieren gehören auch Verträge über den Erwerb oder die Veräußerung von Edelmetallen, Geldsorten und Wechseln; nicht minder der Kauf oder Verkauf von Schiffen. Daß das vermittelte Geschäft zugleich ein Handelsgeschäft im Sinne des §. 334 des Entwurfs,

d. h. ein zum Gewerbebetrieb eines Kaufmanns gehörendes Geschäft sei, ist nicht nothwendig; andererseits genügt es auch nicht, daß ein Handelsgeschäft vorliegt. Insbesondere kommen die bezeichneten Vorschriften auf die Vermittelung eines Kaufvertrags über ein Grundstück nicht zur Anwendung, selbst wenn der Vertrag für die Parteien ein Handelsgeschäft ist. Die Vorschriften dieses Abschnitts passen nur insoweit, als wirkliche Gegenstände des Handelsverkehrs in Frage stehen, und wenngleich Verträge über Grundstücke nach dem Entwurf unter Umständen Handelsgeschäfte sein können, so bilden doch Grundstücke darum noch nicht einen regelmäßigen Gegenstand des Handelsverkehrs. Wird in einem einzelnen Falle ein solches Geschäft von einem Handelsmäkler vermittelt, so können nur die Vorschriften des bürgerlichen Rechtes Anwendung finden. Im §. 91 Abs. 2 des Entwurfs ist dies durch eine entsprechende Bestimmung klargestellt.

Schlußnoten. (§§. 92, 93.) Die im §. 92 in Uebereinstimmung mit dem bisherigen Art. 73 vorgeschriebene Zustellung von Schlußnoten ist schon jetzt auch bei den Privathandelsmäklern in weitem Umfange gebräuchlich; im Börsenverkehr bildet sie nach dem Reichsstempelgesetz bei den der Stempelabgabe unterliegenden Geschäften eine Pflicht jedes Vermittlers. Sie kann daher unbedenklich allen Handelsmäklern auferlegt werden. Eine Ausnahme für den Kleinverkehr in Waaren ist im §. 102 vorgesehen. Im Uebrigen soll der Mäkler von der in Frage stehenden Verpflichtung nur befreit sein, wenn ihn die Parteien davon entbinden oder wenn bei einer bestimmten Gattung von Waaren nach Handelsgebrauch eine Zustellung von Schlußnoten nicht stattfindet.

Neu sind die Vorschriften des §. 93 des Entwurfs; sie beziehen sich auf den Fall der Ertheilung einer Schlußnote, in der die Gegenpartei nicht bezeichnet ist. An Stelle der Bezeichnung der Gegenpartei findet sich in den Schlußnoten nicht selten nur der Vermerk, daß die Aufgabe vorbehalten werde (zu vergl. Reichsstempelgesetz §. 8 Abs. 2); namentlich im Börsenverkehr sind solche Schlußnoten häufig. Dessenungeachtet besteht über die rechtliche Bedeutung des Vorbehalts der Aufgabe in Handelskreisen keine volle Klarheit, und auch die Gerichte sind in dieser Beziehung noch nicht zu festen Grundsätzen gelangt. Eine gesetzliche Regelung ist daher wünschenswerth. Nach der dem §. 93 des Entwurfs zu Grunde liegenden Auffassung steht der Mäkler, der sich in der Schlußnote die Aufgabe vorbehält, für den Erfolg seiner Mäklerthätigkeit derart ein, daß er dem Auftraggeber innerhalb ortsüblicher oder angemessener Frist eine einwandsfreie, namentlich zahlungsfähige, Gegenpartei zu bezeichnen verpflichtet ist. Der Auftraggeber darf eine Schlußnote mit vorbehaltener Aufgabe zurückweisen; nimmt er sie aber an, so muß er bis zum Ablaufe jener Frist auf die nachträgliche Bezeichnung warten und jeden einwandsfreien Dritten als Gegenpartei annehmen. Wird der Dritte nicht rechtzeitig benannt oder lassen sich gegen ihn begründete Einwendungen erheben, so ist die Partei befugt, den Mäkler selbst auf Erfüllung des Geschäfts in Anspruch zu nehmen. Spekulationen des Auftraggebers auf Kosten des Mäklers ist dadurch vorgebeugt, daß, wenn der letztere es verlangt, der Auftraggeber sich unverzüglich darüber erklären muß, ob er Erfüllung fordere. Ein Recht zum Selbsteintritt steht dem Mäkler auch bei vorbehaltener Aufgabe nicht zu; die Gewährung dieses Rechtes würde dem Begriffe der Vermittelung widersprechen und zu einer unangemessenen Vermischung der Mäklerthätigkeit mit dem Kommissionsgeschäfte führen. Ebensowenig wäre es auf der anderen Seite gerechtfertigt, die Entscheidung über die Annahme oder Zurückweisung der vom Mäkler nachträglich bezeichneten Partei ohne Rücksicht darauf, ob sich gegen die letztere begründete Einwendungen erheben lassen oder nicht, in das freie Belieben des Auftraggebers zu stellen. Hierin läge eine Unbilligkeit gegen den Dritten, aber auch gegen den Mäkler, da dieser alsdann ohne genügenden Grund gezwungen werden könnte, selbst für das Geschäft einzustehen.

(§§. 94, 95.) Die Vorschrift des §. 94 über die Aufbewahrung der Waarenproben durch den Handelsmäkler entspricht dem bisherigen Art. 80. Auch der §. 95, nach welchem der Mäkler durch Uebertragung der Geschäftsvermittelung mangels abweichender Handelsgebräuche im Zweifel nicht als ermächtigt anzusehen ist, Zahlungen oder andere Leistungen in Empfang zu nehmen, giebt lediglich die Vorschrift des Art. 67 Abs. 2 wieder.

Haftung des Handelsmäklers; Provision. (§§ 96, 97.) Bei dem Mäklervertrage des bürgerlichen Rechtes steht der Mäkler an sich nur zu seinem Auftraggeber in einem Vertragsverhältniß; von dem Dritten kann er der Regel nach keinen Mäklerlohn fordern und für Verschulden haftet er dem letzteren im Allgemeinen nur nach den Grundsätzen über die unerlaubten Handlungen. Für den amtlichen Handelsmäkler gilt dagegen nach Art. 81, 83 des Handelsgesetzbuchs in allen diesen Beziehungen das Gegentheil, und die in der Rechtsprechung und Wissenschaft herrschende Ansicht stellt hierin den Privathandelsmäkler dem amtlichen Mäkler gleich. Bei dieser Auffassung bleibt der Entwurf stehen. Im Handelsverkehr gilt der Mäkler in der Regel als Vermittler für beide Parteien, er leistet beiden seine Dienste, und es ist meist vom Zufall abhängig, welche der Parteien sich zuerst an ihn gewendet hat. Nach den §§. 96, 97 haftet er daher beiden Parteien für den durch sein Verschulden entstehenden Schaden und in Ermangelung eines abweichenden Ortsgebrauchs kann er von jeder Partei die Hälfte des Mäklerlohns verlangen. Die Bestimmungen des bisherigen Art. 82 über die Bedingungen des Anspruchs auf den Mäklerlohn und über die Höhe des letzteren werden durch die betreffenden Vorschriften des Bürgerlichen Gesetzbuchs entbehrlich. Aus §. 652 des Bürgerlichen Gesetzbuchs ergiebt sich insbesondere, daß der Handelsmäkler die Gebühr nur fordern kann, wenn das Geschäft in Folge seiner Vermittelung zu Stande gekommen und eine etwaige aufschiebende Bedingung erfüllt ist. Daß er außerdem die Schlußnoten zugestellt haben muß, soweit nicht ausnahmsweise der endgültige Abschluß des von ihm vermittelten Geschäfts ohne seine Mitwirkung geschehen ist, folgt aus den Grundsätzen von der Vertragserfüllung.

Buchführung. (§§. 98 bis 100.) Die nach Art. 71, 72 des Handelsgesetzbuchs den amtlichen Handelsmäklern obliegende Verpflichtung zur Führung eines Tagebuchs, in welches die von dem Mäkler vermittelten Geschäfte unter Angabe ihrer Bedingungen der Reihe nach einzutragen sind, ist im Entwurfe für alle Handelsmäkler anerkannt. Die Führung eines solchen Buches sowie die Pflicht des Mäklers, den Parteien auf Verlangen Auszüge daraus zu ertheilen, wird nicht lediglich durch die öffentliche Stellung der amtlichen Handelsmäkler bedingt; sie ist vielmehr durch die Natur des Gewerbebetriebs des Handelsmäklers und durch sein Verhältniß zu den Auftraggebern geboten. Der Handelsmäkler muß stets in der Lage sein, den Parteien, welchen er als Vermittler gedient hat, durch seine Buchführung ein Beweismittel für den Abschluß und die Bedingungen des vermittelten Geschäfts an die Hand zu geben. Selbstverständlich besteht die Verpflichtung zur Führung des Tagebuchs nur für Gewerbetreibende, die wirklich als Handelsmäkler im Sinne des Entwurfs anzusehen sind, nicht etwa für solche Personen, die, wie es namentlich an der Börse nicht selten ist, sich zwar als Mäkler bezeichnen, aber in Wahrheit nicht Geschäfte vermitteln, sondern nur Eigenhandel treiben.

Diejenigen auf die Führung des Tagebuchs bezüglichen Vorschriften des Handelsgesetzbuchs, welche nur in der besonderen Stellung der amtlichen Handelsmäkler ihren Grund haben, sind in den Entwurf nicht aufgenommen. Dahin gehören die Vorschriften über die Beglaubigung der Zahl der Tagebuchblätter durch die vorgesetzte Behörde und über die Niederlegung des Tagebuchs bei dieser im Falle des Todes oder der Amtsniederlegung des Handelsmäklers. Dagegen bestimmt der §. 100 des Entwurfs in Anlehnung an den Art. 79 des Handelsgesetzbuchs, daß im Laufe eines Rechtsstreits das Gericht die Vorlegung des Tagebuchs von Amtswegen anordnen kann, um es mit der Schlußnote, den Auszügen und anderen Beweismitteln zu vergleichen. Die durch die bisherige Fassung der Vorschrift entstandene Streitfrage, ob die Vorlegung des Tagebuchs nur zu dem Zwecke angeordnet werden dürfe, um die Glaubwürdigkeit der von den Parteien vorgebrachten Beweismittel zu prüfen, oder ob das Gericht auch befugt sei, das Tagebuch, entgegen den allgemeinen Grundsätzen der Civilprozeßordnung, von Amtswegen als ein neues und selbständiges Beweismittel in den Prozeß einzuführen, ist durch die Fassung des Entwurfs im ersteren Sinne entschieden. Die in den früheren Artikeln 77, 78, 79 Abs. 2 enthaltenen Vorschriften über die Führung des Beweises durch Tagebuch und Schlußnoten sind schon durch den §. 13 des Einführungsgesetzes zur Civilprozeßordnung aufgehoben. Daß der Abschluß eines durch Handelsmäkler vermittelten Vertrags von der Eintragung in das Tagebuch und von der Aushändigung der Schlußnoten unabhängig ist (Art. 76 des Handelsgesetzbuchs), bedarf keiner besonderen Hervorhebung.

Der §. 101 des Entwurfs bedroht den Mäkler, welcher den Vorschriften über die Führung und Aufbewahrung des Tagebuchs zuwiderhandelt, mit Strafe. Eine solche Strafandrohung ist erforderlich, um die Beobachtung der gedachten Vorschriften zu sichern.

Waarenmäkler des Kleinverkehrs. (§. 102.)

Eine Ausnahme von den Vorschriften über die Mittheilung von Schlußnoten und über die Führung des Tagebuchs ist bezüglich derjenigen Mäkler geboten, welche Waarengeschäfte im Kleinverkehr vermitteln. Für diese Gewerbetreibenden (sogenannte Krämermäkler) würden die bezeichneten Vorschriften nicht durchführbar sein; es besteht dafür auch kein Bedürfniß. Der §. 102 des Entwurfs enthält daher eine entsprechende Bestimmung.

Zweites Buch.

Handelsgesellschaften und stille Gesellschaft.

Zu den Handelsgesellschaften im Sinne des Handelsgesetzbuchs gehören nur die in dem bisherigen zweiten Buche geregelten Gesellschaftsarten, nämlich die offene Handelsgesellschaft, die Kommanditgesellschaft, die Aktiengesellschaft und die Kommanditgesellschaft auf Aktien, sowie nach dem Gesetze vom 20. April 1892 die Gesellschaften mit beschränkter Haftung. Das gemeinsame Merkmal der Handelsgesellschaften besteht darin, daß sie eine selbständige Firma haben, unter welcher sie Rechte erwerben und Verbindlichkeiten eingehen, klagen und verklagt werden können. Den sonst noch im Handelsgesetzbuch geregelten Gesellschaftsverhältnissen, nämlich der stillen Gesellschaft und der Gesellschaft zum Abschluß einzelner Handelsgeschäfte (sogenannte Gelegenheitsgesellschaft), fehlt diese rechtliche Selbständigkeit; ihre Bedeutung beschränkt sich im Wesentlichen auf das Rechtsverhältniß unter den Gesellschaftern. Das Handelsgesetzbuch zählt sie deshalb nicht zu den Handelsgesellschaften, und die Vorschriften, welche sich auf sie beziehen, finden sich, auch äußerlich von den die Handelsgesellschaften betreffenden Vorschriften getrennt, im dritten Buche. Diese äußere Eintheilung konnte zwar im Entwurfe nicht beibehalten werden, da die Vorschriften über die Gelegenheitsgesellschaft ganz wegfallen und diejenigen über die stille Gesellschaft nicht wohl den Inhalt eines selbständigen Buches bilden können. Die beschränkte Bedeutung des Ausdrucks „Handelsgesellschaften“ liegt aber, wie die Ueberschrift dieses Buches ersehen läßt, auch dem Entwurfe zu Grunde. An diesem Sprachgebrauche des Handelsgesetzbuchs mußte schon deshalb festgehalten werden, weil eine Reihe theils im Handelsgesetzbuche selbst, theils in anderen Gesetzen für die Handelsgesellschaften getroffener Vorschriften eben nur auf diejenigen Gesellschaften berechnet ist, bei welchen die oben erwähnten Merkmale zutreffen.

Erster Abschnitt.

Offene Handelsgesellschaft.

Erster Titel.

Errichtung der Gesellschaft.

Begriff. (§. 103 Abs. 1.) Die Feststellung des Begriffs der offenen Handelsgesellschaft, wie sie im §. 103 des Entwurfs gegeben ist, entspricht im Wesentlichen dem bisherigen Art. 85 Abs. 1, doch ist zugleich die Fassung des §. 705 des Bürgerlichen Gesetzbuchs berücksichtigt. Hierbei geht der Entwurf davon aus, daß die offene Handelsgesellschaft ihrem Wesen nach auf einem Gesellschaftsvertrage beruht und nicht, wie dies für das geltende Recht von einzelnen Seiten angenommen wird, als ein Verhältniß betrachtet werden kann, durch das ohne Rücksicht auf die zu Grunde liegenden inneren Beziehungen der Betheiligten lediglich die Haftung für die Schulden eines unter gemeinschaftlicher Firma betriebenen Handelsgewerbes geregelt wird.

Verhältniß der Vorschriften des Entwurfs zum Bürgerlichen Gesetzbuche. (§. 103 Abs. 2.) Das Verhältniß der handelsrechtlichen Vorschriften über die offene Handelsgesellschaft zu den allgemeinen Vorschriften des bürgerlichen Rechts über die Gesellschaft wird durch das Bürgerliche Gesetzbuch nicht unwesentlich umgestaltet. Während gegenwärtig die Grundsätze des bürgerlichen Rechts zum großen Theil auf anderen Grundlagen beruhen als die des Handelsgesetzbuchs, hat sich das Bürgerliche Gesetzbuch vielfach dem Handelsgesetzbuche genähert, sodaß zahlreiche und wichtige Rechtssätze, die bisher nur für die offene Handelsgesellschaft galten, jetzt die Bedeutung allgemeiner, für jede Art von Gesellschaften maßgebender Rechtsnormen erhalten. Die einheitliche Grundlage, welche in dieser Beziehung das Bürgerliche Gesetzbuch bietet, muß auch äußerlich zum Ausdruck kommen, indem die betreffenden Bestimmungen im Allgemeinen aus dem Handelsgesetzbuch ausgeschieden und statt ihrer die Vorschriften des Bürgerlichen Gesetzbuchs auch für die offene Handelsgesellschaft zur unmittelbaren Geltung gebracht werden. Eine abweichende Behandlung erscheint nur insoweit gerechtfertigt, als einzelne Vorschriften des Bürgerlichen Gesetzbuchs mit denen des Handelsgesetzbuchs in besonders nahem Zusammenhange stehen. Im Uebrigen würde die Wiederholung der ersteren Vorschriften im Handelsgesetzbuche dem bezeichneten Verhältnisse nicht gerecht werden; es genügt in der Hauptsache, wenn durch das Gesetz selbst auf die Nothwendigkeit hingewiesen wird, die betreffenden Vorschriften aus dem Bürgerlichen Gesetzbuche zu ergänzen (§. 103 Abs. 2).

Die Frage, ob die offene Handelsgesellschaft mit Rücksicht auf die Selbständigkeit ihres Vermögens und die Führung einer eigenen Firma als juristische Person aufzufassen sei, wird in Wissenschaft und Rechtsprechung jetzt fast allgemein verneint. Künftig wird um so weniger Veranlassung zur Annahme der juristischen Persönlichkeit vorliegen, als bei der Gesellschaft des Bürgerlichen Gesetzbuchs eine rechtliche Trennung des Gesellschaftsvermögens von dem Vermögen der einzelnen Gesellschafter gleichfalls anerkannt ist und zwar unter Verwerthung eines Rechtsgedankens, der im Allgemeinen auch zur Erklärung der Eigenthümlichkeiten der offenen Handelsgesellschaft ausreicht. Ein Bedürfniß nach einer ausdrücklichen Entscheidung der Frage im Gesetze besteht deshalb nicht. Die mit der rechtlichen Natur der offenen Handelsgesellschaft zusammenhängenden Streitfragen, welche sich hauptsächlich auf den Prozeß beziehen, sind meist durch die Rechtsprechung entschieden. Ueber einzelne besonders wichtige Punkte, für welche die Frage in Betracht kommt, wie über den zur Zwangsvollstreckung gegen die Gesellschaft erforderlichen Schuldtitel und über das Verhältniß der Gesellschaft zu der Haftung der einzelnen Gesellschafter, giebt der Entwurf ausdrückliche Bestimmungen (§. 122 Abs. 2, §. 127).

Die Vorschrift des bisherigen Art. 85 Abs. 2, wonach zur Gültigkeit des Gesellschafsvertrags die schriftliche Abfassung oder andere Förmlichkeiten nicht erforderlich sind, ist mit Rücksicht auf das Bürgerliche Gesetzbuch, nach welchem die Formfreiheit bei den Rechtsgeschäften die gesetzliche Regel bildet, gestrichen. Uebrigens ist im §. 313 des Bürgerlichen Gesetzbuchs für den Vertrag, durch den sich Jemand zur Uebertragung des Eigenthums an einem Grundstücke verpflichtet, die gerichtliche oder notarielle Beurkundung vorgeschrieben, und es wird daher künftig auch ein Vertrag über die Errichtung einer offenen Handelsgesellschaft dieser Form bedürfen, sofern sich darin einer der Gesellschafter verpflichtet, ein Grundstück in die Gesellschaft einzubringen. Ein genügender Grund, in dieser Beziehung von dem Bürgerlichen Gesetzbuch abzuweichen, liegt, wie von kaufmännischer Seite anerkannt ist, nicht vor. Wird nach Auflösung der Gesellschaft bei der Auseinandersetzung einem der Gesellschafter ein Gesellschaftsgrundstück überwiesen, so greifen schon gegenwärtig die für Verträge über Grundstücke geltenden Formvorschriften des bürgerlichen Rechtes Platz. Entstehung

Was die sonstigen Voraussetzungen der Entstehung der offenen Handelsgesellschaft betrifft, so ist nach dem Entwurfe die Art des Geschäftsbetriebes entscheidend, welche den Gegenstand des Unternehmens bildet. Bei den im §. 1 Abs. 2 aufgeführten Gewerbebetrieben entsteht die offene Handelsgesellschaft auch künftig, wie nach bisherigem Recht, ohne Rücksicht darauf, ob die Eintragung in das Handelsregister erfolgt ist oder nicht. Handelt es sich dagegen um den gemeinschaftlichen Betrieb eines Gewerbes der im §. 2 bezeichneten Art, so tritt die offene Handelsgesellschaft als solche erst mit der bewirkten Eintragung ins Leben.

Eintragung in das Handelsregister. (§§. 104 bis 106.)

Die §§. 104 bis 106 betreffen die Anmeldung der Gesellschaft zum Handelsregister sowie die Anmeldung späterer Veränderungen. Die Vorschriften des Handelsgesetzbuchs (Art. 86 bis 89) können in Folge der allgemeinen Regeln der §§. 12 bis 15 des Entwurfs über die Form der Anmeldungen und Zeichnungen sowie über die Eintragungen in das Register der Zweigniederlassungen und über die Ordnungsstrafen und die Wirkung der Eintragung wesentlich gekürzt werden. Entbehrlich ist auch der Art. 88 Abs. 1 Satz 2, demzufolge die Anmeldungen ihrem ganzen Inhalte nach einzutragen sind; dies hat, soweit nicht das Gegentheil im Gesetzbuch angeordnet ist, bei allen

Anmeldungen zu geschehen. Die auf die Vertretung der Gesellschaft bezüglichen Anmeldungen (Art. 86 Abs. 2 Nr. 4 und Art. 87 des Handelsgesetzbuchs) ordnet der Entwurf nicht in diesem Titel, sondern im Zusammenhange mit den übrigen die Vertretung betreffenden Vorschriften (§. 123 Abs. 4).

Zweiter Titel.

Rechtsverhältniß der Gesellschafter untereinander.

Dispositiver Karakter der Vorschriften. (§. 107.)

Das Handelsgesetzbuch hebt im Art. 90 ausdrücklich hervor, daß sich das Rechtsverhältniß der Gesellschafter untereinander zunächst nach dem Gesellschaftsvertrage richtet und daß die Art. 91 bis 109 nur in Ermangelung besonderer Vereinbarungen zur Anwendung kommen. Da dieser Hinweis auf den dispositiven Karakter der fraglichen Vorschriften das richtige Verständniß des Gesetzes wesentlich erleichtert, so ist er auch in den Entwurf übernommen (§. 107).

Streichung der Art. 91, 92, 94, 98.

Im Einzelnen wird von den Bestimmungen, welche das Handelsgesetzbuch über das Rechtsverhältniß der Gesellschafter untereinander enthält, ein erheblicher Theil durch das Bürgerliche Gesetzbuch entbehrlich. Hierher gehören zunächst die Vorschriften des Art. 91 des Handelsgesetzbuchs. Wenn verbrauchbare oder vertretbare Sachen oder wenn unverbrauchbare und unvertretbare Sachen nach einer Schätzung, die nicht bloß zum Zwecke der Gewinnvertheilung geschieht, in die Gesellschaft eingebracht werden, so gehen sie nach Art. 91 Abs. 1 in das Eigenthum der Gesellschaft über. Diese Vorschrift ist in den §. 706 Abs. 2 des Bürgerlichen Gesetzbuchs übernommen und zwar in verbesserter Form; denn während das Handelsgesetzbuch an die Thatsache des Einbringens den Eigenthumsübergang knüpft, beschränkt sich das Bürgerliche Gesetzbuch auf eine Auslegungsregel über die Bedeutung des Versprechens, einen Gegenstand einzubringen. Dadurch tritt klarer hervor, daß es, um den Gegenstand selbst gemeinschaftlich zu machen, immer noch desjenigen Uebertragungsaktes bedarf, welcher nach der Natur des Gegenstandes zur Rechtsübertragung erforderlich ist, daß also bei beweglichen Sachen die Uebergabe, bei Grundstücken die Auflassung stattfinden muß. Was den Abs. 2 des Art. 91 betrifft, wonach im Zweifel anzunehmen ist, daß die in das Gesellschaftsinventar mit der Unterschrift aller Gesellschafter eingetragenen, bis dahin einem Gesellschafter gehörigen Sachen Eigenthum der Gesellschaft geworden sind, so findet sich eine solche Vorschrift in dem Bürgerlichen Gesetzbuch allerdings nicht; bei der nach §. 259 der Civilprozeßordnung geltenden freien Beweiswürdigung erscheint sie aber auch für die offene Handelsgesellschaft entbehrlich, und soweit aus ihr gefolgert werden könnte, daß die Aufnahme in das Inventar die nach allgemeinen Grundsätzen erforderliche Uebertragungshandlung ersetze, ist sie überdies nicht zutreffend. Der ganze Art. 91 wird daher am besten gestrichen.

Der Art. 92, demzufolge ein Gesellschafter nicht verpflichtet ist, die Einlage über den vertragsmäßigen Betrag zu erhöhen oder die durch Verlust verminderte Einlage zu ergänzen, stimmt der Sache nach mit dem §. 707 des Bürgerlichen Gesetzbuchs überein.

Der Art. 94, nach welchem der Gesellschafter in den Angelegenheiten der Gesellschaft zu der Sorgfalt verpflichtet ist, die er in seinen eigenen Angelegenheiten anzuwenden pflegt, und gegen den durch sein Verschulden verursachten Schaden nicht die Vortheile aufrechnen kann, welche er der Gesellschaft in anderen Fällen durch seinen Fleiß verschafft hat, wird in seinem ersten Theile durch den §. 708 des Bürgerlichen Gesetzbuchs ersetzt, der für den Grad der anzuwendenden Sorgfalt die gleiche Regel aufstellt, während der zweite Theil der Vorschrift, welcher die Unzulässigkeit einer Aufrechnung der Vortheile und Nachtheile ausspricht, die der Gesellschaft aus der Thätigkeit eines Gesellschafters entstehen, selbstverständlich erscheint und deshalb gleichfalls entbehrlich ist.

Dasselbe gilt von dem Art. 98 des Handelsgesetzbuchs. Da der Eintritt eines neuen Gesellschafters in die Gesellschaft den Abschluß eines neuen Gesellschaftsvertrags voraussetzt, so versteht es sich von selbst, daß ein einzelner Gesellschafter ohne die Einwilligung der übrigen einen Dritten nicht in die Gesellschaft aufnehmen, ihn auch nicht mit Rechtswirkung gegenüber der Gesellschaft an seinem Antheile betheiligen oder ihm seinen Antheil abtreten kann. Das Wesentliche ist, daß die Ansprüche, welche den Gesellschaftern aus dem Gesellschaftsverhältnisse gegeneinander zustehen, mit bestimmten Ausnahmen, zu denen namentlich die Ansprüche auf einen Gewinnantheil gehören, nicht übertragbar sind; dieser Satz ist im §. 717 des Bürgerlichen Gesetzbuchs anerkannt, er braucht daher in den Vorschriften über die offene Handelsgesellschaft nicht wiederholt zu werden.

Haftung der Gesellschaft für Aufwendungen und Verluste eines Gesellschafters. (§. 108.)

Dagegen sind die Vorschriften des Art. 93 Abs. 1, 2 des Handelsgesetzbuchs beizubehalten; dieselben würden in den Vorschriften des Bürgerlichen Gesetzbuchs keinen vollständigen Ersatz finden. Insbesondere ist in das Bürgerliche Gesetzbuch die Vorschrift des Art. 93 nicht übernommen, wonach die Gesellschaft dem Gesellschafter schlechthin für Verluste haftet, die er unmittelbar durch seine Geschäftsführung oder aus Gefahren erleidet, die von ihr unzertrennlich sind. Bei der offenen Handelsgesellschaft entspricht aber eine solche Haftung der Billigkeit, und sie steht auch mit der in Handelskreisen herrschenden Auffassung im Einklange. Die offene Handelsgesellschaft begründet meist eine engere Gemeinschaft der Gesellschafter als Gesellschaften des bürgerlichen Rechts, und die Theilnehmer haben hier regelmäßig ihre ganze Thätigkeit und Arbeitskraft der Gesellschaft zu widmen. Deshalb können sie auch mit Recht verlangen, daß ihnen für Einbußen, die sie durch diese Thätigkeit, erleiden, von der Gesellschaft Entschädigung geleistet werde. Der §. 108 des Entwurfs schließt sich mit Rücksicht hierauf in der fraglichen Beziehung dem bisherigen Art. 93 an. Zugleich wiederholt er, um nicht den Zusammenhang zwischen den einzelnen gesetzlichen Bestimmungen und die Uebersichtlichkeit des Gesetzes zu beeinträchtigen, mit unwesentlichen Fassungsänderungen auch die sonstigen Vorschriften, welche der bisherige Art. 93 in Betreff des Rechtes der Gesellschafter auf den Ersatz nothwendiger Aufwendungen und auf die Verzinsung vorgeschossenen Geldes enthält. An sich würden allerdings die betreffenden Rechtssätze schon aus den §§. 713, 670, 683, 256 des Bürgerlichen Gesetzbuchs zu entnehmen sein. Der Abs. 3 des Art. 93, wonach der Gesellschafter für seine Bemühungen bei dem Betriebe der Gesellschaftsgeschäfte keine Vergütung beanspruchen kann, ist in den Entwurf nicht aufgenommen. Soweit die Thätigkeit zur Geschäftsführung gehört, ist die Vorschrift selbstverständlich, da der Gesellschafter zur Geschäftsführung verpflichtet ist (§. 112 Abs. 1). Soweit es sich dagegen um andere Dienste handelt, namentlich um solche, zu denen der Gesellschafter kraft eines besonderen Berufs befähigt ist, erscheint ein allgemeiner Ausschluß jedes Vergütungsanspruchs nicht gerechtfertigt. Es muß vielmehr der Beurtheilung im einzelnen Falle überlassen bleiben, ob nicht eine Vergütung als stillschweigend zugesichert zu erachten ist. Auf diesem Standpunkte steht das Bürgerliche Gesetzbuch, und auch der Art. 93 Abs. 3 des Handelsgesetzbuchs wird schon gegenwärtig vielfach in dieser einschränkenden Weise ausgelegt.

Verzinsung der nicht rechtzeitig geleisteten Geldeinlage u. s. w. (§. 109.)

Der §. 109 des Entwurfs stimmt mit dem Art. 95 des Handelsgesetzbuchs überein. Es entspricht der kaufmännischen Auffassung, daß ein Gesellschafter, der seine Geldeinlage nicht zur rechten Zeit einzahlt, auch wenn er sich nicht im Verzuge befindet, insbesondere also ohne Mahnung, die Einlage von dem Tage zu verzinsen hat, an welchem die Zahlung hätte geschehen sollen. Ebenso muß es bei dem Grundsatze bleiben, daß eine Zinspflicht nicht nur dann entsteht, wenn ein Gesellschafter Geld, welches er an die Gesellschaftskasse herauszugeben oder für die Gesellschaft zu verwenden hatte, für sich verwendet (Bürgerliches Gesetzbuch §§. 668, 713), sondern in allen Fällen, in denen er Gesellschaftsgeld, sei es mit eigennütziger Absicht, sei es ohne solche, nicht zur rechten Zeit an die Gesellschaftskasse abliefert oder unbefugt Geld aus der Gesellschaftskasse für sich entnimmt. Durch den gesetzlichen Zinsanspruch der Gesellschaft wird, wie der §. 109 des Entwurfs im Anschluß an den Art. 95 Abs. 2 des Handelsgesetzbuchs und an den §. 288 Abs. 2 des Bürgerlichen Gesetzbuchs hervorhebt, der nach allgemeinen Grundsätzen etwa begründete Anspruch der Gesellschaft auf Ersatz eines weiteren Schadens nicht ausgeschlossen. Daß die sonstigen Folgen, welche die Säumniß bei der Zahlung der Geldeinlage oder bei der Ablieferung der Gesellschaftsgelder, sowie die unbefugte Entnahme von Geldern nach sich ziehen kann, zum Beispiel die Auflösung der Gesellschaft, die Ausschließung des Gesellschafters, die Entziehung der Befugniß zur Geschäftsführung oder zur Vertretung der Gesellschaft (§§. 131, 138, 115, 125), unberührt bleiben, versteht sich von selbst und braucht nicht besonders im Gesetz ausgesprochen zu werden.

Konkurrenzverbot. (§§. 110, 111.)

Die Vorschriften der Art. 96, 97 des Handelsgesetzbuchs über die Verpflichtung der Gesellschafter, sich des Betriebs von Geschäften in dem Handelszweige der Gesellschaft und der Betheiligung an einer gleichartigen Handelsgesellschaft zu enthalten, sind in den §§. 110, 111 des Entwurfs mit geringen Aenderungen wiedergegeben. Die letzteren verfolgen in der Hauptsache den Zweck, die thunlichste Uebereinstimmung mit den die Handlungsgehülfen betreffenden Vorschriften der §§. 59, 60 herzustellen.

Wer über die Geltendmachung der Ansprüche zu befinden hat, die im Falle der Zuwiderhandlung gegen die erwähnte Verpflichtung dem betreffenden Gesellschafter gegenüber begründet sind, ist gegenwärtig bestritten. Da es nicht angemessen erscheint, die Geltendmachung dem Belieben jedes einzelnen Gesellschafters zu überlassen, und da andererseits eine Handlung der Geschäftsführung nicht in Frage steht, so fordert der Entwurf einen Beschluß der übrigen Gesellschafter.

Hiermit hängt es zusammen, daß die im Entwurfe statt der dreimonatigen Ausschlußfrist des Art. 97 Abs. 2 vorgesehene dreimonatige Verjährung der Ansprüche erst mit dem Zeitpunkte beginnt, in welchem die übrigen Gesellschafter von dem Abschlusse des Geschäfts oder der Theilnahme des Gesellschafters an der anderen Gesellschaft Kenntniß erlangen; die Vorschrift des Handelsgesetzbuchs, welche von einer „Kenntniß der Gesellschaft" spricht, hat zu Meinungsverschiedenheiten Anlaß gegeben. Als verjährt können selbstverständlich immer nur diejenigen Ersatzansprüche gelten, welche vor mehr als drei Monaten entstanden waren. Dies bezieht sich auch auf den Ersatzanspruch, der aus der Betheiligung eines Gesellschafters bei einer anderen Gesellschaft hergeleitet wird; ein Einwand gegen weitere Ersatzansprüche wird daher durch den Ablauf der Frist von drei Monaten seit der Kenntniß der übrigen Gesellschafter nicht begründet. Neben dieser dreimonatigen Verjährung sieht übrigens der Entwurf für die Ersatzansprüche der Gesellschaft, entsprechend der im §. 60 bezüglich der Handlungsgehülfen getroffenen Bestimmung, noch eine Verjährung von fünf Jahren vor, deren Lauf, ohne Rücksicht auf die Kenntniß der Mitgesellschafter, mit dem Zeitpunkt der Entstehung der Ersatzansprüche beginnt.

Zuwiderhandlungen eines Gesellschafters gegen die Vorschriften des §. 110 können den übrigen Gesellschaftern, je nach Lage der Sache, auch das Recht geben, die sofortige Auflösung der Gesellschaft gemäß §. 131 zu verlangen. Der Entwurf hebt dies in Uebereinstimmung mit dem bisherigen Art. 97 ausdrücklich hervor (§. 111 Abs. 4). Der betreffende Vorbehalt führt zugleich in Verbindung mit §. 138 des Entwurfs von selbst dahin, daß statt der Auflösung der Gesellschaft geeignetenfalls die Ausschließung des Gesellschafters aus derselben erfolgen kann.

Geschäftsführung. (§§. 112 bis 115)

Im Gegensatze zu dem Bürgerlichen Gesetzbuch, welches in Bezug auf die *Führung der Geschäfte der Gesellschaft* davon ausgeht, daß für jedes Geschäft die Zustimmung aller Gesellschafter erforderlich ist (§§. 709 ff.), hält der Entwurf an dem Grundsatze des Handelsgesetzbuchs fest, wonach in Ermangelung einer anderen Vereinbarung jeder einzelne Gesellschafter zur Führung der Gesellschaftsgeschäfte berechtigt und verpflichtet ist und nur im Falle des Widerspruchs eines anderen Gesellschafters die Vornahme einer Handlung der Geschäftsführung unterlassen muß. Die Abweichung von den Vorschriften des Bürgerlichen Rechtes ist durch die besonderen Bedürfnisse des Geschäftsbetriebes bei handelsgewerblichen Unternehmungen geboten.

In der äußeren Anordnung der Vorschriften über die Geschäftsführung weicht der Entwurf von dem Handelsgesetzbuch ab. Er stellt im §. 112 den Satz an die Spitze, daß alle Gesellschafter das Recht und die Pflicht zur Geschäftsführung haben (Art. 102 Abs. 1), und knüpft daran die Vorschrift, daß die übrigen Gesellschafter von der Geschäftsführung ausgeschlossen sind, wenn diese in dem Gesellschaftsvertrage, d. h. in dem ursprünglichen Gesellschaftsvertrage oder in einer nachträglichen Vereinbarung sämmtlicher Gesellschafter, einem oder mehreren Gesellschaftern übertragen ist (Art. 99 Satz 1). Der §. 113 Abs. 1 bringt sodann den Grundsatz zum Ausdruck, daß der einzelne geschäftsführende Gesellschafter, mag die Geschäftsführung allen Gesellschaftern zustehen (Art. 102 Abs. 2) oder mag sie durch den Gesellschaftsvertrag einem oder mehreren Gesellschaftern übertragen sein (Art. 100 Abs. 2), zwar ohne Zustimmung der übrigen geschäftsführenden Gesellschafter, aber nicht gegen den Widerspruch auch nur eines von ihnen zu handeln befugt ist. Bestimmt der Gesellschaftsvertrag, daß die Gesellschafter, denen die Geschäftsführung zusteht, nur zusammen handeln können, so bedarf es nach §. 113 Abs. 2 für jedes Geschäft der Zustimmung aller geschäftsführenden Gesellschafter, es sei denn, daß Gefahr im Verzuge ist (Art. 100 Abs. 1). Das Bürgerliche Gesetzbuch macht von dem Grundsatze der gemeinsamen Geschäftsführung aller Gesellschafter auch bei Gefahr im Verzuge keine Ausnahme; die besondere Berücksichtigung, welche jener Fall im Handelsgesetzbuch gefunden hat, ist jedoch für die bei den Handelsgesellschaften in Betracht kommenden Verhältnisse zweckmäßig und daher aufrecht zu erhalten.

Der §. 114 regelt den Umfang, in welchem die geschäftsführenden Gesellschafter, soweit das Verhältniß nach innen in Frage steht, zu handeln befugt sind. Er giebt den Inhalt des Art. 99 Satz 2, des Art. 103 Abs. 1 und 2 sowie des Art. 104 in vereinfachter Fassung wieder. Die Befugniß zur Geschäftsführung erstreckt sich danach nur auf Handlungen, die der gewöhnliche Betrieb des Handelsgewerbes mit sich bringt, wogegen zur Vornahme von Handlungen, die darüber hinausgehen, ein Beschluß aller, auch der von der Geschäftsführung ausgeschlossenen, Gesellschafter erforderlich ist. Das Bürgerliche Gesetzbuch macht einen solchen Unterschied zwischen gewöhnlichen und außergewöhnlichen Handlungen nicht; bei der gesetzlichen Regel gemeinsamer Geschäftsführung aller Gesellschafter besteht hierfür auch kein Bedürfniß, während bei dem entgegengesetzten Grundsatze, der für die offene Handelsgesellschaft gilt, eine derartige Unterscheidung nicht zu entbehren ist. Die Sondervorschrift des Art. 104, wonach es für die Bestellung eines Prokuristen der Zustimmung aller geschäftsführenden Gesellschafter bedarf, sofern nicht Gefahr im Verzug ist, hat der Entwurf gleichfalls beibehalten. Der Widerruf der Prokura kann dagegen durch jeden einzelnen der zur Ertheilung oder zur Mitwirkung bei der Ertheilung befugten Gesellschafter erfolgen, ohne daß den übrigen Gesellschaftern ein Recht des Widerspruchs zusteht; in dem Schlußsatze des §. 114 ist dies unter Abänderung der zweifelhaften Fassung des Art. 104 Abs. 2 besonders hervorgehoben.

Die Möglichkeit, einem Gesellschafter die *Befugniß zur Geschäftsführung wider seinen Willen zu entziehen*, ist in dem bisherigen Art. 101 nur für den Fall anerkannt, daß es sich um eine durch den Gesellschaftsvertrag übertragene Geschäftsführung handelt. Ein triftiger Grund für diese Beschränkung liegt nicht vor; vielmehr kann sich das Bedürfniß, einen Gesellschafter von der Geschäftsführung auszuschließen, gerade dann geltend machen, wenn in Ermangelung einer Bestimmung des Gesellschaftsvertrags jeder einzelne Gesellschafter kraft der Vorschrift des Gesetzes selbständig zur Geschäftsführung befugt ist. Das Bürgerliche Gesetzbuch hat freilich die gleiche Beschränkung aufgenommen (§. 712 Abs. 1); sie erscheint jedoch für die Gesellschaft des bürgerlichen Rechtes, bei welcher der einzelne Gesellschafter nicht kraft Gesetzes zur selbständigen Führung der Geschäfte befugt ist, in höherem Grade gerechtfertigt. Für die offene Handelsgesellschaft trifft dies nicht zu. Der §. 115 des Entwurfs bestimmt daher, daß die Befugniß zur Geschäftsführung ohne Unterschied, ob sie auf dem Gesellschaftsvertrage oder auf dem Gesetze beruht, einem Gesellschafter aus wichtigen Gründen, namentlich wegen Unfähigkeit oder grober Pflichtverletzung, entzogen werden kann. Wie die Entziehung erfolgt, ist für das geltende Recht in Folge der Fassung des Art. 101 Abs. 2, 3 bestritten. Nach dem Bürgerlichen Gesetzbuche bedarf es keiner gerichtlichen Klage, vielmehr genügt der Beschluß der übrigen Gesellschafter; mit diesem Beschlusse tritt die Entziehung in Kraft, vorausgesetzt, daß thatsächlich ein wichtiger Grund vorlag, und hierüber hat im Streitfalle nachträglich der Richter zu entscheiden. Der Entwurf konnte sich dem nicht anschließen. Er hat, was die Entziehung der Vertretungsbefugniß betrifft, sich auf den Standpunkt gestellt, daß diese Entziehung nicht ohne Weiteres durch Beschluß der übrigen Gesellschafter erfolgen kann, sondern im Wege der gerichtlichen Klage zu betreiben ist (§. 125). Damit ist aber auch für die Entziehung der Befugniß zur Geschäftsführung die Entscheidung gegeben; eine verschiedenartige Regelung wäre namentlich für die Fälle unangemessen, in denen ein Gesellschafter zugleich von der Geschäftsführung und von der Vertretung ausgeschlossen werden soll.

Das Recht des geschäftsführenden Gesellschafters, seinerseits die Geschäftsführung, wenn ein wichtiger Grund vorliegt, zu kündigen, bestimmt sich nach §. 712 Abs. 2 des Bürgerlichen Gesetzbuchs. Ob dieses Recht, trotzdem es im Handelsgesetzbuch nicht besonders anerkannt ist, schon gegenwärtig besteht, kann dahin gestellt bleiben; jedenfalls fehlt es an einem Grunde, für die offene Handelsgesellschaft in der fraglichen Beziehung etwas Anderes festzusetzen als für die Gesellschaft des bürgerlichen Rechtes.

Befugniß der Gesellschafter, sich von den Gesellschaftsangelegenheiten zu unterrichten. (§. 116.)

Der §. 116 des Entwurfs, der die nicht in dem Geschäftsbetriebe der Gesellschaft thätigen Gesellschafter für berechtigt erklärt, sich von den Gesellschaftsangelegenheiten persönlich zu unterrichten, entspricht dem bisherigen Art. 105. Die Vorschriften des letzteren sind ohne sachliche Aenderungen bereits in den §. 716 des Bürgerlichen Gesetzbuchs übernommen; da sie aber eine wesentliche Ergänzung der in den §§. 112 bis 115 des Entwurfs über die Geschäftsführung getroffenen Bestimmungen enthalten, erschien es zweckmäßig, sie im Zusammenhang mit diesen Bestimmungen zu wiederholen.

Beschlüsse der Gesellschaft. (§. 117.)

Nach §. 117 Abs. 1 des Entwurfs bedarf es zu Beschlüssen der Gesellschaft der Zustimmung aller Gesellschafter oder, wenn ein Gesellschafter von der Mitwirkung bei der Beschlußfassung ausgeschlossen ist, zum Beispiel weil es sich darum handelt, Ansprüche wegen verbotswidrigen Handelsbetriebes gegen ihn geltend zu machen (§. 111 Abs. 2), wenigstens der Zustimmung aller Gesellschafter, welche zur Mitwirkung bei der Beschlußfassung berufen sind. Der bezeichnete Grundsatz entspricht dem

Wesen der offenen Handelsgesellschaft, und seine Geltung ist deshalb auch nach dem bestehenden Rechte nicht zweifelhaft, wenngleich ihn das Handelsgesetzbuch nur an einzelnen Stellen zum Ausdruck bringt; er wird am besten allgemein ausgesprochen. Falls nach dem Gesellschaftsvertrage die Mehrheit der Stimmen entscheidet, kommt die Auslegungsregel des §. 709 Abs. 2 des Bürgerlichen Gesetzbuchs zur Anwendung, derzufolge die Mehrheit nach der Zahl der Gesellschafter zu berechnen ist. Um Zweifel auszuschließen, hebt der Abs. 2 des §. 117 dies ausdrücklich hervor.

Antheile der Gesellschafter am Gewinn und Verlust. (§§. 118, 119.)

Die Vorschriften des §. 118 über die jährliche Berechnung des Gewinns und Verlustes und über die Zuschreibungen oder Abschreibungen in dem Kapitalkonto jedes Gesellschafters stimmen sachlich mit den Vorschriften des Art. 107 überein. Daß auch die im Laufe des Geschäftsjahrs von dem Gesellschafter auf seine Einlage gemachten Leistungen seinem Kapitalkonto zugeschrieben werden, versteht sich von selbst. An Stelle des im Art. 106 bisher gebrauchten Ausdrucks „Antheil am Gesellschaftsvermögen" ist im Entwurfe die Bezeichnung „Kapitalantheil" gewählt. Sie entspricht mehr dem kaufmännischen Sprachgebrauch und ist auch sachlich zutreffender. Der Ausdruck „Antheil am Gesellschaftsvermögen" hat zu dem Mißverständnisse geführt, als ob die zum Gesellschaftsvermögen gehörenden Gegenstände nach dem Verhältnisse der Kapitalkonten im Miteigenthum der Gesellschafter ständen; dies ist aber nicht richtig; am wenigsten dann, wenn das Konto eines Gesellschafters mit einem Passivsaldo abschließt.

Eine sachliche Abweichung vom Handelsgesetzbuch liegt in den Vorschriften, welche der §. 119 des Entwurfs über die Vertheilung des Gewinns und Verlustes enthält. Die Abweichung besteht darin, daß nach dem Entwurfe keine feste Verzinsung der Kapitalantheile mehr stattfindet, daß vielmehr nur aus dem Jahresgewinn und demnach nur soweit, als dieser reicht, ein gewisser Prozentsatz nach dem Verhältnisse der Kapitalantheile auf diese vorweg vertheilt wird. Der Art. 106 des Handelsgesetzbuchs steht auf einem anderen Standpunkte. Danach werden dem einzelnen Gesellschafter am Jahresschluß ohne Rücksicht auf das thatsächliche Geschäftsergebniß Zinsen zu vier vom Hundert auf seine Einlage oder seinen Kapitalantheil gutgeschrieben. Hierdurch wird aber die Vermögenseinlage vor der Arbeitseinlage und die höhere Vermögenseinlage vor der geringeren unbillig bevorzugt. Da nämlich bei ungünstigem Geschäftsgange der Verlust der Gesellschaft durch diese Zinsen vermehrt oder gebildet wird, die Vertheilung des Verlustes unter die Gesellschafter aber nach Köpfen geschieht (Art. 109), so werden die Zinsen für den mit hoher Vermögenseinlage betheiligten Gesellschafter unter Umständen nicht aus den Geschäftserträgnissen, sondern aus den Einlagen der Mitgesellschafter oder sogar aus deren Privatvermögen gedeckt. Denn wenn in Folge der Gutschrift der Zinsen für den einen Gesellschafter ein Passivsaldo für einen anderen Gesellschafter entsteht oder sich erhöht, so hat der letztere bei der Auflösung der Gesellschaft oder bei seinem Ausscheiden jenen Betrag herauszuzahlen. Eine derartige Verzinsung der Einlage auf Kosten der Mitgesellschafter würde sich nur aus der Annahme einer wechselseitigen Zinsgarantie der Gesellschafter rechtfertigen lassen. Eine solche Annahme wird aber regelmäßig der Absicht der Betheiligten nicht entsprechen. Sie steht mit dem Wesen einer Erwerbsgesellschaft, die auf Gemeinsamkeit des Gewinns und Verlustes gerichtet ist, nicht im Einklang. Wie die Entschädigung für die Arbeitsleistungen der Gesellschafter nur aus dem Gewinn erfolgt, so muß billigerweise auch das gesetzliche Entgelt für die Vermögenseinlage sich auf den Antheil am Gewinne beschränken. Für die stille Gesellschaft sieht denn auch das Handelsgesetzbuch eine feste Verzinsung der Vermögenseinlage nicht vor. Richtig ist, daß die Theilhaber einer offenen Handelsgesellschaft in vielen Fällen ihr gesammtes Vermögen in die Gesellschaft einbringen und darauf angewiesen sind, selbst wenn kein Gewinn erzielt ist, aus dem Gesellschaftsvermögen ihren Lebensunterhalt zu decken (Protokolle der Nürnberger Kommission Bd. III S. 1022), aber in dieser Beziehung genügt es, wenn den Gesellschaftern auch in einem Verlustjahre gestattet wird, einen Betrag von vier vom Hundert, unter Abschreibung des Betrags von ihrem Kapitalantheile, aus der Gesellschaftskasse zu entnehmen (§. 120 des Entwurfs); ein unbedingtes Recht auf die Gutschrift fester Zinsen läßt sich dagegen nicht rechtfertigen. Die ausländische Gesetzgebung kennt mit wenigen Ausnahmen[1]) einen Anspruch auf feste Zinsen gleichfalls nicht.

Der Grundsatz des §. 722 des Bürgerlichen Gesetzbuchs, daß der ganze Gewinn im Zweifel nach Köpfen unter die Gesellschafter zu vertheilen ist, kann allerdings bei der offenen Handelsgesellschaft keine Anwendung finden. Der den Vorschriften des Handelsgesetzbuchs zu Grunde liegende Gedanke ist vielmehr insofern zweifellos zutreffend, als der Verschiedenheit der Kapitalbetheiligung ein angemessener Einfluß bei der Gewinnvertheilung einzuräumen ist. Diesem Gesichtspunkte wird durch die Vorschriften des §. 119 des Entwurfs Rechnung getragen. Jedem Gesellschafter gebührt hiernach aus dem Jahresgewinne zunächst ein Antheil von vier vom Hundert seines Kapitalantheils oder, falls der Jahresgewinn hierzu nicht ausreicht, ein Antheil, der sich nach einem entsprechend niedrigeren Satze bestimmt. Bei der Berechnung des einem Gesellschafter zukommenden Gewinnantheils werden die im Laufe des Geschäftsjahrs auf den Kapitalantheil entnommenen Gelder nach dem Verhältniß der bis zur Entnahme abgelaufenen Zeit, umgekehrt aber auch die im Laufe des Geschäftsjahrs als Einlage gemachten Leistungen nach dem Verhältnisse der seit der Leistung abgelaufenen Zeit berücksichtigt. Derjenige Theil des Jahresgewinns, welcher übrig bleibt, nachdem in dieser Weise jedem Gesellschafter der auf seinen Kapitalantheil fallende Gewinnbetrag gutgeschrieben ist, und ebenso der Verlust eines Geschäftsjahrs werden nach Köpfen vertheilt. Hierin stimmt der Entwurf mit den bisherigen Vorschriften überein (Art. 109 des Handelsgesetzbuchs). Auf die Antheile der Gesellschafter an diesem Gewinnüberschuß findet auch die Vorschrift des §. 722 Abs. 2 des Bürgerlichen Gesetzbuchs Anwendung, wonach, falls nur der Antheil am Gewinn oder am Verluste bestimmt ist, die Bestimmung im Zweifel für Gewinn und Verlust gilt.

Recht der Gesellschafter zur Entnahme von Geld. (§. 120.)

Der §. 120, nach welchem jeder Gesellschafter aus der Gesellschaftskasse Geld bis zum Betrage von vier vom Hundert seines für das

---

[1]) Ungarisches Handelsgesetzbuch §. 84 Abs. 1; schweizerisches Obligationenrecht Art. 556.

letzte Geschäftsjahr festgestellten Kapitalantheils zu seinen Lasten erheben darf und, soweit es nicht zum offenbaren Schaden der Gesellschaft gereicht, auch die Auszahlung seines diesen Betrag übersteigenden Antheils am Gewinne des letzten Jahres verlangen kann, im Uebrigen aber nicht befugt ist, ohne Einwilligung der anderen Gesellschafter seinen Kapitalantheil zu vermindern, entspricht dem Art. 108 des Handelsgesetzbuchs. Da aber zufolge §. 119 eine Gutschrift von vier vom Hundert auf die Kapitaleinlagen nur insoweit stattfindet, als der Jahresgewinn reicht, so wird nach dem Entwurfe, wenn ein Jahresgewinn nicht erzielt ist, durch die Entnahme dieses Betrags lediglich der bisherige Kapitalantheil des betreffenden Gesellschafters selbst vermindert, während nach dem Handelsgesetzbuch in Folge der Gutschrift fester Zinsen die Entnahme zum Theil auf Kosten der Mitgesellschafter erfolgt.

Dritter Titel.

Rechtsverhältniß der Gesellschafter zu Dritten.

Wirksamkeit der Gesellschaft nach außen. (§. 121.)

Die Vorschriften des §. 121 über den Zeitpunkt, mit welchem die offene Handelsgesellschaft Dritten gegenüber in Wirksamkeit tritt, stimmen im Wesentlichen mit dem Art. 110 des Handelsgesetzbuchs überein. Im Abs. 2 ist zur Vermeidung von Mißverständnissen ausdrücklich hervorgehoben, daß der Grundsatz, wonach die Wirksamkeit der offenen Handelsgesellschaft gegenüber Dritten schon vor der Eintragung der Gesellschaft in das Handelsregister durch den Beginn der Gesellschaftsgeschäfte eintritt, eine Ausnahme in den Fällen erleidet, in welchen es sich um ein Unternehmen handelt, das nach §. 2 erst durch die Eintragung die Eigenschaft als Handelsgewerbe erhält. Wie ferner durch die Fassung des Abs. 3 klargestellt wird, ist nicht nur die Vereinbarung, daß die Gesellschaft mit einem späteren Zeitpunkt als dem der Eintragung in das Handelsregister ihren Anfang nehmen solle, Dritten gegenüber unwirksam, sondern das Gleiche gilt, abgesehen von den Fällen des §. 2, auch bezüglich der Abrede, daß die Gesellschaft erst in einem späteren Zeitpunkt als dem des Geschäftsbeginns ins Leben treten solle. Schon jetzt wird eine derartige Vereinbarung meist für unwirksam erachtet.

Selbständigkeit des Gesellschaftsvermögens. (§. 122.)

Der §. 122, demzufolge die offene Handelsgesellschaft unter ihrer Firma Rechte erwerben und Verbindlichkeiten eingehen, Eigenthum und andere dingliche Rechte an Grundstücken erwerben, sowie vor Gericht klagen und verklagt werden kann, wiederholt lediglich den Inhalt des bisherigen Art. 111 Abs. 1. Zwar bestimmt schon der §. 17 Abs. 2 des Entwurfs, daß der Kaufmann unter seiner Firma klagen und verklagt werden kann, und nach §. 6 finden die für Kaufleute gegebenen Vorschriften auch auf die Handelsgesellschaften Anwendung; es empfiehlt sich aber nichtsdestoweniger, die Fähigkeit der offenen Handelsgesellschaft, unter ihrer Firma zu klagen und verklagt zu werden, im §. 122 noch besonders anzuerkennen; denn die in Frage stehende Vorschrift hat für die offene Handelsgesellschaft eine andere Bedeutung, als für den Einzelkaufmann. Der letztere erhält durch den §. 17 Abs. 2 lediglich die Befugniß, unter einem anderen als seinem bürgerlichen Namen vor Gericht aufzutreten, wogegen es sich im

§. 122 darum handelt, ob die Gesellschaft überhaupt die Fähigkeit hat, zu klagen und verklagt zu werden, oder ob nur die Gesellschafter Kläger und Beklagte sein können.

Einer besonderen Vorschrift bedarf es in Bezug auf die Zwangsvollstreckung in das Gesellschaftsvermögen. Bei der Gesellschaft des bürgerlichen Rechtes, die als solche nicht verklagt werden kann, soll nach der als §. 670b für die Civilprozeßordnung in Aussicht genommenen Vorschrift (Anlage II der Denkschrift zum Entwurfe des Bürgerlichen Gesetzbuchs) die Zwangsvollstreckung in das Gesellschaftsvermögen auf Grund eines gegen sämmtliche Gesellschafter vollstreckbaren Schuldtitels stattfinden und zwar ohne Unterschied, ob dem Schuldtitel eine Gesellschaftsschuld oder eine andere Gesammtschuld der Gesellschafter zu Grunde liegt. Für die offene Handelsgesellschaft eignet sich diese Vorschrift nicht. Der nach außen wirksamen Selbständigkeit des Gesellschaftsvermögens, insbesondere der Zulassung eines besonderen Gesellschaftskonkurses, welcher nur zur Befriedigung der Gesellschaftsgläubiger dient, entspricht es, daß das Gesellschaftsvermögen überhaupt dem unmittelbaren Zugriffe der Privatgläubiger der Gesellschafter entzogen wird, selbst wenn für die Schuld alle Gesellschafter haften. Bilden zum Beispiel dieselben Personen mehrere offene Handelsgesellschaften oder Kommanditgesellschaften, so dürfen nicht die Gläubiger der einen Gesellschaft das Vermögen der anderen in Anspruch nehmen. Auf dieser Erwägung beruht die Vorschrift des §. 122 Abs. 2 des Entwurfs, wonach die Zwangsvollstreckung in das Gesellschaftsvermögen nur auf Grund eines gegen die Gesellschaft gerichteten vollstreckbaren Schuldtitels stattfindet.

Die in dem Abs. 2 des bisherigen Art. 111 enthaltene Vorschrift über den Gerichtsstand der Gesellschaft ist durch den §. 19 der Civilprozeßordnung ersetzt und kann daher gestrichen werden.

Die Selbständigkeit des Gesellschaftsvermögens und die Trennung desselben von dem Rechtskreise der einzelnen Gesellschafter ist im Handelsgesetzbuch, abgesehen von dem Art. 111, noch durch eine Reihe anderer Vorschriften zum Ausdruck gebracht, nach welchen eine Verfügung der einzelnen Gesellschafter über ihren Antheil an den zum Gesellschaftsvermögen gehörenden Gegenständen sowie der Zugriff der Privatgläubiger eines Gesellschafters auf solche Gegenstände ausgeschlossen ist. Diese in den Art. 119 bis 121 des Handelsgesetzbuchs enthaltenen Vorschriften werden jetzt entbehrlich, da das Bürgerliche Gesetzbuch durch die Einführung des Grundsatzes der gesammten Hand die Unzulässigkeit solcher Verfügungen bei allen Gesellschaften anerkennt (§. 719 des Bürgerlichen Gesetzbuchs). Dies gilt insbesondere bezüglich der Aufrechnung zwischen Forderungen der Gesellschaft und Privatforderungen des Gesellschaftsschuldners gegen einen einzelnen Gesellschafter (Art. 121 des Handelsgesetzbuchs). Macht die Gesellschaft eine ihr zustehende Forderung geltend, so kann nach §. 719 Abs. 2 des Bürgerlichen Gesetzbuchs der Schuldner eine ihm gegen einen einzelnen Gesellschafter zustehende Forderung nicht aufrechnen; verlangt dagegen der Schuldner der Gesellschaft von einem Gesellschafter Befriedigung für eine ihm gegen diesen zustehende Privatforderung, so kann der Gesellschafter die Forderung der Gesellschaft deshalb nicht aufrechnen, weil er über das Gesellschaftsvermögen oder seinen Antheil daran nach §. 719 Abs. 1 nicht im eigenen Namen verfügen kann. Daß die Aufrechnung nach Auflösung der Gesellschaft zulässig ist, soweit die Gesellschaftsforderung dem Gesellschafter bei der Auseinandersetzung überwiesen ist (Art. 121 Satz 2 des Handelsgesetzbuchs), ist selbstverständlich, da eine solche Forderung mit der Ueberweisung an einen Gesellschafter aufhört, Gesellschaftsforderung zu sein.

Vertretung. (§§. 123 bis 125.) Die §§. 123 bis 125 regeln die Vertretung der Gesellschaft. Nach dem Handelsgesetzbuch (Art. 114 bis 118) ist jeder einzelne Gesellschafter selbständig zur Vertretung der Gesellschaft befugt, soweit nicht durch den Gesellschaftsvertrag abweichende Bestimmungen getroffen, insbesondere einzelne Gesellschafter von der Vertretung ausgeschlossen sind oder ein gemeinsames Handeln der vertretungsberechtigten Gesellschafter (Gesammtvertretung) für erforderlich erklärt ist; Dritten gegenüber erhalten solche Bestimmungen nur durch die Eintragung in das Handelsregister unbedingte Wirksamkeit. Der Umfang der Vertretungsmacht der Gesellschafter ist unbeschränkt und unbeschränkbar. An diesen, von den Vorschriften des Bürgerlichen Gesetzbuchs abweichenden, aber den Bedürfnissen des Handels entsprechenden Grundsätzen hält der Entwurf überall fest; nur in Einzelheiten sowie in der Anordnung und Fassung der Vorschriften unterscheidet er sich von dem Handelsgesetzbuch.

Für das geltende Recht ist es zweifelhaft, ob im Falle der Gesammtvertretung die vertretungsberechtigten Gesellschafter die Möglichkeit haben, einen Einzelnen von ihnen zur Vornahme bestimmter Arten von Geschäften oder Rechtshandlungen, zum Beispiel zur Ausstellung von Quittungen über den Empfang von Zahlungen oder Postsendungen, zu ermächtigen. Aus der Vorschrift des §. 181 des Bürgerlichen Gesetzbuchs, wonach, von gewissen Ausnahmen abgesehen, ein Vertreter mit sich im eigenen Namen ein Rechtsgeschäft nicht vornehmen kann, würde sich ein weiteres Bedenken gegen die Zulässigkeit einer solchen Ermächtigung entnehmen lassen, da bei der Ertheilung der Ermächtigung, streng genommen, auch der betreffende Gesellschafter selbst mitwirken muß. Es besteht nun aber unleugbar ein Bedürfniß, Ausnahmen von der Nothwendigkeit des gemeinsamen Handelns sämmtlicher vertretungsberechtigter Gesellschafter zuzulassen, auch wenn die Gesammtvertretung als allgemeine Regel im Gesellschaftsvertrag angeordnet ist. Die Häufigkeit von Prozessen, in denen es sich um die Gültigkeit von Ermächtigungen der fraglichen Art handelt, beweist dies zur Genüge. In noch höherem Grade besteht das Bedürfniß allerdings in Ansehung der Aktiengesellschaften und Genossenschaften, bei welchen die Gesammtvertretung durch sämmtliche Vorstandsmitglieder gesetzlich als Regel anerkannt ist. Immerhin erscheint auch für die offene Handelsgesellschaft eine gesetzliche Entscheidung der Frage wünschenswerth. In den Abs. 2 des §. 123 ist deshalb eine entsprechende Vorschrift aufgenommen.

Weiter ist daselbst bestimmt, daß, wenn der Gesellschaft gegenüber eine Willenserklärung abzugeben ist, stets die Abgabe gegenüber einem der zur Mitwirkung bei der Vertretung befugten Gesellschafter genügt. Den gleichen Grundsatz hat das Bürgerliche Gesetzbuch für den Vereinsvorstand aufgestellt (§. 28 Abs. 2); hinsichtlich der Zustellungen ist er auch bereits im Handelsgesetzbuch (Art. 117 Abs. 2) sowie in der Civilprozeßordnung (§. 157 Abs. 3) anerkannt.

Bestritten ist nach dem geltenden Rechte, ob die Vertretung der Gesellschaft auch in der Weise geordnet werden kann, daß die einzelnen Gesellschafter nur zusammen mit einem Prokuristen zur Vertretung ermächtigt werden. In der Praxis wird diese Form der Vertretung meist für statthaft gehalten, während sie in der Wissenschaft vielfach als unzulässig angesehen wird. Im Verkehr läßt sie sich, wie die Erfahrung zeigt, nicht entbehren, und der Entwurf erklärt sie deshalb im §. 123 Abs. 3 ausdrücklich für zulässig. Daß der Umfang der gemeinsamen Vertretungsmacht des Gesellschafters und des Prokuristen sich nach dem Umfange der Vollmacht des letzteren richtet, bedarf keiner besonderen Hervorhebung. Mit der Unbeschränkbarkeit der Vertretungsbefugniß des Gesellschafters steht dies nicht im Widerspruche; denn die Beschränkung hat nicht in der Vertretungsmacht des Gesellschafters, sondern in derjenigen des Prokuristen ihren Grund. Uebrigens bleiben auch in allen praktisch hauptsächlich bedeutsamen Beziehungen die Befugnisse des Prokuristen hinter denen eines vertretungsberechtigten Gesellschafters nicht zurück. Eine Bestimmung des Gesellschaftsvertrags, durch welche die Vertretung der Gesellschaft einem Gesellschafter zusammen mit einem Handlungsbevollmächtigten übertragen wird, ist nach dem Entwurf unzulässig. Da die Handlungsvollmacht einen gesetzlich fest bestimmten Inhalt nicht hat, würde in einem solchen Falle das Handelsregister über den Umfang der Vertretungsbefugniß keinen Aufschluß geben. Dagegen sind die zur Gesammtvertretung berechtigten Gesellschafter auf Grund der Vorschrift des §. 123 Abs. 2 Satz 2 in der Lage, einen aus ihrer Mitte zur Vornahme bestimmter Arten von Geschäften derart zu ermächtigen, daß der betreffende Gesellschafter seine Befugniß nur in Gemeinschaft mit einem Handlungsbevollmächtigten ausüben kann.

Der letzte Absatz des §. 123 bestimmt genauer als der Art. 86 Nr. 4 und der Art. 87 des Handelsgesetzbuchs, welche Anmeldungen zum Handelsregister hinsichtlich der Vertretungsbefugniß erforderlich sind.

Die auf den Umfang der Vertretungsmacht bezüglichen Vorschriften des §. 124 (bisher Art. 114 Abs. 1, 116, 117 Abs. 1, 118) enthalten in sachlicher Beziehung keine wesentlichen Abweichungen von dem geltenden Rechte. Von dem Grundsatz der sachlichen Unbeschränkbarkeit der Vertretungsmacht der Gesellschafter läßt der Abs. 3 des §. 124 insofern eine Ausnahme zu, als die Vertretungsbefugniß eines Gesellschafters auf den Betrieb einer von mehreren Niederlassungen der Gesellschaft beschränkt werden kann, sofern die Niederlassungen unter verschiedenen Firmen betrieben werden. Es kommen hier die gleichen Gesichtspunkte in Betracht, wie bezüglich der Beschränkung der Prokura auf eine von mehreren Niederlassungen (§. 49 Abs. 3).

Daß die Gesellschaft durch die von den vertretungsberechtigten Gesellschaftern abgeschlossenen Geschäfte unmittelbar berechtigt und verpflichtet wird (Handelsgesetzbuch Art. 114 Abs. 2), braucht nicht mehr besonders ausgesprochen zu werden; der Grundsatz ergiebt sich aus der allgemeinen Vorschrift des §. 164

des Bürgerlichen Gesetzbuchs. Ob und inwieweit auf die vertretungsberechtigten Gesellschafter die für gesetzliche Vertreter geltenden Vorschriften anwendbar sind (zu vergl. Civilprozeßordnung §§. 54, 55, 97, 219, §. 247 Abs. 2 Nr. 6), kann, wie bisher, der Entscheidung durch Wissenschaft und Rechtsprechung überlassen bleiben. Von praktischer Bedeutung ist hierbei hauptsächlich die Frage, wer in Prozessen der Gesellschaft die Parteieide zu leisten hat; diese Frage hat das Reichsgericht in Uebereinstimmung mit der herrschenden Meinung dahin beantwortet, daß nur die vertretungsberechtigten Gesellschafter zu schwören haben (Civilprozeßordnung §§. 435, 436, 439), und es liegt kein Grund vor, dem entgegenzutreten. Auch die Frage, inwieweit die Gesellschaft für den Schaden verantwortlich ist, den ein vertretungsberechtigter Gesellschafter bei seinen Verrichtungen einem Dritten zufügt, hat durch die Rechtsprechung des Reichsgerichts eine den praktischen Bedürfnissen entsprechende Lösung gefunden.

Der §. 125 des Entwurfs gewährt die Möglichkeit, einem Gesellschafter die Befugniß zur Vertretung der Gesellschaft unter besonderen Umständen auch gegen seinen Willen zu entziehen. Bisher gab es eine solche Entziehung nicht; der Art. 101 des Handelsgesetzbuchs gilt nur für die Geschäftsführung, also nur für das Verhältniß nach innen, nicht für die Legitimation gegenüber Dritten. Der einzige Weg, auf dem sich zur Zeit die Gesellschaft gegen die mißbräuchliche Ausübung der Vertretungsmacht eines Gesellschafters schützen kann, besteht in der vollständigen Ausschließung des Gesellschafters aus der Gesellschaft oder in der Auflösung der letzteren. Es erscheint jedoch nicht unbedenklich, die Gesellschaft auf einen dieser Wege zu drängen, wenn bereits mit der Entziehung der Vertretungsbefugniß der beabsichtigte Zweck erreicht werden kann. Auf diesem Standpunkt steht sowohl der §. 715 des Bürgerlichen Gesetzbuchs als auch der §. 38 Abs. 2 des Gesetzes, betreffend die Gesellschaften mit beschränkter Haftung. Der Entwurf bestimmt demgemäß, daß einem Gesellschafter die Vertretungsmacht aus wichtigem Grunde auf Antrag der übrigen Gesellschafter durch gerichtliche Entscheidung entzogen werden kann. Zwischen der auf Gesetz und der auf Vertrag beruhenden Vertretungsbefugniß wird nicht unterschieden. Auch erscheint es nicht erforderlich, die Entziehung der Vertretungsbefugniß nach dem Vorgange des Bürgerlichen Gesetzbuchs an die Bedingung zu knüpfen, daß gleichzeitig dem Gesellschafter die Befugniß zur Geschäftsführung entzogen wird. Von dem Bürgerlichen Gesetzbuche weicht der Entwurf ferner darin ab, daß die Vertretungsbefugniß nicht durch einfachen Beschluß der anderen Gesellschafter, über dessen Rechtmäßigkeit das Gericht dann erst nachträglich im Streitfalle zu entscheiden hätte, sondern nur durch Richterspruch entzogen werden kann. Wird bei der offenen Handelsgesellschaft die unmittelbare Entziehung der Vertretungsbefugniß durch Beschluß der Gesellschafter zugelassen, so ergiebt sich für Dritte im Rechtsverkehr mit der Gesellschaft eine unsichere Lage, wenn sie zwar von dem Beschlusse Kenntniß erhalten haben (zu vergl. §. 15 Abs. 1 des Entwurfs), aber nicht übersehen, ob derselbe auf zureichenden Gründen beruht. Unter dem Einflusse von Streitigkeiten werden leicht übereilte und ungerechtfertigte

Beschlüsse dieser Art gefaßt und durch Rundschreiben oder in sonstiger Weise bekannt gemacht. Der Gesellschafter, der von dem Beschlusse getroffen wird, kann auf diesem Wege in seiner kaufmännischen Stellung empfindlich geschädigt werden; der Erfolg, welchen er in einem sich daran schließenden Rechtsstreite hat, vermag jenen Nachtheil nicht immer auszugleichen. Hiernach erscheint es richtig, dem Beschluß als solchem keine rechtliche Wirkung beizulegen.

Haftung der Gesellschafter für die Gesellschaftsschulden. (§§. 126 bis 128.)

Der Grundsatz, daß bei der offenen Handelsgesellschaft die Gesellschafter für die Verbindlichkeiten der Gesellschaft den Gläubigern als Gesammtschuldner mit ihrem ganzen Vermögen haften, ist im Art. 112 des Handelsgesetzbuchs ohne Einschränkung aufgestellt. Dessenungeachtet ist früher vielfach angenommen worden, daß die bezeichnete Regel eine Ausnahme erleiden müsse, soweit es sich um die Forderung eines Gesellschafters gegen die Gesellschaft handelt, und zwar ohne Unterschied, ob die Forderung sich auf das Gesellschaftsverhältniß gründet oder ob sie auf einem selbständigen Rechtsgeschäfte beruht, das der Gesellschafter mit der Gesellschaft geschlossen hat. Die neuere Rechtsprechung des Reichsgerichts ist jedoch von dieser Auffassung abgegangen und hat vielmehr unter gewissen Einschränkungen auch dem einzelnen Gesellschafter das Recht zugestanden, wegen seiner Forderungen an die Gesellschaft die Mitgesellschafter in Anspruch zu nehmen. Es liegt kein genügender Grund vor, dieser Rechtsprechung durch gesetzliche Vorschriften entgegenzutreten. Im §. 126 des Entwurfs ist demzufolge der Grundsatz des bisherigen Art. 112 unverändert wiedergegeben.

Da die Gesellschafter als Gesammtschuldner haften, so kommen auf ihre nebeneinander bestehenden Verpflichtungen die Vorschriften des Bürgerlichen Gesetzbuchs über die Gesammtschuld zur Anwendung. In Ansehung der Vorschriften, welche nach §. 426 des Bürgerlichen Gesetzbuchs bezüglich des Rückgriffs der Gesammtschuldner unter einander im Zweifel maßgebend sind, gilt dies allerdings nicht; die Auseinandersetzung unter den Gesellschaftern findet vielmehr erst nach der Auflösung der Gesellschaft oder nach dem Ausscheiden eines Gesellschafters statt. Auch während der Liquidation hat der Gesellschafter noch nicht ohne Weiteres ein von dem schließlichen Ergebnisse der Auseinandersetzung unabhängiges Rückgriffsrecht gegen die Mitgesellschafter. Die bezeichneten Sätze sind durch Rechtsprechung und Wissenschaft hinreichend festgestellt, sodaß es keiner besonderen Vorschriften im Gesetze bedarf.

Anders verhält es sich mit einzelnen Fragen, die das Verhältniß der Haftung der Gesellschafter zu der Haftung der Gesellschaft betreffen. Die Schwierigkeiten, die sich dabei geltend machen, hängen hauptsächlich mit der Frage zusammen, in welchem Umfange die rechtliche Selbständigkeit der offenen Handelsgesellschaft gegenüber den Personen der Gesellschafter anzuerkennen ist. Hieraus ergeben sich bezüglich einzelner praktisch wichtiger Punkte Zweifel, und es muß als wünschenswerth betrachtet werden, dieselben durch das Gesetz zu entscheiden. Der §. 127 des Entwurfs enthält die nöthigen Vorschriften. Der Abs. 1 betrifft die Frage, inwieweit der Gesellschafter, welcher von einem Gesellschaftsgläubiger in Anspruch genommen wird, befugt ist, Einwendungen gegen die Gesellschaftsschuld als solche selbständig geltend zu machen. In Uebereinstimmung mit der in Wissenschaft und Rechtsprechung schon gegenwärtig herrschenden Auffassung entscheidet der Entwurf die Frage dahin, daß der Gesellschafter Einwendungen, die nicht in seiner Person begründet sind, nur insoweit erheben kann, als sie von der Gesellschaft selbst noch geltend gemacht werden können. Hiernach hat sowohl ein rechtsverbindliches Anerkenntniß der Gesellschaft als ein gegen sie ergangenes rechtskräftiges Urtheil die Wirkung, daß die Gesellschaftsschuld als solche auch den Gesellschaftern gegenüber festgestellt ist. Andererseits kann die Wirkung eines derartigen Urtheils nicht so weit gehen, daß aus demselben auch die Zwangsvollstreckung unmittelbar in das Privatvermögen der einzelnen Gesellschafter zuzulassen wäre. Dieser im Abs. 4 des §. 127 ausgesprochene Grundsatz steht gleichfalls im Einklang mit der in der Rechtsprechung der höchsten Gerichte zur Geltung gelangten Auffassung. Der Entwurf bringt demnach in den gedachten Beziehungen nur dasjenige zur gesetzlichen Anerkennung, was als das Ergebniß der bisherigen Rechtsentwickelung bezeichnet werden darf. Sowohl dem praktischen Bedürfniß als der rechtlichen Stellung der Gesellschafter in der Gesellschaft entspricht dasselbe vollkommen; umsomehr empfiehlt es sich, die betreffenden Sätze in das Gesetz aufzunehmen.

Der zweite und dritte Absatz des §. 127 betreffen die Fälle, in welchen ein Gesellschafter wegen einer Schuld der Gesellschaft in Anspruch genommen wird, hinsichtlich deren der Gesellschaft selbst ein Recht der Anfechtung oder mit Rücksicht auf eine Gegenforderung an den Gläubiger ein Recht der Aufrechnung zusteht. Nach dem geltenden Rechte wird meist angenommen, daß der wegen einer Gesellschaftsschuld in Anspruch genommene Gesellschafter kraft eigenen Rechtes mit den Gesellschaftsforderungen aufrechnen könne. Dadurch wird jedoch dem Gesellschafter bezüglich der Forderungen der Gesellschaft ein weitergehendes Verfügungsrecht eingeräumt, als er es an den sonstigen zur Befriedigung der Gläubiger geeigneten Vermögensstücken der Gesellschaft hat. Hierzu fehlt es an einem genügenden Grunde. Bedenklich erscheint es auch, die Befugniß zur selbständigen Geltendmachung eines der Gesellschaft zustehenden Anfechtungsrechts dem einzelnen Gesellschafter zu gewähren. Am zweckmäßigsten wird das Verhältniß in beiden Beziehungen so geregelt, wie es im §. 770 des Bürgerlichen Gesetzbuchs für die Bürgschaft vorgesehen ist. Danach hat zwar der Bürge, solange dem Hauptschuldner das Recht zusteht, das seiner Verbindlichkeit zu Grunde liegende Rechtsgeschäft anzufechten, oder solange sich der Gläubiger durch Aufrechnung gegen eine fällige Forderung des Hauptschuldners befriedigen kann, die Befugniß, die Befriedigung des Gläubigers zu verweigern, er kann aber nicht das Anfechtungs- oder Aufrechnungsrecht des Hauptschuldners selbständig geltend machen. Auch für den Gesellschafter einer offenen Handelsgesellschaft genügt in den fraglichen Fällen die Gewährung einer aufschiebenden Einrede.

Der §. 128, nach welchem der Gesellschafter, der in eine bestehende Gesellschaft eintritt, gleich den anderen Gesellschaftern für die von der Gesellschaft vor seinem Eintritt eingegangenen Verbindlichkeiten ohne Rücksicht auf eine entgegenstehende Vereinbarung haftet, wiederholt die Vorschrift des bisherigen Art. 113. Die Frage der Haftung in dem Falle, daß bei der Errichtung einer offenen Handelsgesellschaft einer der Gesellschafter ein bestehendes Handelsgeschäft in die Gesellschaft einbringt, ist schon im §. 27 geregelt.

Während das Handelsgesetzbuch im Allgemeinen davon ausgeht, daß die Gesellschaftsgläubiger sich wegen ihrer Ansprüche nach ihrer Wahl an die Gesellschaft oder an jeden einzelnen Gesellschafter halten können, also nicht verpflichtet sind, zunächst aus dem Gesellschaftsvermögen Befriedigung zu suchen, ändert sich dieses Verhältniß nach Art. 122 im Falle des Konkurses der Gesellschaft. Die Gesellschaftsgläubiger können, sobald der Konkurs über das Vermögen der Gesellschaft eröffnet ist, aus dem Privatvermögen eines Gesellschafters nur insoweit Befriedigung verlangen, als sie im Gesellschaftskonkurs einen Ausfall erlitten haben. Die bis dahin prinzipale Haftung der Gesellschafter wird zu einer subsidiären. Dabei unterscheidet das Handelsgesetzbuch nicht, ob auch über das Vermögen des betreffenden Gesellschafters der Konkurs eröffnet ist oder nicht. In der Literatur wird zwar in neuerer Zeit von einzelnen Seiten die Auffassung vertreten, daß die Vorschrift des Art. 122 des Handelsgesetzbuchs nur für den Fall gelte, wenn sich auch der Gesellschafter, dessen Haftung geltend gemacht wird, im Konkurse befindet; das Reichsgericht hat jedoch diese Auffassung mit Rücksicht auf die unbedingte Fassung der Vorschrift als unzutreffend zurückgewiesen. Haftung im Falle des Gesellschafts-konkurses.

Der gegenwärtige Rechtszustand ist nicht befriedigend. Daß die Haftung des Gesellschafters eine subsidiäre wird, ist nur gerechtfertigt, wenn nicht bloß über das Vermögen der Gesellschaft, sondern auch über das Vermögen des Gesellschafters der Konkurs eröffnet ist. Hier bedarf es eines Schutzes der Privatgläubiger des Gesellschafters, die auf die Befriedigung in dem Konkurs über dessen Vermögen angewiesen sind und den Antheil des Gesellschafters an den Gegenständen des Gesellschaftsvermögens den Gesellschaftsgläubigern überlassen müssen. Dagegen fehlt es an einem genügenden Grunde, auch die Haftung derjenigen Gesellschafter, welche trotz des Gesellschaftskonkurses zahlungsfähig geblieben sind, in der fraglichen Weise einzuschränken. Die Haftung versagt in Folge dieser Einschränkung gerade da, wo sie die größte praktische Bedeutung hätte; denn den Gesellschaftsgläubigern wird es hierdurch regelmäßig während der ganzen Dauer des Gesellschaftskonkurses unmöglich gemacht, sich an die vermögenden Mitglieder der Gesellschaft zu halten. Die Frage war früher von geringerer Erheblichkeit, weil nach den meisten Landesgesetzen die Eröffnung des Gesellschaftskonkurses die Eröffnung des Konkurses über das Vermögen der Gesellschafter zur nothwendigen Folge hatte. Durch die Reichskonkursordnung, in welcher ein solcher Grundsatz nicht aufgenommen worden ist, hat sich dies aber geändert. Um so mehr erscheint es angezeigt, jetzt auch die Vorschrift des Handelsgesetzbuchs einer Aenderung zu unterziehen und die Subsidiarität der Haftung der Gesellschafter auf den Fall zu beschränken, wenn sowohl über das Vermögen der Gesellschaft als über das Vermögen des betreffenden Gesellschafters der Konkurs eröffnet ist.

Der in dieser Weise einzuschränkende Grundsatz erhält seinen Ausdruck am besten durch eine veränderte Fassung des §. 201 der Konkursordnung, welcher sich auf die Rechte der Gläubiger einer offenen Handelsgesellschaft in den Konkursen der Gesellschafter bezieht (zu vergl. Anl. I). Der Art. 122 des Handelsgesetzbuchs kann dann ganz wegfallen; denn der darin noch enthaltene Satz, daß im Konkurse der offenen Handelsgesellschaft ausschließlich die Gesellschaftsgläubiger ihre Befriedigung suchen können, ergiebt sich auch aus der Konkursordnung.

Hierdurch erledigen sich zugleich die Streitfragen, zu denen bisher das Verhältniß des §. 201 der Konkursordnung zu den Vorschriften des Art. 122 des Handelsgesetzbuchs Anlaß gegeben hat. Sie beruhen hauptsächlich auf der Verschiedenheit des Sinnes, in welchem die beiden Gesetzesvorschriften von dem „Ausfalle der Gesellschaftsgläubiger in dem Gesellschaftskonkurse" sprechen. In Zukunft kommt nur noch die Bedeutung, welche die Konkursordnung mit diesem Ausdrucke verbindet, in Betracht.

Ueber sonstige Fragen, die sich in Bezug auf den Konkurs der offenen Handelsgesellschaft erheben lassen, bedarf es keiner neuen gesetzlichen Vorschriften. Insbesondere kann die Frage, ob auch Ansprüche von Gesellschaftern auf rückständigen Gewinn im Konkurse der Gesellschaft geltend gemacht werden können, der Entscheidung durch Wissenschaft und Rechtsprechung überlassen bleiben. Da die Geltendmachung solcher Ansprüche jedenfalls nur in Ansehung des Gewinns des letzten Geschäftsjahrs in Betracht kommen könnte, wogegen der unerhobene Gewinn aus früheren Jahren regelmäßig als Vermehrung der Kapitaleinlage der Gesellschafter anzusehen sein wird, so ist die Frage nicht von großer praktischer Bedeutung.

Vierter Titel.

Auflösung der Gesellschaft und Ausscheiden von Gesellschaftern.

Gründe der Auflösung. (§. 129.)

Die im Art. 123 des Handelsgesetzbuchs enthaltene zusammenfassende Aufzählung der Thatsachen, durch welche die offene Handelsgesellschaft aufgelöst wird, ist in den §. 129 des Entwurfs übernommen. Dabei ist neben der Auflösung durch Kündigung auch die Auflösung durch gerichtliche Entscheidung (§. 131) besonders hervorgehoben. Ebenso mußte die Auflösung durch Ablauf der Zeit, für welche die Gesellschaft eingegangen ist, sowie durch Beschluß der Gesellschafter im §. 129 aufgeführt werden, während das Bürgerliche Gesetzbuch in den Vorschriften über die Gesellschaft diese Auflösungsgründe nicht erwähnt. Dagegen ist die Unfähigkeit zur selbständigen Vermögensverwaltung (Handelsgesetzbuch Art. 123 Nr. 3) nicht mehr als ein besonderer Auflösungsgrund anerkannt; es genügt, daß wegen jener Thatsache gegebenen Falls auf Auflösung der Gesellschaft geklagt werden kann. Andererseits endigt nach §. 726 des Bürgerlichen Gesetzbuchs die Gesellschaft von Rechtswegen, wenn der vereinbarte Zweck erreicht oder dessen Erreichung unmöglich geworden ist, wogegen dem Handelsgesetzbuch diese Auflösungsgründe nicht bekannt sind. Der Entwurf folgt hierin dem letzteren. Bei der offenen Handelsgesellschaft wird sich nur selten ohne Weiteres erkennen lassen, ob der Gesellschaftszweck erreicht oder seine Erreichung unmöglich geworden ist. Schon mit Rücksicht auf das Verhältniß der Gesellschaft zu Dritten erscheint es daher nicht angängig, jene Thatsachen als von Rechtswegen wirkende Auflösungsgründe anzuerkennen; auch hier wird es vielmehr am besten den Gesellschaftern überlassen, die Auflösung gemeinsam zu beschließen oder sie im Wege der gerichtlichen Entscheidung herbeizuführen.

Kündigung der Gesellschaft und Auflösung durch gerichtliche Entscheidung. (§§. 130 bis 133.)

Eine Gesellschaft auf unbestimmte Zeit, der eine für die Lebenszeit eines Gesellschafters eingegangene oder nach dem Ablaufe der bestimmten Zeit stillschweigend fortgesetzte Gesellschaft gleichsteht, kann nach dem Bürgerlichen Gesetzbuch (§§. 723, 724) jederzeit gekündigt werden. Das Handelsgesetzbuch (Art. 124, Art. 123 Nr. 5, 6) gestattet dagegen, soweit nicht ein Anderes vereinbart ist, die Kündigung nur zum Ablaufe des Geschäftsjahrs und nur unter Einhaltung einer Kündigungsfrist von sechs Monaten. Hierbei muß es verbleiben (§§. 130, 132). Das im §. 723 des Bürgerlichen Gesetzbuchs und im Art. 125 des Handelsgesetzbuchs jedem Gesellschafter gewährte Recht, aus wichtigen Gründen ohne Einhaltung einer Kündigungsfrist die sofortige Auflösung der Gesellschaft herbeizuführen, erkennt auch der Entwurf an (§§. 131, 132). Nach dem Bürgerlichen Gesetzbuch wird, falls ein wichtiger Grund vorliegt, die Gesellschaft schon durch die Kündigung des Gesellschafters aufgelöst, während für das Handelsgesetzbuch Streit darüber besteht, ob zur Auflösung die bloße Auflösungserklärung des Gesellschafters genügt oder ein Richterspruch erforderlich ist. Demgegenüber verlangt der Entwurf, ebenso wie bei der Entziehung der Geschäftsführungs- und Vertretungsbefugniß (§§. 115, 125), zum Schutze der übrigen Gesellschafter und im Interesse der Verkehrssicherheit ausdrücklich eine die Auflösung aussprechende richterliche Entscheidung. Als wichtige Gründe für eine solche Auflösung hebt der Entwurf die im §. 723 des Bürgerlichen Gesetzbuchs aufgeführten Umstände noch besonders hervor; die mehr ins Einzelne gehenden Beispiele, die der Art. 125 enthält, sind für die Rechtsprechung ohne wesentlichen Nutzen und deshalb entbehrlich. Neben den im §. 131 des Entwurfs genannten Beispielen kommt unter Anderem auch der Fall in Betracht, daß einem Gesellschafter die Befugniß zur Geschäftsführung oder zur Vertretung der Gesellschaft wider seinen Willen entzogen wird; eine derartige Maßregel kann dem davon betroffenen Gesellschafter, namentlich wenn denselben kein Verschulden trifft, das Recht geben, die sofortige Auflösung der Gesellschaft zu verlangen.

Das Recht der Privatgläubiger eines Gesellschafters, die Gesellschaft zu dem Zwecke zu kündigen, um sich aus dem, was dem Gesellschafter bei der Auseinandersetzung zukommt, zu befriedigen, ist im §. 133 des Entwurfs der Hauptsache nach in derselben Weise wie in dem bisherigen Art. 126 geregelt. Die Vorschriften des §. 725 des Bürgerlichen Gesetzbuchs, welche das Kündigungsrecht des Gläubigers in mehrfacher Hinsicht an leichtere Bedingungen knüpfen, sind für die offene Handelsgesellschaft nicht geeignet. Nur in einzelnen Beziehungen weichen die Vorschriften des Entwurfs von denjenigen des Handelsgesetzbuchs ab. Um nutzlose Weiterungen zu verhüten, wird nicht mehr verlangt, daß die fruchtlose Zwangsvollstreckung in das Vermögen des Gesellschafters, welche die Voraussetzung des Kündigungsrechts des Gläubigers bildet, gerade von dem kündigenden Gläubiger selbst versucht worden sei; auch soll es genügen, wenn die erfolglos gebliebene Zwangsvollstreckung nur in das bewegliche Vermögen des Gesellschafters unternommen worden ist. Andererseits kann nicht jeder irgend einmal in früherer Zeit erfolgte Versuch der Zwangsvollstreckung als ausreichend betrachtet werden; es bedarf vielmehr in dieser Beziehung einer bestimmten zeitlichen Begrenzung. Der Entwurf macht es im Anschluß an den §. 64 des Genossenschaftsgesetzes zur Bedingung, daß die vergeblich versuchte Zwangsvollstreckung innerhalb der Zeit von sechs Monaten vor der Pfändung und Ueberweisung des Auseinandersetzungsanspruchs des Gesellschafters stattgefunden habe.

Fortdauer der Pflicht und des Rechts zur Geschäftsführung. (§§. 134, 135.)

In den §§. 727 bis 729 des Bürgerlichen Gesetzbuchs sind besondere Bestimmungen über die einstweilige Fortdauer der Pflicht und des Rechts zur Geschäftsführung nach Auflösung der Gesellschaft getroffen. Diese Vorschriften eignen sich auch zur Anwendung auf die offene Handelsgesellschaft. Sie werden hier nicht etwa durch die Vorschriften über die Liquidation und über die Befugnisse der Liquidatoren zur Geschäftsführung entbehrlich; denn einerseits sind die geschäftsführenden Gesellschafter und die Liquidatoren nicht immer dieselben Personen, und andererseits haben die Befugnisse beider bezüglich der Geschäftsführung einen verschiedenen Umfang. Die §§. 727 bis 729 des Bürgerlichen Gesetzbuchs bedürfen jedoch für die offene Handelsgesellschaft einer Ergänzung. Denn sie beziehen sich nur auf die durch den Gesellschaftsvertrag übertragene Geschäftsführung, wogegen bei der offenen Handelsgesellschaft, da bei dieser die einzelnen Mitglieder für sich allein zur Geschäftsführung berufen sind, die gleichen Grundsätze bezüglich der kraft Gesetzes einem Gesellschafter zustehenden Geschäftsführung zur Anwendung kommen müssen. Dies ist in den §§. 134, 135 des Entwurfs vorgesehen.

Ausscheiden von Gesellschaftern. (§§. 136 bis 139.)

Die §§. 136 bis 139 regeln das Ausscheiden eines Gesellschafters aus der im Uebrigen fortbestehenden Gesellschaft. Sie entsprechen, abgesehen von den neuen Bestimmungen des §. 137, im Wesentlichen den Vorschriften der bisherigen Art. 127, 128, 130 Abs. 1 und 132 des Handelsgesetzbuchs, in der Fassung ist die Sprachweise des Bürgerlichen Gesetzbuchs (§§. 736, 737) berücksichtigt. Letzteres gilt auch in Betreff der Anwendung des Wortes „Ausscheiden". Das Bürgerliche Gesetzbuch begreift unter diesem Ausdruck, ebenso wie das Genossenschaftsgesetz, sowohl den freiwilligen Austritt als die Ausschließung eines Gesellschafters; dem folgt auch der Entwurf, wogegen im Handelsgesetzbuch der Ausdruck eine engere Bedeutung hatte.

Der §. 137 des Entwurfs betrifft den Fall, daß nach dem Gesellschaftsvertrage die Gesellschaft mit den Erben eines verstorbenen Gesellschafters fortgesetzt werden soll. In der Rechtsprechung ist auf Grund des Art. 123 Nr. 2 in Verbindung mit Art. 113 des Handelsgesetzbuchs angenommen worden, daß der Erbe ohne Weiteres in die Gesellschaft eintritt und für deren Schulden mit seinem ganzen Vermögen auch dann einzustehen hat, wenn er nach dem bürgerlichen Rechte für die Nachlaßverbindlichkeiten an sich nur beschränkt haftet. Dieses Ergebniß enthält eine unbillige

Härte gegen den Erben; derselbe kann in einem solchen Falle die unbeschränkte Haftung für die Gesellschaftsschulden nur durch rechtzeitige Ausschlagung der ganzen Erbschaft von sich abwenden. Allerdings läßt sich die Schwierigkeit nicht in der Weise beseitigen, daß der Erbe, selbst wenn er längere Zeit als offener Gesellschafter in der Gesellschaft verbleibt, immer nur mit der Erbschaft für die Gesellschaftsschulden zu haften braucht. Eine derartige Regelung würde die Rechtssicherheit gefährden und in Ansehung neu entstehender Verbindlichkeiten überhaupt nicht durchzuführen sein. Ebensowenig wird man dem Erben die Befugniß einräumen können, einerseits die Erbschaft zu behalten, andererseits aber die Fortsetzung der Gesellschaft unbedingt abzulehnen und demgemäß seinen Austritt zu erklären. Denn wenn in einem Gesellschaftsvertrage bestimmt wird, daß die Gesellschaft mit den Erben eines Gesellschafters fortgesetzt werden soll, so ist hierbei in der Regel neben der Rücksicht auf das Interesse der Erben hauptsächlich die Absicht maßgebend, daß das Gesellschaftskapital auch nach dem Tode eines der Gesellschafter dem gemeinsamen Unternehmen ungeschmälert erhalten bleiben soll. Eine solche Absicht ist an sich nicht zu beanstanden und hält sich namentlich innerhalb der Grenzen, welche dem Verfügungsrechte des Erblassers hinsichtlich der Belastung der Erben gezogen sind; ihre Verwirklichung muß deshalb auch möglich bleiben. Dies wäre aber nicht der Fall, wenn den Erben die Befugniß zustände, nach ihrem Belieben aus der Gesellschaft auszuscheiden und die Auszahlung des Kapitalantheils ihres Erblassers zu verlangen.

Die bezeichneten Bedenken werden vermieden, wenn der Erbe die Befugniß erhält, sein Verbleiben in der Gesellschaft davon abhängig zu machen, daß ihm unter Belassung des Gewinnantheils seines Erblassers die Stellung eines Kommanditisten eingeräumt und der auf ihn fallende Theil der Einlage des Erblassers als seine Kommanditeinlage anerkannt wird. Auf dieser Grundlage ist der Gegenstand im Entwurfe geregelt. Gehen die übrigen Gesellschafter auf den Antrag des Erben nicht ein, so ist dieser befugt, ohne Einhaltung einer Kündigungsfrist sein Ausscheiden aus der Gesellschaft zu erklären. Selbstverständlich kann dem Erben die Ausübung der bezeichneten Rechte nicht ohne jede zeitliche Begrenzung gestattet werden. Der Entwurf bestimmt hierfür eine Frist von drei Monaten von dem Zeitpunkt an, in welchem der Erbe von dem Anfalle der Erbschaft Kenntniß erlangt hat. Im Einzelnen gilt für diese Frist dasselbe wie für die dreimonatige Frist, welche im §. 26 des Entwurfs mit Bezug auf die Haftung für die Geschäftsverbindlichkeiten zu Gunsten des Erben vorgesehen ist, der das Geschäft des Erblassers unter der alten Firma fortführt; auf den Lauf der Frist finden demgemäß die Vorschriften des §. 206 des Bürgerlichen Gesetzbuchs entsprechende Anwendung, auch endigt die Frist, falls bei ihrem Ablaufe das Recht zur Ausschlagung der Erbschaft noch nicht verloren ist, nicht vor dem Ablaufe der Ausschlagungsfrist. Scheidet innerhalb der Frist der Erbe aus der Gesellschaft aus oder wird innerhalb der Frist die Gesellschaft aufgelöst oder dem Erben die Stellung eines Kommanditisten eingeräumt, so haftet er, wie der Entwurf weiterhin vorsieht, wegen der bis dahin entstandenen Gesellschaftsschulden nur nach Maßgabe der die Haftung des

Erben für die Nachlaßverbindlichkeiten betreffenden Vorschriften des bürgerlichen Rechtes; was die später entstehenden Verbindlichkeiten betrifft, so regelt sich, falls der Erbe als Kommanditist in der Gesellschaft verbleibt, seine Haftung für diese Verbindlichkeiten nach den für die Kommanditisten maßgebenden Grundsätzen. Macht der Erbe von den ihm nach §. 137 zustehenden Befugnissen überhaupt nicht oder nicht rechtzeitig Gebrauch, so trifft ihn die unbeschränkte Haftung für alle Gesellschaftsschulden, mögen sie vor oder nach dem Erbfalle entstanden sein. Durch den Gesellschaftsvertrag kann, wie der Entwurf besonders bestimmt, die Anwendung der Vorschriften des §. 137 im voraus nicht ausgeschlossen werden, da sonst der Erblasser doch wieder in der Lage wäre, den Erben über die Kräfte der Erbschaft hinaus zu verpflichten. Nur in einer Hinsicht bleibt für abändernde Bestimmungen des Gesellschaftsvertrags Raum. Da der Kommanditist zur Geschäftsführung nicht verpflichtet ist, bei der Regelung der Gewinnvertheilung aber neben dem Betrage der Kapitaleinlage des einzelnen Gesellschafters auch dessen persönliche Thätigkeit in Betracht kommt, so erscheint es als eine Forderung der Billigkeit, daß der Gesellschaftsvertrag für den Erben, der als Kommanditist eintritt, einen geringeren Gewinnantheil festsetzen darf als für den Erblasser.

Was die Voraussetzungen der Ausschließung eines Gesellschafters betrifft, so hält der §. 138 des Entwurfs in Abweichung von dem Bürgerlichen Gesetzbuch an den Grundsätzen des bisherigen Art. 128 des Handelsgesetzbuchs fest. Nach §. 737 des Bürgerlichen Gesetzbuchs kann ein Gesellschafter, in dessen Person ein die übrigen Gesellschafter zur Kündigung berechtigender Umstand eintritt, aus der Gesellschaft nur dann ausgeschlossen werden, wenn der Gesellschaftsvertrag bestimmt, daß im Falle der Kündigung eines Gesellschafters die Gesellschaft unter den übrigen fortbestehen solle. Der Entwurf läßt dagegen ebenso wie der bisherige Art. 128 die Ausschließung auch ohne diese Voraussetzung zu. In Anbetracht der dauernden Zwecke, welche die offene Handelsgesellschaft verfolgt, ist es angezeigt, den Fortbestand der Gesellschaft thunlichst zu sichern und demgemäß die Entfernung eines das Unternehmen gefährdenden Theilnehmers auch dann zu ermöglichen, wenn ein solcher Fall im Gesellschaftsvertrage nicht besonders vorgesehen ist. Daß die Ausschließung durch ausdrückliche Bestimmung des Gesellschaftsvertrags für unzulässig erklärt werden kann, versteht sich von selbst.

Auch in Betreff der Geltendmachung des Ausschließungsrechts weicht der Entwurf von dem Bürgerlichen Gesetzbuch ab. Nach §. 138 genügt zur Ausschließung nicht, wie nach dem Bürgerlichen Gesetzbuch, ein Beschluß der übrigen Gesellschafter, vielmehr erfolgt sie, ebenso wie die vorzeitige Auflösung der Gesellschaft (§. 131), nur durch gerichtliche Entscheidung. Für die Auseinandersetzung zwischen der Gesellschaft und dem ausgeschlossenen Gesellschafter kann aber nicht die Vermögenslage der Gesellschaft zur Zeit des Urtheils, sondern nur die Vermögenslage zur Zeit der Erhebung der Klage auf Ausschließung maßgebend sein. Die Vorschriften des bisherigen Art. 128 und des Art. 130 Abs. 1 stimmen hiermit überein.

Der §. 139 giebt zunächst die Vorschrift des Art. 132 des Handelsgesetzbuchs wieder, durch welche im Falle der Kündigung der Gesellschaft von Seiten des Gläubigers eines Gesellschafters der Fortbestand der Gesellschaft unter den übrigen Gesellschaftern ohne Rücksicht auf eine entsprechende Bestimmung des Gesellschaftsvertrags ermöglicht wird. Im Gegensatz zum geltenden Rechte dehnt jedoch der Entwurf diese Vorschrift auf den Fall des Konkurses eines Gesellschafters aus, indem er den übrigen Gesellschaftern, auch wenn der Gesellschaftsvertrag den Fortbestand der Gesellschaft nicht vorsieht (§. 136), die Fortsetzung gestattet, ohne daß es dazu der Zustimmung des Konkursverwalters bedarf. Die Gründe, aus welchen das Handelsgesetzbuch für den Fall der Kündigung durch den Gläubiger eines Gesellschafters den übrigen Gesellschaftern das Recht gewährt, die Auflösung der Gesellschaft abzuwenden, sprechen dafür, dieses Recht auch in dem Falle des Konkurses eines Gesellschafters anzuerkennen. Auf dem gleichen Standpunkt steht das schweizerische Obligationenrecht (Art. 577).

Die Bestimmungen des Art. 130 Abs. 2 bis 4 und des Art. 131 des Handelsgesetzbuchs über die Auseinandersetzung zwischen dem ausgeschiedenen Gesellschafter und der Gesellschaft sind in den Entwurf nicht aufgenommen; sie werden durch die sachlich übereinstimmenden Vorschriften der §§. 728 bis 740 des Bürgerlichen Gesetzbuchs ersetzt. Für den Auseinandersetzungsanspruch haften dem Ausgeschiedenen die in der Gesellschaft verbliebenen Gesellschafter als Gesammtschuldner.

Gesellschaft mit zwei Gesellschaftern. (§. 140.)

Die Vorschriften des §. 140 sind bestimmt, eine Lücke des geltenden Rechtes auszufüllen, die sich in der Praxis vielfach bemerkbar gemacht hat. Besteht eine offene Handelsgesellschaft nur aus zwei Gesellschaftern, so finden nach feststehender Rechtsprechung die Vorschriften des Handelsgesetzbuchs über die Ausschließung eines Gesellschafters keine Anwendung; denn diese Vorschriften setzen voraus, daß nicht bloß das von der Gesellschaft betriebene Geschäft, sondern auch die Gesellschaft als solche fortbesteht; letzteres ist aber ausgeschlossen, wenn nur noch ein einziger von den bisherigen Gesellschaftern übrig bleibt. An dieser Rücksicht darf jedoch das berechtigte Interesse desjenigen Gesellschafters, welcher zur Auflösung der Gesellschaft keinen Anlaß gegeben hat, nicht scheitern. Es erscheint vielmehr geboten, daß auch in einem solchen Falle dem betreffenden Gesellschafter die Möglichkeit gegeben werde, die Liquidation des Geschäfts durch Uebernahme desselben mit Aktiven und Passiven unter Abfindung des anderen Gesellschafters zu verhüten. Auf diesem Gesichtspunkte beruhen die Vorschriften des §. 140; in den Art. 577, 578 des schweizerischen Obligationenrechts ist der Gegenstand in ähnlicher Weise geregelt.

Eintragung der Auflösung und des Ausscheidens. (§. 141.)

Nach dem §. 141 ist die Auflösung der Gesellschaft, wenn sie nicht in Folge der Eröffnung des Konkurses über das Gesellschaftsvermögen eintritt, sowie das Ausscheiden eines Theilhabers zur Eintragung in das Handelsregister anzumelden (Art. 129 Abs. 1, 3 des Handelsgesetzbuchs). Die Eröffnung des Gesellschaftskonkurses wird von Amtswegen eingetragen (§§. 6, 31 des Entwurfs). Für die Verhängung von Ordnungsstrafen und für die Wirkung der Eintragung und Veröffentlichung (Art. 129 Abs. 4, 5) gelten die allgemeinen Vorschriften der §§. 14 und 15. Daß die Eintragung auch dann zu erfolgen hat, wenn die Gesellschaft durch Ablauf der Zeit, für welche sie eingegangen war, beendigt wird (Art. 129 Abs. 2), bedarf keiner besonderen Hervorhebung. Zur Anmeldung verpflichtet sind sämmtliche Gesellschafter, auch der ausscheidende; an die Stelle eines Verstorbenen treten dessen Erben. Ob die Eintragung der Auflösung oder des Ausscheidens nach der sonst im Allgemeinen geltenden Regel nur auf Grund einer Anmeldung aller Verpflichteten erfolgen kann, ist gegenwärtig wegen der unbestimmten Fassung des Art. 129 bestritten. Die in Betreff der Führung des Handelsregisters erlassenen Anweisungen stehen zum Theil auf dem Standpunkte, daß eine Mitwirkung der Erben eines verstorbenen Gesellschafters nicht erforderlich sei. Es geht jedoch zu weit, von dem für die Rechtssicherheit wesentlichen Erfordernisse der Mitwirkung aller Verpflichteten in diesem Falle grundsätzlich abzusehen. Andererseits ist zu berücksichtigen, daß der Erbe oder die Erben eines Gesellschafters unter Umständen nur mit Schwierigkeiten und unter großem Zeitverlust ermittelt und herangezogen werden können. Dem trägt die Vorschrift des §. 141 Abs. 3 des Entwurfs Rechnung; hiernach soll der Registerrichter, wenn kein Bedenken darüber besteht, daß der Tod eines Gesellschafters die Auflösung oder das Ausscheiden zur Folge gehabt hat, befugt sein, auch ohne daß die Erben oder die sämmtlichen Erben bei der Anmeldung mitwirken, die Eintragung vorzunehmen, soweit einer solchen Mitwirkung besondere Hindernisse entgegenstehen.

Fortsetzung einer aufgelösten Gesellschaft. (§. 142.)

Nicht unbestritten ist die Frage, inwieweit eine bereits aufgelöste Gesellschaft noch nachträglich auf Grund einer Vereinbarung sämmtlicher Gesellschafter fortgesetzt werden kann. Je nachdem einer solchen Vereinbarung die beabsichtigte Wirkung beigelegt oder darin die Errichtung einer neuen Gesellschaft gefunden wird, ergeben sich in wichtigen Beziehungen verschiedenartige Folgen. Insbesondere gilt dies in Betreff der Befugniß zur Fortführung der Firma (§§. 19, 23), der Verjährung der Ansprüche gegen die Gesellschafter (§§. 157, 158) und der Rechte der früheren Gesellschaftsgläubiger am Gesellschaftsvermögen. In sachlicher Uebereinstimmung mit Art. 123 Nr. 5 des Handelsgesetzbuchs erkennt der §. 132 des Entwurfs an, daß eine für eine bestimmte Zeit eingegangene und durch Ablauf der Zeit bereits aufgelöste Gesellschaft von den Gesellschaftern fortgesetzt werden kann. In Wissenschaft und Rechtsprechung wird auch für den Fall, daß eine Handelsgesellschaft aus anderen Gründen als durch Zeitablauf aufgelöst ist, die Fortsetzung durch nachträgliche Vereinbarung der sämmtlichen bei der Auflösung vorhandenen Gesellschafter vielfach für statthaft erklärt. Unzweifelhaft entspricht diese Auffassung dem praktischen Bedürfnisse; einer allgemeinen gesetzlichen Anerkennung derselben wird es indessen nicht bedürfen. Nur für den Fall einer Auflösung der Gesellschaft durch Eröffnung des Gesellschaftskonkurses trifft der §. 142 des Entwurfs, entsprechend der im §. 298 bezüglich der Aktiengesellschaft gegebenen Bestimmung, eine ausdrückliche Vorschrift in diesem Sinne. Zufolge derselben sollen, wenn der Konkurs nach Abschluß eines Zwangsvergleichs aufgehoben oder auf Grund des §. 188 der Konkursordnung, d. h. mit Zustimmung sämmtlicher bis zum Ablaufe der Anmeldefrist aufgetretener Konkursgläubiger, eingestellt ist, die Gesellschafter befugt sein, die Fortsetzung der Gesellschaft zu beschließen. Zwar hat es das Reichsgericht schon nach dem geltenden Rechte für zulässig erachtet, daß eine durch die Eröffnung des Gesellschaftskonkurses aufgelöste offene Handelsgesellschaft im Falle des Abschlusses eines Zwangsvergleichs von den Gesellschaftern fortgesetzt wird. Da jedoch für die Aktiengesellschaft eine ausdrückliche Bestimmung nicht entbehrt werden kann, so empfiehlt sich eine entsprechende Vorschrift auch bei der offenen Handelsgesellschaft, um der Annahme vorzubeugen, als ob hier ein Anderes gelten solle. Wird der betreffende Beschluß gefaßt, so haben die Gesellschafter die Fortsetzung der Gesellschaft zur Eintragung in das Handelsregister anzumelden (§. 142 Abs. 2).

Fünfter Titel.

Liquidation der Gesellschaft.

Eintritt der Liquidation. (§. 143.)

Die Liquidation ist bei der offenen Handelsgesellschaft nicht die nothwendige Folge der Auflösung der Gesellschaft. Sie ist zwar ein unentziehbares Recht jedes einzelnen Gesellschafters, aber die Gesellschaftsgläubiger können ihre Vornahme nicht fordern; vielmehr sind die *Gesellschafter* befugt, eine *andere Art der Auseinandersetzung*, zum Beispiel durch Verkauf des Geschäfts und Theilung des Erlöses, durch Uebertragung des Vermögens an einen Gesellschafter, durch Naturaltheilung oder durch Umwandlung in eine Gesellschaft mit beschränkter Haftung und dergleichen, zu *vereinbaren*. Es empfiehlt sich, diesen Grundsatz, der nicht für alle Handelsgesellschaften gilt, im Gesetze zum Ausdruck zu bringen (§. 143 Abs. 1). Daß bei Auflösung der Gesellschaft durch Kündigung eines Privatgläubigers oder durch den Konkurs eines Gesellschafters die Liquidation nur unterbleiben kann, wenn auch der Gläubiger oder der Konkursverwalter zustimmen (§. 143 Abs. 2), bildet keine Ausnahme von der Regel, da das Recht des Gläubigers oder Konkursverwalters, die Liquidation zu verlangen, sich nur als die Ausübung des dem Schuldner oder Gemeinschuldner zustehenden Rechtes darstellt.

Berufung und Abberufung der Liquidatoren. (§§. 144 bis 146.)

Die Vorschriften des §. 144 über die Berufung der Liquidatoren stimmen, abgesehen von einigen Zusätzen, mit dem Inhalte des bisherigen Art. 133 überein. *Regelmäßig sind danach alle Gesellschafter Liquidatoren.* Insbesondere bleibt auch der Gesellschafter, dessen Gläubiger die Gesellschaft gekündigt hat, sofern nicht über sein Vermögen der Konkurs eröffnet ist, selbst Liquidator. Der Gläubiger, der die Auflösung der Gesellschaft herbeigeführt hat, ist weder an Stelle des Schuldners noch neben diesem zum Liquidator berufen. Was dagegen den Antrag auf gerichtliche Ernennung von Liquidatoren betrifft, die schon nach dem Handelsgesetzbuch aus wichtigen Gründen erfolgen kann, so sind nach dem Entwurfe zur Stellung eines solchen Antrags nicht nur die Gesellschafter oder ihre gesetzlichen Vertreter und Erben befugt, sondern es ist auch dem Privatgläubiger eines Gesellschafters, der die Gesellschaft gekündigt hat, ausdrücklich das Antragsrecht eingeräumt. Ueber den Antrag auf gerichtliche Ernennung von Liquidatoren soll nicht im Prozeßverfahren, sondern in einem einfachen Beschlußverfahren entschieden werden;

die näheren Vorschriften hierüber bleiben dem Gesetz über die Angelegenheiten der freiwilligen Gerichtsbarkeit vorbehalten.

Im Falle des Konkurses eines Gesellschafters tritt, wie der Entwurf besonders hervorhebt, der Konkursverwalter an die Stelle des Gemeinschuldners (§. 144 Abs. 3). Der Gemeinschuldner selbst ist demnach nicht gesetzlicher Liquidator und kann weder die gerichtliche Ernennung eines Liquidators noch nach §. 145 die gerichtliche Abberufung eines solchen beantragen.

In Uebereinstimmung mit dem bisherigen Art. 135 ordnet der §. 146 an, daß die ersten Liquidatoren und spätere Aenderungen in den Personen der Liquidatoren oder in ihrer Vertretungsmacht von den Gesellschaftern zur Eintragung in das Handelsregister anzumelden sind. Bei den Aktiengesellschaften und auch bei anderen Gesellschaften und Vereinen werden spätere Aenderungen durch die Liquidatoren angemeldet (Entwurf §. 287, Genossenschaftsgesetz §. 82, Gesetz, betreffend die Gesellschaften mit beschränkter Haftung §. 67, Bürgerliches Gesetzbuch §. 76). Das Verhältniß zwischen den Liquidatoren und Theilhabern einer offenen Handelsgesellschaft ist aber nicht das gleiche wie das zwischen den Liquidatoren und dem Vorstande einer Aktiengesellschaft, bei welcher die Liquidatoren vollständig an die Stelle des Vorstandes treten; zudem würde das Verfahren nicht vereinfacht, wenn die Liquidatoren die Anmeldung zu bewirken hätten, da alsdann Belege für die Veränderung beigebracht werden müßten. Der Entwurf erfordert als Regel auch hier die Anmeldung durch alle Gesellschafter; für den Fall, daß der Mitwirkung der Erben eines Gesellschafters besondere Hindernisse entgegenstehen, sind jedoch dieselben Erleichterungen vorgesehen wie nach §. 141 bei der Eintragung der Auflösung der Gesellschaft oder des Ausscheidens eines Gesellschafters. Die Eintragung gerichtlich bestellter Liquidatoren und der gerichtlichen Abberufung von Liquidatoren soll nach dem Vorbilde des §. 76 des Bürgerlichen Gesetzbuchs überhaupt nicht mehr auf Grund einer Anmeldung der Gesellschafter, sondern von Amtswegen erfolgen.

Die Liquidatoren haben ihre Unterschrift und, wie im Anschluß an die §§. 106, 151 (Art. 88, 139) hinzugefügt ist, die Firma zur Aufbewahrung bei dem Gerichte zu zeichnen. In Bezug auf die Form der Zeichnung und Anmeldung und die Wirkung der Eintragung und Bekanntmachung sowie in Bezug auf die Verhängung von Ordnungsstrafen greifen die allgemeinen Regeln der §§. 12, 14 und 15 Platz.

Geschäftskreis und Stellung der Liquidatoren. (§§. 147 bis 152.)

In den §§. 147 bis 152 werden der Geschäftskreis und die Stellung der Liquidatoren näher geregelt. Der §. 147 giebt zunächst die Vorschriften des Art. 137 Abs. 1 des Handelsgesetzbuchs in Anlehnung an die Fassung des die Vereine betreffenden §. 49 des Bürgerlichen Gesetzbuchs wieder: die Liquidatoren haben die laufenden Geschäfte der Gesellschaft zu beendigen, die Forderungen einzuziehen, das übrige Vermögen in Geld umzusetzen und die Gläubiger zu befriedigen. Die Vorschrift des Bürgerlichen Gesetzbuchs, daß die Einziehung der Forderungen und die Umsetzung des übrigen Vermögens in Geld unterbleiben kann, soweit diese Maßregeln zur Befriedigung der Gläubiger oder zur Vertheilung des Ueberschusses nicht erforderlich sind, ist in den Entwurf nicht aufgenommen. Selbstverständlich können die Gesellschafter den Liquidatoren eine entsprechende Weisung ertheilen und die schließliche Auseinandersetzung durch Theilung in Natur bewirken. In Ermangelung einer solchen Anweisung ist aber das Vermögen der offenen Handelsgesellschaft im Gegensatze zu dem, was nach §. 733 Abs. 3 des Bürgerlichen Gesetzbuchs für die Gesellschaft gilt, stets vollständig in Geld umzusetzen. Die Vorschriften über die Gemeinschaft (Bürgerliches Gesetzbuch §. 731 Satz 2) finden insofern keine Anwendung.

Die im Art. 137 Abs. 2 enthaltene Beschränkung, nach der die Liquidatoren unbewegliche Sachen ohne Zustimmung der Gesellschaft nicht anders als durch öffentliche Versteigerung veräußern können, erscheint mit Rücksicht auf die heutigen Verkehrsverhältnisse nicht mehr gerechtfertigt. Auch in den §. 49 des Bürgerlichen Gesetzbuchs sowie in den §. 71 des Gesetzes über die Gesellschaften mit beschränkter Haftung ist eine entsprechende Bestimmung nicht aufgenommen. Die Befugniß der Liquidatoren, „Vergleiche zu schließen und Kompromisse einzugehen" (Handelsgesetzbuch Art. 137 Abs. 1), bedarf keiner besonderen gesetzlichen Anerkennung.

Wie das Handelsgesetzbuch (Art. 136) geht der §. 148 des Entwurfs für den Fall, daß mehrere Liquidatoren vorhanden sind, von der gesetzlichen Regel der Gesammtvertretung aus. Ist etwas Anderes durch die Gesellschafter oder im Falle des §. 144 Abs. 2 durch das Gericht angeordnet, so muß diese Anordnung in das Handelsregister eingetragen werden, und zwar, falls die Bestimmung vom Richter ausgeht, von Amtswegen, andernfalls auf Grund der Anmeldung der Gesellschafter. Das geltende Recht weist in dieser Beziehung eine Lücke auf, die durch den §. 148 Abs. 1 ausgefüllt wird. Auf die gesetzliche Gesammtvertretung durch die Liquidatoren müssen auch die erleichternden Vorschriften Anwendung finden, welche nach §. 123 Abs. 2 für den Fall einer vertragsmäßigen Gesammtvertretung durch die Gesellschafter in Betreff der Abgabe von Willenserklärungen gegenüber der Gesellschaft und in Betreff der Zulässigkeit der Ermächtigung eines einzelnen Gesellschafters zur Vornahme bestimmter Geschäfte gelten. Der §. 148 Abs. 2 enthält eine dahingehende Vorschrift.

Die Bestimmung des §. 149, wonach eine Beschränkung des Umfangs der Befugnisse der Liquidatoren Dritten gegenüber unwirksam ist, entspricht dem Art. 138 des Handelsgesetzbuchs. Ebenso giebt der §. 150 den Grundsatz des bisherigen Art. 140 wieder, wonach die Liquidatoren den Gesellschaftern gegenüber verpflichtet sind, den von diesen in Betreff der Geschäftsführung einstimmig beschlossenen Anordnungen Folge zu leisten; doch ist durch die veränderte Fassung der Vorschrift klargestellt, daß auch der Privatgläubiger eines Gesellschafters, der die Gesellschaft gekündigt hat, bei der Ertheilung von Anweisungen an die Liquidatoren mitzuwirken hat und daß an die Stelle eines in Konkurs verfallenen Gesellschafters der Konkursverwalter tritt. Mit der Stellung, welche die Konkursordnung dem Konkursverwalter einräumt, wäre es nicht vereinbar, wenn neben dem Konkursverwalter auch der Gemeinschuldner zur Mitwirkung berufen würde und durch seinen Widerspruch die Ertheilung von Anweisungen an die Liquidatoren verhindern könnte, über die sich die übrigen Gesellschafter und der Konkursverwalter geeinigt haben. Der die Zeichnung der Firma durch die Liquidatoren betreffende §. 151 stimmt mit dem bisherigen Art. 139 überein.

Ueber die Aufstellung von Liquidationsbilanzen enthält das Handelsgesetzbuch keine Vorschriften. Nach dem §. 152 des Entwurfs sollen dagegen die Liquidatoren verpflichtet sein, sowohl bei dem Beginn als bei der Beendigung der Liquidation eine Bilanz aufzustellen. Diese beiden Bilanzen sind für die Auseinandersetzung unter den Gesellschaftern unentbehrlich. Die Liquidationszeit bildet einen in sich geschlossenen Rechnungsabschnitt, für den der Gesammtgewinn oder Gesammtverlust auf Grund der erwähnten beiden Bilanzen berechnet werden muß. Die Aufstellung von Jahresbilanzen während der Liquidation braucht nicht vorgeschrieben zu werden. Solche Bilanzen haben nur die Bedeutung, den Gesellschaftern eine Uebersicht über den Vermögensstand zu verschaffen; die Anfertigung derselben anzuordnen, kann daher bei der offenen Handelsgesellschaft den Gesellschaftern überlassen bleiben.

Vertheilung des Gesellschaftsvermögens und Auseinandersetzung. (§. 153.)

In Bezug auf die Vertheilung des nach Berichtigung der Schulden verbleibenden Vermögens der Gesellschaft bestimmt der Art. 143 des Handelsgesetzbuchs, daß einem Gesellschafter für die von ihm eingebrachten Sachen, welche Eigenthum der Gesellschaft geworden sind, der Werth erstattet werden soll, für den sie gemäß Uebereinkunft übernommen wurden oder den sie zur Zeit der Einbringung hatten. Diese Vorschrift ist ungenau und so, wie sie lautet, nicht durchführbar. Der richtige Maßstab für den Betrag, welcher einem Gesellschafter für die von ihm eingebrachten Sachen zukommt, ergiebt sich von selbst, wenn die Vertheilung des Vermögens nach dem Verhältnisse der Kapitalantheile erfolgt, wie sie auf Grund der Schlußbilanz, also unter Berücksichtigung des nach dem Ergebnisse der Liquidation auf jeden Gesellschafter fallenden Antheils am Gewinn und Verlust, festgestellt sind. Unter Zugrundelegung dieses Verhältnisses soll nach §. 153 Abs. 1 des Entwurfs die Vertheilung des Vermögens vollzogen werden. Hiermit steht auch die kaufmännische Buchführung im Einklang. Da während des Bestehens der Gesellschaft jede neue Bilanz auf der Grundlage der früheren aufgestellt wird und für jedes Geschäftsjahr Abschreibungen stattfinden, an denen die einzelnen Gesellschafter bei der Berechnung des Gewinns und Verlustes theilnehmen, so kann in die Schlußbilanz selbstverständlich nicht der ursprüngliche Werth der Einlage eingestellt werden, es muß vielmehr der durch den Werth der Einlage und durch Zuschreibungen und Abschreibungen gebildete Betrag des Kapitalantheils entscheiden. Daß einem Gesellschafter Gegenstände, die er der Gesellschaft nur zum Gebrauch überlassen hat, in Natur zurückzugewähren sind, und daß er für zufälligen Untergang oder zufällige Verschlechterung solcher Gegenstände Ersatz nicht verlangen kann, ist im §. 732 des Bürgerlichen Gesetzbuchs ausgesprochen. Diese Vorschriften finden auch bei der offenen Handelsgesellschaft Anwendung.

Das während der Liquidation entbehrliche Geld soll vorläufig vertheilt werden (§. 153 Abs. 2, Art. 141). Die Vertheilungen erfolgen auf Grund der Eröffnungsbilanz. Da aber der Verlust der Liquidationsperiode nach Köpfen unter die Gesellschafter vertheilt wird, so kann sich nach der Schlußbilanz der Vertheilungsmaßstab anders gestalten als nach der Eröffnungsbilanz; unter Umständen kann sich sogar auf diese Weise der Aktivsaldo eines Gesellschafters in einen Passivsaldo verwandeln. Deshalb müssen nicht nur zur Deckung noch nicht fälliger oder streitiger Verbindlichkeiten, sondern auch zur Sicherung der den Gesellschaftern bei der Schlußvertheilung zukommenden Beträge die erforderlichen Gelder zurückbehalten werden.

Das Handelsgesetzbuch enthält keine Bestimmung darüber, ob den Gesellschaftern während der Liquidation das Recht zusteht, nach Maßgabe des Art. 108 Abs. 2 sogenannte feste Zinsen auf ihren Kapitalantheil aus der Gesellschaftskasse zu entnehmen. Mit Rücksicht auf die allgemeine Vorschrift des Art. 144 wird die Frage von den meisten Seiten bejaht. Vom Standpunkte der Gesetzgebung läßt sich aber eine solche Befugniß der Gesellschafter nicht rechtfertigen. Denn sie kann unter Umständen das Ergebniß der Liquidation beeinträchtigen; überdies fehlt es in Ermangelung regelmäßiger Jahresbilanzen mit periodischer Berechnung der Antheile am Gewinn oder Verlust an der nöthigen Grundlage für die Ausübung des fraglichen Rechtes. Es besteht auch kein Bedürfniß dafür, den Gesellschaftern neben dem Anspruch auf die vorläufige Vertheilung entbehrlichen Geldes eine solche Befugniß einzuräumen. Im §. 153 Abs. 2 des Entwurfs ist sie deshalb durch eine besondere Vorschrift ausgeschlossen.

Mit der Vertheilung des Gesellschaftsvermögens ist die Aufgabe der Liquidatoren beendet. Von rückständigen Einlagen abgesehen, ist es nicht Sache der Liquidatoren, den Passivsaldo eines Gesellschafters zur Ausgleichung der wechselseitigen Ansprüche der Gesellschafter oder zur Tilgung von Gesellschaftsschulden einzuziehen. Es handelt sich dabei nicht um Ansprüche der Gesellschaft als solcher; die entgegengesetzte Auffassung würde zu dem Ergebnisse führen, daß die fraglichen Ansprüche auch im Konkurse der offenen Handelsgesellschaft von dem Konkursverwalter geltend zu machen wären. Die Gesellschafter haben vielmehr den Verlust unter sich auszugleichen. Da diese Sätze als allgemein anerkannt gelten können, so bedarf es keiner besonderen Vorschriften darüber im Gesetze. Doch ist, um das Mißverständniß zu verhüten, als ob das Gesetz auf einem anderen Standpunkte stehe, im §. 153 Abs. 1 eine andere Fassung gewählt als diejenige des bisherigen Art. 142 Abs. 1, welcher besagt, daß die Liquidatoren die schließliche Auseinandersetzung unter den Gesellschaftern herbeizuführen haben.

Eine Meinungsverschiedenheit besteht gegenwärtig darüber, ob ein Ausfall, der durch Zahlungsunfähigkeit eines mit einem Passivsaldo belasteten Gesellschafters veranlaßt wird, von allen Gesellschaftern nach den Grundsätzen über die Vertheilung des Gesellschaftsverlustes oder nur von den Inhabern eines Aktivsaldos zu tragen ist. Das Bürgerliche Gesetzbuch entscheidet die Frage im ersteren Sinne (§. 735 a. E.), und hierbei muß es auch für das Handelsrecht bewenden.

Daß Streitigkeiten über die Vertheilung des Gesellschaftsvermögens oder über die sonstige Auseinandersetzung der richterlichen Entscheidung anheimfallen (Art. 142 Abs. 2 des Handelsgesetzbuchs), bedarf keiner Hervorhebung im Gesetze, dagegen ist es zweckmäßig, anzuordnen, daß die Liquidatoren, falls über die Vermögensvertheilung unter den Gesellschaftern Streit entsteht, die

Vertheilung bis zur — gerichtlichen oder schiedsgerichtlichen — Entscheidung des Streites auszusetzen haben (§. 153 Abs. 3).

Fortdauer der Gesellschaft während der Liquidation. (§. 154)

Der §. 154 stimmt mit Art. 144 Abs. 1 des Handelsgesetzbuchs überein: bis zur Beendigung der Liquidation sollen die für die bestehende Gesellschaft geltenden Vorschriften der §§. 107 bis 128 insoweit zur Anwendung kommen, als sich nicht aus den Bestimmungen über die Liquidation oder aus dem Wesen der letzteren ein Anderes ergiebt (zu vergl. Bürgerliches Gesetzbuch §. 49 Abs. 2, §. 730 Abs. 2). Schon hieraus folgt, daß der Gerichtsstand, den die Gesellschaft zur Zeit ihrer Auflösung hatte, während der Liquidation bestehen bleibt; Art. 144 Abs. 2 ist daher entbehrlich. Der dritte Absatz des Art. 144, nach welchem Zustellungen an die Gesellschaft wirksam an einen der Liquidatoren geschehen, wird durch die allgemeine Vorschrift des §. 157 Abs. 3 der Civilprozeßordnung ersetzt.

Beendigung der Liquidation. (§. 155.)

Schon zu §. 30 ist bemerkt, daß das Erlöschen der Gesellschaftsfirma ebenso wie das Erlöschen der Firma eines Einzelkaufmanns zum Handelsregister angemeldet und nöthigenfalls von Amtswegen eingetragen werden muß. Für den Fall der Liquidation überträgt der §. 155 Abs. 1 wegen des engen Zusammenhanges, in welchem das Erlöschen der Firma mit der Durchführung der Liquidation steht, die Anmeldung den Liquidatoren. Erlischt die Firma ohne Liquidation, zum Beispiel durch Verkauf des Geschäfts ohne Firma, so haben die Gesellschafter die Anmeldung vorzunehmen.

Die Vorschriften des §. 155 Abs. 2 und 3 über die Verwahrung der Bücher und Papiere der aufgelösten Gesellschaft und über das Recht der Gesellschafter, sie einzusehen und zu benutzen, entsprechen dem geltenden Rechte (Handelsgesetzbuch Art. 145). An die Vorschrift, daß in Ermangelung einer gütlichen Uebereinkunft der Gesellschafter das Gericht zu bestimmen hat, wer Bücher und Papiere verwahren soll, knüpfte sich bisher die Streitfrage, ob diese Entscheidung im Prozeßwege zu erfolgen habe oder in einem den Regeln der nicht streitigen Gerichtsbarkeit unterstehenden Verfahren. Die Frage wird ebenso wie bezüglich des Verfahrens bei der Ernennung und Abberufung von Liquidatoren im letzteren Sinne zu regeln sein. Die näheren Vorschriften bleiben dem Gesetz über die Angelegenheiten der freiwilligen Gerichtsbarkeit vorbehalten.

Außer den Gesellschaftern selbst haben nach dem Entwurf auch deren Erben das Recht auf Einsicht und Benutzung der Bücher und Papiere. Das Handelsgesetzbuch räumt die in Frage stehende Befugniß den Gesellschaftern und deren „Rechtsnachfolgern" ein, was zu dem Zweifel Anlaß gegeben hat, ob nicht zu den Rechtsnachfolgern im Sinne dieser Vorschrift auch die Sondernachfolger gehören. Vom Standpunkte der Gesetzgebung erscheint es nicht angemessen, den letzteren das Recht auf Einsicht und Benutzung der Bücher und Papiere zu gewähren.

Verhältniß zu Dritten bei Ausschluß der Liquidation. (§. 156.)

Den Grundsatz, daß die Gesellschaft trotz der Auflösung in gewissen Beziehungen als fortbestehend gilt, solange noch ungetheiltes Gesellschaftsvermögen vorhanden ist, hat das Handelsgesetzbuch nur für den Fall der Liquidation aufgestellt. Wie es sich verhält, wenn die Gesellschafter eine andere Art der Auseinandersetzung vereinbaren, insbesondere ob auch in einem solchen Falle die Gesellschaft noch unter ihrer Firma klagen und verklagt werden kann, ist nicht bestimmt. Die Frage ist nicht unzweifelhaft. Wird sie verneint, wie dies von manchen Seiten geschieht, so liegt es auf der Hand, daß sich Mißstände ergeben müssen; denn die Befugniß der Gesellschaftsgläubiger, sich an die einzelnen Gesellschafter zu halten, bietet keinen ausreichenden Ersatz für den Ausschluß der Möglichkeit, aus dem Gesellschaftsvermögen Befriedigung zu erlangen. Durch den neuen §. 156 wird hiergegen Vorkehrung getroffen. Danach finden, wenn die Gesellschafter statt der Liquidation eine andere Art der Auseinandersetzung vereinbart haben, und selbstverständlich auch, wenn eine bestimmte Entschließung hierüber noch nicht erfolgt ist, im Verhältniß zu Dritten die für die Liquidation geltenden Vorschriften entsprechende Anwendung, solange noch ungetheiltes Gesellschaftsvermögen vorhanden ist. Die Gesellschaft gilt daher einstweilen als fortbestehend (§. 154), Klagen und Vollstreckungshandlungen sind gegen die Gesellschaft als solche zulässig, und die Gesellschafter haben die unbeschränkbare gesetzliche Vertretungsbefugniß der Liquidatoren. Eine Eintragung von Liquidatoren findet allerdings nicht statt. Die Eröffnung des Konkurses über das Vermögen einer aufgelösten Gesellschaft ist schon nach §. 193 Abs. 2 und §. 198 Abs. 2 der Konkursordnung ohne Rücksicht auf die Einleitung der Liquidation so lange zulässig, als die Vertheilung des Vermögens nicht vollzogen ist.

Sechster Titel.

Verjährung.

Dauer und Beginn der Verjährung. (§. 157.)

Die Vorschriften des Handelsgesetzbuchs über die Verjährung der Ansprüche der Gesellschaftsgläubiger gegenüber den einzelnen Gesellschaftern (Art. 146 bis 149) können mit Rücksicht auf die allgemeinen Vorschriften des Bürgerlichen Gesetzbuchs erheblich gekürzt werden. Sachlich bleibt die Regelung im Wesentlichen unverändert.

Was den Beginn der Verjährung betrifft, so läßt das Handelsgesetzbuch den Tag entscheiden, an welchem die Auflösung der Gesellschaft oder das Ausscheiden des Gesellschafters in das Handelsregister eingetragen ist. Das ungarische Handelsgesetzbuch (§. 121) erklärt statt dessen den Tag der Bekanntmachung der Eintragung für maßgebend, und von einzelnen Seiten ist eine entsprechende Aenderung auch für das deutsche Handelsgesetzbuch als wünschenswerth bezeichnet worden. Es fehlt indessen hier, wo es sich nicht um eine Anwendung der Grundsätze des §. 15 des Entwurfs handelt, an einem genügenden Grunde für eine solche Aenderung.

Mittelbar erfährt die Anwendung der Vorschriften über die fünfjährige Verjährung dadurch eine Ausdehnung, daß nach §. 31 des Entwurfs auch die Eröffnung des Gesellschaftskonkurses in das Handelsregister einzutragen ist. Da gegenwärtig das Handelsgesetzbuch eine Eintragung des Gesellschaftskonkurses in das Handelsregister nicht vorsieht, so fehlt es, wenn die Gesellschaft durch Eröffnung des Gesellschaftskonkurses aufgelöst wird, an einem Anfangspunkte für den Lauf der fünfjährigen Verjährung; diese greift daher hier, wie allgemein angenommen wird, überhaupt nicht Platz, und zwar selbst dann nicht, wenn nach dem Landesrecht der Konkurs einzutragen ist. Anders verhält es sich nach dem Entwurfe. Mit Rücksicht auf dessen sonstige Vorschriften ist die Anwendbarkeit der kurzen Verjährung im Falle des Gesellschaftskonkurses auch gar nicht zu entbehren. Denn die Ansprüche der Gesellschaftsgläubiger gegen diejenigen Gesellschafter, über deren Vermögen nicht gleichfalls der Konkurs eröffnet ist, sind nach dem Entwurfe nicht mehr auf den Ausfall beschränkt, den die Gläubiger im Gesellschaftskonkurse erleiden; die Geltendmachung dieser Ansprüche wird also durch die Eröffnung des Gesellschaftskonkurses nicht gehindert. Für den Fall, daß sich auch der Gesellschafter im Konkurse befindet, ist eine besondere Vorschrift nicht erforderlich; in diesem Falle ist die Verjährung gehemmt, bis der Ausfall im Gesellschaftskonkurse feststeht (Bürgerliches Gesetzbuch §. 202).

Der bisherige Art. 147, nach welchem dem Gläubiger beim Vorhandensein ungetheilten Gesellschaftsvermögens die fünfjährige Verjährung nicht entgegengesetzt werden kann, sofern er seine Befriedigung lediglich aus diesem Vermögen sucht, kann als überflüssig gestrichen werden; die fünfjährige Verjährung bezieht sich überhaupt nur auf die Befriedigung aus dem Privatvermögen der Gesellschafter.

Unterbrechung der Verjährung. (§. 158.)

Auch der bisherige Art. 148 ist zum Theil entbehrlich. Daß eine Unterbrechung der Verjährung, die gegenüber der aufgelösten Gesellschaft erfolgt, gegenüber den Gesellschaftern wirkt, welche der Gesellschaft zur Zeit der Auflösung angehört haben, ist allerdings nicht selbstverständlich und bedarf daher besonderer Hervorhebung (§. 158). Dagegen kommt es nicht darauf an, wie die Unterbrechung erfolgt, ob durch „Rechtshandlungen gegen die Liquidatoren" (Art. 148 Abs. 2), durch Anmeldung der Forderung im Gesellschaftskonkurse, durch Anerkenntniß der Gesellschaft oder in sonstiger Weise. Ueberflüssig sind die ferneren Vorschriften des Art. 148, wonach die zu Gunsten eines ausgeschiedenen Gesellschafters laufende Verjährung nicht durch Rechtshandlungen, die gegen die fortbestehende Gesellschaft oder einen anderen Gesellschafter vorgenommen werden, und die zu Gunsten eines bei der Auflösung der Gesellschaft zu ihr gehörigen Gesellschafters laufende Verjährung nicht durch Rechtshandlungen gegen einen anderen Gesellschafter unterbrochen wird. Denn die Unterbrechung der Verjährung in der Person eines Gesammtschuldners wirkt nach §. 425 des Bürgerlichen Gesetzbuchs nicht gegen die anderen Gesammtschuldner; was dagegen das Verhältniß zwischen der Gesellschaft und dem einzelnen Gesellschafter betrifft, so läßt sich dasselbe zwar nicht als ein reines Gesammtschuldverhältniß auffassen, es fehlt aber auch hier an jeder rechtlichen Grundlage, aus welcher hergeleitet werden könnte, daß die Unterbrechung der Verjährung gegen die fortbestehende Gesellschaft einem ausgeschiedenen Gesellschafter gegenüber Wirkung hätte.

Der Art. 149, nach welchem die Verjährung auch gegen Minderjährige, Bevormundete und solche juristische Personen läuft, denen gesetzlich die Rechte der Minderjährigen zustehen, ist im Entwurfe nicht wiederholt. Es kann in dieser Beziehung bei den Vorschriften des Bürgerlichen Gesetzbuchs bewenden; dasselbe kennt eine allgemeine Hemmung der Verjährung zu Gunsten der bezeichneten Personen nicht, läßt vielmehr nur unter besonderen Voraussetzungen eine Hemmung oder Verlängerung der Verjährung bei Ansprüchen gegen Geschäftsunfähige oder in der Geschäftsfähigkeit beschränkte Personen eintreten (§§. 204, 206, 207). Die letzteren Vorschriften müssen auch bei der hier in Frage stehenden fünfjährigen Verjährung zur Anwendung kommen.

Zweiter Abschnitt.

Kommanditgesellschaft.

Das Wesen der Kommanditgesellschaft besteht in der Verbindung der unbeschränkten Haftung mindestens eines Gesellschafters mit der auf den Betrag einer Vermögenseinlage beschränkten Haftung mindestens eines anderen Gesellschafters. Die Begriffsbestimmung des §. 159 des Entwurfs unterscheidet sich sachlich nicht von derjenigen des bisherigen Art. 150; sie lehnt sich nur mehr an die Fassung der die offene Handelsgesellschaft betreffenden Bestimmung des §. 103 an und bringt die Bedeutung der beschränkten Betheiligung des Kommanditisten für die Haftung gegenüber den Gläubigern der Gesellschaft schärfer zum Ausdruck. Begriffsbestimmung. (§. 159 Abs. 1.

Daß der Betrag der Einlage, zu deren Leistung sich der Kommanditist seinen Mitgesellschaftern gegenüber verpflichtet, nicht unter allen Umständen mit dem Betrage, welcher für seine Haftung gegenüber den Gesellschaftsgläubigern maßgebend ist, übereinstimmen muß, daß also der Betrag der Einlage für das Verhältniß unter den Gesellschaftern und gegenüber Dritten ein verschiedener sein kann, ist schon gegenwärtig allgemein anerkannt und kommt in den Vorschriften der §§. 169, 171 des Entwurfs noch klarer zum Ausdrucke. Der bezeichnete Umstand kann jedoch nicht dazu führen, die dem Handelsgesetzbuche zu Grunde liegende Auffassung einer *Haftung des Kommanditisten mit seiner Einlage* ganz aufzugeben und statt dessen, wie es von einzelnen Seiten befürwortet wird, das Wesen der Kommanditgesellschaft in die Betheiligung des Kommanditisten mit einer zunächst nur für das Verhältniß nach außen entscheidenden *Haftsumme* zu legen. Der wirthschaftlichen Natur der Kommanditgesellschaft und der im Verkehre herrschenden Auffassung über ihre Bedeutung würde man hiermit nicht gerecht werden. Nicht auf die Festsetzung einer Garantiesumme für die Verbindlichkeiten der Gesellschaft, sondern auf die Vereinbarung einer von dem Kommanditisten in die Gesellschaftskasse einzuschießenden Einlage pflegt die Absicht der Betheiligten zunächst gerichtet zu sein. Die innere und die äußere Verpflichtung des Kommanditisten decken sich überdies in den weitaus meisten Fällen, und auch wo es ausnahmsweise nicht der Fall ist, erlischt doch die Haftung des Kommanditisten gegenüber den Gläubigern, sobald der Kommanditist den seine Haftung begrenzenden Betrag nachträglich in die Gesellschaftskasse einlegt. Es ist daher nicht unzutreffend, wenn das Gesetz überall von der Haftung mit dem Betrag einer Einlage spricht.

Daß die Einlage des Kommanditisten in einer bestimmten Geldsumme ausgedrückt sein muß, ergiebt sich aus der Fassung des §. 159. Ein Bedürfniß nach besonderen Vorschriften für den Fall, daß die in solcher Weise festgesetzte Einlage nicht durch Baarzahlung, sondern durch Einbringung anderer Vermögensgegenstände geleistet wird, hat sich bei der einfachen Kommanditgesellschaft nicht gezeigt. Den Gesellschaftsgläubigern gegenüber ist eine solche Leistung selbstverständlich nur insoweit wirksam, als die eingebrachten Gegenstände den Werth des festgesetzten Einlagebetrags wirklich erreichen.

Verhältniß zur offenen Handelsgesellschaft. (§. 159 Abs. 2.)

Da die Kommanditgesellschaft im Handelsgesetzbuch als eine Abart der offenen Handelsgesellschaft geregelt ist, so stimmen die für beide Gesellschaften geltenden Rechtssätze vielfach überein. Trotzdem verweist das Handelsgesetzbuch in dem Titel über die Kommanditgesellschaft nur bezüglich einzelner Punkte (Art. 150 Abs 2, 157 Satz 2, 161 Abs. 1, 169, 170 Abs. 2, 171 Abs. 3, 172) auf die Vorschriften über die offene Handelsgesellschaft; im Uebrigen sind die betreffenden Vorschriften unverkürzt wiedergegeben. Der Entwurf verweist statt dessen im §. 159 Abs. 2 allgemein auf die Vorschriften über die offene Handelsgesellschaft. Der ungenau gefaßte Abs. 2 des Art. 150, nach welchem die Kommanditgesellschaft, falls mehrere persönlich haftende Gesellschafter vorhanden sind, in Ansehung ihrer zugleich eine offene Handelsgesellschaft ist, wird dadurch entbehrlich.

Was die Streichung des Art. 150 Abs. 3 betrifft, der auch den nicht schriftlich abgefaßten Gesellschaftsvertrag für gültig erklärt, so ist auf die Bemerkungen zum §. 103 des Entwurfs zu verweisen.

Anmeldungen zum Handelsregister. (§. 160.)

Die Bestimmungen der Art. 151 bis 156 über die Anmeldungen zum Handelsregister können mit Rücksicht auf die allgemeinen Vorschriften der §§. 12 bis 15 und des §. 159 Abs. 2 größtentheils wegfallen. Die besonderen Bestimmungen, welche noch erforderlich bleiben, sind im §. 160 des Entwurfs zusammengefaßt. Danach hat die Anmeldung der Kommanditgesellschaft außer den im §. 104 für die Anmeldung der offenen Handelsgesellschaft vorgesehenen Angaben die Bezeichnung der Kommanditisten und den Betrag der Einlage eines jeden von ihnen zu enthalten. In Uebereinstimmung mit dem geltenden Rechte soll aber die auf Grund dieser Anmeldung erfolgte Eintragung in das Handelsregister nicht ihrem vollen Umfange nach veröffentlicht werden, vielmehr unterbleibt die Bekanntmachung des Namens, des Standes und des Wohnorts der Kommanditisten sowie des Betrags ihrer Einlagen; statt dessen wird nur die Zahl der Kommanditisten bekannt gemacht. Wer die Personen der Kommanditisten und die Höhe ihrer Betheiligung erfahren will, kann sich hierüber aus dem Handelsregister unterrichten. Zwingt das Gesetz zu einer Veröffentlichung des Namens der Kommanditisten und der Höhe ihrer Einlagen, so ist zu besorgen, daß die Betheiligten, um dieser Nothwendigkeit zu entgehen, sich der Form der stillen Gesellschaft zuwenden werden. Dies ist aber im Interesse der Gesellschaftsgläubiger nicht als erwünscht zu betrachten.

Die für die Anmeldung der Gesellschaft und die Bekanntmachung der Eintragung geltenden Vorschriften finden nach §. 160 Abs. 3 im Falle des Ausscheidens eines Kommanditisten aus einer Kommanditgesellschaft sowie im Falle des Eintritts eines Kommanditisten in eine bestehende Gesellschaft entsprechende Anwendung. Der letztere Fall liegt nicht nur dann vor, wenn sich ein neuer Kommanditist bei einer schon bestehenden Kommanditgesellschaft betheiligt, sondern auch dann, wenn jemand als Kommanditist in eine offene Handelsgesellschaft eintritt. Hierdurch, wie durch die von der gleichen Auffassung ausgehenden Vorschriften des §. 137 und des §. 173 Abs. 2, ist zugleich anerkannt, daß sich eine offene Handelsgesellschaft in eine Kommanditgesellschaft umwandeln kann, ohne rechtlich als eine neu errichtete Gesellschaft zu gelten. Nach dem bisherigen Rechte ist dies nicht unzweifelhaft und in der Rechtsprechung ist sogar das Gegentheil angenommen worden. Die Ergebnisse, zu welchen die letztere Ansicht führt, namentlich die Nothwendigkeit einer besonderen Uebertragung der Bestandtheile des Gesellschaftsvermögens auf die neue Gesellschaft sowie der Ausschluß der früheren Gesellschaftsgläubiger von der Befriedigung aus dem nunmehrigen Gesellschaftsvermögen, entsprechen jedoch nicht dem praktischen Bedürfnisse.

Der §. 161 des Entwurfs hebt im Anschluß an den Art. 157 des Handelsgesetzbuchs und an die im §. 107 für die offene Handelsgesellschaft gegebene Bestimmung besonders hervor, daß sich das Rechtsverhältniß der Gesellschafter unter einander zunächst nach dem Gesellschaftsvertrage richtet. Die Vorschriften, welche in Ermangelung von Bestimmungen des Gesellschaftsvertrags Anwendung finden, sind insoweit, als sie von den für die offene Handelsgesellschaft geltenden Grundsätzen abweichen, in den §§. 162 bis 167 enthalten.

Die §§. 162 bis 164 des Entwurfs stimmen sachlich mit den Art. 158 bis 160 des Handelsgesetzbuchs überein. Der §. 162 bezieht sich auf den Ausschluß der Kommanditisten von der Geschäftsführung, der §. 163 betrifft die Unanwendbarkeit des für die persönlich haftenden Gesellschafter bestehenden Konkurrenzverbots und der §. 164 giebt Vorschriften über die Mittheilung und Prüfung der Jahresbilanz sowie über das Eingreifen des Gerichts, wenn aus wichtigen Gründen weitere Aufklärungen nothwendig erscheinen. Um eine Entscheidung der letzteren Art herbeizuführen, werden die Kommanditisten nicht auf den Weg der Klage verwiesen werden dürfen; vielmehr hat hierbei ein Beschlußverfahren einzutreten. Die näheren Bestimmungen bleiben dem Gesetz über die Angelegenheiten der freiwilligen Gerichtsbarkeit vorbehalten.

Was den Antheil des Kommanditisten am Gewinn und Verlust, die Zuschreibungen und Abschreibungen in dem Kapitalkonto des Kommanditisten, sowie die Befugniß des Kommanditisten zur Entnahme von Geldern betrifft, so ergiebt sich eine Abweichung von dem geltenden Rechte zunächst insofern, als die im §. 119 für die offene Handelsgesellschaft aufgestellte Regel, wonach eine Verzinsung der Kapitalantheile mit vier vom Hundert nur erfolgt, soweit der Jahresgewinn reicht, auch in Ansehung der Kapitalantheile der Kommanditisten Anwendung finden muß (§. 166 Abs. 1). Aber auch abgesehen hiervon haben die zufolge Art. 161 in Verbindung mit Art. 106 bis 108 gegenwärtig maßgebenden Vorschriften in einzelnen Beziehungen eine Aenderung erfahren. Der Satz, daß die dem Kommanditisten nach der Jahresbilanz zukommenden Beträge, falls sie von ihm nicht erhoben werden, seinem

Kapitalantheile unbedingt zuzuschreiben sind, steht mit der thatsächlichen Uebung der Handelskreise nicht im Einklang. Mit Rücksicht hierauf bestimmt der §. 165, daß der auf den Kommanditisten entfallende Gewinn seinem Kapitalantheile nur so lange zugeschrieben werden soll, als der letztere den Betrag der bedungenen Einlage nicht erreicht. Ist der Kapitalantheil auf diesen Betrag angewachsen, so sind die weiteren Gewinnantheile, falls sie nicht erhoben werden, wie eine gewöhnliche Buchforderung des Kommanditisten zu behandeln; sie bleiben daher bei der Berechnung des im neuen Geschäftsjahr auf den Kommanditisten fallenden Gewinns außer Betracht, und der Kommanditist nimmt mit ihnen am Verluste der Gesellschaft nicht Theil.

Das Recht des Kommanditisten auf Auszahlung des ihm zukommenden Gewinns ist im §. 167 des Entwurfs sachlich der gleichen Beschränkung unterworfen wie im Art. 161 des Handelsgesetzbuchs; nur ist die Vorschrift des Entwurfs zur Beseitigung von Zweifeln etwas anders gefaßt. Der Kommanditist kann danach die Auszahlung des Gewinns nicht fordern, solange sein Kapitalantheil durch Verlust unter den auf die bedungene Einlage geleisteten Betrag herabgemindert ist oder durch die Auszahlung unter diesen Betrag herabgemindert werden würde. Als auf die bedungene Einlage geleistet wird auch ein dem Kommanditisten im abgelaufenen Geschäftsjahr auf seinen Kapitalantheil zugeschriebener und am Schlusse des Jahres nicht erhobener Gewinnantheil zu betrachten sein.

Während der persönlich haftende Gesellschafter nach §. 120 das Recht hat, einen Betrag von vier vom Hundert des Kapitalantheils, auch wenn kein Gewinn erzielt oder die bedungene Einlage durch Verluste früherer Jahre vermindert ist, zu seinen Lasten, d. h. unter Abschreibung von seinem Kapitalantheil, aus der Gesellschaftskasse zu entnehmen, wird dem Kommanditisten durch den Entwurf eine solche Befugniß nicht gewährt (§. 167). Hierin liegt eine sachliche Aenderung des gegenwärtigen Rechtes, da mit Rücksicht auf den Wortlaut des Art. 161 Abs. 3 des Handelsgesetzbuchs angenommen wird, daß dem Kommanditisten im Verhältniß der Gesellschafter untereinander ein Recht auf Zinsen zu vier vom Hundert ohne Rücksicht auf die Erzielung eines Jahresgewinns oder auf eine durch Verluste früherer Jahre herbeigeführte Minderung der Einlage zustehe. Es erscheint jedoch nicht zweckmäßig, dem Kommanditisten gegenüber den anderen Gesellschaftern ein Recht einzuräumen, durch dessen Ausübung er den Gesellschaftsgläubigern wegen unzulässiger Verminderung seiner Einlage haftbar wird, zumal auch die übrigen Gesellschafter ein berechtigtes Interesse daran haben, daß die Kommanditeinlage, welche die einzige Leistung des Kommanditisten bildet, der Gesellschaft ungeschmälert erhalten bleibt. Dem Anspruch des Kommanditisten auf nachträgliche Auszahlung derjenigen Gewinnbeträge früherer Jahre, welche gemäß §. 165 seinem Kapitalantheil nicht zugeschrieben werden, sondern eine gewöhnliche Buchforderung gegen die Gesellschaft bilden, steht der §. 167 nicht entgegen.

Rechtsverhältniß zu Dritten.

Die §§. 168 bis 174 regeln das Rechtsverhältniß der Kommanditgesellschaft zu Dritten. Da die Vorschriften des Art. 163 Abs. 1, 2 und des Art. 164 des Handelsgesetzbuchs über den Beginn der Wirksamkeit der

Gesellschaft nach außen und über die Rechtsfähigkeit der Gesellschaft durch die allgemeine Verweisung auf die Grundsätze der offenen Handelsgesellschaft entbehrlich werden, so giebt der Entwurf hier nur Bestimmungen über die Haftung der Kommanditisten und über die Vertretung der Gesellschaft.

Haftung der Kommanditisten. (§§. 168 bis 170)

Aus der Fassung des die Haftung der Kommanditisten betreffenden Art. 165 des Handelsgesetzbuchs ist nicht ohne Weiteres zu erkennen, ob dabei an eine unmittelbare Haftung gegenüber den Gesellschaftsgläubigern oder nur an eine mittelbare gegenüber der Gesellschaft gedacht ist. Gegenwärtig wird die Frage meist in dem ersteren Sinne beantwortet; auch die Rechtsprechung hat sich dem angeschlossen. In der That entspricht die unmittelbare Haftung des Kommanditisten mit dem nicht eingezahlten Theile seiner Einlage der allgemeinen Stellung, welche die Kommanditgesellschaft als eine Abart der offenen Handelsgesellschaft einnimmt. Sie ist aber auch aus praktischen Gründen nicht zu entbehren. Ohne die unmittelbare Haftung könnte jedenfalls der Grundsatz, daß nach der Auflösung der Gesellschaft die Liquidation unterbleiben und eine andere Art der Auseinandersetzung von den Gesellschaftern vereinbart werden darf, nicht beibehalten werden; die Liquidation müßte vielmehr eine nothwendige sein und nach dem Muster der für die Aktiengesellschaft geltenden Vorschriften ausgestaltet werden. Anderenfalls wären die Gläubiger der Gesellschaft ohne genügenden Schutz. Der §. 168 des Entwurfs hält demzufolge an der unmittelbaren Haftung der Kommanditisten fest und beseitigt durch eine klarere Fassung die in dieser Beziehung gegenwärtig bestehenden Zweifel. Der Kommanditist haftet danach den Gläubigern der Gesellschaft bis zur Höhe seiner Einlage unmittelbar, die Haftung ist aber ausgeschlossen, soweit die Einlage, sei es in der gewöhnlichen Weise, sei es durch Befriedigung eines anderen Gläubigers, an die Gesellschaft geleistet ist. Den Beweis, daß die Einlage gezahlt sei, hat der Kommanditist zu führen. Die unmittelbare Haftung des Kommanditisten erst nach Auflösung der Gesellschaft (schweizerisches Obligationenrecht Art. 603) oder nur bei Unzulänglichkeit des Gesellschaftsvermögens eintreten zu lassen, ist weder nothwendig noch gerechtfertigt. Dagegen muß allerdings im Konkurse der Gesellschaft das Recht des einzelnen Gläubigers, sich unmittelbar an den Kommanditisten zu halten, ausgeschlossen werden; denn der Gläubiger, der bei einem Kommanditisten Befriedigung sucht, entzieht dadurch der Konkursmasse den Anspruch auf die rückständige Einlage. Im Abs. 2 des §. 168 ist daher bestimmt, daß während des Konkurses der Gesellschaft das den Gesellschaftsgläubigern gegen den Kommanditisten zustehende Recht durch den Konkursverwalter ausgeübt wird.

Die Befugniß des Kommanditisten, mit Zustimmung seiner Mitgesellschafter die Einlage zu vermindern, wird durch sein Verhältniß zu den Gläubigern an sich nicht beschränkt. Von einer Bindung der Einlage im Interesse der Gläubiger kann daher nur in dem Sinne gesprochen werden, daß eine Vereinbarung der Gesellschafter, durch die dem Kommanditisten die Einlage erlassen oder gestundet wird, den Gläubigern gegenüber unwirksam ist, und daß, falls die eingezahlte Einlage zurückgezahlt oder durch Entnahme von Gewinnantheilen vermindert wird, die Einzahlung den Gläubigern gegenüber insoweit als nicht geschehen gilt. Dieser auch dem Art. 165 des Handelsgesetzbuchs zu Grunde liegende Gedanke ist im §. 169 Abs. 3, 4 des Entwurfs zum Ausdrucke gebracht. Eine Ausnahme tritt nach der Vorschrift im §. 169 Abs. 5 des Entwurfs, die dem bisherigen Art. 165 Abs. 5 enspricht, bezüglich solcher Beträge ein, welche der Kommanditist auf Grund einer in gutem Glauben errichteten Bilanz in gutem Glauben als Gewinn bezogen hat.

Der §. 170, demzufolge der in eine bestehende Handelsgesellschaft eintretende Kommanditist ohne Rücksicht auf eine Aenderung der Firma und auf eine entgegenstehende Vereinbarung nach Maßgabe der §§. 168, 169 für alle von der Gesellschaft vor seinem Eintritt eingegangenen Verbindlichkeiten haftet, stimmt mit dem bisherigen Art. 166 überein.

Betrag der Einlage im Verhältnisse zu den Gläubigern. (§. 169 Abs. 1, 2, §. 171.)

Da die Einlage, zu deren Leistung sich der Kommanditist seinen Mitgesellschaftern gegenüber verpflichtet, nicht unbedingt mit dem Betrag übereinstimmen muß, der den Gläubigern gegenüber als Einlage und Grenze der Haftung gelten soll, so bedarf es einer für Jedermann kenntlichen Festsetzung, aus der die Höhe der Einlage in der zuletzt gedachten Bedeutung zu entnehmen ist. Der Entwurf enthält hierüber sowie über eine Erhöhung oder Herabsetzung der Einlage besondere Vorschriften.

Sobald die Gesellschaft oder im Falle des Eintritts eines neuen Kommanditisten dieser in das Handelsregister eingetragen ist, muß der Natur der Sache nach zunächst der eingetragene Betrag für das Verhältniß zu Dritten entscheiden (§. 169 Abs. 1). Eine Erhöhung oder Herabsetzung der eingetragenen Einlage kann dann nicht mehr ohne Weiteres durch eine bloße Aenderung des Gesellschaftsvertrags den Gläubigern gegenüber Wirksamkeit erhalten. Die allgemeinen Grundsätze über die Rechtsfolgen des Vollzugs oder des Unterbleibens einer Eintragung in das Handelsregister, auf welche der Art. 171 des Handelsgesetzbuchs für den Fall des Ausscheidens des Kommanditisten mit einem Theile seiner Einlage verweist, genügen nicht; denn hiernach ist schon die Kenntniß eines Gläubigers von einer unter den Gesellschaftern getroffenen, aber nicht in das Handelsregister eingetragenen Vereinbarung über die Veränderung des Betrags der Einlage zur Wirksamkeit gegenüber dem betreffenden Gläubiger ausreichend. Es fragt sich aber gerade, ob eine solche Vereinbarung nach der Absicht der Betheiligten für das äußere und nicht nur für das innere Verhältniß gelten soll. Um Zweifel in dieser Beziehung auszuschließen, ist, falls die Wirksamkeit nach außen bezweckt wird, eine unzweideutige Bekundung dieser Absicht erforderlich. Soweit es sich um eine Erhöhung der Einlage handelt, braucht die Bekundung nicht nothwendig in der Eintragung in das Handelsregister zu bestehen. Nach dem §. 169 Abs. 2 des Entwurfs sollen sich vielmehr die Gesellschaftsgläubiger auf eine Erhöhung der Einlage auch dann berufen dürfen, wenn die Erhöhung in handelsüblicher Weise bekannt gegeben oder ihnen sonst von der Gesellschaft mitgetheilt ist. Anders verhält es sich mit dem Falle einer Herabsetzung der Einlage. Hier empfiehlt es sich, die Eintragung in ähnlicher Weise wie bei der Herabsetzung des Grundkapitals der Aktiengesellschaft zur unbedingten Voraussetzung der Wirksamkeit zu machen. Eine sonstige Kundmachung muß unberücksichtigt bleiben, denn es ist nothwendig, den Eintritt der Wirksamkeit der Herabsetzung an einen fest bestimmten, jederzeit nachweisbaren Zeitpunkt zu knüpfen, aus dem sich ergiebt, welchen Gläubigern gegenüber sie überhaupt in Betracht kommt; sie kann jedenfalls nur denjenigen entgegengesetzt werden, deren Forderungen erst später begründet worden sind. Im §. 171 des Entwurfs ist die letztere Einschränkung noch besonders ausgesprochen.

Anmeldung einer Erhöhung oder Herabsetzung zum Handelsregister. (§. 172)

Eine Erhöhung oder Herabsetzung der Einlage ist zur Eintragung in das Handelsregister nach §. 172 durch sämmtliche Gesellschafter anzumelden. Hierbei muß jedoch die Verhängung von Ordnungsstrafen insoweit, als es sich um die Eintragung in das Handelsregister des Sitzes der Gesellschaft handelt, ausgeschlossen bleiben, da anderenfalls die Gesellschafter, der Absicht des Gesetzes entgegen, gezwungen werden würden, auch einer nur für das Verhältniß unter ihnen getroffenen Vereinbarung Dritten gegenüber Wirkung zu verleihen. Was die öffentliche Bekanntmachung der Eintragung betrifft, so wird nach dem Entwurf, ebenso wie nach dem Handelsgesetzbuch, das übrigens nur für den Fall der Herabsetzung der Einlage eine ausdrückliche Vorschrift über die Eintragung enthält, nicht der ganze Inhalt der Eintragung veröffentlicht, vielmehr wird, entsprechend den Vorschriften des §. 160 nur bekannt gemacht, daß eine Erhöhung oder Herabsetzung der Einlage eines Kommanditisten stattgefunden hat. Die allgemeinen Grundsätze des §. 15 über die Wirkungen der erfolgten oder unterlassenen Eintragung und Veröffentlichung kommen neben den Vorschriften der §. 171 und 172 insoweit zur Anwendung, als sie mit diesen vereinbar sind. Insbesondere steht, wenn die Herabsetzung der Einlage zwar eingetragen, die Bekanntmachung, daß eine Herabsetzung stattgefunden hat, aber noch nicht erfolgt ist, dem Gläubiger die Herabsetzung nur entgegen, falls er bei dem Abschlusse des Geschäfts wußte, daß die Einlage eine Herabsetzung erfahren hatte. Ebenso wird in Ansehung von Forderungen, die aus dem Verkehr mit einer Zweigniederlassung entstanden sind, eine ausschließlich in das Register des Sitzes der Gesellschaft eingetragene und bekannt gemachte Herabsetzung dem Gläubiger nur bei nachgewiesener Kenntniß entgegengesetzt werden dürfen.

Haftung der Kommanditisten vor der Eintragung. (§. 173.)

Hat die Gesellschaft ihre Geschäfte begonnen, bevor sie in das Handelsregister des Gerichts, in dessen Bezirke sie ihren Sitz hat, eingetragen ist, so haftet nach §. 173 jeder Kommanditist, welcher dem Geschäftsbeginne zugestimmt hat, für die bis zur Eintragung begründeten Verbindlichkeiten der Gesellschaft gleich einem persönlich haftenden Gesellschafter, es sei denn, daß seine Betheiligung als Kommanditist dem Gläubiger bekannt war. Der Art. 163 Abs. 3 des Handelsgesetzbuchs, welchem diese Vorschrift entlehnt ist, hat früher lebhafte Angriffe hervorgerufen; die Erfahrung hat jedoch die geäußerten Besorgnisse nicht gerechtfertigt. Wird die unbeschränkte Haftung von dem im Handelsgesetzbuch nicht ausdrücklich erwähnten Erfordernisse der Zustimmung des Kommanditisten zum Geschäftsbeginn abhängig gemacht, so kann in der Haftung eine unbillige Härte nicht gefunden werden; sie ist auch nicht zu entbehren, weil sie das wirksamste Mittel bildet, um die schleunige Eintragung in das Handelsregister und hierdurch eine sichere Grundlage für das Verhältniß zu Dritten herbeizuführen. Tritt ein Kommanditist in eine bestehende Gesellschaft ein, so muß er ebenfalls für die in der Zeit zwischen seinem Eintritt und dessen Eintragung begründeten Verbindlichkeiten haften (§. 173 Abs. 2).

Der Art. 168 des Handelsgesetzbuchs bestimmt, daß der Name eines Kommanditisten in der Firma der Gesellschaft nicht enthalten sein darf und daß der Kommanditist, dessen Name dieser Vorschrift zuwider in die Firma aufgenommen ist, den Gläubigern der Gesellschaft unbeschränkt haftet. Diese Vorschrift hat der Entwurf sich nicht angeeignet. Der Art. 168 macht für den Fall, daß der bisherige Inhaber oder Mitinhaber, dessen Name in der Firma enthalten ist, sich von der Führung der Geschäfte zurückzieht, aber als Kommanditist betheiligt bleibt, den ferneren Gebrauch der alten Firma unmöglich, während dann, wenn der bisherige Geschäftsinhaber vollständig ausscheidet, nach den Artikeln 22, 24 die frühere Firma weitergeführt werden darf. Für eine derartige verschiedene Behandlung fehlt es an einem genügenden Grunde, auch für Fälle der ersteren Art, in welchen es sich häufig um den Uebergang des Geschäfts von einem Familienmitglied auf ein anderes handelt, kann den Betheiligten unbedenklich die Fortführung der alten Firma gestattet werden. Was die Neubildung der Firma bei Kommanditgesellschaften betrifft, so ist im §. 19 die Aufnahme eines Namens eines Kommanditisten für unzulässig erklärt; eine Gesellschaft, deren Firma gegen diese Vorschrift verstößt, darf daher der Registerrichter nicht in das Handelsregister eintragen. Dies genügt; denn wenn die Gesellschaft, ohne daß sie in das Handelsregister eingetragen ist, ihre Geschäfte beginnt, so haftet der Kommanditist schon vermöge der Vorschrift des §. 173 für alle Gesellschaftsschulden unbeschränkt.

Vertretung. (§. 174.)

Bezüglich der Vertretung der Kommanditgesellschaft ist keine weitere Bestimmung erforderlich, als die, daß die Kommanditisten zur Vertretung nicht befugt sind (§. 174). Die sonstigen Bestimmungen des bisherigen Art. 167 Abs. 1, 2 werden durch die allgemeine Verweisung des §. 159 Abs. 2 auf die für die offene Handelsgesellschaft geltenden Vorschriften entbehrlich. Nicht in den Entwurf aufgenommen ist die Bestimmung des Art. 167 Abs. 3, nach welcher ein Kommanditist aus Geschäften, die er für die Gesellschaft schließt, ohne ausdrücklich zu erklären, daß er nur als Prokurist oder Handlungsbevollmächtigter handle, gleich einem persönlich haftenden Gesellschafter verpflichtet wird. Um einer Verdunkelung der Verhältnisse der Gesellschaft vorzubeugen, ist eine solche Vorschrift nicht erforderlich.

Auch der bisherige Art. 169 muß wegfallen. Die Vorschriften in dem Abschnitt über die offene Handelsgesellschaft, auf welche er verweist, werden theils durch die Vorschriften des Bürgerlichen Gesetzbuchs, theils durch die §§. 2 und 198 der Konkursordnung sowie durch den §. 168 Abs. 2 des Entwurfs ersetzt.

Auflösung und Ausscheiden. (§. 175.)

Vorschriften über die Auflösung der Gesellschaft und das Ausscheiden von Gesellschaftern, über die Liquidation und die Verjährung (bisher Art. 170 bis 172) sind, abgesehen von dem Satze, daß der Tod des Kommanditisten die Gesellschaft nicht auflöst (§. 175), neben dem §. 159 Abs. 2 nicht mehr erforderlich. Die eintretende Geschäftsunfähigkeit des Kommanditisten hat die Auflösung schon deshalb nicht mehr zur Folge, weil auch die Geschäftsunfähigkeit eines offenen Handelsgesellschafters die Gesellschaft nicht auflöst. Der Konkurs eines Kommanditisten ist nach dem Entwurf, ebenso wie nach dem geltenden Rechte, ein Auflösungsgrund; doch kann nicht nur der Gesellschaftsvertrag bestimmen, daß die Gesellschaft unter den übrigen Gesellschaftern fortbestehen solle (§. 129 Nr. 5 und §. 136 in Verbindung mit §. 159 Abs. 2), sondern die übrigen Gesellschafter sind zufolge der neuen Vorschrift des §. 139 Abs. 2 auch nachträglich in der Lage, die Fortsetzung der Gesellschaft zu beschließen.

Dritter Abschnitt.

Aktiengesellschaft.

Bei der Berathung der Aktiennovelle vom 18. Juli 1884 hat man sich nicht verhehlt, daß die Vorschriften derselben nicht im Stande sein würden, Mißbräuche auf dem Gebiete des Aktienwesens ein für allemal auszuschließen. Man war sich bewußt, daß ein solches Ziel durch Vorschriften auf dem Gebiete des Aktiengesellschaftsrechts überhaupt nicht zu erreichen sei, wenn man nicht die Vereinigungsform der Aktiengesellschaft für den Verkehr unbrauchbar machen und mit den schädlichen Wirkungen derselben auch ihre für die heutige Volkswirthschaft unentbehrlichen Vorzüge beseitigen wolle. Was man erstrebte, war, jene Mißbräuche durch thunlichste Oeffentlichkeit der Vorgänge bei der Gründung und Verwaltung der Gesellschaften und durch eine streng durchgeführte strafrechtliche und privatrechtliche Verantwortlichkeit der bei der Gründung und Verwaltung mitwirkenden Personen nach Möglichkeit einzudämmen. Es läßt sich nicht behaupten, daß innerhalb dieser Grenzen das Gesetz ohne die erwartete Wirkung geblieben sei. In der Periode hochgesteigerter Gründungsthätigkeit, welche in der Zeit seit dem Erlasse des Gesetzes gelegen hat, sind zwar bedenkliche Gründungen unternommen worden; immerhin lassen sich die Mißstände, welche dabei zu Tage traten, nicht mit denjenigen der Gründungsperiode des Anfangs der siebziger Jahre vergleichen. Die Vorschriften des neuen Gesetzes haben es in solchen Fällen auch wesentlich erleichtert, die Schuldigen zur Verantwortung zu ziehen. Allgemeine Gesichtspunkte.

Unzweifelhaft ist es wünschenswerth, den noch vorhandenen Mißbräuchen nach Möglichkeit entgegenzutreten. Die hierfür in Betracht kommenden Mittel liegen aber weniger auf dem Gebiete des Aktienrechts als auf dem der Börsengesetzgebung. Hier setzen denn auch die Bestimmungen des Börsengesetzes ein; die Vorschriften desselben über die Emission von Werthpapieren, über die Kursfeststellung, über die Organisation der Börsen werden unmittelbar oder mittelbar auch auf das Aktienwesen von Einfluß sein.

Grundlegende Aenderungen im Systeme des geltenden Aktienrechts kommen hiernach nicht in Frage. Nichtsdestoweniger läßt sich im Einzelnen an dem bestehenden Zustande Manches bessern, und der Entwurf sieht zu diesem Zwecke mannigfache Aenderungen und Ergänzungen der geltenden Bestimmungen vor.

Insbesondere mag auf die Vorschriften über die Revision der Gründungen (§§. 190 bis 192), über die Erhöhung und Herabsetzung des Grundkapitals, namentlich in Ansehung des Rechtes der Aktionäre auf einen entsprechenden Theil neu auszugebender Aktien (§§. 270 ff., bes. §§. 274, 275), über die Veräußerung des Vermögens der Gesellschaft im Ganzen (§§. 294 ff.), über die Nichtigkeitserklärung von Aktiengesellschaften (§§. 300 bis 302) hingewiesen werden. Auch die Bestimmungen, welche die besonderen Verhältnisse der Rübenzuckerfabriken und ähnlicher mit der Landwirthschaft zusammenhängender Unternehmungen betreffen (§§. 210, 214), gehören hierher.

Eine durchgreifende Aenderung hat die äußere Stellung und Eintheilung der Vorschriften über die Aktiengesellschaft erfahren. Es wird allgemein als ein Mißstand empfunden, daß im Handelsgesetzbuch an erster Stelle die jetzt praktisch nur noch wenig bedeutsame Kommanditgesellschaft auf Aktien und erst nach dieser, zum Theil nur durch Verweisungen auf sie, die Aktiengesellschaft geregelt ist. Im Entwurf ist das Verhältniß umgekehrt, die Aktiengesellschaft vorangestellt und die Kommanditgesellschaft auf Aktien in wesentlich abgekürzter Form behandelt. Auch die Eintheilung des die Aktiengesellschaft selbst betreffenden Rechtsstoffes ist eine andere als im Handelsgesetzbuche, dessen Vorschriften durch die wiederholte Einschiebung neuer Bestimmungen die Uebersichtlichkeit und den Zusammenhang verloren haben.

Erster Titel.

Allgemeine Vorschriften.

Begriffsmerkmale. (§. 176.)

Nach Art. 207 Abs. 1 des Handelsgesetzbuchs ist eine Gesellschaft dann eine Aktiengesellschaft, wenn sich sämmtliche Gesellschafter nur mit Einlagen betheiligen, ohne persönlich für die Verbindlichkeiten der Gesellschaft zu haften. Die Bestimmung erweckt den Anschein, als ob, wenn die darin bezeichneten Merkmale bei einer Gesellschaft zutreffen, die Gesellschaft unter allen Umständen als eine Aktiengesellschaft zu behandeln und nach den für die letztere geltenden Vorschriften zu beurtheilen sei. Dies hat unter Anderem dahin geführt, daß in einzelnen Fällen die Rechtsgültigkeit von Gesellschaften angezweifelt worden ist, die auf Grund einer nach den Landesgesetzen erfolgten Verleihung der Korporationsrechte errichtet waren. In Wahrheit ist die Begriffsbestimmung des Art. 207 in keiner Weise erschöpfend. Da ein praktisches Bedürfniß für eine gesetzliche Definition nicht besteht, so ist im Entwurfe von dem Versuch einer solchen abgesehen.

Aktien und Interimsscheine. (§§. 177 bis 179.)

Der §. 177 giebt in den beiden ersten Absätzen die Vorschriften des bisherigen Art. 207 Abs. 3, 4 wieder. Dagegen enthalten die letzten Absätze eine Aenderung des geltenden Rechtes. Nach dem Artikel 215c Abs. 3 des Handelsgesetzbuchs in der Fassung der Novelle vom 18. Juli 1884 soll in keinem Falle die Aktienurkunde vor der Leistung der vollen Einzahlung ausgegeben werden; bis dahin ist nur die Ausgabe eines Interimsscheins gestattet. Zwischen Aktien, die auf den Inhaber, und solchen, die auf Namen lauten, wird hierbei nicht unterschieden. In Wahrheit fehlt es an einem ausreichenden Grunde, die Ausgabe auf Namen lautender Aktien vor der Vollzahlung zu verbieten. Sofern nur die Urkunde ersichtlich macht, daß die Einzahlungen noch nicht vollständig geleistet sind, unterliegt es keinem Bedenken, wenn sie mit der Bezeichnung „Aktie" versehen wird. In manchen Fällen besteht auch unzweifelhaft ein Bedürfniß dafür, in dieser Weise zu verfahren. Namentlich trifft dies bei Gesellschaften zu, die, wie die Versicherungsgesellschaften, ihr in Namensaktien zerlegtes Grundkapital zum größten Theil als einen Garantiefonds behandeln, dessen Einforderung unter regelmäßigen Verhältnissen überhaupt nicht stattfinden soll. Solche Gesellschaften sind gegenwärtig dauernd außer Stand gesetzt, eigentliche Aktien auszugeben. Sie müssen sich mit der Ausgabe von Interimsscheinen begnügen, obgleich diese sich ihrem Wesen nach nur als ein vorübergehender Ersatz für die später auszugebenden endgültigen Antheilscheine darstellen und deshalb dem thatsächlichen Verhältnisse in Fällen der bezeichneten Art nicht entsprechen. Mit Rücksicht hierauf ist im Entwurfe die Vorschrift, daß die Aktie nicht vor der vollen Einzahlung ausgegeben werden darf, auf Inhaberaktien beschränkt, zugleich aber angeordnet, daß in jeder vor der Vollzahlung ausgegebenen Namensaktie der Betrag der geleisteten Einzahlung ersichtlich zu machen ist. Die Ausgabe nicht vollbezahlter Aktien ohne einen solchen Vermerk ist im §. 305 Nr. 2 unter Strafe gestellt.

Was die Interimsscheine betrifft, so werden dieselben im Handelsgesetzbuch als Antheilscheine bezeichnet, in welchen der Bezug der Aktien zugesichert wird oder welche sonst über das Antheilsrecht des Aktionärs vor Ausgabe der Aktien ausgestellt werden. Der Entwurf spricht nur von „Antheilscheinen, die den Aktionären vor der Ausgabe der Aktien ausgestellt werden". Das Wesentliche der Interimsscheine ist hierin enthalten; Urkunden, durch welche der Bezug von Aktien zugesichert wird, ohne daß der Inhaber als Mitglied der Gesellschaft gelten soll, sind keine Interimsscheine im Sinne des Gesetzes.

Der durch die Novelle vom 18. Juli 1884 auf eintausend Mark festgesetzte Mindestbetrag jeder Aktie ist im §. 178 Abs. 1 des Entwurfs unverändert beibehalten. Von einzelnen Seiten wird eine weitere Erhöhung des gesetzlichen Mindestbetrags befürwortet, und auch bei den Berathungen der Börsen-Enquete-Kommission ist die Frage erörtert worden, ob nicht wenigstens für die Zulassung von Aktien zum Börsenhandel ein höherer Nennbetrag gefordert werden solle; die Kommission ist indessen nicht dazu gelangt, eine solche Maßregel zu empfehlen. Um so weniger erscheint es angezeigt, eine Erhöhung des gesetzlichen Mindestbetrags ohne Rücksicht darauf eintreten zu lassen, ob die Aktien an die Börse gebracht werden oder nicht. Die kleinen Vermögen werden schon durch das Erforderniß eines Betrags von wenigstens eintausend Mark geschützt, soweit dies nach Lage der Sache möglich ist, und der rein spekulative Erwerb von Aktien auf Bankierkredit gegen Leistung eines Einschusses wäre selbst durch die Festsetzung eines erheblich höheren Nennbetrags nicht zu verhindern. Dagegen würde eine solche Erhöhung auch den Erwerb guter und sicherer Aktien erheblich erschweren und aller Wahrscheinlichkeit nach zu einer Begünstigung ausländischer Papiere mit geringerem Nennwerthe führen. In Frankreich, wo am 1. August 1893 ein neues Gesetz zur Abstellung einzelner Mißbräuche im Aktienwesen ergangen ist, hat man nicht nur von einer Erhöhung des Nennbetrags der Aktien abgesehen, sondern für kleinere Gesellschaften den Mindestbetrag noch erheblich, nämlich bis zu fünfundzwanzig Franken, herabgesetzt.

Die im Art. 207a Abs. 2 des Handelsgesetzbuchs dem Bundesrath eingeräumte Befugniß, die Ausgabe von Aktien mit geringerem Nennbetrage für gemeinnützige oder in bestimmter Weise öffentlich garantirte Unternehmungen zu gestatten, ist im Entwurfe beibehalten. Das Gleiche gilt in Betreff der Ausnahme, welche der Art. 207a in Ansehung von Namensaktien macht, die nur mit Einwilligung der Gesellschaft und mittelst gerichtlich oder notariell beglaubigter Erklärung (Art. 220, 182 Abs. 2) übertragen werden können.

Bestritten ist, ob die Vorschrift, daß die Aktien auf eintausend Mark lauten müssen, auch dann Anwendung zu finden hat, wenn eine ältere Gesellschaft, deren Aktien mit Rücksicht auf die bis zum Jahre 1884 in Geltung gewesenen Vorschriften auf einen geringeren Betrag gestellt sind, bei einer Kapitalsherabsetzung an Stelle der bisherigen Aktien andere ausstellt oder bei einer Kapitalserhöhung neue Aktien ausgiebt. Die Entscheidung der Frage gehört jedoch, da es sich um eine Uebergangsbestimmung handelt, in das Einführungsgesetz (vergl. Art. 24 des Entwurfs des Einführungsgesetzes).

Ueber die Art, wie die Aktien und Interimsscheine ausgefertigt werden, enthält das Handelsgesetzbuch keine Vorschriften. Dagegen bestimmt der §. 793 Abs. 2 des Bürgerlichen Gesetzbuchs, daß bei Schuldverschreibungen auf den Inhaber die Gültigkeit der Unterzeichnung der Urkunde durch eine in diese aufgenommene Bestimmung von der Beobachtung einer besonderen Form abhängig gemacht werden kann, daß zur Unterzeichnung aber eine im Wege der mechanischen Vervielfältigung hergestellte Namensunterschrift genügt. Diese Vorschriften eignen sich auch für Aktien und Interimsscheine; im §. 179 des Entwurfs sind deshalb entsprechende Bestimmungen getroffen.

Gesellschaftsvertrag. (§§. 180 bis 184.)

Die Vorschriften des §. 180 über die Feststellung und den Inhalt des Statuts der Aktiengesellschaft sind der Hauptsache nach unverändert aus dem Art. 209 des Handelsgesetzbuchs übernommen. Weggefallen ist die bisherige Nr. 4, wonach der Gesellschaftsvertrag auch die Art der Aktien, ob sie auf den Inhaber oder auf Namen lauten, und im Falle der Ausgabe beider Arten die Zahl der Aktien einer jeden Art bestimmen muß. An die Stelle dieser Vorschrift tritt der §. 181 Abs. 1, welcher verordnet, daß die Aktien, wenn der Gesellschaftsvertrag nichts darüber bestimmt, ob Namens- oder Inhaberaktien ausgegeben werden sollen, auf Namen zu stellen sind. Da jeder Verstoß gegen die Vorschriften über die Aufnahme der im §. 180 Abs. 2 bezeichneten Bestimmungen in den Gesellschaftsvertrag die Nichtigkeit der Gesellschaft zur Folge hat, so erscheint es wünschenswerth, diese Bestimmungen nach Möglichkeit zu beschränken und durch subsidiär eintretende gesetzliche Vorschriften zu ersetzen.

Der Art. 209a des Handelsgesetzbuchs führt eine Anzahl von Bestimmungen auf, die zwar nicht nothwendig im Gesellschaftsvertrag enthalten sein müssen, aber nur in diesem getroffen werden können. Die Aufzählung ist indessen keineswegs vollständig und wird daher in dieser Form am besten beseitigt. Die Vorschrift unter Nr. 1 des Art. 209a, daß eine Bestimmung, wonach das Unternehmen auf eine gewisse Zeit beschränkt sein soll, der Aufnahme in den Gesellschaftsvertrag bedarf, ist überhaupt entbehrlich; in dieser Hinsicht genügen vielmehr die Vorschriften des §. 196 Abs. 2 und des §. 283 Nr. 1. Die Nr. 5 des Art. 209a bezieht sich auf statutarische Anordnungen über die Beschlußfassung in der Generalversammlung und findet daher am besten bei den Vorschriften über diese ihre Stelle (§. 246). Der übrige Inhalt des Art. 209a wird durch den §. 181 Abs. 2 und die §§. 182, 183 des Entwurfs ersetzt.

Was die Umwandlung von Namens- in Inhaberaktien oder der letzteren in Namensaktien betrifft (§. 181 Abs. 2, bisher Art. 209a Nr. 3), so wird durch die oben erwähnte Streichung der Nr. 4 des Art. 209 der Zweifel beseitigt, ob es nicht zu einer solchen Umwandlung jedesmal einer Aenderung des Gesellschaftsvertrags bedürfe. Diejenige Umwandlung, welche nach §. 181 Abs. 2 des Entwurfs im Falle einer entsprechenden Bestimmung des Gesellschaftsvertrags auf Verlangen des Aktionärs zu geschehen hat, ist eine Verwaltungshandlung, die im Zweifel durch den Vorstand zu bewirken ist. Darüber, inwieweit eine Umwandlung der Aktien durch Mehrheitsbeschluß der Aktionäre erfolgen kann, sind besondere Vorschriften nicht erforderlich; auch ohne Anerkennung im Gesetze wird der Grundsatz gelten müssen, daß eine Zwangsumwandlung, da sie in die Sonderrechte der Aktionäre eingreift, nur auf Grund einer vor der Entstehung der betreffenden Antheilsrechte zu Stande gekommenen Bestimmung des Gesellschaftsvertrags zulässig ist.

Die Ausgabe der Aktien zu einem höheren als dem Nennbetrage soll nach §. 182 Abs. 2 des Entwurfs ebenso wie nach dem bisherigen Art. 209a Nr. 2 nur unter der Voraussetzung gestattet sein, daß die Ausgabe über Pari im Gesellschaftsvertrage vorgesehen ist. Der Betrag, zu welchem die Ausgabe erfolgt, braucht im Gesellschaftsvertrage nicht festgesetzt zu sein. Auch nach dem geltenden Rechte ist eine solche Festsetzung, die thatsächlich nicht immer zum Voraus geschehen kann, nicht erforderlich.

In Betreff der Rechtsverhältnisse, welche entstehen, wenn nach Maßgabe des §. 183 (Handelsgesetzbuch Art. 209a Nr. 4) Prioritätsaktien ausgegeben werden, trifft der Entwurf, abgesehen von den schon im Handelsgesetzbuch enthaltenen Bestimmungen über die unter Umständen nothwendige Beschlußfassung in Sonderversammlungen der verschiedenen Klassen von Aktionären (§. 267 Abs. 3, §. 270 Abs. 2, §. 280 Abs. 3), keine besonderen Vorschriften. Es handelt sich dabei meistens um Fragen, die nur unter Berücksichtigung der im einzelnen Falle maßgebenden statutarischen Bestimmungen beantwortet werden können. Die Frage, ob bei einer bestehenden Gesellschaft auch außer dem Falle der Erhöhung des Grundkapitals Prioritätsrechte begründet werden können, ist durch die auf den Reservefonds bezügliche Vorschrift des §. 255 Nr. 3 entschieden.

Die Vorschriften des §. 184 über die Festsetzungen, welche in den Gesellschaftsvertrag aufzunehmen sind, wenn besondere Vortheile für einzelne Aktionäre bedungen oder Sacheinlagen gemacht oder Vermögensgegenstände von der Gesellschaft übernommen werden sollen, weichen sachlich nicht von dem bisherigen Art. 209b ab. Auch die §§. 185 bis 187, welche die Personen der Gründer, die Errichtung der Gesellschaft im Falle der Simultangründung und die Aktienzeichnung bei der Successivgründung betreffen, stimmen bis auf geringe, meistens die Fassung betreffende Verschiedenheiten mit den Art. 209c bis 209e des Handelsgesetzbuchs überein.

Wahl des ersten Aufsichtsraths. (§. 188.)

Ueber die Wahl des ersten Aufsichtsraths enthält das Handelsgesetzbuch keine besonderen Vorschriften; nur für die Kommanditgesellschaft auf Aktien ist im Art. 175e eine solche Bestimmung getroffen. Der Mangel einer entsprechenden Vorschrift für die Aktiengesellschaft tritt darin hervor, daß auch im Falle der Simultangründung an sich eine förmliche Generalversammlung für die Wahl des Aufsichtsraths berufen werden muß, daß es aber nicht nur hier, sondern auch für den Fall der Successivgründung zweifelhaft bleibt, von wem die Generalversammlung zu berufen ist. Der §. 188 des Entwurfs füllt diese Lücke aus und erstreckt die betreffenden Vorschriften zugleich auf die Bestellung des ersten Vorstandes, sofern der Vorstand nach der Bestimmung des Gesellschaftsvertrags durch die Generalversammlung zu wählen ist. Der Art. 209f des Handelsgesetzbuchs, in welchem noch besonders ausgesprochen ist, daß die Aktiengesellschaft einen Aufsichtsrath haben müsse, ist entbehrlich, da sich der Grundsatz aus den übrigen Vorschriften des Gesetzes von selbst ergiebt. Die Streichung des Art. 209f beseitigt zugleich einen Zweifel, der mit Rücksicht auf die Uebergangsbestimmungen der Novelle vom 18. Juli 1884 entstanden ist. Der §. 2 der letzteren führt nämlich auch den Art. 209f unter denjenigen Vorschriften an, welche auf Gesellschaften, die vor dem Inkrafttreten der Novelle bereits zum Handelsregister angemeldet waren, keine Anwendung finden sollen, und hieraus ist, der Absicht des Gesetzes entgegen, gefolgert worden, der Aufsichtsrath bilde für ältere Gesellschaften auch jetzt noch keine nothwendige Einrichtung. Nach dem Entwurfe kann es keinem Zweifel mehr unterliegen, daß alle Aktiengesellschaften ohne Ausnahme einen Aufsichtsrath haben müssen.

Gründererklärung. (§. 189.)

Nach Art. 209g des Handelsgesetzbuchs haben die Gründer, sofern Sacheinlagen gemacht oder der Gesellschaft Vermögensstücke überlassen werden, in einer besonderen schriftlichen Erklärung die Angemessenheit des in Ansatz gebrachten Werthes zu rechtfertigen. Durch den §. 189 des Entwurfs werden die Angaben, welche diese Gründererklärung enthalten muß, in einzelnen Beziehungen näher bestimmt oder erweitert. Der Art. 209g ist mit Rücksicht auf seine Fassung zuweilen dahin verstanden worden, daß die für die Werthsbemessung der eingelegten oder überlassenen Gegenstände wesentlichen Thatsachen nur angegeben werden müßten, soweit sie für die subjektive Auffassung der als Gründer handelnden Personen thatsächlich maßgebend gewesen seien. Hieraus werden dann Folgerungen gezogen, welche die Verpflichtung der Gründer zur Offenlegung der objektiv wesentlichen Umstände in einer zweckwidrigen Weise beschränken. Im Abs. 1 des §. 189 ist deshalb eine etwas andere Fassung gewählt. Selbstverständlich bezieht sich aber auch hiernach die Darlegungspflicht immer nur auf diejenigen Umstände, welche die Gründer bei pflichtmäßiger Sorgfalt nach Maßgabe der in dem fraglichen Zeitpunkte bestehenden Verhältnisse als wesentlich für die Werthsbemessung ansehen müssen (§. 200 Abs. 2). Ferner ist im Abs. 2 des §. 189 bestimmt, daß im Falle des Ueberganges eines Unternehmens auf die Gesellschaft auch die Betriebserträgnisse aus den beiden letzten Geschäftsjahren unter die Angaben der Gründererklärung aufzunehmen sind. Die Wichtigkeit der bisherigen Erträgnisse für die Beurtheilung des Werthes eines Unternehmens bedarf keiner näheren Darlegung.

Keine von den neuen Einrichtungen, die durch die Novelle vom 18. Juli 1884 eingeführt worden sind, hat zu so vielfachen Erörterungen Anlaß gegeben wie die Prüfung der Gründung durch Revisoren und durch den Vorstand und den Aufsichtsrath der Gesellschaft. Wünsche nach Aenderungen in den gesetzlichen Vorschriften sind von vielen Seiten laut geworden; sie beziehen sich indessen nur auf Einzelheiten. Revisoren. (§§. 200 bis 202.)

Es unterliegt keinem Zweifel, daß die Vorschriften über die Revision in der Praxis sehr verschieden gehandhabt werden, sowohl was das Verhalten der Handelskammern gegenüber den Revisoren betrifft, als was die Art und Weise anlangt, wie die Revisoren selbst ihre Aufgabe auffassen. Während einzelne Handelskammern keinen Anstand nehmen, die Thätigkeit der Revisoren in gewissem Umfange zu überwachen und den Revisoren Anweisungen über die Ausführung der Revision zu ertheilen, lehnt die Mehrzahl der Organe des Handelsstandes unter Berufung auf die Vorschriften des Gesetzes jedes Eingreifen in die Revision ab, nachdem die Bestellung der Revisoren erfolgt ist. Diese ihrerseits beschränken sich zum großen Theil auf eine mehr oder weniger formelle Prüfung der ihnen von den Gründern vorgelegten Urkunden und enthalten sich häufig jeder sachlichen Untersuchung in Betreff der Angemessenheit des Werthansatzes für die von der Gesellschaft zu erwerbenden Anlagen oder sonstigen Gegenstände. Andere Revisoren lassen sich auch in dieser Beziehung eine eingehendere Prüfung angelegen sein.

Zum Theil findet die vielfach mangelhafte Ausführung der Revisionen ihre Erklärung in der Schwierigkeit der den Revisoren gestellten Aufgabe, wie auch in der mangelnden Bereitwilligkeit geeigneter Personen, die Stellung eines Revisors zu übernehmen. Immerhin läßt sich nicht verkennen, daß die Zweifel, welche hinsichtlich des Umfanges der gesetzlichen Prüfungspflicht der Revisoren und ihrer Rechte gegenüber den Gründern erhoben werden können, zu jenem Ergebnisse nicht unwesentlich beigetragen haben. Diesen Mängeln sucht der Entwurf abzuhelfen. Die Aenderungen, die er vornimmt, bezwecken hauptsächlich:

1. die Bestellung von Revisoren in weiteren Grenzen anzuordnen und für alle Fälle ihrer Ernennung durch ein von den Gründern unabhängiges Organ zu sichern,
2. den Umfang der den Revisoren sowie dem Vorstand und Aufsichtsrath obliegenden Prüfung in Betreff des Werthes der von der Gesellschaft zu erwerbenden Gegenstände klarzustellen und auszudehnen,
3. das Verhältniß der Revisoren zu den Gründern, namentlich ihre Befugniß, die erforderlichen Aufklärungen und Nachweise zu verlangen,

genauer zu bestimmen und in Streitfällen die Entscheidung einer geeigneten Stelle herbeizuführen, endlich

4. auch hinsichtlich des Anspruchs auf Vergütung die Revisoren von den Gründern unabhängiger zu machen.

Nach dem Art. 209h des Handelsgesetzbuchs werden besondere Revisoren nur bestellt, wenn ein Mitglied des Vorstandes oder Aufsichtsraths selbst Gründer ist oder der Gesellschaft ein Vermögensstück überläßt oder sich einen besonderen Vortheil ausbedungen hat. Mit Recht ist bemängelt worden, daß diese Voraussetzungen zu eng begrenzt seien, und daß namentlich bei Gründungen mit Sacheinlagen eine Prüfung durch besondere Revisoren auch dann nöthig sei, wenn keiner der bezeichneten Fälle vorliege, die Einlage vielmehr von einem Aktionär, der nicht Mitglied des Vorstandes oder Aufsichtsraths ist, gemacht werde; denn die Rollen können immerhin so vertheilt werden, daß diejenigen, welche die Einlagen machen, gerade um die Bestellung von Revisoren zu verhüten, zunächst nicht in den Aufsichtsrath oder Vorstand der Gesellschaft eintreten. Im §. 190 Abs. 2 des Entwurfs ist deshalb die Bestellung von Revisoren vorgeschrieben, sobald überhaupt ein Fall des §. 184 Abs. 2 vorliegt.

Da, wo eine Handelskammer oder ein ähnliches Organ des Handelsstandes nicht vorhanden ist, erfolgt nach Art. 209h des Handelsgesetzbuchs die Ernennung der Revisoren durch den Vorstand und den Aufsichtsrath. In einem Falle, in dem der Vorstand und der Aufsichtsrath als befangen und deshalb zur alleinigen Vornahme der Revision nicht geeignet angesehen werden, kann aber diesen Organen auch nicht wohl die Bestellung der Revisoren übertragen werden. Nach dem Entwurfe soll in den betreffenden Fällen die Ernennung der Revisoren durch das Gericht erfolgen. In ähnlicher Weise ist die Frage im §. 59 des Genossenschaftsgesetzes geregelt. Hinsichtlich der Frage, welche Organe zur Vertretung des Handelsstandes berufen sind, kann, da die betreffenden Einrichtungen in den einzelnen Bundesstaaten vielfach von einander abweichen, nichts Näheres festgesetzt werden. Soweit in einem Bundesstaate verschiedene Vertretungsorgane dieser Art bestehen, wird es Sache der Landsregierung sein, die nöthigen Bestimmungen zu treffen.

Im §. 191 des Entwurfs wird der Umfang der den Revisoren, wie auch dem Vorstand und dem Aufsichtsrath obliegenden Prüfungspflicht in der Weise festgestellt, daß im Falle einer Sacheinlage oder einer Uebernahme von Vermögensgegenständen die Prüfung sich darauf zu erstrecken hat, ob bezüglich der Angemessenheit der für die eingelegten oder übernommenen Gegenstände gewährten Beträge Bedenken obwalten. Eine Klarstellung der betreffenden Vorschrift ist von den verschiedensten Seiten, insbesondere von einer größeren Zahl von Handelskammern, befürwortet worden, indem mit Recht darauf hingewiesen wurde, daß einer Revision, die sich nicht auf die in Frage stehende sachliche Seite der Gründung erstrecke, kaum eine Bedeutung beizulegen sei.

Gegenwärtig ist es zweifelhaft, wie sich die Revisoren zu verhalten haben, wenn die von ihnen für nöthig erachteten Aufklärungen und Nachweise von den Gründern nicht gegeben werden. Da es an einer zuständigen Stelle für die Entscheidung eines solchen Streites fehlt, so kann zur Zeit nur in Frage kommen, ob die Revisoren in einem solchen Falle befugt sind, die Erstattung des Revisionsberichts zu verweigern, oder ob sie lediglich das Verhalten der Gründer in dem Berichte darzulegen haben. Das erstere ist bedenklich, da hierdurch das Zustandekommen einer Aktiengesellschaft von dem alleinigen Ermessen der Revisoren abhängig gemacht wird; das letztere dagegen ist ungenügend und mit dem Zwecke der Revision nicht vereinbar. Am besten wird die Entscheidung von Meinungsverschiedenheiten der gedachten Art der Handelskammer beziehungsweise der Gerichtsbehörde übertragen, von welcher die Revisoren bestellt sind (§. 192 Abs. 1). Schon jetzt haben sich einzelne Handelskammern der Entscheidung solcher Streitpunkte unterzogen, und es kann sich nur als nützlich erweisen, wenn von dieser Seite ein gewisser Einfluß auf die Ausführung der Revisionen geübt wird. Zugleich erhalten die Revisoren durch die Möglichkeit einer Anrufung der Handelskammer den Gründern gegenüber eine selbständigere und geschütztere Stellung. Eine Verantwortlichkeit der Handelskammer für die Gründung kommt dabei ebensowenig wie bisher in Frage. Für den Fall, daß die Gründer auch der Entscheidung der Handelskammer oder des Gerichts keine Folge leisten, kann unbedenklich bestimmt werden, daß die Erstattung des Revisionsberichts zu unterbleiben hat.

Auch die Festsetzung der den Revisoren gebührenden Vergütung wird zweckmäßig der Handelskammer oder, wenn die Revisoren durch das Gericht ernannt sind, diesem übertragen (§. 192 Abs. 2). Gegenwärtig ist die Höhe der Vergütung lediglich der Vereinbarung zwischen den Revisoren und den Gründern überlassen, was der Unabhängigkeit der ersteren jedenfalls nicht förderlich sein kann.

Vielfach erörtert ist die Frage, ob nicht der von den Revisoren erstattete Bericht seinem ganzen Umfange nach oder auszugsweise zur öffentlichen Kenntniß gebracht werden soll. Nach dem Handelsgesetzbuch wird der Bericht zum Handelsregister eingereicht, er bleibt bei den Akten des Registergerichts, und von diesem werden nur die Namen der Revisoren veröffentlicht (Art. 210 Abs. 2 Nr. 3, Art. 210c Nr. 2). Eine Veröffentlichung des Revisionsberichts schreibt auch der Entwurf nicht vor. Wenngleich die erheblichen Kosten, welche durch eine solche Veröffentlichung in den für die Bekanntmachungen des Registergerichts bestimmten Blättern entständen, für sich allein noch nicht in Betracht kommen würden, so wäre ein gesetzlicher Zwang zur Veröffentlichung doch jedenfalls nur gerechtfertigt, wenn sich ein wirklicher Nutzen davon erwarten ließe. Dies ist aber zu bezweifeln. Umfangreiche Schriftstücke, wie die Revisionsberichte, werden von dem großen Publikum wenig gelesen, und die Veröffentlichung würde vielfach zu einer Zeit geschehen, in der ein Interesse weiterer Kreise an dem Unternehmen noch nicht besteht. Immerhin erscheint es wünschenswerth, den Revisionsbericht den Betheiligten noch in anderer Weise als nur mittelst Einsichtnahme der Gerichtsakten zugänglich zu machen. Am zweckmäßigsten geschieht dies in der Weise, daß der Bericht auch den zur Vertretung des Handelsstandes berufenen

Organen, das die Revisoren bestellt hat, eingereicht und von diesem an einer angemessenen Stelle, insbesondere an der Börse, zur Einsicht für Jedermann aufgelegt wird. Im §. 191 Abs. 3 und im §. 193 Nr. 5 sind die erforderlichen Vorschriften getroffen. Im Zusammenhange damit steht der §. 197 Abs. 2, wonach in der Bekanntmachung des Registergerichts über die Eintragung der Gesellschaft besonders darauf hinzuweisen ist, daß der Revisionsbericht bei dem Gericht und bei dem Organ des Handelsstandes von Jedermann eingesehen werden kann. Dagegen soll eine Veröffentlichung der Namen der Revisoren nicht mehr stattfinden. In dieser Beziehung ist aus den Kreisen des Handelsstandes nicht ohne Grund geltend gemacht worden, daß eine solche Veröffentlichung mangels einer gleichzeitigen Bekanntgabe des Ergebnisses der Revision unter Umständen nur dazu führe, eine grundlose Reklame für das Unternehmen zu begünstigen.

Eintragung der Gesellschaft in das Handelsregister: konstituirende Generalversammlung. (§§. 193 bis 199.)

Die §§. 193 bis 199 des Entwurfs betreffen die Eintragung der Aktiengesellschaft in das Handelsregister und die hiermit zusammenhängende Thätigkeit des Registergerichts. Sie stimmen im Allgemeinen mit den Art. 210 bis 212 des Handelsgesetzbuchs überein; nur Einzelheiten sind geändert.

Den Gegenstand der Anmeldung und Eintragung bildet nach §. 193 die Gesellschaft und nicht mehr, wie nach dem Handelsgesetzbuch, der Gesellschaftsvertrag; dieser ist der Anmeldung nur beizufügen. Auch gegenwärtig findet aus naheliegenden Gründen nicht die Eintragung des ganzen Gesellschaftsvertrags statt; die Ausführungsverordnungen sehen vielmehr nur eine auszugsweise Eintragung vor. Die Zulässigkeit einer derartigen Anordnung ist indessen mit Rücksicht auf den Wortlaut des Gesetzes bemängelt worden. Durch die Fassung des Entwurfs, die auch mit den Vorschriften über die Eintragung der offenen Handelsgesellschaft und der Kommanditgesellschaft im Einklang steht, erledigen sich diese Bedenken. Der Inhalt der Eintragung wird im §. 196 näher bestimmt.

Die Einrichtung, daß im Falle der Successivgründung die konstituirende Generalversammlung durch das Gericht berufen und geleitet wird, ist im Entwurfe beibehalten. Die sachlichen Abweichungen des §. 194 von dem Art. 210a des Handelsgesetzbuchs beschränken sich auf zwei Punkte. Nach dem letzteren Artikel können auch Rechtsnachfolger der ersten Zeichner oder Uebernehmer von Aktien in der konstituirenden Generalversammlung mitwirken, sofern sie von der Versammlung zugelassen werden. Diese Bestimmung, welche die Zulassung der Käufer von Antheilsrechten ermöglichen sollte, aber in Bezug auf die Voraussetzungen einer solchen Zulassung zu erheblichen Zweifeln Anlaß giebt, konnte in den Entwurf schon deshalb nicht aufgenommen werden, weil im §. 198 Abs. 2 einer Uebertragung von Antheilsrechten vor der Eintragung der Gesellschaft in das Handelsregister die Wirksamkeit gegenüber der Gesellschaft versagt wird. Daß die Erben der ersten Zeichner oder Uebernehmer von Aktien die Rechte ihres Erblassers auch in der konstituirenden Generalversammlung ausüben können, bedarf keiner besonderen Hervorhebung.

Nach dem geltenden Rechte ist es nicht unzweifelhaft, inwieweit bei der Beschlußfassung über die Errichtung der Gesellschaft auch diejenigen Gründer oder sonst Betheiligten stimmberechtigt sind, welche Vermögensgegenstände in die Gesellschaft einbringen oder sich einen besonderen Vortheil oder eine Gründervergütung ausbedungen haben; denn für diese Personen besteht immerhin ein besonderes, mit dem Interesse der übrigen Aktionäre nicht zusammenfallendes Interesse an dem Zustandekommen der Gesellschaft. Im Abs. 4 des §. 194 ist die Frage dahin entschieden, daß den Betreffenden zwar das Stimmrecht nicht entzogen ist, daß die Errichtung der Gesellschaft aber als abgelehnt gilt, wenn die Mehrheit der Stimmen der übrigen bei der Beschlußfassung mitwirkenden Aktionäre sich dagegen ausgesprochen hat. Ein vollständiger Ausschluß der in Frage stehenden Personen von der Ausübung des Stimmrechts würde nicht der Billigkeit entsprechen, da die übrigen Aktionäre sonst in der Lage wären, die Errichtung der Gesellschaft ohne die Mitwirkung der für die Gründung verantwortlichen Betheiligten zu beschließen. Ueberdies wird in den meisten Fällen nur dadurch, daß die Aktien jener Betheiligten mitgezählt werden, die von dem Gesetze geforderte Mehrheit von einem Viertheile des Grundkapitals zu erreichen sein.

Da nach dem Entwurfe nicht der Gesellschaftsvertrag, sondern die Gesellschaft in das Handelsregister eingetragen wird, so ist es nothwendig, den Inhalt der Eintragung näher zu bestimmen. Dies geschieht im §. 196. Die im Abs. 2 erwähnten Bestimmungen des Gesellschaftsvertrags über die Befugniß des Vorstandes oder der Liquidatoren zur Vertretung der Gesellschaft beschränken sich auf etwaige Abweichungen von dem Grundsatze der Gesammtvertretung; denn die Vertretungsbefugniß des Vorstandes als solchen sowie die Vertretungsbefugniß der Liquidatoren in ihrer Stellung als Gesellschaftsorgan unterliegen nicht der Abänderung durch den Gesellschaftsvertrag.

Der Inhalt der öffentlichen Bekanntmachung, welche von dem Registergericht nach erfolgter Eintragung der Gesellschaft zu erlassen ist, wird im §. 197 des Entwurfs in einigen Punkten anders bestimmt als im Art. 210c des Handelsgesetzbuchs. Neu ist die Vorschrift unter Nr. 2, wonach auch der Betrag, zu welchem die Aktien für Rechnung der Gesellschaft ausgegeben werden, in der Bekanntmachung anzugeben ist. Da die Aktien nicht selten nach kürzester Zeit zu weit höheren Beträgen für Rechnung der ersten Betheiligten an die Börse gebracht werden, so ist jene Mittheilung in der Bekanntmachung von wesentlicher Bedeutung. Um dem Gerichte die Mittheilung zu ermöglichen, ist im §. 193 Abs. 3 vorgeschrieben, daß der Betrag, zu welchem die Aktien ausgegeben werden, bei der Anmeldung der Gesellschaft durch die Gründer und durch die Mitglieder des Vorstandes und des Aufsichtsraths besonders anzugeben ist. Eine falsche Angabe ist nach §. 304 Nr. 1 strafbar.

Daß vor der Eintragung in das Handelsregister die Aktiengesellschaft als solche nicht besteht, und daß, wenn vorher im Namen der Gesellschaft gehandelt worden ist, die Handelnden persönlich haften (§. 198 Abs. 1), entspricht dem geltenden Rechte (Handelsgesetzbuch Art. 211). Im Abs. 2 des §. 198 ist die Vorschrift des bisherigen Art. 215c Abs. 2, derzufolge Aktien und Interimsscheine vor der Eintragung der Gesellschaft nicht ausgegeben werden dürfen, dahin erweitert, daß die Antheilsrechte vor diesem Zeitpunkt überhaupt nicht mit Wirksamkeit gegenüber der Gesellschaft veräußerlich sind. Solange die Eintragung nicht erfolgt ist, bilden die Betheiligungen an dem Unternehmen keinen zur Veräußerung geeigneten Gegenstand, und auch aus allgemeinen wirthschaftlichen Gründen muß die Zulassung eines Handels mit Antheilen an einer noch nicht ins Leben getretenen Gesellschaft als bedenklich erscheinen. Im belgischen und im italienischen Handelsgesetzbuch finden sich ähnliche Bestimmungen. Die Gültigkeit eines Vertrags, durch welchen der eine Theil lediglich die Verpflichtung übernimmt, die von ihm gezeichneten Aktien dem anderen zu übertragen, wird durch die Vorschrift nicht berührt.

Die in dem Abschnitt über das Handelsregister enthaltenen allgemeinen Vorschriften in Betreff der Eintragungen in das Register einer Zweigniederlassung sind für die Aktiengesellschaft insoweit, als es sich um die erste Eintragung der Zweigniederlassung handelt, nicht ausreichend. Der §. 199 des Entwurfs giebt die erforderlichen Ergänzungen. Er weicht von den Bestimmungen des Art. 212 des Handelsgesetzbuchs vornehmlich darin ab, daß die ausschließlich für die Beurtheilung der Gründung bedeutsamen Umstände, insbesondere die Namen der Gründer und der Mitglieder des ersten Aufsichtsraths sowie die Festsetzungen des §. 184, nur dann in die öffentliche Bekanntmachung des Gerichts der Zweigniederlassung aufgenommen werden sollen, wenn die Eintragung bei diesem Gericht innerhalb der ersten zwei Jahre nach der Eintragung am Sitze der Gesellschaft stattfindet. Der letztere Zeitraum wird auch sonst im Gesetz als derjenige behandelt, in welchem die Verhältnisse der Gesellschaft noch wesentlich unter dem Einflusse des Gründungsherganges stehen. Ist seit der Errichtung der Gesellschaft ein längerer Zeitraum verstrichen, so hat die Veröffentlichung der erwähnten Thatsachen keine praktische Bedeutung mehr.

Die Vorschriften der ersten vier Absätze des §. 199 finden nach der allgemeinen Regel des §. 13 Abs. 3 auch auf die Eintragung der inländischen Zweigniederlassung einer ausländischen Aktiengesellschaft Anwendung, soweit nicht das am Sitze der Gesellschaft geltende Recht eine Abweichung nöthig macht. Das letztere kann zum Beispiel hinsichtlich der Bekanntmachung der ersten Aufsichtsrathsmitglieder der Fall sein, wenn nach dem maßgebenden fremden Rechte die Aktiengesellschaft keinen Aufsichtsrath zu haben braucht. Außerdem enthält der Abs. 5 des §. 199 noch einige besondere Vorschriften, welche der Hauptsache nach aus dem bisherigen Art. 179 Abs. 3 entnommen sind. Auch die Vorschrift, daß die sämmtlichen von dem Registergerichte bekannt zu machenden Angaben schon in die Anmeldung aufzunehmen sind, ist für den hier in Frage stehenden Fall beibehalten, da dem Registergericht nicht wohl zugemuthet werden kann, sich die betreffenden Thatsachen lediglich aus den mit der Anmeldung eingereichten, nach den Bestimmungen eines fremden Rechtes errichteten Urkunden zusammenzustellen. Dem Ergebnisse nach stimmt mithin die Regelung des Entwurfs in allem Wesentlichen mit den bisherigen Vorschriften überein.

Verantwortlichkeit für die Gründung. (§§. 200 bis 204.)

Die Vorschriften, welche die Art. 213a bis 213e des Handelsgesetzbuchs über die civilrechtliche Verantwortlichkeit der Gründer und Gründergenossen, der Emittenten und der Mitglieder des Vorstandes und des Aufsichtsraths enthalten, sind in den §§. 200 bis 204 des Entwurfs fast unverändert wiedergegeben. Es fehlt zwar nicht an Streitfragen, die sich an die Einzelheiten dieser Vorschriften knüpfen; zu einer gesetzlichen Entscheidung derselben besteht indessen kein Bedürfniß, zumal die wichtigste Frage, nämlich die, inwieweit die Gründer auch für den Inhalt der im Art. 209g des Handelsgesetzbuchs (§. 189 des Entwurfs) vorgeschriebenen Erklärung haften, durch die Rechtsprechung des Reichsgerichts eine befriedigende Lösung im Sinne der ausgedehnteren Haftung gefunden hat.

Geändert ist die Vorschrift des bisherigen Art. 213a Abs. 3, wonach für den durch die Zahlungsunfähigkeit eines Aktionärs entstehenden Ausfall die Gründer schon dann haftbar sein sollen, wenn sie die Zahlungsunfähigkeit des Aktionärs bei der Anmeldung des Gesellschaftsvertrags gekannt hatten. Die Vorschrift geht zu weit, da die Gründer in dem Zeitpunkte der Anmeldung der Gesellschaft regelmäßig nicht mehr in der Lage sind, einen Betheiligten zurückzuweisen. Im Entwurf ist statt dessen der Zeitpunkt für maßgebend erklärt, zu welchem die Gründer die Betheiligung des Zahlungsunfähigen angenommen haben, also im Falle der Simultangründung der Zeitpunkt der gerichtlichen oder notariellen Verhandlung, bei welcher der Betreffende die Aktien übernommen hat, im Falle der Successivgründung der Zeitpunkt der Zutheilung der Aktien.

Der mit dem Art. 213b des Handelsgesetzbuchs übereinstimmende §. 201 des Entwurfs, welcher die Haftung im Falle der öffentlichen Ankündigung von Aktien zur Einführung in den Verkehr betrifft, enthält keine Vorschriften über die Haftung für unrichtige oder unvollständige Angaben, die in der erlassenen Ankündigung selbst enthalten sind. Die aktienrechtliche Verantwortlichkeit des Emittenten hat vielmehr eine andere Grundlage; sie beruht auf der Unrichtigkeit oder Unvollständigkeit der von den Gründern gemachten Angaben. Dagegen bestimmt sich die unmittelbare Haftung für den Inhalt der Ankündigung nach dem bürgerlichen Rechte; künftig werden in dieser Beziehung die Vorschriften des Börsengesetzes eingreifen.

Nachgründung. (§§. 205, 206.)

Der die sogenannte Nachgründung betreffende Art. 213f des Handelsgesetzbuchs hat den Zweck, zu verhindern, daß die gesetzlichen Vorschriften über die Einbringung von Vermögensgegenständen bei Gründung der Gesellschaft in der Weise umgangen werden, daß die Gesellschaft nachträglich die betreffenden Gegenstände erwirbt. Die Erfahrungen, welche seit dem Erlasse des Gesetzes vom 18. Juli 1884 gemacht worden sind, berechtigen nicht zu der Annahme, daß die fraglichen Bestimmungen zur Erreichung des beabsichtigten Zweckes ungeeignet seien. Immerhin erscheint in einzelnen Beziehungen eine Aenderung angezeigt.

Der Art. 213f setzt den Erwerb von „vorhandenen oder herzustellenden Anlagen oder von unbeweglichen Gegenständen" für eine den zehnten Theil des Grundkapitals übersteigende Vergütung voraus. In Betreff der unbeweglichen Gegenstände ist jedoch im Abs. 6 eine Ausnahme für die Fälle gemacht, daß der Zweck des Unternehmens auf den Erwerb solcher Gegenstände gerichtet ist, oder daß der Erwerb im Wege der Zwangsvollstreckung geschieht. Im Entwurfe (§. 205) ist zunächst der Begriff der Anlage in Uebereinstimmung mit der schon gegenwärtig überwiegend vertretenen Auslegung des Gesetzes dahin erläutert, daß darunter Betriebsanlagen der Gesellschaft zu verstehen sind; außerdem ist die Vorschrift des bisherigen Abs. 5 erweitert. Dieser Vorschrift zufolge sollen in dem Falle, daß ein Erwerb in Ausführung einer vor der Errichtung der Gesellschaft von Gründern getroffenen Vereinbarung stattgefunden hat, hinsichtlich dieses Erwerbes die Bestimmungen über die Verantwortlichkeit der Gründer und Gründergenossen Anwendung finden. Nach dem Handelsgesetzbuch bezieht sich auch diese Bestimmung nur auf den Erwerb von Anlagen und unbeweglichen Gegenständen für eine den zehnten Theil des Grundkapitals übersteigende Vergütung, und bei Grundstücken findet sie in den Fällen des bisherigen Abs. 6 keine Anwendung. Für diese Beschränkungen fehlt es an einem inneren Grunde. Ist von den Gründern eine Vereinbarung der fraglichen Art getroffen worden, so mußte dieselbe bei richtigem Verfahren nach Maßgabe des Art. 209b des Handelsgesetzbuchs (§. 184 des Entwurfs) in den Gesellschaftsvertrag aufgenommen werden. Dann würden die Gründer für den Erwerb der Gesellschaft ohne Rücksicht auf die Beschaffenheit des Gegenstandes und die Höhe der Vergütung verantwortlich geworden sein. Ist nun eine entsprechende Festsetzung im Gesellschaftsvertrag unterblieben, weil die Gründer sich darauf verließen, daß ihr thatsächlicher Einfluß auf die Gesellschaft genügen werde, die Vereinbarung, auch ohne daß sie der Gesellschaft gegenüber rechtsverbindlich geworden war, zur Ausführung zu bringen, so dürfen die Voraussetzungen der Verantwortlichkeit der Gründer nicht enger begrenzt werden, als wenn bei der Gründung ordnungsmäßig verfahren worden wäre (§. 206).

Nichtigkeit von Aktien. (§. 207.)

Die im §. 207 Abs. 1, 2 aufgeführten Fälle der Nichtigkeit von Aktien sind sämmtlich aus dem bisherigen Art. 215c entnommen. Der Abs. 3 des Art. 215c, wonach die Aktie nicht vor der vollen Leistung der Einzahlung ausgegeben werden soll, ist gestrichen; an seine Stelle treten die oben bereits erörterten Bestimmungen des §. 177 Abs. 3, 4. Ferner ist die Vorschrift, daß im Falle der Erhöhung des Grundkapitals Aktien oder Interimsscheine nicht vor der Eintragung der Erhöhung in das Handelsregister ausgegeben werden sollen, im Entwurf an einen anderen Platz verwiesen (§. 279). Was den Abs. 4 des Art 215c betrifft, wonach im Falle der Ausgabe von Kleinaktien gewisse Vermerke in die Aktienurkunden aufzunehmen sind, so ist diese Vorschrift bereits im §. 178 Abs. 4 wiedergegeben.

Zweiter Titel.

Rechtsverhältniß der Gesellschaft und der Gesellschafter.

Aeußeres Verhältniß der Aktiengesellschaft. (§. 208.)

Die Vorschriften der bisherigen Art. 213 und 208 über die Rechtspersönlichkeit der Aktiengesellschaft und über ihre von dem Gegenstande des Unternehmens unabhängige Stellung als Handelsgesellschaft sind an den Eingang dieses Titels gestellt. Der Abs. 2 des Art. 213 über den

Gerichtsstand der Aktiengesellschaft kann mit Rücksicht auf den §. 19 der Civilprozeßordnung wegfallen.

In Bezug auf die Festsetzung des Gegenstandes und des Umfanges der Beitragspflicht der Aktionäre gewährt der Entwurf dem Gesellschaftsvertrag einen weiteren Spielraum als das geltende Recht. Nach dem bisherigen Art. 219 ist die Verpflichtung der Aktionäre, Beiträge zu den Zwecken der Gesellschaft zu leisten, unter allen Umständen auf die Kapitaleinlagen beschränkt, deren Höhe durch den Nennbetrag der Aktien oder, wenn diese zu einem höheren Betrag ausgegeben werden, durch den Ausgabepreis bestimmt wird; sonstige Leistungen können den Gesellschaftern als solchen nicht auferlegt werden. Diese Auslegung des geltenden Gesetzes, welche schon früher in der Literatur vertreten war, ist weiterhin auch in der Rechtsprechung des Reichsgerichts zur Anerkennung gelangt. Hieraus haben sich bei einer wichtigen Gattung industrieller Unternehmungen erhebliche Schwierigkeiten ergeben. Es sind dies diejenigen Rübenzuckerfabriken, bei welchen die Aktionäre die Verpflichtung übernehmen, für jede ihrer Aktien eine bestimmte Bodenfläche mit Zuckerrüben zu bebauen und diese gegen Vergütung an die Gesellschaft zu liefern. Die Rechtsprechung ist allerdings nicht dahin gelangt, die letzte Folgerung aus der bezeichneten Auffassung zu ziehen und die betreffenden Statutenbestimmungen einfach für unverbindlich zu erklären; vielmehr wahrt sie ihnen im Allgemeinen die Gültigkeit, indem sie die betreffenden Festsetzungen als selbständige Nebenverträge der Gesellschaft mit ihren Mitgliedern behandelt. Dieser Nothbehelf wird indessen der wirklichen Natur des Verhältnisses und der Absicht der Betheiligten offenbar nicht gerecht. Zudem ist es auch so nicht möglich gewesen, einzelnen Statutenbestimmungen, auf welche von den fraglichen Gesellschaften mit Recht entscheidender Werth gelegt wird, die Wirksamkeit zu sichern. Ein Mangel macht sich namentlich insoweit fühlbar, als die Statuten der Generalversammlung die Befugniß einräumen, den Preis, welchen die Gesellschaft den Aktionären für die gelieferten Rüben zu zahlen hat, unter Berücksichtigung der Betriebsergebnisse selbständig zu bestimmen, insbesondere einen in dem Statute vorläufig ausgeworfenen Normalpreis im Hinblick auf die Geschäftslage herabzusetzen. Es wird als unvereinbar mit den allgemeinen Grundsätzen über Verträge bezeichnet, daß eine Partei die ihr obliegende Gegenleistung in solcher Weise einseitig festsetze. Demgemäß ist dieser Theil der Statutenbestimmungen bisher für ungültig erachtet worden. Der sich hieraus ergebende Rechtszustand, der namentlich auch die betheiligten landwirthschaftlichen Interessen berührt, bedarf einer Aenderung. Allerdings bietet das Gesetz, betreffend die Gesellschaften mit beschränkter Haftung, vom 20. April 1892 eine Gesellschaftsform, die sich für Zuckerfabriken mit Rübenbaupflicht der Mitglieder und für ähnliche mit der Landwirthschaft im Zusammenhange stehende Unternehmungen in manchen Beziehungen besser eignet als die Aktiengesellschaft. Thatsächlich hat aber die letztere Vereinigungsform in weitem Umfange bei der Errichtung von Zuckerfabriken Verwendung gefunden, und die Umwandlung der bestehenden Unternehmungen in eine andere Gesellschaftsart läßt sich, wie die Erfahrung zeigt, nicht überall ohne Schwierigkeit bewerkstelligen. Es erscheint daher geboten, auf dem Gebiete des Aktien-

Beitragspflicht der Aktionäre. (§§. 209, 210.)

rechts gleichfalls Abhülfe zu schaffen. An sich widerspricht es auch dem Wesen der Aktiengesellschaft nicht, die Beitragspflicht der Aktionäre auf andere Leistungen auszudehnen. Immerhin wird man in dieser Beziehung nicht weiter gehen dürfen, als das Bedürfniß verlangt. Zugleich darf nicht unbeachtet bleiben, daß die freie Uebertragbarkeit von Aktien, mit denen außer der Pflicht zur Einzahlung des Nennbetrags eine Verbindlichkeit zu weiteren Leistungen verknüpft ist, Mißstände hervorrufen könnte.

Auf diesen Gesichtspunkten beruhen die Vorschriften, welche in den §. 209 und 210 des Entwurfs getroffen sind. Der §. 209 behält hinsichtlich der Kapitaleinlagen den Grundsatz des bisherigen Art. 219 bei, wonach die Einzahlungspflicht der Aktionäre durch den Nennbetrag der Aktie oder, falls der Ausgabepreis höher ist, durch diesen begrenzt wird. Der §. 210 gestattet aber, daß im Gesellschaftsvertrage den Aktionären neben den Kapitaleinlagen die Verpflichtung zu wiederkehrenden, nicht in Geld bestehenden Leistungen auferlegt wird, sofern die Uebertragung der Antheilsrechte an die Zustimmung der Gesellschaft gebunden ist. Eine solche Verpflichtung kann übrigens nur durch den ursprünglichen Gesellschaftsvertrag, nicht etwa nachträglich durch eine Aenderung desselben im Wege des Mehrheitsbeschlusses begründet werden. Um jeden Zweifel auszuschließen, ist diese an sich schon aus der Natur der Sache folgende Einschränkung in dem Titel über die Abänderungen des Gesellschaftsvertrags noch besonders zum Ausdrucke gebracht (§. 268). Die betreffende Verpflichtung und der Umfang der Leistungen müssen ferner in den Aktien oder Interimsscheinen ersichtlich gemacht werden. Dem Gesellschaftsvertrage bleibt es vorbehalten, Vertragsstrafen für den Fall festzusetzen, daß die Verpflichtung seitens eines Aktionärs nicht oder nicht gehörig erfüllt wird.

Was das Erforderniß der Zustimmung der Gesellschaft zu der Uebertragung der Antheilsrechte betrifft, so entscheidet der Gesellschaftsvertrag darüber, durch welches Organ der Gesellschaft die Zustimmung ertheilt wird, und ob, falls der Vorstand oder Aufsichtsrath hierzu berufen ist, dessen Entscheidung eine endgültige sein soll oder eine Berufung an die Generalversammlung stattfindet. Auch erscheint es unbedenklich, eine Einschränkung in der Richtung zu gestatten, daß die Versagung der Zustimmung nur aus wichtigen Gründen zulässig sein soll. Hierdurch wird unter Anderem bei Rübenzuckergesellschaften die Möglichkeit geschaffen, für den Fall eines Gutsübergabe- oder Auszugsvertrags den Betheiligten die erforderliche Sicherheit zu gewähren, daß, falls nicht besondere Umstände entgegenstehen, auch das Aktienrecht auf den Gutserwerber übergehen wird. Als ein wichtiger Grund für die Versagung der Zustimmung wird namentlich die Unfähigkeit des Erwerbers, den mit dem Aktienrechte verbundenen Verpflichtungen, insbesondere der Rübenbaupflicht, zu genügen, in Betracht kommen.

Die bezeichneten Vorschriften in Verbindung mit der Bestimmung des §. 214, welcher den Anspruch der Aktionäre auf die ihnen für die fraglichen Leistungen gebührende Vergütung gegenüber dem Grundsatze der Unzulässigkeit einer Rückzahlung des Grundkapitals anerkennt, erscheinen ausreichend, um den betreffenden Gesellschaften eine angemessene Ordnung ihrer Verhältnisse zu gestatten. Das Weitere kann den Bestimmungen des Gesellschaftsvertrags überlassen werden; aus den Vorschriften des Gesetzes werden sich hierbei, sobald die Möglichkeit eröffnet ist, die Rübenbaupflicht und ähnliche Verbindlichkeiten zu einem Bestandttheil des Gesellschaftsverhältnisses selbst zu machen, wesentliche Schwierigkeiten nicht weiter ergeben. Namentlich unterliegt es alsdann keinem Zweifel mehr, daß der Generalversammlung durch das Statut die Befugniß übertragen werden kann, den Rübenpreis alljährlich durch Mehrheitsbeschluß festzustellen und daß auch Bestimmungen des Gesellschaftsvertrags gültig sind, wonach der Rübenpreis für jedes Geschäftsjahr durch den Vorstand, den Aufsichtsrath oder die Generalversammlung innerhalb eines bestimmten Mindest- und Höchstbetrags festgesetzt wird oder wonach der Preis durch Beschluß der Generalversammlung herabgesetzt werden kann, wenn ein zur Auszahlung desselben ausreichender Reingewinn nicht vorhanden ist.

Bindung des Grundkapitals; Gewinnvertheilung. (§§. 211 bis 214.)

Die §§. 211 bis 213 des Entwurfs regeln im Zusammenhange mit den späteren Vorschriften über die Bilanz die Bindung des Grundkapitals der Gesellschaft und den Anspruch der Aktionäre auf den Reingewinn; sie stimmen im Allgemeinen mit den Art. 216 und 217 des Handelsgesetzbuchs überein. Nicht in den Entwurf aufgenommen ist der Abs. 1 des bisherigen Art. 216, welcher besagt, daß jeder Aktionär einen verhältnißmäßigen Antheil an dem Vermögen der Gesellschaft habe. Dieser Satz ist, wenn man ihn auf die einzelnen das Gesellschaftsvermögen bildenden Gegenstände beziehen will, unrichtig und, soweit er abgesehen hiervon eine Bedeutung beanspruchen kann, praktisch unerheblich.

Der Grundsatz, daß die Gewinnvertheilung bei der Aktiengesellschaft im Allgemeinen nach dem Verhältnisse der Aktienbeträge geschieht, muß eine Ausnahme erleiden, wenn ein Theil der Aktien vollständig, ein anderer nur theilweise eingezahlt ist. Wie sich in diesem Falle der Vertheilungsmaßstab im Zweifel bestimmt, ist nicht unbestritten; eine gesetzliche Regelung der Frage erscheint daher geboten. In der Rechtsprechung und Literatur wird zum Theil angenommen, daß das Verhältniß der geleisteten Einzahlungen maßgebend sei. Diese Auffassung nimmt jedoch auf das Maß der Betheiligung, das in den Aktienbeträgen und der hieraus sich ergebenden Einzahlungspflicht zum Ausdrucke kommt, nicht die erforderliche Rücksicht. Auch führt sie zu dem mißlichen Ergebnisse, daß der in erster Linie durch den Antheil am Gewinn bedingte Werth der verschiedenen Aktien mehr oder weniger von dem Ermessen der Gesellschaftsorgane abhängt; denn nur diese haben über den Umfang und die Zeit der Einforderung von Einzahlungen auf die Aktien zu entscheiden, während dem einzelnen Aktionär ein selbständiges Recht auf Vollzahlung seiner Aktien nicht zusteht. Jedenfalls erscheint eine Regelung im Sinne jener Auffassung ausgeschlossen, wenn für die Vertheilung des Reinvermögens der Gesellschaft im Falle der Liquidation nicht das Verhältniß der geleisteten Einzahlungen, sondern, wie es der §. 291 des Entwurfs vorsieht, unter gewissen Einschränkungen das Verhältniß der Aktienbeträge entscheiden soll. Eine abweichende Festsetzung des Verhältnisses, in welchem der Jahresgewinn, und des Verhältnisses, in welchem die Liquidationsmasse vertheilt wird, hätte die Bedeutung, daß für die Betheiligung am Gewinne der Maßstab ein anderer wäre als für die Betheiligung am Verluste. Dies muß aber unbedingt vermieden werden. Der Umstand, daß nicht alle Aktien in demselben Verhältnisse einbezahlt sind, darf allerdings bei der Gewinnvertheilung, wie auch bei der Vertheilung des Vermögens, nicht völlig außer Betracht bleiben. Es genügt jedoch, wenn in einem solchen Falle aus dem vertheilbaren Jahresgewinn ein in Höhe angemessener Kapitalzinsen bestimmter Betrag nach dem Verhältnisse der Einzahlungen vorweg vertheilt wird; die Vertheilung des darüber hinaus vorhandenen Gewinnes kann dann nach dem Verhältnisse der Aktienbeträge erfolgen. Der §. 212 Abs. 2 regelt die Frage in diesem Sinne, indem er unter Anlehnung an die im §. 119 für die offene Handelsgesellschaft getroffenen Vorschriften den nach dem Verhältnisse der Einzahlungen zu berechnenden Gewinnantheil auf vier vom Hundert festsetzt. Aehnliche Bestimmungen finden sich auch jetzt schon in den Statuten mancher Aktiengesellschaften. Eine von der gesetzlichen Regelung abweichende Festsetzung des Maßstabes der Gewinnvertheilung durch den Gesellschaftsvertrag ist selbstverständlich nicht ausgeschlossen.

Eine neue Vorschrift enthält der §. 214; sie steht, wie bereits erwähnt, mit den veränderten Bestimmungen des §. 210 im Zusammenhange. Wird die Möglichkeit gewährt, den Aktionären im Gesellschaftsvertrage neben den Kapitaleinlagen die Verpflichtung zu wiederkehrenden Leistungen, insbesondere bei Zuckerfabriken die Verbindlichkeit zum alljährlichen Anbau und zur Lieferung einer bestimmten Menge von Rüben, aufzuerlegen, so bedarf es einer Regelung der Frage, wie sich das statutarische Recht der Aktionäre auf eine ihnen für ihre Leistungen zu gewährende Vergütung zu dem Grundsatze verhält, daß das Grundkapital nicht an die Aktionäre ausbezahlt werden darf. Von dem bisher in der Rechtsprechung eingenommenen Standpunkt aus, wonach die betreffenden Festsetzungen als selbständige Verträge der Gesellschaft mit den einzelnen Aktionären behandelt wurden, ergeben sich in der gedachten Beziehung keine Schwierigkeiten, da die Aktionäre in Ansehung ihres Anspruchs auf den Rübenpreis der Gesellschaft nicht als Mitglieder, sondern wie dritte Kontrahenten gegenüber standen. Werden hingegen jene Rechte und Pflichten in das Gesellschaftsverhältniß selbst hineingezogen, so liegt, wenn das Gesetz keine besondere Bestimmung trifft, die Auffassung nahe, daß den Aktionären eine Vergütung für ihre Leistungen unter allen Umständen nur aus dem jährlichen Reingewinne gewährt werden dürfe. Durch eine solche Beschränkung würden aber die neuen Vorschriften des §. 210 ihren praktischen Nutzen zum großen Theil verlieren. Um dies zu verhüten, ist im §. 214 bestimmt, daß die den Aktionären nach dem Gesellschaftsvertrag oder dem Beschlusse der Generalversammlung zukommende Vergütung insoweit, als sie den Werth ihrer Leistungen nicht übersteigt, ohne Rücksicht darauf zu entrichten ist, ob die Jahresbilanz einen Reingewinn ergiebt oder nicht.

Haftung der Aktionäre für rechtswidrig empfangene Zahlungen. (§. 215.)

Hinsichtlich der Kommanditgesellschaft auf Aktien ist im Art. 198 des Handelsgesetzbuchs ausdrücklich bestimmt, daß die Aktionäre, wenn sie den gesetzlichen Bestimmungen entgegen Zahlungen von der Gesellschaft empfangen haben, für die Verbindlichkeiten der Gesellschaft haften, es sei denn, daß es sich um Dividenden oder Zinsen handelt, die in gutem Glauben bezogen sind. Für die Aktiengesellschaft fehlt es an einer solchen Vorschrift, der §. 215 des Entwurfs soll diese Lücke ausfüllen. Das Vermögen der Aktiengesellschaft bildet den einzigen Gegenstand der Befriedigung für die Gesellschaftsgläubiger, und wenn Theile dieses Vermögens in ungesetzlicher Weise, insbesondere durch Auszahlung eines in Wirklichkeit nicht erzielten Gewinns oder durch Rückzahlung von Einlagen, den Aktionären ausgeantwortet werden, so ist die Haftung der letzteren gegenüber den Gesellschaftsgläubigern gerechtfertigt; die Verantwortlichkeit der Gesellschaftsorgane reicht zur Sicherung der Gläubiger nicht aus. Davon, daß für die Gesellschaft selbst nach allgemeinen Rechtsgrundsätzen ein Anspruch auf Rückerstattung begründet ist, kann die Haftung der Aktionäre nicht abhängig gemacht werden; die Voraussetzungen eines solchen Anspruchs, insbesondere ein Irrthum auf Seiten der Gesellschaft, werden meistens nicht vorliegen. Auch eine Beschränkung der Haftung auf den Fall, daß die ungerechtfertigte Auszahlung zu einer Beeinträchtigung des Grundkapitals geführt hat, ist im Entwurfe nicht vorgesehen; wenn auch nur der Reservefonds seinem gesetzlich bestimmten Zwecke zuwider den Aktionären ausgeantwortet wird, liegt eine unmittelbare Verletzung der berechtigten Interessen der Gläubiger vor. Was die Geltendmachung der Haftung betrifft, so bleibt diese im Allgemeinen den einzelnen Gläubigern überlassen; nur für den Fall des Konkurses der Gesellschaft ist in Uebereinstimmung mit der für die Kommanditgesellschaft getroffenen Vorschrift des §. 168 Abs. 2 angeordnet, daß die den Gläubigern gegen die Aktionäre zustehenden Rechte durch den Konkursverwalter ausgeübt werden. Die gutgläubigen Aktionäre werden durch den Entwurf in demselben Umfange geschützt wie durch die bisherigen Art. 190 und 218.

Einzahlungspflicht der Aktionäre und Kaduzirungsverfahren. (§§. 216 bis 219.)

Die auf die Leistung der Einlagen, insbesondere auf die Folgen der verzögerten Leistung, bezüglichen Vorschriften der §§. 216 bis 219 des Entwurfs treten an die Stelle der auch für die Aktiengesellschaft maßgebenden Art. 184 bis 184c des Handelsgesetzbuchs. Die letzteren sind fast unverändert in den Entwurf übernommen. Die Vorschrift des bisherigen Art. 184 Abs. 2 ist insoweit, als sie die Festsetzung von Vertragsstrafen für den Fall der verzögerten Einzahlung zuläßt, im Entwurfe mit Rücksicht auf etwaige Zweifel, die bei einer engen Auslegung des §. 209 entstehen könnten, beibehalten. Dagegen ist es in Folge der Vorschriften des Bürgerlichen Gesetzbuchs nicht mehr nöthig, hervorzuheben, daß in Bezug auf die Höhe der Strafe die Festsetzungen des Gesellschaftsvertrags einer Beschränkung nicht unterliegen.

Die Vorschrift des §. 219, wonach die Aktionäre von den ihnen nach den §§. 209, 217 obliegenden Leistungen nicht befreit werden können, faßt die Bestimmungen der bisherigen Art. 184a Abs. 3 und 184b Abs. 3 zusammen und bringt gleichzeitig zum Ausdruck, daß sich die Unzulässigkeit einer solchen Befreiung namentlich auch auf die Einzahlungspflicht des letzten Aktionärs bezieht. In Ansehung der Verpflichtung des Aktionärs zur Entrichtung von Zinsen oder Vertragsstrafen gilt diese Beschränkung nicht, und ebensowenig soll, abweichend von dem bisherigen Art. 184c, der Ausschluß der Aufrechnungsbefugniß des Aktionärs auf die erwähnten Leistungen

Anwendung finden. Der zweite Satz des Art. 184c, nach welchem an dem Gegenstand einer zu leistenden Einlage auch ein Zurückbehaltungsrecht nicht stattfindet, soweit es sich nicht um eine Gegenforderung handelt, die sich auf die Einlage selbst bezieht, ist in den Entwurf nicht aufgenommen. Eine solche Bestimmung würde ohne Bedeutung sein, da der §. 273 des Bürgerlichen Gesetzbuchs ein Zurückbehaltungsrecht überhaupt nur für Ansprüche anerkennt, die auf demselben rechtlichen Verhältnisse wie die Verbindlichkeit des Schuldners beruhen. Das weiter gehende kaufmännische Zurückbehaltungsrecht kommt hier nicht in Frage.

Uebertragung von Namensaktien und Interimsscheinen. (§§. 220 bis 222.)

Die §§. 220 bis 222, welche die Eintragung der auf Namen lautenden Aktien und der Interimsscheine in das Aktienbuch und die Uebertragung derselben auf Andere regeln, geben mit einigen Aenderungen den Inhalt der bisherigen Art. 182 bis 183a wieder. Die Aenderungen beschränken sich auf folgende Punkte.

Auf die Uebertragung der Aktien durch Indossament sind im Handelsgesetzbuch nur die von der Form des Indossaments handelnden Art. 11 bis 13 der Wechselordnung, nicht aber die auf die Legitimation des Besitzers der Urkunde und seine Verpflichtung zur Herausgabe bezüglichen Art. 36 und 74 für anwendbar erklärt. Der gutgläubige Erwerber einer dem Veräußerer nicht gehörenden Namensaktie entbehrt daher gegenwärtig eines Schutzes. Im §. 220 Abs. 3 des Entwurfs ist diese Lücke ergänzt.

Die Vorschrift des bisherigen Art. 183 Abs. 3, daß zur Prüfung der Legitimation des zur Eintragung in das Aktienbuch angemeldeten Erwerbers einer Aktie die Gesellschaft zwar berechtigt, aber nicht verpflichtet sei, hat der Auslegung große Schwierigkeiten bereitet. Die Vorschrift ist in dieser Fassung kaum verständlich; denn es versteht sich, daß die Legitimation des Erwerbers in dem Sinne, in welchem der Ausdruck gewöhnlich gebraucht wird, also namentlich der Zusammenhang der Indossamente, von der Gesellschaft allerdings geprüft werden muß, und daß sich diese im Falle der Unterlassung nicht auf die unberechtigter Weise bewirkte Eintragung des Erwerbers in das Aktienbuch berufen kann. Im §. 221 Abs. 2 des Entwurfs ist der erwähnte Satz durch die an den Art. 36 der Wechselordnung sich anlehnende Bestimmung ersetzt, daß die Gesellschaft nicht verpflichtet ist, die Echtheit der auf der Aktie befindlichen Indossamente oder der mit der Aktie vorgelegten Abtretungserklärungen zu prüfen.

Nach dem Art. 183 Abs. 2 des Handelsgesetzbuchs wird im Verhältnisse zu der Gesellschaft nur derjenige als der Eigenthümer einer Namensaktie angesehen, welcher als solcher im Aktienbuche verzeichnet. Das Gleiche gilt nach Art. 183a von dem Inhaber eines Interimsscheins. Danach ist der Gesellschaft nicht etwa bloß das Recht gegeben, dem Eigenthümer einer Aktie, der nicht in das Aktienbuch eingetragen ist, die Ausübung der Mitgliederrechte zu verweigern; sie ist vielmehr auch verpflichtet, in dieser Weise zu verfahren, so daß zum Beispiel die Theilnahme eines nicht eingetragenen Aktienbesitzers an der Generalversammlung zur Anfechtung der gefaßten Beschlüsse führen kann. Bezüglich der Inhaber von Interimsscheinen oder nicht voll bezahlten Namensaktien ist eine Regelung in diesem Sinne schon um deswillen geboten, weil hier zugleich im Interesse des Veräußerers, der, solange der Eigenthumsübergang noch nicht in das Aktienbuch eingetragen ist, an erster Stelle für die Einzahlungen auf die Aktie haftet, der Erwerber zur alsbaldigen Herbeiführung der Eintragung genöthigt werden muß. Dies geschieht am wirksamsten, wenn es der Gesellschaft schlechthin untersagt wird, den Erwerber vor der Eintragung als Aktionär anzuerkennen. Bei vollbezahlten Aktien kommt dieser Gesichtspunkt allerdings nicht in Betracht; hier hat das Erforderniß der Eintragung des Eigenthumswechsels in das Aktienbuch keinen anderen Zweck als den, der Gesellschaft die jedesmal erneute Prüfung der Legitimation des Besitzers der Aktie zu ersparen. Dessenungeachtet empfiehlt es sich nicht, die Frage verschieden zu regeln, je nachdem es sich um vollbezahlte Aktien oder um Interimsscheine oder nicht vollbezahlte Aktien handelt. Denn wenn hinsichtlich der ersteren nur ein Recht, nicht aber eine Pflicht der Gesellschaftsorgane anerkannt würde, Aktienbesitzer, die nicht im Aktienbuch eingetragen sind, von der Ausübung ihrer Mitgliedschaftsrechte, insbesondere von der Theilnahme an der Generalversammlung, auszuschließen, so könnte dies leicht zu Willkürlichkeiten bei der Ausübung der fraglichen Befugniß führen. Im §. 221 Abs. 3 des Entwurfs ist deshalb die geltende Vorschrift sachlich unverändert wiedergegeben.

Inhaberaktien.

Das Handelsgesetzbuch enthält keine besonderen Vorschriften über Inhaberaktien, und auch der Entwurf hat hiervon abgesehen. Die Bestimmungen der §§. 793 bis 808 des Bürgerlichen Gesetzbuchs haben allerdings nur die Schuldverschreibungen auf den Inhaber zum Gegenstande. Soweit sie indessen Fragen regeln, welche die Natur der Inhaberpapiere überhaupt betreffen, werden sie für alle Inhaberpapiere Anerkennung zu finden haben.

Verhältniß mehrerer Mitberechtigter. (§. 223.)

Die Vorschrift, daß die Aktien untheilbar sind (Handelsgesetzbuch Art. 207 Abs. 3, Entwurf §. 177 Abs. 1), hat Zweifel in der Richtung hervorgerufen, ob überhaupt ein Miteigenthum Mehrerer an einer Aktie möglich sei, und in welcher Weise solchen Falls die Betheiligten, insbesondere mehrere Miterben, ihre Rechte aus der Aktie auszuüben haben. Durch die Vorschrift im §. 223 des Entwurfs werden die fraglichen Zweifel beseitigt. Danach können, wenn eine Aktie mehreren Mitberechtigten zusteht, diese die Rechte aus der Aktie nur durch einen gemeinschaftlichen Vertreter ausüben; für die auf die Aktie zu bewirkenden Leistungen haften sie als Gesammtschuldner; falls die Gesellschaft eine Willenserklärung dem Aktionär gegenüber abzugeben hat, ein gemeinschaftlicher Vertreter der Mitberechtigten aber nicht vorhanden ist, genügt der Regel nach die Erklärung gegenüber einem von ihnen. Im Einzelnen schließen sich die Vorschriften des §. 223 an die Bestimmungen an, welche im §. 18 des Gesetzes über die Gesellschaften mit beschränkter Haftung getroffen sind.

Erwerb eigener Aktien durch die Gesellschaft. (§. 224.)

Die Vorschriften des Art. 215d Abs. 1 des Handelsgesetzbuchs über den Erwerb eigener Aktien durch die Gesellschaft sind im §. 224 des Entwurfs ohne wesentliche Aenderung wiedergegeben. An Stelle der Worte „im geschäftlichen Betriebe“ ist im Anschluß an den §. 8 Abs. 4 des Genossenschaftsgesetzes der dem Zwecke der Vorschrift besser entsprechende Ausdruck „im regelmäßigen Geschäftsbetriebe“ gewählt. Auch sind im Abs. 2 mit Rücksicht auf die neuen Vorschriften des §. 177 Abs. 3 Namensaktien, die vor der vollen Leistung der Einzahlungen ausgegeben sind, den Interimsscheinen gleichgestellt.

Einziehung (Amortisation) von Aktien. (§. 225.)

Was die Einziehung (Amortisation) von Aktien betrifft, so unterscheidet der Art. 215d Abs. 2 des Handelsgesetzbuchs zwei Fälle: die Amortisation aus dem Grundkapital und die Amortisation aus dem nach der Jahresbilanz verfügbaren Reingewinn. In dem ersteren Falle ist die Amortisation, auch wenn sie bereits in dem ursprünglichen Gesellschaftsvertrage vorgesehen ist, nur unter Beobachtung der für die Rückzahlung oder Herabsetzung des Grundkapitals maßgebenden Vorschriften zulässig, wogegen es im letzteren Falle der Beobachtung dieser Vorschriften nicht bedarf. Dieses zur Sicherung der Gesellschaftsgläubiger durch die Novelle vom 18. Juli 1884 eingeführte System liegt auch dem §. 225 des Entwurfs zu Grunde. Dagegen enthält derselbe nach anderen Richtungen eine Abweichnng von den geltenden Vorschriften. Die Novelle vom 18. Juli 1884 hat nämlich, soweit es sich um die Amortisation von Aktien aus dem Grundkapital handelt, eine die Amortisation gestattende Bestimmung des Gesellschaftsvertrags nicht nur für unzureichend, sondern auch für nicht erforderlich erklärt, sofern die Vorschriften über die Herabsetzung des Grundkapitals beobachtet werden. Dies gilt ebensowohl, wenn die Amortisation mit dem Willen der betreffenden Aktionäre durch Ankauf oder ohne Rücksicht auf ihren Willen durch Ausloosung, Kündigung und dergleichen mehr geschieht. Hiergegen sind mit Grund Bedenken erhoben worden. Die Beobachtung der zum Schutze der Gläubiger getroffenen Vorschriften über die Kapitalsherabsetzung rechtfertigt es nicht, einem Theile der Aktionäre ohne ihre Zustimmung die Mitgliedschaft zu entziehen, falls dies nicht etwa durch eine schon in dem ursprünglichen Gesellschaftsvertrage oder durch eine vor der Zeichnung der betreffenden Aktien bewirkte Aenderung desselben zugelassen ist. Andererseits verlangt das Handelsgesetzbuch für eine Amortisation, die nicht aus dem Grundkapital, sondern aus dem Reingewinn geschieht, unter allen Umständen, daß die Zulässigkeit der Amortisation durch den ursprünglichen Gesellschaftsvertrag oder durch eine vor Ausgabe der betreffenden Aktien bewirkte Aenderung desselben vorgesehen sei. Dies geht jedoch zu weit; denn soweit die Einziehung der Aktien nicht durch Ausloosung oder Kündigung, sondern durch Ankauf ausgeführt wird, fehlt es an einem Grunde, weshalb nicht auch eine erst nach der Zeichnung der Aktien zu Stande gekommene Statutenänderung des fraglichen Inhalts genügen sollte. Auf diesen Erwägungen beruhen die Vorschriften des §. 225.

Besondere Bestimmungen darüber, wie die Amortisation eines Theiles der Aktien in der Bilanz zum Ausdruck zu bringen ist, sind entbehrlich. Namentlich versteht es sich von selbst, daß im Falle der Amortisation aus dem Jahresgewinn entweder das unveränderte Grundkapital oder neben dem verminderten Grundkapital ein dem Nennbetrage der amortisirten Aktien entsprechender besonderer Posten unter die Passiven aufzunehmen ist.

Kraftloserklärung von Aktien. (§. 226.)

Das Aufgebot und die Kraftloserklärung abhanden gekommener oder vernichteter Aktien ist reichsgesetzlich bisher nicht geregelt. Das Handelsgesetzbuch hat die für die Kraftloserklärung von Wechseln geltenden Vorschriften der Wechselordnung nur auf die kaufmännischen Anweisungen und

Verpflichtungsscheine übertragen; andererseits gestatten die im §. 799 des Bürgerlichen Gesetzbuchs enthaltenen Vorschriften über die Kraftloserklärung von Schuldverschreibungen auf den Inhaber nicht ohne Weiteres eine entsprechende Anwendung auf andere Werthpapiere. Es bedarf daher besonderer Vorschriften, und zwar nicht bloß für Inhaberaktien, sondern auch für Namensaktien, einschließlich derjenigen, welche nicht durch Indossament übertragen werden können; denn auch die letzteren Urkunden sind Werthpapiere, deren Besitz zur ungehinderten Geltendmachung des Aktienrechts nothwendig ist. Der §. 226 des Entwurfs trifft die erforderlichen Bestimmungen. Namentlich ist die Frage zu regeln, welchen Einfluß die Kraftloserklärung der Aktie hinsichtlich der Gültigkeit der für die Urkunde ausgegebenen, auf den Inhaber lautenden Gewinnantheilscheine ausübt. Der §. 803 des Bürgerlichen Gesetzbuchs hat in Betreff der Zinsscheine, welche für eine Schuldverschreibung auf den Inhaber ausgestellt sind, den Grundsatz anerkannt, daß die Scheine, sofern nicht darin das Gegentheil bestimmt ist, in Kraft bleiben, auch wenn die Hauptforderung erlischt. Auf Gewinnantheilscheine kann aber dieser Grundsatz, soweit es sich um die zur Zeit der Kraftloserklärung der Aktie noch nicht fälligen Scheine handelt, keine Anwendung finden. Der Dividendenschein hat nicht in dem Maße wie der Zinsschein die Bedeutung eines von der Haupturkunde vollständig und in allen Beziehungen losgelösten Werthpapiers; auch verdient der Handel mit noch nicht fälligen Dividendenscheinen, zu dessen Erleichterung die nach der Kraftloserklärung der Aktie fortdauernde Gültigkeit des Scheins dienen würde, keine Begünstigung. Im Abs. 2 des §. 226 ist deshalb eine dem §. 803 des Bürgerlichen Gesetzbuchs entgegengesetzte Regel aufgestellt. Die entsprechende Anwendung derselben auf Fälle, in welchen die Aktie aus anderen Gründen als durch gerichtliche Kraftloserklärung ihre Gültigkeit verliert, insbesondere auf den Fall der Kaduzirung sowie auf den Fall der Kraftloserklärung nach §. 282 Abs. 1, ergiebt sich aus der Natur der Sache.

Dritter Titel.

Organisation und Geschäftsführung.

Die den Vorstand betreffenden §§. 227 bis 237 des Entwurfs entsprechen, wenn auch in veränderter Anordnung und zum Theil in abweichender Fassung, den bisherigen Art. 227, 229, 231 bis 234, 239 Abs. 1, 240 und 241. Die Art. 228, 230 und 235 sind als überflüssig weggelassen. Sachliche Aenderungen und Ergänzungen enthält der Entwurf nur in geringer Zahl. In Bezug auf das Vertragsverhältniß zwischen den Vorstandsmitgliedern und der Gesellschaft kommen jetzt in Ermangelung besonderer Vereinbarungen der Regel nach die Vorschriften des Bürgerlichen Gesetzbuchs über den Dienstvertrag zur Anwendung; hiernach bestimmt sich im Zweifel auch das beiderseitige Kündigungsrecht sowie der Umfang der Ansprüche eines Vorstandsmitgliedes, dessen Bestellung gemäß §. 227 Abs. 3 des Entwurfs widerrufen wird. **Vorstand. (§§. 227 bis 237.)**

Der Grundsatz des bisherigen Art. 229 Abs. 1, wonach in Ermangelung einer abweichenden Bestimmung des Gesellschaftsvertrags die sämmtlichen Mitglieder des Vorstandes nur gemeinsam zur Vertretung der Gesellschaft ermächtigt sind, ist im §. 228 des Entwurfs beibehalten, aber ebenso, wie es im §. 123 für den Fall der vertragsmäßig festgesetzten Gesammtvertretung bei der offenen Handelsgesellschaft geschehen ist, durch die Vorschrift abgeschwächt, daß der Vorstand einzelne seiner Mitglieder zur Vornahme bestimmter Geschäfte oder bestimmter Arten von Geschäften ermächtigen kann. Gerade bei den Aktiengesellschaften hat sich das Bedürfniß nach einer derartigen Erleichterung besonders geltend gemacht. Sie ist nicht bloß durch die Rücksicht auf die Gesellschaften, sondern namentlich durch die Rücksicht auf das mit den Gesellschaften verkehrende Publikum geboten. Insbesondere kommt hier der Fall in Betracht, daß die selbständige Vornahme bestimmter Geschäfte durch ein einzelnes Vorstandsmitglied von den übrigen Mitgliedern fortgesetzt geduldet wird. In Uebereinstimmung mit dem §. 123 ist ferner die statutarische Anordnung für zulässig erklärt, daß die einzelnen Vorstandsmitglieder nicht nur mit anderen Vorstandsmitgliedern, sondern auch mit einem Prokuristen zusammen zur Vertretung der Gesellschaft befugt sein sollen. Ebenso ist es für statthaft erklärt, daß der Gesellschaftsvertrag den Aufsichtsrath ermächtigt, einzelnen Mitgliedern des Vorstandes die Befugniß zu ertheilen, die Gesellschaft allein oder in Gemeinschaft mit einem Prokuristen zu vertreten. Die Vorschrift entspricht einem praktischen Bedürfnisse, das schon jetzt zur Aufnahme ähnlicher Bestimmungen in zahlreiche Gesellschaftsstatuten geführt hat, obwohl die Zulässigkeit derartiger Festsetzungen nach dem geltenden Rechte nicht unzweifelhaft ist. Die Frage, ob einem Vorstandsmitglied eine größere oder geringere Selbständigkeit bei der Vertretung der Gesellschaft einzuräumen ist, wird häufig von der Beurtheilung der einzelnen Persönlichkeiten abhängen, und mit Rücksicht hierauf erscheint es erwünscht, wenn der Gesellschaftsvertrag für solche Fälle die Entscheidung dem regelmäßig zur Anstellung der Vorstandsmitglieder berufenen Gesellschaftsorgan überlassen kann. Im Uebrigen muß es ausschließlich Sache des Gesellschaftsvertrags bleiben, allgemeine Bestimmungen über die Art und Weise zu treffen, wie die Gesellschaft durch die Mitglieder des Vorstandes vertreten wird.

Der Grundsatz, daß, sofern die gesetzliche Regel nicht durch den Gesellschaftsvertrag abgeändert wird, die Mitglieder des Vorstandes nicht einzeln zum selbständigen Handeln befugt sind, erstreckt sich auch auf das innere Verhältniß. Die Vorschrift des §. 28 des Bürgerlichen Gesetzbuchs, wonach die Beschlußfassungen des Vorstandes einer juristischen Person im Zweifel nach Stimmenmehrheit erfolgen, findet mithin bei der Aktiengesellschaft auch in Betreff der Geschäftsführung keine Anwendung.

Die auf die Anmeldung zum Handelsregister bezüglichen Vorschriften des §. 230 (bisher Art. 233) betreffen nur die Anmeldung von Veränderungen im Vorstande, sowie die Anmeldung einer durch den Aufsichtsrath auf Grund des §. 228 Abs. 2 über die Vertretungsbefugniß getroffenen Anordnungen. Die Anmeldung und Eintragung der Mitglieder des ersten Vorstandes und der besonderen Bestimmungen des Gesellschaftsvertrags über die Vertretungsbefugniß ist bereits in den Vorschriften der §§. 193, 196 über die erste Eintragung der Gesellschaft geregelt. Was die Wirkungen der erfolgten oder unterbliebenen Eintragung und Bekanntmachung betrifft (bisher Art. 233 Abs. 2), so bestimmen sich diese nach den allgemeinen Regeln des §. 15 des Entwurfs.

In den Art. 232, 196 des Handelsgesetzbuchs ist die Verpflichtung der Vorstandsmitglieder, sich des eigenen Handelsbetriebs und der Betheiligung an einer anderen Handelsgesellschaft zu enthalten, im Anschluß an die für die Mitglieder einer offenen Handelsgesellschaft geltenden Vorschriften geregelt und demgemäß auf den Abschluß von Geschäften in dem Handelszweige der Aktiengesellschaft und auf die Betheiligung an einer gleichartigen Gesellschaft beschränkt. Es erscheint indessen zutreffender, hier das Verhältniß der Handlungsgehülfen zu Grunde zu legen; denn auch die Mitglieder des Vorstandes einer Aktiengesellschaft stehen regelmäßig in einem dauernden Dienstverhältnisse zu der Gesellschaft und haben die Verpflichtung, ihre Thätigkeit der Gesellschaft ungeschmälert zu widmen. Im §. 232 des Entwurfs wird daher den Mitgliedern des Vorstandes nicht nur untersagt, ohne Einwilligung der Gesellschaft im Handelszweige derselben Geschäfte für eigene oder fremde Rechnung zu machen, sondern es wird ihnen in gleicher Weise die Verpflichtung auferlegt, sich des Betriebes jedes Handelsgewerbes sowie der Betheiligung als persönlich haftende Gesellschafter an irgend einer anderen Gesellschaft zu enthalten. Für diejenigen Personen, welche bei dem Inkrafttreten der neuen Bestimmung Vorstandsmitglieder von Aktiengesellschaften sind, enthält der Art. 27 des Einführungsgesetzes eine Uebergangsvorschrift.

Was die Frage betrifft, in welcher Weise die nach dem Gesetz erforderliche Einwilligung der Gesellschaft zu der in Frage stehenden Thätigkeit eines Vorstandsmitgliedes ertheilt wird, so überträgt der Entwurf die Befugniß hierzu demjenigen Gesellschaftsorgane, welches mit der Anstellung der Vorstandsmitglieder betraut ist. Eine soche Regelung verdient den Vorzug vor der gegenwärtig geltenden Bestimmung der Art. 196a, 232, nach welchen stets eine Beschlußfassung der Generalversammlung eintreten muß, soweit nicht diese oder der Gesellschaftsvertrag dem Aufsichtsrathe die Entscheidung überlassen hat.

Die Verpflichtung des Vorstandes, im Falle des Verlustes der Hälfte des Grundkapitals unverzüglich der Generalversammlung Mittheilung zu machen und im Falle der Ueberschuldung der Gesellschaft die Konkurseröffnung zu beantragen, ist im Art. 240 des Handelsgesetzbuchs davon abhängig gemacht, daß sich der Verlust oder die Ueberschuldung aus der Jahresbilanz oder einer im Laufe des Geschäftsjahrs aufgestellten Bilanz ergiebt. Nach dieser Fassung könnte es scheinen, daß auch für die Frage, ob eine Ueberschuldung anzunehmen sei, unbedingt die Vorschriften entscheiden sollen, welche der Art. 185a (jetzt §. 254) hinsichtlich der Werthansätze in der Bilanz enthält. Die Vorschriften der Nummern 1 und 2 dieses Artikels haben jedoch im Wesentlichen nur den Zweck, die vorzeitige Vertheilung unsicherer Gewinne zu verhüten; dagegen kann es nicht die Absicht sein, den Vorstand zur Stellung des Antrags auf Konkurseröffnung zu verpflichten und eine Unterlassung des Antrags mit Strafe zu bedrohen, wenn eine Bilanz, in die nach dem Gesetze die zur Veräußerung bestimmten

Gegenstände nur mit dem ursprünglichen Anschaffungs- oder Herstellungspreis eingestellt werden dürfen, lediglich den äußeren Anschein einer Ueberschuldung hervorruft, während in Wirklichkeit ein solches Ergebniß durch den gesteigerten Werth der betreffenden Vermögensbestandtheile vollständig ausgeschlossen ist. Die Fassung der Vorschrift im §. 235 des Entwurfs wird genügen, um der bezeichneten Auffassung vorzubeugen. Eine ausdrückliche Bestimmung dahin, daß der §. 254 des Entwurfs hier nicht anwendbar sei, ist vermieden, da sie nach anderen Richtungen Zweifel hervorrufen könnte. Die neue Fassung des §. 235 ergiebt übrigens auch, daß es dem Vorstande niemals zur Entschuldigung gereichen kann, wenn die Bilanz falsch aufgestellt und demzufolge der Verlust des halben Grundkapitals oder die Ueberschuldung aus der Bilanz selbst nicht zu ersehen ist.

Die Vorschriften des §. 236 über die Haftung der Vorstandsmitglieder für eine Verletzung ihrer Obliegenheiten stimmen im Wesentlichen mit dem Inhalt des bisherigen Art. 241 überein. Der Abs. 1 dieses Artikels, in welchem besonders ausgesprochen ist, daß die Mitglieder des Vorstandes aus den von ihnen im Namen der Gesellschaft vorgenommenen Rechtshandlungen nicht persönlich verpflichtet werden, ist als selbstverständlich gestrichen. Dagegen sind die besonderen Fälle, in denen der Ersatzanspruch gegen die schuldigen Vorstandsmitglieder auch von den Gläubigern der Gesellschaft unmittelbar geltend gemacht werden kann, im Abs. 3 des §. 236 besonders aufgeführt, da die den Aufsichtsrath betreffenden Vorschriften, auf welche der bisherige Art. 241 in dieser Beziehung verweist, erst an einer späteren Stelle folgen Einzelne von diesen Fällen sind übrigens als nicht hierher gehörig ausgeschieden. Dies gilt zunächst von dem Falle, daß bei einer Erhöhung des Grundkapitals Aktien oder Interimsscheine vor der Eintragung der Erhöhung in das Handelsregister ausgegeben werden (Art. 226 Nr. 4); denn hier kann niemals eine Ersatzleistung an die Gesellschaft oder an die Gesellschaftsgläubiger, sondern höchstens eine solche an die Erwerber der Urkunden in Frage kommen. Ferner ist der in der Nr. 5 bisher aufgeführte Fall einer Zuwiderhandlung gegen die Vorschriften über die getrennte Vermögensverwaltung bei der Vereinigung einer Aktiengesellschaft mit einer anderen weggelassen, da die Verantwortlichkeit der Vorstandsmitglieder für eine solche Zuwiderhandlung im §. 297 Abs. 6 besonders geregelt ist. Daß die Vorstandsmitglieder haften, wenn für wiederkehrende Leistungen der Aktionäre (§§. 210, 214) trotz des Mangels eines bilanzmäßigen Gewinns eine den Werth der Leistungen übersteigende Vergütung bezahlt wird, braucht nicht besonders hervorgehoben zu werden, da in dieser Beziehung die Vorschrift über die Verantwortlichkeit im Falle einer unzulässigen Rückzahlung des Grundkapitals genügt.

Aufsichtsrath. (§§. 238 bis 244.)

Die §§. 238 bis 244 fassen die in den Art. 224, 191, 192, 194, 225 bis 226 des Handelsgesetzbuchs enthaltenen Vorschriften über den Aufsichtsrath zusammen. Bezüglich der gesetzlichen Dauer des ersten Aufsichtsraths und der höchsten Grenze für die Dauer der späteren Aufsichtsräthe (§. 238 Abs. 2, 3) ist insofern eine Aenderung vorgenommen, als die betreffenden Zeiträume nicht mehr wie bisher mit dem Schlusse eines bestimmten Geschäftsjahres, sondern mit der Beendigung derjenigen ordentlichen Generalversammlung, welche die Neuwahlen vorzunehmen hat, ablaufen sollen. Die bisherige Vorschrift führt zu dem Mißstande, daß die Aufsichtsrathsmitglieder regelmäßig in einem Zeitpunkt ausscheiden müssen, in dem die Möglichkeit von Neuwahlen durch die ordentliche Generalversammlung nicht besteht. Diesem Uebelstande wird durch die veränderte Fassung des Entwurfs abgeholfen.

Was den Widerruf der Bestellung zum Aufsichtsrathsmitgliede betrifft, so bedarf nach dem Entwurfe (§. 238 Abs. 4) ein dahingehender Beschluß einer Mehrheit von drei Viertheilen des bei der Beschlußfassung vertretenen, nicht, wie es bisher im Art. 191 Abs. 4 hieß, des in der Generalversammlung vertretenen Grundkapitals. Durch die veränderte Fassung wird hier, wie an anderen Stellen des Entwurfs, die Streitfrage, ob auch die Stimmen der sich der Abstimmung enthaltenden Aktionäre bei der Berechnung des maßgebenden Theiles des Grundkapitals zu berücksichtigen sind, in Uebereinstimmung mit der Rechtsprechung des Reichsgerichts im verneinenden Sinne entschieden.

Während die Mitglieder des ersten Aufsichtsraths schon gegenwärtig nach Art. 210, 210c des Handelsgesetzbuchs dem Registergericht angezeigt und von diesem öffentlich bekannt gemacht werden, sind Veröffentlichungen über spätere Veränderungen im Aufsichtsrathe nicht vorgeschrieben. Hierfür besteht jedoch ebenfalls ein Bedürfniß, da die Zusammensetzung des Aufsichtsraths für die Beurtheilung der Verhältnisse des Unternehmens von Bedeutung sein kann und der Aufsichtsrath unter Umständen, namentlich im Falle einer Anfechtung von Beschlüssen der Generalversammlung, die Vertretung der Gesellschaft zu übernehmen hat. Die Eintragung der jeweiligen Mitglieder in das Handelsregister ist aber nicht erforderlich; es genügt, wenn der Vorstand die im Aufsichtsrath eingetretenen Aenderungen in den Gesellschaftsblättern bekannt macht und die Bekanntmachung zum Handelsregister einreicht. Dies ist im §. 239 des Entwurfs vorgeschrieben.

Die Legitimation des Aufsichtsraths zur Führung der namens der Gesellschaft gegen die Mitglieder des Vorstandes anzustrengenden Rechtsstreitigkeiten ist im §. 242 des Entwurfs in demselben Umfange wie in den bisherigen Art. 223 Abs. 3 und 194 anerkannt. Außerdem führt der Entwurf, im Anschluß an den §. 37 des Genossenschaftsgesetzes, auch noch die Vornahme von Rechtsgeschäften mit den Vorstandsmitgliedern als einen besonders wichtigen Fall an, in welchem dem Aufsichtsrathe die Vertretung der Gesellschaft zukommt.

Nach dem §. 243 des Entwurfs können, ebenso wie nach dem bisherigen Art. 225a, die Mitglieder des Aufsichtsraths nicht zugleich Mitglieder des Vorstandes sein; es ist nur gestattet, einzelne Mitglieder für einen im Voraus begrenzten Zeitraum zu Vertretern von behinderten Vorstandsmitgliedern zu bestellen. Der Entwurf ergänzt die letztere Vorschrift dahin, daß auf solche Stellvertreter die Bestimmungen des §. 232 über das Verbot des eigenen Handelsbetriebes durch Mitglieder des Vorstandes außer Anwendung bleiben sollen. Ohne eine derartige Ausnahme würde die Stellvertretung durch Mitglieder des Aufsichtsraths in vielen Fällen überhaupt nicht möglich sein.

Die Pflicht der Aufsichtsrathsmitglieder, bei der Erfüllung ihrer Obliegenheiten die Sorgfalt eines ordentlichen Geschäftsmanns anzuwenden, bezieht sich nicht nur auf die ihnen im Gesetze zugewiesene Aufsichtsführung, sondern auch auf die ihnen sonst, insbesondere im Gesellschaftsvertrag, übertragenen Verrichtungen. Die veränderte Fassung des §. 244 Abs. 1 des Entwurfs (bisher Art. 226 Abs. 1) setzt dies außer Zweifel. Im Uebrigen ist die Verantwortlichkeit der Aufsichtsrathsmitglieder für Pflichtwidrigkeiten sachlich in der gleichen Weise wie in dem bisherigen Art. 226 geregelt; nur wird dieselbe durch die Bezugnahme auf den §. 236 Abs. 3 und 4 insofern erweitert, als nunmehr die verschärfte Ersatzpflicht, welche von den Gesellschaftsgläubigern geltend gemacht werden kann, auch in dem Falle eintritt, daß mit Wissen und ohne Einschreiten des Aufsichtsraths Zahlungen geleistet sind, nachdem die Zahlungsunfähigkeit der Gesellschaft eingetreten ist oder ihre Ueberschuldung sich ergeben hat. Ein Grund, diesen Fall anders als die übrigen im Art. 226 Abs. 2 bezeichneten Fälle zu behandeln, liegt nicht vor.

Generalversammlung. (§§. 245 bis 251.)

An die Spitze der die Generalversammlung betreffenden Vorschriften ist der bisher im Art. 221 ausgesprochene Grundsatz gestellt, daß die den Aktionären in den Angelegenheiten der Gesellschaft zustehenden Rechte durch Beschlußfassung in der Generalversammlung ausgeübt werden. Wenn sich nach diesem Grundsatze die Wirksamkeit der durch die Mehrheit gebildeten Entschließungen auf die Angelegenheiten der Gesellschaft im Gegensatze zu den Angelegenheiten der einzelnen Mitglieder erstreckt, so ist hiermit die den Mehrheitsbeschlüssen gezogene Grenze hinreichend zum Ausdruck gebracht. Der im §. 35 des Bürgerlichen Gesetzbuchs für Vereine ausgesprochene Grundsatz, daß Sonderrechte der Mitglieder ohne deren Zustimmung durch Beschlüsse der Mitgliederversammlung nicht beeinträchtigt werden können, gilt auch für die Aktiengesellschaft. Welche einzelnen Rechte der Aktionäre als Sonderrechte in diesem Sinne zu betrachten sind, entzieht sich der erschöpfenden Feststellung im Gesetze. Solche Rechte können auch auf dem Gesellschaftsvertrage beruhen. Die gesetzlichen Sonderrechte haben im Entwurfe zum Theil eine schärfere Ausprägung erfahren, so namentlich das Recht der Aktionäre auf die Vertheilung des Gesellschaftsvermögens im Falle der Auflösung der Gesellschaft (§. 291). Auch ist die Mitgliedschaft selbst gegen eine Beseitigung durch Mehrheitsbeschluß im Wege der Aktienamortisation geschützt (§. 225). Im Uebrigen steht der Entwurf in Uebereinstimmung mit dem geltenden Rechte auf dem Standpunkte, daß die Grenze der als gemeinschaftlich geltenden Angelegenheiten, innerhalb welcher sich der Einfluß der Generalversammlung bethätigt, bei der Aktiengesellschaft nicht zu eng gezogen werden darf.

Als Ersatz für die bisher im Art. 209a Nr. 5 enthaltene Vorschrift bestimmt der §. 246, daß die Beschlüsse der Generalversammlung der Mehrheit der abgegebenen Stimmen bedürfen, sofern nicht durch das Gesetz oder den Gesellschaftsvertrag eine größere Mehrheit oder sonstige Erfordernisse vorgeschrieben sind. Durch die Fassung wird zugleich klargestellt, daß der Ausdruck „einfache Stimmenmehrheit" überall im Gesetze in der Bedeutung von absoluter Mehrheit zu verstehen ist. In Ansehung der Beschlußfassung bei

Wahlen enthält der Abs. 2 einen besonderen Vorbehalt, wonach im Gesellschaftsvertrage auch andere Bestimmungen über die Voraussetzungen des Zustandekommens eines Beschlusses getroffen werden können, insbesondere dahin, daß bei der Vornahme von Wahlen die relative Mehrheit genügen oder im Falle der Stimmengleichheit das Loos entscheiden soll.

Die §§. 247 und 248 stimmen, abgesehen von geringen, meist die Fassung betreffenden Aenderungen, mit den Art. 190 und 236 des Handelsgesetzbuchs überein. Im §. 247 Abs. 1 ist durch die veränderte Fassung klargestellt, daß im Falle der Ausgabe verschiedener Gattungen von Aktien den Aktien der einen Gattung ein höheres Stimmrecht als denen einer anderen Gattung eingeräumt werden kann, ohne daß es darauf ankommt, daß die einzelnen Aktionäre sich im Besitze mehrerer Aktien befinden. Ferner wird durch den §. 247 Abs. 3 im Anschluß an den §. 34 des Bürgerlichen Gesetzbuchs auch für den Fall der Beschlußfassung über die Einleitung oder Erledigung eines Rechtsstreites gegen einen Theilnehmer der Generalversammlung das Stimmrecht des letzteren ausgeschlossen.

Nach dem §. 249 ist die Generalversammlung zu berufen, wenn Aktionäre, deren Antheile zusammen den zwanzigsten Theil des Grundkapitals erreichen, die Berufung schriftlich unter Angabe des Zweckes und der Gründe verlangen; wird dem Verlangen weder durch den Vorstand, noch durch den Aufsichtsrath entsprochen, so kann das Gericht des Sitzes der Gesellschaft die Antragsteller zur Berufung der Generalversammlung ermächtigen. Der Entwurf giebt hiermit im Wesentlichen die Bestimmungen des geltenden Rechtes wieder (Art. 237 des Handelsgesetzbuchs). Insbesondere soll, wie bisher, das Gericht über die sachliche Berechtigung des Verlangens nach Berufung der Generalversammlung unter Würdigung der Verhältnisse entscheiden. Das Gericht darf nicht in die Lage kommen, seine Mitwirkung auch zur Erreichung offenbar mißbräuchlicher oder rechtlich unzulässiger Zwecke leihen zu müssen. Eine solche Lage kann aber eintreten, wenn die Thätigkeit des Gerichts darauf beschränkt wird, die formelle Legitimation der Antragsteller zu prüfen und, falls diese vorhanden ist, die verlangte Ermächtigung ohne Weiteres zu ertheilen. Mag diese Gefahr auch keine besonders naheliegende sein, so läßt sie sich doch nicht ohne Weiteres in Abrede ziehen. Andererseits finden die Rechte der Minderheit auch durch die vom Entwurfe beibehaltene Regelung ausreichenden Schutz. Das Bürgerliche Gesetzbuch (§. 37 Abs. 2) steht in Ansehung der gerichtlichen Entscheidung über die Berufung der Mitgliederversammlung eines Vereins auf demselben Standpunkte.

Die Vorschrift des Bürgerlichen Gesetzbuchs, wonach das Gericht in seinem Beschlusse zugleich über den Vorsitz in der Versammlung Bestimmung treffen kann, erscheint auch für die Aktiengesellschaft zweckmäßig und ist deshalb in den Entwurf übernommen. Ferner ist der bisherige Art. 237 durch die Vorschrift ergänzt, daß die Generalversammlung selbst über die durch die Berufung und Abhaltung der Versammlung entstandenen Kosten, einschließlich der Kosten des etwaigen gerichtlichen Verfahrens, zu beschließen hat. Endlich wird durch die Fassung des Eingangs des §. 249 Abs. 3 außer Zweifel gesetzt, daß das Gericht erst angegangen werden kann, nachdem der Antrag sowohl bei dem Vorstand als bei dem Aufsichtsrath vergeblich gestellt worden ist.

Der §. 250, welcher die Art der Berufung der Generalversammlung und der Ankündigung der Tagesordnung regelt, weicht von dem bisherigen Art. 238 zunächst darin ab, daß im Abs. 3 die Frist von einer Woche, die zwischen der Bekanntmachung der Tagesordnung und der Generalversammlung liegen muß, für die Ankündigung solcher Gegenstände, über welche nach dem Gesetz oder dem Gesellschaftsvertrag nicht mit einfacher Stimmenmehrheit Beschluß gefaßt werden kann, auf zwei Wochen erhöht ist. Da es sich bei Angelegenheiten dieser Art durchweg um besonders wichtige Fragen handelt, so erscheint es angemessen, wenn den Aktionären hier eine geräumigere Frist gewährt wird, um sich über den Zweck der Generalversammlung näher zu unterrichten und wegen der Theilnahme an der Versammlung die geeigneten Entschließungen zu fassen. Der Zweck, welchen die Vorschriften über den Zeitpunkt der Bekanntmachung der Tagesordnung verfolgen, wird indessen nicht erreicht, wenn die betreffenden Fristen lediglich von dem für die Generalversammlung festgesetzten Tage an zurückgerechnet werden; es kommt vielmehr auch darauf an, wann die Befugniß zur Hinterlegung der Aktien endigt, falls im Gesellschaftsvertrage, wie es die Regel bildet, das Recht zur Theilnahme an der Generalversammlung von einer solchen Hinterlegung abhängig gemacht ist. Das geltende Recht nimmt hierauf keine Rücksicht und schließt deshalb nicht aus, daß die Tagesordnung für die Generalversammlung noch zu einer Zeit geändert oder ergänzt wird, in welcher wegen Ablaufs der Hinterlegungsfrist kein Aktionär mehr in der Lage ist, sich das Recht zur Theilnahme an der Versammlung zu wahren. Um dies zu verhindern, bestimmt der §. 250 Abs. 3 des Entwurfs weiter, daß, falls die Ausübung des Stimmrechts von der vorgängigen Hinterlegung der Aktien abhängig ist, die Fristen für die Ankündigung von Gegenständen der Tagesordnung nicht von dem Tage der Generalversammlung, sondern von dem Tage an zurückzurechnen sind, bis zu dessen Ablauf die Hinterlegung zu geschehen hat.

Die Vorschriften über die gerichtliche oder notarielle Beurkundung der Generalversammlungsbeschlüsse sind im §. 251 des Entwurfs gegenüber dem den gleichen Gegenstand behandelnden Art. 238a Abs. 1 des Handelsgesetzbuchs mehrfach ergänzt. Der letztere beschränkt sich auf die Bestimmung, daß jeder Beschluß der Generalversammlung zu seiner Gültigkeit der gerichtlichen oder notariellen Beurkundung bedarf und daß die Zuziehung von Zeugen nicht erforderlich ist. In der Praxis haben sich bezüglich der Art dieser Beurkundung Zweifel und Schwierigkeiten ergeben, da die landesgesetzlichen Vorschriften über die Aufnahme öffentlicher, insbesondere notarieller, Urkunden, aus welchen man die Bestimmung des Handelsgesetzbuchs in der fraglichen Beziehung ergänzen zu müssen glaubte, in der Regel nur die Beurkundung des Inhalts von Rechtsgeschäften, nicht aber die Beurkundung von Vorgängen, insbesondere von Verhandlungen und Beschlußfassungen einer Generalversammlung, berücksichtigen. Der Entwurf bestimmt daher ausdrücklich, daß die fragliche Beurkundung in der Aufnahme eines Protokolls besteht, und giebt zugleich über den Inhalt dieses Protokolls die nöthigen

Vorschriften. Daß auch der Widerspruch, den ein Aktionär gegen einen Beschluß zu Protokoll erklärt, in dieses aufgenommen werden muß, ergiebt sich schon aus dem §. 263 Abs. 3 und braucht deshalb hier nicht besonders erwähnt zu werden. Ueber die ordnungsmäßige Berufung der Generalversammlung muß das Protokoll, das zum Handelsregister einzureichen ist, gleichfalls Aufklärung geben. Unbedingt vorzuschreiben, daß die meist sehr umfangreichen Belege über die Berufung dem Protokolle beizufügen sind, empfiehlt sich nicht, es genügt vielmehr, wenn die einzelnen Belege unter Angabe ihres meist übereinstimmenden Inhalts in dem Protokolle selbst aufgeführt werden. In dieser Weise wird schon gegenwärtig vielfach verfahren. Die Unterschrift des Vorsitzenden der Versammlung ist neben der für die Gültigkeit wesentlichen Vollziehung durch den Richter oder Notar nur mit der Bedeutung einer Anweisung vorgeschrieben. Was die Einreichung einer beglaubigten Abschrift des Protokolls zum Handelsregister betrifft, so ergiebt sich aus der allgemeinen Bestimmung des §. 13, daß die Einreichung nicht nur zum Handelsregister des Sitzes der Gesellschaft, sondern auch zum Register jeder Zweigniederlassung zu erfolgen hat.

Die orbentliche Generalversammlung und die Jahresbilanz. (§§. 252 bis 257.)

Die Vorschriften der §§. 252 bis 257 über die ordentliche Generalversammlung, insbesondere über die Zeit der Berufung, die Vorbereitung und die Beschlußfassung derselben, über die für die Aufstellung der Bilanz maßgebenden Grundsätze, über den Reservefonds sowie über die Veröffentlichung der genehmigten Bilanz und Gewinn- und Verlustrechnung entsprechen mit einzelnen Aenderungen den bisherigen Art. 239 Abs. 2, 239b, 185a bis 185c und 239a Abs. 2.

Im Eingange des §. 252 ist klarer zum Ausdruck gebracht, daß ausschließlich die Generalversammlung berufen ist, über die Genehmigung der Jahresbilanz und die Gewinnvertheilung sowie über die Entlastung des Vorstandes zu beschließen. Bezüglich der Entlastung des Vorstandes ist dies nach dem geltenden Rechte nicht unzweifelhaft, und in Ermangelung einer ausdrücklichen Vorschrift des Gesetzes wird es von manchen Seiten als zulässig betrachtet, die Entscheidung über die Entlastung dem Aufsichtsrathe zu übertragen. Vom Standpunkte des Gesetzgebers erscheint eine solche Uebertragung jedenfalls bedenklich; die Entscheidung über die Befreiung des Vorstandes von seiner Verantwortlichkeit für die zurückliegende Geschäftsführung muß vielmehr nothwendig dem obersten Organ der Gesellschaft vorbehalten bleiben, zumal die Generalversammlung auch über die Geltendmachung von Ersatzansprüchen gegen die Mitglieder des Vorstandes beschließt (§. 242 Abs. 1, §. 260 Abs. 1). Ueberdies hängt die Frage der Entlastung aufs engste mit der Prüfung und Genehmigung der Jahresbilanz zusammen.

Um eine zutreffende Würdigung der Bilanz zu ermöglichen, bedarf es regelmäßig einer näheren Erläuterung einzelner Bilanzposten. Diese zu geben, ist Aufgabe des Geschäftsberichts. Insbesondere muß verlangt werden, daß der Geschäftsbericht ersichtlich mache, nach welchen Grundsätzen die Werthe in der Bilanz angesetzt und die Abschreibungen vorgenommen sind, und daß, falls hierbei nach anderen Grundsätzen als bei Aufstellung der letzten Jahresbilanz verfahren ist, die Gründe der Abweichung angegeben werden. Im

§. 252 Abs. 3 ist vorgeschrieben, daß der Geschäftsbericht die betreffenden Erläuterungen zu enthalten hat.

Nach §. 253 Abs. 2 ist jeder Aktionär berechtigt, eine Abschrift der Bilanz und der Gewinn- und Verlustrechnung sowie des Geschäftsberichts und der Bemerknngen des Aufsichtsraths zu verlangen. Die Vorschrift im letzten Satze des bisherigen Art. 239, daß der Aktionär die Ertheilung einer solchen Vervielfältigung nur gegen Erstattung der Kosten verlangen könne, ist vom Entwurfe beseitigt, da es sich hier um eine der Gesellschaft ihren Mitgliedern gegenüber obliegende Leistung handelt, deren Kosten der Natur der Sache nach der Gesellschaft selbst zur Last fallen.

Die sachlichen Vorschriften, welche der Art. 185a des Handelsgesetzbuchs bezüglich der Aufstellung der Bilanz, insbesondere bezüglich der Werthansätze in derselben, aufstellt, sind im §. 254 des Entwurfs unverändert beibehalten. Was die bestrittene Frage betrifft, ob bei der Berechnung des Herstellungspreises von Waaren (§. 254 Nr. 2) auch ein entsprechender Theil der Generalunkosten des Unternehmens mit in Ansatz gebracht werden kann, so erscheint es nicht angängig, eine solche Berechnungsweise durch ausdrückliche Vorschrift ohne jede Einschränkung zu gestatten, weil alsdann der Vorschrift der Nr. 4 entgegen die sämmtlichen Kosten der Verwaltung auf einem Umwege doch als Aktivum in die Bilanz eingesetzt werden könnten. Es muß dem verständigen Ermessen im einzelnen Falle überlassen bleiben, inwieweit ohne Verletzung der erwähnten Vorschrift gewisse allgemeinere Kosten als Bestandtheil der Herstellungskosten berücksichtigt werden können.

In den Reservefonds ist nach dem Entwurfe (§. 255) ebenso wie nach dem bisherigen Art. 185b mindestens der gesetzlich bestimmte Theil des Jahresgewinns sowie im Falle einer Ausgabe von Aktien über Pari der über den Nennbetrag hinaus erzielte Betrag einzustellen. Das Gleiche soll nach dem Entwurfe regelmäßig in Ansehung der Beträge gelten, welche die Gesellschaft dadurch erhält, daß ohne Erhöhung des Grundkapitals von Aktionären Zuzahlungen gegen Gewährung von Vorzugsrechten für ihre Aktien geleistet werden. Dieser Weg wird nicht selten eingeschlagen, um ohne Kapitalserhöhung neue Mittel für das Unternehmen zu gewinnen. Hier muß es ebenso wie im Falle der Erzielung eines Agio bei der Ausgabe neuer Aktien ausgeschlossen sein, daß die Kapitaleinzahlungen dazu benutzt werden, um in der Bilanz den Anschein eines zur beliebigen Verwendung geeigneten Gewinnes hervorzurufen, während in Wirklichkeit ein Gewinn überhaupt nicht oder doch nicht in solcher Höhe vorhanden ist. Immerhin besteht zwischen beiden Fällen ein Unterschied. Die Ausgabe neuer Aktien wird meistens bei günstiger Geschäftslage und unter Benutzung einer zeitweiligen Konjunktur beschlossen und ausgeführt. Dagegen finden die in Frage stehenden Zuzahlungen der Aktionäre vielfach bei Gesellschaften statt, die zwar an sich auf günstige Jahreserträgnisse rechnen können, aber in Folge vorausgegangener außerordentlicher Verluste oder wegen einer ursprünglich zu hohen Bewerthung ihrer Bilanzaktiven zunächst eine entsprechende Ausgleichung vornehmen müssen, um das Unternehmen wieder auf eine gesunde Grundlage zu stellen und die thatsächlich erzielten Jahreserträgnisse ohne Umgehung des Gesetzes frei verwendbar zu machen. Hierdurch rechtfertigt es sich, wenn der Entwurf die Einstellung der von den Aktionären geleisteten Zuzahlungen in den Reservefonds nur insoweit verlangt, als nicht die Verwendung derselben zu außerordentlichen Abschreibungen oder zur Deckung außerordentlicher Verluste beschlossen wird. Dabei ist der Minderung eines zu hohen Postens, welcher sich unter den Aktiven der Bilanz befindet, die Erhöhung eines zu gering bemessenen Passivpostens, zum Beispiel eines zur Deckung für künftige ungewisse Verpflichtungen eingestellten Garantiekontos, gleichzuachten. Was das Agio bei Ausgabe neuer Aktien betrifft, so ist im Art. 185b Nr. 2 des Handelsgesetzbuchs der erzielte Mehrbetrag als „Gewinn" bezeichnet. Da hieraus der Schluß gezogen werden könnte, daß das Handelsgesetzbuch das Agioerträgniß an sich nicht als eine Kapitalsvermehrung auffasse, so ist der erwähnte Ausdruck im Entwurfe vermieden.

In Betreff der Verwendung des Reservefonds bedarf es keiner besonderen gesetzlichen Vorschriften. Namentlich gilt dies in Betreff der Fragen, ob im Falle einer Unterbilanz die einzelnen Aktionäre das Recht haben, die Verwendung des Reservefonds zur Deckung des Fehlbetrags zu verlangen, und ob der Reservefonds, soweit er den gesetzlich vorgeschriebenen Betrag übersteigt, durch Beschluß der Generalversammlung zu einem anderen als dem gesetzlich bestimmten Zwecke verwendet werden kann. Diese früher streitigen Fragen sind gegenwärtig auch in der Rechtsprechung entschieden.

Der §. 256, wonach die Verhandlung über die Bilanz auf Grund eines einfachen Mehrheitsbeschlusses der Generalversammlung oder auf Verlangen einer näher bestimmten Minderheit zu vertagen ist, stimmt mit dem Art. 239a Abs. 2 des Handelsgesetzbuchs überein. Daß das Recht, die Vertagung und demzufolge die Berufung einer neuen Versammlung zu verlangen, von der Minderheit nicht mehr als einmal ausgeübt werden dürfe, wie dies von manchen Seiten angenommen wird, läßt sich in dieser Allgemeinheit nicht rechtfertigen. Es kommt darauf an, ob dem Zwecke, welchen die Vertagung verfolgte, nämlich der Gewährung näherer Aufklärung über die Grundlagen der Bilanz, thatsächlich entsprochen worden ist oder nicht. Hiervon ist deshalb im Abs. 2 des §. 256 das Recht der Minderheit, eine erneute Vertagung der Verhandlung zu verlangen, abhängig gemacht. Was die im Abs. 1 des Art. 239a getroffene Vorschrift über die Bestellung von Bilanzrevisoren anlangt, so findet dieselbe richtiger unter den die Revisoren überhaupt betreffenden Bestimmungen ihre Stelle (§. 258 Abs. 1, §. 259). Der bisherige Abs. 3 des Art. 239a ist ganz gestrichen. Nach demselben soll, falls die Verhandlung auf Verlangen der Minderheit vertagt wird, bezüglich der nicht bemängelten Ansätze der Bilanz die Entlastung des Vorstandes als erfolgt gelten. Die Vorschrift ist mit Grund als nicht gerechtfertigt bezeichnet worden; der Thatsache, daß eine Minderheit in der Generalversammlung gewisse Ansätze der Bilanz nicht bemängelt, kann für sich allein nicht die Bedeutung einer Entlastung des Vorstandes beigelegt werden, zumal selbst die Genehmigung der Bilanz durch die Mehrheit der Generalversammlung noch nicht ohne Weiteres die Entlastung des Vorstandes in sich schließt.

Ueber den Inhalt der von dem Vorstande zu veröffentlichenden Bilanz enthält der Art. 185c des Handelsgesetzbuchs keine besondere Vorschrift.

Vielfach wird von Aktiengesellschaften, die ihrer Generalversammlung sehr eingehende Bilanzen vorlegen, demnächst zum Zwecke der Veröffentlichung eine Kürzung vorgenommen, indem eine Anzahl Unterposten gestrichen und nur die Hauptposten in der Bilanz belassen werden. Dieses Verfahren zu untersagen und schlechthin vorzuschreiben, daß die Bilanz in demselben Umfange veröffentlicht werden müsse, in welchem sie der Generalversammlung vorgelegt worden ist, erscheint nicht rathsam. Die Folge könnte sein, daß, um die nicht unerheblichen Kosten der umfangreichen Veröffentlichung zu ersparen, auch der Generalversammlung minder umfangreiche Bilanzen vorgelegt würden; die Vorschrift wäre überdies leicht zu umgehen, indem die Zerlegung der einzelnen Bilanzposten in die erläuternden Bemerkungen des Geschäftsberichts verwiesen würde. Es muß genügen, wenn das Registergericht in der Lage ist, etwaige Bilanzveröffentlichungen, welche derart summarisch gehalten sind, daß sie überhaupt keine Uebersicht über die Vermögensverhältnisse der Gesellschaft gewähren, als ungenügend zurückzuweisen und den Vorstand durch Ordnungsstrafen zu einer anderweitigen Veröffentlichung anzuhalten. Die nöthige Grundlage hierzu wird durch die Vorschrift des Entwurfs gegeben, daß die Belege über die öffentliche Bekanntmachung zum Handelsregister einzureichen sind. Für den gedachten Zweck ist es jedoch nur erforderlich, daß die betreffenden Belege, wie auch der Geschäftsbericht und die Bemerkungen des Aufsichtsraths, zum Register des Sitzes der Gesellschaft eingereicht werden. Im Entwurf ist deshalb hier, wie an anderen Stellen, wo es sich im Wesentlichen lediglich um Beibringung von Nachweisen über die von dem Registergerichte zu beaufsichtigende Erfüllung gewisser Obliegenheiten des Vorstandes handelt, von einer Einreichung bei den Gerichten der Zweigniederlassungen abgesehen.

Der Abs. 2 des bisherigen Art. 185c ist gestrichen. Er besagt, daß, soweit das Gesetz keine Vorschriften enthält, die Grundsätze über die Aufstellung der Bilanz, über die Bildung und Anlegung von Reservefonds und über die Prüfung der Bilanz durch den Gesellschaftsvertrag bestimmt werden. Die Vorschrift ist entbehrlich, übrigens insofern auch nicht zutreffend, als die bezeichneten Grundsätze keineswegs nur im Gesellschaftsvertrage, sondern unter Umständen durch einfache Beschlüsse der Generalversammlung oder durch Anweisungen des Aufsichtsraths festgestellt werden können.

Revisoren. (§§. 258, 259.)

Revisoren können nach dem Handelsgesetzbuch sowohl zur Prüfung der Bilanz (Art. 239a Abs. 1) als zur Prüfung von Vorgängen bei der Gründung oder bei der Geschäftsführung oder Liquidation (Art. 222a) von der Generalversammlung bestellt werden. Zu dem letzteren Zwecke ist unter gewissen Voraussetzungen auch eine gerichtliche Ernennung von Revisoren auf Antrag einer Minderheit vorgesehen. Der Entwurf behandelt in den §§. 258, 259 diese verschiedenen Fälle im Zusammenhange und beseitigt hierbei den Mangel, der zur Zeit darin besteht, daß die Vorschriften über das Verhalten des Vorstandes gegenüber den Revisoren und über die Behandlung des Revisionsberichts (Art. 222a Abs. 3, 4) sich nur auf den Fall der gerichtlichen Ernennung von Revisoren, nicht aber auf die Fälle der Bestellung von Revisoren durch die Generalversammlung beziehen. Die Bestimmungen des §. 259 des Entwurfs berücksichtigen auch die letzteren

Fälle. Der Abs. 1 des §. 258 stellt außerdem klar, daß die Befugniß der Generalversammlung, die Ernennung von Revisoren zu beschließen, durch den Gesellschaftsvertrag nicht beeinträchtigt, insbesondere nicht an das Erforderniß einer größeren als der einfachen Stimmenmehrheit gebunden werden kann.

Für die Entscheidung über einen Antrag der Minderheit auf Bestellung von Revisoren ist nach dem Handelsgesetzbuche das Landgericht zuständig, in dessen Bezirke die Gesellschaft ihren Sitz hat. Es liegt indessen kein genügender Anlaß vor, hier eine Ausnahme von dem im Uebrigen schon jetzt allgemein geltenden Grundsatze zu machen, daß die gerichtlichen Verfügungen in Handelssachen, welche nicht zu den Angelegenheiten der streitigen Gerichtsbarkeit gehören, von dem Registergericht erlassen werden. Der Entwurf beschränkt sich deshalb darauf, von einer Ernennung der Revisoren durch das Gericht zu sprechen. Hier wie in Betreff anderer im Entwurfe den Gerichten zugewiesener Entscheidungen (§. 144 Abs. 2, §. 145, §. 155 Abs. 2, §. 164 Abs. 3, §. 192, §. 249 Abs. 3 u. A. m.) bleiben die näheren Bestimmungen über die Zuständigkeit und das Verfahren dem Gesetz über die Angelegenheiten der freiwilligen Gerichtsbarkeit vorbehalten.

Die Kosten, welche durch die gerichtliche Ernennung von Revisoren entstehen, sind selbstverständlich zunächst von den Antragstellern zu tragen. Nach §. 259 Abs. 3 soll jedoch ähnlich wie im Falle des §. 249 die Generalversammlung darüber beschließen, ob die entstandenen Kosten von der Gesellschaft zu übernehmen sind. Ueber die Frage, ob die Revisoren eine Vergütung beanspruchen können, bedarf es keiner besonderen Vorschriften; es muß den Antragstellern überlassen bleiben, ihrerseits eine entsprechende Vereinbarung mit den Revisoren zu treffen; auch über die Tragung der hierdurch entstehenden Kosten hat demnächst die Generalversammlung zu befinden.

Aus den Bestimmungen über die Liquidation der Aktiengesellschaft (§. 285 Abs. 2, §. 289 Abs. 2) ergiebt sich von selbst, daß die Vorschriften über die Bestellung von Revisoren zur Prüfung von Vorgängen bei der Geschäftsführung auch auf die Geschäftsführung der Liquidatoren Anwendung finden; in den §§. 258, 259 des Entwurfs ist daher die Prüfung von Vorgängen bei der Liquidation nicht mehr besonders erwähnt.

Geltendmachung von Ersatzansprüchen aus der Gründung oder Geschäftsführung. (§§. 260 bis 262.)

Die Vorschriften des bisherigen Art. 223 über das Recht der Generalversammlung oder einer gewissen Minderheit in derselben, die Geltendmachung von Ersatzansprüchen der Gesellschaft gegen die für die Gründungsvorgänge oder für die Geschäftsführung verantwortlichen Personen zu verlangen, sind in den §§. 260 bis 262 des Entwurfs mit einigen Aenderungen und Ergänzungen wiedergegeben. Aus der Fassung des Art. 223 ist gefolgert worden, daß eine Erhebung von Ansprüchen der gedachten Art überhaupt nur auf Beschluß der Generalversammlung oder auf Verlangen der im Gesetze bezeichneten Minderheit zulässig sei. Unter Umständen ist es aber erforderlich, sofort geeignete Maßregeln zu ergreifen, um die schuldigen Personen zur Verantwortung zu ziehen und die Ansprüche der Gesellschaft gegen sie zu sichern. Der Vorstand darf daher nicht unbedingt an einen vorgängigen Beschluß der Generalversammlung gebunden werden. Durch die veränderte Fassung des §. 260 Abs. 1 wird die oben erwähnte Auffassung ausgeschlossen sein.

Die Bestimmungen, welche der §. 260 Abs. 2 über die Vertretung der Gesellschaft in den zu führenden Rechtsstreitigkeiten enthält, sollen die Zweifel beseitigen, welche sich gegenwärtig daraus ergeben, daß das Verhältniß des Art. 223a zu den Art. 194, 195 nicht ganz klar ist. Der Abs. 1 des letzteren Artikels kann für die Aktiengesellschaft nur die Bedeutung haben, daß von der Generalversammlung besondere Vertreter der Gesellschaft zur Führung des Rechtsstreits gewählt werden können; dies ist im Eingange des nunmehrigen Abs. 2 des §. 260 ausgesprochen. Der zweite Absatz des Art. 195, wonach, falls die Wahl besonderer Vertreter in der Generalversammlung gehindert wird, das Gericht solche Bevollmächtigte bestellen kann, hat keine erhebliche Bedeutung und ist im Entwurfe weggeblieben. Eine gerichtliche Bestellung von Vertretern der Gesellschaft für die Prozeßführung ist dagegen, wie in dem bisherigen Art. 223, für den Fall vorgesehen, daß der Rechtsstreit auf Verlangen der Minderheit geführt werden muß. Es versteht sich von selbst, daß in diesem Falle die von dem Gerichte bestellten Vertreter alle anderen Personen, die an und für sich noch sonst zur Vertretung der Gesellschaft legitimirt sein würden, von dieser Vertretung ausschließen. Andererseits ergiebt sich aus der am Schlusse des §. 260 noch beigefügten Verweisung auf die Vorschriften des §. 242, daß, wenn die Geltendmachung der Ansprüche durch die Minderheit verlangt, ein Antrag auf gerichtliche Bestellung von Prozeßvertretern jedoch nicht gestellt ist, der Aufsichtsrath sich insoweit, als Ansprüche gegen die Mitglieder des Vorstandes in Frage stehen, der Führung des Rechtsstreits zu unterziehen hat.

Der §. 261 des Entwurfs entspricht, abgesehen von der ergänzenden Verweisung auf den §. 105 der Civilprozeßordnung, dem Abs. 3 des bisherigen Art. 223.

Eine Lücke bietet das Handelsgesetzbuch insofern, als keine Vorsorge getroffen ist, um zu verhindern, daß Ansprüche gegen die für die Geschäftsführung verantwortlichen Personen durch Verzicht oder Vergleich der Gesellschaft beseitigt werden, nachdem die Minderheit die Geltendmachung der Ansprüche verlangt hat. Nur in Bezug auf die Ansprüche aus der Gründung gewährt der Art. 213d durch das der Minderheit eingeräumte Recht des Widerspruchs einen gewissen Schutz. Der §. 262 des Entwurfs soll diesem Mangel abhelfen. Danach ist ein solcher Verzicht oder Vergleich nur zulässig, wenn von den die Minderheit bildenden Aktionären wenigstens so viele ihre Zustimmung erklären, daß die Aktien der übrigen nicht mehr den fünften Theil des Grundkapitals darstellen. Die Zustimmung sämmtlicher die Minderheit bildenden Aktionäre kann nicht gefordert werden, da sonst jeder einzelne die Befugniß hätte, einen dem Interesse der Gesellschaft entsprechenden Ausgleich durch seinen Widerspruch zu verhindern. Daß die Zustimmung nicht mehr nöthig ist, wenn das von der Minderheit erhobene Verlangen einer Geltendmachung des Anspruchs durch den Ablauf der im §. 261 Abs. 1 für die Anstellung der Klage bestimmten Frist seine Wirkung verloren hat, braucht als selbstverständlich nicht besonders im Gesetze hervorgehoben zu werden.

Anfechtung von Generalversammlungsbeschlüssen. (§§. 263 bis 265.)

Ein Beschluß der Generalversammlung kann nach Art. 222, 190a, 190b des Handelsgesetzbuchs von den Aktionären oder von dem Vorstande binnen der Frist von einem Monat im Wege der Klage angefochten werden. Die §§. 263 bis 265 des Entwurfs geben die betreffenden Vorschriften mit einigen Aenderungen wieder. Insbesondere gewährt der §. 263 Abs. 3 in Ergänzung der bisherigen Bestimmungen das Anfechtungsrecht auch denjenigen Aktionären, welche zu der Generalversammlung unberechtigter Weise nicht zugelassen worden sind. Ferner soll nach dem Abs. 4 in dem Falle, daß der Beschluß der Generalversammlung eine Maßregel zum Gegenstande hat, durch deren Ausführung sich die Mitglieder des Vorstandes und des Aufsichtsraths strafbar oder den Gläubigern der Gesellschaft verantwortlich machen würden, nicht bloß der Vorstand als solcher, sondern außerdem jedes einzelne Mitglied desselben und in der gleichen Weise jedes Mitglied des Aufsichtsraths zur Erhebung der Anfechtungsklage befugt sein. In Ansehung der Mitglieder des Aufsichtsraths ist die Vorschrift um deswillen geboten, weil sie ein berechtigtes Interesse haben, in Fällen der fraglichen Art zur Erhebung der Anfechtungsklage auch dann schreiten zu können, wenn sie in der Generalversammlung nicht anwesend waren oder ihren Widerspruch nicht zu Protokoll erklärt haben.

Die in dem bisherigen Art. 190a Abs. 3 enthaltene Vorschrift, daß der klagende Aktionär seine Aktien zu hinterlegen hat, ist in den Entwurf nicht aufgenommeu. Sie hat, wie auch in der Rechtsprechung anerkannt worden ist, die Bedeutung, daß die Anfechtungsklage von einem Aktionär nur erhoben werden kann, wenn dieser die sämmtlichen Aktien, mit welchen er sich an der Generalversammlung betheiligt hat, hinterlegt und sie während der Dauer des Prozesses bei der Hinterlegungsstelle beläßt. Die Erhebung der Anfechtungsklage entzieht demnach dem Aktionär für einen unter Umständen lange dauernden Zeitraum die Möglichkeit, über seine Aktien irgendwelche Verfügungen zu treffen. Für eine so weitgehende Erschwerung des Anfechtungsrechts fehlt es indessen an einem ausreichenden Grunde. Die Vorschriften über die Verpflichtung des Klägers zur Sicherheitsleistung (§. 264 Abs. 3) und über seine Schadensersatzpflicht im Falle einer böslichen Handlungsweise (§. 265 Abs. 2) genügen, um einen Mißbrauch des Anfechtungsrechts zu verhüten. Selbstverständlich hat nöthigenfalls der Kläger seine Legitimation zur Führung des Rechtsstreits darzuthun, also nachzuweisen, daß er fortdauernd Aktionär ist.

Was die Frage betrifft, wie sich gegenüber den Bestimmungen über die Anfechtung von Beschlüssen der Generalversammlung die Stellung des Registergerichts bei der Prüfung der Gültigkeit von Beschlüssen, gestaltet, die in das Handelsregister einzutragen sind, so bedarf es besonderer Vorschriften in dieser Hinsicht nicht. Ist ein eingetragener Beschluß durch rechtskräftiges Urtheil für nichtig erklärt, so muß dies, wie schon jetzt im Gesetze vorgeschrieben ist, in das Handelsregister eingetragen werden, und hieraus ergiebt sich von selbst, daß die Eintragung des Beschlusses, wenn sie zur Zeit des Urtheils noch nicht geschehen war, nunmehr unter allen Umständen zu unterbleiben hat. Der §. 16 Abs. 2 des Entwurfs setzt den Anfechtungskläger in den Stand, die Eintragung durch Erwirkung einer einstweiligen Verfügung zu verhindern. Dagegen erscheint es nicht angängig, anzuordnen, daß auch die rechtskräftige Abweisung der Anfechtungsklage schlechthin für das Registergericht bindend sei, dieses also zur Eintragung des angefochtenen Beschlusses verpflichte. Wie bereits in der Begründung zum §. 16 bemerkt ist, würde hierdurch den Betheiligten, in deren Händen die Prozeßführung liegt, eine zu weitgehende Verfügung über das Handelsregister eingeräumt; es muß vielmehr bei der thatsächlichen Bedeutung bewenden, die ein solches Urtheil auch für das Registergericht regelmäßig haben wird. Ebensowenig empfiehlt sich eine gesetzliche Vorschrift darüber, ob das Registergericht die Eintragung eines Beschlusses noch nach dem Ablaufe der für die Aktionäre und den Vorstand maßgebenden Anfechtungsfrist ablehnen kann, wenn es die Gültigkeit des Beschlusses lediglich aus Gründen beanstandet, die sich auf die Verletzung einer Bestimmung des Gesellschaftsvertrags oder einer nicht vorwiegend im öffentlichen Interesse gegebenen gesetzlichen Vorschrift beziehen. Die Frage wird in der Praxis meistens verneint, und kann auch künftig der Rechtsprechung zur Entscheidung überlassen bleiben.

Verstößt ein Beschluß der Generalversammlung gegen zwingende Gesetzesvorschriften, welche nicht bloß die Interessen der vorhandenen Aktionäre berühren, sondern zur Sicherung der Gläubiger oder zum Schutze des Publikums dienen, so kann er selbstverständlich weder durch die Unterlassung rechtzeitiger Anfechtung seitens der Aktionäre oder des Vorstandes noch durch die Eintragung in das Handelsregister Gültigkeit erlangen. Ebenso unterliegt es keinem Zweifel, daß die Mitglieder des Vorstandes und des Aufsichtsraths, welche einen solchen Beschluß zur Ausführung bringen, sich nicht auf die unterbliebene Anfechtung oder auf die geschehene Eintragung berufen können, um sich von der Verantwortlichkeit gegenüber Dritten, insbesondere gegenüber den Gesellschaftsgläubigern, zu befreien (§. 236 Abs. 3, §. 244 Abs. 3). Es kann sich nur fragen, ob diese Verantwortlichkeit der Gesellschaftsorgane genügt, oder ob für den Fall, daß trotz der dem Registerrichter obliegenden Prüfungspflicht ein gegen derartig zwingende Rechtsvorschriften verstoßender Beschluß thatsächlich in das Handelsregister eingetragen worden ist, außer den Aktionären und dem Vorstand auch einer öffentlichen Behörde das Recht zur Erhebung der Anfechtungsklage gegeben werden soll. Der Entwurf hat von einer Vorschrift dieses Inhalts abgesehen. Auch wenn man davon ausgeht, daß hier wie in anderen Fällen die Möglichkeit gegeben sein muß, eine rechtlich unzulässige, nur auf einem Versehen des Registerrichters beruhende Eintragung im Handelsregister nachträglich wieder zu beseitigen, so erscheint es doch nicht erforderlich, diesen Erfolg im Wege der Erhebung einer förmlichen Klage seitens der Staatsbehörde herbeizuführen; das nach den Grundsätzen der freiwilligen Gerichtsbarkeit geordnete Verfahren vor dem Registergericht ist für einen solchen Zweck ausreichend. Die Entscheidung der Frage ist deshalb der Regelung des gedachten Verfahrens in dem Gesetz über die freiwillige Gerichtsbarkeit vorzubehalten.

Vierter Titel.

Abänderungen des Gesellschaftsvertrags.

Der Entwurf faßt die im Handelsgesetzbuch an verschiedenen Stellen sich findenden Vorschriften über Aenderungen des Gesellschaftsvertrags in einem besonderen Titel zusammen; auch die Erhöhung und Herabsetzung des Grundkapitals gehört der Natur der Sache nach in diesen Zusammenhang. Die gleiche Anordnung ist in dem Gesetze, betreffend die Gesellschaften mit beschränkter Haftung, gewählt. Abänderungen des Gesellschaftsvertrags im Allgemeinen. (§§. 266 bis 269.)

Die auf alle Arten von Statutenänderungen bezüglichen Vorschriften der §§. 266 bis 269 weichen in einzelnen Beziehungen von den Art. 214, 215 des Handelsgesetzbuchs ab. Zunächst ist im §. 266 durch einen Zusatz klargestellt, daß es, ungeachtet der ausschließlichen Zuständigkeit der Generalversammlung zur Beschlußfassung über Abänderungen des Gesellschaftsvertrags, statthaft sein soll, die Vornahme von Aenderungen, welche nur die Fassung betreffen, durch Beschluß der Versammlung dem Aufsichtsrathe zu übertragen. In manchen Fällen, wie zum Beispiel nicht selten bei einer Erhöhung des Grundkapitals, ist es überhaupt nicht ausführbar, die endgültige Fassung des Statuts gleichzeitig mit dem Beschlusse, der die sachliche Aenderung des Statuts herbeiführt, festzustellen. Das Aktiengesetz vom 18. Juli 1884 hatte, wie die Begründung der Vorlage und die Verhandlungen im Reichstag ergeben, nicht die Absicht, auch diese Feststellung ausschließlich der Generalversammlung vorzubehalten. Mit Rücksicht auf die gegenüber dem Wortlaute des Gesetzes in der Praxis hervorgetretenen Bedenken empfiehlt es sich, den Gegenstand durch eine ausdrückliche Vorschrift außer Zweifel zu setzen.

Andererseits ist es erforderlich, daß der Inhalt der beabsichtigten Aenderung des Gesellschaftsvertrags bei der Berufung der Generalversammlung oder bei der innerhalb der gesetzlichen Frist erfolgten Bekanntmachung einer Ergänzung der Tagesordnung so deutlich und vollständig bezeichnet wird, daß jeder Aktionär daraus mit Bestimmtheit entnehmen kann, um was es sich bei der in Aussicht stehenden Beschlußfassung handelt. Gegenwärtig wird in dieser Beziehung keineswegs immer ein einwandsfreies Verfahren beobachtet; die Klage ist vielmehr nicht selten, daß bei der Berufung von Generalversammlungen, die über Aenderungen des Statuts beschließen sollen, der Gegenstand der Beschlußfassung in einer Weise angekündigt wird, welche den Aktionären keine genügende Aufklärung über die Tragweite desselben gewährt. Insbesondere richten sich die Beschwerden dagegen, daß in der Bekanntmachung vielfach nur die Paragraphen des Statuts aufgezählt werden, die einer Aenderung unterzogen werden sollen, wogegen weder der Inhalt dieser Paragraphen noch der Inhalt der in Aussicht genommenen abändernden Bestimmungen angegeben wird. Eine derartige Ankündigung einer Statutenänderung verfehlt in der That ihren Zweck, zumal nach Lage der Verhältnisse keineswegs davon ausgegangen werden kann, daß alle Aktionäre sich im Besitze des Gesellschaftsstatuts befinden. Der §. 266 Abs. 2 des Entwurfs schreibt daher vor, daß die beabsichtigte Aenderung des Gesellschaftsvertrags in der gemäß

§. 250 Abs. 2, 3 zu bewirkenden Ankündigung ihrem wesentlichen Inhalte nach erkennbar zu machen ist.

Der Abs. 4 des bisherigen Art. 215, welcher sich auf den Fall der Vereinigung einer Aktiengesellschaft mit einer anderen bezieht, ist nicht in den §. 267 des Entwurfs übernommen; der Inhalt desselben findet durch die späteren Vorschriften des Entwurfs seine Erledigung (§§. 296, 297 in Verbindung mit §. 294 Abs. 1, §. 295 Abs. 2). Auch Abs. 5 und 7 des Art. 215 sind gestrichen. Der Abs. 5 bestimmt, daß die Abs. 1 bis 4 auch dann zur Anwendung kommen, wenn mehrere Gattungen von Aktien mit verschiedener Berechtigung ausgegeben sind, und der Abs. 7 erklärt die Abänderung einer Bestimmung des Gesellschaftsvertrags für unzulässig, nach der die Uebertragung von Kleinaktien an die Einwilligung der Gesellschaft gebunden ist. Beide Vorschriften können als selbstverständlich wegfallen.

Soll das Verhältniß mehrerer Gattungen von Aktien mit verschiedener Berechtigung zum Nachtheil einer Gattung geändert werden, so bedarf es nach dem bisherigen Art. 215 Abs. 6 außer dem Beschlusse der allgemeinen Generalversammlung der Zustimmung einer besonderen Generalversammlung der benachtheiligten Aktionäre. Die Vorschrift ist sachlich im Abs. 3 des §. 267 beibehalten; nur soll die Beschlußfassung der benachtheiligten Aktionäre nicht mehr in einer besonderen Generalversammlung, sondern durch gesonderte Abstimmung in der allgemeinen Generalversammlung stattfinden. Eine Regelung in diesem Sinne dient zur Vereinfachung des Verfahrens und hat eine erhebliche Kostenersparniß zur Folge.

Die Vorschrift des §. 268, wonach den Aktionären eine Verpflichtung zu wiederkehrenden Leistungen neben den Kapitaleinlagen nicht im Wege der nachträglichen Aenderung des Gesellschaftsvertrags durch Mehrheitsbeschluß auferlegt werden kann, steht im Zusammenhange mit den neuen Bestimmungen des §. 210 und ist dort bereits erörtert.

In dem auf die Eintragung von Statutenänderungen bezüglichen §. 269 (bisher Art. 214) ist der Beschluß über eine Fortsetzung der Gesellschaft nicht mehr besonders erwähnt; denn auch die Fortsetzung der Gesellschaft ist, wenn die Dauer des Unternehmens im Gesellschaftsvertrag auf bestimmte Zeit beschränkt war, nicht anders als im Wege einer Aenderung des Gesellschaftsvertrags möglich. Was die Anmeldung von Statutenänderungen bei dem Registergerichte betrifft, so kann von einer Mitwirkung sämmtlicher Vorstandsmitglieder im Allgemeinen abgesehen werden, da die Anmeldung stets durch die öffentliche Urkunde über den Abänderungsbeschluß belegt sein muß; es genügt vielmehr, daß die zum Handeln für die Gesellschaft auch sonst nothwendige Zahl von Vorstandsmitgliedern bei der Anmeldung mitwirkt. Für die Anmeldung einer Erhöhung des Grundkapitals gelten mit Rücksicht auf die hierbei abzugebenden Erklärungen und Versicherungen besondere Vorschriften (§. 272 Abs. 1).

Die Angaben, welche die Eintragung einer Statutenänderung sowie die öffentliche Bekanntmachung der Eintragung zu enthalten hat, sind im §. 269 Abs. 2 im Einklange mit den Vorschriften über die erste Eintragung der Gesellschaft und deren Bekanntmachung (§§. 196, 197, 199) bestimmt.

Die Vorschrift des Art. 215a Abs. 1 des Handelsgesetzbuchs, wonach eine Erhöhung des Grundkapitals nicht vor der vollen Einzahlung des bisherigen Kapitals erfolgen darf, ist im Entwurfe beibehalten. Läßt sich auch nicht verkennen, daß in Folge der Unzulässigkeit einer Befreiung der Aktienzeichner die Bedenken zum Theil weggefallen sind, welche nach den bis zu der Novelle von 1884 gemachten Erfahrungen der Zulassung einer Kapitalserhöhung vor der Vollzahlung des bisherigen Kapitals entgegenstanden, so erscheint es doch nicht rathsam, jene Beschränkung ganz aufzugeben, da sie immerhin den Nutzen hat, einer übermäßigen, durch die Bedürfnisse des Unternehmens nicht gerechtfertigten Vermehrung des Aktienkapitals entgegenzuwirken. Erhöhung des Grundkapitals. (§§. 270 bis 279.)

Aus der Fassung des Art. 215a ist übrigens gefolgert worden, daß eine Zuwiderhandlung gegen die Vorschrift nicht nur die Ungültigkeit des Erhöhungsbeschlusses, sondern auch die Nichtigkeit der neu ausgegebenen Aktien nach sich ziehe. Dies geht zu weit; denn die Nichtigkeit der Aktien führt in erster Linie zu einer Benachtheiligung der Erwerber der Aktien und der Gesellschaftsgläubiger, welche sich auf die Gültigkeit der eingetragenen Kapitalserhöhung verlassen müssen, weil sie nicht in der Lage sind, zu ermitteln, ob in der That das bisherige Aktienkapital vollständig eingezahlt ist. Um die Beobachtung der Vorschrift zu sichern, genügt es, wenn der Beschluß über die Erhöhung des Grundkapitals nicht eingetragen wird, ohne daß von dem Vorstand und Aufsichtsrath eine Versicherung über die Einzahlung des bisherigen Kapitals abgegeben wird (§. 272 Abs. 2), und wenn die Mitglieder des Vorstandes und des Aufsichtsraths, welche eine falsche Versicherung dieses Inhalts abgeben, bestraft werden (§. 304 Nr. 3). Im §. 270 Abs. 1 ist daher die Fassung entsprechend geändert.

Mit Rücksicht auf die unbedingt lautende Vorschrift des Art. 215a Abs. 1 ist es ferner zweifelhaft geworden, ob nicht auch unerhebliche Rückstände, die auf einzelne Aktien verblieben sind, die Vornahme einer Kapitalserhöhung unzulässig machen. Vielfach wird eine solche Unzulässigkeit mit Rücksicht auf den Wortlaut der Vorschrift angenommen. Um dieser, mit der Absicht des Gesetzes nicht im Einklang stehenden Auslegung entgegenzutreten, ist eine ausdrückliche Vorschrift in den §. 264 aufgenommen; der Entscheidung im einzelnen Falle muß es überlassen bleiben, was als ein „verhältnißmäßig unerheblicher Theil der eingeforderten Einzahlungen" anzusehen ist. Bei der Anmeldung des Erhöhungsbeschlusses behufs Eintragung in das Handelsregister ist zu diesem Zwecke der Betrag der etwaigen Rückstände auf die Einzahlungen anzugeben (§. 272 Abs. 2).

Für den Fall, daß mehrere Gattungen von Aktien mit verschiedener Berechtigung vorhanden sind, ist im Art. 215a nur auf die allgemeinen Vorschriften des Art. 215 Abs. 6 verwiesen, welche die Beschlußfassung bei einer Aenderung des Verhältnisses der verschiedenen Aktiengattungen betreffen. An Stelle dieser in ihrer Tragweite nicht ganz klaren Bezugnahme ist im Abs. 2 des §. 270 des Entwurfs ausdrücklich bestimmt, daß, wenn mehrere Aktiengattungen vorhanden sind, stets auch in Sonderabstimmungen über eine Kapitalserhöhung Beschluß gefaßt werden muß.

Während nach Art. 209b des Handelsgesetzbuchs (§. 184 des Entwurfs) bei der Errichtung der Gesellschaft jede Vereinbarung, nach welcher eine nicht durch Baarzahlung zu leistende Einlage gemacht oder eine Anlage oder ein sonstiges Vermögensstück von der Gesellschaft übernommen werden soll, zu ihrer Wirksamkeit gegenüber der Gesellschaft der Festsetzung im Gesellschaftsvertrage bedarf, fehlen ähnliche Vorschriften für den Fall der Erhöhung des Grundkapitals. Auch hier ist es aber möglich, daß Sacheinlagen gemacht oder Vermögensstücke gegen eine Vergütung, die auf die Einlage angerechnet werden soll, der Gesellschaft überlassen werden. Es empfiehlt sich, für diese Fälle Vorschriften zu treffen, welche, ähnlich wie diejenigen über die Gründung der Gesellschaft, die Festsetzung von Vereinbarungen der fraglichen Art zur Kenntniß aller Betheiligten bringen. Die Bestimmungen über die Nachgründung (§§. 205, 206) genügen hierzu nicht, da sie nur die Erwerbungen betreffen, die von der Gesellschaft innerhalb der ersten zwei Jahre nach der Eintragung in das Handelsregister gemacht werden. Auf diesem Gesichtspunkte beruhen die Vorschriften des §. 271 des Entwurfs. In ähnlicher Weise ist der Gegenstand in dem §. 57 des Gesetzes über die Gesellschaften mit beschränkter Haftung geregelt.

Eine Uebertragung der für die Errichtung der Gesellschaft geltenden Bestimmungen enthalten auch die Vorschriften des §. 273 über den Inhalt der Zeichnungsscheine, mittelst deren im Falle der Erhöhung des Grundkapitals die Betheiligungen an dem erhöhten Kapital zu übernehmen sind. Der Art. 215b des Handelsgesetzbuchs beschränkt sich auf die Vorschrift, daß die Zeichnung der neu auszugebenden Aktien durch schriftliche Erklärung erfolgt, die in zwei Exemplaren unterzeichnet werden soll. Aus den Gründen, auf welchen die Vorschriften des Art. 209e (§. 187 des Entwurfs) beruhen, empfiehlt sich jedoch auch hier eine nähere Festsetzung des Inhalts der Zeichnungsscheine, insbesondere der zur Aufklärung der Zeichner in die Scheine aufzunehmenden Angaben. Ebenso ist die Bestimmung des Zeitpunktes, mit welchem die Zeichnung unverbindlich wird, sofern nicht bis dahin die Kapitalserhöhung in das Handelsregister eingetragen ist, nicht wohl zu entbehren. Endlich müssen die Vorschriften des §. 187 Abs. 4, 5 über die Nichtigkeit mangelhafter Zeichnungsscheine, über die Heilung der Mängel durch die Ausübung von Mitgliedsrechten und über die Unwirksamkeit von Beschränkungen der Verpflichtungen des Zeichners ebenfalls Anwendung finden.

Die Aktiennovelle vom 18. Juli 1884 hat den Mißbräuchen, welche sich aus der Einräumung von Bezugsrechten auf neu auszugebende Aktien an die bei der Gründung der Gesellschaft betheiligten Personen ergeben hatten, dadurch zu steuern gesucht, daß derartigen Zusicherungen, wenn sie vor dem Beschlusse der Generalversammlung über die Erhöhung des Grundkapitals ertheilt waren, die Wirksamkeit entzogen wurde (Art. 215a Abs. 4). Die Klagen über Mißbräuche bei der Ausgabe neuer Aktien sind jedoch nicht verstummt, und die Erfahrung hat gezeigt, daß trotz jener Bestimmung die Erhöhung des Grundkapitals vielfach zum Zwecke der Agiotage und zwar im Interesse einer verhältnißmäßig kleinen Zahl von Betheiligten bewerkstelligt wird, welche die übernommenen Aktien demnächst mit einem beträchtlichen Aufschlag an die Börse bringen. Dies läßt sich auch ohne vorgängige Einräumung eines rechtsverbindlichen Bezugsrechts ermöglichen; denn da den Aktionären als solchen nach dem geltenden Rechte kein Anspruch auf die Zutheilung eines ihrem Aktienbesitz entsprechenden Theiles der neuen Aktien zusteht, der Vorstand und der Aufsichtsrath vielmehr in Ermangelung eines besonderen Vorbehalts der Generalversammlung freie Hand bei der Zutheilung der neuen Aktien haben, so ist die einseitige Berücksichtigung des Interesses von Personen, die einen maßgebenden Einfluß in der Gesellschaft und deren Organen besitzen, stets ausführbar. Um hiergegen weitere Abhülfe zu schaffen, gewährt der §. 274 des Entwurfs unter der Voraussetzung, daß die Generalversammlung selbst in dem Beschluß über die Erhöhung des Grundkapitals nichts Anderes bestimmt hat, jedem Aktionär das Recht, die Zutheilung eines seinem Antheil an dem bisherigen Grundkapital entsprechenden Theiles der neu auszugebenden Aktien zu verlangen. In der That erscheint es nur billig, daß, wenn nach der geschäftlichen Lage des Unternehmens ein Gewinn von der Veräußerung der neuen Aktien zu erwarten ist, dieser Gewinn thunlichst allen Aktionären zu Gute kommt. Nach der Vorschrift des §. 274 Abs. 2 ist der Betrag, zu welchem die neuen Aktien an die Aktionäre ausgegeben werden, von dem Vorstand in den Gesellschaftsblättern zu veröffentlichen, wobei zugleich für die Ausübung des gesetzlichen Bezugsrechts der Aktionäre eine nicht weniger als zwei Wochen betragende Frist bestimmt werden kann. Hierdurch wird einerseits den Aktionären eine ausreichende Gelegenheit zur Ausübung ihres Rechtes gesichert, andererseits die Möglichkeit gegeben, verspätet erhobenen Ansprüchen die Berücksichtigung zu versagen. Im Falle der Auflegung der Aktien zur öffentlichen Zeichnung kann die für die Aktionäre bestimmte Bekanntmachung des Vorstandes auch noch gleichzeitig mit dem Beginne der Zeichnung geschehen; diese selbst darf dann aber für die Aktionäre selbstverständlich nicht vor dem Ablaufe der in der Bekanntmachung bestimmten Frist geschlossen werden.

Eine vertragsmäßige Zusicherung von Bezugsrechten ist bei dieser Regelung nur noch unter Vorbehalt des gesetzlichen Bezugsrechts der Aktionäre möglich. Dies ist im §. 275 Abs. 1 besonders ausgesprochen. Daneben giebt der §. 275 Abs. 2 die Vorschrift des geltenden Rechtes wieder, wonach eine solche Zusicherung nicht vor dem Beschlusse der Generalversammlung über die Kapitalserhöhung mit Wirksamkeit geschehen kann.

Was die Eintragung einer Erhöhung des Grundkapitals in das Handelsregister betrifft, so hat das Gesetz vom 18. Juli 1884, um die verschiedenen Abschnitte, in welchen sich die Erhöhung vollzieht, schärfer hervortreten zu lassen, eine doppelte Eintragung vorgesehen, nämlich zunächst die Eintragung des Beschlusses der Generalversammlung über die Erhöhung des Grundkapitals und sodann — nach erfolgter Deckung des erhöhten Kapitals durch Zeichnung der neuen Aktien und Leistung der ersten Einzahlung auf dieselben — die Eintragung der vollzogenen Erhöhung (Art. 215a Abs. 3 und 215b Abs. 2). Das Verfahren ist jedoch nicht ohne Weitläufigkeit, und hat unter Umständen, insbesondere wenn die Deckung des neuen Kapitals schon zur Zeit des Erhöhungsbeschlusses vorbereitet und gesichert war, keinen eigentlichen Zweck. In dem Gesetze, betreffend die Gesellschaften mit beschränkter Haftung (§. 58), ist ein einfacheres Verfahren in Bezug auf die Eintragung einer Erhöhung des Stammkapitals der Gesellschaft vorgesehen, indem nur eine einmalige Eintragung, diese aber erst nach der Deckung des erhöhten Kapitals durch Uebernahme der neuen Einlagen, stattfindet. Man wird allerdings nicht so weit gehen können, dieses Verfahren auch für die Aktiengesellschaften als das allein zulässige vorzuschreiben, da immerhin Fälle vorkommen, in denen die Gesellschaft ein begründetes Interesse daran hat, zunächst die Gewißheit zu erhalten, daß in Bezug auf die Eintragung des Erhöhungsbeschlusses in das Handelsregister rechtliche Bedenken nicht bestehen, und dann erst die nöthigen Schritte wegen Erlangung der Zeichnungen vorzunehmen. Es ist aber wenigstens die Möglichkeit zu gewähren, daß die in Frage stehenden beiden Eintragungen und die hierzu erforderlichen Anmeldungen mit einander verbunden werden. In dieser Weise ist der Gegenstand vom Entwurfe geregelt (§§. 276, 277). Mit der Vorschrift des §. 269 Abs. 3, wonach eine Aenderung des Gesellschaftsvertrags vor der Eintragung in das Handelsregister keine Wirkung mehr hat, steht es nicht im Widerspruch, daß gegebenen Falls an den Erhöhungsbeschluß gewisse Folgen, insbesondere die Annahme der Zeichnungen und der ersten Einzahlungen, schon vor der Eintragung geknüpft sind; denn diese Rechtshandlungen setzen nicht nothwendig die vorgängige Aenderung des Gesellschaftsvertrags voraus, sie geschehen vielmehr umgekehrt in der Voraussetzung des demnächstigen Eintritts der Rechtswirksamkeit dieser Aenderung. Die Zulässigkeit solcher vorbereitender Maßnahmen oder Beschlüsse ist auch in anderen Fällen nicht davon abhängig, daß die Abänderung des Gesellschaftsvertrags, mit der sie im Zusammenhange stehen, bereits in das Handelsregister eingetragen ist. Bei der Aktienzeichnung behufs einer Erhöhung des Grundkapitals ist das Verhältniß kein anderes als bei der Aktienzeichnung behufs Errichtung der Gesellschaft.

In Bezug auf die Anmeldung der Kapitalserhöhung zum Handelsregister und auf die der Anmeldung beizufügenden Belege sind nach Art. 215b Abs. 2 des Handelsgesetzbuchs die für die erste Anmeldung der Gesellschaft maßgebenden Vorschriften der Art. 210, 212 entsprechend anwendbar. Da jedoch diese Vorschriften für den Fall der Kapitalserhöhung zum Theil nicht passen, so ergeben sich im Einzelnen Zweifel darüber, welche Belege bei der Anmeldung einer Kapitalserhöhung vorzulegen sind. Der §. 276 des Entwurfs giebt deshalb besondere Vorschriften in dieser Richtung. Entsprechend der Vorschrift des §. 197 Abs. 1 Nr. 2 ist ferner bestimmt, daß in die Veröffentlichung, durch welche die Eintragung bekannt gemacht wird, auch der Betrag, zu dem die Aktien für Rechnung der Gesellschaft ausgegeben werden, aufzunehmen ist.

Die Anmeldung der Erhöhung des Grundkapitals zu dem Handelsregister der Gerichte, in deren Bezirke die Gesellschaft Zweigniederlassungen besitzt, ist im §. 278 geregelt. Die betreffenden Vorschriften sind nöthig, weil ohne sie nach der allgemeinen Regel des §. 13 die Belege, Erklärungen und Versicherungen, welche für die Anmeldung am Sitze der Gesellschaft vorgeschrieben sind, bei der Anmeldung zu dem Register einer Zweigniederlassung gleichfalls nothwendig sein würden. Für die Zweigniederlassung muß jedoch eine vereinfachte Anmeldung genügen, wie sie im §. 199 schon für die erste Eintragung der Zweigniederlassung als ausreichend erklärt ist.

Die Ausgabe der neuen Aktien oder Interimsscheine vor erfolgter Eintragung der Kapitalserhöhung in das Handelsregister ist schon gegenwärtig untersagt. Während aber in dem Falle der Ausgabe von Aktien oder Interimsscheinen vor der ersten Eintragung der Gesellschaft die Rechtsfolge der Nichtigkeit der Urkunden eintreten soll, ist für den Fall der Erhöhung des Grundkapitals das Verbot nur in der Form einer Anweisung gegeben, durch deren Uebertretung die Gültigkeit der Urkunden nicht berührt wird (Handelsgesetzbuch Art. 215c Abs. 2, 3). Für eine so verschiedenartige Behandlung liegt indessen kein ausreichender Grund vor, da auch im Falle der Erhöhung des Grundkapitals die Erwerber der Aktien in der Lage sind, zu prüfen, ob die Eintragung in das Handelsregister stattgefunden hat, und da auch hier ein dringendes Interesse besteht, die Ausgabe der Urkunden zu verhindern, solange nicht die Zulässigkeit der Kapitalserhöhung von dem Registergerichte geprüft ist. Der §. 279 Abs. 1 hat daher die Vorschrift in einer Fassung aufgenommen, welche ihr die weiter gehende Bedeutung verleiht. Daß vor der Eintragung der Kapitalserhöhung in das Handelsregister nicht nur die Ausgabe von Aktien oder Interimsscheinen unzulässig ist, sondern die Antheilsrechte auch nicht mit Wirksamkeit gegenüber der Gesellschaft übertragen werden können (§. 279 Abs. 2), entspricht dem Grundsatze, welcher im §. 198 Abs. 2 bezüglich des Verhältnisses bei der Errichtung der Gesellschaft anerkannt ist.

Daß die auf die Aktien und Interimsscheine bezüglichen allgemeinen Vorschriften des ersten Titels, insbesondere diejenigen über den Mindestbetrag der einzelnen Aktien (§. 178), über das Verbot der Ausgabe von Inhaberaktien vor der Vollzahlung (§. 177) und über die Unzulässigkeit der Ausgabe von Aktien unter Pari (§. 207), auch im Falle einer Erhöhung des Grundkapitals Anwendung finden, braucht im Gesetze nicht besonders ausgesprochen zu werden.

Herabsetzung des Grundkapitals. (§§. 280 bis 282.)

Die §§. 280 bis 282 des Entwurfs betreffen die Herabsetzung des Grundkapitals. Der Art. 248 des Handelsgesetzbuchs unterscheidet die theilweise Rückzahlung des Grundkapitals an die Aktionäre und die Herabsetzung desselben; außerdem ist im Art. 215d Abs. 2 die Amortisation von Aktien aus dem Grundkapital noch besonders erwähnt. Diese Unterscheidung ist indessen nicht zutreffend; denn auch die theilweise Rückzahlung des Grundkapitals und die Amortisation von Aktien aus demselben setzen eine Abänderung der Bestimmung des Gesellschaftsvertrags über die Höhe des Grundkapitals, also eine Herabsetzung desselben, voraus. Die theilweise Rückzahlung und die Amortisation bezeichnen in Wahrheit nur den besonderen Zweck, zu welchem die Herabsetzung erfolgt. Es erscheint daher richtiger, wenn das Gesetz ausschließlich von der Herabsetzung des Grundkapitals spricht. Auf diesem Standpunkte steht der Entwurf, er bestimmt aber zugleich, daß der Zweck, zu welchem die Herabsetzung erfolgt, in dem Beschlusse der Generalversammlung über die Herabsetzung festgesetzt werden muß. Die theilweise Rückzahlung des Grundkapitals auf sämmtliche Aktien ist als ein besonders wichtiges Beispiel hervorgehoben; daneben kommen aber auch andere Zwecke, insbesondere die Befreiung der Aktionäre von noch nicht geleisteten Einzahlungen, die Amortisation eines Theiles der Aktien, die Beseitigung einer Unterbilanz oder die Umwandlung eines Theiles des Grundkapitals in einen der freien Verfügung unterliegenden Reservefonds, in Betracht. Außerdem muß der Beschluß ebenso wie nach dem geltenden Rechte Bestimmung darüber treffen, wie die Herabsetzung auszuführen ist, namentlich ob eine Verminderung des Nennbetrags oder der Zahl der Aktien eintreten und ob dies im Wege einer Zusammenlegung, Umtauschung, Abstempelung u. s. w. der Aktien bewerkstelligt werden soll. Die Vorschrift, daß der Herabsetzungsbeschluß unter allen Umständen einer Mehrheit von drei Viertheilen des bei der Beschlußfassung vertretenen Grundkapitals bedarf, ist aus dem bisherigen Art. 248 übernommen, während die Beschlußfassung für den Fall, daß mehrere Gattungen von Aktien mit verschiedener Berechtigung vorhanden sind, ebenso geregelt ist wie im §. 270 Abs. 2 die Beschlußfassung über eine Erhöhung des Grundkapitals.

Die zum Schutze der Gesellschaftsgläubiger gegen eine sofortige Verminderung des Grundkapitals dienenden Maßregeln, insbesondere die öffentliche Aufforderung an die Gläubiger, sich zum Zwecke ihrer Befriedigung oder Sicherstellung bei der Gesellschaft zu melden, und die Einhaltung eines Sperrjahrs, vor dessen Ablauf der Herabsetzungsbeschluß nicht zur Ausführung gebracht werden darf, sind im Art. 248 des Handelsgesetzbuchs nur durch Bezugnahme auf die Vorschriften geregelt, welche für die Vertheilung des Gesellschaftsvermögens im Falle der Auflösung maßgebend sind. Diese Vorschriften gestatten jedoch nicht in allen Beziehungen eine unmittelbare Anwendung, und es verdient daher den Vorzug, das bei der Herabsetzung des Grundkapitals zu beobachtende Verfahren selbständig zu ordnen (§. 281).

Da auch bei einer Herabsetzung des Grundkapitals die Vorschriften über den Mindestbetrag, auf welchen die Aktien lauten müssen, unberührt bleiben, der Nennbetrag der Antheile an dem herabgesetzten Kapital sich also der Regel nach immer noch auf eintausend Mark belaufen muß, so kann eine Verminderung des Nennbetrags der Aktien als Mittel zur Ausführung der Kapitalherabsetzung nur in den verhältnißmäßig seltenen Fällen in Betracht kommen, in welchen die Aktien auf mehr als eintausend Mark gestellt sind. In allen anderen Fällen bleibt, abgesehen von dem Falle der Amortisation eines Theiles der Aktien, nur das Mittel übrig, die Zahl der Aktien zu vermindern, indem an die Stelle einer bestimmten Anzahl der bisherigen Aktien eine geringere Zahl der nunmehrigen Aktien tritt. Dies setzt aber voraus, daß die Aktionäre ihre Aktien bei der Gesellschaft einreichen, um sie gegen die festgesetzte Zahl neuer Aktien umzutauschen oder nach erfolgter Abstempelung zu einem entsprechenden Theile zurückzuempfangen. Erreichen die im Besitz eines Aktionärs befindlichen Aktien nicht die zum Umtausch erforderliche Zahl oder handelt es sich um die überschießenden Aktien eines Aktionärs, die für sich allein die Zusammenlegung nicht gestatten, so läßt sich die Maßregel, falls ein solcher Aktionär nicht gewillt oder im Stande ist, die fehlende Zahl dazu zu erwerben, nur durchführen, wenn die betreffenden Aktien der Gesellschaft zur Verfügung gestellt werden, damit für sie zusammen mit den Antheilen anderer Aktionäre, die sich in der gleichen Lage befinden, eine entsprechende Zahl von neuen Aktien durch die Gesellschaft veräußert und der Erlös jedem der Betheiligten zu seinem Antheil ausgehändigt werde. Ob nach dem geltenden Rechte der Gesellschaft irgend welche Zwangsrechte in der gedachten Beziehung zustehen, ist bestritten, neuerdings übrigens von dem Reichsgerichte bejaht worden. Eine gesetzliche Entscheidung ist bei der Wichtigkeit der Frage nicht zu entbehren, und sie kann nur dahin gehen, daß in den erwähnten Fällen der Widerspruch des einzelnen Aktionärs gegenüber dem Interesse der Gesammtheit, das die Herabsetzung des Grundkapitals unter Umständen zur unbedingten Nothwendigkeit macht, zurücktreten muß. Der §. 282 des Entwurfs giebt daher der Gesellschaft das Recht, die Aktien, welche nicht bei ihr eingereicht oder zwar eingereicht, aber trotz ihrer zum Ersatze durch neue Aktien unzureichenden Zahl nicht behufs der Verwerthung für Rechnung des Besitzers zur Verfügung gestellt werden, für kraftlos zu erklären und die an Stelle derselben auszugebenden neuen Aktien für Rechnung der Betheiligten verkaufen zu lassen. Die Vorschriften im Abs. 2 und 3 des §. 282 über die Art, wie die Aufforderung zur Einreichung der Aktien und die Kraftloserklärung bekannt zu machen, die neuen Aktien zu verwerthen und die erzielten Beträge sicher zu stellen sind, haben den Zweck, den Interessen der Betheiligten den nöthigen Schutz zu gewähren.

Fünfter Titel.

Auflösung und Nichtigkeit der Gesellschaft.

Die im Art. 242 des Handelsgesetzbuchs bezeichneten Thatsachen, durch welche die Aktiengesellschaft aufgelöst wird, nämlich der Ablauf der Zeit, für welche die Gesellschaft nach dem Gesellschaftsvertrag errichtet ist, der Auflösungsbeschluß der Generalversammlung und die Eröffnung des Gesellschaftskonkurses, sind auch im §. 283 des Entwurfs hervorgehoben. Daß diese Aufzählung nicht erschöpfend ist, ergiebt sich aus dem gleichfalls beibehaltenen Abs. 2, wonach die Vorschriften des fünften Titels entsprechende Anwendung finden, wenn die Auflösung der Gesellschaft aus anderen Gründen, zum Beispiel durch Amortisation sämmtlicher Aktien, eintritt. Auflösungsgründe. (§§. 283, 284.)

Die §§. 285 bis 293 des Entwurfs beziehen sich auf die Liquidation der Aktiengesellschaft; sie enthalten nur in wenigen Beziehungen sachliche Abweichungen von den in den Art. 244 bis 246 des Handelsgesetzbuchs getroffenen Vorschriften. Die Aenderungen der Fassung bezwecken, einzelne Unklarheiten zu beseitigen. Insbesondere ist, um eine größere Uebersichtlichkeit zu erzielen, von einer allgemeinen Verweisung auf die für die Liquidation der offenen Handelsgesellschaft geltenden Bestimmungen, wie sie sich im Art. 244a des Handelsgesetzbuchs findet, abgesehen. Von den fraglichen Bestimmungen sind nur die eine unmittelbare Anwendung gestattenden Vorschriften über den Geschäftskreis der Liquidatoren und über die Art ihrer Zeichnung in Bezug genommen (§. 289 Abs. 1). Im Einzelnen ist Folgendes zu bemerken: Liquidation. (§§. 285 bis 293.)

Der Abs. 1 des §. 285 stellt klar, daß im Gegensatze zu der offenen Handelsgesellschaft und der Kommanditgesellschaft die Liquidation bei der

Aktiengesellschaft die nothwendige, der Regel nach auch durch die Gesammtheit der Aktionäre nicht zu beseitigende Folge der Gesellschaftsauflösung ist. Ausnahmen von diesem Grundsatze sind, abgesehen von dem Falle des Konkurses, in den §§. 295 und 297 anerkannt.

Der Fortbestand der Verfassung der Gesellschaft ist im §. 285 Abs. 2 zwar nur für den Fall der Liquidation besonders vorgesehen; es versteht sich aber von selbst, daß der gleiche Grundsatz auch da, wo die Auflösung der Gesellschaft die Liquidation nicht zur Folge hat, Anwendung finden muß, solange das Gesellschaftsvermögen noch vorhanden und die Firma der Gesellschaft nicht erloschen ist.

Die im Art. 243 des Handelsgesetzbuchs vorgesehene dreimalige Bekanntmachung, durch welche die Gläubiger der Gesellschaft aufgefordert werden, sich bei dieser zu melden, ist nach dem §. 288 des Entwurfs (zu vergl. auch §. 50 des Bürgerlichen Gesetzbuchs) nicht durch den Vorstand, sondern durch die Liquidatoren zu erlassen, zu deren Obliegenheiten die fragliche Maßnahme der Natur der Sache nach gehört. Die Vorschrift des bisherigen Art. 202, wonach die aus den Handelsbüchern der Gesellschaft ersichtlichen oder in anderer Weise bekannten Gläubiger durch besondere Erlasse aufzufordern sind, sich zu melden, ist in den Entwurf nicht aufgenommen; denn diese Gläubiger müssen von der Gesellschaft befriedigt werden, auch wenn sie sich nicht besonders gemeldet haben. Ist die Befriedigung nicht möglich, so hat Hinterlegung oder Sicherheitsleistung stattzufinden (§. 292).

Eingehender als das Handelsgesetzbuch regelt der Entwurf im §. 290 die Aufstellung und Behandlung der Bilanzen während der Liquidation. Der Art. 244a Abs. 3 des Handelsgesetzbuchs beschränkt sich auf die Vorschrift, daß die Liquidatoren bei Beginn der Liquidation eine Bilanz aufzustellen und diese ohne Verzug in den Gesellschaftsblättern bekannt zu machen, auch zum Handelsregister einzureichen haben. Es bestehen aber Zweifel und Meinungsverschiedenheiten darüber, ob nicht mit Rücksicht auf die allgemeine Bestimmung des Art. 244a Abs. 2, wonach die Liquidatoren die Rechte und Pflichten des Vorstandes haben, neben jener Vorschrift auch die sämmtlichen nach den Art. 239 bis 239b bezüglich der Jahresbilanzen einer bestehenden Aktiengesellschaft maßgebenden Bestimmungen, einschließlich derjenigen des Art. 185a über die Werthansätze in der Bilanz, Anwendung finden müssen. Der Entwurf nimmt diesen Standpunkt insofern ein, als er nicht nur die Aufstellung einer Bilanz für den Zeitpunkt der Eröffnung der Liquidation, sondern auch die Aufstellung weiterer Bilanzen für den Schluß jedes Jahres vorschreibt und außerdem rücksichtlich aller dieser Bilanzen die Vorschriften Anwendung finden läßt, welche in Bezug auf die Vorlegung an die Generalversammlung und die Beschlußfassung der letzteren, auf die Bestellung von Bilanzrevisoren sowie auf die Veröffentlichung der genehmigten Bilanz und auf die Einreichung zum Handelsregister in den §§. 252, 253, 256 bis 259 des Entwurfs getroffen sind. Es bedarf keiner näheren Begründung, daß die Aktionäre während der oft lange Zeit sich hinziehenden Abwickelung der Gesellschaftsverhältnisse in regelmäßigen Zwischenräumen eine Uebersicht über das

Gesellschaftsvermögen erhalten und in den Stand gesetzt werden müssen, über die Richtigkeit derselben zu befinden. Hiernach ist erforderlich, daß alljährlich eine ordentliche Generalversammlung stattfindet. Dieser ist außer der Bilanz auch ein Geschäftsbericht der Liquidatoren mit den Bemerkungen des Aufsichtsraths vorzulegen, um den Aktionären die nöthigen Grundlagen für die Entscheidung über die Entlastung der Liquidatoren zu gewähren.

Auf der anderen Seite kommt in Betracht, daß während der Liquidation Gewinnvertheilungen nicht stattfinden, daß die Liquidation vielmehr in Bezug auf ihre Ergebnisse als eine einheitliche Rechnungsperiode behandelt wird. Die Liquidationsbilanzen haben daher auch nicht, wie die Jahresbilanzen einer bestehenden Gesellschaft, den Zweck, als Grundlage für die Gewinnvertheilung zu dienen. Im Abs. 2 des §. 290 sind die hieraus sich ergebenden Folgerungen gezogen. Von der Ergänzung der Bilanz durch Aufstellung einer Gewinn- und Verlustrechnung ist allerdings nicht abzusehen; es erscheint vielmehr zweckmäßig, daß auch nach der Auflösung der Gesellschaft alljährlich eine solche Rechnung vorgelegt wird, um den Aktionären Kenntniß davon zu verschaffen, wie die im Laufe der Liquidation sich ergebenden Mehreinnahmen oder Ausfälle entstanden sind. Dagegen können die für die Aufstellung der Bilanz im Art. 185a des Handelsgesetzbuchs (§. 254 des Entwurfs) aufgestellten Grundsätze für die Liquidationsbilanzen nicht maßgebend sein; denn diese Grundsätze haben im Wesentlichen nur den Zweck, zu verhindern, daß das Grundkapital durch Vertheilung eines nicht hinreichend sicheren Gewinnes gemindert werde. Für die Liquidationsbilanzen, welche nur eine Uebersicht über den Vermögensstand der Gesellschaft gewähren sollen, genügen die allgemeinen Vorschriften des §. 39. Eine in dieser Weise aufgestellte Eröffnungsbilanz kann allerdings nicht ohne Weiteres als Schlußbilanz für das letzte Geschäftsjahr der Gesellschaft dienen, und wenn es sich im einzelnen Falle darum handelt, einen Gewinn für dieses Jahr festzustellen, so werden die mit Rücksicht auf die Vorschriften des §. 254 etwa nothwendigen Abweichungen von der Eröffnungsbilanz in einer besonderen Bilanz ersichtlich gemacht werden müssen.

Das Vermögen der aufgelösten Gesellschaft ist unter die Aktionäre zu vertheilen. Hierauf haben dieselben ein Recht, das ihnen durch Mehrheitsbeschluß der Generalversammlung nicht entzogen werden kann. Im ersten Satze des §. 291 ist dieses Sonderrecht ausdrücklich anerkannt. Daraus folgt namentlich, daß eine Verwendung des Gesellschaftsvermögens zu einem anderen Zwecke als zur Vertheilung unter die Mitglieder nur zulässig ist, wenn eine solche Verwendung schon in dem ursprünglichen Gesellschaftsvertrage, dem sich sämmtliche Aktionäre unterworfen haben, vorgesehen war, sowie daß ein grundsätzlicher Ausschluß eines Theiles der Aktionäre von der Berücksichtigung bei der Vermögensvertheilung nicht angängig ist.

Für das Verhältniß, in welchem die einzelnen Aktien bei der Vermögensvertheilung berücksichtigt werden, entscheidet im Zweifel der Nennbetrag der Aktien (§. 292 Abs. 2). Dies wird auch nach geltendem Rechte allgemein angenommen. Meinungsverschiedenheiten bestehen nur darüber, wie es sich verhält, wenn die Einzahlungen nicht auf alle Aktien in demselben Verhältniß geleistet sind, insbesondere wenn vollbezahlte und nicht vollbezahlte Aktien zusammentreffen. Der einen Meinung zufolge soll in einem solchen Falle die Vertheilung nach dem Verhältnisse der geleisteten Einzahlungen stattfinden, während eine andere Meinung dahingeht, daß der Mehrbetrag, welcher auf die höher einbezahlten Aktien geleistet ist, diesen Aktien vorweg zu erstatten, der Rest aber auf sämmtliche Aktien nach dem Verhältnisse der Nennbeträge zu vertheilen sei, oder, was den zu Grunde liegenden Gedanken richtiger zum Ausdruck bringt, daß zunächst die geleisteten Einzahlungen zur Erstattung kommen, ein Ueberschuß aber sowie ein Fehlbetrag nach dem Verhältnisse der Nennbeträge vertheilt werde. Je nachdem die Liquidation einen Ueberschuß oder einen Kapitalverlust ergiebt, ist die erste oder die zweite Berechnungsart für die höher einbezahlten Aktien vortheilhafter. Vom Standpunkte des Gesetzgebers wird man der zweiten, welche auch vom Reichsgericht als die zutreffende anerkannt worden ist, den Vorzug geben müssen. Für dieselbe sprechen im Wesentlichen die Gründe, welche es nach dem zum §. 212 Bemerkten rechtfertigen, bei der jährlichen Gewinnvertheilung nicht lediglich das Verhältniß der geleisteten Einzahlungen als maßgebend zu behandeln. Im Abs. 3 des §. 291 ist deshalb der Gegenstand in dem bezeichneten Sinne geregelt.

Die Vorschriften des §. 292 über den Zeitpunkt der Vertheilung des Vermögens entsprechen im Wesentlichen den Art. 245 Abs. 1 bis 3 und 202 des Handelsgesetzbuchs. Im Einzelnen sind sie den §§. 51, 52 des Bürgerlichen Gesetzbuchs, welche die Vertheilung des Vermögens eines aufgelösten Vereins betreffen, nachgebildet.

Nach dem §. 293 des Entwurfs haben die Liquidatoren, wenn die Liquidation beendigt und die Schlußrechnung gelegt ist, das Erlöschen der Firma der Aktiengesellschaft zur Eintragung in das Handelsregister anzumelden. Da die Eintragung nach der allgemeinen Vorschrift des §. 10 von dem Registergerichte zu veröffentlichen ist, so bedarf es in Zukunft nicht mehr der im Art. 245 Abs. 4 des Handelsgesetzbuchs angeordneten besonderen Bekanntmachung durch die Liquidatoren; diese Vorschrift ist deshalb nicht in den Entwurf aufgenommen worden. Die Bestimmungen, welche der bisherige Art. 246 in Betreff der Aufbewahrung der Handelsbücher der Gesellschaft nach beendigter Liquidation enthält, sind mit geringfügigen Fassungsänderungen im §. 293 Abs. 2, 3 wiedergegeben.

Veräußerung des Gesellschafts-Vermögens im Ganzen. (§§. 294 bis 297.)

Die Veräußerung des gesammten Vermögens der Aktiengesellschaft ist im Handelsgesetzbuche nur insoweit berücksichtigt, als es sich um die Uebertragung an eine andere Aktiengesellschaft gegen Gewährung von Aktien der letzteren handelt. Im Uebrigen fehlt es an besonderen Vorschriften. Es wird jedoch allgemein angenommen, daß die gesetzlichen Bestimmungen über die Liquidation der Aktiengesellschaft einer solchen Verwerthung des Gesellschaftsvermögens nicht entgegenstehen, daß diese Verwerthung sich vielmehr nur als eine besondere Art der Liquidation darstelle. Indessen sind die hierbei sich ergebenden Abweichungen von dem in den Vorschriften des Gesetzes allein in Betracht gezogenen regelmäßigen Verlaufe der Liquidation so erheblich, daß es angezeigt erscheint, die Zulässigkeit des in Frage stehenden

Verfahrens im Gesetz ausdrücklich anzuerkennen und zugleich die Voraussetzungen und Wirkungen desselben in den Hauptpunkten zu regeln. Die betreffenden Vorschriften sind in den §§. 294 ff. enthalten.

Im Allgemeinen geht auch der Entwurf davon aus, daß die Uebertragung des Vermögens der Aktiengesellschaft im Ganzen eine besondere Art der Liquidation bildet, bei der namentlich die Maßregeln, welche die Befriedigung der Gesellschaftsgläubiger aus dem Gesellschaftsvermögen zu sichern bestimmt sind, zu entsprechender Anwendung kommen müssen. Von dieser Regel werden jedoch zwei Ausnahmen zugelassen, deren eine die Uebertragung des Gesellschaftsvermögens an den Staat oder an einen inländischen Kommunalverband betrifft (§. 295), während die zweite, auch gegenwärtig im Handelsgesetzbuche vorgesehene Ausnahme sich auf die Vereinigung einer Aktiengesellschaft mit einer anderen bezieht (§§. 296, 297). In beiden Fällen soll der Ausschluß der Liquidation gestattet sein und alsdann eine unmittelbare Gesammtnachfolge des Gesellschaftsvermögens in die Rechtsverhältnisse der aufgelösten Gesellschaft einschließlich ihrer Schulden eintreten.

Nach §. 294 Abs. 1 setzt die Uebertragung des Gesellschaftsvermögens im Ganzen stets einen Beschluß der Generalversammlung voraus, zu welchem mit Rücksicht auf die Wichtigkeit der Maßregel und ihre eingreifende Bedeutung für die Interessen der Aktionäre eine Mehrheit von drei Viertheilen des bei der Beschlußfassung vertretenen Grundkapitals gefordert wird. Eine Erleichterung der Beschlußfassung kann auch durch den Gesellschaftsvertrag nicht angeordnet werden. Kommt der Beschluß zu Stande, so hat er nach §. 294 Abs. 2 die Auflösung der Gesellschaft von Rechtswegen zur Folge, soweit diese Auflösung nicht schon vorher eingetreten war. Das Vermögen der Gesellschaft bildet die nothwendige Voraussetzung ihres Bestehens, und eine Fortdauer der Gesellschaft zum Zwecke der Ausnutzung der Gegenleistung des Uebernehmers kann nicht in Frage kommen. Ein besonderer Auflösungsbeschluß ist daher nicht erforderlich; vielmehr hat alsbald nach der Genehmigung der Vermögensübertragung durch die Generalversammlung der Vorstand die Auflösung zur Eintragung in das Handelsregister anzumelden (§. 284).

Wenn der Beschluß der Generalversammlung gefaßt ist, gilt der Regel nach die Gesellschaft als in Liquidation befindlich, und der §. 294 Abs. 3 erklärt demgemäß die Vorschriften über die Liquidation im Allgemeinen für anwendbar. Nur in Betreff des Geschäftskreises und der Befugnisse der Liquidatoren sowie in Betreff der Vertheilung des Gesellschaftsvermögens ist eine andere Regelung erforderlich. Die Liquidatoren sollen nach dem Entwurfe zu allen Geschäften und Rechtshandlungen befugt sein, welche die Ausführung der beschlossenen Vermögensübertragung mit sich bringt. Diese Befugnisse werden sich je nach der Art, wie das Verhältniß zu dem Uebernehmer geordnet ist, verschieden gestalten. In der Regel wird es sich um den Uebergang eines im Betriebe befindlichen Unternehmens handeln, das bis zu der erst nach Ablauf des Sperrjahrs zulässigen Ausantwortung an den Uebernehmer weiter betrieben werden muß. Die Fortsetzung des Unternehmens darf daher der Gesellschaft auch nach der Auflösung nicht unmöglich gemacht werden; vielmehr ist den Liquidatoren in einem solchen Falle die Befugniß zu allen Geschäften einzuräumen, welche der Betrieb mit sich bringt. Andererseits schließt der Entwurf nicht aus, daß die Geschäftsleitung schon während des Liquidationsstadiums in weiteren oder engeren Grenzen dem Uebernehmer selbst überlassen wird, wobei dann die Aufgabe der Liquidatoren der Hauptsache nach nur darin bestehen wird, darüber zu wachen, daß die zum Gesellschaftsvermögen gehörenden Anlagen und Gegenstände von dem Vermögen des Uebernehmers getrennt bleiben und dem Liquidationszwecke nicht entfremdet werden.

Soweit es sich um die zur Sicherung der Gesellschaftsgläubiger bestimmten Maßregeln handelt, tritt an die Stelle der Vertheilung des Gesellschaftsvermögens die Ausantwortung desselben an den Uebernehmer; sie darf dem §. 294 Abs. 3 zufolge erst nach Ablauf des Sperrjahrs und nach erfolgter Befriedigung oder Sicherstellung der Gläubiger geschehen. Hierfür sind den Gläubigern die Liquidatoren und Mitglieder des Aufsichtsraths verantwortlich (§§. 236, 244), und auch die Aktionäre haften, soweit sie ihren Antheil aus der Gegenleistung des Uebernehmers erhalten haben (§. 215). Die Befriedigung der Gläubiger erfolgt zwar namens der Gesellschaft, aber für Rechnung des Uebernehmers, da unter den Parteien die Uebertragung des Vermögens im Ganzen bedungen ist. Dem Uebernehmer muß es deshalb überlassen bleiben, die zur Befriedigung der Gläubiger erforderlichen Beträge, soweit die bereiten Mittel der Gesellschaft nicht ausreichen, zu beschaffen.

Uebertragung des Vermögens an den Staat oder an einen Kommunalverband. (§. 295.)

Eine Ausnahme von dem Grundsatze, daß auch im Falle der Uebertragung des ganzen Gesellschaftsvermögens die Vorschriften über die Liquidation im Allgemeinen zur Anwendung kommen, findet, wie bemerkt, statt, wenn ein von einer Aktiengesellschaft betriebenes Unternehmen von dem Reiche, einem Bundesstaate oder einem inländischen Kommunalverbande übernommen wird. In diesem Falle bildet die Nöthigung zum Aufschube der Ausantwortung des Vermögens an den Uebernehmer eine nutzlose Erschwerung; denn die Haftung des Uebernehmers für die Verbindlichkeiten der Gesellschaft wird hier überall zur Sicherung der Gesellschaftsgläubiger ausreichen. Die öffentlichen Verbände haben nicht selten versucht, die Schwierigkeiten, welche sich aus den gesetzlichen Vorschriften ergeben, durch Vertragsbestimmungen zu beseitigen. Die rechtliche Gültigkeit solcher Bestimmungen konnte aber zu Zweifeln Anlaß geben. Der §. 295 des Entwurfs gestattet mit Rücksicht hierauf ausdrücklich, daß in dem Vertrage zwischen der Aktiengesellschaft und dem Uebernehmer die Liquidation ausgeschlossen wird. Den Wegfall derselben von einer besonderen Vereinbarung abhängig zu machen, empfiehlt sich aus dem Grunde, weil es unter Umständen doch im Interesse des Uebernehmers liegen kann, nicht ohne Weiteres als Rechtsnachfolger der Gesellschaft einzutreten, sondern zunächst eine Klärung der Vermögenslage durch das im §. 294 Abs. 3 vorgesehene Liquidationsverfahren stattfinden zu lassen.

Der Ausschluß der Liquidation muß ebenso wie die Vermögensübertragung selbst von der Genehmigung der Generalversammlung abhängig sein, und die Vorschriften des §. 294 Abs. 1 über das Erforderniß einer Mehrheit von drei Viertheilen des bei der Beschlußfassung vertretenen Grundkapitals gelten auch für diesen Theil des Beschlusses (§. 295 Abs. 2). Im Hinblick auf die Bedeutung, welche der Wegfall der Liquidation für die Gesellschaftsgläubiger hat, ist ferner die Eintragung des Beschlusses in das Handelsregister vorgeschrieben. Die Anmeldung, welche in der Regel mit derjenigen über die Auflösung der Gesellschaft zu verbinden sein wird, liegt dem Vorstand ob, der zugleich den mit dem Uebernehmer geschlossenen, der Formvorschrift des §. 311 des Bürgerlichen Gesetzbuchs unterliegenden Vertrag einzureichen hat. Erst durch die Eintragung in das Handelsregister erhält der Beschluß Wirksamkeit; bis dahin muß daher auch die Ausantwortung des Vermögens an den Uebernehmer unterbleiben. Da aber das Registergericht die Eintragung nur vorzunehmen hat, nachdem die Rechtsgültigkeit des geschlossenen Vertrags und des Beschlusses der Generalversammlung geprüft ist, so läßt sich der Eintragung eine unmittelbare Wirkung bezüglich des Vermögensüberganges beilegen. Nach der Vorschrift des §. 295 Abs. 5 gilt demgemäß mit der Eintragung in das Handelsregister der Uebergang des Vermögens der Gesellschaft einschließlich der Schulden als erfolgt und die Firma der Gesellschaft als erloschen; der Uebernehmer allein haftet nunmehr den Gesellschaftsgläubigern.

Vereinigung einer Aktiengesellschaft mit einer anderen Aktiengesellschaft oder mit einer Kommanditgesellschaft auf Aktien. (§§. 296, 297.)

Die §§. 296 und 297 regeln im Zusammenhange mit den vorhergehenden Bestimmungen den im Art. 215 Abs. 4 und im Art. 247 des Handelsgesetzbuchs vorgesehenen Fall der Vereinigung zweier Aktiengesellschaften, von denen die eine gegen Gewährung von Aktien der anderen in dieser aufgehen soll. Nach dem Handelsgesetzbuch unterbleibt in einem solchen Falle die Liquidation der durch die Vereinigung aufgelösten Gesellschaft, die andere Gesellschaft hat aber das übernommene Vermögen zur Sicherung der Gläubiger der aufgelösten Gesellschaft so lange getrennt zu verwalten, bis die Gläubiger öffentlich aufgefordert sind, sich bei der übernehmenden Gesellschaft zu melden, und bis ein Jahr seit dieser Aufforderung verstrichen ist. Auf dieser Grundlage beruhen auch die Vorschriften des Entwurfs; sie gestalten nur die Vorschriften des Handelsgesetzbuchs in einzelnen Beziehungen näher aus. Zugleich ist im Entwurfe die Vereinigung einer Aktiengesellschaft mit einer Kommanditgesellschaft auf Aktien der Vereinigung zweier Aktiengesellschaften gleichgestellt, da in beiden Fällen dieselben Gesichtspunkte in Betracht kommen.

Die allgemeinen Vorschriften des §. 294 Abs. 1, 2 über den zur Vermögensübertragung erforderlichen Beschluß der Generalversammlung sowie über dessen Voraussetzungen und Wirkungen gelten, wie sich aus dem Zusammenhange der §§. 294 bis 297 ergiebt, auch für eine Aktiengesellschaft, die durch Vereinigung mit einer anderen aufgelöst werden soll. Dies entspricht dem Art. 215 Abs. 4 des Handelsgesetzbuchs. Ob die Vereinigung der beiden Gesellschaften ohne Liquidation der aufgelösten Gesellschaft zu geschehen hat, überläßt der Entwurf zunächst der Bestimmung des Vertrags; ein genügender Grund, die Liquidation kraft Gesetzes auszuschließen, besteht hier ebensowenig wie in den Fällen des §. 295. Soll die Liquidation unterbleiben, so finden nach §. 297 Abs. 1 bezüglich der Genehmigung der fraglichen Bestimmung durch die Generalversammlung der aufzulösenden Gesellschaft sowie bezüglich der Anmeldung und Eintragung des Beschlusses in das Handelsregister und der Wirkungen dieser Eintragung die für den Fall der Uebertragung des Gesellschaftsvermögens an den Staat oder einen inländischen Kommunalverband im §. 295 getroffenen Vorschriften Anwendung. Da die Eintragung einen für beide Gesellschaften bindenden Vertrag voraussetzt (§. 295 Abs. 1, 3), so bedarf es keiner besonderen Vorschrift dahin, daß die Eintragung nur geschehen kann, wenn sowohl der Generalversammlungsbeschluß der aufgelösten Gesellschaft als der durch die Erhöhung des Grundkapitals der anderen Gesellschaft bedingte Genehmigungsbeschluß der Generalversammlung dieser Gesellschaft bei dem Registergericht angemeldet sind. Das Registergericht hat die Rechtsgültigkeit beider Beschlüsse zu prüfen und demnächst die Eintragung für beide Gesellschaften gleichzeitig vorzunehmen. Mit der Eintragung gilt die Vereinigung der Gesellschaften als vollzogen; die Firma der aufgelösten Gesellschaft erlischt und das Vermögen derselben geht durch Gesammtnachfolge auf die andere Gesellschaft über. Hierdurch finden die Zweifel und Meinungsverschiedenheiten ihre Erledigung, welche gegenwärtig in Betreff der Art, wie sich die Vereinigung vollzieht, bestehen.

Einer besonderen Regelung bedarf die Frage, in welcher Weise die mit der Vereinigung der beiden Gesellschaften verbundene Erhöhung des Grundkapitals der übernehmenden Gesellschaft zur Ausführung zu bringen ist. Das Handelsgesetzbuch enthält hierüber keine Vorschriften; solche sind jedoch wünschenswerth, da die allgemeinen Bestimmungen über die Erhöhung des Grundkapitals, insbesondere diejenigen, welche die Zeichnung und Einzahlung des erhöhten Kapitals und die dem Registergericht in dieser Beziehung einzureichenden Belege betreffen, bei der Uebernahme des Vermögens einer Gesellschaft gegen Gewährung von Aktien keine Anwendung finden können. Im §. 296 des Entwurfs ist demzufolge bestimmt, daß die betreffenden Vorschriften außer Anwendung bleiben, und daß zum Nachweise der Deckung des erhöhten Kapitals dem Registergerichte nur der von der Generalversammlung der aufgelösten Gesellschaft genehmigte Vertrag über die Vermögensübertragung einzureichen ist. Außer Anwendung soll auch die Vorschrift bleiben, wonach eine Erhöhung des Grundkapitals nicht vor der vollständigen Einzahlung des bisherigen Kapitals gestattet ist (§. 270 Abs. 1); denn für diese Beschränkung fehlt es hier, wo nur der Umtausch von Aktien der einen Gesellschaft gegen solche der anderen in Frage steht, an einem genügenden Grunde. Was den Umtausch selbst betrifft, so wird ein solcher ebenso, wie bei einer Zusammenlegung von Aktien im Falle der Herabsetzung des Grundkapitals, unter Umständen undurchführbar sein, wenn die übernehmende Gesellschaft nicht die Befugniß erhält, einzelne Aktien der aufgelösten Gesellschaft, die nicht eingereicht oder zur Verfügung gestellt werden, für kraftlos zu erklären und die an ihre Stelle tretenden neuen Aktien für Rechnung der Betheiligten zu verwerthen. Nach §. 296 Abs. 3 sollen deshalb die in dieser Beziehung für den Fall der Herabsetzung des Grundkapitals gegebenen Vorschriften Anwendung finden.

Die Vorschriften des §. 297 Abs. 2 bis 6 betreffen die Verpflichtung der übernehmenden Gesellschaft, das von ihr erworbene Vermögen der anderen

Gesellschaft einstweilen getrennt zu verwalten. Im Allgemeinen stimmen diese Vorschriften mit denjenigen des Art. 247 des Handelsgesetzbuchs überein; sie ergänzen jedoch das geltende Recht in einem wesentlichen Punkte. Das Handelsgesetzbuch enthält keinerlei Vorschrift dahin, daß den Gläubigern der aufgelösten Gesellschaft ein Recht auf vorzugsweise Befriedigung aus dem getrennt verwalteten Vermögen zusteht, und es läßt sich bezweifeln, ob den Bestimmungen der Konkursordnung gegenüber ein derartiges Recht angenommen werden kann. Wäre die Frage zu verneinen, so hätte die getrennte Vermögensverwaltung für die Gläubiger der aufgelösten Gesellschaft keinerlei praktische Bedeutung. Die Vorschrift des §. 297 Abs. 4 beseitigt diesen Zweifel. Danach soll bis zur Vereinigung der beiden Vermögen im Verhältniß der Gläubiger der aufgelösten Gesellschaft zu der übernehmenden Gesellschaft und zu deren sonstigen Gläubigern das übernommene Vermögen noch immer als Vermögen der aufgelösten Gesellschaft gelten. Eine Regelung in diesem Sinne verdient den Vorzug vor der Einräumung eines Konkursvorrechts, denn ein solches, auf einen Theil des Vermögens der übernehmenden Gesellschaft beschränktes Vorrecht würde mit den Grundsätzen der Konkursordnung nicht im Einklang stehen und den Gläubigern überdies keinen Schutz gegen Zwangsvollstreckungen außerhalb des Konkursverfahrens bieten. Die im Entwurfe vorgesehene Regelung ermöglicht gegebenenfalls auch die Eröffnung eines besonderen Konkurses über das Vermögen der aufgelösten Gesellschaft nach Maßgabe des §. 193 Abs. 2 der Konkursordnung. Was die Frage betrifft, ob das Recht der Gläubiger der aufgelösten Gesellschaft gegenüber allen sonstigen Gläubigern der übernehmenden Gesellschaft oder nur gegenüber denjenigen anerkannt werden soll, deren Forderungen bereits vor der Vereinigung beider Gesellschaften begründet waren, so entscheidet der Entwurf diese Frage in dem ersteren Sinne; denn auch die Forderungen, welche erst nach dem gedachten Zeitpunkte entstanden sind, würden für die Gläubiger der aufgelösten Gesellschaft außer Betracht geblieben sein, wenn die Liquidation stattgefunden hätte.

Fortsetzung einer aufgelösten Gesellschaft. (§. 298.)

Der §. 298 Abs. 1 betrifft den Fall, daß eine Aktiengesellschaft durch Beschluß der Generalversammlung zum Zwecke der Veräußerung ihres Vermögens im Ganzen oder zum Zwecke der Umwandlung in eine andere Gesellschaft aufgelöst worden ist, der beabsichtigte Zweck aber demnächst nicht erreicht wird. Ohne eine ausdrückliche Vorschrift des Gesetzes wäre in einem solchen Falle die Möglichkeit nicht gegeben, den einmal gefaßten Auflösungsbeschluß und die mit ihm verbundenen Rechtswirkungen durch einen neuen Mehrheitsbeschluß der Generalversammlung wieder zu beseitigen. Da indessen unter solchen Umständen in der Regel anzunehmen sein wird, daß die Absicht nicht auf eine Liquidation der Gesellschaft ging, so erscheint es gerechtfertigt, wenn der Entwurf der Generalversammlung die Befugniß gewährt, die Fortsetzung der Gesellschaft zu beschließen. Durch die Bestimmung wird zugleich eine Lücke ausgefüllt, welche sich bezüglich der Umwandlung einer Aktiengesellschaft in eine Gesellschaft mit beschränkter Haftung in den Vorschriften der §§. 78, 79 des Gesetzes, betreffend die Gesellschaften mit beschränkter Haftung, findet.

Auf ähnlichen Gesichtspunkten beruht die Vorschrift des §. 298 Abs. 2, wonach in dem Falle, daß der Gesellschaftskonkurs in Folge eines Zwangsvergleichs aufgehoben oder auf Grund des §. 188 der Konkursordnung eingestellt ist, die Generalversammlung die Fortsetzung der Gesellschaft beschließen kann. Für die offene Handelsgesellschaft ist, wie bereits zu §. 142 bemerkt, schon gegenwärtig durch die Rechtsprechung anerkannt, daß auch eine durch die Konkurseröffnung aufgelöste Gesellschaft im Falle des Abschlusses eines Zwangsvergleichs mit Zustimmung sämmtlicher Gesellschafter fortgesetzt werden kann, ohne daß es der Errichtung einer neuen Gesellschaft bedarf. Für die Aktiengesellschaft würde dies in Ermangelung einer besonderen gesetzlichen Vorschrift kaum angenommen werden können. Gründe der Zweckmäßigkeit sprechen aber dafür, auch hier eine Fortsetzung der Gesellschaft zu ermöglichen und in diesem Sinne die durch den Konkurs eingetretene Auflösung rückgängig zu machen. Durch eine solche Wiederherstellung der Gesellschaft wird unter Umständen dem Interesse aller Betheiligten am meisten gedient sein, während ohne sie die Aufhebung oder Einstellung des Konkurses nur die Wirkung haben würde, daß nunmehr die Liquidation stattzufinden hätte. Der Natur der Sache nach kann aber die Aufhebung oder Einstellung des Konkurses bei der Aktiengesellschaft ebensowenig wie bei der offenen Handelsgesellschaft von Rechtswegen die Wiederherstellung der Gesellschaft zur Folge haben; es bedarf vielmehr einer Entschließung der Gesellschaft, und diese ist bei der Aktiengesellschaft von der Generalversammlung zu treffen. Daß auch im Falle der Fortsetzung der Gesellschaft die Folgen des Konkurses nicht schlechthin beseitigt werden, die Rechtshandlungen des Konkursverwalters vielmehr von der fortgesetzten Gesellschaft als bindend anerkannt werden müssen, versteht sich von selbst.

Da die Auflösung der Gesellschaft durch Beschluß der Generalversammlung und ebenso die Eröffnung und die Aufhebung oder Einstellung des Konkurses in das Handelsregister einzutragen ist, so muß die von der Generalversammlung beschlossene Fortsetzung der Gesellschaft gleichfalls eingetragen werden. Im Abs. 3 des §. 298 ist dem Vorstande die Verpflichtung auferlegt, diese Anmeldung zu bewirken.

Anfechtung der Vermögensübertragung. (§. 299.)

Wenn das Vermögen einer Aktiengesellschaft ohne vorgängige Liquidation auf eine andere Gesellschaft oder juristische Person übergegangen und die Firma der Gesellschaft erloschen ist, so muß nichtsdestoweniger für die bisherigen Mitglieder der erloschenen Gesellschaft noch die Möglichkeit bestehen, die etwaige Ungültigkeit der in Bezug auf die Vermögensübertragung gefaßten Beschlüsse der Generalversammlung im Wege der Anfechtungsklage geltend zu machen. Dies betrifft nicht nur die Fälle der §§. 295 und 297 des Entwurfs, sondern auch den Fall der Umwandlung der Aktiengesellschaft in eine Gesellschaft mit beschränkter Haftung nach Maßgabe der §§. 78, 79 des Gesetzes vom 20. April 1892. Gegen die erloschene Gesellschaft kann die Anfechtungsklage selbstverständlich nicht mehr gerichtet werden; in Ermangelung einer besonderen Vorschrift wäre es aber auch nicht zweifellos, ob der Rechtsnachfolge in das Vermögen dieser Gesellschaft ohne Weiteres die Wirkung beigelegt werden könnte, daß die übernehmende Gesellschaft oder juristische Person die Rolle des Beklagten in einem solchen Rechtsstreite zu übernehmen hätte. Im §. 299 ist deshalb eine ausdrückliche Vorschrift hierüber getroffen.

Nichtigkeit der Aktiengesellschaft. (§§. 300 bis 302.)

Ueber die Voraussetzungen, unter welchen eine Aktiengesellschaft trotz der Eintragung in das Handelsregister als nichtig anzusehen ist, sowie über die Folgen und die Geltendmachung der Nichtigkeit fehlt es zur Zeit an gesetzlichen Vorschriften. Daß eine Aktiengesellschaft trotz der Eintragung in das Handelsregister nicht besteht, wenn im Gesellschaftsvertrag eine der vom Gesetze für wesentlich erklärten Bestimmungen fehlt oder wenn eine solche Bestimmung ungültig ist, gilt schon jetzt als zweifellos. Andererseits wird in der Wissenschaft und Rechtsprechung überwiegend angenommen, daß sonstige Mängel des Gründungsherganges im Allgemeinen nicht genügen, um die Gültigkeit der in das Handelsregister eingetragenen Gesellschaft nachträglich in Frage zu stellen, wenngleich sie unter Umständen die Folge haben können, daß eine größere oder geringere Zahl von Uebernehmern oder Zeichnern von Aktien befugt ist, ihre Betheiligung als unverbindlich anzufechten. Auf diesen Standpunkt, welcher dem praktischen Bedürfniß und dem Interesse aller Betheiligten am meisten entspricht, stellt sich auch der Entwurf: die Vorschriften desselben über die Nichtigkeit der Aktiengesellschaft beziehen sich nur auf den Fall, daß Mängel in Betreff der wesentlichen Bestimmungen des Gesellschaftsvertrags vorliegen.

Das geltende Recht gewährt kein Mittel, um in einem solchen Falle die Nichtigkeit der Gesellschaft in einer für alle Betheiligten bindenden Weise festzustellen und die in das Handelsregister eingetragene Gesellschaft wieder aus dem Register zu entfernen. Der Entwurf füllt diese Lücke durch die Vorschriften des §. 300 aus, wonach sowohl jedem Gesellschafter als auch jedem Mitgliede des Vorstandes und des Aufsichtsraths das Recht zustehen soll, im Wege der Klage zu beantragen, daß die Gesellschaft für nichtig erklärt werde. Der Staatsbehörde ist eine Befugniß zur Erhebung der Nichtigkeitsklage nicht übertragen. Die Erwägungen, auf Grund deren der Entwurf nach dem zu den §§. 263 bis 265 Bemerkten von der Zulassung eines solchen Klagerechts gegenüber den Beschlüssen der Generalversammlung abgesehen hat, treffen hier gleichfalls zu. Die Frage, inwieweit wegen wesentlicher, in keiner Weise zu beseitigender Mängel des Statuts auch ohne ein die Nichtigkeit aussprechendes Urtheil die Löschung der Gesellschaft durch den Registerrichter stattfinden kann, wird in dem die Thätigkeit der Registergerichte betreffenden Theile des Gesetzes über die freiwillige Gerichtsbarkeit zu regeln sein.

Auf der anderen Seite eröffnet der Entwurf einen Weg, um, soweit möglich, Mängel des Gesellschaftsvertrags, welche die Nichtigkeit der Gesellschaft zur Folge haben, nachträglich zu heilen (§. 301). Da im Falle der Nichtigkeit der Gesellschaft an sich auch eine Aenderung oder Ergänzung des Gesellschaftsvertrags durch Mehrheitsbeschluß der Generalversammlung ausgeschlossen sein würde, so bedarf es einer ausdrücklichen Vorschrift des Gesetzes, wenn dies dennoch ermöglicht werden soll. Bei einzelnen der in Betracht kommenden Mängel kann dies auch unbedenklich geschehen. Fehlt im Gesellschaftsvertrage nur eine Bestimmung über die Firma oder den Sitz der Gesellschaft, über den Gegenstand des Unternehmens, die Bestellung oder Zusammensetzung des Vorstandes, die Form der Bekanntmachungen der Gesellschaft oder die Form der Berufung der Generalversammlung oder ist eine solche Bestimmung ungültig, so bildet es keine unzulässige Beeinträchtigung der Rechte der einzelnen Betheiligten, wenn ein solcher Mangel durch einen den gesetzlichen Vorschriften über eine Aenderung des Gesellschaftsvertrags entsprechenden Mehrheitsbeschluß verbessert wird. Betrifft der Mangel die Bestimmungen über die Berufung der Generalversammlung, so bedarf es noch einer besonderen Vorschrift, um überhaupt das Zustandekommen einer Versammlung, die zu einem Mehrheitsbeschlusse genügend legitimirt erscheint, zu ermöglichen. Für diesen Fall bestimmt der §. 300, daß die Berufung in den für die Bekanntmachungen des Registergerichts bestimmten öffentlichen Blättern zu erfolgen hat. Als wirklich unheilbare Mängel bleiben demnach nur solche, welche die Bestimmungen über die Höhe des Grundkapitals und den Betrag der einzelnen Aktien betreffen. Hier kann auch die Zustimmung sämmtlicher Gesellschafter zu einer entsprechenden Aenderung oder Ergänzung des Gesellschaftsvertrags nicht helfen, denn die im öffentlichen Interesse getroffenen Vorschriften über die Gründung der Gesellschaft dürfen auf diesem Wege nicht umgangen werden.

Das Urtheil, durch welches die Gesellschaft für nichtig erklärt wird, hat nur deklaratorische Bedeutung; der Standpunkt des Entwurfs ist nicht etwa der, daß die Gesellschaft bis dahin als Aktiengesellschaft zu Recht bestände. Diese Auffassung wird schon durch die Natur der Mängel, welche die Nichtigkeit begründen, ausgeschlossen. Hieraus folgt insbesondere, daß die Mitglieder sich jederzeit auf die Nichtigkeit berufen, also auch die Leistung von Einlagen zum Betriebe des Unternehmens verweigern und die Beschlüsse der Generalversammlung, soweit nicht im §. 301 eine Ausnahme vorgesehen ist, als unverbindlich behandeln können, ohne dabei an die Vorschriften der §§. 263, 264 über die Anfechtung von Generalversammlungsbeschlüssen gebunden zu sein.

Das schließt aber nicht aus, daß der G e s e l l s c h a f t i n s o w e i t, a l s e s s i c h u m d i e A b w i c k e l u n g i h r e r V e r h ä l t n i s s e h a n d e l t, d e n n o c h e i n e g e w i s s e R e c h t s b e s t ä n d i g k e i t beigelegt wird. Auf Grund der Eintragung in das Handelsregister ist sie thatsächlich ins Leben getreten; möglicher Weise hat der Betrieb des Unternehmens längere Zeit gedauert, sind Rechtsgeschäfte geschlossen, Ansprüche erworben und Verbindlichkeiten eingegangen worden. Alles dieses kann nicht einfach als nicht geschehen behandelt werden. Das vorhandene Vermögen läßt sich auch nicht derart auflösen, daß jeder einzelne Gegenstand wieder seinem früheren Eigenthümer zufiele; hieraus würde sich nur Verwirrung und eine Schädigung aller Betheiligten ergeben. Sollten ferner wegen der eingegangenen Verbindlichkeiten lediglich diejenigen haften, die namens der Gesellschaft gehandelt haben, so wäre dies nicht nur eine unbillige Härte, sondern auch für die Gläubiger unzureichend. Hiernach rechtfertigt es sich, wenn der Entwurf zum Zwecke der Abwickelung der Verhältnisse der als Aktiengesellschaft für nichtig erklärten Vereinigung dennoch die im Falle der Auflösung der Aktiengesellschaft geltenden Vorschriften entsprechende Anwendung finden läßt, auch die Rechtsverbindlichkeit der im Namen der Gesellschaft mit Dritten vorgenommenen Geschäfte trotz der Nichtigkeitserklärung ausdrücklich anerkennt. Die Gesellschaft, welcher insoweit, als es sich um die Bethätigung des Gesellschaftszwecks handelt, die Eigenschaft einer Aktiengesellschaft versagt werden muß, wird nunmehr als Liquidationsgesellschaft anerkannt und ist als solche auch nach den Grundsätzen des Aktienrechts zu beurtheilen. Sie hat demgemäß nicht nur die für den Liquidationszweck nöthige Rechts- und Handlungsfähigkeit, sodaß selbst die Eröffnung des Konkurses gegebenen Falls nicht ausgeschlossen ist, sondern auch in Betreff der inneren Verhältnisse finden die hinsichtlich einer aufgelösten Aktiengesellschaft geltenden Vorschriften Anwendung, soweit die Mängel des Statuts es gestatten. Demzufolge erscheint es namentlich gerechtfertigt, die Gesellschafter zur Leistung der versprochenen Einlagen heranzuziehen, falls es zur Erfüllung der für die Gesellschaft eingegangenen Verbindlichkeiten erforderlich ist; denn die Befriedigung der Gläubiger gehört zu den Zwecken, für welche die Gesellschaft und die Mitgliedschaft in ihr nunmehr als rechtswirksam behandelt werden sollen. Vorausgesetzt ist dabei allerdings, daß die Verpflichtung zur Leistung der Einlagen in einer Weise übernommen ist, die nach den allgemeinen Grundsätzen des Aktienrechts zur Entstehung der Verbindlichkeit genügen würde; denn die Mitglieder einer für nichtig erklärten Aktiengesellschaft dürfen selbstverständlich nicht in weiterem Umfange herangezogen werden als die Aktionäre einer gültig errichteten und demnächst aufgelösten Gesellschaft.

Sechster Titel.

Strafvorschriften.

Im Handelsgesetzbuche bilden die Strafvorschriften (Art. 249 bis 249g) einen besonderen Titel, der sowohl die Aktiengesellschaft als die Kommanditgesellschaft auf Aktien berücksichtigt; im Entwurfe beziehen sich die Strafvorschriften zunächst nur auf die Aktiengesellschaft, während die Anwendung derselben auf die Aktienkommanditgesellschaft durch eine allgemeine Bezugnahme in dem nächsten Abschnitte gesichert wird. Die Fassung der einzelnen Strafvorschriften wird auf diese Weise nicht unwesentlich vereinfacht. Sachliche Aenderungen sind nur in geringem Umfange vorgenommen; sie stellen sich zum Theil als nothwendige Folgen anderweitiger Vorschriften des Entwurfs dar.

Insbesondere müssen jetzt im §. 304 (Art. 249a) unter Nr. 1 und 3 auch falsche Angaben über den Betrag, zu welchem die Aktien ausgegeben werden, sowie unter Nr. 3 *falsche Angaben* bezüglich der in dem neuen §. 271 für den *Fall einer Erhöhung des Grundkapitals* vorgesehenen Festsetzungen unter Strafe gestellt werden. Die Strafvorschrift des §. 305 Nr. 2 ist gemäß der neuen Bestimmung im §. 177 Abs. 3 auf die Ausgabe nicht vollbezahlter Inhaberaktien beschränkt; daneben wird aber auch die Ausgabe nicht vollbezahlter Namensaktien, in welchen der Betrag der geleisteten Einzahlungen nicht ersichtlich gemacht ist, unter Strafe gestellt. Die Vorschrift des §. 305 Nr. 3

(Art. 249b Nr. 3), welche sich bisher nur auf die Ausgabe von Aktien oder Interimsscheinen vor der Eintragung einer Kapitalserhöhung in das Handelsregister bezog, erstreckt sich jetzt auch auf den Fall einer Ausgabe der Urkunden vor der ersten Eintragung der Gesellschaft in das Handelsregister, da ein Grund zu verschiedener Behandlung beider Fälle nach dem Entwurfe nicht mehr vorliegt. In demselben §. 305 ist zur Ergänzung der Vorschrift unter Nr. 4, welche nur die Ausgabe von Kleinaktien ohne die für diese besonders vorgeschriebenen Vermerke mit Strafe bedroht, eine neue Nr. 5 aufgenommen, wonach die unberechtigte Ausgabe solcher Aktien schlechthin strafbar sein soll.

Die Nummern 1 und 2 des bisherigen Art. 249d, welche die öffentliche Vorspiegelung falscher oder Entstellung wahrer Thatsachen behufs der Verleitung zur Betheiligung an einem Aktienunternehmen sowie die betrügerische Beeinflussung des Kurses von Aktien betrafen, sind durch die umfassenderen Vorschriften im §. 75 des Börsengesetzes ersetzt. Durch den Wegfall dieser Bestimmungen wird auch der mit ihnen zusammenhängende Abs. 4 des Art. 249d gegenstandslos. Es bleibt daher von den Bestimmungen dieses Artikels nur die in den §. 307 des Entwurfs aufgenommene Strafvorschrift übrig, welche sich gegen die fälschliche Anfertigung, Verfälschung oder fälschliche Benutzung von Bescheinigungen über die Hinterlegung solcher Aktien oder Interimsscheine richtet, die zum Nachweise des Stimmrechts in einer Generalversammlung dienen sollen.

Die Strafvorschrift des bisherigen Art. 249f, welche gegen die mißbräuchliche Benutzung oder unentgeltliche Leihe oder Verleihung von Aktien zur Ausübung des Stimmrechts in der Generalversammlung gerichtet ist, wird im §. 309 des Entwurfs auf die Fälle ausgedehnt, daß die betreffenden Aktien zur Ausübung eines der Rechte benutzt werden, welche das Gesetz einer Minderheit von Aktionären einräumt. Auch in diesen Fällen treffen die Gründe zu, welche einen strafrechtlichen Schutz gegen die Fälschung von Entschließungen der Gesellschaft und der bei denselben mitwirkenden Aktionäre nothwendig machen. Ingleichen erscheint die Ausdehnung der Strafvorschrift auf den Fall angezeigt, daß unter mißbräuchlicher Benutzung fremder Aktien ein Beschluß der Generalversammlung angefochten oder eine Nichtigkeitsklage gemäß §. 300 erhoben wird.

Der §. 310 des Entwurfs bezieht sich ebenso wie der bisherige Art. 249g auf die Verhängung von Ordnungsstrafen durch das Registergericht. Ein Theil der in dem letzteren Artikel angeführten Vorschriften braucht mit Rücksicht auf die allgemeine Bestimmung des §. 14 des Entwurfs hier nicht mehr besonders erwähnt zu werden. Dies gilt bezüglich aller Vorschriften, welche die Anmeldungen, die Zeichnungen von Unterschriften und die Einreichungen von Schriftstücken bei dem Registergerichte betreffen. Es bleiben demnach nur die sonst noch im Art. 249g bezeichneten Vorschriften übrig, durch welche dem Vorstand oder den Liquidatoren gewisse Pflichten auferlegt sind, deren Erfüllung das Registergericht gegebenen Falls durch Ordnungsstrafen zu erzwingen hat. Diese Vorschriften sind im Abs. 1 des §. 310 aufgeführt. Dagegen bezeichnet der Abs. 2 diejenigen Fälle, in welchen Anmeldungen zum

Handelsregister vorgesehen sind, ohne daß eine Erzwingung durch Androhung und Verhängung von Ordnungsstrafen stattfinden soll. Es sind dies die Fälle, in welchen, wie bei der Errichtung der Gesellschaft und bei einer Aenderung des Gesellschaftsvertrags, der Rechtserfolg unbedingt von der Eintragung abhängig ist, ein Zwang zur Anmeldung also ausgeschlossen bleiben muß.

Vierter Abschnitt.

Kommanditgesellschaft auf Aktien.

Beibehaltung der Gesellschaftsform.

Bei den Berathungen über die Aktiennovellen vom 11. Juni 1870 und vom 18. Juli 1884 ist die Frage aufgeworfen worden, ob bei der geringen Bedeutung, welche der Kommanditgesellschaft auf Aktien nach der Beseitigung des Erfordernisses der staatlichen Genehmigung für die Errichtung von Aktiengesellschaften noch zukomme, es überhaupt angezeigt sei, die fragliche Gesellschaftsform im Handelsgesetzbuche beizubehalten und eingehende Vorschriften über sie zu treffen. Die Verhältnisse liegen gegenwärtig noch ungefähr ebenso wie zu der Zeit, als die Novelle vom 18. Juli 1884 erlassen wurde. Eine irgendwie erhebliche Vermehrung der Zahl der Kommanditgesellschaften hat nicht stattgefunden; den verhältnißmäßig wenigen Neugründungen scheint vielmehr eine ungefähr gleiche Zahl von Auflösungen oder Umwandlungen in Aktiengesellschaften gegenüber zu stehen. Eine vollständige Beseitigung der die Kommanditgesellschaften auf Aktien betreffenden Vorschriften des Handelsgesetzbuchs kann aber auch jetzt nicht in Frage kommen. Es besteht noch immer eine nicht geringe Zahl solcher Gesellschaften, für welche die fortdauernde Geltung besonderer Vorschriften nothwendig ist, und auch abgesehen hiervon erscheint es wünschenswerth, eine Gesellschaftsform beizubehalten, die auf dem an sich berechtigten Gedanken der Vereinigung eines Aktienkapitals mit der persönlichen Haftung einzelner, der Gesammtheit der Aktionäre gleichberechtigt und unabhängig gegenüberstehender Mitinhaber des Unternehmens beruht.

Verhältniß zur Aktiengesellschaft. (§. 311.)

Dagegen ist allerdings eine wesentliche Vereinfachung der umfangreichen Vorschriften des Handelsgesetzbuchs über die Kommanditgesellschaft auf Aktien wünschenswerth. Sie läßt sich am besten durch einen möglichst engen Anschluß an die für die Aktiengesellschaften geltenden Bestimmungen erreichen. Nach dem Handelsgesetzbuch besteht in Betreff der beiden Gesellschaftsarten neben vielen übereinstimmenden Vorschriften doch eine große Zahl von Verschiedenheiten, die nicht unbedingt nothwendig sind, zum Theil sogar eines ersichtlichen Grundes entbehren. Hierhin gehört es zum Beispiel, daß bei der Kommanditgesellschaft auf Aktien eine bestimmte Mindestzahl von Gründern nicht erforderlich ist, daß die Errichtung der Gesellschaft nur im Wege der Successivgründung stattfindet, daß Revisoren zur Prüfung des Gründungshergangs nicht bestellt werden, daß die konstituirende Generalversammlung nicht durch das Gericht berufen und geleitet wird, daß es im Allgemeinen der gerichtlichen oder notariellen Beurkundung der Generalversammlungsbeschlüsse und der Einreichung der Beschlüsse zum Handelsregister nicht bedarf, auch besondere Vorschriften über die Vorbereitung der ordentlichen Generalversammlung nicht bestehen, daß die meisten der bei der Aktiengesellschaft anerkannten Minderheitsrechte, einschließlich des Rechtes auf Bestellung von Revisoren, fehlen, daß ein öffentliches Aufgebot der Gesellschaftsgläubiger im Falle der Liquidation oder der Herabsetzung des Aktienkapitals nicht erlassen zu werden braucht u. A. m. Im Allgemeinen besteht die Bedeutung dieser Verschiedenheiten in einer Befreiung der Kommanditgesellschaft auf Aktien von Schutzmaßregeln, die bei der Aktiengesellschaft zur Sicherung der Gläubiger oder der Aktionäre vorgesehen sind. Es erscheint indessen vollkommen gerechtfertigt, beide Gesellschaften in allen diesen Beziehungen den gleichen Regeln zu unterstellen; denn das Vorhandensein eines persönlich haftenden Gesellschafters oder einer Mehrzahl von solchen kann für sich allein keinen ausreichenden Ersatz für die bei der Aktiengesellschaft als nothwendig erachteten Sicherungsvorschriften bieten.

Auf der anderen Seite können dann auch die erschwerenden Bestimmungen wegfallen, welche sich auf den Mindestbetrag der Kapitalbetheiligung der persönlich haftenden Gesellschafter und die Unzulässigkeit von Verfügungen über die betreffenden Kapitalantheile beziehen. Nach Art. 174a, 180h und 181 des Handelsgesetzbuchs haben sich die persönlich haftenden Gesellschafter bei der Errichtung der Gesellschaft und ebenso bei einer innerhalb der ersten zwei Jahre eintretenden Erhöhung des Aktienkapitals ihrerseits mit Einlagen zu betheiligen, welche zusammen mindestens dem zehnten Theile des Aktienkapitals und, wenn dieses drei Millionen Mark übersteigt, für den übersteigenden Betrag mindestens dem fünfzigsten Theile gleichkommen müssen. Die Antheile für diese Einlagen dürfen die persönlich haftenden Gesellschafter, auch wenn die Antheile in Aktien bestehen, nicht an Dritte veräußern; die betreffenden Aktien sind vielmehr dem Aufsichtsrathe zur Verwahrung zu übergeben und von diesem mit einem Sperrvermerke zu versehen. Hierdurch soll verhindert werden, daß vermögenslose Personen, die nicht das Gewicht eines erheblichen eigenen Interesses in die Wagschale zu werfen haben, sondern, wie die Mitglieder des Vorstandes einer Aktiengesellschaft, von dem Aufsichtsrath und der Generalversammlung abhängig sind, in die Stellung von persönlich haftenden Gesellschaftern eingeschoben werden. Wenn aber künftig die Kommanditgesellschaft auf Aktien in allen Beziehungen den erschwerenden Vorschriften unterliegt, welche für die Aktiengesellschaft gelten, so kann eine Umgehung der letzteren Vorschriften durch die Errichtuug einer Kommanditgesellschaft auf Aktien und durch Vorschiebung von Strohmännern als persönlich haftende Gesellschafter nicht mehr in Frage kommen. Bei der bezeichneten Regelung bildet vielmehr die persönliche Haftung eines Theiles der Gesellschafter unter allen Umständen eine Verstärkung der Garantien, welche die Aktiengesellschaft bietet, und es erscheint daher nicht gerechtfertigt, einer solchen Verstärkung dadurch ein Hinderniß zu bereiten, daß den haftpflichtigen Gesellschaftern noch eine weitere Belastung auferlegt wird.

In den Entwurf sind daher die betreffenden Sonderbestimmungen nicht aufgenommen.

Nach alledem können die Verhältnisse der Kommanditgesellschaft auf Aktien zum größten Theil durch eine allgemeine Bezugnahme auf die Vorschriften über die Aktiengesellschaft geordnet werden. Während das Handelsgesetzbuch die Kommanditgesellschaft auf Aktien als eine Unterart der Kommanditgesellschaft behandelt und demzufolge im Zweifel die Vorschriften über diese Gesellschaft Anwendung finden läßt, erklärt der Entwurf nur in bestimmten Beziehungen, nämlich für das Verhältniß der persönlich haftenden Gesellschafter untereinander und zu den ihnen als organisirte Gesammtheit gegenüber stehenden Kommanditisten sowie für das Verhältniß der persönlich haftenden Gesellschafter gegenüber Dritten, insbesondere in Bezug auf die Befugniß zur Vertretung der Gesellschaft, die in Betreff der Kommanditgesellschaft geltenden Vorschriften für maßgebend (§. 311 Abs. 2). Abgesehen hiervon sollen dagegen im Allgemeinen die Vorschriften über die Aktiengesellschaft Anwendung finden. Soweit im Einzelnen Abweichungen von diesen Vorschriften durch die Betheiligung der persönlich haftenden Gesellschafter bedingt werden, ist in den §§. 312 ff. das Nöthige vorgesehen.

Gründung. (§§. 312 bis 315.)

Die §§. 312 bis 315 betreffen die Errichtung der Gesellschaft. Der Gründungshergang ist der gleiche wie bei der Aktiengesellschaft; auch der Rechtsbegriff der Gründer, welcher nach dem Handelsgesetzbuch bei der Kommanditgesellschaft auf Aktien keine Geltung hat, wird in derselben Weise wie bei der Aktiengesellschaft verwendet. Zu den Gründern, welche den Gesellschaftsvertrag feststellen, müssen hier aber unter allen Umständen die sämmtlichen persönlich haftenden Gesellschafter gehören; nur neben ihnen können auch Kommanditisten bei der Feststellung des Statuts mitwirken (§. 312).

Die Höhe und Art der Einlage jedes persönlich haftenden Gesellschafters gehört nach dem Entwurfe nicht mehr, wie nach Art. 175 Nr. 1 des Handelsgesetzbuchs, zu den wesentlichen Bestimmungen des Gesellschaftsvertrags, da die Vorschriften über den gesetzlichen Mindestbetrag dieser Einlagen weggefallen sind. Soweit die persönlich haftenden Gesellschafter Aktien übernehmen, was im Gegensatze zu der für die Gründer der Aktiengesellschaft geltenden Vorschrift des §. 180 Abs. 1 nicht unbedingt nothwendig ist, findet die Uebernahme in der Verhandlung über die Feststellung des Statuts oder in der Nachtragsverhandlung zu derselben (§. 186 Abs. 2) ihre Beurkundung; eine Feststellung im Statute selbst ist nicht nöthig, auch unpraktisch, da sich der Aktienbesitz der persönlich haftenden Gesellschafter jederzeit ändern kann. Nur soweit es sich um Einlagen der letzteren handelt, die nicht auf das Grundkapital gemacht werden, gehört die betreffende Festsetzung ebenso wie bei der einfachen Kommanditgesellschaft in den Gesellschaftsvertrag (§. 313 Abs. 2).

Im Falle der Successivgründung wird die konstituirende Generalversammlung nunmehr auch bei der Kommanditgesellschaft auf Aktien durch das Gericht berufen und geleitet. Zur Beseitigung von Zweifeln ist im §. 314 Abs. 3 ausdrücklich bestimmt, daß an dieser Versammlung die persönlich haftenden Gesellschafter ebenfalls theilnehmen, wenngleich sie kein Stimmrecht haben und der Konstituirung, sofern die Versammlung nicht zugleich Aenderungen des Gesellschaftsvertrags beschließt, nicht mehr widersprechen können. Auch soll bei Anwendung der Vorschrift, daß die für den Konstituirungsbeschluß erforderliche Mehrheit ein Viertheil des Grundkapitals erreichen muß, das letztere nur insoweit berücksichtigt werden, als es nicht von den persönlich haftenden Gesellschaftern übernommen ist. Diese Einschränkung ist nothwendig, weil bei einer anderen Berechnungsweise ein gültiger Beschluß in vielen Fällen von vornherein unmöglich wäre. Die auf die Beschlußfassung im Falle der Nachgründung bezügliche Vorschrift des §. 315 beruht auf derselben Erwägung.

Die persönlich haftenden Gesellschafter an Stelle des Vorstandes. (§§. 316, 317.)

Nach §. 316 sollen gewisse Rechte und Pflichten des Vorstandes der Aktiengesellschaft auch für die persönlich haftenden Gesellschafter der Kommanditgesellschaft auf Aktien gelten. Was die Anmeldungen zum Handelsregister betrifft, so liegt die erste Anmeldung der Gesellschaft den persönlich haftenden Gesellschaftern schon in ihrer Stellung als Gründern ob; wenn sonach in der Nr. 1 des §. 316 die Vorschriften über die dem Vorstand obliegenden Anmeldungen für anwendbar erklärt werden, so ist dies hauptsächlich für die Anmeldung von Aenderungen des Gesellschaftsvertrags, einschließlich des Falles des Eintritts eines persönlich haftenden Gesellschafters, von Bedeutung. Die Anmeldung des Ausscheidens eines persönlich haftenden Gesellschafters ist im §. 321 Abs. 5 besonders vorgesehen, weil sich das Ausscheiden nicht unter allen Umständen in der Form einer Aenderung des Gesellschaftsvertrags vollzieht.

Nach der Vorschrift unter Nr. 8 des §. 316 sollen die persönlich haftenden Gesellschafter zur Stellung des Antrags auf Eröffnung des Gesellschaftskonkurses in denselben Fällen verpflichtet sein, in welchen dem Vorstande der Aktiengesellschaft nach §. 235 Abs. 2 diese Verpflichtung obliegt, also nicht nur im Falle der Zahlungsunfähigkeit, sondern auch im Falle der Ueberschuldung der Gesellschaft. Dies setzt voraus, daß durch eine entsprechende Aenderung des §. 198 der Konkursordnung die Kommanditgesellschaft auf Aktien in Bezug auf die Gründe der Konkurseröffnung der Aktiengesellschaft gleichgestellt wird. Letzteres erscheint in der That angezeigt; denn auch bei der Kommanditgesellschaft auf Aktien beruht das Unternehmen in der Regel vorwiegend auf dem Aktienkapital, und für die Sicherheit der Gläubiger wird die persönliche Haftung einzelner Gesellschafter meistens von verhältnißmäßig untergeordneter Bedeutung im Vergleiche zu dem Vermögen der Gesellschaft sein.

Die Vorschriften des §. 317 über die Verpflichtung der persönlich haftenden Gesellschafter, sich des Betriebes von Geschäften in dem Handelszweige der Gesellschaft sowie der Betheiligung an einer anderen gleichartigen Gesellschaft zu enthalten, entsprechen sachlich den Bestimmungen des bisherigen Art. 196a. Die Verjährung der Ansprüche, welche der Gesellschaft im Falle einer Verletzung dieser Verpflichtung zustehen, ist im Anschluß an die für die offene Handelsgesellschaft und für die Aktiengesellschaft in den §§. 113, 232 getroffenen Vorschriften geregelt.

Generalversammlung. (§ 318.)

Die Generalversammlung ist bei der Kommanditgesellschaft auf Aktien nicht in dem Sinne wie bei der Aktiengesellschaft Organ der Gesellschaft als solcher; denn sie dient nur dazu, den Willen des einen Theiles der Gesellschafter, nämlich der Kommanditisten, zum Ausdruck zu bringen. Der

Generalversammlung stehen die persönlich haftenden Gesellschafter gegenüber, sie sind in der Lage, ihr Mitbestimmungsrecht in den Angelegenheiten der Gesellschaft selbständig zur Geltung zu bringen. Daher erscheint es angezeigt, im Einklang mit den geltenden Vorschriften den persönlich haftenden Gesellschaftern das Stimmrecht in der Generalversammlung zu versagen, auch wenn sie Aktien besitzen (Entwurf §. 318 Abs. 1, Handelsgesetzbuch Art. 190 Abs. 4). Eine Ausdehnung ihres Einflusses auf die Generalversammlung ist nicht rathsam, da die letztere berufen sein soll, die Interessen der Kommanditisten den persönlich haftenden Gesellschaftern gegenüber zu wahren.

Daß die Beschlüsse der Generalversammlung der Zustimmung der persönlich haftenden Gesellschafter bedürfen, soweit sie Angelegenheiten betreffen, die nach der Stellung der persönlich haftenden Gesellschafter zu den Kommanditisten von diesen nicht allein entschieden werden können, wird an sich schon aus der allgemeinen Vorschrift des §. 311 Abs. 2 folgen; zur Verhütung von Mißverständnissen ist jedoch eine ausdrückliche Bestimmung dieses Inhalts in den Abs. 2 des §. 318 aufgenommen. Aus derselben ergiebt sich, daß die nur auf Angelegenheiten der Kommanditisten bezüglichen Beschlüsse, wie die Wahl oder Abberufung der Mitglieder des Aufsichtsraths, die Bestellung von Prozeßbevollmächtigten, die Kündigung der Gesellschaft u. s. w., einer Zustimmung der persönlich haftenden Gesellschafter nicht bedürfen. Zweifelhaft könnte dies insoweit sein, als es sich um das im Entwurf auch für die Kommanditgesellschaft auf Aktien anerkannte Recht der Generalversammlung oder einer Minderheit von Kommanditisten handelt, die Bestellung von Revisoren herbeizuführen oder die Geltendmachung von Ersatzansprüchen aus der Gründung oder der Geschäftsführung zu verlangen; denn an sich stehen hier Angelegenheiten der Gesellschaft und nicht bloß der Kommanditisten in Frage, wie denn die erwähnten Ersatzansprüche nur Forderungen der Gesellschaft sind und in deren Namen verfolgt werden müssen. Der Zweck der fraglichen Maßnahme würde aber vereitelt werden, wenn den Kommanditisten hier nicht die Befugniß zu einem selbständigen Vorgehen in den Angelegenheiten der Gesellschaft zustände. Im §. 318 Abs. 3 ist diese Befugniß ausdrücklich anerkannt.

Die Vorschrift des Abs. 4, wonach Beschlüsse der Generalversammlung, die der Zustimmung der persönlich haftenden Gesellschafter bedürfen, nur zum Handelsregister einzureichen sind, wenn sie diese Zustimmung gefunden haben, enthält eine nothwendige Einschränkung der bei der Aktiengesellschaft bestehenden unbedingten Verpflichtung zur Einreichung aller Generalversammlungsbeschlüsse. Die weitere Vorschrift, daß bei Beschlüssen, die der Eintragung in das Handelsregister bedürfen, also namentlich bei Beschlüssen über eine Aenderung des Gesellschaftsvertrags, die Zustimmung der persönlich haftenden Gesellschafter in dem gerichtlichen oder notariellen Protokoll oder in einem Anhange zu diesem zu beurkunden ist, bezweckt, die Grundlagen für die Eintragung in das Handelsregister zu sichern. Für sonstige Beschlüsse, welche der Zustimmung der persönlich haftenden Gesellschafter bedürfen, insbesondere für den Beschluß über die Bilanz und die Gewinnvertheilung, kann eine derartige Formvorschrift entbehrt werden.

Aufsichtsrath. (§. 319.) Der Aufsichtsrath hat bei der Kommanditgesellschaft auf Aktien in erster Linie die Interessen der Kommanditisten zu vertreten; er ist demzufolge das ausführende Organ derselben (Entwurf §. 319 Abs. 1, Handelsgesetzbuch Art. 186 Abs. 2). Dies muß insbesondere bezüglich der Führung von Prozessen zwischen der Gesammtheit der Kommanditisten und den persönlich haftenden Gesellschaftern gelten, und zwar nicht bloß, wenn die Kommanditisten gegen die persönlich haftenden Gesellschafter, sondern ebenso, wenn diese gegen die Kommanditisten klagen wollen. Beides kann mit Rücksicht auf das Gesellschaftsverhältniß zwischen den persönlich haftenden Gesellschaftern und den Kommanditisten aus den verschiedenartigsten Gründen vorkommen. In allen diesen Prozessen werden nach §. 319 Abs. 2 des Entwurfs die Kommanditisten durch den Aufsichtsrath vertreten, sofern nicht in der Generalversammlung besondere Vertreter gewählt sind. Dagegen ist der Aufsichtsrath für die Gesellschaft als solche nur dann zur Prozeßführung gegen die persönlich haftenden Gesellschafter legitimirt, wenn es sich um die Ersatzansprüche aus der Geschäftsführung handelt, deren Geltendmachung die Generalversammlung der Kommanditisten oder eine Minderheit in derselben verlangt hat (§§. 260 bis 262, §. 316 Nr. 7, §. 318 Abs. 3).

Was die Kosten eines von der Gesammtheit der Kommanditisten geführten Rechtsstreits betrifft, so ist im Entwurf aus Zweckmäßigkeitsgründen bestimmt, daß für diese Kosten, auch wenn sie den Kommanditisten zur Last gelegt sind, doch die Gesellschaft vorschußweise zu haften hat, da sie in der Lage ist, sich durch Abzug der auf die Kommanditisten fallenden Dividende oder Liquidationsrate an dieselben zu halten.

Gewinnantheile der persönlich haftenden Gesellschafter. (§. 320.) Wenn die Kapitalantheile der persönlich haftenden Gesellschafter in Aktien bestehen, so finden in Betreff der Gewinnberechnung und Gewinnauszahlung für diese Antheile dieselben Regeln Anwendung wie für alle anderen Aktien. Zweifel ergeben sich dagegen bezüglich der Berechnung und Auszahlung des Gewinns für Einlagen, die außerhalb des Grundkapitals von den persönlich haftenden Gesellschaftern gemacht sind. Sowohl nach dem Handelsgesetzbuche wie nach dem Entwurfe sind in dieser Beziehung zunächst die für die einfache Kommanditgesellschaft geltenden Grundsätze maßgebend, da es sich dabei um das Rechtsverhältniß der persönlich haftenden Gesellschafter zu der Gesammtheit der Kommanditisten handelt. Dies führt zu dem Ergebnisse, daß die betreffenden Kapitalantheile der persönlich haftenden Gesellschafter nicht etwa, wie das Aktienkapital, als unveränderliche Passivposten in die Bilanz einzustellen sind, sondern daß der auf einen persönlich haftenden Gesellschafter fallende Antheil am Verluste eines Geschäftsjahrs von seinem Kapitalantheile abgeschrieben wird, und daß, wenn das Geschäftsergebniß des folgenden Jahres — für sich betrachtet — einen Gewinn aufweist, ein entsprechender Antheil hieran (§. 166) dem persönlich haftenden Gesellschafter gutzuschreiben und nach Maßgabe des §. 120 auf Verlangen auszuzahlen ist. Bis zu dem Gesetze vom 18. Juli 1884 bestand auch keine Meinungsverschiedenheit über die Anwendbarkeit dieser Grundsätze, zumal nach dem früheren Rechte das Gesammtkapital der Kommanditisten gleichfalls durch Abschreibung des Jahresverlustes vermindert wurde, nur daß der auf die Kommanditisten fallende Theil des Gewinns späterer Jahre so lange nicht ausbezahlt werden durfte, bis das Gesammtkapital seine ursprüngliche Höhe wieder erreicht hatte. Durch die Vorschriften des Gesetzes vom 18. Juli 1884, nach welchen das Gesammtkapital des Kommanditisten in derselben Weise wie das Grundkapital bei der Aktiengesellschaft einen unveränderlichen Posten der Bilanz bildet, hat sich dies einigermaßen geändert; denn nun kann, solange das bezeichnete Kapital nicht vollständig gedeckt ist, ein bilanzmäßiger Gewinn der Gesellschaft überhaupt nicht vorhanden sein. Es ist bestritten, wie sich zu diesem Grundsatze der Anspruch der persönlich haftenden Gesellschafter auf ihren Antheil an einem lediglich nach dem Ergebnisse des Geschäftsjahrs zu berechnenden Gewinne verhält.

Der Entwurf hat zwar die Vorschrift, daß das statutenmäßige Aktienkapital einen unveränderlichen Bilanzposten bildet, auch für die Kommanditgesellschaft auf Aktien beibehalten, er geht im Uebrigen aber davon aus, daß diese Vorschrift, welche im Wesentlichen dem Interesse der Gesellschaftsgläubiger dient, die Rechte der persönlich haftenden Gesellschafter im Verhältnisse zu den Kommanditisten nicht berühren kann. Es erscheint namentlich nicht gerechtfertigt, die persönlich haftenden Gesellschafter zu nöthigen, auch ihre nicht auf das Aktienkapital gemachten Einlagen in unveränderter Höhe zu erhalten und bis zur Wiederergänzung derselben auf jeden Gewinnbezug zu verzichten; denn diese Einlagen sind nicht, wie das Aktienkapital, als ein die Grundlage des Gesellschaftskredits bildender Garantiefonds den Gläubigern kundgemacht. Bilanzmäßig hat die Gesellschaft als solche allerdings nie Gewinn, sondern nur Verlust, wenn das Grundkapital noch nicht wieder vollständig gedeckt ist; dies hindert aber nicht, daß für das Verhältniß der Gesellschafter untereinander der Ueberschuß des einzelnen Geschäftsjahrs als Gewinn behandelt und demgemäß ein entsprechender Antheil daran den persönlich haftenden Gesellschaftern gutgeschrieben wird. Auch der Auszahlung solcher Gewinnantheile kann das Vorhandensein einer Unterbilanz nicht schlechthin entgegenstehen. Es kommt vielmehr darauf an, ob nicht die Unterbilanz nur darauf beruht, daß neben dem Grundkapital zugleich die außerhalb desselben bestehenden Kapitalantheile der persönlich haftenden Gesellschafter in den Bilanzpassiven enthalten sind; denn soweit die Unterbilanz den Betrag dieser Kapitalantheile nicht übersteigt, ist das Nettovermögen der Gesellschaft mindestens ausreichend, um den Gesellschaftsgläubigern die in Höhe des Grundkapitals zugesagte Sicherheit zu gewähren. Anders verhält es sich, wenn und solange die Unterbilanz den Betrag jener Kapitalantheile übersteigt; in diesem Falle wird allerdings die Auszahlung des Gewinns an die persönlich haftenden Gesellschafter unterbleiben müssen, da auch von ihnen verlangt werden kann, daß sie auf einen Gewinnbezug so lange verzichten, bis ein der Höhe des Grundkapitals entsprechendes Vermögen wieder angesammelt ist. Das Gleiche muß bezüglich jeder sonstigen Entnahme von Geldern auf den Kapitalantheil, insbesondere bezüglich der nach §. 120 den persönlich haftenden Gesellschaftern gestatteten Entnahme eines jährlichen Betrags von vier vom Hundert des Antheils, gelten. Diese Grundsätze bringt der Entwurf im §. 320 Abs. 1 zur Anerkennung.

Die Vorschrift des Abs. 2, wonach auch von dem auf die persönlich haftenden Gesellschafter fallenden Gewinne der gesetzlich oder statutarisch bestimmte Abzug für den Reservefonds zu machen ist, wäre entbehrlich, wenn nur die Verwendung eines bilanzmäßigen Gewinns in Frage käme; denn insoweit würde die allgemeine Bezugnahme auf die für die Aktiengesellschaft geltenden Vorschriften genügen. Mit Rücksicht auf die Möglichkeit, daß sich auch im Falle einer Unterbilanz der Gesellschaft ein Gewinn für die persönlich haftenden Gesellschafter ergiebt, erscheint jedoch eine besondere Vorschrift angezeigt.

Auflösung der Gesellschaft und Ausscheiden von persönlich haftenden Gesellschaftern. (§§. 321, 322.)

Die Gründe, aus welchen die Kommanditgesellschaft auf Aktien aufgelöst wird, bestimmen sich, wie der §. 321 des Entwurfs im Einklange mit dem Art. 200 des Handelsgesetzbuchs ausspricht, im Allgemeinen nach den Vorschriften über die Kommanditgesellschaft. Dies gilt jedoch nur für die einzelnen Auflösungsgründe, nicht für die Folgen der Auflösung; in der letzteren Beziehung sind vielmehr die Vorschriften der die Aktiengesellschaften betreffenden §§. 284 ff. maßgebend.

Die Entschließungen, welche von den Kommanditisten bezüglich der Auflösung, namentlich bezüglich der Kündigung der Gesellschaft, bezüglich der Zustimmung zu einer Vereinbarung über die Auflösung oder bezüglich der Stellung eines Antrags auf gerichtliche Auflösung nach §. 131 zu treffen sind, erfolgen durch die Generalversammlung. Im Einklange mit den für die Aktiengesellschaft geltenden Bestimmungen verlangt der Entwurf für diese Beschlüsse eine Mehrheit von drei Viertheilen des bei der Beschlußfassung vertretenen Grundkapitals (§. 321 Abs. 3).

Was das Ausscheiden von persönlich haftenden Gesellschaftern betrifft, so entspricht die im §. 321 Abs. 4 enthaltene Vorschrift nicht vollständig dem Art. 199 des Handelsgesetzbuchs. Nach dem letzteren soll eine mit Zustimmung der Generalversammlung der Kommanditisten getroffene Uebereinkunft über das Ausscheiden eines persönlich haftenden Gesellschafters der Auflösung der Gesellschaft gleichstehen; im Gesellschaftsvertrage kann jedoch bestimmt werden, daß das Ausscheiden die Auflösung nicht zur Folge hat, wenn mindestens noch ein persönlich haftender Gesellschafter in der Gesellschaft verbleibt. In Ermangelung einer solchen Bestimmung des Gesellschaftsvertrags hat also die Vereinbarung über das Ausscheiden eines Gesellschafters eine Wirkung, die gar nicht beabsichtigt war, nämlich die Auflösung der Gesellschaft. Richtiger ist es jedenfalls, daß in dem bezeichneten Falle die Vereinbarung wirkungslos bleibt. Dies ist die nach der Vorschrift des Entwurfs sich ergebende Folge. Im Uebrigen finden nach der Bestimmung des §. 321 Abs. 1 in Betreff des Ausscheidens von persönlich haftenden Gesellschaftern die für die einfache Kommanditgesellschaft und die offene Handelsgesellschaft maßgebenden Vorschriften Anwendung. In Uebereinstimmung mit diesen Vorschriften sieht der Entwurf für den Fall der Ausschließung eine Ausnahme von dem Grundsatze vor, wonach die Fortdauer der Gesellschaft trotz des Ausscheidens eines persönlich haftenden Gesellschafters nur möglich ist, wenn der Gesellschaftsvertrag eine entsprechende Bestimmung enthält. Macht ein persönlich haftender Gesellschafter sich grober Pflichtverletzungen gegenüber der Gesellschaft schuldig, so kann es im Interesse aller anderen Betheiligten, und namentlich der Kommanditisten, dringend nothwendig sein, den Betreffenden aus der Gesellschaft zu entfernen, und eine solche Maßregel darf hier noch weniger als bei der offenen Handelsgesellschaft oder der einfachen Kommanditgesellschaft davon abhängen, daß im Gesellschaftsvertrag ein derartiger Fall besonders vorgesehen ist. Daß sowohl die Ausschließung als jedes sonstige Ausscheiden eines persönlich haftenden Gesellschafters nur möglich ist, wenn mindestens noch ein anderer Gesellschafter dieser Art übrig bleibt, ist selbstverständlich und braucht nicht besonders im Gesetz ausgesprochen zu werden.

Die Liquidation der aufgelösten Kommanditgesellschaft auf Aktien vollzieht sich nach dem Entwurfe ganz in derselben Weise wie die Liquidation der Aktiengesellschaft. Die Vorschriften, welche die Art. 205 und 206 des Handelsgesetzbuchs in Betreff der Personen der Liquidatoren und in Betreff der Legitimation zur Stellung des Antrags auf gerichtliche Ernennung oder Abberufung von Liquidatoren enthalten, sind, soweit nöthig, in den §. 322 des Entwurfs aufgenommen.

Vereinigung mit einer anderen Gesellschaft und Umwandlung in eine Aktiengesellschaft. (§§. 323 bis 325.)

Die im §. 311 Abs. 3 enthaltene allgemeine Bezugnahme auf die Vorschriften über die Aktiengesellschaft umfaßt auch die Bestimmungen der §§. 296, 297 über die Vereinigung mit einer anderen Aktiengesellschaft oder Kommanditgesellschaft auf Aktien. Diese Vorschriften eignen sich auch für die Kommanditgesellschaft auf Aktien. Daß die persönlich haftenden Gesellschafter der aufgelösten Gesellschaft von deren Gläubigern noch bis zum Ablaufe der fünfjährigen Verjährung in Anspruch genommen werden können, ergiebt sich von selbst.

Durch die Anwendbarkeit der Vorschriften über die Vereinigung werden die im Art. 206a des Handelsgesetzbuchs enthaltenen Bestimmungen über die Umwandlung einer Kommanditgesellschaft auf Aktien in eine Aktiengesellschaft nicht entbehrlich; denn es handelt sich hierbei um einen von der Vereinigung mit einer anderen Gesellschaft wesentlich verschiedenen Vorgang. Die betreffenden Bestimmungen sind deshalb in den §§. 323 bis 325 des Entwurfs mit einer Anzahl meistens untergeordneter, zum Theil nur die Fassung betreffender Aenderungen wiedergegeben. Hervorzuheben sind die Bestimmungen des §. 324 Abs. 2 über die mit der Anmeldung der Umwandlung einzureichende Bilanz. Die Vorschrift des Art. 206a, wonach die Bilanz für den Tag der Anmeldung aufzustellen ist, läßt sich thatsächlich nicht ausführen, da die Bilanzaufnahme für ein größeres Unternehmen stets eine nicht unerhebliche Zeit in Anspruch nimmt. Der Entwurf begnügt sich daher mit der Vorschrift, daß der Bilanztag nicht weiter als zwei Monate vor dem Tage der Anmeldung bei dem Registergerichte liegen darf. Außerdem sind Bestimmungen über die Art der Aufstellung und die Behandlung der Bilanz getroffen, wobei davon ausgegangen ist, daß die letztere nicht nur dazu dienen soll, den Gesellschaftsgläubigern ein Urtheil über die Vermögenslage der Gesellschaft zu ermöglichen, sondern daß sie auch den Zweck hat, den Aktionären selbst eine Grundlage für die Entscheidung zu geben, ob die Umwandlung und mit dieser die Entlassung der persönlich haftenden Gesellschafter aus der Gesellschaft stattfinden kann. Die Bilanz ist deshalb der Generalversammlung nach den für die ordentliche Jahresbilanz maßgebenden Regeln zur Genehmigung vorzulegen. Ebenso sind die für die Aufstellung der letzteren Bilanz geltenden sachlichen Grundsätze zu beobachten, da die der Umwandlung zu Grunde gelegte Bilanz mit den späteren Bilanzen der nunmehrigen Aktiengesellschaft im Einklang stehen muß.

Die öffentliche Bekanntmachung, mittelst welcher nach §. 325, sobald die Umwandlung erfolgt ist, die Gläubiger der Gesellschaft aufgefordert werden sollen, sich zu melden, ist aus denselben Gründen angezeigt wie in den Fällen der Herabsetzung des Grundkapitals oder der Vereinigung mit einer anderen Gesellschaft. Andererseits braucht nur eine Befriedigung oder Sicherstellung derjenigen Gläubiger vorgeschrieben zu werden, welche sich zu diesem Zwecke bei der Gesellschaft melden. Der letzte Satz des Art. 206a, wonach die Verantwortlichkeit der Mitglieder des Vorstandes und des Aufsichtsraths für die Beobachtung der zum Schutze der Gläubiger gegebenen Vorschriften nicht dadurch aufgehoben wird, daß die Unterlassung auf einem Beschlusse der Generalversammlung beruht, erscheint hier, wo es sich um eine unmittelbare Haftbarkeit gegenüber den Gläubigern handelt, überflüssig und ist deshalb im Entwurfe weggelassen.

Fünfter Abschnitt.

Stille Gesellschaft.

Beibehaltung der stillen Gesellschaft.

Die stille Gesellschaft hat mit der Kommanditgesellschaft den Zweck gemein, beschränkt und unbeschränkt betheiligte Gesellschafter zu vereinigen. Aber während die Kommanditgesellschaft als solche auch nach außen hervortritt, eine besondere Firma führt und ein selbständiges Gesellschaftsvermögen besitzt, geht die stille Gesellschaft in dem Vertragsverhältnisse zwischen dem stillen Gesellschafter und dem Inhaber des Handelsgeschäfts auf. Die Frage, ob es angezeigt sei, auf dieser Grundlage zwei selbständige Gesellschaftsformen mit theils beschränkter theils unbeschränkter Betheiligung der Gesellschafter zuzulassen, ist bei der Berathung des Handelsgesetzbuchs vielfach erörtert worden; in einige neuere ausländische Gesetzbücher, welche sonst im Allgemeinen auf der Grundlage des deutschen Rechtes beruhen, hat die stille Gesellschaft keine Aufnahme gefunden. Für die Reichsgesetzgebung wird jedoch die Frage als erledigt gelten müssen, da sich beide Gesellschaftsarten seit langen Jahren im Verkehr eingelebt haben und besondere Bedürfnisse befriedigen.

Auch das Gesellschaftsrecht des Bürgerlichen Gesetzbuchs macht die Vorschriften über die stille Gesellschaft nicht entbehrlich. Das Bürgerliche Gesetzbuch wird zwar zur Ergänzung dieser Vorschriften dienen, da die stille Gesellschaft trotz des Mangels einer Vermögensgemeinschaft der Theilhaber unter den allgemeinen Begriff der Gesellschaft im Sinne des §. 705 des Bürgerlichen Gesetzbuchs fällt. Aber zum Ersatze der besonderen handelsrechtlichen Vorschriften sind die Rechtssätze des letzteren nicht geeignet. Die meist nur dispositive Regelung, welche das Handelsgesetzbuch in Betreff der Verhältnisse der stillen Gesellschaft enthält, würde zwar in der Hauptsache auch auf dem Wege des Vertrags zu erreichen sein; allein es bedürfte doch jedesmal eingehender Vertragsbestimmungen, um die Anwendung gewisser auf einer ganz anderen Grundlage beruhenden Vorschriften des Bürgerlichen Gesetzbuchs auszuschließen. Insbesondere gilt dies von den Vorschriften über die im Zweifel eintretende Vermögensgemeinschaft bezüglich der Einlagen der Gesellschafter, über die Bindung des Gesellschaftsvermögens nach den Grundsätzen der gesammten Hand, über das Kündigungsrecht der Gesellschafter und dergleichen mehr. Auch die Rechtsstellung des stillen Gesellschafters im Konkurse des Geschäftsinhabers (Handelsgesetzbuch Art. 258, Entwurf §. 332) bliebe unklar, und einzelne Besonderheiten, wie die Frist für die Kündigung der Gesellschaft durch einen Gläubiger des stillen Gesellschafters (Handelsgesetzbuch Art. 263, Entwurf §. 330) und das Anfechtungsrecht der Konkursgläubiger im Falle der Rückzahlung der Einlage des stillen Gesellschafters (Handelsgesetzbuch Art. 259, Entwurf §. 333), sind ihrer Natur nach der Festsetzung durch Vertrag überhaupt entzogen.

Aus diesen Gründen ist dem von einzelnen Seiten gemachten Vorschlage, den Abschnitt des Handelsgesetzbuchs über die stille Gesellschaft ganz zu streichen, keine Folge gegeben. Die betreffenden Vorschriften sind vielmehr mit geringen sachlichen Aenderungen in den Entwurf übernommen.

Begriff: Rechte und Pflichten. (§§. 326 bis 329.)

Der **Begriff** der stillen Gesellschaft (Art. 250 Abs. 1) ist aus dem Gesammtinhalte der §§. 326 und 327 zu entnehmen. Der stille Gesellschafter betheiligt sich an dem Handelsgeschäfte, das ein Anderer betreibt, gegen Antheil am Gewinne und regelmäßig auch am Verluste; die Einlage ist so zu leisten, daß sie in das Vermögen des Inhabers des Handelsgeschäfts übergeht, und der Inhaber, der die Geschäfte nur unter seiner eigenen, nicht unter einer Gesellschaftsfirma betreiben darf (§. 18 Abs. 1), wird aus diesen Geschäften allein berechtigt und verpflichtet.

Die Vorschrift des bisherigen Art. 250 Abs. 2 über die **Formfreiheit** des Gesellschaftsvertrags braucht nicht aufrecht erhalten zu werden, vielmehr genügen die Vorschriften des Bürgerlichen Gesetzbuchs, denen zufolge eine Form nur ausnahmsweise, insbesondere wenn der stille Gesellschafter als Einlage ein Grundstück einzubringen verspricht, erforderlich sein wird.

Nach dem Handelsgesetzbuche wird der Inhaber des Handelsgewerbes „Eigenthümer der Einlage" (Art. 252 Abs. 1); die neue Fassung, wonach der stille Gesellschafter die Einlage so zu leisten hat, daß sie in das **Vermögen des Inhabers des Handelsgeschäfts übergeht**, trifft auch für Gegenstände zu, die der stille Gesellschafter dem Geschäftsinhaber nur zum Gebrauch überläßt, und sie läßt zugleich erkennen, daß es zum Eigenthumsübergange auch hier der nach allgemeinen Grundsätzen erforderlichen Uebertragungshandlungen bedarf. Zu einer Erhöhung der vereinbarten Einlage oder zur Ergänzung der durch Verlust verminderten Einlage (Handelsgesetzbuch Art. 252 Abs. 2) ist der stille Gesellschafter schon nach §. 707 des Bürgerlichen Gesetzbuchs nicht verpflichtet.

Die gegenwärtig mit Rücksicht auf den Wortlaut des Art. 250 des Handelsgesetzbuchs bestrittene Frage, ob durch den Gesellschaftsvertrag die

Theilnahme des stillen Gesellschafters am Verluste ganz ausgeschlossen werden könne, entscheidet der Entwurf bejahend (§. 327 Abs. 2). Hiermit stimmt die Rechtsprechung des Reichsoberhandelsgerichts und nunmehr auch die des Reichsgerichts überein, welches früher allerdings die Auffassung vertreten hatte, daß im Falle des vertragsmäßigen Ausschlusses einer Betheiligung des stillen Gesellschafters am Verluste die Vorschriften des Handelsgesetzbuchs über die stille Gesellschaft nicht unmittelbar maßgebend seien, sondern nur insofern Platz zu greifen hätten, als die Parteien sich denselben unterwerfen wollten. Die betreffenden Entscheidungen[1]) zeigen zugleich, daß ein entschiedenes Bedürfniß besteht, die Regeln über die stille Gesellschaft auch in dem Falle zur Anwendung zu bringen, daß der stille Gesellschafter am Verluste nicht Theil nimmt. Ist im Gesellschaftsvertrage über den Antheil am Gewinne und Verluste nichts bestimmt, so muß ein den Umständen nach angemessener Antheil als bedungen gelten (§. 327 Abs. 1; zu vergl. Art. 254 des Handelsgesetzbuchs).

Die Vorschriften des §. 328 über die jährliche Berechnung des Gewinns und Verlustes, über die Auszahlung des dem stillen Gesellschafter gebührenden Gewinnantheils und über die Begrenzung seiner Theilnahme am Verluste entsprechen dem Inhalte des bisherigen Art. 255. Ebenso giebt der §. 329 die Vorschriften des bisherigen Art. 253 über die dem stillen Gesellschafter zustehenden Rechte auf Mittheilung der Bilanzen und auf Einsicht der Bücher und Papiere wieder; bei der Fassung sind die Aenderungen berücksichtigt, welche die Fassung des auf den Kommanditisten bezüglichen Art. 160 im §. 164 des Entwurfs erfahren hat.

Aufnahme des Namens des stillen Gesellschafters in die Firma.

Der bisherige Art. 257, wonach der Name des stillen Gesellschafters nicht in der Firma des Inhabers des Handelsgeschäfts enthalten sein darf, und der stille Gesellschafter, dessen Name dem Verbote zuwider in der Firma geführt wird, für die Geschäftsverbindlichkeiten unbeschränkt haftet, hat keine Aufnahme in den Entwurf gefunden. Die Streichung dieses Artikels beruht im Wesentlichen auf denselben Gesichtspunkten wie die Streichung des die Kommanditgesellschaft betreffenden Art. 168. Soweit es sich nicht um eine erworbene, sondern um eine neugebildete Firma handelt, darf auch nach dem Entwurfe der Name des stillen Gesellschafters in der Firma nicht enthalten sein (§. 18, Abs. 1, Abs. 2 Satz 1).

Kundgemachte stille Gesellschaft

Besondere Bestimmungen über die kundgemachte stille Gesellschaft enthält der Entwurf nicht. Der bisherige Art. 260 beschränkt sich darauf, bezüglich der Frage, ob und wieweit eine rechtliche Wirkung zu Gunsten dritter Personen eintritt, wenn durch den stillen Gesellschafter oder mit dessen Willen das Vorhandensein der stillen Gesellschaft kundgemacht wird, die allgemeinen Rechtsgrundsätze für maßgebend zu erklären. Der Artikel hat demnach keine selbständige Bedeutung. Dessenungeachtet hat er Anlaß zu zahlreichen Streitfragen über die Voraussetzungen und Wirkungen der Kundmachung einer stillen Gesellschaft gegeben; er wird daher am besten gestrichen. Dies schließt nicht

[1]) Entsch. des Reichsoberhandelsgerichts Bd. XII S. 100, Entsch. des Reichsgerichts in Civilſ. Bd. III S. 9, Bd. XXVII S. 16, Bd. XXX S. 57, Bd. XXXI S. 35.

aus, daß unter Umständen durch die Kundmachung des Gesellschaftsverhältnisses eine Haftung des stillen Gesellschafters gegenüber den Geschäftsgläubigern eintreten kann, sofern nach allgemeinen Grundsätzen, insbesondere nach den Vorschriften über den Kreditauftrag, die Voraussetzungen hierfür vorliegen.

Die Art. 261 bis 264 des Handelsgesetzbuchs, welche die einzelnen Fälle der Auflösung der stillen Gesellschaft aufzählen und zum Theil näher regeln, können mit Ausnahme der im §. 330 des Entwurfs beibehaltenen Bestimmungen beseitigt werden. Im Allgemeinen genügen die Vorschriften des Bürgerlichen Gesetzbuchs (§§. 723 ff.) Eine sachliche Aenderung tritt in Folge derselben insofern ein, als nicht mehr, wie bisher nach Art. 261 Nr. 2, die stille Gesellschaft von Rechtswegen endigt, wenn der Inhaber des Handelsgeschäfts die Fähigkeit zur selbständigen Vermögensverwaltung verliert; die Beibehaltung der bisherigen Vorschrift ist hier ebenso wenig ein Bedürfniß wie bei der offenen Handelsgesellschaft, vielmehr reicht in dem bezeichneten Falle die Befugniß zur sofortigen Kündigung aus. Durch gegenseitige Uebereinkunft und durch Ablauf der für ihre Dauer festgesetzten Zeit (Art. 261 Nr. 4, 5) wird die Gesellschaft auch nach dem Bürgerlichen Gesetzbuch aufgelöst, wenngleich darin diese Auflösungsgründe nicht besonders hervorgehoben sind. Da die stille Gesellschaft nach außen nicht hervortritt, so ist es nicht unangemessen, daß sie von selbst endigt, wenn der vereinbarte Zweck erreicht oder dessen Erreichung unmöglich geworden ist (Bürgerliches Gesetzbuch §. 726). Aus dem gleichen Grunde kann es für die stille Gesellschaft bei der Vorschrift des §. 723 des Bürgerlichen Gesetzbuchs bewenden, wonach die Gesellschaft, falls ein wichtiger Grund zu ihrer sofortigen Auflösung vorliegt, durch die bloße Kündigung, also ohne daß es eines Richterspruches bedarf, aufgelöst wird. Nur zwei Besonderheiten mußten aufrecht erhalten werden, nämlich die, daß der Tod des stillen Gesellschafters die Gesellschaft nicht auflöst, und daß hinsichtlich der Kündigung einer auf unbestimmte Zeit eingegangenen Gesellschaft sowie hinsichtlich der Kündigung durch einen Gläubiger des stillen Gesellschafters die für die offene Handelsgesellschaft geltenden Vorschriften der §§. 130, 131, 133 Anwendung finden. Eine Befugniß, die Gesellschaft jederzeit ohne Einhaltung einer Kündigungsfrist zu kündigen, wie sie sich aus §. 723 des Bürgerlichen Gesetzbuchs ergeben würde, kann weder den Gesellschaftern selbst noch einem Gläubiger des stillen Gesellschafters eingeräumt werden; denn der Inhaber des Handelsgeschäfts muß die Rückzahlung der Einlage, der stille Gesellschafter, welchem gekündigt ist, deren anderweitige Verwerthung vorbereiten können.

Auflösung. (§§. 330, 331.)

Die Vorschriften des Art. 265 des Handelsgesetzbuchs über die nach der Auflösung der Gesellschaft eintretende Auseinandersetzung zwischen dem stillen Gesellschafter und dem Inhaber des Handelsgeschäfts sind im §. 331 des Entwurfs in Anlehnung an die Vorschriften des Bürgerlichen Gesetzbuchs ergänzt. Da es bei der stillen Gesellschaft kein Gesellschaftsvermögen giebt, auch ein Ausscheiden eines Gesellschafters ohne Auflösung der Gesellschaft bei ihr nicht möglich ist, weil das Gesellschaftsverhältniß als solches immer nur zwischen dem Inhaber des Handelsgeschäfts und dem einzelnen stillen Gesellschafter besteht, so können zwar in Bezug auf die Auseinandersetzung weder die §§. 730 bis 735 noch die §§. 738 bis 740 des Bürgerlichen Gesetzbuchs unmittelbare Anwendung finden; allein die Vorschriften, welche der §. 740 über die Theilnahme eines ausscheidenden Gesellschafters an dem aus schwebenden Geschäften sich ergebenden Gewinne und Verluste sowie über seinen Anspruch auf jährliche Rechenschaftsablage, Auszahlung und Auskunftsertheilung enthält, sind auch für die Auseinandersetzung zwischen dem Inhaber des Handelsgeschäfts und dem stillen Gesellschafter geeignet und deshalb in den §. 331 des Entwurfs übernommen.

Konkurs des Inhabers des Handelsgeschäfts. (§§. 332, 333.)

Der §. 332 wiederholt die Vorschriften des Art. 258 über die Stellung des stillen Gesellschafters im Konkurse des Inhabers des Handelsgeschäfts. Gegenüber den §§. 14 und 44 der Konkursordnung erscheint es zweckmäßig, auch fernerhin ausdrücklich zu bestimmen, daß der stille Gesellschafter wegen der Einlage, soweit sie den Betrag des auf ihn fallenden Antheils am Verluste übersteigt, Konkursgläubiger ist. Ebenso muß die Bestimmung, daß der stille Gesellschafter die rückständige Einlage nur bis zu demjenigen Betrage an die Konkursmasse zu zahlen hat, welcher zur Deckung seines Antheils am Verluste erforderlich ist, beibehalten werden; die von einzelnen Seiten gegen diese Bestimmung erhobenen Bedenken entbehren der Begründung.

Das Anfechtungsrecht, welches der Art. 259 des Handelsgesetzbuchs den Konkursgläubigern gewährt, wenn innerhalb eines Jahres vor der Eröffnung des Konkurses über das Vermögen des Inhabers des Handelsgeschäfts auf Grund einer Vereinbarung zwischen diesem und dem stillen Gesellschafter die Einlage des letzteren zurückgezahlt oder ihm die Verpflichtung zur Tragung seines Antheils an dem entstandenen Verluste erlassen ist, geht erheblich weiter als das allgemeine Anfechtungsrecht der Konkursordnung. Der Anfechtende braucht eine Absicht der Gesellschafter, die Konkursgläubiger zu benachtheiligen, nicht nachzuweisen; umgekehrt ist dem stillen Gesellschafter der Nachweis gestattet, daß der Konkurs in Umständen seinen Grund hat, die erst nach der fraglichen Vereinbarung eingetreten sind. Der Art. 259 ist demnach durch die Vorschriften der Konkursordnung nicht überflüssig geworden, und es empfiehlt sich, den Inhalt desselben auch weiterhin neben diesen Vorschriften in Geltung zu erhalten. Wenngleich die Einlage des stillen Gesellschafters nicht in der Weise wie diejenige des Kommanditisten im Interesse der Gläubiger gebunden ist, so erscheint es doch gerechtfertigt, einer Herausziehung derselben aus dem Geschäfte, die zu einer Zeit geschieht, in der die Ursachen des späteren Vermögensverfalls schon vorliegen, durch besondere Maßnahmen entgegenzutreten. Andererseits ist das Anfechtungsrecht nicht über seine bisherigen Grenzen hinaus auszudehnen; insbesondere kann es nicht auf den Fall erstreckt werden, daß der noch rückständige, zur Deckung des Verlustantheils des stillen Gesellschafters nicht erforderliche Theil der Einlage erlassen wird. Eine solche Bestimmung wäre auch mit der Vorschrift des §. 332 Abs. 2 nicht in Einklang zu bringen. Der §. 333 des Entwurfs giebt deshalb nur den Inhalt des bisherigen Art. 259 in etwas kürzerer Fassung wieder. In Bezug auf die Geltendmachung und die Wirkungen der Anfechtung sind die betreffenden Vorschriften der Konkursordnung für anwendbar erklärt.

Vereinigung zu einzelnen Handelsgeschäften für gemeinschaftliche Rechnung.

Die Bestimmungen, welche das Handelsgesetzbuch im zweiten Titel des dritten Buches über die Vereinigung zu einem oder mehreren einzelnen Handelsgeschäften für gemeinschaftliche Rechnung (sog. Gelegenheitsgesellschaft) aufstellt, werden mit der Einführung des Bürgerlichen Gesetzbuchs entbehrlich. Die Vorschriften des letzteren über die Gesellschaft sind auch für Vereinigungen zu vorübergehenden kaufmännischen Zwecken ausreichend und führen im Allgemeinen zu denselben Ergebnissen wie die bisherigen Vorschriften des Handelsgesetzbuchs. Was zunächst den für die Gelegenheitsgesellschaft im Art. 266 ausgesprochenen Grundsatz der Formfreiheit des Gesellschaftsvertrags betrifft, so bleibt derselbe nach den Grundsätzen des Bürgerlichen Gesetzbuchs im Wesentlichen bestehen. Daß in Ermangelung einer anderen Vereinbarung die Gesellschafter gleiche Beiträge zu leisten haben und den Gewinn und Verlust nach Köpfen unter sich theilen (Art. 267, 268), ist im Bürgerlichen Gesetzbuch gleichfalls anerkannt (§§. 707, 722). Dagegen findet eine Verzinsung der Einlage (Art. 268 des Handelsgesetzbuchs) nach dem Bürgerlichen Gesetzbuch nicht statt; die Frage der Berechnung fester Zinsen bleibt aber auch am besten der Vereinbarung der Gesellschafter überlassen. Hinsichtlich der Verpflichtung der Gesellschafter aus den für die Gesellschaft geschlossenen Geschäften gilt nach dem Bürgerlichen Gesetzbuch dasselbe wie nach Art. 268 des Handelsgesetzbuchs; insbesondere haften die Gesellschafter gemäß §. 427 des Bürgerlichen Gesetzbuchs im Zweifel als Gesammtschuldner, falls das Geschäft von ihnen gemeinschaftlich, sei es von allen persönlich, sei es von einem einzelnen zugleich im Auftrage der übrigen oder von einem bevollmächtigten Dritten, geschlossen ist. Die Bestimmung des Art. 269, daß die Gesellschafter aus den für alle geschlossenen Geschäften auch als Gesammtgläubiger berechtigt sein sollen, kann wegfallen. Sie enthält eine rechtliche Besonderheit, für die es an einem ausreichenden Grunde fehlt; die §§. 718, 719 des Bürgerlichen Gesetzbuchs führen auch hier zu einem angemessenen Ergebnisse. Schon aus den §§. 713 und 666 daselbst folgt ferner, daß nach Beendigung des gemeinschaftlichen Geschäfts derjenige Gesellschafter, welcher das Geschäft führte, Rechnung zu legen hat (Art. 270 Abs. 1 des Handelsgesetzbuchs); auch ist es selbstverständlich, daß der Theilnehmer, welcher das Geschäft führte, die Liquidation besorgt (Art. 270 Abs. 2), soweit von einer Liquidation hier überhaupt gesprochen werden kann, da es sich nur um die endgültige Erledigung der einzelnen Geschäfte handelt. Für die Auseinandersetzung unter den Gesellschaftern nach beendigter Gesellschaft sind die §§. 730 bis 735 des Bürgerlichen Gesetzbuchs maßgebend. Hiernach rechtfertigt sich die völlige Streichung des von der Gelegenheitsgesellschaft handelnden Titels.

Drittes Buch.

Handelsgeschäfte.

Erster Abschnitt.

Allgemeine Vorschriften.

Begriff der Handelsgeschäfte. (§§. 334 bis 336.)

Das Handelsgesetzbuch unterscheidet in den Art. 271 bis 273 drei Gattungen von Handelsgeschäften: die sogenannten objektiven Handelsgeschäfte, d. h. Geschäfte, welche Handelsgeschäfte sind, auch wenn sie nicht gewerbsmäßig betrieben werden (Art. 271), ferner die subjektiven Handelsgeschäfte des Art. 272 Abs. 1, welche nur bei gewerbsmäßigem Betriebe als Handelsgeschäfte gelten — beide zusammen die Grundgeschäfte des Handels darstellend, deren gewerbsmäßiger Betrieb die Eigenschaft als Kaufmann begründet —, endlich eine weitere Art subjektiver Handelsgeschäfte, nämlich nach Art. 273 und Art. 272 Abs. 2 die einzelnen Geschäfte eines Kaufmanns, welche zum Betriebe seines Handelsgewerbes gehören oder im Betriebe seines Handelsgewerbes gemacht werden (sogenannte accessorische Handelsgeschäfte). Im Entwurf ist dagegen der Rechtsbegriff der objektiven Handelsgeschäfte beseitigt, die Grundgeschäfte sind als solche im §. 1 aufgeführt, und der Begriff der Handelsgeschäfte wird im §. 334 lediglich dahin bestimmt, daß Handelsgeschäfte die Geschäfte eines Kaufmanns sind, welche zum Betriebe seines Handelsgewerbes gehören oder doch gemäß §. 334 Abs. 2 in diesem Betriebe geschlossen werden.

Die Beseitigung des Begriffs der objektiven Handelsgeschäfte bedarf einer näheren Begründung. Unter denselben fallen nach Art. 271 die folgenden Geschäfte: 1. der Kauf oder die anderweitige Anschaffung von Waaren oder Werthpapieren behufs der Weiterveräußerung, 2. die Uebernahme einer Lieferung von Waaren oder Werthpapieren, die der Uebernehmer zum Zwecke der Lieferung anschafft, 3. die Uebernahme einer Versicherung gegen Prämie, 4. die Uebernahme der Beförderung von Gütern oder Reisenden zur See und das Darleihen gegen Verbodmung. Gehört ein Geschäft zu dem bezeichneten Kreise, so hat dies praktisch die Bedeutung, daß das Geschäft stets den allgemeinen Vorschriften über Handelsgeschäfte, der Spekulationskauf sowie das Lieferungsgeschäft außerdem auch den Bestimmungen über den Handelskauf unterliegt. Was die ersteren Vorschriften betrifft, so kommt die Mehrzahl derselben mit Rücksicht auf die Bestimmungen des Bürgerlichen Gesetzbuchs in

Wegfall. Die noch übrig bleibenden setzen schon nach dem Handelsgesetzbuche meistens die Kaufmannseigenschaft mindestens eines Betheiligten, also ein subjektives Handelsgeschäft, voraus, und wo dies bisher nicht der Fall ist, wie bei den Vorschriften über die Bürgschaft (Art. 281 Abs. 2), über das Maß der anzuwendenden Sorgfalt (Art. 282), über die Formfreiheit der Rechtsgeschäfte (Art. 317), erscheint die Anwendung der betreffenden Vorschriften auf andere Personen als Kaufleute sachlich nicht gerechtfertigt. Daß beispielsweise Jemand, der nicht Kaufmann ist, dessenungeachtet bei einem einzelnen Geschäfte die Sorgfalt eines ordentlichen Kaufmanns anzuwenden verpflichtet ist, entspricht nicht der Natur der Sache.

Der gelegentliche Spekulationskauf oder das gelegentliche Lieferungsgeschäft, bei welchem keiner der Betheiligten Kaufmann ist, braucht nicht den Vorschriften über den Handelskauf unterstellt zu werden. Abgesehen von dem inneren Widerspruche, der darin liegt, daß zwar das Spekulationsgeschäft, nicht aber das mit ihm nothwendig verbundene Realisationsgeschäft als Handelsgeschäft gelten soll, erscheint es auch nicht unbedenklich, die rechtliche Natur des Geschäfts lediglich von dem Zwecke abhängig zu machen, welchen der eine der vertragschließenden Theile bei dem Abschlusse des Geschäfts verfolgt. Uebrigens hat die Bestimmung in Wirklichkeit keine erhebliche praktische Bedeutung, weil zugleich ein erkennbares Hervortreten des fraglichen Zweckes nothwendig ist. Denn wenn man von den Börsengeschäften absieht, welche schon um deswillen, weil hier mindestens auf der einen Seite stets ein Kaufmann betheiligt ist, den Vorschriften über den Handelskauf unterliegen, wird die Spekulationsabsicht nur ausnahmsweise aus den Umständen des einzelnen Geschäfts hervorgehen, vielmehr regelmäßig aus dem Gewerbebetriebe des Betheiligten entnommen werden müssen. Das System des Handelsgesetzbuchs führt daher thatsächlich doch auf die Kaufmannseigenschaft zurück, und die Rechtsprechung zeigt denn auch, daß die Anwendung der Vorschriften über den Handelskauf in Fällen, in welchen nicht mindestens einer der Betheiligten Kaufmann ist, nur selten vorkommt.

In Ansehung der Versicherung gegen Prämie und der Seefracht- und Bodmereigeschäfte hat die Beibehaltung der objektiven Handelsgeschäfte kaum ein praktisches Interesse, da diese Geschäfte nicht leicht anders als gewerbsmäßig oder doch von einem Kaufmann im Betriebe seines anderweitigen Handelsgewerbes geschlossen werden. Ist in einem einzelnen Falle ausnahmsweise eines der erwähnten Geschäfte des Seerechts nicht als ein Handelsgeschäft im Sinne des dritten Buches anzusehen, so wird hierdurch die Anwendung der seerechtlichen Vorschriften über das Frachtgeschäft und die Bodmerei selbstverständlich nicht berührt.

Nach dem Handelsgesetzbuch ist der Begriff der objektiven Handelsgeschäfte noch insofern von Bedeutung, als einzelnen anderen Rechtsbegriffen, nämlich denjenigen der Gelegenheitsgesellschaft, des Kommissionärs und des kaufmännischen Vermittlers der Begriff der Handelsgeschäfte zu Grunde liegt (Art. 266, 272 Nr. 4, 360, 378). Dies trifft aber für den Entwurf nicht mehr zu, welcher die Vorschriften über die Gelegenheitsgesellschaft gestrichen hat, die gewerbsmäßige Vermittelung und Abschließung von Handelsgeschäften neben dem Gewerbe der Handlungsagenten und Handelsmäkler nicht mehr als ein Handelsgewerbe im Sinne des §. 1 anerkennt und den Begriff des Kommissionärs anders bestimmt.

Durch den Wegfall der objektiven Handelsgeschäfte wird das System des Gesetzbuchs wesentlich vereinfacht; außerdem steht es mit dem allgemeinen Standpunkte des Entwurfs im Einklange, die Anwendung der Vorschriften des dritten Buches auf diejenigen Geschäfte zu beschränken, welche im Betriebe des Handelsgewerbes geschlossen werden. Die der geschichtlichen Entwickelung des Handelsrechts entsprechende Bedeutung desselben als eines Rechtes der Kaufleute tritt auch in dieser Beziehung wieder mehr in den Vordergrund.

Im Einzelnen ist zu den §§. 334 bis 336 des Entwurfs das Folgende zu bemerken:

Der §. 334 spricht zunächst den Grundsatz aus, daß Handelsgeschäfte alle Geschäfte eines Kaufmanns sind, welche zum Betriebe seines Handelsgewerbes gehören; diese Begriffsbestimmung umfaßt sowohl die Geschäfte, welche die Grundlage des Betriebes bilden und das Gewerbe nach den §§. 1 bis 3 zum Handelsgewerbe machen, als auch die, welche dem Betriebe als Neben- oder Hülfsgeschäfte dienen. Im Abs. 2 wird sodann noch besonders bestimmt, daß die im §. 1 aufgeführten Grundgeschäfte des Handels auch dann Handelsgeschäfte sind, wenn sie zwar einzeln, jedoch von einem Kaufmann im Betriebe seines gewöhnlich auf andere Geschäfte gerichteten Handelsgewerbes gemacht werden. Für die subjektiven Grundgeschäfte des bisherigen Art. 272 Abs. 1 war bereits durch Art. 272 Abs. 2 die gleiche Vorschrift getroffen. Wenn diese Vorschrift auch vielfach nur als eine Folgerung aus dem Satze angesehen wird, daß alle Geschäfte eines Kaufmanns, die zum Betriebe seines Handelsgewerbes gehören, Handelsgeschäfte sind, so empfiehlt es sich doch zur Vermeidung von Zweifeln, dieselbe beizubehalten, zumal sie vermöge der Beseitigung des Begriffs der objektiven Handelsgeschäfte erhöhte Bedeutung erlangt.

Nicht in den Entwurf aufgenommen ist der Abs. 2 des bisherigen Art. 273, der noch ausdrücklich hervorhebt, daß als zum Betriebe des Handelsgewerbes gehörig insbesondere zu betrachten seien „die gewerbliche Weiterveräußerung der zu diesem Zwecke angeschafften Waaren und Werthpapiere, sowie die Anschaffung von Geräthen, Material und anderen beweglichen Sachen, die bei dem Betriebe des Gewerbes unmittelbar benutzt oder verbraucht werden sollen". Da nach §. 1 Abs. 2 Nr. 1 des Entwurfs die auf den Umsatz von Waaren und Werthpapieren gerichteten Geschäfte in ihrer Gesammtheit zu den Grundgeschäften des Handels gehören, so ist eine besondere Hervorhebung der einen nothwendigen Bestandtheil dieses Geschäftsbetriebs bildenden Veräußerungsgeschäfte hier nicht mehr erforderlich. Was andererseits die Anschaffung der im Betriebe eines Handelsgewerbes zu verwendenden Geräthe, Materialien und sonstigen Gegenstände betrifft, so versteht es sich von selbst, daß diese Geschäfte zum Betriebe des Gewerbes gehören.

Die Vorschrift, daß die Weiterveräußerungen der Handwerker, soweit sie nur in Ausübung des Handwerksbetriebes geschehen, nicht als Handelsgeschäfte zu betrachten sind (Art. 273 Abs. 3 des Handelsgesetzbuchs), ist gestrichen. Sie soll verhüten, daß die Kunden der Handwerker in dem geschäftlichen Verkehr mit diesen den Bestimmungen über die Handelsgeschäfte unterworfen werden. Bei dem künftig sehr verringerten Umfange dieser Bestimmungen wäre die Vorschrift nicht mehr von derselben Tragweite wie bisher. Immerhin würde sie zu einer Benachtheiligung der Handwerker im Vergleiche zu anderen Kaufleuten führen. Bliebe der Art. 273 Abs. 3 beibehalten, so hätten zum Beispiel die Handwerker nicht die Rechte des §. 365 gegen den in Annahmeverzug befindlichen Käufer, und sie könnten von ihren Kunden, auch wenn diese Kaufleute sind, nicht die sofortige Untersuchung der gelieferten Gegenstände und die alsbaldige Anzeige der entdeckten Mängel verlangen.

Im §. 335 sind die Vermuthungen wiedergegeben, welche der Art. 274 des Handelsgesetzbuchs für die Zugehörigkeit von Geschäften eines Kaufmanns zum Handelsgewerbebetrieb aufstellt; nur ist im Abs. 1 an Stelle des zu engen Wortes „Verträge" der umfassendere Ausdruck „Rechtsgeschäfte" gesetzt.

Auch die Regel des §. 336, derzufolge auf ein Rechtsgeschäft, das für einen der beiden Theile ein Handelsgeschäft ist, die Vorschriften über Handelsgeschäfte in Ermangelung einer entgegenstehenden gesetzlichen Anordnung für beide Theile gleichmäßig zur Anwendung kommen, entspricht dem geltenden Rechte (Art. 277); sie hat jedoch künftig in der Hauptsache nur noch für die Vorschriften des zweiten bis siebenten Abschnitts über einzelne Arten von Handelsgeschäften Bedeutung.

In Betreff der Streichung des Art. 275, nach welchem Verträge über unbewegliche Sachen keine Handelsgeschäfte sind, kann auf die Bemerkungen zu den §§. 1 und 2 des Entwurfs verwiesen werden. Auch der bisherige Art. 276 ist in den Entwurf nicht aufgenommen. Nach demselben wird die Eigenschaft eines Geschäfts als Handelsgeschäft und die Gültigkeit desselben nicht dadurch berührt, daß es einer Person wegen ihres Amtes, Standes oder aus ähnlichen Gründen untersagt ist, Handel zu treiben oder Handelsgeschäfte zu schließen. Neben dem §. 7 des Entwurfs ist eine solche Vorschrift entbehrlich.

Vorschriften des Handelsgesetzbuchs, welche mit Rücksicht auf das Bürgerliche Gesetzbuch wegfallen. (Art. 278, 280, 281 Abs. 1, 283, 285, 286, 288, 293 bis 299, 318 bis 322, 324 bis 326, 327 Abs. 2, 328 Nr. 2, 329 bis 331, 333, 334)

Was die sonstigen Bestimmungen über die Handelsgeschäfte betrifft, so macht sich hier der Einfluß des Bürgerlichen Gesetzbuchs besonders geltend. Die große Mehrzahl der in den Art. 278 bis 336 des Handelsgesetzbuchs unter den Ueberschriften: „Allgemeine Bestimmungen über Handelsgeschäfte", „Abschließung der Handelsgeschäfte", „Erfüllung der Handelsgeschäfte" sich findenden Vorschriften kann wegfallen, da das Bürgerliche Gesetzbuch entweder völlig übereinstimmende Vorschriften enthält oder die betreffenden Fragen mit Abweichungen regelt, die auch vom Standpunkte des Handelsverkehrs als zweckmäßig oder unbedenklich zu betrachten sind. In Betreff der einzelnen Artikel des Handelsgesetzbuchs, welche aus diesem Grunde nicht in den Entwurf aufgenommen sind, ist Folgendes zu bemerken:

Der Art. 278, welcher die Auslegung der Handelsgeschäfte betrifft, wird durch den §. 133 des Bürgerlichen Gesetzbuchs ersetzt.

Eine Gesammtschuld entsteht nach §. 427 des Bürgerlichen Gesetzbuchs im Zweifel schon dann, wenn sich Mehrere gemeinschaftlich durch Vertrag zu einer Leistung verpflichten; der Art. 280 des Handelsgesetzbuchs, der den gleichen Grundsatz für den Fall ausspricht, daß das Geschäft auf der Seite der Schuldner ein Handelsgeschäft ist, wird hierdurch überflüssig. Ebenso muß der Art. 281 Abs. 1, welcher die Einrede der Theilung bei Handelsgeschäften ausschließt, wegfallen, da das Bürgerliche Gesetzbuch diese Einrede weder den Gesammtschuldnern im Allgemeinen noch auch den Bürgen, die sich für dieselbe Schuld verbürgt haben, gewährt.

Nach Art. 283 des Handelsgesetzbuchs kann, wer Schadensersatz zu fordern hat, bei Handelsgeschäften Erstattung des wirklichen Schadens und des entgangenen Gewinns fordern. Auch dieser Satz braucht nicht aufrecht erhalten zu werden, da die betreffenden Vorschriften des Bürgerlichen Gesetzbuchs (§§. 249, 251, 252) im Wesentlichen damit übereinstimmen.

Die Vorschriften des Art. 285 über die Daraufgabe werden in Folge der damit übereinstimmenden §§. 336 bis 338 des Bürgerlichen Gesetzbuchs entbehrlich. Eine Anfechtung von Geschäften wegen Verletzung über die Hälfte, welche der Art. 286 bei Handelsgeschäften für unzulässig erklärt, findet nach dem Bürgerlichen Gesetzbuch überhaupt nicht statt.

Der Grundsatz des Art. 288 Abs. 1, wonach spätestens von der Mahnung an Verzugszinsen zu entrichten sind, folgt aus den §§. 284 und 288 des Bürgerlichen Gesetzbuchs. Daß die Uebersendung der Rechnung für sich allein nicht als Mahnung gilt (Art. 288 Abs. 2 des Handelsgesetzbuchs), bedarf keiner besonderen Hervorhebung mehr, weil das Bürgerliche Gesetzbuch eine entgegenstehende Vorschrift, wie sie sich im §. 685 II 8 des preußischen Allgemeinen Landrechts findet, nicht enthält.

Der Art. 293 des Handelsgesetzbuchs fällt weg, weil das Bürgerliche Gesetzbuch ein Verbot von Zinsen, die in ihrem Gesammtbetrage das Kapital übersteigen, nicht kennt.

Der Grundsatz des Art. 294, daß die Anerkennung einer Rechnung den Beweis eines Irrthums oder Betrugs in der Rechnung nicht ausschließt, ergiebt sich aus den Vorschriften des Bürgerlichen Gesetzbuchs über die ungerechtfertigte Bereicherung, und der Art. 295, nach welchem die Beweiskraft eines Schuldscheins oder einer Quittung bei Handelsgeschäften an den Ablauf einer Frist nicht gebunden ist, ist schon durch den §. 17 des Einführungsgesetzes zur Civilprozeßordnung überflüssig geworden. Die Vorschrift des Art. 296 über die Ermächtigung des Ueberbringers einer Quittung zur Empfangnahme der Zahlung ist in den §. 370 des Bürgerlichen Gesetzbuchs übergegangen.

Ebenso können die Vorschriften der Art. 297 und 298 über den Einfluß des Todes des Vollmachtgebers, über die Wirkung der von einem Bevollmächtigten abgeschlossenen Geschäfte und über die Haftung dessen, der als Bevollmächtigter auftritt, ohne Vollmacht zu haben, mit Rücksicht auf die Bestimmungen des Bürgerlichen Gesetzbuchs, die im Allgemeinen den Grundsätzen des bisherigen Handelsgesetzbuchs entsprechen, in Wegfall kommen. Aus demselben Grunde sind schon im ersten Buche die für die Prokura und Handlungsvollmacht in den Art. 52 und 55 gegebenen Bestimmungen gestrichen und ist die Vorschrift des Art. 54 Abs. 2 in Ansehung der Handlungsvollmacht nicht beibehalten. Soweit der Art. 297 sich auf den Antrag oder Auftrag bezieht, erübrigt er sich gleichfalls; denn auch nach dem Bürgerlichen Gesetzbuch (§. 130 Abs. 2, §§. 153, 672, 675) erlischt ein Antrag oder ein Auftrag im Zweifel nicht durch den Tod des Antragstellers oder Auftraggebers.

Der Art. 299, nach welchem im Falle der Abtretung einer Forderung die Bezahlung ihres vollen Betrags verlangt werden kann, wenngleich dieser Betrag die Summe des für die Abtretung vereinbarten Preises übersteigt, wird überflüssig, da das Bürgerliche Gesetzbuch beschränkende Vorschriften in der fraglichen Beziehung nicht enthält.

In Betreff der bindenden Kraft von Vertragsanträgen und des Abschlusses der Verträge müssen in Zukunft auch für Handelsgeschäfte die Vorschriften der §§. 130 bis 132, 145 bis 155 des Bürgerlichen Gesetzbuchs zur Anwendung kommen; die Art. 318 bis 322 des Handelsgesetzbuchs fallen deshalb weg.

Die in den Art. 324 und 325 über den Erfüllungsort aufgestellten Regeln werden durch die im Wesentlichen übereinstimmenden Grundsätze der §§. 269 und 270 des Bürgerlichen Gesetzbuchs ersetzt. Neben der allgemeinen Verweisung auf die Umstände und die Natur des Schuldverhältnisses ist eine Berücksichtigung des Falles, daß eine bestimmte bewegliche Sache geschuldet wird (Art. 324 Abs. 2 Satz 2), nicht erforderlich, wie auch schon aus der Natur des Schuldverhältnisses folgt, daß Geldschulden aus indossabelen oder auf den Inhaber lautenden Papieren keine Bringschulden sind (Art. 325 i. A.).

Nicht minder können im Hinblick auf die §§. 186 bis 193, 271, 272 des Bürgerlichen Gesetzbuchs die Vorschriften des Handelsgesetzbuchs über die Erfüllungszeit (Art. 326 bis 334) der Hauptsache nach gestrichen werden. Ist im Vertrag eine Zeit für die Leistung bestimmt, so soll nach §. 271 Abs. 2 des Bürgerlichen Gesetzbuchs im Zweifel angenommen werden, daß der Gläubiger vor dieser Zeit die Leistung nicht fordern, der Schuldner aber zu jeder früheren Zeit leisten kann. Eine solche Vermuthung ist dem entsprechenden Art. 334 Abs. 1 des Handelsgesetzbuchs unbekannt, es liegt aber kein Grund vor, sie nicht auch im Handelsverkehr zur Anwendung zu bringen. Der Art. 330 Abs. 2, wonach, wenn der letzte Tag einer für die Leistung bedungenen Frist auf einen Sonntag oder Feiertag fällt, spätestens am nächstvorhergehenden Werktage erfüllt werden muß, kann neben dem §. 193 des Bürgerlichen Gesetzbuchs, welches statt dessen den nächstfolgenden Werktag entscheiden läßt, um so weniger bestehen bleiben, als auch nach dem Handelsgesetzbuch (Art. 329) dann, wenn ein Erfüllungstermin auf einen Sonntag oder allgemeinen Feiertag fällt, der nächste Werktag als Erfüllungstag gelten soll. Ein besonderer Vorbehalt für die Bestimmungen der Börsenordnungen über die Liquidationstermine der Börsengeschäfte (Art. 331) ist angesichts der Auslegungsregel des §. 157 des Bürgerlichen Gesetzbuchs nicht erforderlich; denn es ergiebt sich ohne Weiteres, daß bei Börsentermingeschäften die Parteien mit den von ihnen unter der üblichen Bezeichnung bedungenen Lieferungsterminen die Zeitpunkte oder Fristen im Auge haben, welche herkömmlicher Weise von den Börsenorganen zu diesem Behufe im voraus bekannt gemacht werden. Die Börsenordnungen selbst, auf welche das Handelsgesetzbuch verweist, pflegen derartige Bestimmungen überhaupt nicht zu enthalten.

Die Vorschriften des Entwurfs.

Die Vorschriften, welche in den §§. 337 bis 364 des Entwurfs auf die Bestimmungen über den Begriff der Handelsgeschäfte folgen, betreffen durchweg Punkte, die auch schon im Handelsgesetzbuch geregelt sind, und stimmen meistens mit den bisherigen Vorschriften überein. Zum Theil stellen sie Abweichungen von dem Bürgerlichen Gesetzbuche dar, die in den besonderen Bedürfnissen des Handelsverkehrs ihren Grund haben (§§. 339 bis 342, 344, 358 bis 360), zu einem anderen Theil enthalten sie nur Ergänzungen des bürgerlichen Rechts (§§. 337, 338, 345, 346, 350 bis 354). Außerdem sind, wie bisher, einige dem Handelsverkehr eigenthümliche Rechtsinstitute, nämlich das Kontokurrentverhältniß (§§. 347 bis 349), die Orderpapiere (§§. 355 bis 357) und das kaufmännische Zurückbehaltungsrecht (§§. 361 bis 364), in diesem Abschnitte geregelt.

Berücksichtigung der Handelsgebräuche. (§. 337.)

Der §. 337, wonach in Ansehung der Bedeutung und Wirkung von Handlungen und Unterlassungen auf die im Handelsverkehr geltenden Gewohnheiten und Gebräuche Rücksicht zu nehmen ist, stimmt mit dem bisherigen Art. 279 überein. Wie bereits an anderer Stelle bemerkt worden ist, erhält die Bestimmung dadurch, daß im Entwurf dem eigentlichen Handelsgewohnheitsrecht der ihm bisher gegenüber dem bürgerlichen Rechte eingeräumte Vorrang entzogen wird, eine besondere Bedeutung.

Sorgfalt eines ordentlichen Kaufmanns. (§. 338.)

Nach Art. 282 des Handelsgesetzbuchs hat derjenige, welcher aus einem Geschäfte, das auf seiner Seite ein Handelsgeschäft ist, einem Anderen zur Sorgfalt verpflichtet ist, die Sorgfalt eines ordentlichen Kaufmanns anzuwenden. Die Vorschrift ist im §. 338 des Entwurfs wiederholt. Das Bürgerliche Gesetzbuch (§. 276) geht von dem Grundsatze aus, daß der Schuldner Vorsatz und Fahrlässigkeit zu vertreten hat und daß fahrlässig handelt, wer die im Verkehr erforderliche Sorgfalt außer Acht läßt; diese Regel erhält durch den §. 338 für den Handelsverkehr einen bestimmteren Inhalt. Das Handelsgesetzbuch läßt übrigens den Maßstab der Sorgfalt eines ordentlichen Kaufmanns eintreten, wo überhaupt eine Pflicht zur Sorgfalt im bürgerlichen Rechte anerkannt ist, also selbst dann, wenn nach den betreffenden Rechtsvorschriften der Schuldner an sich nur für grobes Verschulden haften würde oder nur für diejenige Sorgfalt einzustehen hätte, die er gewöhnlich in eigenen Angelegenheiten anwendet. Dem Bürgerlichen Gesetzbuche gegenüber kann es hierbei nicht bewenden. Die Ausnahmevorschriften desselben, nach denen der Schuldner nicht für jede Fahrlässigkeit verantwortlich ist — zum Beispiel bei der Schenkung, der Leihe, der unentgeltlichen Aufbewahrung, der Gesellschaft[1] —, sind vielmehr auch für den Handelsverkehr sachgemäß, und der §. 338 Abs. 2 des Entwurfs behält daher ihre Geltung ausdrücklich vor. Der Theilhaber einer offenen Handelsgesellschaft oder Kommanditgesellschaft hat schon nach dem Handelsgesetzbuche nur für die Sorgfalt einzustehen, welche er in eigenen Angelegenheiten anzuwenden pflegt (Art. 94, 157).

[1]) Bürgerliches Gesetzbuch §§. 521, 523, 524, 599, 600, 680, 690, 708, auch §. 300.

Die Vorschriften, welche der Art. 284 des Handelsgesetzbuchs über die Vertragsstrafe enthält, insbesondere die Auslegungsregeln in Abs. 2 und 3, werden durch die auf der gleichen Grundlage beruhende Regelung des Gegenstandes in den §§. 339 bis 345 des Bürgerlichen Gesetzbuchs entbehrlich und sind deshalb in den Entwurf nicht aufgenommen. Dagegen bedarf es für den Handelsverkehr, in welchem mit der pünktlichen und genauen Erfüllung aller Verbindlichkeiten in höherem Maße gerechnet werden muß als im bürgerlichen Verkehr, einer besonderen Vorschrift mit Rücksicht auf die im §. 343 des Bürgerlichen Gesetzbuchs den Gerichten übertragene Befugniß, eine verwirkte Strafe, wenn sie unverhältnißmäßig hoch ist, durch Urtheil auf den angemessenen Betrag herabzusetzen. Der §. 339 des Entwurfs schließt die Anwendung dieser Vorschrift aus, wenn die Strafe von einem Kaufmann im Betriebe seines Handelsgewerbes versprochen ist. Es darf im Allgemeinen angenommen werden, daß ein selbständiger Kaufmann, der sich zu einer Leistung unter Vereinbarung eines Strafgedinges verpflichtet, die Tragweite seines Versprechens richtig würdigt. Gegen Vertragsstrafen, welche wider die guten Sitten verstoßen, gewährt schon der §. 138 des Bürgerlichen Gesetzbuchs Schutz. Vertragsstrafen. (§. 339.)

Nach Art. 281 Abs. 2 des Handelsgesetzbuchs steht bei Handelsgeschäften dem Bürgen die Einrede der Vorausklage nicht zu, und zwar gilt dies in allen Fällen, in denen die Bürgschaft auch nur für einen der Betheiligten, sei es der Gläubiger, der Bürge oder der Hauptschuldner, ein Handelsgeschäft ist. Nach dem §. 340 des Entwurfs soll hingegen die Einrede der Vorausklage nur dann ausgeschlossen sein, wenn die Bürgschaft auf der Seite des Bürgen ein Handelsgeschäft ist; ein Bürge, der nicht selbst dem Handelsstande angehört, darf nicht der ihm nach §. 771 des Bürgerlichen Gesetzbuchs zustehenden Rechtswohlthat dadurch verlustig gehen, daß er sich einem Kaufmann oder für einen Kaufmann verbürgt hat. Für den Kreditauftrag (Bürgerliches Gesetzbuch §. 778) muß dasselbe gelten wie für die Bürgschaft. Einrede der Vorausklage. (§. 340.)

Der im Art. 317 des Handelsgesetzbuchs ausgesprochene Grundsatz, daß bei Handelsgeschäften die Gültigkeit der Verträge durch schriftliche Abfassung oder andere Förmlichkeiten nicht bedingt ist, gilt als Regel nach dem Bürgerlichen Gesetzbuche für alle Rechtsgeschäfte. Die Ausnahmen, welche er nach diesem erleidet, sind — abgesehen von den Vorschriften des Grundbuchrechts sowie des Familien- und Erbrechts — nicht zahlreich und, soweit sie im Handelsverkehr überhaupt Bedeutung haben, im Allgemeinen auch für diesen nicht unangemessen. Formfreiheit (§. 341.)

Der Vertrag, durch den sich Jemand verpflichtet, sein gegenwärtiges Vermögen oder einen Bruchtheil davon zu übertragen, bedarf nach §. 311 des Bürgerlichen Gesetzbuchs der gerichtlichen oder notariellen Beurkundung. Die Vorschrift ist für handelsrechtliche Verhältnisse nicht ohne Bedeutung, wie sie denn z. B. bei der Uebertragung des Vermögens einer Aktiengesellschaft (§§. 294 ff. des Entwurfs) zur Anwendung gelangen muß; sie ist in solchen Fällen auch wohl am Platze. Das Erforderniß der Schriftlichkeit für Mieth- oder Pachtverträge von mehr als einjähriger Dauer (§§. 566, 581 a. a. O.) steht im Zusammenhange mit dem Satze: „Kauf bricht nicht Miethe" und unterliegt auch für die Miethe von Geschäfts- und Lagerräumen keinem Bedenken. Verträge über den Nachlaß eines noch lebenden Dritten, Schenkungsversprechen, Leibrentenverträge und Erbschaftskäufe (Bürgerliches Gesetzbuch §§. 312, 518, 761, 2371) kommen für den Handelsverkehr kaum in Betracht.

Der §. 313 des Bürgerlichen Gesetzbuchs, wonach es für Verträge, durch welche die Verpflichtung zur Uebertragung des Eigenthums an einem Grundstück übernommen wird, der gerichtlichen oder notariellen Beurkundung bedarf, kann für den Handelsverkehr uneingeschränkte Geltung erhalten. Mögen sich hieraus unter besonderen Umständen, namentlich im Geschäftsbetriebe der dem Grundstücksverkehre gewidmeten handelsgewerblichen Unternehmungen, einzelne Unbequemlichkeiten ergeben, so sind dieselben doch zu überwinden. Jedenfalls kann diese Rücksicht es nicht rechtfertigen, den Schutz, welchen die Formvorschrift des §. 313 des Bürgerlichen Gesetzbuchs bei dem Kaufe und Verkaufe von Grundstücken gewährt, demjenigen, welcher ein Grundstück von einem gewerbsmäßigen Güterhändler erwirbt oder an denselben veräußert, zu entziehen. Auch bisher fand der im Art. 317 des Handelsgesetzbuchs ausgesprochene Grundsatz der Formfreiheit auf Verträge über Grundstücke vermöge der Vorschrift des Art. 275 keine Anwendung; die erschwerenden Formen, welche in einzelnen Landesrechten für die Uebernahme der Verpflichtung zur Uebertragung des Eigenthums an einem Grundstücke vorgesehen sind, mußten deshalb von dem Kaufmanne, der im Betriebe seines Handelsgewerbes Geschäfte dieser Art abschließt, gleichfalls beobachtet werden. Eine Ausnahme tritt nach dem geltenden Handelsgesetzbuche nur dann ein, wenn von dem Theilhaber einer offenen Handelsgesellschaft oder Kommanditgesellschaft oder von einem stillen Gesellschafter in dem Gesellschaftsvertrage die Verpflichtung zur Einbringung eines Grundstücks übernommen wird (Handelsgesetzbuch Art. 85 Abs. 2, Art. 150 Abs. 3, Art. 250 Abs. 2). Auch hier kann es jedoch in Zukunft bei dem allgemeinen Grundsatze des Bürgerlichen Gesetzbuchs bewenden.

Dagegen würde es mit den Bedürfnissen des Handelsverkehrs nicht verträglich sein, wenn die §§. 766, 780 bis 782 des Bürgerlichen Gesetzbuchs, welche für die Bürgschaft, das Schuldversprechen und das Schuldanerkenntniß die schriftliche Form vorschreiben, ohne Einschränkung zur Anwendung kämen. Der bloß mündlichen Zusage eines Kaufmanns, eine Schuld zu bezahlen, sowie der mündlichen Bürgschaftsübernahme desselben darf die Wirkung nicht versagt werden. Nach §. 341 des Entwurfs soll deshalb eine Bürgschaft, ein Schuldversprechen oder ein Schuldanerkenntniß, falls die Bürgschaft auf der Seite des Bürgen, das Versprechen oder Anerkenntniß auf der Seite des Schuldners ein Handelsgeschäft ist, den Formvorschriften des §. 766 Satz 1, des §. 780 und des §. 781 Satz 1 nicht unterliegen. Ist für die Begründung des Schuldverhältnisses, dessen Bestehen anerkannt wird, auch nach handelsrechtlichen Grundsätzen die Beobachtung einer besonderen Form erforderlich, so ist selbstverständlich die gleiche Form bei dem Anerkennungsvertrage zu beobachten (§. 780 Satz 2 des Bürgerlichen Gesetzbuchs).

Der von den Beschränkungen des Zinsfußes handelnde Art. 292 ist bereits durch das Bundesgesetz, betreffend die vertragsmäßigen Zinsen, vom 14. November 1867, und für Elsaß-Lothringen durch den §. 27 des Einführungsgesetzes zum Handelsgesetzbuch beseitigt; künftig greift der §. 247 des Bürgerlichen Gesetzbuchs Platz. Nach diesem ist ebenso wie nach den erwähnten Gesetzen bei einem höheren Zinssatz als sechs vom Hundert für das Jahr der Schuldner im Allgemeinen berechtigt, nach Ablauf eines halben Jahres das Kapital unter Einhaltung einer halbjährigen Kündigungsfrist zu kündigen. In dem Bundesgesetze vom 14. November 1867 und in dem Einführungsgesetze für Elsaß-Lothringen ist jedoch entsprechend dem Art. 292 Abs. 2 des Handelsgesetzbuchs diese Kündigungsbefugniß bei Darlehen, die ein Kaufmann empfängt, und bei Schulden eines Kaufmanns aus seinen Handelsgeschäften ausgeschlossen, und diese Ausnahme muß nunmehr, da die fraglichen Gesetze ihre Geltung verlieren, dem §. 247 des Bürgerlichen Gesetzbuchs gegenüber in das Handelsgesetzbuch aufgenommen werden. Der §. 342 des Entwurfs enthält eine entsprechende Vorschrift. Die Darlehen, welche ein Kaufmann empfängt, sind darin nicht mehr besonders erwähnt; denn wenn das Darlehen nicht im Betriebe des Handelsgewerbes aufgenommen ist, muß auch der Kaufmann zur Kündigung befugt sein.

Ausschluß des Kündigungsrechts trotz einer Verzinsung von mehr als sechs vom Hundert. (§. 342.)

Eine Einschränkung erfahren die Vorschriften der §§. 339 bis 342 des Entwurfs durch den §. 343, welcher ihnen die Anwendbarkeit gegenüber den Minderkaufleuten versagt. Diese Ausnahme rechtfertigt sich durch die Rücksicht auf die Verhältnisse der kleineren Gewerbetreibenden, insbesondere der Handwerker.

Ausnahmebestimmung für Minderkaufleute. (§. 343.)

Eine Aenderung des geltenden Rechtes ist in Betreff der Höhe des gesetzlichen Zinsfußes erforderlich. Nach Art. 287 des Handelsgesetzbuchs ist bei Handelsgeschäften die Höhe der gesetzlichen Zinsen, namentlich der Verzugszinsen, jährlich sechs vom Hundert; auch sollen gemäß Art. 287 in allen Fällen, in denen im Handelsgesetzbuche die Verpflichtung zur Zahlung von Zinsen ohne Bestimmung der Höhe ausgesprochen wird, darunter Zinsen zu sechs vom Hundert jährlich zu verstehen sein. Nach den §§. 246 und 288 des Bürgerlichen Gesetzbuchs beträgt der gesetzliche Zinsfuß dagegen nur vier vom Hundert für das Jahr. Für den Handelsverkehr genügt der letztere Zinsfuß jedenfalls nicht. Andererseits entspricht, da seit dem Erlasse des Handelsgesetzbuchs der Kapitalzins wesentlich gesunken ist, auch eine Verzinsung mit sechs vom Hundert nicht mehr den thatsächlichen Verhältnissen. Die gesetzlichen Zinsen sollen dem Gläubiger keinen Unternehmergewinn gewähren; sie sollen ihm nicht mehr ersetzen, als was er im Allgemeinen bei angemessener Anlage des Kapitals als Zins erhalten haben würde oder zur anderweitigen Beschaffung des entbehrten Kapitals aufwenden muß. Hierzu reicht jetzt im Handelsverkehr eine Verzinsung mit fünf vom Hundert aus. Der Bankdiskont ist im letzten Jahrzehnt nur vereinzelt über fünf Prozent hinausgegangen und regelmäßig sehr erheblich darunter geblieben. Wird ein Kaufmann im einzelnen Falle durch das Ausbleiben einer Zahlung genöthigt, für die Geldbeschaffung höhere Zinsen als fünf vom Hundert zu zahlen, so schützt ihn der §. 288 Abs. 2 des Bürgerlichen Gesetzbuchs, nach

Zinsfuß. (§. 344.)

welchem durch den Anspruch auf Verzugszinsen die Geltendmachung eines weiteren Schadens nicht ausgeschlossen wird. Die Vorschriften des Art. 287 des Handelsgesetzbuchs sind daher nur mit der Maßgabe aufrecht zu erhalten, daß an die Stelle einer Verzinsung mit sechs eine solche mit fünf vom Hundert tritt.

Kaufmännische Zinsen. (§. 345.)

Das Recht der Kaufleute, unter einander für ihre Forderungen aus beiderseitigen Handelsgeschäften von dem Tage der Fälligkeit an Zinsen zu fordern (Art. 289 des Handelsgesetzbuchs), hält der Entwurf im §. 345 aufrecht. Da diese Zinspflicht unabhängig vom Verzug eintritt und der §. 289 des Bürgerlichen Gesetzbuchs deshalb keine unmittelbare Anwendung findet, so ist zur Vermeidung von Zweifeln ausdrücklich bestimmt, daß Zinsen von Zinsen auf Grund des §. 345 nicht beansprucht werden können.

Provision, Lagergeld, Verzinsung von Vorschüssen u. s. w. (§. 346.)

Auch die Ansprüche der Kaufleute auf Provision für Geschäftsbesorgungen und Dienstleistungen sowie auf Lagergeld und auf Verzinsung ihrer Darlehen, Vorschüsse, Auslagen und anderen Verwendungen erkennt der §. 346 des Entwurfes in demselben Umfange an wie das Handelsgesetzbuch (Art. 290), also insbesondere auch dann, wenn der andere Theil nicht Kaufmann ist. Der Abs. 3 des Art. 290 ist überflüssig und daher vom Entwurfe nicht aufgenommen.

Kontokurrent. (§§. 347 bis 349.)

Ueber das Kontokurrent enthält der Art. 291 des Handelsgesetzbuchs keine weiteren Bestimmungen, als daß derjenige, welchem beim Rechnungsabschluß ein Ueberschuß gebührt, von dem ganzen Betrage des Ueberschusses, wenngleich darunter Zinsen begriffen sind, seit dem Tage des Abschlusses Zinsen fordern kann, und daß der Rechnungsabschluß jährlich einmal geschieht, soweit nicht von den Parteien ein Anderes vereinbart ist. Im Uebrigen war es bisher der Wissenschaft und Rechtsprechung überlassen, die Wirkungen des Kontokurrentverhältnisses aus dessen Zweck und Bedeutung abzuleiten. Die Ergebnisse dieses Rechtszustandes können jedoch nicht in allen Beziehungen als befriedigend angesehen werden; vielmehr hat die scharfe Betonung einzelner Folgerungen, die aus dem zu Grunde gelegten Begriffe des Kontokurrentes gezogen wurden, zu der Aufstellung einzelner Sätze geführt, die nicht mit den Bedürfnissen des Verkehrs im Einklange stehen. Im Entwurf ist mit Rücksicht hierauf eine Anzahl von Fragen, die im Handelsgesetzbuche bisher nicht berührt waren, durch besondere Vorschriften geregelt. Zugleich ist der Begriff des Kontokurrentverhältnisses näher bestimmt, um für die Anwendung der dasselbe betreffenden Vorschriften einen festeren Anhalt zu gewähren.

Nach der Auffassung des Entwurfs besteht der Zweck des durch die Kontokurrentverbindung begründeten Rechnungsverhältnisses an sich nur darin, die aus einem dauernden Geschäftsverkehre sich ergebenden Beziehungen zu vereinfachen und die Vielheit der gegenseitigen Ansprüche durch periodische Feststellung eines einzigen Forderungspostens zu ersetzen; demgegenüber kommt die Frage, ob mit der Eingehung der Kontokurrentverbindung zugleich die Einräumung eines Kredits zu Gunsten des einen der Betheiligten verbunden ist, für das Wesen des Kontokurrentverhältnisses an sich nicht entscheidend in Betracht. Andererseits aber ist zu berücksichtigen, daß es nur dann gerechtfertigt erscheint, die Saldoforderung als einen zinstragenden selbständigen

Posten der neuen Rechnung zu behandeln, wenn auch für die im Laufe der Rechnungsperiode entstehenden beiderseitigen Ansprüche Zinsen in Rechnung zu bringen sind. Diese Voraussetzung ist mindestens insoweit, als es sich um eine Geschäftsverbindung zwischen einem Kaufmann und einem Nichtkaufmann handelt, nicht ohne Weiteres gegeben; es bedarf dazu vielmehr einer ausdrücklichen oder stillschweigenden Vereinbarung der Betheiligten. Demgemäß bezeichnet der §. 347 Abs. 1 des Entwurfs das Kontokurrentverhältniß als eine Geschäftsverbindung, bei welcher die beiderseitigen Ansprüche und Leistungen mit Zinsen in Rechnung gestellt und in regelmäßigen Zeitabschnitten durch Verrechnung und Feststellung des für den einen oder den anderen Theil sich ergebenden Ueberschusses ausgeglichen werden.

Der Bestimmung des Handelsgesetzbuchs, wonach in Ermangelung einer entgegenstehenden Vereinbarung der Rechnungsabschluß jährlich einmal zu geschehen hat, fügt der Entwurf im §. 347 Abs. 3 die Vorschrift hinzu, daß im Zweifel die laufende Rechnung auch während der Dauer einer Rechnungsperiode jederzeit mit der Wirkung kündbar ist, daß derjenige, welchem nach der Rechnung ein Ueberschuß gebührt, dessen sofortige Zahlung beanspruchen kann. Zwar wird in der juristischen Literatur vielfach die Ansicht vertreten, daß den Parteien das Recht der freien Kündigung nicht zustehe; der Grundsatz des Entwurfs entspricht aber der in den Handelskreisen vorwiegend herrschenden Auffassung. Er soll übrigens nur Platz greifen, wenn nicht etwas Anderes vereinbart ist oder sich aus den Umständen ergiebt. Unberührt bleiben daher insbesondere die Wirkungen eines mit dem Kontokurrentverhältniß verbundenen Vertrags, durch den sich die eine Partei verpflichtet, dem Gegner bis zu einem gewissen Zeitpunkte einen Kredit in bestimmter Höhe zu gewähren.

Welche Forderungen und Leistungen in das Kontokurrent gehören, läßt sich nur im einzelnen Falle aus der Art und dem Gegenstande der Geschäftsverbindung entnehmen. Dabei ist namentlich der häufig aufgestellte Satz, daß Forderungen, welche durch Pfand oder Bürgschaft gesichert sind, sowie Forderungen aus Wechseln und anderen Werthpapieren im Zweifel von der Aufnahme in das Kontokurrent auszuschließen seien, in dieser Allgemeinheit nicht aufrecht zu erhalten. Vielfach wird die Art der Geschäftsverbindung, auf welche sich das Kontokurrent bezieht, die entgegengesetzte Annahme rechtfertigen; vor Allem gilt dies für die laufende Rechnung in Kommissionsgeschäften, bei welcher die einzelnen Forderungen des Kommissionärs, falls sich das Kommissionsgut in seinem Besitze befindet, durch ein gesetzliches Pfandrecht gesichert sind. Im Entwurf ist deshalb von der Aufstellung bestimmter Regeln in der fraglichen Richtung abgesehen.

Dagegen entscheidet der Entwurf im §. 348 die Frage, welche Wirkungen eintreten, wenn eine durch Pfand, Bürgschaft oder in anderer Weise gesicherte Forderung in das Kontokurrent aufgenommen und demnächst der Saldo festgestellt und anerkannt wird. Die Rechtsprechung nimmt an, daß mit der beiderseitigen Anerkennung des Saldos in einem solchen Falle die Sicherheiten ohne Weiteres erlöschen. Hat sich ein Kaufmann von seinem Kontokurrentkunden für den zu seinen Gunsten bei dem letzten Rechnungsabschlusse festgestellten Saldo eine Hypothek oder eine sonstige

Sicherheit bestellen lassen, um die Geschäftsverbindung fortsetzen zu können, so soll nach dieser Rechtsauffassung die Anerkennung des vielleicht noch weiter angewachsenen Saldos der nächsten Rechnung die Rechtsfolge haben, daß die Hypothek oder die sonstige Sicherheit erlischt. Ebenso wird in dem Falle des Ausscheidens eines Gesellschafters aus einer offenen Handelsgesellschaft, welche zur Zeit dieses Ausscheidens Kontokurrentschuldnerin eines Kaufmanns war, dem auf diesen Zeitpunkt folgenden erneuten Saldoanerkenntnisse der Gesellschaft die Wirkung beigelegt, daß der ausgeschiedene Gesellschafter von jeder Haftung frei wird. Diese Rechtssätze stehen mit den Bedürfnissen und Anschauungen des Verkehrs nicht im Einklange. Sie werden auch durch das Wesen des Kontokurrentverhältnisses nicht nothwendig bedingt. Wenn auch das Saldoanerkenntniß einen selbständigen Verpflichtungsgrund bildet, so schließt dieser Umstand nicht aus, daß die in der Rechnung enthaltenen Einzelforderungen in gewissen Beziehungen noch eine Wirkung üben. Hindert doch selbst die Verjährung des Anspruchs, für welchen eine Hypothek oder ein Pfandrecht besteht, nach §. 223 des Bürgerlichen Gesetzbuchs den Berechtigten nicht, seine Befriedigung aus dem verhafteten Gegenstande zu suchen. Ohnehin findet eine eigentliche Aufrechnung der Einzelposten bei der Saldoziehung nicht statt; denn es stehen sich nicht nur wirkliche Forderungen gegenüber, und die gänzliche Ausgleichung erfolgt buchmäßig nur durch Einstellung des Saldopostens selbst. Auf Grund dieser Erwägungen bestimmt der §. 348 des Entwurfs, daß, wenn im einzelnen Falle eine durch Pfand, Bürgschaft oder in anderer Weise gesicherte Forderung in die laufende Rechnung aufgenommen ist, der Gläubiger durch die Anerkennung des Rechnungsabschlusses nicht gehindert wird, aus der Sicherheit insoweit Befriedigung zu suchen, als sein Guthaben aus der laufenden Rechnung und die Forderung sich decken. In dem Falle, daß für eine in die laufende Rechnung aufgenommene Forderung ein Dritter als Gesammtschuldner haftet, soll der bezeichnete Grundsatz auf die Geltendmachung dieser Haftung entsprechende Anwendung finden. Folgen mehrere Abrechnungen auf einander, so muß der niedrigste Saldo entscheiden. Sind mehrere Forderungen, die den Gesammtbetrag des Saldos übersteigen, durch verschiedene Pfänder gesichert, so haftet jedes Pfand bis zur Höhe des Saldos, soweit die einzelne Forderung nicht hinter dem Betrage des letzteren zurückbleibt. Ein Uebergang der Pfand- oder sonstigen Sicherungsrechte auf die Saldoforderung findet nach dem Entwurfe nicht statt; vielmehr besteht die alte Forderung fort, soweit es sich um die Geltendmachung der Sicherheit handelt. Dem Bürgen oder dritten Verpfänder bleiben daher auch alle Einreden gegen diese Forderung vorbehalten.

Der Entwurf trifft keine Bestimmung darüber, inwieweit durch das Bestehen einer Kontokurrentverbindung die gesonderte Geltendmachnng von Forderungen, die in das Kontokurrent gehören, auch schon vor der Feststellung des Rechnungsabschlusses ausgeschlossen wird. Im Allgemeinen wird es dem Wesen des Kontokurrentverhältnisses widersprechen und deshalb unzulässig sein, daß einzelne Forderungsposten aus der Rechnung herausgegriffen werden, um den Schuldner zu gesonderter Berichtigung derselben zu nöthigen. Eine feste

Regel läßt sich indessen auch hier nicht aufstellen; im einzelnen Falle kann mit Rücksicht auf die Beschaffenheit einer in das Kontokurrent aufgenommenen Forderung eine abweichende Auffassung gerechtfertigt erscheinen. Soweit der bezeichnete Grundsatz gilt, ist auch eine Abtretung der einzelnen Forderungen als solcher ausgeschlossen, und ebenso verhält es sich mit der Pfändung. Der Gläubiger, dessen Schuldner mit einem Dritten in einem Kontokurrentverhältnisse steht, hat dann nur die Möglichkeit, den etwaigen Soldoanspruch seines Schuldners zu pfänden. In dieser Beziehung ist aber eine besondere gesetzliche Vorschrift angezeigt. Es genügt nämlich nicht, dem Gläubiger, welcher den Saldoanspruch pfändet, entsprechend der gegenwärtig herrschenden Auffassung, nur ein Recht auf dasjenige zu gewähren, was sich bei dem nächsten vereinbarungsgemäßen Rechnungsabschlusse als Guthaben des Schuldners ergiebt; denn dieser hätte es dann in der Hand, seine Forderung an den Kontokurrentgegner dem Gläubiger durch beliebige Schaffung neuer Schuldposten zu entziehen. Dem Gläubiger muß vielmehr die Möglichkeit gewährt werden, ohne Rücksicht auf weitere, selbständige Leistungen, die seinem Schuldner erst nach der Pfändung im Kontokurrentverkehr gemacht werden, bei dem Drittschuldner Befriedigung zu suchen. Die Rechtslage des Drittschuldners darf allerdings durch die Pfändung nicht verschlechtert werden; insbesondere müssen ihm alle Einwendungen, die er seinem Kontokurrentgegner entgegensetzen könnte, wenn dieser selbst die Zahlung des Saldos beanspruchen würde, auch dem pfändenden Gläubiger gegenüber zustehen. Dies gilt ebenso hinsichtlich der Art und Höhe, wie hinsichtlich des Zeitpunkts der Zahlungsleistung. Die bloß thatsächliche Erwartung freilich, von welcher der Drittschuldner in Bezug auf die Art und Zeit der Berichtigung seiner Verpflichtung ausgegangen ist, kann hier so wenig wie bei anderen der Pfändung unterworfenen Forderungen berücksichtigt werden. Auf diesen Gesichtspunkten beruhen die Vorschriften, welche der §. 349 des Entwurfs enthält. Danach können dem Gläubiger, welcher die Pfändung und Ueberweisung des Anspruchs auf dasjenige erwirkt hat, was seinem Schuldner als Ueberschuß aus er laufenden Rechnung zukommt, Schuldposten, die nach der Pfändung durch neue Geschäfte entstehen, nicht in Rechnung gestellt werden. Zur Vermeidung von Zweifeln ist dabei ausgesprochen, daß Geschäfte, die auf Grund eines schon vor der Pfändung bestehenden Rechtes oder einer schon vor diesem Zeitpunkte bestehenden Verpflichtung des Drittschuldners vorgenommen werden, nicht als neue Geschäfte im Sinne der Vorschrift gelten. Daraus folgt unter Anderem, daß Posten, für welche der Schuldner nur unter Vorbehalt erkannt ist, insbesondere die Gutschriften für eingesandte, aber noch nicht eingelöste Rimessen, auch dem pfändenden Gläubiger noch keinen endgültigen Anspruch gewähren. Aus den Vorschriften des §. 349 ergiebt sich andererseits, daß, wenn ungeachtet der Pfändung das Kontokurrentverhältniß fortgesetzt wird, eine nachträgliche Erhöhung des Guthabens des Schuldners dem Gläubiger nicht zu Gute kommt. Dieser muß daher, wenn er sich eine etwaige Erhöhung sichern will, ausdrücklich die Pfändung des demnächstigen Saldos beantragen.

Im Gegensatze zu dem bisherigen Art. 291, welcher nur das Kontokurrentverhältniß zwischen Kaufleuten im Auge hat, beziehen sich übrigens die Vorschriften des Entwurfs auch auf das Kontokurrentverhältniß zwischen einem Kaufmann und einem Nichtkaufmann. Derartige Kontokurrentverträge sind häufig und unterliegen schon jetzt gewohnheitsrechtlich denselben Normen wie die Kontokurrentverträge unter Kaufleuten.

Zeit der Leistung. (§§. 350, 351.) Der §. 350 giebt in etwas veränderter Fassung die Vorschrift des bisherigen Art. 332 wieder, wonach die Erfüllung am Erfüllungstage während der gewöhnlichen Geschäftszeit geleistet und angenommen werden muß. Auch der §. 351 wiederholt lediglich geltendes Recht. Ist als Zeit der Leistung das Frühjahr oder der Herbst oder ein in ähnlicher Weise bestimmter Zeitpunkt vereinbart, so soll, wie nach Art. 327 Abs. 1 des Handelsgesetzbuchs, im Zweifel der Handelsgebrauch des Ortes der Erfüllung entscheiden (§. 351 Abs. 1 des Entwurfs). Ebenso hat der Entwurf (§. 351 Abs. 2) die Vorschrift des bisherigen Art. 328 Abs. 1 Nr. 1 des Handelsgesetzbuchs beibehalten, wonach, falls eine Frist von acht Tagen vereinbart ist, darunter im Zweifel volle acht Tage zu verstehen sind. Wenn das Bürgerliche Gesetzbuch es lediglich der Vertragsauslegung überläßt, welche Bedeutung der Abrede einer achttägigen Frist beizulegen ist, so liegt hierin kein ausreichender Grund, die bisher für den Handelsverkehr geltende Bestimmung, die zur Verhütung von Zweifeln und Streitigkeiten beiträgt, zu beseitigen.

Handelsgut mittlerer Art und Güte. (§. 352.) Nach Art. 335 des Handelsgesetzbuchs hat der Schuldner in Ermangelung einer abweichenden Vereinbarung Handelsgut mittlerer Art und Güte zu gewähren. Dieser Satz ist beizubehalten (§. 352). In den §§. 242, 243 des Bürgerlichen Gesetzbuchs ist zwar bestimmt, daß der Schuldner, der eine nur der Gattung nach bestimmte Sache schuldet, eine Sache von mittlerer Art und Güte zu leisten hat und daß die Leistung so zu bewirken ist, wie Treu und Glauben mit Rücksicht auf die Verkehrssitte es erfordern; es erscheint aber nicht unzweckmäßig, die Ansprüche, die gerade im Handelsverkehr in dieser Beziehung an die Waare zu stellen sind, noch näher zu kennzeichnen.

Maß, Gewicht, Währung u. s. w. (§. 353.) Nicht minder empfiehlt es sich, die Auslegungsregel des Art. 336 Abs. 1 aufrechtzuerhalten, wonach Maß, Gewicht, Währung, Zeitrechnung und Entfernungen, die an dem Orte gelten, wo der Vertrag erfüllt werden soll, im Zweifel als die vertragsmäßigen anzusehen sind (§. 353). Dagegen werden die Vorschriften des Art. 336 Abs. 2 in Betreff der Geldschulden, die in einer nicht in Umlauf befindlichen Münzsorte zahlbar sind, durch die im Wesentlichen übereinstimmenden §§. 244 und 245 des Bürgerlichen Gesetzbuchs ersetzt. Inwieweit die letzteren auch auf Zahlungen im Auslande entsprechende Anwendung finden, entscheidet sich nach den Regeln des internationalen Privatrechts.

Unverzügliche Beantwortung von Anträgen wegen Geschäftsbesorgung; Behandlung der mit dem Antrag übersandten Waaren. (§ 354.) Wenn zwischen dem Kaufmanne, welchem ein Auftrag gegeben wird, und dem Auftraggeber eine Geschäftsverbindung besteht oder sich der Kaufmann gegenüber dem Auftraggeber zur Ausrichtung solcher Aufträge erboten hat, so ist er nach Art. 323 Abs. 1 des Handelsgesetzbuchs zu einer Antwort ohne Zögern verpflichtet, widrigenfalls sein Schweigen als Uebernahme des Auftrags gilt. Das Bürgerliche Gesetzbuch (§§. 663, 675) geht insofern noch weiter, als es auch denjenigen, welcher zur Besorgung von Geschäften öffentlich bestellt ist oder sich öffentlich erboten hat, verpflichtet, die etwaige Ablehnung eines an ihn ergehenden Antrags unverzüglich anzuzeigen. Dagegen ist der Fall der Geschäftsverbindung im Bürgerlichen Gesetzbuche nicht erwähnt. Auch gilt nach dem letzteren, falls die Anzeige nicht rechtzeitig erfolgt, der Antrag nicht als angenommen, vielmehr entsteht nur eine Verpflichtung zum Schadensersatze. Dies entspricht indessen nicht der kaufmännischen Anschauung. Hat ein Kaufmann sich einem Anderen gegenüber zur Besorgung gewisser Geschäfte erboten oder steht er mit einem Anderen in einer Geschäftsverbindung, so wird es im Handelsverkehr als selbstverständlich angesehen, daß er sich der Besorgung eines ihm aufgetragenen Geschäfts unterziehen will, wenn er nicht das Gegentheil erklärt; gerade hierin wird ein besonderer Vortheil der kaufmännischen Geschäftsverbindung erblickt. Im §. 354 Abs. 1 des Entwurfs ist deshalb die Vorschrift des bisherigen Art. 323 Abs. 1 beibehalten. Nur ist der Ausdruck „Auftrag", der sich im Bürgerlichen Gesetzbuch ausschließlich auf die unentgeltliche Besorgung von Geschäften bezieht, vermieden und außerdem zur Verhütung von Zweifeln hervorgehoben, daß eine bestehende Geschäftsverbindung den Kaufmann zur unverzüglichen Antwort blos dann verpflichtet, wenn der Antrag die Besorgung von Geschäften betrifft, wie sie das Handelsgewerbe des Kaufmanns mit sich bringt. Hat der Kaufmann sich nicht gegenüber dem Antragsteller, sondern öffentlich zur Besorgung gewisser Geschäfte erboten, so kann es bei dem Grundsatze des Bürgerlichen Gesetzbuchs bewenden, wonach bei nicht rechtzeitiger Ablehnung des Antrags nur eine Schadenersatzpflicht eintritt.

Ueber die Aufbewahrung der mit dem Antrag etwa übersandten Waaren enthält das Bürgerliche Gesetzbuch keine Bestimmung. Von dem Kaufmanne verlangt dagegen das Handelsgesetzbuch, daß er in den Fällen des Art. 323 Abs. 1 die Waare, soweit er für die Kosten gedeckt ist und es ohne Nachtheil für ihn geschehen kann, einstweilen vor Schaden behüte (Art. 323 Abs. 2). Dem schließt sich auch der Entwurf (§. 354 Abs. 2) an. Keine Aufnahme in den Entwurf hat dagegen der Abs. 3 des bisherigen Art. 323 gefunden, nach welchem das Gericht auf Antrag des Kaufmanns anordnen kann, daß das Gut in einem öffentlichen Lagerhaus oder bei einem Dritten so lange niedergelegt werde, bis der Eigenthümer anderweitige Vorkehrung trifft. Denn wenn der Kaufmann das Gut in der bezeichneten Weise niederlegen will, so ist ein gerichtliches Verfahren hierfür ebenso wenig erforderlich wie in den Fällen des Annahmeverzugs des Käufers oder der Mangelhaftigkeit der gelieferten Waare (Art. 343 Abs. 2, Art. 348 Abs. 1 des Handelsgesetzbuchs; §. 365 Abs. 1, §. 370 Abs. 1 des Entwurfs).

Kaufmännische Anweisungen und sonstige Werthpapiere. (§§. 355 bis 357.)

Die Vorschriften des Handelsgesetzbuchs über kaufmännische Anweisungen betreffen einerseits die verbindliche Kraft der Annahme einer auf einen Kaufmann oder von einem Kaufmann ausgestellten Anweisung (Art. 300, Art. 301 Abs. 3), andererseits die Uebertragung der von einem Kaufmann ausgestellten an Order lautenden Anweisung durch Indossament (Art. 301, 303, 305). Im Entwurf ist nur die letztere Seite des Gegenstandes berücksichtigt, wogegen die Vorschriften des Handelsgesetzbuchs über die Anweisungsannahme im Hinblick auf die Bestimmungen des Bürgerlichen Gesetzbuchs nicht aufgenommen sind. Das Recht der Anweisungen ist in den §§. 783 bis 792 daselbst ausführlich geregelt, und zwar in der Weise, daß die Annahmeerklärung, welche auf eine schriftliche Anweisung über Geld, Werthpapiere oder andere vertretbare Sachen gesetzt wird, die Natur eines selbständigen Verpflichtungsgrundes hat. Die betreffenden Vorschriften stellen sich im Einzelnen auch vom Standpunkte der Handelsinteressen aus als eine zweckmäßige, dem Verkehrsbedürfniß entsprechende Regelung dar. Die Voraussetzungen, unter denen nach dem Bürgerlichen Gesetzbuche die Annahme einer Anweisung verbindliche Kraft hat, decken sich allerdings nicht vollständig mit den Voraussetzungen des Art. 300 des Handelsgesetzbuchs; denn ein Kaufmann, der eine auf ihn lautende Anweisung annimmt, wird nach dem Handelsgesetzbuche durch die Annahmeerklärung auch dann verpflichtet, wenn die Anweisung auf einen anderen Gegenstand als auf Geld, Werthpapiere oder sonstige vertretbare Sachen lautet, ferner auch dann, wenn die Anweisung nur mündlich ertheilt ist, endlich auch dann, wenn die Annahme nur mündlich gegenüber dem Anweisungsempfänger erfolgt. Praktisch kommen jedoch diese Abweichungen von der Regelung des Bürgerlichen Gesetzbuchs kaum in Betracht, und sie brauchen um so weniger aufrecht erhalten zu werden, als in den bezeichneten Fällen der Kaufmann, welcher die Anweisung dem Anweisungsempfänger gegenüber angenommen hat, regelmäßig schon nach den Grundsätzen über das Schuldversprechen, das nach §. 341 des Entwurfs für Kaufleute auch ohne schriftliche Form verbindlich ist, verpflichtet sein wird.

Die Uebertragung der Anweisung auf einen Anderen ist zwar nach dem Bürgerlichen Gesetzbuche nicht ausgeschlossen; sie geschieht aber nicht in der Form des Indossaments und hat nicht dessen besondere Wirkungen. Die Uebertragbarkeit durch Indossament bleibt demnach auch in Zukunft eine Eigenthümlichkeit der kaufmännischen Anweisungen. Diese sind in den auf die Orderpapiere bezüglichen §§. 355 bis 357 des Entwurfs an erster Stelle berücksichtigt. Nur ist dabei der Begriff der kaufmännischen Anweisung anders bestimmt als bisher; denn während der Art. 301 des Handelsgesetzbuchs sich auf Anweisungen bezieht, die von Kaufleuten ausgestellt sind, erklärt der §. 355 Abs. 1 des Entwurfs die an Kaufleute ausgestellten Anweisungen über Geld, Werthpapiere oder andere vertretbare Sachen für indossabel. Die Aenderung beruht zunächst auf der Erwägung, daß es nicht gerechtfertigt ist, die von Nichtkaufleuten auf Kaufleute ausgestellten Anweisungen von der Uebertragung durch Indossament auszuschließen. Darin, daß die Leistung durch einen Kaufmann erfolgen soll, liegt das Wesentliche für den Begriff der kaufmännischen Anweisung; die Person des Angewiesenen und Akzeptanten ist für die Nehmer des Papiers in erster Linie von Bedeutung, während die Person des Ausstellers, da gegen ihn ein besonderer Anspruch aus der Urkunde nicht begründet ist, weniger in Betracht kommt. Andererseits erscheint es nicht unbedenklich, die verschärfte Haftung, welche bei einer indossirbaren Anweisung durch den Ausschluß der Einreden aus der Person der Vormänner für den Akzeptanten eintritt, ohne Rücksicht darauf anzuerkennen, ob der Angewiesene ein Kaufmann ist oder nicht. Auf die allgemeine Wechselfähigkeit kann man sich hierfür nicht berufen, denn bei der Unterzeichnung eines Wechsels ist sich der Unterzeichner regelmäßig bewußt, eine besonders strenge Haftung zu übernehmen; dagegen ist eine sich nicht als Wechsel kennzeichnende Anweisung viel eher geeignet, einen Unerfahrenen irre zu führen, während doch thatsächlich die Verpflichtung des Akzeptanten einer indossabelen Orderanweisung in ihren Rechtswirkungen der Wechselverpflichtung nahe steht. Auch im Hinblick auf den kaufmännischen Verpflichtungsschein, bei welchem das Gesetz die Uebertragbarkeit durch Indossament nur insoweit anerkannt, als der aus der Urkunde Verpflichtete ein Kaufmann ist, erscheint es gerechtfertigt, wenn der Entwurf die besonderen Vorschriften über die Orderanweisung auf solche Anweisungen, die auf einen Kaufmann lauten, beschränkt, dafür aber auf der anderen Seite von dem Erforderniß absieht, daß die Anweisung von einem Kaufmann ausgestellt ist.

In einzelnen Bundesstaaten ist durch die Landesgesetzgebung die Ausstellung indossirbarer Anweisungen weit über die im Handelsgesetzbuch und jetzt im Entwurfe gezogenen Grenzen hinaus zugelassen. Abgesehen von den Vorschriften des bremischen und des hamburgischen Einführungsgesetzes, nach welchen die Bestimmungen der Art. 301 bis 305 des Handelsgesetzbuchs Anwendung finden, auch wenn keiner der Betheiligten ein Kaufmann ist, kommen hauptsächlich die in Bayern, in Sachsen und in einer Reihe thüringischer Staaten ergangenen Gesetze in Betracht, durch die im Anschluß an den vor der deutschen Wechselordnung bestehenden Rechtszustand die an Order gestellte Geldanweisung in den wesentlichsten Beziehungen dem Wechsel gleichgestellt ist. Die so gestaltete Anweisung unterscheidet sich in ihren sachlichen Wirkungen von dem Wechsel wesentlich nur dadurch, daß sie nicht zum Akzepte bestimmt ist und daher bei verweigertem Akzept auch keinen Regreß mangels Annahme begründet. Eine Verallgemeinerung dieser Einrichtung, für welche anderwärts kein Bedürfniß hervorgetreten ist, kann jedenfalls nicht in Betracht kommen, und auch die Aufrechterhaltung der aus den erwähnten Gesetzen sich ergebenden Rechtsverschiedenheit ist nicht als nothwendig anzuerkennen. Der Entwurf des Einführungsgesetzes enthält eine Bestimmung, welche es außer Zweifel stellt, daß die betreffenden Landesgesetze mit dem Inkrafttreten des neuen Handelsgesetzbuchs ihre Geltung verlieren (Art. 21).

Unter den allgemeinen Begriff der Anweisung fällt auch der Check. Die Regelung des Checkrechts wird nöthigenfalls im Wege eines besonderen Gesetzes ihre Erledigung finden müssen. Der weiteren Entwickelung des Checkwesens auf der bisherigen Grundlage stehen weder die Vorschriften des Entwurfs noch diejenigen des Bürgerlichen Gesetzbuchs im Wege. Meistens sind die Checks auf den Inhaber gestellt, oder sie lauten zwar auf eine bestimmte Person, aber mit dem Zusatze, daß der Bezogene auch an jeden Inhaber zahlen solle. Die rechtliche Zulässigkeit solcher Checks ist auch künftig nicht zweifelhaft; nur das Akzept eines Inhaberchecks wird durch den §. 795 des Bürgerlichen Gesetzbuchs ausgeschlossen, was auch vom Standpunkte des Checkrechts als ein angemessenes Ergebniß zu betrachten ist. In Ansehung derjenigen Checks, welche auf eine bestimmte Person oder den Inhaber lauten, wird der §. 808 des Bürgerlichen Gesetzbuchs entsprechende Anwendung finden können. Was die Checks betrifft, welche an Order lauten und durch Indossament übertragbar sein sollen, so ergiebt sich die Indossirbarkeit derselben, da der Bezogene stets ein Kaufmann sein wird, aus dem §. 355 des Entwurfs.

Außer den kaufmännischen Anweisungen und Verpflichtungsscheinen zählt der §. 355 des Entwurfs die Konnossemente der Seeschiffer, die Ladescheine der Frachtführer, die Lagerscheine der staatlich zur Ausstellung solcher Urkunden ermächtigten Anstalten, die Bodmereibriefe und die Transportversicherungspolizen zu denjenigen Papieren, welche, wenn sie an Order lauten, durch Indossament mit der Wirkung übertragen werden können, daß die Geltendmachung von Einreden aus der Person eines Vormannes ausgeschlossen ist. Von dem Art. 302 des Handelsgesetzbuchs weicht der Entwurf nur insofern ab, als er nicht bloß die Seeversicherungspolizen, sondern alle Transportversicherungspolizen berücksichtigt. Die Verhältnisse bei der Binnentransportversicherung stimmen mit denjenigen der Versicherung gegen Seegefahr hinsichtlich der hier in Betracht kommenden Fragen im Wesentlichen überein, und es empfiehlt sich daher, die Uebertragung der Polizen bei beiden Arten der Transportversicherung den gleichen Vorschriften zu unterstellen. Im Uebrigen liegt zu einer Ausdehnung des Kreises der Orderpapiere keine Veranlassung vor. Schuldverschreibungen des Staates oder öffentlicher Verbände, die auf Namen lauten und indossirbar sind, kommen nicht mehr vor, und Schuldverschreibungen gewerblicher Unternehmungen werden, falls sie nicht auf den Inhaber lauten, mit Rücksicht auf die Ausdehnung des Kaufmannsbegriffes im §. 2 des Entwurfs regelmäßig als kaufmännische Verpflichtungsscheine an Order gestellt werden können. Auch der bisherige Art. 304, der es den Landesgesetzen überläßt, zu bestimmen, ob außer den in den Art. 301, 302 bezeichneten Papieren noch andere Urkunden mit den für die Orderpapiere vorgesehenen Wirkungen durch Indossament übertragen werden können, muß wegfallen. Bezüglich der Lagerscheine von Anstalten, die staatlich zur Ausstellung solcher nicht besonders ermächtigt sind, kommt übrigens der Art. 16 des Entwurfs des Einführungsgesetzes in Betracht, nach welchem die landesgesetzlichen Vorschriften über Lagerscheine und Lagerpfandscheine unberührt bleiben.

Die Vorschriften der §§. 356 und 357 über die Wirkung und die Form des Indossaments, über die Legitimation des Besitzers und über die Verpflichtung des Besitzers zur Herausgabe der Urkunde stimmen in allem Wesentlichen mit den Art. 303, 305 des Handelsgesetzbuchs überein. In der Fassung schließt sich der zweite Absatz des §. 356 den Vorschriften an, welche das Bürgerliche Gesetzbuch hinsichtlich der Zulässigkeit von Einwendungen des Schuldners gegenüber dem Anweisungsempfänger und gegenüber dem Besitzer einer Schuldverschreibung auf den Inhaber giebt (§. 784 Abs. 1, §. 796). Daß es zur Gültigkeit der Urkunde oder des Indossaments der Angabe des Verpflichtungsgrundes oder des Empfangsbekenntnisses der Valuta nicht bedarf, braucht mit Rücksicht auf die allgemeinen Grundsätze des Bürgerlichen Gesetzbuchs nicht mehr besonders ausgesprochen zu werden; der Abs. 2 des Art. 301 kann daher wegfallen.

Was die Kraftloserklärung vernichteter oder abhanden gekommener Urkunden betrifft, so beziehen sich die Vorschriften des §. 357 Abs. 2 des Entwurfs nicht, wie der Art. 305 Abs. 2 des Handelsgesetzbuchs, bloß auf kaufmännische Anweisungen und Verpflichtungsscheine, sondern auf die sämmtlichen im §. 355 angeführten Orderpapiere. Auch bei Konnossementen, Lager- und Ladescheinen, Bodmereibriefen und Transportversicherungspolizen soll demnach künftig ebenso wie bei einem verloren gegangenen oder vernichteten Wechsel der Berechtigte nach Einleitung des Verfahrens, wenn er bis zur Kraftloserklärung Sicherheit bestellt, Leistung gemäß der Urkunde von dem Schuldner verlangen können. Dagegen soll weder bei diesen Urkunden noch bei Anweisungen und Verpflichtungsscheinen der im Art. 73 Satz 3 der Wechselordnung noch weiter anerkannte Grundsatz Anwendung finden, daß der Berechtigte nach der Einleitung des Verfahrens auch ohne Sicherheitsleistung die Hinterlegung der Schuldsumme vom Akzeptanten zu fordern befugt ist. Hierin liegt eine Abweichung von dem geltenden Rechte, da im Handelsgesetzbuche für die Anweisungen und Verpflichtungsscheine und in einzelnen Einführungsgesetzen[1]) auch für die anderen Orderpapiere auf den gesammten Inhalt des Art. 73 der Wechselordnung Bezug genommen ist. Es erscheint indessen bei den in Frage stehenden Papieren nicht unbedenklich, auf die bloße Bescheinigung des Verlustes der Urkunde hin dem Schuldner eine so weitgehende Verpflichtung aufzuerlegen, zumal bei Inhaberpapieren der Gläubiger lediglich auf die Zahlungssperre angewiesen ist (zu vergl. die Vorschriften des §. 850a der Civilprozeßordnung in der Anlage II der Denkschrift zu dem Entwurf eines Bürgerlichen Gesetzbuchs).

Die Bestimmungen des Art. 306 des Handelsgesetzbuchs, nach welchen der redliche Erwerber einer beweglichen Sache, die im Handelsbetriebe eines Kaufmanns veräußert oder verpfändet wird, das Eigenthum oder das Pfandrecht auch dann erlangt, wenn die Sache nicht dem Veräußerer oder Verpfänder gehört hat, verlieren zwar in der Hauptsache ihre Bedeutung, weil der Grundsatz, daß bei beweglichen Sachen der gutgläubige Erwerb zur Begründung des Eigenthums oder Pfandrechts ausreicht, im Bürgerlichen Gesetzbuch allgemein durchgeführt ist. Der Schutz des guten Glaubens, der nach den §§. 932 bis 936, 1207, 1208 des Bürgerlichen Gesetzbuchs eintritt, deckt sich indessen nicht vollständig mit dem Schutze, welchen das Handelsgesetzbuch gewährt. Das erstere bleibt vielmehr in einem wesentlichen Punkte hinter dem Handelsgesetzbuche zurück, indem der Regel nach nur derjenige geschützt wird, welcher des Glaubens war, daß die Sache dem Veräußerer oder Verpfänder gehöre, wogegen die Vorschriften des Handelsgesetzbuchs auch dann Anwendung finden, wenn der Erwerber den Veräußerer oder Verpfänder zwar nicht für den Eigenthümer gehalten, aber angenommen hat, daß derselbe zur Verfügung über die Sache befugt sei. Im Handelsverkehr wird auf diese weitergehende Berücksichtigung des guten Glaubens nicht verzichtet werden können. Der Fall,

Schutz des redlichen Erwerbes bei Veräußerung oder Verpfändung beweglicher Sachen. (§. 358.)

[1]) Einführungsgesetz für Kurhessen §. 22, für Nassau §. 18, für Baden Art. 39, für Mecklenburg-Schwerin und Mecklenburg-Strelitz §. 35, für Waldeck §. 19.

daß auf Grund eines handelsrechtlichen Vertragsverhältnisses die Befugniß begründet ist, über eine fremde Sache, sei es im eigenen Namen, sei es im Namen des Eigenthümers zu verfügen, ist so häufig, daß die Sicherheit des Verkehrs beeinträchtigt werden würde, wenn dem entschuldbaren Irrthum über das Vorhandensein einer solchen Verfügungsbefugniß der Schutz versagt bliebe. Wer von einem Kaufmanne, der gewerbsmäßig Kommissionsgeschäfte betreibt, Waaren oder Werthpapiere erwirbt oder zum Pfande nimmt, wird oftmals nicht im Unklaren darüber sein, daß die betreffenden Gegenstände nicht dem Veräußerer oder Verpfänder gehören, er darf sich aber, wenn ihm die Umstände keine Veranlassung zu Zweifeln geben, darauf verlassen, daß der Kommissionär zur Verfügung über den Gegenstand befugt ist, und es kann ihm der Regel nach nicht angesonnen werden, Ermittelungen darüber anzustellen, ob ein gültiger Kommissionsauftrag besteht und wieweit er reicht. Das Gleiche gilt, wenn ein Handlungsagent im Namen des Geschäftsherrn die Waaren desselben, welche er auf seinem Lager hat, veräußert und übergiebt. Zudem steht die Frage in Zusammenhang mit der Regelung der gesetzlichen Pfandrechte, die dem Kommissionär, dem Spediteur, dem Frachtführer und nach dem Entwurfe dem Lagerhalter gewährt sind (§§. 389, 402, 413, 432). Nach Art. 306 Abs. 3 des Handelsgesetzbuchs gilt der Grundsatz des Schutzes des guten Glaubens auch in Ansehung solcher gesetzlichen Pfandrechte, und hieran wird im Gegensatze zum bürgerlichen Rechte festgehalten werden müssen. Für die bezeichneten Pfandrechte würde jener Schutz in sehr vielen Fällen ohne Bedeutung sein, wenn er auf den Fall beschränkt bliebe, daß der Berechtigte irrthümlicher Weise den anderen Theil für den Eigenthümer der Sache gehalten hat. Bei dem Frachtführer, der das Gut von dem Spediteur oder Lagerhalter zur Beförderung übernimmt, bei dem Lagerhalter oder Kommissionär, der eine Waare von einem Konsignationshause erhält, ist jene Annahme von vornherein ausgeschlossen. Der Schutz des guten Glaubens hat hier überhaupt nur einen Sinn, wenn er die Fälle umfaßt, in denen der Berechtigte angenommen hat, daß der andere Theil befugt sei, so wie geschehen, für den Eigenthümer über die Waare zu verfügen. In dieser Weise wird die Bestimmung des Handelsgesetzbuchs über den redlichen Erwerb bei den gesetzlichen Pfandrechten allgemein aufgefaßt. Es leuchtet aber ein, daß der Schutz des guten Glaubens nicht eine grundsätzlich verschiedene Regelung erfahren kann, je nachdem es sich um den Erwerb eines gesetzlichen oder eines vertragsmäßigen Pfandrechts handelt. Es erscheint daher nothwendig, den Art. 306 des Handelsgesetzbuchs, soweit er über die Bestimmungen des Bürgerlichen Gesetzbuchs hinausgeht, aufrecht zu erhalten.

Auf diesen Erwägungen beruht der §. 358 des Entwurfs. Er erklärt in dem Falle, daß von einem Kaufmann eine ihm nicht gehörige oder mit dem Rechte eines Dritten belastete bewegliche Sache im Betriebe seines Handelsgewerbes veräußert oder verpfändet wird, die Vorschriften des Bürgerlichen Gesetzbuchs über den Schutz des guten Glaubens auch dann für anwendbar, wenn der gute Glaube des Erwerbers sich auf die Befugniß des Veräußerers oder Verpfänders, über die Sache für den Eigenthümer oder für den dinglich Berechtigten zu verfügen, bezieht. Im Schlußabsatze des §. 358 wird sodann der Schutz des guten Glaubens auf das gesetzliche Pfandrecht des Kommissionärs, des Spediteurs, des Lagerhalters und des Frachtführers ausgedehnt. Durch die Fassung der Vorschrift wird außer Zweifel gestellt, daß es bei den bezeichneten gesetzlichen Pfandrechten für den Schutz des guten Glaubens keinen Unterschied begründet, ob der Schuldner Kaufmann ist oder nicht. Die sonstigen Vorschriften des Art. 306 des Handelsgesetzbuchs sowie die Art. 307 und 308 können wegfallen. Bei gestohlenen oder verlorenen Sachen hat auch nach dem Bürgerlichen Gesetzbuch (§. 935 Abs. 1) der gute Glaube des Erwerbers im Allgemeinen keine Wirkung, und wenn dasselbe hiervon nicht nur für Inhaberpapiere, sondern außerdem noch für Geld und öffentlich versteigerte Sachen eine Ausnahme macht (§. 935 Abs. 2), so liegt darin eine auch für den Handelsverkehr zweckmäßige Erweiterung des Schutzes des guten Glaubens. Der in dem bisherigen Art. 308 enthaltene Vorbehalt für die Landesgesetze wird mit dem einheitlichen bürgerlichen Rechte gegenstandslos.

Der §. 359 enthält besondere Vorschriften für den Fall, daß ein gestohlenes, verlorenes oder sonst abhanden gekommenes Inhaberpapier an einen Kaufmann, der Bankier- oder Geldwechslergeschäfte betreibt, veräußert oder verpfändet wird. Der gute Glaube ist bei dem Erwerb einer beweglichen Sache schon dann ausgeschlossen, wenn dem Erwerber in Folge grober Fahrlässigkeit unbekannt geblieben war, daß die Sache nicht dem Veräußerer oder Verpfänder gehörte (§. 932 Abs. 2, §. 1207 des Bürgerlichen Gesetzbuchs). Ein Bankier hat aber in Folge seines Berufs die Verpflichtung, von den im Falle eines Diebstahls oder eines Verlustes von Werthpapieren üblicher Weise stattfindenden polizeilichen Bekanntmachungen nach Möglichkeit Kenntniß zu nehmen. Hiernach ist davon auszugehen, daß ein Bankier, der gestohlene oder verlorene Werthpapiere kauft oder sich zum Pfande bestellen läßt, ohne einer Bekanntmachung der bezeichneten Art die durch die Umstände gebotene Rücksicht angedeihen zu lassen, das Eigenthum oder Pfandrecht an den Papieren nicht erwirbt, sondern verpflichtet ist, sie dem Eigenthümer herauszugeben. In der Rechtsprechung ist dies auch wiederholt anerkannt worden.

Dabei hat es sich jedoch als ein empfindlicher Mißstand erwiesen, daß es an einem für alle derartigen Bekanntmachungen bestimmten Organe fehlt. Die Folge ist, daß die einzelnen Polizeibehörden sehr verschiedenartige, manchmal nur wenig verbreitete Blätter für die von ihnen zu erlassenden Bekanntmachungen verwenden. Die Wirksamkeit der Bekanntmachung beschränkt sich dementsprechend meist auf enge räumliche Grenzen und gewährt den Eigenthümern der abhanden gekommenen Papiere nur unzureichenden Schutz. Andererseits befinden sich die Bankgeschäfte in einer schwierigen Lage, da es ihnen an genügenden Anhaltspunkten dafür fehlt, auf welche öffentlichen Blätter sie ihre Prüfung zu erstrecken haben und wie lange die einmal erfolgte Bekanntmachung zu berücksichtigen ist.

Diesen Uebelständen kann nur durch Vereinigung der Bekanntmachungen in einem Zentralorgan abgeholfen werden. Den gleichen Weg hat ein französisches Gesetz vom 15. Juni 1872 eingeschlagen, nach welchem gestohlene oder verlorene Inhaberpapiere in einem besonderen Organe, dem Bulletin des oppositions, mit der Wirkung bekannt gemacht werden, daß von der Bekanntmachung an die Papiere ihre Uebertragbarkeit verlieren. Einer Anregung aus Handelskreisen folgend, trifft der Entwurf (§. 359) ähnliche, wenn auch in ihrer Tragweite etwas beschränktere Vorschriften. Danach soll für die Fälle, in denen ein dem Eigenthümer gestohlenes, verloren gegangenes oder sonst abhanden gekommenes Inhaberpapier an einen Kaufmann veräußert oder verpfändet wird, der Bankier- oder Geldwechslergeschäfte betreibt, der gute Glaube des Erwerbers als ausgeschlossen gelten, wenn zur Zeit der Veräußerung oder Verpfändung der Verlust des Papiers von einer öffentlichen Behörde oder von dem aus der Urkunde Verpflichteten im Deutschen Reichsanzeiger bekannt gemacht war. Nur wenn in Folge besonderer Umstände der Erwerber die betreffende Veröffentlichung nicht kannte und auch nicht kennen mußte, tritt die bezeichnete Wirkung nicht ein.

Eine besondere Bestimmung des Inhalts, daß, solange die Bekanntmachung im Reichsanzeiger nicht erfolgt ist, der gute Glaube des Erwerbers vermuthet werde, ist in den Entwurf nicht aufgenommen; sie wäre gegenstandslos, da nach §. 932 des Bürgerlichen Gesetzbuchs die Gutgläubigkeit des Erwerbers überhaupt als vorhanden angenommen wird, solange nicht das Gegentheil dargethan ist. Auch läßt sich nicht etwa bestimmen, daß ein Bankier stets nur die Bekanntmachungen des Reichsanzeigers und sonst keinerlei Mittheilungen oder Veröffentlichungen zu berücksichtigen habe. In solcher Allgemeinheit wäre der Satz bedenklich; denn unter Umständen, z. B. für die Zeit bis zum Eintreffen des Reichsanzeigers, kann dem Bankier nicht ohne Weiteres die Pflicht abgenommen werden, auch eine Bekanntmachung zu berücksichtigen, die von der Polizeibehörde des Ortes seiner Niederlassung in dem für ihre Veröffentlichungen gewöhnlich benutzten Blatte bewirkt ist. Im Uebrigen wird die Vorschrift des Entwurfs von selbst dahin führen, eine sichere Grundlage für die in den Bankgeschäften vorzunehmende Prüfung zu schaffen. Falls nicht besondere Umstände vorliegen, muß angenommen werden, daß ein Bankier seiner Pflicht genügt, wenn er nur die Bekanntmachungen des Reichanzeigers berücksichtigt; denn, sobald ein Zentralorgan besteht, dessen Veröffentlichungen von dem Gesetze mit besonderer Wirkung ausgestattet sind, darf jeder Bankier davon ausgehen, daß dieses Organ für alle Bekanntmachungen, die eine derartige Wirkung haben sollen, auch thatsächlich benutzt wird. Es ist mit Sicherheit zu erwarten, daß namentlich auch die Rechtsprechung diese Gesichtspunkte zur Geltung bringen wird.

Die mit der Bekanntmachung verbundene Wirkung soll nach dem Entwurfe nur eintreten, wenn zur Zeit des Erwerbes des Inhaberpapiers noch nicht mehr als ein Jahr seit dem Ablaufe des Jahres verstrichen war, in welchem die Veröffentlichung erfolgt ist. Eine Begrenzung dieser Art ist nicht zu entbehren. Die Fälle, in denen der Verlust von Werthpapieren zu einer amtlichen Bekanntmachung Anlaß giebt, finden nicht selten durch die Wiederauffindung der Papiere nach kurzer Zeit ihre Erledigung, ohne daß die Behörde, die um die Veröffentlichung angegangen war, hiervon benachrichtigt und damit in die Lage gebracht würde, ihre Bekanntmachung zurückzunehmen. Eine unbeschränkt fortdauernde Wirkung der einmal erlassenen Bekanntmachung würde daher zu einer grundlosen Erschwerung des Verkehrs führen. In denjenigen Fällen, in welchen der Anlaß zu der Bekanntmachung noch fortbesteht, kann es den Betheiligten überlassen bleiben, sich gegen die Folgen des Zeitablaufs dadurch zu schützen, daß sie rechtzeitig eine erneute Bekanntmachung im Reichsanzeiger veranlassen. Da die Wirkung der ersten Bekanntmachung nicht vor dem Ablaufe des nächsten Kalenderjahres erlischt, so wird es möglich sein, die sämmtlichen Bekanntmachungen eines Jahres, welche erneuert werden sollen, in einer einzigen, am Schlusse des nächsten Jahres zu bewirkenden Veröffentlichung zusammenzufassen.

Die Ausnahme, welche der Abs. 3 des §. 359 für Zins-, Renten- und Gewinnantheilscheine sowie für Banknoten und andere auf Sicht zahlbare unverzinsliche Inhaberpapiere vorsieht, erscheint unumgänglich, weil bei den großen Mengen, in welchen sich diese Papiere im Verkehre befinden, eine Berücksichtigung von Bekanntmachungen der in Frage stehenden Art nicht durchführbar sein würde. Aus ähnlichen Gründen ist im §. 799 des Bürgerlichen Gesetzbuchs eine Kraftloserklärung im Wege des Aufgebotsverfahrens hinsichtlich der bezeichneten Gattungen von Inhaberschuldverschreibungen ausgeschlossen. In Betreff der Zins-, Renten- und Gewinnantheilscheine kommt jedoch für die Vorschriften des Entwurfs der erwähnte Gesichtspunkt nur soweit in Betracht, als es sich um Scheine handelt, die zur Zeit der Veräußerung oder Verpfändung bereits fällig sind oder im nächsten Einlösungstermine fällig werden; denn, wenn einem Bankier Zins-, Renten- oder Gewinnantheilscheine angeboten werden, die erst an einem späteren als dem bezeichneten Termine verfallen, so wird dies mit Rücksicht auf die bestehenden Verkehrsgewohnheiten und Usancen in vielen Fällen schon an sich geeignet sein, Zweifel hinsichtlich der Verfügungsbefugniß des Besitzers zu erwecken. Die Unternehmer von Bankgeschäften können daher auch nicht von der Verpflichtung entbunden werden, etwaige Bekanntmachungen im Reichsanzeiger über den Verlust derartiger Papiere zu berücksichtigen. Der im §. 359 Abs. 3 vorgesehenen Ausnahme ist aus diesem Grunde eine entsprechende Einschränkung beigefügt.

Kaufmännisches Pfandrecht. (§. 360.)

Die Vorschriften der Art. 309 bis 312 des Handelsgesetzbuchs über die kaufmännische Pfandbestellung an beweglichen Sachen, Inhaberpapieren und Papieren, die durch Indossament übertragen werden können, sowie über die Befriedigung aus den unter Kaufleuten bestellten Pfändern werden durch das Bürgerliche Gesetzbuch entbehrlich. In Bezug auf die Form der Pfandbestellung stimmen die Vorschriften des letzteren Gesetzbuchs mit dem Art. 309 des Handelsgesetzbuchs im Wesentlichen überein, und auch in Bezug auf die Befriedigung aus dem Pfande können nunmehr in der Hauptsache die Grundsätze des Bürgerlichen Gesetzbuchs zur Anwendung kommen. Nach diesem erfolgt bei der Verpfändung von beweglichen Sachen und Inhaberpapieren sowie von Papieren, die durch Indossament übertragen werden können und einen Börsen- oder Marktpreis haben, die Befriedigung des Pfandgläubigers durch außergerichtlichen Verkauf des Pfandes. Zum Schutze des Verpfänders sind gewisse Förmlichkeiten vorgeschrieben, und bezüglich der wesentlichsten von diesen Förmlichkeiten ist bestimmt, daß der Pfandgläubiger von der Beobachtung derselben auch durch Vereinbarung nicht zum voraus befreit werden kann. Insbesondere gehört hierher die Vorschrift, daß der Verkauf im Wege der öffentlichen Versteigerung zu bewirken ist. Hat das Pfand einen Börsen- oder Marktpreis, so darf der Verkauf zwar aus freier Hand, aber nur durch einen zu solchen Verkäufen öffentlich ermächtigten Handelsmäkler oder durch einen öffentlichen Versteigerer zum laufenden Preise erfolgen (Bürgerliches Gesetzbuch §. 1235, §. 1245 Abs. 2). In Bezug auf die Befriedigung aus dem Pfande wird demnach in Zukunft kraft Gesetzes gelten, was im Art. 311 des Handelsgesetzbuchs nur als Folge einer besonderen schriftlichen Vereinbarung über die Befugniß des Pfandgläubigers zur außergerichtlichen Befriedigung vorgesehen ist. Andererseits ergiebt sich eine nach dem Handelsgesetzbuche nicht bestehende Einschränkung der Vertragsfreiheit daraus, daß der Pfandgläubiger nicht mehr in der Lage ist, die Befreiung von den für den außergerichtlichen Pfandverkauf vorgesehenen Formen von vornherein auszubedingen. Diese Regelung ist auch für den Handelsverkehr als angemessen zu betrachten, wie denn gerade für gewisse Handelszweige, namentlich für den Kommissionshandel, eine Einschränkung der Vertragsfreiheit in der vorbezeichneten Richtung vielfach, insbesondere bei den Berathungen der Börsen-Enquete-Kommission, als nothwendig bezeichnet worden ist.

Zwischen der Androhung und dem Vollzuge des Pfandverkaufs muß nach §. 1234 Abs. 2 des Bürgerlichen Gesetzbuchs eine Frist von einem Monate liegen. Für die Verhältnisse des Handelsverkehrs ist diese Frist zweifellos zu reichlich bemessen; im §. 360 Abs. 1 des Entwurfs ist deshalb für den Fall, daß die Verpfändung auf der Seite des Pfandgläubigers und des Verpfänders ein Handelsgeschäft ist, also unter Kaufleuten im Betriebe ihres Handelsgewerbes stattgefunden hat, die Frist auf eine Woche verkürzt. Noch weiter zu gehen und die kurze Frist schon dann eintreten zu lassen, wenn nur der Pfandgläubiger Kaufmann ist, erscheint nicht angemessen; auch die Sondervorschriften der bisherigen Art. 310 und 311 finden nur zwischen Kaufleuten untereinander Anwendung.

In Ansehung der Befriedigung aus dem Pfande begründet es nach dem Bürgerlichen Gesetzbuche keinen Unterschied, ob das Pfandrecht auf Vertrag oder auf Gesetz beruht. Auch für die gesetzlichen Pfandrechte des Handelsgesetzbuchs wird es in Zukunft bei den allgemeinen Vorschriften des bürgerlichen Rechtes über die Befriedigung aus dem Pfande bewenden können. Zwar sind gegenwärtig nach den Art. 375, 387 des Handelsgesetzbuchs der Kommissionär und der Spediteur nur auf Grund einer gerichtlichen Anordnung zum Verkauf ermächtigt; allein diese Mitwirkung des Gerichts ist ohne erhebliche praktische Bedeutung, da ausdrücklich vorgeschrieben ist, daß die Anordnung des Verkaufs ohne Gehör des Schuldners zu erfolgen hat. Ebenso wird, wenn der Frachtführer behufs Befriedigung seiner Ansprüche den Verkauf von Frachtgütern vornimmt, eine gerichtliche Mitwirkung, wie sie im Art. 407 des Handelsgesetzbuchs vorgesehen ist, entbehrt werden können. Die Vorschriften des Bürgerlichen Gesetzbuchs, nach welchen der Pfandgläubiger zunächst dem Eigenthümer des Pfandes den Verkauf androhen und von da an eine längere Frist bis zur Vornahme des Verkaufs verstreichen lassen muß, reichen aus, um dem Schuldner die Wahrung seiner Interessen, nöthigenfalls auch die Erwirkung einer einstweiligen Verfügung des Gerichts, durch welche dem Gläubiger der Verkauf untersagt wird, zu ermöglichen. In Betreff der Dauer der Wartefrist muß für die gesetzlichen Pfandrechte im Allgemeinen das Gleiche gelten wie für die vertragsmäßigen Pfandrechte. Im Abs. 2 des §. 360 ist deshalb die Vorschrift des Abs. 1 auf die gesetzlichen Pfandrechte für entsprechend anwendbar erklärt. Daraus ergiebt sich, daß die verkürzte Frist von einer Woche auch hier in der Regel nur dann maßgebend ist, wenn sich das Rechtsgeschäft, auf Grund dessen das gesetzliche Pfandrecht entstanden ist, als zweiseitiges Handelsgeschäft darstellt. Eine Ausnahme ist für das gesetzliche Pfandrecht des Frachtführers und des Spediteurs angezeigt; denn die Natur des Betriebs der Transportunternehmungen und die Art, wie sie von dem Publikum benutzt werden, macht es unthunlich, eine Verschiedenheit in Betreff der Geltendmachung des Pfandrechts eintreten zu lassen, je nachdem der Absender oder Versender ein Kaufmann ist oder nicht.

Kaufmännisches Zurückbehaltungsrecht. (§§. 361 bis 365.)

Das kaufmännische Zurückbehaltungsrecht ist in den §§. 361 bis 365 des Entwurfs auf der Grundlage der bisherigen Art. 313 bis 316 geregelt; nur in einzelnen Beziehungen sind Aenderungen oder Ergänzungen vorgenommen.

Zunächst dehnt der §. 361 Abs. 1 des Entwurfs das Zurückbehaltungsrecht in Ansehung der Gegenstände aus, an welchen es geltend gemacht werden kann. Nach Art. 313 des Handelsgesetzbuchs besteht das Zurückbehaltungsrecht ausschließlich an Sachen des Schuldners, also nicht an Sachen, die im Eigenthume des Gläubigers stehen und von diesem dem Schuldner zu leisten sind. Die Vorschrift hat in der Rechtsprechung stets eine wörtliche Auslegung erfahren, sodaß das Zurückbehaltungsrecht auch dann als ausgeschlossen betrachtet wird, wenn es sich um eine Sache handelt, die nur zeitweise aus dem Vermögen des Schuldners in dasjenige des Gläubigers übergegangen ist, um demnächst in das erstere wieder zurückzukehren, oder die für den Schuldner von einem Dritten dem Gläubiger übergeben, seitens des letzteren aber dem Schuldner zurückzugeben ist. Hierher gehört namentlich der Fall, daß der Käufer die bereits in sein Eigenthum übergegangene Waare dem Verkäufer zur Verfügung stellt. Der Käufer kann zwar, falls er die Waare mit Recht bemängelt hat, die Rückerstattung des gezahlten Kaufpreises beanspruchen, er darf sich aber zur Befriedigung für diesen Anspruch nicht an die in seinem Besitze befindliche Waare halten, weil sie nicht mehr im Eigenthume des Verkäufers steht. Ebenso verhält es sich in Ansehung von Sachen, die nach den Grundsätzen von der ungerechtfertigten Bereicherung an den Schuldner zurückzugewähren sind, und das Gleiche gilt in dem Falle, daß ein als Rimesse übersandter Wechsel, der unbezahlt geblieben ist, von dem Gläubiger eingelöst werden mußte; auch hier besteht kein Zurückbehaltungsrecht an dem Wechsel, da dieser durch die Einlösung in das Eigenthum des Gläubigers gelangt ist. In allen diesen Fällen beruht der Ausschluß des Zurückbehaltungsrechts auf einem wesentlich äußeren Grunde und erscheint sachlich nicht gerechtfertigt. Der natürlichen Auffassung im

Verkehr erscheint auch die zur Verfügung gestellte Waare oder der zurückgelangte Wechsel als ein Vermögensgegenstand des Schuldners, der nicht weniger geeignet ist, dem Gläubiger zur Deckung zu dienen, als eine Sache, die wirklich im Eigenthume des Schuldners geblieben ist. Hiernach rechtfertigt es sich, wenn der Entwurf das Zurückbehaltungsrecht auch in Betreff solcher Gegenstände für zulässig erklärt, deren Eigenthum von dem Schuldner auf den Gläubiger übergegangen oder von einem Dritten für den Schuldner auf den Gläubiger übertragen, aber auf den Schuldner zurückzuübertragen ist.

Der Abs. 2 des §. 361 entscheidet die nach dem geltenden Rechte bestrittene Frage, inwieweit das Zurückbehaltungsrecht Dritten gegenüber, denen ein Recht an dem zurückbehaltenen Gegenstande zusteht, geltend gemacht werden kann. Die Entscheidung der Frage hängt davon ab, ob das kaufmännische Zurückbehaltungsrecht nur als ein obligatorisches oder als ein dingliches Recht zu betrachten ist. Die Rechtsprechung und Wissenschaft neigen überwiegend dahin, den dinglichen Karakter des Zurückbehaltungsrechts zu verneinen, und der Entwurf stellt sich auf den gleichen Standpunkt. Um den Gläubiger gegen Verfügungen des Schuldners über den zurückbehaltenen Gegenstand zu sichern, ist es nicht nothwendig, dem Zurückbehaltungsrechte die Bedeutung eines dinglichen, dem gesetzlichen Pfandrechte ähnlichen Rechts beizulegen. Veräußert oder belastet der Schuldner die im Besitze des Gläubigers befindliche Sache, so kann der Gläubiger dem Rechtsnachfolger des Schuldners die ihm gegen den Anspruch des letzteren auf Herausgabe zustehenden Einwendungen, also auch das Zurückbehaltungsrecht, entgegensetzen (Bürgerliches Gesetzbuch §. 986 Abs. 2, §§. 1032, 1065, §. 1205 Abs. 2, §§. 870, 1227). Ebenso ist ein Pfandgläubiger, der an der Pfandsache zugleich für eine andere Forderung ein Zurückbehaltungsrecht hat, durch die Vorschriften des §. 1249 Satz 2 und des §. 268 Abs. 3 Satz 2 des Bürgerlichen Gesetzbuchs dagegen geschützt, daß dieses Recht durch Einlösung des Pfandes von Seiten eines Rechtsnachfolgers des Schuldners beeinträchtigt werde. Gegenüber später entstandenen gesetzlichen Pfandrechten oder Zurückbehaltungsrechten hat allerdings ein bloß obligatorisches Zurückbehaltungsrecht keine Wirkung. Dies ist aber auch sachgemäß; denn wenn beispielsweise der Verkäufer die bereits in das Eigenthum des Käufers übergegangene Waare diesem durch einen Spediteur zusenden läßt, so wäre es nicht gerechtfertigt, einem dem Verkäufer wegen anderweitiger Forderungen an den Käufer zustehenden Zurückbehaltungsrechte den Vorrang vor dem gesetzlichen Pfandrechte des Spediteurs und des Frachtführers einzuräumen. Ebenso würde in dem Falle, daß über die Waare ein Lagerschein, ein Konnossement oder ein Ladeschein ausgestellt ist, die Anerkennung des dinglichen Karakters des Zurückbehaltungsrechts zu ungeeigneten Ergebnissen führen, da das Zurückbehaltungsrecht alsdann wegen jeder gegen einen Zwischenbesitzer des Papiers für den Auslieferungspflichtigen begründeten Forderung auf der Waare haften bliebe und daher, sofern es nicht etwa durch gutgläubigen Erwerb erloschen ist, auch gegenüber dem legitimirten Besitzer des Papiers trotz der im §. 356 vorgesehenen Beschränkung der Einreden geltend gemacht werden könnte. Hiernach rechtfertigt sich die im §. 361 Abs. 2 des Entwurfs getroffene Bestimmung, daß das kaufmännische Zurückbehaltungsrecht gegenüber einem Anderen als dem Schuldner nur insoweit besteht, als dem Anderen gegenüber die Einwendungen gegen den Anspruch des Schuldners auf Herausgabe geltend gemacht werden können. Die häufig erörterte Frage über das Rangverhältniß zwischen dem Verfolgungsrechte des Absenders (§. 36 der Konkursordnung) und dem Zurückbehaltungsrechte des Spediteurs und des Frachtführers wegen Forderungen an den Empfänger wird hierdurch zu Gunsten des ersteren Rechtes entschieden.

Die Vorschriften des §. 361 Abs. 3 über den Ausschluß des Zurückbehaltungsrechts in dem Falle, daß die Geltendmachung desselben einer bei oder vor der Uebergabe der Sache ertheilten Anweisung des Schuldners oder einer von dem Gläubiger übernommenen Verpflichtung widerstreiten würde, sowie die Vorschriften des §. 362 über die Fälle, in welchen ausnahmsweise trotz einer solchen Anweisung oder Verpflichtung und auch vor der Fälligkeit der Forderung dem Gläubiger das Zurückbehaltungsrecht zusteht, geben den Inhalt des Art. 313 Abs. 2 und des Art. 314 des Handelsgesetzbuchs wieder.

Der wichtigste Inhalt des kaufmännischen Zurückbehaltungsrechts besteht in der Befugniß des Gläubigers, sich aus dem zurückbehaltenen Gegenstande mit dem Vorrange vor Dritten zu befriedigen, und zwar auch im Konkurse des Schuldners, was mit Rücksicht auf die Vorschrift des §. 41 Nr. 8 der Konkursordnung jetzt im Handelsgesetzbuche nicht mehr besonders ausgesprochen zu werden braucht. Das Recht zur Befriedigung kann naturgemäß nicht weiter reichen als das Zurückbehaltungsrecht selbst und ist daher, wie der §. 363 des Entwurfs noch besonders hervorhebt, nur gegenüber solchen Rechten Dritter begründet, gegen welche das Zurückbehaltungsrecht nach §. 361 Abs. 2 geltend gemacht werden kann. Die Befriedigung erfolgt nach Art. 315 des Handelsgesetzbuchs in der Weise, daß der Gläubiger im Wege der Klage den Verkauf des zurückbehaltenen Gegenstandes beantragt. Im Allgemeinen steht der Entwurf auf dem gleichen Standpunkte; er verlangt, falls nicht die dem Gläubiger zustehende Forderung selbst vollstreckbar ist, sodaß die Befriedigung im Wege der Zwangsvollstreckung geschehen kann, einen vollstreckbaren Titel für das Recht zur Befriedigung, und dieser Titel ist regelmäßig nur im Wege der Klage zu erwirken. Der Umstand, daß die Befriedigung aus Pfändern, und zwar nicht bloß bei dem vertragsmäßigen, sondern auch bei dem gesetzlichen Pfandrechte, eine gerichtliche Anordnung nicht mehr erfordert, kann nicht dahin führen, auch in Ansehung der Geltendmachung des kaufmännischen Zurückbehaltungsrechts von einer gerichtlichen Mitwirkung abzusehen. Bei dem gesetzlichen Pfandrechte läßt sich eine solche Mitwirkung entbehren, weil das Pfandrecht immer nur wegen bestimmter Forderungen besteht, welche eine Beziehung zu dem Pfandgegenstande haben oder für welche dieser Gegenstand nach der Verkehrsauffassung von vornherein als Sicherheit zu dienen bestimmt ist. Bezüglich des kaufmännischen Zurückbehaltungsrechts trifft dies nicht zu. Die Forderungen, für welche es geltend gemacht, und die Gegenstände, an welchen es ausgeübt wird, brauchen in keinem Zusammenhange zu stehen, und die Voraussetzungen des Zurückbehaltungsrechts sind keineswegs immer leicht und einfach festzustellen. Für die Erwirkung der gerichtlichen Entscheidung statt des Prozeßweges ein besonderes abgekürztes Verfahren vorzusehen, erscheint nicht erforderlich, zumal auch in einem solchen Verfahren die Entscheidung jedenfalls nicht ohne vorgängiges Gehör des Eigenthümers oder Schuldners ergehen könnte. Dagegen ist im Anschluß an Art. 315 des Handelsgesetzbuchs zur Erleichterung des Gläubigers bestimmt, daß die Klage bei demjenigen Gericht erhoben werden kann, bei welchem der allgemeine Gerichtsstand des Gläubigers oder der Gerichtsstand seiner Niederlassung begründet ist (§. 363 Abs. 4). Die Klage ist an sich gegen den Eigenthümer des zurückbehaltenen Gegenstandes zu richten (§. 363 Abs. 3), doch soll, falls nach dem Besitzerwerbe des Gläubigers das Eigenthum an der Sache von dem Schuldner auf einen Anderen übergegangen ist, das von dem Gläubiger in gutem Glauben gegen den Schuldner erstrittene Urtheil auch gegen den Rechtsnachfolger wirksam sein (§. 364 Abs. 2). Gehört die Sache dem Gläubiger selbst und sind die besonderen Voraussetzungen vorhanden, unter welchen nach §. 361 Abs. 1 dem Gläubiger das kaufmännische Zurückbehaltungsrecht an seiner eigenen Sache zusteht, so ist die Klage stets gegen den Schuldner zu richten (§. 363 Abs. 3).

Nach dem Art. 315 des Handelsgesetzbuchs geht die Klage in allen Fällen auf Anordnung des Verkaufs des Gegenstandes; dies erscheint jedoch nicht angemessen, da auch Gegenstände dem Zurückbehaltungsrechte unterliegen, aus welchen die Befriedigung nicht wohl im Wege des Verkaufs geschehen kann. Vielmehr müssen hier dieselben Grundsätze entscheiden, welche für die Befriedigung aus dem Gegenstande eines Pfandrechts gelten. Auf diesem Standpunkt steht der §. 363 Abs. 2 des Entwurfs. Durch das gerichtliche Urtheil wird dem Gläubiger die Befugniß zugesprochen, sich aus dem zurückbehaltenen Gegenstande zu befriedigen, und die Befriedigung selbst richtet sich dann nach den für das Pfandrecht geltenden Vorschriften des Bürgerlichen Gesetzbuchs. Bei körperlichen Sachen, bei Inhaberpapieren und bei Papieren, die durch Indossament übertragen werden können und einen Börsenpreis haben, erfolgt demnach die Befriedigung durch Verkauf unter entsprechender Anwendung der §§. 1228 bis 1247 des Bürgerlichen Gesetzbuchs, wobei jedoch die Frist zwischen der Androhung und der Ausführung des Verkaufs, ebenso wie nach §. 360 Abs. 1 des Entwurfs, nur eine Woche zu betragen braucht. Bei anderen Werthpapieren findet, sofern sie ein Forderungsrecht begründen, die Einziehung gemäß §. 1282 des Bürgerlichen Gesetzbuchs statt. Für Werthpapiere, die weder der einen noch der anderen dieser Gattungen angehören, wie zum Beispiel für Namensaktien ohne Börsenpreis, ist nur der Weg der Zwangsvollstreckung gegeben (§. 1277 des Bürgerlichen Gesetzbuchs).

Für einzelne Fragen, bei denen die einfache Bezugnahme auf die Vorschriften des Bürgerlichen Gesetzbuchs nicht genügend erscheint, um ein zweifelsfreies Ergebniß zu sichern, sind besondere Bestimmungen im Entwurfe getroffen. Hierher gehören die Vorschriften des §. 363 Abs. 3, wonach, wenn die zurückbehaltene Sache dem Gläubiger selbst gehört, die den Eigenthümer betreffenden

Vorschriften des Bürgerlichen Gesetzbuchs, insbesondere diejenigen, welche die Androhung des Verkaufs und die Benachrichtigung von dem vollzogenen Verkaufe betreffen, auf den Schuldner Anwendung finden sollen, und wonach in Ermangelung eines vollstreckbaren Titels über das Befriedigungsrecht der Verkauf als nicht rechtmäßig im Sinne der §§. 1242 bis 1244 des Bürgerlichen Gesetzbuchs gilt. Aus dem gleichen Grunde ist im §. 364 Abs. 1 des Entwurfs an Stelle des die unmittelbare Anwendung auf das kaufmännische Zurückbehaltungsrecht nicht gestattenden §. 1248 des Bürgerlichen Gesetzbuchs eine dem Gedanken desselben entsprechende selbständige Bestimmung aufgenommen.

Zweiter Abschnitt.

Handelskauf.

Die Vorschriften des Handelsgesetzbuchs über den Kauf werden zum größten Theile durch das Bürgerliche Gesetzbuch entbehrlich. Immerhin müssen in einzelnen wichtigen Punkten besondere Rechtssätze aufrecht erhalten bleiben. Was den Begriff des Handelskaufs anlangt, so ergiebt sich aus den an den Eingang des dritten Buches gestellten Bestimmungen über den Begriff der Handelsgeschäfte, daß ein Handelskauf nur vorliegt, wenn mindestens einer der beiden Theile ein Kaufmann ist und das Geschäft im Betriebe seines Handelsgewerbes geschlossen hat. Die Bestimmungen des zweiten Abschnitts beziehen sich indessen nicht auf jeden Kauf, der sich in dieser Weise als Handelsgeschäft darstellt; sie finden vielmehr, wie aus dem §. 373 zu entnehmen ist, nur auf den Kauf von Waaren oder Werthpapieren Anwendung. Besondere Vorschriften über den Handelskauf.

Die Vorschriften des §. 365 über den Annahmeverzug des Käufers schließen sich dem bisherigen Art. 343 Abs. 2 und 3 an. Der Abs. 1 dieses Artikels, demzufolge der Verkäufer die Waare, solange der Käufer mit der Empfangnahme nicht im Verzug ist, mit der Sorgfalt eines ordentlichen Geschäftsmannes aufzubewahren hat, ist gestrichen, da schon nach allgemeinen Rechtsgrundsätzen kein Zweifel daran bestehen kann, daß der Verkäufer verpflichtet ist, die verkaufte Sache bis zur Absendung oder Uebergabe an den Käufer aufzubewahren und hierbei die im Verkehr erforderliche Sorgfalt, oder, falls er Kaufmann ist, die Sorgfalt eines ordentlichen Kaufmanns anzuwenden (Bürgerliches Gesetzbuch §. 276, Entwurf §. 338). Der Art. 343 Abs. 1 bezieht sich allerdings auch auf den Fall, daß die Waare nach der Uebergabe an den Käufer noch beim Verkäufer verbleibt; dieser Fall ist indessen nicht von großer praktischer Bedeutung, und in der Regel wird hier eine vertragsmäßige Erweiterung der Pflichten des Verkäufers als solchen vorliegen oder doch das Verhältniß als entgeltliche Hinterlegung zu beurtheilen sein. Ist ausnahmsweise eine unentgeltliche Aufbewahrung anzunehmen, so erscheint es nicht unangemessen, daß der Verkäufer gemäß §. 690 Annahmeverzug des Käufers. (§§ 365, 366.)

des Bürgerlichen Gesetzbuchs nur für die Sorgfalt einzustehen hat, die er in eigenen Angelegenheiten anzuwenden pflegt.

Die Rechte, welche der Verkäufer bei dem Annahmeverzuge des Käufers gemäß den §§. 372 bis 386 des Bürgerlichen Gesetzbuchs hat, reichen für den Handelsverkehr nicht aus. Der Verkäufer kann diesen Bestimmungen zufolge die Waare nicht, wie es der Art. 343 des Handelsgesetzbuchs ihm gestattet, nach seiner Wahl verkaufen lassen oder sie in einem öffentlichen Lagerhaus oder bei einem Dritten hinterlegen; vielmehr ist eine Hinterlegung nur bei Kostbarkeiten, Werthpapieren oder sonstigen Urkunden oder bei Sachen, die sich nach den Landesgesetzen zur Hinterlegung eignen, als öffentliche Hinterlegung zulässig. Ein Verkauf findet nur bei nicht zur öffentlichen Hinterlegung geeigneten Sachen statt, ist also namentlich bei Werthpapieren ausgeschlossen; auch bezweckt er nicht, das Geschäft im Wege der Selbsthülfe dadurch zu beendigen, daß sich der säumige Käufer einfach an die Forderung auf Herausgabe des Erlöses zu halten hat, sondern er soll den Verkäufer nur in den Stand setzen, sich durch Hinterlegung des Erlöses von seinen Verpflichtungen zu befreien. Demgegenüber behält der Entwurf die Vorschriften des bisherigen Art. 343 Abs. 2, 3 mit einigen Aenderungen bei.

Der Ausdruck „öffentliche Versteigerung" ist im §. 383 Abs. 3 des Bürgerlichen Gesetzbuchs näher bestimmt, und der Entwurf gebraucht, um den betreffenden Bestimmungen auch hier die Anwendung zu sichern, die gleiche Bezeichnung. Was den freihändigen Verkauf von Waaren betrifft, die einen Börsen- oder Marktpreis haben, so kann in Zukunft, da die Handelsmäkler als solche nicht mehr amtlich bestellte Vermittler sind, auch nicht schlechthin der Verkauf durch einen Handelsmäkler genügen; vielmehr bedarf es der Vornahme des Verkaufs durch einen zu solchen Verkäufen öffentlich ermächtigten Mäkler. Die vorgängige Androhung des Verkaufs wird im Entwurf ebenso wie im §. 384 des Bürgerlichen Gesetzbuchs nicht nur dann für entbehrlich erklärt, wenn die Waare dem Verderb ausgesetzt und Gefahr im Verzug ist, sondern auch dann, wenn die Androhung aus sonstigen Gründen unthunlich ist. Nach dem Vorbilde der im §. 1239 Abs. 1 des Bürgerlichen Gesetzbuchs für den Pfandverkauf gegebenen Vorschrift und um einer Verschleuderung möglichst vorzubeugen, erkennt ferner der Entwurf im Abs. 4 des §. 365 ausdrücklich das Recht des Verkäufers wie auch des Käufers an, bei der Versteigerung mitzubieten. Damit der Käufer von diesem Rechte Gebrauch machen kann und auch sonst in geeigneter Weise auf die Erzielung eines angemessenen Erlöses hinwirken kann, soll ihn nach §. 365 Abs. 5 der Verkäufer von der Zeit und dem Orte der Versteigernng soweit thunlich vorher benachrichtigen. Daß der Selbsthülfeverkauf für Rechnung des Käufers erfolgt und es mithin ihm zu Gute kommt, wenn ein höherer Erlös erzielt wird als der zwischen ihm und dem Verkäufer vereinbarte Preis, entspricht der Natur der Sache sowie dem geltenden Rechte und ist nur, um den Gegensatz zu dem hervorzuheben, was künftig bei dem Zahlungsverzuge des Käufers gilt, im Abs. 3 besonders ausgesprochen. Die Streitfrage, ob durch die besonderen handelsrechtlichen Vorschriften die Befugnisse berührt werden, welche dem Verkäufer bei Annahmeverzug des Käufers nach dem bürgerlichen Rechte zustehen, wird durch den §. 366 im verneinenden Sinne entschieden; denn wenn auch die selbständige Bedeutung dieser Befugnisse neben den Vorschriften des Entwurfs nicht erheblich ist, so liegt doch kein Grund vor, die dem Verkäufer nach Handelsrecht zustehenden Rechte zu ausschließlichen zu machen.

Darüber, inwieweit ein Selbsthülfeverkauf zulässig ist, wenn die Waare nicht zur unmittelbaren Verfügung des Verkäufers steht, enthält das Handelsgesetzbuch keine Bestimmung. Die Frage ist namentlich wichtig für Lieferungsverträge, die in zeitlich auseinanderliegenden Theilleistungen zu erfüllen sind. Bei solchen Geschäften kann der Annahmeverzug des Käufers hinsichtlich einer Lieferung den Verzug in Betreff aller Lieferungen begründen, und der Verzug als solcher setzt hier nicht voraus, daß sich die zu liefernde Waare oder die ganze zu liefernde Menge von Waaren bereits im Gewahrsam des Verkäufers befindet, vielmehr genügt es, wenn der Verkäufer nur überhaupt, insbesondere auf Grund von Verträgen, welche er seinerseits mit Dritten abgeschlossen hat, rechtzeitig hätte liefern können. Dies wird auch allgemein anerkannt. Dagegen ist die Befugniß des Verkäufers, in derartigen Fällen die Waare, die er nicht selbst besitzt, sondern nur von Dritten zu beziehen hat, im Wege der Selbsthülfe zu verkaufen, mehrfach und namentlich in der früheren Rechtsprechung aus dem Grunde verneint worden, weil alsdann nicht die Waare selbst, sondern nur das Bezugsrecht des Verkäufers im Wege der Selbsthülfe verkauft werde. Daß eine solche Auffassung zu praktisch unbefriedigenden Ergebnissen führt, insbesondere den Verkäufer ohne ausreichenden Schutz läßt, ist einleuchtend. Indessen hat sich das Reichsgericht in den letzten Jahren von dieser Ansicht mehr und mehr entfernt, insbesondere wiederholt anerkannt, daß eine Waare, die der Verkäufer jederzeit aus dem Gewahrsam des ihm verpflichteten Dritten dem Käufer zu verschaffen vermag, auch im Wege der Selbsthülfe verkauft werden kann; die Weiterentwickelung der Lehre wird daher der Rechtsprechung überlassen werden dürfen.

Dagegen ist es geboten, für eine praktisch wichtige Gattung von Kaufgeschäften, die sogenannten Spezifikationskäufe, besondere Vorschriften zu treffen. Derartige Kaufverträge, bei welchen die Menge und Beschaffenheit der von dem Verkäufer zu liefernden Gegenstände unter Festsetzung gewisser Grundpreise nur im Allgemeinen vereinbart, die nähere Bestimmung über Form, Maß oder ähnliche Verhältnisse aber dem Käufer vorbehalten wird, sind namentlich in der Eisenindustrie gebräuchlich, kommen jedoch auch auf anderen Gebieten in immer weiterem Umfange vor. Der Spezifikationskauf ist ein Erzeugniß der neueren Entwickelung des gewerblichen Verkehrs und im Handelsgesetzbuch noch nicht berücksichtigt. Der Mangel einer gesicherten Rechtsgrundlage hat zu erheblichen Mißständen geführt; namentlich gilt dies in Betreff der Frage, welche Rechtsfolgen eintreten, wenn der Käufer sich bezüglich der Vornahme der Spezifikation als säumig erweist. Spezifikationskauf. (§. 367.)

Nach dem geltenden Rechte geräth der Käufer, der die Spezifikation unterläßt, in Annahmeverzug. Der Verkäufer erhält damit, wie in der Rechtsprechung anerkannt ist, die Befugniß, die von ihm an den Käufer zu liefernde Waare im Wege der Selbsthülfe und zwar in der Weise zu verkaufen, daß nunmehr der neue Käufer die Spezifikation vornimmt. Statt dessen soll es dem Verkäufer auch freistehen, unter Vorbehalt des Spezifikationsrechts des Käufers von diesem sofort die Zahlung desjenigen Preises zu verlangen, welcher sich bei der billigsten Spezifikation ergeben würde. Beide Wege sind jedoch nicht ausreichend, um die Interessen der Betheiligten zu wahren. Bei dem Selbsthülfeverkauf mit Spezifikationsrecht des neuen Erwerbers wird selten ein angemessener Preis zu erzielen sein. Die Geltendmachung der nach der billigsten Spezifikation bemessenen Kaufpreisforderung aber kann für den Verkäufer mit einer empfindlichen Hemmung seiner geschäftlichen Thätigkeit verbunden sein, da er für ungewisse Zeit verpflichtet bleibt, auf Verlangen des nachträglich spezifizirenden Käufers die Herstellung der Waare auszuführen. Ob dem Verkäufer noch der fernere Ausweg offen steht, die Spezifikation an Stelle des säumigen Käufers selbst vorzunehmen, ist nach dem geltenden Rechte zweifelhaft. Für das Gebiet des Preußischen Allgemeinen Landrechts ist die Frage in neuester Zeit von einem Senate des Reichsgerichts bejaht worden; im Uebrigen wird sie meistens verneint. Vom Standpunkte des Gesetzgebers erscheint es aber in der That gerechtfertigt, die Befugniß zur Spezifikation im Falle der Säumniß des Käufers unter thunlichster Schonung des letzteren auf den Verkäufer übergehen zu lassen. Dieser hat meist ein wohlbegründetes Interesse daran, daß er so bald wie möglich in den Stand gesetzt werde, die ihm aufgegebene Bestellung thatsächlich auszuführen; denn wenn er sich auf die Anfertigung der Waare eingerichtet hat, die Arbeit aber nicht zu der erwarteten Zeit vornehmen kann, so wird er unter Umständen genöthigt, seinen Betrieb einzuschränken oder einzustellen, insbesondere Arbeiter zu entlassen. Der Uebergang des Spezifikationsrechts auf den Verkäufer steht zudem im Einklange mit den Grundsätzen, welche nach §. 264 Abs. 2 des Bürgerlichen Gesetzbuchs bei Wahlverbindlichkeiten im Falle des Verzuges des wahlberechtigten Gläubigers gelten. Allerdings kann der Verkäufer nicht lediglich auf das Recht verwiesen werden, die Waare nach einer von ihm selbst vorgenommenen Spezifikation anzufertigen. Ist zu erwarten, daß der mit der Spezifikation säumige Käufer schließlich auch die Waare nicht abnehmen und bezahlen wird, und daß für diese ein annehmbarer Preis bei einem etwaigen Selbsthülfeverkauf nicht zu erzielen ist, so wäre Zeit und Arbeit für die Herstellung der Waare nutzlos aufgewendet, und der Verkäufer würde sich gerade durch diese Herstellung der Gefahr erheblicher Verluste aussetzen. Demselben darf daher, falls der Käufer mit der Vornahme der Spezifikation säumig ist, auch die Möglichkeit nicht versagt werden, sich von der Ausführung des Auftrags ganz zu befreien. Ob die Herstellung der unter Vorbehalt der Spezifikation verkauften Waare dem Verkäufer selbst obliegt oder ob dieser die Herstellung auf Grund eines weiteren Spezifikationskaufs einem Dritten überträgt, kann für die Behandlung des Verhältnisses keinen Unterschied begründen.

Auf diesen Gesichtspunkten beruhen die Vorschriften des §. 367. Er erblickt in der Spezifikation ebensowohl ein Recht wie eine selbständige Vertragspflicht des Käufers und läßt folgeweise, falls die Spezifikation nicht rechtzeitig geschieht, nicht einfach die Folgen des Annahmeverzugs eintreten, erklärt vielmehr den Verkäufer für befugt, nach seiner Wahl entweder die Spezifikation selbst vorzunehmen oder die gemäß §. 326 des Bürgerlichen

Gesetzbuchs bei dem Erfüllungsverzug einer Partei dem nichtsäumigen Theile zustehenden Rechte geltend zu machen, d. h. Schadensersatz wegen Nichterfüllung zu fordern oder vom Vertrage zurückzutreten. Die Geltendmachung der letzteren beiden Rechte hat schon nach den Vorschriften des §. 326 des Bürgerlichen Gesetzbuchs zur Voraussetzung, daß eine dem Käufer zur Vornahme der Spezifikation gestellte Nachfrist fruchtlos verstrichen ist. Um aber auch für den Fall, daß der Verkäufer sich entschließt, die Spezifikation selbst vorzunehmen, das Interesse des Käufers thunlichst zu wahren, verpflichtet der Entwurf den Verkäufer, der selbst spezifiziren will, seine Spezifikation dem säumigen Käufer mitzutheilen und ihm zugleich zur Vornahme einer anderweitigen Spezifikation eine angemessene Frist zu setzen; erst nach fruchtlosem Ablaufe dieser Frist ist die vom Verkäufer vorgenommene Spezifikation für den Käufer bindend. Die dem Verkäufer im Entwurfe gewährten Rechte stehen ihm jedoch nur wahlweise zu. Hat er die Spezifikation selbst vorgenommen, so darf er nicht etwa nachträglich noch wegen des Verzugs des Käufers in der Vornahme der Spezifikation Schadensersatz wegen Nichterfüllung fordern oder vom Vertrage zurücktreten, sondern er muß nunmehr auf Grund seiner Spezifikation liefern, wie wenn der Vertrag von vornherein über die betreffenden, genau bestimmten Waaren abgeschlossen wäre. Selbstverständlich kann er aber die im §. 326 des Bürgerlichen Gesetzbuchs bezeichneten Rechte von neuem geltend machen, wenn der Käufer später mit der Zahlung in Verzug kommt.

Daß durch die Rechtsfolgen, welche der Entwurf mit dem Verzuge des Käufers in der Erfüllung der Spezifikationspflicht verbindet, die Befugnisse nicht berührt werden, welche sich für den Verkäufer aus dem gleichzeitig eingetretenen Annahmeverzuge des Käufers ergeben, und daß demnach der Verkäufer auch das ihm schon bisher zustehende Recht des Selbsthülfeverkaufs für Rechnung des Käufers ausüben kann, bedarf keiner besonderen Hervorhebung im Gesetze.

Erfüllungsverzug.

Die Vorschriften der Art. 354 bis 356 über den Erfüllungsverzug bei Handelskäufen, die nicht Fixgeschäfte sind, werden künftig durch den §. 326 des Bürgerlichen Gesetzbuchs ersetzt, welcher das im Handelsgesetzbuch anerkannte dreifache Wahlrecht des nichtsäumigen Theils — Erfüllung und Schadensersatz wegen verspäteter Erfüllung, Schadensersatz wegen Nichterfüllung oder Rücktritt vom Vertrage — mit einzelnen Abweichungen auf den bürgerlichen Verkehr ausdehnt.

Während der Käufer schon nach dem geltenden Handelsrechte in der Art, wie er seinen Anspruch auf Schadensersatz wegen Nichterfüllung begründen will, nicht beschränkt ist und regelmäßig, auch ohne einen Deckungsankauf vorzunehmen, den Unterschied zwischen dem vereinbarten Preise und dem Handelspreise der Waare zur Erfüllungszeit auf Grund der sogenannten abstrakten Schadensberechnung fordern darf, kann der Verkäufer bei Säumniß des Käufers seinen Anspruch auf Schadensersatz wegen Nichterfüllung nach Art. 354 des Handelsgesetzbuchs nur in der Weise geltend machen, daß er die Waare unter Beobachtung der im Art. 343 für den Fall des Annahmeverzugs vorgeschriebenen Formen verkauft und den Unterschied zwischen dem bedungenen Preise und dem Erlöse fordert.

Das Bürgerliche Gesetzbuch kennt eine solche Beschränkung nicht, und der Entwurf behält sie auch für den Handelsverkehr nicht bei, da kein Grund vorliegt, den Verkäufer anders zu behandeln als den Käufer und ihn zum Selbsthülfeverkaufe zu nöthigen, wenn er glaubt, seinen Schaden in anderer Weise, namentlich durch bloße Berechnung des Preisunterschiedes, gehörig nachweisen zu können. Der Zwang zum Selbsthülfeverkaufe führt bei nicht marktgängigen Waaren unter Umständen zur Verschleuderung, während die Zwangsverkäufe börsengängiger Waaren und Werthpapiere, bei denen der Erfüllungsverzug des Käufers meist durch die fallenden Preise veranlaßt wird, einen ungünstigen Einfluß auf die Lage der Börse ausüben und einen weiteren, auch dem säumigen Käufer schädlichen Preisdruck zur Folge haben.

Die Befugniß des Verkäufers, seinen Schaden auf Grund eines anderweit vorgenommenen Verkaufs zu berechnen, bleibt selbstverständlich bestehen; der Verkauf erfolgt aber in einem solchen Falle ebenso wie der Deckungsankauf des Käufers nicht mehr für Rechnung der säumigen Partei, vielmehr behält der nichtsäumige Verkäufer den etwa über den bedungenen Preis hinaus erzielten Erlös. Die entgegengesetzte Vorschrift des bisherigen Art. 354 entbehrt der inneren Berechtigung. Daß, falls ein anderweitiger Verkauf dem Schadensersatzanspruche zu Grunde gelegt werden soll, ein solcher Verkauf in denselben Formen erfolgen muß wie der Selbsthülfeverkauf bei dem Annahmeverzuge des Käufers, schreibt der Entwurf nur für Fixgeschäfte über Waaren mit einem Börsen- oder Marktpreise vor (§. 368). Für die sonstigen Handelskäufe die Befugnisse des Verkäufers abweichend vom bürgerlichen Rechte in dieser Weise zu beschränken, erscheint weder erforderlich noch angemessen. Namentlich wäre es nicht gerechtfertigt, eine Partei, die nicht selbst Kaufmann ist, bei dem Selbsthülfeverkauf einem Kaufmann gegenüber an die Beobachtung von Formen zu binden, die sie in anderen Fällen nicht einzuhalten hat.

In Betreff der Frage, welche Rechte dem Verkäufer im Falle des Erfüllungsverzugs des Käufers zustehen, wenn die Waare bereits dem Käufer übergeben, d. h. zu Eigenthum übertragen ist, weichen die Vorschriften des Bürgerlichen Gesetzbuchs von denen des Handelsgesetzbuchs ab. Nach dem letzteren wird durch die Uebergabe der Waare das Recht des Verkäufers, die Waare zu verkaufen und Schadensersatz wegen Nichterfüllung zu verlangen oder von dem Vertrage zurückzutreten, ausgeschlossen (Art. 354). Nach dem §. 454 des Bürgerlichen Gesetzbuchs wird dagegen durch die Uebergabe der Waare das Recht auf Schadensersatz wegen Nichterfüllung sowie das Rücktrittsrecht noch nicht berührt; etwas Anderes gilt nur dann, wenn sich mit der Vertragserfüllung durch den Verkäufer zugleich eine Stundung des Kaufpreises verbindet, und auch hierdurch wird nur das Rücktrittsrecht, nicht das Recht auf Schadensersatz wegen Nichterfüllung beseitigt. Für den Handelskauf die Vorschrift des Handelsgesetzbuchs beizubehalten, liegt kein Grund vor; vielmehr muß auch hier die günstigere Stellung, welche das Bürgerliche Gesetzbuch dem Verkäufer einräumt, als zweckentsprechend angesehen werden, und dies um so mehr, als gerade im Handelsverkehr der Verkäufer, selbst wenn er an sich Erfüllung Zug um Zug verlangen könnte, doch thatsächlich in sehr vielen Fällen genöthigt ist, vorzuleisten und die Waare ohne Bezahlung aus der Hand zu geben. Daß der Verkäufer die Waare, nachdem sie in das Eigenthum des Käufers übergegangen ist, nicht mehr verkaufen kann, um das Verkaufsergebniß seinem Schadensersatzanspruche zu Grunde zu legen, braucht nicht besonders bestimmt zu werden; es bedürfte umgekehrt einer besonderen Vorschrift, um eine Ermächtigung zum Verkaufe der fremden Sache zu begründen. Der Anspruch auf Schadensersatz wegen Nichterfüllung wird sich daher hier meist mit dem Anspruche auf Erfüllung und auf Schadensersatz wegen verspäteter Erfüllung decken.

Will der nicht säumige Theil statt der Erfüllung Schadensersatz wegen Nichterfüllung fordern oder von dem Vertrage abgehen, so muß er nach Art. 356 des Handelsgesetzbuchs dem Säumigen davon Anzeige machen und ihm dabei, wenn die Natur des Geschäfts dies zuläßt, noch eine den Umständen angemessene Frist zur Nachholung des Versäumten gewähren. Die letztere Vorschrift hat in der Rechtsprechung die Auslegung erfahren, daß nicht ausdrücklich eine Frist gesetzt zu werden braucht, daß diese vielmehr dem Säumigen von der Anzeige an kraft Gesetzes läuft. Die Nachfrist fällt weg, wenn die Natur des Geschäfts sie nicht zuläßt; eine vorgängige Anzeige ist aber immer nothwendig, wenn der Gläubiger Schadensersatz wegen Nichterfüllung fordern oder vom Vertrage zurücktreten will, und bis zur Anzeige kann der Säumige den Verzug noch heilen, indem er erfüllt und Schadensersatz wegen verspäteter Erfüllung leistet. Der §. 326 des Bürgerlichen Gesetzbuchs weicht hiervon in mehrfacher Beziehung ab. Zunächst bestimmt er in unzweideutiger Weise, daß es der ausdrücklichen Festsetzung einer angemessenen Nachfrist durch den nichtsäumigen Theil bedarf. Eine Ausnahme tritt ein, wenn die Erfüllung in Folge des Verzugs für den nichtsäumigen Theil kein Interesse mehr hat, nicht, wie nach dem Handelsgesetzbuche, wenn die Natur des Geschäfts eine Nachfrist nicht gestattet; in jenem Ausnahmefalle bedarf es aber nicht nur keiner Festsetzung einer Nachfrist, sondern auch keiner Erklärung, daß die Annahme der Leistung abgelehnt werde; es kann ohne Weiteres Schadensersatz wegen Nichterfüllung gefordert oder der Rücktritt erklärt werden. Die Vorschriften des Bürgerlichen Gesetzbuchs sind auch für den Handelsverkehr nicht ungeeignet. Soweit eine Nachholung des Versäumten noch zulässig ist, kann, da die Dauer der Frist sich nicht lediglich nach den Verhältnissen des Säumigen richtet, dem nicht säumigen Theile unbedenklich zugemuthet werden, daß er die Dauer der Frist zunächst bestimme; glaubt der Schuldner aus besonderen, dem Gläubiger unbekannten Gründen Anspruch auf Gewährung einer längeren Frist zu haben, so ist eine nachträgliche Berücksichtigung dieser Gründe nicht ausgeschlossen. Ob die Natur des Geschäfts oder das Interesse des Gläubigers für die Zulässigkeit einer Nachholung des Versäumten maßgebend ist, wird thatsächlich meist keinen Unterschied begründen; wo dies aber dennoch der Fall ist, verdient der Grundsatz des Bürgerlichen Gesetzbuchs den Vorzug. Endlich hat die nach dem Handelsgesetzbuch dem Säumigen gewährte Befugniß, auch in denjenigen Fällen, in welchen er keinen Anspruch auf eine Nachfrist hat, den Verzug noch bis zur Anzeige des Gläubigers durch nachträgliche Erfüllung und Ersatz des in Folge der verspäteten Erfüllung entstandenen Schadens zu heilen, für den Schuldner keinen erheblichen Werth; denn da der Gläubiger ihm jederzeit erklären kann, daß er die Erfüllung ablehne, so läuft schon nach dem geltenden Rechte der Schuldner Gefahr, daß sich die Arbeit und die Kosten, die er auf die Ausführung der nachträglichen Lieferung verwendet, als nutzlos erweisen. Dazu kommt, daß sich der Schadensersatz wegen verspäteter Erfüllung in den Fällen, wo der Gläubiger an der nachträglichen Erfüllung kein Interesse mehr hat, von dem Schadensersatze wegen Nichterfüllung in der Regel wenig unterscheiden wird.

In der Rechtsprechung ist anerkannt, daß, wenn sich der Schuldner bestimmt geweigert hat, zu erfüllen, der Gläubiger die im Art. 356 vorgesehene Erklärung schon vor dem Eintritte der Erfüllungszeit abgeben kann, und daß in einem solchen Falle dem Schuldner auch eine Nachfrist nicht zusteht. Diese Auffassung entspricht der Natur der Sache sowie den Bedürfnissen des Handelsverkehrs; es ist anzunehmen, daß sie unter der Herrschaft des Bürgerlichen Gesetzbuchs, welches in der hier fraglichen Beziehung nichts wesentlich Anderes vorschreibt als das Handelsgesetzbuch, gleichfalls befolgt werden wird.

Fixgeschäft. (§. 368.)

Ueber die Folgen der nicht rechtzeitigen Leistung bei Fixgeschäften trifft der Entwurf ebenso wie das Handelsgesetzbuch in mehrfacher Hinsicht besondere Bestimmungen. Geräth bei einem Fixgeschäfte der eine Theil in Erfüllungsverzug, so ist nach Art. 357 Abs. 1 des Handelsgesetzbuchs das Recht des anderen Theiles auf Erfüllung ausgeschlossen, wenn er nicht nach Ablauf der bedungenen Lieferungszeit oder Lieferungsfrist dem Gegner unverzüglich erklärt, daß er auf Erfüllung bestehe. Das Bürgerliche Gesetzbuch enthält eine solche Vorschrift nicht, sondern beschränkt sich (§. 361) auf eine Auslegungsregel, derzufolge, falls die Parteien bei einem gegenseitigen Vertrage vereinbart haben, daß die Leistung des einen Theiles genau zu einer festbestimmten Zeit oder innerhalb einer festbestimmten Frist bewirkt werden soll, im Zweifel anzunehmen ist, daß der andere Theil zum Rücktritt berechtigt sein soll, wenn die Leistung nicht zu der bestimmten Zeit oder innerhalb der bestimmten Frist erfolgt. Hiernach kann zwar der nichtsäumige Theil, wie nach dem Handelsgesetzbuch, vom Vertrage zurücktreten, ohne daß er dem Säumigen noch gemäß §. 326 eine Nachfrist zu setzen braucht; er ist aber, wenn er Erfüllung verlangen will, nicht genöthigt, dies dem Säumigen sofort zu erklären, vielmehr ist das Recht des Gläubigers, zwischen Erfüllung und Rücktritt zu wählen, nur insofern zeitlich begrenzt, als auf Grund des §. 355 der säumige Schuldner befugt ist, dem Gläubiger für die Ausübung des Rücktrittsrechts eine angemessene Frist zu bestimmen, nach deren fruchtlosem Ablauf das Rücktrittsrecht erlischt. Für den Handelskauf reicht diese Art der Regelung nicht aus, insbesondere paßt sie nicht für die wichtigsten Fälle des Fixgeschäfts, nämlich für Geschäfte über Waaren und Werthpapiere mit einem Markt- oder Börsenpreise. Nach der regelmäßigen Absicht der vertragschließenden Theile soll hier eine verspätete Erfüllung von vornherein ausgeschlossen sein. Daraus ergiebt sich, daß der Gläubiger, der nach Ablauf des Termins noch auf Erfüllung bestehen will, gehalten sein muß, dies sofort dem Schuldner mitzutheilen, und zwar ohne eine entsprechende Aufforderung des letzteren abzuwarten. Wollte man nach Ablauf des Termins zunächst noch eine Aufforderung des Schuldners an den Gläubiger verlangen, daß dieser sich erkläre, so würde dies immer einen Zeitverlust herbeiführen, der den Gläubiger in die Lage brächte, auf Kosten des Schuldners zu spekuliren. Der Entwurf behält daher das geltende Recht bei (§. 368 Abs. 1).

Bei markt- oder börsengängigen Waaren weist das Handelsgesetzbuch im Art. 357 Abs. 3 für den Fall des Verzugs des Verkäufers ausdrücklich auf den Unterschied zwischen dem Markt- oder Börsenpreise und dem Kaufpreise als Maßstab für die Feststellung des Schadensersatzes wegen Nichterfüllung hin. Wennschon diese Berechnung keine Eigenthümlichkeit der Fixgeschäfte ist, so hat sie doch bei ihnen besondere Wichtigkeit, und es empfiehlt sich deshalb, auch in den Entwurf eine entsprechende Bestimmung aufzunehmen. Nur muß, da nach dem Entwurf der Verkäufer nicht mehr auf den Selbsthülfeverkauf angewiesen ist, die Befugniß zu jener Schadensberechnung auch für ihn in gleicher Weise wie für den Käufer ausgesprochen werden (§. 368 Abs. 2).

Will der Verkäufer oder Käufer, statt den Unterschied zwischen dem Markt- oder Börsenpreise und dem vereinbarten Kaufpreise zu verlangen, das Ergebniß eines Realisationsverkaufs oder eines Deckungskaufs seinem Schadensersatzanspruche zu Grunde legen, so muß dieser Verkauf oder Kauf sofort nach dem Ablaufe der bedungenen Leistungszeit oder Leistungsfrist erfolgen und, sofern er nicht in öffentlicher Versteigerung geschieht, durch einen zu solchen Verkäufen oder Käufen öffentlich ermächtigten Handelsmäkler oder eine zur öffentlichen Versteigerung befugte Person zum laufenden Preise bewirkt werden (§. 368 Abs. 3). Diese Vorschriften stimmen, soweit sie sich auf den Realisationsverkauf beziehen, mit dem gegenwärtigen Rechte überein. Wenn der Entwurf die bisher nur für den Verkäufer geltenden Vorschriften auf den Käufer ausdehnt, der sich bei Erfüllungsverzug des Verkäufers durch einen anderweitigen Ankauf deckt, so rechtfertigt sich dies durch die Erwägung, daß hier die Gewinnung einer festen Unterlage für die Schadensberechnung nicht minder ein Bedürfniß ist, wie im Falle des Realisationsverkaufs.

Im Gegensatze zum Art. 357 des Handelsgesetzbuchs, der einen Verzug voraussetzt, räumt das Bürgerliche Gesetzbuch bei Fixgeschäften das Recht zum Rücktritte nach Maßgabe des §. 361 dem Gläubiger auch dann ein, wenn die Gegenpartei, ohne sich in Verzug zu befinden, nicht rechtzeitig erfüllt hat, insbesondere also, wenn sie durch einen von ihr nicht zu vertretenden Umstand an der Erfüllung gehindert worden ist. Da dieser Grundsatz dem Wesen des Fixgeschäfts entspricht und auch mit den Bedürfnissen des Handelsverkehrs im Einklang steht, so schließt sich der Entwurf ihm an. Außerdem ist im §. 368 des Entwurfs ebenso wie im Bürgerlichen Gesetzbuch nicht bloß der Fall der Festsetzung einer bestimmten Zeit für die Lieferung der Waare, sondern zugleich der Fall der Festsetzung einer solchen Zeit für die Zahlung des Kaufpreises berücksichtigt.

Die Vorschrift des Art. 358 des Handelsgesetzbuchs, wonach bei Fixgeschäften der nichtsäumige Theil befugt ist, den Verzug des Säumigen auf dessen Kosten durch eine öffentliche Urkunde feststellen zu lassen, ist, da sie keine praktische Bedeutung gewonnen hat, im Entwurfe nicht wiederholt.

Theilweise Nichterfüllung.

Der Art. 359 des Handelsgesetzbuchs enthält noch eine sowohl für Fixgeschäfte als für andere Kaufgeschäfte geltende Bestimmung über die Wirkungen des Verzugs im Falle theilweiser Nichterfüllung. Auch dieser Artikel ist in den Entwurf nicht aufgenommen, da in der gedachten Beziehung künftig die Vorschriften des Bürgerlichen Gesetzbuchs (§. 326 Abs. 1 Satz 3) Anwendung zu finden haben.

Untersuchung und Mängelanzeige. (§. 369.)

Nach Art. 347 des Handelsgesetzbuchs muß der Käufer die ihm von einem anderen Orte übersendete Waare unverzüglich nach der Ablieferung, soweit dies nach ordnungsmäßigem Geschäftsgange thunlich ist, untersuchen und die bei der Untersuchung oder später entdeckten Mängel alsbald dem Verkäufer anzeigen, widrigenfalls die Waare als genehmigt gilt. Das Bürgerliche Gesetzbuch legt dem Käufer eine solche Verpflichtung nicht auf; nach demselben kann allerdings die Thatsache, daß eine den Umständen nach mögliche Untersuchung und Rüge unterblieben ist, insofern in Betracht kommen, als sich daraus vielleicht der Schluß ziehen läßt, der Empfänger habe auf seine Rechte verzichten wollen; aber in der Regel ist der Gewährleistungsanspruch des Käufers nur ausgeschlossen, wenn er eine mangelhafte Sache angenommen hat, obschon er den Mangel kannte (§. 464). Für den Handelsverkehr genügt dies nicht; hier muß vielmehr die Pflicht zur sofortigen Untersuchung und Mängelanzeige, wie sie das Handelsgesetzbuch vorsieht, im Allgemeinen beibehalten werden.

In zwei wesentlichen Beziehungen sind jedoch die Vorschriften des bisherigen Art. 347 durch den Entwurf geändert: sie sind einerseits auf Platzgeschäfte ausgedehnt, andererseits auf zweiseitige Handelskäufe beschränkt. Wenn das Handelsgesetzbuch nur die Distanzgeschäfte berücksichtigt, so ist dies sachlich nicht gerechtfertigt, da bei Platzgeschäften der Kaufmann das gleiche Interesse hat, schnell zu erfahren, ob ein Geschäft in Ordnung geht, wie bei Uebersendungskäufen. Der in der Nürnberger Kommission gegen die Ausdehnung des Art. 347 auf Platzgeschäfte geltend gemachte Grund, daß diese Frage für den Verkehr der verschiedenen Staaten untereinander ohne Interesse sei und daher der Landesgesetzgebung überlassen werden könne,[1]) trifft nicht mehr zu. In einer Anzahl von Einführungsgesetzen ist die Ausdehnung bereits erfolgt,[2]) und für die übrigen Gebiete ist zum mindesten soviel gewohnheitsrechtlich anerkannt, daß der Käufer die Anzeige der entdeckten Mängel nicht ungebührlich verzögern darf. Noch weiter geht das Hamburger Recht,[3]) nach welchem schon durch den Empfang der Waare die Einwendungen gegen ihre Beschaffenheit ausgeschlossen werden.

Die Ausdehnung der Untersuchungs- und Anzeigepflicht auf Platzgeschäfte ist um so weniger bedenklich, als der Entwurf andererseits den Grundsatz des

[1]) Protokolle S. 657.

[2]) Einführungsgesetz für Hannover §. 28, für Schleswig-Holstein und Lauenburg §. 53, für Mecklenburg-Schwerin und Mecklenburg-Strelitz §. 39, für Oldenburg Art. 24, für Bremen §. 33. Ebenso schweizerisches Obligationenrecht Art. 246.

[3]) Einführungsgesetz §. 43; zu vergl. für Altona das schleswig-holsteinsche Einführungsgesetz §. 54.

bisherigen Art. 347 auf den Verkehr unter Kaufleuten beschränkt. Diese Aenderung erscheint schon mit Rücksicht auf die Grundsätze des Bürgerlichen Gesetzbuchs geboten; denn wenn dieses den Käufer, weil er häufig nicht die nöthige Sachkunde und Erfahrung hat, zur sofortigen Untersuchung der Waare nicht verpflichtet, so darf auch im Handelsgesetzbuch nicht einem Käufer, der nicht Kaufmann ist, eine solche Verpflichtung bloß deshalb auferlegt werden, weil er von einem Kaufmann gekauft hat; hierdurch würde das kaufmännische Interesse in zu einseitiger Weise berücksichtigt. Der Gegengrund, daß auch der Händler, welcher unmittelbar an den Konsumenten verkauft, von den Mängeln der verkauften Waare unverzüglich Kenntniß erhalten müsse, um seinerseits rechtzeitig seinen Verkäufer in Anspruch nehmen zu können, ist nicht durchgreifend, zumal ein solcher Händler häufig vom eigenen Lager verkauft und deshalb ohnehin wegen der von dem Kunden gerügten Mängel keinen Rückgriff mehr hat.

Was die Gefahr der Ankunft der Mängelanzeige betrifft, so ist dieselbe schon nach dem Handelsgesetzbuch von dem Verkäufer zu tragen; gegenüber dem §. 130 des Bürgerlichen Gesetzbuchs muß dies aber jetzt besonders zum Ausdruck gebracht werden. Der Abs. 4 des §. 369 enthält eine entsprechende Vorschrift.

Nach Art. 347 Abs. 4 gilt die Vorschrift des Abs. 3 über die Verpflichtung des Käufers zur Anzeige der entdeckten Mängel auch für den Verkauf auf Besicht oder Probe oder nach Probe, sofern es sich um Mängel handelt, die bei ordnungsmäßigem Besicht oder ordnungsmäßiger Prüfung nicht erkennbar waren. Dieser Satz ist, soweit er sich auf den Verkauf nach Probe bezieht, selbstverständlich und überdies, da auch die Pflicht zur unverzüglichen Untersuchung und zur Anzeige der hierbei entdeckten Mängel (Art. 347 Abs. 1, 2) bei dem Verkaufe nach Probe Platz greift, unvollständig. In Ansehung des Verkaufs auf Probe ergiebt er sich gleichfalls von selbst.

Die Vorschriften des Art. 349 Abs. 1 bis 3 des Handelsgesetzbuchs, denen zufolge, sofern nicht vertragsmäßig eine kürzere oder längere Frist festgesetzt ist, der Käufer nach Ablauf von sechs Monaten seit der Ablieferung der Waare eine Klage wegen ihrer mangelhaften Beschaffenheit nicht mehr erheben kann und auch die Einreden wegen eines Mangels erlöschen, falls die Anzeige nicht innerhalb einer Frist von sechs Monaten nach der Ablieferung erstattet ist, werden ersetzt durch die §§. 477 bis 479 und den §. 225 Satz 2 des Bürgerlichen Gesetzbuchs. Zwar ist in diesem die Frist von sechs Monaten als Verjährungsfrist und nicht, wie im Handelsgesetzbuch, als Ausschlußfrist behandelt, indessen können im Handelsverkehr unbedenklich die Hemmungs- und Unterbrechungsgründe, die das Bürgerliche Gesetzbuch für die Verjährung aufstellt, ebenfalls Anwendung finden. Auch die Vorschrift des bisherigen Art. 349 Abs. 4, nach welchem an den besonderen Gesetzen oder Handelsgebräuchen nichts geändert wird, die für einzelne Arten von Gegenständen eine kürzere Frist bestimmen, braucht für den Handelskauf nicht aufrecht erhalten zu werden. Die Dauer der Fristen bei der Gewährleistung für Viehmängel, für welche die Zulässigkeit einer landesgesetzlichen Verkürzung der Zeit hauptsächlich in Betracht kommt, richtet sich künftig nach dem Bürgerlichen Gesetzbuch (Entwurf §. 374), und was die Wirkung der Handelsgebräuche betrifft, so kann es bei dem bewenden, was sich aus allgemeinen Grundsätzen und aus der Vorschrift des §. 337 ergiebt.

Der Art. 350 des Handelsgesetzbuchs, der die Bestimmungen der Art. 347 und 349 im Falle eines Betrugs des Verkäufers für unanwendbar erklärt, wird insoweit, als er sich auf die Befristung der Klagen und Einreden bezieht, entbehrlich, da nach dem Bürgerlichen Gesetzbuch die kurze Verjährung des Gewährleistungsanspruchs ausgeschlossen ist, falls der Verkäufer den Mangel arglistig verschwiegen hat (§. 477 Abs. 1, §. 478 Abs. 2). Hinsichtlich der handelsrechtlichen Pflicht zur sofortigen Untersuchung und Rüge bedarf es dagegen noch einer besonderen Bestimmung, bei deren Fassung sich der Entwurf dem Bürgerlichen Gesetzbuch anschließt, indem er den Begriff des Betrugs durch den des arglistigen Verschweigens eines Mangels ersetzt (§. 369 Abs. 5).

Aufbewahrung und Verkauf der beanstandeten Waare. (§. 370.)

Der §. 370 des Entwurfs wiederholt die Vorschriften des bisherigen Art. 348 Abs. 1 und 5 über die Pflicht des Käufers, für die einstweilige Aufbewahrung der ihm von einem anderen Orte übersendeten und von ihm beanstandeten Waare zu sorgen, und über die Befugniß desselben, eine dem Verderb ausgesetzte Waare zu verkaufen. Aus dem Zwecke der ersteren Bestimmung, welche den Verkäufer dagegen schützen soll, daß die Waare, noch bevor er darüber Verfügung treffen kann, vom Käufer zurückgesendet und mit hohen Frachtkosten belastet wird, ergiebt sich, daß die in Frage stehende Verpflichtung des Käufers auf Platzgeschäfte nicht ausgedehnt werden kann. Dagegen spricht auch hier die Berücksichtigung des nichtkaufmännischen Abnehmers für eine Beschränkung der Vorschrift auf zweiseitige Handelskäufe. Im Platzverkehr und für einseitige Handelsgeschäfte kann es bei dem bewenden, was sich aus der allgemeinen Vertragspflicht des Käufers zu sorgfältigem Verhalten sowie aus den Grundsätzen von Treu und Glauben ergiebt. Nur in demselben Umfange wie die gesetzliche Aufbewahrungspflicht ist andererseits das Recht des Käufers anzuerkennen, die beanstandete Waare, falls sie dem Verderb ausgesetzt und Gefahr im Verzuge ist, verkaufen zu lassen; im Uebrigen genügen die Regeln über die Geschäftsführung ohne Auftrag. Keiner besonderen Hervorhebung bedarf es, daß durch einen nach Maßgabe des Abs. 2 bewirkten Verkauf der Anspruch des Käufers auf Wandelung oder auf Lieferung einer mangelfreien Waare (§§. 467, 480, 353 des Bürgerlichen Gesetzbuchs) nicht ausgeschlossen wird.

An die Stelle der Vorschriften des Art. 348 Abs. 2 bis 4 des Handelsgesetzbuchs, die sich auf die Feststellung des Zustandes der Waare durch Sachverständige beziehen, wird künftig die auch auf Platzgeschäfte anwendbare Vorschrift treten, welche nach der Anlage II der Denkschrift zum Entwurfe des Bürgerlichen Gesetzbuchs als §. 449a in die Civilprozeßordnung aufgenommen werden soll.

Lieferung einer Waare anderer Gattung und Quantitätsmängel. (§. 371.)

Der Grundsatz, daß die Waare als genehmigt gilt, wenn die unverzügliche Untersuchung und Mängelanzeige nicht erfolgt, bezieht sich, wie in der Rechtsprechung allgemein angenommen wird, nur auf den Fall von Mängeln in den Eigenschaften der Waare, nicht aber auf den Fall, daß eine Waare anderer Gattung als die bestellte oder eine andere Menge von

Waaren als die vereinbarte geliefert wird. Dieser Unterscheidung ist mit Recht der Vorwurf gemacht worden, daß sie der sachlichen Begründung entbehre. Einerseits ist die Grenze zwischen den Fällen, in welchen ein Mangel jener Art vorliegt, und den Fällen, in welchen eine Waare mit Rücksicht auf die Abweichung ihrer Beschaffenheit von der zu liefernden als zu einer anderen Waarengattung gehörig anzusehen ist, häufig schwer zu ziehen. Andererseits ist die Unterscheidung in dieser Allgemeinheit auch innerlich nicht berechtigt; denn selbst wenn die gelieferte Waare nach der durch das Urtheil von Sachverständigen bekundeten Verkehrsauffassung zu einer anderen Waarengattung als die bestellte zu rechnen ist, so kann doch unter Umständen eine solche Abweichung von der Bestellung für den Käufer von geringerer Bedeutung sein als mancher Mangel hinsichtlich der Tauglichkeit. Es ist daher erklärlich, daß die Entscheidungen der Gerichte, welche, je nachdem der von dem Käufer gerügte Mangel der einen oder der anderen Art von Vertragswidrigkeiten zugezählt wird, den Einwand der verspäteten Mängelanzeige für erheblich oder unerheblich erklären, den Eindruck einer gewissen Willkürlichkeit machen. Dieser Rechtszustand hat keinen Anspruch auf fernere Geltung. Unbedingt läßt sich die Gleichstellung der in Frage stehenden Fälle allerdings nicht durchführen; denn wenn die gelieferte Waare mit der bestellten gar nichts gemein hat und offensichtlich für den Zweck des Käufers ohne Bedeutung ist, so darf der Käufer in Folge der Unterlassung der sofortigen Rüge seine Rechte gegen den Verkäufer nicht verlieren; hier können vielmehr nur die Grundsätze, die für den Fall der Zusendung einer unbestellten Waare gelten, Anwendung finden. Wenngleich daher nach §. 371 des Entwurfs die Vorschriften über das Verhalten des Käufers bei Mängeln im Allgemeinen auch dann Platz greifen sollen, wenn der Verkäufer eine andere als die bedungene Waare geliefert hat, so ist doch eine Ausnahme für den Fall vorgesehen, daß die gelieferte Waare offensichtlich von der Bestellung so erheblich abweicht, daß der Verkäufer die Genehmigung des Käufers als ausgeschlossen betrachten mußte. Dabei kann es selbstverständlich dem Käufer nicht zum Nachtheile gereichen, wenn der Verkäufer bei der Beurtheilung der Frage, ob er auf eine Genehmignng des Käufers rechnen durfte oder sie als ausgeschlossen betrachten mußte, von falschen Voraussetzungen ausging. Ebenso ist es gleichgültig, ob der Verkäufer thatsächlich nicht erwartet hat, daß der Käufer die Waare genehmigen werde, und ob er überhaupt von der Vertragswidrigkeit der Waare Kenntniß hatte. Daß auch das nach dem Entwurfe maßgebende Unterscheidungsmerkmal etwas Schwankendes hat, läßt sich nicht verkennen; immerhin gewährt es die Möglichkeit, den Umständen des einzelnen Falles die gebührende Berücksichtigung zu Theil werden zu lassen, und wird daher in der Praxis voraussichtlich zu angemesseneren Ergebnissen führen als die gegenwärtig ausschließlich maßgebende Unterscheidung zwischen Mängeln und Gattungsverschiedenheit. Was für den Fall der Lieferung einer anderen als der bedungenen Waare bestimmt wird, muß auch für den Fall der Lieferung einer anderen als der bedungenen Waarenmenge gelten.

Ob der Käufer die Pflicht zur Aufbewahrung der Waare und das Recht des Verkaufs nach Art. 348 des Handelsgesetzbuchs auch dann hat, wenn er die Waare wegen einer Abweichung von der bestellten Gattung oder von der vereinbarten Menge beanstandet, ist nach dem geltenden Rechte bestritten. Der Entwurf bejaht diese Frage gleichfalls unter der Voraussetzung, daß die gelieferte Waare von der Bestellung nicht offensichtlich so erheblich abweicht, daß der Verkäufer die Genehmigung des Käufers als ausgeschlossen betrachten mußte. Andernfalls werden die Grundsätze über die Zusendung unbestellter Waaren und über die Geschäftsführung ohne Auftrag zur Anwendung zu kommen haben.

Berechnung des Kaufpreises nach dem Gewichte der Waare. (§. 372.)

Die Bestimmungen des §. 372 des Entwurfs über die Berechnung des Kaufpreises nach dem Gewichte der Waare entsprechen dem bisherigen Art. 352. Zwar verweist das Handelsgesetzbuch nicht, wie der Entwurf, auf den Handelsgebrauch des Ortes, an welchem der Verkäufer zu erfüllen hat, sondern auf den Handelsgebrauch am Orte der Uebergabe; hierunter ist jedoch, wie allgemein anerkannt wird, der Handelsgebrauch des Erfüllungsortes zu verstehen.

Kauf von Werthpapieren. (§. 373 Abs. 1.)

Wenngleich das Handelsgesetzbuch in dem Titel über den Kauf nur von Waaren spricht, so ist es doch nicht zweifelhaft, daß die betreffenden Vorschriften auf Kaufverträge über Werthpapiere ebenfalls Anwendung finden; dagegen unterliegt der Kauf von Rechten, die nicht in Werthpapieren verkörpert sind, auch wenn der Kauf im einzelnen Falle ein Handelsgeschäft ist, jenen Vorschriften nicht; Hypothekenforderungen zum Beispiel bilden, wie in der Rechtsprechung anerkannt ist, keinen Gegenstand des Handelskaufs im engeren Sinne. Dieses der Natur der Sache entsprechende Verhältniß bringt der Entwurf im §. 373 Abs. 1 zum Ausdruck, indem er die für den Kauf von Waaren getroffenen Vorschriften auf den Kauf von Werthpapieren ausdehnt, hiermit aber zugleich ihre Anwendbarkeit im Uebrigen ausschließt. Der Begriff des Wortes „Werthpapier" braucht auch an dieser Stelle nicht näher bestimmt zu werden; es handelt sich, wie die Vorschrift von selbst ergiebt, nur um Papiere, die als solche den Gegenstand des Kaufes bilden, bei denen also der Erwerb des Rechtes aus dem Papiere den sachenrechtlichen Grundsätzen über den Erwerb des Rechtes an dem Papiere folgt. Daß auf die Haftung des Verkäufers eines für kraftlos erklärten Werthpapiers der §. 369 des Entwurfs keine Anwendung findet, braucht nicht besonders ausgesprochen zu werden, da es sich hierbei nicht um einen Sachmangel, sondern um einen Mangel im Rechte handelt (Bürgerliches Gesetzbuch §. 437 Abs. 2). Bei Lieferung eines ausgeloosten oder gekündigten Werthpapiers wird dagegen in der Regel anzunehmen sein, daß eine andere als die bedungene Sache geliefert, die Abweichung aber so erheblich ist, daß eine Genehmigung von vornherein ausgeschlossen erscheinen mußte; der §. 369 greift daher auch in einem solchen Falle nicht Platz.

Kauf- und Werkvertrag. (§. 373 Abs. 2.)

Der Art. 338 des Handelsgesetzbuchs, der die Bestimmungen über den Kauf auch auf ein Handelsgeschäft für anwendbar erklärt, dessen Gegenstand in der Lieferung einer Quantität vertretbarer Sachen besteht, ist künftig entbehrlich, weil ein Vertrag, durch den sich der Unternehmer verpflichtet, aus einem von ihm zu beschaffenden Stoffe eine vertretbare Sache herzustellen, schon nach §. 651 des Bürgerlichen Gesetzbuchs als Kauf zu beurtheilen ist.

Ob auch ein Vertrag über die Herstellung einer nicht vertretbaren Sache aus einem Stoffe des Unternehmers als Kauf zu beurtheilen ist, überläßt das Handelsgesetzbuch den Landesgesetzen, deren Vorschriften in dieser Beziehung auseinandergehen. Nach dem §. 651 des Bürgerlichen Gesetzbuchs gelten für einen solchen Vertrag im Allgemeinen die Rechtssätze vom Kaufe, jedoch mit wesentlichen Abweichungen, die auf einer theilweisen Heranziehung der Vorschriften über den Werkvertrag beruhen. In Ermangelung einer ausdrücklichen Bestimmung könnte es zweifelhaft erscheinen, ob ein derartiges Geschäft den Vorschriften über den Handelskauf unterliegt. Ein sachlicher Grund, diese Vorschriften nur bei der Herstellung vertretbarer Sachen Platz greifen zu lassen, besteht aber nicht, und der §. 373 des Entwurfs bestimmt deshalb, daß die für den Handelskauf geltenden Vorschriften auch Anwendung finden, wenn aus einem von dem Unternehmer zu beschaffenden Stoffe eine nicht vertretbare bewegliche Sache herzustellen ist. Hieraus ergiebt sich unter Anderem, daß, falls ein zweiseitiges Handelsgeschäft des fraglichen Inhalts vorliegt, der Besteller, obwohl nach dem Bürgerlichen Gesetzbuch die Verjährung der Gewährleistungsansprüche hier nicht mit der Ablieferung (§. 477 daselbst), sondern mit der Abnahme des Werkes beginnt (§. 638), dennoch das Werk gemäß §. 369 des Entwurfs unverzüglich nach der Ablieferung zu untersuchen verpflichtet ist; hat er dies gethan und seine Rechte durch Anzeige gewahrt, so verjähren die Ansprüche erst von der Abnahme an.

Liegt ein eigentlicher Werkvertrag vor, sei es, daß aus dem eigenen Stoffe des Bestellers eine Sache herzustellen, sei es, daß eine Sache des Bestellers zu verändern oder auszubessern ist, so kann es bei den Vorschriften des Bürgerlichen Gesetzbuchs bewenden. Auch auf diesen Fall einzelne Rechtssätze vom Handelskaufe für anwendbar zu erklären, ist nicht angezeigt; es genügt, daß etwaige Handelsgebräuche zu berücksichtigen sind, und daß außerdem das Verhalten der Betheiligten, namentlich ein längeres Stillschweigen des Bestellers bei Mängeln des Werkes, mit Rücksicht auf Treu und Glauben im Handelsverkehre zu würdigen ist. Auf dieser Grundlage ist die Rechtsprechung schon bisher zu befriedigenden Ergebnissen gelangt.

Viehmängel. (§. 374)

Die Schlußvorschrift des Abschnitts (§. 374), wonach beim Viehhandel nicht die Vorschriften des Entwurfs über die unverzügliche Untersuchung und Mängelanzeige, sondern die besonderen Regeln des Bürgerlichen Gesetzbuchs (§§. 481 ff.) zur Anwendung kommen, wird einer Rechtfertigung nicht bedürfen.

In den Entwurf nicht aufgenommene Vorschriften des Handelsgesetzbuchs. (Handelsgesetzbuch Art. 337, 339 bis 342, 344 bis 346, 351, 353.)

Hinsichtlich der in den Entwurf nicht aufgenommenen Vorschriften des bisherigen Titels über den Handelskauf, deren Wegfall nicht bereits im Vorstehenden Erwähnung gefunden hat, ist Folgendes zu bemerken.

Die Bestimmung des Art. 337, daß ein Anerbieten zum Verkaufe, welches erkennbar für mehrere Personen, insbesondere durch Mittheilung von Preislisten oder Proben, geschieht oder welches die Waare, den Preis oder die Menge nicht bestimmt bezeichnet, kein verbindlicher Antrag zum Kaufe ist, stellt keine Besonderheit des Handelsrechts dar, sondern enthält nur eine Anwendung allgemeiner Grundsätze des bürgerlichen Rechts. Der Satz kann daher gestrichen werden, zumal es Sache der Willensauslegung sein muß, ob einem Anerbieten der fraglichen Art nach den besonderen Umständen des Falles nicht doch eine weitergehende Bedeutung beizulegen ist.

Die Art. 339 und 340, welche den Kauf auf Probe und nach Probe betreffen, werden durch die §§. 494 bis 496 des Bürgerlichen Gesetzbuchs ersetzt; auch der im Art. 339 enthaltene Hinweis auf die ortsgebräuchliche Genehmigungsfrist ist mit Rücksicht auf den §. 337 des Entwurfs entbehrlich. Die Begriffsbestimmung des Kaufes zur Probe im Art. 341 des Handelsgesetzbuchs ist überflüssig und kann wegfallen.

Auch hinsichtlich der Erfüllungszeit und des Erfüllungsortes bedarf es für den Handelskauf keiner besonderen Vorschriften; die Bestimmungen des bisherigen Art. 342 werden durch die §§. 269, 270 und 320 des Bürgerlichen Gesetzbuchs entbehrlich. Insbesondere gilt dies von der Vorschrift des bisherigen Art. 342 Abs. 3, wonach der Kaufpreis bei der Uebergabe zu entrichten ist, sofern nicht ein anderes durch die Natur des Geschäfts bedingt oder durch Vertrag oder Handelsgebrauch bestimmt ist. Die allgemeine Regel des Bürgerlichen Gesetzbuchs, daß bei einem gegenseitigen Vertrage jeder Theil, falls er nicht vorzuleisten hat, die ihm obliegende Leistung bis zur Bewirkung der Gegenleistung verringern kann, führt zu dem gleichen Ergebnisse. Ein besonderer Vorbehalt, daß in Folge von Handelsgebräuchen andere Grundsätze maßgebend sein können, ist mit Rücksicht auf die allgemeine Bestimmung des §. 337 des Entwurfs nicht erforderlich. Nach den im Verkehre geltenden Gebräuchen wird namentlich die Frage zu entscheiden sein, inwieweit bei Distanzkäufen der Käufer auch dann, wenn der Ort der Handelsniederlassung des Verkäufers der Erfüllungsort ist, zur Bezahlung des Kaufpreises erst nach der Ankunft und Ablieferung verpflichtet ist. In der Rechtsprechung sind vielfach Handelsgebräuche dieses Inhalts angenommen worden; hierbei kann es auch in Zukunft bewenden.

Gleichfalls selbstverständlich erscheint die Bestimmung des Art. 344, daß bei Uebersendung der Waare von einem anderen Orte, falls der Käufer über die Art der Uebersendung nichts bestimmt hat, der Verkäufer die Bestimmung mit der gehörigen Sorgfalt zu treffen hat. Dies ergiebt sich schon aus den allgemeinen Grundsätzen des Bürgerlichen Gesetzbuchs,[1]) während allerdings bisher der Art. 344 des Handelsgesetzbuchs mit Rücksicht auf abweichende landesrechtliche Vorschriften eine selbständige Bedeutung hatte. Eine unbedingte Verpflichtung, die Uebersendung zu besorgen, legt anerkanntermaßen auch der Art. 344 dem Verkäufer nicht auf, vielmehr sind in dieser Beziehung der Vertrag und die Verkehrssitte maßgebend. Was den Zeitpunkt betrifft, mit welchem die Gefahr der gekauften Sache im Falle der Uebersendung auf den Käufer übergeht, so gilt in dieser Beziehung nach dem Bürgerlichen Gesetzbuch (§§. 446, 447, 269 Abs. 3) dasselbe wie nach Art. 345 des Handelsgesetzbuchs; auch dieser kann demnach wegfallen.

Der Art. 346, welcher den Käufer verpflichtet, die Waare, falls sie den gesetzlichen und vertragsmäßigen Erfordernissen entspricht, zu empfangen,

---

[1]) Motive zum Entwurf I des Bürgerlichen Gesetzbuchs Bd. II S. 328; s. auch Bürgerliches Gesetzbuch §. 447 Abs. 2.

wird durch den sachlich übereinstimmenden §. 433 Abs. 2 des Bürgerlichen Gesetzbuchs ersetzt. Daß die Empfangnahme im Zweifel sofort geschehen muß (Art. 346 Abs. 2), ergiebt sich aus der allgemeinen Vorschrift des §. 271 des Bürgerlichen Gesetzbuchs.

Die Regel des Art. 351 über die Tragung der Kosten der Uebergabe und der Abnahme der Waare ist von dem Bürgerlichen Gesetzbuch (§. 448 Abs. 1) übernommen. Wenn nach diesem der Käufer nicht nur die Kosten „der Abnahme", sondern die „der Abnahme und der Versendung nach einem anderen Orte als dem Erfüllungsorte" zu tragen hat, so liegt hierin eine sachgemäße Ergänzung der bisherigen Vorschrift des Handelsgesetzbuchs, die indessen keine Aenderung des geltenden Rechtes bedeutet.

Auch den Art. 353 des Handelsgesetzbuchs, welcher den Fall behandelt, daß der Markt- oder Börsenpreis als Kaufpreis bestimmt ist, hat der Entwurf nicht übernommen. Im Anschluß an diesen Artikel stellt der §. 453 des Bürgerlichen Gesetzbuchs die Auslegungsregel auf, daß im Zweifel, falls als Kaufpreis der Marktpreis bestimmt ist, der für den Erfüllungsort zur Erfüllungszeit maßgebende Marktpreis als vereinbart gilt. Da der Börsenpreis an sich nur eine Art des Marktpreises ist, so erscheint es nicht nothwendig, jenen Grundsatz für den Börsenpreis noch besonders im Handelsgesetzbuch zum Ausdruck zu bringen. Ueberdies sind Kaufabschlüsse zum Börsenpreise nicht gewöhnlich, vielmehr erfolgen im Eigenhandel meist feste Anstellungen. Für den Selbsteintritt des Kommissionärs aber, für welchen der Börsenpreis eine weit größere Bedeutung hat, enthält der Entwurf im §. 392 besondere, dem Entwurfe des Börsengesetzes entnommene Vorschriften. Was der Art. 353 noch weiter über den Begriff des Börsen- und Marktpreises bestimmt, ist theils selbstverständlich, theils nicht erschöpfend.

Dritter Abschnitt.

Kommissionsgeschäft.

Nach Art. 360 Abs. 1 des Handelsgesetzbuchs ist Kommissionär, wer im eigenen Namen für Rechnung eines Auftraggebers (Kommittenten) Handelsgeschäfte abschließt, und nach Art. 378 kommen die Bestimmungen über das Kommissionsgeschäft auch zur Anwendung, wenn von einem Kaufmanne, dessen gewöhnlicher Handelsbetrieb nicht in Kommissionsgeschäften besteht, ein einzelnes Handelsgeschäft in der bezeichneten Art geschlossen wird. In welchem Sinne das Erforderniß des Abschlusses von „Handelsgeschäften" verstanden werden soll, ist zweifelhaft und sehr bestritten; keine der verschiedenen Ansichten, die darüber aufgestellt worden sind, führt zu einem angemessenen Ergebnisse. Wird die Bestimmung so aufgefaßt, daß das von dem Kommissionär abgeschlossene Ausführungsgeschäft für diesen selbst ein Handelsgeschäft sein muß, so bleiben überhaupt nur wenige Geschäfte als selbständige Grundlage

Begriffsbestimmung. (§§. 375, 393.)

des Kommissionärgewerbes übrig. Gerade die wichtigsten, nämlich der Kauf und Verkauf, scheiden aus; denn der Abschluß von Käufen und Verkäufen für fremde Rechnung ist kein Handelsgeschäft im Sinne der Nummern 1 und 2 des bisherigen Art. 271. Am meisten Anklang hat eine andere Ansicht gefunden, nach der es nicht darauf ankommen soll, ob das Ausführungsgeschäft für den Kommissionär ein Handelsgeschäft ist, sondern darauf, ob es für den Kommittenten ein Handelsgeschäft sein würde, falls es von diesem selbst oder in seinem Namen geschlossen wäre. Allein auch hierbei ergiebt sich, daß zahlreiche Geschäfte, auf welche die Vorschriften über das Kommissionsgeschäft Anwendung finden müssen, wie zum Beispiel der von einer Privatperson einem Bankier ertheilte Auftrag zur Anschaffung oder Veräußerung von Werthpapieren, die zur Kapitalanlage dienen, nicht unter den Begriff des Kommissionsgeschäfts fallen. Wenn nichtsdestoweniger angenommen werden muß, daß die zuletzt bezeichnete Auslegung den Sinn der Vorschrift am richtigsten trifft, so folgt hieraus, daß das Handelsgesetzbuch von einer Auffassung über den Zweck und die Bedeutung des Kommissionsgeschäfts ausgeht, die den heutigen Verkehrsverhältnissen nicht entspricht; denn die Kommissionäre sind gegenwärtig nicht mehr bloße Hülfspersonen der Kaufleute, sie stellen sich vielmehr dem Privatpublikum unmittelbar zur Verfügung, und in einzelnen Geschäftszweigen, wie namentlich im Effektenverkehr, ist der Kommissionshandel sogar die weit überwiegende Form, in welcher die Bedürfnisse des nicht zu den Handelskreisen gehörenden Publikums befriedigt werden. Der Güterumsatz kann nicht blos im Wege des Kaufs und Wiederverkaufs, sondern ebenso im Wege einer Vermittelung erfolgen, bei der das eine Glied zwar durch einen Kaufvertrag, das andere aber durch die Uebernahme eines Auftrags und ein zu dessen Erledigung dienendes Abwickelungsgeschäft gebildet wird. Der Handelskarakter des Kommissionärgewerbes liegt deshalb nicht sowohl in der Hülfsthätigkeit für den Handelsbetrieb des Auftraggebers als vielmehr in der eigenen Vermittlerstellung des Kommissionärs zwischen Angebot und Nachfrage. Hiernach wird es als das Richtige betrachtet werden müssen, den Begriff des Kommissionsgeschäfts von der Voraussetzung, daß das Ausführungsgeschäft ein Handelsgeschäft sein müsse, ganz loszulösen und denselben anders zu begrenzen. Der Entwurf thut dies in der Weise, daß er unter theilweisem Anschluß an das schweizerische Obligationenrecht nur die *Einkaufs- und Verkaufskommission als selbständige Grundlage des Kommissionärgewerbes anerkennt*, dies aber ohne Rücksicht auf die Person des Kommittenten und auf den Zweck, welchen derselbe bei der Ertheilung der Kommission verfolgt (§. 375). Die einzelnen Vorschriften über das Kommissionsgeschäft sollen dabei auch weiterhin Anwendung finden, wenn ein Kommissionär ein anderes Geschäft oder wenn ein Kaufmann, der nicht Kommissionär ist, irgend ein Geschäft im eigenen Namen für Rechnung eines Anderen im Betriebe seines Handelsgewerbes zu schließen übernimmt (§. 398). Eine Regelung in diesem Sinne trägt durchaus dem thatsächlich bestehenden Verhältnisse Rechnung; denn die Einkaufs- und Verkaufskommission bildet nicht bloß das weitaus wichtigste aller Kommissionsgeschäfte, sondern es liegt auch in Wahrheit nur insoweit ein Bedürfniß vor, den Betrieb von Kommissionsgeschäften als selbständige Grundlage der Kaufmannseigenschaft anzuerkennen. Was die Versicherungskommission betrifft, so kommt sie als ein selbständiger Geschäftszweig kaum vor, und die Rechtssätze vom Kommissionsgeschäfte finden überdies auf die Versicherung für fremde Rechnung nicht ohne Weiteres Anwendung. Die Kommission im Gütertransportverkehr ist als Spedition besonders geregelt; der kommissionsweise Abschluß von Bankiergeschäften wird regelmäßig selbst Bankiergeschäft und außerdem meist mit der gewerbsmäßigen Uebernahme von Einkaufs- oder Verkaufskommissionen verbunden sein; der Kommissionsverlag endlich gehört zu den Verlagsgeschäften. Ueberdies ist zu berücksichtigen, daß die Erweiterung des Kaufmannsbegriffs, wie sie im Entwurfe vorgesehen ist, künftig auch hier eingreift. Denn sofern noch in anderen als den bezeichneten Fällen der Abschluß von Geschäften für fremde Rechnung im eigenen Namen gewerbsmäßig betrieben werden sollte, wird ein solcher Betrieb, falls er in größerem Umfange und in kaufmännischer Weise stattfindet, nach §. 2 des Entwurfs in das Handelsregister einzutragen sein und hierdurch für den Unternehmer die Eigenschaft als Kaufmann begründen; dann gelten aber nach §. 398 auch die betreffenden Geschäfte eines solchen Gewerbetreibenden als Kommissionsgeschäfte im Sinne dieses Abschnitts.

Im Anschluß an seine Begriffsbestimmung hebt das Handelsgesetzbuch im Art. 360 Abs. 2, 3 noch besonders hervor, daß der Kommissionär durch die Geschäfte, die er mit Dritten schließt, allein berechtigt und verpflichtet wird, und daß, falls vom Auftraggeber ausdrücklich bestimmt ist, das Geschäft solle auf seinen Namen abgeschlossen werden, keine kaufmännische Kommission, sondern ein gewöhnlicher Auftrag zu einem Handelsgeschäfte vorliegt. Beide Bestimmungen, von welchen die letztere überdies nicht ganz richtig gefaßt ist, besagen Selbstverständliches und können wegfallen.

Verhältniß zum Bürgerlichen Gesetzbuch.

Während nach dem geltenden Rechte der Kommissionsvertrag als eine besondere Art des Auftrags anzusehen und demzufolge, soweit das Handelsgesetzbuch keine Bestimmungen enthält, nach den Grundsätzen über den Auftrag zu beurtheilen ist, sind nach dem Bürgerlichen Gesetzbuch, das zum Begriffe des Auftrags die Unentgeltlichkeit erfordert, im Allgemeinen die Grundsätze vom Dienstvertrage maßgebend. Diese werden indessen, wenn es sich, wie hier, um eine Geschäftsbesorgung handelt, die durch einen Dienstvertrag übernommen ist, nach §. 675 des Bürgerlichen Gesetzbuchs durch die wesentlichsten Bestimmungen über den Auftrag ergänzt. Einzelne Fragen, die für das Kommissionsgeschäft in Betracht kommen, finden in den hiernach zur Anwendung kommenden Vorschriften des Bürgerlichen Gesetzbuchs eine sachgemäße Entscheidung und bedürfen daher keiner besonderen Regelung im Handelsgesetzbuch. Dies gilt namentlich in Ansehung der Frage, inwieweit die Ausführung der Kommission einem Unterkommissionär übertragen werden darf, sowie in Ansehung der Kündigung der Kommission. Aus dem §. 613 des Bürgerlichen Gesetzbuchs ergiebt sich, daß der Kommissionär die Kommission im Zweifel selbst auszuführen hat, wie dies schon nach dem geltenden Rechte angenommen werden muß. Die Würdigung der Umstände des einzelnen Falles, welche es nicht selten rechtfertigen werden, eine stillschweigende Gestattung der Uebertragung der Kommission an einen Unterkommissionär anzunehmen, wird hierdurch nicht gehindert. Auch darf der Kommissionär selbstverständlich seine Angestellten zur Ausführung des Auftrags heranziehen. Daß der Kommittent jederzeit in der Lage ist, die Kommission zurückzunehmen, folgt aus §. 627 des Bürgerlichen Gesetzbuchs; eine Vergütung kann der Kommissionär hier nur verlangen, soweit sich ein Anspruch darauf nach dem §. 388 des Entwurfs begründen läßt.

Rechte und Pflichten des Kommissionärs. (§§. 376 bis 382.)

Im Anschluß an den bisherigen Art. 361 legt der §. 376 des Entwurfs dem Kommissionär die Pflicht auf, das Geschäft mit der Sorgfalt eines ordentlichen Kaufmanns auszuführen, dabei das Interesse des Kommittenten wahrzunehmen und dessen Weisungen zu befolgen, auch dem Kommittenten die erforderlichen Nachrichten zu geben, insbesondere die Ausführung der Kommission unverzüglich anzuzeigen, sowie über das Geschäft Rechenschaft abzulegen und das, was er aus der Geschäftsbesorgung erlangt hat, dem Kommittenten herauszugeben. Diese Obliegenheiten des Kommissionärs sind zwar im Allgemeinen auch aus den §§. 276, 665 bis 668 und 675 des Bürgerlichen Gesetzbuchs zu entnehmen; es empfiehlt sich jedoch, dieselben, da sie für das Verhältniß des Kommissionärs zu seinem Kommittenten in erster Linie entscheidend sind, hier noch besonders hervorzuheben.

Nach §. 376 Abs. 3 des Entwurfs haftet der Kommissionär, wenn er nicht zugleich mit der Anzeige von der Ausführung der Kommission den Dritten namhaft macht, mit dem er das Geschäft abgeschlossen hat, dem Kommittenten für die Erfüllung des Geschäfts. Eine entsprechende Vorschrift enthält schon der Art. 376 Abs. 3 des Handelsgesetzbuchs. Es bleibt aber ungewiß, ob nicht diese Vorschrift nach dem Zusammenhange nur auf den durch die Bestimmungen im Art. 376 Abs. 1 und 2 geregelten Fall, d. h. auf die Kommission zum Einkauf oder Verkauf markt- oder börsengängiger Waaren oder Werthpapiere, zu beziehen ist, und ähnliche Zweifel ergeben sich für den dem Handelsgesetzbuch nachgebildeten §. 74 des Börsengesetzes. Vom Standpunkte der Gesetzgebung liegt jedenfalls kein Grund vor, die Vorschrift derart zu beschränken.

Während das Bürgerliche Gesetzbuch die Folgen einer Ueberschreitung des Auftrags seitens des Beauftragten nicht besonders regelt, sind im Entwurfe nach dem Vorgange des Handelsgesetzbuchs ausdrückliche Bestimmungen hierüber getroffen. Nach §. 377 Abs. 1 des Entwurfs ist ebenso wie nach dem bisherigen Art. 362 bei auftragswidrigem Handeln der Kommissionär zum Schadensersatze verpflichtet und der Kommittent nicht an das Geschäft gebunden. Unter welchen Voraussetzungen ausnahmsweise der Kommissionär von den Weisungen des Kommittenten abgehen kann, ist eine Frage für sich. In dieser Beziehung kommt, wie der Abs. 2 des §. 377 außer Zweifel stellt, künftig der §. 665 des Bürgerlichen Gesetzbuchs zur Anwendung. Darach ist der Beauftragte berechtigt, von den Weisungen des Auftraggebers abzuweichen, wenn er den Umständen nach annehmen darf, daß der Auftraggeber bei Kenntniß der Sachlage die Abweichung billigen würde; vor der Abweichung hat er jedoch, sofern nicht mit dem Aufschube Gefahr verbunden ist, dem Auftraggeber Anzeige zu machen und dessen Entschließung abzuwarten. Besondere Vorschriften gelten nach Art. 363 und 364 des Handelsgesetzbuchs, wenn der Verkaufs- oder Einkaufskommissionär die von dem Kommittenten bestimmte Preisgrenze nicht einhält. Verkauft der Kommissionär unter dem ihm gesetzten Preise, so soll er nach Art. 363 verpflichtet sein, dem Kommittenten den Preisunterschied zu vergüten, falls er nicht beweist, daß ein Verkauf zu dem gesetzten Preise nicht ausgeführt werden konnte und die Vornahme des Verkaufs von dem Kommittenten Schaden abgewendet hat. Ueberschreitet andererseits ein Kommissionär den für den Einkauf gesetzten Preis, so ist nach Art. 364 der Kommittent nicht berechtigt, das Geschäft als nicht für seine Rechnung geschlossen zurückzuweisen, sofern sich der Kommissionär zugleich mit der Einkaufsanzeige zur Deckung des Unterschiedes erbietet; auch muß der Kommittent, der den Einkauf als nicht für seine Rechnung geschehen zurückweisen will, dies ohne Verzug auf die Einkaufsanzeige erklären, widrigenfalls die Ueberschreitung des Auftrags als genehmigt gilt. Der Entwurf (§. 378) weicht hiervon insofern ab, als er die Verkaufs- und die Einkaufskommission einander gleichstellt, und zwar in der Weise, daß er die Vorschriften des Art. 364 auf die Verkaufskommission ausdehnt. Ein genügender Grund, die Verkaufskommission und die Einkaufskommission verschieden zu behandeln, liegt nicht vor. Insbesondere erscheint es unbillig, wenn das geltende Gesetz bei der Verkaufskommission dem Kommittenten die Befugniß, den unter dem gesetzten Preise ausgeführten Verkauf als nicht für seine Rechnung geschlossen zurückzuweisen, vollständig versagt und ihm stets nur den Anspruch auf den Preisunterschied gegen den Kommissionär gewährt. Der Entwurf erkennt daher jene Befugniß des Kommittenten nicht bloß für die Einkaufskommission, sondern auch für die Verkaufskommission an; in beiden Fällen darf jedoch die Befugniß vom Kommittenten nicht dazu benutzt werden, auf Kosten des Kommissionärs zu spekuliren, und er muß deshalb, wenn er von ihr Gebrauch machen will, dies dem Kommissionär unverzüglich auf die Anzeige von der Ausführung des Geschäfts mittheilen. Die Interessen des Kommissionärs werden weiterhin dadurch gewahrt, daß demselben, wie schon bisher bei der Einkaufskommission, so künftig auch bei der Verkaufskommission das Recht gegeben wird, sich zugleich mit der Anzeige über die Ausführung des Geschäfts zur Deckung des Preisunterschieds zu erbieten und auf diese Weise die Zurückweisung des Geschäfts durch den Kommittenten zu verhindern. Einer besonderen Bestimmung darüber, inwieweit der Kommissionär befugt ist, unter dem gesetzten Preise zu verkaufen, bedarf es nicht mehr, da der oben erwähnte §. 665 des Bürgerlichen Gesetzbuchs zu demselben Ergebnisse führt, wie der bisherige Art. 363 des Handelsgesetzbuchs. Um die für das geltende Recht bestehenden Zweifel zu beseitigen, hebt der Entwurf noch ausdrücklich hervor, daß durch die Vorschriften über den Ersatz des Preisunterschieds der dem Kommittenten nach der allgemeinen Regel des §. 377 zustehende Anspruch auf den Ersatz eines den Preisunterschied übersteigenden Schadens nicht berührt wird. Ist beispielsweise durch den von dem Kommissionär unter dem gesetzten Preise bewirkten Verkauf eines Werthpapiers, von welchem der Kommittent noch größere Beträge besitzt, nachweisbar der Kurs gedrückt worden und hierdurch für den Kommittenten ein Schaden entstanden, so muß der Kommissionär dafür dem Kommittenten aufkommen, es sei denn, daß ihm ein Verschulden nicht zur Last fällt.

Der §. 379 des Entwurfs, wonach es nur dem Kommittenten zu Statten kommt, wenn der Kommissionär zu vortheilhafteren Bedingungen abschließt, als sie ihm von dem Kommittenten gesetzt sind, stimmt mit dem Art. 372 des Handelsgesetzbuchs überein.

Ebenso wiederholen die §§. 380 bis 382 des Entwurfs, welche die Haftung des Kommissionärs für den Verlust und die Beschädigung des Kommissionsgutes und die hiermit im Zusammenhange stehenden Rechte und Pflichten regeln, im Wesentlichen die Grundsätze des geltenden Rechts (Art. 365 bis 367). Die Befugniß des Kommissionärs, eine Untersuchung des Zustandes des Gutes im Wege gerichtlicher Anordnung zu erwirken (Art. 365 Abs. 3 des Handelsgesetzbuchs in Verbindung mit §. 13 Abs. 3 des Einführungsgesetzes zur Civilprozeßordnung), ist vom Entwurfe nicht vorgesehen. In dieser Beziehung wird die Civilprozeßordnung das Erforderliche zu bestimmen haben. Soweit, es sich darum handelt, eine Beschädigung des Gutes festzustellen, für welche der Frachtführer oder Schiffer verantwortlich gemacht werden soll, sind schon die nach der Anlage II der Denkschrift zum Entwurfe des Bürgerlichen Gesetzbuchs in Aussicht genommenen Vorschriften der Civilprozeßordnung (§. 449a) ausreichend. Nach dem Art. 365 Abs. 3 des Handelsgesetzbuchs ist freilich das Recht des Kommissionärs, die Untersuchung des Gutes durch gerichtlich ernannte Sachverständige zu beantragen, nicht auf den bezeichneten Fall beschränkt, wie denn in der That der Kommissionär ein berechtigtes Interesse hat, auch dem Kommittenten gegenüber den Zustand, in welchem das Gut ihm zugegangen ist, feststellen zu lassen, und zwar ohne Rücksicht darauf, ob die Beschädigung auf dem Transport oder schon vorher erfolgt ist. Es wird daher zu erwägen sein, ob die in der Civilprozeßordnung zu treffende Vorschrift noch eine Erweiterung erfahren soll.

Das Recht des Kommissionärs, das Gut, wenn es dem Verderb oder der Entwerthung ausgesetzt und Gefahr im Verzuge ist, öffentlich verkaufen zu lassen, erkennt der §. 380 des Entwurfs in demselben Umfange an wie der Art. 365 Abs. 3 und der Art. 366 Abs. 1 des Handelsgesetzbuchs. Für den Fall, daß der Kommissionär, obwohl er dazu nach Lage der Sache verpflichtet ist, über das Kommissionsgut zu verfügen unterläßt, giebt ihm der Entwurf nicht nur das Recht zum Verkaufe des Gutes (Handelsgesetzbuch Art. 366 Abs. 2), sondern gewährt ihm außerdem die dem Verkäufer im Falle des Annahmeverzugs des Käufers zustehende Befugniß zur Hinterlegung (§. 381).

Wegen Unterlassung der Versicherung des Gutes ist der Kommissionär nach dem Handelsgesetzbuch nur verantwortlich, wenn er von dem Kommittenten den Auftrag zur Versicherung erhalten hat. Diesen, gemäß Art. 387 auch für den Spediteur geltenden Grundsatz behält der Entwurf unverändert bei (§. 382). Den Kommissionär und Spediteur allgemein zur Versicherung zu verpflichten, ist nicht angängig, zumal es sich oft um eine nur vorübergehende, kurze Zeit dauernde Aufbewahrung handelt. Bei dem Spediteur kommt noch besonders in Betracht, daß derselbe vielfach schon wegen mangelnder Kenntniß des Werthes der Waare gar nicht in der Lage ist, die Versicherung zu bewirken.

Pflicht des Einkaufskommittenten zur Untersuchung der Waare und zur Mängelanzeige. (§. 383.)

Die Vorschriften, denen zufolge der Käufer verpflichtet ist, die Waare unverzüglich nach der Ablieferung zu untersuchen und dem Verkäufer die entdeckten Mängel anzuzeigen, finden nach dem geltenden Rechte auf den Kommittenten, welchem die für ihn von dem Kommissionär angekaufte Waare übersendet wird, an sich keine Anwendung. Nur wenn der Kommissionär als Selbstkontrahent eingetreten ist, müssen, wie auch gegenwärtig meistens angenommen wird, in der fraglichen Beziehung die Vorschriften über den Kauf Platz greifen. Schon die Verschiedenheit der Beurtheilung, welcher hiernach das Verhalten des Kommittenten unterliegt, je nachdem die Kommission in der einen oder anderen Weise zur Ausführung gelangt ist, stellt sich als ein Uebelstand dar, und auch abgesehen hiervon erscheint es nicht gerechtfertigt, den Kommittenten in Bezug auf die Untersuchung der Waare und die Mängelanzeige von den Pflichten zu entbinden, die dem Käufer obliegen. Der Kommissionär hat aus ganz ähnlichen Gründen wie der Verkäufer ein berechtigtes Interesse daran, von einer Beanstandung der Waare baldmöglichst Kenntniß zu erhalten. Der §. 383 des Entwurfs bestimmt demgemäß, daß die nach den §§. 369 bis 371 für den Käufer getroffenen Vorschriften über die Untersuchung und Mängelanzeige sowie über die Sorge für die beanstandete Waare auf den Kommittenten bei der Einkaufskommission Anwendung finden. Ebenso wie bei dem Kaufe soll dies jedoch nur unter der Voraussetzung gelten, daß das Geschäft für beide Betheiligte ein Handelsgeschäft darstellt, daß also auch der Kommittent ein Kaufmann ist, der die Kommission im Betriebe seines Handelsgewerbes ertheilt hat. Eine weitere Einschränkung ergiebt sich aus dem Wesen des Kommissionsgeschäfts, insbesondere aus der Pflicht des Kommissionärs, alles, was er in Folge der Kommission erlangt hat, dem Kommittenten herauszugeben. Mit dieser Pflicht würde es nicht im Einklange stehen, wenn der Kommissionär, falls er seinerseits Ansprüche wegen der Mangelhaftigkeit der Waare gegen den Verkäufer erheben kann, mit dem er das Geschäft für Rechnung des Kommittenten abgeschlossen hat, dem Kommittenten die Abtretung dieser Ansprüche unter Berufung auf die verspätete Mängelanzeige verweigern wollte. Um Zweifel auszuschließen, ist eine solche Weigerung im Entwurf ausdrücklich für unzulässig erklärt. Bezüglich des Rechtes des Kommittenten, eine Untersuchung des Zustandes des Gutes durch gerichtlich ernannte Sachverständige herbeizuführen, bleibt das Weitere den für die Civilprozeßordnung in Aussicht genommenen Vorschriften vorbehalten (zu vergl. oben S. 251, 252).

Was den Fall der Verkaufskommission betrifft, so kann hier — von dem Eintritte des Kommissionärs als Selbstkäufer abgesehen — eine den Vorschriften über den Handelskauf entsprechende Regelung der Verpflichtung des Kommissionärs zur sofortigen Untersuchung der Waare und Anzeige der Mängel nicht in Frage kommen, da der Verkaufskommissionär die Waare nicht für eigene Rechnung in Empfang nimmt. Hier muß es vielmehr bei der Verpflichtung des Kommissionärs zur sorgfältigen Wahrnehmung der Interessen des Kommittenten (§§. 376, 380) bewenden. Tritt der Kommissionär selbst als Käufer ein, so finden die Vorschriften der §§. 369 bis 371 unmittelbare Anwendung.

Rechte des Kommittenten an den vom Kommissionär erworbenen Forderungen. (§. 384.)

Im Einklange mit dem Art. 368 des Handelsgesetzbuchs bestimmt der §. 384, daß der Kommittent Forderungen aus einem vom Kommissionär abgeschlossenen Geschäfte dem Schuldner gegenüber erst nach der Abtretung geltend machen kann, daß solche Forderungen aber, auch wenn sie nicht abgetreten sind, im Verhältnisse zwischen dem Kommittenten und dem Kommissionär oder dessen Gläubigern als Forderungen des Kommittenten gelten. Für die Sicherung des Kommittenten ist die letztere Vorschrift genügend; sie hat namentlich zur Folge, daß im Konkurse des Kommissionärs die noch ausstehende Forderung aus dem Ausführungsgeschäfte nur zur Befriedigung des Kommittenten dienen kann. Die Forderung schlechthin, also auch dem Schuldner gegenüber, auf den Kommittenten übergehen zu lassen, wie dies der Art. 399 des schweizerischen Obligationenrechts für den Fall der Befriedigung des Kommissionärs durch den Kommittenten vorsieht, ist weder nothwendig noch zweckmäßig, da hierdurch die Lage des Dritten, der nur mit dem Kommissionär in ein Vertragsverhältniß getreten ist, sehr erschwert würde.

Erwerb des Eigenthums durch den Kommittenten.

Ueber die Frage, in welcher Weise der Kommittent das Eigenthum an den für ihn von dem Kommissionär angeschafften Sachen erwirbt, enthält das Handelsgesetzbuch keine Bestimmungen; die seiner Zeit bei der Berathung des Gesetzbuchs gemachten Versuche, bestimmte Rechtssätze in dieser Richtung aufzustellen, haben zu keinem Ergebnisse geführt. Auch der Entwurf sieht davon ab, besondere Vorschriften über den Eigenthumserwerb des Kommittenten zu treffen, er läßt es vielmehr bei den allgemeinen Grundsätzen des bürgerlichen Rechts bewenden. Nach diesen muß es als Regel gelten, daß der Kommissionär, da er im eigenen Namen handelt, auch das Eigenthum an den für Rechnung des Kommittenten angeschafften Sachen zunächst für sich erwirbt, und daß es demnach einer Uebertragung des Eigenthums von dem Kommissionär auf den Kommittenten bedarf, um diesen zum Eigenthümer zu machen. Hierzu ist nicht unbedingt die Ausantwortung der Sache an den Kommittenten erforderlich; vielmehr genügt, falls der Gegenstand in der Verwahrung des Kommissionärs bleiben soll, der in erkennbarer Weise bekundete Wille des letzteren, den Besitz weiterhin für den Kommittenten auszuüben. Eine solche Eigenthumsübertragung kann zeitlich mit dem Erwerbe des Kommissionärs zusammenfallen; zu ihrer Wirksamkeit ist es bei Sachen, die nur der Gattung nach bestimmt sind, genügend, daß sie für den Kommittenten ausgesondert werden. An diesen Grundsätzen wird auch durch das Bürgerliche Gesetzbuch nichts geändert.

Als unzulänglich hat sich der bezeichnete Rechtszustand bei dem Kommissionsgeschäft in Werthpapieren erwiesen. Hier werden in den meisten Fällen die angeschafften Papiere dem Kommissionär zur Verwahrung belassen, und da eine Verpflichtung des letzteren zur schleunigen Uebertragung des Eigenthums an den Kommittenten bisher gesetzlich nicht vorgesehen war, so verblieb häufig das Eigenthum an den Papieren dem Kommissionär, während die Rechte des Kommittenten sich auf einen obligatorischen Anspruch gegen diesen beschränkten. Wie bekannt, hat dieses Verhältniß zu erheblichen Mißständen geführt. Da die im Besitze des Kommissionärs befindlichen Papiere, ehe sie in das Eigenthum des Kommittenten übergegangen sind, nicht als fremde im sachenrechtlichen Sinne angesehen werden können, so sind auch eigenmächtige Verfügungen des Kommissionärs über dieselben bis dahin nicht strafbar, und wenn der Kommissionär vorher in Konkurs geräth, so steht dem Kommittenten ein Aussonderungsrecht an den vorhandenen Papieren nicht zu. Künftig werden indessen die Bestimmungen des Gesetzes, betreffend die Pflichten der Kaufleute bei Aufbewahrung fremder Werthpapiere, vom 5. Juli 1896 (Reichs-Gesetzbl. S. 183) dem Kommittenten in der fraglichen Richtung ausreichenden Schutz gewähren. Durch dieses Gesetz ist dem Bedürfnisse einer Regelung des Eigenthumserwerbs des Kommittenten insoweit, als es sich um Werthpapiere handelt, genügt, und damit zugleich die Frage erledigt, ob nicht, wie es mehrfach befürwortet worden ist, allgemein bestimmt werden soll, daß das Eigenthum der von dem Kommissionär für den Kommittenten angeschafften Gegenstände im Augenblick des Erwerbs des Kommissionärs von Rechtswegen auf den Kommittenten übergehe. Eine solche Vorschrift könnte nur noch für das Waarenkommissionsgeschäft in Betracht kommen. Sie für dieses allein zu treffen, empfiehlt sich jedoch nicht. Es besteht dafür auch kein Bedürfniß; denn Verhältnisse, wie sie bei der Kommission zur Anschaffung von Werthpapieren in Folge der dauernden Belassung der eingekauften Papiere im Gewahrsam des Kommissionärs regelmäßig vorkommen, sind im Waarengeschäfte nicht häufig. Der Satz, daß das Eigenthum der Waare sofort mit dem Besitzerwerbe des Kommissionärs auf den Kommittenten übergeht, würde auch nur eine beschränkte Anwendung finden können; die Möglichkeit hierzu bestände jedenfalls nur da, wo der Kommissionär das Geschäft mit einem Dritten für Rechnung des Kommittenten abschließt und für diesen die Waare bezieht, weil nur in diesem Falle der Gegenstand, an welchem der Kommittent das Eigenthum erwerben soll, hinreichend bestimmt ist. Dagegen könnte in den zahlreichen Fällen, in welchen die Kommission durch Selbsteintritt des Kommissionärs ausgeführt wird, der fragliche Rechtssatz überhaupt nicht Platz greifen; denn hier fehlt es zunächst an einer bestimmten Waare, die durch äußerlich erkennbare Umstände in eine Beziehung zu dem Kommittenten gebracht ist und deshalb als dessen Eigenthum betrachtet werden könnte. Eine solche Beziehung ist vielmehr in diesen Fällen immer nur mittelst einer besonderen Handlung des Kommissionärs herzustellen, und diese Handlung erhält eben hierdurch die Bedeutung einer Uebertragung des Besitzes und Eigenthums.

Unbefugte Kreditgewährung; Delkrederestehen Wechselindossirung (§§. 385 bis 387.)

Die §§. 385 und 386, welche die Folgen einer unbefugten Kreditgewährung oder Vorschußleistung des Kommissionärs und die Delkrederekommission betreffen, stimmen mit den bisherigen Art. 369 und 370 des Handelsgesetzbuchs überein. Ebenso entspricht der §. 387, der sich auf die Indossirung eines von dem Kommissionär für den Kommittenten angekauften Wechsels bezieht, dem bisherigen Art. 373.

Anspruch auf Provision und Ersatz von Aufwendungen. (§. 388.)

Auch hinsichtlich des Anspruchs des Kommissionärs auf Provision beläßt es der §. 388 des Entwurfs im Wesentlichen bei dem geltenden Rechte. Nach dem Art. 371 Abs. 2 des Handelsgesetzbuchs, der das Ergebniß eingehender Berathungen der Nürnberger Kommission bildete, hat der Kommissionär die Provision nur zu fordern, wenn das Geschäft zur Ausführung gekommen ist.

Das hiergegen erhobene Bedenken, daß es nicht hinreichend klar sei, was unter der „Ausführung" des Geschäfts im Sinne der Vorschrift verstanden werden müsse, erscheint nicht geeignet, eine Aenderung des Gesetzes zu rechtfertigen. Der bloße Abschluß des Geschäfts kann für die Entstehung des Provisionsanspruchs jedenfalls nicht als ausreichend erachtet werden, zumal die Aufgabe des Kommissionärs in der Regel nicht auf den Geschäftsabschluß beschränkt ist. Andererseits würde es zu weit gehen, unter allen Umständen die vollständige Erfüllung des Geschäfts zu verlangen. Namentlich in Fällen, in welchen die Abwickelung des Geschäfts unmittelbar zwischen dem Kommittenten und dem Dritten stattfindet und längere Zeit in Anspruch nimmt, kann die Entstehung des Provisionsanspruchs des Kommissionärs nicht wohl bis zur vollständigen Erledigung des Geschäfts hinausgeschoben werden. Es bleibt daher am besten bei der Vorschrift des Handelsgesetzbuchs, welche der Würdigung der Umstände des Falles einen gewissen Spielraum läßt. Nur empfiehlt es sich, besonders auszusprechen, daß der Kommissionär die Provision auch verlangen kann, wenn die Ausführung eines von ihm abgeschlossenen Geschäfts lediglich aus einer in der Person des Kommittenten liegenden Veranlassung, also ohne einen dem Kommissionär zuzurechnenden Grund, unterblieben ist. Widerruft der Kommittent die Kommission vor Abschluß des Geschäfts, so steht dem Kommissionär nach dem Handelsgesetzbuch ein Anspruch auf die Provision oder einen Theil der Provision nicht zu; bei diesem der Natur des Kommissionsgeschäfts und den Anschauungen des Handelsstandes entsprechenden Grundsatze muß es auch künftig sein Bewenden behalten. Dadurch, daß der Kommittent die Kommission widerruft, wird selbstverständlich der Anspruch des Kommissionärs auf den Ersatz der Aufwendungen, die er behufs Ausführung der Kommission bereits gemacht hat, nicht berührt.

Bezüglich des Rechtes des Kommissionärs auf Ersatz seiner Aufwendungen genügen im Allgemeinen die Vorschriften der §§. 670 und 675 des Bürgerlichen Gesetzbuchs. Der Art. 371 Abs. 1 des Handelsgesetzbuchs wird hierdurch in der Hauptsache entbehrlich; der Entwurf hebt im Anschluß an die bisherige Vorschrift hervor, daß auch die Benutzung der Lagerräume und der Beförderungsmittel des Kommissionärs zu vergüten ist (§. 388 Abs. 2). Ob der Kommissionär neben der Provision auch noch eine Vergütung für die Arbeit seiner Leute beanspruchen kann, wie dies im Handelsgesetzbuch bestimmt ist, ist nach den Umständen des Falles, insbesondere nach der Natur der Dienste, unter Berücksichtigung der Handelssitte zu beurtheilen

Gesetzliches Pfandrecht des Kommissionärs. (§. 389.)

Das gesetzliche Pfandrecht des Kommissionärs an dem in seinem Besitze befindlichen Kommissionsgute ist durch den §. 389 Abs. 1 des Entwurfs in demselben Umfange anerkannt wie durch den Art. 374 des Handelsgesetzbuchs; es besteht danach nicht nur wegen der Forderungen aus der das einzelne Gut betreffenden Kommission, sondern wegen aller Forderungen aus laufender Rechnung in Kommissionsgeschäften. Auch der gute Glaube des Kommissionärs wird ebenso wie bisher geschützt. Steht das Kommissionsgut nicht im Eigenthume des Kommittenten, so gelangt nichtsdestoweniger das Pfandrecht des Kommissionärs zur Entstehung, sofern dieser sich in gutem Glauben befindet (§. 358 Abs. 3, bisher Art. 306 Abs. 3). Zu Mißständen haben die Vorschriften über den

Schutz des guten Glaubens des Kommissionärs nur bei den Kommissionsgeschäften in Werthpapieren geführt. Da der Kommissionär als solcher nach außen im eigenen Namen auftritt, so pflegen die Bankiers, wenn sie Kommissionsaufträge, die sie von ihren Kunden erhalten haben, an einen anderen Bankier weitergeben, hierbei die Mittheilung zu unterlassen, daß es sich nicht um Geschäfte für ihre eigene Rechnung, sondern um Geschäfte für ihre Kunden handelt. Die Werthpapiere des Kunden, die in den Besitz des letzten Kommissionärs gelangen, haften dann demselben in Folge des Schutzes, der seinem guten Glauben zu Theil wird, für alle Forderungen, die er aus seiner Geschäftsverbindung gegen den Zwischenkommissionär hat, mag auch der Kunde weder dem Zwischenkommissionär noch dem letzten Kommissionär etwas schuldig sein. Geräth demnächst der Zwischenkommissionär in Konkurs, so geht das Kommissionsgut, wenn es sich noch im Besitze des letzten Kommissionärs befindet, für den Kommittenten in der Regel verloren. Auch diesem Uebelstande ist jedoch durch die Vorschriften des Gesetzes, betreffend die Pflichten der Kaufleute bei Aufbewahrung fremder Werthpapiere, abgeholfen. Nach dem §. 8 dieses Gesetzes ist ein Kaufmann, der im Betriebe seines Handelsgewerbes fremde Werthpapiere zum Zwecke der Aufbewahrung, der Veräußerung, des Umtauschs oder des Bezugs von anderen Werthpapieren einem Dritten ausantwortet, verpflichtet, hierbei dem Dritten mitzutheilen, daß die Papiere fremde sind. Ebenso hat der Kaufmann in dem Falle, daß er einen ihm ertheilten Auftrag zur Anschaffung von Werthpapieren an einen Dritten weitergiebt, diesem davon Kenntniß zu geben, daß die Anschaffung für fremde Rechnung geschieht. Die Mittheilung hat die Wirkung, daß der Dritte an den übergebenen oder an den neu beschafften Papieren ein Pfandrecht nur wegen solcher Forderungen an seinen Auftraggeber geltend machen kann, welche mit Bezug auf diese Papiere entstanden sind. Wer den Vorschriften über die Anzeigepflicht zum eigenen Nutzen oder zum Nutzen eines Dritten zuwiderhandelt, macht sich strafbar. Durch diese Bestimmung wird der Kommittent in wirksamer Weise gegen die Gefahr geschützt, daß seine Werthpapiere für die sämmtlichen Schulden des Zwischenkommissionärs aus der Geschäftsverbindung desselben mit dem letzten Kommissionär haften. Es liegt daher keine Veranlassung vor, im Handelsgesetzbuch das gesetzliche Pfandrecht des gutgläubigen Kommissionärs gegenüber dem geltenden Rechte einer Einschränkung zu unterwerfen. Eine solche Einschränkung wäre auch praktisch ohne wesentliche Bedeutung, da die Möglichkeit bestehen bliebe, daß sich der letzte Kommissionär, wie dies thatsächlich schon jetzt im weitesten Umfange geschieht, zum voraus ein vertragsmäßiges Pfandrecht an allen auf Grund der Geschäftsverbindung mit dem Zwischenkommissionär in seinen Besitz gelangenden Werthpapieren bestellen läßt. Auf ein solches durch Vertrag begründetes Pfandrecht würden aber die allgemeinen Vorschriften über den Schutz des gutgläubigen Pfandnehmers ohne Vorbehalt Anwendung finden müssen.

Recht des Kommissionärs, sich aus eigenem Kommissionsgute zu befriedigen. (§. 390.)

Der §. 390 des Entwurfs entspricht dem Art. 375 des Handelsgesetzbuchs. Dieser Artikel, nach welchem der Kommissionär bei einem Verzuge des Kommittenten berechtigt ist, *sich gemäß Art. 310 aus dem Kommissionsgute bezahlt zu machen*, hat eine doppelte Bedeutung; er regelt einerseits die Art und Weise, in der sich der Kommissionär auf Grund seines gesetzlichen Pfandrechts befriedigt, und verleiht andererseits dem Kommissionär die Befugniß, auch solches Kommissionsgut, welches noch in seinem Eigenthume steht und an welchem er daher ein Pfandrecht nicht haben kann, behufs der Befriedigung für seine Forderungen zu verkaufen. Hinsichtlich der Befriedigung aus den dem gesetzlichen Pfandrecht unterliegenden Gegenständen bedarf es besonderer Bestimmungen nicht mehr, da in dieser Beziehung künftig die allgemeinen Vorschriften des Bürgerlichen Gesetzbuchs über das Pfandrecht in Verbindung mit dem §. 360 des Entwurfs Anwendung finden. Dagegen ist der bisherige Art. 375 insoweit aufrecht zu erhalten, als er auch die Befriedigung des Kommissionärs aus dem in seinem Eigenthume stehenden Kommissionsgute den für die Pfandbefriedigung geltenden Vorschriften unterwirft. Die Beobachtung der durch den Pfandverkauf vorgeschriebenen Förmlichkeiten schützt den Kommittenten gegen Willkürlichkeiten des Kommissionärs, und da der letztere, nachdem er das Gut für den Kommittenten angeschafft hat, es zu dessen Verfügung halten muß, so erscheint eine entsprechende Anwendung der für die Befriedigung aus den Sachen des Kommittenten geltenden Vorschriften auch innerlich berechtigt. Bei der manchmal zweifelhaften Frage, ob das Eigenthum an dem Kommissionsgute bereits auf den Kommittenten übergegangen ist oder nicht, dient es überdies zur Beseitigung von Schwierigkeiten, wenn die beiden Fälle in Ansehung des Befriedigungsrechts des Kommissionärs einander gleichgestellt werden. Neben dem Rechte, für seinen Anspruch auf Erfüllung und auf Schadensersatz wegen verspäteter Erfüllung aus dem Kommissionsgute wie aus einem Pfande Befriedigung zu suchen, stehen dem Kommissionär nach dem Entwurfe im Falle eines Erfüllungsverzuges des Kommittenten weitere Rechte nicht zu. Insbesondere ist der Kommissionär nicht befugt, die angeschaffte Waare auf Grund der Erklärung, daß er von dem Kommissionsvertrage zurücktrete, für sich zu behalten. Auch aus den Grundsätzen des bürgerlichen Rechts ist eine derartige Befugniß des Kommissionärs nicht herzuleiten, und es bedarf daher keiner besonderen Vorschrift, um dieselbe auszuschließen. Gemäß §. 326 des Bürgerlichen Gesetzbuchs kann allerdings bei einem gegenseitigen Vertrage dem Theile, welcher mit der ihm obliegenden Leistung im Verzug ist, von dem anderen Theile eine Nachfrist mit der Wirkung gesetzt werden, daß der letztere nach fruchtlosem Ablaufe der Frist von dem Vertrage zurücktreten und demgemäß die Gegenleistung verweigern darf. Bei dem Kommissionsgeschäfte ist aber nur die Besorgung des aufgetragenen Geschäfts einerseits, die vertragsmäßige Provision andererseits als Leistung und Gegenleistung im Sinne jener Vorschrift zu betrachten, während die dem Kommissionär obliegende Herausgabe des aus der Geschäftsbesorgung Erlangten weder zu dem Recht auf Provision noch zu dem Ersatze der Aufwendungen, den der Kommissionär zu beanspruchen hat, in einem solchen Verhältnisse steht.

Recht des Kommissionärs, sich aus den Forderungen zu befriedigen. (§. 391.)

Nach §. 391 kann sich der Kommissionär aus den Forderungen, die durch das für Rechnung des Kommittenten geschlossene Geschäft begründet sind, sowohl wegen seiner Ansprüche aus der in Frage stehenden Kommission als auch wegen aller Forderungen aus laufender Rech=

nung in Kommissionsgeschäften vor dem Kommittenten und dessen Gläubigern befriedigen. Die Vorschrift giebt lediglich das geltende Recht wieder (Art. 374 Abs. 2); sie enthält eine nicht zu entbehrende Einschränkung des im §. 384 Abs. 2 (Art. 368 Abs. 2) ausgesprochenen Grundsatzes.

Die §§. 392 bis 395 und die Abs. 1 und 2 des §. 397, welche das Selbsteintrittsrecht des Kommissionärs betreffen, stimmen sachlich mit den Vorschriften überein, welche nach den §§. 70 bis 73, 74 Abs. 1, 2 des Börsengesetzes an die Stelle des Art. 376 Abs. 1, 2 des Handelsgesetzbuchs getreten sind; der §. 74 Abs. 3 des Börsengesetzes, der dem letzten Absatze des bisherigen Art. 376 entspricht, wird durch den §. 376 Abs. 3 des Entwurfs ersetzt. Der Entwurf des Einführungsgesetzes bestimmt demgemäß im Art. 14, daß die §§. 70 bis 74 des Börsengesetzes aufgehoben werden. Der bisherige Art. 377 des Handelsgesetzbuchs, der sich gleichfalls auf das Selbsteintrittsrecht bezieht, ist dem §. 397 des Entwurfs als Abs. 3 beigefügt. Neu ist die Vorschrift des §. 396. Sie entscheidet eine bisher bestrittene Frage, indem sie dem Kommissionär, der von dem Selbsteintrittsrechte Gebrauch macht, das Recht wahrt, sich aus dem an den Kommittenten verkauften Gute für seine Ansprüche gegen den letzteren, einschließlich der Forderungen aus laufender Rechnung in Kommssionsgeschäften, nach Maßgabe der §§. 389, 390 zu befriedigen. Selbsteintrittsrecht. (§§. 392 bis 397.)

Wegen der Ergänzung, welche der Begriff des Kommissionsgeschäfts durch den §. 398 Abs. 1 (bisher Art. 378) erfährt, kann auf das im Eingange zu diesem Abschnitt Bemerkte Bezug genommen werden. Was den §. 398 Abs. 2 betrifft, wonach als Einkaufs- oder Verkaufskommission auch eine Kommission gilt, welche die Lieferung einer nicht vertretbaren beweglichen Sache zum Gegenstande hat, die aus einem von dem Unternehmer zu beschaffenden Stoffe herzustellen ist, so entspricht diese Vorschrift dem, was im §. 373 Abs. 2 für den Kauf bestimmt ist. Schlußbestimmungen. (§. 398.)

Vierter Abschnitt.

Speditionsgeschäft.

In Uebereinstimmung mit dem geltenden Rechte behandelt der Entwurf das Speditionsgeschäft als eine selbständige, ihrer rechtlichen Natur nach auf der gleichen Grundlage wie das Kommissionsgeschäft beruhende Geschäftsart. Die meisten ausländischen Gesetze nehmen im Anschluß an das französische Handelsgesetzbuch einen anderen Standpunkt ein, indem sie den Spediteur als Frachtführer ansehen und ihm die den letzteren treffenden Pflichten auferlegen. Eine derartige Regelung ist auch für die Revision des deutschen Handelsgesetzbuchs empfohlen worden, sie würde indessen den Verkehrsgewohnheiten in Deutschland nicht entsprechen. Nach diesen hat der Spediteur regelmäßig nur die Versendung des Gutes durch Rechtliche Natur des Speditionsgeschäfts.

Auswahl der Frachtführer, Bestimmung des Transportwegs, Abschluß des Frachtvertrags und Uebergabe des Gutes an den Frachtführer zu besorgen, ist aber nicht selbst für die Ausführung des Transports verantwortlich und haftet daher auch nicht ohne Weiteres für den Verlust oder die Beschädigung des Gutes während der Beförderung oder für die verspätete Ankunft desselben; er hat gegen seinen Auftraggeber (den Versender) Anspruch auf Provision und Ersatz seiner Auslagen für Fracht und sonstige Aufwendungen, aber keine selbständige Frachtforderung und nur er selbst, nicht sein Auftraggeber, gilt als der Absender des Gutes, welcher den Frachtbrief ausstellt und die hierdurch entstehenden Verpflichtungen übernimmt.

Für eine Reihe von Fällen hat allerdings das Handelsgesetzbuch (Art. 383 bis 385) die allgemeinen Grundsätze über das Speditionsgeschäft wesentlich abgeändert und sie mehr oder weniger den Vorschriften angenähert, welche für den Frachtvertrag gelten. Nicht ohne Grund ist hiergegen eingewendet worden, daß sowohl die betreffenden Thatbestände als die mit ihnen verbundenen Rechtsfolgen der erforderlichen Bestimmtheit entbehrten, und daß sich in Folge dessen eine gewisse Unklarheit der Grenzen zwischen der Spedition und dem Frachtgeschäft ergebe. Der Entwurf hat eine wesentliche Vereinfachung dadurch herbeigeführt, daß der Art. 383 gestrichen und der im Art. 384 geregelte Fall gänzlich dem Frachtvertrag überwiesen ist (§. 405).

Im Uebrigen haben die geltenden Vorschriften ohne wesentliche sachliche Aenderungen Aufnahme in den Entwurf gefunden.

Begriffsbestimmung und Verhältniß zum Kommissionsgeschäft. (§. 399.)

Die Begriffsbestimmung im §. 399 Abs. 1 entspricht mit geringen Abweichungen in der Fassung dem bisherigen Art. 379. Im unmittelbaren Anschluß hieran enthält der Abs. 2 die allgemeine Verweisung auf die Vorschriften über das Kommissionsgeschäft, welche sich im Handelsgesetzbuch erst am Ende des Titels (Art. 387) findet. In Folge des veränderten Begriffs des Kommissionsgeschäfts, wie er dem Entwurfe zu Grunde liegt, bildet die Spedition nicht mehr eine bloße Unterart der Kommission, und die ausdrückliche Verweisung auf die für die letztere geltenden Vorschriften ist daher jetzt um so weniger zu entbehren.

Rechte und Pflichten des Spediteurs. (§§. 400 bis 403.)

Im §. 400 Abs. 1 sind die wesentlichsten Pflichten des Spediteurs in sachlicher Uebereinstimmung mit dem bisherigen Art. 380, aber auch unter Berücksichtigung des den Kommissionär betreffenden §. 376 des Entwurfs aufgeführt. Hinsichtlich der Pflichten des Spediteurs bei der Empfangnahme und Aufbewahrung des Gutes, deren das Handelsgesetzbuch hier noch besonders gedenkt, genügt die Verweisung auf die desfalls für den Kommissionär geltenden Vorschriften (§. 399 Abs. 2). Daß der Spediteur die Anwendung der gehörigen Sorgfalt zu beweisen hat (Art. 380 Abs. 2), bedarf keiner besonderen Hervorhebung.

Das Recht des Spediteurs auf Erstattung seiner Auslagen (Art. 381 Abs. 1) ergiebt sich im Allgemeinen schon aus den §§. 670 und 675 des Bürgerlichen Gesetzbuchs und aus den Vorschriften über das Kommissionsgeschäft. Der Grundsatz, daß der Spediteur dem Versender keine höhere als die mit dem Frachtführer oder Verfrachter bedungene Fracht berechnen darf (Art. 381 Abs. 2 des Handelsgesetzbuchs), ist im §. 400 Abs. 2

des Entwurfs besonders ausgesprochen. Die Ausnahme, welche diese Regel nach dem Art. 383 des Handelsgesetzbuchs erleidet, ist von dem Entwurf in dieser Gestalt nicht aufgenommen. Jenem Artikel zufolge kann ein Spediteur, der die Versendung durch Frachtführer oder Schiffer, jedoch mittelst von ihm für eigene Rechnung gemietheter Transportmittel besorgt, die gewöhnliche Fracht nebst der Provision und den sonstigen Kosten berechnen. Ihrem Wortlaute nach umfaßt die Vorschrift des Handelsgesetzbuchs alle Fälle, in welchen der Spediteur mit dem Frachtführer einen geringeren als den üblichen Frachtsatz vereinbart. Eine Veranlassung, von dem Grundsatze, daß der Spediteur in Ermangelung einer anderweitigen Vereinbarung dem Versender keine höhere als die mit dem Frachtführer bedungene Fracht berechnen darf, in so weitem Umfange abzugehen, liegt nicht vor. Für den Sammelladeverkehr, auf welchen die Vorschrift des Art. 383 sich mit erstreckt, sind im §. 405 Abs. 2 des Entwurfs besondere Bestimmungen getroffen.

Darüber, wann die Provision verdient ist, enthält das Handelsgesetzbuch keine besondere Vorschrift, es wird aber meistens angenommen, daß der Provisionsanspruch nicht von der Vollendung des Transports abhängig ist, wie dies aus der im Art. 371 des Handelsgesetzbuchs (§. 388 des Entwurfs) für den Provisionsanspruch des Kommissionärs getroffenen Bestimmung gefolgert werden könnte, sondern daß der Spediteur die Provision verlangen kann, sobald er das Gut dem Frachtführer zur Beförderung übergeben hat, und daß er deshalb auch im Falle des späteren Verlustes des Gutes seines Anspruchs auf die Provision nicht ohne Weiteres verlustig geht. Der §. 401 des Entwurfs bringt dies besonders zum Ausdruck.

Das gesetzliche Pfandrecht des Spediteurs erkennt der §. 402 des Entwurfs in demselben Umfange an wie der Art. 382 des Handelsgesetzbuchs; es besteht danach nur für die durch den einzelnen Speditionsauftrag begründeten Forderungen an Fracht, Provision und Vorschüssen sowie an sonstigen Auslagen und Verwendungen. Daß der Spediteur das Pfandrecht auch gegenüber der Konkursmasse des Eigenthümers geltend machen kann (Art. 382 Abs. 2), folgt schon aus dem §. 41 Nr. 8 der Konkursordnung.

Der §. 403 des Entwurfs, nach welchem der etwaige Zwischenspediteur die seinem Vormanne zustehenden Rechte, insbesondere dessen Pfandrecht, auszuüben hat und die Forderung und das Pfandrecht des befriedigten Spediteurs oder Frachtführers auf den Zwischenspediteur übergehen, giebt lediglich den Inhalt des bisherigen Art. 382 Abs. 3 und 4 wieder.

Selbsteintrittsrecht und Einigung über einen bestimmten Satz der Beförderungskosten. (§§. 404, 405.)

Auch die Vorschriften des §. 404 über das Selbsteintrittsrecht des Spediteurs stimmen mit dem geltenden Rechte überein (Handelsgesetzbuch Art. 385). Dagegen ist im §. 405 Abs. 1 die rechtliche Wirkung einer Einigung des Spediteurs und des Absenders über einen bestimmten Satz der Beförderungskosten abweichend von dem Handelsgesetzbuch geregelt. Nach dem Art. 384 des letzteren bleibt auch im Falle der Festsetzung einer Aversionalfracht das Geschäft an sich ein Speditionsvertrag; nur tritt, abgesehen von dem Wegfalle der Provision und der Loslösung des Anspruchs des Spediteurs von den thatsächlich entstandenen Auslagen, auch noch die Besonderheit ein, daß der Spediteur für die von ihm angenommenen Frachtführer und Zwischenspediteure nach Maßgabe der mit denselben geschlossenen Verträge persönlich einzustehen hat. Nach dem Entwurfe soll dagegen eine Vereinbarung der bezeichneten Art überhaupt nicht mehr als Spedition, sondern als Frachtgeschäft gelten, sodaß den Spediteur die unmittelbare Verpflichtung für die Ausführung des Transports trifft. Die Regelung des Entwurfs dient zur Vereinfachung der bisherigen Vorschriften und erscheint gerechtfertigt, da es der Natur der Sache entspricht, daß derjenige, welcher sich eine bestimmte Vergütung für eine Leistung ausbedingt, auch eine selbständige Verpflichtung bezüglich der Ausführung der Leistung zu übernehmen hat. Eine Vereinbarung der in Frage stehenden Art wird sich von einem Frachtvertrage, dessen Ausführung der Frachtführer mittelst Abschlusses von Unterfrachtverträgen bewirken muß, äußerlich auch kaum unterscheiden lassen. Für die Art, wie das Handelsgesetzbuch den Gegenstand geregelt hat, war namentlich die Rücksicht darauf maßgebend, daß der Spediteur nicht selten genöthigt ist, Frachtverträge abzuschließen, bei denen sich der Frachtführer eine den gesetzlichen Vorschriften gegenüber geminderte Haftung ausbedingt; in einem solchen Falle sollte der Art. 384 den Spediteur davor schützen, daß er seinem Auftraggeber für Schäden aufzukommen habe, für die ihm selbst der Frachtführer nicht haftet. Diese Erwägung ist indessen nicht ausreichend, um den Standpunkt des Handelsgesetzbuchs zu rechtfertigen; denn, wie es jedem Frachtführer, der Unterfrachtverträge mit geminderter Haftbarkeit eingeht, überlassen bleibt, durch Vereinbarung mit dem Absender die eigene Haftung entsprechend zu beschränken, so muß dies in gleicher Weise für den Spediteur gelten, welcher durch Festsetzung einer Aversionalfracht in die Stellung eines Frachtführers eintritt. Eine Vereinbarung, durch welche die Betheiligten ihr Verhältniß zu einander in einer von der Bestimmung des Entwurfs abweichenden Weise regeln, bleibt selbstverständlich zulässig.

Der Abs. 2 des §. 405 betrifft den Fall, daß der Spediteur Güter, die ihm von mehreren Auftraggebern zugegangen sind, zu einer Sammelladung vereinigt und diese Ladung auf Grund eines für eigene Rechnung geschlossenen Frachtvertrags zu günstigeren Bedingungen versendet, als es bei einer Beförderung der einzelnen Güter möglich wäre. Die bezeichnete Art der Versendung hat namentlich bei dem Eisenbahntransport eine große Bedeutung erlangt; sie dient hier ebenso dem Interesse der Versender, welchen auf diese Weise die billigeren Tarifsätze für Wagenladungen an Stelle des theureren Stückguttarifs zugänglich gemacht werden, als dem Interesse der Eisenbahnen, denen die unmittelbare Verfrachtung der einzelnen Stückgüter erspart bleibt. Das Gesetz kann sich daher der Aufgabe nicht entziehen, die dem Zwecke und der wirthschaftlichen Natur des Verhältnisses entsprechenden Bestimmungen über die Rechte und Pflichten zu treffen, welche den Betheiligten dabei erwachsen. Wenn, wie dies häufig, insbesondere seitens größerer Speditionsfirmen, geschieht, die Beförderung im Sammelverkehr auf Grund eines von dem Spediteur aufgestellten besonderen Tarifs, also nach einem zum voraus bedungenen festen Satze der Transportkosten, übernommen wird, so finden ohne Weiteres die Vorschriften des §. 405 Abs. 1 Anwendung, wie auch bisher in solchen Fällen die entsprechenden Bestimmungen des Art. 384 Platz griffen. Der Spediteur ist hier lediglich Frachtführer und hat eine Provision nicht zu beanspruchen. Nach §. 405 Abs. 2 des Entwurfs soll das Gleiche aber auch für die Fälle gelten, in denen eine derartige Einigung über einen bestimmten Satz der Beförderungskosten nicht stattgefunden hat. Der Spediteur soll dann eine den Umständen nach angemessene Fracht, höchstens aber die für die Beförderung des einzelnen Gutes gewöhnliche Fracht, d. h. die in den maßgebenden Eisenbahntarifen festgesetzte Stückgutfracht, zu beanspruchen haben. Hierdurch wird eine sachgemäße Grundlage für die Ausgleichung der verschiedenen in Betracht kommenden Interessen gewonnen. Dem Spediteur lediglich einen Anspruch auf Erstattung des dem Gewicht oder der Menge des einzelnen Gutes entsprechenden Theiles der Gesammtfracht und auch die Provision zu gewähren, ist nicht angängig. Eine solche Berechnung wäre nur schwer durchführbar und jedenfalls in ihren Ergebnissen wenig befriedigend. Mit Rücksicht auf die Leistungen, welchen sich der Spediteur bei der Uebernahme der Versendung im Sammelverkehr unterzieht, erscheint es vielmehr billig, daß ihm ein gewisser Theil der Frachtersparniß, die er durch die Herstellung der Sammelladung erzielt, zu eigenem Nutzen verbleibt. Andererseits läßt es sich nicht rechtfertigen, dem Spediteur in der Weise, wie es durch den bisherigen Art. 383 geschieht, schlechthin die für die Beförderung des einzelnen Gutes gewöhnliche Fracht zuzusprechen. Eine derartige Regelung weist die Vortheile, welche sich im Eisenbahnfrachtverkehr aus dem bei Sammelladungen Anwendung findenden Wagenladungstarif im Vergleiche zum Stückgutstarif ergeben, ausschließlich dem Spediteur zu; dies widerspricht aber dem Zwecke der ganzen Einrichtung und der offenbaren Absicht der Betheiligten, welche von der Beförderung im Sammelverkehr in erster Linie zum Zwecke einer Verbilligung der Transportkosten Gebrauch machen. Thatsächlich bringen die Spediteure das ihnen jetzt an sich zustehende Recht im größeren Verkehr nirgends zur Geltung. Die Erwartung, daß die Konkurrenz auch in Zukunft von selbst zu dem gleichen Ergebnisse führen werde, rechtfertigt es indessen nicht, einen sachlich unhaltbaren Grundsatz in das neue Gesetz zu übernehmen. Indem der Entwurf dem Spediteur eine den Umständen nach angemessene Fracht ohne Provision zuspricht und dabei die für die Beförderung des einzelnen Gutes gewöhnliche Fracht lediglich als zulässigen Höchstbetrag berücksichtigt, wahrt er die Interessen aller Betheiligten. Im Streitfalle wird der Richter, soweit erforderlich mit Hülfe des Gutachtens Sachverständiger, über die Höhe der dem Spediteur zukommenden Fracht zu entscheiden haben. Daß bei einer Regelung in diesem Sinne das Verhältniß zwischen dem Spediteur und dem einzelnen Versender nicht den Vorschriften über das Speditionsgeschäft, sondern, ebenso wie im Falle der Vereinbarung eines bestimmten Frachtsatzes, den Vorschriften über das Frachtgeschäft unterstellt wird, entspricht der Natur der Sache.

Verjährung. (§. 406.)

Nach §. 406 des Entwurfs sollen ebenso wie nach Art. 386 des Handelsgesetzbuchs die Ansprüche gegen den Spediteur wegen Verlustes, Minderung oder verspäteter Ablieferung des Gutes in einem Jahre verjähren. Die vertragsmäßige Verlängerung der Verjährungsfrist muß jedoch gestattet sein. Da in Ermangelung einer besonderen gesetzlichen Bestimmung eine solche nach §. 225 des Bürgerlichen Gesetzbuchs nicht mit Wirksamkeit vereinbart werden könnte, so ist im Entwurfe die Zulässigkeit ausdrücklich anerkannt.

Die Vorschriften des Entwurfs über den Beginn der einjährigen Verjährung weichen insofern von dem Handelsgesetzbuch ab, als die Verjährung bei den Ansprüchen wegen verspäteter Ablieferung nicht mehr, wie bei den Ansprüchen wegen Minderung oder Beschädigung, mit dem Ablaufe des Tages, an welchem die Ablieferung erfolgt ist, sondern, wie bei den Ansprüchen wegen gänzlichen Verlustes, mit dem Ablaufe des Tages, an welchem sie hätte erfolgt sein müssen, beginnen soll. Der §. 406 schließt sich in dieser Hinsicht, wie bezüglich einiger anderer Punkte, den Bestimmungen der Art. 45 und 46 des Berner internationalen Vertrags über den Eisenbahnfrachtverkehr an. Die Grundsätze des letzteren sind schon bei der Spedition zu berücksichtigen, weil die Vorschriften über die Verjährung der Ansprüche gegen den Spediteur nach §. 431 des Entwurfs ebenso wie nach Art. 408 Abs. 3 des Handelsgesetzbuchs auch auf die Verjährung der Ansprüche gegen den Frachtführer Anwendung finden sollen. Eine Verschiedenheit der Verjährungsgrundsätze bei der Spedition und dem Frachtvertrage ist namentlich mit Rücksicht auf die Fälle, in welchen die beiden Geschäftsgattungen in einander übergehen, zu vermeiden. Die auf die Verjährung der Ersatzansprüche gegen die Eisenbahn sich beziehenden Bestimmungen des Berner Vertrags sind daher soweit möglich nicht nur für das Frachtgeschäft, sondern auch für das Speditionsgeschäft zur Anwendung zu bringen. Unbedingt läßt sich dies allerdings nicht durchführen. In Betracht kommen hier namentlich die auf die Wirkungen der Verjährung bezüglichen Vorschriften des Art. 46 des Berner Vertrags, wonach ein verjährter Anspruch auch im Wege der Einrede unter keinen Umständen geltend gemacht werden kann. Der Art. 386 des Handelsgesetzbuchs bestimmt im Gegensatze hierzu, daß die Einreden wegen Verlustes, Verminderung, Beschädigung oder verspäteter Ablieferung des Gutes bestehen bleiben, wenn die Anzeige von diesen Thatsachen dem Spediteur innerhalb der Verjährungsfrist gemacht wird. Daran hält der Entwurf im Wesentlichen fest. Da die Ansprüche des Spediteurs und des Frachtführers gegen den Absender oder Versender nach §. 196 des Bürgerlichen Gesetzbuchs erst in zwei Jahren verjähren, so könnte es zu Härten führen, falls die demselben Rechtsverhältnisse entspringenden Einreden des Verpflichteten unbedingt schon nach einem Jahre verloren gingen. Fordert der Spediteur oder Frachtführer Fracht und Unkosten in dem ersten Jahre nicht ein, so werden sich die Betheiligten häufig hierbei beruhigen und keine Veranlassung nehmen, die Verjährung der ihnen gegen den Frachtführer zustehenden Schadensersatzforderung durch Erhebung einer Klage zu unterbrechen. Auch nach dem Bürgerlichen Gesetzbuch (§. 390) schließt die Verjährung einer Forderung die Aufrechnung mit ihr nicht aus, wenn die betreffende Forderung zu der Zeit, in der sie gegen die andere Forderung aufgerechnet werden konnte, noch nicht verjährt war. Dem entsprechend gestattet der Entwurf im §. 406 Abs. 3 eine Aufrechnung der betreffenden Ansprüche auch nach Vollendung der Verjährung; nur macht er, ebenso wie das Handelsgesetzbuch, die Zulässigkeit dieser Aufrechnung davon abhängig, daß innerhalb der Verjährungsfrist der Verlust, die Minderung, die Beschädigung oder verspätete Ablieferung des Gutes dem Spediteur angezeigt worden ist. Der Anzeige an den Spediteur soll es gleichstehen, wenn gerichtliche Beweisaufnahme zur Sicherung des Beweises beantragt oder in einem zwischen dem Versender und dem Empfänger oder einem späteren Erwerber des Gutes wegen des Verlustes, der Minderung, der Beschädigung oder verspäteten Ablieferung anhängig gewordenen Rechtsstreite dem Spediteur der Streit verkündet wird. Dies entspricht den Bestimmungen, welche nach §. 478 des Bürgerlichen Gesetzbuchs für die Wahrung der Einreden gegenüber der Verjährung der Gewährleistungsansprüche aus einem Kaufvertrage und der Ansprüche des Bestellers aus einem Werkvertrage gelten.

Nach Art. 386 Abs. 4 des Handelsgesetzbuchs findet die einjährige Verjährung in den Fällen des Betrugs oder der Veruntreuung des Spediteurs keine Anwendung. Dagegen schließt der Berner Vertrag die einjährige Verjährung aus, wenn der Schaden durch eine Arglist oder durch eine grobe Fahrlässigkeit der Eisenbahn verursacht ist; zugleich sieht er aber für diese Fälle eine besondere dreijährige Verjährung vor. Der Entwurf folgt dem internationalen Rechte insofern, als er die einjährige Verjährung in allen Fällen ausschließt, wenn der Spediteur oder Frachtführer den Verlust, die Minderung, Beschädigung oder verspätete Ablieferung vorsätzlich herbeigeführt hat. Dagegen würde es zu weit gehen, dem Vorsatz in dieser Beziehung ohne Weiteres die grobe Fahrlässigkeit gleichzustellen, und auch von der Einführung einer besonderen dreijährigen Verjährung für Ansprüche aus einer vorsätzlichen oder grob fahrlässigen Handlungsweise des Spediteurs oder Frachtführers wird abzusehen sein, da sich sonst eine allzu große Mannigfaltigkeit der Verjährungsfristen ergeben würde.

Schlußvorschriften. (§. 407.)

Die Vorschriften des §. 407 über die Besorgung einer Güterversendung durch einen Kaufmann, der nicht Spediteur ist, und über die Unanwendbarkeit der für den Spediteur geltenden Bestimmungen auf die bloße Vermittelung von Frachtverträgen durch Frachtmäkler, Güterbestätter und Schiffsprokureure schließen sich inhaltlich den bisherigen Art. 388 und 389 an.

Fünfter Abschnitt.

Lagergeschäft.

Bedürfniß und Grenzen der gesetzlichen Regelung.

Obwohl die Uebernahme der Lagerung von Waaren ein wichtiges Hülfsgeschäft des Handels bildet, ist im Handelsgesetzbuch dieses Geschäft nicht geregelt; der Lagerhausunternehmer als solcher gehört nach dem Handelsgesetzbuch nicht einmal zu den Kaufleuten. Im Entwurf ist diese Lücke durch die Aufnahme des Lagergeschäfts unter die Grundgeschäfte des Handels (§. 1 Abs. 2 Nr. 6) sowie durch die Vorschriften des gegenwärtigen Abschnitts, welche die Rechte und Pflichten des Lagerhalters näher regeln, ausgefüllt. Bestimmungen der letzteren Art sind nothwendig, weil die allgemeinen Vorschriften des bürgerlichen Rechtes über die Verwahrung (Bürgerliches Gesetzbuch §§. 688 ff.) für den kaufmännischen Lagerhausbetrieb nicht ausreichen. Dabei ist zu berücksichtigen, daß der Gewerbebetrieb des Lagerhalters häufig mit demjenigen des Spediteurs vereinigt ist, und daß beide Betriebsarten vielfach in einander übergehen; es empfiehlt sich daher, die Bestimmungen über die Rechte und Pflichten des Lagerhalters thunlichst mit den für den Spediteur geltenden Vorschriften im Einklange zu halten.

In der ausländischen Gesetzgebung ist das Lagerhauswesen meistens mit besonderer Rücksicht auf die von den Lagerhausunternehmern ausgestellten Lagerscheine oder Warrants geregelt; in Deutschland gelten dagegen bezüglich dieser Papiere — abgesehen von den in Bremen und Elsaß-Lothringen bestehenden landesgesetzlichen Bestimmungen über Lagerpapiere — nur die Vorschriften der Art. 302 bis 305 des Handelsgesetzbuchs, wonach die Auslieferungsscheine (Lagerscheine, Warrants) über Waaren oder andere bewegliche Sachen, welche von einer zur Aufbewahrung solcher Sachen staatlich ermächtigten Anstalt ausgestellt sind, nach Maßgabe der für die Orderpapiere geltenden Grundsätze durch Indossament übertragen werden können. Die weitere Ausgestaltung des Systems der Lagerpapiere ist früher vielfach erörtert und zum Theil lebhaft befürwortet worden. Als leitende Gesichtspunkte wurden hierbei meistens die Freigabe der Ausstellung indossabeler Lagerpapiere unter Festsetzung gewisser Normativbestimmungen für den Geschäftsbetrieb der Lagerhäuser und daneben die Einführung des sogenannten Zweischeinsystems bezeichnet, bei welchem das Lagergut gleichzeitig mittelst des einen Scheins verpfändet und mittelst des anderen Scheins veräußert werden kann. Auf der anderen Seite ist jedoch in weiten Kreisen ein entschiedenes Widerstreben gegen eine derartige Regelung hervorgetreten, und es erscheint um so weniger angezeigt, auf diese bei Gelegenheit der Revision des Handelsgesetzbuchs zurückzukommen, als es nach den Erfahrungen, die mit dem sogenannten Zweischeinsystem in denjenigen Rechtsgebieten Deutschlands gemacht sind, in welchen es landesgesetzlich eingeführt ist,[1]) als zweifelhaft gelten muß, ob auch nur für den eigentlichen Handelsverkehr zur Zeit ein wirkliches Bedürfniß nach einer Ausgestaltung des Instituts der Lagerpapiere in der gedachten Richtung vorhanden ist.

Der Entwurf beläßt es deshalb bei der Bestimmung, daß Lagerscheine, die von einer staatlich dazu ermächtigten Anstalt ausgestellt sind, als Orderpapiere durch Indossament übertragen werden können (§§. 355 ff.), und ergänzt diese Bestimmung nur durch die weitere Vorschrift, daß die Uebergabe eines solchen Lagerscheins in Bezug auf den Erwerb von Rechten an dem Lagergute die gleichen Wirkungen haben soll wie die Uebergabe des Gutes selbst (§. 416). Eine Vorschrift der letzteren Art fehlte bisher im Handelsgesetzbuch, und wenngleich die Rechtsprechung die dingliche Vertretung der Waare durch den Lagerschein im Allgemeinen schon gegenwärtig als im Rechte begründet ansieht, so erscheint es doch wünschenswerth, diesen für die Rechtswirkungen der Lagerscheine wesentlichen Satz durch eine ausdrückliche Vorschrift des Gesetzes festzustellen. Indem der Entwurf jeden Zweifel in dieser Richtung be-

---

[1]) Solche Bestimmungen bestehen in Bremen und in Elsaß-Lothringen.

seitigt und die Rechtsverhältnisse aus dem Lagergeschäfte selbst näher regelt, gewährt er auch in Ansehung der Ausstellung von Lagerscheinen und der Geschäfte mit solchen Scheinen eine dem vorhandenen Bedürfniß in allen wesentlichen Beziehungen genügende Rechtsgrundlage. Dieselbe beschränkt sich allerdings auf das sogenannte Einscheinsystem; durch die Uebergabe eines neben dem Lagerschein ausgestellten Lagerpfandscheins entsteht weder nach dem §. 416 des Entwurfs noch nach dem Bürgerlichen Gesetzbuch ein Pfandrecht an dem Lagergute. Die auf dem Zweischeinsystem beruhenden landesgesetzlichen Vorschriften über Lagerscheine und Lagerpfandscheine brauchen um deswillen nicht beseitigt zu werden; im Art. 16 des Entwurfs des Einführungsgesetzes sind sie ausdrücklich aufrecht erhalten.

Begriffsbestimmung. (§. 408.)

Nach §. 408 ist Lagerhalter, wer gewerbsmäßig die Lagerung und Aufbewahrung von Gütern übernimmt. Die Voraussetzung eines gewerbsmäßigen Betriebes steht im Einklange mit dem, was schon jetzt für den Kommissionär und Spediteur gilt, und entspricht der im Entwurfe durchgeführten Beseitigung der objektiven Handelsgeschäfte. Für die vereinzelte Uebernahme einer Lagerung sind die Vorschriften dieses Abschnitts nicht geeignet, sie passen selbst dann nicht, wenn ein Kaufmann, der nicht Lagerhalter ist, im Betriebe seines Handelsgewerbes gelegentlich einen Vertrag über die Lagerung einer Waare schließt. Der für das vereinzelte Kommissions- oder Speditionsgeschäft eines Kaufmanns in den §§. 398 und 407 anerkannte Grundsatz ist deshalb auf den Lagerhalter nicht ausgedehnt.

Da der Entwurf als Inhalt des Lagergeschäfts die Lagerung und Aufbewahrung von Gütern bezeichnet, so scheiden die dem Lagerhausbetriebe fremden Geschäfte aus, bei welchen eine Lagerung überhaupt nicht stattfindet, wie beispielsweise die Hinterlegung von Geld und Werthpapieren, die Einstellung lebender Thiere und dergleichen mehr. Von selbst versteht es sich, daß, soweit die Lagerung und Aufbewahrung von Waaren nicht einen selbständigen Gegenstand des Vertrags bildet, sondern nur in Ausführung eines anderen Geschäfts, namentlich einer Kommission, einer Spedition oder eines Frachtgeschäfts, stattfindet, nicht die besonderen Vorschriften über das Lagergeschäft, sondern diejenigen Grundsätze zur Anwendung kommen, welche für das betreffende Rechtsverhältniß als solches maßgebend sind. Was den Fall betrifft, wenn der Gewerbebetrieb des Lagerhalters nicht über den Umfang des Kleingewerbes hinausgeht — was übrigens nur selten vorkommen wird —, so genügen schon die Bestimmungen des §. 4 über die Minderkaufleute, um den Lagerhalter gegen die Belastung mit kaufmännischen Pflichten zu schützen, die nach dem Umfange seines Betriebes nicht gerechtfertigt sein würden; im Uebrigen sind die Vorschriften des fünften Abschnitts bei einem wirklich gewerbsmäßig betriebenen Lagergeschäfte auch für kleinere Verhältnisse nicht unangemessen. Eine Beschränkung der Vorschriften über das Lagergeschäft auf die Lagerung in „Lagerhäusern" oder „Waarenspeichern" würde zudem schon wegen der Unbestimmtheit dieser Begriffe nicht zweckmäßig sein. Insbesondere ist es ein entschiedenes Bedürfniß, daß der Spediteur, der gewerbsmäßig zugleich Verträge über die Lagerung von Gütern in seinen Aufbewahrungsräumen abschließt, insoweit die Rechte und Pflichten eines Lagerhalters hat; es würde aber unter Umständen zweifelhaft sein, ob die Lagerräume eines Spediteurs als ein Lagerhaus oder Waarenspeicher bezeichnet werden könnten.

Auf die Lagerung von Waaren in den Lagerräumen der Zollverwaltungen finden die Vorschriften dieses Abschnitts schon aus dem Grunde nicht Anwendung, weil hier ein gewerbsmäßiger Betrieb nicht in Frage kommt. Die Rechtsverhältnisse bezüglich der Lagerung von Waaren in den Zollniederlagen sind überdies durch die §§. 97 ff. des Vereinszollgesetzes vom 1. Juli 1869 näher geregelt, und diese Vorschriften werden durch das Handelsgesetzbuch nicht berührt (Entwurf des Einführungsgesetzes Art. 2 Abs. 2).

Rechte und Pflichten des Lagerhalters und des Einlagerers. (§§. 409, 410.)

Die Bestimmung des §. 409, wonach auf die Rechte und Pflichten des Lagerhalters bezüglich der Empfangnahme, Aufbewahrung und Versicherung des Gutes die für den Kommissionär und den Spediteur geltenden Vorschriften der §§. 380 bis 382 Anwendung finden, rechtfertigt sich durch das, was über das Verhältniß des Spediteurs und des Lagerhalters bereits bemerkt wurde. Die betreffenden Vorschriften enthalten nichts, was nicht auch für den Lagerhausbetrieb geeignet wäre. Insbesondere gilt dies von dem Grundsatze, daß der Kommissionär oder Spediteur für den Verlust und die Beschädigung des in seiner Verwahrung befindlichen Gutes verantwortlich ist, sofern nicht der Verlust oder die Beschädigung auf Umständen beruht, die durch die Sorgfalt eines ordentlichen Kaufmanns nicht abgewendet werden konnten. Hierbei kann es für das Lagergeschäft gleichfalls bewenden. Die allgemeine Behauptung, die gehörige Sorgfalt angewendet zu haben, schützt danach den Lagerhalter nicht, vielmehr hat er darzuthun, daß der Schaden durch einen von ihm nicht zu vertretenden Umstand entstanden sei. Dabei ist selbstverständlich nicht der Maßstab einer kaufmännischen Sorgfalt im Allgemeinen anzulegen, vielmehr handelt es sich, wie in anderen Fällen, so auch hier um diejenige Sorgfalt, welche einem Unternehmer des betreffenden Geschäftszweiges angesonnen werden muß. Die ausländischen Gesetze gehen allerdings zum Theil noch weiter, indem sie den Lagerhalter für jeden Schaden haften lassen, der nicht durch höhere Gewalt verursacht ist. Für eine solche Verschärfung der Haftung fehlt es indessen an einem genügenden Grunde, und vom Standpunkte des Entwurfs kann eine Regelung in jenem Sinne um so weniger in Betracht kommen, als auch die Haftung des Frachtführers, welche den Vorschriften der betreffenden ausländischen Gesetze zum Muster gedient hat, von dem Entwurfe nicht mehr in der bisherigen Schärfe aufrecht erhalten wird.

Nach dem bürgerlichen Rechte könnte es zweifelhaft sein, ob der Lagerhalter verpflichtet wäre, dem Einlagerer die jederzeitige Besichtigung des Lagergutes, die Entnahme von Proben und die Vornahme der zur Erhaltung der Sache nothwendigen Arbeiten zu gestatten. Für die Zwecke, welchen die Niederlegung der Waare in einem Lagerhause dienen soll, kann aber der Einlagerer die bezeichneten Rechte der Regel nach nicht entbehren, und der Entwurf gewährt sie ihm daher ausdrücklich (§. 410). Von besonderer Bedeutung ist die Befugniß des Einlagerers, in den Räumen des Lagerhalters die zur Erhaltung des Gutes nothwendigen Arbeiten vorzunehmen. Dem Lagerhalter selbst läßt sich eine allgemeine Verpflichtung zur

Vornahme solcher Arbeiten nicht auferlegen. Seine Verantwortlichkeit muß sich vielmehr darauf beschränken, daß er, wenn Veränderungen an dem Gute eintreten, welche dessen Verderb befürchten lassen, dem Einlagerer hiervon ohne Verzug Kenntniß giebt und demselben dann das Weitere überläßt. Im §. 409 Abs. 2 ist demgemäß nur bestimmt, daß der Lagerhalter den Einlagerer in der bezeichneten Weise zu benachrichtigen hat. Inwieweit der Lagerhalter bei Gefahr im Verzuge auch verpflichtet ist, das unmittelbar Nothwendige einstweilen selbst zu veranlassen, muß für den einzelnen Fall unter Berücksichtigung der nach den Umständen an die Sorgfalt des Lagerhalters zu stellenden Anforderungen entschieden werden. Selbstverständlich bleibt es dem Lagerhalter überlassen, durch Vereinbarung mit dem Einlagerer weiter gehende Verpflichtungen bezüglich der Sorge für die Erhaltung der bei ihm gelagerten Güter zu übernehmen und im Zusammenhange damit auch das Recht des Einlagerers zur eigenen Bearbeitung des lagernden Gutes zu beschränken.

Vermischung der eingelagerten Waare mit anderen Waaren. (§. 411.)

Bei der Lagerung gewisser vertretbarer Sachen, insbesondere von Spiritus und Petroleum, wird schon gegenwärtig an einzelnen deutschen Plätzen dem Lagerhause die B e f u g n i ß e i n g e r ä u m t, d i e W a a r e n m i t a n d e r e n W a a r e n g l e i c h e r G a t t u n g u n d G ü t e z u v e r m i s c h e n. Diese Art der Lagerung, welche im Auslande auch bei anderen Waarengattungen, die nach bestimmten Typen gehandelt werden, gebräuchlich ist, darf im Gesetze nicht unberücksichtigt bleiben. Im Zweifel ist allerdings auch bei der Lagerung vertretbarer Sachen davon auszugehen, daß nach der Absicht der Parteien der Lagerhalter verpflichtet sein soll, die eingelieferte Waare abgesondert von anderen Waaren aufzubewahren und sie so, wie er sie empfangen, zurückzugeben. Die Einräumung der Befugniß zu einer Vermischung setzt einen besonderen Grad des Vertrauens in den Lagerhalter voraus und wird regelmäßig mit der Maßgabe stattfinden, daß geeignete Sicherungsmaßregeln zur Feststellung der Beschaffenheit der Waare getroffen werden. Der §. 411 Abs. 1 bestimmt deshalb, daß der Lagerhalter die Vermischung nur vornehmen darf, wenn sie ihm durch eine ausdrückliche Vereinbarung gestattet ist.

Wie das Rechtsverhältniß im Falle einer solchen Vereinbarung zu beurtheilen ist, wäre mangels einer besonderen Vorschrift nicht unzweifelhaft. Namentlich könnte in Frage kommen, ob nicht gemäß §. 700 des Bürgerlichen Gesetzbuchs das Eigenthum an der Waare auf den Lagerhalter überginge und die Vorschriften über das Darlehn Anwendung zu finden hätten. Dem Interesse des Einlagerers würde dies nicht entsprechen, da er auf diese Weise sein dingliches Recht verlöre und im Konkurse des Lagerhalters auf die Geltendmachung seines Anspruchs als Konkursgläubiger ohne ein Aussonderungs- oder Vorzugsrecht beschränkt wäre. Es empfiehlt sich deshalb, den E i g e n t h u m s ü b e r g a n g a u f d e n L a g e r h a l t e r g e s e t z l i c h a u s z u s c h l i e ß e n (§. 411 Abs. 2). Alsdann ergiebt sich von selbst, daß in Folge der eingetretenen Vermischung die Rechte der einzelnen Betheiligten an den eingelieferten Waaren durch eine Gemeinschaft an der entstandenen Gesammtmasse ersetzt werden und in dieser veränderten Form ihren dinglichen Karakter bewahren (zu vergl. Bürgerliches Gesetzbuch §§. 948, 949). Dabei ist dem Lagerhalter, wenn anders die in Frage stehende Art der Lagerung nicht ihre praktische Bedeutung einbüßen soll, die Befugniß einzuräumen, jedem Einlagerer den ihm gebührenden Theil des Gesammtvorraths ohne Genehmigung der übrigen Betheiligten auszuliefern, eine Befugniß, die ihm nach den allgemeinen Grundsätzen über die Aufhebung von Gemeinschaften (Bürgerliches Gesetzbuch §§. 749 ff.) an sich nicht zustehen würde. Nach der Vermischung eintretende Verluste und Beschädigungen haben die Betheiligten gemeinsam zu tragen, soweit nicht der Lagerhalter nach den §§. 382, 409, weil er die Sorgfalt eines ordentlichen Kaufmanns nicht beobachtet hat, dafür einstehen muß.

Ist dem Lagerhalter nicht blos die Vermischung mit anderen Waaren gestattet, sondern das Gut in der Art niedergelegt, daß das Eigenthum auf ihn übergehen und er nur verpflichtet sein soll, Sachen von gleicher Art, Menge und Güte zurückzugewähren, so greifen weder die Vorschriften des §. 411 noch überhaupt die Vorschriften dieses Abschnitts Platz, vielmehr liegt alsdann eine Hinterlegung im Sinne des §. 700 des Bürgerlichen Gesetzbuchs vor, und es sind mithin im Allgemeinen die für das Darlehen geltenden Grundsätze maßgebend. Darauf, daß in einem solchen Falle die Vorschriften über das Lagergeschäft nicht zur Anwendung kommen, ist behufs Verhütung von Zweifeln im §. 411 Abs. 3 besonders hingewiesen.

Lagerkosten. (§. 412.)

Das Recht des Lagerhalters auf Lagergeld und Erstattung seiner Auslagen (§. 412 Abs. 1) ergiebt sich im Allgemeinen schon aus den §§. 689 und 693 des Bürgerlichen Gesetzbuchs. Doch gehören zu den dem Lagerhalter nach dem Entwurfe zu ersetzenden Auslagen nicht nur die für die eigentliche Aufbewahrung, sondern auch die sonst für das Gut gemachten Aufwendungen, insbesondere die Auslagen an Fracht und Zöllen sowie die Kosten der Versicherung und der zur Erhaltung des Gutes etwa vorgenommenen Arbeiten. Genauer lassen sich die dem Lagerhalter zu erstattenden Auslagen im Gesetze nicht bestimmen; namentlich kann die Frage, inwieweit etwaige Unkosten bereits durch das dem Lagerhalter zukommende Lagergeld als abgegolten anzusehen sind, nur nach der Lage des einzelnen Falles entschieden werden. Das Lagergeld und die dem Lagerhalter zu erstattenden Auslagen sind im Entwurf unter der Bezeichnung „Lagerkosten“ zusammengefaßt. Ansprüche aus Vorschüssen oder Ansprüche auf Ersatz von Schäden, die durch die Beschaffenheit der Waare an anderen Gütern verursacht worden sind, sowie sonstige auf besonderen Rechtsgründen beruhende Forderungen fallen nicht unter die Lagerkosten.

Die Vorschriften des §. 412 Abs. 2 über die Fälligkeit der Lagerkosten beruhen auf der Erwägung, daß die in einem Lagerhause lagernde Waare einen Gegenstand des Handelsverkehrs bildet, und daß es daher nicht wünschenswerth erscheint, die Kosten, für welche die Waare haftet, für einen allzu langen Zeitraum auflaufen zu lassen. Der Entwurf unterscheidet dabei zwischen den baaren Auslagen des Lagerhalters und den sonstigen Lagerkosten. Die ersteren sollen sofort erstattet werden. Hinsichtlich der sonstigen Lagerkosten ist zwar in Uebereinstimmung mit dem bürgerlichen Rechte davon auszugehen, daß die Kosten jedenfalls bei der Auslieferung der Waare entrichtet werden müssen (Bürgerliches Gesetzbuch §. 699); dies genügt jedoch nicht, vielmehr erscheint, wenn die Lagerung längere Zeit dauert, ein früherer Fälligkeitstermin angezeigt. Andererseits ist die Vorschrift des Bürgerlichen Gesetzbuchs, daß eine nach Zeitabschnitten bemessene Vergütung nach dem Ablaufe der einzelnen Zeitabschnitte zu entrichten ist, für den Lagerhausbetrieb nicht geeignet, da es der Absicht der Parteien regelmäßig nicht entsprechen wird, daß ein nach Monaten oder Tagen berechnetes Lagergeld auch monatlich oder täglich berichtigt werde. Der Entwurf läßt deshalb, wenn das Gut nicht früher zurückgenommen wird, jedesmal mit dem Ablaufe von drei Monaten seit der Einlagerung die bis dahin aufgelaufenen Kosten fällig werden. Daß bei einer theilweisen Rücknahme des Gutes die Lagerkosten nicht in ihrem Gesammtbetrage, sondern nur zu einem entsprechenden Theile zu entrichten sind, ist behufs Vermeidung von Zweifeln ausdrücklich hervorgehoben (§. 412 Abs. 2 a. E.).

Gesetzliches Pfandrecht. (§. 413.)

Um den Lagerhalter für seine Ansprüche hinreichend sicher zu stellen, gewährt ihm der Entwurf ebenso wie dem Kommissionär, dem Spediteur und dem Frachtführer ein gesetzliches Pfandrecht an dem Gute. Das Pfandrecht des Lagerhalters bleibt jedoch, was den Umfang der Ansprüche betrifft, für welche es begründet ist, hinter dem Pfandrechte der vorerwähnten Berechtigten zurück, indem es nur hinsichtlich der Lagerkosten im Sinne des §. 413 Platz greift. Für eine Ausdehnung des Pfandrechts auf Forderungen aus laufender Rechnung oder aus geleisteten Vorschüssen besteht kein Bedürfniß; auch würde hierdurch die Uebertragbarkeit der etwa ausgestellten Lagerscheine erheblich beeinträchtigt werden. Stehen dem Lagerhalter Ansprüche der letzteren Art zu und will er sich mit dem kaufmännischen Zurückbehaltungsrechte nicht begnügen, so muß es ihm überlassen bleiben, sich für seine Forderungen die Waare besonders verpfänden zu lassen. Wegen der Lagerkosten haftet dagegen dem Lagerhalter das Gut ohne Weiteres, insbesondere auch dann, wenn es nicht dem Einlagerer gehört, es sei denn, daß dieser dem Eigenthümer gegenüber zur Niederlegung in einem Lagerhause nicht befugt und der Lagerhalter nicht in gutem Glauben war (§. 358 Abs. 3).

Durch das gesetzliche Pfandrecht des Lagerhalters und den Schutz seines guten Glaubens werden die Schwierigkeiten beseitigt, welche jetzt der Geltendmachung des in zahlreichen Fällen, zum Beispiel nach den Art. 323, 343, 348, 407, 602, 648 des Handelsgesetzbuchs, einem Betheiligten zustehenden Rechtes, Güter für Rechnung eines Anderen in einem Lagerhause niederzulegen, entgegenstehen. Der Einlagerer wird es in einem solchen Falle dem Lagerhalter überlassen können, sich, soweit nöthig, aus dem Gute selbst zu befriedigen, während er gegenwärtig die Lagerkosten immer persönlich berichtigen muß, und deshalb, wenn er nicht eine sonstige Deckung in Händen hat, von dem Rechte der Niederlegung stets nur auf seine eigene Gefahr Gebrauch machen kann, wobei er sich häufig genöthigt sieht, die Waare zuletzt doch wieder zurückzunehmen.

Rücknahme des Gutes. (§. 414.)

Der §. 414, nach welchem der Lagerhalter die Rücknahme des Gutes in Ermangelung einer vertragsmäßig festgesetzten Lagerfrist nicht vor dem Ablaufe von drei Monaten seit der Einlieferung verlangen kann, enthält eine Abweichung von dem §. 696 des Bürgerlichen Gesetzbuchs. Nach der Vorschrift des letzteren würde der Lagerhalter, wenn sich der Einlagerer keine bestimmte Lagerzeit ausbedungen hat, jederzeit befugt sein, die Rücknahme des Gutes zu verlangen. Der Absicht der Betheiligten würde das nicht entsprechen, und es muß daher eine im Zweifel maßgebende gesetzliche Lagerzeit bestimmt werden; der Zeitraum von drei Monaten, welcher der Zeitbestimmung im §. 412 Abs. 2 entspricht, erscheint hierfür angemessen. Ist eine bestimmte Lagerzeit nicht bedungen, oder ist nach dem Ablaufe der bedungenen Lagerzeit das Gut ohne eine erneute Festsetzung noch weiter auf dem Lager belassen worden, so soll, wie der Entwurf weiter bestimmt, das Recht des Lagerhalters, die Rücknahme des Gutes zu verlangen, auch davon abhängig sein, daß er mindestens einen Monat vorher kündigt. Es erscheint geboten, den Einlagerer auf diese Weise gegen die Nachtheile zu schützen, die ihm entstehen könnten, wenn er unvorhergesehener Weise genöthigt wird, sofort über das Gut zu verfügen. Jedoch muß dem Lagerhalter die im §. 696 Satz 2 des Bürgerlichen Gesetzbuchs auch dem Verwahrer ertheilte Befugniß eingeräumt werden, die sofortige Rücknahme des Gutes dann zu verlangen, wenn ein wichtiger Grund dafür vorliegt, wie z. B. wenn das Gut sich als gefährlich für andere Waaren erweist. Daß der Einlagerer seinerseits die Auslieferung des Gutes schon vor Ablauf der Lagerfrist jederzeit gegen Zahlung der Lagerkosten und Erfüllung derjenigen Verbindlichkeiten, wegen deren dem Lagerhalter gegen den Einlagerer ein Zurückbehaltungsrecht zusteht, fordern darf, ergiebt sich aus dem §. 695 des Bürgerlichen Gesetzbuchs.

Verjährung. (§. 415.)

Der §. 415 dehnt die einjährige Verjährung, welche bezüglich der Ansprüche gegen den Spediteur und den Frachtführer vorgesehen ist, auch auf die Ansprüche gegen den Lagerhalter aus; eine kurze Verjährung ist hier ebenso erforderlich wie bei der Spedition und dem Frachtgeschäft. Einer besonderen Vorschrift bedarf es nur in einer Beziehung. Während nach den §§. 406 und 431 die Verjährung bei dem gänzlichen Verluste des Speditions- oder Frachtgutes von dem Ende des Tages an läuft, an welchem die Ablieferung hätte bewirkt sein müssen, kann für das Lagergeschäft der Beginn der Verjährung nicht in der gleichen Weise bestimmt werden, weil es hier an einer bestimmten Zeit für die Auslieferung fehlt, das Gut vielmehr auf Verlangen des Einlagerers jederzeit herauszugeben ist. Der Entwurf läßt daher den Ablauf des Tages entscheiden, an welchem der Lagerhalter dem Einlagerer Anzeige von dem Verluste macht. Zur Erstattung einer solchen Anzeige ist der Lagerhalter nach den sein Verhältniß zum Einlagerer beherrschenden Grundsätzen von Treu und Glauben ohnehin verpflichtet.

Erwerb dinglicher Rechte mittelst Uebergabe des indossirten Lagerscheins. (§. 416.)

Die Vorschrift des §. 416, wonach im Falle der Ausstellung eines mittelst Indossaments übertragbaren Lagerscheins die Uebergabe des Lagerscheins an denjenigen, welcher durch den Schein zur Empfangnahme des Gutes legitimirt wird, für den Erwerb von Rechten an dem Gute dieselben Wirkungen hat wie die Uebergabe des Gutes selbst, stimmt mit den Vorschriften überein, welche der Art. 649 des Handelsgesetzbuchs bezüglich des Konnossements und — im Anschluß an den §. 72 des Gesetzes, betreffend die privatrechtlichen Verhältnisse der Binnenschiffahrt — der §. 442 des Entwurfs bezüglich des Ladescheins enthält. Die Gründe für die Aufnahme der Bestimmung in den Entwurf sind bereits in den einleitenden Bemerkungen zu dem gegenwärtigen Abschnitt erwähnt.

Sechster Abschnitt.

Frachtgeschäft.

Die Vorschriften, aus welchen sich das deutsche Binnenfrachtrecht zusammensetzt, finden sich an verschiedenen Stellen. Die bisherigen Art. 390 bis 421 des Handelsgesetzbuchs bilden zwar die allgemeine Grundlage für Frachtgeschäfte jeder Art; bezüglich der beiden wichtigsten Zweige des Gütertransportwesens, nämlich des Frachtverkehrs der Eisenbahnen und der Binnenschiffahrt, werden aber jene Vorschriften durch anderweitige Rechtsnormen ergänzt. Auf den Eisenbahnfrachtverkehr kommen zunächst die besonderen Vorschriften der bisherigen Art. 422 bis 431 des Handelsgesetzbuchs und außerdem die Bestimmungen der von dem Bundesrath an Stelle des früheren Betriebsreglements erlassenen Verkehrsordnung für die Eisenbahnen Deutschlands vom 15. November 1892 zur Anwendung. Die letzteren Bestimmungen haben zwar gegenwärtig nach der in der Rechtsprechung und Wissenschaft zur Anerkennung gelangten Auffassung nicht die Bedeutung unmittelbar maßgebender Privatrechtsvorschriften; sie enthalten aber die Bedingungen, unter welchen allein Frachtverträge von den deutschen Eisenbahnen geschlossen werden können, und bilden daher immerhin die nächste Grundlage für die Beurtheilung der betreffenden Rechtsverhältnisse. Eine Ausnahme besteht hinsichtlich des Verkehrs mit den an dem Berner internationalen Vertrag über den Eisenbahnfrachtverkehr vom 14. Oktober 1890 betheiligten Staaten, da hier an erster Stelle nicht das Handelsgesetzbuch und die Verkehrsordnung, sondern die Bestimmungen des bezeichneten Vertrags maßgebend sind. Was endlich das Frachtrecht der Binnenschiffahrt betrifft, so hat dasselbe neuerdings in dem Gesetze, betreffend die privatrechtlichen Verhältnisse der Binnenschiffahrt, vom 15. Juni 1895 eine Regelung erfahren, durch welche auch in Ansehung der Binnenschiffahrt die allgemeinen Vorschriften des Handelsgesetzbuchs über das Frachtgeschäft ergänzt und in einzelnen Beziehungen abgeändert worden sind. Allgemeine Gesichtspunkte.

Der Umstand, daß hiernach für eine und dieselbe Transportart die maßgebenden Rechtsvorschriften an verschiedenen Stellen zu suchen sind, und neben den in Betracht kommenden besonderen Bestimmungen immer die allgemeinen Vorschriften des Handelsgesetzbuchs über das Frachtgeschäft berücksichtigt werden müssen, hat allerdings gewisse Unzuträglichkeiten zur Folge. Diese sind jedoch nicht so erheblich, daß daraus Veranlassung genommen werden könnte, das bisherige System zu verlassen und statt dessen das Frachtrecht der Eisenbahnen und der Binnenschiffahrt, jedes für sich, erschöpfend zu regeln. Die allgemeinen Vorschriften über das Frachtgeschäft würden hierdurch nicht entbehrlich werden, da solche auch abgesehen von dem Eisenbahn- und Schifffahrtsverkehr erforderlich sind; die Folge würde also nur sein, daß die betreffenden Bestimmungen an drei verschiedenen Stellen wiederholt werden müßten, was zu einer überflüssigen Weitläufigkeit führen und zugleich die Einheitlichkeit der Rechtsgrundlagen des Frachtgeschäfts beeinträchtigen würde.

Der Entwurf behält deshalb das System des Handelsgesetzbuchs bei und beschränkt sich in dem sechsten, das Frachtgeschäft im Allgemeinen behandelnden Abschnitt auf eine Reihe einzelner Abänderungen. Die Mehrzahl derselben hat den Zweck, die Uebereinstimmung des Handelsgesetzbuchs mit den Vorschriften des Berner internationalen Vertrags über den Eisenbahnfrachtverkehr sowie mit gewissen von den bisherigen Vorschriften des Handelsgesetzbuchs abweichenden Bestimmungen des Binnenschiffahrtsgesetzes herzustellen. Was den Berner Vertrag betrifft, so beruht derselbe im Großen und Ganzen auf der Grundlage des deutschen Rechts, dessen Bestimmungen zum Theil wörtlich in den Vertrag aufgenommen sind. Insoweit die Vorschriften des Vertrags mit dem Handelsgesetzbuch nicht übereinstimmen, lassen sie sich der Hauptsache nach als eine zweckentsprechende Fortbildung des letzteren betrachten. Um so mehr erscheint es angezeigt, die Bestimmungen des Berner Vertrags bei der Revision des Handelsgesetzbuchs nach Möglichkeit zu berücksichtigen, und zwar nicht nur bei den Sondervorschriften, welche in dem nächsten Abschnitte für das Frachtgeschäft der Eisenbahnen getroffen sind, sondern schon bei den allgemeinen Vorschriften des gegenwärtigen Abschnitts, die sowohl für die Eisenbahnen als auch für andere Transportunternehmungen gelten; denn wo nicht die Verhältnisse der einen oder anderen Transportart Verschiedenheiten bedingen, ist die Einheitlichkeit der maßgebenden Vorschriften jedenfalls wünschenswerth. Ein erheblicher Theil der in Betracht kommenden Vorschriften des Berner Vertrags erscheint auch geeignet, die Grundlage für eine derart übereinstimmende Regelung abzugeben. Bei einem anderen Theile ist dies allerdings nicht der Fall, und hier muß sich der Anschluß des inländischen Rechtes auf den Frachtverkehr der Eisenbahnen beschränken.

Begriff des Frachtführers. (§. 417.)

Was die einzelnen Vorschriften dieses Abschnitts anlangt, so giebt der §. 417 die in dem bisherigen Art. 390 enthaltene Begriffsbestimmung ohne sachliche Aenderung wieder. Frachtführer ist danach, wer es gewerbsmäßig übernimmt, die Beförderung von Gütern zu Lande oder auf Flüssen oder sonstigen Binnengewässern auszuführen. Der Schwerpunkt ist auf die gewerbsmäßige Uebernahme der Beförderung, nicht, wie im Handelsgesetzbuch, auf die Ausführung derselben zu legen, da es unerheblich ist, ob der Frachtführer die Beförderung selbst ausführt oder sie durch Unterfrachtführer ausführen läßt.

Frachtbrief und Begleitpapiere. (§§. 418, 419.)

Die im §. 418 anerkannte Befugniß des Frachtführers, die Ausstellung eines Frachtbriefs zu verlangen, entspricht gleichfalls dem geltenden Rechte (Handelsgesetzbuch Art. 391 Abs. 2). Nicht mehr besonders hervorgehoben ist, daß der Frachtbrief als Beweis über den Vertrag zwischen dem Frachtführer und dem Absender dient. Dies ergiebt sich von selbst und braucht im Gesetze nicht ausgesprochen zu werden. Vorschriften über die mit der Ausstellung von Frachtbriefduplikaten verbundenen Rechtswirkungen sind im Entwurfe nur für den Eisenbahnfrachtverkehr getroffen (§. 447). Soweit es sich außerhalb des letzteren, insbesondere bei der Binnenschiffahrt, darum handelt, dem Empfänger eine die Verfügungsbefugniß des Absenders schon während des Transports beschränkende Urkunde zu verschaffen, genügen die Bestimmungen über den Ladeschein.

Der §. 418 Abs. 2 des Entwurfs, welcher den Inhalt des Frachtbriefs regelt, ergänzt in einzelnen Beziehungen den bisherigen Art. 392, indem er im Anschluß an den Art. 6 des Berner Vertrags und den §. 51 der Eisenbahnverkehrsordnung bestimmt, daß in den Frachtbrief auch die Bezeichnung der für eine zoll- oder steueramtliche Behandlung oder polizeiliche Prüfung nöthigen Begleitpapiere, ein Vermerk über die etwaige Vorausbezahlung der Fracht sowie die Bestimmungen über die auf dem Gute ruhenden Nachnahmen aufgenommen werden sollen.

Die Vorschrift des §. 413 Abs. 3, nach welcher der Absender ohne Rücksicht darauf, ob ihm ein Verschulden zur Last fällt oder nicht, dem Frachtführer für die Richtigkeit und die Vollständigkeit der im Frachtbrief enthaltenen Angaben haftet, stimmt mit Art. 7 Abs. 1 des Berner Vertrags und mit §. 53 Abs. 1 der Eisenbahnverkehrsordnung überein; sie enthält eine Ergänzung des bereits im Art. 393 des Handelsgesetzbuchs anerkannten Grundsatzes, demzufolge der Absender dem Frachtführer, sofern nicht diesem ein Verschulden zur Last fällt, für die Unrichtigkeit und Unzulänglichkeit der zum Zwecke der zoll- oder steueramtlichen Behandlung erforderlichen Begleitpapiere verantwortlich ist. Die letztere Vorschrift ist im §. 419 des Entwurfs nach dem Vorgange des Berner Vertrags (Art. 10) und der Eisenbahnverkehrsordnung (§. 59) auch auf die zur Erfüllung der Polizeivorschriften nöthigen Begleitpapiere ausgedehnt.

Lieferzeit; Verhinderung des Antritts oder der Fortsetzung der Reise. (§. 420.)

Ist über die Zeit, binnen welcher der Frachtführer die Beförderung zu bewirken hat, nichts bedungen, so soll sich nach §. 420 Abs. 1 die Frist, innerhalb deren die Reise anzutreten und zu vollenden ist, nach dem Ortsgebrauch und in Ermangelung eines Ortsgebrauchs nach den Umständen richten. Die geltenden Vorschriften weichen hiervon nur darin ab, daß im Art. 394 blos von der Frist, innerhalb deren der Frachtführer die Reise anzutreten hat, die Rede ist, und daß auf die übliche Dauer der Lieferzeit lediglich nebenher im Art. 397 bei der Regelung der Folgen einer verspäteten Ablieferung hingewiesen wird. Der §. 420 Abs. 2, der den Fall einer zeitweiligen Verhinderung des Antritts oder der Fortsetzung der Reise betrifft, giebt den Inhalt des Art. 394 Abs. 2 des Handelsgesetzbuchs in einer Fassung wieder, die den Sinn der Vorschrift richtiger zum Ausdruck bringt, als der bisherige Wortlaut, indem sie klarstellt, daß der Absender bei zeitweiliger Verhinderung der Reise nicht bloß dann zum Rücktritte berechtigt ist, wenn das Hinderniß durch Naturereignisse oder sonstige Zufälle verursacht ist, sondern auch dann, wenn der Frachtführer dasselbe herbeigeführt hat. Bei einer dauernden Verhinderung des Antritts oder der Fortsetzung der Reise kommt die bezeichnete Vorschrift des Entwurfs nicht zur Anwendung; für diesen Fall sind vielmehr ebenso wie bisher die Bestimmungen des bürgerlichen Rechts maßgebend (zu vergl. Bürgerliches Gesetzbuch §§. 323 ff., 645). Demzufolge kann, wenn die Weiterbeförderung des Gutes durch Zufall dauernd verhindert wird, der Frachtführer in der Regel keine Distanzfracht verlangen. Eine Ausnahme erleidet dieser Grundsatz, sofern nach den Umständen des Falles die Ausführung eines Theils der Reise als eine theilweise Erfüllung im Sinne des §. 323 des Bürgerlichen Gesetzbuchs angesehen werden kann, oder sofern die Unmöglichkeit der Beförderung durch die Beschaffenheit des Gutes veranlaßt ist. Das Recht auf die Distanzfracht nach dem Vorbilde des §. 70

des Binnenschiffahrtsgesetzes weiter auszudehnen, liegt kein hinreichender Grund vor.

Haftung des Frachtführers. (§. 421.)

Was die Haftung des Frachtführers für den durch Verlust oder Beschädigung des Gutes entstandenen Schaden betrifft, so bestimmt der Art. 395 des Handelsgesetzbuchs im Anschluß an die Grundsätze des römischen Rechts, daß der Frachtführer stets ersatzpflichtig ist, sofern er nicht beweist, daß der Verlust oder die Beschädigung durch höhere Gewalt oder durch die natürliche Beschaffenheit des Gutes oder durch äußerlich nicht erkennbare Mängel der Verpackung entstanden ist. Der Standpunkt, daß die Natur des Frachtgeschäfts eine derart verschärfte, den allgemeinen Rechtsgrundsätzen gegenüber als eine Ausnahme erscheinende Haftung nothwendig mache, ist schon in dem Gesetze, betreffend die privatrechtlichen Verhältnisse der Binnenschiffahrt, verlassen worden. Nach dem §. 58 dieses Gesetzes ist der Frachtführer von der Verpflichtung zum Schadensersatze befreit, wenn der Verlust oder die Beschädigung durch Umstände herbeigeführt ist, welche durch die Sorgfalt eines ordentlichen Frachtführers nicht abgewendet werden konnten. Der gleiche Grundsatz ist im §. 421 des Entwurfs als allgemeine Regel für die Haftung des Frachtführers aufgestellt; nur hinsichtlich der Eisenbahnen soll in Uebereinstimmung mit den Vorschriften des Berner Vertrages das geltende Recht beibehalten werden (§. 448). Im Uebrigen erscheint eine Abschwächung der bisher dem Frachtführer auferlegten Haftung schon aus dem Grunde nothwendig, weil Fuhrleute, Packträger und dergleichen Gewerbetreibende jedenfalls nicht ungünstiger gestellt werden können als die Binnenschiffer. Die im Entwurfe vorgesehene Haftung des Frachtführers genügt auch für die Bedürfnisse des Verkehrs; denn der Frachtführer kann sich danach nicht schon durch eine allgemeine Berufung auf sorgsames Verhalten von seiner Verantwortlichkeit entlasten; er hat vielmehr die Umstände darzuthun, welche den Verlust oder die Beschädigung des Frachtguts verursacht haben, und mit Bezug auf diese Umstände den Nachweis zu führen, daß ihm ein Verschulden nicht zur Last fällt. Die weitergehende Vorschrift des Art. 395 des Handelsgesetzbuchs führt zu dem Ergebnisse, daß der Frachtführer eine Gewährpflicht für gewisse Betriebsgefahren zu tragen hat, und es läßt sich nicht anerkennen, daß der Gewerbebetrieb des Frachtführers seiner Natur nach hierzu in höherem Grade Veranlassung bietet als manche andere Betriebe, bezüglich deren das geltende Recht es bei den allgemeinen Grundsätzen über die Haftung aus Verträgen bewenden läßt. Nur insoweit, als es sich, wie bei den Eisenbahnen, um Unternehmungen handelt, die ein thatsächliches Beförderungsmonopol besitzen und zugleich so leistungsfähig sind, daß ihnen die Tragung von Betriebsgefahren ohne Unbilligkeit auferlegt werden kann, erscheint eine weitergehende Haftung gerechtfertigt.

Für den durch verspätete Ablieferung des Gutes entstandenen Schaden haftet der Frachtführer schon nach Art. 397 des Handelsgesetzbuchs nur im Falle des Verschuldens. Im §. 421 des Entwurfs sind daher die Vorschriften über die bezeichnete Haftung mit denjenigen über die Haftung für Verlust oder Beschädigung von Frachtgütern zusammengezogen; der Art. 397 ist demzufolge gestrichen.

Der §. 421 Abs. 2, nach welchem der Frachtführer für den Verlust oder die Beschädigung von Kostbarkeiten, Kunstgegenständen, Geld und Werthpapieren nur haftet, wenn ihm diese Beschaffenheit oder der Werth des Gutes bei der Uebergabe zur Beförderung angegeben worden ist, weicht von dem bisherigen Art. 395 Abs. 2 bloß insofern ab, als er neben den Kostbarkeiten die Kunstgegenstände besonders erwähnt, auch ausdrücklich hervorhebt, daß die Anzeige der Beschaffenheit oder des Werthes bei der Uebergabe zur Beförderung erfolgen muß.

Höhe des zu leistenden Ersatzes. (§. 422.)

Was die Höhe des für verlorene Güter zu leistenden Ersatzes betrifft, so beschränkt sowohl das Handelsgesetzbuch (Art. 396) wie der Berner Vertrag (Art. 34) die Ersatzpflicht des Frachtführers der Regel nach auf den gemeinen Werth des Gutes. Hinsichtlich der Berechnung dieses Werthes gehen indessen die betreffenden Vorschriften von verschiedenen Grundsätzen aus. Nach dem Handelsgesetzbuch ist im Falle des Verlustes der gemeine Handelswerth oder der gemeine Werth zu ersetzen, welchen Gut derselben Art und Beschaffenheit am Ablieferungsorte zu der Zeit hatte, an welchem die Ablieferung zu bewirken war, jedoch unter Abzug dessen, was in Folge des Verlustes an Zöllen und Unkosten erspart ist. Nach dem Berner Vertrage hat dagegen der Frachtführer den gemeinen Handelswerth oder den gemeinen Werth zu ersetzen, welchen Gut derselben Art und Beschaffenheit am Orte der Absendung in dem Zeitpunkte der Annahme zur Beförderung hatte, unter Hinzurechnung dessen, was an Zöllen und sonstigen Kosten sowie an Fracht von dem Ersatzberechtigten etwa bereits bezahlt ist. Der Entwurf sieht davon ab, eine übereinstimmende Regelung der Frage für alle Arten des Frachtgeschäfts herbeizuführen. Er schließt sich hinsichtlich des Frachtgeschäfts der Eisenbahnen den Vorschriften des Berner Vertrags an (§. 449) und beseitigt damit die unerwünschte Verschiedenheit, welche auf diesem Gebiete zur Zeit zwischen dem internationalen und dem inländischen Verkehre besteht. Für die übrigen Arten des Binnentransports und ebenso für die Beförderung zur See soll der Grundsatz des geltenden Rechts beibehalten werden, wonach der Werth am Orte und zur Zeit der Ablieferung entscheidet (§§. 422, 603, 605). Einer allgemeinen Anerkennung der in dem Berner Vertrage vorgesehenen Berechnungsweise stehen Bedenken entgegen, deren Gewicht nicht zu verkennen ist. Dadurch, daß der Entwurf die strengen Vorschriften der Art. 395, 607 des Handelsgesetzbuchs über die Voraussetzungen der Verantwortlichkeit des Frachtführers beseitigt wird dessen Haftung wesentlich gemildert. Es liegt daher kein Anlaß vor, auch bezüglich der Höhe des von dem Frachtführer zu leistenden Ersatzes unter das im Handelsgesetzbuch bestimmte Maß herabzugehen. Muß es dabei bleiben, daß die Ersatzpflicht des Frachtführers sich auf den gemeinen Werth des Gutes beschränkt, so erscheint es billig, wenigstens denjenigen Werth zu Grunde zu legen, welcher mit Rücksicht auf die Zweckbestimmung des Gutes für die Betheiligten der entscheidende ist, und als solcher kann nur der Werth am Ablieferungsort und zur Ablieferungszeit betrachtet werden. Gegenüber den Eisenbahnen treffen diese Gesichtspunkte nicht oder doch nicht in gleicher Weise zu; denn einerseits bleiben für die Eisenbahnen die strengen Haftungsgrundsätze des bisherigen

Art. 395 bestehen (§. 448 des Entwurfs), und andererseits ist bei dem Eisenbahntransporte dem Absender das Recht vorbehalten, sich durch Angabe des Interesses an der Lieferung den Ersatz des vollen Schadens zu sichern (§. 455).

Nach der Schlußbestimmung des §. 422 soll der Frachtführer zum Ersatze des vollen Schadens verpflichtet sein, wenn er den Verlust oder die Beschädigung des Frachtguts vorsätzlich oder durch grobe Fahrlässigkeit herbeigeführt hat. Das Handelsgesetzbuch (Art. 396 Abs. 5) sieht eine Schadensersatzpflicht in diesem Umfange nur für den Fall vor, daß dem Frachtführer eine bösliche Handlungsweise zur Last fällt. Der Entwurf schließt sich aber dem etwas strengeren Grundsatze an, welchen der Art. 41 des Berner Vertrags und in Uebereinstimmung mit diesem der §. 88 der Eisenbahnverkehrsordnung aufstellen.

Die bisherigen Art. 398 und 399 sind gestrichen; die darin enthaltenen Regeln über Vertragsstrafen wegen verspäteter Ablieferung von Frachtgütern werden durch die §§. 340, 341, 339, 285 des Bürgerlichen Gesetzbuchs entbehrlich.

Haftung des Frachtführers für seine Leute. (§. 423.)

Die Vorschrift des Art. 400 des Handelsgesetzbuchs, wonach der Frachtführer für seine Leute und für andere Personen haftet, deren er sich bei Ausführung des Transports bedient, kann in unveränderter Form künftig nur für die Eisenbahnen (§. 450) in Geltung bleiben; im Uebrigen ist sie weil nach §. 421 der Frachtführer für einen unverschuldeten Schaden nicht mehr einstehen muß, nur noch in der Fassung aufrecht zu erhalten, daß der Frachtführer ein Verschulden seiner Leute und ein Verschulden anderer Personen, deren er sich bei der Ausführung der Beförderung bedient, in gleichem Umfange zu vertreten hat wie eigenes Verschulden (§. 423). Durch den §. 278 des Bürgerlichen Gesetzbuchs, nach welchem der Schuldner für ein Verschulden der Personen, deren er sich zur Erfüllung seiner Verbindlichkeit bedient, in gleichem Umfange verantwortlich ist wie für eigenes Verschulden, wird der Art. 400 nicht völlig ersetzt. Denn nach dem letzteren haftet der Frachtführer, wie in Rechtsprechung und Wissenschaft anerkannt ist, für seine Leute auch dann, wenn eine Handlung in Frage steht, die der Angestellte nicht unmittelbar bei Ausführung der ihm obliegenden Verrichtungen vorgenommen hat.

Ausführung der Beförderung durch mehrere Frachtführer. (§. 424.)

Die Vorschriften des §. 424 Abs. 1, 2 über die Haftung mehrerer an demselben Transporte betheiligter Frachtführer stimmen sachlich mit dem Art. 402 des Handelsgesetzbuchs überein; nur ist in Anlehnung an den Art. 27 des Berner Uebereinkommens deutlicher zum Ausdrucke gebracht, daß bei dieser Haftung nicht etwa der eine für den anderen nach Art einer Bürgschaft einsteht, sondern daß es sich um eine selbständige Verantwortlichkeit jedes einzelnen für die Ausführung des ganzen Transports handelt.

Wie sich der Rückgriff der an der Beförderung betheiligten Frachtführer untereinander regelt, ist nach dem geltenden Rechte mangels besonderer Vorschriften zweifelhaft und bestritten. Auch der das gegenseitige Verhältniß der Gesammtschuldner ordnende §. 430 des Bürgerlichen Gesetzbuchs reicht für die hier in Betracht kommenden Verhältnisse nicht aus. Die zur Ausfüllung dieser Lücke im §. 424 Abs. 3 des Entwurfs getroffenen Vorschriften schließen sich an die Art. 47 bis 49 des Berner Vertrags und an den §. 85 des Betriebsreglements des Vereins deutscher Eisenbahnverwaltungen an, deren grundsätzliche Bestimmungen zu einer Verallgemeinerung wohl geeignet erscheinen.

Nachträgliche Anweisung des Absenders. (§. 425)

Die Vorschriften des §. 425 über die Pflicht des Frachtführers, nachträglichen Anweisungen des Absenders Folge zu leisten, entsprechen dem Art. 15 des Berner Vertrags (§. 64 der Eisenbahnverkehrsordnung), weichen übrigens nur in nebensächlichen Punkten von dem Art. 402 des Handelsgesetzbuchs ab. Daß der Frachtführer den Ersatz der durch die Ausführung einer solchen Anweisung entstehenden Mehrkosten dann nicht verlangen kann, wenn die Anweisung durch sein eigenes Verschulden veranlaßt worden ist (Art. 15 Abs. 8 des Berner Vertrags), versteht sich von selbst und braucht im Gesetze nicht besonders hervorgehoben zu werden.

Rechte und Pflichten des Empfängers. (§§. 426 bis 428.)

Der Art. 403 des Handelsgesetzbuchs, wonach der Frachtführer verpflichtet ist, am Orte der Ablieferung das Gut dem Empfänger auszuhändigen, erscheint schon mit Rücksicht auf den Art. 405 (§. 427 des Entwurfs) überflüssig und ist daher gestrichen. Daß die Aushändigung des Gutes nur gegen Empfangsbescheinigung zu geschehen braucht (Art. 16 Abs. 1 des Berner Vertrags), ergiebt sich aus dem §. 368 des Bürgerlichen Gesetzbuchs.

Die Vorschriften des §. 426 über das Recht des Empfängers, vor der Ankunft des Gutes am Ablieferungsorte die zur Sicherstellung desselben erforderlichen Maßregeln zu ergreifen und dem Frachtführer die zu diesem Zwecke nothwendigen Anweisungen zu ertheilen, stimmen sachlich mit dem Art. 404 des Handelsgesetzbuchs überein.

Nach Ankunft des Gutes am Ablieferungsorte kann, wie der §. 427 bestimmt, der Empfänger die durch den Frachtvertrag begründeten Rechte gegen Erfüllung der sich daraus ergebenden Verpflichtungen im eigenen Namen gegen den Frachtführer geltend machen. In dem bisherigen Art. 405 ist nicht die Ankunft des Gutes, sondern die Ankunft des Frachtführers für den Eintritt der Befugniß des Empfängers zur selbständigen Geltendmachung der Rechte aus dem Frachtvertrag als maßgebend bezeichnet. Es ist jedoch zweifelhaft, was in diesem Zusammenhange unter der Ankunft des Frachtführers am Ablieferungsorte zu verstehen ist, da eine wörtliche Anwendung der Bestimmung bei größeren Transportunternehmungen durch die Betriebsverhältnisse ausgeschlossen erscheint. Meistens wird angenommen, daß der Zeitpunkt, in welchem das Gut angekommen ist, oder, falls es nicht rechtzeitig ankommt oder verloren gegangen ist, derjenige Zeitpunkt entscheidet, in welchem es hätte ankommen sollen. Der Entwurf bezeichnet in Uebereinstimmung mit dem Berner Vertrag (Art. 16 Abs. 2) und der Verkehrsordnung (§. 66 Abs. 2) die Ankunft des Gutes als diejenige Thatsache, durch welche die Befugniß des Empfängers zur selbständigen Geltendmachung der Rechte aus dem Frachtvertrage begründet wird.

Die erwähnte Befugniß des Empfängers ist von der gleichzeitigen Erfüllung der Verpflichtungen aus dem Frachtvertrag abhängig. Der Art. 405 des Handelsgesetzbuchs fügt die Einschränkung hinzu, daß sich die betreffenden Verpflichtungen aus dem Frachtbrief ergeben müssen; dies ist jedoch mit den

Vorschriften des Art. 409 (§. 432 des Entwurfs) nicht zu vereinigen, nach welchen der Frachtführer wegen aller durch den Frachtvertrag begründeten Forderungen ein Pfandrecht an dem Gute hat. Im Entwurf ist deshalb der fragliche Zusatz weggelassen.

Der §. 428, demzufolge der Empfänger durch Annahme des Gutes und des Frachtbriefs verpflichtet wird, dem Frachtführer nach Maßgabe des Frachtbriefs Zahlung zu leisten, stimmt mit dem Art. 406 des Handelsgesetzbuchs sowie mit dem Art. 17 des Berner Vertrags und dem §. 67 der Eisenbahnverkehrsordnung überein. Da es sich im §. 428 nicht um das Recht des Empfängers auf Auslieferung des Gutes und die dafür von ihm zu gewährende Gegenleistung, sondern lediglich um eine durch Annahme des Frachtbriefs begründete selbständige Verpflichtung des Empfängers handelt, so muß hier im Gegensatze zum §. 427 der Inhalt des Frachtbriefs für maßgebend erklärt werden.

Ablieferungshindernisse. (§. 429.)

Die Vorschriften des §. 429 über die Rechte und Pflichten des Frachtführers bei Ablieferungshindernissen treten an die Stelle des bisherigen Art. 407. Besondere Bestimmungen über die Befugniß der Betheiligten, die gerichliche Bestellung von Sachverständigen zur Besichtigung des Gutes zu veranlassen (Art. 407 Abs. 1 bis 3, 5), sind neben den Vorschriften, welche als §. 449a in die Civilprozeßordnung aufgenommenen werden sollen (Anlage II der Denkschrift zu dem Entwurfe des Bürgerlichen Gesetzbuchs), nicht mehr geboten. Dagegen muß das Recht des Frachtführers, das Gut, falls die Ablieferung nicht ausführbar ist, zu hinterlegen und im Nothfalle den Verkauf desselben zu bewirken, aufrechterhalten werden, da die §§. 372, 383 bis 385 des Bürgerlichen Gesetzbuchs in dieser Beziehung nicht ausreichen. Von dem Erforderniß einer gerichtlichen Anordnung der Hinterlegung oder des Verkaufs ist im Anschluß an die für ähnliche Fälle geltenden Vorschriften der §§. 365, 370, 380, 381 abgesehen. Im Einzelnen lehnen sich die Bestimmungen des §. 429, was das Verhalten des Frachtführers bei Ablieferungshindernissen betrifft, an den §. 52 des Binnenschiffahrtsgesetzes an. Auch der Art. 24 Abs. 1 des Berner Vertrags und der §. 70 Abs. 1 der Eisenbahnverkehrsordnung stimmen im Wesentlichen hiermit überein. Daß die im Abs. 2 bezeichneten Rechte dem Frachtführer auch dann zustehen, wenn der Absender gemäß §. 425 den Frachtführer angewiesen hat, das Gut anzuhalten, demnächst aber es unterläßt, über das Gut zu verfügen, braucht nicht besonders im Gesetze hervorgehoben zu werden.

Erlöschen der Ansprüche gegen den Frachtführer. (§. 430.)

Nach Art. 408 des Handelsgesetzbuchs erlöschen die Ansprüche gegen den Frachtführer durch Annahme des Gutes und Bezahlung der Fracht, wogegen der an das Seerecht sich anschließende §. 61 des Binnenschiffahrtsgesetzes schon der Annahme des Gutes ohne Rücksicht auf die Bezahlung der Fracht jene Wirkung beilegt. Im §. 430 des Entwurfs ist der Grundsatz des bisherigen Art. 408, der für den Eisenbahnverkehr schon mit Rücksicht auf die entsprechende Bestimmung des Art. 44 Abs. 1 des Berner Vertrags nicht aufgegeben werden kann, beibehalten. Bei der Güterbeförderung zu Lande erscheint eine solche Regelung mit den berechtigten Interessen des Frachtführers wohl vereinbar, da es die Verhältnisse hier nicht, wie bei der Schifffahrt, mit sich bringen, daß sich der Frachtführer häufig genöthigt sieht, das Gut ohne Bezahlung der Fracht auszuliefern.

Andererseits bedarf es einer Ergänzung der bisherigen Vorschriften insofern, als dem Empfänger die Möglichkeit verschafft werden muß, sich trotz der Annahme des Gutes und der Bezahlung der Fracht seine Ansprüche wegen Beschädigung oder Minderung des Gutes dadurch zu erhalten, daß er den Zustand des letzteren durch amtlich bestellte Sachverständige feststellen läßt. Der Entwurf enthält im §. 430 Abs. 2 eine dahin gehende Vorschrift. Der §. 61 Abs. 2 des Binnenschiffahrtsgesetzes stimmt hiermit überein, und auch der Berner Vertrag (Art. 44 Abs. 2 Nr. 3) steht im Allgemeinen auf demselben Standpunkte. Nach der Vorschrift des Entwurfs wird es zulässig sein, mit der Besichtigung und Untersuchung des Gutes nicht bloß solche Sachverständige zu betrauen, die in einem gerichtlichen Verfahren zur Sicherung des Beweises besonders ernannt sind, sondern auch solche, die von der zuständigen Behörde oder von einem dazu ermächtigten Organe des Handelsstandes ein für allemal bestellt sind.

Daß ein einseitiger Vorbehalt des Empfängers bei der Annahme des Gutes ohne Wirkung ist, ein mit Zustimmung des Frachtführers gemachter Vorbehalt dagegen, wie auch ein Anerkenntniß der gerügten Mängel von Seiten des Frachtführers, zur Erhaltung der Ansprüche genügt (Berner Vertrag Art. 44 Abs. 3), ergiebt sich von selbst und braucht nicht besonders ausgesprochen zu werden. Eine gesetzliche Regelung der Frage, inwieweit der Frachtführer verpflichtet ist, dem Empfänger die Untersuchung des Gutes vor der Abnahme zu gestatten, ist nicht angängig, aber auch nicht geboten. Im Allgemeinen wird nach den Grundsätzen über Treu und Glauben davon auszugehen sein, daß dem Empfänger eine äußere den Geschäftsbetrieb des Frachtführers nicht störende Besichtigung erlaubt werden muß.

Die Ansprüche wegen eines Mangels, der bei der Annahme des Gutes äußerlich nicht erkennbar war, bleiben nach §. 430 Abs. 3 bestehen, wenn die Feststellung des Mangels unverzüglich nach der Entdeckung und spätestens binnen einer Woche nach der Annahme beantragt wird. Eine bestimmte Frist, innerhalb deren die nachträgliche Feststellung von Mängeln des Gutes stattfinden muß, ist in dem bisherigen Art. 408 nicht vorgeschrieben. Dagegen sind sowohl bei der Binnenschiffahrt als im internationalen Eisenbahnfrachtverkehr Anmeldungen von Ansprüchen wegen nachträglich entdeckter Mängel an eine einwöchige Frist gebunden (Binnenschiffahrtsgesetz §. 61 Abs. 2, Berner Vertrag Art. 44 Abs. 2 Nr. 4), Auch für den inländischen Eisenbahnverkehr ist im §. 90 Abs. 2 Nr. 4 der Eisenbahnverkehrsordnung eine Frist vorgesehen; sie beträgt aber hier nicht eine Woche, sondern vier Wochen. Einer Verkürzung derselben auf die im Berner Vertrag bestimmte Zeit stand bisher die zwingende Vorschrift des Art. 428 des Handelsgesetzbuchs entgegen, wonach die Frist für Anmeldungen der in Frage stehenden Art nicht auf weniger als vier Wochen festgesetzt werden darf. Es ist jedenfalls wünschenswerth, die für den inländischen und für den internationalen Verkehr geltenden Vorschriften in Uebereinstimmung zu bringen, und hiergegen bestehen um so weniger Bedenken, als mindestens im inländischen Verkehr eine Frist von einer

Woche für vollkommen ausreichend zu erachten ist. Unter diesen Umständen empfiehlt es sich aber, die betreffende Bestimmung schon unter die allgemeinen Vorschriften über das Frachtgeschäft aufzunehmen; denn wenn dieselbe den Eisenbahnen und den Binnenschiffahrtsunternehmern zu Gute kommen soll, so wird sie auch anderen, den Bestimmungen des Handelsgesetzbuchs unterstehenden Frachtführern nicht versagt werden dürfen.

In einer anderen Richtung gewährt der Entwurf dem Empfänger des Gutes eine nicht unwesentliche Erleichterung. Nach dem Schlußsatze des §. 430 Abs. 3 soll nämlich, falls der nachträglich gefundene Mangel des Gutes unverzüglich nach der Entdeckung und binnen der Frist von einer Woche nach der Annahme dem Frachtführer angezeigt worden ist, der Antrag auf Besichtigung des Gutes durch Sachverständige bis zu dem Zeitpunkt aufgeschoben werden können, in welchem der Eingang einer Antwort des Frachtführers unter regelmäßigen Umständen erwartet werden darf. Diese Vorschrift liegt übrigens im Interesse aller Betheiligten; häufig wird dadurch, daß sich der Empfänger zunächst an den Frachtführer wendet, eine Verständigung unter den Parteien erzielt werden.

Darüber, von wem die Kosten einer von dem Empfangsberechtigten veranlaßten Besichtigung des Gutes zu tragen sind, fehlt es in den bisherigen Art. 407 und 408 des Handelsgesetzbuchs an einer ausdrücklichen Vorschrift. Dagegen ist für den Seetransport im Art. 611 des Handelsgesetzbuchs (§. 602 des Entwurfs) und für den Binnenschiffahrtsverkehr im §. 61 Abs. 3 des Binnenschiffahrtsgesetzes die bezeichnete Frage besonders geregelt. In Anlehnung an diese Bestimmungen ist eine Vorschrift über die Tragung der Kosten auch in den das Frachtgeschäft im Allgemeinen betreffenden Abschnitt des Entwurfs aufgenommen (§. 430 Abs. 4).

Die Bestimmung des §. 430 Abs. 5, wonach der Frachtführer sich auf das Erlöschen der Ansprüche nicht berufen kann, wenn er den Schaden durch Vorsatz oder grobe Fahrlässigkeit herbeigeführt hat, ist aus dem Berner Vertrag (Art. 44 Abs. 2 Nr. 1) und der Eisenbahnverkehrsordnung (§. 90 Abs. 2 Nr. 1) übernommen; sie wird durch Gründe der Billigkeit gerechtfertigt und entspricht der Bestimmung im §. 422 Abs. 3 des Entwurfs über den Umfang des von dem Frachtführer zu erstattenden Schadens.

Verjährung (§. 431.)

Bezüglich der Verjährung der Ansprüche gegen den Frachtführer wegen Verlustes, Minderung, Beschädigung oder verspäteter Ablieferung des Gutes (Entwurf §. 431, Handelsgesetzbuch Art. 408 Abs. 3) kann auf die Bemerkungen zum §. 406, welcher die Verjährung der Ansprüche gegen den Spediteur regelt, Bezug genommen werden. Daß die Rückgriffsansprüche der Frachtführer untereinander (§. 424 Abs. 3) der kurzen Verjährung nicht unterliegen, ist im Schlußsatze des §. 431 zur Vermeidung von Zweifeln besonders hervorgehoben.

Gesetzliches Pfandrecht. (§. 432.)

Während gemäß Art. 409 des Handelsgesetzbuchs das gesetzliche Pfandrecht des Frachtführers auch nach der Ablieferung des Gutes noch fortdauert, wenn der Frachtführer es binnen drei Tagen gerichtlich geltend macht und das Gut sich noch bei dem Empfänger oder bei einem Dritten befindet, der es für den Empfänger besitzt, besteht nach dem Berner Vertrag (Art. 21) das

Pfandrecht nur so lange, als der Frachtführer das Gut im Besitze hat. Der Entwurf behält die Vorschrift des Handelsgesetzbuchs bei, da sie den praktischen Bedürfnissen besser entspricht als die Bestimmung des Berner Vertrags. Ob etwa das Gut unterwegs eine Minderung erlitten hat, kann in vielen Fällen schon mit Rücksicht auf die Art der verfrachteten Waare vor der Ablieferung nicht festgestellt werden; bei Getreide müßte beispielsweise erst eine Verwiegung erfolgen. Oftmals wird aber der Empfänger Bedenken tragen, die Fracht zu zahlen, bevor feststeht, daß von dem Gute nichts verloren gegangen ist, und andererseits der Frachtführer zur Herausgabe des Gutes nur bereit sein, wenn er wegen seiner Frachtforderung gesichert ist. Es dient daher dem Interesse beider Betheiligten, wenn das Pfandrecht des Frachtführers auch nach der Ablieferung noch für kurze Zeit fortbesteht.

Was die einzelnen durch das Pfandrecht gesicherten Forderungen betrifft, so hebt der Entwurf neben den bereits im Handelsgesetzbuch beispielsweise angeführten Ansprüchen noch die Forderungen aus den auf das Gut etwa geleisteten Vorschüssen ausdrücklich hervor (Berner Vertrag Art. 20). Hinsichtlich des Rechtes des Frachtführers, sich aus dem ihm als Pfand verhafteten Frachtgute für seine Forderungen zu befriedigen, sowie hinsichtlich der Voraussetzungen und der Art und Weise dieser Befriedigung kommen in Zukunft die Vorschriften des Bürgerlichen Gesetzbuchs über den Pfandverkauf in Verbindung mit dem §. 360 des Entwurfs zur Anwendung. Nur in einer Beziehung ist es erforderlich, von diesen Vorschriften abzuweichen. Nach dem Bürgerlichen Gesetzbuch sollen die Androhung des Verkaufs (§. 1234) und die in den §§. 1237, 1241 vorgesehenen Benachrichtigungen dem Eigenthümer gegenüber erfolgen, mit der Maßgabe, daß der Verpfänder als Eigenthümer gilt, sofern nicht der Gläubiger weiß, daß der Verpfänder nicht Eigenthümer ist. Dies würde für das gesetzliche Pfandrecht des Frachtführers, bei welchem an die Stelle des Verpfänders der Absender zu treten hätte, zu einem befriedigenden Ergebnisse nicht führen. Zunächst würden für den Frachtführer Unzuträglichkeiten entstehen, wenn er, wie das zum Beispiel bei Aufgabe des Gutes durch einen Spediteur regelmäßig der Fall sein wird, zwar weiß, daß der Absender nicht Eigenthümer ist, jedoch von der Person des Eigenthümers selbst keine Kenntniß hat. Andererseits würde der Frachtführer, falls er den Absender für den Eigenthümer hält oder wenigstens nicht weiß, daß dieser nicht Eigenthümer ist, die Androhung des Verkaufs und die Benachrichtigungen nicht an den Empfänger, sondern an den Absender zu richten haben. Das Pfandrecht des Frachtführers wird aber meist am Ablieferungsorte ausgeübt, und es erscheint daher als das Naturgemäße, daß bei dem Pfandverkauf in erster Linie der Empfänger als Gegenpartei des Frachtführers behandelt wird. Demzufolge ist im Entwurfe (§. 432 Abs. 4) bestimmt, daß die Verkaufsandrohung und die Benachrichtigungen statt an den Eigenthümer des Gutes an den Empfänger und, wenn dieser nicht zu ermitteln ist oder die Annahme des Gutes verweigert, an den Absender zu richten sind. Wird der Frachtführer von dem Absender angewiesen, das Gut zurückzugeben, so hat die Androhung und Benachrichtigung selbstverständlich an den Absender zu geschehen, da dieser in Folge der gedachten Anweisung zugleich als der Empfänger zu betrachten ist. Dasselbe muß auch dann gelten, wenn die An=

weisung ertheilt ist, das Gut anzuhalten, und der Absender es unterläßt, einen anderen Empfänger zu bezeichnen.

Die Vorschrift des bisherigen Art. 409 Abs. 3, wonach der Frachtführer das Recht, das Gut zu verkaufen, auch gegenüber den übrigen Gläubigern und der Konkursmasse des Eigenthümers hat, ist neben den Vorschriften des §. 1257 des Bürgerlichen Gesetzbuchs und des §. 41 Nr. 8 der Konkursordnung entbehrlich.

Ausübung der Rechte der Vormänner durch den letzten Frachtführer. Uebergang der Rechte des Vormanns auf den Nachmann. (§§. 433, 434.)

Die Vorschriften der §§. 433 und 434 in Betreff der **Verpflichtung des letzten Frachtführers zur Ausübung der Rechte der Vormänner** und in Betreff des **Ueberganges der Rechte des von dem nachfolgenden Frachtführer oder Spediteur befriedigten Vormanns auf den Nachmann** schließen sich den bisherigen Art. 410 und 412 an. Aenderungen sind nur in der Fassung vorgenommen. Insbesondere stellt der §. 433 Abs. 1 außer Zweifel, daß der letzte Frachtführer nicht bloß die aus dem Frachtbriefe sich ergebenden Rechte der vorhergehenden Frachtführer, sondern alle durch den Frachtvertrag begründeten Forderungen derselben und ebenso diejenigen der vorhergehenden Spediteure, soweit sie ihm bekannt sind, geltend zu machen und zugleich die auf dem Gute haftenden Nachnahmen einzuziehen hat (zu vergl. Berner Vertrag Art. 20). Auch die Ergänzung, welche die Vorschriften des bisherigen Art. 412 durch den §. 434 des Entwurfs erfahren, enthält keine sachliche Abweichung von dem geltenden Rechte; denn schon gegenwärtig ist anzunehmen, daß, wenn der letzte Frachtführer das Gut ohne Bezahlung abliefert, nicht nur er selbst und die vorhergehenden Frachtführer und Spediteure den Rückgriff gegen ihre Vormänner verlieren, sondern daß zugleich der letzte Frachtführer den nichtbefriedigten Vormännern für die Bezahlung persönlich verantwortlich wird. Im Anschluß an den Art. 23 Abs. 2 des Berner Vertrags hebt der Entwurf dies noch ausdrücklich hervor.

Rangordnung der gesetzlichen Pfandrechte (§. 435.)

Die Vorschriften des §. 435 über die **Rangordnung mehrerer auf demselben Gute haftenden gesetzlichen Pfandrechte** entsprechen im Allgemeinen den Bestimmungen des bisherigen Art. 411; nur ist im Entwurf außer den Pfandrechten der Kommissionäre, Spediteure und Frachtführer noch das durch den §. 413 dem Lagerhalter eingeräumte Pfandrecht berücksichtigt. Der Grundsatz, daß die durch die Versendung oder Beförderung entstandenen Pfandrechte den übrigen vorgehen, und daß innerhalb der durch die Versendung oder Beförderung entstandenen Pfandrechte das später entstandene den Vorrang hat, ist beibehalten. Dagegen brauchte nicht mehr besonders ausgesprochen zu werden, daß unter den übrigen Pfandrechten das ältere dem jüngeren vorgeht; denn dieser Satz ergiebt sich schon aus der allgemeinen Vorschrift des §. 1209 des Bürgerlichen Gesetzbuchs in Verbindung mit dem §. 1257 daselbst. Ob zu den bevorrechtigten Forderungen auch die aus der Versendung entstandenen Forderungen der Kommissionäre gehören, ist gegenwärtig nicht unbestritten. Der dem Art. 411 zu Grunde liegende Gedanke führt dazu, die Frage zu bejahen, und das Gleiche muß nunmehr bezüglich der aus einer Versendung des Gutes entstandenen Forderungen des Lagerhalters gelten. Dagegen gehören die Ansprüche des Frachtführers wegen geleisteter Vorschüsse ebensowenig zu den bevorrechtigten Forderungen wie die bereits von dem

Handelsgesetzbuch ausdrücklich an die zweite Stelle verwiesenen Vorschußforderungen des Spediteurs. Nach alledem rechtfertigt sich die neue Fassung des §. 435.

Die Vorschriften der §§. 436 bis 442 über den Ladeschein geben in der Hauptsache lediglich den Inhalt der Art. 413 bis 419 des Handelsgesetzbuchs wieder. Da der Ladeschein bis jetzt nur im Betriebe der Binnenschifffahrt praktische Bedeutung gewonnen hat, so könnte in Frage kommen, ob nicht die betreffenden Vorschriften ganz aus dem Handelsgesetzbuch auszuscheiden und dem Binnenschiffahrtsgesetze zu überweisen seien. Dies erscheint indessen nicht rathsam; denn die Möglichkeit ist immerhin nicht ausgeschlossen, daß sich auch bei anderen Arten der Güterbeförderung ein Bedürfniß ergiebt, von dem Ladescheine Gebrauch zu machen. Wohl aber fehlt es mit Rücksicht auf den bezeichneten Umstand an einer Veranlassung, die ergänzenden Bestimmungen, welche das Binnenschiffahrtsgesetz in Betreff der Ladescheine enthält, insbesondere die Vorschriften desselben über die Haftung des Frachtführers für die Richtigkeit der Angaben des Ladescheins, in das Handelsgesetzbuch aufzunehmen. Nur in Betreff der Bestimmung des §. 72 des bezeichneten Gesetzes, nach welcher die Uebergabe des Ladescheins an den legitimirten Besitzer für den Erwerb von Rechten an dem Gute dieselben Wirkungen hat wie die Uebergabe des Gutes, erscheint bei der grundsätzlichen Bedeutung dieser Vorschrift eine Ausnahme angezeigt, zumal in den §§. 416 und 639 des Entwurfs auch die dingliche Wirkung der Uebergabe des Lagerscheins und des Konnossements ausdrücklich anerkannt ist. Zwischen einem an Order gestellten und einem nur auf den Namen des Empfängers lautenden Ladeschein macht der Entwurf in der fraglichen Beziehung keinen Unterschied. Ladeschein (§§. 436 bis 442.)

Im Uebrigen weichen die Vorschriften des Entwurfs nur in nebensächlichen Punkten von dem Handelsgesetzbuch ab. So sind im §. 437 die Bestimmungen über den Inhalt des Ladescheins im Anschluß an die Vorschriften über den Frachtbrief in einzelnen Beziehungen ergänzt; auch ist im §. 439 Abs. 2 die Streitfrage, ob der legitimirte Besitzer des Ladescheins schon vor der Ankunft des Gutes am Ablieferungsorte dessen Herausgabe verlangen kann, dahin entschieden, daß dem Besitzer des Ladescheins diese Befugniß zusteht (zu vergl. Art. 661 Abs. 2 des Handelsgesetzbuchs, §. 651 Abs. 2 des Entwurfs).

Wie sich die Haftung aus dem Ladescheine gestaltet, wenn der Frachtführer zur Ausführung der von ihm übernommenen Beförderung das Gut einem nachfolgenden Frachtführer übergiebt, ist im Handelsgesetzbuch nicht besonders geregelt; es wird jedoch meistens angenommen, daß in einem solchen Falle der nachfolgende Frachtführer, welcher das Gut auf Grund des Ladescheins übernimmt, auch seinerseits nach Maßgabe des Scheines verpflichtet wird. Durch die Vorschrift des §. 441 wird dieser der Natur der Sache und dem Bedürfnisse des Verkehrs entsprechende Grundsatz zur gesetzlichen Anerkennung gebracht.

Der bisherige Art. 419, mit welchem das Handelsgesetzbuch die Vorschriften über den Ladeschein abschließt, ist als überflüssig gestrichen; denn es versteht sich von selbst, daß durch die Ausstellung eines Ladescheins die Anwendbarkeit der allgemeinen Vorschriften über die Rechte und Pflichten des

Frachtführes nur soweit ausgeschlossen wird, als sich dies aus den besonderen Bestimmungen über den Ladeschein ergiebt.

Gelegentliche Uebernahme der Güterbeförderung durch einen Kaufmann. Postanstalten. (§§. 443, 444.)

In Uebereinstimmung mit dem Art. 420 des Handelsgesetzbuchs erklärt der §. 443 des Entwurfs die Vorschriften über das Frachtgeschäft auch dann für anwendbar, wenn ein Kaufmann, der nicht Frachtführer ist, im Betriebe seines Handelsgewerbes eine Güterbeförderung auszuführen übernimmt. Daß diese Vorschriften auf öffentliche Transportanstalten, welche die Güterbeförderung gewerbsmäßig betreiben, Anwendung finden (Handelsgesetzbuch Art. 421 Abs. 1), braucht nicht ausdrücklich ausgesprochen zu werden; inwieweit sie für den Eisenbahngüterverkehr Ergänzungen und Abänderungen erleiden, ergiebt sich aus dem folgenden Abschnitte. Dagegen bedarf es einer besonderen Bestimmung hinsichtlich der Postanstalten des Reichs und der Bundesstaaten. Sie unterliegen gegenwärtig nach Art. 421 Abs. 2 den Bestimmungen des Handelsgesetzbuchs über den Frachtvertrag insoweit, als nicht durch besondere Gesetze oder Verordnungen für sie ein Anderes vorgeschrieben ist. Nachdem indessen die Rechte und Pflichten der Post aus den von ihr übernommenen Beförderungen durch die Bestimmungen des Reichspostgesetzes und der auf Grund desselben erlassenen Postordnung eine eingehende Regelung erfahren haben, besteht ein Bedürfniß für die Anwendung der handelsgesetzlichen Vorschriften über den Frachtvertrag nicht mehr. Der §. 444 sieht deshalb vor, daß auf die Beförderung von Gütern durch die Postverwaltungen des Reichs und der Bundesstaaten die Vorschriften dieses Abschnitts keine Anwendung finden. Zugleich ist durch eine ausdrückliche Bestimmung klar gestellt, daß die bezeichneten Postverwaltungen überhaupt nicht als Kaufleute im Sinne des Handelsgesetzbuchs anzusehen sind. Die letztere Frage war bisher bestritten, und gerade aus der Vorschrift des Art. 421 Abs. 1 wurde ein Grund für die Bejahung entnommen. In Wirklichkeit entspricht es jedoch nicht dem Wesen und den Aufgaben der Post, wenn ihr Betrieb, für welchen der Erwerbszweck keineswegs das Entscheidende ist, als ein kaufmännisches Gewerbe behandelt wird.

Siebenter Abschnitt.

Beförderung von Gütern und Personen auf den Eisenbahnen.

Allgemeine Gesichtspunkte.

Die besonderen Vorschriften, welche in den Art. 422 bis 431 des Handelsgesetzbuchs über das Frachtgeschäft der Eisenbahnen getroffen sind, beziehen sich einerseits auf die allgemeine Verpflichtung der dem öffentlichen Güterverkehr dienenden Eisenbahnen zur Uebernahme der ihnen angetragenen Güterbeförderungen (Art. 422), andererseits auf die Schadensersatzpflicht der Eisenbahnen im Falle des Verlustes, der Beschädigung oder der verspäteten Ablieferung von Frachtgütern (Art. 423 bis 431). Auch der Entwurf hält sich, soweit die Vorschriften dieses Abschnitts die Güterbeförderung betreffen, der Hauptsache nach in den bezeichneten Grenzen. Das Weitere kann, wie bisher, der Eisenbahnverkehrsordnung überlassen bleiben, da es sich dabei meistens um eine mehr ins Einzelne gehende Regelung von Fragen handelt, die im Allgemeinen schon in den Bestimmungen des vorigen Abschnitts berücksichtigt sind. Eine Erweiterung der im Handelsgesetzbuch enthaltenen eisenbahnrechtlichen Bestimmungen ist nur insofern vorgesehen, als im Entwurf auch die Personenbeförderung zum Gegenstand einer allgemeinen Vorschrift gemacht ist (§. 464). Hierin liegt zugleich der Grund, weshalb die auf die Eisenbahn bezüglichen Vorschriften nicht, wie im Handelsgesetzbuch, einen Unterabschnitt der Bestimmungen über das Frachtgeschäft, sondern einen besonderen Abschnitt unter entsprechender Ueberschrift bilden.

Den größten Umfang nehmen, wie bisher, die Vorschriften über die Haftung der Eisenbahnen ein; ihre rechtliche Bedeutung ist jedoch nach dem Entwurf eine andere als nach dem Handelsgesetzbuch. Das letztere schließt die Vertragsfreiheit der Eisenbahnen in Bezug auf die Verantwortlichkeit für richtige und rechtzeitige Ablieferung der Frachtgüter an sich nicht aus, sondern zieht ihr nur bestimmte Grenzen. Auch für die Eisenbahnen gelten kraft des Gesetzes zunächst die allgemeinen Vorschriften über die Haftung des Frachtführers; die fraglichen Vorschriften unterliegen aber bei den Eisenbahnen nicht jeder beliebigen Abänderung durch Vertrag, vielmehr sind die Beschränkungen, welche sie erfahren können, in den Art. 424 ff. genau bezeichnet. Diese Befugniß ist von jeher in der Weise ausgeübt worden, daß die betreffenden Beschränkungen der Haftpflicht in die Beförderungs- und Vertragsbedingungen der Eisenbahnen aufgenommen und hierdurch zum Bestandtheile jedes einzelnen Frachtvertrags gemacht wurden. Auch die gegenwärtig in Geltung befindlichen Vorschriften der Eisenbahnverkehrsordnung über die Haftung der Eisenbahnen erlangen nur als Bestandtheil des einzelnen Frachtvertrags verbindliche Kraft für das Verhältniß der Eisenbahn zu dem Absender und dem Empfänger. Mit der wirklichen Sachlage steht diese Regelung nicht mehr im Einklang; denn thatsächlich ist die Befugniß der Eisenbahnen, den Umfang ihrer Haftpflicht innerhalb der im Handelsgesetzbuch gezogenen Grenzen durch Vertrag festzusetzen, weggefallen, seitdem die den Vertragsinhalt bildenden Bestimmungen im Verordnungswege in bindender Weise vorgeschrieben sind. Unter diesen Umständen erscheint es einfacher, die Haftung der Eisenbahnen derart zu regeln, daß die betreffenden Vorschriften unmittelbar, d. h. ohne den Umweg einer Aufnahme in den Frachtvertrag, zur Anwendung kommen. Von diesem Gesichtspunkte geht der Entwurf aus. Auf der gleichen Grundlage beruhen die Bestimmungen des Berner internationalen Vertrags über den Eisenbahnfrachtverkehr, welche in Bezug auf den Umfang der Haftpflicht der Eisenbahnen für Verlust, Beschädigung oder verspätete Ablieferung der Frachtgüter den Festsetzungen des Frachtvertrags keinerlei Raum gewähren.

Daß der Entwurf auch im Einzelnen durch Anschluß an den Berner Vertrag die Uebereinstimmung der für den inneren Eisenbahnverkehr maßgebenden Vorschriften mit den für den internationalen Verkehr geltenden Bestimmungen herzustellen sucht, bedarf keiner besonderen Begründung. Im Wesentlichen ist ein solcher Anschluß schon gegenwärtig durch die Eisenbahnverkehrsordnung erreicht, sodaß die Vorschriften des Entwurfs nur in wenigen Beziehungen wirkliche Aenderungen des bestehenden Rechtszustandes darstellen. Die Aenderungen beziehen sich hauptsächlich auf einzelne Punkte, hinsichtlich deren bis jetzt zwingende Vorschriften des Handelsgesetzbuchs — wie zum Beispiel die Bestimmungen der Art. 396, 423 über die Höhe des von den Eisenbahnen zu leistenden Schadensersatzes oder des Art. 428 über die Dauer der Reklamationsfrist bei einer Beschädigung oder Minderung des Frachtguts, die bei der Ablieferung nicht erkennbar war — einer dem Berner Vertrag entsprechenden Regelung in der Verkehrsordnung entgegenstanden. Diese Verschiedenheiten werden nunmehr durch die Vorschriften des Entwurfs beseitigt.

Auch die Eisenbahnverkehrsordnung selbst erhält nach dem Entwurf eine wesentlich andere rechtliche Bedeutung als bisher. Die Verkehrsordnung ist, ebenso wie das frühere Betriebsreglement, für die deutschen Bahnen mit Ausnahme der bayerischen auf Grund des Art. 45 der Reichsverfassung von dem Bundesrath erlassen und auch in Bayern mit Rücksicht auf Art. 46 Abs. 2 der Reichsverfassung durch die Königlich bayerische Regierung bekannt gemacht worden. Die Grundlage, auf welcher die Verkehrsordnung beruht, wird nach der herrschenden Auffassung nicht als ausreichend angesehen, um den Bestimmungen derselben die Bedeutung unmittelbar verbindlicher Privatrechtsnormen beizulegen, vielmehr stellt sich danach die Verkehrsordnung als eine Verwaltungsanordnung dar, durch welche den Eisenbahnen die allgemeinen Bedingungen der von ihnen zu schließenden Frachtverträge vorgeschrieben werden. Es entspricht jedoch nicht der Natur der Sache, daß die Normen, welche für das Verhältniß der Betheiligten maßgebend sein sollen, statt durch Aufstellung der betreffenden Rechtssätze auf dem Umwege einer Nöthigung zu vertragsmäßigen Festsetzungen zur Geltung gebracht werden. Wie mit Rücksicht auf diesen Gesichtspunkt die Vorschriften über die Haftpflicht der Eisenbahnen als unmittelbar zur Anwendung kommende Rechtssätze in den Entwurf aufgenommen sind, so ist auch den übrigen Bestimmungen der Verkehrsordnung, wenngleich sie nicht dem Gesetze selbst einverleibt werden können, die gleiche Bedeutung beizulegen. Hierdurch werden zugleich die in mehrfacher Hinsicht unbefriedigenden Ergebnisse vermieden, welche der gegenwärtige Rechtszustand zur Folge hat. Insbesondere gilt dies in Betreff der Frage, inwieweit das Rechtsmittel der Revision auf eine Verletzung der Bestimmungen der Eisenbahnverkehrsordnung gestützt werden kann. Ist die privatrechtlich verbindende Kraft dieser Bestimmungen nur daraus herzuleiten, daß dieselben in jedem einzelnen Falle durch die Vereinbarung der Parteien zum Inhalte des Frachtvertrags gemacht werden, so liegt bei einer unrichtigen Anwendung der Verkehrsordnung die Voraussetzung des §. 511 der Civilprozeßordnung, wonach das Rechtsmittel der Revision nur auf eine Verletzung des Gesetzes gestützt werden kann, an sich nicht vor, und die Anwendung der Eisenbahnverkehrsordnung wäre somit der Nachprüfung durch den höchsten Gerichtshof entzogen. In einzelnen Entscheidungen des Reichsgerichts ist die Zulässigkeit einer solchen Nachprüfung auf Grund anderweitiger Erwägungen angenommen worden; allein es läßt sich keineswegs als sicher betrachten, daß diese Auffassung sich allgemeine Geltung verschaffen und demnach auf die Dauer beibehalten werden wird. Bei der Wichtigkeit der in

Betracht kommenden Fragen darf dem höchsten Gerichtshofe die Entscheidung über die Auslegung der Eisenbahnverkehrsordnung jedenfalls nicht entzogen werden, und schon aus diesem Grunde ist es nothwendig, der letzteren die Bedeutung einer eigentlichen Rechtsverordnung beizulegen. Nach dem Entwurfe kann es nicht zweifelhaft sein, daß der Eisenbahnverkehrsordnung künftig diese veränderte Bedeutung zukommt, da den Bestimmungen derselben in den §§. 446, 463 innerhalb gewisser Grenzen der Vorrang vor den allgemeinen Vorschriften des vorigen Abschnitts eingeräumt und auch sonst mehrfach auf ihre Bestimmungen zur Ergänzung der gesetzlichen Vorschriften verwiesen und jede Vereinbarung, die mit der Verkehrsordnung im Widerspruche steht, für nichtig erklärt ist.

Da die Eisenbahnverkehrsordnung nicht bloß Bestimmungen über den Güterverkehr enthält, sondern auch die Personenbeförderung regelt, die rechtliche Bedeutung ihrer einzelnen Theile aber selbstverständlich nicht eine verschiedene sein kann, so muß die ihr durch den Entwurf beigelegte Bedeutung auch auf die Bestimmungen über die Personenbeförderung erstreckt werden. Durch die Vorschrift des §. 464 des Entwurfs, welcher bezüglich der Regelung des Personentransports auf die Eisenbahnverkehrsordnung verweist, ist die einheitliche Bedeutung der letzteren in allen ihren Theilen außer Zweifel gestellt. Nähere Vorschriften über die Personenbeförderung im Gesetze selbst zu treffen, erscheint nicht angezeigt, da es sich dabei zum großen Theil um Bestimmungen handelt, die auf der Grenze zwischen dem privatrechtlichen und dem polizeilichen Gebiete liegen und in den Einzelheiten vielfach von den jeweiligen Einrichtungen des Eisenbahnbetriebes abhängig sind.

Im Uebrigen wird an den Grundlagen, auf welchen die Eisenbahnverkehrsordnung nach den Vorschriften der Reichsverfassung beruht, durch den Entwurf nichts geändert. Auch die in den einleitenden Vorschriften der Verkehrsordnung gewährte Möglichkeit, unter besonderen Voraussetzungen abweichende Bestimmungen zu treffen, bleibt, vorbehaltlich der aus den zwingenden Vorschriften des Entwurfs (§. 463) sich ergebenden Schranken, unberührt. Für diejenigen Bahnunternehmungen, welche der Eisenbahnverkehrsordnung nicht unterliegen (Kleinbahnen), sind im §. 465 besondere Bestimmungen getroffen.

Im Einzelnen ist zu diesem Abschnitte Folgendes zu bemerken.

Transportpflicht der Eisenbahnen. (§. 445)

Die Vorschriften des §. 445, wonach den dem öffentlichen Güterverkehre dienenden Eisenbahnen eine auch privatrechtlich wirksame Verpflichtung zur Uebernahme der ihnen angetragenen Güterbeförderungen obliegt, entsprechen dem bisherigen Art. 422 in Verbindung mit den §§. 6, 49 und 50 der Eisenbahnverkehrsordnung und den Art. 2 bis 5 des Berner Vertrags. Mit Rücksicht auf die für den durchgehenden Güterverkehr bestehenden Einrichtungen ist die fragliche Verpflichtung den Eisenbahnen nicht, wie im Handelsgesetzbuch, nur in Ansehung der Eingehung von Frachtgeschäften für ihre eigene Bahnstrecke auferlegt, sondern auf die unmittelbare Beförderung nach allen für den Güterverkehr bestimmten Stationen innerhalb des Deutschen Reichs ausgedehnt. Was die Beförderung nach auswärtigen Plätzen betrifft, so besteht insoweit, als es sich um Gütersendungen handelt, auf welche der Berner Vertrag Anwendung findet, nach den Vorschriften des letzteren die gleiche Transportpflicht wie im Inlandsverkehre. Inwieweit auch in anderen Fällen eine direkte Güterbeförderung nach dem Auslande angängig ist, hängt von den thatsächlich bestehenden Verkehrseinrichtungen ab; eine unbedingte Verpflichtung zur Uebernahme solcher Transporte nach auswärtigen Plätzen kann daher den Eisenbahnen nicht auferlegt werden.

Frachtbriefduplikate. (§. 447.)

Das Recht des Absenders, sich von der Eisenbahn den Empfang des Gutes auf einem **Duplikate des Frachtbriefs** bescheinigen zu lassen und dem Empfänger durch Uebersendung dieses Duplikats schon vor der Ankunft des Gutes am Bestimmungsorte eine Sicherheit gegen nachträgliche Verfügungen über dasselbe zu verschaffen, beruht für den inländischen Verkehr gegenwärtig nur auf den Bestimmungen der Eisenbahnverkehrsordnung. Angesichts der praktischen Bedeutung der Einrichtung und des großen Werthes, der in den Kreisen des Handelsstandes auf dieselbe gelegt wird, erscheint es indessen angezeigt, die wesentlichsten Vorschriften über das fragliche Recht des Absenders und über die mit der Ausstellung eines Frachtbriefduplikats verbundenen Wirkungen in das Gesetz selbst aufzunehmen. Der §. 447 des Entwurfs bestimmt deshalb, im Anschluß an den §. 54 Abs. 5 und den §. 64 Abs. 2 der Eisenbahnverkehrsordnung, daß die Eisenbahn verpflichtet ist, auf Verlangen des Absenders den Empfang des Gutes auf einem Frachtbriefduplikate zu bescheinigen, und daß im Falle der Ausstellung eines Duplikats dem Absender das Recht, über das zur Beförderung aufgegebene Gut noch nachträglich gemäß §. 425 zu verfügen, nur zusteht, wenn er das Duplikat vorlegt.

Ersatzpflicht der Eisenbahnen bei Verlust oder Beschädigung von Frachtgütern. (§§. 448 bis 456.)

Der Art. 395 des Handelsgesetzbuchs, welcher den auch für die Eisenbahnen bisher maßgebenden allgemeinen Grundsatz über die Haftung des Frachtführers im Falle des Verlustes oder der Beschädigung von Frachtgütern enthält, ist im Entwurfe durch die in wesentlichen Beziehungen abweichenden Vorschriften des §. 421 ersetzt. Für die Eisenbahnen muß jedoch, wie schon erwähnt, sowohl aus inneren Gründen, wie auch um die Uebereinstimmung mit dem Berner Vertrage zu wahren, das **Haftungsprinzip des geltenden Rechtes beibehalten** werden. Der zu diesem Zwecke in den Entwurf aufgenommene §. 448 schließt sich in den Einzelheiten der Fassung an den Art. 30 des Berner Vertrags an, weicht sachlich aber nicht von dem Art. 395 des Handelsgesetzbuchs ab. Auch der §. 450 des Entwurfs, nach welchem die Eisenbahn schlechthin für ihre Leute und für andere Personen, deren sie sich bei der Ausführung der Beförderung bedient, zu haften hat, wiederholt eine Vorschrift, welche gegenwärtig für das Frachtgeschäft überhaupt Geltung besitzt (Handelsgesetzbuch Art. 400), im Entwurf aber durch die weniger weitgehende Bestimmung des §. 423 ersetzt ist. Für die Eisenbahnen muß hier ebenfalls die bisherige Vorschrift, mit welcher der Art. 29 des Berner Vertrags übereinstimmt, beibehalten werden, da sie sich nur als eine Folgerung aus dem für die Eisenbahnen aufrecht erhaltenen allgemeinen Haftungsgrundsatze des Art. 395 darstellt.

Was die Höhe des von den Eisenbahnen für verlorene oder beschädigte Güter zu leistenden Ersatzes anlangt, so soll hier nach §. 449 der Werth, den das Gut am Orte der Absendung in dem Zeitpunkte der Annahme zur Beförderung hatte, entscheiden. Die Gründe, aus denen es angezeigt erschien, diese von der allgemeinen Vorschrift des §. 422 abweichende, aber mit den Art. 34, 37 des Berner Vertrags übereinstimmende Bestimmung aufzunehmen, sind bereits in den Bemerkungen zu §. 422 erörtert. Die §§. 451 und 452 des Entwurfs, welche die besonderen Fälle betreffen, in denen mit Rücksicht auf die Beschaffenheit der beförderten Güter oder auf die Art des Transports oder der Verpackung die Vorschriften über die Haftung der Eisenbahnen eine Abschwächung erleiden, schließen sich an die Art. 31 und 32 des Berner Vertrags an, die ihrerseits in allen wesentlichen Beziehungen mit den bisherigen Art. 424 und 426 des Handelsgesetzbuchs übereinstimmen. Zur Verhütung von Zweifeln und Streitigkeiten empfiehlt es sich, vorzuschreiben, daß die Eisenbahn sich auf eine mit dem Absender getroffene besondere Vereinbarung über die Art des Transports (§. 451 Nr. 1, 3 und 6) nur berufen kann, wenn die Vereinbarung in den Frachtbrief aufgenommen ist. Hinsichtlich der Verpackung war der gleiche Grundsatz schon bisher in Geltung (Handelsgesetzbuch Art. 424 Nr. 2, Berner Vertrag Art. 31 Nr. 2.)

Eine Beschränkung in Ansehung der Höhe des nach §. 449 von der Eisenbahn zu leistenden Ersatzes kann, soweit nicht die §§. 453, 454 und 457 des Entwurfs eine Ausnahme gestatten, weder durch die Eisenbahnverkehrsordnung noch durch die Tarife oder besonderen Vereinbarungen der Eisenbahnen festgesetzt werden (§. 463 des Entwurfs). Die Bestimmung des Art. 427 Nr. 1 des Handelsgesetzbuchs, wonach in allen Fällen bedungen werden kann, daß der der Schadensberechnung zu Grunde zu legende Werth des Gutes den als solchen im Frachtbrief angegebenen Betrag und in Ermangelung einer derartigen Angabe einen im Voraus bestimmten Normalsatz nicht übersteigen soll, hat schon gegenwärtig keine praktische Bedeutung mehr, da nach dem Vorgange des Berner Vertrags, welcher eine allgemeine Beschränkung des Werthsersatzes auf einen im voraus bestimmten Höchstbetrag nicht gestattet, auch die Eisenbahnverkehrsordnung von der Beibehaltung solcher Normalsätze für den inländischen Verkehr abgesehen hat. In den Entwurf ist deshalb eine dem Art. 427 Nr. 1 des Handelsgesetzbuchs entsprechende allgemeine Vorschrift nicht aufgenommen. Für die in den §§. 453 und 454 des Entwurfs bezeichneten Fälle soll jedoch auch weiterhin noch der Werthsersatz auf bestimmte Höchstbeträge beschränkt werden können. Die Bestimmung des §. 453 über die Festsetzung derartiger Höchstbeträge in sogenannten Ausnahmetarifen, welche besondere Preisermäßigungen gewähren, entspricht dem Art. 35 des Berner Vertrags. Zwar haben die deutschen Bahnen von der durch die letztere Bestimmung gewährten Befugniß bisher keinen Gebrauch gemacht, und es mag zweifelhaft sein, ob eine entsprechende Vorschrift für den inländischen Verkehr praktische Bedeutung gewinnen wird; immerhin besteht kein ausreichender Grund, den Eisenbahnen für diesen Verkehr ein Recht, das ihnen nach dem Berner Vertrag eingeräumt ist, grundsätzlich zu versagen. Was den §. 454 des Entwurfs betrifft, durch welchen ermöglicht werden soll, daß auch für den Fall des Verlustes oder der Beschädigung von Kostbarkeiten, Kunstgegenständen, Geld und Werthpapieren, die Ersatzleistung nach näherer Anordnung der Eisenbahnverkehrsordnung auf einen bestimmten Höchstbetrag beschränkt wird, so sprechen Gründe der Billigkeit und der Zweckmäßigkeit für eine Regelung in diesem Sinne. Auch im Interesse des Publikums liegt es, daß die Eisenbahnen in die Lage versetzt werden, mit Rücksicht auf die Beschränkung des für Werthsachen zu leistenden Schadensersatzes die besonderen Bedingungen für die Beförderung solcher Gegenstände zu erleichtern. In der Eisenbahnverkehrsordnung ist bis jetzt von einer entsprechenden Bestimmung Abstand genommen worden, weil der Art. 427 Nr. 1 des Handelsgesetzbuchs zwar die Festsetzung von Normalsätzen allgemein gestattet, aber zugleich dem Absender das unbedingte Recht zur Deklaration des vollen Werthes des Gutes einräumt. Die Eisenbahnverkehrsordnung hat sich deshalb damit begnügt, die Festsetzung der Bedingungen, unter welchen Werthsachen zur Beförderung angenommen werden, den besonderen Vorschriften jeder Eisenbahn zu überlassen (§. 50 unter B 2). Dagegen ist in dem österreichisch-ungarischen Betriebsreglement, das im Uebrigen fast durchweg mit der deutschen Eisenbahnverkehrsordnung übereinstimmt, die fragliche Beschränkung der Haftung für Werthsachen vorgesehen.

Der §. 455 des Entwurfs, nach welchem sich der Absender durch Deklaration des Interesses an der Lieferung den Anspruch auf den Ersatz eines den gemeinen Werth des Gutes übersteigenden Schadens sichern kann, entspricht dem Art. 38 des Berner Vertrags. Auch für den inländischen Verkehr gelten nach den §§. 84, 85 der Eisenbahnverkehrsordnung schon jetzt die gleichen Bestimmungen. Hinsichtlich der Frist, binnen welcher die Eisenbahn wegen einer Minderung oder Beschädigung des Gutes, die bei der Annahme desselben äußerlich nicht erkennbar war, in Anspruch genommen werden kann, besteht gegenwärtig noch eine Verschiedenheit zwischen den für den internationalen und den für den inländischen Verkehr geltenden Vorschriften. Diese Verschiedenheit wird, wie oben bemerkt, durch die Bestimmung des §. 430 Abs. 3 beseitigt, derzufolge jene Frist bei allen Arten von Frachtgeschäften eine Woche betragen soll. Der §. 90 der Eisenbahnverkehrsordnung hat übrigens in Uebereinstimmung mit dem Art. 44 des Berner Vertrags hinsichtlich der Form der fraglichen Anträge noch einige weitere Erfordernisse vorgesehen. Der Entwurf (§. 456) hat diese Bestimmungen in den §. 456 aufgenommen und giebt ihnen damit eine sichere gesetzliche Grundlage.

Haftung für Reisegepäck. (§. 457.)

Die Vorschriften des §. 457 Abs. 1, 3 über die Haftung der Eisenbahnen für Verlust oder Beschädigung des Reisegepäcks stehen mit dem Art. 425 des Handelsgesetzbuchs und den auf Grund desselben getroffenen Bestimmungen des §. 34 Abs. 3, 5 der Eisenbahnverkehrsordnung im Einklange. Nach der Vorschrift des Abs. 2 soll es zulässig sein, in der Eisenbahnverkehrsordnung Bestimmung darüber zu treffen, inwieweit die für verlorene oder beschädigte Gepäckstücke zu leistende Entschädigung auf einen Höchstbetrag beschränkt werden kann. Gegenwärtig enthält die Verkehrsordnung selbst eine solche Bestimmung nicht; wohl aber ist in einzelnen Fällen, in denen es mit Rücksicht auf die Eigenartigkeit der Betriebsverhältnisse angezeigt erschien, wie z. B. im Berliner Vorortverkehr, auf dem im Abs. 2 der Eingangsbestimmungen der Verkehrsordnung vorgesehenen Wege eine Regelung in der gedachten Richtung erfolgt. Gegenüber den Vorschriften des Entwurfs würde dies ohne einen besonderen Vorbehalt, wie er im Abs. 2 des §. 457 gemacht ist, künftig nicht mehr zulässig sein. Es erscheint aber wünschenswerth, Einrichtungen nicht ohne Weiteres auszuschließen, bei denen es sich darum handelt, eine auch im Interesse des Publikums liegende, besonders einfache Art der Aufgabe und der Beförderung des Reisegepäcks zu ermöglichen.

Haftung für rechtzeitige Ablieferung. (§. 458.)

Was die Verpflichtung der Eisenbahnen zum Ersatze des durch eine Versäumung der Lieferfrist entstehenden Schadens betrifft, so lag zwar nach dem Handelsgesetzbuch bisher keine Nöthigung vor, den Eisenbahnen in der fraglichen Beziehung eine weitergehende Verantwortlichkeit aufzuerlegen als diejenige, welche sich aus der allgemeinen Bestimmung des Art. 397 ergiebt; nichtsdestoweniger ist durch den §. 86 der Eisenbahnverkehrsordnung der strengere Haftungsgrundsatz, welchen der Art. 39 des Berner Vertrags aufstellt, schon gegenwärtig auf den inländischen Verkehr ausgedehnt. Der §. 458 Abs. 1 des Entwurfs stimmt hiermit überein. Die Vorschriften, welche in den Abs. 2 bis 4 bezüglich der Höhe des zu leistenden Ersatzes getroffen sind, schließen sich dem Art. 427 Abs. 1 Nr. 2 und Abs. 2 des Handelsgesetzbuchs sowie den entsprechenden Bestimmungen des Berner Vertrags und der Eisenbahnverkehrsordnung an. Die näheren Vorschriften über den Betrag, welcher bei verspäteter Ablieferung des Reisegepäcks in Ermangelung einer Deklaration des Interesses an der Lieferung zu erstatten ist, sowie über die Vergütung, welche ohne den Nachweis eines Schadens geleistet wird, sind der Eisenbahnverkehrsordnung zu überlassen.

Verwirkung der Ersatzansprüche. (§. 459.)

Die Bestimmungen des §. 459 des Entwurfs über die Verwirkung der Ersatzansprüche gegen die Eisenbahn wegen unrichtiger Bezeichnung von Gegenständen, die von der Beförderung ausgeschlossen oder zu derselben nur bedingungsweise zugelassen sind, sowie wegen Versäumung der Sicherheitsmaßregeln, die in Ansehung solcher Gegenstände vorgeschrieben sind, entsprechen dem Art. 43 des Berner Vertrags und dem §. 89 der Eisenbahnverkehrsordnung. Im Handelsgesetzbuch fehlt es gegenwärtig an einer ausdrücklichen Vorschrift in dieser Richtung.

Beförderung an einen nicht an der Eisenbahn gelegenen Ort. (§. 460.)

Den Art. 430 des Handelsgesetzbuchs giebt der §. 460 des Entwurfs wieder. Für den Fall, daß in dem Frachtbrief ein nicht an der Eisenbahn gelegener Ort als Ablieferungsort bezeichnet ist, kann danach bestimmt werden, daß die Eisenbahn hinsichtlich der Beförderung von der letzten Station lediglich die Pflichten eines Spediteurs haben solle. Die gleiche Vorschrift ist im Art. 30 Abs. 2 des Berner Vertrags getroffen. Darüber, in welchen Fällen eine Beschränkung der Verpflichtungen der Eisenbahnen in der fraglichen Richtung nicht eintritt, finden sich nähere Bestimmungen im §. 68 Abs. 3 und im §. 76 Abs. 2 der Eisenbahnverkehrsordnung. Nicht in den Entwurf aufgenommen ist der Art. 431 des Handelsgesetzbuchs. Derselbe bestimmt, daß, sofern der Absender auf dem Frachtbrief angeordnet hat, das Gut solle an einem an der Eisenbahn gelegenen Orte abgegeben werden oder liegen bleiben, der Transport nur bis zu diesem Orte als übernommen gilt, auch wenn ein anderweitiger Bestimmungsort im Frachtbrief angegeben ist. Dies versteht sich aber von selbst und braucht nicht besonders im Gesetze ausgesprochen zu werden; auch in dem Berner Vertrage findet sich eine solche Bestimmung nicht.

Geltendmachung der Ansprüche bei Betheiligung mehrerer Eisenbahnen. (§. 461.)

Die Vorschriften des §. 461 über die Geltendmachung der Ansprüche aus dem Frachtvertrag in dem Falle, daß mehrere auf einander folgende Eisenbahnen bei der Beförderung betheiligt sind, entsprechen den Bestimmungen des Art. 429 des Handelsgesetzbuchs und berücksichtigen zugleich die Ergänzungen, welche in den Art. 27 und 28 des Berner Vertrags enthalten sind.

Verjährung. (§. 462.)

Besondere Vorschriften über die Verjährung der Ansprüche, welche sich auf die Frachtgeschäfte der Eisenbahnen beziehen, sind im Handelsgesetzbuch nicht getroffen; vielmehr kommen lediglich die allgemeinen Bestimmungen über die einjährige Verjährung der Ersatzansprüche gegen die Frachtführer zur Anwendung. Auch nach dem Entwurfe sind zunächst die letzteren Bestimmungen maßgebend; daneben enthält jedoch der §. 462 noch einzelne weitere Vorschriften. Die im Abs. 1 vorgesehene Ausdehnung der einjährigen Verjährung auf Ansprüche der Eisenbahn wegen Nachzahlung zu wenig erhobener Fracht oder Gebühren sowie auf Ansprüche gegen die Eisenbahn wegen Rückerstattung zu viel erhobener Fracht oder Gebühren verallgemeinert die Bestimmungen des Art. 12 Abs. 4 des Berner Vertrags, mit denen auch die Eisenbahnverkehrsordnung übereinstimmt. Die Vorschriften des Abs. 2 über die Hemmung der Verjährung entsprechen einem in den Kreisen des Handelsstandes vielfach geäußerten Wunsche. Die Prüfung der bei den Eisenbahnen eingehenden Reklamationen und die zu diesem Zwecke angeordneten Ermittelungen erfordern nicht selten eine geraume Zeit, und es wäre unbillig, wenn in einem solchen Falle schließlich eine Zurückweisung des Anspruchs aus dem Grunde erfolgen dürfte, weil in der Zwischenzeit die Verjährung eingetreten sei. Die Verjährung der gegen die Eisenbahn gerichteten Ansprüche auf Rückerstattung zu viel erhobener Fracht oder Gebühren sowie auf Ersatz für Verlust, Beschädigung oder verspätete Ablieferung von Frachtgütern soll deshalb durch die schriftliche Anmeldung des Anspruchs bei der Eisenbahn gehemmt werden und erst nach Ertheilung eines abschlägigen Bescheides von Neuem zu laufen beginnen.

Ausschluß der Vertragsfreiheit. (§. 463.)

Bezüglich des Inhalts der von den Eisenbahnen geschlossenen Frachtgeschäfte ist die Vertragsfreiheit im Art. 423 des Handelsgesetzbuchs nur in Ansehung der Bestimmungen über die Haftpflicht der Eisenbahnen für Verlust, Beschädigung oder verspätete Ablieferung der Frachtgüter eingeschränkt; der §. 463 des Entwurfs schließt dagegen die Vertragsfreiheit in weiterem Umfange aus, indem er auch alle Vereinbarungen, welche mit der Eisenbahnverkehrsordnung im Widerspruche stehen, für nichtig erklärt. Thatsächlich liegt hierin keine Aenderung des bestehenden Rechtszustandes, da auch gegenwärtig die Eisenbahnen verpflichtet sind, sich in ihren Tarifbedingungen und bei den im einzelnen Falle getroffenen Vereinbarungen innerhalb der ihnen durch die Eisenbahnverkehrsordnung gezogenen Grenzen zu halten.

Personenbeförderung. (§. 464.)

In Ansehung des die Personenbeförderung betreffenden §. 464 des Entwurfs kann auf die einleitenden Bemerkungen zu diesem Abschnitte verwiesen werden.

Die Eisenbahnverkehrsordnung erstreckt sich an sich nicht auf kleine Bahnen von rein örtlicher Bedeutung, bei denen kein Interesse des allgemeinen Verkehrs in Frage steht. Hinsichtlich dieser Bahnunternehmungen, die der Entwurf mit einem dem preußischen Gesetze vom 28. Juli 1892 entnommenen Ausdruck als Kleinbahnen bezeichnet, kann folgeweise auch nicht auf ergänzende Vorschriften der Eisenbahnverkehrsordnung verwiesen werden. Der §. 465 Abs. 1 bestimmt deshalb, daß insoweit, als der Entwurf auf solche Vorschriften Bezug nimmt, bei den Kleinbahnen an Stelle der Verkehrsordnung die Bedingungen maßgebend sind, welche für die Beförderung auf der betreffenden Bahn im Allgemeinen oder, wenn dies nach den maßgebenden landesgesetzlichen Bestimmungen zulässig ist, im einzelnen Falle festgesetzt sind. Kleinbahnen. (§. 465.)

Für die Kleinbahnen unausführbar ist die im §. 445 den Eisenbahnen im Allgemeinen auferlegte Verpflichtung, Güter zur Beförderung nach allen Stationen innerhalb des Deutschen Reichs zu übernehmen, die Kleinbahnen können vielmehr nur zur Uebernahme von Transporten auf ihren eigenen Bahnstrecken verpflichtet werden. Eine dahingehende Vorschrift ist im Abs. 2 des §. 465 getroffen.

Viertes Buch.

Seehandel.

Die sachlichen Aenderungen in dem bisherigen fünften, das Seerecht enthaltenden Buche beschränken sich, wie die Einleitung der Denkschrift (S. 2) hervorhebt, auf verhältnißmäßig wenige Punkte, bezüglich deren der Inhalt der vorhergehenden Bücher sowie die Vorschriften des Bürgerlichen Gesetzbuchs oder anderer Reichsgesetze eine Umgestaltung der geltenden Bestimmungen nothwendig machen. Außerdem ist die Fassung der seerechtlichen Vorschriften mit denjenigen der vorhergehenden Bücher soweit in Uebereinstimmung gebracht, als es zur Wahrung der einheitlichen Gestalt des Gesetzbuchs nothwendig erscheint. Auch hierbei mußte sich jedoch der Entwurf in engen Schranken halten, da eine durchgreifende Aenderung der Fassung leicht zu Zweifeln Anlaß geben könnte, ob die betreffenden Vorschriften auch fernerhin in dem bisherigen Sinne zu verstehen seien.

Allgemeine Vorschriften. (§§. 466 bis 475.)

In dem ersten Abschnitt (Allgemeine Vorschriften) können die bisherigen Art. 432 bis 438, welche sich auf die Eintragung der Schiffe in das Schiffsregister und auf die Ausstellung der Schiffszertifikate beziehen, gestrichen werden, da sie durch das Gesetz, betreffend die Nationalität der Kauffahrteischiffe und ihre Befugniß zur Führung der Bundesflagge, vom 25. Oktober 1867 (Reichs-Gesetzbl. S. 35) und die abändernden Gesetze vom 28. Juni 1873 (Reichs-Gesetzbl. S. 184) und vom 23. Dezember 1888 (Reichs-Gesetzbl. S. 300) ersetzt sind. Nur über den Begriff des Heimathshafens (Art. 435 Abs. 1 Nr. 3) bedarf es auch jetzt noch einer Vorschrift. Der §. 5 des Gesetzes vom 25. Oktober 1867, welcher im Anschluß an den Art. 435 bestimmt, daß als Heimathshafen eines Schiffes derjenige Hafen anzusehen ist, von welchem aus die Seefahrt mit dem Schiffe betrieben werden soll, genügt nicht, da der Heimathshafen nicht nur für das Schiffsregister, sondern nach dem Handelsgesetzbuche zugleich für manche andere Verhältnisse von Erheblichkeit ist. Im Uebrigen paßt auch die Vorschrift des §. 5 des Gesetzes vom 25. Oktober 1867 nur insoweit, als es sich um die erste Eintragung eines Schiffes in das Schiffsregister handelt. Wird ein Schiff, nachdem es durch die Eintragung das Recht zur Führung der Reichsflagge erworben hat, thatsächlich zur Seefahrt verwendet, so kann als sein Heimathshafen nicht mehr der Hafen bezeichnet werden, von dem aus die Seefahrt betrieben werden soll, vielmehr hat das Schiff alsdann seinen Heimathshafen an dem Orte, von dem aus die Seefahrt betrieben wird. Eine Vorschrift in diesem Sinne giebt der §. 472 Abs. 1 des Entwurfs; der §. 6 des Binnenschiffahrtsgesetzes stimmt hiermit überein. Der zweite Absatz des §. 472 wiederholt den Inhalt des bisherigen Art. 448, indem er vorsieht, daß die Vorschriften des Handelsgesetzbuchs, die sich auf den Aufenthalt des Schiffes im Heimathshafen beziehen, durch die Landesgesetze auf alle oder einige Häfen des Reviers des Heimathshafens ausgedehnt werden können.

Der Wegfall der Art. 432 bis 438 macht eine veränderte Fassung des bisherigen Art. 439 nothwendig. Derselbe bestimmt allgemein, daß bei der Veräußerung eines Schiffes oder einer Schiffspart die zum Eigenthumserwerbe nach den Grundsätzen des bürgerlichen Rechtes erforderliche Uebergabe durch eine unter den Kontrahenten getroffene Vereinbarung ersetzt werden kann, wonach das Eigenthum sofort auf den Erwerber übergehen soll. Aus dem Zusammenhange mit den vorhergehenden Artikeln, insbesondere mit dem Art. 432, ergiebt sich aber, daß sich die Vorschrift nur auf Kauffahrteischiffe, nicht auf sonstige Seeschiffe, wie Zollschiffe, Vergnügungsyachten und dergleichen, bezieht. Diese Einschränkung muß nunmehr in der Vorschrift selbst zum Ausdrucke gebracht werden (Entwurf §. 466). Sachlich erscheint allerdings der Grundsatz, daß für die Uebertragung des Eigenthums an Seeschiffen der Vertrag allein genügt, auch zur Anwendung auf andere Schiffe als Kauffahrteischiffe geeignet. Indessen hat das Handelsgesetzbuch lediglich die Aufgabe, das Seehandelsrecht und demzufolge die Verhältnisse der dem Handelsbetriebe dienenden Schiffe zu regeln, und es wird daher Sache des Einführungsgesetzes sein, diejenigen Vorschriften des Gesetzbuchs, welche zugleich für andere Schiffe in Betracht kommen, auf diese in entsprechender Weise auszudehnen (Entwurf des Einführungsgesetzes Art. 6, 7).

Die Bestimmung des Art. 443 Abs. 1, wonach das Zubehör eines Schiffes alle Sachen begreift, welche zu dem bleibenden Gebrauche des Schiffes bei der Seefahrt bestimmt sind, wird in Folge der Vorschriften des §. 97 des Bürgerlichen Gesetzbuchs überflüssig und ist deshalb in dem §. 470 des Entwurfs, der im Uebrigen dem Art. 443 des Handelsgesetzbuchs entspricht, nicht übernommen.

Die Vorschrift des Art. 446 Abs. 1, nach welcher ein segelfertiges Schiff nur wegen solcher Schulden in Beschlag genommen werden kann, die zum Behufe der anzutretenden Reise gemacht sind, ist im §. 474 des Entwurfs wiedergegeben; die Fassung schließt sich den Vorschriften der Civilprozeßordnung und des Entwurfs eines Gesetzes, betreffend die Zwangsversteigerung und Zwangsverwaltung an (Drucksachen des Reichstags 1895/97 Nr. 607). Der zweite und der dritte Absatz des Art. 446 sind gestrichen. Der Abs. 2 bestimmt, daß durch eine Beschlagnahme von bereits an Bord des Schiffes befindlichen Gütern wegen Schulden die Wiederausladung der Güter nnr in denjenigen Fällen bewirkt werden kann, in welchen der Ablader selbst die Wiederausladung noch zu forden befugt wäre, und nur gegen Leistung desjenigen, was dieser alsdann zu leisten haben würde. In dieser Beziehung genügen jedoch die Vorschriften der Civilprozeßordnung; nach denselben ist eine Pfändung von Sachen, die sich nicht im Gewahrsam des Schuldners oder des Gläubigers oder eines zur Herausgabe bereiten Dritten befinden, überhaupt nicht zulässig, vielmehr der Gläubiger, wenn er aus solchem Sachen Befriedigung sucht, lediglich in der Lage, den Anspruch seines Schuldners auf Herausgabe der Gegenstände zu pfänden und sich überweisen zu lassen (Civilprozeßordnung §§. 712, 713, 745 ff.). Der Gläubiger kann hiernach im Wege der Zwangsvollstreckung von dem Schiffer oder dem Verfrachter die Herausgabe der Ladung nur unter denselben Voraussetzungen und Bedingungen verlangen, unter denen der Ladungseigenthümer selbst sie würde fordern können. Nicht minder ist der letzte Absatz des Art. 446 entbehrlich, demzufolge eine zur Schiffsbesatzung gehörige Person wegen Schulden nicht mehr verhaftet werden darf, sobald das Schiff segelfertig ist; denn für die Fälle, in welchen nach geltendem Rechte eine Verhaftung des Schuldners im Zwangsvollstreckungsverfahren überhaupt noch zuläßig ist, enthält die Civilprozeßordnung Bestimmungen, welche sich mit dem Art. 446 Abs. 3 des Handelsgesetzbuchs vollständig decken (Civilprozeßordnung §. 785 Nr. 3, §. 812).

Nach dem bisherigen Art. 449 sollen die Bestimmungen des fünften Buches für die Postanstalten nur insoweit gelten, als nicht durch besondere Gesetze oder Verordnungen für dieselben ein Anderes vorgeschrieben ist. Der Entwurf hat die Vorschrift in dieser Form nicht übernommen, sondern entsprechend der das Binnenfrachtrecht betreffenden Vorschrift des §. 444 am Schlusse des Abschnitts über den Seefrachtvertrag (§. 655) die Bestimmung eingefügt, daß bei der Beförderung von Gütern zur See durch die Postverwaltungen des Reichs und der Bundesstaaten die Vorschriften über den Seefrachtvertrag nicht zur Anwendung kommen.

Rheder und Rhederei. (§§. 476 bis 502.) Der zweite Abschnitt, welcher die Vorschriften über den Rheder und die Rhederei enthält, erfährt nur wenige Aenderungen. Der §. 479 des Entwurfs, nach welchem der Rheder für die Forderungen der zur Schiffsbesatzung gehörenden Personen aus den Dienst- und Heuerverträgen nicht nur mit Schiff und Fracht, sondern persönlich haftet, giebt die Bestimmung wieder, welche gemäß §. 68 der Seemannsordnung vom 27. Dezember 1872 (Reichs-Gesetzbl. S. 409 ff.) an die Stelle des Art. 453 des Handelsgesetzbuchs getreten ist. Wenn in dem Entwurfe nicht, wie in der Seemannsordnung, nur auf die Forderungen des Schiffers und der Schiffsmannschaft, sondern allgemeiner auf die Forderungen der zur Schiffsbesatzung gehörigen Personen Bezug genommen ist, so bedeutet dies keine Abweichung von dem geltenden Rechte; denn nach §. 3 Abs. 2 der Seemannsordnung haben die Personen, welche, ohne zur Schiffsmannschaft zu gehören, auf einem Schiffe als Maschinisten, Aufwärter oder in anderer Weise angestellt sind, dieselben Rechte und Pflichten, welche für die Schiffsmannschaft festgesetzt sind.

Auch bei der Streichung des letzten Absatzes des bisherigen Art. 460 (Entwurf §. 485) handelt es sich nicht um eine Aenderung des jetzigen Rechtes. Dem Bürgerlichen Gesetzbuch ist das Erforderniß einer Spezialvollmacht unbekannt, es erübrigt sich deshalb, ausdrücklich hervorzuheben, daß der Korrespondentrheder, soweit nicht im Handelsgesetzbuche selbst (§. 485 Abs. 5) etwas Anderes bestimmt ist, einer besonderen Vollmacht nicht bedarf.

Die das gegenseitige Verhältniß der Mitrheder betreffenden Vorschriften des bisherigen Art. 467 haben durch den Entwurf (§. 492) eine Aenderung erfahren; bezüglich der Frage, ob ein Mitrheder, der für einen anderen, mit der Leistung des Beitrags säumigen Mitrheder in Vorschuß geht, ein Pfandrecht an der Schiffspart des säumigen Mitrheders erwerbe, ist nicht mehr, wie bisher, auf die Landesgesetze verwiesen. Künftig werden daher in dieser Beziehung die allgemeinen Grundsätze des bürgerlichen Rechtes über die Gesellschaft und die Gemeinschaft entscheiden. Das Bürgerliche Gesetzbuch räumt den Theilhabern einer Gesellschaft oder Gemeinschaft ein Pfandrecht für Leistungen der in Frage stehenden Art nicht ein. Vielmehr hat nach §. 756 (beziehungsweise §. 731 Satz 2) der Theilhaber, welchem wegen einer auf das Gesellschafts- oder Gemeinschaftsverhältniß sich gründenden Forderung gegen einen anderen Theilhaber eine Forderung zusteht, nur das Recht, bei der Aufhebung des Verhältnisses zu verlangen, daß seine Forderung von dem auf den Schuldner oder dessen Rechtsnachfolger entfallenden Theile des gemeinschaftlichen Gegenstandes berichtigt werde. Weiterhin greift der §. 44 der Konkursordnung Platz, wonach ein Gläubiger, der sich mit dem Gemeinschuldner in einem Miteigenthum, in einer Gesellschaft oder in einer anderen Gemeinschaft befindet, wegen der auf ein solches Verhältniß sich gründenden Forderungen abgesonderte Befriedigung aus dem bei der Theilung oder sonstigen Auseinandersetzung ermittelten Antheile des Gemeinschuldners beanspruchen kann. Bei diesen Vorschriften kann es auch für die Rhederei bewenden. Von dem Vorbehalte des Art. 467 des Handelsgesetzbuchs wegen Gewährung eines gesetzlichen Pfandrechts an den Mitrheder, der für einen anderen Mitrheder Vorschüsse geleistet hat, ist übrigens bisher seitens der meisten Landesgesetzgebungen kein Gebrauch gemacht worden; nur im Großherzogthum Mecklenburg-Schwerin ist dies durch den §. 54 der Einführungsverordnung zum Handelsgesetzbuche geschehen.

Einige Aenderungen hat ferner der bisherige Art. 470 erfahren. Der Abs. 2 desselben bestimmt, daß den Mitrhedern an ihren Schiffsparten kein gegenseitiges Vorkaufsrecht zusteht, das jedoch die Veräußerung einer Schiffspart, in Folge deren das Schiff das Recht, die Landesflagge zu führen, verlieren würde, nur mit Zustimmung aller Mitrheder erfolgen kann, und daß die Landesgesetze, die eine solche Veräußerung ganz ausschließen, unberührt bleiben. Im Entwurf (§. 495) ist zunächst der das Vorkaufsrecht betreffende Satz gestrichen; er wird mit dem Inkrafttreten des Bürgerlichen Gesetzbuchs überflüssig, da dieses keine Bestimmung enthält, aus welcher ein Vorkaufsrecht der fraglichen Art herzuleiten wäre. Sodann ist an die Stelle des Wortes „Landesflagge“ das Wort „Reichsflagge“ gesetzt und endlich der Vorbehalt zu Gunsten der Landesgesetze, die einen Verkauf von Schiffsparten untersagen, durch welchen dem Schiffe das Recht zur Flaggenführung verloren gehen würde, beseitigt. In den meisten Rechtsgebieten bestehen Verkaufsverbote der in Frage stehenden Art überhaupt nicht, soweit aber entsprechende Vorschriften noch in Geltung sind, können sie unbedenklich aufgehoben werden.[1])

Abweichend von dem bisherigen Art. 472 enthält der §. 497 des Entwurfs keine ausdrückliche Bestimmung dahin, daß, wenn ein Mitrheder zur Verwaltung seines Vermögens rechtlich unfähig wird, dies die Auflösung der Rhederei nicht zur Folge hat. Nach dem Bürgerlichen Gesetzbuche wird auch die Gesellschaft des bürgerlichen Rechtes durch die eintretende Unfähigkeit eines Gesellschafters zur Verwaltung seines Vermögens nicht aufgelöst und es braucht deshalb der bezeichnete Grundsatz für die Rhederei nicht mehr besonders ausgesprochen zu werden.

Schiffer. (§§. 503 bis 547.)

In dem dritten Abschnitte des vierten Buches sind die Rechte und Pflichten des Schiffers übereinstimmend mit dem geltenden Rechte geregelt. Die vorgenommenen Aenderungen betreffen nur die Fassung. Namentlich ist in dem bisherigen Art. 499 (Entwurf §. 522), ebenso wie an anderen Stellen, das Wort „Landeskonsul" durch die Worte „deutscher Konsul" ersetzt, ferner sind im Art. 520 (Entwurf §. 542) die auf einem Druckfehler beruhenden Worte „auf bestimmte Zeit" in die Worte „auf unbestimmte Zeit" umgeändert. Auch die Streichung des bisherigen Art. 525 und die neue Fassung des Art. 526 bedeuten keine sachliche Abweichung von dem jetzigen Rechte. Denn für die in den §§. 545 bis 547 (bisher Art. 523, 524, 526) bezeichneten Ansprüche des Schiffers trifft den Rheder schon gegenwärtig nach §. 68 Abs. 1 der Seemansordnung eine unbedingte persönliche Haftung; das Gleiche aber gilt künftig nach dem §. 479 des Entwurfs, welcher auf die hier in Frage stehenden Ansprüche unmittelbare Anwendung findet. Die Bestimmungen der Art. 488 und 494 über die Beweiskraft des Journals und der Verklarung sind bereits durch den §. 13 Abs. 2 Nr. 2 des Einführungsgesetzes der Civilprozeßordnung aufgehoben. Der Art. 512, nach welchem der Schiffer einer Spezialvollmacht nicht bedarf, wird in Folge des Bürgerlichen Gesetzbuchs entbehrlich, und der Art. 527, der die landesgesetzlichen Vorschriften über den vom Schiffer zu erbringenden Befähigungsnachweis wahrt, ist durch den §. 31 der Gewerbeordnung ersetzt.

Den vierten Theil des fünften Buches, der die Rechtsverhältnisse der Schiffsmannschaft regelt, hat schon die Seemannsordnung aufgehoben. Im Entwurfe schließen sich demgemäß an die Bestimmungen über den Schiffer unmittelbar die Vorschriften des bisherigen fünften Titels über das Frachtgeschäft zur Beförderung von Gütern an.

Frachtgeschäft zur Beförderung von Gütern. (§§. 548 bis 655.)

Die wichtigste Aenderung in diesem Abschnitte betrifft die Haftung des Verfrachters im Falle des Verlustes oder der Beschädigung von Frachtgütern. Nach dem geltenden Rechte (Art. 607) ist der Ver-

[1]) Zu vergl. für Schleswig-Holstein die Verordnung vom 4. Mai 1803 nebst Reskript vom 6. Juni 1806 (Falck, Handbuch des schleswig-holsteinschen Privatrechts IV S. 137), für Mecklenburg-Schwerin die Einführungsverordnung zum Handelsgesetzbuche vom 28. Dezember 1865 §. 42 Nr. II in der Fassung der Verordnung vom 31. Januar 1865. Uebrigens läßt sich bezweifeln, ob die letzteren Vorschriften nicht schon durch das Bundesgesetz vom 25. Oktober 1867 ihre Geltung verloren haben.

frachter für den durch Verlust oder Beschädigung der Güter entstandenen Schaden verantwortlich, wenn er nicht beweist, daß der Schaden durch höhere Gewalt oder durch die natürliche Beschaffenheit der Güter oder durch äußerlich nicht erkennbare Mängel der Verpackung entstanden ist. Auch für den Landverkehr unterliegt gegenwärtig nach Art. 395 des Handelsgesetzbuchs der Frachtführer der gleichen, im Verhältniß zu den allgemeinen Grundsätzen über die Haftung aus Verträgen erheblich verschärften Verantwortlichkeit. Da aber dort nach dem §. 421 des Entwurfs die strenge Haftung des jetzigen Rechtes wegfallen und nach dem Vorgange des Binnenschiffahrtsgesetzes der Frachtführer von der Verpflichtung zum Schadensersatze schon dann befreit sein soll, wenn der Verlust oder die Beschädigung auf Umständen beruht, die durch die Sorgfalt eines ordentlichen Frachtführers nicht abgewendet werden konnten, so wird der gleiche Grundsatz auch im Seerecht Anwendung finden müssen. Die Aenderung unterliegt hier um so weniger einem Bedenken, als die strenge Haftung des bisherigen Art. 607 durch die üblichen Verfrachtungs- und Konnossementsbedingungen außer Anwendung gesetzt zu werden pflegt. Die §§. 598, 599 des Entwurfs regeln demgemäß die Haftung des Verfrachters für Verlust oder Beschädigung von Frachtgütern in genauer Uebereinstimmung mit den auf den Frachtführer bezüglichen Vorschriften des §. 421. Damit wird zugleich eine Aenderung der Vorschrift des Art. 460 Abs. 2 erforderlich, wonach der Verfrachter für jeden aus dem mangelhaften Zustande des Schiffes entstehenden Schaden haftbar ist, es sei denn, daß die Mängel aller Sorgfalt ungeachtet nicht zu entdecken waren. Diese Vorschrift, welche bisher eine Milderung der im Art. 607 aufgestellten Regel enthielt, ist nunmehr mit dem durch §. 598 anerkannten Haftungsgrundsatze in Einklang zu bringen. Der §. 551 Abs. 2 des Entwurfs bestimmt deshalb, daß den Verfrachter eine Schadensersatzpflicht nicht trifft, wenn der mangelhafte Zustand des Schiffes bei Anwendung der Sorgfalt eines ordentlichen Verfrachters nicht zu entdecken war.

Ohne sachliche Bedeutung ist die Streichung des Art. 585 Abs. 2 und des Art. 633 Abs. 2 (Entwurf §§. 576, 623), wo in Betreff der Höhe des unter gewissen Voraussetzungen eintretenden Abzugs von der Fautfracht sowie in Betreff der Höhe der Distanzfracht für den Fall, daß sich die Parteien nicht einigen können, auf die nach billigem Ermessen zu treffende richterliche Entscheidung verwiesen wird. Diese Bestimmungen sind neben der allgemeinen Vorschrift des §. 259 der Civilprozeßordnung nicht mehr erforderlich.

Nicht von Erheblichkeit sind auch die Aenderungen, welche die Art. 602 und 648 des Handelsgesetzbuchs erfahren. Der Schiffer hat diesen Artikeln zufolge unter bestimmten Voraussetzungen das Recht oder die Pflicht, die Frachtgüter gerichtlich oder in anderer sicherer Weise niederzulegen. Eine gerichtliche Hinterlegung ist dem Bürgerlichen Gesetzbuche nicht bekannt, und eine öffentliche Hinterlegung im Sinne der §§. 372 ff. dieses Gesetzbuchs findet nur bei Geld, Werthpapieren und sonstigen Urkunden sowie bei Kostbarkeiten und solchen Gegenständen statt, zu deren Annahme die Hinterlegungsstellen etwa auf Grund landesgesetzlicher Vorschriften verpflichtet sind (Bürgerliches Gesetzbuch §. 372, Einführungsgesetz zu demselben Art. 146).

Die Art. 602 und 648 sind deshalb im Entwurfe dahin geändert, daß die Hinterlegung in einem öffentlichen Lagerhaus oder sonst in sicherer Weise zu geschehen hat (§§. 593, 638); die Fassung des §. 52 Abs. 1 des Binnenschiffahrtsgesetzes sowie des §. 429 Abs. 2 des Entwurfs stimmt hiermit überein. Wo das Handelsgesetzbuch eine gerichtliche Niederlegung von Geld erwähnt, tritt im Entwurf an deren Stelle die öffentliche Hinterlegung (Handelsgesetzbuch Art. 625, 690, Entwurf §§. 616, 681).

Nach Art. 610 des Handelsgesetzbuchs muß der Empfänger, falls er den Zustand und die Menge der Güter nicht schon vor ihrer Uebernahme durch die zuständige Behörde oder durch amtlich bestellte Sachverständige hat feststellen lassen, binnen achtundvierzig Stunden nach dem Tage der Uebernahme die nachträgliche Besichtigung der Güter erwirken, widrigenfalls alle Ansprüche wegen Beschädigung oder theilweisen Verlustes erlöschen; ausgenommen sind gemäß Abs. 2 nur die Ansprüche wegen solcher Beschädigungen und Verluste, die durch eine bösliche Handlungsweise einer Person der Schiffsbesatzung entstanden sind. Der §. 601 des Entwurfs schließt sich im Allgemeinen dem an, doch sind dem Empfänger des Gutes anstatt der bisherigen Frist von achtundvierzig Stunden zwei volle Werktage gegeben. Eine Frist von achtundvierzig Stunden umfaßt, wenn der erste der in Betracht kommenden Tage ein Feiertag ist, nur einen einzigen Werktag; der Zeitraum eines Tages wird aber regelmäßig nicht ausreichen, um die Besichtigung herbeizuführen. Die Ausnahmevorschrift des Art. 610 Abs. 2 ist im Anschluß an den §. 430 Abs. 4 dahin geändert, daß die Ansprüche wegen solcher Verluste und Beschädigungen unberührt bleiben, die durch Vorsatz oder grobe Fahrlässigkeit einer Person der Schiffsbesatzung entstanden sind.

Die Fassung der bisherigen Art. 612 und 614 (Entwurf §§. 603, 605), welche den Umfang des für verlorene oder beschädigte Güter zu leistenden Schadensersatzes regeln, ist mit der Fassung des auf den Binnenfrachtvertrag bezüglichen §. 422 in Einklang gebracht; eine sachliche Aenderung haben die betreffenden Vorschriften nicht erfahren.

Auch die Bestimmungen des bisherigen Art. 624 über das gesetzliche Pfandrecht des Verfrachters sind im Entwurf ohne wesentliche Aenderungen wiedergegeben (§. 615); doch weicht der Entwurf von dem Art. 624 insofern ab, als er den Schutz, den im Binnenfrachtverkehr der gute Glaube des Frachtführers genießt, ausdrücklich auf den Seeverfrachter überträgt. Der Art. 626 des Handelsgesetzbuchs, welcher für die Ausübung des Pfandrechts durch Verkauf der Güter eine gerichtliche Anordnung erfordert, ist in den Entwurf nicht übernommen. Eine Mitwirkung des Gerichts kann hier ebenso wie bei dem gesetzlichen Pfandrechte des Frachtführers entbehrt werden; die den Pfandverkauf betreffenden Vorschriften des Bürgerlichen Gesetzbuchs und die im §. 360 und im §. 432 Abs. 4 des Entwurfs bezüglich der Geltendmachung des Pfandrechts des Frachtführers vorgesehenen Ergänzungen dieser Vorschriften können im Wesentlichen auch auf das Pfandrecht des Verfrachters Anwendung finden. Der §. 615 Abs. 3, 4 des Entwurfs enthält die zu dem Behuf erforderlichen Bestimmungen. Dieselben weichen von den für den Frachtführer getroffenen Vorschriften nur in einem

Punkte ab. Nach §. 432 Abs. 4 des Entwurfs hat nämlich der Frachtführer die im §. 1234 Abs. 1 des Bürgerlichen Gesetzbuchs bezeichnete Androhung des Verkaufs sowie die in den §§. 1237, 1241 des Gesetzbuchs vorgesehenen Benachrichtigungen von der Zeit und dem Orte der Versteigerung und von dem vollzogenen Verkaufe regelmäßig an den Empfänger zu richten; ist dieser nicht zu ermitteln oder verweigert er die Annahme, so soll die Androhung und Benachrichtigung gegenüber dem Absender erfolgen. Die letztere Vorschrift ist, da sie für den Seeverkehr nicht paßt, in den §. 615 des Entwurfs nicht übernommen; der Verfrachter hat demnach die Androhung und Benachrichtigung auch dann an den Empfänger zu richten, wenn dieser die Annahme der Güter abgelehnt hat. Ist der Empfänger nicht zu ermitteln, so können die Androhung und die Benachrichtigungen unterbleiben.

In dem bisherigen Art. 631 des Handelsgesetzbuchs ist als Beispiel einer Verfügung von hoher Hand, welche die Parteien berechtigt, vom Frachtvertrage zurückzutreten, unter Anderem der Fall hervorgehoben, daß das Schiff zum landesherrlichen Dienste in Beschlag genommen wird. Da es sich hierbei nur um eine Beschlagnahme für die Zwecke der Kriegsmarine handeln kann, so nimmt der §. 621 des Entwurfs nicht mehr auf den landesherrlichen Dienst, sondern auf den Dienst des Reichs Bezug.

Im §. 632 Abs. 1 des Entwurfs ist eine Ungenauigkeit der Fassung des bisherigen Art. 642 berichtigt, indem die Worte „aber vor Antritt der Reise" durch die Worte „wenn auch vor Antritt der Reise" ersetzt sind (zu vergl. Entsch. des Reichs-Oberhandelsgerichts Bd. III S. 262 ff.).

Einzelne sachliche Aenderungen haben die Vorschriften über das Konnossement erfahren. Das Handelsgesetzbuch geht davon aus, daß das Konnossement von dem Schiffer und zwar nach der Einladung der Güter in das Schiff ausgestellt wird (Art. 644 Abs. 1). Bei der Zunahme der Großbetriebe kommt es jedoch immer häufiger vor, daß die Konnossemente von anderen Personen ausgefertigt werden, die von dem Rheder hierzu ermächtigt sind. Auch ist es im Dampfschiffsverkehr vielfach gebräuchlich, nicht erst nach der Verladung der Güter, sondern schon nach deren Uebernahme zur Beförderung die Konnossemente auszustellen und dann nur die Uebernahme zu bescheinigen. Um der Praxis, die derartige Konnossemente schon bisher als Konnossemente im Sinne der Art. 644 ff. anerkannt hat, eine gesetzliche Grundlage zu geben, ist in den neuen Absätzen 4 und 5 des §. 634 bestimmt, daß die Ausstellung des Konnossements an Stelle des Schiffers durch einen anderen dazu ermächtigten Vertreter des Rheders erfolgen kann und daß mit Zustimmung des Abladers das Konnossement auch über Güter ausgestellt werden kann, die zur Beförderung übernommen, aber noch nicht abgeladen sind. Hierdurch wird zugleich eine Abänderung des bisherigen Art. 649 erforderlich. Die Uebergabe des an Ordre lautenden Konnossements an denjenigen, welcher durch das Konnossement zur Empfangnahme legitimirt wird, hat der bezeichneten Vorschrift zufolge, sobald die Güter wirklich abgeladen sind, dieselben Wirkungen wie die Uebergabe der Güter. Vom Standpunkte des Entwurfs aus kann es aber nicht mehr darauf ankommen, daß die Abladung der Güter erfolgt ist, sondern nur darauf, daß der Schiffer oder ein anderer Vertreter des Rheders sie zur Beförderung übernommen hat. Dies ist im §. 639 des Entwurfs zum Ausdruck gebracht; die Fassung des auf den Ladeschein sich beziehenden §. 442 steht hiermit im Einklang. Dem §. 442 entspricht es auch, wenn der Entwurf die in Frage stehende Wirkung der Uebergabe des Konnossements nicht nur für die Orderkonnossemente, sondern allgemein anerkennt. Schon jetzt wird meist angenommen, daß für die nicht an Order lautenden Konnossemente in dieser Hinsicht dasselbe gelte wie für die Orderkonnossemente.

Der Art. 653 Abs. 2 des Handelsgesetzbuchs spricht in Folge eines Versehens von „Bestimmungen über Löschzeit, Ueberliegezeit und Liegezeit", während es heißen muß „Bestimmungen über Löschzeit, Ueberliegezeit und Liegegeld". Dieses Versehen ist im §. 643 des Entwurfs berichtigt.

Frachtgeschäft zur Beförderung von Reisenden. (§§. 656 bis 670.)

Der fünfte Abschnitt, der das Frachtgeschäft zur Beförderung von Reisenden regelt, hat sachliche Aenderungen im Entwurfe nicht erfahren.

Bodmerei. (§§. 671 bis 691.)

Was die Vorschriften des sechsten Abschnitts über die Bodmerei betrifft, so ist mit dem Zusatze, welchen der bisherige Art. 692 Abs. 2 nach §. 683 des Entwurfs erhalten soll, eine Aenderung des jetzigen Rechtes nicht verbunden; denn die Bedeutung des Art. 692 besteht schon gegenwärtig darin, daß der Bodmereigläubiger, der nach Ankunft des Schiffes im Bestimmungshafen der Bodmereireise die verbodmeten Gegenstände mit Arrest belegen lassen will, einen Arrestgrund nicht glaubhaft zu machen braucht. Gegenüber den abweichenden Vorschriften der Civilprozeßordnung (§. 797, §. 800 Abs. 2) empfiehlt es sich aber, dies besonders hervorzuheben.

Auch die Aenderungen in dem bisherigen Art. 697 (Entwurf § 688) betreffen nur die Fassung; sie ergeben sich aus den Vorschriften der Civilprozeßordnung und des Gesetzentwurfs über die Zwangsversteigerung und die Zwangsverwaltung (§§. 162 ff.).

Nach dem bisherigen Art. 701 des Handelsgesetzbuchs bleiben die Bestimmungen über die uneigentliche Bodmerei, das heißt über die einem Kreditzwecke dienende Verpfändung des Schiffes, welche nicht von dem Schiffer als solchem in den im Art. 681 (Entwurf §. 672) bezeichneten Fällen vorgenommen wird, den Landesgesetzen vorbehalten. Künftig wird es in dieser Beziehung bei den allgemeinen Grundsätzen über die Verpfändung von Schiffen (Bürgerliches Gesetzbuch §§. 1259 ff.) bewenden müssen; der Art. 701 ist demgemäß gestrichen.

Haverei. (§§. 692 bis 731.)

Auch die Vorbehalte, welche der Art. 723 Abs. 2 und der Art. 731 Abs. 3 in Bezug auf die Haverei zu Gunsten der Landesgesetze machen, sind in dem Entwurf (Abschnitt 7) nicht übernommen. Während nach Art. 723 Abs. 1 des Handelsgesetzbuchs (Entwurf §. 713 Abs. 1) die Frachtgelder zu der großen Haverei mit zwei Drittheilen der verdienten Bruttosumme und der für entgangene Fracht zu entrichtenden Vergütung beitragen, können nach Art. 723 Abs. 2 die Landesgesetze den auf zwei Drittheile bestimmten Bruchtheil bis auf die Hälfte ermäßigen. Von dieser Befugniß ist jedoch nirgends Gebrauch gemacht worden, und sie kann mithin unbedenklich beseitigt werden. Ebenso hat ein Theil der deutschen Seestaaten davon Abstand genommen, auf Grund des Art. 731 Abs. 3 des Handelsgesetzbuchs über das Verfahren bei Aufmachung der Dispache und über die Ausführung derselben nähere Bestimmungen zu treffen; nur in Preußen und Mecklenburg ist ein Verfahren behufs gerichtlicher Bestätigung der Dispache vorgesehen, wobei der bestätigten Dispache die Bedeutung eines vollstreckbaren Titels beigelegt wird. Die Landesgesetze in dieser Beziehung noch weiterhin maßgebend sein zu lassen, erscheint nicht angezeigt; sofern ein Bedürfniß für Bestimmungen über ein gerichtliches Verfahren zur Bestätigung der Dispache anzuerkennen sein sollte, werden dieselben im Wege der Reichsgesetzgebung zu treffen sein. Die Entscheidung dieser Frage muß jedoch dem Gesetze über die Angelegenheiten der freiwilligen Gerichtsbarkeit überlassen bleiben, welches gegebenenfalls das Verfahren nicht nur für die Seeschiffahrt, sondern auch für die Binnenschiffahrt zu regeln haben wird. Der Vorbehalt des Art. 731 Abs. 3 war mithin zu streichen.

Nach Art. 733 Abs. 3 des Handelsgesetzbuchs (Entwurf §. 723 Abs. 3) wird das im Falle der großen Haverei an den beitragspflichtigen Gütern den Vergütungsberechtigten zustehende Pfandrecht für diese durch den Verfrachter ausgeübt. Darüber, in welcher Weise der Verfrachter das Pfandrecht geltend zu machen hat, enthält das Handelsgesetzbuch keine Bestimmung. Dagegen hat der §. 89 des Binnenschiffahrtsgesetzes, um die gleichmäßige Erledigung aller auf den Gütern haftenden Forderungen zu sichern, die Bestimmung getroffen, daß in Bezug auf die Geltendmachung des Pfandrechts wegen der Beiträge zur großen Haverei die im Handelsgesetzbuch (Art. 409, 407 Abs. 4, 5) hinsichtlich des Pfandrechts des Frachtführers wegen der Fracht und der Auslagen gegebenen Vorschriften entsprechende Anwendung finden. Im Anschluß hieran sieht auch der Entwurf (§. 723 Abs. 3 Satz 2) vor, daß die Geltendmachung des Pfandrechts der Vergütungsberechtigten durch den Verfrachter nach den Vorschriften erfolgt, die gemäß §. 615 Abs. 3, 4 für das Pfandrecht des Verfrachters wegen der Fracht und der Auslagen gelten.

Bergung und Hülfsleistung in Seenoth. (§§. 732 bis 745.)

Die sachlichen Aenderungen, welche in dem die Bergung und Hülfsleistung betreffenden achten Abschnitte vorgenommen sind, beschränken sich auf folgende Punkte:

Der §. 743 Abs. 2, welcher die Geltendmachung des durch die Bergung oder Hülfsleistung begründeten Pfandrechts betrifft, weicht von dem Art. 753 Abs. 2 des Handelsgesetzbuchs insofern ab, als er nicht nur die Vorschriften des zweiten und dritten Absatzes des §. 688 (bisher Art. 697) für anwendbar erklärt, sondern außerdem durch Verweisung auf den ersten Absatz des §. 688 klarstellt, daß die Befriedigungdes Gläubigers aus den geborgenen oder geretteten Gegenständen nach den für die Zwangsvollstreckung geltenden Vorschriften erfolgt.

Nach den Abs. 1, 2 des bisherigen Art. 756 können die Landesgesetze die Vorschriften des Handelsgesetzbuchs hinsichtlich der Bergung und Hülfsleistung in Seenoth ergänzen und namentlich anordnen, daß über die Verpflichtung zur Zahlung eines Berge- oder Hülfslohns oder über den Betrag desselben von einer anderen als einer richterlichen Behörde unter Vorbehalt des Rechtsweges zu entscheiden sei. Neben der reichsgesetzlichen Regelung, welche der Gegenstand durch die Strandungsordnung vom 17. Mai 1874 (Reichs-Gesetzbl. S. 73) gefunden hat, ist jedoch für landesgesetzliche Vorschriften des bezeichneten Inhalts kein Raum mehr und die Abs. 1, 2 des Art. 756 haben mithin in Wegfall zu kommen.

Auch der Schlußabsatz des Art. 756, nach welchem die Bestimmungen der Landesgesetze über die Wiedernehmung eines von dem Feinde genommenen Schiffes durch die Vorschriften des Handelsgesetzbuchs über die Bergung und Hülfsleistung nicht berührt werden, hat in dem Entwurfe keine Aufnahme gefunden. Besondere Bestimmungen über die im Falle der Wiedernehmung eines vom Feinde genommenen Schiffes zu leistende Vergütung enthält nur das Preußische Allgemeine Landrecht (§. 209 Th. I Tit. 9). Diese, hauptsächlich auf die Wiedernehmung durch Kaperschiffe bezüglichen Vorschriften entsprechen indessen nicht mehr den jetzigen Verhältnissen und eine Verweisung auf dieselben im Handelsgesetzbuch erscheint deshalb nicht angezeigt. Die Nürnberger Kommission ist davon ausgegangen, daß in Ermangelung besonderer gesetzlicher Bestimmungen die Vorschriften des Handelsgesetzbuchs über die Bergung und Hülfsleistung auch im Falle der Wiedernehmung eines vom Feinde genommenen Schiffes entsprechende Anwendung zu finden haben, und das Ergebniß, zu welchem diese Auffassung führt, kann nicht als unbefriedigend betrachtet werden.

Schiffsgläubiger. (§§. 746 bis 769.)

Der den Abschnitt über die Schiffsgläubiger einleitende §. 746 des Entwurfs weicht von dem Art. 757 des Handelsgesetzbuchs zunächst darin ab, daß die bisherige Nr. 1 gestrichen ist. Durch dieselbe werden den Forderungen, welche die Rechte eines Schiffsgläubigers gewähren, auch die Kosten des Zwangsverkaufs des Schiffes beigezählt. Eine solche Vorschrift ist künftig entbehrlich, weil nach den §§. 109, 162 des Entwurfs eines Gesetzes über die Zwangsversteigerung und die Zwangsverwaltung die Kosten des Verfahrens bei der Zwangsversteigerung eines Schiffes aus dem Versteigerungserlöse vorweg zu entrichten sind. Aus dem §. 165 dieses Entwurfs, wonach das Gericht gleichzeitig mit der Anordnung der Zwangsversteigerung die Bewachung und Verwahrung des Schiffes anzuordnen hat, ergiebt sich zugleich, daß zu den Kosten des Zwangsverkaufs auch die in der bisherigen Nr. 1 des Art. 757 noch besonders erwähnten Kosten der Bewachung und Verwahrung für die Zeit nach der Einleitung des Verfahrens zu rechnen sind. Die mit Rücksicht auf die Streichung der Nr. 1 vorgenommenen Aenderungen in der Fassung des bisherigen Art. 770 (Entwurf §. 758) bedürfen keiner näheren Begründung.

Nach §. 86 Abs. 2 des Gesetzes, betreffend die Unfallversicherung der Seeleute, vom 13. Juli 1887 gewähren die Forderungen, welche der Berufsgenossenschaft auf Grund jenes Gesetzes gegen den Rheder zustehen, gleichfalls die Rechte eines Schiffsgläubigers. Es empfiehlt sich, diesen Grundsatz in das Handelsgesetzbuch zu übertragen, zugleich aber auch den Forderungen, welche der Versicherungsanstalt für die Invalidenversicherung gegen den Rheder zustehen, die gleichen Rechte einzuräumen (Entwurf §. 746 Nr. 10). Was das Rangverhältniß zwischen den Forderungen der Berufsgenossenschaft und den Rechten der übrigen Schiffsgläubiger anlangt, so sollen nach der Vorschrift des gedachten §. 86 Abs. 2 die Ansprüche der Berufsgenossenschaft hinter den im Art. 772 (Entwurf §. 760) an letzter Stelle genannten Forderungen befriedigt werden. Die Vorschrift leidet insofern an einer Ungenauigkeit, als der Art. 772 nur über das Rangverhältniß derjenigen Forderungen entscheidet, welche dieselbe Reise betreffen, die Ansprüche der Berufsgenossenschaft aber keinerlei Beziehungen zu den einzelnen Reisen haben. Der Entwurf (§. 762) beseitigt diesen Mangel, indem er in Uebereinstimmung mit dem §. 108 des Binnenschiffahrtsgesetzes bestimmt, daß die Forderungen der Berufsgenossenschaft allen übrigen Forderungen von Schiffsgläubigern ohne Rücksicht auf die Zeit, in der sie entstanden sind, nachstehen. Der §. 86 Abs. 2 des Gesetzes über die Unfallversicherung der Seeleute kann dann gestrichen werden (zu vergl. Entwurf des Einführungsgesetzes Art. 8 Nr. 4). Er enthält allerdings noch die weitere Bestimmung, daß auch Vorschüsse, die ein Mitrheder für den anderen oder der Korrespondentrheder oder Bevollmächtigte für einen Rheder oder Mitrheder behufs Befriedigung der Forderungen der Berufsgenossenschaft gemacht hat, die Rechte eines Schiffsgläubigers begründen. Indessen besteht für Vorschüsse, die zur Befriedigung sonstiger Schiffsgläubiger geleistet werden, eine entsprechende Bestimmung nicht, und es fehlt an einem ausreichenden Grunde, bezüglich der zur Befriedigung der Berufsgenossenschaft gemachten Vorschüsse von den allgemeinen Grundsätzen abzuweichen.

Im Anschluß an die §§. 688 und 743 ist der bisherige Art. 764, der von der Geltendmachung des Pfandrechts der Schiffsgläubiger handelt, im Entwurfe (§. 753) durch eine ausdrückliche Bestimmung des Inhalts ergänzt, daß die Befriedigung der Schiffsgläubiger aus dem Schiffe und der Fracht nach den für die Zwangsvollstreckung geltenden Vorschriften erfolgt.

Die Bestimmungen des bisherigen Art. 767 über das Erlöschen der Pfandrechte der Schiffsgläubiger werden insoweit, als sie sich auf den Fall des Verkaufs des Schiffes im Wege der Zwangsvollstreckung beziehen, durch die Vorschriften des Gesetzentwurfs über die Zwangsversteigerung und die Zwangsverwaltung entbehrlich; der §. 756 Abs. 1 des Entwurfs bestimmt demgemäß nur, daß das Pfandrecht der Schiffsgläubiger am Schiffe außer dem Falle der im Inland erfolgten Zwangsversteigerung des Schiffes auch durch den vom Schiffer im Falle zwingender Nothwendigkeit auf Grund seiner gesetzlichen Befugnisse bewirkten Verkauf des Schiffes erlischt, und daß nach dem Verkaufe das Kaufgeld, solange es bei dem Käufer aussteht oder in den Händen des Schiffers ist, für die Schiffsgläubiger an die Stelle des Schiffes tritt. Der zweite Absatz des §. 756 dehnt diese für das Pfandrecht der Schiffsgläubiger gegebenen Vorschriften auf alle sonstigen Pfandrechte am Schiffe aus. Auch das Handelsgesetzbuch enthält für die auf Grund der bisherigen Landesgesetze erworbenen Pfandrechte eine entsprechende Bestimmung (Art. 780 Abs. 1); künftig kommen nur Pfandrechte in Frage, die nach Maßgabe der reichsgesetzlichen Vorschriften begründet sind (zu vergl. Bürgerliches Gesetzbuch §§. 1259 ff.).

Nach Art. 768 des Handelsgesetzbuchs können die Landesgesetze bestimmen, daß auch bei der freiwilligen Veräußerung eines Schiffes die Pfandrechte der Schiffsgläubiger erlöschen, wenn diese zur Anmeldung der Pfandrechte ohne Erfolg öffentlich aufgefordert sind oder wenn sie ihre Pfandrechte innerhalb einer bestimmten Frist, seitdem das Schiff in dem Heimathshafen oder in einem inländischen Hafen sich befunden hat, nicht bei der zuständigen Behörde angemeldet haben. Auf Grund dieses Artikels ist in der Gesetzgebung aller Bundesseestaaten ein Aufgebotsverfahren zur Ausschließung unbekannter Schiffsgläubiger vorgesehen, wogegen von der Befugniß, die Schiffsgläubiger mit ihren Ansprüchen ausschließen, weil sie sich nicht binnen bestimmter Frist nach der Rückkehr des Schiffes gemeldet haben, nirgends Gebrauch gemacht worden ist. An die Stelle der Verweisung auf die Landesgesetze muß nunmehr eine einheitliche Regelung des Gegenstandes treten. Für diese kann aber schon mit Rücksicht auf den Gang, den die Landesgesetzgebung genommen hat, einzig der erste der beiden durch den bisherigen Art. 768 zugelassenen Wege in Betracht kommen. Im Handelsgesetzbuche ist übrigens nur zu bestimmen, daß der Erwerber eines Schiffes die Ausschließung der unbekannten Schiffsgläubiger mit ihren Pfandrechten im Wege des Aufgebotsverfahres beantragen kann und daß der Rheder, soweit er das Kaufgeld einzieht, den ausgeschlossenen Schiffsgläubigern in gleicher Weise persönlich haftet wie den Gläubigern einer Reise nach den §§. 763, 764 (bisher Art. 774, 775) im Falle der Einziehung der Fracht (§§. 757, 765); die näheren Vorschriften über das Aufgebotsverfahren, bei welchem nicht nur die Veräußerung von Seeschiffen, sondern auch diejenige von Binnenschiffen zu berücksichtigen ist, werden in die Civilprozeßordnung aufzunehmen sein (zu vergl. die Anlage I dieser Denkschrift und den Art. 12 Nr. XII des Entwurfs des Einführungsgesetzes).

Der Art. 769 des Handelsgesetzbuchs, demzufolge die Vorschriften des Art. 767 keine Anwendung finden, wenn nicht das ganze Schiff, sondern nur ein oder mehrere Schiffsparten veräußert werden, kann als überflüssig wegfallen. Die Bedeutung des Art. 769 besteht nur darin, daß er der Landesgesetzgebung, soweit nach dieser die Schiffsparten in Ansehung der Zwangsvollstreckung zu dem unbeweglichen Vermögen gehören, ausdrücklich die Befugniß entzieht, an die Zwangsversteigerung einer Schiffspart die Wirkung zu knüpfen, daß die Pfandrechte der Schiffsgläubiger erlöschen. Für die Zwangsvollstreckung in eine Schiffspart werden aber künftig die Bestimmungen des §. 754 der Civilprozeßordnung in Verbindung mit den Vorschriften maßgebend sein, welche nach der Anlage I der Denkschrift zum Gesetzentwurf über die Zwangsversteigerung und die Zwangsverwaltung als §. 754a in die Civilprozeßordnung eingestellt werden sollen, und hiernach unterliegt es keinem Zweifel, daß die Veräußerung einer Schiffspart im Wege der Zwangsvollstreckung auf die Rechte der Schiffsgläubiger keinen Einfluß hat.

Mit Rücksicht auf die Vorschriften des neuen §. 754a der Civilprozeßordnung kann auch der Art. 780 Abs. 2 des Handelsgesetzbuchs gestrichen werden, nach welchem die auf einer Schiffspart haftenden Pfandrechte durch den Zwangsverkauf dieser Schiffspart erlöschen.

Der Abs. 1 dieses Artikels wird, wie bereits hervorgehoben, durch den §. 756 Abs. 2 des Entwurfs ersetzt, und auch der Schlußabsatz des Art. 780, demzufolge die Rechte der nicht zu den Schiffsgläubigern gehörenden Pfandgläubiger nach den Landesgesetzen zu beurtheilen sind, muß wegfallen, da künftig in dieser Beziehung die Vorschriften des Bürgerlichen Gesetzbuchs und des Gesetzes über die Zwangsversteigerung und die Zwangsverwaltung maßgebend sein werden.

Der zehnte Abschnitt des vierten Buches giebt die Vorschriften des Handelsgesetzbuchs über die Versicherung gegen die Gefahren der Seeschiffahrt ohne sachliche Aenderungen wieder. Versicherung gegen die Gefahren der Seeschiffahrt. (§§. 770—892.)

Die Bestimmungen des elften Abschnitts über die Verjährung weichen dagegen in einzelnen Beziehungen von dem geltenden Rechte ab. Der bisherige Art. 909 sieht unter Anderem für die wegen der Fracht und der Auslagen auf den Gütern haftenden Forderungen und für die deswegen begründeten persönlichen Ansprüche des Verfrachters sowie für die Forderungen wegen der Ueberfahrtsgelder eine einjährige Verjährung vor. Künftig muß es in dieser Beziehung bei dem §. 196 Nr. 3 des Bürgerlichen Gesetzbuchs bewenden, wonach die Forderungen der Eisenbahnunternehmungen, Frachtfuhrleute, Schiffer, Lohnkutscher und Boten wegen des Fahrgeldes, der Fracht, des Fuhr- und Botenlohns mit Einschluß der Auslagen in zwei Jahren verjähren. In dem §. 896 des Entwurfs sind deshalb die Forderungen für Fracht und Auslagen nicht mehr aufgeführt. Verjährung. (§§. 893 bis 897.)

Eine Aenderung erscheint ferner bezüglich der Vorschriften über den Beginn der einjährigen und zweijährigen Verjährung angezeigt. Während nach dem Handelsgesetzbuch (Art. 908, 909 Abs. 2) die einjährige wie die zweijährige Frist von dem Ablaufe des Tages an berechnet wird, in welchem der für den Beginn der Verjährung an sich maßgebende Zeitpunkt eingetreten ist, sollen nach dem Entwurfe (§. 895, §. 896 Abs. 2) die Fristen erst von dem Schlusse des Kalenderjahres an laufen. Die Regel des Entwurfs, welche mit den im §. 201 des Bürgerlichen Gesetzbuchs und im §. 119 des Binnenschiffahrtsgesetzes getroffenen Bestimmungen übereinstimmt, ermöglicht eine einfachere und leichtere Feststellung des Anfangspunktes der Verjährungsfrist.

Die Forderungen der Berufsgenossenschaft (§. 746 Nr. 10) werden im Entwurfe der für die übrigen Schiffsgläubiger geltenden Verjährung von einem Jahre oder von zwei Jahren nicht unterworfen, wie denn auch nach dem jetzigen Rechte die kurze Verjährung auf diese Forderungen keine Anwendung findet. Hinsichtlich der Forderungen der Versicherungsanstalt für die Invaliditäts- und Altersversicherung bewendet es bei der Vorschrift des §. 137 des Gesetzes vom 22. Juni 1889, wonach die Rückstände binnen vier Jahren nach der Fälligkeit verjähren.

Der Art. 911 des Handelsgesetzbuchs, demzufolge eine verjährte Forderung auch im Wege der Kompensation oder sonst als Gegenforderung nicht geltend gemacht werden kann, falls sie zur Zeit der Entstehung der Gegenforderung bereits verjährt war, wird künftig entbehrlich, weil der in Frage stehende Grundsatz sich schon aus dem Bürgerlichen Gesetzbuche ergiebt. In den Entwurf ist deshalb eine entsprechende Vorschrift nicht aufgenommen.

Einführungsgesetz.

Die dem Entwurf des Einführungsgesetzes vorbehaltenen Bestimmungen sind im Allgemeinen schon oben gekennzeichnet.

Allgemeine Vorschriften. (Art. 1 bis 3.)

Nach Art. 1 des Entwurfs tritt das neue Handelsgesetzbuch gleichzeitig mit dem Bürgerlichen Gesetzbuch in Kraft. Daß hierdurch das bisherige Handelsgesetzbuch seine Gültigkeit verliert und zwar auch insoweit, als über die in ihm geregelten Fragen das neue Handelsgesetzbuch keine Bestimmungen enthält, versteht sich von selbst und braucht im Gesetze nicht ausdrücklich hervorgehoben zu werden. Der Art. 2 Abs. 1, demzufolge in Handelssachen die Vorschriften des Bürgerlichen Gesetzbuchs nur insoweit Anwendung finden, als nicht im Handelsgesetzbuch oder in dem Einführungsgesetze zu diesem ein Anderes bestimmt ist, ersetzt den Art. 1 des bisherigen Handelsgesetzbuchs; die Vorschrift des letzteren über das Handelsgewohnheitsrecht ist aus den oben dargelegten Gründen nicht aufgenommen. Von dem Bürgerlichen Gesetzbuch abgesehen werden im Allgemeinen die Vorschriften der Reichsgesetze durch das neue Handelsgesetzbuch nicht berührt (Art. 2 Abs. 2). Die Regel des Art. 3, nach welcher, soweit in Reichs- oder Landesgesetzen auf Vorschriften des bisherigen Handelsgesetzbuchs verwiesen ist, die entsprechenden Vorschriften des neuen Handelsgesetzbuchs an deren Stelle treten, schließt sich dem Art. 4 des Einführungsgesetzes zum Bürgerlichen Gesetzbuch an.

Güterrechtsregister. (Art. 4)

Der Art. 4 stellt den Grundsatz auf, daß die nach dem bürgerlichen Rechte mit einer Eintragung in das Güterrechtsregister verbundenen Wirkungen, sofern ein Ehegatte Kaufmann ist und seine Handelsniederlassung sich nicht in dem Bezirke des für den Wohnsitz des Ehemanns zuständigen Registergerichts befindet, in Ansehung der auf den Betrieb des Handelsgewerbes sich beziehenden Rechtsverhältnisse nur eintreten, wenn die Eintragung auch in das Güterrechtsregister des für den Ort der Handelsniederlassung zuständigen Gerichts erfolgt ist. Hinsichtlich dieser Vorschrift kann auf frühere Ausführungen verwiesen werden.

Eintragung von Bergwerksgesellschaften in das Handelsregister. (Art. 5.)

Auch der Art. 5, welcher den §. 2 des Handelsgesetzbuchs in Bezug auf solche Bergwerksgesellschaften, die nach den Vorschriften der Landesgesetze nicht als juristische Personen anzusehen sind, für unanwendbar erklärt, hat bereits an anderer Stelle seine Rechtfertigung gefunden.

Da das Handelsgesetzbuch nicht das gesammte die Seeschiffahrt betreffende Privatrecht, sondern nur das Seehandelsrecht regelt, so finden gegenwärtig die Bestimmungen der Art. 439 und 440 über die Form der Veräußerung von Schiffen (Entwurf §§. 466, 467) nicht auf alle Seeschiffe, sondern nur auf diejenigen Anwendung, welche zum Erwerbe durch die Seefahrt bestimmt sind. Ebenso gelten die Vorschriften des Art. 451 und des Art. 452 Abs. 1 Nr. 3 über die Haftung des Rheders für das Verschulden der Schiffsbesatzung (Entwurf §§. 477, 478) und die Vorschriften der Art. 736 bis 741 über die Haftung im Falle des Zusammenstoßes von Schiffen (Entwurf §§. 726 bis 731) nur für solche Schiffe, die des Erwerbes wegen zur Seefahrt verwendet werden. Es fehlt jedoch an einem sachlichen Grunde, in den angeführten Beziehungen die Seeschiffe je nach den Zwecken, zu welchen sie benutzt werden, verschiedenen Rechtsgrundsätzen zu unterwerfen. Was insbesondere die Schadensersatzpflicht des Schiffseigenthümers anlangt, so führt hier die Beschränkung der Vorschriften des Handelsgesetzbuchs auf Schiffe, die gewerblichen Zwecken dienen, zu durchaus unbefriedigenden Ergebnissen. Stößt ein Kauffahrteischiff mit einem Zollkutter oder einer Lustyacht zusammen, so kann der Eigenthümer des Kutters oder der Yacht, wenn der Zusammenstoß durch Fahrlässigkeit der Besatzung seines Schiffes verursacht ist, für den Schaden nicht haftbar gemacht werden, während in dem Falle, daß die Mannschaft des Kauffahrteischiffes den Zusammenstoß verschuldet hat, der Rheder des letzteren Schiffes verantwortlich ist. Die Rechtsprechung zeigt das Bestreben, die hierin liegende Unbilligkeit auszugleichen, indem sie den Kreis der zum Erwerbe durch die Seefahrt bestimmten Schiffe thunlichst erweitert. Dies genügt jedoch nicht, und das Binnenschiffahrtsgesetz hat daher die Unterscheidung zwischen Schiffen, die einem Erwerbszwecke dienen, und sonstigen Schiffen für die vorliegende Frage einfach beseitigt. Im Anschluß an diesen Vorgang dehnt der Entwurf die betreffenden Vorschriften des Handelsgesetzbuchs auf alle Seeschiffe aus. Ausdehnung seerechtlicher Vorschriften des Handelsgesetzbuchs. (Art. 6, 7.)

Wegen der im Art. 8 Nr. 1 des Entwurfs vorgesehenen Aufhebung des Gesetzes, betreffend die Löschung nicht mehr bestehender Firmen und Prokuren im Handelsregister, sowie wegen der aus Art. 8 Nr. 3, 4 sich ergebenden Streichung des §. 68 der Seemannsordnung und des §. 86 Abs. 2 des Gesetzes über die Unfallversicherung der Seeleute kann auf die Ausführungen S. 40, 278, 286 verwiesen werden. Nach der Nr. 2 des Art. 8 soll ferner der Art. 80 der Wechselordnung, welcher die Unterbrechung der Wechselverjährung regelt, außer Geltung treten. Da das Bürgerliche Gesetzbuch die Verschiedenheiten beseitigt, welche bisher in den einzelnen Rechtsgebieten hinsichtlich der Unterbrechung der Verjährung bestanden, so liegt kein genügender Anlaß mehr vor, auch künftig noch die Unterbrechung der Verjährung der Wechselforderungen besonderen, vom bürgerlichen Rechte abweichenden Grundsätzen zu unterwerfen. Die Vorschriften des §. 13 Abs. 3 des Einführungsgesetzes zur Civilprozeßordnung und des §. 3 Abs. 3 des Einführungsgesetzes zur Konkursordnung, welche den Art. 80 der Wechselordnung ergänzen, werden in dem Gesetze, betreffend Aenderungen des Gerichtsverfassungsgesetzes, der Civilprozeßordnung und der Konkursordnung, aufzuheben sein. Abänderung der Wechselordnung, der Gewerbeordnung u. s. w. (Art. 8, 9.)

Bezüglich der Vorschriften des Art. 9 über die Ergänzung der Gewerbeordnung ist auf die Bemerkungen über die Handelsfirma zu verweisen.

Abänderung des Genossenschaftsgesetzes. (Art. 10.)

Der Art. 10 hat die Abänderung des Gesetzes, betreffend die Erwerbs- und Wirthschaftsgenossenschaften, vom 1. Mai 1889 zum Gegenstande.

Für den Geschäftsverkehr mit einer in das Handelsregister eingetragenen Zweigniederlassung soll, wenn es sich um die Frage handelt, ob eine in das Handelsregister einzutragende Thatsache Dritten entgegengesetzt werden kann, nach §. 15 Abs. 3 des Entwurfs des Handelsgesetzbuchs nicht die Eintragung in das Register der Hauptniederlassung, sondern die Eintragung in das Register der Zweigniederlassung entscheidend sein. Nur soweit rechtliche Vorgänge in Betracht kommen, deren Wirksamkeit schlechthin von der Eintragung in das Handelsregister abhängt, wie die Errichtung einer Aktiengesellschaft oder die Aenderung des Statuts einer solchen, ist ausschließlich der Inhalt des Registers der Hauptniederlassung maßgebend. Es erscheint folgerichtig, die gleichen Grundsätze gegenüber den Eintragungen in das Genossenschaftsregister zur Geltung zu bringen und demgemäß den §. 148 Abs. 3 des Genossenschaftsgesetzes zu streichen, die §§. 13, 16 und 29 entsprechend zu ändern.

Der §. 23 Abs. 4 des Genossenschaftsgesetzes kann gestrichen werden; denn die Vorschrift, daß Frauen, wenn sie Mitglieder einer Genossenschaft sind, sich in Betreff der durch ihre Mitgliedschaft übernommenen Verbindlichkeiten auf die nach den Landesgesetzen für sie geltenden Rechtswohlthaten nicht berufen können, wird mit dem Inkrafttreten des Bürgerlichen Gesetzbuchs gegenstandslos.

Einer Aenderung bedürfen ferner die Vorschriften der §§. 28 und 82 über die Anmeldung der Vorstandsmitglieder und der Liquidatoren zum Genossenschaftsregister. Bei der Aktiengesellschaft braucht, wie sich aus §. 230 des Entwurfs des Handelsgesetzbuchs ergiebt, die erneute Bestellung eines Vorstandsmitgliedes nicht zum Handelsregister angemeldet zu werden. Im Gegensatze hierzu bestimmt der §. 28 des Genossenschaftsgesetzes, daß die Wiederwahl eines Vorstandsmitgliedes in das Genossenschaftsregister einzutragen ist und daß nur die Veröffentlichung dieser Eintragung unterbleibt. Die Eintragung der Wiederwahl ist aber auch hier überflüssig und im Verhältniß zu den sonstigen Vorschriften des Gesetzes nicht gerechtfertigt. Sie wäre nur von Bedeutung, wenn die zeitliche Begrenzung der Bestellung eines Vorstandsmitgliedes gleichfalls in das Register eingetragen würde. Letzteres ist jedoch durch die Vorschrift des §. 27 Abs. 2 ausgeschlossen, wonach eine solche Begrenzung Dritten gegenüber keine rechtliche Wirkung hat, vielmehr die Vertretungsbefugniß des betreffenden Vorstandsmitgliedes fortdauert, bis die Thatsache seines Ausscheidens eingetragen und bekannt gemacht ist. Der neue §. 28 sieht deshalb von einer Eintragung der Wiederwahl ab. Was die veränderte Fassung des §. 82 betrifft, so bringt dieselbe im Anschluß an die §§. 146, 287 des Entwurfs des Handelsgesetzbuchs und an den §. 76 des Bürgerlichen Gesetzbuchs zum Ausdruck, daß die Eintragung der gerichtlichen Ernennung oder Abberufung eines Liquidators von Amtswegen zu geschehen hat.

Die Aenderungen, welche der Entwurf für die Vorschriften des §. 49 des Genossenschaftsgesetzes über die Anfechtung von Generalversammlungsbeschlüssen vorsieht, bezwecken, die Uebereinstimmung mit dem die Aktiengesellschaft betreffenden §. 263 des Entwurfs des Handelsgesetzbuchs herzustellen. Das Anfechtungsrecht wird demgemäß auch denjenigen Genossen gewährt, die zu der Generalversammlung unberechtigter Weise nicht zugelassen worden sind; ferner soll nicht nur der Vorstand als solcher, sondern in dem Falle, daß der Beschluß eine Maßregel zum Gegenstande hat, durch deren Ausführung sich die Mitglieder des Vorstandes und des Aufsichtsraths strafbar oder den Gläubigern der Genossenschaft haftbar machen würden, jedes Mitglied des Vorstandes und ebenso jedes Mitglied des Aufsichtsraths zur Anfechtung befugt sein. Die hiernach für den Vorstand geltenden Vorschriften sind durch die neue Fassung, die der §. 87 Abs. 1 des Genossenschaftsgesetzes erhalten soll, auch auf die Liquidatoren ausgedehnt.

Der §. 80 des Genossenschaftsgesetzes verpflichtet den Vorstand, die Auflösung der Genossenschaft zu drei verschiedenen Malen öffentlich bekannt zu machen und dabei die Gläubiger aufzufordern, ihre Ansprüche anzumelden. Diese Bestimmung ändert der Entwurf dahin ab, daß die Bekanntmachungen, ebenso wie nach §. 288 des Entwurfs des Handelsgesetzbuchs bei der Aktiengesellschaft, durch die Liquidatoren zu erfolgen haben.

Nach §. 87 Abs. 2 des Genossenschaftsgesetzes können die Liquidatoren unbewegliche Sachen, sofern nicht das Statut oder ein Beschluß der Generalversammlung anders bestimmt, nur im Wege öffentlicher Versteigerung veräußern. Hiermit stimmten bisher auch die auf die Liquidatoren der offenen Handelsgesellschaft und der Aktiengesellschaft bezüglichen Art. 137 und 244a des Handelsgesetzbuchs überein; da jedoch in den Entwurf des Handelsgesetzbuchs die fragliche Beschränkung der Befugnisse der Liquidatoren nicht übernommen ist, so kann sie auch im Genossenschaftsgesetze nicht beibehalten werden. Der Abs. 2 des §. 87 ist demnach zu streichen.

Die im Entwurfe vorgesehenen Aenderungen der Vorschriften des §. 88 Abs. 2 des Genossenschaftsgesetzes über die Pflicht der Liquidatoren, die zukünftige Befriedigung gewisser Gläubiger sicherzustellen, sind mit Rücksicht auf die entsprechenden Bestimmungen im §. 292 des Entwurfs des Handelsgesetzbuchs und im §. 52 des Bürgerlichen Gesetzbuchs erforderlich.

Durch die Vorschriften, welche in dem Genossenschaftsgesetz als §§. 90a bis 90d ihre Stelle finden sollen, werden ferner die Grundsätze, die in den §§. 300 bis 302 des Handelsgesetzbuchs hinsichtlich der Nichtigkeitserklärung einer Aktiengesellschaft und hinsichtlich der Heilung wesentlicher Mängel des Statuts ausgesprochen sind, auf die Genossenschaften übertragen.

Auch im Einzelnen schließen sich die §§. 90a bis 90d, soweit möglich, an die für die Aktiengesellschaft getroffenen Vorschriften an. Enthält das Statut nicht die für dasselbe wesentlichen Bestimmungen oder ist eine der wesentlichen Bestimmungen nichtig, so soll jeder Genosse und jedes Mitglied des Vorstandes und des Aufsichtsraths im Wege der Klage beantragen können, daß die Genossenschaft für nichtig erklärt werde. Als wesentlich in dem bezeichneten Sinne können jedoch nicht alle in den §§. 6, 7 und 125 des

Genossenschaftsgesetzes vorgesehenen Bestimmungen behandelt werden; vielmehr muß ein Theil derselben, nämlich die Bestimmungen über die Beurkundung der Beschlüsse der Generalversammlung und den Vorsitz in dieser sowie über die Aufstellung und Prüfung der Bilanz, hier ausscheiden (§. 90b Abs. 1). Leidet das Statut an Mängeln, die nur auf Bestimmungen der letzteren Art sich beziehen, so darf zwar der Registerrichter die Genossenschaft nicht eintragen; ist aber die Eintragung erfolgt, so haben die Mängel auf die Rechtsbeständigkeit der Gesellschaft keinen Einfluß.

Was die wesentlichen Mängel des Statuts anlangt, so unterliegt es für die meisten unter ihnen keinem Bedenken, ihre Heilung durch einen den gesetzlichen Vorschriften über die Statutenänderung entsprechenden Mehrheitsbeschluß der Generalversammlung zu gestatten (§. 90b Abs. 2). Nur wenn es sich um einen Mangel handelt, der die Bestimmungen über die Haftung der Genossen betrifft, erscheint der einstimmige Beschluß aller Genossen unerläßlich; auch muß in diesem Falle, um die Rechte der Gläubiger gegen Beeinträchtigung zu sichern, die Heilung von der Voraussetzung abhängig sein, daß die unbeschränkte Haftpflicht beschlossen wird (§. 90b Abs. 3).

Ist die Genossenschaft durch rechtskräftiges Urtheil für nichtig erklärt, so finden zum Zwecke der Abwickelung ihrer Verhältnisse die für den Fall der Auflösung geltenden Vorschriften entsprechende Anwendung. Ueber das Vermögen der betreffenden Genossenschaft kann daher auch das Konkursverfahren eröffnet werden, und nach §. 90d Abs. 3 sind alsdann die Genossen, soweit sie eine Haftung für die Verbindlichkeiten der Genossenschaft übernommen haben, verpflichtet, die zur Befriedigung der Gläubiger erforderlichen Beträge in Gemäßheit der Vorschriften des siebenten Abschnitts des Genossenschaftsgesetzes zu leisten.

Die Frage, inwieweit auch ohne ein die Nichtigkeit aussprechendes Urtheil der Registerrichter eine nichtige Genossenschaft löschen darf, wird in dem Gesetz über die Angelegenheiten der freiwilligen Gerichtsbarkeit zu entscheiden sein.

Der §. 116 des Genossenschaftsgesetzes, demzufolge bei der Genossenschaft mit unbeschränkter Haftung die Genossen solidarisch und mit ihrem ganzen Vermögen für den Ausfall haften, den die Genossenschaftsgläubiger im Konkurse der Genossenschaft erleiden, versagt den Genossen ausdrücklich die Einrede der Theilung. Diese Vorschrift wird durch das Bürgerliche Gesetzbuch, welches die Einrede der Theilung den Gesammtschuldnern überhaupt nicht gewährt, entbehrlich und ist deshalb zu streichen.

Ebenso muß der letzte Absatz des §. 117 wegfallen, welcher bestimmt, daß die kurze Verjährung, welcher die Klagen der Gläubiger gegen die einzelnen Genossen unterliegen, auch gegen Minderjährige, Bevormundete und solche juristische Personen läuft, denen gesetzlich die Rechte der Minderjährigen zustehen. Die aufzuhebende Vorschrift entspricht der in dem bisherigen Art. 149 des Handelsgesetzbuchs für die offene Handelsgesellschaft getroffenen Bestimmung und verliert gleich dieser mit dem Inkrafttreten des Bürgerlichen Gesetzbuchs ihre Bedeutung.

Eine Abänderung erfährt nach dem Entwurfe endlich noch der §. 152

des Genossenschaftsgesetzes, der sich auf die von dem Registerrichter zu verhängenden Ordnungsstrafen bezieht. Während das Genossenschaftsgesetz den Betrag der einzelnen Strafe auf zwanzig bis sechshundert Mark festsetzt, bestimmt der §. 14 des Entwurfs des Handelsgesetzbuchs im Anschluß an den das Vereinsregister betreffenden §. 78 des Bürgerlichen Gesetzbuchs, daß die einzelne Ordnungsstrafe den Betrag von dreihundert Mark nicht übersteigen darf. Dies muß künftig auch für die im Genossenschaftsgesetz angedrohten Ordnungsstrafen gelten.

Gesetz, betreffend die Gesellschaften mit beschränkter Haftung. (Art. 11.)

Die im Art. 11 vorgesehenen Aenderungen des Gesetzes über die Gesellschaften mit beschränkter Haftung stehen zum Theil im Zusammenhang mit den allgemeinen Vorschriften, welche die §§. 12 bis 15 des Entwurfs des Handelsgesetzbuchs bezüglich der Anmeldungen und Einreichungen zum Handelsregister sowie bezüglich der Eintragungen in dasselbe enthalten. Weil die bezeichneten Vorschriften, soweit nicht ausdrücklich abweichende Bestimmungen getroffen werden, ohne Weiteres auch für diejenigen Anmeldungen, Einreichungen und Eintragungen gelten, welche in dem Gesetze über die Gesellschaften mit beschränkter Haftung angeordnet sind, so kann eine Reihe von Bestimmungen dieses Gesetzes gänzlich wegfallen, während andere eine neue Fassung erhalten müssen.

Die Vorschriften über die Form, in welcher die Geschäftsführer und Liquidatoren der Gesellschaft mit beschränkter Haftung die Anmeldungen zum Handelsregister und die zur Aufbewahrung bei dem Gerichte bestimmte Zeichnung ihrer Unterschrift zu bewirken haben (vergl. §. 8 Abs. 3, §. 39 Abs. 2, §. 67 Abs. 2, §. 76 Abs. 1 des geltenden Gesetzes), werden durch den §. 12 des Entwurfs des Handelsgesetzbuchs entbehrlich. Ebenso werden die auf die Anmeldungen zum Register der Zweigniederlassung sich beziehenden Bestimmungen des §. 76 Abs. 2 durch den §. 13 des neuen Handelsgesetzbuchs ersetzt, welcher den Grundsatz aufstellt, daß alle Eintragungen in das Handelsregister und die dazu erforderlichen Anmeldungen und Zeichnungen von Unterschriften sowie die sonst vorgeschriebenen Einreichungen zum Handelsregister bei jedem Gericht, in dessen Bezirk sich eine Zweigniederlassung befindet, in gleicher Weise wie bei dem Gerichte der Hauptniederlassung zu bewirken sind; doch sollen auch künftig, wenn es sich um die erste Eintragung der Gesellschaft oder um die Eintragung einer Erhöhung oder Herabsetzung des Stammkapitals handelt, für die Anmeldung zum Register der Zweigniederlassung erleichternde Vorschriften gelten (§. 12 Abs. 1, §. 59a). Die allgemeine Regel, die der §. 14 des neuen Handelsgesetzbuchs hinsichtlich der Androhung von Ordnungsstrafen enthält, macht ferner eine Aenderung des §. 77 erforderlich. Endlich müssen mit Rücksicht auf die Bestimmungen, die im §. 15 des Entwurfs des Handelsgesetzbuchs über die Wirkung einer Eintragung in das Register der Zweigniederlassung getroffen sind, der §. 11 und der letzte Absatz des §. 55 eine andere Fassung erhalten, auch die §§. 40, 69, 76 Abs. 3 gestrichen werden. Eine sachliche Abweichung von dem geltenden Rechte tritt danach insofern ein, als künftig für die Frage, ob eine Aenderung in den Personen oder in der Vertretungsbefugniß der Geschäftsführer oder Liquidatoren Dritten gegenüber wirksam ist, im Geschäftsverkehre mit einer Zweigniederlassung nicht die Eintragung in das Register des Sitzes der Gesellschaft, sondern die Eintragung in das Register der Zweigniederlassung entscheidet.

In der Fassung, welche der auf die erste Eintragung der Gesellschaft in das Handelsregister bezügliche §. 7 des Gesetzes über die Gesellschaften mit beschränkter Haftung erhalten soll, wird als Gegenstand der Anmeldung und Eintragung nicht mehr, wie bisher, der Gesellschaftsvertrag, sondern die Gesellschaft bezeichnet; der Gesellschaftsvertrag selbst wird nur im Auszuge eingetragen (§§. 10, 12). Die vorgeschlagenen Aenderungen des §. 9 Abs. 3, des §. 55 Abs. 1 und des §. 80 Abs. 1 Nr. 1 hängen hiermit zusammen. Die Gründe, aus denen der Entwurf des Handelsgesetzbuchs (§§. 193, 196, 199) bei der Aktiengesellschaft im Anschluß an die in den einzelnen Bundesstaaten über die Registerführung erlassenen Verordnungen ausdrücklich eine nur auszugsweise Eintragung des Gesellschaftsvertrags vorschreibt, treffen auch für die Gesellschaft mit beschränkter Haftung zu. In Bezug auf die Erwerbs- und Wirthschaftsgenossenschaften ist schon gegenwärtig reichsrechtlich bestimmt, daß nur ein Auszug aus dem Statut in das Genossenschaftsregister einzutragen ist (zu vergl. die §§. 15 und 16 der auf Grund des §. 171 Abs. 1 des Genossenschaftsgesetzes erlassenen Bekanntmachung des Bundesraths vom 11. Juli 1889 — Reichs-Gesetzbl. S. 150).

Was die Veröffentlichung betrifft, welche nach der Eintragung der Gesellschaft in das Register der Zweigniederlassung zu bewirken ist, so sollen nach §. 12 Abs. 2, abweichend von dem geltenden Rechte, die Festsetzungen des Gesellschaftsvertrags, welche sich auf eingebrachte oder von der Gesellschaft übernommene Vermögensgegenstände beziehen, von dem Gerichte der Zweigniederlassung nur dann bekannt gemacht werden, wenn die Eintragung der Gesellschaft in das Register der Zweigniederlassung innerhalb der ersten zwei Jahre nach der Eintragung in das Register des Sitzes der Gesellschaft erfolgt. Der §. 199 Abs. 4 Satz 2 des Entwurfs des Handelsgesetzbuchs stimmt hiermit überein.

Der §. 20 Abs. 2 des geltenden Gesetzes sieht vor, daß der Gesellschaftsvertrag für den Fall der verzögerten Einzahlung von Beträgen, die auf die Stammeinlagen eingefordert werden, Konventionalstrafen ohne Rücksicht auf die sonst stattfindenden gesetzlichen Einschränkungen festsetzen kann. Diese Bestimmung wird durch die Vorschriften des Bürgerlichen Gesetzbuchs entbehrlich und ist deshalb gestrichen.

Nach den §§. 23 und 27 wird der Geschäftsantheil eines Gesellschafters unter gewissen Voraussetzungen „durch einen Makler oder einen zur Vornahme von Versteigerungen befugten Beamten" öffentlich verkauft. Da es amtliche Handelsmakler in dem bisherigen Sinne künftig nicht mehr geben wird, der Verkauf durch einen beliebigen Privatmakler aber nicht die erforderliche Gewähr bietet, so beschränken sich die neuen §§. 23 und 27 auf die Bestimmung, daß der Verkauf im Wege öffentlicher Versteigerung zu erfolgen hat; das Weitere ergiebt sich dann aus dem §. 383 des Bürgerlichen Gesetzbuchs, nach welchem die öffentlichen Versteigerungen durch einen Gerichtsvollzieher oder einen zu Versteigerungen befugten anderen Beamten oder einen öffentlich angestellten Versteigerer vorzunehmen sind.

Eine neue Fassung erhalten auch die §§. 39 und 67 des Gesetzes. In Uebereinstimmung mit den Vorschriften des Art. 10 zu den §§. 28 und 82 des Genossenschaftsgesetzes soll im Falle der erneuten Bestellung eines Geschäftsführers eine Anmeldung zum Handelsregister nicht mehr erforderlich sein, auch soll die gerichtliche Ernennung oder Abberufung eines Liquidators künftig von Amtswegen eingetragen werden. Außerdem ist nach dem Vorgange der §§. 230 und 287 des Entwurfs des Handelsgesetzbuchs bestimmt, daß bei der Anmeldung der Liquidatoren sowie bei der Anmeldung einer Aenderung in der Vertretung der Gesellschaft dem Registergerichte der Zweigniederlassung eine Urkunde über die Bestellung der Liquidatoren oder über die in der Vertretung der Gesellschaft eingetretene Aenderung nicht eingereicht zu werden braucht.

Eine fernere Vorschrift des Entwurfs betrifft den Aufsichsrath der Gesellschaften mit beschränkter Haftung. Der jetzige §. 53 besagt, daß, falls nach dem Gesellschaftsvertrage ein Aufsichtsrath zu bestellen ist, auf denselben, soweit nicht der Gesellschaftsvertrag ein Anderes bestimmt, die Artikel 224, 225 und 226 Abs. 1 des Handelsgesetzbuchs entsprechende Anwendung finden; die angeführten Vorschriften erfahren aber durch das neue Handelsgesetzbuch einzelne Abänderungen und Ergänzungen, sodaß es nothwendig wird, ausdrücklich festzustellen, wieweit sie in ihrer künftigen Gestalt auch für den Aufsichtsrath der Gesellschaften mit beschränkter Haftung gelten sollen.

Die Aenderungen im §. 60 Nr. 4 und im §. 65 Abs. 1 Satz 2 betreffen das Recht der Gesellschafter, eine durch Konkurs aufgelöste Gesellschaft fortzusetzen, falls das Konkursverfahren nach Abschluß eines Zwangsvergleichs aufgehoben oder auf Grund des §. 188 der Konkursordnung eingestellt ist. Sie entsprechen den Bestimmungen, die nach §. 142 und §. 298 des Entwurfs des Handelsgesetzbuchs für die offene Handelsgesellschaft und die Aktiengesellschaft vorgesehen sind. Wenn der Entwurf des Einführungsgesetzes die genannten Bestimmungen nur auf die Gesellschaften mit beschränkter Haftung, nicht auch auf die eingetragenen Genossenschaften erstrecken will, so findet dies darin seine Rechtfertigung, daß bei den letzteren eine Aufhebung des Konkursverfahrens durch Zwangsvergleich ausgeschlossen und eine Einstellung des Verfahrens nur in sehr beschränktem Umfange zugelassen ist (Genossenschaftsgesetz §. 109).

Der §. 64 Abs. 3, welcher anordnet, daß der Konkurs einer Gesellschaft mit beschränkter Haftung von Amtswegen in das Handelsregister einzutragen ist, wird durch die allgemeine Vorschrift im §. 31 des Entwurfs des Handelsgesetzbuchs entbehrlich und kann demnach wegfallen.

Auch die Vorschriften des §. 65 Abs. 2 sowie des §. 74 Abs. 2 erleiden einzelne Abänderungen. Nach dem neuen Abs. 2 des §. 65 wird, ebenso wie bei der Aktiengesellschaft (§. 288 des neuen Handelsgesetzbuchs), die dreimalige öffentliche Bekanntmachung, durch welche die Gläubiger der Gesellschaft aufzufordern sind, sich bei dieser zu melden, nicht von dem Vorstande, sondern von den Liquidatoren erlassen; daneben finden besondere Aufforderungen an die bekannten Gläubiger nicht mehr statt. Die im §. 74 Abs. 2 enthaltenen Bestimmungen über die Sicherstellung gewisser Gläubiger sind mit dem §. 292 des Entwurfs des Handelsgesetzbuchs in Uebereinstimmung gebracht.

Die §§. 75a bis 75c regeln die Geltendmachung der Nichtigkeit einer Gesellschaft mit beschränkter Haftung sowie die Heilung dieser Nichtigkeit. Sie schließen sich, soweit thunlich, den Grundsätzen an, die der Entwurf des Handelsgesetzbuchs für die Aktiengesellschaft aufgestellt hat. Bei der Aktiengesellschaft ist einer Umgehung der Vorschriften über die Gründung dadurch vorgebeugt, daß die nachträgliche Heilung von Mängeln des Gesellschaftsvertrages, welche die Höhe des Grundkapitals und den Betrag der einzelnen Aktien betreffen, nicht gestattet wird. Dementsprechend ist auch bei der Gesellschaft mit beschränkter Haftung die Beseitigung von Mängeln, welche sich auf den Betrag des Stammkapitals oder der Stammeinlagen beziehen, nur im Wege einer Neugründung der Gesellschaft zugelassen. Dagegen gewährt der §. 75b die Möglichkeit, einen Mangel, der die Bestimmungen über die Firma oder den Sitz der Gesellschaft oder der Gegenstand des Unternehmens betrifft, durch einen Beschluß der Gesellschafter zu heilen; jedoch wird für einen solchen Beschluß mit Rücksicht darauf, daß bei der Gesellschaft mit beschränkter Haftung im Gegensatze zur Aktiengesellschaft die Zahl der Gesellschafter in der Regel nur eine geringe ist und daß bei ihr die Interessen sowie die Rechte und Pflichten des Einzelnen mehr in den Vordergrund treten, Einstimmigkeit der Gesellschafter erfordert.

Binnenschiffahrtsgesetz. (Art. 12.)

Bei der Abänderung des Gesetzes, betreffend die privatrechtlichen Verhältnisse der Binnenschiffahrt, vom 15. Juni 1895 (Art. 11 des Entwurfs) ist neben dem Bürgerlichen Gesetzbuch und dem Entwurfe des Handelsgesetzbuchs auch der Entwurf eines Gesetzes über die Zwangsversteigerung und die Zwangsverwaltung (Drucksachen des Reichstags 1895/97 Nr. 607) zu berücksichtigen.

Was die einzelnen Aenderungen betrifft, so soll zunächst der §. 26 des Binnenschiffahrtsgesetzes, demzufolge die allgemeinen Vorschriften des Handelsgesetzbuchs über das Frachtgeschäft größtentheils auch bei der Binnenschiffahrt Anwendung finden, eine neue Fassung erhalten; dadurch wird außer Zweifel gestellt, welche Vorschriften des Entwurfs des Handelsgesetzbuchs künftig für den Binnenschiffahrtsverkehr Geltung haben.

Die Bestimmung des §. 56 Abs. 2 des Binnenschiffahrtsgesetzes, welche den Ersatz der Mehrkosten betrifft, die für den Frachtführer durch die Ablieferung des Gutes an verschiedenen Löschplätzen entstehen, ist gestrichen. Sie kann gegenüber dem auf einem Beschlusse des Reichstags beruhenden Abs. 3 des §. 46 keine Bedeutung beanspruchen und ist seiner Zeit nur in Folge eines Versehens stehen geblieben.

Auch der §. 58 Abs. 3, welcher hinsichtlich der Berechnung des von dem Frachtführer zu leistenden Schadensersatzes auf den Art. 396 des Handelsgesetzbuchs (§. 422 des Entwurfs) verweist, kann wegfallen, da er neben der nunmehrigen Vorschrift des §. 26 überflüssig ist.

Die Aenderung, welche der auf die Haftung des Frachtführers für Kostbarkeiten, Gelder und Werthpapiere bezügliche §. 58 Abs. 4 erfahren soll, bezweckt, die Uebereinstimmung mit dem §. 421 Abs. 2 des Entwurfs des Handelsgesetzbuchs herzustellen; neben den Kostbarkeiten sind demgemäß die Kunstgegenstände besonders erwähnt, auch ist ausdrücklich hervorgehoben, daß die dem Versender obliegende Anzeige der Beschaffenheit oder des Werthes der Güter bei der Uebergabe zur Beförderung erfolgen muß.

Während gemäß Art. 408 des Handelsgesetzbuchs (§. 430 des Entwurfs) die Ansprüche gegen den Frachtführer nur durch Annahme des Gutes und Bezahlung der Fracht erlöschen, tritt nach §. 61 des Binnenschiffahrtsgesetzes diese Wirkung unabhängig von der Bezahlung der Fracht schon mit der Annahme des Gutes ein. Bei der bezeichneten Verschiedenheit muß es auch künftig bewenden. Im Uebrigen sind die Vorschriften des erwähnten §. 61 so geändert, daß sie mit den entsprechenden Bestimmungen des Entwurfs des Handelsgesetzbuchs thunlichst im Einklange stehen. Zur Erhaltung der Ansprüche gegen den Frachtführer wegen einer Minderung oder Beschädigung des Gutes bedarf es nicht mehr unbedingt einer Feststellung des Zustandes des Gutes durch gerichtlich ernannte Sachverständige, vielmehr genügt eine Feststellung durch sonstige amtlich bestellte Sachverständige. Auch braucht der Empfänger die amtliche Feststellung einer bei der Abnahme äußerlich nicht erkennbaren Minderung oder Beschädigung nicht sofort nach ihrer Entdeckung zu veranlassen, sondern es steht ihm frei, zunächst den Frachtführer von der Minderung oder Beschädigung in Kenntniß zu setzen und dessen Antwort abzuwarten. Endlich ist im §. 61 die Vorschrift des bisherigen Abs. 4, wonach der Frachtführer sich auf die unterlassene Feststellung des Zustandes des Gutes nicht berufen kann, wenn sich eine Person der Schiffsbesatzung einer böslichen Handlungsweise schuldig gemacht hat, auf alle Fälle ausgedehnt, in denen der Schaden durch Vorsatz oder grobe Fahrlässigkeit des Frachtführers oder seiner Leute herbeigeführt ist.

Der neue §. 61a, der die Haftung des Frachtführers für verspätete Ablieferung des Gutes regelt, giebt in seinem ersten Absatze den Inhalt des bisherigen Art. 397 des Handelsgesetzbuchs wieder; diese Uebertragung wird dadurch nothwendig, daß der Art. 397, auf welchen das geltende Binnenschiffahrtsgesetz (§. 26) unmittelbar Bezug nimmt, in dem Entwurfe des Handelsgesetzbuchs sich nicht mehr als selbständige Bestimmung findet. Der Grundsatz des §. 61a Abs. 2, wonach der Frachtführer wegen verspäteter Ablieferung nicht mehr in Anspruch genommen werden kann, wenn die Fracht nebst den sonst auf dem Gute haftenden Forderungen bezahlt und das Gut angenommen ist, entspricht gleichfalls dem bestehenden Rechte (Handelsgesetzbuch Art. 408 Abs. 1, Binnenschiffahrtsgesetz §. 26). Die Berufung des Frachtführers auf den bezeichneten Grundsatz soll aber ausgeschlossen sein, wenn die Verspätung durch Vorsatz oder grobe Fahrlässigkeit verursacht worden ist.

Der §. 70 Abs. 1 des Binnenschiffahrtsgesetzes muß in Folge der Aenderung, die der ihm entsprechende Art. 394 Abs. 2 des Handelsgesetzbuchs in dem §. 420 des Entwurfs des Handelsgesetzbuchs erfahren hat, gleichfalls eine neue Fassung erhalten. Die Vorschrift des §. 72 über die dinglichen Rechtswirkungen, welche die Uebergabe eines Ladescheins in Ansehung des Gutes äußert, wird durch den §. 442 des neuen Handelsgesetzbuchs ersetzt und kann demnach wegfallen. Ferner ist der Schlußabsatz des §. 87, welcher der Landesgesetzgebung die Befugniß ertheilt, Vorschriften über das Verfahren bei Aufstellung der Dispache und über die Ausführung derselben zu erlassen, aus denselben Gründen gestrichen, wie der Art. 731 Abs. 3 des Handelsgesetzbuchs. Die Entscheidung der Frage, ob reichsrechtliche Bestimmungen über ein gerichtliches Verfahren zur Bestätigung der Dispache bei der Seeschiffahrt und bei der Binnenschiffahrt zu treffen sind, bleibt, wie oben bemerkt, dem Gesetz über die Angelegenheit der freiwilligen Gerichtsbarkeit vorbehalten.

Den Forderungen, welche die Rechte eines Schiffsgläubigers gewähren (§. 102 des Binnenschiffahrtsgesetzes), sind nach dem Vorgange des §. 746 des Entwurfs des Handelsgesetzbuchs auch die Forderungen der Versicherungsanstalten für die Invalidenversicherung hinzuzufügen.

Der §. 110 des Binnenschiffahrtsgesetzes, demzufolge durch den im Wege der Zwangsvollstreckung bewirkten Verkauf eines Schiffes die daran bestehenden Pfandrechte erlöschen und nach dem Verkauf an die Stelle des Schiffes für die Pfandgläubiger das Kaufgeld tritt, wird durch die Vorschriften des Gesetzentwurfs über die Zwangsversteigerung und Zwangsverwaltung (§§. 52, 91, 105 ff., 162, 169) entbehrlich. Eine Abänderung erfährt der von dem Aufgebote unbekannter Schiffsgläubiger handelnde §. 111. Der Grundsatz, daß im Falle der freiwilligen Veräußerung eines Schiffes der Erwerber die Ausschließung solcher Gläubiger mit ihren Pfandrechten im Wege des Aufgebotsverfahrens beantragen darf, kann nunmehr als unmittelbare Vorschrift des Reichsrechts ausgesprochen werden. Damit verlieren die bezüglichen Vorschriften der Landesgesetze von selbst ihre Gültigkeit. Die Bestimmungen über das Aufgebotsverfahren werden zweckmäßig der Civilprozeßordnung überwiesen, welche das Verfahren nicht nur für die Flußschiffe, sondern auch für die Seeschiffe zu regeln haben wird. Die Streichung des §. 110 und die Abänderung des §. 111 machen zugleich eine neue Fassung der §§. 112 und 114 erforderlich.

Im §. 118 Nr. 8 des Binnenschiffahrtsgesetzes ist für die Forderungen des Frachtführers aus dem Frachtvertrage sowie für die Ansprüche wegen des Fahrgeldes der beförderten Personen eine Verjährung von einem Jahre festgesetzt. Künftig muß es jedoch in dieser Beziehung bei dem §. 196 Nr. 3 des Bürgerlichen Gesetzbuchs bewenden, wonach die Forderungen der Eisenbahnunternehmungen, Frachtfuhrleute, Schiffer, Lohnkutscher und Boten wegen des Fahrgeldes, der Fracht, des Fuhr- und Botenlohns, mit Einschluß der Auslagen, in zwei Jahren verjähren. Der Entwurf hebt deshalb die in Frage stehende Vorschrift des Binnenschiffahrtsgesetzes auf.

Vollständig gestrichen ist der zehnte Abschnitt des Binnenschiffahrtsgesetzes, der die Verpfändung von Schiffen und die Zwangsvollstreckung regelt; an die Stelle desselben treten die §§. 1259 bis 1271 des Bürgerlichen Gesetzbuchs sowie die Vorschriften des Gesetzes über die Zwangsversteigerung und die Zwangsverwaltung.

Eine Abänderung ist endlich noch für den §. 138 des Binnenschiffahrtsgesetzes in Aussicht genommen. Nach dem ersten Absatze des §. 138 gehören die den Landgerichten in erster Instanz zugewiesenen bürgerlichen Rechtsstreitigkeiten, in welchen durch die Klage ein Anspruch aus den Rechtsverhältnissen der Binnenschiffahrt geltend gemacht wird, vor die Kammern für Handelssachen. Diese Vorschrift stellt sich als eine Ergänzung des §. 101 Nr. 3g des Gerichtsverfassungsgesetzes dar, wo das Gleiche hinsichtlich der Rechtsverhältnisse des Seerechts festgesetzt ist, und kann nunmehr, da der gedachte §. 101 in Folge der neuen Bestimmungen des Handelsgesetzbuchs ohnehin einer Abänderung unterzogen werden muß, dorthin übertragen werden (vergl. die Anlage I). Der Inhalt des §. 138 des Binnenschiffahrtsgesetzes wird sich dann auf eine dem bisherigen Abs. 2 entsprechende Vorschrift über die Zuständigkeit des Reichsgerichts für die Verhandlung und Entscheidung letzter Instanz beschränken.

Die Bestimmungen, welche zufolge Art. 11 und 12 des Entwurfs für die Gesetze über die Gesellschaften mit beschränkter Haftung und über die Binnenschiffahrt vorgesehen sind, legen ihren Verweisungen durchweg die Vorschriften des neuen Handelsgesetzbuchs zu Grunde. In den übrigen Theilen dieser Gesetze ist auf das bisherige Handelsgesetzbuch Bezug genommen. Diese Verschiedenheit bedarf der Ausgleichung, und schon mit Rücksicht hierauf ist eine erneute Veröffentlichung jener Gesetze in einheitlicher Gestalt erforderlich. Auch in Bezug auf das Genossenschaftsgesetz erscheint eine neue Veröffentlichung des vollständigen Textes zweckmäßig, da dasselbe, abgesehen von den in der Novelle vom 12. August 1896 (Reichs-Gesetzbl. S. 695) getroffenen neuen Vorschriften nunmehr auch nach dem vorliegenden Entwurf eine nicht unerhebliche Zahl von Abänderungen erleidet. Demgemäß ertheilt der Art. 13 des Entwurfs dem Reichskanzler die Ermächtigung, die Texte der genannten Gesetze, wie sie sich aus den in den vorausgehenden Artikeln bezeichneten Aenderungen ergeben, durch das Reichs-Gesetzblatt bekannt zu machen, und zwar mit der Maßgabe, daß die Verweisungen auf Vorschriften des bisherigen Handelsgesetzbuchs durch Verweisungen auf die nach Art. 3 an deren Stelle tretenden neuen Vorschriften ersetzt werden. Artikel 13.

Die im Art. 14 des Entwurfs vorgesehenen Aenderungen der die Kursmäkler betreffenden §§. 33 und 34 des **Börsengesetzes** ergeben sich aus den Vorschriften, die der Entwurf des Handelsgesetzbuchs bezüglich der Handelsmäkler in Aussicht nimmt. Das Institut der amtlich als Vermittler bestellten Handelsmäkler wird durch den Entwurf beseitigt; den bisher nur für diese geltenden Vorschriften, welche der §. 33. Abs. 1 des Börsengesetzes auf die Kursmäkler übertragen hat, sollen künftig alle Arten von Handelsmäklern unterliegen. Durch die bezeichnete Regelung wird der §. 33 Abs. 1 des Börsengesetzes gegenstandslos, nicht minder aber der §. 34 Abs. 1, wonach für die Vermittlung von Börsengeschäften eine amtliche Bestellung von Handelsmäklern nicht stattfindet. Der Abs. 2 des §. 34 gewährt den Kursmäklern die Befugniß, bestimmte nach dem Handelsgesetzbuche durch einen Handelsmäkler zu bewirkende Verkäufe vorzunehmen. Diese Vorschrift soll eine allgemeinere Fassung erhalten, da nunmehr auch auf den Deckungskauf bei Fixgeschäften (§. 368 des Entwurfs des Handelsgesetzbuchs) sowie auf eine Anzahl von Fällen Rücksicht zu nehmen ist, in denen es sich um Verkäufe handelt, die nach dem Bürgerlichen Gesetzbuch (§§. 385, 1221, 1235, 1295) durch einen dazu öffentlich ermächtigten Handelsmäkler auszuführen sind. Börsengesetz. (Art. 14.)

Die Vorschriften im §. 58 Abs. 2 und im §. 63 Abs. 1 Satz 2 des

Börsengesetzes, wonach Kinder unter väterlicher Gewalt nur mit Genehmigung des Vaters in das Börsenregister eingetragen werden können und andererseits zur Löschung der Eintragung der Antrag des Vaters genügt, werden durch das Bürgerliche Gesetzbuch entbehrlich. Denn nach diesem giebt es volljährige Kinder unter väterlicher Gewalt nicht mehr, für minderjährige Kinder unter väterlicher Gewalt sind aber die Bestimmungen des §. 58 Abs. 1 und 3 sowie des §. 63 Abs. 1 Satz 1 ausreichend.

Auch die §§. 70 bis 74 des Börsengesetzes fallen weg, da die darin enthaltenen Vorschriften über das Selbsteintrittsrecht des Kommissionärs in das neue Handelsgesetzbuch übernommen werden (§§. 392 bis 395, §. 397 Abs. 1, 2, §. 376 Abs. 3).

Vorbehalte zu Gunsten der Landesgesetzgebung. (Art. 15 bis 21.)

Nach Art. 55 des Einführungsgesetzes zum Bürgerlichen Gesetzbuche treten die privatrechtlichen Vorschriften der Landesgesetze außer Kraft, soweit nicht in dem Bürgerlichen Gesetzbuch oder in dem Einführungsgesetz ein anderes bestimmt ist. Hierdurch werden an sich auch diejenigen privatrechtlichen Vorschriften der Landesgesetze außer Wirksamkeit gesetzt, welche bisher auf dem Gebiete des Handelsrechts neben dem Handelsgesetzbuche noch in Gültigkeit waren. Nur die landesgesetzlichen Vorschriften über das Versicherungsrecht und das Verlagsrecht bleiben zunächst unberührt (Art. 75, 76 des genannten Einführungsgesetzes). Es bedarf jedoch für den Handelsverkehr noch der Aufrechterhaltung einer Anzahl anderer landesgesetzlicher Vorschriften. Im Art. 15 des Entwurfs wird deshalb der Vorbehalt, den der Art. 55 des Einführungsgesetzes zum Bürgerlichen Gesetzbuche zu Gunsten der Landesgesetze macht, dahin erweitert, daß die letzteren auch insoweit unberührt bleiben, als dies in dem vorliegendem Entwurfe bestimmt oder als im Handelsgesetzbuche selbst auf die Landesgesetze verwiesen ist. Daneben ist im Anschluß an den Art. 2 des Einführungsgesetzes zum Bürgerlichen Gesetzbuche ausdrücklich hervorgehoben, daß, soweit die Landesgesetze unberührt bleiben, auch neue landesgesetzliche Vorschriften erlassen werden können.

Lagerscheine und Lagerpfandscheine. (Art. 16.)

Nach Art. 16 sollen zunächst die landesgesetzlichen Vorschriften über Lagerscheine und Lagerpfandscheine unberührt bleiben, diejenigen über Lagerscheine jedoch nur insoweit, als sie den Bestimmungen des §. 355 Abs. 2 und der §§. 356, 357, 416 des neuen Handelsgesetzbuchs nicht widersprechen, sondern sie lediglich ergänzen. Demgemäß behalten die auf dem sogenannten Zweischeinsysteme beruhenden Vorschriften des bremischen und des elsaß-lothringischen Rechtes ihre Wirksamkeit, und die Landesgesetzgebungen werden sich auch weiterhin in der Lage befinden, derartige Vorschriften zu treffen. Bezüglich der Lagerscheine wird dies allerdings nur in beschränktem Umfange gelten, da in Ansehung der Form und der Wirkung des Indossaments eines Lagerscheins und in Ansehung der Folgen, welche in Betreff der dinglichen Rechte an dem Gute mit der Uebergabe des indossirten Scheines verbunden sind, für Bestimmungen, welche von dem Handelsgesetzbuch abweichen, kein Raum gelassen ist. Für die Lagerpfandscheine sieht der Entwurf eine gleiche Beschränkung nicht vor, da die Vorschriften des Handelsgesetzbuchs über das Indossament auf die Uebertragung dieser Scheine nicht ohne weiteres passen.

Der Art. 17, nach welchem die landesgesetzlichen Vorschriften über Checks unberührt bleiben, ist insbesondere mit Rücksicht auf Elsaß-Lothringen, wo noch das französische Checkgesetz vom 14. Juni 1865 gilt, in den Entwurf aufgenommen. Checks. (Art. 17.)

Durch Art. 18 des Entwurfs werden innerhalb bestimmter Grenzen die landesgesetzlichen Vorschriften über den Vertrag zwischen dem Brauer und dem Wirthe über die Lieferung von Bier aufrecht erhalten. Der Vorbehalt ist von praktischer Bedeutung für Bayern, wo das Rechtsverhältniß zwischen den Brauern und den Wirthen durch besondere gesetzliche Bestimmungen geregelt ist, deren Fortbestand im Interesse der kleineren und mittleren Brauereien wünschenswerth erscheint.[1] Verträge zwischen Brauer und Wirth. (Art. 18.)

Der Art. 19 des Entwurfs läßt in Uebereinstimmung mit dem §. 4 des Gesetzes vom 5. Juni 1869 (Bundesgesetzbl. S. 379) die fortdauernde Geltung einiger landesgesetzlichen Vorschriften zu, welche Aenderungen des Handelsgesetzbuchs auf dem Gebiete des Seerechts enthalten. Es sind dies die §§. 51 bis 53 und 55 der mecklenburg-schwerinschen Einführungsverordnung zum Handelsgesetzbuche nebst der abändernden Verordnung vom 22. Oktober 1869, ferner die bremische Verordnung über die Löschung der Segelschiffe vom 12. Februar 1866 mit den dazu später ergangenen Gesetzen,[2] endlich der §. 50 des hamburgischen Einführungsgesetzes zum Handelsgesetzbuche. Der §. 51 der mecklenburg-schwerinschen Einführungsverordnung schreibt für den Fall, daß ein Schiff mehreren Eigenthümern gehört, unbedingt die Bestellung eines Korrespondentrheders vor und legt damit dem Korrespondentrheder, der nach dem Handelsgesetzbuche nur die Stellung eines freiwillig berufenen Bevollmächtigten hat, die Eigenschaft eines nothwendigen Organs der Rhederei bei (zu vergl. Entscheidungen des Reichsgerichts Bd. I S. 255 ff.). Die übrigen im Art. 19 des Entwurfs angeführten Bestimmungen des mecklenburgischen Rechts weichen von dem Handelsgesetzbuch insofern ab, als sie über die Abstimmung der Rheder einige besondere Anordnungen treffen und der überstimmten Minderheit der Rhederei das sogenannte Setzungsrecht gewähren. Sie entsprechen der eigenthümlichen Gestaltung der Rhedereiverhältnisse, wie sie sich im Großherzogthum Mecklenburg-Schwerin entwickelt hat, und können daher auch jetzt noch Anspruch auf Berücksichtigung machen. Dagegen besteht kein Bedürfniß, der im §. 4 des Bundesgesetzes vom 5. Juni 1869 gleichfalls vorbehaltenen, das Pfandrecht der Rheder an der Schiffspart eines säumigen Mitrheders betreffenden Bestimmung im §. 54 jener mecklenburgischen Verordnung die weitere Geltung zu sichern; hierauf ist schon hingewiesen. Seerechtliche Vorschriften. (Art. 19.)

Die nach Art. 19 des Entwurfs unberührt bleibenden Vorschriften des bremischen und hamburgischen Rechtes hängen gleichfalls mit besonderen örtlichen Verhältnissen zusammen, für welche die Grundsätze des Handelsgesetz-

---

[1]) Zu vergl. Verordnung vom 25. April 1811 Tit. II Art. 23 bis 27; Gesetz vom 23. Mai 1846 §§. 11, 12; Landtagsabschied vom 10. November 1861 §. 26 Nr. 2 Abs. 5.

[2]) Gesetze vom 23. April 1876, 6. Mai 1877, 2. November 1879 und 12. Mai 1883.

buchs nicht ohne Weiteres passen. Es handelt sich hierbei um die Ablieferung und Empfangnahme der Güter und die damit verbundenen Rechtswirkungen. Die bezüglichen Bestimmungen des bremischen Rechtes beruhen darauf, daß die Löschung der nach der Stadt Bremen bestimmten Frachtgüter bei Schiffen größeren Tiefgangs nicht in Bremen selbst erfolgen kann, während die Besonderheiten des hamburger Rechtes ihren Grund darin haben, daß in Hamburg die Güter vielfach auf dem Wasserwege, mit Hülfe von Leichterschiffern und Everführern, gelöscht werden.

Verpfändung im Bau begriffener Schiffe. (Art. 20.)

Der Art. 20 des Entwurfs betrifft die landesgesetzlichen Vorschriften, nach welchen ein Pfandrecht an einem im Bau begriffenen Schiffe ohne Uebergabe des Schiffes mittelst Eintragung in ein besonderes Register bestellt werden kann, sowie die landesgesetzlichen Vorschriften über die Zwangsversteigerung eines solchen Schiffes. Nach dem Bürgerlichen Gesetzbuche kann ein Pfandrecht an einem im Bau begriffenen Schiffe lediglich in Gemäßheit der allgemeinen Grundsätze über den Erwerb von Pfandrechten an beweglichen Sachen, d. h. durch Besitzübertragung, erworben werden, da die besonderen Vorschriften der §§. 1259 ff. nur für die in das Schiffsregister eingetragenen Schiffe gelten, mithin auf Schiffe, die noch unvollendet sind, keine Anwendung finden. In gleicher Weise setzen die §§. 162 bis 170 des Entwurfs eines Gesetzes über die Zwangsversteigerung und Zwangsverwaltung voraus, daß das zu versteigernde Schiff in das Schiffsregister eingetragen ist; für die Zwangsversteigerung eines nicht in das Schiffsregister eingetragenen Schiffes bleiben, abgesehen von den Bestimmungen, die im §. 171 für ausländische Schiffe getroffen sind, die Vorschriften der Civilprozeßordnung über die Zwangsversteigerung beweglicher Sachen maßgebend. Nach dem zur Zeit in Bremen geltenden Rechte können dagegen Schiffe, die im Bau befindlich sind, ohne Uebergabe des Besitzes durch Eintragung des Pfandrechts in ein besonderes Register verpfändet werden, und hiermit hängt es weiterhin zusammen, wenn das bremische Recht auch die im Bau begriffenen Schiffe unter gewissen Voraussetzungen hinsichtlich der Zwangsvollstreckung als Gegenstände des unbeweglichen Vermögens behandelt. Auf den Fortbestand dieser Einrichtungen wird in Bremen besonderer Werth gelegt, und es liegt kein Anlaß vor, dem entgegenzutreten.

Ausführungsvorschriften zur Wechselordnung. (Art. 21.)

Nach dem im Art. 55 des Einführungsgesetzes zum Bürgerlichen Gesetzbuch aufgestellten allgemeinen Grundsatze würde in Ermangelung einer besonderen Bestimmung auch die zur Ausführung der Wechselordnung erlassenen privatrechtlichen Vorschriften der Landesgesetze außer Kraft treten. Eine völlige Beseitigung dieser Vorschriften ist indessen nicht thunlich, vielmehr erscheint es nach dem Vorgange des Bundesgesetzes vom 5. Juni 1869 geboten, dieselben, soweit sie die Wechselordnung nur ergänzen, auch künftig unberührt zu lassen. Namentlich können hinsichtlich der Fälligkeit der Meßwechsel sowie hinsichtlich der Tagesstunden, innerhalb deren die Erhebung eines Protestes zuläßig ist, solche Bestimmungen nicht wohl entbehrt werden, und dasselbe gilt von den besonderen Vorschriften für den Wechselverkehr zwischen Hamburg und Altona. Der Art. 21 Satz 1 des Entwurfs macht in diesem Sinne einen allgemeinen Vorbehalt zu Gunsten landesgesetzlicher Ausführungsvorschriften. Dahin sind jedoch, wie durch Art. 21 Satz 2 ausdrücklich hervorgehoben wird, nicht zu rechnen die in Bayern, im Königreich Sachsen, in Frankfurt a. M. sowie in einer Reihe thüringischer Staaten ergangenen Gesetze, welche die an Order lautende Geldanweisung in den wichtigsten Beziehungen dem Wechsel gleichstellen.[1]) Diese Gesetze, für deren Aufrechthaltung kein praktisches Bedürfniß besteht, werden daher mit dem Inkrafttreten des Bürgerlichen Gesetzbuchs und des Handelsgesetzbuchs ihre Geltung verlieren.

Einen Vorbehalt zu Gunsten landesgesetzlicher Vorschriften enthält auch der Art. 22 Abs. 1 des Entwurfs, der die Zulässigkeit der Fortführung älterer Firmen regelt. Hierauf wird unten zurückzukommen sein. Sonstige Vorschriften der Landesgesetze.

Abgesehen von den Bestimmungen der Art. 16 bis 22 sind Vorbehalte zu Gunsten der Landesgesetzgebung nicht erforderlich. Allerdings enthalten die in den einzelnen Staaten zum Handelsgesetzbuch ergangenen Einführungsgesetze noch zahlreiche privatrechtliche Vorschriften. Eine Reihe dieser Vorschriften, welche Abänderungen des Handelsgesetzbuchs betraf, hat aber schon jetzt keine Gültigkeit mehr, sondern ist durch das Bundesgesetz vom 5. Juni 1869 (vergl. §. 2 desselben) aufgehoben. Andere sind durch die Konkursordnung beseitigt.

Die hiernach noch geltenden, das Handelsgesetzbuch lediglich ergänzenden Bestimmungen bestehen zum großen Theile aus Vorschriften, welche die Grundsätze des Handelsgesetzbuchs auf Verhältnisse des bürgerlichen Rechtes ausdehnen und mithin künftig durch das Bürgerliche Gesetzbuch ersetzt werden; andere Bestimmungen werden durch die Vorschriften des neuen Handelsgesetzbuchs oder durch die in dem Gesetz über die freiwillige Gerichtsbarkeit zu treffenden Vorschriften über die Angelegenheiten des Handelsregisters entbehrlich. Was schließlich die in den verschiedenen Bundesstaaten zur Ergänzung des Handelsgesetzbuchs erlassenen Vorschriften öffentlich-rechtlichen Inhalts anlangt, so werden dieselben von der im Art. 55 des Einführungsgesetzes zum Bürgerlichen Gesetzbuch ausgesprochenen Aufhebung landesgesetzlicher Bestimmungen überhaupt nicht betroffen, sie bleiben vielmehr neben dem Bürgerlichen Gesetzbuch und dem neuen Handelsgesetzbuch in Kraft, soweit nicht das Gegentheil für einzelne Fälle besonders bestimmt ist.

Einer ausdrücklichen Aufhebung der in dem Bundesgesetze vom 5. Juni 1869 für die Landesgesetzgebung gemachten Vorbehalte bedarf es nicht. Dieselben verlieren, soweit sie nicht in den gegenwärtigen Entwurf übernommen sind, vermöge der neuen reichsgesetzlichen Vorschriften von selbst ihre Bedeutung.

Inwieweit die von dem bisherigen Rechte abweichenden Vorschriften des neuen Handelsgesetzbuchs für solche Rechtsverhältnisse Geltung be- Uebergangsvorschriften. (Art. 23 bis 28.)

---

[1]) Zu vergl. für Bayern Gesetz vom 29. Juni 1851 (Einführungsgesetz zum Handelsgesetzbuch Art. 47), für das Königreich Sachsen Gesetz vom 7. Juni 1849 (Einführungsgesetz zum Handelsgesetzbuch §. 17), für Frankfurt a. M. Einführungsgesetz zur Wechselordnung §. 12, für Sachsen-Weimar Gesetz vom 13. Juli 1849 (Einführungsgesetz zum Handelsgesetzbuch §. 23), für Sachsen-Altenburg Gesetz vom 30. März 1864, für Reuß ä. L. Gesetz vom 5. August 1854 (Einführungsgesetz zum Handelsgesetzbuch Art. 23) und für Reuß j. L. Gesetz vom 30. Juli 1852 (Einführungsgesetz zum Handelsgesetzbuch §. 23).

anspruchen können, die unter der Herrschaft des alten Rechtes entstanden sind, ergiebt sich im Allgemeinen aus den für die Anwendung neuer Privatrechtssätze maßgebenden Regeln, wie sie auch durch das Einführungsgesetz zum Bürgerlichen Gesetzbuch anerkannt sind. In den meisten Beziehungen reichen diese Regeln für das Gebiet des Handelsrechts aus, sodaß sich das Einführungsgesetz zum Handelsgesetzbuch auf wenige ergänzende Vorschriften beschränken kann. Diese sind in den Art. 22 bis 28 des Entwurfs enthalten.

Die im Entwurfe des Handelsgesetzbuchs für die Bildung der Firmen aufgestellten Grundsätze unterscheiden sich in mehrfachen Beziehungen von dem geltenden Rechte; insbesondere gilt dies von der Vorschrift, wonach künftig der Einzelkaufmann in die Firma außer dem Familiennamen mindestens einen ausgeschriebenen oder abgekürzten Vornamen aufzunehmen hat. Es fragt sich, inwieweit die von dem jetzigen Rechte abweichenden Vorschriften auf die bereits bestehenden Firmen Anwendung zu finden haben. Der Art. 22 des Entwurfs entscheidet die Frage dahin, daß die bestehenden Firmen weitergeführt werden können, soweit sie nach den jetzt geltenden Vorschriften geführt werden dürfen und zur Zeit des Inkrafttretens des neuen Handelsgesetzbuchs im Handelsregister eingetragen sind. Würden die bereits bestehenden Firmen ohne Weiteres den neuen Bestimmungen unterworfen, so hätte dies eine ungerechtfertigte Schädigung der Betheiligten zur Folge. Aus demselben Grunde haben schon bei der Einführung des Handelsgesetzbuchs in den einzelnen deutschen Staaten die meisten der betreffenden Landesgesetze es für zulässig erklärt, die zu jener Zeit bestehenden Firmen, selbst wenn sie den Anforderungen des Handelsgesetzbuchs nicht entsprachen, unter gewissen Voraussetzungen fortzuführen. Auf die in solcher Weise von Landeseinführungsgesetzen in ihrem Fortbestande geschützten Firmen findet der Art. 22 des Entwurfs, wie sich aus seiner Fassung ergiebt, gleichfalls Anwendung.

Eine Ausnahme von dem Grundsatze des Art. 22 sieht der Entwurf insoweit vor, als es sich um die Bezeichnungen handelt, die nach dem §. 20 des Entwurfs des Handelsgesetzbuchs den Firmen der Aktiengesellschaften und der Kommanditgesellschaften auf Aktien beizufügen sind. Allerdings können angesichts der Unzuträglichkeiten, die mit einer Aenderung der Firma regelmäßig verbunden sind, die bestehenden Gesellschaften nicht schlechthin gezwungen werden, ihren Firmen die Bezeichnung „Aktiengesellschaft" oder „Kommanditgesellschaft auf Aktien" beizufügen, wohl aber erscheint eine solche Nöthigung dann angezeigt, wenn die bisherige Firma der Gesellschaft besonderen Anlaß zu Verwechselungen giebt. Mit der Möglichkeit derartiger Verwechselungen muß immerhin gerechnet werden; war es doch bisher selbst bei Aktiengesellschaften, sofern sie die Firma eines von ihnen erworbenen Geschäfts fortführten, nicht ausgeschlossen, daß die Firma lediglich Personennamen enthielt. Der Art. 22 Abs. 2 des Entwurfs bestimmt demgemäß, daß die in Frage stehende Vorschrift auf die bei dem Inkrafttreten des neuen Handelsgesetzbuchs für eine Aktiengesellschaft oder eine Kommanditgesellschaft auf Aktien bereits eingetragene Firma Anwendung findet, wenn die Firma aus Personennamen zusammengesetzt ist und nicht erkennen läßt, daß eine Aktiengesellschaft oder eine Kommanditgesellschaft auf Aktien die Inhaberin ist.

Gleich der Vorschrift des Art. 22 Abs. 2 haben auch die in den Art. 23 bis 28 enthaltenen Uebergangsbestimmungen das Recht der Aktiengesellschaften und der Kommmanditgesellschaften auf Aktien zum Gegenstande. Im Allgemeinen muß, ebenso wie dies in den Uebergangsbestimmungen des Gesetzes vom 18. Juli 1884 geschehen ist, davon ausgegangen werden, daß die neuen aktienrechtlichen Vorschriften auch auf die bestehenden Gesellschaften Anwendung finden, soweit nicht die Wirkung von Rechtsakten in Frage steht, die bereits unter der Herrschaft des alten Rechtes vollendet sind. Neben dieser Regel, die keiner Feststellung im Gesetze bedarf, sind aber bezüglich einzelner Punkte ausdrückliche Bestimmungen nicht zu entbehren.

Nach Art. 23 des Entwurfs sollen auf die Errichtung einer Aktiengesellschaft oder Kommanditgesellschaft auf Aktien, die vor dem Inkrafttreten des neuen Handelsgesetzbuchs zur Eintragung in das Handelsregister angemeldet ist, die bisherigen Vorschriften Anwendung finden, sofern vor diesem Zeitpunkte die Voraussetzungen erfüllt sind, an deren Nachweis die gedachten Vorschriften die Eintragung knüpfen. Die Bestimmung entspricht dem §. 2 des Gesetzes vom 18. Juli 1884 und bedarf keiner weiteren Rechtfertigung. Praktische Bedeutung hat sie vor Allem hinsichtlich der Kommanditgesellschaften auf Aktien, deren Regelung im Entwurfe des Handelsgesetzbuchs sich dem Rechte der Aktiengesellschaft genau anschließt, während gegenwärtig für dieselben auch in Betreff der Errichtung einzelne abweichende Grundsätze gelten. Vermöge des Art. 23 wird eine bei dem Inkrafttreten des neuen Handelsgesetzbuchs zur Eintragung in das Handelsregister angemeldete Kommanditgesellschaft auf Aktien den Vorschriften nicht unterliegen, welche dieses Gesetzbuch über die Mindestzahl der Gründer und über die Bestellung von Revisoren trifft, andererseits aber die Eintragung nur erreichen, wenn die persönlich haftenden Gesellschafter sich gemäß Art. 174a des bisherigen Handelsgesetzbuchs mit Einlagen betheiligt haben, die zusammen mindestens den zehnten Theil des Gesammtkapitals der Kommanditisten und, wenn dieses drei Millionen Mark übersteigt, für den übersteigenden Betrag den fünfzigsten Theil desselben darstellen.

Werden von einer älteren Gesellschaft, deren Aktien in Gemäßheit der bis zum Jahre 1884 in Geltung gewesenen Vorschriften auf einen geringeren Nennbetrag als tausend Mark lauten, anstatt der bisherigen Aktien, oder neben denselben andere Aktien ausgestellt, so entsteht die Frage, ob für den Nennbetrag der neuen Aktien das jetzt geltende Recht maßgebend ist. Die Frage wird von den Gerichten nicht gleichmäßig beantwortet und bedarf deshalb einer gesetzlichen Regelung. Dabei ist zwischen den einzelnen in Betracht kommenden Fällen zu unterscheiden. Soll das Grundkapital einer älteren Gesellschaft, deren Aktien auf weniger als tausend Mark lauten, eine Herabsetzung erfahren, so ist es eine Forderung der Billigkeit, die Zusammenlegung in der Weise zu gestalten, daß der Nennwerth einer umgewandelten Aktie bis zu dem der bisherigen Aktie heruntersteigen darf. Anderenfalls würde eine solche Herabsetzung des Grundkapitals entweder überhaupt nicht oder doch nur unter Ausschließung einer größeren Zahl von Betheiligten, die sich nicht im Besitze der zum Umtausch erforderlichen Menge von Aktien befinden, durchführbar sein. Die gleiche Rücksicht trifft im Allgemeinen auch bei einer sonstigen Umwandlung älterer Aktien zu, insbesondere wenn Inhaberaktien in Namensaktien umgewandelt oder an Stelle der bisherigen Aktien gegen eine Zuzahlung Prioritätsaktien ausgegeben werden. In allen diesen Fällen soll daher nach Art. 24 Abs. 1 des Entwurfs die Vorschrift, wonach die Aktien auf mindestens tausend Mark zu stellen sind, mit der Maßgabe außer Anwendung bleiben, daß der Nennbetrag der Aktien nicht herabgesetzt werden darf. Dagegen liegt, wenn das Grundkapital durch Ausgabe neuer Aktien erhöht wird, kein Bedürfniß vor, den älteren Gesellschaften die Ausgabe kleinerer Aktien zu gestatten. Deshalb bestimmt der Entwurf (Art. 24 Abs. 2), daß hier stets der Nennwerth der neu auszugebenden Aktien mindestens tausend Mark zu betragen hat, und zwar gleichviel, ob ohne Umwandlung nur die Zahl der Aktien vermehrt wird oder ob an Stelle der bisherigen Aktien andere Aktien ausgegeben werden.

Der Art. 25 betrifft die Kraftloserklärung abhanden gekommener oder vernichteter Aktien. Eine allgemeine Bestimmung, daß die Vorschriften des §. 226 des Entwurfs des Handelsgesetzbuchs auch für Aktien gelten, die schon vor dem Inkrafttreten des neuen Gesetzbuchs ausgeben sind, ist nicht erforderlich, da der Entwurf überhaupt von dem Grundsatz ausgeht, daß seine Vorschriften auf die bestehenden Aktiengesellschaften Anwendung finden, soweit nicht ein Anderes bestimmt ist. Ungewiß kann es höchstens sein, ob die Vorschriften des Entwurfs über die Kraftloserklärung von Aktien dann Platz greifen, wenn es sich um einen Verlustfall handelt, der schon vor dem Zeitpunkte des Inkrafttretens des neuen Gesetzbuchs eingetreten ist. Um jeden Zweifel in dieser Beziehung auszuschließen, ist die Vorschrift des Art. 25 aufgenommen. Dieselbe erstreckt sich, wie die Fassung ergiebt, auch auf die Aktien einer Gesellschaft, die zu jenem Zeitpunkte bereits aufgelöst ist.

Daß nach dem Inkrafttreten des neuen Handelsgesetzbuchs Aktien nicht mehr außer Kurs gesetzt werden können, ergiebt sich schon aus dem zuvor erwähnten allgemeinen Grundsatze. Im Anschluß hieran bestimmt aber der Art. 26 des Entwurfs, entsprechend dem Art. 176 Satz 2 des Einführungsgesetzes zum Bürgerlichen Gesetzbuche weiter, daß mit dem Inkrafttreten des neuen Handelsgesetzbuchs die vorher erfolgte Außerkurssetzung einer auf den Inhaber lautenden Aktie ihre Wirkung verliert.

Die Uebergangsvorschrift des Art. 27 des Entwurfs betrifft die Verpflichtung der Vorstandsmitglieder einer Aktiengesellschaft, sich des eigenen Handelsbetriebes zu enthalten. Während in den bisherigen Art. 232, 196 den Vorstandsmitgliedern nur der Abschluß von Geschäften in dem Handelszweige der Aktiengesellschaft und die Betheiligung an einer anderen gleichartigen Gesellschaft untersagt ist, dürfen nach dem §. 232 des Entwurfs des Handelsgesetzbuchs die Vorstandsmitglieder einer Aktiengesellschaft ohne Einwilligung der Gesellschaft überhaupt kein Handelsgewerbe betreiben und sich an keiner anderen Gesellschaft als persönlich haftende Gesellschafter betheiligen. Es erscheint nicht gerechtfertigt, diesen verschärften Vorschriften auch diejenigen Personen zu unterwerfen, die bereits bei dem Inkrafttreten des neuen Handelsgesetzbuchs Vorstandsmitglieder sind; der Art. 27 schränkt daher die Anwendbarkeit des §. 232 in entsprechender Weise ein. Uebrigens bleibt für diejenigen Vorstandsmitglieder, deren Bestellung schon vor dem Inkrafttreten der Aktiennovelle vom 18. Juli 1884 erfolgt ist, die im §. 6 dieser Novelle getroffene Uebergangsbestimmung maßgebend.

In den §§. 274, 275 des Entwurfs eines Handelsgesetzbuchs ist, abweichend von dem geltenden Rechte, bestimmt, daß jedem Aktionär, falls nicht in dem Beschluß über die Erhöhung des Grundkapitals ein Anderes festgesetzt ist, auf sein Verlangen ein seinem Antheil an dem bisherigen Grundkapital entsprechender Theil der neuen Aktien zugetheilt werden muß und daß eine Zusicherung von Rechten auf den Bezug neu auszugebender Aktien nur unter Vorbehalt dieses Bezugsrechts der Aktionäre erfolgen darf. Auf eine Zusicherung, die vor dem Inkrafttreten des neuen Handelsgesetzbuchs ertheilt ist, darf aber dieser Grundsatz keine Anwendung finden; er würde hier zu einem Eingriff in erworbene Rechte führen. Die Uebergangsbestimmung des Artikels 28 beugt einer derartigen Auslegung vor.

Durch die Artikel 23 bis 28 des Entwurfs werden die Uebergangsbestimmungen, die in den §§. 2 bis 7 des Gesetzes vom 18. Juli 1884 hinsichtlich des Verhältnisses der neuen Vorschriften jenes Gesetzes zu dem älteren Rechte getroffen sind, an sich nicht berührt. Nur treten an die Stelle der von den §§. 2 bis 7 in Bezug genommenen Vorschriften des bisherigen Handelsgesetzbuchs zufolge der Regel des Artikels 3 die entsprechenden Vorschriften des neuen Handelsgesetzbuchs. Indessen haben die Uebergangsvorschriften des Gesetzes vom 18. Juli 1884 zu einem großen Theile keine unmittelbare praktische Bedeutung mehr. Lediglich die Vorschriften der §§. 4 bis 6, die sich auf das Stimmrecht in der Generalversammlung, auf die Unzulässigkeit einer Befreiung der Aktienzeichner von der Haftung für weitere Einzahlungen, auf den Handelsbetrieb der Vorstandsmitglieder und auf die Bestellung der letzteren zu Mitgliedern des Aufsichtsraths beziehen, werden auch weiterhin noch in Betracht kommen.

Anlage I.

Zusammenstellung

der

aus Anlaß der Revision des Handelsgesetzbuchs vorläufig in Aussicht genommenen Aenderungen des Gerichtsverfassungsgesetzes, der Civilprozeßordnung, der Konkursordnung und der Einführungsgesetze zu diesen Gesetzen.

I. Aenderung des Gerichtsverfassungsgesetzes.

§. 101.

Vor die Kammern für Handelssachen gehören nach Maßgabe der folgenden Vorschriften diejenigen den Landgerichten in erster Instanz zugewiesenen bürgerlichen Rechtsstreitigkeiten, in welchen durch die Klage ein Anspruch geltend gemacht wird:

1. gegen einen Kaufmann im Sinne des Handelsgesetzbuchs aus Geschäften, welche für beide Theile Handelsgeschäfte sind;
2. aus einem Wechsel im Sinne der Wechselordnung oder aus einer der im §. 355 des Handelsgesetzbuchs bezeichneten Urkunden;
3. aus einem der nachstehend bezeichneten Rechtsverhältnisse:
   a) aus dem Rechtsverhältnisse zwischen den Mitgliedern einer Handelsgesellschaft oder zwischen dieser und ihren Mitgliedern oder zwischen dem stillen Gesellschafter und dem Inhaber des Handelsgeschäfts, sowohl während des Bestehens als auch nach Auflösung des Gesellschaftsverhältnisses, ingleichen aus dem Rechtsverhältnisse zwischen den Liquidatoren oder den Vorstehern einer Handelsgesellschaft und der Gesellschaft oder deren Mitgliedern;
   b) aus dem Rechtsverhältnisse, welches das Recht zum Gebrauche der Handelsfirma betrifft;
   c) aus den Rechtsverhältnissen, welche sich auf den Schutz der Waarenbezeichnungen, Muster und Modelle beziehen;
   d) aus dem Rechtsverhältnisse, welches durch die Uebertragung eines bestehenden Handelsgeschäfts zwischen den Betheiligten entsteht;
   e) aus dem Rechtsverhältnisse zwischen dem Prokuristen, Handlungsbevollmächtigten, Handlungsgehülfen oder Handlungslehrling und dem Inhaber des Handelsgeschäfts, sowie aus dem Rechtsverhältnisse zwischen einem Dritten und demjenigen, welcher wegen mangelnden Nachweises der Prokura oder Handlungsvollmacht haftet;

f) aus den Rechtsverhältnissen des Seerechts oder des Rechtes der Binnenschiffahrt, insbesondere aus denjenigen, welche sich auf die Rhederei, auf die Rechte und Pflichten des Rheders oder Schiffseigners, des Korrespondentrheders und der Schiffsbesatzung, auf die Bodmerei und die Haverei, auf den Schadensersatz im Falle des Zusammenstoßes von Schiffen, auf die Bergung und Hülfeleistung und auf die Ansprüche der Schiffsgläubiger beziehen.

II. Aenderung der Civilprozeßordnung.

§. 850a[3].[1])

Für das im §. 757 des Handelsgesetzbuchs und im §. 111 des Gesetzes, betreffend die privatrechtlichen Verhältnisse der Binnenschiffahrt, vom 15. Juni 1895 (Reichs-Gesetzbl. S. 301) vorgesehene Aufgebotsverfahren im Falle der Veräußerung eines Schiffes ist das Gericht zuständig, in dessen Bezirke sich der Heimathshafen oder der Heimathsort des Schiffes befindet.

Unterliegt das Schiff der Eintragung in das Schiffsregister, so kann der Antrag erst nach der Eintragung der Veräußerung gestellt werden.

Der Antragsteller hat die ihm bekannten Forderungen von Schiffsgläubigern anzugeben.

Die Aufgebotsfrist (§. 827) muß mindestens drei Monate betragen.

In dem Ausschlußurtheile sind den Schiffsgläubigern, welche sich gemeldet haben oder welche der Antragsteller angegeben hat, ihre Rechte vorzubehalten; die übrigen Schiffsgläubiger sind mit ihrem Pfandrecht auszuschließen. Schiffsgläubigern, deren Forderungen dem Antragsteller bekannt waren, steht das Ausschlußurtheil nicht entgegen.

III. Aenderung des Einführungsgesetzes zur Civilprozeßordnung.

Die Abs. 3, 4 des §. 13 werden gestrichen.

IV. Aenderungen der Konkursordnung.

§. 198.

Im Falle der Zahlungsunfähigkeit einer offenen Handelsgesellschaft, einer Kommanditgesellschaft oder einer Kommanditgesellschaft auf Aktien findet über das Gesellschaftsvermögen ein selbständiges Konkursverfahren statt. Ueber das Vermögen einer Kommanditgesellschaft auf Aktien findet das Konkursverfahren auch im Falle der Ueberschuldung statt.

Die Vorschrift des §. 193 Abs. 2 findet entsprechende Anwendung.

§. 199.

Zu dem Antrage auf Eröffnung des Verfahrens ist außer den Konkursgläubigern jeder persönlich haftende Gesellschafter und jeder Liquidator berechtigt.

---

[1]) Der §. 850a[3] soll hinter dem nach der Anlage II der Denkschrift zum Entwurfe des Bürgerlichen Gesetzbuchs in Aussicht genommenen neuen §. 850a[2] der Civilprozeßordnung eingestellt werden.

Wird der Antrag nicht von allen persönlich haftenden Gesellschaftern oder allen Liquidatoren gestellt, so ist derselbe zuzulassen, wenn bei der offenen Handelsgesellschaft oder der Kommanditgesellschaft die Zahlungsunfähigkeit, bei der Kommanditgesellschaft auf Aktien die Zahlungsunfähigkeit oder die Ueberschuldung glaubhaft gemacht wird. Das Gericht hat die übrigen persönlich haftenden Gesellschafter oder Liquidatoren nach Maßgabe des §. 97 Abs. 2, 3 zu hören.

§. 201.

In dem Konkursverfahren über das Privatvermögen eines persönlich haftenden Gesellschafters können die Gesellschaftsgläubiger, wenn das Konkursverfahren über das Gesellschaftsvermögen eröffnet ist, Befriedigung nur wegen desjenigen Betrages suchen, für welchen sie in dem letzteren Verfahren keine Befriedigung erhalten.

Bei den Vertheilungen sind die Antheile auf den vollen Betrag der Gesellschaftsforderungen zurückzubehalten, bis der Ausfall bei dem Gesellschaftsvermögen feststeht.

Im übrigen finden auf die bezeichneten Forderungen die Vorschriften der §§. 57, 58 entsprechende Anwendung.

V. Aenderung des Einführungsgesetzes zur Konkursordnung.

Der §. 3 Abs. 3 wird gestrichen.[1])

---

[1]) Diese Vorschrift tritt an die Stelle der Bestimmung des Art. 5 Nr. 1 des Entwurfs eines Gesetzes, betreffend Aenderungen des Gerichtsverfassungsgesetzes, der Civilprozeßordnung, der Konkursordnung u. s. w. (Drucksachen des Bundesraths 1896 Nr. 29).

Vergleichende Zusammenstellung

der

Artikel des Allgemeinen Deutschen Handelsgesetzbuchs und der Paragraphen des Entwurfs eines Handelsgesetzbuchs.

Die Zahlen der ersten Spalten bezeichnen die Artikel des Allgemeinen Deutschen Handelsgesetzbuchs, die der zweiten Spalten die Paragraphen des Entwurfs.

1, 2.	Gestrichen.*)	25 Abs. 1.	30 Abs. 1, Abs. 2 Satz 1.
3.	Gestrichen.	Abs. 2.	15 Abs. 1.
4.	1 Abs. 1.	Abs. 3.	15 Abs. 2.
5 Abs. 1.	6.	26 Abs. 1.	14 Satz 1.
Abs. 2.	Gestrichen.	Abs. 2.	36 Abs. 1 Satz 1.
6 bis 9.	Gestrichen.	27 Abs. 1.	36 Abs. 2.
10.	4.	Abs. 2, 3.	Gestrichen.
11 Halbsatz 1.	7.	28.	37.
Halbsatz 2.	Gestrichen.	29 Abs. 1.	38 Abs. 1, 2.
12 Abs. 1.	8.	Abs. 2.	38 Abs. 3 Satz 1.
Abs. 2.	9.	Abs. 3.	Gestrichen.
13.	10.	30.	40.
14 Abs. 1 Satz 1.	11.	31.	39 Abs. 2, 3.
Abs. 1 Satz 2.	Gestrichen.	32.	42.
Abs. 2, 3.	Gestrichen.	33.	43.
15.	17.	34 bis 36.	Gestrichen.
16.	18.	37 Satz 1.	44.
17 Abs. 1.	19 Abs. 1.	Satz 2.	Gestrichen.
Abs. 2.	19 Abs. 2.	38.	45.
Abs. 3 Halbsatz 1.	19 Abs. 4.	39.	Gestrichen.
Abs. 3 Halbsatz 2.	Gestrichen.	40.	46.
18 Abs. 1.	20.	41.	47.
Abs. 2.	Gestrichen.	42 Abs. 1 Satz 1.	48 Abs. 1.
19.	28, 12.	Abs. 1 Satz 2, 3.	Gestrichen.
20.	29 Abs. 1, 2.	Abs. 2.	48 Abs. 2.
21 Abs. 1.	13 Abs. 1.	43.	49 Abs. 1, 2.
Abs. 2.	29 Abs. 3.	44 Abs. 1.	51.
Abs. 3.	13 Abs. 2.	Abs. 2.	Gestrichen.
22.	21.	45 Abs. 1 bis 3.	52, 12.
23.	22.	Abs. 4.	14 Satz 1.
24.	23.	46.	15 Abs. 1, 2.

*) Vergl. Entwurf eines Einführungsgesetzes §. 2.

47 Abs. 1, 2.	53 Abs. 1, 2.
Abs. 3.	Gestrichen.
48.	56.
49.	54 Abs. 1, 2, 85.
50.	55.
51, 52.	Gestrichen.
53.	57.
54.	50.
55, 56.	Gestrichen.
57.	58 Abs. 1.
58.	Gestrichen.
59.	59, 60 Abs. 1, 75 Abs. 1.
60.	62, 75 Abs. 1.
61 Abs. 1.	65 bis 68.
Abs. 2.	76.
62 Abs. 1.	69 Abs. 1. 76 Abs. 3.
Abs. 2.	Gestrichen.
63.	70, 76 Abs. 3.
64.	71, 76 Abs. 3.
65.	81.
66.	Gestrichen.
67 Abs. 1.	91.
Abs. 2.	95.
68 bis 70.	Gestrichen.
71, 72.	98.
73.	92.
74.	99.
75 bis 78.	Gestrichen.
79 Abs. 1.	100.
Abs. 2.	Gestrichen.
80.	94.
81.	96.
82.	Gestrichen.
83.	97.
84.	Gestrichen.
85 Abs. 1.	103 Abs. 1.
Abs. 2.	Gestrichen.
86 Abs. 1.	104 Abs. 1.
Abs. 2 Nr. 1 bis 3.	104 Abs. 2.
Abs. 2 Nr. 4.	123 Abs. 4.
87 Abs. 1.	105, 123 Abs. 4.
Abs. 2.	15 Abs. 1, 2.
88.	106, 12 Abs. 1.
89.	14 Satz 1.
90.	107.
91, 92.	Gestrichen.
93 Abs. 1, 2.	108.
Abs. 3.	Gestrichen.
94.	Gestrichen.
95.	109.
96.	110.

97.	111 Abs. 1, 3.
98.	Gestrichen.
99 Halbsatz 1.	112 Abs. 2.
Halbsatz 2.	114 Abs. 1.
100.	113.
101.	115.
102 Abs. 1.	112 Abs. 1.
Abs. 2.	113 Abs. 1.
103 Abs. 1, 2.	114 Abs. 1, 2.
Abs. 3.	117.
104.	114 Abs. 3.
105.	116.
106 Abs. 1.	119 Abs. 1, 2.
Abs. 2.	118 Abs. 2.
Abs. 3.	119 Abs. 1, 2.
107.	118.
108.	120.
109.	119 Abs. 3.
110.	121.
111 Abs. 1.	122 Abs. 1.
Abs. 2.	Gestrichen.
112.	126.
113.	128.
114 Abs. 1.	124 Abs. 1.
Abs. 2.	Gestrichen.
115.	123, 15 Abs. 1, 2.
116.	124 Abs. 2.
117 Abs. 1.	124 Abs. 1.
Abs. 2.	Gestrichen.
118.	124 Abs. 1.
119 bis 122.	Gestrichen.
123.	129, 130, 132.
124.	130.
125.	131 Abs. 1, 2, 132.
126.	133.
127.	136.
128.	138 Abs. 1.
129 Abs. 1.	141 Abs. 1.
Abs. 2.	Gestrichen.
Abs. 3.	141 Abs. 2.
Abs. 4.	14 Satz 1.
Abs. 5.	15 Abs. 1, 2.
130 Abs. 1.	138 Abs. 2.
Abs. 2 bis 4.	Gestrichen.
131.	Gestrichen.
132.	139 Abs. 1.
133.	143, 144.
134.	145.
135 Abs. 1, 2.	146 Abs. 1 Satz 1, 2, Abs. 3.
Abs. 3.	14 Satz 1.
Abs. 4.	15 Abs. 1, 2.

136.	148 Abs. 1 Halbsatz 1.
137 Abs. 1.	147.
Abs. 2.	Gestrichen.
138.	149.
139.	151.
140.	150.
141.	153 Abs. 2 Satz 1, 2.
142.	153 Abs. 1, 3.
143.	Gestrichen.
144 Abs. 1.	154.
Abs. 2, 3.	Gestrichen.
145.	155 Abs. 2, 3.
146.	157.
147.	Gestrichen.
148 Abs. 1.	Gestrichen.
Abs. 2.	158.
149.	Gestrichen.
150 Abs. 1. 2.	159.
Abs. 3.	Gestrichen.
151 Abs. 1.	159 Abs. 2, 104.
Abs. 2.	160 Abs. 1.
Abs. 3 Satz 1.	159 Abs. 2. 106, 12 Abs. 1.
Abs. 3 Satz 2.	160 Abs. 2.
152.	13 Abs. 1, 2.
153.	159 Abs. 2, 106 Abs. 2. 12 Abs. 1, 13 Abs. 1, 2,
154.	159 Abs. 2, 106, 14 Satz 1.
155 Abs. 1.	159 Abs. 2, 105, 106 Abs. 1, 14 Satz 1.
Abs. 2.	160 Abs. 2.
Abs. 3.	15 Abs. 1, 2.
156.	159 Abs. 2, 105, 106, 160 Abs. 3.
157.	161.
158.	159 Abs. 2, 162.
159.	163.
160.	164.
161 Abs. 1, 2.	165, 166 Abs. 1, 167 Abs. 1.
Abs. 3.	167.
162.	166 Abs. 2.
163 Abs. 1. 2.	159 Abs. 2, 121.
Abs. 3.	173.
164 Abs. 1.	159 Abs. 2, 122 Abs. 1.
Abs. 2.	Gestrichen.
165.	168, 169.
166.	170.
167 Abs. 1.	174.
Abs. 2, 3.	Gestrichen.
168.	Gestrichen.
169.	Gestrichen.

170 Abs. 1.	175.
Abs. 2.	159 Abs. 2.
171.	159 Abs. 2, 141, 160 Abs. 3, 172.
172.	159 Abs. 2.
173 Abs. 1.	311 Abs. 1.
Abs. 2.	311 Abs. 3, 177 Abs. 1.
Abs. 3, 4.	311 Abs. 3, 177 Abs. 2 bis 4.
173 a.	311 Abs. 3, 178 Abs. 1 bis 3, 5.
174.	311 Abs. 3, 208 Abs. 2.
174 a.	Gestrichen.
175 Abs. 1.	312 Abs. 1 Satz 1, 2.
Abs. 2 Nr. 1-4, 6, 7.	313 Abs. 1, 2.
Abs. 2 Nr. 5.	311 Abs. 3, 181 Abs. 1.
Abs. 3.	311 Abs. 3. 180 Abs. 3.
175 a Abs. 1 Nr. 1.	Gestrichen.
Abs. 1 Nr. 2.	311 Abs. 3, 182 Abs. 2.
Abs. 1 Nr. 3.	311 Abs. 3, 181 Abs. 2.
Abs. 1 Nr. 4.	311 Abs. 3, 183.
Abs. 1 Nr. 5.	311 Abs. 3, 246.
Abs. 1 Nr. 6.	321 Abs. 4.
Abs. 2.	311 Abs. 3, 182 Abs. 1.
175 b.	313 Abs. 3, 311 Abs. 3, 184.
175 c.	314 Abs. 1, 311 Abs. 3. 187 Abs. 2 bis 5.
175 d.	311 Abs. 3, 189.
175 e Abs. 1.	311 Abs. 3, 187 Abs. 1, 2.
Abs. 2.	311 Abs. 3, 188 Abs. 2.
Abs. 3 Satz 1.	311 Abs. 3, 190 Abs. 1.
Abs. 3 Satz 2.	311 Abs. 3, 191 Abs. 1.
Abs. 4.	311 Abs. 3, 191 Abs. 2.
175 f Abs. 1.	311 Abs. 3, 194 Abs. 1, 314 Abs. 3.
Abs. 2.	311 Abs. 3, 194 Abs. 3 Satz 1.
Abs. 3.	311 Abs. 3, 194 Abs. 4 Satz 1, Abs. 5, 314 Abs. 3.
175 g.	311 Abs. 3, 195.
176.	311 Abs. 3, 193, 196, 314 Abs. 4, 315 Nr. 1, 12 Abs. 1.
177.	311 Abs. 3, 197 Abs. 1 Nr. 1, 3, 4.
178.	311 Abs. 3, 198 Abs. 1.
179.	13, 311 Abs. 3, 199.
180.	311 Abs. 3, 200.
180 a.	311 Abs. 3, 201.
180 b.	311 Abs. 3, 202.
180 c.	311 Abs. 3, 203 Satz 1 Halbsatz 1, Satz 2.

180d.	311 Abs. 3, 204.
180e Abs. 1 bis 4.	311 Abs. 3, 205 Abs. 1 bis 4, 315.
Abs. 5.	311 Abs. 3, 206.
Abs. 6.	311 Abs. 3, 205 Abs. 5.
180f Abs. 1.	318 Abs. 4 Satz 2.
Abs. 2.	311 Abs. 3, 269.
180g Abs. 1 bis 3.	311 Abs. 3, 266 Abs. 1 Satz 1, 267 Abs. 1, 3, 318 Abs. 2.
Abs. 4.	Gestrichen.
180h Abs. 1.	311 Abs. 3, 270 Abs. 1 Satz 1, 2.
Abs. 2 Satz 1, 2.	311 Abs. 3, 270 Abs. 2, 3.
Abs. 2 Satz 3.	311 Abs. 3, 182 Abs. 1.
Abs. 3.	Gestrichen.
Abs. 4 Satz 1.	311 Abs. 3, 270 Abs. 2.
Abs. 4 Satz 2 bis 4.	311 Abs. 3, 269 Abs. 2, 3, 272, 278 Satz 1, 318 Abs. 4 Satz 2.
Abs. 5.	311 Abs. 3, 275 Abs. 2.
180i Abs. 1.	311 Abs. 3, 273 Abs. 1.
Abs. 2.	311 Abs. 3, 276 Abs. 1 bis 4, 278.
Abs. 3.	311 Abs. 3, 279 Abs. 1.
181.	Gestrichen.
181a Abs. 1, 2.	311 Abs. 3, 207.
Abs. 3.	311 Abs. 3, 178 Abs. 4.
182.	311 Abs. 3, 220.
183.	311 Abs. 3, 221.
183a Abs. 1.	311 Abs. 3, 222.
Abs. 2.	311 Abs. 3, 177 Abs. 3, 4.
183b.	311 Abs. 3, 209.
184.	311 Abs. 3, 216.
184a Abs. 1, 2.	311 Abs. 3, 217.
Abs. 3.	311 Abs. 3, 219 Satz 1.
184b Abs. 1, 2.	311 Abs. 3, 218 Abs. 1, 2.
Abs. 3.	311 Abs. 3, 219 Satz 1.
Abs. 4.	311 Abs. 3, 218 Abs. 3.
184c Satz 1.	311 Abs. 3, 219 Satz 2.
Satz 2.	Gestrichen.
184d.	311 Abs. 3, 224.
185.	316 Nr. 3, 252 Abs. 2.
185a.	311 Abs. 3, 254.
185b.	311 Abs. 3, 255 Nr. 1, 2.
185c Abs. 1.	316 Nr. 1, 3, 257.
Abs. 2.	Gestrichen.
186 Abs. 1.	311 Abs. 2, 3, 245, 321 Abs. 3.
Abs. 2.	319 Abs. 1.
187.	311 Abs. 3, 316 Nr. 2, 241 Abs. 2, 248.
188.	311 Abs. 3, 249 Abs. 1, Abs. 3 Satz 1, 3.
189.	311 Abs. 3, 250 Abs. 1 Satz 1, Abs. 2, 3 Satz 1 Abs. 4.
190.	311 Abs. 3, 247, 318.
190a Abs. 1.	311 Abs. 3, 316 Nr. 4, 263.
Abs. 2 bis 4.	311 Abs. 3, 316 Nr. 4, 264.
Abs. 5.	311 Abs. 3, 316 Nr. 4, 265 Abs. 1.
190b.	311 Abs. 3, 265 Abs. 2.
191 Abs. 1.	311 Abs. 3, 238 Abs. 1, 319 Abs. 4.
Abs. 2.	311 Abs. 3, 238 Abs. 2.
Abs. 3 Satz 1.	311 Abs. 3, 238 Abs. 3.
Abs. 3 Satz 2.	Gestrichen.
Abs. 4.	311 Abs. 3, 238 Abs. 4.
192.	311 Abs. 3, 240.
193.	311 Abs. 3, 316 Nr. 5, 241 Abs. 1, 3, 4.
194, 195.	311 Abs. 3, 303 Nr. 7, 242, 249 Abs. 2, 319 Abs. 2 Satz 2, Abs. 3.
196 Abs. 1.	311 Abs. 2, 159 Abs. 2, 123 Abs. 1, 124 Abs. 1, 174.
Abs. 2, 3.	Gestrichen.
196a.	317.
197 Abs. 1.	311 Abs. 3, 211.
Abs. 2.	311 Abs. 3, 213 Abs. 1.
198.	311 Abs. 3, 215 Abs. 1.
199.	321 Abs. 1, 4.
200 Satz 1 bis 3.	321 Abs. 1 bis 3, 5.
Satz 4.	13, 15 Abs. 3.
201.	311 Abs. 3, 292 Abs. 1.
202.	311 Abs. 3, 288, 292 Abs. 2, 3.
203 Abs. 1.	311 Abs. 3, 269, 280, 291.
Abs. 2.	311 Abs. 3, 225.
204.	311 Abs. 3, 244.
205 Abs. 1.	321 Abs. 1.
Abs. 2.	13, 15 Abs. 3.
Abs. 3.	311 Abs. 3, 290.
206 Abs. 1.	321 Abs. 2, 311 Abs. 3, 286 Abs. 2.
Abs. 2.	311 Abs. 3, 286 Abs. 3.
206a Abs. 1, 2.	323.
Abs. 3.	323 Abs. 2, 324 Abs. 1, 2.
Abs. 4 Satz 1.	324 Abs. 3.
Abs. 4 Satz 2.	Gestrichen.
Abs. 5 Satz 1, 2.	325.
Abs. 5 Satz 3.	Gestrichen.

207 Abs. 1, 2.	176.
Abs. 3 bis 5.	177.
207 a.	178 Abs. 1 bis 3, 5.
208.	208 Abs. 2.
209 Abs. 1.	180 Abs. 1.
Abs. 2 Nr. 1 bis 3.	180 Abs. 2 Nr. 1 bis 3.
Abs. 2 Nr. 4.	181 Abs. 1.
Abs. 2 Nr. 5 bis 7.	181 Abs. 2 Nr 4 bis 6.
Abs. 3.	181 Abs. 3.
209 a Abs. 1 Nr. 1.	Gestrichen.
Abs. 1 Nr. 2.	182 Abs. 2.
Abs. 1 Nr. 3.	181 Abs. 2.
Abs. 1 Nr. 4.	183.
Abs. 1 Nr. 5.	246.
Abs. 2.	182 Abs. 2.
209 b.	184.
209 c.	185.
209 d.	186.
209 e.	187.
209 f.	188 Abs. 1, 2.
209 g.	189.
209 h.	190, 191 Abs. 1, 2.
210.	193, 196, 12 Abs. 1.
210 a Abs. 1 bis 3.	194 Abs. 1 bis 3.
Abs. 4.	194 Abs. 4 Satz 1, Abs. 5.
Abs. 5.	194 Abs. 6.
210 b.	195.
210 c.	197 Abs. 1 Nr. 1, 3, 4.
211.	198 Abs. 1.
212.	199.
213 Abs. 1.	208 Abs. 1.
Abs. 2.	Gestrichen.
213 a.	200.
213 b.	201.
213 c.	202.
213 d.	203.
213 e.	204.
213 f Abs. 1 bis 4.	205 Abs. 1 bis 4.
Abs. 5.	206.
Abs. 6.	205 Abs. 5.
214.	269.
215 Abs. 1.	266 Abs. 1 Satz 1.
Abs. 2, 3.	267 Abs. 1, 2.
Abs. 4.	294 Abs. 1.
Abs. 5.	Gestrichen.
Abs. 6.	267 Abs. 3.
Abs. 7.	Gestrichen.
215 a Abs. 1.	270 Abs. 1 Satz 1, 2.
Abs. 2.	270 Abs. 2, 3, 182 Abs. 1.
Abs. 3.	269 Abs. 2, 3, 272, 278 Satz 1.
Abs. 4.	275 Abs. 2.

215 b Abs. 1.	273 Abs. 1.
Abs. 2.	276 Abs. 1 bis 4, 278.
215 c Abs. 1, 2.	207.
Abs. 3.	177 Abs. 3, 4, 279 Abs. 1.
Abs. 4.	178 Abs. 4.
215 d.	224, 225.
216 Abs. 1.	Gestrichen.
Abs. 2.	211.
217.	213.
218.	215 Abs. 1 Satz 2.
219 Abs. 1.	210.
Abs. 2.	
184.	216.
184 a Abs. 1, 2.	217.
184 a Abs. 3.	219 Satz 1.
184 b Abs. 1, 2.	218 Abs. 1, 2.
184 b Abs. 3.	219 Satz 1.
184 b Abs. 4.	218 Abs. 3.
184 c Satz 1.	219 Satz 2.
184 c Satz 2.	Gestrichen.
220	
182.	220, 222.
183.	221, 222.
221 Abs. 1.	245.
Abs. 2.	247.
222	
190 a Abs. 1	263.
190 a Abs. 2 bis 4.	264.
190 a Abs. 5.	265 Abs. 1.
190 b.	265 Abs. 2.
222 a.	258, 259 Abs. 1, 2, 3 Satz 2.
223 Abs. 1.	260 Abs. 1.
Abs. 2.	260 Abs. 2 Satz 2, 261.
Abs. 3.	260 Abs. 2 Satz 1, 3.
224	
191.	238.
192.	240.
225.	241.
225 a.	243 Abs. 1, Abs. 2 Satz 1, Abs. 3.
226.	244.
227 Abs. 1.	226 Abs. 1.
Abs. 2 Halbsatz 1.	227 Abs. 2.
Abs. 2 Halbsatz 2.	Gestrichen.
Abs. 3.	227 Abs. 3.
228.	230, 193 Abs. 4, 13.
229 Abs. 1.	228 Abs. 1 Satz 1.
Abs. 2.	229.
230.	Gestrichen.
231.	231.
232.	232.

232a.	237.
233.	230, 13, 15.
234.	233.
235.	Gestrichen.
236.	248.
237.	249 Abs. 1, 2, Abs. 3 Satz 1, 3.
238.	250 Abs. 1, 2, 3 Satz 1, Halbsatz 1, Abs. 4.
238a.	251 Abs. 1, Abs. 4 Satz 2, Abs. 5.
239.	234, 252 Abs. 2, 253.
239a Abs. 1.	258 Abs. 1.
Abs. 2.	256 Abs. 1.
Abs. 3.	Gestrichen.
239b.	
185a.	254.
185b.	255 Nr. 1, 2.
185c Abs. 1.	257.
185c Abs. 2.	Gestrichen.
240.	235.
241 Abs. 1.	Gestrichen.
Abs. 2 bis 5.	236.
242.	283.
243.	284, 13, 288.
244 Abs. 1, 2.	286 Abs. 1, 2.
Abs. 3.	287 Abs. 1 Satz 1, 13.
Abs. 4.	286 Abs. 3.
244a Abs. 1, 2.	289 Abs. 1, 2, 4.
Abs. 3.	290.
Abs. 4.	Gestrichen.
245 Abs. 1.	291 Abs. 1, 2.
Abs. 2.	292 Abs. 1.
Abs. 3.	
202 Abs. 1 Halbsatz 1.	Gestrichen.
202 Abs. 1 Halbsatz 2.	292 Abs. 2.
282 Abs. 2.	292 Abs. 3.
Abs. 4.	293 Abs. 1.
246.	293 Abs. 2, 3.
247 Nr. 1, 2.	297 Abs. 1 bis 3.
Nr. 3.	297 Abs. 6.
Nr. 4.	297 Abs. 1, 295 Abs. 3.
Nr. 5.	297 Abs. 5.
248 Abs. 1.	280, 281.
Abs. 2.	269, 13.
249.	303, 311 Abs. 3, 316 Nr. 9.
249a.	304, 311 Abs. 3, 316 Nr. 9.
249b.	305, 311 Abs. 3, 316 Nr. 9.
249c.	306, 311 Abs. 3, 316 Nr. 9.
249d Abs. 1 Nr. 1, 2.	Gestrichen.
Abs. 1 Nr. 3.	307 Satz 1, 311 Abs. 3.

249d Abs. 2, 3.	307 Satz 2, 3. 311 Abs. 3.
Abs. 4.	Gestrichen.
249e.	308, 311 Abs. 3.
249f.	309, 311 Abs. 3.
249g Abs. 1.	14, 310, 311 Abs. 3, 316 Nr. 9.
Abs. 2.	14, 310, 311 Abs. 3.
250 Abs. 1.	326 Abs. 1, 327 Abs. 2.
Abs. 2.	Gestrichen.
251.	Gestrichen.
252 Abs. 1.	326 Abs. 1.
Abs. 2.	Gestrichen.
253.	329.
254.	327 Abs. 1.
255.	328.
256.	326 Abs. 2.
257.	Gestrichen.
258.	332.
259.	333 Abs. 1, 2.
260.	Gestrichen.
261 Nr. 1 bis 5.	Gestrichen.
Nr. 6.	330 Abs. 1 Satz 1.
262.	330 Abs. 1 Satz 2.
263.	330 Abs. 1 Satz 1.
264.	330 Abs. 2.
265.	331 Abs. 1, Abs. 2 Satz 1.
266 bis 270.	Gestrichen.
271.	1 Abs. 2 Nr. 1, 3, 5, 334 Abs. 1.
272 Abs. 1.	1 Abs. 2 Nr. 2, 4 bis 9, 334 Abs. 1.
Abs. 2.	334 Abs. 2.
273 Abs. 1.	334 Abs. 1.
Abs. 2, 3.	Gestrichen.
274.	335.
275, 276.	Gestrichen.
277.	336.
278.	Gestrichen.
279.	337.
280.	Gestrichen.
281 Abs. 1.	Gestrichen.
Abs. 2.	340, 343.
282.	338.
283.	Gestrichen.
284 Abs. 1.	339, 343.
Abs. 2, 3.	Gestrichen.
285, 286.	Gestrichen.
287.	344 Abs. 1 Satz 1, Abs. 2.
288.	Gestrichen.

289.	345.
290 Abs. 1, 2.	346.
Abs. 3.	Gestrichen.
291.	347 Abs. 1, 2.
292 bis 300.	Gestrichen.
301 Abs. 1.	355 Abs. 1.
Abs. 2, 3.	Gestrichen.
302.	355 Abs. 2.
303.	356.
304.	Gestrichen.
305.	357.
306, 307.	358, 359.
308, 309.	Gestrichen.
310, 311.	360.
312.	Gestrichen.
313.	361 Abs. 1 Satz 1, Abs. 3.
314.	362.
315 Satz 1, 2.	363, 361 Abs. 4 Satz 1.
Satz 3.	Gestrichen.
316.	Gestrichen.
317.	341, 343.
318 bis 322.	Gestrichen.
323 Abs. 1, 2.	354.
Abs. 3.	Gestrichen.
324 bis 326.	Gestrichen.
327 Abs. 1.	351 Abs. 1.
Abs. 2.	Gestrichen.
328 Abs. 1 Nr. 1 Satz 1, 2.	Gestrichen.
Abs. 1 Nr. 1 Satz 3.	351 Abs. 2.
Abs. 1 Nr. 2.	Gestrichen.
Abs. 2.	Gestrichen.
329 bis 331.	Gestrichen.
332.	350.
333, 334.	Gestrichen.
335.	352.
336 Abs. 1.	353.
Abs. 2.	Gestrichen.
337 bis 342.	Gestrichen.
343 Abs. 1.	Gestrichen.
Abs. 2, 3.	365 Abs. 1, 2, Abs. 5.
	Satz 1 Halbsatz 2, Satz 2.
344 bis 346.	Gestrichen.
347 Abs. 1 bis 3.	369 Abs. 1 bis 4.
Abs. 4.	Gestrichen.
348 Abs. 1.	370 Abs. 1.
Abs. 2 bis 4.	Gestrichen.
Abs. 5.	370 Abs. 2.
349.	Gestrichen.
350.	369 Abs. 5.
351.	Gestrichen.

352.	372.
353 bis 356.	Gestrichen.
357.	368.
358, 359.	Gestrichen.
360 Abs. 1.	375.
Abs. 2, 3.	Gestrichen.
361.	376 Abs. 1, 2.
362.	377 Abs. 1.
363, 364.	378.
365 Abs. 1, 2.	380 Abs. 1.
Abs. 3.	380 Abs. 2.
366 Abs. 1.	380 Abs. 2.
Abs. 2.	381.
367.	382.
368.	384.
369.	385.
370.	386.
371 Abs. 1.	388 Abs. 2.
Abs. 2.	388 Abs. 1.
372.	379.
373.	387.
374 Abs. 1.	389.
Abs. 2.	391.
375 Halbsatz 1.	390.
Halbsatz 2.	Gestrichen.
376 Abs. 1.	392 Abs. 1.
Abs. 2 Satz 1.	392 Abs. 2 Satz 1.
Abs. 2 Satz 2.	395.
Abs. 3.	397 Abs. 1, 376 Abs. 3.
377.	397 Abs. 3.
378.	398.
379.	399 Abs. 1.
380 Abs. 1.	400 Abs. 1.
Abs. 2.	Gestrichen.
381 Abs. 1.	401 Abs. 1.
Abs. 2.	400 Abs. 2.
382 Abs. 1.	402.
Abs. 2.	Gestrichen.
Abs. 3, 4.	403.
383.	405 Abs. 2.
384.	405 Abs. 1.
385.	404.
386.	406 Abs. 1 Satz 1, Abs. 2,
	Abs. 3 Satz 1, Abs. 4.
387.	399 Abs. 2.
388.	407 Abs. 1.
389.	407 Abs. 2.
390.	417.
391 Abs. 1.	Gestrichen.
Abs. 2.	418 Abs. 1.

392.	418 Abs. 2 Nr. 1 bis 5, 7 bis 9.
393.	419.
394.	420.
395.	421.
396.	422.
397.	421 Abs. 1.
398, 399.	Gestrichen.
400.	423.
401.	424 Abs. 1, 2.
402.	425 Abs. 1 Satz 1, Abs. 2.
403.	Gestrichen.
404.	426.
405.	427.
406.	428.
407 Abs. 1 bis 3.	Gestrichen.
Abs. 4.	429.
Abs. 5.	Gestrichen.
408 Abs. 1.	430 Abs. 1.
Abs. 2.	430 Abs. 3.
Abs. 3.	431 Satz 1.
409 Abs. 1, 2.	432.
Abs. 3.	Gestrichen.
410.	433.
411 Satz 1, 2.	435.
Satz 3.	Gestrichen.
412.	434.
413.	436.
414.	437.
415.	438.
416.	439 Abs. 3.
417.	439 Abs. 1.
418.	440.
419.	Gestrichen.
420.	443.
421 Abs. 1.	446.
Abs. 2.	444.
Abs. 3.	446.
422 Abs. 1.	445 Abs. 1 Nr. 1, 3, 4.
Abs. 2.	445 Abs. 2 Satz 1.
Abs. 3, 4.	445 Abs. 3, 4.
423.	463.
424.	461.
425.	457 Abs. 1, 3.
426.	452 Abs. 1 bis 3.
427.	453, 454, 457 Abs. 2, 458 Abs. 2, 4.
428.	456.
429.	461.
430.	460.

431.	Gestrichen.
432 bis 434.	Gestrichen.
435 Abs. 1 Nr. 1, 2.	Gestrichen.
Abs. 1 Nr. 3.	472 Abs. 1.
Abs. 2.	Gestrichen.
436 bis 438.	Gestrichen.
439.	466.
440.	467.
441.	468.
442.	469.
443 Abs. 1.	Gestrichen.
Abs. 2, 3.	470.
444.	471.
445.	473.
446 Abs. 1.	474.
Abs. 2, 3.	Gestrichen.
447.	475.
448.	472 Abs. 2.
449.	655.
450.	476.
451.	477.
452.	478.
453 Abs. 1.	479.
Abs. 2 bis 4.	Gestrichen.
454.	Gestrichen.
455.	480.
456.	481.
457.	482.
458.	483.
459.	484.
460 Abs. 1 bis 5.	485.
Abs. 6.	Gestrichen.
461.	486.
462.	487.
463.	488.
464.	489.
465.	490.
466.	491.
467 Abs. 1.	492 Abs. 1.
Abs. 2 Satz 1.	492 Abs. 2 Satz 1.
Abs. 2 Satz 2.	Gestrichen.
Abs. 2 Satz 3.	492 Abs. 2 Satz 2.
468.	493.
469.	494.
470 Abs. 1.	495 Abs. 1.
Abs. 2 Satz 1.	Gestrichen.
Abs. 2 Satz 2.	495 Abs. 2.
Abs. 2 Satz 3.	Gestrichen.
471.	496.
472.	497.

473.	498.	523.	545.
474.	499.	524.	546.
475.	500.	525.	Gestrichen.
476.	501.	526 Satz 1, 2.	547 Satz 1, 2.
477.	502.	Satz 3.	Gestrichen.
478.	503.	Satz 4.	547 Satz 3.
479.	504.	527.	Gestrichen.
480.	505.	528 bis 556.	Gestrichen.
481.	506.	557.	548.
482.	507.	558.	549.
483.	508.	559.	550.
484.	509.	560.	551.
485.	510.	561.	552.
486.	511.	562.	553.
487.	512.	563.	554.
488.	Gestrichen.	564.	555.
489.	513.	565.	556.
490.	514.	566.	557.
491.	515.	567.	558.
492.	516.	568.	559.
493.	517.	569.	560.
494.	Gestrichen.	570.	561.
495.	518.	571.	562.
496.	519.	572.	563.
497.	520.	573.	564.
498.	521.	574.	565.
499.	522.	575.	566.
500.	523.	576.	567.
501.	524.	577.	568.
502.	525.	578.	569.
503.	526.	579.	570.
504.	527.	580.	571.
505.	528.	581.	572.
506.	529.	582.	573.
507.	530.	583.	574.
508.	531.	584.	575.
509.	532.	585 Abs. 1.	576 Abs. 1.
510.	533.	Abs. 2.	Gestrichen.
511.	534.	Abs. 3.	576 Abs. 2.
512.	Gestrichen.	586.	577.
513.	535.	587.	578.
514.	536.	588.	579.
515.	537.	589.	580.
516.	538.	590.	581.
517.	539.	591.	582.
518.	540.	592.	583.
519.	541.	593.	584.
520.	542.	594.	585.
521.	543.	595.	586.
522.	544.	596.	587.

597.	588.
598.	589.
599.	590.
600.	591.
601.	592.
602.	593.
603.	594.
604.	595.
605.	596.
606.	597.
607.	598.
608.	599.
609.	600.
610.	601.
611.	602.
612 Abs. 1.	603 Abs. 1 Halbsatz 1.
Abs. 2.	Gestrichen.
Abs. 3.	603 Abs. 1 Halbsatz 2.
Abs. 4.	603 Abs. 2.
613.	604.
614.	605.
615.	606.
616.	607.
617.	608.
618.	609.
619.	610.
620.	611.
621.	612.
622.	613.
623.	614.
624.	615 Abs. 1, 2.
625.	616.
626.	Gestrichen.
627.	617.
628.	618.
629.	619.
630.	620.
631.	621.
632.	622.
633 Abs. 1.	623.
Abs. 2.	Gestrichen.
634.	624.
635.	625.
636.	626.
637.	627.
638.	628.
639.	629.
640.	630.
641.	631.
642.	632.

643.	633.
644.	634 Abs. 1 bis 3.
645.	635.
646.	636.
647.	637.
648.	638.
649.	639.
650.	640.
651.	641.
652.	642.
653.	643.
654.	644.
655.	645.
656.	646.
657.	647.
658.	648.
659.	649.
660.	650.
661.	651.
662.	652.
663.	653.
664.	654.
665.	656.
666.	657.
667.	658.
668.	659.
669.	660.
670.	661.
671.	662.
672.	663.
673.	664.
674.	665.
675.	666.
676.	667.
677.	668.
678.	669.
679.	670.
680.	671.
681.	672.
682.	673.
683.	674.
684.	675.
685.	676.
686.	677.
687.	678.
688.	679.
689.	680.
690.	681.
691.	682.
692.	683.

693.	684.	738.	728.
694.	685.	739.	729.
695.	686.	740.	730.
696.	687.	741.	731.
697.	688 Abs. 1, Abs. 2 Satz 1	742.	732.
	Halbsatz 1, Satz 2, Abs. 3.	743.	733.
698.	689.	744.	734.
699.	690.	745.	735.
700.	691.	746.	736.
701.	Gestrichen.	747.	737.
702.	692.	748.	738.
703.	693.	749.	739.
704.	694.	750.	740.
705.	695.	751.	741.
706.	696.	752.	742.
707.	697.	753.	743.
708.	698	754.	744.
709.	699.	755.	745.
710.	700.	756.	Gestrichen.
711.	701.	757 Nr. 1.	Gestrichen.
712.	702.	Nr. 2 bis 10.	746 Nr. 1 bis 9.
713.	703.	758.	747.
714.	704.	759.	748.
715.	705.	760.	749.
716.	706.	761.	750.
717.	707.	762.	751.
718.	708.	763.	752.
719.	709.	764.	753 Abs. 2.
720.	710.	765.	754.
721.	711.	766.	755.
722.	712.	767.	756 Abs. 1.
723 Abs. 1.	713 Abs. 1.	768.	757.
Abs. 2.	Gestrichen.	769.	Gestrichen.
Abs. 3.	713 Abs. 2.	770 Abs. 1.	758.
724.	714.	Abs. 2.	Gestrichen.
725.	715.	771.	759.
726.	716.	772.	760.
727.	717.	773.	761.
728.	718.	774.	763.
729.	719.	775.	764.
730.	720.	776.	765.
731 Abs. 1, 2.	721.	777.	766.
Abs. 3.	Gestrichen.	778.	767.
732.	722.	779.	768.
733.	723.	780 Abs. 1.	756 Abs. 2.
734.	724.	Abs. 2, 3.	Gestrichen.
735 Abs. 1.	Gestrichen.	781.	769.
Abs. 2.	725.	782.	770.
736.	726.	783.	771.
737.	727.	784.	772.

785.	773.	835.	823.
786.	774.	836.	824.
787.	775.	837.	825.
788.	776.	838.	826.
789.	777.	839.	827.
790.	778.	840.	828.
791.	779.	841.	829.
792.	780.	842.	830.
793.	781.	843.	831.
794.	782.	844.	832.
795.	783.	845.	833.
796.	784.	846.	834.
797.	785.	847.	835.
798.	786.	848.	836.
799.	787.	849.	837.
800.	788.	850.	838.
801.	789.	851.	839.
802.	790.	852.	840.
803.	791.	853.	841.
804.	792.	854.	842.
805.	793.	855.	843.
806.	794.	856.	844.
807.	795.	857.	845.
808.	796.	858.	846.
809.	797.	859.	847.
810.	798.	860.	848.
811.	799.	861.	849.
812.	800.	862.	850.
813.	801.	863.	851.
814.	802.	864.	852.
815.	803.	865.	853.
816.	804.	866.	854.
817.	805.	867.	855.
818.	806.	868.	856.
819.	807.	869.	857.
820.	808.	870.	858.
821.	809.	871.	859.
822.	810.	872.	860.
823.	811.	873.	861.
824.	812.	874.	862.
825.	813.	875.	863.
826.	814.	876.	864.
827.	815.	877.	865.
828.	816.	878.	866.
829.	817.	879.	867.
830.	818.	880.	868.
831.	819.	881.	869.
832.	820.	882.	870.
833.	821.	883.	871.
834.	822.	884.	872.

885.	873.	898.	885.
886.	874.	899.	886.
887.	875.	900.	887.
888.	876.	901.	888.
889.	Gestrichen.	902.	889.
890.	877.	903.	890.
891.	878.	904.	891.
892.	879.	905.	892.
893.	880.	906.	893.
894.	881.	907.	894.
895.	882.	908.	895.
896 Satz 1.	883 Satz 1.	909.	896.
Satz 2.	Gestrichen.	910.	897.
Satz 3.	883 Satz 2.	911.	Gestrichen.
897.	884.		

Druck der Norddeutschen Buchdruckerei, Berlin SW., Wilhelmstr. 32.

Kolibri 360 GmbH
Ferdinand-Jühlke-Straße 7
99095 Erfurt, Deutschland
produktsicherheit@kolibri360.de